BC

Collection fon

et dirigée par Jean-Luc Barré

CHARLES DE GAULLE

LETTRES, NOTES ET CARNETS
1942 - mai 1958

PRÉSENTÉS PAR L'AMIRAL PHILIPPE DE GAULLE
ET PRÉFACÉS PAR JEAN-LUC BARRÉ

BOUQUINS
la collection

Première publication dans la collection : 2010

ISBN : 978-2-221-11418-6

Dépôt légal : juin 2010 – N° d'éditeur : 69930/04

Ce volume contient :

LETTRES, NOTES ET CARNETS
1942-mai 1958

AIDE-MÉMOIRE CHRONOLOGIQUE

LISTE DES ABRÉVIATIONS

INDEX DES NOMS DE PERSONNES

1942

Note[1] sans indication d'utilisation

Il m'a été signalé que certains militaires, récemment arrivés de la métropole, portaient la décoration dite « Croix du Combattant 1939-1940 ».

Cette décoration ayant été créée par le gouvernement de Vichy ne doit pas être portée dans les Forces Françaises Combattantes ; d'ailleurs la guerre n'est pas finie !

Instruction[2]

s.d.

1. La médaille militaire et la Croix de Guerre peuvent être attribuées à des militaires étrangers.

2. En principe, ces décorations ne peuvent être décernées que pour des faits de guerre accomplis soit en coopération avec des forces françaises, soit en territoire français (métropole ou empire).

Toutefois, la Croix de Guerre peut être attribuée dans des cas exceptionnels à des officiers étrangers pour reconnaître des services militaires rendus directement ou indirectement à la cause française.

3. Les décorations françaises ne peuvent être attribuées qu'à des militaires de nations dont le gouvernement aurait accepté le principe de réciprocité. Il y a lieu de veiller à ce que le nombre des décorations échangé soit sensiblement égal de part et d'autre.

1. Note sans date.
2. Date inconnue.

4. Il appartient au général de Gaulle de décider de l'attribution de décorations françaises à des militaires étrangers ou de décorations étrangères à des militaires français. Les propositions lui sont soumises par les commissaires nationaux intéressés.

5. L'état major-particulier du général de Gaulle assure l'exécution des démarches nécessaires auprès des autorités étrangères intéressées.

6. Les ampliations des décisions concernant les décorations et citations accordées à des militaires étrangers ainsi que les brevets de médaille militaire sont établis par le conseil de l'Ordre de la Libération (chancellerie) et adressés par lui aux intéressés après signature par le général de Gaulle.

Préface au livre de François Eyriey

1942

Le voyage de M. Eyriey et de son compagnon, vers la liberté et l'honneur, n'est pas un voyage comme les autres. Cet itinéraire de Paris à Londres, à travers les déserts du Sahara et les brousses de l'Afrique Occidentale, est un exemple entre beaucoup des randonnées extraordinaires accomplies par les volontaires de la France Combattante.

Les Français ont aujourd'hui à déployer des prodiges pour pouvoir trouver le moyen de combattre l'envahisseur. Les récits de ces volontaires étonneront un jour le monde. On y verra, en tous cas, des témoignages impressionnants de la valeur de leur race, de ses qualités d'énergie, d'ardeur et de ténacité.

Dans le livre de M. Eyriey on pourra découvrir aussi par les yeux d'un Français qui sait voir et raconter, beaucoup de preuves du génie colonisateur de la France, comme de la foi et de l'esprit d'entreprise de ceux qui construisirent l'Empire.

Je souhaite au livre de M. Eyriey le succès qu'il mérite.

Note de service

Londres, 6 janvier 1942

Il m'a été signalé que des fonctionnaires et officiers de passage dans certains pays étrangers avaient tenu en public, dans des réunions, auxquelles participaient des étrangers, des propos critiques, non seulement au sujet de nos compatriotes en général, mais encore de certaines autorités dépendant du Comité national.

L'opinion que les étrangers, et notamment nos alliés, se font de la valeur et de la signification de notre action risque d'être influencée à notre détriment par de tels propos.

Inconsciemment ou par légèreté, les auteurs de ces propos se font ainsi les auxiliaires de nos pires ennemis.

J'attends de tous les bons Français la discrétion et la pondération qui s'imposent à cet égard.

Je rappelle que tous les fonctionnaires ou militaires français de passage dans un pays étranger doivent se présenter dès leur arrivée à la délégation de la France Libre, ce qu'ils négligent trop souvent de faire. Ils y seront tout d'abord chaleureusement accueillis. En outre on ne manquera pas de les y mettre en garde contre les imprudences de langage, et de les renseigner sur les milieux dans lesquels ils peuvent évoluer. La réserve va de pair avec la dignité quand on parle des siens devant les étrangers.

Je prie MM. les commissaires nationaux de sanctionner sévèrement tout manquement qui serait commis à ce sujet par des fonctionnaires ou militaires sous leur autorité.

À Jacques Maritain[1], à Washington

Londres, 7 janvier 1942

Mon cher Maître,

J'ai été très sensible à votre lettre. Il est doux d'être aidé. Il est réconfortant de l'être par un homme de votre qualité.

Vous entendez bien que si, jusqu'à présent, j'ai dû m'appliquer dans la mesure de mes forces à dire que notre désastre n'avait été que militaire et à faire qu'il soit réparé, je crois comme vous qu'au fond de tout il y avait dans notre peuple une sorte d'affaissement moral. La perte du Rhin en 36, l'abandon des Autrichiens en 37, et des Tchèques en 39, l'incohérence de la politique et la médiocrité de la stratégie, ont été des effets, avant de devenir des causes. La nation chancelait depuis bien des années.

J'ai pensé que, pour remonter la pente de l'abîme, il fallait d'abord empêcher que l'on se résignât à l'infamie de l'esclavage. À cela, dès maintenant, la France est parvenue. J'ai cru qu'il était en second lieu nécessaire de faire à notre pays une figure militante et de lui rendre un rang. C'est à quoi nous nous appliquons à présent, non sans de dures épreuves infligées par nos propres alliés.

J'estime que nous devrons ensuite profiter du rassemblement national dans la fierté et la résistance pour entraîner la nation vers un nouvel idéal intérieur.

Sur ce point, comme sur les autres, je me trouve d'accord avec vous.

Mais c'est surtout dans un tel domaine que nous avons beaucoup à attendre de vous, Jacques Maritain. Vous avez si bien commencé ! Il faut

---

1. Écrivain, défenseur de l'orthodoxie catholique, ancien professeur au collège Stanislas et à l'Institut catholique de Paris. Ambassadeur de France au Vatican de 1945 à 1948.

poursuivre. Il n'y aura qu'une base au salut : le désintéressement et, pour le faire acclamer, les âmes sont maintenant préparées par le dégoût et la sainte misère. Socialement, d'ailleurs, il n'y a pas d'autre voie. Chacun ne trouve sa part que dans le renoncement de chacun. Il nous faut un peuple en vareuse, travaillant dans la lumière et jouant en plein soleil. Tâchons de tirer cela de cette guerre-révolution. Je sais que tout ce qui est jeune le désire. N'attendons plus rien des académies.

Je ne suis pas inquiet pour la démocratie. Elle n'a d'ennemis, chez nous, que des fantoches. Je ne crains rien pour la religion. Des évêques ont joué le mauvais jeu, mais de bons curés, de simples prêtres, sont en train de tout sauver.

Écrivez-moi quelquefois. Cela est utile. J'aimerais mieux encore vous voir.

Ma lettre est longue, mais rapide. Prenez-la dans sa sincérité.

Croyez-moi, mon cher Maître, votre bien dévoué.

À Camille Gutt[1], à Londres

Londres, 8 janvier 1942

Monsieur le Ministre,

En réponse à votre lettre du 5 janvier, je dois vous signaler qu'il n'avait jamais été question, dans mon esprit, de rendre les légionnaires belges qui veulent continuer à servir dans notre armée. La conception même qui est à la base de la Légion s'en trouverait complètement faussée. L'engagement souscrit par les légionnaires constitue un véritable contrat qui ne peut être rompu unilatéralement.

En outre, les légionnaires belges non volontaires pour rejoindre leur armée nationale sont violemment opposés à toute mesure allant à l'encontre de leurs désirs. En les congédiant contre leur volonté, nous irions au-devant de nouveaux incidents, et je ne crois pas que cela puisse être au bénéfice de personne.

Je vous signale enfin que, d'après les renseignements transmis par le général Catroux, le nombre des légionnaires belges engagés depuis le début des hostilités ne s'élève qu'à 29. Nous sommes donc loin du chiffre global de 200 mentionné dans votre communication.

En ce qui concerne les légionnaires engagés avant septembre 1939, j'ai demandé à notre délégué général au Levant de me faire connaître le nombre de ceux d'entre eux qui désireraient rejoindre l'armée belge. Je vous communiquerai la réponse du général Catroux dès qu'elle me parviendra.

Je vous prie de croire, Monsieur le Ministre, à mes sentiments les meilleurs et les plus distingués.

1. Ministre des Affaires étrangères dans le gouvernement belge, en exil.

Télégramme au haut-commissaire Sicé, à Brazzaville

Londres, 9 janvier 1942

Vous aurez vu le télégramme de Cunningham dans lequel, en envoyant ses vœux de nouvelle année, il dénonçait Rauzan. Vous aurez noté ma réponse[1].

Rauzan a mon entière confiance et peu d'hommes ont davantage sacrifié à la France Libre et fait davantage pour elle, qu'il a ralliée dès le premier jour.

Je ne peux m'expliquer cette intervention inadmissible de Cunningham dans nos affaires que par l'effet produit sur lui par le climat. S'il ne part pas pour la Syrie très prochainement, n'estimez-vous pas que du point de vue médical il faudrait lui conseiller de rentrer aux USA ? Si cela ne vous est pas possible, je demanderai au ministre de la Guerre américain de bien vouloir mettre fin à sa mission mais je préférerais naturellement éviter cette démarche.

Télégramme à Pierre Rauzan[2], à Brazzaville

Londres, 9 janvier 1942

Il n'est pas question que votre mission soit en rien influencée par attitude inadmissible de Cunningham qui doit avoir reçu un coup de soleil.

Ou il cessera de se mêler de choses qui ne le regardent pas ou nous demanderons son rappel.

Je télégraphie au général Sicé.

À Pamela Digby Churchill[3] [inédit]

Le général de Gaulle
4, Carlton Gardens, SW1
Whitehall 5444
Le 10 janvier 1942

Chère Madame,

Je me permets de vous envoyer pour votre fils Winston un vieux livre d'images sur Marlborough. C'est presque la seule chose que j'aie apportée de France.

---

1. Le colonel Cunningham demande le rappel de Rauzan qui, selon lui, « saboterait » la position de la France Libre en Afrique française libre. Le général de Gaulle répond très aimablement aux vœux du colonel Cunningham sans évoquer cette affaire.
2. Directeur des finances de la France Libre.
3. Belle-fille de Winston Churchill. Elle a épousé Randolf, fils du Premier ministre britannique, le 4 octobre 1939.

Si, plus tard, le jeune Winston Churchill regarde les dessins de Caran d'Ache, peut-être pensera-t-il une minute à un général français qui aura été dans la grande guerre de l'Histoire, l'admirateur sincère de son grand-père et l'allié fidèle de son pays.

Je vous prie d'agréer, chère Madame, mes hommages très respectueux.

C. de Gaulle

Télégramme au général Catroux, à Beyrouth

Londres, 12 janvier 1942

J'ai reçu votre télégramme n° 11/CH du 5 janvier. Je comprends très bien votre sentiment en ce qui concerne préséances au Levant[1]. Il convient que vous ayez toujours la première place comme étant mon représentant et délégué personnel et, en outre, exerçant le mandat de la Société des Nations indépendamment des autres motifs. C'est ce qui se fait d'ailleurs partout où il y a un ambassadeur, dont vous avez le rang et les prérogatives. Je prends un décret à ce sujet. Naturellement le Comité national compte sur vous pour que le caractère propre à tous ses membres soit néanmoins mis en relief éventuellement. C'est une question de doigté pour laquelle j'ai entière confiance en vous, comme pour le reste. Veuillez communiquer ceci au professeur Cassin, s'il est encore là, et lui dire mes amitiés.

Instruction personnelle et secrète

Londres, 16 janvier 1942

Le général Petit, chef de la mission militaire française libre en URSS, a pour missions essentielles :

1. de s'informer du développement des opérations militaires sur les théâtres d'opérations soviétiques, des procédés tactiques employés, des matériels techniques nouveaux utilisés ;

2. de recueillir en liaison avec les autorités soviétiques qualifiées des informations sur la situation en France et dans les parties de l'Empire non encore libérées ;

3. de régler d'accord et en liaison avec les autorités militaires soviétiques les questions relatives à l'envoi éventuel en Russie du Sud d'un corps expéditionnaire français vis-à-vis duquel le général Petit exercerait les fonctions de commandant supérieur et dont la composition serait la suivante :

1. Le général Catroux s'est « effacé » dans le cérémonial devant René Cassin, commissaire national, qui visite le Levant. Il demande que lui soient accordés « le rang et les prérogatives d'un commissaire national en mission ».

a. 1 division légère comprenant :
1 groupe de reconnaissance,
4 bataillons d'infanterie, dont 1 européen, 1 nord-africain, 2 sénégalais
1 groupe d'artillerie à 2 batteries
1 détachement du génie
1 détachement de transmissions
1 compagnie de transport
Des services, actuellement stationnés au Levant ;
b. 1 détachement de 40 pilotes de chasse français fournis par les forces aériennes actuellement en Grande-Bretagne ;

4. d'informer le haut commandement soviétique sur toutes questions militaires concernant les Forces Françaises Libres.

Télégramme au général Catroux, à Beyrouth

Londres, 19 janvier 1942

Très secret

Je crois savoir que les services d'Intelligence britanniques du Middle-East entendent vous demander une collaboration s'étendant à l'Afrique du Nord française.

Je vous prie de me faire connaître sans délai si des pourparlers ont effectivement eu lieu à ce sujet et dans ce cas de vouloir bien les interrompre jusqu'à ce que vous ayez reçu mes instructions.

C'est un jeu normal des différents services d'Intelligence anglais auquel vous sentez, comme moi, tout le danger qu'il y aurait à se prêter.

Naturellement je prends soin d'organiser de Londres même un service de renseignements et d'action politiques et militaires en Afrique du Nord.

Au général Legentilhomme, à Londres

Londres, 19 janvier 1942

Secret

Mon cher général,

La situation générale de la guerre impose un effort militaire maximum sur les théâtres d'opérations où il est possible de combattre les Allemands.

En conséquence, j'ai décidé d'envoyer en Russie du Sud à partir du 15 mars un corps expéditionnaire[1] composé en principe comme suit :

1. Dès la fin de l'année 1941, le général de Gaulle a envisagé une participation des Forces françaises libres (FFL) aux combats de Russie du Sud, et fait part de ce projet aux gouvernements soviétique et britannique. Le 28 février 1942, lors d'une nouvelle organisation des FFL, la participation française sera limitée à l'escadrille Normandie-Niémen.

1. une division légère fournie par les forces françaises du Levant et comprenant :

un groupe de reconnaissance

quatre bataillons d'infanterie dont 1 européen, 1 nord-africain, 2 sénégalais

un groupe d'artillerie à deux batteries, un détachement du génie

un détachement des transmissions

une compagnie de transport

des services

2. un détachement de 40 pilotes de chasse français fournis par les forces aériennes actuellement en Grande-Bretagne.

Le prélèvement d'une division légère, d'une part, l'envoi en Libye de la 2e DL[1], d'autre part, entraînent une réduction considérable des effectifs français au Levant. Pour y remédier il est nécessaire d'expédier au Levant dans le plus court délai possible deux bataillons d'infanterie et une batterie prélevés sur l'AFL[2], ces éléments devant arriver en Libye pour le 15 mars.

Je vous prie de prendre les mesures nécessaires pour l'exécution de ces mouvements.

Dans le même ordre d'idées, je vous prie de me faire connaître quels éléments actuellement en Angleterre (élèves aspirants, élèves sous-officiers, spécialistes) vous serez en mesure d'expédier au Levant dans le courant de février, compte tenu de la nécessité de laisser en Angleterre, d'une part, un cadre pour l'instruction de nouvelles recrues, d'autre part, des éléments propres aux coups de main éventuels.

Enfin, en vue de compléter les éléments de la défense du Pacifique et spécialement de Tahiti, j'envisage l'envoi sur ce théâtre du bataillon actuellement en Éthiopie pour le cas où la situation à Djibouti ne paraîtrait pas susceptible d'un dénouement prochain.

Je vous serais obligé de me rendre compte des mesures que vous comptez prendre pour assurer l'exécution de ces dispositions.

Je vous prie de croire, mon cher général, à mes sentiments cordialement dévoués.

À René Cassin [inédit]

19 janvier 1942

Je m'interroge sur la nature exacte des contacts entre Dejean et Soustelle. Non pas qu'elle me dérange, encore qu'il ne me serait pas interdit de penser qu'elle puisse devenir dérangeante, mais j'y vois une de ces sortes de

1. Division légère.
2. Armée française du Levant.

combines et d'appareil qui, en nos temps, et sans notre autorité, ne travaille pas précisément pour le grand dessein que nous nous sommes fixés au service de la France.

J'attends de vous cher Professeur quelques éclaircissements.

C. de Gaulle

Télégramme au général Catroux, à Beyrouth

Londres, 21 janvier 1942

Secret

La libération de Conty, Chambard, Jamme, Lavastre, Guiringaud et Monod[1] est une faute grave. Vous vous êtes laissé tromper par les Anglais. Les gens qui ont été présentés aux autorités britanniques de Lisbonne étaient des gens dont personne, je dis personne, n'avait vérifié l'identité. Et j'avais refusé ici d'ajouter foi à la comédie. Mais les Anglais voulaient voir libérer vos détenus pour que Vichy libère les Anglais mis en représailles. Ils ont donc opéré auprès de vous et réussi. Je ne comprends pas que vous ayez agi ainsi sans même prendre le temps de m'avertir. En particulier la libération de Lavastre est une catastrophe pour Boislambert dont le retour m'était promis par Vichy contre Lavastre. Boislambert restera donc en prison[2].

Télégramme au haut-commissaire Sicé, à Brazzaville

Londres, 24 janvier 1942

Vous recevrez prochainement la visite du professeur Cassin, commissaire national à la Justice et à l'Instruction publique, venant du Levant. Il inspectera les établissements d'enseignement et l'organisation judiciaire de l'AFL.

Veuillez le recevoir conformément au protocole applicable à un membre du gouvernement.

---

1. Officiers vichystes.

2. Claude Hettier de Boislambert fut le premier officier à rallier le général de Gaulle en juin 1940. Il est fait prisonnier par Vichy lors de l'opération de Dakar en septembre 1940. Voir à ce sujet (*Lettres, notes et carnets*, coll. « Bouquins », t. I, 2010) le télégramme au général Ismay du 13 novembre 1940 et la note du 21 juin 1941. Pour la suite de cette affaire, voir le message à Monseigneur Biéchy du 15 juin 1942.

Télégramme à Max Huber, Croix-Rouge internationale, à Genève

Londres, 24 janvier 1942

J'ai reçu seulement aujourd'hui votre réponse à l'offre faite par le Comité national français de faire don de 2 500 tonnes de café destinées aux prisonniers de guerre français. Je comprends que la Croix-Rouge serait prête à servir d'intermédiaire à condition que cette marchandise soit envoyée sans indication de l'identité des donateurs et que le don soit fait de façon anonyme. L'intention du Comité national étant avant tout de ravitailler nos prisonniers, il est prêt à s'engager à conserver à son geste un caractère entièrement anonyme. J'espère dans ces conditions que la Croix-Rouge Internationale voudra bien examiner de nouveau dans un sens favorable la demande qui lui a été adressée au mois de décembre dernier et je vous en remercie personnellement à l'avance.

Télégramme à la délégation France Libre, à Washington

Londres, 24 janvier 1942

L'occupation par les Japonais des îles Salomon met en danger immédiat la Nouvelle-Calédonie et nos Établissements d'Océanie.

En transmettant le message qui vous a été communiqué par télégramme n° 639b/DIPLO/37, veuillez dire de ma part à toute autorité même la plus haute dont la décision dépend aux États-Unis, que les armes demandées par l'amiral d'Argenlieu sont absolument et immédiatement nécessaires pour une défense tant soit peu sérieuse et faites l'impossible pour les obtenir. Le State Department reconnaît l'importance stratégique de la Nouvelle-Calédonie. Il est facile de lui montrer l'importance de nos autres îles, notamment des Établissements de l'Océanie, au point de vue de l'effort des Alliés dans le Pacifique. Il y a lieu aussi de montrer au Département d'État la nécessité qu'un officier français qualifié soit auprès de vous dans les circonstances actuelles pour les liaisons. Faites comprendre que les objections opposées à Washington à la présence du colonel de Chevigné sont vraiment déplorables dans l'intérêt commun.

Message adressé aux Syriens et Libanais d'Amérique

Londres, 26 janvier 1942

Je suis heureux d'adresser mon salut le plus cordial aux Syriens et Libanais des États-Unis réunis pour célébrer l'indépendance de leurs patries d'origine. La France Libre s'enorgueillit d'une initiative qui a permis à deux pays auxquels l'unit une amitié séculaire d'accéder au rang d'États souverains. Elle sait que nulle part son geste n'a été mieux compris et apprécié que parmi les Syriens et Libanais d'Amérique qui allient l'amour du sol natal à un loyalisme sans réserves à l'égard de leur patrie d'élection. Les Français ne peuvent que se réjouir de cette double fidélité. Car à l'immense capital de sympathies que la France possède aux États-Unis, et dont nous recevons chaque jour de nouvelles preuves, les Syriens et Libanais ont contribué et contribuent encore pour une large part. La générosité avec laquelle ils ont répondu à l'appel des Français résolus à n'admettre l'esclavage ni pour eux-mêmes ni pour leurs amis nous touche profondément. Je les en remercie en mon nom et au nom de mes compatriotes. Qu'ils soient assurés que la France reconnaissante saura se souvenir, au jour de la victoire, de ceux qui, dans son malheur, lui ont maintenu leur confiance et leur appui.

Apostille[1]

Je ne polémiquerai pas avec les traîtres.

Télégramme au haut-commissaire Sicé, à Brazzaville

Londres, 28 janvier 1942

J'ai pris personnellement connaissance de l'affaire du *Fort-de-Troyon*. Sans méconnaître ni vos difficultés ni, naturellement, les besoins de l'AFL, je vous prescris néanmoins de rendre immédiatement ce navire à la destination qui lui a été fixée par le commissaire national compétent. Si l'équipage fait des difficultés, vous débarquerez l'équipage, vous prendrez les sévères sanctions qui s'imposeront, et vous mettrez à bord un autre équipage.

1. Sur une lettre envoyée de Beyrouth le 27 janvier 1942 par le général Catroux, commandant supérieur au Levant, signalant un article du journal *Gringoire* du 26 décembre 1941 publié en France et prétendant que le général de Gaulle aurait contracté un emprunt d'un million de livres sterling à la banque de Syrie. Le général Catroux suggère qu'on dénonce au contraire à la radio les opérations forcées faites à la banque de Syrie par le général Dentz, ancien commandant de Vichy.

Quant aux objections ou protestations de tel ou tel personnage à Douala ou ailleurs, elles ne peuvent, et ne doivent, pas peser lourd devant l'autorité de vous-même et du gouverneur Cournarie agissant d'après mes ordres. D'autre part, des dispositions sont prises pour que le *Pierre-Loti* soit géré de Douala et pour que d'autres navires alliés assurent le transport du bois du Gabon.

J'attache à la solution immédiate de cette affaire une sérieuse importance et vous prie de me rendre compte dans le plus court délai que tout est rentré dans l'ordre. Amitiés.

Télégramme au commandant de Villefosse et à Alain Savary[1], à Saint-Pierre-et-Miquelon

Londres, 28 janvier 1942

Très secret

Je désire actuellement que l'amiral Muselier puisse rester à Saint-Pierre jusqu'à mise au point définitive de notre affaire à l'intérieur et à l'extérieur[2]. Mais je désire beaucoup plus encore que la santé de l'amiral ne soit pas gravement compromise. Je lui télégraphie aujourd'hui pour lui dire cela[3]. Veuillez tous deux faire s'il y a lieu le nécessaire auprès de lui pour qu'il rentre ici avant d'être tout à fait malade. Dans ce cas je prie Villefosse de rester sur place avec les mêmes pouvoirs que l'amiral et jusqu'à nouvel ordre. Amitiés.

Télégramme au général Catroux, à Beyrouth

Londres, 29 janvier 1942

Très secret
À déchiffrer vous-même

Au sujet libération des gens de Vichy détenus en Syrie, mon télégramme du 9 novembre vous précisait que nous voulions faire voir par nos propres officiers à Gibraltar les personnes que nous réclamions. Cela n'a pas été fait et j'avais dit au Foreign Office que la soi-disant présentation à Lisbonne ne nous suffisait pas. Je dois donc vous répéter que votre décision de libérer les détenus sans même me consulter est gravement fâcheuse.

1. Administrateur de Saint-Pierre-et-Miquelon.
2. Il s'agit d'assurer l'autorité de la France Libre à Saint-Pierre-et-Miquelon, notamment contre les empiètements américains.
3. Voir *Mémoires de guerre*, t. I, p. 522 et 523.

Message à l'occasion de l'inauguration de l'École des hautes études, à New York

Londres, 29 janvier 1942

Je suis heureux d'adresser aux fondateurs de l'École libre des hautes études mes très vives félicitations auxquelles je joins mes vœux les plus chaleureux pour le succès de leur entreprise.

Sur le sol américain, refuge, avec l'Empire britannique, des libertés humaines, cet institut maintiendra dans le monde le renom du haut enseignement en langue française, d'inspiration libérale et démocratique.

Je me plais à voir dans la collaboration que vous avez su établir, sous l'égide de la France Libre, entre savants et professeurs de diverses nationalités, une des manifestations les plus significatives de notre temps. Rien ne peut être plus fécond pour l'avenir de la civilisation que l'union des forces spirituelles, expression des valeurs éternelles et source de toute grandeur. Or notre civilisation ne se passera point de la France.

Télégramme au haut-commissaire Sicé, à Brazzaville

Londres, 29 janvier 1942

Votre télégramme n° 39. Sous condition d'un examen détaillé des conditions de l'échange, je suis en principe disposé à accepter la proposition[1] faite au docteur Staub[2] sous la réserve que les dix plus importants personnages militaires ou civils que nous détenons seront échangés, non contre des familles mais contre dix Français Libres militaires ou civils actuellement détenus en France, et notamment Boislambert et l'administrateur en chef Louveau[3].

Il serait inutile de continuer les négociations si le point qui précède n'était pas accepté et il y a lieu que le docteur Staub le fasse savoir immédiatement au consul général du Portugal. Par ailleurs les points suivants devraient être précisés :

1. Les familles de Français Libres devront être définies comme comprenant la femme, les enfants, quels que soient leur sexe ou leur âge, et les père et mère.

---

1. Le gouvernement de Vichy propose de procéder, par la médiation du gouvernement portugais, à l'échange des familles des Français libres demeurant en métropole contre tous les internés et leurs familles.

2. André Staub est délégué de la France Libre à Léopoldville.

3. Edmond Louveau, administrateur en chef en Côte-d'Ivoire en juillet 1940, est fait prisonnier avec Hettier de Boislambert lors de l'opération de Dakar. Pour la suite de cette affaire, voir le message à Monseigneur Biéchy du 15 juin 1942.

2. L'échange ne se fera pas homme pour homme ou famille pour famille, mais nous rendrons tous les internés et leurs familles et on nous rendra toutes les familles réclamées par leur chef légal.

3. L'échange s'appliquera aux familles résidant en territoire occupé et Vichy devra trouver le moyen de leur faire franchir la ligne de démarcation.

4. L'échange se fera sous le contrôle de la Croix-Rouge Internationale ou de préférence de la Croix-Rouge américaine.

5. Les veuves et orphelins de Français Libres morts pour la France, s'ils en expriment le désir, pourront venir nous rejoindre.

6. Les internés que nous rendrons à Vichy étant pour la plupart des militaires professionnels ou des fonctionnaires de carrière, ils ne devront pas pendant la durée des hostilités être affectés dans les territoires limitrophes des colonies françaises.

7. L'échange lui-même serait fait sous la responsabilité du gouvernement portugais, autrement dit à l'arrivée, soit au Portugal, soit en Afrique portugaise, des familles relâchées par Vichy, nous transférerions en territoire d'Afrique portugaise en commençant par les grades les moins élevés, les internés que nous libérerions.

8. Les conditions indiquées ci-dessus ne sont pas toutes sine qua non, et vous nous tiendrez jour par jour au courant des négociations du docteur Staub, à qui je saisis l'occasion d'envoyer mes affectueuses amitiés et qui, je l'espère, pourra faire revenir ses enfants.

9. Faites-moi savoir comment vous comptez faire établir la liste des familles réclamées. Il ne faudra pas oublier les camarades partis d'Afrique-Équatoriale et du Cameroun vers d'autres théâtres d'opérations.

Note au lieutenant-colonel Archdale, à Londres[1]

Londres, 29 janvier 1942

1. Le général de Gaulle a pris note avec la plus sérieuse considération des desiderata du général Auchinleck et se félicite de l'importance que le commandement britannique en Orient veut bien attacher à la coopération des troupes françaises.

2. Il regrette que les services britanniques ne consentent pas à fournir avant une date indéterminée l'armement et les moyens de transport qui manquent à la 1re division légère.

3. En ce qui concerne la participation éventuelle des forces françaises aux opérations des Alliés en Russie, il prend note du fait que le commandement britannique en Orient ne peut concourir à leur transport jusqu'à Tabriz.

---

1. Cette note résume les observations du général de Gaulle concernant la lettre que le général Ismay lui a adressée le 25 janvier.

4. Il comprend que le général Auchinleck souhaite ne pas voir trop diminuer l'effectif des troupes sous le commandement du général Catroux. Il a lui-même, d'ailleurs, l'intention de maintenir en Syrie un effectif suffisant. C'est pourquoi il a prescrit le transfert au Levant de 3 bataillons et d'une batterie d'Afrique française et celui de divers renforts français provenant d'Angleterre, du Cap et de l'île Maurice.

5. Le général Ismay paraît incomplètement informé du total des troupes françaises actuellement en Afrique-Équatoriale et au Cameroun. Ces troupes comprennent 12 bataillons, 3 compagnies motorisées, 4 groupes nomades, 2 batteries de campagne, 3 batteries de côte, sans compter les effectifs à l'instruction dans les dépôts et les milices locales.

6. Le général de Gaulle pense que les déplacements qu'il a prescrits ne compromettent pas la sécurité intérieure des colonies françaises, sécurité qui concerne l'autorité française seulement.

7. Le général de Gaulle serait heureux de recevoir des précisions au sujet des entreprises que les troupes françaises et britanniques pourraient être amenées à faire en Afrique-Occidentale et auxquelles le général Ismay fait allusion dans sa lettre.

Télégramme au général Catroux, à Beyrouth

Londres, 30 janvier 1942

J'apprends que Fauquet-Lemaitre et Sibour demanderaient à s'engager dans notre aviation. Je vous prie de les refuser catégoriquement. Comme vous le savez j'ai moi-même invité ces gens à faire leur devoir au mois de juin dernier. Ils ont passé outre à mon appel personnel et continué leur service chez les Anglais. Je ne les connais plus. Vous comprendrez que je tiens absolument à ce que cette décision soit exécutée.

Télégramme au vice-amiral Muselier, à Saint-Pierre-et-Miquelon

Londres, 31 janvier 1942

Très secret

Voici le texte du procès-verbal établi par nous après la conférence avec le Premier ministre. Notez bien que ce procès-verbal n'a pas été communiqué aux Britanniques car, pour des raisons qui vous seront évidentes, ils ne désiraient pas consigner l'entretien.

Citation : Le 22 janvier, M. Winston Churchill a fait demander au général de Gaulle de venir le voir à Downing Street. Étaient présents : M. Winston Churchill, M. Eden, major Morton et l'interprète ; le général de Gaulle, M. Pleven.

La conversation a eu trait principalement à Saint-Pierre-et-Miquelon, et ce procès-verbal concerne seulement la partie de l'entretien qui se référait à Saint-Pierre-et-Miquelon.

Le Premier ministre déclare que l'entrevue n'aura pas besoin de se prolonger longtemps si, comme il l'espère, le général de Gaulle accepte la proposition qu'il va lui faire pour régler l'affaire de Saint-Pierre-et-Miquelon.

Se référant au texte du projet de communiqué qui avait résulté des discussions du général avec M. Eden le 14 janvier, M. Winston Churchill déclare que ce projet serait accepté comme un règlement de l'affaire par le gouvernement des États-Unis et le gouvernement britannique, à condition que les clauses secrètes précisant l'interprétation à donner au communiqué soient supprimées.

Le Premier ministre déclare en effet que ces clauses ne peuvent pas être communiquées par lui aux États-Unis, car ceux-ci doivent pouvoir traiter avec Vichy en complète bonne foi.

M. Winston Churchill insiste de façon très pressante pour que le général accepte ce qu'il lui demande, étant donné la nécessité de liquider l'incident rapidement et de le laisser tomber dans l'oubli. Il précise que la solution représentée par le communiqué donne satisfaction essentielle aux Français Libres, puisque l'administrateur qui sera retiré est l'administrateur de Vichy. Il souligne qu'il est impossible, dans l'intérêt de la grande alliance avec les États-Unis, de laisser l'incident sans solution, d'autant qu'il affecte les relations qui existent entre les États-Unis et Vichy, relations qui peuvent, un jour, être extrêmement utiles.

Le général de Gaulle et M. Pleven posent diverses questions sur les moyens pratiques dont disposera le Conseil consultatif pour assurer l'existence des îles. Les îles ont besoin d'une subvention budgétaire annuelle d'environ neuf millions de francs. Par qui cette subvention sera-t-elle payée ? Par le Comité national ou par Vichy ?

Le Premier ministre répond qu'il n'est pas question qu'elle puisse être payée par Vichy, mais qu'elle ne pourra non plus l'être par le Comité national. Il dit qu'à son avis, c'est là une question de détail pour laquelle une solution pratique pourra être trouvée.

Une question similaire sur la manière dont les îles pourront recevoir le change dont elles ont besoin pour pouvoir faire leurs achats au Canada et aux États-Unis amène le Premier ministre à déclarer encore qu'il est sûr qu'une solution pourra être trouvée.

M. Pleven demande quelle sera la situation si Vichy veut envoyer la *Ville-d'Ys* reprendre sa station à Saint-Pierre-et-Miquelon. Le Premier ministre répond que cette possibilité est exclue et qu'aucun navire de Vichy ne sera autorisé à revenir aux îles.

Le général de Gaulle demande ce qu'il adviendra des volontaires qui ont signé un engagement dans les Forces Françaises Libres. Le Premier ministre répond que personne ne cherchera à empêcher ces volontaires de rejoindre les Forces Françaises Libres.

Le général de Gaulle demande s'il est bien entendu que les fusiliers marins recrutés parmi les habitants de l'île pourront continuer à exister pour assurer la protection de l'île. Le Premier ministre répond qu'il n'y aura pas d'objection au maintien de cette force locale.

M. Eden souligne que la solution proposée, si elle entraîne de la part du général une concession de forme, lui laisse les réalités de la situation. C'est également l'opinion du Premier ministre. Une fois, dit-il, le communiqué publié, personne ne s'occupera plus de Saint-Pierre-et-Miquelon. Les îles pourront vivre leur vie normale, sans qu'on cherche à déterminer l'étendue de la collaboration entre le conseil consultatif et la France Libre. Il comptera, cependant, sur le sens politique des Français Libres pour ne pas faire Chantecler (sic) et crier victoire.

Le Premier ministre précise, d'ailleurs, qu'il ne sait pas du tout si le communiqué donnera satisfaction à Vichy, qu'il est fort possible que Vichy le rejette, mais il est en mesure d'affirmer que le gouvernement des États-Unis, même si Vichy refuse le communiqué, se contentera de celui-ci et considérera alors l'incident comme clos.

M. Eden précise également que si le communiqué était publié, il trouverait tout naturel qu'il soit indiqué que le général de Gaulle et le Comité national ont été consultés, et ont donné leur assentiment au communiqué.

Le Premier ministre presse le général de Gaulle de lui donner une réponse le soir même. Il rappelle au général que lui, personnellement, n'avait aucune objection à l'occupation de Saint-Pierre-et-Miquelon, que tout en déplorant que le Comité national ait pris la décision d'occuper les îles sans en prévenir les Britanniques pour la seule raison qu'il avait appris que les États-Unis et le Canada s'étaient entendus pour prendre le contrôle, de gré ou de force, de la station de radio de Saint-Pierre, il avait utilisé toute son influence à Washington pour minimiser l'importance de l'affaire et la réduire à ses proportions.

Le général de Gaulle déclare alors au Premier ministre qu'il doit soumettre la question au Comité national et qu'il lui donnera une réponse aussi rapidement que possible.

À Henri de Kerillis, à New York

Londres, 31 janvier 1942

Mon cher ami,

Je reçois votre lettre du 2. Faut-il vous dire qu'elle m'a beaucoup intéressé et beaucoup touché ?

Point de vue général : Nous sommes en plein Munich. Il fallait le prouver. C'est fait grâce à l'affaire de St-Pierre. La politique de Washington tend à nous arracher les Iles, comme jadis, celle de Chamberlain. Daladier arrachait les Sudètes aux Tchèques, pour les mêmes raisons et avec les mêmes conséquences, quoiqu'avec cette agravation que les St-Pierrais ont voté en masse pour nous, du coup, les principes de la Charte de l'Atlantique se dissimulent soigneusement. Je crois que vous pourriez reprendre exactement vos articles de 1938 en changeant seulement quelques noms propres. Il s'agit toujours, pour les démocraties, d'éviter le plus grand effort. Hitler joue de cela comme d'habitude, – cette fois Vichy est son truchement, – et nous pouvons voir qu'il réussit encore assez bien. Cependant, je pense comme en 1938 que le bon sens et l'honneur finiront par s'imposer. Mais quel aura été le gaspillage de temps, de forces et de bonnes volontés !

Malgré ces absurdités, le miracle France Libre se maintient. Nos gens sont naturellement outrés de ce qui se passe. Mais telles sont leur foi et leur ardeur qu'ils restent debout. Nous nous sommes beaucoup affermis en Afrique, en Syrie, au Pacifique, toutes les informations reçues de France sont encourageantes pour nous. En zone occupée, il n'y a plus de question. En zone non-occupée, Pétain tient encore à force de « légion », de poursuites judiciaires et de propagande. Mais il est bien touché. Nos alliés, trouvant pour d'obscures raisons que la mariée est trop belle, cherchent à contester ce rassemblement de la France autour de nous. On sent cela très bien à Paris, à Lille, à Toulouse, comme à Brazzaville ou à Beyrouth. Le résultat est que les seules sympathies étrangères qui progressent dans les esprits français sont toutes en faveur des Russes. Cela est grave pour l'avenir.

Point de vue de votre personne : Je m'explique mal que vous n'entrepreniez rien : journal, conférences ? Pourquoi un homme comme vous, qui a tant de talent, d'acquis, de réputation, et qui a vu si clair en tant de matières ne se met-il pas en avant dans la lumière ? J'avais rêvé de vous voir faire aux États-Unis un journal français qui nous aurait aidés. Est-ce donc impossible ? Nous avons, sachez-le, quelques moyens pour donner un coup de main à nos amis. Le journal de Madame Tabouis[1], qu'en pensez-vous ? À ce point de vue, nous sommes ici attentivement contenus. Les seules publications qui paraissent sont celles qu'on tient dans sa main, sur lesquelles nous n'avons pas prise et qui vivent de l'équivoque. On y emploie cette douzaine de Français isolés qui, de leur vie, n'ont pu s'accommoder d'aucune politique et d'aucune équipe et qui persuadent nos amis Anglais qu'ils détiennent les douze tables de la loi démocratique. Derrière eux, rien. Mais les bons « gaullistes » sont bien obligés de

1. Journaliste diplomatique, Geneviève Tabouis dénonce avant la guerre le danger hitlérien. Elle dirige à New York, dès 1940, le journal français *Pour la victoire*.

les lire en grognant, faute d'avoir autre chose à lire. Ils se consolent en filant dès qu'ils peuvent en « France », Afrique, Levant, Pacifique, ou sur la large mer. Ne pourriez-vous vraiment faire quelque chose à ce point de vue ?

Tout cela dit, sachez que je suis plus optimiste que jamais. Hitler n'en sortira pas et c'est le principal. Quant à la France, nous avons pu avoir à son sujet des alarmes et même un peu de honte. Mais, ayant constaté maintenant les faiblesses des autres, nous pouvons penser qu'après tout elle souffrait d'un mal commun au monde presque entier. Je ne vois donc pas du tout pourquoi elle devrait s'effacer. Ayons confiance et marchons droit. La France nous enterrera tous. Mes fidèles amitiés.

Télégramme au général Catroux, à Beyrouth

Londres, 1er février 1942

Vous m'avez rendu compte des promotions d'officiers que vous avez prononcées récemment à titre temporaire en vertu de ma note du 3 août 1941.

Il n'était pas dans mon esprit d'autoriser d'une manière permanente ce processus. Il y a lieu d'assurer en cette matière l'application du titre II du statut du personnel des FFL du 7 août 1940.

C'est pourquoi je vous prie de vouloir bien dorénavant me soumettre, au besoin télégraphiquement, le cas de tous les officiers sans exception qui vous paraîtraient mériter une promotion.

Je ne pourrais dans l'avenir homologuer aucune promotion.

J'ajoute que les nominations à titre fictif sont irrégulières.

Je vous rappelle enfin que par note de service en date du 30 juin 1941 du Caire je me suis réservé de prononcer les citations à l'ordre de l'armée, sauf cas d'urgence évidemment exceptionnels et dûment justifiés.

Télégramme au général Catroux, à Beyrouth, au haut-commissaire Sicé, à Brazzaville, et au haut-commissaire Thierry d'Argenlieu, à Nouméa

Londres, 1er février 1942

Très secret

Dans l'état actuel de nos rapports avec le gouvernement des États-Unis, il serait utile au point de vue de l'opinion américaine que vous exprimiez publiquement votre sentiment et celui des Français qui sont sous votre autorité, ceci en tant que délégué général ou haut-commissaire et membre du Conseil de défense de l'Empire.

Vous le ferez naturellement sous une forme modérée mais en marquant bien que les Français Libres relèvent avec beaucoup d'étonnement l'attitude actuelle de Washington à leur sujet. Quoique ces déclarations doivent paraître spontanées et revêtir un ton répondant à votre haute personnalité, vous ne manquerez pas de faire en sorte que la solidarité de tous les Français Libres autour de moi-même et du Comité national apparaisse très nettement dans cette matière.

Je pense que le meilleur procédé consiste à accorder à un représentant qualifié de la presse américaine un entretien, dont vous contrôlerez le texte, et à faire faire le lendemain par radio, avec un certain relief, une communication relative à cet entretien.

Les points essentiels seraient les suivants :

1. L'attitude du gouvernement des États-Unis dans l'affaire de Saint-Pierre-et-Miquelon remplit d'étonnement tous les Français Libres. Ceux-ci croient savoir que Washington aurait voulu que les îles soient ou bien rendues à Vichy, ou, au moins, neutralisées. Cela leur paraît incompréhensible et inacceptable. Les Français Libres se demandent si leurs alliés ménagent les collaborateurs de l'ennemi au point de vouloir empêcher la brave population de Saint-Pierre de faire la guerre pour la France et pour la liberté du monde, alors qu'elle l'a décidé à une immense majorité. Ils se demandent aussi si une politique qui serait imposée aujourd'hui pour Saint-Pierre-et-Miquelon ne le serait pas demain pour l'Afrique Française Libre, la Syrie et le Liban, nos colonies du Pacifique et même nos troupes, nos navires et nos avions.

2. Étant donné le rôle capital que les États-Unis jouent dans cette guerre mondiale au point de vue matériel et au point de vue moral, l'espèce de disgrâce qu'ils infligent aux Français Combattants est pour l'esprit de résistance dans la France entière et pour l'esprit de guerre contre l'Axe dans le monde entier un dangereux désaveu.

3. Les territoires placés sous l'autorité ou le contrôle du Comité national sont tous situés en des points stratégiques essentiels. Les Forces Françaises Libres de terre, de mer et de l'air sont loin d'être négligeables. Le rayonnement mondial de la France Libre est un élément important dans la guerre. Peut-on s'expliquer que le gouvernement des États-Unis, seul parmi tous les Alliés, s'abstienne de nouer avec le Comité national les relations nécessaires pour que cet effort français puisse être combiné avec l'effort américain ?

Vous pourrez conclure en exprimant votre confiance que tout cela sera bientôt mis au point en tenant compte des seules considérations qui vaillent dans cette guerre, à savoir la nécessité de vaincre Hitler et ses alliés et, par conséquent, l'obligation de les combattre.

Télégramme au haut-commissaire Sicé, à Brazzaville

Londres, 3 février 1942

Viens de recevoir vos télégrammes n° 245 et n° 249 HC.

1. J'approuve pleinement la décision que vous avez prise de désigner lieutenant-colonel Adam pour prendre la direction de toutes les mesures administratives nécessaires pour agglomérer et maintenir sous influence française ceux de nos sujets qui sortent de Côte-d'Ivoire ou d'autres territoires de Vichy. Je compte comprendre Adam dans la prochaine promotion de gouverneurs des colonies.

2. J'approuve aussi complètement l'esprit des prescriptions que vous avez données à Adam et à Ponton. Commissaire aux Colonies est en contact avec Colonial Office qui reconnaît notre désir que ces réfugiés gardent bien leur caractère de sujets français et va s'assurer auprès du gouverneur de la Gold Coast qu'ils peuvent séjourner dans ce territoire. Le Colonial Office ne veut naturellement pas que nos représentants exercent des fonctions administratives en Gold Coast ; en revanche, il est d'accord pour qu'un de nos représentants reste à proximité des réfugiés et, selon les instructions Adam, s'entende avec les autorités britanniques sur leur installation et leur mode de vie.

3. Répondant à votre télégramme n° 233 HC, la politique des États-Unis vis-à-vis de Vichy reste encore trop obscure pour qu'il me soit possible d'entreprendre mon voyage. Cette politique pose pour les Anglais comme pour nous des questions d'une importance telle que je préfère vous voir, ainsi que les autres hauts-commissaires, éviter tout déplacement qui vous éloignerait de votre poste car il est nécessaire que je puisse être constamment et facilement en contact avec vous.

4. Il est essentiel que je puisse suivre sans aucun délai les événements qui se déroulent en Côte-d'Ivoire ou autre partie de l'Afrique-Occidentale française. Je prescris donc à Adam et à Ponton de me télégraphier directement, mais bien entendu ils devront vous répéter toutes les informations qu'ils me feraient parvenir.

Télégramme au haut-commissaire Sicé, à Brazzaville

Londres, 3 février 1942

Très secret

Il m'est rapporté que le commandement britannique nous demanderait prochainement l'envoi de deux bataillons d'Afrique Française Libre pour tenir garnison en Nigeria britannique.

Je n'envisage pas de donner suite à cette demande. Au cas où vous en seriez saisi par le général Giffard ou par tout autre, vous lui répondrez simplement que vous m'en référez pour décision.

Mon intention est, au contraire, de développer notre effort en Orient en y envoyant les trois bataillons et la batterie dont je vous ai prescrit la mise en route. Nous n'avons aucun intérêt à aller tenir garnison dans les colonies anglaises qui ne sont nullement menacées.

Télégramme à Pierre-Olivier Lapie[1], transmis par Brazzaville

Londres, 4 février 1942

Je compte profiter de la prochaine promotion de gouverneurs pour donner satisfaction au désir que vous m'avez exprimé de quitter le Tchad. Je pense vous mettre à la disposition du général Catroux ou du général de Larminat dont vous connaissez le commandement actuel et qui a sous ses ordres la Légion et doit garder une liaison étroite avec les Britanniques. J'indiquerai dans le décret que votre nouvelle affectation est prononcée sur votre demande.

Télégramme au général Catroux, à Beyrouth

Londres, 4 février 1942

Je reçois vos propositions du 16 décembre pour croix de Libération en faveur militaires infanterie de marine et fusiliers marins morts au champ d'honneur au cours opérations de Syrie juin-juillet.

Je regrette de ne pouvoir donner suite à ces propositions. Compte tenu du sentiment unanime de nos combattants j'avais décidé avant même le début des opérations de Syrie qu'aucune décoration ne serait en principe attribuée pour ces combats, nécessaires sans doute mais profondément douloureux. Cela sans méconnaître naturellement le mérite tout à fait exceptionnel et le courage magnifique de nos troupes. Deux ou trois exceptions ont été faites sur le terrain pour des mourants à consoler *in extremis*. Mais je pense que pour le moment il n'y a pas lieu de revenir sur ma décision pour des raisons d'ordre national que vous comprenez certainement. Toutefois, je n'oublie pas nos bons et braves compagnons morts pour la France en Syrie et je me réserve de reprendre plus tard vos propositions quand les circonstances seront différentes.

1. Gouverneur du Tchad.

Je vous prie en tout cas de me rendre compte de l'exécution de mon ordre concernant le *Fort-de-Troyon*[1].

À Winston Churchill

Londres, 11 février 1942

Très secret

Mon cher Premier Ministre,

Le 16 décembre dernier[2], j'ai eu l'honneur de vous écrire pour appeler votre attention sur l'importance stratégique de l'île de Madagascar et vous dire que le Comité national français était disposé à procéder, avec le concours de ses alliés, au ralliement de cette colonie française.

Les événements sont tels qu'à mon avis il est devenu extrêmement urgent de procéder à cette opération.

Je vous prie de bien vouloir trouver ci-jointe une note[3] relative à cette affaire.

Je communique la même note, à toutes fins qui pourront être utiles, à M. le haut-commissaire pour l'Union sud-africaine.

Bien sincèrement à vous.

Télégramme à l'administrateur Savary, à Saint-Pierre-et-Miquelon

Londres, 11 février 1942

Voici texte du message demandé pour hebdomadaire *Liberté* :

« Combien de millions de Français ont tressailli en apprenant que Saint-Pierre, Miquelon, l'île aux Marins, étaient réunis à la France Combattante ! Combien de millions ont dit ou murmuré : "Ceux-là ont de la chance !"

« C'est vrai. Mais la chance se mérite. Les bons Français de Saint-Pierre, de Miquelon, de l'île aux Marins l'ont méritée.

« Mes amis, mes camarades, depuis le jour de la catastrophe, vous ne vouliez que servir la France. La marine française qui, sous les ordres du glorieux amiral Muselier, se refait peu à peu dans le combat et dans l'honneur, est venue vous y aider. Le monde entier sait avec quel élan vous avez aussitôt répondu à l'appel.

« Et maintenant, les vieilles et chères îles françaises sont pour toujours "du bon côté". Leurs braves enfants marchent avec nous sur la route du clair et dur devoir.

---

1. Voir le télégramme au haut-commissaire Sicé du 28 janvier 1942.
2. Cette lettre en date du 11 février 1942 est publiée dans les *Mémoires de guerre*, t. I, p. 580.
3. Cette note est publiée dans les *Mémoires de guerre*, t. I, p. 581 et 582.

« Le jour où les armées françaises de terre, de mer et de l'air passeront, victorieuses, sous l'Arc de Triomphe de l'Étoile, les hommes de Saint-Pierre, de Miquelon, de l'île aux Marins seront en tête du défilé. »

Au général Odic, à Londres

Londres, 14 février 1942

Très secret

Mon général,

J'ai l'honneur de vous faire connaître qu'à mon grand regret je ne puis vous attribuer un commandement dans les Forces Françaises Libres.

Je vous avais, il est vrai, lors de votre arrivée à Londres, offert le commandement en chef des forces terrestres, aériennes et navales d'Afrique Française Libre. Mais vous l'avez refusé, et aujourd'hui je pense que vous avez bien fait.

En effet, les renseignements qui sont parvenus au Comité National sur votre attitude personnelle en Afrique du Nord jusqu'à la date de votre mise à la retraite pour limite d'âge par Vichy, les conditions de votre départ pour les États-Unis après cette mise à la retraite pour limite d'âge, le délai que vous avez mis à annoncer ensuite votre ralliement, l'attitude que vous avez prise à l'égard du Comité National et des Forces Françaises Libres depuis votre arrivée en Angleterre, m'ont malheureusement obligé à reconnaître que votre état d'esprit ne correspond pas à celui que je juge nécessaire pour commander dans les circonstances présentes des forces françaises sous mes ordres.

En conséquence et conformément au statut des Forces Françaises Libres tel qu'il a été arrêté le 7 août 1940 d'accord avec le Gouvernement britannique, je vous délie à dater du 20 février de l'engagement que vous avez signé le 27 décembre 1941.

Veuillez agréer, cher général, l'expression de mes sentiments les meilleurs.

Au général Brooke[1], à Londres

Londres, 14 février 1942

Mon cher général,

Je reçois votre lettre du 11 février et vous remercie de vouloir bien donner des ordres pour que les mouvements que j'ai prescrits pour deux bataillons français et une batterie de l'AFL vers le Levant puissent s'exécuter rapidement (1 bataillon et 1 batterie par voie de terre, 1 bataillon par voie de mer).

1. Chef d'état-major impérial britannique.

À ce sujet, vous voulez bien appeler mon attention sur le fait que de tels mouvements sont plus aisés quand le commandement britannique en a eu connaissance au préalable. Je suis sur ce point entièrement d'accord avec vous et c'est pourquoi j'avais écrit à ce sujet au général Ismay dès le 29 décembre 1941[1].

Je crois, d'ailleurs, d'une manière plus générale, que le rôle joué sur tout l'ensemble des théâtres d'opérations d'Afrique et d'Orient, par les territoires et les forces actuellement à la disposition du Comité national français, les responsabilités qui lui incombent tant au point de vue national qu'au point de vue militaire et enfin, permettez-moi de le dire, la capacité de certaines Autorités Françaises Libres, devraient impliquer une coopération franco-britannique toute différente de ce qu'elle a été jusqu'à présent.

Je suis, pour ce qui me concerne comme chef militaire et pour ce qui concerne mes subordonnés, entièrement disposé à cette coopération.

Bien sincèrement à vous.

Télégramme[2] à Adrien Tixier, à Washington

Londres, 18 février 1942

A. L'amiral d'Argenlieu nous informe que, selon des déclarations faites par le colonel Nitch, officier de liaison américain à Nouméa, d'importants contingents américains arriveront prochainement à Nouméa.

L'amiral d'Argenlieu insiste sur le fait qu'il faudrait lui donner d'urgence les assurances requises concernant :

1. La reconnaissance formelle de l'autorité du Comité national sur nos possessions dans le Pacifique (Nouvelles-Hébrides, Nouvelle-Calédonie, Océanie).

2. L'exercice par l'amiral d'Argenlieu du haut commandement des forces alliées coopérant dans la défense directe de nos possessions, avec intégration dans la structure du haut commandement interallié dans le Pacifique.

3. Le commandement éventuel des bases par des officiers américains sous la haute autorité de D'Argenlieu.

Ces garanties sont indispensables pour la collaboration de nos forces avec les alliés en toute confiance.

Les messages de D'Argenlieu révèlent à ce sujet une anxiété qu'il faudrait apaiser très rapidement.

Au reçu de ce câble, veuillez faire une démarche au State Department et m'en communiquer aussitôt le résultat.

1. Voir *Mémoires de guerre*, t. I, p. 648.
2. Traduit d'après la version en anglais.

B. De plus, en l'absence du colonel de Chevigné, encore en route, veuillez rendre visite de ma part au général sir John Dill, représentant de l'état-major britannique au Conseil militaire interallié à Washington. Expliquez-lui la position de D'Argenlieu et demandez-lui en mon nom quelle est l'organisation actuelle du commandement interallié dans le Pacifique, dans la structure duquel une place doit manifestement être attribuée à d'Argenlieu, compte tenu des points 2 et 3 de la première partie de ce câble.

Promettez de ma part au général sir John Dill que sa réponse sera transmise par l'ambassade britannique à Washington et que je la garderai absolument secrète.

Au colonel de Chevigné[1], à Washington

Londres, 18 février 1942

Mon cher ami,

Votre mission commence[2]. Elle est, comme vous le sentez, capitale. Il s'agit de faire beaucoup avec peu et en partant de presque rien.

Tout ce qui est coopération militaire de la France Combattante avec les États-Unis est de votre ressort, à savoir :

Combinaison de nos faibles mais solides moyens avec ceux des Américains là où cela se produit ou se produira, comme actuellement au Pacifique. Organisation du commandement sur place,

Armement et équipement de nos forces par les Américains,

Recrutement de Français aux États-Unis,

Échange d'informations, etc.

Incessamment je désignerai un officier de marine et un officier de l'air pour vous être adjoints.

J'appelle votre attention sur la nécessité de marcher avec M. Tixier, qui est mon délégué aux États-Unis, et de faire passer par lui les communications que vous m'envoyez. Celles-ci doivent être adressées sous le timbre de mon état-major particulier.

Le lieutenant Desnault sera le secrétaire de votre mission. Soyez les uns et les autres actifs, francs et discrets.

Je vous serre amicalement la main.

---

1. Chef de la mission militaire de la France Libre aux États-Unis.
2. Le général de Gaulle complète la délégation de la France Libre à Washington par une mission militaire confiée au colonel de Chevigné.

Télégramme à Jacques Soustelle, à Mexico

Londres, 18 février 1942

Je tiens à vous télégraphier personnellement pour vous mettre au fait de mes intentions en ce qui concerne votre prochaine mission de directeur de l'Information française avec siège à Brazzaville. J'attache à cette mission la plus haute importance et c'est pourquoi je vous ai choisi. Grâce aux efforts de Kagan nous allons avoir en territoire français un poste radio puissant. Il s'agit d'en tirer le plus grand parti possible et cela est votre affaire à vous.

Desjardins a fait beaucoup avec peu de chose. Il doit maintenant être relevé à cause de sa santé. Je le rappelle à Londres[1].

Nos émissions seront nôtres aussi bien pour la France que pour l'étranger. Naturellement nous garderons et favoriserons en même temps nos émissions de Londres. Nous pourrons aussi retransmettre certaines émissions de la BBC et certaines émissions françaises d'Amérique.

Il vous faut un personnel qualifié comme rédacteurs, speakers, écouteurs, etc. Notez que vous aurez à faire de nombreuses émissions en langues étrangères. Cherchez donc dès à présent les hommes qui peuvent vous seconder.

Je vous attends à Londres où je désire vous voir avant que vous alliez prendre vos fonctions à Brazzaville[2].

À madame Gilbert Armitage, à Farham-Common (Grande-Bretagne)

Londres, 18 février 1942

Chère Madame,

Je m'excuse d'avoir tant tardé à vous répondre et à vous renvoyer la lettre de mon frère Pierre. Si vous en avez le moyen, faites-lui, je vous prie, savoir ce qui suit :

« Nous sommes parfaitement renseignés sur ce qui intéresse et préoccupe presque tous les gens qui entourent mon frère de près ou de loin. Cela est pour nous très important dans notre entreprise puisque nous tenons essentiellement à satisfaire la clientèle. Nous avons rencontré à tous égard de grandes difficultés de la part de nos concurrents naturellement mais aussi de la part de nos associés ! Nous en rencontrerons encore. Mais le fond de l'affaire est très sain et nous saurons persévérer. D'ailleurs, dans

1. Il y sera chargé du service de diffusion à l'étranger et dans l'Empire libéré, au commissariat national à l'Information.

2. En fait, le général de Gaulle retiendra Soustelle à Londres, où il deviendra directeur de l'Information.

les circonstances présentes, il ne peut être question de faire des bénéfices personnels.

« L'affaire de l'oncle Béno[1] est aujourd'hui ce qu'elle était le premier jour, c'est à dire mauvaise et sans honnêteté. Quant à l'oncle, il est le pavillon qui couvre cette marchandise frelatée. Ce qui est grave dans son cas c'est qu'il le sait. Mais il a accepté cela dès le début parce qu'il a une sorte de goût fâcheux pour les choses malheureuses et en même temps le désir, inexcusable à son âge, de conserver une position brillante, tout au moins en apparence.

« J'ai su ce qui est arrivé dans la famille de mon frère. Je les aime tous de tout cœur et pense les revoir quoique dans un délai assez prolongé. »

En vous remerciant, je vous prie d'agréer, Madame, mes hommages respectueux.

Note pour le capitaine de vaisseau Moret, chef d'état-major de la Marine, à Londres

Londres, s.d. *[entre le 18 et le 27 février 1942]*

Le capitaine de vaisseau chef d'EM[2] de la Marine a fait connaître qu'il avait répondu à une demande de l'Amirauté britannique relative à l'installation de réservoirs de mazout par les Anglais à Pointe-Noire et à la propriété de ces installations.

Il appartient au [commissariat] national aux Affaires étrangères de traiter avec le gouvernement britannique d'une telle question (qui intéresse la souveraineté française), d'après la décision qui aura été prise par le Comité national dont plusieurs départements sont intéressés (Marine, Colonies, Affaires étrangères…).

En conséquence, la question est reprise par le commissaire national aux Affaires étrangères. Le délégué de la Marine est invité à faire connaître à l'amirauté britannique que sa réponse n'est qu'un avis qui ne préjuge pas de la réponse du Comité national.

À Winston Churchill

Londres, 19 février 1942

Mon cher Premier Ministre,

J'ai eu l'honneur de vous écrire les 16 décembre 1941 et 11 février 1942 pour vous faire part de l'intention du Comité national français de procéder au ralliement de la colonie française de Madagascar. Comme je

1. Il s'agit bien sûr du maréchal Pétain.
2. État-major.

vous l'ai dit, nous ne demandons pour cette opération que l'appui local d'une force aérienne alliée et une protection navale devant Diégo-Suarez.

Ce n'est pas à vous que j'ai à démontrer l'importance stratégique capitale que revêt Madagascar à partir du moment où les Japonais ont accès dans l'océan Indien et étant donné le rôle essentiel que joue dans la guerre en Orient et en Russie la voie de ravitaillement par le Cap.

Il va sans dire que Vichy est absolument hors d'état, politiquement, moralement et matériellement, de s'opposer à la prise de possession de Madagascar par l'ennemi si celui-ci décidait d'y procéder. S'imaginer que de soi-disant Français, qui refusent de se battre pour délivrer Paris, Bordeaux et Strasbourg, qui ont laissé les Japonais s'installer en Indochine et qui ont permis à l'aviation allemande d'utiliser la Syrie, vont maintenant faire la guerre à l'Axe pour Tananarive serait vouloir se tromper soi-même.

En raison des responsabilités nationales du Comité national français et de l'intérêt stratégique grave et évident commun aux Alliés, je me vois amené à vous demander, dans le plus bref délai possible, une réponse aux propositions que j'ai eu l'honneur de vous faire en ce qui concerne Madagascar.

Je vous prie d'agréer, mon cher Premier Ministre, les assurances de ma haute considération.

Télégramme au haut-commissaire Sicé, à Brazzaville

Londres, 21 février 1942

Très secret

Je réponds à votre télégramme n° 642 et à votre télégramme n° 654. Il ne me paraît pas vraisemblable que l'ennemi ait connaissance du code utilisé pour communications entre Comité national et vous. D'autre part, le décryptement de ce chiffre est particulièrement difficile. Cependant, nous prenons dispositions pour le changer. En attendant continuez à vous servir du code en service en employant le tableau béta au lieu du tableau alpha à compter du 25 février 0 heure.

Par contre, le code intérieur à l'Afrique Française Libre paraît présenter beaucoup moins de sécurité. J'approuve votre décision de le changer sans délai.

Je suppose que les renseignements, d'ailleurs en partie inexacts, donnés par Radio-Stuttgart sur notre compte sont parvenus à l'ennemi par l'une des deux voies suivantes :

Ou bien bavardage en clair des postes radio entre eux suivant l'habitude coupable prise par certains opérateurs et que le tribunal militaire est qualifié pour sanctionner.

Ou bien, messages transmis à l'ennemi par un poste clandestin dont l'existence nous a déjà été signalée, soit sur notre territoire, soit chez les voisins. À ce sujet, il serait nécessaire que vous vous mettiez en liaison pour rechercher avec le Congo belge et la Nigeria.

En tout cas, je vous demande de ne pas transmettre au Comité national par l'intermédiaire des Anglais des comptes rendus tels que votre 642. Ce processus est de nature à fournir des griefs à nos alliés trop portés déjà à incriminer le manque fréquent de discrétion des Français et même à nous imputer leurs propres fautes à cet égard.

Télégramme à la délégation France Libre, à New York

Londres, 21 février 1942

Message pour *Overseas Press Club* :

« Des territoires français d'Afrique centrale et équatoriale où ils tiennent les routes vitales entre l'Amérique et l'Orient, des territoires syrien et libanais auxquels ils ont donné la liberté promise et où ils gardent la place de la France, des îles françaises du Pacifique où ils assurent contre les Japonais la suprême liaison des Alliés à travers cet océan, du sol de la Libye où ils sont côte à côte avec leurs alliés britanniques aux prises avec les Allemands et les Italiens, de toutes les mers où des navires de guerre et des navires marchands français contribuent à la plus grande et à la plus dure lutte navale de tous les temps, d'innombrables points du monde où ils maintiennent la force et la douceur de la pensée française, les Français Libres adressent aux journalistes de l'*Overseas Press* et à leurs hôtes un message de sympathie.

« Les douze millions de citoyens, de sujets, de protégés français déjà ralliés dans la guerre et dans la liberté sous les plis du drapeau national, aussi bien que les quatre-vingt-dix millions que l'ennemi et ses complices empêchent encore de le faire, savent que la presse indépendante est leur meilleure alliée. En leur nom à tous, nous, qui avons assumé la défense et la rénovation des principes qui firent de la France une grande puissance et une grande république, nous exprimons la certitude que notre patrie, avec l'aide de ses amis, saura redevenir le champion de la civilisation menacée. Rien ne peut nous y aider davantage que la presse intègre et libre. »

Entretien avec Gonzalez Montesinos, journaliste mexicain

Londres, 23 février 1942

— Mon général, comme vous le savez sans doute, la France Libre a, pour ainsi dire, la sympathie unanime du Mexique. En entendant votre appel, au moment de la capitulation des « Bordelais », nous avons bien

compris, je veux dire, nous avons compris d'instinct, immédiatement, que vous parliez au nom de la vraie France, de celle qui est demeurée, grâce à vous, un symbole de liberté pour le monde entier.

En partant pour Londres, j'ai, donc, reçu des instructions spéciales de mon journal, qui serait très honoré, comme je le suis moi-même de votre accueil, si vous vouliez bien vous servir de son entremise pour adresser un message à tous ceux qui, au Mexique et dans l'Amérique latine, n'ont pas perdu et ne perdront jamais la foi dans les destinées de la France.

— Vous ne sauriez croire quel réconfort nous apporte, à nous Français, la sympathie de l'Amérique latine et particulièrement du Mexique. Je crois, voyez-vous, que les mille liens conscients ou instinctifs qui unissent tout ce qui est latin sont un élément capital dans cette guerre d'idéaux et le seront dans la paix qui suivra. Et je le crois, malgré les [...[1]] que certains régimes tyranniques ont pu imposer à tel ou tel État latin. Il y a dans ce que nous pensons, dans ce que nous voulons, dans notre conception de l'honneur, du droit et du devoir, une communauté dont il nous appartient à nous, Latins, de faire une des puissances du monde. La France Combattante a besoin d'appui. Celui que lui apporte l'amitié de l'Amérique latine lui est particulièrement précieux.

— Voulez-vous, mon général, me dire quel est le rôle que doit jouer la France en ce moment, et surtout au moment où, la victoire obtenue, il s'agira de poser les conditions d'une paix durable.

— Regardez la carte, relisez l'Histoire, ouvrez un catalogue de bibliothèque, écoutez un poste radio et dites-moi s'il est imaginable que la paix puisse s'établir et que la civilisation puisse subsister sans la France. Il faut donc, il faut à tout prix, que la France, malgré l'oppression et la trahison dont elle est victime, gagne effectivement cette guerre avec les démocraties. Voici pourquoi toute politique qui, à Vichy et ailleurs, vise à la neutralisation de l'Empire et du peuple français ou s'accommode de cette neutralisation est une politique mauvaise.

— Je sais, mon général, que vous avez eu bien des difficultés pour remplir la tâche magnifique que vous vous êtes imposée, et que vous avez dû surmonter bien des obstacles. Mais vous a-t-on appuyé comme il fallait ? Je ne sais pas si vous êtes au courant des bruits que la propagande allemande a fait courir à votre sujet en Amérique. On a même prétendu qu'après une scène violente avec Churchill, on vous avait enfermé dans la Tour de Londres...

— La propagande dont vous parlez prétend alternativement ou bien que les Français Libres sont soumis à l'Angleterre ou bien qu'ils sont anglophobes. Quant à nos buts intérieurs, la même propagande affirme,

1. Mot illisible.

un jour, que nous voulons établir en France une monarchie catholique, le lendemain, que nous visons à ramener au pouvoir les francs-maçons et les juifs, le surlendemain, que nous poussons au triomphe du bolchevisme. Le caractère contradictoire et la [fureur] des allégations de l'ennemi prouvent que nous sommes dans la bonne voie en n'acceptant de connaître que les seuls intérêts de la France et en laissant au peuple français le soin de fixer librement son régime dès que nous lui en aurons rendu la possibilité.

Je ne nierai pas que notre attitude [intégralement] nationale ait entraîné quelques difficultés avec nos alliés eux-mêmes dans une coalition où tant d'intérêts se trouvent enchevêtrés. Vous avez pu voir, par exemple, que nous eûmes quelque peine à faire accepter le ralliement des îles Saint-Pierre-et-Miquelon. Vous n'ignorez pas que le maintien de la position de la France en Syrie après les événements de juin-juillet derniers a été assez laborieux. Mais nous avons, dans l'intérêt commun, le droit et le devoir de nous montrer intransigeants. Tout s'est, d'ailleurs, arrangé à mesure et je pense qu'il en sera de même par la suite. En tout cas, s'il est un homme qui a compris tout de suite et [sincèrement] qu'il serait absurde et dangereux d'abuser du malheur provisoire de la France, c'est bien M. Winston Churchill. Et je suis convaincu qu'à cet égard la clairvoyance de ce grand homme d'État anglais sera reconnue à la fois comme très noble et très habile.

— Mon général, vous m'avez parlé de la Syrie. Voudriez-vous m'expliquer ce qui s'est passé avec le général Mittelhauser[1] *? J'ai eu entre mes mains le télégramme qu'il adressa au président de notre comité à Mexico, M. George Pinson, et dans lequel il affirmait qu'il ne rendrait jamais son armée.*

— Mittelhauser a certainement eu un bon mouvement. Mais, pour qu'il voulût maintenir sa décision, il croyait nécessaire d'être soutenu par Noguès[2], lequel, à son tour, refusait de prendre sur lui une entreprise de cette nature. Hélas ! c'est un Lyautey qu'il nous aurait fallu, c'est-à-dire un chef qui joignît l'audace au patriotisme.

— Dans tout cela, quel a été le rôle de Weygand ?

— La capitulation est un abîme d'où un chef ne revient jamais.

— En dernier lieu, mon général, puis-je vous demander de me donner votre avis sur les causes qui ont décidé Vichy à priver Weygand de son commandement ? C'est une question qu'on a beaucoup discutée chez nous.

1. Il succède au général Weygand en mai 1940 comme commandant en chef au Levant. Il est remplacé par le général Dentz et mis à la retraite en décembre 1940.

2. Commandant en chef du théâtre d'opérations d'Afrique du Nord de septembre 1939 à novembre 1942.

— Quand vous cherchez à vous expliquer les décisions prises à Vichy, ne manquez jamais de penser à leurs deux principaux facteurs qui sont, d'une part, les exigences de Hitler, d'autre part, la rivalité féroce des malheureux qui forment ce qu'ils appellent le gouvernement et que leur ambition torture. Pour ce qui concerne le rappel de Weygand, je crois bien qu'il est dû à la fois aux ordres de l'ennemi, qui jugeait le moment venu de mettre un terme à l'équivoque, et à la haine jalouse de Darlan, qui avait pris ombrage de ce qui restait de prestige au général.

Dans le livre des douleurs françaises, la page Weygand est définitivement tournée. Cela vaut mieux. La France ne reconstruira la force et l'honneur de ses armes que sur un sol ferme et pur.

Télégramme au général Catroux, à Beyrouth

Londres, 24 février 1942

Olléon et Méningoz sont repérés par les Anglais qui voudraient en faire des objets d'échange contre certains militaires britanniques détenus par Vichy. Je vous mets d'avance en garde contre une manœuvre qui pourrait être tentée auprès de vous par nos alliés. Olléon et Méningoz, quel que puisse être le jugement du tribunal militaire en ce qui les concerne, devront être gardés par vous. Ils ne devront être en aucun cas libérés sans mon ordre personnel[1].

À Anthony Eden à Londres

Londres, 26 février 1942

Cher monsieur Eden,

La délégation française aux États-Unis nous a signalé que l'usine Remington était en mesure de fabriquer en Amérique des munitions d'infanterie pour les armes françaises du calibre de 8 mm. La délégation nous demandait d'urgence si nous étions d'accord pour que cette possibilité soit utilisée ou au moins réservée. Dans le cas contraire, l'usine Remington modifierait son outillage et il ne lui serait plus possible, par la suite, de fabriquer de telles munitions.

J'estime que la possibilité de cette fabrication est très importante. En effet, tous les fusils et toutes les mitrailleuses de l'armée française sont du calibre de 8 mm. Non seulement les troupes françaises actuellement combattantes en sont armées, mais toutes les autres le sont également, en particulier celles de l'Afrique du Nord. D'autre part, nous savons qu'un certain nombre d'armes de ce calibre sont cachées en France par des gens

1. Pour la suite de cette affaire, voir la lettre à S. G. Menzies du 18 mai 1942.

désireux de s'en servir contre l'ennemi dès que les événements le leur permettront.

Cependant, il vient de m'être rapporté que le ministère de la Guerre britannique a jugé que la fabrication de munitions de 8 mm en Amérique ne présentait pas d'intérêt et a donné au British Supply Council des instructions en conséquence. Cette mesure a été prise sans que j'aie été consulté.

Étant donné la portée de cette question pour ce qui concerne les Forces Françaises Combattantes d'aujourd'hui et, je l'espère, de demain, je considère comme d'une grande importance que le gouvernement britannique fasse procéder d'urgence à un nouvel examen.

Je dois dire, en outre, franchement à Votre Excellence qu'il me paraît singulier qu'une affaire intéressant au premier chef les forces françaises puisse être tranchée par décision unilatérale des autorités britanniques.

Bien sincèrement à vous.

Télégramme au général Catroux, à Beyrouth

Londres, 26 février 1942

Je réponds à votre télégramme n° 188/CH. Nous intervenons auprès du gouvernement britannique pour obtenir d'abord que les importations de blé continuent dans les États du Levant, ensuite que la répartition du blé et la fixation des conditions du marché appartiennent seulement à vous et aux gouvernements syrien et libanais, enfin que l'achat de blé par les Britanniques dans les États du Levant cesse immédiatement. En ce qui concerne cette dernière mesure, vous avez d'ailleurs tous droits de la prendre vous-même et je vous y autorise formellement. Il en est de même pour tout ce que vous jugerez à propos de faire en ce qui concerne la taxation, le stockage et même la réquisition et les sanctions.

J'ai regretté naguère que vous ayez accepté d'introduire les Anglais et de les introduire avec voix prépondérante dans les commissions de répartition. C'était leur attribuer sur place un pouvoir auquel ils n'ont pas droit et en outre mêler à cette grave affaire certains Britanniques dont le désintéressement personnel est douteux.

Télégramme à l'amiral Thierry d'Argenlieu, à Nouméa

Londres, s.d. *[avant le 3 mars 1942]*

À déchiffrer vous-même

Dans le cas où amiral Muselier renoncerait à ses fonctions de commissaire national à Marine j'envisagerais de confier ce poste à Auboyneau. Celui-ci serait nommé contre-amiral.

Votre présence indispensable au Pacifique m'empêche de songer à vous, ce que je regrette. Veuillez pressentir Auboyneau de ma part. Je compte sur sa discrétion absolue. C'est une affaire entre moi, vous et lui exclusivement.

Télégramme à Jacques Maritain, à New York

Londres, [2 ou 3] mars 1942

Je désirerais beaucoup que vous puissiez venir à Londres le plus tôt possible. Je voudrais vous voir et causer avec vous de choses importantes. Si vous pouvez venir, je me chargerai naturellement de votre voyage.

Sympathiquement à vous.

Le 3 mars 1942 dans la matinée, le Comité national se réunit sous la présidence du général de Gaulle. Le vice-amiral Muselier exprime un vif désaccord quant aux conséquences diplomatiques de l'opération de Saint-Pierre-et-Miquelon, effectuée sans l'assentiment des Alliés. Il donne sa démission du Comité national français mais entend cependant conserver le commandement en chef des Forces navales françaises libres (FNFL). Le 4 mars, le général de Gaulle le place en réserve de commandement. Le gouvernement britannique menace de prendre des mesures de rétorsion si l'amiral n'est pas maintenu dans ses fonctions.

Au vice-amiral Muselier, à Londres

Londres, 3 mars 1942

Amiral,

Il m'est rapporté que vous auriez l'intention de traduire devant le tribunal maritime l'officier interprète et du chiffre Fleury pour le motif de m'avoir donné communication de télégrammes émanant de votre état-major.

Je ne puis croire à cela. Si j'avais jugé Fleury coupable, je l'aurais naturellement fait inculper moi-même.

Afin d'éviter tout malentendu et, éventuellement tout abus à ce sujet, j'affecte, par décision ci-jointe, le [commissaire de troisième classe] Fleury à l'armée de terre. Il vous appartient de transmettre, s'il y a lieu, au général de division commissaire national à la Guerre les éléments de plainte que vous pourriez avoir à formuler à son grief.

Au vice-amiral Muselier, à Londres

Londres, 4 mars 1942

Amiral,

Par lettre du 3 mars 1942 vous me demandez d'accepter votre démission de commissaire national à la Marine et à la Marine marchande.

J'ai l'honneur de vous faire connaître que j'accepte cette démission. Quel que puisse être mon regret de voir le Comité national perdre le bénéfice de votre collaboration, la cohésion du Comité doit, pour moi, l'emporter sur toute autre considération.

Or les motifs[1] que vous voulez bien me donner pour expliquer votre demande m'obligent à considérer qu'une telle cohésion ne serait plus, désormais, compatible avec votre présence dans le Comité.

J'espère pouvoir continuer à utiliser vos hautes qualités et votre grande expérience de chef et de marin dans l'exercice d'un commandement militaire, comme vous en exprimez le désir. En tout cas, je serai toujours heureux de recueillir en matière militaire vos avis et vos conseils.

Je vous prie d'agréer, amiral, l'expression de mes sentiments très sincèrement dévoués.

Note

Londres, 4 mars 1942

1. Décret

Le capitaine de vaisseau Auboyneau, commandant le *Triomphant*, est nommé contre-amiral à titre temporaire.

Cette promotion prend effet à la date du 3 mars 1942.

Le commissaire national à la Marine est chargé de l'exécution du présent décret.

2. Décret

Le contre-amiral Auboyneau est nommé commissaire national à la Marine en remplacement du vice-amiral Muselier dont la demande de démission en cette qualité est acceptée.

3. Décret

Le vice-amiral Muselier, disponible, est placé en réserve de commandement à la disposition directe du général de Gaulle.

1. Le vice-amiral Muselier évoquant la séance du Comité national du 3 mars déplore les « faiblesses » de l'organisation de la France Libre et critique les méthodes employées par certaines de ses autorités. Voir *Mémoires de guerre*, t. I, p. 656.

4. Décret

Pendant l'absence du contre-amiral Auboyneau, commissaire national à la Marine, les fonctions de commissaire national à la Marine sont exercées par le général de DI[1] Legentilhomme, commissaire national à la Guerre.

5. Décision

Le capitaine de vaisseau Moret, chef d'EM de la Marine, est nommé au commandement du *Triomphant* en remplacement du contre-amiral Auboyneau nommé commissaire national à la Marine.

Le capitaine de vaisseau Moret rejoindra son poste immédiatement et sans délai.

6. Décision

Le capitaine de vaisseau Ortoli est nommé chef d'état-major de la Marine en remplacement du capitaine de vaisseau Moret affecté à un autre emploi.

Communiqué à la presse[2]

Londres, 4 mars 1942

Par décret du 4 mars signé du général de Gaulle, le général d'armée Catroux, délégué général et commandant en chef au Levant, est nommé commissaire national en mission, tout en conservant ses fonctions actuelles.

Le vice-amiral Muselier a demandé au général de Gaulle d'accepter sa démission de ses fonctions de commissaire national à la Marine et à la Marine marchande et de lui confier le commandement de forces en opérations.

Le général de Gaulle a accepté cette double demande tout en exprimant à l'amiral Muselier son regret de renoncer à sa collaboration aux travaux du Comité national français.

Par décrets datés du 4 mars, le général de Gaulle a nommé commissaire national à la Marine, le contre-amiral Auboyneau, commandant les Forces Navales Françaises Libres dans le Pacifique. La Marine marchande est rattachée au département des Finances et des Colonies.

D'autre part, le capitaine de vaisseau Ortoli[3] a été nommé chef d'état-major de la Marine en remplacement du capitaine de vaisseau Moret, affecté à un autre emploi.

---

1. Division d'infanterie.
2. Ce communiqué est envoyé, le même jour, à tous les représentants de la France Libre dans le monde.
3. Le capitaine de vaisseau Paul Ortoli rallie la France Libre en 1940. Il commande le sous-marin *Surcouf*, puis devient chef du cabinet militaire du général de Gaulle dès la fin de 1941.

Télégramme au général Catroux[1], à Beyrouth

Londres, 4 mars 1942

J'ai l'honneur de vous annoncer que par décret en date de ce jour je vous ai nommé commissaire national en mission.

Vous continuerez à exercer vos fonctions actuelles de délégué général et commandant en chef au Levant.

Amitiés.

Au vice-amiral Muselier, à Londres

Londres, 6 mars 1942

Amiral,

Comme suite à ma lettre du 4 mars par laquelle j'ai accepté votre démission du commissariat national à la Marine et à la Marine marchande, j'ai l'honneur de vous faire connaître que, par décrets du 4 mars j'ai nommé au grade de contre-amiral le capitaine de vaisseau Auboyneau et le contre-amiral Auboyneau, commissaire national à la Marine. Par décret du même jour, la Marine marchande est rattachée au commissariat national aux Finances-Économie-Colonies.

En attendant l'arrivée du contre-amiral Auboyneau, le général de division Legentilhomme, commissaire national à la Guerre, a été chargé par décret de l'intérim du commissariat national à la Marine.

Enfin, par décision du 4 mars, je vous ai placé [directement] à ma disposition. Comme je vous l'ai écrit, mon intention est de vous confier dès que possible un commandement actif en opérations combinées. Si l'occasion ne pouvait s'en présenter dans un bref délai je compte vous demander de procéder à une mission d'inspection en Afrique et au Levant.

En attendant, il me paraît nécessaire que vous preniez quelque repos après le ralliement – parfaitement réussi – de Saint-Pierre-et-Miquelon. Je joins donc à ma lettre un titre de permission de trente jours.

Je ne vous cacherai pas le regret que m'ont causé votre demande de démission et l'obligation où je me suis trouvé d'accepter cette demande. Mais je compte que les dispositions désormais arrêtées seront exécutées sans incidents. Sachant à qui je m'adresse, je ne doute pas que vous soyez le premier à discerner ce que de tels incidents pourraient avoir de nuisible à une cause qui nous dépasse tous infiniment.

Je vous prie de croire, amiral, à mes sentiments très sincèrement dévoués.

1. Commissaire national en mission.

À Lord Tyrrell[1], à Londres

Londres, 8 mars 1942

Cher lord Tyrrell,

J'ai écrit à M. Eden, suivant l'avis que vous avez bien voulu me donner hier. Je vous prie de trouver ci-jointe copie de cette lettre[2].

Une chose que je n'y ai pas écrite c'est la lassitude personnelle que je finis par éprouver devant une tâche bien rude, dans laquelle je rencontre à chaque pas les obstacles dressés sur la route par mes alliés eux-mêmes, alors que les bons Français rassemblés à mes appels sacrifient tant de choses au maintien de cette alliance, malgré le vent et les marées.

Je suis sûr que vous, du moins, comprendrez mes sentiments.

Je vous prie d'agréer, cher lord Tyrrell, l'expression de mes sentiments bien dévoués et les plus distingués.

Télégramme au contre-amiral Auboyneau, à bord du *Triomphant*, transmis par Nouméa

Londres, 9 mars 1942

Très secret

Je reçois votre télégramme du 6 mars. Il est tel que je l'attendais. Nous nous entendrons certainement dans notre collaboration pour grandeur et honneur de la Marine française et pour service de la France. Vos collègues du Comité national présents à Londres vous adressent leur témoignage de cordiales amitié et confiance.

Je ne me suis pas adressé pour assurer ce poste à l'amiral d'Argenlieu parce qu'il est indispensable dans sa mission capitale au Pacifique.

Je vous demande de venir à Londres immédiatement car il est nécessaire que la Marine soit dirigée et commandée surtout après émotions qu'elle vient de traverser.

Entièrement d'accord avec vous sur nécessité absolue d'y renforcer la discipline et de mettre un terme aux intrigues politiques ou autres qui tendaient à s'y développer. À ce point de vue, comme aux autres, vous pouvez compter sur mon très ferme appui.

Je vous renseigne sur divers points dont vous paraissez n'avoir pas eu connaissance.

---

1. Président du groupement « Amis des volontaires français ».
2. Dans cette lettre du même jour, le général de Gaulle, au sujet de l'affaire Muselier, refuse catégoriquement de céder aux pressions britanniques sur une question qu'il considère comme purement française. Voir *Mémoires de guerre*, t. I, p. 657 à 659.

Le *Surcouf*, commandé par Blaison, a malheureusement été coulé en Atlantique le mois dernier[1]. C'est une perte immense.

Ortoli est à Londres. Il assure provisoirement les fonctions de chef d'état-major de la Marine en attendant votre arrivée. Vous choisirez naturellement votre chef d'état-major.

Je suppose que Gilly[2] peut assurer le commandement du *Triomphant* jusqu'à l'arrivée de votre successeur. Sinon, je prie l'amiral d'Argenlieu de détacher provisoirement Cabanier pour commander dans l'intervalle.

Je vous attends et vous envoie mes amitiés.

Télégramme au général Catroux, à Beyrouth

Londres, 9 mars 1942

J'ai reçu vos télégrammes n°s 227/CH et 242/CH. Sans viser le fond de la question Choukri Kouatli, sur lequel je suis d'accord avec vous[3], je suis surpris que vous adressiez directement des communications au Foreign Office. Le commissariat national aux Affaires étrangères est seul qualifié pour traiter directement avec le gouvernement britannique. Si le Foreign Office vous adresse directement des communications, cela peut être conforme aux façons habituelles de nos alliés anglais qui tendent toujours à manœuvrer par l'intérieur de leurs partenaires, mais cela est formellement contraire aux attributions et à l'exercice des pouvoirs français. Vous devez donc, en pareil cas, transmettre au commissaire national aux Affaires étrangères la communication du gouvernement britannique avec votre avis, et ne pas adresser de réponse vous-même.

À J. A. Pagès[4], à Londres

Londres, 9 mars 1942

Mon cher Pagès,

Qui voulez-vous qui éprouve mieux que moi-même les sentiments de douleur qui vous animent devant la mort de nos compatriotes des usines Renault ? Nous-mêmes, exactement comme les Français en France, nous portons leur deuil.

---

1. Le capitaine de corvette Blaison, rallié à la France Libre en 1940, périt dans le naufrage du sous-marin *Surcouf* qui heurte un cargo à l'entrée du canal de Panamá le 19 février 1942.

2. Pierre Gilly est lieutenant de vaisseau quand il rallie la France Libre en 1940. Depuis lors, il sert à bord du contre-torpilleur *Le Triomphant*.

3. Le général Catroux refuse le retour en Syrie de Choukri Kouatli, « premier partisan de l'Axe ». La radio de Berlin a rendu hommage au « patriotisme » de celui-ci.

4. Directeur de plusieurs restaurants à Londres et gérant de la cantine de la France Libre à Carlton Gardens, J. A. Pagès demande au général de Gaulle de protester publiquement contre « l'assassinat de nos compatriotes de Paris par les bombes anglaises ».

Pour délivrer la France de l'ennemi, pour chasser de Paris, de Bordeaux, de Lille et de Strasbourg les Allemands qui y sont venus et qui s'y maintiennent par les armes, il n'y a malheureusement aucun autre moyen que d'y porter la bataille. C'est ce que nous avons fait, vous et moi, lors de la dernière guerre quand nous tirions sur nos propres villes et villages de France occupée, que tenait l'Ennemi. Je puis même vous dire, en confidence, que cela a été cause d'un des plus grands chagrins personnels de ma vie, car une jeune fille, qui était alors presque ma fiancée, fut tuée à Lille de cette façon par un obus anglais en 1917.

Dans la situation atroce où est notre Patrie, le devoir est très dur, mais c'est le devoir. Il faut vaincre l'envahisseur par tous les moyens.

À vous bien cordialement.

Apostille[1]

Dire à Pechkoff que ces bombardements – bien que nous ne les désapprouvions pas – ont été exécutés sans que nous ayons été aucunement consultés.

Télégramme à Alain Savary, administrateur des îles Saint-Pierre-et-Miquelon[2]

9 mars 1942

L'amiral Muselier est arrivé à Londres le samedi 28 février et a été accueilli sur le terrain d'aviation par le général de Gaulle et tous les membres du Comité national présents à Londres. À la séance du Comité national du 3 mars, l'amiral a rendu compte des heureux résultats de sa mission et le Comité national a été unanime à l'en féliciter.

Cependant l'amiral a demandé au général d'accepter sa démission de membre du Comité et malgré les objurgations des membres du Comité n'a pas cru pouvoir retirer sa démission que le général a alors acceptée. Le général a désigné le capitaine de vaisseau Auboyneau, le plus ancien des capitaines de vaisseau, comme commissaire national de la Marine et Auboyneau a accepté. Le commandant Moret[3] est remplacé comme chef d'état-major provisoirement par le commandant Ortoli jusqu'à l'arrivée du nouveau commissaire national à la Marine qui choisira alors son chef

1. Sur une lettre du 5 mars 1942 du lieutenant-colonel Pechkoff, représentant de la France Libre au Cap (Afrique du Sud), signalant la reprise dans le journal local *Cape Argus* d'informations de la presse américaine critiquant de récents bombardements anglais sur des usines parisiennes.

2. Dont le gouverneur en titre, démissionnaire à la suite du départ du vice-amiral Muselier du Comité national, était le capitaine de frégate Héron de Villefosse.

3. Pseudonyme du capitaine de vaisseau Moulec, chef d'état-major du vice-amiral Muselier.

d'état-major. Le commandant Moret va prendre un commandement. Le général Legentilhomme assure l'intérim à la Marine en attendant l'arrivée d'Auboyneau. La Marine marchande est rattachée au Commissariat national à l'Économie, aux Finances et aux Colonies.

Devinant l'affection que l'amiral avait certainement su provoquer chez les Saint-Pierrais, vous verrez à empêcher toute fausse interprétation de ces décisions qui ont été prises par le Comité national et permettront de satisfaire le désir de l'amiral de diriger des opérations actives. Les difficultés qui avaient existé du côté américain et qui nous avaient empêchés pendant les dernières semaines de répondre rapidement à vos demandes parce que nous étions en pleine négociation, sont sur le point d'être complètement réglées. Vous et vos collaborateurs pouvez par conséquent regarder l'avenir avec une complète confiance. Les sacrifices des marins du *Surcouf* et de l'*Alysse*, les exploits des soldats du Tchad et de Libye, font donner à la France Libre un nouveau rayonnement et nous pensons être à la veille d'une importante étape dans ses progrès. Nous laissons à votre discernement l'utilisation des informations de ce télégramme.

Au vice-amiral Muselier[1], à Londres

Londres, 10 mars 1942

Amiral,

Le général Legentilhomme ayant été nommé par décret du 4 mars Commissaire national à la Marine par intérim en attendant l'arrivée du contre-amiral Auboyneau, je vous prie de lui remettre les pouvoirs sans délai.

Toute décision que vous auriez prise à dater du lendemain de la signature du décret serait illégale et le Comité national n'admet pas la vacance des pouvoirs.

D'autre part, par décret du 4 mars, vous avez été placé en réserve de commandement et mis [directement] à ma disposition. Vous n'exercez donc plus – jusqu'à nouvel ordre éventuel – le commandement en chef des forces navales.

Enfin, je vous ai attribué une permission de trente jours pour vous permettre de prendre du repos et pour faciliter les transitions.

Dans ces conditions, et étant donné que votre présence prolongée à l'état-major de la Marine donne lieu, parmi le personnel, à confusion et

1. Une remarque du général de Gaulle figure sur ce document : « Lettre non envoyée parce qu'au moment où cette lettre allait être remise, l'amiral Muselier a obtempéré et quitté Westminster House ». Une autre indication, non écrite à la main du général de gaulle, figure sur le document : « Cette lettre, pour n'avoir pas été envoyée n'en éclaire pas moins le débat ! En fait, Muselier n'a pas obtempéré et s'est maintenu des semaines à Westminster House ». Signé S.

fausses interprétations, je dois vous inviter à vous en retirer aujourd'hui même.

Il va sans dire que si des incidents devaient se produire dans la Marine, je vous tiendrais pour responsable. Il vous appartenait, en effet, de donner les ordres et avis nécessaires à ce sujet dès que vous avez eu connaissance des décrets du Comité national.

Je vous prie d'agréer, amiral, l'expression de mes sentiments distingués.

Télégramme à la délégation France Libre, à Washington

Londres, 10 mars 1942

Secret

Le Comité national vient d'être amené à apporter deux changements à sa composition par décrets du 4 mars.

D'une part, le général Catroux a été nommé commissaire national en mission, tout en conservant ses attributions actuelles de délégué général et plénipotentiaire au Levant.

D'autre part, le contre-amiral Auboyneau a été nommé commissaire national à la Marine en remplacement du vice-amiral Muselier qui m'a prié d'accepter sa démission et de lui donner un commandement en opération.

Pour ce qui concerne l'amiral Muselier, je regrette, dans une certaine mesure, d'avoir dû prendre cette détermination, surtout après le succès du ralliement de Saint-Pierre-et-Miquelon. Toutefois, il est revenu physiquement très fatigué et dans un état de fébrilité revendicatrice qui risquait de porter atteinte à l'autorité du Comité national. Si vous êtes amené à fournir quelques commentaires à ce sujet, vous le ferez avec discrétion en disant que la santé de l'amiral exige du repos.

En tout cas, vous marquerez bien que la France Libre est un bloc inébranlable qu'aucune question personnelle ne saurait détourner de son but ni ébranler dans sa cohésion.

À Philips Guedalla, à Dunmow, Essex

Londres, 11 mars 1942

Cher monsieur Guedalla,

J'ai reçu avec beaucoup de plaisir l'ouvrage dont vous avez bien voulu me faire l'hommage. Le duc de Wellington a compté parmi les adversaires les plus déterminés que la France ait connus. Pourtant, je me plais à reconnaître en lui l'un de ceux dont il est bon que l'Angleterre se souvienne aujourd'hui ; il lui présentera l'image même de la ténacité.

Je me promets un délicat plaisir de la lecture de votre ouvrage, que j'entreprendrai dans les instants de loisir que me laisse ma tâche.

Permettez-moi de vous adresser, en attendant, mes remerciements bien sincères pour votre aimable attention à mon égard.

Bien sincèrement à vous.

Apostille[1]

Le général Catroux a raison. Il faut que l'Information comprenne une fois pour toutes que la france combattante n'est pas à Londres, mais dans nos territoires libres et en territoires occupés par l'ennemi.

Note sans indication d'utilisation

Londres, 14 mars 1942

Le vice-amiral Muselier devant prendre du repos, le contre-amiral Auboyneau est nommé commandant des FNFL. En attendant l'arrivée du contre-amiral Auboyneau, le capitaine de vaisseau Gayral[2] exercera ses fonctions par intérim.

Le capitaine de frégate Jacquet, sous-chef d'EM, exercera les fonctions de chef d'EM de la Marine.

Le capitaine de vaisseau Moret, qui a reçu une nouvelle affectation, est mis en permission jusqu'à la date de son départ.

Ordre notifié à tous les officiers des Forces françaises libres

Londres, 14 mars 1942

À l'occasion du changement survenu par pénible nécessité et sur mon ordre dans le haut-commandement des Forces Navales Françaises Libres, une certaine agitation s'est produite dans les esprits.

Si, par suite de cette agitation, les Forces Navales Françaises Libres se laissaient, par malheur, entraîner à l'indiscipline, ce serait la fin de la Marine Française Combattante. L'union nécessaire des Français en subirait une atteinte grave.

Personne n'y gagnerait, excepté, finalement, l'ennemi.

J'en appelle au bon sens, à la discipline et au patriotisme de tous.

Mes ordres sont les suivants :

---

1. Sur un télégramme du 12 mars 1942 envoyé de Beyrouth par le général d'armée Catroux, qui se plaint que la presse reçue de Grande-Bretagne ne réserve qu'une place minime aux États du Levant (Syrie et Liban) dont il est le haut-commissaire.

2. Capitaine de frégate rallié à la France Libre en 1940, Jean Gayral a commandé le cuirassé *Courbet*.

Le contre-amiral Auboyneau, commissaire national à la Marine, commande les Forces Navales Françaises Libres sous mon commandement en chef.

En attendant l'arrivée de l'amiral Auboyneau,

a. le général de division Legentilhomme exerce, par intérim, les fonctions de commissaire national à la Marine,

b. le capitaine de vaisseau Gayral exerce, par intérim, le commandement des Forces Navales Françaises Libres,

c. le capitaine de frégate Jacquet, sous-chef d'état-major, exerce les fonctions de chef d'état-major de la Marine.

Que chacun fasse son devoir !

Au vice-amiral Muselier, à Londres

Londres, 16 mars 1942

Amiral,

J'ai l'honneur de vous adresser notification de l'ordre ci-joint relatif au commandement des FNFL.

Quelles que soient les dispositions que je puisse être amené à prendre en ce qui vous concerne, votre présence à Londres actuellement donne lieu, dans le personnel, à confusion et fausses interprétations dont la discipline risque de souffrir.

Je dois, en conséquence, vous inviter à quitter Londres sans délai jusqu'à décision à intervenir.

Veuillez croire, amiral, à mes sentiments distingués.

À Anthony Eden, à Londres

Londres, 16 mars 1942

Cher monsieur Eden,

Par suite de récentes décisions prises par le Comité national, j'ai été amené à procéder à certains changements dans le commandement des Forces Navales Françaises Libres. Ces changements sont précisés dans l'ordre dont ci-joint copie[1].

Je serais reconnaissant à Votre Excellence de bien vouloir en aviser les autorités navales britanniques.

Il va de soi que ces dispositions ne modifient en rien notre désir de voir se poursuivre intégralement l'excellente collaboration entre la petite Marine Française Libre et la grande Marine britannique.

Bien sincèrement à vous.

1. Voir l'ordre du 14 mars.

Télégramme au capitaine de vaisseau de Villefosse, à Saint-Pierre-et-Miquelon

Londres, 16 mars 1942

Secret

Je reçois votre télégramme n° 223 du 15 mars[1]. Il ne vous appartient pas de vous élever contre mes décisions, dont d'ailleurs vous ne connaissez pas les motifs. Naturellement je ne donne pas satisfaction à votre demande d'être relevé de votre commandement. Vous avez le devoir pur et simple d'observer la discipline et de la faire observer par vos subordonnés.

Dans cette circonstance comme dans toute autre, un officier supérieur chargé de la défense d'un territoire français devant l'ennemi donne l'exemple. J'ai confiance en vous. Veuillez m'accuser réception de ce télégramme.

Télégramme à l'administrateur Savary, à Saint-Pierre-et-Miquelon

Londres, 16 mars 1942

Dans la conjoncture résultant de la démission et de l'indisponibilité de l'amiral Muselier, vous devez obvier à tous commentaires et a fortiori à toutes manifestations susceptibles de troubler l'ordre public dans le territoire dont vous avez la charge. Veuillez rendre compte à mesure et exactement au Comité national. Je compte sur vous.

Télégramme au général Catroux, à Beyrouth

Londres, 17 mars 1942

Très secret

Le général Auchinleck fait demander l'installation aussi rapide que possible d'un service de renseignements en Afrique du Nord, plus particulièrement en Tunisie, en prélevant les moyens sur des éléments du Levant.

J'accéderai à son désir dès que j'aurai acquis la certitude que le colonel Servais[2] pourra travailler en complète collaboration avec les services américains, je dis américains, et britanniques.

Le colonel Servais gagnera alors Le Caire par avion.

Comme je vous l'ai demandé par télégramme n° 679b/EMP/103, je vous serais obligé de l'aider de tous moyens.

---

1. Le capitaine de vaisseau de Villefosse demande à être relevé de son commandement à la suite du départ de l'amiral Muselier.

2. Pseudonyme de Sémidéï. Le colonel Servais fait partie des services secrets de la France Libre.

Le colonel Servais reste à mes ordres directs pour des raisons d'organisation intérieure de nos services de renseignements mais il est bien entendu qu'il travaillera en parfait accord avec vous et qu'il vous tiendra au fait. Vos conseils lui seront évidemment les plus précieux de tous.

Télégramme au haut-commissaire Sicé, à Brazzaville

Londres, 17 mars 1942

Je vous prie d'exprimer au général commandant supérieur en AFL mes très vives félicitations au sujet des opérations en cours en Libye du Sud et transmettre au général commandant les troupes du Tchad le message suivant :

« Les opérations victorieuses exécutées sous votre commandement en Libye du Sud sont une réussite complète. Général Leclerc, vous et vos glorieuses troupes êtes la fierté de la France. – Général de Gaulle. »

D'autre part, je cite à l'ordre de l'armée les colonnes mobiles du Tchad pour le motif suivant :

« Admirables troupes qui, sous le commandement d'un chef d'une exceptionnelle valeur, le général Leclerc, ont parfaitement préparé et victorieusement exécuté une série d'opérations offensives en Libye italienne contre un ennemi fortement organisé et dans les conditions de terrain et de climat les plus dures du globe ; ont infligé aux Italiens de lourdes pertes, fait plus de prisonniers qu'elles-mêmes ne comptaient d'hommes, détruit ou pris un matériel dix fois plus considérable que celui dont elles disposaient. »

Je cite à l'ordre de l'armée le groupe d'aviation « Bretagne » pour le motif suivant :

« Excellente unité de l'air. Sous les ordres de son chef, le commandant Noël, a parfaitement et vaillamment appuyé les opérations offensives en Libye du Sud par de multiples reconnaissances et bombardements exécutés aux plus grandes distances contre un ennemi aérien très supérieur et dans les plus difficiles conditions. A détruit plusieurs avions ennemis et infligé aux Italiens des pertes graves en personnel et en matériel. »

Enfin, je vous prie de m'adresser d'urgence par télégramme première liste des noms et grades des militaires de terre et de l'air que vous me proposez pour croix de la Libération, médaille militaire ou citations ordre de l'armée.

À Anthony Eden, à Londres

Londres, 18 mars 1942

Mon cher Secrétaire d'État,

Par votre lettre en date de ce jour, vous avez bien voulu m'adresser un mémorandum fixant les relations commerciales et économiques entre le Royaume-Uni et le territoire rallié au Comité National Français de l'Afrique-Équatoriale Française pour la période comprise entre le 1er octobre 1941 et le 30 septembre 1942.

En ma qualité de Président du Comité National Français et au nom dudit Comité, j'ai l'honneur de vous faire savoir que j'accepte les termes de ce mémorandum qui sera considéré comme un accord fixant, entre le Gouvernement de Sa Majesté dans le Royaume-Uni et le Comité, les relations commerciales et économiques entre le Royaume-Uni et l'Afrique-Équatoriale Française pour la période ci-dessus mentionnée, les deux textes, français et anglais, du mémorandum faisant également foi.

Veuillez agréer, mon cher Secrétaire d'État, l'assurance de ma haute considération.

À René Pleven[1]

Carlton Gardens, 18 mars 1942

Mon cher ami,

Comme je vous l'ai annoncé, je quitte Londres. Je le fais sans bruit et sans éclat. Mais je dois le faire. L'indépendance et la dignité françaises sont en cause dans la triste affaire Muselier, et je ne puis transiger là-dessus avec le gouvernement britannique. En pareille matière, il n'y a pas de concessions possibles et les hommes ne comptent pas.

Je vous prie de dire de ma part aux membres du Comité national que les conditions qui nous sont faites se trouvent incompatibles avec notre autorité et notre responsabilité. En conséquence nous ne pouvons poursuivre par cas de force majeure.

La France, maintenant, fera ce qu'elle voudra.

Je vous redis mes profondes amitiés.

À Anthony Eden, à Londres

Londres, 18 mars 1942

Secret

Monsieur le Ministre,

J'ai l'honneur de demander à Votre Excellence que le gouvernement britannique veuille bien faire assurer, conformément aux accords conclus, l'exécution de la sanction disciplinaire que j'ai prononcée à l'égard du capitaine de vaisseau Moret et dont le motif est joint.

Veuillez agréer, monsieur le Ministre, l'assurance de ma très haute considération.

1. La même note est adressée à André Diethelm et François Coulet.

Une punition de trente jours d'arrêts de forteresse est infligée au capitaine de vaisseau Moret pour le motif suivant :

« Ayant reçu l'ordre de transmettre immédiatement à son successeur désigné ses consignes de chef d'état-major de la Marine, s'y est d'abord refusé. A dirigé dans la Marine une agitation dangereuse, poussant des officiers à des manifestations contraires à la discipline et cherchant à provoquer des incidents dans les bases navales et sur les navires, allant jusqu'à donner à des officiers rassemblés lecture de documents faux et calomnieux. Ayant enfin quitté son poste, a gardé par-devers lui et continué à utiliser pour l'action néfaste qu'il avait entreprise le chiffre des Forces Navales Françaises Libres. »

À René Pleven

Personnelle

Carlton Gardens, 19 mars 1942

Mon cher ami,

D'après ce que je vois, le gouvernement britannique n'a pas encore, à l'heure qu'il est, renoncé à intervenir dans la façon dont le Comité national français exerce sa souveraineté sur ceux qui dépendent de lui.

Le gouvernement britannique n'a pas encore pris le parti d'exécuter purement et simplement les engagements qu'il a contractés, notamment par l'accord du 7 août 1940.

Dans ces conditions, ma présence à Londres n'est pas concevable. Et je dois ajouter qu'à très bref délai celle du Comité national lui-même devra nécessairement cesser. Les plus néfastes dans cette affaire sont ceux qui croient ou disent que nous jouons une partie de poker !! Je ne crois pas qu'il y ait intérêt à dissimuler au gouvernement britannique ni notre point de vue tel qu'il est, ni les conséquences imminentes. Au contraire, il est loyal de lui dire où il va.

Je vous adresse mes meilleures amitiés.

Ordre

Londres, 20 mars 1942

Dans la période d'incertitude que traverse la Marine, le devoir est de faire son service et d'obéir.

Comme Chef des Français Libres j'ai donné des ordres. La Marine les exécutera.

Si quelque incident devait, cependant, se produire, ceux qui l'auraient causé et les chefs qui l'auraient toléré subiraient les sanctions prévues par la loi pour désobéissance devant l'ennemi.

Mais je sais que je puis compter sur le bon sens, le patriotisme et la discipline de tous.

Je salue, au nom de la France, la Marine Française Libre.

Télégramme au haut-commissaire Thierry d'Argenlieu, à Nouméa

Londres, s.d. *[avant le 21 mars 1942 ?]*

À déchiffrer vous-même

La petite crise occasionnée par la démission du vice-amiral Muselier comme commissaire national s'achève sans incident notable. Au fond, la raison de cette affaire est une intrigue politique montée par deux ou trois émigrés tels que André Labarthe, exaspérés par leur ambition fébrile, et qui espéraient amener grâce à la démission de l'amiral une crise grave dont ils auraient profité. Je ferai en sorte que l'amiral conserve des fonctions et un rang dignes de son grade, de sa personnalité et de ses services.

Il est nécessaire que l'amiral Auboyneau arrive sans délai prendre en mains notre Marine admirable dans sa presque totalité mais que quelques agitateurs bien placés commençaient à troubler. Il y a également beaucoup à faire pour la Marine au point de vue technique car le bon amiral Muselier était sérieusement fatigué et ne tenait plus les rênes que par personnes interposées. Je vous prie de communiquer ceci à Auboyneau.

Recevez tous deux mes confiantes amitiés.

Télégramme au général Catroux, à Beyrouth

Londres, 21 mars 1942

Très secret

Les incidents graves qui ont eu lieu dans l'escadron soudanais et l'indiscipline de certaines unités Saras[1] au Levant imposent des mesures d'ensemble.

La première consiste à renforcer l'encadrement des bataillons sénégalais qui ne sont pas en Libye. Si, comme cela me paraît possible, certains cadres expérimentés de ces bataillons ont été affectés aux unités de Libye, il vous appartient de les faire revenir, quels que soient les désirs des intéressés.

J'approuve, d'autre part, le rapatriement immédiat d'un millier de Saras.

1. Ethnie africaine.

Enfin, j'estime nécessaire de fixer une durée déterminée au séjour des bataillons sénégalais au Levant sauf opérations de guerre caractérisées. Cette durée peut être d'un an. La relève se ferait alors régulièrement entre bataillons sénégalais du Levant et bataillons de l'AFL. L'arrivée prochaine de deux bataillons nouveaux doit être considérée et présentée aux Sénégalais comme une relève.

Je vous signale l'expérience et l'autorité particulière du colonel Marchand[1] en ce qui concerne les contingents Saras.

Veuillez me faire connaître d'urgence quelles mesures complémentaires vous prenez indépendamment du rapatriement d'un millier de Saras et quelles mesures vous me demandez de prendre, le cas échéant, pour le maintien des effectifs au Levant sans que le moral de nos troupes coloniales en soit affecté.

Télégramme à l'administrateur Savary, à Saint-Pierre-et-Miquelon

Londres, 21 mars 1942

Très secret

Les changements que l'intérêt national m'ont obligé à apporter dans le commandement de la Marine sont maintenant un fait accompli. Aucun incident, ni sur les navires ni dans les bases. La Marine a parfaitement compris dans son immense majorité.

Je sais quels liens de dévouement personnel vous attachent à l'amiral Muselier. Mais je sais aussi que vous placez au-dessus de tout votre devoir envers la France. Comme administrateur d'un territoire français, compte tenu de la guerre et de la situation internationale, vous saurez, sans nul doute, obvier aux conséquences de ces pénibles événements. La discipline est nécessaire. Je la requiers et suis certain de n'avoir pas à l'imposer.

D'autre part, je fais donner par la Marine au capitaine de vaisseau de Villefosse l'ordre de remettre son commandement à l'officier le plus ancien présent à Saint-Pierre et de rentrer à Londres immédiatement et sans délai.

1. Commandant militaire du Tchad en août 1940, le colonel Marchand participe avec le gouverneur Éboué au ralliement de ce territoire à la France Libre.

Télégramme au général Catroux, à Beyrouth, au haut-commissaire Sicé, à Brazzaville, et au haut-commissaire Thierry d'Argenlieu, à Nouméa

Londres, 21 mars 1942

Très secret

Comme vous le savez, et indépendamment de la nomination du général Catroux comme commissaire national, le Comité national a apporté des changements dans sa composition et dans le commandement des forces navales.

L'amiral Auboyneau a remplacé l'amiral Muselier comme commissaire national à la Marine et comme commandant des forces navales.

Le capitaine de vaisseau Gayral exerce par intérim le commandement des forces navales en attendant arrivée d'Auboyneau.

Le capitaine de frégate Jacquet remplace capitaine de vaisseau Moret comme chef d'état-major.

Ces changements ont amené quelque émotion dans la Marine. D'autant plus que Muselier et Moret ont cherché à créer des incidents en s'appuyant sur des éléments malveillants de l'Amirauté britannique. Mais notre Marine a compris de quoi il s'agissait et il ne s'est rien produit ni sur les navires ni dans les bases en Angleterre. La crise est actuellement terminée et le résultat sera excellent.

Veuillez en tout cas faire en sorte que les éléments des forces navales qui sont sous votre autorité observent dans cette circonstance une discipline parfaite. Toute manifestation, quelle qu'elle soit, devrait être réprimée par vous immédiatement et avec rigueur.

Télégramme au contre-amiral Auboyneau[1], à Nouméa

Londres, 21 mars 1942

Très secret

Les changements que l'intérêt national et celui de la Marine m'ont obligé à apporter dans le commandement des forces navales sont maintenant un fait accompli. Gayral a pris ses fonctions par intérim et Jacquet a remplacé Moret en vous attendant. Il ne s'est produit aucun incident digne de ce nom ni sur les navires ni dans les bases. Quelques manifestations de mauvaise humeur parmi quelques officiers du pléthorique état-major. Dans son immense majorité la Marine a parfaitement compris.

1. Commissaire national à la Marine.

Je vous répète que votre arrivée ici est néanmoins très nécessaire et très urgente. Moret a pris une attitude d'insubordination caractérisée dans cette affaire dont il était l'un des principaux artisans et pour des fins inavouables. Il est maintenant aux arrêts. Mais on ne peut plus penser lui confier le commandement du *Triomphant*. Ortoli peut être envoyé sans délai pour ce commandement si vous le désirez. Lui-même naturellement le souhaite beaucoup. Mais vous ne devez pas attendre l'arrivée de votre successeur pour partir pour Londres. L'intérêt supérieur exige que vous preniez votre poste ici sans perdre un jour. Je vous adresse mes amitiés.

Note adressée aux commissaires nationaux

Londres, 22 mars 1942

Secret

Le Comité national se réunira demain, 23 mars à 15 h 30.

Au cas où le gouvernement britannique aurait adressé auparavant une réponse satisfaisante aux lettres du général de Gaulle datées du 12 et du 16 mars relatives à l'application des accords franco-britanniques dans l'affaire Muselier-Moret, la réunion du Comité national aurait lieu normalement à Carlton Gardens.

Dans le cas contraire, la réunion aurait lieu chez le général de Gaulle à Rodinghead near Berkhampstead, et le Comité national aurait à décider des mesures à prendre.

Dans un cas, comme dans l'autre, M. le commissaire national aux Affaires étrangères est prié d'apporter au Comité :

a. le dossier complet de l'affaire,

b. un projet de mémorandum relatant tous faits et toutes négociations qui s'y rapportent et destiné à servir d'annexe à une note du Comité national qui pourrait être adressée au gouvernement britannique et aux gouvernements alliés et associés.

Télégramme à Philippe Pierrené[1], à Ottawa (Canada)

Londres, 22 mars 1942

J'ai donné au capitaine de vaisseau de Villefosse l'ordre de remettre son commandement au plus ancien officier présent à Saint-Pierre et de rentrer à Londres immédiatement et sans délai[2].

Veuillez assurer le retour de Villefosse s'il vient au Canada ou à Terre-Neuve. Vous veillerez à ce qu'il ne fasse aucune déclaration sur

1. Délégué de la France Libre.
2. Par un télégramme du 21 mars.

aucun sujet. Vous donnerez de ma part la même consigne à Quedrue. Si cela était nécessaire je suis convaincu que les autorités canadiennes vous prêteraient sur ces divers points leur concours discret et amical dans l'intérêt commun. Tenez-vous en liaison avec Savary.

Le 23 mars 1942, le représentant du gouvernement britannique auprès du Comité national français, Charles Peake, rend visite au général de Gaulle. Il lui remet une note du gouvernement britannique renonçant à exiger le maintien de l'amiral Muselier comme commandant en chef des Forces navales françaises libres. Cependant, les Britanniques recommandent qu'une affectation conforme à son rang et à ses services lui soit confiée.

Au général Catroux, à Beyrouth,
et au haut-commissaire Sicé, à Brazzaville

Londres, 23 mars 1942

Par décret en date d'aujourd'hui le Comité national vient d'attribuer médaille coloniale à tous militaires ayant participé à opérations Libye Nord ou Érythrée ou Koufra ou Fezzan. Les agrafes seront Libye ou Érythrée ou Koufra ou Fezzan.

D'autre part, un autre décret attribue médaille Levant à tous militaires ayant participé à opérations de police au Levant ou séjourné au Levant pendant deux années au total.

Les modalités de ces deux décrets vous seront notifiées incessamment. Vous pouvez dès à présent annoncer leur promulgation et faire établir listes des intéressés.

Je compte que ces dispositions donneront satisfaction en particulier à nos tirailleurs sénégalais du Levant dont il y a lieu de rehausser le moral.

Télégramme au général Leclerc[1], transmis par Brazzaville

Londres, 25 mars 1942

Mon cher général,

Je vous ai nommé aujourd'hui par décret commandant supérieur en Afrique Française Libre.

Je désire que vous rejoigniez votre nouveau poste et preniez vos fonctions immédiatement et sans délai.

Le général Serres est mis à la disposition du général Catroux.

1. Commandant supérieur en Afrique française libre.

Veuillez me proposer d'urgence votre successeur dans ce commandement des troupes du Tchad que vous avez si glorieusement exercé. Mes profondes amitiés.

Télégramme au général Serres, à Brazzaville

Londres, 25 mars 1942

Mon cher général,

Suivant le désir que vous m'avez souvent exprimé, je vous ai placé par décret d'aujourd'hui à la disposition du général Catroux. Le général Leclerc est nommé commandant supérieur en Afrique Française Libre.

Au moment où vous allez quitter à la fois ce commandement et l'Afrique Française Libre, je tiens à vous exprimer ma satisfaction pour tout ce que vous avez fait. Je ne saurais oublier les excellents services que vous avez rendus à la France, tant dans la libération de l'Afrique équatoriale en août 1940 que dans les actions de guerre si brillamment menées par nos glorieuses troupes coloniales d'Afrique. Mes amitiés.

Télégramme au contre-amiral Auboyneau

Londres, 25 mars 1942

Secret

Bien que tout soit maintenant dans la bonne voie à la Marine, je vous dis encore une fois que vous devez venir ici immédiatement et par les voies les plus rapides.

En ce qui concerne le commandement du *Triomphant* j'envoie, d'accord avec Gayral, le commandant Ortoli qui nous paraît le plus qualifié. Moret s'est mis en effet dans une situation telle qu'il est impossible, je répète impossible, de lui confier un commandement aussi important, même si l'on admet qu'il présente la qualification technique nécessaire. Amitiés.

Télégramme à la délégation France Libre, à Washington

Londres, 28 mars 1942

Vous pouvez naturellement démentir les ridicules commentaires que certaines gens essaient de répandre aux États-Unis, au sujet de la démission de l'amiral Muselier.

Le fait est que celui-ci a quitté, sur sa demande, le Comité national et y a été remplacé par un autre amiral.

Toutes les histoires politiques ou autres greffées autour de cela ne sont qu'absurdes fantaisies.

La France Libre et les Forces Françaises Libres sont plus unies et résolues qu'elles ne l'ont jamais été.

Télégramme[1] au haut-commissaire Thierry d'Argenlieu, à Nouméa

Londres, 8 avril 1942

Secret
À déchiffrer vous-même

J'ai mûrement pesé votre télégramme n° 46 du 1er avril. Nous en avons d'autre part discuté en Comité national.

L'attitude du gouverneur Sautot à votre égard nous a mécontentés sans nous surprendre. Sautot ne pouvait manquer de se sentir diminué dans ses fonctions par votre présence. D'autre part, je conçois sans peine que sa manière de gouverner corresponde mal avec la vôtre, tout en trouvant quelque sympathie dans une population accoutumée à certains errements. C'est bien pourquoi, d'ailleurs, il est nécessaire que vous exerciez, comme vous le faites, habilement et fermement l'autorité entière que vous délègue le Comité national.

Cependant, ni vous ni nous n'oublions que le gouverneur Sautot a rallié à la France Libre les Nouvelles-Hébrides et la Nouvelle-Calédonie et qu'en le faisant il a prouvé son mérite et son courage.

C'est pourquoi je souhaiterais qu'il vous fût possible d'utiliser encore les services de Sautot à qui une admonestation de ma part pourrait faire mieux comprendre son devoir. Je suis prêt à lui adresser un message en conséquence. Si, toutefois, vous jugiez en conscience qu'un tel colmatage est décidément impossible, je l'appellerais à Londres dans des conditions sauvegardant son amour-propre et l'opinion qu'il a certainement de n'avoir pas démérité. Dans ce cas, vous considéreriez comme un ordre pour vous et pour Sautot le message suivant :

« Général de Gaulle à commissaire national d'Argenlieu :

« La menace directe et grandissante que l'ennemi fait peser sur les possessions françaises du Pacifique impose au Comité national de prolonger *sine die* la délégation de pouvoirs qu'il vous a confiée en Extrême-Orient, tant au point de vue politique qu'au point de vue militaire.

« Dans ces conditions, la présence en Nouvelle-Calédonie d'une personnalité aussi considérable que le gouverneur Sautot, membre du Conseil de défense de l'Empire et ancien haut-commissaire dans le Pacifique, ne

1. Une partie de ce télégramme a déjà été publiée dans les *Mémoires de guerre*, t. I, p. 534 et 535.

correspond plus ni à la nécessité de centraliser l'autorité pour la défense ni à celle d'utiliser au mieux la compétence et le prestige des chefs qui ont joué un rôle essentiel dans le ralliement de nos territoires.

« J'ai décidé, en conséquence, d'inviter le gouverneur Sautot à venir à Londres où je compte lui faire connaître, après l'avoir vu, le nouveau poste que j'ai l'intention de lui attribuer. En même temps, le gouverneur Sautot rapportera au Comité national tous éléments complets de la situation au Pacifique, notamment pour ce qui concerne l'administration, la situation économique et l'état des esprits. Je désire qu'il passe par les États-Unis où il mettra notre délégation au courant de ce qu'elle a intérêt à savoir.

« Vous ne manquerez pas de dire de ma part au gouverneur Sautot, et de faire connaître à la population avant son départ, ma satisfaction et celle du Comité national pour la manière dont il a accompli une mission particulièrement difficile et méritoire.

« Je vous prie d'assurer d'urgence l'exécution de ces prescriptions et de me faire connaître la date du départ du gouverneur Sautot. »

Note sans indication d'utilisation

Londres, 9 avril 1942

Au total nous ne devons prendre d'engagements vis-à-vis des Britanniques que :

pour ce qui se passe sur leur territoire,
pour les effectifs dont nous leur demandons de nous avancer les soldes,
pour les sujets britanniques.

À Alain Savary [inédit]

Le général de Gaulle
4, Carlton Gardens SW1
Whitehall 5444
Le 10 avril 1942

Mon cher Savary,

Je profite du voyage de [...[1]] pour vous écrire ce mot personnellement.

Je sais que vous avez bien débuté dans vos importantes fonctions d'administrateur de nos îles. Je vous recommande de maintenir votre administration sur le plan d'une absolue « régularité », et du plus grand « standing » possible.

En ce qui concerne l'exercice de votre autorité, n'hésitez jamais à être catégorique vis-à-vis de tous et de chacun.

1. Illisible.

L'amiral Muselier avait, hélas ! dès son retour, servi de chef de file à tout une intrigue politique et personnelle dirigée contre le Comité National et contre moi. Il l'a fait dans l'illusion d'être soutenu par les Anglais et suivi par la Marine. Il a actuellement échoué. Mais je le regrette beaucoup pour lui qui est, désormais, hors de notre cause. Il faut être centripète et non centrifuge.

Croyez à mes amitiés,

C. de Gaulle

Télégramme au haut-commissaire Thierry d'Argenlieu, à Nouméa

Londres, 14 avril 1942

Secret

Je réponds à votre télégramme n° 296.

1. Je ne suis pas opposé à ce que vous négociiez avec les gouvernements australien et néo-zélandais la reconnaissance de l'exercice, par le Comité national français, de la souveraineté française dans les îles françaises du Pacifique.

a. Toutefois, vous devez considérer que les gouvernements alliés ont adopté, à l'égard du Comité national, une politique beaucoup plus large et compréhensive que celle du gouvernement américain. En particulier, M. Eden a marqué, le 26 septembre 1941, au général de Gaulle que le gouvernement britannique « était prêt à traiter avec le Comité national toutes les questions impliquant sa collaboration avec le mouvement de la France Libre et avec les territoires français d'outre-mer qui se rangent sous son autorité.

b. Je me permets de vous rappeler, en outre, que vous menez cette négociation en votre qualité de délégué du Comité national pour le Pacifique, dans le cadre des instructions qui vous ont été adressées le 28 novembre 1941, sous le numéro 3011a/AX[1]. Dans ces conditions, je vous prie de me faire part de la formule à laquelle vos négociations vous auront conduit, pour permettre au Comité d'en délibérer avant signature.

2. Le titre de nos représentants a été fixé par décret du 4 février 1942 qui vous a été envoyé par courrier. C'est celui de délégué. Le titre de délégué général n'a été donné qu'au général Catroux, qui cumule des fonctions politiques et des fonctions administratives. Le titre de « représentant » avait donné lieu à de nombreux abus ; il a, en outre, une allure commerciale ; il a été abandonné.

Tels qu'ils nous ont été transmis, les paragraphes 2 et 3 de votre communication paraissent contradictoires. Veuillez vérifier.

1. Voir *Mémoires de guerre*, t. I, p. 489 et 490.

3. L'Australie n'a pas, à Vichy, de mission diplomatique ou consulaire. La présence d'un consul de Vichy à Sydney ne saurait empêcher l'adoption d'une formule analogue à celle qui a été indiquée plus haut.

Au sujet de votre paragraphe 5, il est rappelé que les ambassadeurs représentent la personne du chef de l'État et les ministres plénipotentiaires représentent le gouvernement. Le titre « délégué du Comité national français » est donc justifié, par le fait que, dans le décret organique, le délégué est assimilé à un ministre plénipotentiaire.

J'ajoute que nous cherchons, autant que possible, à éliminer l'emploi de l'expression « France Libre », beaucoup trop restrictive. Notre action ne se justifie que si nous représentons dans le camp allié la nation française elle-même, affirmant ainsi sa participation à la lutte et ses droits à la victoire.

À cet égard, nous attacherions beaucoup de prix à ce que, dans les textes qui pourraient être échangés avec les gouvernements australien et néo-zélandais, les mots « France Libre » fussent remplacés par « France Combattante ».

4. Dans une lettre confidentielle, remise à notre délégation, le State Department a déclaré : « Les îles françaises du Pacifique sont et resteront françaises. » Il serait du plus haut intérêt d'obtenir, sous une forme équivalente, une déclaration semblable des gouvernements de Canberra et de Wellington.

5. Nous attendons avec beaucoup d'intérêt vos propositions.

Note de service

Londres, 18 avril 1942

Très secret

Le vice-amiral Muselier procédera en Afrique Française Libre et au Levant à une inspection dont l'objet et les conditions lui seront fixés par le général de Gaulle. Cette inspection portera, en particulier, sur la défense, l'utilisation et l'extension des ports de Pointe-Noire, Douala et Libreville et la défense des côtes des États du Levant sous mandat français.

Le vice-amiral Muselier préparera immédiatement son départ pour cette inspection, départ qui devra avoir lieu le 1er mai, au plus tard.

Jusqu'à son départ et pour des raisons d'ordre, le vice-amiral Muselier est invité à ne pas se rendre auprès des états-majors ni auprès des forces navales, aériennes et terrestres en Grande-Bretagne.

Ses communications auront lieu par l'intermédiaire de l'état-major particulier.

Le général de Gaulle recevra le vice-amiral Muselier le 25 avril à 11 h 30[1].

---

1. L'amiral Muselier ne viendra pas au rendez-vous.

À Jacques Maritain, à New York

Londres, 4 Carlton Gardens, le 21 avril 1942

Mon cher maître,

M. Tixier[1], qui rentre à Washington, vous dira de ma part certaines choses qui, je l'espère, répondent à vos préoccupations.

J'ai regretté que vous n'ayez pu encore venir à Londres[2]. Je vous l'avais demandé, et je vous le demande, pour des raisons qui me paraissent nous dépasser tous les deux.

Pour servir mieux la France – ce qui est notre seul but – nous avons besoin à la fois de nous étendre et de nous concentrer. Et moi-même j'ai besoin d'être aidé.

J'espère beaucoup que votre décision de ne point venir me voir pourra être modifiée. Les événements nous pressent. D'autre part, je compte sur M. Tixier pour vous informer assez complètement.

Je vous prie de croire, mon cher maître, à mes sentiments de haute sympathie et de profonde estime.

Au vice-amiral Muselier, à Londres

Londres, 2 mai 1942

Amiral,

Je vous serais obligé de bien vouloir venir me voir mardi 5 mai à midi.

Veuillez croire, amiral, à ma considération la plus distinguée.

Au général François d'Astier de La Vigerie

Londres 2 mai 1942

Mon général,

Venez ! Nous avons besoin de vous. Il y a tant à faire pour une personnalité de votre taille dans ce combat où il faut reconstruire toute la position de la France !

Je vous prie de croire, mon général, à mes sentiments de profonde estime et de sincère dévouement.

---

1. Adrien Tixier, directeur du Bureau international du travail en 1939 et chef de la délégation de la France Libre aux États-Unis. Commissaire au Travail dans le gouvernement provisoire français à Alger en 1943 et ministre de l'Intérieur en 1944.

2. M. Maritain a décliné l'invitation confirmée du général de Gaulle à se joindre à son Comité national de Libération de la France, ou au moins à le rencontrer à Londres.

Après s'être incliné, le 30 avril 1942, devant la décision du général de Gaulle de le rappeler à Londres, le gouverneur Sautot, le 2 mai 1942, surseoit à son départ, arguant du trouble que celui-ci causerait dans la population.

Télégramme au gouverneur Sautot, à Nouméa

Londres, 3 mai 1942

J'ai reçu votre message[1]. La population de la Nouvelle-Calédonie sait que les décisions du général de Gaulle et du Comité national sont prises en ne considérant que l'intérêt général.

Je maintiens l'ordre que je vous ai donné de venir me voir à Londres. J'ai besoin de vous pour un autre emploi. La population ne peut s'étonner de vous voir exécuter mes ordres si vous-même vous abstenez de provoquer son étonnement.

Veuillez m'accuser réception de ce télégramme et me faire connaître la date de votre départ. Amitiés.

Durant le mois de mai 1942, les Britanniques font pression sur la France Libre afin que des élections soient organisées en Syrie et au Liban.

Télégramme[2] au général Catroux, à Beyrouth

Londres, 4 mai 1942

J'ai mûrement pesé votre télégramme du 29 avril et nous l'avons étudié en Comité national.

Pour ce qui concerne la Syrie, vous proposez, en somme, la solution que je vous recommandais en juillet, c'est-à-dire la remise en place du président Hachem bey[3], lequel se ferait confirmer ses pouvoirs par la Chambre antérieurement élue. Cette solution m'a toujours paru la plus raisonnable et la plus équitable. Il faudra, toutefois, expliquer à l'opinion le retard apporté à l'appliquer. Naturellement, des élections ne peuvent être imaginées dans la situation stratégique actuelle de la Syrie.

Pour le Liban, nous voyons moins clairement où peut conduire actuellement la solution constitutionnelle. Eddé[4] était démissionnaire comme président et nous croyons que la dernière Chambre élue était honnie par

1. Voir *Mémoires de guerre*, t. I, p. 534.
2. Une partie de ce télégramme a déjà été publiée dans les *Mémoires de guerre*, t. I, p. 593.
3. Hachem bey Atassi fut écarté de ses fonctions de président de la République syrienne par les autorités françaises en 1939.
4. Émile Eddé donne sa démission de président du Liban avant la campagne de Syrie de 1941.

l'opinion entière. Veuillez nous dire ce que vous vous proposez de faire au Liban.

Nous pourrions considérer comme normal que vous déclariez les traités de 1936 comme base provisoire de nos rapports avec les États. Mais il semble que la ratification pure et simple de ces traités risquerait de mettre fin automatiquement au mandat. Il faudrait éclaircir ce point et maintenir que le mandat est valable jusqu'à ce que la Société des Nations en ait relevé la France. Je vous prie de vous reporter, à ce sujet, à la lettre que je vous ai adressée de Damas, le 24 juin[1]. D'autre part, je vous rappelle que beaucoup de Libanais, et spécialement le cardinal Tappouni, sont résolument hostiles au traité de 1936 pour le Liban parce qu'il ne protège pas suffisamment les minorités religieuses. Il y aurait donc quelque chose à préciser à ce sujet.

Nous pensons que vous avez le moyen de faire sentir à Spears que ses pressions et ingérences pourraient donner lieu de notre part à diverses représailles. Ce qui se passe pour l'indépendance des Indes et la situation de la Palestine sous mandat britannique permettrait certainement à quelques journaux arabes et autres du Levant de lancer des flèches aiguisées. Cela donnerait à entendre aux Britanniques qu'ils ont grand intérêt à s'accorder avec nous vis-à-vis de l'opinion. Vous pourrez dire également à Spears que nous sommes souvent sollicités par les sionistes, notamment aux États-Unis, de prendre une position plus marquée en faveur de leur cause. Nous nous sommes jusqu'à présent abstenus mais cela pourrait n'être pas définitif. Enfin M. Maigret[2], en mettant Djeddah au courant des intrigues de Noury Pacha Saïd, d'Abdullah et de Spears[3], obtiendrait peut-être d'Ibn Séoud[4] une déclaration un peu menaçante qui calmerait ces messieurs pour un moment.

En conclusion, nous approuvons la mise en train de la machine constitutionnelle en Syrie. Nous vous demandons de nous expliquer votre projet pour le Liban avant qu'il y soit décidé quelque chose. Nous vous invitons à manier avec prudence et quelque réserve les lourds traités de 1936.

Dans une lettre du 2 mai 1942, le vice-amiral Muselier rappelle qu'il considère comme illégal le décret du 4 mars 1942 le plaçant en réserve de commandement, et demande au général de Gaulle si c'est bien comme commandant en chef des FNFL qu'il sera reçu.

---

1. Voir *Mémoires de guerre*, t. I, p. 430 et 431.
2. Roger Maigret est délégué du Comité national à Djeddah, centre diplomatique et commercial d'Arabie Saoudite.
3. L'émir Abdullah, régent d'Irak, et Noury Pacha Saïd, son ministre, prennent argument, avec le général Spears, de l'absence d'un régime parlementaire démocratique en Syrie et au Liban, pour remettre en cause l'autorité de la France Libre dans ces pays.
4. Roi d'Arabie Saoudite.

Au vice-amiral Muselier

Londres, 5 mai 1942

Amiral,

Ce n'est pas, naturellement, comme commandant en chef des Forces Navales Françaises Libres que je vous ai demandé de venir me voir aujourd'hui. Je désire pouvoir vous donner moi-même communication d'une ordonnance et d'un décret du Comité national qui vous concernent personnellement.

La thèse que vous évoquez dans votre lettre après l'avoir énoncée dans votre « Mémorandum » et suivant laquelle vous seriez comme « de droit » commandant en chef des Forces Navales Françaises Libres ne correspond évidemment ni aux conditions dans lesquelles je vous ai nommé naguère à ce poste, ni au désir du Comité national de n'admettre aucun « fief » dans les armées de la République, ni enfin aux conclusions que le Comité national a été obligé de tirer de votre attitude récente.

Veuillez croire, amiral, à ma considération très distinguée.

Au vice-amiral Muselier à Londres

Londres, 5 mai 1942

Amiral,

Vous ayant prié de venir me voir le 5 mai à midi, vous avez mis comme condition à votre visite d'être maintenu dans le commandement en chef des Forces Navales Françaises Libres. Le Comité national n'ayant à céder à aucune condition posée par un officier général placé sous son autorité et ayant déjà arrêté sa décision en la matière, je vous ai fait connaître que je n'acceptais pas votre exigence. Vous vous êtes alors abstenu de venir.

Pour couper court à toute ambiguïté je vous adresse ci-joint copie d'une ordonnance et de deux décrets du Comité national en date du 1er mai, documents qui vous concernent et que je me proposais de vous notifier personnellement si vous vous étiez rendu à mon invitation.

Veuillez croire, amiral, à ma considération très distinguée.

Ordonnance n° 28 créant une Inspection générale des Forces françaises libres

Le général de Gaulle,
Chef des Français Libres,
Président du Comité national,

Vu l'ordonnance n° 16, du 24 septembre 1941, portant organisation nouvelle des pouvoirs publics de la France Libre ;

Vu la loi du 11 juillet 1938, sur l'organisation générale de la nation pour le temps de guerre,

Le Comité national en ayant délibéré le 29 avril 1942,

Ordonne :

Art. 1er. Il est créé une Inspection générale des Forces françaises libres de Terre, de Mer et de l'Air.

Art. 2. Elle comprend un ou plusieurs inspecteurs généraux nommés par décret parmi les officiers généraux de terre, de mer et de l'air.

Art. 3. Chaque inspecteur est assisté d'un état-major restreint qui pourra être complété selon la nature des missions d'inspection qui lui sont confiées.

Art. 4. Les inspecteurs généraux relèvent directement du général de Gaulle, commandant suprême des Forces Françaises Libres. Ils effectuent en son nom des inspections de la défense des colonies françaises libres et des autres territoires que les Forces Françaises Libres ont pour mission de défendre.

Le programme de chaque inspection et la mission de l'inspecteur général intéressé sont fixés par le général de Gaulle sur la proposition du Haut Comité militaire.

Art. 5. Pour l'exécution de leurs inspections, les inspecteurs généraux reçoivent les prérogatives, respectivement, de général d'armée, d'amiral ou de général d'armée aérienne, selon qu'ils appartiennent à l'Armée de Terre, à l'Armée de Mer ou à l'Armée de l'Air.

Art. 6. Les inspecteurs généraux pourront être chargés en outre, dans des conditions fixées par décret rendu sur la proposition du Haut Comité militaire, d'assurer la coordination supérieure des forces terrestres, maritimes ou aériennes que la situation impose de rassembler sous une même autorité, sur un théâtre d'opérations donné.

Art. 7. Les inspecteurs généraux ont le titre de commandant en chef et ont droit aux honneurs y afférents.

Ils ont en outre les prérogatives attachées à ce titre dans les cas prévus à l'article 6.

Art. 8. Le commissaire national à la Guerre, le commissaire national à la Marine et le commissaire national à l'Air sont chargés, chacun en ce qui le concerne, de l'exécution de la présente ordonnance qui sera publiée au *Journal officiel* de la France Libre.

Fait à Londres, le 1er mai 1942,

C. de Gaulle

Par le chef des Français Libres,
Président du Comité national :
Le commissaire national à la Guerre, P.L. Legentilhomme
Le commissaire national à la Marine, P. Auboyneau
Le commissaire national à l'Air, M. Valin

Décret n° 255 portant nomination d'un inspecteur général des Forces françaises libres

Le général de Gaulle,
Chef des Français Libres,
Président du Comité national,

Vu l'ordonnance n° 16, du 24 septembre 1941, portant organisation nouvelle des pouvoirs publics de la France Libre ;

Vu l'ordonnance n° 28, du 1er mai 1942, créant une inspection générale des Forces françaises libres de Terre, de Mer et de l'Air,

Décrète :

Art. 1er. Le vice-amiral Muselier est nommé inspecteur général des Forces françaises libres, à compter du 1er mai 1942.

À la même date, il cesse ses fonctions de commandant en chef des Forces navales françaises libres.

Art. 2. Le décret n° 170, du 4 mars 1942, est abrogé.

Art. 3. Le commissaire national à la Marine est chargé de l'exécution du présent décret qui sera publié au *Journal officiel* de la France Libre.

Fait à Londres, le 1er mai 1942,

C. de Gaulle

Par le chef des Français Libres,
Président du Comité national :
Le commissaire national à la Marine, P. Auboyneau

Décret n° 267 portant nomination du commandant en chef des Forces navales françaises libres

Le général de Gaulle,
Chef des Français Libres,
Président du Comité national,

Vu l'ordonnance n° 16, du 24 septembre 1941, portant organisation nouvelle des pouvoirs publics de la France Libre ;

Vu le décret du 18 février 1928 sur le service dans les Forces navales,

Décrète :

Art. 1er. – Le contre-amiral Auboyneau (Philippe-Marie-Joseph-Raymond) est nommé commandant en chef des Forces navales françaises libres, en remplacement de l'amiral Muselier, appelé à d'autres fonctions.

Cette nomination est faite par dérogation à l'article 29 du décret du 18 février 1928 sur le service dans les Forces navales. Elle prend effet à compter du 1er mai 1942.

Art. 2. – Le commissaire national à la Marine est chargé de l'exécution du présent décret, qui sera publié au *Journal officiel* de la France Libre.

Fait à Londres, le 2 mai 1942,

C. de Gaulle

Par le chef des Français Libres,
Président du Comité national :
Le commissaire national à la Guerre, P.L. Legentilhomme

Note sans indication d'utilisation

[Londres, s.d., *après le 4 mai 1942]*

Le jour où le Comité national *déciderait* que le général de Gaulle ne commande plus les FFL, le général de Gaulle s'engage d'avance et sans difficulté à ne rien revendiquer.

Le 5 mai 1942, les troupes britanniques débarquent à Diégo-Suarez (Madagascar). Le même jour, un communiqué américain déclare : « Les États-Unis et la Grande-Bretagne sont d'accord pour que Madagascar soit restituée à la France dès que l'occupation de cette île ne sera plus essentielle pour la cause commune des Nations Unies. » Le lendemain, la France Libre adresse au Foreign Office un mémorandum déplorant sa mise à l'écart de la réalisation d'un projet dont le général de Gaulle avait eu maintes fois l'occasion de débattre avec Winston Churchill. De plus, elle revendique l'administration de l'île dès la fin des opérations auxquelles elle désire participer (voir *Mémoires de guerre*, t. I, p. 594-597).

Télégramme au gouverneur général Éboué, à Brazzaville, au général Catroux, à Beyrouth, au haut-commissaire Thierry d'Argenlieu, à Nouméa, et à l'administrateur Savary, à Saint-Pierre-et-Miquelon

Londres, 5 mai 1942

L'opération entreprise par Britanniques contre Diégo-Suarez l'a été en dehors de nous et sans que nous en fussions avertis. C'est là une politique dont le Comité national est en train d'étudier les conséquences. En tout cas, il y a lieu, dans vos émissions radio, de montrer la plus grande réserve et de ne rien laisser dire qui paraisse comporter ni notre approbation ni notre désapprobation. Reproduire strictement les nouvelles données de part et d'autre mais sans aucun commentaire.

À Anthony Eden, à Londres

Londres, 5 mai 1942

Comme vous le savez, les Services spéciaux français ont pris un développement important ; ils apportent à la cause alliée, dans le domaine des renseignements, des résultats déjà substantiels. Ils seraient, dans le domaine de l'action, en mesure de concourir d'une manière très efficace à des opérations d'envergure sur le continent.

Mais il ne saurait vous échapper que cette contribution de la résistance française, très périlleuse pour nos concitoyens et très difficile, constitue un tout. Nous estimons qu'il nous appartient de l'organiser. En fait, d'ailleurs, nous ne croyons pas que rien soit obtenu d'efficace dans cet ordre d'idées sinon par nous-mêmes.

Ce point de vue ne paraît malheureusement pas partagé par certains des Services spéciaux britanniques. Il en résulte entre ces services et les nôtres de continuelles frictions. De là beaucoup d'occasions perdues et, en tout cas, de grands retards.

Je crois devoir vous proposer une fois de plus que les relations entre les Services spéciaux britanniques et français soient décidément établies dans tous les domaines sur des bases de confiance et de collaboration qui n'existent pas, à beaucoup près, pour le moment.

Cette proposition me semble d'ailleurs répondre aux intentions dont vous avez bien voulu me faire part dans une récente conversation.

En attendant que la coopération des Services spéciaux britanniques et français puisse être établie d'une manière satisfaisante, les nôtres se borneront dans leurs rapports avec les vôtres à l'expédition des affaires en cours.

En Nouvelle-Calédonie, malgré les pressions des États-Unis, le contre-amiral d'Argenlieu, haut-commissaire au Pacifique, précipite le départ du gouverneur Sautot. Celui-ci quitte Nouméa le 7 mai 1942. Il s'ensuit de violentes manifestations favorisées par les Américains.

Télégramme[1] au haut-commissaire Thierry d'Argenlieu, à Nouméa

Londres, 7 mai 1942

Je reçois votre télégramme n° 63 du 7 mai[2] et vous exprime ma satisfaction quant au fait que le gouverneur Sautot a quitté Nouméa sans incident notable. Vous pouvez répandre la nouvelle que le rappel du gouverneur

1. Secret.
2. Voir *Mémoires de guerre*, t. I, p. 536.

Sautot, bien loin d'être une disgrâce, est en rapport avec les dispositions que nous pourrons avoir à prendre à bref délai pour ce qui concerne l'administration de Madagascar et de la Réunion.

Télégramme au haut-commissaire Thierry d'Argenlieu, à Nouméa

Londres, 8 mai 1942

Très secret

Veuillez remettre message suivant de ma part à messieurs Verges, Meurdous, capitaines Dubois, Pognon, Missoulé :

« Votre devoir strict, surtout dans les circonstances présentes, est de donner l'exemple de l'union autour de moi, c'est-à-dire de mon représentant sur place amiral d'Argenlieu. Je n'accepte naturellement pas votre invitation à rappeler celui que j'ai chargé de maintenir l'autorité de la France et d'assurer la défense en Nouvelle-Calédonie si vaillante et si chère à mon cœur. Vous vous méprenez d'ailleurs totalement sur la destination du gouverneur Sautot que je veux d'abord consulter et ensuite affecter à un poste très important. Ne compromettez pas l'œuvre patriotique que nous avons entreprise et qui n'a jamais été plus nécessaire. Au surplus, l'un de vous peut s'il le désire venir me voir à Londres. En tout cas je compte absolument sur chacun de vous. »

Télégramme à Henri Sautot, à Auckland (Nouvelle-Zélande), transmis par le haut-commissaire Thierry d'Argenlieu, à Nouméa

Londres, 8 mai 1942

Les événements de l'océan Indien doivent maintenant vous faire comprendre certaines des raisons pour lesquelles je vous ai demandé de venir. Arrivez le plus vite possible. Je compte personnellement sur vous pour que vous fassiez dire à vos amis de la Nouvelle-Calédonie que dans la situation actuelle de la guerre toute manifestation serait coupable aussi bien qu'injustifiée. Amitiés.

Télégramme à Auguste Montchamp[1], transmis par le gouverneur général Éboué, à Brazzaville

Londres, 8 mai 1942

Je vous nomme en Nouvelle-Calédonie parce que c'est un poste de combat hautement exposé et où le maintien de la souveraineté française

1. Gouverneur de la Nouvelle-Calédonie.

exige vis-à-vis de nos alliés américains qui y ont des effectifs importants un homme de qualité supérieure ayant à la fois l'expérience, la fermeté et le tact et comprenant la mentalité anglo-saxonne. Le haut-commissaire dans le Pacifique, l'amiral d'Argenlieu, est une des personnalités les plus remarquables de la France Libre et je suis sûr que votre collaboration avec lui sera des plus fructueuses.

Télégramme au contre-amiral Cabanier[1], à Nouméa

Londres, 9 mai 1942

Secret

1. Votre télégramme n° 66 reçu. Vous félicite, vous et vos officiers, pour votre attachement au devoir et fidélité à la France.

2. Ai reçu visite amiral Stark, commandant en chef américain mers européennes, venu apporter message commandant en chef flotte américaine dans la zone d'opérations où se trouve maintenant Nouvelle-Calédonie. Thèse américaine est que Sautot et quatre personnalités importantes ont été arrêtés, ce qui a provoqué des désordres. Quoi qu'il en soit, ai donné mon accord à Stark sur mesures suivantes :

a. Général Patch[2] est autorisé à déclarer l'état de siège sous condition qu'il le fasse en invoquant péril extérieur et en spécifiant que cette décision est prise d'accord avec moi.

b. Le général Patch prendra immédiatement toutes mesures nécessaires pour garantir la sécurité personnelle de l'amiral qui doit garder son entière liberté de communication en chiffre avec moi.

c. Les autorités américaines n'investiront aucun gouvernement civil, et Patch ne prendra pas le titre de gouverneur militaire. Le nouveau gouverneur nommé prendra ses fonctions aussitôt arrivé.

d. Une censure absolue sera maintenue sur les événements.

e. Dès que l'amiral sera en mesure de le faire, qu'il me télégraphie en détail.

3. Je m'attends à ce que l'amiral Ghormley, qui va prendre commandement toutes forces navales à Auckland, soit chargé d'enquêter sur les plaintes que j'ai présentées contre l'attitude dans cette affaire des autorités américaines d'occupation.

---

1. Chef d'état-major du haut-commissaire du Pacifique.
2. Le général Patch est arrivé le 9 mars 1942 à Nouméa pour commander les troupes alliées en Nouvelle-Calédonie.

Télégramme au haut-commissaire Thierry d'Argenlieu, à Nouméa

Londres, 11 mai 1942

Très secret

1. Croyez que je discerne très bien les tenants et aboutissants de l'agitation récente.

2. Ma volonté est que vous restiez à votre poste. Je l'ai dit formellement au gouvernement des États-Unis. J'ai en même temps fait connaître à ce gouvernement que Patch avait joué vis-à-vis de vous un vilain jeu.

3. Patch a télégraphié que vous demandiez à quitter la Nouvelle-Calédonie. J'ai répondu que je ne le croyais pas et que je vous donnais l'ordre de rester à votre poste.

4. Défiez-vous à l'extrême de toute communication que les Américains vous feraient soi-disant d'accord avec moi. Vous n'avez à tenir compte que de mes télégrammes chiffrés.

Télégramme au général Catroux, à Beyrouth

Londres, 12 mai 1942

Secret

Le général anglais Whitton arrive d'Ankara où il s'occupe de livraisons de matériel britannique aux Turcs. Whitton m'a dit assez ingénument que les Anglais, ne pouvant céder aux Turcs tout le matériel qui leur a été promis, seraient très désireux que nous leur cédions du nôtre.

Ainsi que je vous l'ai fait connaître par mon télégramme du 30 octobre 1941[1], le Comité national se réserve la décision dans cette question et, dans le cas où la cession aurait lieu, le Comité entend en recueillir le bénéfice.

Compte tenu de l'armement des troupes spéciales et de l'éventualité du rééquipement en matériel d'artillerie français des divisions légères, il nous semble à première vue que la cession de tout ou partie des matériels suivants pourrait être imaginée :

10 000 fusils et mousquetons avec 300 coups par arme,
500 fusils mitrailleurs avec 2 000 coups par pièce,
300 mitrailleuses avec 3 000 coups par pièce,
12 pièces de 75 avec 5 000 coups par pièce,
20 pièces de 155 avec 2 500 coups par pièce,
12 canons de 25 DCB avec 1 000 coups par pièce,
30 mortiers de 81, avec 200 coups par pièce,
30 mortiers de 60 avec 200 coups par pièce,

1. Ce télégramme n'a pas été retrouvé.

50 canons de 37 avec 1 000 coups par pièce,
15 000 coups de 25 mm DCB,
éventuellement quelques chars.
Veuillez me faire connaître d'urgence votre manière de voir à ce sujet.

J'ai dit à Whitton que de toute façon nous n'accepterions dans cette affaire aucune ingérence de Wilson ni de Spears[1] et que si notre décision était favorable nous réglerions nous-mêmes l'affaire avec les Turcs.

Telle est la réponse que je vous prie de faire aux autorités britanniques au cas où elles vous approcheraient à ce sujet. Le général Whitton, qui retourne à Ankara par Beyrouth, m'a demandé s'il pourrait vous voir à son passage. Je lui ai répondu que vous le recevriez.

Le 11 mai 1942, six jours après l'attaque contre Diégo-Suarez, le général de Gaulle accepte de rencontrer Anthony Eden. Il lui précise notamment que la France Libre ne saurait admettre un compromis avec l'administration vichyste qui continue de contrôler la quasi-totalité de l'île et avec laquelle les Britanniques négocient.

**Télégramme au général Catroux, à Beyrouth,
à Gaston Palewski, en Afrique orientale,
au gouverneur général Éboué, à Brazzaville,
à Pierre Cournarie, gouverneur du Cameroun, à Douala,
et au général Leclerc, à Brazzaville**

Londres, 12 mai 1942

La façon dont les Britanniques ont agi à notre égard dans l'affaire de Madagascar a conduit le Comité national à s'abstraire de toute approbation officielle. En outre, nous avons fait connaître au gouvernement britannique que nous tenions pour absolument nécessaire que la France Combattante ait à exercer à Madagascar la souveraineté française et à prendre en mains l'administration.

En attendant, les Britanniques, très contrariés de notre abstraction et désireux de paraître être d'accord avec nous, sans toutefois s'engager à rien pour le moment, cherchent à faire en sorte que des officiers ou fonctionnaires français libres figurent auprès d'eux à Diégo-Suarez. Ne pouvant obtenir ces officiers directement du Comité national, ils pourraient vous en demander sous divers prétextes. Dans ce cas, je vous prie de ne rien faire et de ne rien accepter avant de m'en avoir référé.

1. Le général Spears est, depuis février 1942, envoyé extraordinaire et ministre plénipotentiaire auprès des gouvernements syrien et libanais.

Au vice-amiral Muselier, à Londres

Londres, 13 mai 1942

Amiral,

Vous étant abstenu de venir me voir le mardi 5 mai à midi comme je vous y avais invité, vous m'avez cependant fait transmettre, le samedi 9 mai, par le lieutenant-colonel Billotte, votre désir d'être reçu par moi.

Entre-temps vous avez pu prendre connaissance de l'ordonnance et des décrets du Comité national qui vous concernent en votre qualité d'inspecteur général des Forces Françaises Libres.

Je suis prêt à vous recevoir à mon bureau vendredi 15 mai à midi pour vous préciser les conditions de la prochaine mission d'inspection qui vous est attribuée en Afrique et au Levant.

Veuillez croire, amiral, à ma considération très distinguée[1].

Au commandant Dupérier[2]

Londres, 13 mai 1942

Mon cher Dupérier,

Le palmarès du Groupe Ile-de-France s'est augmenté samedi et lundi de quatre nouvelles victoires portant à onze le nombre de chasseurs ennemis abattus ou endommagés par les pilotes de votre unité. Je sais que ces victoires ont été obtenues au prix de lourdes pertes, mais constate que malgré tout le moral du Groupe n'a fait que s'accroître.

À vous, qui menez chaque jour votre unité au combat, à tous vos pilotes, à tous les mécaniciens qui travaillent sans relâche à la préparation des appareils, je tiens à vous exprimer toute ma satisfaction. Vous pouvez être certain que le peuple français tout entier applaudit à vos victoires et saura un jour témoigner sa reconnaissance à ceux qui ont su maintenir les glorieuses traditions de l'aviation française.

Croyez, mon cher Dupérier, à mes sentiments très cordialement dévoués.

1. À la suite de cette lettre, l'amiral Muselier met comme condition à sa visite la publication d'un communiqué précisant qu'il n'avait pas accepté les fonctions d'inspecteur général. Cette condition n'étant pas remplie, il cesse toute collaboration avec la France Libre à dater du 15 mai 1942.

2. Lettre transmise par le commissariat national à l'Air.

Télégramme au haut-commissaire Thierry d'Argenlieu, à Nouméa

Londres, 14 mai 1942

Très secret

Transmettez à Mme Hagen : « Merci pour votre message. La bonne et vraie Française que vous êtes doit comprendre qu'aucune autorité ne survivrait à des déplacements ordonnés sous la pression de manifestants. J'ai rappelé le gouverneur Sautot à Londres parce que j'estimais qu'il pouvait servir la France dans de meilleures conditions dans un autre poste et en outre, j'ai fait savoir au Comité local qu'il pouvait m'envoyer un délégué pour m'exposer son point de vue. Je compte donc que vous utiliserez votre influence pour faire comprendre à tous que devant la menace ennemie et en face de nos alliés qui nous observent il faut se rassembler autour de moi et de mes représentants. Je vous remercie de me renouveler, comme vous le faites, l'assurance de votre dévouement. »

Projet de communiqué

Londres, s.d. *[après le 14 mai 1942]*

Certaines informations ayant été répandues à l'étranger et notamment aux USA sur de prétendues divisions à l'intérieur de la France Combattante, il est déclaré ce soir de source autorisée que contrairement à de telles rumeurs il n'y a jamais eu d'union plus complète entre tous les Français Combattants autour du général de Gaulle et du Comité national français pour l'action politique et militaire dont ils assurent la direction.

C'est ainsi qu'à la suite des déclarations du général de Gaulle à l'occasion de la question de Madagascar, déclarations qui ont été diffusées le 14 mai par la BBC, le Comité national a reçu de tous les territoires français libres et des comités français à l'étranger des témoignages unanimes d'approbation. On voudra bien se rappeler que la politique définie par le général dans ce discours est celle du rassemblement sous l'autorité du Comité national et dans l'intérêt commun des Alliés de tous les territoires français qui peuvent ou pourront être libérés des servitudes de l'Armistice.

Les milieux français combattants sont surpris de l'importance que certains cercles étrangers paraissent attacher à des incidents locaux et sans portée alors que l'œuvre du Comité national français a été déjà dans tous les domaines marquée par des résultats si substantiels et si évidents. On sait que ces résultats comportent :

a. L'alignement sans atteinte à la souveraineté française aux côtés des Alliés et dans l'intérêt commun d'un tiers de l'Empire colonial français dont la participation militaire et économique à la guerre a des conséquences stratégiques considérables.

b. La participation aux combats menés en commun sur terre, sur mer et dans les airs, de forces d'élite dépassant actuellement 60 000 hommes.

c. Le ralliement pour l'appui actif à la cause des démocraties de l'immense majorité des Français résidant à l'étranger.

d. Surtout le réveil de la résistance en France même, suscité par la France Combattante, l'exemple qu'elle donne et l'espérance qu'elle inspire, résistance dont les résultats ont été avoués par les Allemands et tout récemment par Laval lui-même.

Le général de Gaulle et le Comité national comptent poursuivre sans déviation leurs efforts pour que, conformément à la volonté du peuple français avec lequel ils sont en contact et se tiennent en communion intime, la France Combattante marchant la main dans la main avec les Alliés et sauvegardant ce qui reste de l'indépendance nationale contribue à libérer tout ce qui est français, et le groupe dans la lutte pour la France et pour la liberté du monde.

Télégramme à Jean Escarra[1], à Tchong-King (Chine)[2]

Londres, 16 mai 1942

Je tiens à vous mettre amicalement en garde contre les sentiments exprimés dans vos télégrammes n°s 60-61. Nous vous enverrons renseignements demandés. Nous vous rappelons que nous ne sommes pas responsables de toutes les émissions françaises de la BBC.

D'autre part, vous avez participé d'assez près à nos travaux pour savoir que, dans mon esprit comme dans celui du Comité national, il n'existe qu'une seule préoccupation et qu'une seule volonté : restaurer dans l'honneur la grandeur de la France.

Éloigné que vous êtes depuis plus de six mois, certains éléments vous manquent forcément pour apprécier pleinement tous les développements de notre action. Afin de calmer vos appréhensions du moment, il me suffira, je l'espère, de vous rappeler qu'en toutes circonstances, l'intérêt national reste notre seul guide.

Télégramme au général Catroux, à Beyrouth

Londres, 16 mai 1942

Très secret

Je réponds à votre télégramme n° 576.

Je comprends très bien que le général Auchinleck désire voir différer le départ de notre BIM[3] et de nos parachutistes. Mais je considère comme

1. Délégué de la France Libre.
2. Le gouvernement de Chiang Kai-shek est réfugié à Tchong-King.
3. Bataillon d'infanterie de marine.

essentielle notre participation aux opérations sur les côtes françaises et je dois maintenir ma décision de faire venir ces éléments en Angleterre sans délai : d'autre part, sans méconnaître l'intérêt des opérations de détail actuellement en cours en Libye, je ne crois pas qu'elles justifient l'immobilisation indéfinie de presque tous nos moyens actifs. J'ajoute même que j'aurais certainement poursuivi l'idée d'envoyer une bonne brigade en Russie si j'avais prévu la stabilisation en Libye.

Quoi qu'il en soit, Auchinleck doit avoir reçu maintenant les ordres du War Office pour le transport de nos éléments. Je compte que ceux-ci seront choisis avec soin, étant donné l'extrême importance du rôle qu'ils auront à jouer.

Message du général de Gaulle radiodiffusé vers l'Amérique, le 16 mai 1942[1]

C'est la première fois que je fais un discours public en anglais et je suis très heureux d'avoir cette occasion de m'adresser à la nation américaine.

Aujourd'hui, aux États-Unis, vous vous dites tous : « Nous sommes des Américains ! » Sachez que des millions et des millions de Français se félicitent de vous voir heureux et fiers de former une grande nation !

Car ce qui fait une grande nation, ce n'est pas seulement une somme énorme de ressources, mais c'est aussi le courage d'engager toute sa puissance et d'accepter tous les sacrifices pour le service d'un idéal humain. Vous faites cela, vous, Américains, puisque vous faites la guerre !

Je crois bien qu'aucun peuple ne comprend cela mieux que le peuple français qui, si souvent, a tout risqué pour défendre la liberté du monde et qui le fit, une fois de plus, le 2 septembre 1939 comme avant-garde des démocraties.

Il est vrai que, dans cette position d'avant-garde, le peuple français a fléchi sous la ruée des forces mécaniques ennemies. Mais il n'a succombé qu'en partie et provisoirement.

Il n'a succombé qu'en partie, car deux ans après le désastre il reste toujours une France Combattante aux côtés des Nations Unies : ses plus humbles fils étaient aussi les plus fidèles.

Il n'a succombé que provisoirement, car aujourd'hui, plus que jamais, le peuple français enchaîné se tourne vers les peuples libres, dans l'espérance de retrouver son rang, ses armes et la douceur de la victoire.

Pour s'opposer à ce redressement, pour empêcher le peuple français de finir cette guerre avec la fierté d'être une nation victorieuse et la conscience que sa cause se confond avec celle des Nations Unies, le

1. Les quatre premiers paragraphes ainsi que le dernier sont prononcés en anglais.

diabolique génie de Hitler utilise à la fois la terreur et le chloroforme. Il a trouvé, pour l'y aider, des chefs français qui, foulant l'honneur aux pieds et reniant l'idéal séculaire de la France, neutralisent ce qui reste de forces à la nation, spécialement dans son Empire, proclament sa défaite et entreprennent de lier son destin au destin de l'ennemi lui-même par une infâme collaboration.

Mais les Nations Unies ont les moyens de faire échouer ce plan de Hitler et la France profonde, la vraie France, espère de toute son âme qu'elles sauront les employer. La France espère en vous, États-Unis d'Amérique, avec qui elle fut toujours liée par tant d'estime, par tant d'amitié, et dont elle se sent si proche par l'idéal.

La France espère qu'avec l'appui de votre action matérielle et de votre action morale, contre l'ennemi et contre les traîtres, elle pourra tout entière reprendre sa place au combat, recouvrer sa souveraineté nationale, avoir sa part à la victoire et s'associer sans réserves avec les autres démocraties au triomphe de ce que le président Roosevelt a si noblement appelé « les grandes valeurs humaines ».

Télégramme au général Catroux, à Beyrouth, au gouverneur général Éboué, à Brazzaville, au général Leclerc, à Brazzaville, au général de Larminat, au Caire, au haut-commissaire Thierry d'Argenlieu, à Nouméa, et à l'administrateur Savary, à Saint-Pierre-et-Miquelon

Londres, 16 mai 1942

Secret

L'incertitude qui marque le développement actuel de la guerre, la prolongation de la situation tragique de la France, les tâtonnements de nos alliés britanniques et américains en ce qui concerne leur attitude quant au problème français et par conséquent quant à la France Combattante, risquent de désorienter quelque peu nos combattants, nos fonctionnaires et les populations des territoires dont nous avons la charge. En particulier les difficultés qu'entraînent pour nous au Levant les vieilles rivalités britanniques, la façon dont les Anglais ont procédé à Madagascar et dont les Américains procèdent à la Martinique[1], certaines ingérences américaines en Nouvelle-Calédonie peuvent créer parmi nous une certaine impression de malaise.

Je tiens à vous faire connaître mon sentiment. Je vous demande de le répandre et de vous en inspirer.

1. Un accord a été signé fin 1941 entre l'amiral Robert, représentant Vichy, et l'amiral américain Horne. Cet accord tend à la neutralisation de la Martinique.

Malgré de constantes traverses nous ne cessons en réalité de grandir. Nous avons maintenant avec la France métropolitaine de multiples contacts qui tous concordent à prouver que le rassemblement national se fait réellement autour de nous. Le plus récent et saillant de ces témoignages est le manifeste qui nous a été apporté par les mandataires de tout ce qui est syndicaliste, y compris les syndicalistes chrétiens, manifeste dont vous connaissez le texte. Mais beaucoup d'autres preuves nous arrivent de partout. J'ajoute qu'après un long et dur effort de nos services d'action en France nous avons maintenant une organisation efficace pour recevoir les communications et transmettre nos consignes.

Nos alliés sont au courant de cet état d'esprit en France. Ils le notent souvent sans bonne grâce parce que leur intérêt pourrait les conduire à désirer une France plus malléable que ne serait la France rassemblée autour de nous. Mais ils doivent le prendre comme un fait et ce fait leur interdit d'envisager notre liquidation. De sorte que tout en ne nous épargnant pas les obstacles, ils n'oseront jamais aller aux extrémités. D'ailleurs nous avons parmi eux-mêmes beaucoup d'amis convaincus et partout l'opinion publique nous est élémentairement favorable.

Un élément favorable et nouveau de cette affaire est l'attitude de la Russie. Les Soviets sont bien renseignés sur l'état d'esprit en France, irrités chroniquement par les hésitations anglo-saxonnes et très disposés à nous soutenir diplomatiquement parce que la reconstitution d'une France grande et forte est essentielle à leur politique future. L'action de la diplomatie russe commence à se manifester en notre faveur à Londres et à Washington depuis que nous avons à Kuibychev[1] une représentation active.

Enfin tous les renseignements qui parviennent d'Allemagne concourent à faire voir le peuple allemand comme las et accablé de difficultés. Si l'offensive annoncée par l'ennemi comme prochaine devait même partiellement échouer, il ne paraît pas douteux qu'il s'ensuivrait en Allemagne et a fortiori en Italie un découragement irrémédiable.

En conclusion, tenons bon, serrons les rangs et soyons optimistes.

À S. G. Menzies, à Londres

Londres, 18 mai 1942

Comme suite à notre récent entretien, je vous confirme que nous ne voyons que des avantages à ce que le colonel W…[2] prenne contact avec les services de M. Diethelm comme avec ceux du lieutenant-colonel Passy.

1. Le gouvernement soviétique s'y est déplacé, Moscou étant menacé par les Allemands.
2. Illisible.

D'autre part, et bien que cela présente pour nous des inconvénients, je donne les ordres nécessaires au général Catroux pour faire libérer dans le délai d'un mois MM. Olléon et Méningoz actuellement détenus au Levant.

J'espère que cette satisfaction à votre demande sera, pour vous, une nouvelle preuve de notre désir de voir la collaboration entre nos services devenir meilleure encore.

À Pierre Cot, en Maryland (États-Unis)[1]

Londres, 18 mai 1942

Monsieur le Ministre,

J'ai pris connaissance de la lettre que vous avez adressée aux membres du Comité national.

Pour couper court à toutes polémiques, je tiens à vous dire qu'à mon avis votre activité est celle d'un bon Français qui se consacre à la lutte contre le nazisme et le fascisme ennemis de la France. Quant à votre rôle comme ministre de l'Air[2], je répète qu'il n'est pas possible d'en juger actuellement avec l'objectivité et l'impartialité nécessaires, et tout ce qu'on peut en dire ne repose sur rien sinon sur des passions politiques dont j'estime qu'elles sont nuisibles et périmées.

Vous pouvez faire de cette lettre l'usage public ou privé qui vous paraîtra utile.

Si vous venez à Londres je vous y verrais bien volontiers et, en attendant, je vous demande de croire à mes sentiments les plus distingués.

Télégramme à Adrien Tixier, à Washington

Londres, 18 mai 1942

Très secret

Je vous prie de voir de ma part M. Jacques Maritain et de lui exposer ce que je vous ai dit récemment et qui le concerne au sujet de la composition du Comité national. Dans les circonstances présentes, je ne puis croire qu'un homme de sa qualité réserve son concours. Je lui demande de venir me voir à Londres afin qu'il puisse prendre une décision en réelle connaissance de cause.

D'autre part, je vous prie de transmettre à M. Alexis Léger le message personnel suivant :

1. Cette lettre est confiée à Camille Paris, qui doit la remettre à Pierre Cot.
2. Ministre de l'Air à plusieurs reprises, Pierre Cot fut mis en cause à propos de la faiblesse de l'aviation française en 1940.

« Monsieur l'Ambassadeur, je sais comment et avec quelle dignité vous continuez à servir la France. D'autre part, personne ne peut mesurer mieux que vous le poids de la charge que je porte avec mes collaborateurs. Ne croyez-vous pas qu'il serait conforme à l'intérêt national que vous acceptiez de vous associer directement à notre effort dans des conditions en rapport avec votre haute personnalité de grand serviteur de l'État ? L'injustice commise naguère à votre égard fut[1], je le sais, l'un des plus fâcheux résultats des mauvaises influences qui s'exerçaient sur le président Reynaud et que j'ai eu moi-même à combattre par la suite sans réussir, hélas, à en triompher. Je suis certain que vous pensez comme moi que le présent et l'avenir de la France sont les seules choses qui comptent désormais. Veuillez noter que je serais très désireux que vous acceptiez de venir conférer avec moi à Londres. Je vous prie d'agréer l'assurance de ma haute considération. »

Pour M. Tixier. Naturellement nous prendrions à notre compte les frais de voyage de M. Jacques Maritain et de M. Alexis Léger. Je n'ai pas besoin de vous recommander de tenir ces communications rigoureusement secrètes[2].

Le 13 mai 1942, le gouvernement britannique a notamment déclaré dans un communiqué relatif à Madagascar : « C'est l'intention du gouvernement de Sa Majesté que le Comité national français, en tant que représentant de la France Combattante, et vu qu'il coopère avec les Nations Unies, joue le rôle qui lui revient dans l'administration du territoire. »
Le 16 mai, le général de Gaulle a écrit à Anthony Eden : « Il y aurait le plus grand intérêt à ce que se développât sans délai et se traduisît en actes la politique que le gouvernement de Sa Majesté britannique a esquissée dans son communiqué du 13 mai. »
(Voir *Mémoires de guerre*, t. I, p. 597-599).

À Anthony Eden, à Londres

Londres, 23 mai 1942

Monsieur le secrétaire d'État,

Ayant reçu la lettre que vous avez bien voulu m'adresser le 20 mai au sujet de la colonie française de Madagascar, il me semble nécessaire de donner à Votre Excellence certaines précisions.

Si, comme je l'imaginais lors de notre conversation du 11 mai, les forces britanniques devaient poursuivre sans délai les opérations en vue de l'occupation prochaine de Madagascar, la question de l'administration

1. Alexis Léger fut écarté du secrétariat général du Quai d'Orsay le 21 mai 1940.
2. Les réponses de Jacques Maritain et d'Alexis Léger seront négatives.

de Diégo-Suarez ne se poserait évidemment pas d'une manière immédiate. Le Comité national préférerait, en effet, que la libération de l'île fût plus avancée pour que l'organisation administrative soit réglée dans son ensemble.

Au contraire, dans le cas où la situation actuelle, c'est-à-dire l'occupation limitée à Diégo-Suarez, serait appelée à se prolonger, le Comité national considère qu'il aurait à jouer prochainement le rôle qui lui revient dans l'administration de ce territoire français.

Quant à la mission temporaire que nous voulons confier au colonel Pechkoff, nous croyons pouvoir être sûrs que Votre Excellence ne saurait voir d'objection au fait qu'un officier français se rende dans un territoire français occupé par des forces alliées[1].

Je serais très obligé à Votre Excellence de bien vouloir me faire connaître le point de vue du gouvernement de Sa Majesté britannique à ce sujet.

Je vous prie d'agréer, monsieur le secrétaire d'État, les assurances de ma haute considération.

Télégramme à l'administrateur Savary, à Saint-Pierre-et-Miquelon

Londres, 25 mai 1942

Les arrière-pensées américaines en ce qui concerne certains des territoires de notre Empire, en particulier Saint-Pierre-et-Miquelon, les Antilles et la Guyane, nous sont évidemment connues. Il faut éviter que sous prétexte stratégique les États-Unis ou le Canada s'installent à Saint-Pierre. C'est pourquoi je vous prie de ne fournir à aucune autre autorité que le Comité national lui-même, aucune indication concernant nos moyens de défense dans les territoires sous votre autorité. A fortiori, aucun élément militaire, naval ou aérien d'une puissance étrangère quelconque ne peut avoir accès à Saint-Pierre sans l'autorisation formelle et directe du Comité national. Veuillez aviser de cette décision les consuls étrangers résidant à Saint-Pierre afin de prévenir éventuellement tout incident.

1. Les Britanniques empêcheront le départ de Pechkoff.

Télégramme[1] au général Catroux, à Beyrouth

Londres, 26 mai 1942

Je réponds à votre télégramme n° 588/CH du 20 mai, que nous avons examiné en Comité national.

Dans cette affaire des élections en Syrie et au Liban vous nous placez devant une question qui n'est plus entière puisque vous vous êtes déjà engagé vis-à-vis de Casey et que la presse américaine a annoncé la nouvelle comme acquise. Je persiste à croire qu'il aurait été préférable de rétablir nous-mêmes, tout au moins en Syrie, au mois d'août dernier, le régime constitutionnel en rappelant Hachem Bey Atassi. Nous aurions ainsi évité à la fois le reproche d'insincérité et l'épreuve d'une consultation électorale en pleine guerre.

Peut-être les populations syriennes ont-elles tiré quelque bénéfice du savoir-faire du cheikh Tageddine. Toutefois il était à prévoir que le système ne pourrait tenir à la longue ni vis-à-vis de l'extérieur ni vis-à-vis de l'intérieur. Nous voici donc amenés à agir dans une matière qui concerne notre mandat sur l'invitation de nos concurrents britanniques. Je dois ajouter d'ailleurs que d'après mes informations c'est des États-Unis que cette initiative serait en réalité partie.

L'impérialisme des États-Unis, qui grandit avec leur esprit de guerre, prétend certainement résoudre les questions d'Orient comme toutes les autres. Roosevelt en personne vient de rallumer par une déclaration favorable aux juifs toute l'affaire de Palestine. Le Comité national ne peut donc repousser votre proposition concernant des élections en Syrie et au Liban dans les conditions où vous la présentez.

J'estime cependant qu'il est nécessaire d'annoncer cette décision et de publier la date des élections le plus tard possible et de procéder à la consultation électorale en octobre et si possible en septembre. Car dès l'annonce des élections je vois mal quelle sera l'autorité des gouvernements actuels de Damas et de Beyrouth dont tout le monde sait qu'ils n'y survivront pas.

En tout cas, nous ne saurions accepter qu'en invitant les populations à voter vous disiez agir au nom des Alliés. Les Britanniques n'ont absolument aucun droit politique ni juridique à apparaître dans cette matière. Nous sommes seuls mandataires au Levant.

J'attache à ce point précis une importance extrême. Je vous prie d'en tenir compte et de le faire comprendre catégoriquement à Mr. Casey.

1. Une partie de ce télégramme a déjà été publiée dans les *Mémoires de guerre*, t. I, p. 601.

Télégramme à Adrien Tixier, à Washington

Londres, 27 mai 1942

Très secret

Je vous prie de dire à Léger que je prends acte de sa réponse. Vous ajouterez que je ne lui ai rien proposé par l'intermédiaire de l'ambassade d'Angleterre. La seule communication que je lui aie faite est le message que je vous ai prié de lui transmettre[1].

À Monseigneur Salièges[2], à Toulouse

Londres, 27 mai 1942

Les remous profonds que provoquent dans les âmes de nos compatriotes certains aspects de l'atroce situation dans laquelle se trouve notre pays m'amènent à exposer en toute confiance à Votre Grandeur l'alarme que je ressens comme chrétien et comme Français.

Je me garderai d'énoncer aucun grief. Mais je crois très sincèrement que l'attitude – fût-elle d'apparence – prise publiquement par une partie de l'épiscopat français à l'égard de la politique et des hommes dits « de Vichy » risque d'avoir des conséquences graves en ce qui concerne la situation du clergé et peut-être de la religion en France après la libération.

Je souhaite de toute mon âme que, tandis qu'il en est temps encore, la voix de Messeigneurs les évêques s'élève assez clairement et fortement pour que le peuple de France perde l'impression qu'il a d'une sorte de solidarité entre les préférences du clergé et l'entreprise des gens qui ont proclamé, accepté et aggravé la défaite de la France.

Si je m'adresse à vous, Monseigneur, c'est qu'il y a, me semble-t-il, des raisons de croire que Votre Grandeur a discerné ce que je me permets de lui exprimer et qu'ainsi quelque accord pourrait s'établir entre nous.

Vous pouvez être assuré, Monseigneur, que cette lettre est absolument secrète et que le porteur, seul, sait que je l'ai écrite.

Je prie Votre Grandeur d'agréer l'assurance de mon profond respect.

Télégramme au général Catroux, à Beyrouth

Londres, 27 mai 1942

Il m'est rapporté que vous auriez accepté l'engagement du colonel Rodzianko, Russe blanc, actuellement sujet britannique. Je m'oppose abso-

1. Voir le télégramme à Tixier du 18 mai 1942.
2. Mgr Salièges est un des rares évêques français à avoir protesté contre le régime de Vichy, notamment à propos de la persécution des juifs en France.

lument à l'engagement de Rodzianko qui nous attirerait des incidents avec le gouvernement des Soviets, très bien informé.

Je vous prie de me renseigner d'urgence sur cette affaire.

Au général Brooke, à Londres

Londres, 29 mai 1942

Mon cher général,

Lord Louis Mountbatten vient de me faire connaître que vous ne pouviez pas donner votre agrément actuellement au transport du bataillon français d'infanterie de marine et de la compagnie française de parachutistes en opérations en Libye, unités que j'avais décidé d'amener en Grande-Bretagne.

Du fait que les troupes britanniques et les troupes françaises sont maintenant engagées côte à côte dans une dure bataille sur ce théâtre d'opérations, je modifie naturellement mes ordres et le notifie au général Catroux[1].

Toutefois, je crois devoir vous dire que je ne puis consentir à ce que la destination d'une troupe française dépende de la décision unilatérale des chefs d'état-major britanniques – ce que la lettre de lord Louis Mountbatten paraît admettre en principe. Il n'appartient évidemment qu'à moi-même de placer ou non les troupes sous mes ordres à la disposition de telle ou telle autorité britannique.

Je suis convaincu que vous voudrez bien comprendre et partager mon point de vue.

Bien sincèrement à vous.

Télégramme au général Leclerc, à Brazzaville

Londres, 29 mai 1942

Secret

L'éventualité de l'ouverture par les Alliés d'un théâtre d'opérations européen englobant la France peut se présenter dès cette année.

Il va de soi que les Forces Françaises y participeraient par tous moyens en leur pouvoir.

Dans cette hypothèse, je compte utiliser dans toute la mesure possible les Forces de l'Afrique Française Libre.

Vous voudrez bien en conséquence me faire connaître dès que possible quelles Forces de l'Afrique Française Libre pourraient être appelées à participer à ces opérations, leur composition exacte et les délais de leur réunion aux ports d'embarquement.

1. Par un télégramme du même jour.

Vous voudrez bien tenir compte dans vos propositions du fait que la sécurité de l'Afrique Française Libre deviendrait d'importance secondaire dans le cas de cette action de guerre essentielle.

La position de Bir Hakeim (Libye) tenue par la 1re brigade française libre et qui couvre le flanc gauche de la VIIIe armée britannique est attaquée par la division blindée italienne Ariete depuis l'aube du 27 mai 1942.

Télégramme au haut-commissaire Thierry d'Argenlieu, à Nouméa, et au colonel Orselli, gouverneur de Tahiti, à Papeete

Londres, 30 mai 1942

Vous prie de porter à la connaissance des populations message suivant :

« Les volontaires du Pacifique sont actuellement engagés en Libye avec la division des Forces Françaises Libres qui, sous les ordres des généraux de Larminat et Kœnig, a repoussé à Bir-Hakeim l'attaque de la division blindée Ariete et de la 102e division d'infanterie italienne, détruisant 45 chars ennemis. Les volontaires du Pacifique, à la pointe du combat, confirment la valeur militaire dont ils avaient fait preuve au cours des opérations qui ont précédé la bataille et donnent la preuve de l'attachement à la France de ses enfants du Pacifique. La France Combattante est fière de ses soldats du Pacifique. »

Télégramme au général Leclerc, à Brazzaville

Londres, 1er juin 1942

Très secret

Ma décision formelle et définitive est la suivante pour les commandements militaires en Afrique Française Libre, d'accord avec le général Legentilhomme :

Tchad, lieutenant-colonel Ingold,

Cameroun, lieutenant-colonel Chandon,

Oubangui, colonel Barré,

Gabon, lieutenant-colonel Blochet, ou lieutenant-colonel Raineval, à votre choix.

Je vous prie de procéder sans délai à l'exécution de cette décision et de me rendre compte.

Le télégramme n° 4687 du 26 mai du général Sicé est parti d'ici par erreur. Il ne répond pas à mes intentions ni dans le fond ni dans la forme. Je l'ai dit au général Sicé pour lequel, comme je vous l'ai fait pressentir, un nouveau poste est envisagé.

Télégramme à Adrien Tixier, à Washington

Londres, 2 juin 1942

Secret

J'ai bien reçu le télégramme personnel que vous m'avez adressé le 30 mai. Veuillez remercier de ma part les deux amis dont votre télégramme me transmet le message[1]. Je suis maintenant très au fait de toute l'intrigue montée à Washington par certains Français de sincérité plus ou moins douteuse appuyée par les éléments étrangers dont nous contrarions la fâcheuse politique. Cette intrigue a, d'ailleurs, naturellement échoué. Je crois que la voie commence à se dégager. Je vous télégraphie par ailleurs, au sujet d'un entretien important que j'ai eu hier avec Eden et Winant[2]. Amitiés.

Télégramme au haut-commissaire Thierry d'Argenlieu, à Nouméa

Londres, 2 juin 1942

J'ai l'honneur de vous annoncer que le bataillon du Pacifique faisant partie de la 1re brigade française motorisée s'est couvert de gloire à Bir-Hakeim au point essentiel de la bataille de Libye. La conduite magnifique du bataillon du Pacifique est un des plus brillants épisodes de cette guerre et une preuve éclatante de la fidélité des terres françaises du Pacifique à la France meurtrie et trahie mais demain victorieuse.

Télégramme au général Catroux, à Beyrouth

Londres, 3 juin 1942

Je suis informé par les services de l'Intelligence britannique que le personnel suivant se trouverait actuellement détaché d'accord avec vous, dans des écoles anglaises, en vue d'être utilisés ultérieurement par l'Intelligence Service :

sergent Balay (*alias* Aulois),
sergent Louis Borelli,
capitaine Bourgoin,
René Hulin,
Ledan,
sergent-chef Abdul Hamid ben Tahar.

1. André Géraud et André Istel trouvent « répréhensible » l'attitude d'Étienne Bœgner qui aurait demandé aux Alliés d'intervenir dans les affaires de la France Libre.
2. Ambassadeur des États-Unis à Londres. Voir *Mémoires de guerre*, t. II, p. 330 et 331.

Je dois vous rappeler que j'ai formellement prescrit qu'aucun militaire français ne devrait être mis à la disposition des services de l'Intelligence britannique.

Je vous prie en conséquence de me rendre compte sans délai de la situation exacte de ces militaires. Dans le cas où contrairement à mes ordres ils seraient effectivement détachés auprès des Anglais pour être utilisés ultérieurement par l'Intelligence Service, je vous invite à les faire rentrer sans délai.

Je vous ai antérieurement fait connaître et je vous confirme que les Anglais jouent en Afrique du Nord un jeu de politique arabe contraire aux intérêts de la France, jeu [pour] lequel ils cherchent à utiliser comme d'habitude notre propre personnel en vue de créer l'équivoque.

Télégramme à Adrien Tixier, à Washington

Londres, 3 juin 1942

Très secret

J'ai reçu votre télégramme n° 420 me transmettant l'intéressant rapport de Mendès France[1]. Mon télégramme de ce jour[2] y répond partiellement. Pour Léger mon opinion n'a pas changé. Je trouve bon qu'il travaille dans le même sens que nous. Je trouve mauvais qu'il ne travaille pas avec nous. Je ne vois pas d'inconvénients en tout cas à ce que Mendès France le revoie.

À Archibald Sinclair, à Londres

Londres, 5 juin 1942

Cher sir Archibald,

Le capitaine de corvette Jubelin[3], du Squadron 118, m'a renouvelé très récemment la proposition faite en novembre dernier par le lieutenant de vaisseau Laurent[4] d'aller survoler à très basse altitude les Champs-Élysées et d'y laisser tomber un drapeau tricolore.

J'attacherais un grand prix à ce que cette mission eût lieu. La répercussion en France en serait considérable.

Je suggère que cette mission soit exécutée avec un *Spitfire* « Long Range », appareil présentant, me semble-t-il, les conditions requises.

Bien sincèrement à vous.

---

1. Sous-secrétaire d'État dans le deuxième cabinet Blum en 1938, député radical-socialiste de 1932 à 1940, Pierre Mendès France s'oppose à l'armistice. Interné par Vichy, il s'évade en 1942 pour rallier le général de Gaulle. Il sert d'abord dans les Forces aériennes françaises libres (FAFL) comme pilote de chasse, puis est chargé d'une mission d'information aux États-Unis.
2. Voir *Mémoires de guerre*, t. II, p. 330.
3. André Jubelin est lieutenant de vaisseau quand il rallie la France Libre en 1940.
4. Aimé Laurent rallie la France Libre en 1940, date à laquelle il est affecté comme officier en second du sous-marin *Minerve* avec le grade d'enseigne de vaisseau.

Télégramme au général Leclerc, à Brazzaville

Londres, 6 juin 1942

Secret

Reçu votre compte rendu télégraphique n° 1305 EMB du 3 juin.

Le troisième paragraphe n'est digne ni de moi ni de vous[1]. Il n'est pas impossible que je commette des erreurs que mes subordonnés devraient ensuite réparer. Ce serait d'ailleurs leur simple devoir. Mais comme je porte la lourde charge de réparer les erreurs de tant d'autres, je dois vous rappeler au respect qui m'est dû.

Le 6 juin 1942, le général de Gaulle charge Charles Peake de faire à Winston Churchill et à Anthony Eden la communication suivante : « S'il devait arriver qu'à Madagascar, en Syrie ou ailleurs, la France dût, par le fait de ses alliés, perdre quoi que ce fût de ce qui lui appartient, notre coopération directe avec la Grande-Bretagne et, éventuellement, les États-Unis n'aurait plus de justification. » Voir *Mémoires de guerre*, t. I, p. 208 et 209.

Télégramme à Adrien Tixier, à Washington

Londres, 6 juin 1942

Très secret

Une précaution de forme a été prise à notre égard par le gouvernement britannique dans l'affaire de Madagascar. Il s'agit du communiqué du 13 mai dont vous connaissez la teneur.

Mais en fait nous demeurons écartés et ne pouvons pas même envoyer un officier de liaison à Diégo-Suarez.

J'ai des raisons de penser qu'une opération du même ordre est actuellement préparée en commun par les États-Unis et par l'Angleterre sans doute sur Dakar et sur la boucle du Niger. Nous serions exclus de l'affaire et naturellement aussi de ses suites quant aux droits de souveraineté française comme nous le sommes de Madagascar et de la Martinique et pour les mêmes raisons. Toutefois, on se servirait de notre existence et au besoin on nous décernerait quelques politesses pour que notre présence aux côtés des Alliés couvre l'opération vis-à-vis de l'opinion française et mondiale.

Après réflexion, je me demande si les avances qui m'ont été faites par Eden et par Winant dans notre entretien à trois du 1er juin, qui a fait

1. Le texte de ce paragraphe est le suivant : « Centralisation excessive revient aux méthodes de 1939, enlevant aux échelons intermédiaires les moyens d'exercer le commandement dont ils sont responsables, mais les obligeant à réparer par des moyens de fortune les erreurs ainsi commises. »

l'objet de mon télégramme du 3 juin[1], n'avaient pas pour objet réel de préparer la chose quant à mes réactions éventuelles. Dans le même ordre d'idées, je crois que les mauvaises querelles que nous a récemment cherchées le State Department n'ont pas d'autre motif que de nous affaiblir préventivement.

Tout se ramène au fond à un impérialisme croissant pour ce qui concerne les États-Unis et à un désir élémentaire de réalisations coloniales au moment propice pour ce qui concerne l'Angleterre.

Si les événements devaient effectivement se développer dans le sens que je soupçonne, je ne vois pas comment il nous serait possible de continuer à associer notre action à celle des puissances anglo-saxonnes. J'en ai averti hier oralement le gouvernement britannique. Je vous prie d'en informer également et nettement le gouvernement des États-Unis par les voies que vous jugerez convenables.

Au cas où il vous serait demandé par une autorité qualifiée quelle serait l'orientation de l'activité du général de Gaulle et des Français combattants dans l'hypothèse d'une interruption de leur association avec les puissances anglo-saxonnes, vous pourriez répondre ceci :

Vous n'êtes naturellement pas au courant des dispositions qui seraient prises dans ce cas par le Comité national. Mais vous avez la conviction que le Comité chercherait à continuer la guerre pour la libération de la France dans de tout autres conditions[2].

Dès que les circonstances me le permettront je vous ferai connaître la teneur d'un entretien que j'ai eu récemment avec une personnalité soviétique extrêmement importante. Je puis vous dire toutefois que cet entretien approfondi a été aussi satisfaisant que possible pour ce qui concerne le présent et l'avenir.

Je vous recommande de prendre et de garder le contact de M. Litvinov[3]. Amitiés.

Depuis le 2 juin, la 1re brigade française libre de Bir Hakeim est encerclée par les troupes germano-italiennes et subit des assauts répétés.

1. Voir *Mémoires de guerre*, t. II, p. 330 et 331.

2. La France Libre, rompant toutes les relations avec les Anglo-Saxons, se rassemblerait dans les territoires libérés. Elle avertirait, par tous les moyens en son pouvoir, le peuple français et l'opinion mondiale des raisons de son attitude. Voir *Mémoires de guerre*, t. I, p. 602 et 603.

3. Ambassadeur d'Union soviétique à Washington.

Télégramme au général de Larminat, à Beyrouth

Londres, 9 juin 1942

Je désire connaître situation exacte des troupes engagées Bir-Hakeim en tant que condition physique, pertes, ravitaillement, renforts.

Télégramme[1] au gouverneur général Éboué et au général Leclerc, à Brazzaville

Londres, 10 juin 1942

Le Comité national a décidé de supprimer le poste de haut-commissaire en Afrique Française Libre. Le texte du décret relatif à cette disposition vous sera notifié incessamment. Le poste a été créé par mon ordonnance du 12 novembre 1940 au lendemain du ralliement de l'Afrique-Équatoriale et du Cameroun. Les attributions du haut-commissaire ont été, par la suite, modifiées par mon ordre donné à Beyrouth le 20 août 1941. Dans les circonstances présentes, il apparaît que la nécessité du haut-commissariat ne s'impose plus en raison de la création du Comité national et de la situation actuelle des territoires de l'Afrique Française Libre.

Le médecin-général Sicé, haut-commissaire, est nommé, conformément à son désir, inspecteur général des services de santé et des œuvres de la France Combattante avec résidence principale auprès du Comité national.

Toutefois, j'ai décidé que le général Leclerc sera mon représentant personnel dans toutes cérémonies qui comportent la présence d'un tel représentant. Il aura la même qualité dans les réceptions de hautes personnalités étrangères. Cette disposition est justifiée par le fait que les territoires de l'AFL sont divisés entre le gouvernement général de l'A-ÉF et le gouvernement du Cameroun, tandis que l'autorité militaire du général commandant supérieur s'étend à l'ensemble et aussi parce que je tiens à ce que ma représentation personnelle en Afrique conserve actuellement un caractère militaire pour des motifs de politique générale.

Je rappelle, d'ailleurs, que dans le cas de péril grave, extérieur ou intérieur, la proclamation de l'état de siège peut donner à l'autorité militaire les pouvoirs les plus étendus. Il va de soi que le gouverneur général Éboué et le général Leclerc, en leur qualité de membres du Conseil de défense de l'Empire, continueront à recevoir de moi ou à m'adresser

1. Une partie de ce télégramme a déjà été publiée dans les *Mémoires de guerre*, t. I, p. 670.

directement et personnellement les communications prévues par les textes qui ont institué le Conseil.

J'adresse à l'un et à l'autre l'expression de mes amitiés et de mon entière confiance.

Ayant souhaité rencontrer le général de Gaulle, Winston Churchill s'entretient avec lui le 10 juin 1942. Il lui affirme notamment que la Grande-Bretagne n'a aucune visée sur l'Empire français, en particulier sur Madagascar. Voir *Mémoires de guerre* t. I, p. 604 à 607.

Télégramme au général Catroux, à Beyrouth, au général de Larminat, au Caire, au gouverneur général Éboué, au général Leclerc, à Brazzaville, et au haut-commissaire Thierry d'Argenlieu, à Nouméa

Londres, 11 juin 1942

Très secret

J'ai eu hier avec M. Churchill une entrevue satisfaisante. Je pense que le Premier ministre et le gouvernement britannique sont sincèrement désireux d'une détente et même d'une amélioration dans nos relations.

Par contre les États-Unis demeurent très renfrognés malgré la pression de leur opinion publique favorable à la France Combattante. Je pense que nous devons nous en tenir à notre attitude d'alliés loyaux mais fermes dans tout ce qui concerne les intérêts de leur pays. En tout cas il y a lieu d'éviter que dans les territoires placés sous votre autorité il se produise à ce sujet une émotion excessive. Nous devons tous rester calmes et confiants. D'ailleurs les exploits magnifiques de nos troupes à Bir-Hakeim renforcent encore notre position dans l'opinion française et étrangère.

Télégramme au général Catroux, à Beyrouth, et au colonel Bureau, au Caire

Londres, 12 juin 1942

Depuis le début des opérations de Bir-Hakeim je n'ai reçu aucun compte rendu concernant nos troupes engagées ou celles qui peuvent l'être à bref délai. Ce silence me paraît inexplicable. Vous comprendrez que je tiens à être informé de ce qui se passe, surtout dans la conjoncture actuelle, indépendamment du War Office britannique. Je soupçonne évidemment que l'autorité militaire britannique intercepte toutes les communications du général de Larminat. Mais un tel procédé serait intolérable et, en outre, formellement contraire à l'article 3 de l'accord sur le commandement que j'ai conclu avec M. Lyttelton le 25 juillet 1941[1].

Je vous prie de me renseigner sans délai sur la situation exacte, l'articulation, les positions et les missions des troupes que j'ai placées à la disposition de la VIIIe armée britannique.

À Anthony Eden, à Londres

Londres, 13 juin 1942

Cher monsieur Eden,

Comme vous le savez, sans doute, l'amiral Muselier, nommé inspecteur général des Forces Françaises Libres, a refusé de prendre le poste qui lui était assigné et m'a écrit le 15 mai « qu'il cessait toute collaboration avec moi ».

En territoire français, une telle conduite aurait mené immédiatement l'amiral Muselier en conseil de guerre. La présence actuelle du Comité national en territoire britannique empêche provisoirement l'autorité française de procéder à l'application de la loi. Mais l'attitude prise publiquement par l'amiral Muselier et l'agitation qu'il s'efforce toujours de créer dans la Marine constituent un danger grave pour la discipline et pour le moral des Forces Françaises Libres.

S'il devait être entendu qu'un officier général peut, impunément, quitter son poste, rejeter son devoir et inciter ses anciens subordonnés à imiter son exemple, parce qu'il se trouve en territoire allié, que penseront les soldats, marins, aviateurs français qui combattent et dont certains meurent tous les jours, pour leur pays, à côté des vôtres ?

Il est vrai que l'amiral Muselier affecte de dire qu'il n'a pas signé un acte d'engagement dans les Forces Françaises Libres. C'est là un abus des mots. Il ne me serait naturellement jamais venu à l'esprit de faire signer un engagement écrit à un vice-amiral qui était venu se placer sous mes ordres, qui tenait son poste de moi-même, qui commandait sous l'autorité et sous la responsabilité du Comité national français une partie des Forces Françaises Libres, et qui reçoit de la France Libre depuis deux ans sa solde et ses indemnités.

En attendant que cette situation puisse être réglée par l'autorité française dès qu'elle en aura recouvré les moyens, je suis sûr que vous penserez comme moi qu'il est nécessaire, dans l'intérêt commun, de faire cesser le scandale causé au point de vue militaire, par la conduite et par l'action de l'amiral Muselier.

---

1. Voir *Mémoires de guerre*, t. I, p. 457.

J'ai donc l'honneur de vous demander que les autorités britanniques éloignent de Londres et des environs l'amiral Muselier, lui assignent une résidence déterminée et lui interdisent toute communication directe ou indirecte avec les militaires des Forces Françaises Libres.

Bien sincèrement à vous.

Entretien avec Anthony Eden du 13 juin 1942

Note établie pour les membres du comité national

« Je vous avoue, dit M. Eden, que je suis dans le brouillard. M. Casey et M. Parr[1] nous ont rendu compte des démarches effectuées auprès d'eux par le général Catroux, M. Éboué et le général Leclerc. C'était là la suite d'un télégramme que vous aviez envoyé et dans lequel vous envisagiez l'éventualité où vous seriez hors d'état de continuer votre collaboration avec le gouvernement britannique. »

« Je vous en avais prévenu, répond le général de Gaulle. J'en avais chargé M. Peake, comme vous le savez. L'affaire de Madagascar nous avait déjà mis dans une position inacceptable. Vous nous assurez, maintenant, que vous n'avez aucune intention du même genre concernant l'A-OF. Nous n'avons, a priori, aucune raison de mettre cette assurance en doute. Cependant, pour bien fixer les choses, nous tenons à préciser que si cette action, ou une autre du même genre, se produisait, soit de votre part, soit de la part du gouvernement américain, sans que nous soyons d'accord et, à plus forte raison, sans que vous nous ayez, au préalable, consultés, il nous serait alors impossible de collaborer directement avec vous. Cela ne veut pas dire que nous ferions comme Vichy ! Nous continuerions la guerre par tous moyens en notre pouvoir. Mais nous ne pourrions continuer à nous associer aux Anglo-Saxons. »

« Je vous donne l'assurance formelle, répond M. Eden, que nous n'avons aucun projet sur Dakar ni sur la boucle du Niger. Les Américains eux-mêmes n'en ont pas, du moins pour autant que nous le sachions. Si nous avions de tels projets, je vous le dirais. En ce moment, nous ne pensons qu'au second front. »

Revenant sur Madagascar, le Général fait observer que le communiqué du Foreign Office du 13 mai n'a pas eu de suite. D'autre part, Pechkoff ne part pas.

En Syrie, le général Catroux rencontre des difficultés qui lui sont créées par Spears. Le Foreign Office soulève des controverses à propos du chemin de fer Haïfa-Tripoli. Il prétend lier l'option qui avait été promise au gouvernement français à des conditions qui, pratiquement, la rendent illusoire. En A-OF, le général Giffard procède à des préparatifs auxquels

1. Consul général de Grande-Bretagne à Brazzaville.

nous ne sommes pas associés. Il a essayé de renvoyer nos missions de Bathurst et de Freetown. La Mission Frank, en Gold Coast, cherche à acheter les chefs noirs de la boucle du Niger. Tout cela est troublant.

Ce ne sont pas seulement les Britanniques qui causent nos préoccupations. Nous croyons même qu'ils ne dépasseront pas une certaine limite. Mais l'attitude de l'Amérique nous crée d'autres inquiétudes. Les Américains sont engagés dans une politique qui, pour nous, est désastreuse. Elle tend à la rupture de l'unité et de l'intégrité de l'Empire. Et, quant à la métropole, l'appui donné à Vichy par Washington ne peut avoir qu'un aboutissement : la révolution en France. Dans ces conditions, la perspective de voir les Américains s'installer, par exemple, à Dakar ou à Alger nous remplit d'une extrême méfiance.

M. Eden estime que nous n'employons pas toujours la bonne méthode avec les Américains : nous les heurtons de front, nous les poussons à bout. Les Américains trouvent que les Français Libres ne sont pas commodes. Les récentes déclarations faites par le Général à la presse ont beaucoup irrité M. Cordell Hull. M. Eden affirme que nos appréhensions au sujet de l'Amérique n'ont aucun fondement véritable, que ni les Britanniques ni les Américains n'ont d'arrière-pensées. Quant aux Britanniques, ils souhaitent marcher avec nous la main dans la main pour préparer le front Ouest.

En ce qui concerne Madagascar, M. Eden a remplacé le brigadier Lush par M. Graftey Smith, conseiller pour les affaires orientales à l'ambassade de Grande-Bretagne au Caire. Le général Platt va également à Madagascar. Il se rendra, d'abord, avec Smith en Afrique du Sud pour rencontrer le maréchal Smuts. Pechkoff les verra à Johannesburg et pourra ensuite aller à Diégo-Suarez.

Quelques mots sont échangés au sujet de l'accord anglo-russe du 26 mai 1942[1]. Le Comité national, dit le général de Gaulle, considère cet accord comme un événement heureux. Il croit qu'il était sage de ne pas poser, à ce sujet, la question des frontières orientales de la Pologne.

Article pour le 1er numéro du journal *La Marseillaise* du 14 juin 1942

La Marseillaise prend sa place au combat.

Que chaque semaine ce libre journal offre à nos compagnons et à ceux qui sont leurs amis des aliments pour l'esprit et un réconfort pour le cœur.

Qu'il aide à lier entre eux tous les bons Français, à leur rang dans nos forces de terre, de mer, de l'air, ou à leur poste dans l'Empire libéré, ou

1. Le gouvernement britannique a conclu le 26 mai un traité d'alliance de portée générale avec le gouvernement soviétique représenté par Molotov, commissaire du peuple aux Affaires étrangères.

à leur poste à l'étranger, en attendant qu'il puisse atteindre tous ceux qui luttent et qui souffrent sur le sol de la patrie.

Qu'il les informe des péripéties du drame immense auquel ils sont mêlés. Qu'il les renseigne sur tout ce qui concerne notre pays au-dedans et au-dehors. Qu'il leur fasse connaître et estimer les nations qui s'unissent à la nôtre dans la plus grande guerre de l'Histoire. Qu'il les confirme dans leur volonté de voir le monde se renouveler dans sa terrible épreuve. Par-dessus tout, qu'il contribue à maintenir leur âme tout près de l'âme de la France !

Ainsi l'on verra paraître dans les pages de *La Marseillaise* la résolution d'un peuple qui veut vaincre pour demeurer grand, comme on perçoit dans l'hymne national l'éclat de nos gloires et l'ardeur de nos libertés.

À François Quilici[1], à Londres

Londres, 14 juin 1942

Mon cher ami,

Bravo pour le n° 1 !

C'est vivant et dynamique. C'est ce qu'il faut. Par la suite, vous élargirez ceci par la place de la « doctrine » et du « fond ». Les moyens suivront l'élan…

Bien cordialement.

Télégramme au Jewish Council Russian War Relief, à New York

Londres, 14 juin 1942

La France combat pour sa propre libération en même temps que pour la victoire des principes de liberté, de justice et de respect de la personne humaine, principes qui ont toujours inspiré son action à travers l'Histoire.

En son nom, je m'associe à votre manifestation en l'honneur du professeur Einstein, qui a trouvé aux États-Unis l'accueil qu'il avait reçu sur le sol alors libre de la France, lorsque, il y a quelques années, il était célébré par toute l'élite intellectuelle de notre pays.

Cette élite est aujourd'hui réduite au silence, et rares sont ceux qui, comme notre regretté Jean Perrin[2], ont pu quitter une patrie où l'envahisseur est encore maître, pour se joindre à nous. Mais notre cause, qui est celle de tous les opprimés, triomphera.

1. Directeur du journal *La Marseillaise*.
2. Physicien, sous-secrétaire d'État à la Recherche dans le gouvernement Blum en 1936, Jean Perrin meurt en 1942.

Message à Monseigneur Biéchy, transmis par le gouverneur général Éboué, à Brazzaville

Londres, 15 juin 1942

Je prie Votre Excellence de croire que j'ai longuement médité sur sa requête en pesant mes devoirs de chef et de chrétien. Votre Excellence se rappelle que dans les premiers jours suivant la prise de Libreville, j'ai proposé par une voix confidentielle à Vichy d'échanger les prisonniers de Libreville contre les familles des Français Libres d'Afrique. J'avais proposé que cet échange ne reçoive aucune publicité afin de ménager l'amour-propre de Vichy. Cette proposition a été rejetée publiquement par l'amiral Platon dans des termes insultants[1]. À plusieurs reprises et en dernier lieu en parlant avec le représentant de la Croix-Rouge Internationale, ou lorsque le consul général du Portugal à Brazzaville a approché le Dr Staub, j'ai indiqué les conditions auxquelles le projet d'échange pourrait être repris. Je considère donc que la responsabilité de la situation actuelle repose entièrement sur Vichy car personnellement je n'ai qu'un désir : la terminer. Je serai par conséquent très heureux si vous vouliez bien approcher en mon nom Mgr Dellepiane et lui suggérer que le Saint-Siège pourrait agir comme intermédiaire entre Vichy et nous-mêmes pour reprendre l'idée d'échange et nous faire des propositions à ce sujet. Je prie Votre Excellence de croire à mes sentiments respectueux et dévoués.

À l'amiral Stark[2], à Londres

Londres, 15 juin 1942

Cher amiral,

Je vous remercie vivement de votre lettre du 13 juin.

J'ai été très touché que vous ayez pris la peine de me donner des nouvelles de mon fils après l'avoir rencontré au cours de votre récent voyage dans le Nord, et je me félicite de vous rencontrer demain.

Bien sincèrement à vous.

Apostille[3]

Lieutenant-colonel Billotte[4], répondre à M. Tixier[5] : télégraphier au général Leclerc en lui disant que nous sommes d'accord pour l'arrivée de

1. L'amiral Platon est secrétaire d'État aux Colonies dans le cabinet Laval.
2. Commandant en chef les Forces navales des États-Unis en Europe.
3. Sur un télégramme du général Leclerc à Brazzaville du 16 juin 1942.
4. Lieutenant-colonel Billotte, chef d'état-major du général de Gaulle.
5. M. Adrien Tixier, délégué de la France Libre auprès du Département d'État à Washington.

Cunningham[1], que je ne veux pas de tractations directes entre le commandement supérieur de l'Afrique française libre et l'Amérique par l'intermédiaire de Cunningham, que rien ne doit être arrêté ni fait sans mon autorisation, que lui, Leclerc, doit mettre Cunningham en garde contre sa tendance bien américaine à intervenir dans nos affaires et l'inviter à s'en tenir à sa mission de liaison militaire.

À Archibald Sinclair, à Londres

Londres, 17 juin 1942

Cher sir Archibald,

J'ai bien reçu votre lettre du 16 juin.

Le survol de l'Arc de Triomphe à une heure déterminée par un aviateur français m'avait été, comme vous le savez, demandé depuis plusieurs mois par nos groupements d'action en France pour des raisons psychologiques et morales qui ne doivent pas être négligées. C'est pourquoi j'avais eu l'honneur de vous écrire à ce sujet le 5 novembre 1941 et le 5 juin 1942.

Une opération différente ayant été, néanmoins, exécutée, je ne puis que vous exprimer mon regret que la Royal Air Force britannique n'ait pas jugé possible qu'un officier français pût jeter un drapeau français sur la capitale de la France.

Bien sincèrement à vous.

Au général de brigade Pierre Kœnig, à Sidi Barani (Égypte)

Londres 17 juin 1942

Mon cher Kœnig,

Je vous embrasse. Vous et vos troupes avez rendu à notre armée française un sourire de la gloire[2]. J'examinerai en détail ce que vous avez fait, dès que j'aurai les rapports. J'ai déjà le sentiment que le plus méritoire, du point de vue commandement, et aussi le plus réussi, fut votre décrochage.

Voici le texte de votre citation à l'ordre de l'armée :

16 juin 1942

« Officier général formé en combattant sans cesse depuis le premier jour de la guerre. A révélé les plus hautes qualités de commandement. S'est

1. Le Département américain de la guerre propose l'envoi du colonel Cunningham en mission de liaison à Bangui et Brazzaville.

2. Après avoir repoussé les assauts répétés de la division italienne Ariete, de la 90e division allemande et de l'aviation ennemie, leur faisant perdre une cinquantaine de chars et plusieurs avions du 27 mai au 10 juin 1942 à Bir Hakeim en Libye, la 1re division légère des Forces françaises libres, sous les ordres du général Kœnig, avait forcé son passage au travers de ses assiégeants dans la nuit du 10 au 11.

couvert de gloire à sa division légère au cours des combats héroïques de Bir Hakeim. »

À présent, il faut refondre et réorganiser.

Au revoir. Dites à vos troupes combien je les estime et les aime. Nous nous verrons, d'ailleurs, bientôt.

Très amicalement à vous.

Apostille[1]

Répondre une fois de plus que Sibour ne fait pas partie des Forces françaises libres et que nous ne devons pas lui payer de solde. D'ailleurs s'il était officier français, il ne serait pas officier américain.

Télégramme à Jean Escarra, à Tchong-King (Chine)

Londres, 19 juin 1942

Je lis votre télégramme n° 83 du 13 juin. Je vous rappelle que j'ai décidé de faire l'union sacrée. Tous les Français sont bons du moment qu'ils veulent la libération nationale et qu'ils y travaillent. Je vous invite à ne pas faire entrer la question des luttes politiques dans votre mission et dans vos télégrammes. Après la victoire, si nous la remportons, les Français retrouveront assez tôt le temps et le goût de se quereller.

Télégramme au général Catroux, au général de Larminat, à Beyrouth, et au général Leclerc, à Brazzaville

Londres, 20 juin 1942

Très secret

La valeur combattante vraiment exceptionnelle déployée par nos troupes à Bir-Hakeim et la qualité de leur commandement sont un élément capital du redressement militaire de la France. Je ne sépare pas les combats de Bir-Hakeim des brillantes actions exécutées au Fezzan dans le courant de février/mars par nos troupes du Tchad. Le retentissement de nos opérations en Libye a été énorme en France et dans le monde. En particulier je sais par des informations sûres que nos camarades de l'armée dite de l'armistice et des forces d'Afrique du Nord en ont été profondément impressionnés, y compris beaucoup de ceux qui n'avaient pu ou voulu nous rejoindre l'année dernière en Syrie. C'est non seulement

1. Sur un télégramme du 18 juin 1942 du délégué de la France Libre à Washington signalant un capitaine Sibour, porteur d'une lettre du colonel Astier de Villatte le détachant au Service américain de convoyage d'aéronefs du Caire, et demandant que les Français libres lui paient sa solde et les Américains ses indemnités.

une contribution française considérable dans la bataille d'Afrique, mais c'est aussi, du point de vue purement français, un élément psychologique et moral qui facilitera le regroupement ultérieur des forces dont dispose encore la nation. Je vous prie de porter de ma part cette appréciation à la connaissance des états-majors, troupes et services sous vos ordres.

J'ai nommé le général Kœnig Compagnon de l'ordre de la Libération avec une citation à l'ordre de l'Armée dont voici le texte :

« Officier général formé en combattant sans cesse depuis le premier jour de la guerre. A révélé les plus hautes qualités de commandement. S'est couvert de gloire à la tête de sa division légère au cours des combats héroïques de Bir-Hakeim. »

Suite pour Catroux et Larminat seulement.

En ce qui concerne la suite, mon intention est naturellement de laisser à votre disposition les forces actuellement sous vos ordres tant que la situation ne sera pas rétablie en Orient. Mais mon attention est, comme vous le savez, portée maintenant sur les perspectives d'ouverture du front Ouest. Nous avons préparé à cet égard en France même beaucoup de choses depuis huit mois malgré d'extrêmes difficultés. Il est évident que nous devons en outre participer de l'extérieur avec tous les moyens possibles à l'entreprise interalliée à l'Ouest dès qu'elle se déclenchera sur une grande échelle et sans esprit de va-et-vient.

C'est pourquoi je vous prie de préparer dès à présent, sans modifier toutefois pour le moment votre organisation de bataille, la constitution d'une force ayant sensiblement la composition suivante et destinée à être transportée en Angleterre soit en bloc, soit par échelons successifs dès que j'en donnerai l'ordre d'accord avec nos alliés :

un état-major de brigade mixte,
trois bataillons d'infanterie motorisée,
une compagnie de chars,
un groupe de reconnaissance,
un et si possible deux groupes d'artillerie,
une compagnie du génie,
une compagnie des transmissions,
une compagnie de transport,
une compagnie de parachutistes,
les éléments des services correspondants.

En outre, le général de Larminat personnellement avec un état-major de division. Les troupes et services devront comprendre essentiellement des éléments français ou nord-africains avec peut-être quelques éléments libanais et syriens, choisis et volontaires, et même sénégalais du Sénégal à condition qu'ils soient susceptibles de faire campagne en France en hiver.

Je vous prie de me faire connaître dès que vous l'aurez établi votre projet d'organisation en exécution de ces directives. Vous voudrez bien indiquer en même temps quel matériel : armement, munitions, équipement, engins blindés, transport, transmissions, génie, etc., actuellement en votre possession vous jugeriez nécessaire de faire transporter avec les troupes et services et quel matériel devrait, à votre avis, leur être fourni à leur arrivée en Angleterre.

J'appelle votre attention sur la nécessité de procéder à cette préparation dans le secret absolu.

Note[1] pour René Pleven, à Brazzaville (Congo)

20 juin 1942

Répondre que les négociations des Américains avec Boisson font partie de cette série de mauvaises plaisanteries que le State Department intitule sa « politique » vis-à-vis de la France et de son Empire. Cela ne peut avoir aucune suite pratique.

Télégramme au général Catroux, à Beyrouth

Londres, 22 juin 1942

Secret

Je reçois votre télégramme n° 736 du 20 juin me transmettant un télégramme de Larminat du 3 juin.

En ce qui concerne la forme de ce télégramme, je vous prie de dire de ma part à Larminat que ni le combat, ni la chaleur, ni même le succès ne peuvent justifier le ton qu'il adopte, ni sa prétention à me dicter ce que j'ai à faire. Je le rappelle au respect qui m'est dû. J'ajoute que j'ai la charge et peut-être la capacité de voir plus large que lui.

J'ai envoyé en Orient sans attendre qu'il le demande et, pour une large part, avant qu'il y soit lui-même, tout ce dont je pouvais disposer. Je ne prélèverai certainement rien actuellement sur les maigres éléments d'artillerie qui restent en Afrique et que j'entends y laisser pour des raisons dont je suis juge. N'ayant qu'un infime recrutement de cadres, et devant prévoir et préparer plusieurs éventualités, y compris une attaque au Tchad, je ne renforcerai pas l'Orient pour le moment.

Je ne consens pas du tout à ce que nos troupes soient engagées sans moyens suffisants. Il appartient au commandement britannique, à la disposition de qui nous avons placé les éléments de Larminat, de mettre sous ses ordres une fraction d'artillerie. Vous-même avez à l'exiger.

Le général Legentilhomme étudiera d'ailleurs avec vous cette question ainsi que plusieurs autres.

1. À la suite de la demande des anciens combattants d'A-ÉF de faire une démarche auprès du consul américain pour prévenir une entente des États-Unis avec M. Boisson, gouverneur de Vichy à Dakar. René Pleven est commissaire national de la France Libre.

Télégramme au général Leclerc, à Brazzaville

Londres, 23 juin 1942

1. Vos télégrammes n°s 602 et 605-CC se sont croisés avec notre télégramme 5602b/Col. qui répond à la plupart de vos questions.

2. Un télégramme du commissariat des Colonies, télégramme que j'ai approuvé, vous donne décisions sur les points qui n'étaient pas couverts par le télégramme précité.

3. Ce n'est qu'après mûre réflexion que j'ai estimé qu'il y avait plus d'inconvénients que d'avantages à maintenir le haut-commissariat et je compte sur vous pour ne pas chercher, par une voie oblique, à le rétablir. Les Britanniques n'ont naturellement rien eu à voir à notre décision. Les raisons pour lesquelles lord Swinton est nommé en West Africa britannique ne nous concernent pas. Si je suis bien informé, Swinton est nommé pour limiter les attributions de Giffard. Nous n'aurions pas supprimé le haut-commissariat si les zizanies, qui existaient entre les services du haut-commissariat et du gouvernement général, n'étaient pas devenues de notoriété publique et n'avaient fait le plus grand tort à notre cause à l'extérieur. Comme commandant supérieur vous devez, avant tout, vous consacrer à votre rôle militaire, qui nécessitera des déplacements très fréquents, sans compter que la tournure des événements en Libye peut vous conduire soudainement à des opérations. Il est indispensable que vous et le gouverneur général ayez la volonté de collaborer en complète sincérité.

Que chacun observe ses attributions et, si un désaccord se produit, qu'il le réfère aussitôt à son commissaire national pour arbitrage.

Au mois de juin 1942, l'Égypte est menacée : la VIIIe armée britannique abandonne la Cyrénaïque. La garnison de Tobrouk capitule devant Rommel le 24 juin.

Note pour le lieutenant-colonel Billotte[1]

Londres, 25 juin 1942

À remarquer :

1. que, si j'acceptais le texte Muselier pour les ordonnances, il suffirait d'un Muselier pour paralyser tout.

1. Chef de l'état-major particulier. Note relative à un texte du samedi 13 juin 1942 du vice-amiral Muselier réclamant un droit de veto pour chacun des membres du Comité national français en ce qui concerne les ordonnances de ce Comité. Ce texte fut communiqué à la presse à Londres avant même que le Général en ait eu connaissance.

2. que Muselier avait lui-même accepté le texte de l'ordonnance n° 16 puisqu'il était entré au Comité national créé par cette ordonnance.

À Anthony Eden, à Londres

Londres, 26 juin 1942

Très secret

Cher monsieur Eden,

Vous connaissez l'importance que j'attache à une mission en France confiée à M. Rondeau, ancien attaché du cabinet de M. Mandel, très introduit auprès des milieux parlementaires français.

Son départ en avion pour la France, prévu pour le samedi 27 juin, est arrêté par la RAF sous le prétexte que le terrain d'atterrissage n'offre pas toutes garanties de sécurité. Or nos équipes de réception sont sur place et sont certaines du résultat. D'ailleurs une opération sur ce même terrain a parfaitement réussi il y a trois semaines environ.

Votre haute intervention auprès du ministre de l'Air me paraît seule susceptible de faire lever une interdiction peu fondée à mes yeux.

Bien sincèrement à vous.

Télégramme au général Catroux, à Beyrouth

Londres, 27 juin 1942

Secret et confidentiel

J'ai naturellement une impression fâcheuse quant aux perspectives de défense de l'Égypte. Je tiens en outre pour vraisemblable que l'ennemi combine prochainement son action sur le Nil avec une attaque des États du Levant.

Les décisions que vous avez à prendre pour cette éventualité sont, naturellement, combinées avec celles d'Auchinleck et je n'entends pas interférer.

Toutefois, dans la mesure où la répartition des forces françaises et britanniques pourrait encore être faite avec une certaine latitude, je tiens pour très important que vos troupes soient de préférence employées aux opérations en Syrie et au Liban.

De toute façon, j'ai pleine et entière confiance en vous et dans les forces sous vos ordres dans cette période capitale et très difficile et je vous adresse, mon général, l'expression de ma fidèle amitié.

Télégramme à Bernard Bourdillon[1], à Kano

Londres, 27 juin 1942

Je vous remercie de votre télégramme. Je serai naturellement très heureux d'être parrain de votre petite fille.

Amicalement.

Message pour la revue mensuelle de la délégation France Libre[2], à Pretoria (Afrique du Sud)

Londres, 28 juin 1942

La France Combattante, gérante des intérêts matériels et moraux de la patrie, est fière d'avoir suscité dans le monde tant d'affection et d'enthousiasme. Elle s'enorgueillit d'offrir aux yeux des peuples libres le visage d'une France digne d'être aimée et admirée. Les bons Français qui luttent dans nos rangs, ceux de l'Empire libéré et ceux de l'étranger, unis dans nos épreuves sans exemple aux héros et aux martyrs de la Résistance, ont vu grandir autour d'eux, depuis juin 1940, l'ardente sympathie de leurs compagnons d'armes et d'espérance. Il est bon que la voix de la France Combattante se fasse entendre en Afrique du Sud, sur ce continent où l'Afrique Française Libre demeure en guerre et y demeurera jusqu'à la victoire commune. J'adresse un salut cordial à votre revue, aux Français de l'Union et à leurs amis sud-africains, en ce 14 juillet, jour anniversaire de la Révolution qui nous donna nos libertés et de la fête de la Fédération qui confirma l'unité nationale.

Préface au livre de Pierre Tissier[3], *Le Procès de Riom*

Londres, 29 juin 1942

Le soi-disant procès de Riom[4] constitue l'un des plus criants abus commis par Vichy. Il s'agissait d'une parodie de justice organisée dans le but de disculper ceux qui furent les premiers coupables, et en invoquant la défaite du pays trahi précisément par les accusateurs.

L'ouvrage très objectif et très intéressant du lieutenant-colonel Tissier montre comment cette odieuse tentative s'est retournée contre ses auteurs, tant il est difficile d'étouffer la vérité et tant le système de Vichy est absurde jusque dans ses crimes.

---

1. Gouverneur et commandant en chef britannique en Nigeria.
2. Il s'agit du premier numéro de cette publication.
3. Secrétaire général à la coordination des services civils de la France Libre.
4. Commencé le 19 février 1942, le procès de Riom devait juger les responsables de la défaite. Tournant à la confusion de Vichy, les débats furent interrompus le 11 avril 1942.

Mais les débats de Riom, si tendancieux qu'ils aient été, ont néanmoins contribué à mettre en lumière des faits dont la nation saura se souvenir.

Avant la guerre, le peuple français n'a refusé aucun sacrifice pour être prêt à combattre. Depuis la victoire de Foch, il s'est plié sans interruption au service obligatoire et le corps de ses officiers n'a pas cessé de faire son métier en conscience. Entre 1919 et 1939, il a dépensé pour sa défense quatre cents milliards de francs. Mais toute cette bonne volonté aussi bien que tous ces crédits sont allés se perdre dans un système militaire périmé.

Au cours de la bataille de France, nos troupes, soumises à la pire épreuve morale, celle d'une retraite ininterrompue, sont demeurées jusqu'au bout fidèles à leur devoir. Tous leurs chefs le reconnaissent. Il n'y eut jamais, nulle part, ni sauve-qui-peut ni panique. Sans aucun doute, l'armée française, en dépit de ce qui lui manquait, aurait voulu et aurait pu faire payer l'invasion beaucoup plus cher à l'ennemi. Mais ce dévouement et cette solidité ont été paralysés par une stratégie d'abandon.

Enfin, il est frappant de noter que tous les Français qui se sont fait entendre à Riom, qu'ils fussent pour la circonstance qualifiés d'accusés, de témoins ou même de juges, n'ont à aucun moment adopté le ton du désespoir. Tout se passait comme si l'on discutait d'un malheur national provisoire, dont chacun pensait qu'il ne correspondait pas à la valeur guerrière réelle de la France. Or cette guerre n'est pas finie et la France, elle aussi, continue.

Au général Brooke, à Londres

Londres, 29 juin 1942

Mon cher général,

Je crois devoir vous communiquer les instructions que j'ai adressées à la Mission française d'Accra et aux postes de Lagos, Freetown et Bathurst qui y sont rattachés.

Ces instructions ne font que confirmer la situation actuelle. Il me semble que les informations et l'action concernant l'Afrique-Occidentale Française doivent être établies ou maintenues par des éléments français. En effet, notre personnel, en raison de sa connaissance des gens et des régions intéressées comme aussi de son expérience de l'administration coloniale française, se trouve en mesure d'obtenir – et obtient effectivement – les renseignements les plus utiles.

Comme vous le savez, les renseignements qui ont pu être recueillis sur place par nos agents ont toujours été communiqués aux autorités britanniques intéressées, et s'il y a eu parfois défaut de liaison je ne crois pas que cela doive nous être imputé.

Le projet tendant à supprimer nos missions pour les remplacer par de simples organes de liaison ne répondrait pas, à mon avis, à ce qui est nécessaire dans les circonstances présentes. De tels éléments de liaison, forcément très réduits, ne disposeraient pas de moyens d'action suffisants. D'autre part, le ralliement, l'accueil, la propagande qui doivent être exercés sur le groupe de colonies françaises de l'Afrique-Occidentale Française reviennent normalement à des organismes français.

Bien sincèrement à vous.

À Jean Marin, à Londres

Londres, 30 juin 1942

Mon cher ami,

À plusieurs reprises vous avez insisté très vivement auprès de moi pour rejoindre une unité combattante. Je vous ai dit que je comprenais parfaitement votre désir et j'ai exprimé la même opinion à M. Duchesne[1] et à M. Harold Nicolson.

Cependant, quel que soit le regret que vous en éprouverez, j'estime en conscience que le moment n'est pas encore venu pour vous de quitter le poste que vous occupez à la Radio française. La situation actuelle de la guerre et la nécessité d'agir en conséquence sur le moral de notre pauvre et cher pays exigent que vous continuiez à parler à la France comme vous le faites. Des informations nombreuses m'ont appris qu'en France on souffrirait beaucoup de ne plus vous entendre.

Je regrette, croyez-le, de ne pas donner, pour le moment, satisfaction à votre demande instante. Mais je ne le fais pas sans de bonnes raisons.

Bien cordialement à vous.

Décret n° 331 portant mise à la retraite d'un officier général de l'armée de mer

Le général de Gaulle,

Chef des Français Libres,

Président du Comité national,

Sur le rapport du commissaire national à la Marine,

Vu l'article 23 de la loi du 4 mars 1929 portant organisation des différents corps d'officiers de l'armée de mer,

Vu l'ordonnance n° 16 du 24 septembre 1941 portant organisation nouvelle des pouvoirs publics de la France Libre,

1. Jacques Duchesne est chef du personnel français et responsable des programmes de la Radio française de Londres.

Vu l'avis du contre-amiral commandant en chef les Forces navales françaises libres,

Décrète :

Article 1er. Le vice-amiral Muselier, Émile, est admis à la retraite d'office.

Article 2. Le commissaire national à la Marine est chargé de l'exécution du présent décret.

Fait à Londres, le 30 juin 1942,

C. de Gaulle

Par le Chef des Français Libres,
Président du Comité national :
Le commissaire national à la Marine P. Auboyneau

À Jules Jeanneney[1]

Londres, 30 juin 1942

Monsieur le président,

Bien que le ciel ne s'éclaircisse pas beaucoup, on peut imaginer maintenant telle péripétie qui permette d'envisager la « rentrée » de la France dans la guerre.

Dans cette hypothèse, et sans préjuger aucunement du rôle que les circonstances imposeraient à tel ou tel, il faudrait que soient résolus, d'une manière provisoire, le problème du Gouvernement et celui de la représentation du pays.

Voudriez-vous accepter de me donner – pour moi seul – votre avis sur la façon dont on pourrait concevoir les solutions ?

Je saisis cette occasion pour assurer à l'ancien collaborateur de Clemenceau que moi-même et mes compagnons ne renoncerons jamais à maintenir une France combattante, et au président du Sénat de la République que nous sommes résolus à sauvegarder la démocratie.

Je vous prie d'agréer, monsieur le président, l'expression de mes sentiments respectueux.

1. Lettre portée de Londres à Rioz (Haute-Saône) à M. Jeanneney par Philippe Roques, alias Rondeau, ancien collaborateur de Georges Mandel. M. Jeanneney, ancien président du Sénat, fit parvenir sa réponse en octobre 1942.

Télégrammes au général Catroux, à Beyrouth

Londres, 1er juillet 1942

Référence mon télégramme du 14 juin et votre télégramme 735/CH du 19 juin :

1. Veuillez me préciser d'urgence si la défense des côtes Syrie et Liban est effectivement placée sous votre autorité ou sous celle des autorités britanniques.

2. Dans ce dernier cas, je tiendrais à savoir si cette situation est conforme à l'accord que j'ai signé avec le ministre d'État Lyttelton et suivant lequel le commandement devait être assuré par la partie qui disposait du personnel naval numériquement le plus important.

Londres, 1er juillet 1942

Très secret

Pour ce qui concerne le sort des navires de l'amiral Godfroy[1], le cas échéant, nous préférons à toute autre solution leur déplacement vers Aden ou Bombay, sauf ralliement à nous ou saisie. Ils pourraient y rester dans les mêmes conditions qu'à Alexandrie. En tout cas la pire solution serait naturellement qu'ils tombent aux mains de l'ennemi. Je vous demande de suivre de près cette affaire et de me tenir au courant. L'amiral Auboyneau télégraphie à Kolb-Bernard[2] sur le même sujet. Nous avons fait connaître notre point de vue au gouvernement et à l'amirauté britanniques.

Télégramme au haut-commissaire Thierry d'Argenlieu, à Nouméa

Londres, 4 juillet 1942

Secret

Je peux vous confirmer, dans une large mesure, les indications données par Schwob. Mac Cloy, secrétaire d'État à la Guerre, qui vient de voir Chevigné, ne lui a pas caché que le ministère de la Guerre américain, tout en reconnaissant à Patch des qualités de bon militaire, le savait dépourvu de tact et d'intelligence politique. Par ailleurs, pour votre information strictement confidentielle, nos relations avec les États-Unis s'améliorent très nettement et des preuves publiques de ce changement apparaîtront probablement prochainement. Je suis donc persuadé que, dans les prochaines semaines, notamment avec l'arrivée de M. Montchamp, nous pourrons

1. L'amiral Godfroy, commandant les forces navales de Méditerranée orientale au moment de l'armistice de 1940, se trouve à Alexandrie à la tête d'une escadre (Force X), neutralisée par un accord avec les Britanniques.

2. Lieutenant de vaisseau lorsqu'il rallie la France Libre en 1940, René Kolb-Bernard est chargé en juin 1941 de commander la Marine au Levant.

remettre Patch à sa place, parce qu'il saura que le ministère de la Guerre américain ne le soutient pas à fond, et nous pourrons aussi disposer de Dubois, en l'affectant au Levant. Je comprends vos difficultés et votre exaspération, mais vous recommande la patience. Je suis sûr que nous tenons le bon bout.

Télégramme à Henri de Kerillis, à New York

Londres, 5 juillet 1942

Je lis vos magnifiques articles dans *Pour la Victoire*. Vous voici dans le rôle pour lequel vous êtes désigné et que j'ai toujours souhaité pour vous dans cette guerre. C'est le rôle joué autrefois par de Mun[1] et Maurice Barrès[2]. Il fallait cela encore une fois et malgré tout pour la France.

Fidèles amitiés.

À l'aspirant de marine de Gaulle, commandant la vedette lance-torpilles n° 12 à Warsash (Grande-Bretagne)

Londres, 6 juillet 1942

Mon cher Philippe,

De tout mon cœur je te félicite d'avoir reçu le commandement d'un navire de guerre. Si petit qu'il soit, il est important et c'est un morceau de la terre française. Je suis sûr que tu le commanderas comme il faut, c'est-à-dire avec décision, courage et attention. Son destin et celui des braves gens de l'équipage sont sous ta responsabilité.

La guerre continue de ne pas nous [...[3]] réjouissantes. Cependant, je persiste à croire que, si les Allemands ne remportent pas cette année des succès vraiment décisifs contre les Russes et en Orient, leur compte est bon pour l'année prochaine. En tout cas, l'esprit en France ne cesse de s'améliorer, malgré les souffrances ou peut-être à cause de ces souffrances.

Au revoir, vieux garçon. J'espère aller inspecter prochainement ton navire. En attendant, je t'embrasse tendrement et avec fierté. Maman, Élisabeth et Anne vont très bien.

Ton papa très affectionné.

1. Homme politique français, représentant du catholicisme social, Albert de Mun meurt en 1914.
2. Écrivain et homme politique français nationaliste, Maurice Barrès meurt en 1923.
3. La signature ayant été prélevée par découpage sur le manuscrit au verso, quelques mots ont sauté également sur le recto.

Télégramme au général Catroux, à Beyrouth

Londres, 8 juillet 1942

Secret

M. Helleu m'a fait connaître par l'ambassade d'Angleterre à Ankara qu'il envisageait de se rallier à la France Combattante mais qu'il n'était pas complètement décidé. Il demandait en même temps quel poste je lui attribuerais éventuellement et manifestait ses préférences pour notre représentation à Washington. J'ai fait répondre à M. Helleu que sa haute qualité et sa grande expérience diplomatiques nous seraient très précieuses. J'ai ajouté que notre représentation aux États-Unis était évidemment capitale. Toutefois je ne me suis pas engagé vis-à-vis de M. Helleu sur ce point particulier. Il faudrait que je puisse le voir longuement avant de prendre une décision pour Washington. Je lui ai donc demandé de venir me voir à Londres dès que possible. D'autre part, Mme Helleu pourrait nous être utile.

Je vous télégraphie cela afin que vous soyez au courant. Au cas où vous auriez l'occasion de correspondre avec M. et Mme Helleu vous seriez ainsi en mesure de le faire en toute connaissance de cause. Au fond, je désire qu'ils nous rejoignent et de toute manière je compte attribuer à M. Helleu un poste en rapport avec son rang. Je vous prie de m'informer de l'impression qu'il a donnée récemment comme homme et comme diplomate car je suppose que vous êtes renseigné plus directement que moi à ce sujet. Toute l'affaire est actuellement très confidentielle.

Le 9 juillet 1942, par un mémorandum adressé au général de Gaulle, le gouvernement américain reconnaît le Comité national comme le « symbole de la résistance française contre les puissances de l'Axe ». Voir *Mémoires de guerre*, t. II, p. 337 et 338.

Télégramme à Cordell Hull[1], à Washington

Londres, 10 juillet 1942

C'est avec une vive satisfaction que le Comité national français accueille à Londres les distingués représentants du gouvernement des États-Unis.

Je vous remercie de la part personnelle que vous avez prise à cette décision.

1. Secrétaire d'État américain aux Affaires étrangères.

La collaboration confiante qui s'établira ainsi entre la France demeurée fidèle aux Alliés et la grande démocratie américaine contribuera certainement d'une façon efficace à la victoire finale des Nations unies.

Télégramme à Franklin D. Roosevelt, président des États-Unis, à Washington

Londres, 10 juillet 1942

Je vous prie d'agréer l'expression de ma gratitude pour l'assistance militaire et l'appui que votre gouvernement vient d'offrir au Comité national français. L'annonce d'un accord entre la France Combattante et les États-Unis sera du plus puissant réconfort moral pour le peuple français dans son héroïque volonté de résistance à l'oppresseur.

Télégramme à Adrien Tixier, à Washington

Londres, 10 juillet 1942

Secret

Je réponds à votre télégramme n° 527. Je n'ai pas vu Donovan[1] lors de son passage à Londres. Il n'a vu aucun commissaire national. S'il raconte qu'il n'a pu s'entendre avec moi il parle contre la vérité : j'ajoute que toutes mes informations concordent à me faire penser qu'il a toujours joué contre nous. Il convient de le laisser tomber.

Message[2] aux Français de San Francisco

Londres, 10 juillet 1942

À l'heure où les libertés humaines sont menacées par la plus formidable coalition d'agresseurs que le monde ait jamais connue, le 14 juillet n'est plus seulement la fête nationale de la France ; le 14 juillet appartient à tous ceux qui luttent contre la tyrannie et la servitude et qui, en cet anniversaire symbolique, renouvellent le serment de vivre libres ou de mourir.

J'adresse le salut de la France Combattante aux Français de San Francisco, à leurs frères d'armes américains de la côte du Pacifique, devenue maintenant l'un des fronts des Nations unies, et à tous ceux qui, sous la présidence du grand ami de la France qu'a toujours été le gouverneur

1. William Donovan est chef des services secrets américains.
2. À l'occasion du 14 juillet, le général de Gaulle adresse également un message à l'association « France Forever ».

Olson, se sont réunis pour témoigner de leur fidélité aux principes de 1789 et de leur volonté de les appliquer demain dans un monde où seront enfin assurées l'indépendance des nations et la liberté des individus.

Télégramme au général Catroux, à Beyrouth, et à Louis de Benoist, au Caire

Londres, 11 juillet 1942

Très secret
Confidentiel

Je réponds au télégramme A.3 du 9 juillet de M. de Benoist. Si Alexandrie est directement menacée par l'ennemi et si Force X refuse de quitter le port pour se rendre plus au sud, nous devons faire tout pour prendre nous-mêmes possession des navires.

Dans ce cas, l'effusion de sang, pour regrettable qu'elle puisse être, ne doit pas nous arrêter.

J'appelle toutefois votre attention sur le fait que le sabordage instantané des navires est certainement préparé. Il faudrait donc que l'opération de prise de possession par nous soit ultra-rapide et si possible aidée de l'intérieur.

Je ne communique cet ordre à personne. En particulier, je n'en dirai rien à Churchill.

Télégramme au général Leclerc, à Brazzaville

Londres, 11 juillet 1942

Secret
Confidentiel

Veuillez me faire connaître dès que possible les conditions exactes dans lesquelles sont internés les militaires français non ralliés et leurs familles. Étudiez mesures susceptibles améliorer leur situation. Faites-moi connaître enfin votre avis sur l'opportunité de l'échange de certains de ces internés ou éventuellement de leur rapatriement.

Télégramme au général Catroux, à Beyrouth

Londres, 11 juillet 1942

Secret

Je vous remercie sincèrement de votre appréciation en ce qui concerne les progrès de notre position vis-à-vis des États-Unis. Le mémorandum américain du 9 juillet améliore en effet la base jusqu'ici très étroite de nos relations avec Washington. Mais il existe toujours une lutte curieuse entre le bon sens de l'opinion américaine, d'une part, et l'obstination du

State Department, d'autre part. Il est cruel à Cordell Hull, Sumner Welles[1], Bullitt, Donovan, de reconnaître que leur politique vis-à-vis de Vichy aboutit à un échec total. Vous avez pu mesurer en tout cas le tort grave que cette politique a fait à la France en y soutenant la résignation à la défaite au lieu d'y encourager le redressement pour la victoire. En tout cas la préoccupation générale est maintenant l'ouverture d'un front allié à l'Ouest et l'on ne nie plus à Washington comme à Londres que notre concours soit un élément essentiel dans cette entreprise décisive. Si les Russes tiennent encore quelques mois et si Auchinleck et vous-même parvenez à vous maintenir en Orient, une victoire contre l'Allemagne dans le courant de l'année prochaine avec le concours d'une France redressée apparaît nettement possible. Amitiés.

Au président du Conseil du gouvernement yougoslave, à Londres

Londres, 13 juillet 1942

Monsieur le Président,

Je vous remercie de votre lettre du 10 juillet. J'ai été très sensible aux condoléances que vous avez bien voulu m'adresser à l'occasion de la mort du maréchal Franchet d'Esperey[2], maréchal de France et voïvode[3].

Comme vous-même, je suis certain que ce grand soldat n'a jamais fléchi dans son pur et clairvoyant patriotisme. Sa volonté indomptable n'a jamais accepté la défaite temporaire des Yougoslaves et des Français qu'il avait, fraternellement unis, menés à la victoire. Avant de mourir, il aura eu, du moins, la joie d'applaudir aux exploits des héroïques chetniki du général Mihaïlovitch[4] en qui il aura reconnu les dignes héritiers des combattants du Vardar et de la Strouma.

Veuillez agréer, monsieur le Président, les assurances de ma très haute considération.

À Jacques de Gaulle, à Grenoble

Londres, 13 juillet 1942

Mon cher ami,

J'ai eu de tes nouvelles et de celles des tiens. Je savais depuis toujours que nos esprits sont d'accord et que nos cœurs battent ensemble mais j'ai été très heureux d'en avoir récemment confirmation.

1. Sous-secrétaire d'État américain.
2. Commandant en chef des armées alliées sur le front de Salonique en 1918.
3. En Yougoslavie, un voïvode est un maréchal.
4. Ce général yougoslave est l'un des chefs de la résistance serbe à l'occupation allemande en 1941.

À mon avis, il nous reste encore à subir une épreuve d'au moins un an. Cependant je ne doute pas du succès de l'entreprise en raison des progrès accomplis dans ta région et dans les régions voisines. C'est là l'essentiel pour que ce qui sera gagné le soit par nous et pour nous comme par et pour les autres.

Les quatre miens se joignent à moi pour vous embrasser tous très affectueusement.

C.

(Faire taper ceci tel quel et le remettre à Mrs. Riley en la priant de faire le nécessaire pour que ceci parvienne à mon frère par le jeune Riley.)

Télégramme au gouverneur Lapie, à Fort-Lamy

Londres, 16 juillet 1942

Je connais les exagérations abusives de Cunningham, mais je ne crois pas qu'il y ait lieu d'y attribuer trop d'importance. Maintenant que nos relations avec les États-Unis sont en voie de complète transformation, je suis certain que Cunningham sera beaucoup plus discret. S'il ne l'était pas, je verrais ce que j'aurais à faire. En tout cas, le général Leclerc a été invité à lui dire qu'il ait à se cantonner dans ses attributions militaires. J'ajoute qu'il est, au fond, dévoué et qu'il peut être assez efficace.

Cordialement.

Télégramme au général Catroux, à Beyrouth

Londres, 17 juillet 1942

Très secret
Confidentiel

En ce qui concerne la question de notre service de renseignements en Afrique du Nord[1], je crois nécessaire de vous préciser mes raisons et mes intentions.

Vous savez que le jeu perpétuel de l'Intelligence Service consiste à absorber et à employer pour sa politique et pour ses renseignements propres nos hommes ou nos partisans sous prétexte de cause commune ou d'avantage des Alliés. En même temps l'Intelligence Service tente partout et toujours de nous empêcher de disposer d'un service proprement français ou tout au moins cherche à utiliser pour elle-même ce service quand nous avons pu le créer.

1. Voir aussi à ce sujet dans *Mémoires de guerre*, t. II, p. 341 et 342, la lettre à Anthony Eden du 18 juillet 1942.

Le résultat est naturellement déplorable. Nous n'avons pu commencer à agir en France qu'en y organisant notre affaire nous-mêmes après des batailles épiques contre les services de nos propres alliés. Jusque-là, ceux-ci, abusant de nos amis en France mais trompés continuellement par Vichy et même par les Allemands, exerçaient une action dont la puérilité et la confusion apparaîtront un jour comme monumentales. Les choses marchent beaucoup mieux maintenant parce que nous avons sur place nos réseaux, nos agents, nos représentants et nos moyens de transmissions. Vous percevez vous-même certainement les progrès.

Pour l'Afrique du Nord, nous n'en sommes pas là. Les services anglais y jouent depuis deux ans leur jeu habituel, c'est-à-dire l'exploitation du gaullisme sans de Gaulle pour des fins de politique exclusivement britannique. Au surplus, cette politique britannique en Afrique du Nord est, comme vous le savez, dangereuse pour le maintien des droits de la France. Les Américains en font autant pour ce qui les concerne sous la direction d'un trublion du nom de Donovan. Bien entendu, les Anglais, comme les Américains, s'aperçoivent qu'ils n'obtiennent rien de sérieux ni de coordonné en fait de renseignements et en fait d'action avec ces procédés. Ils se tournent donc vers nous, non point encore pour nous aider à organiser notre affaire nous-mêmes en Afrique du Nord comme nous l'avons fait en France, mais pour diriger eux-mêmes et exploiter ce que nous aurons construit.

C'est à cette manière de faire que je m'oppose formellement, certain que nos alliés seront forcés à bref délai d'en venir au bon sens, c'est-à-dire de nous laisser établir nos réseaux à nous et dirigés par nous en Afrique du Nord.

Or je suis ici en présence des adjurations de l'Intelligence Service qui voudrait utiliser sous le couvert d'Auchinleck des officiers et des hommes appartenant à nos troupes et qu'elle a elle-même repérés, formés et parfois déjà employés. C'est en particulier le cas de Gilbert et de Mittelmann. L'Intelligence me propose que les missions de ces militaires au Maroc, en Algérie et en Tunisie leur soient fixées par l'état-major d'Auchinleck par l'intermédiaire de Gilbert. Si nous acceptions cela, nos gens auraient tôt fait de devenir de simples agents de l'Intelligence, ce que je refuse absolument. Je vous prie d'ailleurs de le faire savoir aux intéressés, car je sais ce que l'astuce de l'Intelligence peut obtenir de militaires français dévoués, ardents, mais sans discernement.

Ce que j'entends faire, c'est un service d'Afrique du Nord nous appartenant en propre sous la direction de Servais, avec deux postes et, par conséquent, deux branches. D'une part, Gibraltar et Tanger, d'autre part, Le Caire. La branche du Caire travaillera naturellement avec votre état-major. La branche Gibraltar-Tanger se met actuellement en place. Enfin, nous avons des moyens de nous relier à l'Afrique du Nord par la France métropolitaine elle-même. Si Servais n'a pu encore aller vous voir, c'est parce que les Anglais ont trouvé jusqu'à présent des prétextes pour l'en empêcher. Mais quand ils verront qu'il n'y a pas d'autre issue, ils lui donneront les facilités. Je crois que nous sommes au point d'aboutir.

Je n'ai pas besoin d'ajouter que votre incomparable expérience de l'Afrique du Nord ne saurait être méconnue. C'est une des raisons pour lesquelles Servais doit aller se présenter à vous au début de la mise en train de cette grande affaire. Veuillez croire à ma fidèle amitié.

Télégramme au haut-commissaire Thierry d'Argenlieu, à Nouméa

Londres, 18 juillet 1942

Secret

À déchiffrer vous-même

Votre télégramme n° 292 du 25 juin 1942. Pour votre information. À la suite promotion Auboyneau en remplacement amiral Muselier, dissidence de Villefosse, Moret et Bedin qui ont suivi amiral Muselier, perte Birot avec *Mimosa*, désignation indispensable Gayral pour mission militaire Washington et détachement nécessaire Wietzel[1] à Marine marchande, en fait 5 capitaines de vaisseau, 1 capitaine de frégate et 1 capitaine de corvette cessent d'être disponibles pour service à la mer ou aux colonies.

Ces explications suffisent à vous faire comprendre pourquoi il n'a pas été donné satisfaction à vos demandes bien que leur urgence ne nous ait pas échappé.

Des télégrammes de récrimination relatifs aux désignations de personnel doivent être évités.

Amiral Auboyneau envisage de nommer au commandement base Nouméa, après avoir pris renseignements complémentaires à son sujet, capitaine de corvette de réserve Rathouis qui a grande expérience Marine marchande, a fait guerre 1914-1918 dans Marine de guerre et se trouve actuellement disponible à Calcutta.

Télégramme au haut-commissaire Thierry d'Argenlieu, à Nouméa

Londres, 20 juillet 1942

Très secret

Je vous prescris de conserver à votre service les postes radio des territoires sous votre autorité[2]. Seul un ordre de ma part pourrait vous délier de cette consigne. Veuillez faire occuper militairement le poste de Nouméa.

---

1. Roger Wietzel assume, après son ralliement en 1940, les fonctions de sous-chef d'état-major des FNFL. Il sera nommé directeur de la Marine marchande.

2. Par un message du 15 juillet 1942, le commandement américain a demandé la fermeture des stations de radio de Nouvelle-Calédonie et des îles Wallis.

Veuillez également aviser sans délai Patch et Ghormley que je vous ai enjoint de prendre ces dispositions. Nous sommes d'ailleurs engagés avec Washington à ce sujet dans des conversations dont substance vous sera donnée par télégramme ultérieur[1].

Depuis l'entrée en guerre des États-Unis, un débarquement allié en Europe de l'Ouest est devenu possible. Le général de Gaulle se prononce pour l'offensive directe en Europe à partir de la Grande-Bretagne. Au cours du mois de juillet 1942, il prend des contacts et correspond avec les différents commandements alliés pour exposer ses points de vue et faire le compte des forces que la France Combattante pourrait engager dans la bataille.

Fragment[2] de note sur la mobilisation en cas de débarquement

s.d. *[juillet 1942]*

1. La libération du territoire français par les forces alliées et les Forces Françaises Libres avec le concours des groupes d'action français à l'intérieur doit conduire à la remise sur pied progressive des armées françaises d'opération et de l'organisation militaire du territoire.

2. Si, comme il paraît probable, les opérations des Alliés en France se développent d'abord en zone occupée, le premier but à atteindre doit consister à former dans le plus bref délai possible des grandes unités susceptibles d'aller à la bataille et, simultanément, à réorganiser en régions militaires, maritimes, aériennes, à mesure qu'elles seront libérées.

À Winston Churchill

Londres, 21 juillet 1942

Mon cher Premier Ministre,

Je crois devoir vous dire qu'à mon avis la situation de la guerre commande absolument une action générale des Alliés à l'ouest de l'Europe, action qui, suivant moi, devrait être déclenchée au plus tard dans le courant du printemps prochain.

La France peut apporter un concours important à cette action à mesure qu'elle se développera sur son territoire ou sur des territoires voisins.

1. Voir le télégramme au haut-commissaire Thierry d'Argenlieu du 23 juillet 1942.
2. Un document suit, non rédigé par le général de Gaulle, concernant le détail des unités de combat dans les différentes armes.

La bonne volonté ne manquera certainement pas. Mais, pour qu'il en sorte autre chose que des épisodes fragmentaires et confus, une organisation préalable et une direction nationale sont nécessaires.

Comme vous le savez, la masse française, surtout en territoire occupé par l'ennemi, compte sur moi-même et sur le Comité national français pour préparer avec les Alliés l'effort du pays dans cette phase nouvelle de la guerre et pour en prendre la direction, tout au moins dans les débuts.

Étant donné la situation du pays qui est désarmé et livré à la discrétion d'un ennemi sans scrupules, la participation de la France à l'action des Alliés entraînera, sans doute, de vastes épreuves pour la population. La France Combattante qui déclenchera et conduira cette participation va assumer, de ce fait, de très grandes responsabilités.

Vous penserez certainement comme moi que ces responsabilités, assumées par nous dans l'intérêt commun, impliquent réciproquement de la part des Alliés l'accomplissement de certaines conditions.

Je vous prie de bien vouloir trouver ci-joint une note indiquant la nature du concours organisé que la France est susceptible d'apporter à l'action offensive des Alliés à l'ouest de l'Europe et les conditions qu'implique un tel concours.

Je remets aujourd'hui la même note personnellement et directement à l'amiral Stark qui représente auprès du Comité national français le gouvernement des États-Unis.

Bien sincèrement à vous.

Télégramme à Henri Torrès, à Washington

Londres, 21 juillet 1942

J'apprécie beaucoup vos activités actuelles et tiens à vous en remercier. J'estime que, pour le moment, vos éminentes qualités trouvent leur meilleure utilisation aux États-Unis dans le cadre de l'action de « France for ever » que nous souhaitons précisément développer. Vous m'obligeriez en soumettant à M. Tixier, d'accord avec M. Laugier, des propositions concrètes pour une tournée de conférences dont nous assumerions la charge.

Télégramme au général de Lavalade, à Rio de Janeiro

Londres, 21 juillet 1942

Je vous remercie de m'avoir fait parvenir votre courageux ouvrage sur le maréchal Pétain. Aussi modéré dans sa forme que justicier dans son fond, cet ouvrage contribuera efficacement à éclairer les esprits. Maintes difficultés, à commencer par le rationnement du papier, ne permettraient pas, malheureusement, de le répandre en France aussi abondamment qu'il serait souhaitable. Mais je serais tout disposé, si vous êtes d'accord, à faire éditer les deux derniers chapitres sous forme de tracts destinés à être lancés par avion sur les deux zones.

Note sur la participation des Forces françaises combattantes à l'ouverture d'un théâtre d'opérations en Europe occidentale

Londres, 21 juillet 1942

Dans l'hypothèse où les Alliés ouvriraient un front de bataille à l'ouest de l'Europe, le concours français revêtirait évidemment une grande importance, à condition qu'il soit préparé et dirigé.

Le général de Gaulle et le Comité national français sont résolus à donner à ce concours la plus large extension possible. Ils se trouvent en mesure de le préparer dès à présent, puis de le diriger à mesure qu'il se développera.

Toutefois le général de Gaulle et le Comité national savent ce qu'un tel concours comporte de difficultés et ce qu'il risque de coûter au peuple français dans la situation où il se trouve. L'ennemi qui jouera son destin dans la bataille à l'ouest, Vichy que le recul des armées allemandes ferait écrouler aussitôt, tenteront par tous les moyens d'écraser l'insurrection.

Cet état de choses impose au général de Gaulle et au Comité national français des responsabilités particulièrement lourdes à l'égard de leur pays. Ils sont prêts à les assumer dans l'intérêt commun. Mais, de leur côté, les Alliés ne sauraient se soustraire à certaines conditions.

I. Le général de Gaulle et le Comité national français tiennent pour indispensable la participation aux opérations à l'ouest de toutes les Forces françaises combattantes qui en sont susceptibles, et dont le détail est indiqué en annexe n° 1[1].

Il est nécessaire en outre que ces forces soient dès à présent concentrées en Grande-Bretagne et qu'elles y reçoivent aussitôt un armement et un équipement modernes.

II. Dès le début et au cours de la bataille, les actions de destruction menées par des groupes francs à l'arrière des lignes de combat de l'ennemi, sur les communications ferrées et routières, les réseaux de transmissions, les aérodromes, les dépôts, les postes de commandement, les centrales hydroélectriques et thermiques ainsi que l'incendie des cantonnements, l'attaque des isolés, etc., peuvent concourir efficacement aux opérations. Mais il faut que de telles actions soient combinées avec les opérations elles-mêmes, qu'elles répondent à un plan, qu'elles soient déclenchées

---

1. Ces annexes d'état-major ne sont pas des documents dont le Général a assuré la rédaction.

par ordre aux points et aux moments voulus et que les groupes chargés de les exécuter soient pourvus à temps du matériel adéquat.

D'autre part, des renseignements fournis à mesure des opérations par des réseaux d'agents disposés sur toute la profondeur du système ennemi seraient d'une haute importance. Mais dans cette matière également, il est nécessaire que les réseaux soient complètement organisés, équipés et disciplinés et qu'ils fonctionnent d'après un plan de renseignements et sur ordres.

Le commandement français a commencé à organiser les actions éventuelles sur les arrières de l'ennemi ainsi que les réseaux de renseignements en France (ceux-ci fonctionnent déjà). Mais une telle entreprise doit être développée. Cela implique que des moyens spéciaux en quantité suffisante et dont l'indication est donnée en annexe n° II[1], soient fournis sans plus attendre au commandement français par les services alliés. Cela implique, naturellement aussi, que le commandement français dispose lui-même des moyens.

III. À mesure de la libération du territoire, le général de Gaulle et le Comité national français entendent procéder à la mobilisation, reconstituer les armées françaises et les engager dans la bataille. Le concours aussi large que possible des forces françaises dans la bataille de libération est, en effet, une nécessité nationale et internationale. Il est donc indispensable que l'armement et l'équipement destinés à un certain nombre de grandes unités françaises soient prévus et stockés d'avance et mis, en temps voulu, à la disposition du commandement français qui est prêt à fournir à cet égard toutes précisions.

IV. L'ensemble de ce concours français faisant partie intégrante de l'action des Alliés à l'ouest, le commandement français doit évidemment être associé aux plans et décisions relatifs à cette action ainsi qu'à l'organisation du commandement interallié qui devra assurer l'exécution de ces plans et décisions.

Télégramme au haut-commissaire Thierry d'Argenlieu, à Nouméa

Londres, 22 juillet 1942

Secret

L'amiral Stark m'a exposé au nom de l'amiral King les considérations militaires très particulières qui incitaient le commandement américain Pacifique à accentuer mesures de contrôle sur toutes communications afin d'assurer secret absolu. J'ai donné mon accord pour que si aucune autre solution ne paraît satisfaisante au commandement américain responsable

1. Ces annexes d'état-major ne sont pas des documents dont le Général a assuré la rédaction.

nos stations soient provisoirement fermées sous les trois conditions suivantes :

1. Garantie absolue du secret des communications entre vous et moi au moyen de notre chiffre personnel et secret qui ne sera en aucune circonstance communiqué aux Américains et garantie de l'amiral King que si nous devons, en raison de la fermeture des stations, utiliser les services de radio américains militaires ou navals la transmission des télégrammes chiffrés entre vous et moi ne sera jamais différée.

2. Les stations militaires américaines pourront accepter les messages commerciaux ou les messages administratifs, le contrôle de ces messages au point de vue militaire sera assuré par les Américains mais avec le concours d'un représentant des autorités françaises pour tous les messages français.

3. L'accord est fait pour trois mois et ne sera renouvelé que par consentement mutuel.

Il a été convenu que le commandement américain, c'est-à-dire Ghormley, et vous-même vous entendriez sur place pour fixer toutes modalités et il n'est pas exclu que les stations puissent être maintenues ouvertes si vous pouvez vous entendre sur des moyens de contrôle absolument sûrs.

Je n'ai accepté les grandes concessions que ce télégramme comporte qu'en considération d'intérêts militaires très importants.

Télégramme à Albert Guérin, à Buenos Aires

Londres, 23 juillet 1942

Votre lettre du 10 juin transmettant lettre Bernanos[1] en date 29 mai. Dites à Bernanos combien sa lettre m'a touché, il ne se trompe pas sur la nature des obstacles dont notre route a été semée. J'aurais grand plaisir à le voir et s'il désirait s'établir avec sa famille en terre française je faciliterais son installation à Brazzaville à proximité du grand poste de radio qui nous permettra dans quelques mois de parler directement à la France et au monde entier. Entre-temps, s'il acceptait une tournée de conférences à travers nos territoires ainsi qu'en Égypte et au Levant, il ferait un bien immense. Que Bernanos nous fasse donc savoir ce qu'il désire faire. Il peut lui être utile de savoir que nous avons un lycée ou presque à Brazzaville, où ses jeunes enfants pourraient recevoir une éducation française.

Cordialement.

1. Écrivain français, Georges Bernanos a pris position contre Vichy et pour la France Libre.

Télégramme au haut-commissaire Thierry d'Argenlieu, à Nouméa

Londres, 23 juillet 1942

Secret

Je précise un point qui concerne l'affaire de vos postes.

Si ces postes et en particulier celui de Nouméa doivent être fermés d'après les arrangements de détail que vous ferez avec les Américains, c'est naturellement à vous et non point du tout aux Américains qu'il appartient de les garder. Vous devez conserver la possibilité de les rouvrir immédiatement si l'accord que j'ai conclu avec l'amiral King au sujet des communications radio au Pacifique n'était pas strictement observé par les Américains.

À l'amiral Auboyneau, à Londres

Londres, 23 juillet 1942

Mon cher ami,

J'ai pleine confiance dans la Marine parce que je sais que, pour l'immense majorité de ses éléments, elle est parfaitement et noblement « pure », désintéressée et dévouée à ses devoirs.

Mais je sais aussi quelle direction « centrifuge » l'odieuse intrigue de quelques-uns a cherché à lui faire prendre. Cette intrigue n'est pas tout à fait terminée.

C'est pour cela que, sans douter aucunement de vous, il m'a été pénible de vous entendre hier me déclarer que « vous donneriez votre démission » si je passais outre à votre avis dans la rédaction d'un décret d'intérêt commun.

La Marine fait partie d'un tout. De ce tout, je suis responsable, et le poids est lourd. Je considère que ceux qui sont mes collaborateurs et, mieux encore, mes compagnons, doivent me suivre et m'aider, sans plus, quand ils m'ont fait entendre leurs raisons. Autrement, la France Combattante deviendrait la Tour de Babel, et nous faisons la guerre…

Ceci dit, je vous serre bien cordialement la main.

Télégramme au haut-commissaire Thierry d'Argenlieu, à Nouméa

Londres, 23 juillet 1942

Secret

Les perspectives d'ouverture d'un front Ouest en Europe par les Alliés commencent à se préciser.

Il va de soi que si une grande bataille est livrée en France, nous devons y participer avec tous les moyens possibles en attendant que nous puissions refaire les armées françaises.

J'envisage de prélever sur les forces dont vous disposez au Pacifique un bataillon et une batterie dont les éléments seraient fournis par la Nouvelle-Calédonie et par Tahiti et qui seraient transportés en Angleterre pour y être équipés et armés convenablement. Je compte amener ici dans le même but l'essentiel de nos éléments d'Orient et d'Afrique.

Je sais que ce prélèvement vous sera très sensible pour ce qui concerne la défense et même l'ordre public dans nos colonies du Pacifique. Cependant pour des raisons supérieures dont vous mesurez comme moi le caractère impératif, je pense être amené à vous adresser incessamment des instructions précises à ce sujet.

Dès à présent, je vous serais obligé de me faire connaître comment vous envisagez de constituer ce bataillon de marche et cette batterie aux points de vue des effectifs et de l'encadrement au cas où je vous en donnerais l'ordre.

Télégramme au gouverneur général Éboué, à Brazzaville, et au général Leclerc, à Brazzaville

Londres, 23 juillet 1942

Je suis informé par les Américains que leur consul à Brazzaville aurait entamé des négociations avec vous au sujet de l'utilisation, je répète l'utilisation, de l'aérodrome de Pointe-Noire par les Américains.

Je vous rappelle qu'aucun arrangement ne doit être fait par vous à ce sujet avec les Américains sans l'accord du Comité national. A fortiori ne devrez-vous accepter aucun commencement d'utilisation avant que l'agrément du Comité national soit obtenu. Veuillez en informer personnellement le consul américain, prendre les dispositions nécessaires et me rendre compte.

D'autre part vous rappellerez au consul américain qu'il n'a pas encore notre exequatur et qu'il conviendrait que son gouvernement fît auprès du Comité national le nécessaire pour régulariser sa situation[1].

Note pour Charles Peake, à Londres

Londres, 24 juillet 1942

L'amiral Auboyneau a reçu de l'amirauté britannique la communication suivante[2]. À ce sujet, nous observons :

1. La fin de ce texte fera l'objet d'un rectificatif. Voir le télégramme aux mêmes du 27 juillet 1942.

2. Cette communication n'a pas été retrouvée.

1. que Moron est fonctionnaire français en Syrie. Notre jugement sur Moron est donc celui du général Catroux, à moins que le gouvernement britannique ne nous fournisse d'autres éléments positifs d'appréciation ;

2. que de toute façon nous ne pouvons admettre que les autorités britanniques déclarent sans fournir aucune preuve d'aucune sorte qu'une Française (Mme Moron) est suspectée (?) d'entretenir des relations avec l'ennemi. Nous demandons au gouvernement britannique de vouloir bien préciser et justifier d'urgence la nature des accusations portées contre Mme Moron par le ministre britannique au Levant ;

3. enfin que le procédé utilisé par le général Spears et par les représentants de l'amirauté britannique au Levant pour obtenir le rappel de Moron nous paraît quelque peu insolite.

Au général Bolté[1], à Londres

Londres, 25 juillet 1942

Mon cher général,

J'ai l'honneur de vous accuser réception de votre lettre du 23 juillet, et je suis heureux de vous confirmer que j'ai autorisé les autorités locales de l'Afrique-Équatoriale Française à discuter avec le consul général des États-Unis à Brazzaville et tous experts américains autorisés des questions techniques se référant à l'amélioration et à l'utilisation par l'armée américaine, des facilités de l'aéroport de Pointe-Noire ainsi qu'aux installations qui peuvent être nécessaires pour le ravitaillement en essence.

Je saisis cette occasion pour vous rappeler les raisons supérieures de sécurité que nous avons déjà fait valoir auprès du gouvernement des États-Unis, et qui nous obligent à faire dépendre l'utilisation effective de l'aéroport de Pointe-Noire d'un arrangement avec les autorités américaines pour la fourniture d'un petit nombre d'avions de transport indispensables à la sécurité du territoire. L'utilisation de la base aérienne de Pointe-Noire par les forces américaines constituerait, en effet, une raison de plus pour que l'Axe dirige son attention, et peut-être son action, sur l'Afrique-Équatoriale Française, surtout à la suite des récentes opérations en Libye du Nord et en Égypte, d'une part, et en réponse aux raids des troupes du Tchad en Libye du Sud, d'autre part. Le survol renouvelé au cours de ces dernières semaines de nos territoires côtiers par des avions espagnols, la présence signalée de submersibles dans le golfe de Guinée, le renforcement des garnisons au Rio Muni et à Fernando Po[2], la constitution en Angola d'un service de renseignements de l'Axe très actif et ayant la possibilité d'organiser des infiltrations dans nos territoires par

1. Commandant en chef des forces des États-Unis dans le théâtre d'opérations européen.

2. Guinée équatoriale.

Cabinda et le littoral, enfin plusieurs bombardements aériens de nos postes du Tchad, imposent au commandement français de disposer de quelques avions de liaison et de transport lui permettant à tout moment de se porter sur n'importe quel point du très vaste territoire que constitue l'Afrique Française Libre.

Je vous serais très obligé d'exposer ces considérations aux autorités américaines compétentes pour leur expliquer nos raisons d'attacher une telle importance à la fourniture des quelques avions que nous avons demandés il y a déjà plusieurs mois[1]. Vous pouvez également leur dire mon espoir de voir, dans l'intérêt commun, tous les arrangements concernant le port aérien de Pointe-Noire conclus le plus rapidement possible.

Veuillez agréer, mon cher général, l'assurance de mes sentiments les meilleurs et les plus distingués.

Télégramme au gouverneur général Éboué, à Brazzaville, et au général Leclerc, à Brazzaville

Londres, 27 juillet 1942

Rectificatif à notre télégramme du 23 juillet, deuxième alinéa, phrase 3.

Veuillez en informer personnellement le consul provisoire américain, prendre les dispositions nécessaires et me rendre compte.

D'autre part, vous rappellerez au consul américain qu'il n'y a pas encore en réalité de consulat américain à Brazzaville, puisque le consul général désigné par Washington n'a pas encore reçu l'exequatur. Vous lui ferez observer qu'il conviendrait que son gouvernement fît auprès du Comité national le nécessaire pour régulariser cette situation.

Compte rendu de l'entretien avec Anthony Eden du 28 juillet 1942

Très secret

La conversation porte sur trois points principaux :

— la Syrie,

— Madagascar,

— la situation générale de la guerre.

I. Syrie

Le général de Gaulle et Mr. Eden sont d'accord pour constater que, dans l'ensemble, les choses ne vont pas mal en Syrie. Cependant, indique le Général, Spears s'agite beaucoup, et il provoque quelques difficultés. Sur deux points en particulier, il importe de modifier la position.

1. En avril 1942, les États-Unis demandent le droit d'utiliser la base aérienne de Pointe-Noire. Le général de Gaulle les y autorise à condition de fournir préalablement à la France Libre huit avions « Lockheed ».

Il s'agit en premier lieu des *élections*. Les élections nous ont été proposées du côté britannique ; nous n'y tenions pas beaucoup ; nous estimions qu'elles n'étaient pas opportunes. Cependant, le général Catroux s'est rangé aux vues exprimées à ce sujet par Mr. Casey. Le Comité national ne l'a pas désapprouvé. Mais la situation a changé depuis lors, par suite des événements militaires. À l'heure actuelle, nous considérons que les élections présentent le plus grand inconvénient. On n'organise pas de scrutin en pleine bataille. Nous ne voyons pas la possibilité que des élections aient lieu cette année.

Mr. Eden ne contredit pas, mais il n'approuve pas non plus formellement.

Il est convenu que le Général verra à ce sujet Mr. Casey auquel Mr. Eden semble vouloir s'en remettre.

La seconde question est celle de l'*Office du blé*.

Un plan de ravitaillement pour tout le Moyen-Orient a été dressé par Mr. Lyttelton. Dans ce cadre, le général Spears avait imaginé un système de ravitaillement pour la Syrie. Il avait cru pouvoir, grâce à des importations massives de blé australien, juguler la spéculation. En fait, le plan Spears n'a pas réussi.

Une autre politique a été alors adoptée : celle de l'Office du blé. Le principe essentiel en est le ravitaillement du pays (ensemble de la Syrie et du Liban) par lui-même. Spears s'est introduit dans ce plan sans aucune raison. Il serait préférable qu'il demeure en dehors. D'une façon générale d'ailleurs, Spears intrigue beaucoup. Il adopte souvent une attitude déplaisante. Il est enclin à sortir de ses attributions. À la suite d'un récent incident, Catroux a refusé de le recevoir.

Les choses s'arrangeront sans doute, mais il serait souhaitable que Spears se tînt dans ses attributions.

En revanche, Catroux s'entend bien avec Wilson et avec Casey.

La situation est satisfaisante et serait meilleure encore si la politique anglaise nous aidait franchement.

II. Madagascar

Il faut, déclare le Général, que Pechkoff aille à Diégo-Suarez.

Mr. Eden ne fait pas de difficulté pour reconnaître que les militaires anglais se sont trompés. Ils se sont lancés dans des négociations avec Annet[1] ; ces négociations n'ont donné aucun résultat. Le gouvernement britannique est désormais convaincu que cette politique est mauvaise.

Mr. Eden a envoyé des instructions formelles à Platt concernant le voyage de Pechkoff. Pour avoir des renseignements directs sur la situation

1. Gouverneur vichyste de Madagascar.

à Madagascar, il a envoyé sur place un fonctionnaire du Foreign Office[1]. « Je vous promets, dit Mr. Eden, que Pechkoff ira à Diégo-Suarez. » Le général de Gaulle retient cette promesse.

De l'entretien se dégage nettement l'impression que le gouvernement britannique n'a aucune arrière-pensée politique en ce qui concerne Madagascar.

III. Situation générale de la guerre

Philip, déclare le Général, est arrivé. Il a fait un tableau très complet de la situation en France. La France se redresse. Elle se prépare à apporter une contribution importante à la bataille. Elle n'admet plus, en effet, que la lutte puisse se dérouler sans y prendre part.

Deux points, déclare le général de Gaulle, sont essentiels :

1. Il faut que nos troupes participent à d'éventuelles opérations sur le continent. Pour cela, il faut les ramener du Moyen-Orient.

Mr. Eden répond que le Premier ministre en parlera au Général.

2. Il faut que la France Combattante prenne part à l'élaboration du plan et à la conduite des opérations. Dès maintenant, il convient d'améliorer et d'augmenter les moyens de liaison et de communication avec la France. M. Philip donnera des indications à ce sujet.

Au sujet du second front, Mr. Eden déclare qu'il ne faut guère y songer maintenant. « Dans ces conditions, fait remarquer le général de Gaulle, pourquoi tenir à ce sujet le langage que vous tenez actuellement ? La BBC recommande, depuis des semaines, d'évacuer les côtes. De grands espoirs vont être déçus. Cela ne fera pas de bien. »

Mr. Eden indique que le communiqué relatif au second front a été rédigé à Washington avec les Américains sans consultation préalable avec Londres. M. Molotov était cependant au courant de l'état de nos ressources actuelles en moyens de combat et en bateaux. Mais il y tenait beaucoup. Il a représenté que ce communiqué était nécessaire pour le moral des troupes russes. En outre, c'était la seule chose qu'il rapportait de son voyage d'Amérique. Dans ces conditions, nous l'avons publié.

Le Général indique qu'il va partir pour l'Afrique. « Revenez aussi tôt que possible, dit Mr. Eden. Il sera bon, en effet, que vous soyez ici au moment où d'importantes décisions seront prises. »

1. Il s'agit de Mr. Makens, sous-directeur du Central Department au Foreign Office, de sentiments favorables à la France. Mr. Makens est parti avec lord Swinton pour Accra. Il se rendra à Nairobi, à Diégo-Suarez et à Pretoria où il verra le maréchal Smuts et Pechkoff [cette note figure sur le document].

Compte rendu de l'entretien[1] avec Winston Churchill du 29 juillet 1942

Très secret

« Alors, dit Mr. Churchill, vous partez pour l'Afrique et le Levant ! » « Je ne suis pas fâché, répond le Général, d'aller au Levant. Spears s'y agite beaucoup. Il nous cause des difficultés. » « Spears, poursuit Mr. Churchill, a beaucoup d'ennemis, mais il a un ami : c'est le Premier ministre. Lorsque vous serez là-bas, voyez-le ; tâchez d'arranger l'incident avec Catroux. Je vais lui télégraphier et lui recommander d'écouter ce que vous lui direz. »

« On dit, ajoute Mr. Churchill, que cette indépendance des États du Levant n'est pas une réalité et que les populations ne sont pas contentes. » « Elles sont aussi satisfaites en Syrie et au Liban, réplique le Général, qu'en Iraq, en Palestine ou en Égypte. Nous avons affaire, au Levant, à des gouvernements qui n'ont encore jamais gouverné. Il serait dangereux de les abandonner complètement à eux-mêmes et de leur laisser faire sans guide leur apprentissage en ce moment. »

La conversation porte ensuite sur Madagascar. « Si nous n'avons pas fait l'opération avec vous, indique Mr. Churchill, c'est que nous ne voulions pas mêler deux choses : conciliation et force. Cela n'avait pas réussi à Dakar. »

Sur les remarques du général de Gaulle, Mr. Churchill admet d'ailleurs que l'échec de Dakar est dû en grande partie au fait que les Britanniques avaient laissé passer à Gibraltar les croiseurs de Darlan. « Si vous nous aviez laissés débarquer à Majunga, tandis que vous opériez à Diégo-Suarez, l'affaire serait terminée depuis longtemps, dit le Général. Nous aurions marché sur Tananarive, et tout était réglé. Au lieu de cela, vous avez perdu votre temps en pourparlers avec le représentant de Vichy. » « Oui, il est méchant, ce gouverneur », dit Mr. Churchill. « Vous vous étonnez ? réplique le Général. Quand vous traitez avec Vichy, vous traitez avec Hitler. Or je crois savoir que Hitler n'a aucune bonne intention à notre égard. Hitler est méchant. »

L'entretien porte ensuite sur le second front. Ce qui en est dit doit demeurer secret.

Mr. Churchill insiste beaucoup sur le grand essor pris par les fabrications de guerre aux États-Unis ainsi qu'en Angleterre.

« Votre situation, dit Mr. Churchill, a été difficile ces derniers temps. Nos rapports n'ont pas toujours été très bons. Il y a eu des torts de part et d'autre. À l'avenir, il faut nous mettre ensemble et travailler. Faites le

1. Le début de cet entretien a déjà été publié dans une formulation légèrement différente dans les *Mémoires de guerre*, t. II, p. 346.

voyage que vous projetez et revenez rapidement. Si vous avez une difficulté, adressez-vous directement à moi ; faites parvenir vos télégrammes par sir Miles Lampson. Aux États-Unis, vous m'avez placé dans une situation très ennuyeuse quand vous avez occupé Saint-Pierre-et-Miquelon. En ce qui nous concerne, je ne vois pas d'inconvénient à ce que vous occupiez Saint-Pierre-et-Miquelon, Dakar et même Paris. Mais vous m'avez mis dans une position très délicate. Mr. Roosevelt et Mr. Cordell Hull s'imaginaient que j'avais été tenu au courant de vos projets. Tout cela a été fort contrariant. »

« Oui, réplique le Général, il n'empêche que l'opinion américaine a réagi en faveur de la France Combattante. » « Le problème des rapports de l'opinion et du gouvernement, dit Mr. Churchill, ne se pose pas en Amérique comme en Angleterre. Ici, le gouvernement est toujours obligé, avec plus ou moins de retard, de suivre l'opinion. Aux États-Unis, il y a l'opinion et, à côté de l'opinion, il y a la machine politique sans rapports directs entre l'une et l'autre. »

Le Général indique que Mr. Churchill aurait intérêt à voir M. Philip.

Le Premier ministre n'a pas l'air autrement inquiet de la situation en Russie.

En Égypte, Auchinleck a reçu une nouvelle armée et a maintenant les moyens nécessaires non seulement pour résister, mais pour agir.

Le 14 juillet 1942, la France Libre est devenue la France Combattante. Le gouvernement britannique a accepté cette nouvelle dénomination et déclaré que « la France Combattante était l'ensemble des ressortissants français, où qu'ils soient, et des territoires français qui s'unissent pour collaborer avec les nations unies dans la guerre contre les ennemis communs [...] et que le Comité national français représentait les intérêts de ces Français et de ces territoires auprès du Royaume-Uni » (Voir *Mémoires de guerre*, t. II, p. 340).

Circulaire relative au changement d'appellation de la « France Libre » en « France Combattante »

Londres, 29 juillet 1942

À la suite du changement de dénomination de « France Libre » en « France Combattante », il est nécessaire de fixer notre terminologie.

I. France Combattante

1. En prenant la décision de substituer l'appellation « France Combattante » à l'appellation « France Libre », le Comité national, prenant note de l'adhésion de tous les groupements qui à l'intérieur même du pays

participent activement à la résistance, a voulu marquer que la « France Combattante » groupait à la fois :

La « France Libre », représentée par les Forces Françaises Libres, les possessions d'outre-mer et les Français à l'étranger, et la France captive qui lutte contre l'envahisseur et l'autorité usurpée d'un pseudo-gouvernement fonctionnant sous le contrôle de l'ennemi.

France Libre et France captive ne sont, dès lors, que les deux éléments constitutifs d'une seule et même France qui est la France Combattante.

2. Dans les actes officiels et administratifs, le général de Gaulle sera dorénavant désigné sous le double qualificatif : de « Chef de la France Combattante » et de « Président du Comité national ».

II. Possessions et Forces Françaises Libres

Les possessions françaises d'outre-mer déjà libérées du contrôle de l'ennemi conservent – cela va de soi – leurs appellations antérieures. Il en est ainsi notamment de l'Afrique Française Libre.

Il en va de même des Forces Françaises Libres et de leurs trois branches ; terrestre, navale, aérienne.

III. Délégués et Comités à l'étranger

1. Les délégués de la France Libre à l'étranger, qui jouent le rôle d'agents diplomatiques et consulaires du Comité national, conservent le titre de « délégués du Comité national ».

2. Les Comités de la France Libre qui, par contre, ne font que grouper les Français Libres résidant à l'étranger, conservent leur dénomination antérieure.

IV. Organismes annexes

1. La Caisse centrale de la France Libre, qui ne bénéficie du privilège d'émission que pour les territoires libres ou qui viendraient à être libérés dans l'avenir, conserve la dénomination antérieure.

2. Le *Journal officiel de la France Libre* qui publie des textes qui peuvent concerner aussi bien les Français Libres que les Français encore captifs prend le titre de *Journal officiel de la France Combattante*.

3. La *Lettre de la France Libre* et les publications diverses de la France Libre deviennent la *Lettre de la France Combattante* et les publications de la France Combattante, à l'exception des publications consacrées uniquement aux forces militaires libres.

V. Dispositions matérielles correspondantes

1. Conformément aux indications précédentes les libellés des billets de banque, monnaies divisionnaires et timbres-poste émis au nom de la « France Libre » ou de la « Caisse centrale de la France Libre » n'ont pas à être modifiés.

2. Il en va de même des insignes officiels remis aux militaires des trois armes.

3. Les en-têtes de papier à lettres et timbres humides utilisés par les commissariats nationaux ne devront être modifiés qu'au fur et à mesure de l'épuisement des stocks et conformément aux modèles établis par le secrétaire général à la coordination.

À Anthony Eden, à Londres

Londres, 29 juillet 1942

Très secret

Cher monsieur Eden,

M. Charles Vallin, secrétaire général du Parti social français (le parti de La Rocque[1]), a demandé à venir à Londres pour se joindre à nous. Cela est d'une très grande importance au point de vue de l'opinion française « de droite », surtout après l'arrivée de M. André Philip, qui est un des chefs de la résistance « à gauche ».

M. Charles Vallin est maintenant traqué par la police de Vichy. Il se trouve caché en France mais en grand danger d'être arrêté.

Nous avons fait préparer tout en France pour qu'il puisse être enlevé en avion et le moment est favorable à cause de la période de la lune. Si cette occasion est perdue, il est à craindre que nous ne la retrouvions plus. Malheureusement, les services britanniques font des objections pour l'exécution.

Je vous serais très reconnaissant de bien vouloir considérer personnellement cette affaire urgente et obtenir qu'un avion aille sans délai prendre Charles Vallin sur l'un des terrains que nous avons préparés.

Bien sincèrement à vous.

Télégramme au général Catroux, à Beyrouth, au haut-commissaire Thierry d'Argenlieu, à Nouméa, et au général Leclerc, à Brazzaville

Londres, 29 juillet 1942

Je vous rappelle que moi seul ai qualité de nommer des officiers par décret. Toute promotion qui n'aurait pas été prononcée de la sorte est nulle et non avenue. Désormais toute infraction à cet ordre engagera la responsabilité des généraux prononçant ces promotions.

---

1. Le colonel de La Rocque est le président, avant guerre, de la ligue d'anciens combattants les Croix de Feu – fondée par Maurice d'Hartoy en 1927 – qui devient le Parti social français à la suite du décret de 1936 imposant la dissolution des ligues. Après avoir soutenu Vichy, il entrera dans la Résistance et mourra après son retour de déportation, des suites d'une intervention chirurgicales.

Télégramme à Adrien Tixier et au colonel de Chevigné, à Washington

Londres, 30 juillet 1942

J'ai eu la note de Chevigné du 18 juillet au sujet du recrutement français aux États-Unis. Je n'ai jamais attendu que ce recrutement serait abondant en notre faveur. Les Français établis en Amérique se destinent presque tous à devenir Américains, ce à quoi nous ne pouvons rien. La loi française interdit aux citoyens français de prendre du service dans une armée étrangère. Nous devons appliquer et appliquons la loi. Du moment où il existe des forces proprement françaises et puisque le territoire national est envahi, nous n'admettons pas qu'un Français serve dans une autre armée que l'armée française. Si d'ailleurs nous l'avions admis, il n'y aurait jamais eu de Forces Françaises Libres. Je ne vois pas quels avantages nous procurerait la formation de forces dites françaises à l'intérieur de l'armée américaine. Cela constituerait une équivoque de plus. Ce serait aussi un élément centrifuge, qui profiterait seulement aux intrigants ou aux indécis que vous connaissez bien et dont nous condamnons le jeu. Lévis-Mirepoix, qui se dit officier français, est venu en Angleterre et s'est bien gardé de se présenter à moi ; par contre, il a pris contact avec tous les personnages douteux ou malfaisants d'ici. N'attendons rien de cette sorte de gens.

J'ajoute que toutes nos informations de France, formellement confirmées par Philip dès son arrivée, concordent à nous montrer que notre position à cet égard est connue et approuvée par nos concitoyens.

Comme conclusion, je ne consens pas à la formation de troupes françaises, dites La Fayette. La Fayette et ses hommes sont venus de France pour aider à l'indépendance des États-Unis. La question est, aujourd'hui, exactement inverse. Les Français ont le simple devoir de combattre dans l'armée française pour libérer leur pays. Toute autre solution serait combinaison ou littérature.

À René Pleven

Londres, le 30 juillet 1942

Monsieur Pleven

À n'ouvrir qu'en cas d'accident survenu à moi-même[1]

S'il m'arrivait de disparaître, je demande aux membres du Comité national et aux membres du Conseil de défense de l'Empire de désigner par élection un président du Comité national français.

1. Enveloppe trouvée fermée en rangeant les papiers de René Pleven, après sa mort le 13 janvier 1993, laissée telle quelle.

Ouverte le 29 septembre 1993 après accord de l'amiral Philippe de Gaulle.

À l'amiral Stark, à Londres

Londres, [après le 29 juillet 1942]

Cher amiral,

Vous avez bien voulu m'écrire le 29 juillet que des plans sont à l'étude pour établir une liaison plus étroite entre les forces des États-Unis et celles de la France Combattante.

De son côté, le Comité national français considère comme souhaitable que des relations plus étroites soient établies entre lui-même et le gouvernement des États-Unis pour la conduite de la guerre. Je suis prêt à vous entretenir de cette question si vous le désirez.

En ce qui concerne l'établissement d'un bureau naval de liaison en Afrique Française Libre par la Marine des États-Unis, je n'y fais pas d'objection. Toutefois, je dois vous signaler que le commandant français de la Marine en Afrique Française Libre a son quartier général à Pointe-Noire. Étant donné que la liaison navale en Afrique Française Libre ne saurait évidemment se rapporter qu'à des questions navales purement locales, il nous paraîtrait plus expédient que cette liaison se fasse à Pointe-Noire.

Télégramme à Adrien Tixier et au colonel de Chevigné, à Washington

Londres, 2 août 1942

Je reçois votre télégramme n° 114. Nous n'acceptons, à aucun prix, que le matériel fourni par les Américains au titre du « Lease and Lend[1] » soit distribué par eux à l'intérieur de nos propres troupes. Nous préférerions beaucoup nous passer du concours américain dans cette matière. Ceci s'applique, notamment, à la Nouvelle-Calédonie. Vous devez savoir que Patch continue à traiter avec milice locale et avec Dubois, qui prétend la commander en dehors et même contre d'Argenlieu. C'est Patch qui arme lui-même cette milice. Il y a là une immixtion étrangère scandaleuse et intolérable, que je vous prie de signaler à Mac Cloy. Au total, la seule solution imaginable pour nous est la remise pure et simple à notre représentant du matériel fourni par « Lease and Lend ».

1. La France Libre bénéficie du « Lease and Lend » depuis le 11 novembre 1941. La coopération de la France Libre et des États-Unis est définie, dans le mémorandum du 9 juillet 1942, comme une concertation de part et d'autre.

Au général Bolté, à Londres

Londres, 4 août 1942

Mon cher général,

En réponse à votre lettre du 4 août, je m'empresse de vous faire connaître que le Comité national français donne volontiers son agrément à la demande du gouvernement des États-Unis au sujet du débarquement à Pointe-Noire d'environ 1 500 hommes des troupes américaines, de la traversée de l'Afrique-Équatoriale par ces troupes et du séjour à Pointe-Noire d'un petit détachement américain.

Je donne au général commandant supérieur en Afrique Française Libre les ordres nécessaires[1]. Tous détails concernant le débarquement, l'accueil, le séjour et les mouvements de ces troupes devront, naturellement, être réglés par le général commandant supérieur en Afrique Française Libre d'après les demandes des représentants américains sur place.

Bien sincèrement à vous.

Londres, 4 août 1942

Mon cher brigadier général,

J'ai l'honneur de vous accuser réception de votre lettre du 30 juillet 1942 par laquelle vous avez bien voulu m'informer que les autorités américaines sont disposées à donner l'assurance au Comité national que les États-Unis, sous réserve de la priorité attribuée aux besoins minima de la population civile américaine et aux exigences supérieures de la guerre quant aux possibilités de transport, s'efforceraient de fournir les produits américains nécessaires aux territoires africains de la France Combattante.

Vous avez bien voulu suggérer que la procédure la plus appropriée pour organiser l'envoi aux États-Unis ou en Afrique des produits américains et africains serait la conclusion d'un accord tripartite entre les États-Unis, la Grande-Bretagne et la France Combattante, accord qui pourrait être négocié à Londres. Je suis heureux de vous aviser que le Comité national est d'accord pour accepter cette proposition qui répond d'ailleurs à une suggestion que nous avions faite nous-mêmes au gouvernement britannique.

Le commissaire national à l'Économie, aux Colonies et à la Marine marchande est chargé, conjointement avec le commissaire national aux Affaires étrangères, de discuter avec les représentants américain et britannique des dispositions de cet accord.

1. Par un télégramme du 5 août 1942.

Ordre général

Londres, 4 août 1942

Objet : attributions du général de division Legentilhomme pendant l'absence du général de Gaulle.

Pendant l'absence du général de Gaulle, commandant en chef les Forces Françaises Libres :

1. Le général de division Legentilhomme exercera par délégation et dans les cas d'urgence les attributions du général de Gaulle pour ce qui concerne :

— les envois en mission,

— les mutations interarmes,

— les citations à l'ordre des FFL,

— les instructions à donner au médecin-général inspecteur, inspecteur général du service de santé,

— éventuellement les opérations combinées.

2. Le général Legentilhomme pourra convoquer le haut comité militaire. Dans ce cas il en exercera la présidence par intérim.

3. Il disposera de l'EMP[1] du général de Gaulle et des services qui lui sont rattachés.

À Anthony Eden, à Londres

Londres, 5 août 1942

Cher monsieur Eden,

Un certain nombre de militaires français ont cru pouvoir s'engager dans les forces ou services de Sa Majesté britannique. Comme vous le savez, le Comité national n'a jamais accepté cette situation. En effet, outre qu'elle est contraire à la loi française, elle prive les forces et les services français d'éléments précieux, sans d'ailleurs fournir un renfort appréciable aux armées britanniques.

D'autre part, aux termes du communiqué du gouvernement britannique du 13 juillet 1942, vous avez bien voulu reconnaître au Comité national qualité d'organe directeur vis-à-vis de tous les ressortissants français où qu'ils se trouvent, qui préparent la libération de la France par la victoire commune.

Les militaires français en question répondent évidemment à cette définition. Le Comité national se propose de leur prescrire de rejoindre avant le 15 septembre prochain les Forces Françaises Libres. Faute de répondre à cette prescription, ces militaires tomberaient sous le coup de la loi française.

1. État-major particulier.

J'espère que Votre Excellence pensera, comme moi-même, qu'il est nécessaire de régler cette situation. Le Comité national français est, d'ailleurs, prêt à examiner pour certains des individus intéressés la possibilité de les placer lui-même et pour une durée déterminée à la disposition de tel ou tel service britannique.

Bien sincèrement à vous.

Le 5 août 1942, le général de Gaulle quitte Londres pour un voyage d'inspection des territoires et des troupes de la France Combattante au Levant et en Afrique.

Télégramme au général Leclerc, à Brazzaville

Beyrouth, 16 août 1942

Je réponds à votre télégramme n° 335 du 8 août concernant la visite de Fitzgerald.

J'approuve toutes dispositions que vous avez réglées avec lui. Mais je vous rappelle que vous devez interdire, je répète interdire, toute utilisation de Pointe-Noire par avions militaires américains jusqu'à ce que je vous autorise à permettre cette utilisation. C'est cela que vous devez dire à Fitzgerald en ajoutant que mon autorisation ne viendra pas avant que nous n'ayons obtenu les avions de transport qui nous sont nécessaires.

Pendant son séjour au Caire (du 7 au 12 août 1942), le général de Gaulle rencontre notamment Winston Churchill, le maréchal Smuts et Richard G. Casey (Australien, ministre d'État représentant le gouvernement britannique au Caire). Lors d'un entretien, ce dernier insiste à nouveau auprès du général de Gaulle pour qu'il soit procédé à des élections dans les États du Levant. Le chef de la France Combattante lui indique alors que le Comité national, d'accord avec les gouvernements syrien et libanais, a décidé de ne pas envisager des élections en pleine guerre. Le 14 août, par une lettre à Churchill, il proteste formellement contre les ingérences britanniques au Levant.

Télégramme à René Pleven, à Londres

Damas, 17 août 1942

Confidentiel

J'ai maintenant une impression assez nette en ce qui concerne notre position politique, militaire et morale dans les États du Levant. Cette impression est bonne. La réalité est que jamais l'action de la France ne se serait exercée plus aisément et utilement à l'égard de la Syrie et du Liban sans les ingérences britanniques.

Ces ingérences, presque toujours injustifiées, ont même revêtu à divers égards un caractère de sabotage. J'ajoute qu'elles ne sont pas le fait des éléments proprement militaires et [...[1]]. Ces éléments collaborent au contraire avec les nôtres dans l'esprit de l'alliance. Les troubles ne proviennent que de Spears qui, avec ou sans instructions de Londres, intimide Casey, Auchinleck et Lampson, et les engage avec lui – tantôt l'un tantôt l'autre – dans des interventions abusives. Les pressions britanniques ont suscité ici certaines critiques de politiciens, lesquels n'ont pour objet que d'obtenir des places au pouvoir et des faveurs pour leur clientèle et n'ont pour aliment que la mollesse des gouvernants.

Mais je suis convaincu qu'il n'y a là rien de sérieux. Tout le monde ici désire la présence active de la France. Personne ne voudrait voir l'Angleterre se substituer à nous. C'est pourquoi les oppositions demeurent inconsistantes et se dénouent comme elles se nouent.

L'autorité du général Catroux est indiscutée. Cette autorité s'exerce surtout en ce moment à propos de l'Office du blé dont les débuts ont été confus. Mais les choses vont maintenant beaucoup mieux et nous avons le droit d'escompter la réussite. Les achats de blé par l'Office sont en bonne voie grâce surtout à l'action locale de nos délégués et officiers de renseignements. Le général Catroux compte ensuite porter son effort sur la question du budget des États, notamment le budget de la Syrie, qui laisse beaucoup à désirer.

Bien que la situation générale de la guerre, l'influence souterraine de l'Axe et, par-dessus tout, les menées britanniques nous aient amenés à reporter les élections à des temps plus favorables, il n'est pas douteux que ces élections devront être faites un jour.

Il faut, en effet, que le régime dit d'indépendance des États et de leur alliance fondamentale avec la France reçoive dès que possible une base constitutionnelle. C'est une affaire d'opportunité. Il n'y a d'ailleurs actuellement aucun désir d'élections dans la masse de l'opinion, qui est très calme et ne se soucie que du ravitaillement et des événements militaires.

Nos troupes, état-major et services, sont partout en bon ordre. L'exécution du service et la discipline ont fait de très grands progrès. Esprit excellent. Le service de la Délégation générale marche d'une manière satisfaisante.

Au total, il saute aux yeux que si l'année dernière notre action de force en Syrie-Liban a malheureusement fait couler le sang, cette action a bien servi la France. Je compte prononcer avant de quitter le Levant – et

1. Mot indéchiffrable.

dans des conditions aussi solennelles que possible – un discours sur notre position en Orient et sur le rôle essentiel que la France joue dans la guerre et qu'elle jouera dans la paix.

Télégramme à René Pleven et à André Philip[1], à Londres

Beyrouth, 23 août 1942

Réponse à votre télégramme n° 8389b du 19 août.

En ce qui concerne Hymans[2], je ne crois pas qu'il ait travaillé deux ans avec les Anglais en croyant travailler avec nous. J'ai des raisons de vous dire cela. Je vous prie de le tenir sans fonction et sans engagements jusqu'à ce que je l'aie vu.

Quant à la proclamation au sujet d'un soi-disant gouvernement Doriot[3], je veux bien que le Comité national manifeste son opposition et rappelle que tout membre d'un gouvernement sous le régime dit de l'Armistice est ipso facto un traître. Mais je désapprouve les considérants qui sont longs et inutiles. Nous n'avons pas besoin de considérants pour dire une fois de plus aujourd'hui ce que nous avons toujours dit. Nous avons depuis le premier jour prononcé cette condamnation à l'égard du gouvernement de Vichy. C'est pourquoi, d'ailleurs, nous nous tenons pour justifiés d'avoir versé le sang français.

Churchill répond d'une manière évasive, par une lettre du 23 août, à la protestation formelle que lui avait adressée le chef de la France Combattante, le 14 août 1942, au sujet des empiètements britanniques au Levant. Le général de Gaulle, qui a informé les gouvernements américain et russe de la situation, lui demande aussitôt, par lettre, de reconsidérer son attitude. Voir *Mémoires de guerre*, t. II, p. 357 et 359.

Télégramme à René Pleven et à Maurice Dejean[4], à Londres

Beyrouth, 24 août 1942

Secret

Je viens de terminer un voyage très rempli à Damas, Soueïda, Palmyre, Deir-ez-Or, Alep, Hama, Homs, Lattaquié. Partout s'est manifesté un enthousiasme réel et exceptionnel en faveur de la France[5].

---

1. Commissaire national à l'Intérieur et au Travail.
2. Max Hymans, parlementaire, député sous la IIIe République.
3. Jacques Doriot, fondateur du Parti populaire français proche du fascisme et partisan de la collaboration avec l'Allemagne.
4. Commissaire national aux Affaires étrangères.
5. Ce paragraphe a déjà été publié dans les *Mémoires de guerre*, t. II, p. 358.

Notre position morale est certainement meilleure qu'elle n'a jamais été. Il reste à affermir et éclaircir notre position politique. Celle-ci est battue en brèche, presque ouvertement, par l'action britannique aggravée par les faits et gestes personnels de Spears. Nous ne pouvons et ne devons pas laisser aller les choses qui nous feraient perdre bientôt à la fois la face et la réalité. L'acceptation réelle et loyale par les Britanniques de notre prépondérance dans les États du Levant est la pierre de touche de leur sincérité dans l'alliance. Nous nous devons d'obtenir cette acceptation dans l'intérêt des Nations unies, aussi bien que dans l'intérêt national. Mais nous ne l'obtiendrons pas sans effort. À preuve, la réponse que m'a adressée Churchill et que je vous communique dans un télégramme séparé.

Gwynn m'a remis copie d'un télégramme de Hull à Winant[1] au sujet de cette affaire. Le sommaire du télégramme avait été répété à Gwynn.

À la demande du consul américain, je lui remets un mémorandum fixant notre point de vue.

Je suis assuré que Washington s'applique et s'appliquera à amener un changement d'attitude des Anglais, ce qui est devenu absolument nécessaire.

Je vous adresse le texte du télégramme de Cordell Hull et celui de mon mémorandum.

Veuillez tenir Stark au courant car il est très important que Washington ait l'impression que nous jouons très franc jeu.

Il convient aussi d'avertir Bogomolov[2].

Enfin, Tixier doit être mis au fait de toute la question.

Je vous prie de communiquer ceci et le télégramme annexe au Comité national sans toutefois diffuser les textes.

Amitiés.

À Gwynn[3]

Beyrouth, 24 août 1942

Monsieur le consul,

Comme suite à notre conversation d'hier je vous adresse ci-joints :

1. Le texte d'un mémorandum à vous destiné et exprimant le point de vue de la France Combattante en ce qui concerne les ingérences politiques britanniques dans les États du Levant sous mandat français.

---

1. Le secrétaire d'État américain admet que le général Spears, ministre britannique à Beyrouth, semble avoir outrepassé sa mission de représentant diplomatique à l'étranger. Il demande à son ambassadeur d'examiner à nouveau cette affaire avec Anthony Eden.

2. Représentant du gouvernement soviétique auprès du Comité national.

3. Consul des États-Unis à Beyrouth.

2. La copie d'une lettre[1] que je fais remettre aujourd'hui à sir Miles Lampson pour Mr. W. Churchill. Cette lettre est une réplique au télégramme que le Premier ministre m'a fait parvenir hier et que je vous ai montré.

3. La copie d'une lettre adressée le 5 août par Mr. Casey au général Catroux et qui peut servir d'illustration à la politique de tutelle dans laquelle la Grande-Bretagne paraît vouloir soumettre la France en ce qui concerne l'exercice du mandat français dans les États du Levant.

Bien sincèrement à vous.

Mémorandum

Beyrouth, 24 août 1942

Le général de Gaulle et le Comité national français ne peuvent pratiquer la collaboration de guerre avec les Britanniques dans les États du Levant sous mandat français que si les droits et la situation de la France y sont effectivement reconnus et pratiquement respectés par leurs alliés.

Cette position irréfutable en droit est en outre justifiée par des raisons essentielles dans l'ordre moral et dans l'ordre politique :

1. Les Français Combattants ne peuvent consentir en aucun point du monde à une altération des droits de la France, faute de quoi la raison d'être de leur action se trouverait détruite vis-à-vis de la nation française et vis-à-vis des autres États.

2. Toute ingérence des Britanniques dans la politique de la France au Levant revêt aussitôt, aux yeux des populations locales et devant l'opinion mondiale, l'apparence d'une rivalité d'intérêts qui dénature et compromet, dans l'ensemble de l'Orient et dans le monde, la situation générale des Alliés.

3. La participation de la France dans la guerre aux côtés de ses alliés et, pour l'avenir, le maintien de la France aux côtés des démocraties dans la paix, implique que la France soit traitée intégralement en alliée par les Alliés. Toute autre formule de collaboration est inacceptable ; elle justifierait les critiques et insinuations répandues par Vichy, par la propagande de l'Allemagne et de ses complices.

Or il est de fait qu'en dépit de ces principes et malgré les promesses souscrites, les Britanniques pratiquent continuellement au Levant une interférence dans les activités politiques de la France.

Ils tentent de justifier cette interférence par la sécurité militaire britannique, laquelle n'est pourtant pas distincte de la sécurité militaire française, mais confondue avec elle. La collaboration militaire franco-britannique au Levant repose d'ailleurs sur des bases nettement définies par

1. Voir *Mémoires de guerre*, t. II, p. 359.

les accords Lyttelton-de Gaulle, accords strictement respectés du côté français.

Les Britanniques tentent également de justifier leurs interventions par le rappel de promesses, garanties, discours ou programmes qui n'émanent que d'eux et n'engagent qu'eux-mêmes.

La France Combattante n'est pas en situation de minorité politique, et se trouve à même de comprendre seule la portée de ses engagements. Elle prétend les remplir sans recevoir de directives étrangères.

Le général de Gaulle et le général Catroux, au nom du Comité national, ont proclamé l'indépendance de la Syrie et du Liban. Ils ont établi des gouvernements qui, après avoir accepté les termes de ces proclamations, exercent effectivement les prérogatives de l'indépendance sous les seules réserves qu'impose l'état de guerre.

Tel est le fait.

Il reste à mettre en place le mécanisme constitutionnel qui réglera la politique intérieure des États du Levant. Cette mise en place doit comporter naturellement d'abord des élections. Il y sera procédé dès que les circonstances de la guerre le permettront, ce qui n'est pas le cas actuellement.

En attendant, la France ne peut admettre que les agents britanniques répandus en grand nombre au Levant pratiquent, sous divers prétextes et en diverses qualités, à l'étage supérieur ou dans des activités subalternes, des interventions qui ruinent la possibilité même d'une collaboration.

Dans ces conditions, le général de Gaulle et le Comité national français estiment le moment venu, dans la phase actuelle de la guerre, de mettre au clair cette situation.

Ils espèrent fermement que ce règlement peut être obtenu. Dans le cas contraire, il ne leur resterait plus qu'à constater avec regret l'impossibilité d'une collaboration sincère et efficace avec les Britanniques au Levant et à en tirer les conséquences.

Note de service[1]

Beyrouth, 24 août 1942

1. Il sera créé au Caire, dès que possible, un détachement « Afrique du Nord Française », dépendant directement de ce service à Londres et fonctionnant en liaison avec l'état-major de M. le général d'armée, commandant en chef en Orient.

2. Les militaires dont les noms suivent : capitaine Moret, capitaines Bourgoin, Ledan, Hulin, Abdul Hamid, Borelli, constitueront cette annexe.

1. Cette note est destinée au général Catroux, au lieutenant-colonel Servais et au capitaine Moret.

Ils seront, en cette qualité, affectés pour ordre à l'état-major particulier du général de Gaulle, placés en subsistance à la Mission militaire française de liaison au Caire et mis, au point de vue de la discipline, aux ordres du colonel chef de cette mission de liaison.

3. Il me sera rendu compte télégraphiquement par le chef de détachement (capitaine Moret), sous timbre de mon état-major particulier, de la date où le détachement pourra commencer à fonctionner.

Télégramme à René Pleven et à Maurice Dejean, à Londres

Beyrouth, 24 août 1942

J'ai vu M. Helleu. Je le dirige sur Londres avec Madame.

Je le nomme aujourd'hui par décret ambassadeur afin de régulariser sa situation et bien qu'il m'ait dit être prêt à servir à n'importe quel titre, mon intention est qu'il se mette sans hâte au courant de nos affaires à titre de conseiller diplomatique à l'administration centrale.

Nous verrons plus tard quel poste lui attribuer.

Au lieutenant-colonel Pechkoff[1], à Johannesburg

Beyrouth, 26 août 1942

Mon cher colonel,

J'ai désigné pour faire partie de votre délégation le colonel Astier de Villatte, à qui je remets cette lettre. Indépendamment de ses qualités générales, il a commandé brillamment un groupe de bombardement pendant les opérations d'Érythrée et, ensuite, a été à la tête des Forces Aériennes Françaises Libres au Levant.

Les mesures actuelles de réorganisation de nos forces aériennes sur les différents théâtres d'opérations le rendent disponible et c'est ce qui m'amène à le mettre à votre disposition. Je juge le colonel Astier de Villatte particulièrement apte à vous seconder dans votre mission.

Croyez, mon cher colonel, à l'expression de mes sentiments cordialement dévoués.

Télégramme à la délégation France Combattante, à Londres

Beyrouth, 26 août 1942

En ce qui concerne la fourniture des huit avions Lockheed pour l'AFL veuillez demander à Bolté et me dire à moi-même vers quelle date ils seront livrés.

---

1. Délégué du Comité national français.

Cette précision, qui doit comporter un engagement des Américains, m'est nécessaire pour que je puisse donner au général Leclerc l'ordre de laisser les avions alliés atterrir à Pointe-Noire.

Nous avons reçu tant de promesses qui n'ont pas été tenues que nous nous devons de rester circonspects.

Le 18 août 1942, les forces britanniques ont effectué un raid sur Dieppe. Le 1er bataillon français libre de commandos fusiliers marins a participé à l'opération. Le lendemain, Pétain et Laval félicitent les troupes allemandes qui ont repoussé l'attaque.

Télégramme au lieutenant-colonel Billotte, à Londres

Beyrouth, 26 août 1942

Je désire être informé sans délai des opérations des éléments des Forces Françaises terrestres, navales et aériennes qui ont pris part à l'affaire de Dieppe.

Veuillez me transmettre propositions de récompenses s'il y a lieu.

Je suis surpris de n'avoir encore reçu aucune confirmation à ce sujet depuis votre télégramme n° 8421b.

Télégramme au lieutenant-colonel Billotte, à Londres

Beyrouth, 27 août 1942

Secret

Je réponds à votre télégramme n° 8602b.

Je ne suis pas opposé à accueillir quelques officiers étrangers à la condition qu'ils soient très sévèrement sélectionnés.

Le général Catroux est disposé à en recevoir une dizaine au Levant s'ils constituent des éléments de réelle qualité et s'ils sont spécialistes (je dis spécialistes) par exemple pour chars ou autos ou parc ou transmission.

Vous pouvez dans le même esprit poser la question au général Leclerc pour l'AFL.

Télégramme au lieutenant-colonel Billotte, à Londres

Beyrouth, 27 août 1942

Secret

Référence à votre télégramme n° 8673b/Air.

Quel est votre avis au sujet de l'envoi de Chevrier à Washington ?

En ce qui concerne la proposition que m'adresse le général Valin d'envoyer de L… V… au Canada, veuillez lui dire que je n'en veux à aucun prix. L… V… est un indiscipliné et un fumiste qui doit rentrer à Londres sans délai.

Télégramme à la délégation France Combattante, à Londres

Beyrouth, 29 août 1942

J'ai vu Monseigneur Du Chayla évêque français de Bagdad.

Il gémit pour les œuvres religieuses françaises en Irak qui ne reçoivent plus rien.

Veuillez me faire connaître où en est cette affaire qui a son importance. Il s'agit de 316 000 francs par an.

Télégramme à la délégation France Combattante, à Londres

Beyrouth, 29 août 1942

Votre télégramme n° 8740b/Diplo.

Je veux bien que Torrès vienne me voir à Londres, mais à condition qu'il n'en fasse pas de la publicité, surtout avant de m'avoir vu.

Télégramme à René Pleven, à Maurice Dejean et au lieutenant-colonel Billotte, à Londres

Beyrouth, 29 août 1942

Confidentiel

Jouve[1] que j'ai vu ici quittera bientôt Istanbul.

Je me suis convaincu que son poste est important au point de vue des relations avec les Balkans, notamment avec les Français qui y résident.

Il faudra quelqu'un de bien pour remplacer Jouve.

Le remplaçant doit être un militaire dépendant de mon état-major particulier car il n'est pas possible actuellement d'exercer à Istanbul une action diplomatique. Il ne s'agit que de renseignements.

Veuillez désigner d'urgence un officier qualifié et l'envoyer ici sans délai.

1. Géraud Jouve, attaché au ministère de l'Éducation nationale avant guerre, est depuis 1941 délégué de la France Libre pour la Turquie et les Balkans. Il deviendra en janvier 1943 directeur de Radio-Brazzaville.

Télégramme à René Pleven, à Maurice Dejean, au général Valin et au lieutenant-colonel Billotte, à Londres

Beyrouth, 30 août 1942

Secret

Je suis avisé que le choix du capitaine Girard pour être adjoint au général Petit serait [...[1]] contestable, ceci pour des raisons qui tiennent à sa personnalité, à son goût excessif pour l'information secrète et aux opinions qu'il professe sur la Russie actuelle.

Je ne veux pas qu'on envoie en Russie, comme naguère à Washington, des éléments criticables.

Nous ne devons avoir à Moscou que des hommes sûrs et discrets.

En conséquence, veuillez suspendre l'envoi du capitaine Girard et me rendre compte.

Télégramme au lieutenant-colonel Billotte, à Londres

Beyrouth, 31 août 1942

Secret

En ce qui concerne la date de mon retour à Londres, vous devez rester évasif, tout en indiquant que je n'irai pas à Londres avant d'avoir pu régler sur place la question grave des relations franco-britanniques en Orient.

Télégramme à René Pleven et à Maurice Dejean, à Londres

Beyrouth, 31 août 1942

Secret

Réponse à votre télégramme du 27 août relatif à votre récent entretien avec le président Benès.

Comme je vous l'avais demandé d'urgence par mon télégramme du 12 août[2], j'attends de vous un projet de texte de déclaration relatif à l'intégrité de la Tchécoslovaquie.

Ce texte une fois arrêté par nous, vous pourrez prendre l'accord de Benès pour sa publication. Je ne crois pas que nous ayons à réserver dans cette matière la décision du futur gouvernement français. Notre déclaration relative à l'intégrité de la Tchécoslovaquie serait un acte de

---

1. Mots indéchiffrables.
2. Ce télégramme se trouve, daté du 13 août 1942, dans les *Mémoires de guerre*, t. II, p. 352.

guerre car on ne peut plus contester que la guerre a pu pratiquement commencer lors de l'entrée des Allemands en territoire rhénan, le 7 mars 1936.

Nous avons toute qualité pour faire une telle déclaration sans réserver l'avenir[1].

Note pour le général Catroux

Beyrouth, septembre 1942

Je prie le général d'armée, commandant en chef au Levant, de donner des ordres rigoureux pour que :

a. les achats de matériel par les services soient soumis obligatoirement au visa du contrôleur général chargé des services financiers au Levant, s'il s'agit d'achats considérables, plus de trois mille francs par exemple ;

b. les cessions de matériel appartenant à l'État, que ces cessions soient consenties à des particuliers ou aux services anglais, soient absolument interdites à moins d'autorisations formelles du Comité national ;

c. les cessions faites antérieurement au profit de l'armée britannique soient régularisées par prise en charge conforme à nos règlements ;

d. la responsabilité personnelle des chefs de service soit réellement engagée.

Nota. La promulgation, que j'espère prochaine, du budget militaire de la France Combattante, avec attribution aux services des crédits déterminés, mettra, j'espère, un point final à trop d'irrégularités.

Télégramme à René Pleven, à Londres

Beyrouth, 1er septembre 1942

Secret

Votre télégramme n° 8919b.

J'accepte l'utilisation par les avions de guerre américains de l'aérodrome de Pointe-Noire, mais cette autorisation n'est donnée que sous le bénéfice de l'exécution rapide de la promesse américaine concernant les Lockheed.

Je pense que nul n'a pu se laisser prendre au chantage de la petite comédie de Fitzgerald.

1. La position du Comité national français sera affirmée dans une lettre du général de Gaulle à Mgr Shramek, président du Conseil de la République tchécoslovaque, le 29 septembre 1942, jour anniversaire des accords de Munich. Voir *Mémoires de guerre*, t. II, p. 371.

Au surplus, l'arrivée des Américains à Pointe-Noire ne me paraît que peu souhaitable étant donné leur politique actuelle à mon égard. Il y a lieu de le leur faire comprendre.

Dans cette affaire nous ne sommes nullement les demandeurs.

Télégramme au lieutenant-colonel Billotte, à Londres

Beyrouth, 1er septembre 1942

Secret

Je reçois votre rapport sur les opérations de Dieppe.

Veuillez faire connaître à l'amiral Auboyneau et au général Valin ma satisfaction pour la conduite brillante de nos éléments navals et aériens en les priant de le dire aux intéressés.

Je suis disposé à accorder à l'occasion deux ou trois croix de la Libération sur des propositions qui me seraient faites.

Je regrette la disparition de plusieurs bons et vaillants pilotes, mais au total c'est l'ennemi qui y a perdu.

Télégramme à René Pleven et à Maurice Dejean, à Londres

Beyrouth, 1er septembre 1942

Secret

Je vous communique à mesure les textes des télégrammes échangés entre Churchill et Casey, d'une part, et moi-même, d'autre part. Ces télégrammes passent généralement par le canal de Spears.

Je vous demande de vérifier au Foreign Office si les textes que je vous adresse sont conformes à ceux que Spears expédie. Cette précaution peut être utile dans le moment présent.

Télégramme à René Pleven et à Maurice Dejean, à Londres

Beyrouth, 2 septembre 1942

Secret le plus absolu

Ayant maintenant mesuré sur place en quoi consiste exactement la politique britannique ici, je dois dire que je suis profondément inquiet quant à l'avenir des rapports franco-anglais, tout au moins en Orient.

Il est de fait que malgré l'accord conclu l'année dernière[1], la politique britannique poursuit avec acharnement une action qu'il ne nous est pas permis d'accepter sans forfaiture.

1. Accord Lyttelton-de Gaulle des 24 et 25 juillet 1941.

Il s'agit pour les Anglais de réaliser ici d'abord un condominium. Ensuite, disposant de l'argent, du ravitaillement, de la force et de moyens considérables de propagande, l'Angleterre ferait tourner le condominium en domination britannique.

Pour réaliser leur objectif, les Anglais emploient concurremment plusieurs moyens différents. Vis-à-vis de nous, ils allèguent la garantie d'indépendance qu'ils ont donnée à la Syrie et au Liban proprio motu, et leurs promesses aux Arabes pour se mettre en tiers dans nos rapports avec le gouvernement local.

En même temps, sous prétexte de la sécurité militaire et de contribution au ravitaillement, ils interviennent sans relâche dans les relations entre nos représentants locaux et les administrations autochtones. Encore le font-ils dans le sens de l'opposition à notre effort et parfois même de sabotage. C'est le cas pour l'Office du blé.

Vis-à-vis des gouvernements locaux, ils font fi de l'indépendance et font continuellement pression sur les actes de ces gouvernements. Ils emploient tous les moyens pour se constituer une clientèle de politiciens, de fonctionnaires, de chefs religieux et de notables, ce qui est toujours facile ici en jouant des ambitions, des divisions et de l'argent. Ils tournent cette clientèle contre nous.

Enfin, à l'intérieur de nos propres affaires, ils interviennent à tout propos en prétendant qu'ils tiennent les cordons de la bourse et en allant jusqu'à menacer nos chefs de service intimidés ou mal informés de leur couper les crédits. Le résultat est un trouble profond qui risque à chaque instant de devenir grave. Les gouvernements et les populations ont l'impression que notre autorité est battue en brèche. Beaucoup cherchent à en jouer pour échapper à leur devoir et en tout cas à l'effort. La propagande des agents britanniques à l'intérieur ne cesse d'ailleurs d'affirmer que notre temps est passé en Orient. À l'extérieur, elle s'efforce de faire croire que nous sommes détestés par les Arabes et que nous ne nous maintenons ici que grâce au concours généreux des Anglais.

Nos gens, civils et militaires, sont naturellement exaspérés. Il s'est produit chez eux une désaffection et même une indignation à l'égard des Britanniques qui peut entraîner, au moindre incident, de fâcheuses conséquences.

Bref, l'atmosphère au Levant n'est pas du tout celle de l'alliance de deux pays qui luttent à la vie et à la mort pour la même cause, mais simplement celle d'une rivalité franco-britannique perpétuelle et affichée.

Spears jette tant qu'il peut de l'huile sur le feu. J'ai la preuve qu'il déforme ou interprète tendancieusement, d'une part, les instructions de son gouvernement, d'autre part, nos propres actes. Mais, indépendamment de cette malveillance, il y a à l'œuvre, je répète, toute une politique anglaise. La question est de savoir si cette politique est et demeurera celle du gouvernement britannique en tant que telle. Si oui, je ne vois pas le moyen de poursuivre davantage la coopération avec l'Angleterre. Si non, il est nécessaire que le gouvernement britannique modifie [...[1]], quant à moi, je ne me sens pas le droit de partir d'ici avant que l'affaire soit tranchée d'une manière ou de l'autre.

J'ai commencé à prendre certaines dispositions en vue de toutes conséquences possibles.

Je tiens au courant le consul américain et je verrai Wendell Willkie à Beyrouth après-demain.

Je vous prie de bien montrer au gouvernement britannique et notamment à M. Eden, à quel point il est nécessaire et urgent qu'une solution soit trouvée, si on désire que nous continuions à marcher ensemble sur le chemin.

Télégramme à l'amiral Auboyneau, au général Legentilhomme et au lieutenant-colonel Billotte, à Londres

Beyrouth, 2 septembre 1942

Secret

J'ai constaté que le capitaine de frégate Kolb-Bernard a organisé et réalisé beaucoup pour la surveillance et la défense des côtes du Levant. Mais c'est là une charge excessive pour les moyens propres de la Marine, surtout en fait d'encadrement. Kolb a recruté une masse d'auxiliaires autochtones, qu'il ne peut réellement encadrer malgré l'activité et la bonne volonté des officiers, d'autant plus que les missions organiques de la Marine, quant aux ports, aux patrouilles en mer et au gué absorbent une partie notable des cadres. En conséquence, j'ai réglé la question comme suit : le commandant de la Marine du Levant conserve le commandement de la défense des côtes. Ce commandement reste subdivisé sous ses ordres en 4 secteurs maritimes : Beyrouth, Tripoli, Lattaquié et Saïda. Un officier de marine doit commander chaque secteur.

Des unités de l'armée de terre seront simultanément placées à la disposition tactique du commandement de la Marine pour contribuer à la défense des côtes, en assurant à défaut certaines missions, telles que défense de points importants, service de batteries.

La Marine devra réduire les effectifs de ses auxiliaires autochtones au chiffre de ce qu'elle peut réellement encadrer, un millier environ en sus des éléments français.

L'état-major du commandant de la Marine sera renforcé par deux officiers appartenant à l'armée de terre, un d'infanterie, un d'artillerie.

1. Mots manquants.

Pour tout ce qui concerne la défense des côtes, comme aussi pour l'exécution des prescriptions d'ordre général au Levant et l'observation de la discipline générale, le commandant de la Marine reste subordonné au général commandant en chef au Levant.

À ce sujet, un officier de liaison a été détaché à l'état-major du général Catroux.

À Anthony Eden, à Londres

Beyrouth, 3 septembre 1942

Cher monsieur Eden,

J'ai été avisé de France que l'un des services secrets britanniques cherche à détourner certains groupes français appartenant aux associations de résistance « Combat » et « Franc-tireur » de suivre les instructions du Comité national français. Il s'agit apparemment et une fois de plus pour ce service britannique de faire exécuter en France telles ou telles actions en dehors des autorités de la France Combattante. Pour y parvenir, le service britannique promet et distribue lui-même du matériel aux éléments français intéressés, à la condition qu'ils se conforment exclusivement à ses directives et en leur disant que la France Combattante est hors d'état de leur en fournir. De fait, certaines missions de distribution de matériel, qui avaient été prévues au compte de la France Combattante, sont actuellement arrêtées. En même temps, les services britanniques empêchent la transmission en France de nos télégrammes de rappel à l'ordre.

D'autre part, tandis que les missions de liaison demandées aux services britanniques par le Comité national français sont l'objet de retards ou même de refus, de nombreuses autres missions sont exécutées en dehors de nous. Au cours du moi de juillet, une cinquantaine de missions ont été prévues sur la France dont dix seulement pour le compte de la France Combattante. Encore les services britanniques se réservent-ils l'appréciation exclusive de l'importance relative de ces diverses missions et de leur ordre de priorité.

Je ne puis qu'exprimer à Votre Excellence le regret que me donne cet état de confusion. Je demeure convaincu que les propositions[1] que j'ai eu l'honneur d'adresser à Votre Excellence par ma lettre du 18 juillet seraient, si le gouvernement britannique consentait à y donner suite, de nature à améliorer les conditions d'une collaboration que la situation générale de la guerre rend, à mon avis, plus que jamais indispensable.

Bien sincèrement à vous.

1. Voir *Mémoires de guerre*, t. II, p. 341 et 342.

Télégramme au lieutenant-colonel Billotte, à Londres

Beyrouth, 3 septembre 1942

Secret

Votre télégramme n° 8999b.

J'approuve le mouvement sur l'Angleterre des groupes d'aviation *Alsace* et *Lorraine*.

Les ordres nécessaires ont été donnés par les Anglais pour ce qui les concerne.

Toutefois, étant donné les opérations en cours, j'ai fait dire à l'Air Marshall Tedder qu'il pouvait garder *Alsace* quelques jours de plus à sa disposition s'il pensait l'utiliser pendant ce temps dans la bataille.

Tedder m'a remercié et gardé le groupe encore un peu.

Il partira en tout cas incessamment.

Télégramme au général Valin[1], à Londres

Beyrouth, 4 septembre 1942

Deux pilotes de la ligne aérienne, Perreau et (Perel ?), et un chauffeur mécanicien, Richard, tous trois anciens sous-officiers et très bons sujets, sont susceptibles d'être promus sous-lieutenants.

J'ai l'impression qu'ils ont été négligés dans les propositions d'avancement. Je les ai nommés sous-lieutenants à la date d'aujourd'hui.

Je voudrais savoir qui est le sergent Bernheim, pilote de la ligne aérienne et que j'avais cassé de son grade de sous-lieutenant l'année dernière. On me dit qu'il sert maintenant parfaitement bien. Veuillez me faire connaître s'il serait ou non convenable de lui rendre son grade d'officier.

Télégramme à René Pleven et à Jacques Soustelle[2], à Londres

Beyrouth, 4 septembre 1942

Dans son émission d'hier le speaker de « Les Français parlent aux Français » a dit :

« Certes, après dix mois, la France déposait les armes, etc. »

Veuillez faire observer de ma part à Duchesne que la France n'a pas déposé les armes. Ou alors, il faudrait admettre que Vichy est la France et que la participation continue de territoires français et des Forces Françaises à la guerre ne compte pour rien.

---

1. Commissaire national à l'Air.
2. Commissaire national à l'Information.

Vous ajouterez, pour Duchesne, qu'au Levant, en AFL, au Pacifique et certainement en France, on n'admet pas du tout que la France ait déposé les armes. Rien n'exaspère nos combattants comme la confusion : « Vichy et la France » et l'histoire du « collapse[1] » de la France.

Je crois que « Les Français, etc. » gagneraient beaucoup à envoyer dans l'Empire libéré et sur le théâtre d'opérations d'Afrique un de leurs membres qui verrait et qui entendrait. J'en donne par avance l'autorisation.

Télégramme à la délégation France Combattante, à Londres

Beyrouth, 4 septembre 1942

L'Agence Française Indépendante a communiqué ici au Caire, une dépêche concernant l'accord Frazer-d'Argenlieu. Cette dépêche commence ainsi :

« Londres, 3 septembre,

« Le QG (je dis QG) de la France Combattante communique : le gouvernement de la Nouvelle-Zélande définit sa politique à l'égard du mouvement (je dis mouvement) de la France Combattante. »

À ce sujet j'observe que la dépêche de l'AFI parle, comme toujours, du QG de la France Combattante au lieu de dire Comité national français. J'observe aussi que cette dépêche tronque notre propre communiqué car il n'est pas possible que nous nous soyons qualifiés nous-mêmes de mouvement dans un communiqué officiel.

Il y a là un exemple entre mille, des tendances inacceptables de l'AFI ou plus exactement, de Maillaud et de son entourage. Je vous prie de notifier à Maillaud de ma part que cette attitude de l'AFI est incompatible avec l'aide que nous lui donnons. J'envisage de rappeler à la date du 1er octobre tous les correspondants mis par nous à la disposition de l'AFI.

Veuillez m'accuser réception de ce télégramme.

Note de service

Beyrouth, 4 septembre 1942

Objet : Défense du littoral libano-alaouite.

1. La Marine au Levant s'est vue dans l'obligation, pour faire face à sa mission de surveillance et de défense immédiate du littoral, d'absorber des effectifs et des matériels d'artillerie qui dépassent ses possibilités d'encadrement.

1. « Écroulement ».

Dans la situation actuelle sur le théâtre d'opérations d'Orient, il importe que la surveillance et la défense immédiate des côtes soient assurées dans les meilleures conditions possibles.

2. En conséquence, et tout en continuant à assumer le commandement de la défense des côtes, le commandant de la Marine au Levant ne conservera que le personnel autochtone nécessaire à la surveillance en mer et au fonctionnement du rideau de guet, à l'effectif approximatif de 1 000 hommes.

Il passera aux forces terrestres (troupes spéciales) tout le reste du personnel y compris les 200 artilleurs servant les pièces de défense côtière, ainsi que les organisations défensives avec leur armement, les pièces d'artillerie de tous calibres et les AM[1].

3. Le personnel en excédent sera groupé en un bataillon, une batterie et un peloton d'automitrailleuses de défense des côtes. Ces unités, tout en restant, pour l'emploi tactique, aux ordres du commandant de la Marine, feront partie intégrante des forces terrestres qui auront à les encadrer et à les administrer.

4. La nouvelle organisation devra être réalisée pour le 16 septembre avec toutes les mesures de détail qu'elle comporte (constitution d'unités, tenue, etc.).

Il m'en sera rendu compte à cette date sous le timbre de mon état-major particulier.

Au général Catroux, à Beyrouth

Beyrouth, [après le 4] septembre 1942

Mon cher général,

Mon inspection récente de nos deux petits groupes de reconnaissance en Égypte m'a montré la nécessité de procéder à la réorganisation de ce double élément. Je vois, d'après un rapport du 4 septembre, que le colonel Angenot aboutit à la même conclusion.

Il convient de fondre les deux groupes en un seul comprenant :

1 section de commandement et transmission,

2 escadrons d'AM,

1 escadron d'autos-canons.

Dès que possible, le groupe devra être complété par :

1 escadron porté et même si possible motocycliste,

1 section du génie portée.

Quant à la compagnie de chars, s'il est normal de la joindre au groupe de reconnaissance pour une opération déterminée, elle ne saurait en faire partie organiquement.

---

1. Automitrailleuses.

Étant donné que ni le commandant Jourdier, ni le commandant de Kersauzon ne paraissent vraiment qualifiés pour commander un groupe de cette importance, j'estime que le commandant Rémy est tout désigné.

Je vous prie de vouloir bien prendre dès que possible les mesures nécessaires pour réaliser cette organisation d'un groupe de reconnaissance complet qui pourra être le 1er spahis.

Veuillez agréer, mon cher général, l'expression de mes sentiments les meilleurs et les plus dévoués.

Télégramme à Maurice Dejean, à Londres

Beyrouth, 5 septembre 1942

Très secret

Je reçois votre message du 3 septembre.

L'attitude que j'ai adoptée vis-à-vis du gouvernement britannique en ce qui concerne le Levant est la seule qui soit conforme à notre dignité et à nos responsabilités.

Les affirmations (d'ordre général) énoncées par le Foreign Office au sujet des intentions de l'Angleterre de ne pas évincer la France d'ici n'ont aucun intérêt si, en fait, la politique britannique sur place contredit ces affirmations. Or vous avez vous-même en main toutes les preuves qu'il en est ainsi. Ce n'est pas en nous résignant aux atteintes commises sur les droits de la France que nous servirons ses intérêts et ceux des démocraties. Vingt-quatre ans d'une politique française d'abandon ont produit le résultat que nous voyons.

Je n'accepte pas de la poursuivre. Une seule chose fait obstacle à la voracité stupide de nos alliés ici, et cette chose c'est la crainte qu'ils ont de nous pousser à bout.

Il est absolument normal que les États-Unis et la Russie soient mis au courant d'un différend que les Anglais ne se gênent pas pour leur présenter à leur manière.

Quant aux regrets de M. Eden, ils ne sauraient tromper que les naïfs.

D'ailleurs, je ne m'explique pas que vous répondiez à une convocation de Strang.

Votre approbation ne m'explique pas davantage que les démarches que je vous ai (demandé ?) depuis longtemps de faire et au cours desquelles vous deviez prendre l'initiative, aient tourné en une algarade de Strang et de Peterson[1].

En ce qui concerne les possibilités d'une entreprise des Anglo-Saxons sur l'Afrique du Nord et l'A-OF, rien ne ferait qu'ils nous y admettent et surtout pas la timidité.

1. Collaborateurs d'Anthony Eden au Foreign Office.

Nous ne grandirons pas en nous abaissant.

Je prétends être soutenu par le commissaire national aux Affaires étrangères dans une tâche, une fois de plus, difficile.

Si vous ne vous croyez pas en mesure de le faire, votre devoir est de me le dire.

Télégramme à René Pleven, à Londres

Beyrouth, 5 septembre 1942

Dans la difficulté actuelle j'ai besoin d'être soutenu par le Comité national. J'ai l'impression que Dejean se laisse une fois de plus effrayer par la conjoncture et intimider par les simagrées du Foreign Office. Or ce n'est pas le moment. La solution est comme toujours dans la fermeté et dans la cohésion. Je vous prie de me tenir au courant sans réticences de l'attitude de Dejean.

Télégramme au général Leclerc, à Brazzaville

Beyrouth, 5 septembre 1942

Très secret

Faute d'être en mesure d'ouvrir un front en France cette année, il est devenu vraisemblable que les Américains cherchent à prendre pied prochainement dans les territoires de l'Afrique du Nord ou de l'Afrique-Occidentale Française. Dans cette hypothèse ils entendent nous évincer de l'opération parce qu'ils s'imaginent trouver ainsi des complicités du côté de Vichy et parce qu'ils ne manquent pas d'arrière-pensées plus ou moins intéressées. Quant aux Anglais, ils prendraient part à l'entreprise ou chercheraient à l'exploiter à partir de Gambie, Sierra-Leone, Gold-Coast, Nigeria.

La mauvaise plaisanterie de Diégo-Suarez, où malgré les promesses solennelles des Anglais nous ne pouvons même pas envoyer un officier, ne doit à aucun prix se renouveler en Afrique continentale. Le général Legentilhomme vous a invité, sous réserve de mon approbation, à préparer l'irruption de nos forces dans le Niger le cas échéant. Je vous confirme cette directive.

Je pressens que Giffard serait désireux d'attirer nos troupes de manœuvre en territoire britannique afin d'en disposer, même s'il s'agit dans sa pensée de les garder impuissantes à l'arrière ou simplement de les coiffer par son commandement. Je vous mets en garde contre une telle possibilité. En tout cas, vous ne devez consentir à l'envoi d'aucune troupe en territoire britannique sans mon ordre personnel et quelles que soient les promesses de nos alliés.

Je compte rester ici une dizaine de jours encore pour tout y mettre au point. Ensuite j'irai vous voir. Vous et Éboué serez prévenus à temps. Amitiés.

Télégramme à René Pleven, à Londres

Beyrouth, 5 septembre 1942

Secret

Je vous prie de porter le message suivant de ma part à la connaissance de chacun des membres du Comité national.

La situation au Levant est très bonne en ce qui concerne nos rapports avec les États et les populations. Elle est fâcheuse du fait de la politique britannique qui ne remplit pas ici ses engagements à notre égard. Il est nécessaire que cela soit mis en ordre. Je m'y suis attaché. Naturellement, les manœuvres anglaises tendent à nous donner les torts en invoquant mon attitude personnelle. Mais les torts sont du côté de ceux dont les empiétements abusifs me forcent à cette attitude. Je suis certain de réussir à amener nos alliés à la résipiscence dans l'intérêt commun.

Déjà depuis mon arrivée, il y a un grand changement. Mais j'ai besoin d'être soutenu à fond par le Comité national. Je demande à chacun de ses membres de bien marquer aux autorités alliées avec lesquelles il est en rapport qu'il y a parfaite unanimité des Français Combattants sur ce point comme sur les autres.

Télégramme à l'amiral Auboyneau, à Londres

Beyrouth, 5 septembre 1942

Secret

J'approuve entièrement l'ensemble de votre télégramme n° 9112b du 4 septembre.

J'ai trouvé ici une Marine absorbée par la tâche démesurée de la défense des côtes, tâche dont l'armée de terre peut et doit assurer une grande partie. Comme vous le savez, j'ai donné les ordres nécessaires[1].

Bien que je n'aie pas encore inspecté la Marine du canal de Suez, j'ai l'impression qu'elle s'est également chargée de certaines tâches, non certes inutiles, mais excessives par rapport à nos besoins et à nos moyens. Comme vous le dites, notre grand effort doit porter sur l'armement des bâtiments. Je crois qu'il est parfaitement possible de rappeler en Angleterre tout au moins cinq officiers de marine et une centaine d'officiers mariniers et marins.

1. Voir la note de service du 4 septembre 1942.

Cependant, il est nécessaire d'avoir ici un certain effectif français pour le service des embarcations dans les ports, la police de la navigation, le contrôle et les instructions des postes de gué, les transmissions, écritures, etc.

La situation générale exige une sérieuse surveillance de la côte pour la raison supérieure que vous discernez. Il est nécessaire que cela soit fait essentiellement par la Marine française. Je pense donc qu'il faut laisser environ deux cents officiers et marins français.

Je ne vois aucune objection à ce que vous rappeliez Langlois purement et simplement.

En ce qui concerne Gilbert et Laisune, la mutation serait des plus heureuses. Veuillez donc la prononcer. J'en avise le général Catroux.

J'ai inspecté ici *la Moqueuse* puis aujourd'hui même *le Dominé* et *la Reine-des-Flots*. Ce sont des bâtiments bien tenus paraissant bien commandés d'une part et dont les officiers et l'équipage sont dans un état moral excellent.

Amitiés.

À Richard G. Casey[1], au Caire

Beyrouth, 7 septembre 1942

Monsieur le Ministre d'État,

J'ai chargé M. Helleu, ambassadeur de France, de vous remettre le mémorandum joint à la présente lettre.

Ce document consigne un certain nombre de faits qui montrent clairement que les rapports franco-britanniques n'ont pas été maintenus ici dans des conditions conformes à nos accords et même à notre alliance[2]. Du côté français, on peut relever des concessions sans doute provisoires mais nombreuses et importantes sur les prérogatives qui nous appartiennent et que la Grande-Bretagne nous a reconnues par ces accords. On doit malheureusement constater que, du côté britannique, ces concessions ont

1. Richard G. Casey, ministre d'État dans le gouvernement britannique, succède à Oliver Lyttelton.

2. Les questions traitées par ce mémorandum sont :
— Attitude du représentant de la Grande-Bretagne lors de la déclaration de l'indépendance du Liban.
— Interventions du général Spears dans le domaine politique.
— Office du blé.
— Question du chemin de fer Haïfa-Beyrouth-Tripoli.
— La raffinerie de Tripoli.
— Exploitation des lignites.
— Interventions britanniques en matière financière.
— Interventions britanniques dans le domaine agricole et industriel.
— Ingérences locales des agents subalternes britanniques.

simplement servi d'encouragement ou de prétexte à de nouveaux empiètements sur les droits de la France et sur ceux des États du Levant.

Indépendamment d'actes ou textes britanniques, tels que discours ou promesses, qui, par leur caractère unilatéral, n'engagent ni ne lient en rien la France, l'action britannique a voulu trouver sa justification dans deux arguments sans cesse invoqués. Le premier est l'indépendance des États du Levant, le second prend le nom de nécessités militaires. L'indépendance des États du Levant a été opposée au délégué général et plénipotentiaire de France lorsqu'il voulait faire usage de ses pouvoirs politiques et administratifs, pouvoirs qui lui appartiennent jusqu'à la fin du régime mandataire. Les nécessités militaires ont été invoquées du côté britannique pour justifier des interventions qui usurpaient sur des domaines réservés à la France, et notamment sur le domaine de « l'exploitation des ressources locales ».

Je tiens à vous déclarer très nettement que le gouvernement et les autorités britanniques ne sont nullement fondés à invoquer et à utiliser contre nous ni l'un ni l'autre de ces arguments. L'indépendance de la Syrie et du Liban a été instituée par la France. Elle ne pouvait l'être que par la France. La parole de la France n'a pas à être garantie. L'exécution des promesses de la France n'a pas à être contrôlée. Les informations et même les avis du gouvernement britannique peuvent nous être utiles dans l'appréciation générale de la situation. Mais nous ne saurions accepter d'ingérence quant à notre droit de prendre et d'appliquer ici les décisions que nous jugeons conformes aux intérêts des États du Levant et aux intérêts de la France.

En ce qui concerne les nécessités de la guerre nous les connaissons et apprécions aussi bien que quiconque. D'ailleurs sur le théâtre commun d'opérations en Orient, la sécurité militaire française n'est nullement distincte de la sécurité militaire alliée, mais se confond avec elle. Au surplus, la collaboration militaire franco-britannique au Levant repose sur des bases nettement définies par les accords Lyttelton-de Gaulle, accords strictement respectés du côté français.

J'ai dit et je répète que nous entendons, pour notre part, pratiquer en Orient la plus étroite collaboration franco-britannique pour le succès de la guerre où nous combattons côte à côte.

C'est un fait que la politique britannique, telle qu'elle est représentée ici, substitue la pression à la collaboration.

C'est ainsi que, pour faire triompher ses vues à l'encontre de nos droits, la politique britannique a recouru en différentes circonstances à des menaces variées telles que :

— perspective de faire connaître par des actes publics la désolidarisation du gouvernement britannique,

— suspension des avances financières faites à la France par la Grande-Bretagne,

— et même simplement argument de la force.

Vous comprendrez, j'en suis sûr, que je n'admette pas cette méthode qui ruine par avance toute coopération, revêt, aux yeux des populations orientales et devant l'opinion mondiale, l'aspect de la rivalité et va jusqu'à compromettre l'alliance franco-britannique dans le présent et dans l'avenir.

C'est pour moi un devoir de redresser cette situation.

Je sais gré au Premier ministre des assurances de principe qu'il a bien voulu me renouveler tout récemment, mais je relève ici une pratique et des faits qui sont en désaccord avec ces assurances. Ne désirant que le retour à l'exécution sincère des conventions qui nous lient, j'ai l'espoir de vous trouver disposé comme moi-même à éclaircir et à assainir les rapports franco-britanniques en Orient.

Je prie Votre Excellence de bien vouloir agréer les assurances de ma haute considération.

Télégramme[1]

Beyrouth, 8 septembre 1942

Je suis informé que Vichy serait disposé à échanger des Français Libres faits prisonniers au cours des opérations de 1940 de Dakar et du Gabon, contre ceux de ses partisans détenus en AFL et au Gabon.

Veuillez adresser à Londres la liste :

1. des noms de camarades que vous estimez devoir être demandés dans l'ordre de préférence,

2. des gens de Vichy dont vous proposez en échange la libération.

Je demande également au général Catroux de communiquer à Londres les noms des camarades du Levant susceptibles d'être libérés par Vichy.

Copie adressée à la délégation France Combattante à Londres

Au général Alexander[2]

Beyrouth, 9 septembre 1942

Mon cher général,

Dans les débuts de votre commandement en chef en Orient, je tiens à vous assurer que les Forces Françaises en Orient sont, plus que jamais, résolues à coopérer le mieux possible aux opérations alliées sur ce théâtre

1. Destinataire non mentionné.
2. Commandant en chef britannique en Orient.

et sous votre haute direction. En attendant que j'aie le plaisir de vous rencontrer, je crois devoir préciser certains points relatifs à cette coopération.

1. J'ai mis, comme vous savez, à la disposition de la VIIIe armée britannique deux brigades ainsi que deux escadrons d'automitrailleuses et une compagnie de chars. La 1re brigade est complète en effectifs. La 2e brigade est incomplète mais les éléments sont bons. L'ensemble est placé sous le commandement du général de Larminat. Je désire beaucoup que cet ensemble soit employé, autant que possible, réuni sous ses ordres. En tout cas, je demande que le général Montgomery[1] les fasse engager dès que l'occasion s'en présentera. Eux-mêmes le souhaitent ardemment. Le général Catroux vous en parlera d'une manière plus explicite.

2. Suivant les possibilités en Europe de l'Ouest pour l'année prochaine, je puis être amené à reprendre la 1re brigade, les automitrailleuses et les chars vers le mois de novembre afin de les avoir en Angleterre au début de 1943. Vous en apercevez certainement les raisons.

3. En Syrie et au Liban, les Forces Françaises Libres comprennent essentiellement une brigade coloniale et des troupes « spéciales » équivalant à trois brigades, plus la valeur d'un bataillon de chars, des unités de défense des côtes, des unités du désert, etc. Le tout est appuyé sur des services constitués et fonctionnant normalement.

Le plan de défense de la Syrie et du Liban et l'organisation du commandement ont été décidés par le commandement britannique avec l'agrément du général Catroux à une époque où les forces britanniques sur place étaient très supérieures à ce qu'elles sont actuellement. Dans l'état présent des choses, c'est aux Français qu'il doit appartenir, d'après nos accords de coopération militaire, d'assurer le commandement des troupes alliées en Syrie et au Liban où ils ont la prépondérance des forces. Je vous demande donc, d'un point de vue exclusivement militaire, d'arranger cela dans ce sens avec le général Catroux.

En tout cas, je tiens essentiellement à ce que toutes les Forces Françaises Libres en Syrie et au Liban dépendent, pour l'emploi comme pour le reste, du commandement français sur place. Naturellement, j'accepte que ce commandement français continue à dépendre de vous-même au point de vue tactique.

Je m'empresse d'ajouter que cette réorganisation, qui me paraît nécessaire, n'a aucun rapport avec la personnalité du général Holmes pour lequel moi-même et tous mes subordonnés avons l'estime la plus grande possible.

4. Les liaisons entre le commandement britannique et le commandement français à tous échelons en Orient me paraissent mal établies. Je ne

1. Commandant la VIIIe armée britannique.

puis comprendre pourquoi ces liaisons sont, du côté britannique, placées sous la direction du ministre plénipotentiaire de Sa Majesté britannique auprès des gouvernements de Syrie et du Liban[1]. Il me paraît défectueux, en principe, que les militaires alliés se relient entre eux par l'intermédiaire d'un agent politique. Ceci est vrai surtout dans ces pays d'Orient. Je vous demande instamment, dans l'intérêt de notre coopération militaire, de régler l'affaire autrement avec le général Catroux.

J'espère trouver l'occasion de vous voir bientôt et vous demande de croire, mon cher général, à mes sentiments très distingués et dévoués.

Copie remise au général Catroux

Télégramme à René Pleven, à Londres

Beyrouth, 9 septembre 1942

En ce qui concerne proposition que amiral Muselier vous a prié de me transmettre, je ne puis y donner suite pour les raisons suivantes :

1. Imaginer que les États-Unis accepteraient que nous allions rallier la Guyane me paraît une utopie.
2. En tout cas, je ne confierais pas le commandement d'une opération à un officier général qui subordonnerait d'avance son acceptation à celle de l'étranger.
3. Étant donné les dangereux scandales causés naguère par l'amiral Muselier, je ne puis en conscience rien accueillir de sa part sauf éventuellement sa soumission pure et simple à l'autorité du Comité national qu'il a publiquement reniée et bafouée.

Télégramme au lieutenant-colonel Billotte, à Londres

Beyrouth, 9 septembre 1942

Secret le plus absolu

Au cours d'une inspection du service du chiffre, j'ai constaté que les clefs et tableaux applicables au Code FL ne changent que beaucoup trop rarement.

La clef C est en usage depuis octobre 1941 et le tableau Bêta depuis février 1942.

Pour réserver aux messages secrets une nouvelle méthode de chiffrement applicable à ce code, adressez d'urgence une nouvelle clef et donnez avis de la mise en service du tableau Gamma à tous les détenteurs.

1. Il s'agit du général Spears.

De plus, le dictionnaire FL, qui est d'ailleurs trop restreint eu égard au volume et à la nature des correspondances sur nos circuits principaux, doit être changé.

Rendez-moi compte.

Télégramme à la délégation France Combattante, à Londres

Beyrouth, 9 septembre 1942

Secret

J'apprends avec satisfaction que l'opinion de la Trésorerie britannique, bien que fondée sur un simple motif d'opportunité, rejoint notre doctrine, basée sur les principes et l'accord avec votre télégramme n° 9085b/Diplo/613.

Pour moi, je renforce ici ma position de toujours :

Pas d'ingérence financière continuelle britannique.

Pas de collaboration mixte.

Spears a pu tenter de justifier la démarche de Rosa par une lettre embarrassée dont je réfute l'argumentation et il me fait savoir qu'il communique à la Trésorerie et au ministre d'État au Caire sa déclaration et ses raisons. Spears donne un nouvel échantillon de ses manières : il prétend en effet, dans la lettre sus-mentionnée datée du 5 septembre, avoir introduit la demande de commission financière à quatre sur les instructions concrètes du trésorier de Sa Majesté.

Télégramme à l'amiral Auboyneau, à Londres

Beyrouth, 9 septembre 1942

Très secret

J'ai constaté ici une différence sensible entre, d'une part, la solde des équipages de la division d'aviso et, d'autre part, la solde du personnel de la Marine du Levant. L'avantage est à la Marine du Levant.

D'autre part, le personnel de la Marine du Levant paraît avoir été favorisé au point de vue de l'avancement. J'ai recueilli certaines doléances à ce double sujet à l'occasion de mon inspection de *la Moqueuse* et du *Dominé*. Je crois qu'il faudrait mettre la chose au point.

Le président Roosevelt a chargé Wendell Willkie, son ancien adversaire républicain à l'élection présidentielle de novembre 1940, d'une mission d'information et de contact, notamment avec Staline et Chiang Kai-shek. Wendell Willkie vient à Beyrouth pour rencontrer le général de Gaulle.

Télégramme à René Pleven et à Maurice Dejean, à Londres

Beyrouth, 10 septembre 1942

Très secret

Je reçois votre message du 9 septembre.

J'interprète la situation exactement comme vous. L'irritation et l'alarme des Anglais viennent moins de nos réactions elles-mêmes contre leur politique en Orient que de deux éléments qui se révèlent à cette occasion.

Le premier de ces éléments est le fait que nous avons amené la question d'Orient sur le terrain diplomatique interallié. Nous y sommes littéralement forcés sous peine d'être étranglés ici par les muets du sérail britannique ou de laisser la situation tourner à un conflit qui serait catastrophique. En outre, me trouvant en butte à des demandes pressantes d'informations du consul américain, je n'avais pas à les lui cacher puisqu'il les connaît parfaitement, d'autant plus que les Britanniques multipliaient à Washington les informations tendancieuses. Je regrette, certes, que M. Churchill ait pu être blessé de voir les Américains mis au courant par moi, mais devant l'œuvre d'usurpation accomplie ici depuis plus d'un an par les Britanniques, en dépit de leurs engagements, nous n'avons pas le choix des moyens pour sauver la position.

Quant à aller voir Casey au Caire, cela serait inopportun. Je lui ai fait deux visites qu'il n'a pas encore rendues et rien n'a été fait par lui pour améliorer les rapports.

Le second élément qui trouble Londres est évidemment ma présence dans l'Empire français, au moment où les Anglais préféreraient garder le contrôle de mes mouvements et de mes déclarations. Ceci indique, à mon avis, et comme vous l'avez pensé, que d'importants événements, soit en France, soit dans l'Empire français, soit enfin dans les deux, sont imminents.

Le fait même que nos Alliés ne nous en préviennent pas et ne nous consultent pas est inadmissible et nous donne tous les droits d'agir comme nous pouvons. Au total, nous n'avons pas à nous laisser troubler ni intimider. Nous ne cherchons à nuire à rien de ce qui appartient à nos alliés, mais nous entendons revendiquer et défendre au besoin devant le monde entier les intérêts de la France Combattante. Par-dessus tout nous voulons que la France et son Empire se redressent dans la guerre. Nous n'acceptons pas que l'illusion ou l'esprit de moindre effort amène à pratiquer la dislocation et la neutralisation de ce qui est français, même si cela les arrange momentanément. M. Wendell Willkie, qui avait déjà gagné Ankara sans s'arrêter ici, est arrivé ce matin à Beyrouth, rebroussant chemin. Il est descendu à notre résidence. Je l'ai vu et le reverrai ce soir longuement.

Les Anglais ont tout fait pour l'empêcher de venir et pour le détourner de loger chez moi. Ceci vous indique l'ambiance dont malheureusement tout l'Orient est informé.

Je vous tiendrai au courant de mes conversations avec Wendell Willkie.

Amitiés.

Procès-verbal de l'entretien avec Wendell Willkie du 10 septembre 1942, à la résidence des Pins, à Beyrouth

L'entretien commence à 19 h 30 et prend fin à 21 h 15. Y assistent :

M. Gardner Cowles,

M. Joseph Barnes, du Military Information Department, et le capitaine Serreulles[1], qui fait fonction d'interprète.

M. Willkie déclare d'abord que le but de son voyage est de stimuler l'effort de guerre et l'entrain des pays qu'il visite en leur apportant des nouvelles encourageantes sur l'Amérique. Il est en outre chargé de missions particulières auprès des gouvernements soviétique et chinois. M. Willkie considère le Moyen-Orient comme un théâtre vital d'opérations, et il veut profiter du bref passage qu'il y fait pour s'informer aussi précisément que possible des conditions qui y règnent. Il exprime le désir de connaître, dans toute la mesure où celui-ci voudra bien la lui exprimer, la pensée du général de Gaulle sur les problèmes qui s'y posent. Il posera ensuite au Général quelques questions et rendra compte de tout au président Roosevelt.

Le général de Gaulle rappelle que l'entrée des Alliés au Levant l'année dernière est due à son initiative. C'est parce qu'il a insisté auprès de M. Churchill et du haut commandement britannique que les opérations ont été finalement déclenchées. Le général de Gaulle n'a pas pris la responsabilité de faire verser le sang français pour, ensuite, abandonner dans une plus ou moins large mesure les États du Levant sous mandat français à l'emprise britannique.

La France, en vertu du mandat qu'elle tient de la Société des Nations, a, à l'égard de la Syrie et du Liban, des obligations qu'elle entend continuer à remplir jusqu'à la cessation du régime du mandat. Or le régime du mandat ne peut prendre fin que sur une décision de la Société des Nations, c'est-à-dire après la guerre. La déclaration d'indépendance des États du Levant n'y porte pas atteinte. C'est la défense des intérêts et droits de la

1. Claude Bouchinet-Serreulles rallie la France Libre dès juin 1940 et demeure attaché au cabinet du général de Gaulle jusqu'en 1942.

France au Levant qui justifie l'attitude prise par le général de Gaulle en juin 1941.

Le général de Gaulle a observé que M. Willkie avait employé tout à l'heure l'expression de « Free French Movement ». Il ne songe nullement à en faire le reproche à M. Willkie, mais il tient à lui faire remarquer qu'il y a dans l'emploi du mot « mouvement » pour qualifier la France Combattante la source d'un malentendu permanent entre la France Combattante et les Alliés. Le Comité national français, organe directeur de la France Combattante, ne se considère nullement comme la tête d'un mouvement. Il estime qu'en l'absence en France de tout gouvernement français légitime, le rôle lui échoit de représenter et de défendre les intérêts de la France partout dans le monde. Cette mission, que se sont assignée le général de Gaulle et le Comité national français, suppose de leur part une attitude de grande fermeté. Seule une intransigeance absolue dans la défense des droits et des intérêts de la France justifie l'action et l'existence même du général de Gaulle en tant que chef de la France Combattante. Pour des raisons d'ordre moral, il ne peut faire aucune concession quand la dignité de la France est en jeu.

Or le général de Gaulle est obligé d'observer qu'au Levant la politique britannique consiste à battre en brèche sans répit la position de la France qu'il a justement pour charge de défendre.

D'où les conflits qui l'opposent au gouvernement britannique.

M. Willkie demande au général de Gaulle ce qu'il pense qu'on devrait faire dans l'hypothèse où les Allemands, à la suite d'un effondrement russe dans le Caucase, déboucheraient dans le Moyen-Orient. Faudrait-il le défendre et en aurait-on les moyens ?

Le général de Gaulle répond qu'il faudrait, sans hésitation possible, défendre le Moyen-Orient par une action conjuguée des forces alliées, britanniques, américaines et françaises.

Faudrait-il, demande M. Willkie, se contenter de fournir en armes et en matériel les armées syrienne, libanaise, irakienne, afghane, etc., ou bien les Alliés devraient-ils passer à l'action militaire directe ?

Le Général fait observer à M. Willkie que les forces qui se trouvent dans le Moyen-Orient sont des forces alliées et que les États en question ne possèdent pas de forces réelles qui leur soient propres. En tout cas, les troupes autochtones au Levant font partie des Forces Françaises.

Accepteriez-vous, dès lors, demande M. Willkie, que des forces britanniques et américaines viennent en Syrie et au Liban pour des fins militaires ?

Le général de Gaulle répond que non seulement ils les accueillerait volontiers, mais que c'est déjà chose faite depuis longtemps puisque des forces britanniques, qui ont été à un moment assez importantes, et, depuis peu, des forces aériennes américaines sont stationnées dans les États du Levant.

M. Willkie demande alors au général de Gaulle quel est le conflit qui l'oppose aux Britanniques.

Le général de Gaulle répond qu'il est d'ordre exclusivement politique. Tandis que le gouvernement britannique proteste toujours de ses bonnes intentions, les autorités anglaises locales s'emploient à saper la position de la France.

M. Willkie demande des précisions.

Le général de Gaulle répond que l'ingérence britannique est continuelle dans les affaires d'ordre politique et économique. Les Anglais s'immiscent dans nos relations avec les États de Syrie et du Liban et ils s'immiscent également dans les affaires intérieures de ces États.

M. Willkie demande des précisions supplémentaires ; le général de Gaulle lui donne les exemples récents du chemin de fer de Tripoli et des efforts faits par les Anglais pour aboutir à un condominium financier.

Cette attitude de la Grande-Bretagne, ajoute le général de Gaulle, crée un profond malaise parmi les populations du Levant.

M. Willkie demande si les Français de France ont conscience de ces difficultés.

Ils les connaissent parfaitement, répond le général de Gaulle, parce qu'ils savent que l'Orient est un terrain où, traditionnellement, les intérêts français et britanniques se sont opposés. Ceux qui sont partisans de Vichy déclarent : « Vous voyez bien, les Anglais s'emparent du Levant. Nous avions raison de vouloir le défendre contre eux l'année dernière. » La masse des patriotes, partisans du général de Gaulle, reproche de son côté aux Anglais de faire des difficultés à ce dernier. Enfin, la propagande allemande et celle de Vichy exploitent au maximum les événements actuels dans un sens qui nuit gravement au bon renom des Alliés.

Le général de Gaulle observe en outre que les Britanniques sont d'autant moins justifiés à s'ingérer, au Levant, dans nos affaires que celles-ci ne soulèvent aucune difficulté, que nos relations avec les populations et les gouvernements syrien et libanais sont excellentes et que la position de la France est très stable et très assurée. Le général de Gaulle vient de faire dans toute la Syrie et le Liban une tournée qui l'a convaincu du profond attachement des populations à la France.

M. Willkie demande s'il existe des éléments pro-axistes parmi les membres des gouvernements syrien et libanais.

Le général de Gaulle répond que dans des pays où les intrigues partisanes et les ambitions personnelles sont nombreuses, un danger comme celui-là aurait pu se produire si lui-même et le délégué général de la France n'avaient veillé et ne veillaient soigneusement à éviter toute infiltration de la cinquième colonne. Les Anglais, s'ils avaient pris en Irak ces précautions élémentaires, auraient évité, en 1941, le coup d'État de Rachid Ali[1] et ils éviteraient en Palestine les difficultés avec lesquelles ils sont aux prises actuellement. C'est pour ces mêmes raisons de sécurité que le Comité national a décidé d'ajourner les élections. Il est d'abord impossible, quand la menace ennemie est si proche, de permettre qu'à la faveur des campagnes électorales se développe une atmosphère d'agitation. Pour que des élections se fassent normalement, il faut en outre que soient remplies une série de conditions qui ne peuvent l'être actuellement : liberté de réunion, liberté de la presse, etc. C'est l'intention arrêtée du Comité national français d'organiser des élections dans les États du Levant aussitôt que ce sera possible. Mais ce ne le sera certainement pas cette année.

M. Willkie demande si les Britanniques insistent pour que les élections aient lieu prochainement et pourquoi.

Ils insistent, répond le général de Gaulle, parce qu'ils ont pris certains engagements à l'égard du monde arabe et qu'ils lui ont fait certaines promesses ; ils préfèrent que l'expérience soit tentée en Syrie et au Liban qui sont sous notre mandat.

Les Anglais espèrent également que si les élections ont lieu actuellement, en raison de la présence de leurs forces militaires et de leurs importantes distributions de fonds, ils auront des chances que soient élus des représentants qui leur soient acquis. Ce serait ainsi un moyen pour eux d'établir leur influence dans le pays. Le Général observe d'ailleurs que les Anglais commencent à comprendre que ces calculs leur apporteraient des déceptions. Mais c'est avant tout le principe de l'intervention des Anglais dans une affaire de ce genre que le général de Gaulle ne saurait admettre. Il considère que seul le Comité national français est juge, avec les gouvernements locaux, de l'opportunité d'organiser des élections en Syrie et au Liban, qu'il a en sa possession tous les éléments d'appréciation nécessaires et que c'est une question qui ne regarde pas les Britanniques.

M. Willkie déclare comprendre, à la lumière des explications du Général, quelle est sa position et il lui demande de quelle façon il suggère que soient améliorées les relations franco-britanniques dans le Proche-Orient.

Le général de Gaulle répond qu'il suffit d'appliquer les accords. En juillet 1941, à la suite d'une grave crise, lui-même et le ministre d'État au Caire, M. Oliver Lyttelton, ont conclu des accords qui donnaient satisfaction aux deux parties. Du côté français, ils sont fidèlement respectés. Les agents britanniques sur place ne les observent pas. Ils sont d'ailleurs encouragés en cela par les propres déclarations faites par le Premier ministre britannique à la Chambre des Communes, le 9 septembre 1941.

1. Rachid Ali Kilani, Premier ministre d'Irak, se range en mars 1941 aux côtés de l'Allemagne mais il est chassé par les Britanniques deux mois plus tard.

Le Premier ministre a dit que « les Anglais n'étaient pas entrés au Levant pour que les Français Libres prennent la place des Français de Vichy et qu'après la guerre, la France n'aurait pas au Levant la même situation qu'auparavant ».

Le général de Gaulle considère que ces déclarations sont fâcheuses.

M. Willkie demande au général de Gaulle s'il en conclut que les Britanniques nourrissent des ambitions sur certaines possessions françaises.

Le général de Gaulle répond que s'ils en nourrissaient, leur attitude ne serait pas différente.

« Et les Américains ? » demande M. Willkie.

Le général de Gaulle répond qu'il exprimera en toute franchise sa pensée à M. Willkie. Il estime qu'en ce qui concerne la Martinique, par exemple, si les Américains n'avaient aucune visée sur ces possessions françaises, ils n'auraient pas dû agir et ils ne devraient pas continuer à agir comme ils le font. Pourquoi se sont-ils toujours refusés à des échanges de vues et à des consultations sur une affaire française avec ceux qui, parmi les Alliés et dans le camp des démocraties, représentent la France ?

M. Willkie répond que les États-Unis n'ont aucune ambition territoriale, pas plus à la Martinique qu'ailleurs et que, d'ailleurs, ils ne décideraient pas une occupation, même temporaire et même à des fins purement militaires, des îles sinon en complet accord avec les populations qui s'y trouvent. M. Willkie rappelle au général de Gaulle qu'il a toujours éprouvé et manifesté les plus grandes sympathies pour les Français Libres et leur chef. Aussi est-il soucieux que ceux-ci conservent en Amérique la grande popularité et le prestige dont ils jouissent et il demande au général de Gaulle s'il ne craint pas que son attitude de grande intransigeance ne lui nuise parfois.

M. Willkie comprendra aisément, répond le général de Gaulle que, quelque prix qu'il attache à l'opinion américaine, il en attache un plus grand encore à l'opinion française. Or dans la grande crise morale et matérielle que traversent les Français, leur susceptibilité est beaucoup plus éveillée qu'en temps ordinaire ; elle est en quelque sorte à vif. Aussi sont-ils très sourcilleux sur le chapitre de la dignité nationale et ils ne sauraient comprendre que le général de Gaulle admette que les Alliés y portent atteinte. C'est donc également pour donner satisfaction aux intentions clairement exprimées des Français que le général de Gaulle se tient à l'attitude de fermeté qui est la sienne. On ne transige pas avec le mal, ajoute le général de Gaulle. Vous autres, Américains, qui êtes appelés à prendre dans cette guerre une part de plus en plus importante, vous comprenez parfaitement que les motifs d'ordre moral y jouent un rôle déterminant. D'un côté, il y a le bien et de l'autre côté le mal et, là-dessus, on ne saurait transiger sans dommage. D'un côté, il y a ceux qui combattent et de l'autre il y a ceux qui ne combattent pas. Le général de Gaulle n'a pas besoin d'insister, car il sait où vont les préférences de M. Willkie.

Avant de clore cet entretien, le général de Gaulle veut insister sur un point qu'il juge important. M. Willkie arrive dans le Moyen-Orient à un moment où les Anglais et les Français sont en discussion. Cela a pu se refléter dans l'ensemble des propos du général de Gaulle. Aussi tient-il à déclarer clairement que sur le plan général, il reste un allié sincère et loyal de la Grande-Bretagne et qu'il attache à l'alliance franco-britannique toute la valeur qu'elle mérite. Il est le premier à regretter que cette alliance, à laquelle les gouvernements sont sincèrement attachés, soit fréquemment compromise sur le plan local. La Grande-Bretagne révèle une fâcheuse inaptitude à accorder ses moyens d'exécution avec sa politique.

Le général de Gaulle observe que, pour sa part, il n'a jamais rien fait, bien au contraire, qui entrave l'effort de guerre des Alliés. C'est à eux seuls qu'incombe la responsabilité des difficultés qui les opposent parfois à la France Combattante. Le général de Gaulle devra-t-il rappeler qu'il est le seul chef français qui soit resté constamment fidèle à l'alliance avec la Grande-Bretagne ? Il a dû fréquemment faire preuve, depuis plus de deux ans, d'une immense patience à l'égard des Alliés. Il n'est point nécessaire que le général de Gaulle rappelle les nombreuses difficultés que ceux-ci lui ont faites dans le passé. M. Willkie les a certainement présentes à la mémoire.

M. Willkie insiste une fois de plus sur la très grande sympathie qu'il a toujours eue pour le général de Gaulle et pour son action et il déclare que, personnellement, il a toujours été hostile au maintien des relations diplomatiques de Washington avec Vichy.

L'entretien, qui s'est constamment déroulé sur le ton de la plus grande cordialité, prend fin.

Télégramme au général Leclerc et au gouverneur général Éboué, à Brazzaville

Beyrouth, 10 septembre 1942

Très secret

D'après certaines informations il serait possible qu'un sabotage soit tenté prochainement de l'extérieur sur le poste radio de Brazzaville.

Veuillez faire garder le poste de très près.

Le 10 septembre 1942, les Britanniques débarquent à Majunga (Madagascar) et annoncent leur volonté d'installer une « administration amie », qui dans leur esprit doit être la France Combattante. Le général de Gaulle décide alors de rentrer à Londres. Il y sera le 25 septembre, ayant auparavant effectué une visite des territoires d'Afrique française libre.

Télégramme[1] à René Pleven et à Maurice Dejean, à Londres

Beyrouth, 12 septembre 1942

Secret le plus absolu

Je vous ai adressé aujourd'hui le texte d'une communication de ma part à M. Eden[2].

Je ne suis pas certain que le désir pressant qu'a le gouvernement britannique de me voir venir à Londres soit uniquement inspiré par son intention d'arranger l'affaire du Levant et de régler celle de Madagascar. Il y a probablement sous roche quelque grand projet pour lequel nos alliés préféreraient m'avoir auprès d'eux moins pour me consulter que pour me contrôler dans la mesure du possible. Cependant, je ne peux pas penser que la bonne intention manifestée par M. Eden en ce qui concerne le Levant et Madagascar soit une simple manœuvre.

Comme il s'agit de questions capitales, je ne crois pas pouvoir refuser de me rendre à Londres pour les traiter. Toutefois, je ne m'y rendrai qu'après être passé en AFL. J'envisage d'être à Fort-Lamy le 14 septembre, puis Douala, Libreville, Pointe-Noire, Brazzaville. Je compte ensuite retourner au Caire pour renouer avec Casey et voir Alexander. Je partirai alors du Caire directement pour Londres.

Naturellement, il peut se faire que les événements m'amènent à changer mes projets.

Je compte demander au général Legentilhomme de se rendre à Madagascar comme commissaire national en mission pour tout mettre en place. Dans mon esprit, Pechkoff lui serait adjoint. Il aurait à sa disposition un détachement prélevé en AFL (un bataillon, quelques éléments d'artillerie et de transmission, quelques cadres) plus un ou deux navires de guerre à désigner par l'amiral Auboyneau.

Il conviendrait d'obtenir le transport immédiat du détachement en Afrique du Sud pour ne pas perdre de temps.

Je prie le général Legentilhomme de réunir tout de suite des informations que l'Intelligence britannique a certainement accumulées sur les gens et les choses à Madagascar et qu'elle nous a soigneusement cachées depuis plus d'un an. Je prie Pleven lui-même de préparer un noyau d'administrateurs pour parer aux défaillances locales.

1. Une partie de ce télégramme a déjà été publiée dans les *Mémoires de guerre*, t. II, p. 370 et 371.
2. Voir *Mémoires de guerre*, t. II, p. 370.

Au cas où il y aurait urgence, le général Legentilhomme partirait sans attendre mon arrivée à Londres. Il faudra qu'il soit transporté à Madagascar par avion d'Air France Libre, ce qui est facile à arranger.

Ordre aux Forces françaises combattantes en Orient

Beyrouth, 12 septembre 1942

Quittant le Levant, j'adresse à nos forces terrestres, navales et aériennes en Orient l'expression de ma satisfaction et de ma confiance.

Je salue leurs drapeaux et étendards. Sous les ordres du général d'armée Catroux, commandant en chef, ces forces n'ont cessé de bien servir la France dans la plus grande guerre de l'Histoire.

Depuis un an, les unes se sont couvertes de gloire dans la dure bataille du Désert.

Les autres assurent la défense immédiate de la Syrie et du Liban et brûlent de se mesurer avec l'ennemi.

Les unes et les autres ont réalisé, par l'organisation, l'instruction et la discipline, des progrès que j'ai constatés et qui les rendent capables de tous les succès et de tous les sacrifices.

Le proche avenir sera dur. Mais déjà le sort a choisi.

Refaites à mesure de la libération, marchant jusqu'au bout côte à côte avec nos braves et fidèles alliés, une fois de plus les armées françaises emporteront la victoire.

Télégramme à Jacques Soustelle, à Londres

Beyrouth, 13 septembre 1942

À propos de l'allocution radiodiffusée de André Philip du 11 septembre, je vous signale que la dépêche envoyée ici par l'AFI a délibérément tronqué le texte de Philip. En particulier la partie de l'allocution où il a si justement condamné l'ancien parlement est complètement omise dans la dépêche.

Tout dans cette dépêche a cette fausse apparence que Philip glorifie Jeanneney et Herriot[1] sans aucune réserve, ce qui produit ici une impression fâcheuse.

Ceci illustre une fois de plus ce que je disais dans mon télégramme du 4 septembre auquel vous avez répondu par votre télégramme n° 8354b. Il est grand temps d'éclaircir une bonne fois la situation.

1. Respectivement président du Sénat et président de l'Assemblée nationale. Ils ont adressé une lettre de protestation au maréchal Pétain après la suspension de l'activité des bureaux des deux assemblées, le 25 août 1942.

À Alfred Naccache[1], à Beyrouth

Beyrouth, 13 septembre 1942

Monsieur le Président,

Je ne saurais manquer, en quittant le Liban, d'exprimer à Votre Excellence l'impression profonde que me laisse le séjour que je viens d'y accomplir.

J'ai vu le Liban indépendant, sous la haute direction de Votre Excellence et de son gouvernement, parfaitement calme, laborieux, confiant en lui-même et en la France, sa fidèle alliée, assuré que cette guerre, dont il subit directement la menace et les épreuves, se terminera par la victoire des Nations unies dans la lutte pour le droit et la liberté.

D'autre part, j'ai recueilli de la part de Votre Excellence elle-même, du gouvernement de la République libanaise, des autorités et des populations, d'innombrables témoignages de confiante amitié qui constituent, pour le peuple français, engagé dans la lutte la plus dure de son Histoire, un réconfort particulièrement précieux et qui ne sera pas oublié.

Je vous prie de bien vouloir agréer, monsieur le Président, les assurances de ma haute considération et l'expression de mes sentiments sincèrement dévoués.

Au général Catroux, à Beyrouth

Beyrouth, 13 septembre 1942

Mon cher général,

Je désire, en quittant le Levant, vous exprimer ma haute satisfaction pour l'œuvre que vous y avez accomplie depuis que vous avez assumé les fonctions de délégué général et plénipotentiaire de France et celles de commandant en chef.

Malgré les grandes difficultés résultant de la guerre, des conditions particulières dans lesquelles se trouvent actuellement la Syrie et le Liban et du changement du régime de ces États en raison de l'indépendance que la France leur a accordée en vertu et dans le cadre de son mandat, c'est un fait que les deux États se trouvent, avec le concours de votre expérience et l'appui de votre autorité, dans une situation satisfaisante à tous points de vue. C'est un fait que les rapports sont très bons entre les représentants de la France et les gouvernements des Républiques syrienne et libanaise. C'est un fait que la coopération de la France et de ses alliés sur le théâtre de l'Orient donne les résultats les plus utiles à l'effort commun.

1. Président de la République libanaise.

C'est un fait, enfin, que le prestige de la France au Levant et le confiant attachement des autorités et des populations syriennes et libanaises à son égard sont plus assurés que jamais. J'ai eu la grande satisfaction d'en faire moi-même la constatation.

D'autre part, j'ai trouvé toutes les forces terrestres, navales et aériennes sous vos ordres en excellent état matériel et moral, prêtes à toutes les missions et résolues à ajouter d'autres gloires à celles qu'elles ont déjà conquises à nos drapeaux.

Vos efforts et ceux de tous vos subordonnés constituent un élément capital dans la guerre que nous menons pour le salut et la grandeur de la patrie et de l'Empire.

Je suis persuadé que tous vos collègues du Comité national ne manqueront pas de s'associer au témoignage que je suis heureux de vous donner.

Je vous prie d'agréer, mon cher général, l'expression de mes sentiments les meilleurs et les plus dévoués.

Télégramme à Maurice Dejean et au professeur Cassin, à Londres

[Parti de] Beyrouth, le 14 septembre 1942

J'approuve dans l'ensemble le projet de protestation à notifier aux gouvernements alliés et concernant le service militaire des Alsaciens et des Lorrains dans l'armée ennemie.

Toutefois, je vous demande de ne pas écrire Alsace-Lorraine mais Alsace et Lorraine ; de même Alsacien et Lorrain est à substituer à Alsacien-Lorrain.

Elsass-Lothringen a été inventé par l'Allemagne en 1870 et n'est pas conforme à la terminologie traditionnelle française.

Le 13 septembre 1942, par un vol sans escale, le général de Gaulle s'est rendu de Damas à Fort-Lamy. Jusqu'au 23 septembre il parcourt l'Afrique française libre, se rendant notamment à Faya, Zouar, Fada, Yaoundé, Douala, Libreville, Pointe-Noire, Brazzaville, où il reste plusieurs jours, et Bangui.

Télégramme à René Pleven et à Maurice Dejean, à Londres

Douala, 17 septembre 1942

Secret

Casey me fait dire par le consul britannique à Douala qu'il tient à ma disposition un avion à partir de lundi prochain. Ceci signifie que du côté britannique on ne veut pas négocier au Caire après l'avoir tant demandé. À la réflexion, je préfère cette situation nette et je me rendrai donc en Angleterre, par Lagos.

Ici comme en Syrie, l'affaire de Madagascar, combinée avec celle du Levant, soulève une émotion profonde. J'ai vu tous les Français fonctionnaires, militaires, colons, etc. Tous me demandent anxieusement pourquoi nous n'avons pas déjà pris l'administration de l'île, et pourquoi nous n'y avons même pas de représentant. Il est évident qu'éventuellement le fait pour l'Angleterre de ne pas exécuter ses engagements susciterait parmi nos coloniaux ainsi que les indigènes une indignation grave et générale. Il est clair aussi, que tous, je dis tous, sont prêts à faire bloc derrière nous, quoi qu'il arrive, du moment qu'il s'agit de l'Empire français. Il est également clair que nous perdrions toute autorité si nous nous accommodions d'une mainmise britannique même plus ou moins déguisée. Je n'ai jamais senti cela plus profondément qu'au cours de mon inspection actuelle. Il est nécessaire que le gouvernement britannique soit nettement averti de cela avant mon arrivée à Londres.

Je vous prie, d'autre part, de préparer un mémorandum sur l'ensemble des comportements britanniques à notre égard, ce mémorandum étant destiné à éclairer les autres alliés si nos prochaines négociations nous conduisaient à une opposition avec l'Angleterre.

Télégrammes à René Pleven et à Maurice Dejean, à Londres

Brazzaville, 19 septembre 1942

Je réponds à votre télégramme n° 672.

Je ne vous vois pas du tout dans le même état d'esprit que moi en ce qui concerne le Levant et Madagascar.

L'Angleterre a pris des engagements. Elle doit les tenir et elle ne les tient pas.

L'obligation de l'Angleterre existe quelle que soit la date de mon voyage à Londres. Il est simplement monstrueux que Churchill et Eden paraissent révoquer leurs engagements sous prétexte que je ne serais pas accouru auprès d'eux au coup de sifflet. Si l'Angleterre n'exécute pas ses engagements, nous n'avons ni le goût ni le droit de rester en relations avec elle. Je regrette que vous ne puissiez voir, comme je le vois, l'irritation et l'inquiétude grave de toutes nos colonies.

La position que vous devez prendre vis-à-vis du gouvernement britannique avant mon arrivée à Londres n'est pas du tout celle de quelqu'un qui ne souhaite rien sinon que la chose s'arrange.

Il s'agit au contraire de bien éclairer le gouvernement britannique sur la réalité.

Voici cette réalité :

Ou bien l'Angleterre fera ce à quoi elle s'est engagée envers nous, ou bien notre coopération dans la guerre sera forcément terminée.

Brazzaville, 19 septembre 1942

Secret

Je réponds à votre télégramme n° 644 relatif à une conversation de Tixier avec Halifax[1].

Je vous prie de faire entendre ce qui suit au Foreign Office et de le dire à Tixier pour qu'il le répète à lord Halifax :

1. Rien ne peut être plus défavorable aux relations franco-britanniques que cette sorte de chantage de Londres en ce qui concerne nos relations avec Washington.

2. L'alliance de la France est une chose désirable et même nécessaire pour les nations qui se disent amies. Le fait d'exclure de l'alliance en droit et en fait la France Combattante peut nuire à la France, mais nuit et nuira pour le moins autant aux nations qui se disent amies.

En ce qui nous concerne nous-mêmes, je répète que nous ne devons pas nous placer dans l'éternelle position de quémandeurs qui demandent la permission d'entrer.

La France n'est pas un candidat poli qui passe un examen. Nous n'avons rien à attendre que de nous-mêmes. C'est à nous de nous imposer par nos actes et par la défense irréductible de tout ce qui est à la France. Après quoi, ce sont les autres qui viendront nous chercher.

En tout cas, je vous prie de mettre définitivement un terme à la série des démarches concernant soit la reconnaissance du Comité national, soit l'accession au pacte des nations qui se disent unies.

Ces démarches nous gênent et ne nous grandissent pas.

Nous avons des demandes ou propositions à recevoir. Nous n'en avons aucune à faire.

Télégramme au général Valin, à Londres

Brazzaville, 19 septembre 1942

Secret

Je réponds à votre télégramme n° 8721b/Air au sujet de la compagnie de parachutistes d'Orient.

1. Ne passant plus par Le Caire, je ne verrai pas Tedder.

2. Dites de ma part à l'Air Ministry britannique que la compagnie de parachutistes française n'a pas été placée à la disposition tactique du commandement britannique en Orient par un décret original de la Providence,

1. Ambassadeur britannique à Washington.

mais par un ordre de moi. Je juge nécessaire de reprendre cette compagnie. Voilà tout. Si les Anglais refusent de l'admettre en Grande-Bretagne, cette compagnie ira en Russie ou en AFL.

Vous devez profiter de l'occasion pour faire sentir à vos interlocuteurs ce qu'il y a d'intolérable dans leur attitude, étant donné en particulier les exploits accomplis par la compagnie de parachutistes et les pertes qu'elle a subies sans que les Britanniques en aient jamais parlé.

Au maréchal Smuts[1], à Pretoria

Brazzaville, 22 septembre 1942

Mon cher Premier Ministre et Field Marshall,

Je vous remercie très sincèrement de votre lettre. Je n'ai pas manqué de noter l'appréciation que vous voulez bien formuler au sujet des divergences présentes entre le gouvernement britannique et le Comité national français. L'avis d'un homme tel que vous, qui dirige si magnifiquement son pays au milieu de tant d'obstacles, m'est naturellement des plus précieux.

Je ne crois pas qu'il me soit nécessaire de dire qu'aucun Français n'est plus convaincu que moi-même de la nécessité de maintenir l'alliance franco-britannique. Cette alliance est, à mon avis, une condition indispensable de la victoire des nations libres et ensuite de la paix du monde.

C'est pourquoi, depuis juin 1940, j'ai cru pouvoir et devoir faire confiance à l'Angleterre et – j'ajoute – à M. Winston Churchill personnellement. Il m'a semblé que c'était la dernière et la plus importante occasion de faire la preuve que, malgré tous les malentendus du passé et en dépit de la situation terrible où se trouvait mon pays, l'alliance de la France et de l'Angleterre demeurait possible. L'épreuve est décisive. Si elle réussit, je crois que l'on peut espérer beaucoup pour le présent et pour l'avenir de l'union de ces deux vieux et grands peuples.

Toutefois, je pense que le maintien de l'alliance implique le respect complet et réciproque de ce qui appartient à chacun. En ce qui concerne les droits et intérêts de la France, il est d'autant plus nécessaire que la Grande-Bretagne fasse preuve d'un scrupule rigoureux, que les rivalités d'autrefois et les déceptions récentes ont créé dans le peuple français un état d'esprit ultrasensible. Cela est vrai pour toutes les catégories de la nation française, même pour celles qui demeurent les plus fidèles à l'idée de l'alliance, en particulier pour les Français Combattants.

J'ajoute que les Français Combattants portent devant leur pays et devant le monde la responsabilité des intérêts nationaux vis-à-vis de leurs alliés. C'est une chose que les chancelleries peuvent mettre en doute,

1. Premier ministre d'Afrique du Sud.

mais que le bon sens et le sentiment ne sauraient discuter. Lorsqu'un bien ou un droit de la France paraît faire l'objet d'un empiétement étranger, les Français Combattants en sont profondément blessés. Je parle naturellement des Français Combattants et non de quelques émigrés, plus ou moins utilisés et payés par les gouvernements anglo-saxons, qui ne représentent rien qu'eux-mêmes et qui sont toujours prêts à acclamer leurs maîtres.

Or c'est un fait qu'en ce moment même la Grande-Bretagne procède au moins en deux points du monde, le Levant et Madagascar, d'une manière qui trouble et inquiète profondément les Français. J'ai été amené à constater moi-même en Syrie et au Liban que, malgré les accords que le Comité national français a conclus avec le gouvernement de Londres, l'action britannique sur place tend à introduire le contrôle et l'autorité britanniques au détriment du contrôle et de l'autorité français. Il en résulte, d'ailleurs, un état de rivalité extrêmement fâcheux pour la conduite même de la guerre en Orient.

Quant à Madagascar, les faits sont les suivants. Ayant, depuis octobre 1941, proposé à plusieurs reprises au gouvernement britannique de rallier moi-même Madagascar avec l'appui anglais, je n'ai jamais reçu que des réponses évasives jusqu'au jour où les Anglais attaquèrent Diégo-Suarez sans m'en avoir aucunement averti. Par la suite, le gouvernement britannique s'est engagé à faire en sorte que le Comité national français joue à Madagascar le rôle qui lui revient. À mes yeux, ce rôle ne peut être que d'y exercer la souveraineté française, d'y assurer l'administration et de faire rentrer dans la guerre toutes les ressources de cette colonie française. Cependant, les Britanniques négociaient en même temps avec Vichy en vue d'obtenir le contrôle militaire de l'île moyennant le maintien de l'administration de Vichy. Cette négociation n'ayant, évidemment, abouti à rien et le moment étant venu pour les Anglais de marcher sur Tananarive[1] et de réaliser leurs engagements vis-à-vis du Comité national français, ils disent que tout est remis en cause sous prétexte de mon attitude à l'égard de leurs empiétements au Levant.

Je ne conteste pas que l'attitude britannique au Levant et à Madagascar puisse procéder de l'action de certaines équipes britanniques locales plutôt que des intentions générales du gouvernement de Londres. Il y a à l'œuvre, en Orient, une certaine catégorie d'agents, de fonctionnaires et de militaires anglais qui, pendant toute leur carrière, y ont joué le jeu de la rivalité avec la France et qui, apparemment, ne se sont pas renouvelés. De même, l'affaire de Madagascar a été en grande partie menée par des gens d'Afrique orientale qui ne semblent pas avoir tout à fait oublié l'époque de Fachoda. Ici même et en Afrique occidentale, je

1. Les Britanniques entreront à Tananarive le lendemain, 23 septembre 1942.

trouve les traces discrètes d'une action britannique qui rappelle les vieilles luttes d'influence.

Je ne puis vous cacher que si, du point de vue national français, ces divers efforts me paraissent incompatibles avec la coopération, ils me semblent, du simple point de vue de l'esprit, injustifiables dans la guerre gigantesque que nous menons pour la vie de nos patries et pour la liberté du monde.

Ayant terminé mon inspection dans les États du Levant sous mandat français et en Afrique Française Libre et ayant vu les troupes françaises aussi bien en Égypte qu'en Syrie et au Liban et sur le front français du Tchad, je vais me rendre à Londres comme m'y a invité M. Winston Churchill pour tenter de régler avec le gouvernement britannique ces diverses difficultés. Comme vous-même, j'ai l'espoir qu'il sera possible d'arriver à une solution satisfaisante. En tout cas, j'ai conscience d'avoir tout fait pour permettre à l'alliance franco-britannique de se maintenir et de se développer jusqu'à la victoire contre l'ennemi commun et dans l'intérêt du monde tout entier.

Je confie cette lettre au colonel Pechkoff dont je suis heureux de constater qu'il a eu le bonheur d'obtenir votre confiance.

Je vous prie de croire, mon cher Premier Ministre, à ma considération la plus haute et la plus distinguée.

Au général Leclerc, à Brazzaville

Brazzaville, 22 septembre 1942

Mon cher général,

J'ai été extrêmement satisfait de mon inspection des forces sous vos ordres.

Je salue leurs drapeaux.

Tant en ce qui concerne les facteurs matériels que la valeur morale, tous les éléments des armées de terre, de mer et de l'air qui servent en Afrique-Équatoriale et au Cameroun sont, sans aucun doute, prêts à accomplir toutes les missions qui leur seront confiées, comme certains d'entre eux l'ont déjà fait glorieusement à Koufra et au Fezzan.

L'ennemi n'a pas fini de connaître ce que vaut l'armée coloniale française.

Je vous prie de transmettre l'expression de mon entière confiance à toutes les forces terrestres, navales et aériennes de l'Afrique Française Libre et à leurs chefs.

Croyez, mon cher général, à mes sentiments affectueusement dévoués.

Instruction générale et secrète au général Leclerc, à Brazzaville

Brazzaville, 22 septembre 1942

Très secret

J'ai l'honneur de vous préciser ci-après mes intentions en ce qui concerne le rôle à jouer par les forces françaises en Afrique Française Libre au cours de la plus prochaine période de la guerre. Il vous appartient de prendre, dès à présent, toutes dispositions pour mettre les forces sous vos ordres en mesure de les réaliser.

1. Il demeure à tout moment possible que des actions offensives soient menées contre le Tchad, soit par les forces ennemies de la Libye du Sud, soit par les forces de Vichy du Niger, soit concurremment par les unes et par les autres. Poursuivre l'organisation défensive de tous les postes, en particulier contre un adversaire venant de l'air, et, d'autre part, disposer d'éléments de découverte et de manœuvre aussi complets et rapides que possible, prévoir et préparer leurs actions éventuelles constituent donc des nécessités permanentes qui ne doivent jamais être perdues de vue.

Il en est de même de la surveillance et de la mise en état de défense des côtes, en particulier, des ports de Douala, Pointe-Noire, Libreville et Port-Gentil contre un adversaire naval et aérien.

2. Toutefois, c'est, avant tout, en vue de l'offensive que doivent être préparées et disposées les forces de l'Afrique Française Libre. Je prévois, à cet égard, trois opérations différentes correspondant à autant d'hypothèses et citées ci-après par ordre d'urgence :

a. Ralliement du Niger, avec comme premier objectif Zinder, soit en combinaison avec des opérations alliées en Afrique-Occidentale Française, soit indépendamment de telles opérations. Ultérieurement, le ralliement du Niger pourrait vous conduire à des actions plus étendues vers Niamey.

b. Offensive en Libye du Sud, en vue d'occuper d'abord la région du Fezzan avec exploitation éventuelle, soit vers Tripoli, soit vers Ghadamès, en combinaison avec des opérations alliées en Cyrénaïque et en Tripolitaine.

c. Participation des forces de l'Afrique Française Libre à des opérations alliées en territoire métropolitain français, le premier échelon à prévoir devant comporter une brigade motorisée comprenant :

1 groupe de reconnaissance,
3 bataillons,
1 groupe d'artillerie à 2 batteries,
1 détachement de transmissions,
1 compagnie de transport,
des services.

3. L'ordre d'urgence de ces trois opérations signifie que les forces de l'Afrique Française Libre doivent être préparées et disposées en vue d'exécuter la première dans le moindre délai possible, sans exclure la possibilité d'avoir à exécuter la seconde, la troisième quoique dans un délai naturellement plus étendu.

Pour fixer les idées, j'envisage que la première opération doit pouvoir se déclencher à partir du 15 octobre avec préavis de dix jours, la seconde à partir du 15 décembre avec préavis de quarante jours, la troisième (commencement du transport par mer des éléments), à partir du 15 janvier avec préavis de quarante jours.

4. La première de ces opérations peut impliquer une combinaison avec l'action des forces britanniques d'Afrique occidentale. La seconde implique nécessairement une coopération avec les forces alliées d'Orient. Toutefois, cette combinaison ou cette coopération ne doit vous conduire, en aucun cas, à une subordination par rapport à un échelon quelconque d'un commandement militaire étranger.

Quant à la présence et à la coopération sur le territoire de l'Afrique Française Libre de forces étrangères, elles ne peuvent être acceptées par vous que sous réserve de mon autorisation, sauf dans le cas d'extrême urgence, pour des éléments d'aviation.

En tout cas, toutes les forces alliées qui auraient accès au territoire de l'AFL doivent être placées sous votre commandement au point de vue de leur emploi tactique.

Au général Georges Catroux

Brazzaville, 22 septembre 1942

Mon cher général,

Je quitte Brazzaville demain matin par Lagos et l'Angleterre. Très au regret de ne pas vous revoir au Caire. Les Anglais ont envoyé un avion pour moi à Bathurst après divers contrordres. Ils sont très pressés de me revoir à Londres.

Je le suis, d'ailleurs, également. Il faut ou bien éclaircir décidément nos rapports avec eux, ou bien renoncer à leurs relations. Leur attitude à Madagascar est des plus suspectes. J'en ai recueilli des preuves frappantes. Mais, voyons l'affaire dans son ensemble, je ne crois pas qu'ils puissent aller très loin vis-à-vis de nous. Ils feraient en France et dans le monde un scandale tel qu'ils reculeront.

À condition, toutefois, que nous ne fléchissions pas nous-mêmes, et c'est pourquoi je suis décidé à vider l'abcès à fond et à aller jusqu'au bout. *Aidez-moi, quoi qu'il arrive !*

Ici tout va très bien. Il y a quelques morsures locales – question de personnes – mais cela tient parfaitement. Les troupes sont très belles, surtout celles du Tchad. Les compagnies de découvertes, les compagnies portées, les sections d'artillerie tractées en particulier sont une vraie force.

Au revoir, mon général ! Nous en sortirons, je voudrais tant que ce soit glorieusement ! Tous mes hommages respectueux à Mme Catroux. Merci de votre attitude au Levant. Croyez à mes fidèles et dévouées amitiés.

J'envoie Laferrière à Londres. Il demande à servir sans conditions !

Le 28 septembre 1942, le gouvernement soviétique reconnaît la France Combattante et son organe directeur : le Comité national français.

À Ivan Maisky[1], à Londres

Londres, 28 septembre 1942

Monsieur l'Ambassadeur,

Je vous adresse mes vives félicitations pour la haute distinction qui vous est décernée par le chef du gouvernement soviétique.

Il m'est agréable de le faire au moment où se resserrent encore les liens d'amitié qui unissent le gouvernement soviétique et le Comité national français. Je n'oublie pas que la France Combattante a trouvé en vous, dès l'origine, un témoin compréhensif et agissant.

Croyez, monsieur l'Ambassadeur, à l'assurance de ma haute considération.

À Harold Nicolson[2], à Londres

Londres, 28 septembre 1942

Cher monsieur Nicolson,

Arrivant d'Orient et d'Afrique, je viens seulement de lire l'article que vous avez publié dans la revue *Spectator*.

Je voudrais que vous sachiez combien cela m'a touché. Il est émouvant et réconfortant pour moi qu'un Anglais aussi qualifié que vous ait discerné si exactement l'état d'esprit véritable du Français qui vous écrit cette lettre.

Vous savez, mieux que personne, combien de malentendus psychologiques ont contribué, des deux côtés, et depuis l'origine, à contrarier l'alliance de nos deux pays. Et cependant, cette alliance n'est-elle pas, plus que jamais, malgré tout ce qui est arrivé, la plus claire nécessité du

1. Ambassadeur d'Union soviétique.
2. Député à la Chambre des communes.

monde ? Je souhaite que ce soit mon bonheur d'avoir tout fait – et par des actes – pour la maintenir malgré beaucoup de difficultés.

Voilà pourquoi je pense que vous avez raison et je vous remercie de porter la lumière sur ce qui doit être éclairé.

Croyez, cher monsieur Nicolson, à mes sentiments sincèrement dévoués.

Télégramme au général Catroux, à Beyrouth

Londres, 28 septembre 1942

J'ai reçu votre télégramme n° 1289/CH au sujet des menaces adressées à M. Naccache par la représentation britannique à Beyrouth.

Je demande sans délai des explications au gouvernement britannique. Toutefois je suis convaincu qu'il s'agit d'un bluff personnel de Spears. Je vous prie de dire de ma part au président Naccache qu'il ne se laisse pas intimider et que le Comité national français le soutiendra à fond.

Je verrai Churchill demain mardi et j'ai l'espoir raisonné que les affaires du Levant et celles de Madagascar vont prendre bonne tournure[1].

Minutes[2] d'un entretien avec le Premier ministre britannique au 10, Downing Street, à Londres

29 septembre 1942

Étaient présents :
du côté britannique : Mr. Winston Churchill,
Mr. Eden,
Mr. Morton[3],
un interprète.
du côté français : le général de Gaulle,
M. René Pleven.

Le Premier ministre ouvre la conversation en disant au général de Gaulle qu'il lui est reconnaissant d'avoir accepté de rentrer à Londres pour discuter les affaires de Syrie, qui sont allées de mal en pis pendant le séjour du Général en Syrie. Il regrette que ces difficultés se soient élevées ; lui-même, le Premier ministre, avait demandé au Général avant son départ de chercher à les éviter. Il apparaît que le Général n'a pas été

1. Le général de Gaulle, accompagné de Pleven, rencontre Churchill, Eden et Morton le 29 septembre. Leur conversation, qui porte sur le Levant et Madagascar, constate leur désaccord. Elle sera suivie de plusieurs semaines de tension entre le gouvernement britannique et le Comité national français.

2. Ces minutes portent les mentions : « Exemplaire du général de Gaulle, copies à MM. René Pleven et Maurice Dejean » (directeur des affaires politiques de la France Libre).

3. Major Morton, chef du cabinet de Winston Churchill.

en mesure d'empêcher ces difficultés de se produire et ceci montre qu'il est indispensable d'en venir maintenant à un accord bien défini.

Le Général répond qu'il s'attendait en partant pour le Proche-Orient à trouver une situation difficile. Elle l'était en réalité au-delà de son attente. Ce qui a inquiété le Général c'était moins les faits eux-mêmes, bien que ces faits fussent importants, que l'atmosphère générale qu'ils créaient, l'effet qu'ils produisaient sur l'opinion publique et les conséquences qui en résultaient sur les bonnes relations entre Français et Anglais, bonnes relations qu'il était anxieux de protéger. Il se créait l'impression d'une rivalité franco-britannique.

Mr. Churchill répond qu'il n'y a pas de rivalité anglo-française en Syrie. La Grande-Bretagne n'a pas d'autres aspirations que celles de gagner la guerre et de protéger les intérêts commerciaux qu'elle pouvait avoir dans ces régions avant la guerre, intérêts qui ne sont d'ailleurs pas extrêmement importants. Mais il y a des engagements pris à l'égard du peuple syrien, engagements pris avec l'assentiment du général Catroux. Le Premier ministre entend que ces engagements soient respectés à la fois dans la lettre et dans l'esprit. Il ne peut pas admettre que la situation militaire puisse être mise en danger par le fait que ces engagements ne seraient pas exécutés.

Le général de Gaulle répond que la France a des obligations particulières vis-à-vis de la Syrie et du Liban. Elle est prête à concerter sa politique avec celle de la Grande-Bretagne, dont elle reconnaît la responsabilité prépondérante à l'heure actuelle dans le Proche-Orient, mais les responsabilités que la France détient comme mandataire ne peuvent pas être partagées. Le général de Gaulle demande au Premier ministre s'il peut citer aucune indication que la France combattante ne respecte pas l'indépendance du Liban et de la Syrie. En revanche, lui peut citer au Premier ministre des cas d'intervention du représentant britannique à l'égard du gouvernement libanais qui sont absolument contraires à l'indépendance. Il donne comme exemple que lorsque M. Naccache a voulu introduire dans son gouvernement un représentant du Liban Sud, le représentant britannique a fait pression sur lui pour l'empêcher de procéder à cette désignation et tout récemment encore parce que dans une conversation privée avec M. Wilkie, M. Naccache avait raconté à M. Wilkie qu'il avait entendu dire que deux officiers britanniques avaient été expulsés par les autorités anglaises pour propos favorables à l'Axe, le représentant britannique avait pris une attitude complètement disproportionnée avec la gravité de l'incident sans tenir compte de ce que, peut-être, M. Naccache avait été mal informé.

Le Premier ministre répond qu'il n'a pas entendu parler de ces incidents et qu'il y a une mesure immédiate qui peut être prise pour faire une étape de plus sur le chemin de l'indépendance complète. Cette mesure consiste à faire des élections, qui sont demandées par l'opinion publique et grâce auxquelles la Grande-Bretagne cesserait d'avoir à redouter une insurrection en Syrie qui nuirait à la situation militaire. Le Premier ministre a annoncé en son temps à la Chambre des communes qu'il y aurait des élections et il tient à ce que ces élections aient lieu.

Le général de Gaulle répond qu'il revient de Beyrouth et de Damas et qu'aucun pays n'est plus calme que le Liban et la Syrie. Il est d'accord qu'il faudra des élections. Des élections sont nécessaires mais pour que ces élections signifient quelque chose, il faut que ce soient des élections loyales. Des élections loyales ne peuvent être faites dans la situation militaire actuelle avec les Allemands au Caucase et à la porte d'Alexandrie. Pour des élections loyales il faut la possibilité de tenir librement des réunions, la liberté de presse, la liberté de parole – toutes choses qui ne pourraient être accordées actuellement sans risque de troubler l'ordre et par conséquent sans nuire à la sécurité militaire. Les populations le comprennent fort bien et ne réclament pas des élections en ce moment. Les gouvernements non plus. Les représentants de la France ne prendront donc pas la responsabilité d'ouvrir une agitation électorale à l'heure actuelle, et les gouvernements non plus. Ils démissionneront plutôt et c'est alors qu'il y aurait crise. Ces vues sont d'ailleurs partagées par le général Wilson.

Le Premier ministre dit que puisqu'il semble qu'il y ait désaccord complet sur des élections, autant passer à une autre question. Le Général a demandé à Mr. Casey que le commandement militaire en Syrie soit confié aux autorités françaises. Ceci ne peut être accepté par les Britanniques, étant donné l'énorme responsabilité qui est la leur dans le Proche-Orient dans les circonstances présentes.

Mr. Casey a répondu dans ce sens au Général en réfutant la demande qu'il avait faite. Il n'y a pas eu de réponse du Général à cette lettre de Mr. Casey ; le gouvernement britannique peut-il en conclure qu'il abandonne sa demande ?

Le Général rappelle l'accord de 1941. Cet accord reconnaît que le commandement suprême dans le Proche-Orient appartient aux Britanniques, mais il prévoit qu'à l'intérieur de chaque zone le commandement est exercé par le côté qui dispose de la supériorité des forces. À l'heure actuelle les troupes britanniques en Syrie sont réduites à une brigade de Gurkhas et quelques unités. Mr. Casey a répondu en comptant dans les effectifs britanniques des pionniers qui ne peuvent être considérés comme des forces britanniques. Toutefois, le général de Gaulle a donné instruction au général Catroux de s'entendre directement avec le général Alexander, car la question à laquelle il attache le plus d'importance est celle du commandement des unités françaises, qui au lieu d'être éparpillées devraient être rassemblées sous un commandement français unique.

Le Premier ministre dit que le gouvernement britannique n'accepte pas le transfert du commandement militaire en Syrie. À la suite de cette observation le Général fait la déclaration suivante : « Les Français combattants exercent les droits de la France en Syrie, qui est la puissance mandataire. »

Le Premier ministre britannique dit : « Nous voulons des élections, donc il doit y avoir des élections. »

Le Général a soulevé la question du commandement en se fondant sur les stipulations de l'accord Lyttelton-de Gaulle.

Le Premier ministre dit : « Le commandement doit rester anglais. »

« Si c'est là l'attitude britannique, à quoi bon discuter ? »

Le Premier ministre de son côté constate que la discussion des questions de Syrie ne paraît permettre de faire aucun progrès et qu'il ne reste plus qu'à constater le complet désaccord.

Mr. Eden intervient à ce moment pour dire que les Français présentent sans cesse des plaintes à propos d'ingérences britanniques dans l'administration des États du Levant. Il tient à faire remarquer que ce que nous appelons des ingérences est dû à des considérations purement techniques. Les Britanniques sont responsables des mesures à prendre pour le ravitaillement, les transports maritimes, la politique monétaire dans la partie du monde où se trouve la Syrie. Il est donc fatal qu'il y ait des échanges de vues continuels sur des questions pratiques et il estime qu'il devrait y avoir un échange de lettres prévoyant ces arrangements.

Le Général répond qu'il reconnaît pleinement la prépondérance du gouvernement britannique dans tout ce théâtre d'opérations et qu'il souhaite une vraie collaboration, mais il ne peut y avoir continuellement des ultimatums.

M. Pleven fait remarquer à Mr. Eden que sur le plan technique, notamment sur les problèmes monétaires, financiers et d'approvisionnement, il y a toujours eu accord complet entre les services du Comité national et les Départements britanniques compétents.

Le Premier ministre lui répond que les difficultés viennent en fait du souci de prestige, à son avis excessif, du Général.

Le Général répond qu'il ne voit pas de difficultés impossibles à surmonter. Il y a en Syrie le point de vue français – que la France comme mandataire a une responsabilité exclusive vis-à-vis des États du Levant – et le point de vue britannique, qui entend garder la haute main sur tout ce qui concerne le Proche-Orient, étant donné sa responsabilité militaire. Les deux conceptions ne sont pas réellement opposées. Il n'y aurait qu'à s'entendre, et pour lui les difficultés résultent surtout de questions de méthode et de procédés.

Le Premier ministre déclare qu'il regrette, lui aussi, les désaccords, mais qu'il est dans l'obligation de faire ce qu'il estime nécessaire dans l'intérêt de la sécurité militaire. La collaboration franco-britannique, paraissant si difficile dans le Levant, fait que le Premier ministre déclare qu'il n'a pas grande envie d'ouvrir avec les Français combattants de nouveaux théâtres de coopération tel Madagascar.

Le Général rappelle au Premier ministre l'histoire des événements de Madagascar du point de vue des Français combattants. Dès l'agression japonaise, le Général a écrit au Premier ministre pour recommander qu'une opération franco-britannique soit organisée pour assurer que Madagascar ne puisse pas devenir une base japonaise.

Le Général a fait des propositions détaillées à cet effet au Premier ministre, mais ou bien il n'a pas reçu de réponse ou bien il a reçu des réponses évasives. Et puis un jour il a appris par les journaux l'action sur Diégo-Suarez.

À la suite des négociations qui ont eu lieu alors avec Mr. Eden, un communiqué avait été publié par le gouvernement britannique prévoyant que le Comité national aurait la part qui lui était due dans l'administration de Madagascar.

Ce communiqué est resté lettre morte et le Général a appris depuis qu'au lieu de discuter avec le Comité national le gouvernement britannique s'efforçait de conclure un arrangement avec le gouverneur Annet, ce qui ne paraissait guère conforme au communiqué.

Maintenant que le gouvernement britannique s'est rangé à l'avis sans cesse répété du Général sur la nécessité de compléter l'occupation de Madagascar, le Premier ministre hésiterait-il à remettre à la France combattante l'administration de Madagascar ?

Le Premier ministre répond que le Général parle toujours comme s'il était la France. Il n'a jamais été d'accord pour accepter ce point de vue.

Le Premier ministre s'efforce toujours de comprendre ce qu'est la France. Il voit en la personne du Général une partie très honorable de la France, mais non la France. En ce que le Général représente, le sentiment combattant de la France et l'opinion publique prépondérante, le Premier ministre est toujours heureux de traiter avec lui et la France combattante. Mais il pourrait y avoir d'autres parties de la France qui seraient appelées, à la suite des événements, à prendre une place plus importante qu'aujourd'hui.

Le Général répond à Mr. Churchill que s'il n'est pas convaincu que dans ses discussions il est la France, c'est-à-dire le représentant de la France, il ne comprend pas qu'il discute quelque question que ce soit avec lui puisque autrement sa personne est négligeable. Quand il est en présence du Premier ministre le Général ne peut avoir d'autre position que celle de représentant de la France.

Le Premier ministre déclare qu'il ne veut pas imposer un « commandement gaulliste » à la population de Madagascar à ce stade. Il veut faire tout pour éviter des difficultés militaires, réduire au minimum l'effusion de sang, et il croit qu'un « commandement gaulliste » irait contre la tranquillité. Il pourrait peut-être envisager l'envoi par le général de Gaulle d'un représentant sympathique qui verrait ce qui pourrait être fait. Mais pour le moment la situation créée en Syrie lui semble empêcher qu'on puisse aller plus loin.

M. Pleven demande au Premier ministre la permission d'intervenir. Il tient à dire au Premier ministre que tous les hommes qui se sont ralliés au général de Gaulle, qu'ils soient en Angleterre ou aux Colonies, sont unanimes à considérer que la seule administration possible à Madagascar est l'administration Française combattante.

Il rappelle à Mr. Eden l'opinion exprimée au nom du président de la Chambre de commerce par les Français qui vivent en Grande-Bretagne. Tous les Français désireux de collaborer sincèrement avec la Grande-Bretagne éprouvent les mêmes sentiments en ce qui concerne la nécessité que Madagascar soit administrée par le Comité national.

Mr. Eden demande à M. Pleven comment il estime que les dispositions doivent être prises.

M. Pleven répond : par un accord déclarant que les opérations militaires étant maintenant terminées à Madagascar, le Comité national assurera l'administration de l'île. Immédiatement, le général Legentilhomme, accompagné par des fonctionnaires spécialement choisis, se mettrait en route et procéderait au ralliement à la France combattante.

Le Général rappelle que jadis il a eu à rallier par la force la colonie du Gabon. Il a été il y a quelques jours à Libreville et maintenant les Gabonais sont unanimes à soutenir la France combattante.

M. Pleven rappelle également le cas des prisonniers de Diégo-Suarez qui rallient de plus en plus nombreux les Forces françaises libres.

Le Général explique qu'il est bien naturel qu'après deux années de propagande de Vichy sur Madagascar, beaucoup d'esprits aient besoin de se ressaisir. L'expérience prouve que ceci est possible et son seul but est de remettre Madagascar dans la guerre aux côtés des Alliés.

Mr. Churchill ne répond pas à ces arguments mais se plaint des méthodes du Général. Il déclare avoir en face de lui non un camarade ou un compagnon de combat, mais un homme qui a un sentiment d'hostilité et qui cherche à augmenter sa position personnelle en faisant des difficultés à la Grande-Bretagne.

Mr. Churchill dit qu'il déplore cette attitude du Général dont il admire très sincèrement la personnalité et ce qu'il a accompli. Mais il semble que c'est malheureusement un fait que le Général prend toujours des méthodes qui empêchent la collaboration.

Le Général répond qu'il est surpris que Mr. Churchill puisse porter sur lui un tel jugement. La France serait surprise si on lui disait que le général de Gaulle cherche à faire carrière en faisant des difficultés aux Britanniques. S'il s'agissait dans ce débat de questions personnelles, le Général pourrait rappeler qu'il lui aurait été facile de rester à Vichy où il aurait été sans doute le chef de l'état-major du maréchal Pétain.

Le Général n'a qu'un but : remettre la France dans la guerre aux côtés de ses alliés. Mais comme il l'a expliqué plus d'une fois à Mr. Churchill, il estime devoir défendre avec intransigeance les intérêts français car la partie de la France qui le suit cesserait d'avoir confiance en lui s'il paraissait être un instrument de la politique britannique.

Mr. Eden intervient. Il dit que c'est l'intransigeance du Général qui est la cause des difficultés. Il a souvent dit au Général qu'il n'est pas bon de brusquer les Anglo-Saxons, qu'ils soient Anglais ou Américains, si l'on veut obtenir d'eux des concessions ou gagner du terrain.

Le Premier ministre déclare que, à la suite de ces difficultés, beaucoup de terrain a été perdu par le Général, peut-être pas de façon irrémédiable mais, pour le moment, du côté américain.

Il remet de nouveau en cause la personnalité du Général.

Mr. Eden demande au Général si nous avons des propositions à faire pour détendre la situation.

Le Général répond qu'il n'en a pas.

Mr. Churchill dit qu'il semble qu'il n'y a rien à faire que de constater un complet désaccord et la difficulté de collaborer avec le Général.

Le Général répond que puisqu'il en est ainsi il en tirera les conclusions.

Note sans indication d'utilisation

Londres, 1er octobre 1942

Le capitaine Charles Vallin, après être venu se placer aux ordres du général de Gaulle et lui avoir confirmé les progrès rapides du mouvement de résistance en France parmi certains éléments qui s'en étaient tenus jusque-là à l'écart, a été chargé d'une mission temporaire dans l'Empire français libéré, en particulier sur le front français du Tchad. Cette mission est destinée à préparer les fonctions que le Comité national envisage de confier ultérieurement à M. Charles Vallin.

En France, le 2 octobre 1942, Édouard Herriot, président de la Chambre des députés, est appréhendé sur l'ordre de Vichy.

Déclaration[1]

Londres, 2 octobre 1942

L'attitude catégorique prise publiquement par le président Herriot l'a maintenant condamné à la prison, où se trouvent actuellement les meilleurs des Français. Je salue le président Herriot. À mon avis, l'épreuve personnelle qu'il subit est un grand service rendu à la France et à la République.

Télégramme au gouverneur Montchamp, à Nouméa

Londres, 5 octobre 1942

L'amiral haut-commissaire au Pacifique m'a transmis un télégramme du capitaine Dubois me demandant à être affecté au bataillon du Pacifique actuellement au front d'Orient.

J'ai décidé d'accéder à la demande du capitaine Dubois, dont, malgré l'attitude inadmissible qu'il a adoptée à un certain moment[2], je n'ai pas oublié les services antérieurs.

Toutefois, notifiez au capitaine Dubois, si cela vous paraît opportun, qu'aucune déclaration de lui ou publicité le concernant ne serait acceptable ni acceptée.

À Franklin D. Roosevelt

4 Carlton Gardens, SW1 Londres
6 octobre 1942

Monsieur le Président,

M. André Philip vous remettra cette lettre. Il vous exposera la condition où se trouvait la France quand il l'a quittée. Aux informations qu'il vous apportera sur le développement et la cohésion des groupes de résistance français et, d'une manière générale, sur l'état d'esprit du pays, je désire ajouter ceci :

Vous avez suivi l'évolution morale et politique de la France depuis 1918. Vous savez qu'ayant supporté le poids principal de la dernière guerre, elle en est sortie épuisée. Elle a senti profondément que l'état d'infériorité relative qui en résultait pour elle l'exposait à un grave péril.

1. Cette déclaration du général de Gaulle est lue à la radio de Londres par Charles Vallin, qui fut, avant la guerre, très opposé politiquement à Édouard Herriot.
2. Voir le télégramme à Adrien Tixier et au colonel de Chévigné du 2 août 1942.

Elle a cru à la nécessité d'une coopération alliée pour compenser cette infériorité et réaliser l'équilibre des forces.

Vous n'ignorez pas dans quelles conditions cette coopération lui a manqué. Or, c'est principalement le doute où la France se trouvait, quant au soutien réel qu'elle pourrait trouver contre l'adversaire de la veille et du lendemain, qui a été à l'origine de la politique ondoyante et de la mauvaise stratégie d'où est sortie notre défaite. Les erreurs intérieures que nous avons commises, les divisions et les abus qui contrariaient le jeu de nos institutions ne sont que des causes accessoires à côté de ce fait capital.

La France vaincue a donc le sentiment profond de l'humiliation qui lui a été infligée et de l'injustice du sort qu'elle a subi. C'est pourquoi il faut qu'avant la fin de cette guerre la France reprenne sa place dans le combat et qu'en attendant elle n'ait pas l'impression qu'elle l'ait jamais entièrement abandonné. Il faut qu'elle ait conscience d'être l'un des pays dont l'effort aura amené la victoire. Ceci est important pour la guerre et essentiel pour l'après-guerre.

Si la France, fût-elle libérée par la victoire des démocraties, se faisait à elle-même l'effet d'une nation vaincue, il serait fort à craindre que son amertume, son humiliation, ses divisions, loin de l'orienter vers les démocraties, l'inciteraient à s'ouvrir à d'autres influences. Vous devinez lesquelles. Ce n'est pas là un péril imaginaire, car la structure sociale de notre pays va se trouver plus ou moins ébranlée par les privations et les spoliations. J'ajoute que la haine de l'Allemand, actuellement très violente parce que l'Allemand est présent et vainqueur, s'atténuera beaucoup vis-à-vis de l'Allemand absent et vaincu. Nous avons vu cela déjà après 1918. En tout cas, quelque inspiration qu'accepte une France qui serait jetée dans une situation révolutionnaire, la reconstruction européenne et même l'organisation mondiale de la paix s'en trouveraient dangereusement faussées. Il faut donc que la victoire réconcilie la France avec elle-même et avec ses amis, ce qui n'est pas possible si elle n'y participe pas.

Voilà pourquoi si l'effort de la France combattante se limitait à grossir de quelques bataillons les forces du parti de la liberté ou même à rallier une partie de l'Empire français, cet effort serait, en lui-même, presque négligeable en face du problème essentiel : remettre la France, tout entière, dans la guerre.

Vous me direz : « Pourquoi vous êtes-vous assigné ce but ? Et à quel titre y êtes-vous fondé ? »

Il est vrai que je me suis trouvé, au moment de l'armistice de Vichy, dans une situation proprement inouïe. Appartenant au dernier gouvernement régulier et indépendant de la Troisième République, je déclarai tout haut vouloir maintenir la France dans la guerre. Le gouvernement qui s'était emparé du pouvoir dans le désespoir et la panique de la nation ordonnait : « Cessez le combat ! » En France, et hors de France, les corps élus, les représentants du gouvernement, les présidents des Assemblées se résignaient ou gardaient le silence. Si le président de la République, si le Parlement et ses chefs avaient appelé le pays à continuer la lutte, je n'aurais même pas pensé à parler au pays ou en son nom. Mais ils ne l'ont pas fait. Nul autre ne s'est présenté qui ait entraîné un groupe ou un territoire français. Des hommes politiques, des chefs militaires considérables se sont trouvés, à tels ou tels moments, libres de parler et d'agir, par exemple en Afrique du Nord. Ils n'ont pas montré, un seul moment, soit la conviction, soit la confiance en leur mandat, suffisantes pour faire la guerre. Qu'il s'agisse là d'une faillite de l'élite, cela n'est pas contestable. Dans son esprit, le peuple français en a, d'ailleurs, déjà tiré la conclusion. Quoi qu'il en soit, j'étais seul. Fallait-il me taire ?

C'est pourquoi j'ai entrepris l'action qui me semblait nécessaire pour que la France n'abandonnât pas la lutte et pour appeler, en France et hors de France, tous les Français à continuer le combat. Est-ce à dire que mes compagnons et moi nous soyons posés, à aucun moment, comme le gouvernement de la France ? En aucune manière. Au contraire, nous nous sommes tenus et proclamés comme une autorité essentiellement provisoire, responsable devant la future représentation nationale et appliquant les lois de la Troisième République.

Je n'étais pas un homme politique. Toute ma vie j'étais resté strictement enfermé dans ma spécialité. Quand, avant la guerre, j'essayais d'intéresser à mes idées des hommes politiques, c'était pour les amener à réaliser, pour le pays, un objet militaire. De même, au moment de l'armistice de Vichy, c'est d'abord sous une forme militaire que j'ai fait appel au pays. Mais, du fait que des éléments de plus en plus nombreux ont répondu, que des territoires se sont joints ou ont été joints à la France combattante et que nous étions toujours seuls à agir d'une manière organisée, nous avons vu venir à nous des responsabilités plus larges. Nous avons vu se créer en France une sorte de mystique dont nous sommes le centre et qui unit, peu à peu, tous les éléments de résistance. C'est ainsi que nous sommes, par la force des choses, devenus une entité morale française. Cette réalité nous crée des devoirs que nous sentons peser lourdement sur nous et auxquels nous considérons que nous ne pourrions nous soustraire sans forfaiture à l'égard du pays et sans trahison vis-à-vis des espérances que place en nous le peuple de France.

On nous dit que nous n'avons pas à faire de la politique. Si l'on entend par là qu'il ne nous appartient pas de prendre parti dans les luttes partisanes de jadis ou de dicter un jour les institutions du pays, nous n'avons nul besoin de telles recommandations, car c'est notre principe même de nous abstenir de telles prétentions. Mais nous ne reculons pas devant le mot « politique » s'il s'agit de rassembler, non point seulement quelques troupes, mais bien la nation française dans la guerre, ou s'il s'agit de traiter avec nos alliés des intérêts de la France en même temps que nous les défendons, pour la France, contre l'ennemi. En effet, ces intérêts, qui donc, sauf nous-mêmes, pourrait les représenter ? Ou bien, faut-il que la France soit muette pour ce qui la concerne ? Ou bien, faut-il que ses affaires soient traitées avec les Nations unies par les gens de Vichy dans la mesure et sous la forme que M. Hitler juge convenables ? Il n'est pas question de défiance de notre part vis-à-vis de nos alliés, mais bien des trois faits suivants qui dominent et commandent nos personnes : seuls des Français peuvent être juges des intérêts français ; le peuple français est naturellement convaincu que, parmi nos alliés, nous parlons pour lui comme nous combattons pour lui à leurs côtés ; dans leurs malheurs, les Français sont extrêmement sensibles à ce qu'il advient de leur Empire et toute apparence d'abus commis à cet égard par un allié est exploitée par l'ennemi et par Vichy d'une manière dangereuse quant au sentiment national.

Parce que des circonstances sans précédent dans notre Histoire nous ont assigné cette tâche, est-ce à dire que nous pensions imposer à la France un pouvoir personnel, comme quelques-uns le murmurent parfois à l'étranger ? Si nous nourrissions des sentiments assez bas pour chercher à escroquer le peuple français de sa liberté future, nous ferions preuve d'une ignorance singulière de notre propre peuple. Le peuple français est, par nature, le plus opposé au pouvoir personnel. À aucun moment il n'eût été facile de lui en imposer un. Mais, demain, après l'expérience odieuse de pouvoir personnel faite par Pétain grâce à la connivence des Allemands et à l'oppression intérieure, et après la longue et dure contrainte de l'invasion, qui donc aurait l'absurdité d'imaginer qu'on pût établir et maintenir, en France, un pouvoir personnel ? Quelques services qu'il ait pu rendre dans le passé, le rêveur qui tenterait cela réaliserait contre lui l'unanimité nationale.

Il est, d'ailleurs, remarquable que nous ne soyons taxés par personne en France d'aspirer à la dictature. Je ne fais pas seulement allusion au fait que des hommes tels que M. Jouhaux, président de la Confédération générale du travail, M. Édouard Herriot, chef du parti radical, M. Léon Blum, chef du parti socialiste, les chefs mêmes du parti communiste, se sont mis à notre disposition et nous ont fait savoir que nous pouvions compter sur eux dans notre effort, dont ils approuvent, sans réserve, la tendance et les buts. Mais, chez nos adversaires mêmes, non seulement ceux de Vichy, mais aussi les Doriot et les Déat, nous n'avons été, à aucun moment, accusés de viser à la dictature. Ils nous reprochent d'être des mercenaires à la solde des démocraties. Ils ne nous ont jamais reproché de vouloir instaurer en France un pouvoir personnel et antidémocratique.

Je me permets de vous dire, Monsieur le Président, que dans cette guerre immense qui exige la coopération et l'union de tout ce qui lutte contre les mêmes ennemis, la sagesse et la justice imposent que la France combattante soit réellement et puissamment aidée. Or, indépendamment de l'appui moral et matériel que les alliés peuvent nous donner, et sans que nous demandions aucunement à être reconnus comme le gouvernement de la France, nous estimons nécessaire d'être abordés chaque fois qu'il s'agit soit des intérêts généraux de la France, soit de la participation française à la guerre, soit de l'administration des territoires français que le développement de la guerre met graduellement en mesure de reprendre le combat et qui n'ont pu se rallier spontanément à nous.

Votre nom et votre personne ont, en France, un prestige immense et incontesté. La France sait qu'elle peut compter sur votre amitié. Mais enfin, dans votre dialogue avec elle, qui peut être votre interlocuteur ? Est-ce la France d'hier ? Les hommes qui en furent les plus représentatifs me font dire qu'ils se confondent avec nous. Est-ce la France de Vichy ? Peut-être pensez-vous que ses chefs pourraient, un jour, reprendre les armes à nos côtés. Hélas ! je ne le crois pas. Mais, en admettant que cela fût possible, il existe actuellement une certitude, c'est qu'ils collaborent avec Hitler. Dans vos dialogues avec eux, il y a toujours ce tiers présent. Est-ce la France de demain ? Comment savoir où elle réside tant qu'elle n'aura pas désigné ses chefs par une Assemblée librement constituée ? En attendant, ne faut-il pas que la nation française ait, cependant, la preuve qu'elle n'a pas quitté le camp des alliés et qu'elle y est politiquement présente, comme elle l'est, malgré tout et par nous, militairement et territorialement ?

On me dit que des personnes de votre entourage craindraient qu'en reconnaissant notre existence vous compromettiez la possibilité que certains éléments, notamment militaires, qui dépendent actuellement du gouvernement de Vichy, rentrent bientôt dans la guerre. Mais, croyez-vous que ce soit en ignorant les Français qui combattent, en les laissant se décourager dans l'isolement que vous attirerez les autres dans le combat ? D'autre part, quel danger comporterait, pour la France, le fait que ses alliés provoqueraient sa propre division en favorisant la formation de plusieurs tronçons rivaux, les uns neutralisés avec l'accord des alliés eux-mêmes, les autres luttant dispersés pour la même patrie ! Enfin, plus de deux ans de cruelles expériences n'ont-ils pas montré que tout élément qui se sépare de Vichy est amené, soit à rejoindre la France combattante, soit à figurer individuellement comme isolé sans importance ? Le peuple français, dans sa situation terrible, voit naturellement très simple. Pour lui, il n'y a de choix qu'entre le combat et la capitulation. Pour lui, le combat c'est naturellement la France combattante et son instinct exige la concentration autour de ceux dans lesquels il voit le symbole même de son effort. C'est là, d'ailleurs, la raison profonde qui, malgré les difficultés incroyables dans lesquelles la France combattante vit et lutte depuis plus de deux ans, a maintenu et accru sa cohésion.

Malgré la capitulation et l'armistice, la France garde, dans le monde, une puissance qu'il n'est pas possible de négliger. Il s'agit de savoir comment elle retournera au combat dans le camp des Nations unies en sauvegardant à la fois sa sensibilité et son unité. Parmi les problèmes de la guerre, celui-là est l'un des plus importants. C'est pourquoi je vous demande d'accepter l'idée d'un examen général et direct des relations entre les États-Unis et la France combattante. Quelle que doive être la forme d'un pareil examen, je ne crois pas qu'il y ait une autre manière d'aborder franchement un problème dont je sens profondément que, dans l'intérêt de la cause sacrée pour laquelle nous combattons, il doit être résolu.

Je vous prie de bien vouloir agréer, Monsieur le Président, les assurances de ma haute considération.

À H. Guérin[1], à Londres

Londres, 7 octobre 1942

Mon cher Guérin,

J'ai pris connaissance de votre lettre du 25 septembre[2], ainsi que des textes votés par votre Comité exécutif dans sa réunion du 23 septembre.

Je ne doute pas que, depuis cette date, vous n'ayez reçu de la part de M. Philip, de M. Brossolette[3] et de M. Charles Vallin lui-même, tous les éclaircissements et tous les apaisements nécessaires.

Vous le savez, c'est dans l'union que la France trouvera sa force et c'est de cette union, union contre l'ennemi, que M. Vallin nous apporte une nouvelle preuve[4].

Croyez, mon cher Guérin, à mes sentiments les plus cordiaux.

À l'amiral Stark

Londres, 8 octobre 1942

Cher amiral,

Par votre lettre en date du 22 septembre 1942, vous avez bien voulu me faire savoir que les départements intéressés à Washington, avaient

1. Secrétaire général du Centre syndical français.
2. H. Guérin proteste vivement, au nom des membres du Centre syndical français, contre l'accueil qu'a reçu à Londres Charles Vallin.
3. Journaliste socialiste avant la guerre, Pierre Brossolette rejoint le groupe de résistance dit « du musée de l'Homme » puis adhère au mouvement Libération-Nord.
4. Voir, au sujet du ralliement de Charles Vallin, la position du général de Gaulle dans les *Mémoires de guerre*, t. II, p. 374 et 375.

approuvé les suggestions contenues dans votre mémorandum du 14 août concernant la procédure à suivre au sujet des consultations qui auront lieu entre vous-même, le brigadier général Dahlquist et vos services, d'une part, le Comité national français et ses services, d'autre part.

Vous envisagez que la correspondance soit adressée, soit à moi-même, en ma qualité de président du Comité national français, soit au chef de mon état-major particulier.

Pratiquement, j'estime qu'il convient de distinguer entre les communications d'ordre purement militaire et celles qui concernent toutes les autres questions.

Il est tout indiqué que les premières soient adressées, soit à moi-même en ma qualité de commandant en chef, soit au chef de mon état-major particulier, les questions d'ordre secondaire pouvant être traitées par correspondance directe avec le général Legentilhomme, l'amiral Auboyneau ou le général Valin.

Pour ce qui est des autres communications, je vous serais obligé, étant donné l'organisation intérieure de nos services, de bien vouloir les adresser au commissaire aux Affaires étrangères, conformément au paragraphe 1 de ma lettre du 4 août[1], reprise dans votre mémorandum du 14 août, sous les paragraphes 2*a* et *b*.

Je me félicite de la désignation du général Dahlquist, dont j'ai été très heureux de faire la connaissance.

Veuillez agréer, cher amiral, l'expression de ma haute considération.

À Robert Vansittart, à Denham (Grande-Bretagne)

Londres, 8 octobre 1942

Cher lord Vansittart,

J'ai bien reçu votre lettre du 5 octobre à laquelle était joint l'article de *Sphere*.

MM. Vallin et Brossolette sont d'autant moins suspects d'avoir tenu les propos qu'on semble leur prêter qu'ils partagent, l'un et l'autre, au su de tout le monde, vos opinions sur le problème allemand.

Je me plais d'ailleurs à saisir l'occasion qui m'est donnée de vous écrire, pour vous confirmer que la ligne politique que vous suivez au sujet de l'Allemagne est celle même de la France Combattante.

Veuillez agréer, cher lord Vansittart, l'assurance de ma considération la plus distinguée.

1. Cette lettre n'a pas été retrouvée.

Télégramme à Adrien Tixier, à Washington

Londres, 8 octobre 1942

Secret

Je tiens à vous éclairer personnellement sur l'ensemble d'une situation qui dépasse le cadre diplomatique normal. André Philip vous développera en outre différents points. Ainsi serez-vous mieux à même de régler votre attitude vis-à-vis de tous.

Nos difficultés actuelles avec les Britanniques sont relatives au Levant et à Madagascar. En Syrie, nous n'acceptons pas que l'action de nos alliés diminue la position de la France ni qu'elle porte atteinte à l'indépendance de la Syrie et du Liban. À Madagascar, nous prétendons que les Anglais exécutent leurs promesses et que le Comité national exerce dans cette colonie la souveraineté française et l'administration.

En Orient, nous ne contestons pas que la Grande-Bretagne exerce une direction militaire et même une direction économique générale au cours de cette guerre. Nous sommes tout prêts à organiser avec Londres des consultations sur les divers problèmes que cela comporte. Mais en tant que mandataires nous ne voulons pas partager nos responsabilités politiques en Syrie et au Liban et nous n'acceptons pas l'ingérence britannique, ni dans nos rapports avec les gouvernements de Beyrouth et de Damas ni dans l'exercice du pouvoir de ces gouvernements indépendants.

Quant au point particulier des élections au Levant, nous voulons qu'elles aient lieu. Mais cela est notre affaire et celle des gouvernements locaux. Nous estimons avec ces gouvernements que ces élections seraient faussées et compromettantes pour l'ordre public si elles avaient lieu sous le signe des victoires de Rommel et de l'atmosphère incroyable de rivalité franco-britannique que les Anglais ont eux-mêmes créée là-bas. La personnalité intrigante de Spears est d'ailleurs un élément sérieux et fâcheux de cette situation.

Me trouvant à Beyrouth j'ai cru devoir informer des causes et effets de la querelle le consul américain Gwynn et ensuite Willkie qui me demandaient de le faire. Les Anglais en ont été évidemment très irrités car ils voudraient garder le monopole des informations à donner aux États-Unis. Je ne doute pas que certaines malveillances à Washington n'aient utilisé contre nous les précisions que nous donnions nous-mêmes loyalement et spontanément. Cependant, je persiste à penser qu'au total cette marque de confiance que nous avons donnée aux Américains pourra être appréciée par le State Department.

Pour ce qui concerne Madagascar il y a eu trois positions britanniques successives et contradictoires. D'abord, l'engagement pris à notre égard par les Anglais dans leur communiqué du 13 mai. Ensuite, malgré cet arrangement, leur tentative de maintenir l'administration de Vichy moyennant certaines facilités qu'ils demandaient. Puis, après l'échec inévitable de cette tentative et la prise de Tananarive, marchandage vis-à-vis de nous en alléguant que notre attitude pour la Syrie ne les portait pas à nous donner satisfaction pour Madagascar.

Les deux affaires ont abouti à une crise très dure dont le point culminant fut un entretien déplorable entre Churchill et Eden, d'une part, moi-même et Pleven, d'autre part, le 30[1] septembre et où Churchill s'est montré froidement furieux et blessant. Actuellement des négociations normales sont engagées comme nous le demandions, sans succès, depuis longtemps et j'espère que nous arriverons à un arrangement satisfaisant.

Les causes de la crise ont été exactement les mêmes que celles des difficultés précédentes. D'abord, les arrière-pensées de certaines écoles orientales et coloniales britanniques au sujet de l'avenir de telle ou telle partie de notre Empire. Ensuite, le fait que nous revendiquons le maintien des droits de la France et que nous prétendons les exercer dans l'indépendance. Enfin, la difficulté qu'éprouve organiquement le gouvernement britannique à faire accorder ses politiques locales avec sa politique générale.

Naturellement, nous avons subi comme d'habitude les manœuvres d'intimidation, les reproches d'anglophobie et les attaques personnelles.

À mon point de vue, la philosophie à tirer de cette affaire, c'est qu'il est indispensable pour ce qui concerne la France Combattante, comme pour tout le reste, que les Alliés se décident à pratiquer leurs alliances.

Message[2] aux musulmans de l'Empire français à l'occasion de la fin du ramadan

Londres, 10 octobre 1942

Voici le texte d'un message que le général de Gaulle adresse aux musulmans à l'occasion du dernier jour du ramadan.

« Citoyens, sujets et protégés musulmans de l'Empire français, Algériens, Marocains, Tunisiens de l'Afrique du Nord, musulmans de l'Afrique occidentale française, du Sénégal, de la Guinée, de la Côte-d'Ivoire, du Dahomey, du Niger, de la Haute-Volta, du Soudan français, de la Mauritanie et l'ensemble de l'Islam noir. À vous tous, qui comptez plus de vingt millions d'êtres humains et en qui nous saluons "la France musulmane", je suis heureux, à l'occasion de la fin du ramadan, de vous adresser en mon nom personnel et au nom de la France combattante, tous mes vœux de bonheur et de prospérité.

1. Il s'agit très probablement du 29 septembre.
2. Adressé à Beyrouth, Brazzaville, Accra, Le Caire et Douala, pour retransmission.

« Les musulmans de l'Empire français sentent se rapprocher la menace que fait peser sur eux l'ennemi de la race humaine, l'envahisseur dont le seul désir est de voir disparaître toute liberté et toute trace des religions autres que celle du Wotan germanique, dont la seule ambition est d'exterminer toutes races pour maintenir la suprématie et la domination de la race teutonne.

« La France musulmane, du Niger à Casablanca qui, pendant la dernière guerre de 1914-1918 a grandement contribué à la victoire de la France, est, nous en sommes sûrs, restée française de cœur aux heures sombres de la présente guerre et, le moment venu, ne manquera pas de contribuer de toutes ses forces avec tous les patriotes français à la libération de la France tout entière. La France combattante a déjà contribué à la libération et à la protection de terres chères à l'Islam comme à elle-même, notamment en Afrique noire et au Levant. Ses forces grandissent de jour en jour.

« Je souhaite que les mois prochains vous accordent, à vous comme à nous, le bonheur de nous réunir bientôt dans le combat pour libérer du joug et de l'influence ennemis la France elle-même et l'Empire français tout entier. »

Télégramme au général Catroux, à Beyrouth

Londres, 11 octobre 1942

Je réponds à votre télégramme n° 1375/CH au sujet nos lignes aériennes.

Il est évidemment nécessaire que cette affaire soit reprise par en haut et dirigée par un homme de grand plan. Pour le moment, nous ne disposons que de Vachet.

En ce qui concerne coordination par les Anglais, il y a du pour mais aussi du contre. Les Anglais n'ont jamais rien fait pour nous aider à ce point de vue. Les Lockheed nouveaux ont été marchandés avec les Américains contre l'utilisation de Pointe-Noire et malgré les difficultés créées par Britanniques.

Le but à atteindre actuellement est d'exister, je dis d'exister, avec les moyens dont nous disposons.

Ensuite, nous verrons si nous avons intérêt à marcher avec les Anglais ou avec les Américains.

Je suis de près personnellement cette question essentielle à notre avenir impérial.

Télégramme au général Catroux, à Beyrouth

Londres, 12 octobre 1942

Très secret

Le projet d'accord qui vous a été adressé par Diplo sous n° 10662b/ Diplo/738[1] n'est qu'un projet que ni moi-même, ni le Comité national, ni d'ailleurs le gouvernement britannique n'avons encore accepté et qui résulte uniquement d'un travail en commun des bureaux du Foreign Office et de Dejean. Je vous prie d'y faire toutes observations que vous jugerez utiles. Je me réserve d'y faire apporter les amendements que je jugerai finalement nécessaires.

Télégramme à André Philip, à Washington

Londres, 17 octobre 1942

Très secret

Je reçois votre télégramme n° 840W du 15 octobre relatif à votre utile entretien avec M. Sumner Welles.

Les négociations avec le gouvernement britannique ne laissent prévoir actuellement aucun aboutissement. Les Anglais cherchent à nous imposer pour commencer un nouvel accord concernant la Syrie, accord qui mènerait à une sorte de condominium. Le général Catroux vient de protester d'une manière catégorique contre le texte proposé. D'autre part, pour Madagascar, nous restons dans le néant. Les Anglais se refusent à faire aboutir cette question actuellement. Je sais que si nous acceptions le condominium en Syrie, ils nous proposeraient quelque chose d'analogue pour Madagascar. N'approuvant pas la manière dont notre politique extérieure est conduite, je viens de confier à M. Pleven le commissariat national aux Affaires étrangères tout en lui laissant les Colonies. M. Diethelm joint l'Économie et la Marine marchande à son département des Finances. Nous verrons plus tard quel poste pourra être attribué à M. Dejean.

Notre position demeure celle que nous avons toujours prise. Nous voulons pratiquer l'alliance avec l'Angleterre aussi loyalement que possible. Nous considérons que nous en avons donné les preuves les plus évidentes que des hommes puissent donner. Mais nous ne consentirons jamais à souscrire en Syrie à une diminution de la position de la France par rapport à celle de l'Angleterre. Nous n'admettrons jamais qu'il soit porté atteinte à la souveraineté française à Madagascar. Au fond, de la part de certains, le jeu britannique actuel se présente comme suit : se

---

1. Le projet d'accord négocié entre Maurice Dejean et le Foreign Office, mais d'inspiration britannique, interprète les accords Lyttelton-de Gaulle de 1941 et tend à revenir sur ceux-ci. Il sera abandonné.

servir du paravent France Combattante pour avancer leurs propres affaires aujourd'hui au Levant et à Madagascar, demain ailleurs. Afin de nous y amener, jouer de notre désir d'obtenir Madagascar pour nous faire avaler la pilule syrienne. Ensuite, faire avaler à notre lassitude la pilule de Madagascar. Après quoi nous serions qualifiés pour demeurer leur instrument. Naturellement tous les moyens de pression habituels sont mis en cause, à la fois : intimidation, argument du sentiment, affectation ou réalité d'un jeu français en dehors de nous, contestation de notre position en France, doutes, méfiance évoqués soit en raison de nos soi-disant tendances fascistes, soit, au contraire, à cause de notre entente avec les Soviets, etc.

Je vous demande de tenir compte de cela dans vos entretiens avec M. Sumner Welles en lui laissant entendre que nous ne pouvons ni ne voulons entrer dans ce jeu. Toutefois nous ne perdons pas notre sang-froid pour autant.

Communiqué

Londres, 18 octobre 1942

Le général de Gaulle a signé deux décrets modifiant la composition du Comité national français. En vertu de ces décrets, M. René Pleven, antérieurement commissaire national aux Colonies, Économie et Marine marchande, devient commissaire national aux Affaires étrangères et aux Colonies. M. André Diethelm, antérieurement commissaire national aux Finances, devient commissaire national aux Finances, Économie, Marine marchande. Un poste diplomatique important à l'étranger est réservé à M. Maurice Dejean, antérieurement commissaire national aux Affaires étrangères.

La réunion des Affaires étrangères et des Colonies en un seul commissariat national répond au fait que, dans la période actuelle de la guerre, les problèmes extérieurs posés devant le Comité national se rapportent essentiellement aux territoires français d'outre-mer.

D'autre part, il a paru logique au Comité national que les services financiers et économiques de la France Combattante fussent concentrés en un seul département.

En octobre 1942, le général de Gaulle rencontre deux des chefs des principaux mouvements de résistance en zone sud, Henri Frenay, chef de Combat, et Emmanuel d'Astier, chef de Libération, afin de coordonner leurs efforts en zone non occupée et de préciser les conditions de leur action sous l'autorité de la France Combattante.

L'unification de la résistance intérieure, dont sont chargés en zone sud Jean Moulin et en zone nord le colonel Rémy, fait d'importants progrès. De plus, de nombreuses personnalités ont adhéré à la France Combattante : des hommes politiques comme Pierre Mendès France, Georges Mandel, Léon Blum, Félix Gouin, Louis Marin, Louis Jacquinot ; des syndicalistes comme Léon Jouhaux, Marcel Poimbœuf ; des militaires comme les généraux d'aviation d'Astier de La Vigerie et Cochet.

À Léon Jouhaux[1], en France

Londres, 21 octobre 1942

Très secret

Cher monsieur Jouhaux,

Je sais quels sont vos sentiments et quelle est votre action pour le service de la France ; d'une France telle que nous la voulons et telle qu'il nous la faut : grande, libre, humaine. Je vous demande d'être directement associé à nous – c'est-à-dire à moi-même et au Comité national – pour tout ce qu'il vous est possible de faire.

Tout ce que vous nous ferez dire sera précieux pour nous, qui en tiendrons, je puis vous l'assurer, le plus large compte. De notre côté, nous sommes prêts à mettre à votre disposition les moyens qui vous sont indispensables pour votre action.

Pour nous, la résistance de la classe ouvrière est un élément exemplaire et essentiel de la résistance française. Pour nous, toutes les inspirations du redressement national dans la guerre doivent être concentrées entre Français, sans que cela comporte, bien au contraire, l'éloignement par rapport à nos alliés, mais parce que tout ce que font et feront les Français, quant à l'effort dans la guerre, doit être porté au crédit de la France… Vous me comprenez.

Je vous envoie toute ma sympathie profonde et je vous prie d'accepter entre vous et nous le régime d'une complète confiance. Prenons-nous tous tels que nous sommes et marchons ensemble à la libération totale.

À Maurice Dejean, à Londres

Londres, 22 octobre 1942

Mon cher ami,

Ainsi que j'ai eu l'occasion de vous le dire, le remaniement apporté le 17 octobre dans la composition du Comité national n'implique en aucune

1. La CGT a été dissoute par Vichy. Léon Jouhaux, son ancien secrétaire général, poursuivi par la police de Vichy, vit incognito. Il sera arrêté le 26 décembre 1942 et interné à Vals-les-Bains.

manière que moi-même et le Comité méconnaissions les grands services que vous avez rendus à la France Combattante en y exerçant, depuis plus d'une année, les fonctions de commissaire national aux Affaires étrangères.

C'est pour moi un agréable devoir que de vous le dire et de rendre hommage aux très grandes qualités dont vous avez fait preuve dans ce poste et au dévouement que vous avez constamment apporté au service des intérêts de la France dans des conditions évidemment méritoires.

Je me fais un plaisir de vous accorder le congé que vous m'avez demandé et puis vous assurer que l'intention du Comité national est de vous voir, au terme de ce congé, déployer dans un poste adéquat les hautes capacités qui sont les vôtres.

Croyez, mon cher ami, à mes meilleurs sentiments.

Télégramme au général Petit[1], à Moscou

Londres, 22 octobre 1942

Très confidentiel

Je reçois ton télégramme n° 7 du 19 octobre. Veuille écouter ton dévouement et non ta susceptibilité[2]. Je compte que tu es outillé maintenant pour jouer le rôle que je t'ai destiné en te confiant ta mission. J'attends beaucoup de toi à ce poste tout en ayant l'intention de te donner un jour un commandement.

Amitiés.

Au général Charles Delestraint [inédit]

4, Carlton Gardens
Whitehall 5444
Le 22 octobre 1942

Mon général,

On m'a parlé de vous... J'en étais sûr.

Il n'y a rien à quoi nous attachions plus d'importance qu'à ce dont nous vous demandons d'assurer l'organisation et le commandement.

Personne n'est plus qualifié que vous pour entreprendre cela.

Et c'est le moment !

Je vous embrasse, mon Général.

Nous referons l'armée française.

C. de Gaulle

---

1. Chef de la mission militaire française en URSS.
2. Le général Petit se plaint qu'un service de la France Combattante lui ait envoyé un télégramme contenant des insinuations sur son compte.

Télégramme au représentant de la France Libre au Canada, à Ottawa

Londres, 23 octobre 1942

Entre le Canada et la France il n'y a pas seulement des souvenirs. Il y a des liens de famille. Nous sommes du même sang. Aucun Français ne parle du Canada comme d'une terre étrangère.

« France-Canada » saura montrer au Canada où est la vraie France. Celle de l'intérieur toute dressée pour la résistance. Celle de l'Empire français libre dont les soldats savent montrer, dans le combat, qu'ils sont les dignes héritiers de l'Armée française de toujours. Vous leur redirez les noms nouveaux : Koufra[1], Keren[2], Bir Hakeim[3], inscrits sur nos drapeaux.

Une communion entière de but et de pensée, plus encore que le travail de nos émissaires, unit la France combattante de l'Empire à la France combattante du territoire.

Voilà ce que le Canada doit savoir. Il n'y a pas deux France. Il n'y en a qu'une : celle qui combat et qui, demain, avec l'aide de Dieu, vaincra.

Message à Pierre Van Passen, président du comité pour une armée juive, aux États-Unis[4]

Londres, 24 octobre 1942

Je vous remercie de votre message. La révolte de la conscience française devant les mesures imposées par l'ennemi et ses complices contre vos coreligionnaires apporte une preuve nouvelle et irréfutable que la France reste elle-même.

Pour assurer la victoire des peuples libres, le Comité national est convaincu de la nécessité de rassembler et d'utiliser tous les hommes de bonne volonté.

1. Au désert de Libye.
2. En Érythrée, près de Massaoua.
3. En Cyrénaïque.
4. La remise de ce message à son destinataire est confiée à la délégation France Combattante à Washington, qui doit auparavant s'informer de la position du gouvernement américain à l'égard du Comité pour une armée juive.

Télégramme à André Philip, à Washington

Londres, 24 octobre 1942

Secret le plus absolu

Je réponds à votre télégramme n° 862.

Les services de Donovan et les services secrets britanniques sont en train d'essayer d'organiser un départ pour l'Afrique du Nord de Giraud, Weygand, Frère[1], etc. Je n'ai rien fait dire à aucun d'eux. Mais je sais que plusieurs de nos partisans ont approché Giraud pour lui dire que nos organisations de résistance ne le suivraient pas s'il divisait la Résistance française en agissant en dehors de nous.

Télégramme au gouverneur Montchamp, à Nouméa

Londres, 26 octobre 1942

Secret

Je désire que le haut-commissaire amiral d'Argenlieu garde sa maison personnelle. Cette maison ne doit donc pas être mise à la disposition des Américains. Il vous sera facile de faire comprendre à l'amiral Halsey les raisons de cette décision. En revanche, mettez à leur disposition les autres villas et la maison du consul japonais.

À Emmanouil Tsouderos[2], à Londres

Londres, 27 octobre 1942

Mon cher Premier Ministre,

Je suis heureux de répondre à votre aimable invitation en vous adressant ce court message pour l'héroïque peuple grec[3].

Veuillez croire, mon cher Premier Ministre, à l'assurance de mes sentiments dévoués.

« La France et la Grèce subissent, toutes deux, la dure épreuve de l'invasion. Toutes deux connaissent la famine, l'épidémie, la dictature policière. Toutes deux préparent la révolte.

« Cependant, hors du sol national, unis par la fraternité des armes, Grecs et Français Combattants luttent en ce moment, coude à coude, dans le même combat, sur le même champ de bataille et contre le même ennemi.

---

1. Lors de la campagne de France, le général Frère commande la VIIe armée. Après l'armistice, il s'oppose aux exigences allemandes. Arrêté en 1943, il meurt en déportation en 1944.
2. Président du Conseil du royaume de Grèce.
3. À l'occasion de l'anniversaire de l'agression de la Grèce par l'Italie, le 28 octobre 1940.

« Aujourd'hui, jour anniversaire de la méprisable agression italienne, je veux dire ma certitude qu'au cours de cette guerre l'amitié entre nos deux peuples se resserrera encore. Chacun d'eux a derrière lui des siècles d'histoire ; chacun d'eux est résolu à se montrer égal à son passé. Il y a des noms qui sont synonymes de noblesse. Dans le monde, le nom de la Grèce, comme celui de la France, éveille des échos qui ne mourront pas. »

À Nahas Pacha[1], au Caire

Londres, 28 octobre 1942

Monsieur le Premier Ministre,

Je tiens à vous exprimer le regret que j'ai éprouvé de n'avoir pu, à la faveur de mon dernier passage en Afrique, m'entretenir avec vous. J'espérais pouvoir le faire au retour de ma visite en Afrique française lorsque j'ai dû modifier mes projets pour me rendre à Londres.

Je ne saurais oublier notre rencontre au Caire en 1941 ; vous aviez bien voulu manifester alors votre intérêt pour les Français qui continuent la lutte afin de maintenir l'honneur et l'indépendance de leur patrie et de lui conserver, partout où elle était représentée, la place que ses traditions lui assignent. Vos sentiments à l'égard de mon pays m'ont profondément touché.

C'est grâce à la confiance que vous m'avez témoignée et à votre compréhension de notre position que le gouvernement égyptien a reconnu à la France Combattante le soin d'assurer la protection des intérêts français libres en Égypte et de grouper tous les Français désireux de participer à la guerre. Je vous remercie sincèrement d'avoir ainsi facilité notre tâche.

Voulez-vous me laisser vous assurer que la France, malgré ses malheurs provisoires, conserve à l'égard de l'Égypte la même vive amitié que les siècles ont forgée. Pour ma part, je suis convaincu que l'Égypte est appelée à jouer, à tous égards, en Orient un rôle capital et fécond.

Cette lettre vous sera remise par M. de Benoist, qui rentre au Caire et qui, je tiens à vous le dire, jouit de l'entière confiance du Comité national ; vous trouverez en lui un représentant de nos vues qui sera toujours heureux et honoré de s'entretenir avec vous de toutes les questions touchant aux intérêts qui unissent nos deux pays.

Je prie Votre Excellence d'agréer les assurances de ma haute considération.

1. Premier ministre d'Égypte.

Télégramme au haut-commissaire Thierry d'Argenlieu, à Papeete

Londres, 29 octobre 1942

Secret

Le développement de la bataille des Salomon[1] me paraît de nature à vous ramener à Nouméa. Veuillez me faire connaître d'urgence votre avis sur ce point, compte tenu de toutes les circonstances.

Télégramme au colonel Pechkoff, à Brazzaville

Londres, 29 octobre 1942

Très secret

J'ai des raisons de penser que l'affaire de Madagascar peut aboutir à un règlement assez satisfaisant. S'il en est ainsi, l'importance de votre mission actuelle en Afrique du Sud en sera sensiblement réduite. D'autre part, il est à supposer que, dans un avenir peut-être très prochain, une action alliée pourrait être déclenchée sur l'A-OF ou l'Afrique du Nord française, ou sur les deux simultanément.

Mon intention est d'utiliser au maximum vos aptitudes en vue de cette éventualité. Vous savez que nous avons en Nigeria, Gold Coast, Sierra Leone, et Gambie, des missions militaires qui font à la fois du renseignement militaire et politique, de l'action militaire et politique, de la propagande et du recrutement sur l'A-OF. Ces missions sont sous les ordres d'un seul chef qui se trouve à Accra. Lord Swinton, membre du cabinet de guerre britannique, et le général Giffard, ainsi qu'une mission américaine ont également leur siège à Accra.

Le chef actuel de ces missions est le commandant Ponton, officier de valeur qui a rendu les plus grands services mais qui, dans les circonstances actuelles, ne me paraît pas avoir une ampleur suffisante.

Je me propose de vous désigner pour le commandement de ces missions avec les suites que cela peut comporter éventuellement. Vous dépendrez directement de moi avec qui vous communiquerez par chiffre spécial.

Veuillez me faire connaître d'extrême urgence votre avis à ce sujet tout en gardant le secret le plus absolu. Dès que j'aurai reçu votre avis ma décision vous sera notifiée.

---

1. Cet archipel de la Mélanésie constitue un théâtre d'opérations où se développent des combats entre les forces japonaises et américaines.

À l'aspirant de marine de Gaulle

Londres, 31 octobre 1942

Mon cher Philippe,

J'ai reçu ta lettre du 27 octobre. Je comprends très bien que tu aies été amené à dîner avec tes amis l'autre jour.

Mon inspection de la Marine se continuera le mois prochain. Ce que je vois me donne, en général, satisfaction. Il y a progrès certain et constant. Ce qu'il faut c'est que tout cela devienne non seulement plus « marin », mais aussi plus « militaire ».

Nous espérons aboutir dans peu de temps pour Madagascar. Mais naturellement nous voulons que la France y soit chez elle.

Je t'embrasse de tout mon cœur. Ton papa très affectionné.

[PS] J'ai vu tes photos qui sont très bien.

Les exploits récents de la *Junon* sont réconfortants.

Message envoyé au deuxième congrès de la Fédération internationale des journalistes des pays alliés ou libres, tenu à Londres le 31 octobre 1942

Les Français veulent [une] presse libre. [La] liberté de [la] presse fut depuis [des] générations une des bases mêmes du régime démocratique français. Mais après [l'] atroce oppression dont est actuellement [l'] objet [l'] expression de notre pensée, cette liberté est devenue [une] sorte [d'] article de foi.

Aujourd'hui, en France, [des] patriotes impriment leurs journaux clandestinement et héroïquement, bravant [l'] ennemi et [les] traîtres pour affirmer [la] volonté d'un peuple qui entend être libre.

Demain, [il] appartiendra à une démocratie française redevenue vivante de garantir aux journaux [l'] indépendance, sans laquelle [la] liberté de [la] presse ne serait qu'imposture.

Ce sera [l'] honneur de [la] Fédération internationale [des] journalistes [des] nations alliées ou libres [d'] avoir groupé et rapproché [des] journalistes de tous pays, non seulement dans [la] lutte contre [les puissances] de [l'] Axe, mais aussi dans [la] préparation de [l'] ordre où [le] respect des valeurs démocratiques sera assuré contre retour des forces de tyrannie.

Près d'El-Alamein (Égypte), le général Montgomery a déclenché, le 23 octobre 1942, une offensive britannique à laquelle participent les 1re et 2e divisions légères ainsi qu'une colonne blindée de la France Combattante. Le 2 novembre, le front germano-italien a été percé.

À Winston Churchill

Londres, 5 novembre 1942

Monsieur le Premier Ministre,

La grande victoire que vient de remporter la VIIIe armée britannique, en combinaison avec la flotte de la Méditerranée orientale et la Royal Air Force du Moyen-Orient, est une étape essentielle vers le triomphe décisif des Nations Unies.

Je puis vous dire que la nation française en éprouve une joie très vive, en même temps qu'une amicale admiration pour les vaillants soldats, marins, aviateurs de ses alliés britanniques et pour les glorieux chefs.

Je suis également certain que le peuple français est, comme moi-même, heureux et fier qu'une fraction de ses forces ait pris part à cette victoire et poursuive la bataille côte à côte avec ses alliés.

Je vous prie d'agréer, monsieur le Premier Ministre, les assurances de ma haute considération.

À Lord Cecil, à Londres

Londres, 6 novembre 1942

Cher lord Cecil,

J'ai pris connaissance avec grand intérêt de la communication que vous avez bien voulu m'adresser au sujet du rapport sur le chômage qui a été soumis à la London International Assembly lors de sa réunion du 26 octobre.

Je note avec plaisir que les idées d'organisation professionnelle que préconise ce rapport se rapprochent beaucoup des tendances exprimées en France par les groupes d'études de nos organisations de résistance. Malgré la difficulté des liaisons, les tendances d'esprit restent les mêmes dans nos deux pays voués à la liberté.

Veuillez agréer, cher lord Cecil, l'expression de mes sentiments dévoués.

Discours sur la radiodiffusion de la France Libre

Londres, 6 novembre 1942

Déjà la radio libre a vaincu. Elle a surclassé l'adversaire. Par elle la résistance des peuples envahis d'Europe a été consolidée et est devenue l'un des facteurs de notre supériorité. Par elle l'âme de la France nouvelle et l'unité nationale dans la résistance ont éclaté aux yeux du monde.

Dans le travail de reconstruction que nous imposera la victoire, le prodigieux instrument de pédagogie, de connaissance, et de perfectionnement que peut devenir la radiodiffusion jouera un rôle éminent. Son statut devra concilier les exigences nationales et la nécessité de faire coopérer entre elles toutes les parties d'un monde changé par la technique. À ce point de vue, les meilleurs esprits doivent, dès à présent, s'attacher à préparer l'avenir.

Télégramme à la délégation France Combattante, à Beyrouth

Londres, 8 novembre 1942

Je réponds à votre télégramme n° 1518 du 5 novembre. L'édition de mon livre *La France et son armée* pour la Société des lettres françaises doit être imprimée sans, je répète sans, la dédicace à Pétain[1]. Cette dédicace correspondrait assez mal aux circonstances. Par contre il y a lieu de reprendre intégralement ce qui est dit de Pétain dans l'avant-dernier et dans le dernier chapitre. Cet ancien maréchal, malheureusement mort en 1925, était heureusement vivant durant la dernière guerre.

Le 8 novembre 1942, les forces américaines et britanniques débarquent en Algérie et au Maroc. La France Combattante a été tenue à l'écart de cette opération. L'amiral Darlan, séjournant à Alger, donne l'ordre de résister conformément aux instructions de Vichy, qui rompt ses relations diplomatiques avec Washington. Puis, le 10 novembre, il prescrit un cessez-le-feu. Le 9 novembre, le général Giraud, évadé d'Allemagne depuis quelques mois, arrive à Alger, via Gibraltar, grâce aux Britanniques.

Télégramme[2] au général Catroux, à Beyrouth, au gouverneur général Éboué, à Brazzaville, au général Leclerc, à Brazzaville, et à la délégation France Combattante à Washington

Londres, 10 novembre 1942

Secret

Les Américains ont annexé Giraud avec l'idée que l'annonce de son nom ferait tomber les murs de Jéricho. Giraud n'a pris aucun contact avec moi. Je pense qu'il y a aussi sous cette affaire le désir de certains militaires de

1. Cette dédicace fut l'objet d'un différend entre le maréchal Pétain et le colonel de Gaulle, lors de la parution de l'ouvrage, en 1938. En voici le texte :
« À Monsieur le Maréchal Pétain
Qui a voulu que ce livre fût écrit.
Qui dirigea de ses conseils la rédaction des cinq premiers chapitres et grâce à qui les deux derniers sont l'histoire de notre Victoire. »

2. Une partie de ce télégramme a déjà été publiée dans les *Mémoires de guerre*, t. II, p. 395.

Vichy de se voir assurer par un vieux camarade, une issue honorable dans le présent et dans l'avenir. C'est pour cela que le départ de France de Giraud a été si facile. Cela vous explique aussi la présence de Darlan à Alger et son attitude. En fait, aucune troupe n'a rallié Giraud ; d'autre part, si j'estime ses qualités militaires, je le crois insuffisant pour la tâche très délicate qu'il prétend assumer. D'autant plus qu'il a accepté que ses pouvoirs lui soient donnés par les Américains, ce qui, pour les Français, vichystes ou gaullistes est inadmissible.

Conclusion : nous gardons pour le moment l'expectative en ce qui concerne Giraud. J'ajoute que le gouvernement britannique et naturellement les Russes voient la chose comme nous-mêmes et nous appuieront certainement, le moment venu, pour empêcher une division de la France Combattante.

Télégramme[1] au général Leclerc

Londres, 10 novembre 1942

Veuillez vous mettre en mesure de prendre l'offensive sur le Fezzan dans les plus brefs délais possible. Je vous adresserai incessamment des ordres détaillés à ce sujet. La préparation ne doit souffrir aucun retard.

Télégramme à André Philip, à Washington

Londres, 12 novembre 1942

Très secret

Je vous demande de rentrer à Londres immédiatement.

Je n'ai pris aucun contact avec Giraud, il n'en a pris aucun avec moi.

De toute façon et quelque peu d'intérêt que j'attache à mon sort personnel, je ne trahirai pas ceux qui m'ont reconnu et je reste chef de la France Combattante.

Mon opinion est que la combinaison Giraud est sans avenir.

Télégramme au haut-commissaire Thierry d'Argenlieu, à Papeete

Londres, 12 novembre 1942

Très secret

Je vous demande de vous rendre à Londres dans le plus bref délai possible. Nous avons à conférer sur la situation. La France Combattante reste unie et totalement indépendante de l'étranger ; elle s'appuie sur la nation française et sur les territoires français ralliés.

1. Télégramme n° 12069 « Secret le plus absolu », en deux exemplaires seulement. Expédié le 10 novembre à 16 h 45. Reçu le 11 novembre à 11 h 30.

Télégramme au général Leclerc, à Brazzaville

Londres, s.d. *[12-14 novembre 1942]*

Secret le plus absolu

Les événements tournent dans un sens qui nous oblige à imposer la présence de la France Combattante en A-OF.

D'une part, nous devons barrer nous-mêmes à l'ennemi le passage entre la Libye et Dakar.

D'autre part, nous devons marquer par une action immédiate que nous n'admettons pas la reconstitution de Vichy en Afrique du Nord et en Afrique-Occidentale Française sous la coupe des Américains.

En conséquence, exécutez, dans le plus bref délai possible, opération G, je répète opération G. Rendez-moi compte du jour J que vous aurez fixé pour le déclenchement.

L'opération sur le Fezzan que je vous ai prescrite dans d'autres circonstances par mon télégramme n° 12069b du 10 novembre sera exécutée par vous en deuxième lieu et en deuxième urgence.

Il demeure bien entendu qu'aucune troupe alliée ne doit avoir accès à nos territoires d'AFL sans mon autorisation personnelle. Ceci est un ordre formel.

Je vous envoie ainsi qu'à vos troupes l'expression de mon entière confiance.

À Anthony Eden, à Londres

Londres, 14 novembre 1942

Très secret

Cher monsieur Eden,

À la suite des récents événements en Afrique du Nord, la situation en Afrique-Occidentale Française est susceptible d'évoluer très rapidement et je crois nécessaire de renforcer nos missions dans la British West Africa.

J'ai donc l'intention d'envoyer à Accra le colonel Pechkoff, notre délégué à Pretoria, accompagné de deux ou trois de ses collaborateurs d'Afrique du Sud, le gouverneur Lapie, qui se trouve actuellement à Fort-Lamy, et enfin un certain nombre d'officiers qui sont actuellement en Afrique Française Libre.

Le commandant Ponton, actuellement chef des missions de la British West Africa, se mettra à la disposition du colonel Pechkoff, qui prendra le commandement de toutes les missions.

Je serais reconnaissant à Votre Excellence de vouloir bien faire accréditer le colonel Pechkoff et tous ses collaborateurs, au premier rang desquels se trouve le gouverneur Lapie, auprès de lord Swinton.

Bien sincèrement à vous.

En France, le 11 novembre 1942, les forces allemandes pénètrent en zone libre et l'occupent. Le même jour, en Afrique du Nord, les hostilités entre les forces vichystes et les forces alliées ont totalement cessé.

Le 13 novembre, le général Noguès, résident général au Maroc, Yves Chatel, gouverneur général de l'Algérie, le général Bergeret, commandant les forces aériennes en Afrique du Nord et le général Giraud, qui devient commandant en chef des troupes, se placent sous l'autorité de l'amiral Darlan. Ce dernier prend les fonctions de haut-commissaire pour l'Afrique du Nord en se réclamant du maréchal Pétain, qui le désavoue deux jours plus tard. Les Américains reconnaissent son autorité.

À Winston Churchill

Londres, 14 novembre 1942

Cher monsieur Churchill,

L'avènement de Darlan en Afrique du Nord avec le concours des Américains et « au nom du maréchal » constitue, à mon avis, un fait capital de cette guerre. Je crois qu'en ce qui concerne la nation française ce fait dépassera, par ses conséquences futures, la capitulation de Bordeaux.

La nation française voit les États-Unis non plus seulement reconnaître, comme ils l'ont fait jusqu'à présent, un pouvoir fondé sur la trahison de la France et de ses alliés, un régime tyrannique d'inspiration nazie, et des hommes qui se sont identifiés avec la collaboration allemande, mais désormais s'associer sur le terrain même à ce pouvoir, à ce régime et à ces hommes.

Sans doute les individus qui sont en cause ont-ils fourni aux Américains quelques gages d'opportunité. L'opération n'en paraît à la nation française que plus vile et méprisable. Je crains que ces sentiments ne s'appliquent aux deux parties qui ont conclu le marché, car la morale internationale est une chose qui a sa valeur.

D'après ce que je connais de la psychologie du peuple français, et suivant toutes les informations les plus récentes que j'ai recueillies, ces événements vont entraîner dans l'opinion publique de mon pays un grand mouvement de dégoût et de colère. Je crois devoir vous dire que ce dégoût et cette colère, éprouvés dans la situation très malheureuse où se trouve la France, sont de nature à modifier profondément les sentiments de la nation française.

En particulier, la propagande faite depuis si longtemps par les Nations Unies contre ceux qu'elle appelle les « Quislings[1] » va prendre évidemment l'aspect d'une farce assez détestable. En même temps, l'autorité des « Quislings » se trouve extrêmement renforcée car chacun peut constater que,

1. Vidkun Quisling, fondateur en 1933 du mouvement pronazi *Nasjonal Samling*, est chef du gouvernement norvégien sous l'occupation allemande. Son nom est synonyme de traître.

dans le premier grand territoire « libéré » par les Alliés, ceux-ci traitent avec les « Quislings » et assurent le maintien du régime qu'ils ont établi.

Sachant le prix que vous attachez à maintenir les liens d'amitié et le sentiment de solidarité entre nos deux pays, – ce qui est également la base de mon action, – je me sens obligé d'attirer d'une manière très pressante votre attention sur la nécessité urgente de faire comprendre au peuple français que l'Angleterre ne se solidarise pas avec la politique actuelle des États-Unis dans cette matière. De mon côté, je vous demande la possibilité d'utiliser immédiatement la BBC de Londres pour dire à la France que le Comité national français est en opposition avec les mesures prises en Afrique du Nord par les Américains.

D'autre part, le Comité national français a naturellement renoncé à envoyer en Afrique du Nord la délégation qu'il avait désignée dans des circonstances en apparence très différentes. Je vous remercie d'avoir bien voulu prendre la peine de vous en occuper et je regrette que vous l'ayez fait inutilement.

Bien sincèrement à vous.

Télégramme au gouverneur général Éboué, à Brazzaville, au général Catroux, à Beyrouth, au gouverneur Cournarie, à Douala, à l'administrateur Savary, à Saint-Pierre-et-Miquelon, et au gouverneur Montchamp, à Nouméa

Londres, 14 novembre 1942

Secret le plus absolu

L'avènement de Darlan en Afrique du Nord, d'accord avec les Américains, provoque en France et dans le monde un mouvement de dégoût et de colère. J'en recueille en ce moment des preuves nombreuses. Il est essentiel que le général de Gaulle et le Comité national français ne paraissent pas acquiescer à ce marché. Je crois d'ailleurs qu'il s'agit là surtout d'une sorte de transition d'opportunité de la part des Américains ; au demeurant, cette transition est fâcheuse.

Je vous demande de faire communiquer par radio pendant plusieurs jours consécutifs à toutes les émissions en français, en anglais et dans d'autres langues le texte suivant[1] :

« Le général de Gaulle et le Comité national français font connaître qu'ils ne prennent aucune part et n'assument aucune responsabilité dans les négociations en cours en Afrique du Nord avec les délégués de Vichy. Si ces

1. Ce texte est publié dans les *Mémoires de guerre*, t. II, p. 406, à la date du 16 novembre. En effet, ce n'est que le 16 novembre qu'à la demande pressante du général de Gaulle à Winston Churchill, celui-ci obtiendra des États-Unis l'autorisation de le diffuser à la BBC.

négociations devaient conduire à des dispositions qui auraient pour effet de consacrer le régime de Vichy en Afrique du Nord, celles-ci ne pourraient évidemment être acceptées par la France Combattante. L'union de tous les territoires français d'outre-mer dans le combat pour la libération doit se faire dans des conditions conformes à la volonté et à la dignité du peuple français. »

Télégramme au colonel Pechkoff, à Brazzaville

Londres, 14 novembre 1942

Très secret

Suite vos télégrammes n°s 96 et 97 du 6 novembre, je vous demande de rejoindre immédiatement Accra dans conditions fixées par mon télégramme du 29 octobre.

Comme nous allons renforcer les missions de la Western English Africa, dont les effectifs sont déjà sérieux, par du personnel venu d'AFL, vous êtes prié de prendre seulement avec vous deux ou trois collaborateurs dont le colonel de Villatte. Campistron doit rester pour Madagascar.

En raison circonstances, le souci de partir par le même avion qu'eux ne doit retarder en aucune façon votre départ.

Je mets à votre disposition le gouverneur Lapie ès qualité et le prie, ce jour, de vous rejoindre immédiatement à Accra.

Vous remettrez la délégation de la France Combattante en Afrique du Sud entre les mains de Vacher-Corbière, qui assurera l'intérim jusqu'à ce que votre successeur soit arrivé.

Je fais les démarches nécessaires auprès du maréchal Smuts pour qu'un avion soit mis à votre disposition conformément à votre télégramme n° 343 pour vous transporter, si possible, jusqu'à Accra et tout au moins jusqu'à Brazzaville.

Mettez-vous en liaison avec général Leclerc auquel je demande de mettre, le cas échéant, un avion à votre disposition pour rejoindre Accra.

Note sans indication d'utilisation

Londres, 14 novembre 1942

Je n'autorise aucun départ pour l'Afrique du Nord autre que celui de Bernard[1] et Charvet[2].

Ceux-ci n'y vont qu'à titre « occulte » et n'ayant aucun caractère officiel.

Brossolette partira plus tard.

---

1. Pseudonyme d'Emmanuel d'Astier de La Vigerie, fondateur dès 1940 d'un mouvement de résistance, Libération-Sud.

2. Pseudonyme d'Henri Frenay, fondateur dès 1940 en zone occupée d'un des premiers mouvements de résistance.

Télégramme au général Catroux, à Beyrouth

Londres, 14 novembre 1942

Votre télégramme n° 1489/CH.

1. Les trois radios actuellement aux lignes aériennes pourront y rester jusqu'au déplacement du groupe Lorraine.

2. Deux anciens radios d'Air France actuellement en Afrique sont affectés aux lignes aériennes. Il appartient aux colonels de Marmier et Vachet de les poster au Levant si nécessaire.

3. Le colonel Vachet doit se rendre prochainement en Afrique du Sud où il compte rallier une partie importante du personnel d'Air France.

Au général Brooke, à Londres

Londres, 15 novembre 1942

Très secret

Mon cher général,

Étant donné l'évolution de la situation militaire en Afrique du Nord, j'ai donné l'ordre[1] au général Leclerc de se tenir prêt à prendre l'offensive en Libye du Sud pour occuper le Fezzan et ultérieurement se porter sur les arrières des forces italo-allemandes dans la région de Tripoli.

Le général Leclerc dispose à cet effet d'une forte colonne motorisée et d'une petite unité aérienne, l'une et l'autre comprenant en majorité des éléments qui ont participé à toutes les opérations précédentes dans le désert libyen, notamment à la prise de Koufra (mars 1941) et aux raids autour de Mourzouk (février 1942).

L'opération sur le Fezzan pourra être déclenchée à partir du 5 décembre.

J'ai prescrit au général Leclerc de se mettre en rapport avec le général Alexander pour que son action coopère avec celle de la VIIIe armée britannique.

Je pense que si la colonne Leclerc atteint le Fezzan, elle aura aussitôt besoin de recevoir l'appui de la Royal Air Force du Middle-East pour poursuivre son mouvement.

Mon intention serait de déclencher l'attaque du Fezzan quand les forces britanniques auront atteint le golfe de Syrte.

Bien sincèrement à vous.

1. Voir *Mémoires de guerre*, t. II, p. 403.

À l'amiral Stark, ambassade des États-Unis, à Londres

Londres, 15 novembre 1942

Amiral,

Je vous accuse réception de votre lettre du 14 novembre[1].

Je comprends que les États-Unis paient la trahison des traîtres si elle leur paraît profitable, mais cela ne doit pas être payé sur l'honneur de la France.

Veuillez croire, amiral, à mes sentiments très distingués.

Extrait du procès-verbal de l'entretien[2] avec Winston Churchill, le 16 novembre 1942 à Londres

Avant que le général et M. Churchill passent à table, M. Eden, qui n'assiste pas au déjeuner, prend le Général à part pendant quelques instants et lui dit combien il est ennuyé et inquiet de toute cette affaire. Cette affaire n'est pas propre, lui répond le général de Gaulle, et je regrette de voir que vous vous y salissez quelque peu.

Le général de Gaulle a l'impression que le secrétaire d'État, qui a beaucoup plus de contacts avec le dehors que le Premier ministre et qui est davantage aux prises avec les réalités et avec les difficultés de l'heure présente, est plus soucieux et embarrassé que M. Churchill.

Outre le général de Gaulle et le Premier ministre, sont présents au déjeuner : Mme Churchill, Mme Randolph Churchill et le ministre des États-Unis à Dublin.

La conversation continue de rouler sur les événements du jour. Le ministre des États-Unis, qui porte l'étiquette habituelle d'« ami personnel du Président », déclare que c'est toute la France qu'il faut réunir à présent, et il insiste sur « toute » comme s'il entendait la France de Vichy aussi bien que la France Combattante.

Le général de Gaulle doit faire observer que les États-Unis outrepasseraient singulièrement leurs droits s'ils voulaient intervenir dans les affaires politiques intérieures de la France. Elle seule est maîtresse de son avenir. Or elle veut se rassembler autour de l'honneur et non autour de la trahison.

Au cours du déjeuner, le général expose pourquoi le général Giraud, qui est encore utilisable militairement, ne l'est plus politiquement. D'abord,

1. L'amiral Stark présente l'action américaine en Afrique du Nord comme une étape, dictée par les circonstances, vers le but commun des États-Unis et du général de Gaulle de voir combattre côte à côte, pour la liberté, Français et Américains.

2. Le début et la fin de cet entretien sont publiés dans les *Mémoires de guerre*, t. II, p. 403-406.

il a eu tort de signer un engagement d'honneur au maréchal Pétain[1]. Mais, objecte le ministre des États-Unis, il aurait été renvoyé en Allemagne où il aurait été torturé. Le général de Gaulle observe que si le général Giraud a préféré le parjure au martyre, ce n'est pas une raison pour qu'on considère qu'il sort grandi de l'aventure. En outre, le général Giraud a reçu son commandement des autorités américaines, et cela est inacceptable ; certains procédés qui sont peut-être applicables au Pérou ne le sont certainement pas à la France.

Pendant le déjeuner, l'émotion et l'inquiétude des dames en disent assez long sur les sentiments intimes de leurs époux.

Télégramme aux délégations France Combattante dans l'Empire et à l'étranger

Londres, 16 novembre 1942

Secret

J'ai vu aujourd'hui, à leur demande, MM. Churchill et Eden ensemble. Ils m'ont donné la preuve que le gouvernement britannique faisait d'expresses réserves pour l'avenir au sujet des combinaisons vichysso-américaines d'Alger. Cependant, il les tolère actuellement comme expédient pour le maintien de l'ordre pendant la bataille de Tunisie. Mais Churchill et Eden ne consentent pas à voir bâtir quelque chose de sérieux autour de Darlan. Celui-ci, qui est d'ailleurs surveillé de près par les Américains, coopère avec eux. Mais la fiction de son autorité au nom du Maréchal est en train de s'évanouir car le Maréchal le renie et le condamne. Je pense que la combinaison n'a pas d'avenir.

Le général Giraud s'est malheureusement compromis avec Darlan. D'après mes informations, l'armée et l'administration attendent les événements sans prendre réellement parti. La Marine est exaspérée contre Darlan qui l'a trahie en la faisant combattre les Alliés tandis que lui-même trafiquait avec les Américains. Giraud est mal vu des deux côtés parce qu'il a violé sa parole donnée au Maréchal et parce qu'il n'a pas fait acte d'adhésion à la France Combattante. Mon sentiment est que pour le moment tout cela a pour effet de rehausser l'autorité du Maréchal lui-même chez les partisans de Vichy au détriment de Darlan et Giraud et d'exaspérer nos partisans contre ces mêmes personnages.

La note à donner à tous en toutes occasions publiques et privées consiste à marquer que nous méprisons toutes ces combinaisons qui ne font que retarder l'union nécessaire et que nous voulons cette union dans

1. Dans une lettre du 4 mai 1942 au maréchal Pétain, le général Giraud écrit notamment : « Je vous donne ma parole d'officier que je ne ferai rien qui puisse gêner en quoi que ce soit nos rapports avec le gouvernement allemand ou entraver l'œuvre que vous avez chargé l'amiral Darlan et le président Pierre Laval d'accomplir sous votre haute autorité. »

la propreté et le désintéressement. Je crois, comme je vous l'avais annoncé au début de cette crise, que nous ne manquerons pas d'émerger à la fin comme la seule force nette et honorable sur laquelle on puisse bâtir le rassemblement de l'Empire dans la guerre.

Télégramme aux délégations France Combattante dans l'Empire et à l'étranger

Londres, 18 novembre 1942

Le général de corps aérien d'Astier de La Vigerie et le délégué syndicaliste [Morandat[1]] sont arrivés aujourd'hui de France en avion. Ils étaient encore en France hier soir. Tous deux apportent l'expression du sentiment unanime des Français au sujet des tractations récentes en Afrique du Nord française. Suivant le général d'Astier de La Vigerie et suivant [Morandat] tout le monde en France a été soulevé par la stupeur et par la colère en apprenant que Darlan exerçait l'autorité sous la coupe des Américains. Tout le monde blâme le général Giraud d'avoir accepté un commandement d'abord de la main des Américains, ensuite de la main de Darlan. L'opinion unanime en France est que Giraud a le devoir de se rallier uniquement à la France Combattante. Mon intention est de confier un commandement important au général de corps aérien d'Astier de La Vigerie.

Télégramme au général de Larminat et au général Kœnig, à Beyrouth

Londres, 18 novembre 1942

Secret

L'accouchement de l'unité de l'Empire dans la guerre de libération est pénible. D'autant plus que l'affaire est compliquée d'intrigues étrangères et de multiples fausses nouvelles.

Non sans difficultés nous avons pu écarter Darlan tout au moins pour l'avenir.

Mon intention est d'essayer de parvenir à un arrangement avec le général Giraud. Malheureusement il ne me facilite pas la tâche car il a accepté d'être nommé d'abord par les Américains eux-mêmes, ensuite par Darlan. J'espère, cependant, que le temps, d'une part, et, d'autre part, l'ambiance générale qui se dégage peu à peu en Afrique du Nord dans un sens favorable parmi les Français nous permettront de nous réunir tous.

Le général de corps aérien d'Astier de La Vigerie est arrivé aujourd'hui de France à Londres par avion pour se rallier à la France Combattante et pour apporter le sentiment public français sur toute cette affaire. Il

1. Secrétaire général permanent des syndicats chrétiens de la Savoie de 1936 à 1939, Yvon Morandat participe activement à la résistance dès 1940.

déclare que tout le monde en France est unanime sur les deux points suivants : Darlan est un traître qui doit être liquidé. Giraud a le devoir de se rallier à la France Combattante.

J'espère que vous-mêmes et les troupes sous vos ordres aurez bientôt une nouvelle occasion de rencontrer Madame la Gloire.

Fidèles amitiés.

Note remise aux gouvernements alliés

Londres, 19 novembre 1942

Le général de Gaulle et le Comité national français ont reçu maintenant des informations circonstanciées sur l'effet produit dans l'opinion française par l'opération politique exécutée en Afrique du Nord française par une puissance alliée, opération qui consiste à utiliser la soi-disant « conversion » de Darlan pour rattacher à Darlan et à ses amis le redressement de l'Afrique du Nord dans la guerre de libération.

Le général de corps d'armée aérien d'Astier de La Vigerie et le délégué syndicaliste [Yvon Morandat], partis de France dans la nuit du 17 au 18 novembre, sont venus apporter au général de Gaulle toutes précisions concernant les réactions de l'opinion française. Ces deux hommes ont des relations très étendues et ont pris des contacts multiples dans les cercles les plus divers.

D'autre part, des informateurs très compétents ont adressé de France au général de Gaulle des télégrammes dont copie est jointe et qui recoupent exactement les déclarations du général d'Astier et de M. [Morandat].

Il paraît incontestable que la stupeur, la colère et le dégoût provoqués en France par cette opération politique ont produit sur l'esprit de résistance du peuple français et sur sa confiance dans les Alliés le plus mauvais effet que l'on puisse imaginer. Les vichystes, les gaullistes et les communistes sont exaspérés simultanément.

Le général de Gaulle considère comme vraisemblable que Laval, d'accord avec Hitler, pourrait utiliser cet état de trouble et de confusion de l'opinion française pour déclarer la guerre aux Nations Unies, ce que l'esprit de résistance nationale l'avait jusqu'à présent empêché de faire.

L'irritation générale causée en France par l'opération Darlan et le comportement absurde de Giraud risqueraient d'avoir en outre pour résultat que Laval trouverait en France, pour cette guerre, des concours actifs qui lui eussent été antérieurement refusés.

Télégramme au général Leclerc, à Fort-Lamy

Londres, 19 novembre 1942

Très secret

Je réponds à votre télégramme n° 3363 EMB.

1. J'approuve toutes vos dispositions relatives aux opérations sur le Fezzan.

Je vais m'efforcer d'obtenir tous les renseignements nécessaires sur les opérations en Tunisie, bien que jusqu'à présent ils m'aient été soigneusement dissimulés.

En attendant, vous pourriez vous adresser à ce sujet au général Giffard, qui doit être tenu au courant, et au général Alexander, qui reçoit certainement les indications nécessaires à la coordination des actions des Ire et VIIIe armées britanniques.

2. En ce qui concerne le Niger, je comprends fort bien que vous ne puissiez pas monter une opération importante. Mais au cas où les Alliés se porteraient en avant en A-OF dans n'importe quelle direction, il est indispensable que vous puissiez envoyer un élément le plus important possible sur Zinder. Il est en effet absolument essentiel que le Niger soit rapidement contrôlé par nous et que nous ne soyons pas exclus du règlement de l'affaire A-OF comme on a essayé de nous exclure de celui de l'affaire Afrique du Nord. Tenez-moi au courant de ce que vous déciderez et préparerez à ce sujet.

Je compte d'autre part vous envoyer très prochainement des directives relatives à une action éventuelle sur Lomé.

À l'amiral Stark, à Londres

Londres, 21 novembre 1942

Très secret

Amiral,

Le poste de radio d'Alger, dont je présume qu'il est sous le contrôle du commandement militaire américain, a diffusé hier, pour la deuxième fois, une information annonçant qu'au Tchad des forces importantes étaient concentrées en vue d'une offensive imminente vers le nord. L'information ajoutait que l'objectif de ces forces était la route côtière de Tripoli à El-Agheila.

Je proteste de la façon la plus formelle contre cette divulgation du plan d'une opération militaire dont le commandement français est seul responsable et qui est préparée dans un territoire où la France est seule et pleinement souveraine.

Je vous serais obligé de bien vouloir provoquer sans aucun délai auprès du commandement américain intéressé les mesures nécessaires pour qu'il soit mis un terme à cette violation du secret militaire au détriment des forces françaises et obtenir les explications que ce surprenant incident vous paraîtra certainement comporter.

Veuillez agréer, amiral, l'assurance de ma considération très distinguée.

Copie adressée au général Brooke [chef d'état-major impérial britannique]

Note sans indication d'utilisation

Londres, s.d. *[après le 21 novembre 1942]*

Le général d'armée Catroux, délégué général de France et commandant en chef au Levant, est arrivé à Londres venant de Beyrouth.

Le général Catroux a été appelé à Londres par le général de Gaulle pour rendre compte au Comité national français, dont il fait partie, de la situation politique, militaire et économique dans les États du Levant.

D'autre part, le général Catroux, qui, comme on le sait, a servi longuement et glorieusement au Maroc et en Algérie et qui est originaire d'Alger, va prendre part aux délibérations du Comité national concernant la situation en Afrique du Nord française.

À Alger, les négociations en cours entre l'amiral Clark et l'amiral Darlan aboutissent, le 22 novembre, à un accord qui conforte l'autorité du haut-commissaire et avalise l'occupation américaine en Afrique du Nord.

Télégramme à André Philip, à Washington

Londres, 22 novembre 1942

Secret

J'ai reçu votre télégramme au sujet de votre entrevue avec le président Roosevelt et de votre conversation ultérieure avec M. Sumner Welles[1]. Ce que vos deux interlocuteurs vous ont dit ou laissé entendre correspond exactement à ce que je pensais depuis toujours de la tendance de leur politique. Je vous ferai connaître incessamment si oui ou si non je compte me rendre aux États-Unis pour répondre à l'invitation du président Roosevelt. Sans préjuger aucunement du parti que j'adopterai après y avoir réfléchi et en avoir discuté avec le Comité national, je vous prie de rester à Washington pour le moment. Si je renonce moi-même à faire

1. Voir *Mémoires de guerre*, t. II, p. 408-415.

le voyage, vous viendrez alors nous rejoindre ici. Si je me rends à Washington, vous vous y trouverez en même temps que moi. Amitiés à vous et à Tixier.

Au gouverneur Valentin-Smith, à Londres

Londres, 23 novembre 1942

Monsieur le gouverneur,

Au moment où les nécessités administratives que vous connaissez imposent un changement de titulaire dans le gouvernement du Gabon, je tiens à vous dire ma reconnaissance pour l'œuvre que vous avez accomplie comme chef de ces territoires.

Vous avez eu à prendre la succession la plus difficile, celle de notre cher colonel Parant[1], dont la mort au service de la France laissait au Gabon un vide qui paraissait impossible à combler. Je sais avec quelle conscience et quelle ardente volonté d'aboutir vous avez pris vos fonctions. J'ai suivi avec attention vos efforts et les résultats que vous avez obtenus. Aucun ne m'a donné plus de satisfaction que le développement de ce réseau routier du Gabon dont dépendent la fin du portage et la cessation de l'isolement dont le Gabon a si longtemps souffert.

Vos routes resteront au Gabon l'une des réalisations dont la France Combattante pourra s'enorgueillir.

Je vous prie d'agréer, monsieur le gouverneur, les assurances de ma considération très distinguée.

Le 23 novembre 1942, le gouverneur général de l'A-OF, Boisson, et le commandant en chef à Dakar, le général Barraud, se placent sous les ordres de l'amiral Darlan.

Télégramme au général Leclerc, à Brazzaville

Londres, 24 novembre 1942

Très secret

Je réponds à votre télégramme n° 3465 du 24 novembre.

Tout en vous approuvant de consacrer à l'opération G tous les moyens adéquats, je maintiens mes ordres relatifs à une intervention éventuelle au Niger avec d'autres éléments.

Il me semble que le total des forces du Tchad doit vous permettre cela.

1. Le colonel Parant rallie la France Libre dès juin 1940 et participe en novembre de la même année aux opérations de ralliement du Gabon dont il est nommé gouverneur ; il meurt en service, des suites d'un accident d'avion, en mars 1941.

L'opération du Niger devra être exécutée à la première occasion, à votre initiative, à la condition que les circonstances soient devenues telles que cette opération ne puisse entraîner de sérieuses effusions de sang.

L'importance de l'entrée au Niger des Forces Françaises Libres ne saurait vous échapper, surtout dans la nouvelle situation créée par le ralliement de Boisson à Darlan[1].

Télégramme au général de Lavalade, transmis par Albert Ledoux, à Rio de Janeiro

Londres, 24 novembre 1942

Confidentiel

Je distingue assez mal votre attitude. La France Combattante accepte volontiers que vous soyez à sa disposition, mais à condition que ce soit complètement et sans réserves. En particulier vous ne pouvez pas prendre une position modifiable suivant les fluctuations du général Giraud. J'attends votre réponse avec confiance.

Télégramme au général Leclerc, à Brazzaville

Londres, 24 novembre 1942

Secret le plus absolu

Je réponds à votre proposition concernant contacts avec Giraud. Il faut que vous sachiez que Giraud n'est nullement le maître. L'autorité est exercée par Darlan. Si vous alliez à Alger actuellement, ou bien Darlan vous ferait arrêter ou, tout au moins, les Américains vous expulseraient comme risquant de troubler l'ordre. Le commandement allié en Afrique du Nord ne veut faire nulle peine à Darlan parce que la situation militaire en Tunisie l'oblige à ménager infiniment ce personnage.

Mais tout s'arrangera pour finir quand l'ennemi aura été chassé d'Afrique du Nord, ce à quoi vous allez contribuer.

Amitiés.

Au général Legentilhomme, à Londres

Londres, 25 novembre 1942

Objet : Composition et organisation des futures unités de l'armée de terre.

1. J'ai lu votre lettre du 26 octobre par laquelle vous m'avez envoyé les tableaux d'effectifs de guerre de la division d'infanterie, type normal.

1. Le Niger fait partie de l'A-OF et relève donc du gouverneur général Boisson.

Votre lettre contient un exposé des principes qui vous ont amené à fixer la composition que vous proposez pour cette grande unité.

Ces principes ont mon approbation sous réserve des remarques suivantes :

IVa. Extension des fronts

Malgré la nécessité qu'il y a de diluer davantage les unités, nous ne devons pas perdre de vue la notion d'effort ; l'augmentation du front à attribuer à une unité élémentaire, groupe de combat ou compagnie, n'entraîne pas pour cela une augmentation de la largeur de la zone d'action des grandes unités, c'est par un plus grand échelonnement en profondeur, qui permet de nourrir l'attaque et de manœuvrer, que la brigade et la division s'adapteront aux servitudes du combat.

IVc. Distance entre les voitures

Avec une distance de 150 mètres entre les voitures, et compte tenu des distances qu'on doit maintenir entre les différents échelons du dispositif de marche, la division du type que vous proposez (plus de 3 000 voitures avec les groupes de transport d'infanterie) dépasserait 500 kilomètres sur un seul itinéraire, c'est une longueur qu'on pourra rarement admettre.

La distance entre les véhicules est fonction essentiellement de la situation, mouvement de jour ou de nuit, force de la couverture aérienne, etc.

VII. Bataillon de chars

L'affectation d'un bataillon de chars à la division d'infanterie sera nécessaire dans la plupart des phases de la bataille, mais il serait contraire à l'économie des forces de donner un caractère permanent à cette affectation, je ne suis donc pas d'avis de la maintenir.

2. Par ailleurs, les tableaux d'effectifs de guerre de la division joints à votre lettre, constituent une œuvre sérieuse, elle fait le plus grand honneur aux officiers qui ont participé à leur élaboration.

Cependant la composition de cette grande unité appelle des observations relatives à :

a. sa lourdeur avec 2 941 voitures non comprises celles des 2 groupes de transport qui sont nécessaires à l'infanterie,

b. la faiblesse du GRD[1] destiné à assurer la sécurité éloignée d'une pareille masse.

a. Allégement de la division.

Il semble qu'il pourrait se faire :

— En diminuant la quantité d'artillerie affectée organiquement à cette grande unité sans diminuer les éléments d'artillerie de DCA qu'elle possède, au lieu de 10 groupes mixtes d'artillerie pour 7 bataillons d'artillerie, vous pourriez envisager de ne posséder organiquement que 7 groupes mixtes + 1 groupe de DCA, répartis comme suit :

1. Groupe de reconnaissance de division.

Artillerie de la 1re brigade : 2 groupes mixtes de 75 au lieu de 3.

Artillerie de la 2e brigade : 2 groupes mixtes de 75 au lieu de 3.

Artillerie de la division : 2 groupes mixtes de 105 (pas de changement), 1 groupe mixte de 155 (au lieu de 2), 1 groupe de DCA en plus.

Le groupe de DCA permettra de donner une plus grande souplesse à la couverture aérienne de la division et de renforcer la défense aérienne des échelons arrière de son dispositif.

— En supprimant le bataillon de chars.

b. Renforcement du GRD.

Malgré les diminutions envisagées, la division gardera encore un volume considérable, et je ne pense pas que le GRD que vous envisagez soit assez étoffé pour en assurer la couverture éloignée.

Au lieu de 2 escadrons de combat : 1 mixte et 1 d'AM comprenant 1 peloton de chars, j'en verrais volontiers 4 :

1 mixte,

1 d'AM,

1 de chars,

1 de mitrailleuses et d'engins comprenant : 1 peloton de DCB, 1 peloton de DCA, 1 peloton de mortiers, 1 peloton de mitrailleuses.

3. Enfin je compte vous envoyer prochainement des directives concernant la constitution de la division blindée et de la DLM, compte tenu de la nécessité d'utiliser le matériel de l'Armoured Division américaine. Ultérieurement il y aura lieu de prévoir l'organisation des éléments organiques du corps d'armée et de l'armée, et des éléments de réserve générale à la disposition du GQG, en donnant la priorité aux unités régulatrices routières.

Télégramme au gouverneur général Éboué, à Brazzaville et au gouverneur Cournarie, à Douala

Londres, 25 novembre 1942

Secret le plus absolu

Le ralliement de Boisson à Darlan provoque dans toute l'A-OF de vastes remous d'indignation. Nos partisans se réveillent partout. Il y a de multiples possibilités d'exploitation.

Je vous demande :

a. de faire prendre par les fonctionnaires sous vos ordres tous contacts possibles et directs avec fonctionnaires et population des différentes colonies de l'A-OF ;

b. de vous entendre avec le général Leclerc pour qu'il fasse prendre des contacts directs par des officiers sous ses ordres avec militaires de l'A-OF ;

c. de parler vous-même à la radio et de faire parler tous personnages actuellement sous votre autorité et qui sont connus en A-OF. Il s'agit naturellement de substituer la France Combattante à Boisson et à Darlan.

Je télégraphie au colonel de Marmier[1] qu'il s'entende avec vous immédiatement pour transport direct par avions français des personnes qu'il y aurait lieu d'expédier rapidement sur place en A-OF.

Je prescris d'autre part à Pechkoff de gagner son poste à Accra sans délai[2].

Ordre[3]

Londres, 26 novembre 1942

Les événements politiques survenus en Afrique du Nord et en Afrique-Occidentale Française ne sauraient troubler les Français Combattants.

Nous savions bien que les traîtres et leur régime ne se laisseraient pas liquider dans l'Empire sans d'odieuses péripéties.

Mais cela passera. L'avenir n'est pas aux traîtres. La France Combattante émergera de toute cette boue comme la seule force nationale, solide et pure, autour de laquelle doit se faire l'union de l'Empire pour la libération aux côtés de tous les Alliés.

De France, de l'Empire, de l'étranger, d'innombrables témoignages sont venus nous prouver que plus que jamais c'est en nous que la patrie place sa fierté et son espérance.

Confiance, résolution, discipline !

Note sans indication d'utilisation

Londres, 27 novembre 1942

Les événements actuels en Afrique du Nord et en Afrique-Occidentale Française peuvent entraîner dans l'opinion britannique certaines réactions.

Je rappelle à tous les Français Combattants qui se trouvent en Grande-Bretagne qu'ils ont le devoir d'observer à ce sujet la plus grande discrétion et la plus grande réserve dans leurs conversations avec leurs amis britanniques, notamment avec les membres de la presse.

Il appartient exclusivement aux organismes qualifiés du Comité national français (commissariat national aux Affaires étrangères, commissariat national à l'Information) d'exprimer aux étrangers les intentions et l'opinion des Français Combattants.

1. Le même jour.
2. Par un télégramme du même jour.
3. Cet ordre est communiqué au personnel des commissariats nationaux à Londres et aux délégations France Combattante dans l'Empire et à l'étranger.

D'autre part, il est du devoir de tous fonctionnaires et militaires intéressés de garder un secret absolu sur les conversations ou documents officiels dont ils ont connaissance en raison de leurs fonctions. Toute infraction au devoir du secret serait sanctionnée avec rigueur.

Le 11 novembre 1942, un communiqué franco-britannique a précisé que « le Comité national français et le gouvernement britannique étaient en conversation au sujet de Madagascar et que le Comité national français avait désigné le général Legentilhomme pour y être haut-commissaire ». Les négociations concernant la prise de possession effective et souveraine de Madagascar par la France Combattante traînent en longueur.

Télégramme à Ignace de Villèle, à Tananarive

Londres, 28 novembre 1942

Je viens de recevoir copie de votre message du 10 octobre.

Je savais que je pouvais compter sur votre dévouement fidèle et j'ai été très touché de ce que, malgré les obstacles qui se sont opposés à la continuité des communications entre nous, vous ayez persisté dans votre action d'organisation de tous les Français qui refusaient l'armistice. Je suis particulièrement heureux d'apprendre la formation du groupement que vous avez constitué à Tananarive.

Le général Legentilhomme, nommé haut-commissaire à Madagascar, arrivera sous peu dans votre île. Veuillez vous présenter à lui dès son arrivée et vous mettre à sa disposition. En attendant, veillez, dans les circonstances actuelles, à guider l'opinion publique. Le ralliement de toutes les forces et de tous les territoires français d'outre-mer est en bonne voie. Aucune manœuvre ne pourra empêcher qu'il s'effectue finalement dans le cadre de la France Combattante dont la politique d'irréductible opposition à l'armistice se trouve aujourd'hui complètement sanctionnée par les événements.

Télégramme[1] à Adrien Tixier, à Washington

Londres, 29 novembre 1942

Secret

L'amiral Stark m'a remis ce matin un message de Washington suivant lequel le président Roosevelt demande que mon voyage soit reporté après le 9 janvier. Le président fait dire, d'autre part, qu'il désire me voir

1. Une partie de ce télégramme a déjà été publiée dans les *Mémoires de guerre*, t. II, p. 421.

mais qu'il souhaite que nos conversations puissent avoir lieu à loisir. Lui-même réserve à cette intention le temps nécessaire après le 9 janvier.

Quel que soit le réel motif qui amène le président à différer notre rencontre, je crois que ce retard est au total avantageux. J'avais accepté d'aller immédiatement aux États-Unis par déférence pour le président et suivant l'avis que me donnait Stark. Mais étant donné, d'une part, que la bataille n'est pas terminée en Afrique du Nord, et, d'autre part, que la confusion initiale à Alger n'a pas encore été dissipée suffisamment pour faire apparaître au-dehors à quel point l'autorité de Darlan est monstrueuse et précaire, il est préférable que je voie Roosevelt seulement après quelque délai. J'estime qu'en janvier la situation se sera éclaircie dans un sens favorable. Vous pouvez faire sentir cela dans vos entretiens à Washington.

J'ai vu hier longuement, à sa demande, M. Churchill. Il m'a donné l'impression que le gouvernement britannique, tout en se montrant chaleureux pour nous dans la forme, est assez mou dans le fond. C'est une raison de plus pour que je croie bon que mon voyage soit différé. En allant à Washington maintenant, je risquerais de me trouver devant Roosevelt plus ou moins d'accord avec Churchill pour brandir tout à coup le projet d'un comité de coordination des affaires françaises siégeant à Washington avec l'assistance de Bullitt et d'Halifax et où l'on nous aurait invités à nous faire représenter tout comme Darlan, Robert, Godfroy, etc., Alexis Léger étant également présent. Il me faudrait alors ou bien refuser, c'est-à-dire permettre au gouvernement américain et peut-être même au gouvernement britannique de dire que nous empêchions l'union de l'Empire, ou bien accepter, c'est-à-dire perdre le meilleur de notre position dans l'opinion française. Mieux vaut gagner du temps et laisser apparaître la forme des choses.

En tout cas, la présence de Philip aux États-Unis n'a plus d'objet actuellement. Je prie Philip de rentrer d'urgence à Londres.

Amitiés.

Le 28 novembre 1942, le contre-torpilleur *Léopard*, commandé par le capitaine de frégate Richard Évenou, sur ordre du général de Gaulle, opère le ralliement de l'île de la Réunion.

Télégramme à Jean-Charles Capagorry[1], à Saint-Denis

Londres, 30 novembre 1942

J'approuve toutes les dispositions que vous avez prises. Le but à atteindre maintenant est l'apaisement général dans la joie patriotique.

1. Chargé du gouvernement de la Réunion.

Toutefois, vous saurez marquer immédiatement que vous êtes l'autorité. Je vous félicite personnellement. Toute la France Combattante est avec vous et avec la Réunion.

Note pour le général Legentilhomme, à Londres

Londres, s.d. *[décembre 1942]*

Secret

Objet : Composition des futures unités de l'armée de terre.

Je réponds à votre lettre du 30 novembre relative à la constitution de la division d'infanterie à l'étude.

1. Chars.

J'admets en principe (réf. : ma lettre du 25 novembre 1942) que l'affectation d'un ou de plusieurs bataillons de chars à la division d'infanterie pourra être nécessaire dans la plupart des phases de la bataille.

Mais il me paraîtrait contraire à l'économie des forces de donner un caractère permanent à cette affectation.

D'autre part, il ne vous échappera pas que si la [compagnie] de chars peut et doit constituer une unité administrative, elle ne saurait être employée organiquement comme unité tactique autonome, faute de disposer d'un échelon suffisant. À cet égard, il en est à peu près de la [compagnie] de chars comme de la [batterie] d'artillerie.

2. Artillerie.

Je ne fais pas opposition à votre projet d'affecter à chaque brigade mixte 24 pièces de 75 et 12 pièces de DCA réparties en 3 groupes sous réserve de la création d'un groupe de DCA supplémentaire et de la suppression d'un groupe de 155.

Télégramme à Ludovic Chancel[1], à Nairobi

Londres, s.d. *[1er décembre 1942]*

Secret le plus absolu

J'ai des raisons de croire que dans l'orientation des diverses parties de l'Empire soit vers Darlan-Vichy, soit vers la France Combattante, les Anglais se résignent au jeu actuel des Américains.

En ce qui concerne Djibouti nous devons donc agir par nous-mêmes et nous efforcer de placer les Alliés devant un fait accompli. Cela est très urgent.

Je vous prie, en conséquence, de prescrire ce qui suit de ma part, je répète de ma part, au colonel Appert :

1. Délégué de la France Combattante en Afrique orientale.

« Vous devez vous rendre maître de Djibouti. Vous devez agir par vous-même le plus vite possible et dans le plus grand secret notamment vis-à-vis de nos alliés britanniques. Je répète secret absolu vis-à-vis des Britanniques. Amitiés. »

Télégramme à Adrien Tixier, à Washington

Londres, 1er décembre 1942

Secret le plus absolu

J'ai l'impression qu'une certaine équipe franco-américaine s'efforce d'empêcher ou de saboter d'avance la rencontre prévue entre le président Roosevelt et moi-même. C'est la même bande qui a jusqu'à présent réussi à empêcher toute entrevue.

Je ne sais si vous avez le moyen de faire dire cela discrètement au président en personne. Si vous avez ce moyen, il y a lieu de l'employer tout de suite. Je suis très désireux d'une conversation simple et sincère avec Roosevelt.

Télégramme au colonel Pechkoff, à Accra

Londres, 1er décembre 1942

Très secret

Ainsi que l'exemple de la Réunion vient de le prouver, la situation générale est favorable à une action audacieuse et décisive de notre part.

Je vous prie d'envoyer sans délai les officiers des missions dans les principaux postes militaires de l'A-OF pour y prendre le contact des éléments militaires et civils, y regrouper les patriotes et y faire une propagande ouverte en faveur du ralliement à la France Combattante. En même temps, ces officiers devront rechercher dans l'entourage des chefs militaires et civils des personnalités acquises à notre cause, susceptibles de prendre l'autorité en mains.

D'autre part, vous multiplierez à la radio les attaques contre les hommes de Vichy en Afrique du Nord en montrant que les chefs de Vichy sont responsables des trahisons et des erreurs passées et qu'ils ne désavouent aucunement ces erreurs et ces trahisons.

Il est probable que, après la disparition de la flotte de Toulon[1], et en raison de la tournure favorable des opérations en Tunisie, l'autorité de Darlan, déjà précaire, va se trouver affaiblie. Il en sera sans doute de même pour Boisson.

1. Les 26 et 27 novembre 1942, menacée par l'irruption de l'armée allemande en zone libre, la flotte française de Toulon s'est sabordée dans sa quasi-totalité.

Il s'agit en somme de préparer partout l'action directe et d'y passer en n'importe quel point où l'occasion vous paraîtra favorable afin de prendre de gré ou de force l'autorité dans tel ou tel territoire de l'A-OF.

Bien que l'on puisse espérer que les autorités britanniques ne s'opposeront pas à votre action, vous devrez agir toutefois dans le plus grand secret possible à leur égard et au besoin passer outre à leurs tergiversations.

Amitiés.

À Winston Churchill

Londres, 2 décembre 1942

Secret

Mon cher Premier Ministre,

Comme vous pouvez le penser, le Comité national français est très désireux d'être informé sur la situation actuelle en Afrique du Nord française. Cela est d'autant plus nécessaire que je puis être amené moi-même à discuter avec les autorités alliées des questions qui se rapportent à cette situation.

Je voudrais que le général d'Astier de La Vigerie pût trouver d'urgence les moyens de se rendre en Afrique du Nord française afin d'étudier sur place les éléments des problèmes posés et d'en informer le Comité national. Je vous serais reconnaissant de bien vouloir intervenir auprès des autorités alliées compétentes pour que ces moyens puissent être fournis au général d'Astier de La Vigerie.

Celui-ci serait accompagné de M. Marchal, conseiller d'ambassade, ancien chef du service du Commerce et de l'Industrie à la Résidence de Rabat, du commandant Pélabon[1] et du commandant Bourgas.

Bien sincèrement à vous.

Télégramme au gouverneur général Éboué et au général Leclerc, à Brazzaville

Londres, 3 décembre 1942

Secret

Je vous prie de continuer à faire assurer la garde militaire du poste radio de Brazzaville. Il y a des raisons sérieuses pour cela.

1. Ingénieur en chef du génie maritime, André Pélabon a milité dans la Résistance intérieure.

Télégramme au général de Lavalade, à Rio de Janeiro

Londres, 3 décembre 1942

Je vous félicite de votre décision[1] et vous prie de venir me voir à Londres où je fixerai avec vous le poste que vous occuperez pour le service de la France.

Au général d'Astier de La Vigerie[2], à Londres

Londres, 5 décembre 1942

Mon général,

Je vous adresse ci-joint le décret vous nommant mon adjoint au commandement en chef des Forces Françaises Libres, et membre du Haut Comité militaire[3].

À ce titre,

— vous prendrez en mon nom les décisions de commandement en toutes matières qui vous seront confiées par moi,

— vous exercerez la présidence du Haut Comité militaire si je m'en trouve momentanément éloigné,

— vous serez, en outre, chargé de missions d'inspection ou d'études militaires importantes.

À ces divers titres, vous disposerez des services de mon état-major particulier.

En outre de ces fonctions, dont, vous le savez, mon intention est qu'elles soient provisoires, vous pourrez être chargé de missions d'un caractère différent.

Je vous prie, en conséquence, d'entretenir les contacts administratifs et politiques nécessaires à cet effet.

Télégramme au général Leclerc, à Brazzaville

Londres, s.d. *[entre le 5 et le 8 décembre 1942]*

À déchiffrer vous-même

Je reçois votre télégramme n° 3634 du 4 décembre. Vous ne pouvez pas et vous ne devez pas déclencher votre opération avant le commencement effectif de l'offensive de la VIIIe armée britannique. En Tunisie, la situation des Anglo-Américains n'est pas bonne. D'une manière générale

1. Le général de Lavalade, « vu la situation créée en AFN par le maintien scandaleux de l'autorité de Darlan et en attendant que la position de Giraud soit clairement définie », se met à la disposition du général de Gaulle.
2. Adjoint au commandant en chef des Forces françaises libres.
3. Ce décret est publié au *Journal officiel* de la France Combattante.

l'ennemi s'est ressaisi en Afrique du Nord notamment pour l'aviation. Vous rencontreriez certainement une forte résistance. Je vous prescris d'exécuter l'opération G à la date que vous fixerez vous-même. Mais en aucun cas vous ne devez la déclencher avant que la VIIIe armée britannique ait commencé son offensive.

D'autre part, vous devez opposer une fin de non-recevoir absolue à toute tentative des Anglais d'introduire au Fezzan leurs officiers politiques[1]. Amitiés.

Télégramme au colonel Pechkoff, à Accra

Londres, s.d. *[entre le 6 et le 9 décembre 1942]*

J'ai reçu vos télégrammes des 3, 4, et 5 décembre. Pour le moment votre zone d'action est l'Afrique-Occidentale. C'est dans cette zone que vous devez déployer vos efforts. Le but à atteindre est d'obtenir que les divers territoires et les forces d'Afrique occidentale s'unissent réellement à nous. Ceci est incompatible avec la présence de Boisson. Mais pour atteindre ce but tous les moyens d'action, de contacts et de propagande sont bons.

En ce qui concerne l'Afrique du Nord, je sais que vous pouvez y être très efficient. Mais le moment n'est pas encore venu. Je m'efforce d'y envoyer le général d'Astier de La Vigerie pour m'informer moi-même et réciproquement pour informer les divers milieux sur notre compte. Si j'obtiens des Américains le transport de cette mission, il est possible que je vous prescrive de la rejoindre sur place. Toutefois, nous n'en sommes pas là.

Les fonctionnaires et officiers de notre délégation d'Afrique du Sud doivent demeurer à leurs postes à l'exception de ceux que j'ai désignés pour vous accompagner à Accra. À la réflexion j'ai décidé que Campistron resterait en Afrique du Sud avec comme destination ultérieure Madagascar. Quant au général de Lavalade je l'ai convoqué à Londres. Je déciderai de son affectation après l'avoir vu. Je prescris à Vallin de vous rejoindre à Accra.

Télégramme à l'amiral Cabanier, à Nouméa

Londres, 9 décembre 1942

Très secret

Le ravitaillement des troupes françaises doit être assuré par l'intendance française. Les Américains ne doivent pas être introduits dans ce

1. Le Foreign Office insiste auprès du général de Gaulle pour que deux officiers politiques soient détachés auprès du général Leclerc afin d'administrer le Fezzan dans le cas où il serait conquis. Le chef de la France Combattante a refusé cette proposition.

ravitaillement sous aucune forme. Cela étant, si certains bâtiments de l'intendance restent disponibles et ne sont pas nécessaires au ravitaillement des troupes françaises, vous pouvez les mettre temporairement à la disposition des Américains.

Toutefois, vous devez faire un contrat en bonne et due forme avec l'autorité militaire américaine précisant les conditions et limitant la durée par exemple à une année. D'une manière générale je vous invite à ne pas céder ce qui est à nous.

À Jan Masaryk[1], à Londres

Londres, 9 décembre 1942

Monsieur le Ministre,

La déclaration faite par Votre Excellence au lendemain des événements de Toulon est allée au cœur des Français. En coulant leurs navires pour éviter qu'ils ne tombent aux mains de l'ennemi, les marins de Toulon ont montré avec éclat qu'ils plaçaient au-dessus de tout l'honneur et la fidélité à la cause alliée. C'est pour la France en deuil un précieux réconfort de savoir que le gouvernement et la nation tchécoslovaques apprécient la portée du dur sacrifice consenti par la flotte française[2].

Veuillez agréer, monsieur le Ministre, les assurances de ma haute considération.

Au colonel Harris, à Exeter (Grande-Bretagne)

Londres, 10 décembre 1942

Mon colonel,

Je reçois le très émouvant cadeau que vous avez bien voulu me faire.

Laissez-moi vous dire combien je suis touché de votre geste. Cette lorgnette de Napoléon a « vu » beaucoup de gloires françaises. Elle témoigne, à sa manière, que les Anglais et les Français gaspillent leurs efforts quand ils s'opposent. D'autres grands souvenirs, plus récents, montrent qu'ils ont, au contraire, tout à gagner en s'unissant.

Avec mes meilleurs remerciements, je vous demande d'agréer, mon colonel, mes sentiments dévoués.

---

1. Après le sabordage de la flotte de Toulon, le général de Gaulle répond à plusieurs autres messages de gouvernements ou personnalités en exil à Londres.
2. En fait, dans les *Mémoires de guerre*, t. II, p. 49, le général de Gaulle considère qu'il s'agit du « suicide le plus lamentable et le plus stérile qu'on puisse imaginer ».

Allocution[1] prononcée à l'occasion du déjeuner offert par l'association de la presse anglo-américaine, à l'hôtel Savoy, à Londres, le 10 décembre 1942

Messieurs, en vous remerciant de m'avoir fait l'honneur de me recevoir, je voudrais que vous me permettiez de prononcer quelques mots qui iront à l'encontre des habitudes. En effet, au lieu de répondre aux questions que vous voudriez me poser, c'est moi-même qui vais articuler quelques interrogations. Bref, je désire aujourd'hui interviewer les journalistes.

Voici donc la première série de mes questions.

Ne croyez-vous pas que cette guerre totale a placé la stratégie sur un plan nouveau ? Si les conflits consistaient autrefois en batailles d'armées, on se bat aujourd'hui avec l'effort, le sang et l'âme des peuples. N'est-il pas vrai, par conséquent, que les stratèges des temps modernes ne sont plus, comme jadis, les chefs des armées mais bien les chefs des peuples, par exemple Churchill, Staline, Roosevelt, ou bien Hitler et Mussolini ?

Et voici la deuxième partie de mon interrogatoire. N'êtes-vous pas d'avis que l'effort total de guerre si cruel, si ruineux, si sanglant, cet effort qui exige de tant et tant d'hommes et de femmes une si grande somme de souffrance et d'abnégation ne saurait se déployer ni se soutenir si les buts poursuivis dans cette guerre n'étaient pas en proportion ? Autrement dit, ne pensez-vous pas que la stratégie moderne doit être inspirée et dirigée par une politique assez grande et assez humaine pour répondre aux aspirations des masses intéressées ? Si pour réussir dans cette lutte pour la vie un homme doit savoir accorder ses actes avec ses principes, de même ne croyez-vous pas que pour vaincre dans une guerre de notre temps un État doit savoir accorder sa stratégie avec sa politique ? Et s'il arrive que, pour un instant, quelque obstacle l'amène à se détourner localement de sa voie, ne jugez-vous pas essentiel qu'il y revienne au plus vite sous peine de jeter dans tout son effort un trouble moral profond ?

Et voici enfin mes dernières questions. Puisque cette guerre est une guerre mondiale, puisque dans le camp de la liberté aucun peuple n'est assez puissant pour remporter seul la victoire et que chacun a besoin des autres, même de ceux qui sont envahis et résistent à l'envahisseur, n'êtes-vous pas d'avis que l'union des nations au point de vue moral tout comme au point de vue matériel est absolument nécessaire ? N'êtes-vous pas d'avis que toute politique et, par suite, toute stratégie ne sont bonnes

1. Le texte de cette allocution est envoyé aux délégations et comités France Combattante dans l'Empire et à l'étranger.

qu'à la condition de répondre à l'idéal commun qui rassemble dans l'univers tous les champions de la liberté ?

Tels sont, messieurs, les problèmes que je soumets à votre examen. Vous avez pour y répondre tous les moyens professionnels de consulter cet arbitre des démocraties qui s'appelle l'opinion publique. Pour moi, je dois vous avouer que depuis le premier coup de canon de cette guerre et jusqu'au jour d'aujourd'hui je me suis déjà répondu.

À Élisabeth de Miribel[1], à Montréal

Londres, 11 décembre 1942

Chère mademoiselle,

M. Bonneau[2] vous portera cette lettre. Je la destine à vous exprimer combien j'ai apprécié et admiré les nobles et si utiles efforts que vous avez faits. J'espère que vous en ferez beaucoup d'autres.

Sachez simplement que je n'ai rien ignoré de vos difficultés et de vos mérites et que je vous en remercie profondément pour… la France.

Portez-vous bien, chère mademoiselle. Ayons tous confiance et veuillez croire en mes sentiments respectueux et dévoués.

Le 7 décembre 1942, avec l'accord des Alliés, l'amiral Darlan affirme assumer les fonctions de chef de l'État français en Afrique du Nord et de commandant en chef des forces terrestres, navales et aériennes. Il est assisté d'un « Conseil impérial » composé des généraux Bergeret, Giraud et Noguès ainsi que des gouverneurs généraux Chatel et Boisson.

Télégramme à Adrien Tixier, à Washington

Londres, 14 décembre 1942

Secret

Les Américains viennent de consentir à transporter en Afrique du Nord Française le général d'Astier de La Vigerie. Je lui ai donné pour mission de s'informer sur tout et de m'informer. Cela est nécessaire pour que nous puissions régler notre attitude d'après les faits et agir en conséquence. Naturellement, d'Astier n'aura rien à voir avec Darlan. Peut-être verra-t-il Giraud, mais non officiellement. Veuillez dire aux autorités américaines compétentes que nous tenons essentiellement à ce que la

1. Attachée à la délégation France Combattante.

2. Gabriel Bonneau, officier français, rallie la France Libre et participe à la campagne du Fezzan. Il succède au colonel Pierrené comme représentant du Comité national au Canada.

mission du général d'Astier ne soit pas annoncée par eux sans nous avoir consultés sur les termes.

D'une manière générale, mon intention et celle du Comité national est d'obtenir l'union de tout l'Empire dans l'effort de guerre. Mais il s'agit que ce soit pour faire réellement la guerre, c'est-à-dire, dans l'esprit de la France Combattante et de la France résistante. Cela seul exclut Darlan.

Contrairement à ce que les Américains officiels disent pour les besoins de la cause, nous avons en Afrique du Nord d'innombrables et ardents adhérents. Naturellement, ils ne sont pas dans la haute administration ni dans la haute armée ni dans la riche colonie. Ils sont dans la masse populaire, aussi bien française qu'indigène, dans les carrières libérales et dans les cadres subalternes de l'armée. Je suis convaincu que cette situation va apparaître peu à peu à mesure que la force des choses fait retourner la propagande de Vichy et désoriente la police.

Mon plan est donc de prendre sur place, par tous les moyens, tous les contacts possibles afin que l'union avec nous se fasse du bas vers le haut. Je sais que déjà nos comités locaux s'organisent et deviennent actifs. L'état de guerre et l'atmosphère de combat qui commencent à régner en Afrique du Nord faciliteront cette élévation des esprits vers la France Combattante.

D'autre part, j'envisage d'envoyer plus tard sur place des troupes, de l'aviation et des navires de guerre. J'y mettrai, comme condition formelle, que ces forces ne relèvent à aucun titre du commandement de Darlan ni de ses subordonnés, mais exclusivement de moi-même, quitte à les placer moi-même, au point de vue tactique, sous le commandement américain. Vous-même et Chevigné pouvez maintenant lancer cette idée auprès des autorités compétentes à titre de ballon d'essai. Vous me direz ce que seront les réactions américaines. La bataille de Tunisie est loin d'être près de son terme et nos forces, très résolues et très éprouvées, sont bonnes à utiliser.

L'accord pour Madagascar sera signé aujourd'hui lundi, par moi et Eden. Les nouvelles de Djibouti sont assez favorables. En Afrique-Occidentale Française, nos partisans s'agitent partout. Godfroy et Robert se refusent à rallier Darlan. Enfin, le gouvernement anglais, très impressionné par la lame de fond de l'opinion dans ce pays et dans les dominions et par l'attitude de Moscou, commence à se redresser du bon côté. La partie est et sera dure. Mais je garde un solide espoir. Veuillez communiquer ceci à d'Argenlieu, s'il est encore près de vous.

Amitiés.

Télégramme au général Leclerc [transmis par Brazzaville ?]

Londres, 14 décembre 1942

Il semble que l'ennemi ne veuille pas accepter la bataille à la hauteur d'El-Agheila et qu'il se prépare à la lutte plus à l'ouest.

Vous ne pouvez et ne devez pas vous engager jusqu'à ce que l'ennemi soit effectivement accroché à fond dans une bataille contre la VIIIe armée britannique. Tant que l'ennemi conservera sa liberté dans l'emploi de ses moyens terrestres et aériens, une action isolée entreprise par vous dans le Fezzan serait trop aléatoire.

Au général Béthouart[1], à Alger

Londres, 14 décembre 1942

Mon cher ami,

J'ai reçu avec plaisir ta lettre du 8. Je savais depuis longtemps quels étaient tes sentiments et je n'ai naturellement pas ignoré ce que tu avais fait pour aider les Américains. Je t'en approuve. Mais il faut reconnaître que si leur arrivée en Afrique du Nord peut être, militairement parlant, une très bonne chose, l'incroyable marché qu'ils ont passé avec Darlan risque d'entraîner les conséquences les plus graves. Toute la Résistance en France est ébranlée dans ses profondeurs. Dans la partie de l'Empire libérée sous le signe de la France Combattante l'indignation est indicible. Dans l'autre partie, la confusion est à son comble. J'ajoute que l'accord entre les Alliés se trouve, du même coup, compromis et que, partout, l'esprit de guerre a reçu un dur coup de hache.

Il va sans dire que ni moi-même, ni le Comité national, ni aucun de mes compagnons ne consentirions à entrer, directement ou indirectement, dans cette « combine » à la Vichy. Nous ne voulons pas d'une libération pourrie. Au contraire, nous voulons l'union pour la guerre et dans l'honneur de tous les Français de bonne volonté, et nous voulons que cette union se fasse de Français à Français, sans interférence des étrangers qui jouent leur jeu à eux et non point celui de la France.

J'envoie en Afrique du Nord le général d'Astier de La Vigerie pour étudier la situation, voir sur place ce qui peut être fait et m'en rendre compte. Je souhaite, en particulier, qu'il soit possible d'éclairer le général Giraud, que Darlan a trouvé le moyen de s'associer, ce qui ne blanchit point le traître mais pourrait salir le bon soldat.

Quant à toi, sache que tu es de ceux sur lesquels je compte.

---

1. Cette lettre est remise à son destinataire par le général d'Astier de La Vigerie. Condisciple du général de Gaulle à Saint-Cyr, le général Béthouart assiste le général Giraud.

À bientôt, j'espère, mon cher ami. Crois à mes sentiments cordialement dévoués.

Le 14 décembre 1942, un accord est signé entre le Comité national et la Grande-Bretagne établissant l'autorité souveraine de la France Combattante sur Madagascar.

Proclamation[1]

Londres, 15 décembre 1942

C'est avec émotion et en toute confiance que j'adresse à la grande et chère colonie française de Madagascar mon salut et celui du Comité national.

Je sais qu'à Madagascar, dans les jours tragiques de 1940, alors qu'on pouvait croire la France vaincue, tous les cœurs ont frémi de la même angoisse et de la même ardeur. Je sais ce que furent ensuite vos épreuves durant les longs mois de doute et d'isolement. Je sais enfin combien vous furent cruels les douloureux événements récents.

Mais ce passé s'efface. Madagascar va participer sous l'égide résolue de la France Combattante à l'effort guerrier de l'Empire pour libérer la mère-patrie et à la lutte des Nations unies pour la liberté du monde.

Dans cet effort, Madagascar, par ses ressources, sa position et son courage, jouera un rôle très important. Sous la direction de leurs chefs, le général Legentilhomme, haut-commissaire de France, et le gouverneur de Saint-Mart, toutes les autorités et toute la population y feront, j'en suis sûr, plus encore que leur devoir.

Vive Madagascar !

Vive l'Empire français !

Vive la France !

À Henri Bernstein[2], à New York

Londres, 16 décembre 1942

Mon cher maître,

Je reçois votre lettre du 25 novembre. Songez qu'il faut redresser la France sans ce qu'on appelait son « élite ». Vous aurez aussitôt le mot de beaucoup d'énigmes. Je ne puis vous dire combien m'a touché votre allocution du 25 novembre.

Veuillez croire à ma vive sympathie et à ma fidèle admiration.

---

1. Cette proclamation est destinée à être placardée à l'arrivée du général Legentilhomme à Madagascar.
2. Auteur dramatique.

Télégramme à Adrien Tixier, à Washington

Londres, 17 décembre 1942

Kerillis m'écrit qu'il désirerait infiniment venir me voir à Londres et voir en même temps son fils qui est engagé dans nos troupes. Je sais quelle est la nature de Kerillis et quelles préventions il nourrit de divers côtés. Toutefois je crois que son voyage ici contribuerait à l'orienter en même temps qu'à le réconforter. Veuillez donc lui remettre le message suivant de ma part :

« Je reçois votre lettre du 2 décembre. Je serais heureux de vous voir à Londres. À bientôt. »

[PS] D'autre part, je vous prie de lui dire que je prendrais son voyage à ma charge.

Note de service

Londres, 17 décembre 1942

Secret

Recrutement de l'infanterie de l'air.

L'infanterie de l'air est une arme d'élite et d'un rendement considérable comme l'a prouvé en particulier cette année l'action des parachutistes français engagés sur le théâtre d'opérations du Moyen-Orient.

Dans la situation actuelle des Forces Françaises Libres il nous faut avant tout créer et développer les armes de qualité même au prix de sacrifices consentis ailleurs.

J'ai décidé la création d'un bataillon d'infanterie de l'air, dont la première compagnie actuellement constituée doit avoir un effectif de :

8 officiers,

16 sous-officiers,

116 caporaux et soldats.

Les effectifs actuels se montent à :

	Présents en Grande-Bretagne			Sur les TOE[1] en route pour la Grande-Bretagne
	instruits	en stage	recrues	
Officiers	10	2	1	3
Sous-officiers	19	3	0	11
Caporaux et soldats	27	6	4	39
Total	56	11	5	53

1. Théâtre d'opérations extérieures.

Pour compléter les effectifs en caporaux et soldats et pour créer le plus tôt possible la deuxième compagnie, les mesures suivantes seront prises :

1. tous les éléments de la compagnie d'infanterie portée de Camberley physiquement aptes et volontaires pour l'infanterie de l'air y seront incorporés immédiatement,

2. le centre d'accueil proposera dorénavant à tous les volontaires en instance d'incorporation l'arme de l'infanterie de l'air quelle que soit l'arme d'origine pour les volontaires ayant déjà servi.

Il transmettra immédiatement et directement à l'EMP[1] toutes les demandes d'incorporation pour cette arme,

3. le contre-amiral commissaire national à la Marine proposera avant le 1er janvier trente volontaires qualifiés pour l'infanterie de l'air.

Télégramme à Ludovic Chancel, à Djibouti

Londres, 18 décembre 1942

Très secret

Veuillez faire tenir au général Dupont[2], à Djibouti, et sans ingérence britannique, le message suivant de ma part :

« Mon général, un accord direct entre nous par ralliement de la Côte française des Somalis à la France Combattante nous permettrait de garder la position sans aucune servitude étrangère. Je vous demande de penser à cela et de décider en conséquence. J'ajoute qu'au cas où vous me rallieriez comme gouverneur, je vous demanderais de rester gouverneur. J'attends votre réponse avec confiance. »

Télégramme au général Catroux, à Beyrouth

Londres, 22 décembre 1942

Secret le plus absolu

Je réponds à votre télégramme n° 1722/CH.

J'approuve les dispositions que vous avez prises en ce qui concerne les brigades Kœnig et Alessandri.

Je préviens Chancel de l'arrivée à Dirédaoua d'un officier envoyé par Larminat.

Toutefois, tant que la situation de Djibouti ne sera pas réglée, j'estime impossible de disposer de tout ou partie du détachement Raynal[3] pour un autre théâtre.

---

1. État-major particulier.
2. Gouverneur vichyste de Djibouti.
3. Le lieutenant-colonel Raynal, venant de Djibouti avec quarante officiers et quinze cents hommes, a rallié les Forces françaises combattantes au début décembre, à Dirédaoua (Abyssinie).

Il y a tout lieu de croire d'ailleurs à une solution prochaine ; en tout cas, je prévois le renforcement des forces sous vos ordres par des éléments d'artillerie provenant de la Côte française des Somalis.

À des résistants en France[1]

Noël 1942

Mon cher

Je tiens à vous remercier, en cette fin d'année, des efforts que vous avez faits, des sacrifices que vous avez acceptés, des dangers que vous courez chaque jour pour la France. La patrie compte sur votre action. Quoi qu'il arrive, elle ne l'oubliera pas.

Vos camarades combattants des Forces Françaises Libres vous adressent leur salut fraternel. Votre pensée est pour eux le plus fort et le plus pur encouragement.

Rien n'empêchera, dans l'année qui vient, le redressement national. Rien ne pourra éviter à l'ennemi et aux traîtres leur défaite et notre vengeance. Redoublons tous nos efforts. Quant à vous, renforcez encore votre organisation et votre discipline pour que, dès qu'il le faudra, l'action soit puissante et immédiate.

Cordialement à vous et en toute confiance.

À des familles de résistants, arrêtés ou fusillés

Noël 1942

Je veux vous dire, en cette veille de Noël, que ma pensée va vers vous avec une sollicitude particulière.

Je partage vos angoisses et vos tristesses, sachant tout ce que vous sacrifiez pour le salut du pays et ne doutant ni de votre courage ni de votre fierté. Votre famille a fourni l'exemple d'un dévouement total à la patrie. Sachons être dignes de cet exemple.

Croyez, je vous prie, à l'expression de mes sentiments de reconnaissance et d'amitié.

Préface pour le *Year Book* de France Forever de 1943

Londres, 25 décembre 1942

[Il] fallait faire confiance à notre peuple. [Il] fallait lui faire confiance malgré [la] trahison ou malgré [la] démission de ceux qui se disaient ses chefs. [De] nombreux signes le montraient. [Il] suffisait d'avoir assez foi

1. Lettre reproduite en plusieurs exemplaires, ainsi que la suivante.

dans la France pour les lire et les interpréter : ce furent les volontaires bravant tous [les] risques pour [l'] honneur [de] combattre ; ce furent les multiples messages d'espérance émanés de l'Empire ; ce fut le sursaut qui replaça bien vite dans [la] guerre des parties importantes de cet Empire.

L'un de ces signes et non le moins réconfortant fut à l'instant même du désastre la réaction quasi unanime des Français résidant à l'étranger. [Le] gouvernement de Bordeaux, d'abord, le nouvel organisme français qui se formait à Londres, ensuite, virent affluer par milliers des télégrammes, lettres, messages de tous genres venus de tous [les] pays du monde exprimant [la] confiance de ces Français dans [l'] issue de [la] lutte et surtout [le] sentiment que [l'] honneur commandait encore [de] combattre dans [le] camp des hommes libres. L'étranger regardait vers ces Français pour essayer [de] comprendre [la] tragédie qui se jouait en France : eux montraient à l'étranger que [la] France quand elle restait libre [de] s'exprimer conservait par-delà ses malheurs le sens de sa destinée et demeurait fidèle à ses grandes traditions.

Bien vite des groupements spontanés se constituèrent au sein [de] chaque colonie. Leur nom disait clairement leur idéal « France quand même », « France toujours » ou plus simplement « France Libre ». [Ils] avaient pour objet en premier lieu [de] soutenir de leur action ceux [de] leurs compatriotes qui portaient encore des armes. [Ils] recrutèrent des volontaires qui aujourd'hui combattent dans toutes nos unités, prodiguèrent contributions et secours. Mais leur apport moral est plus considérable encore ; [il] se résume d'un mot : en eux, les amis de [la] France aperçoivent [la] France qu'ils connaissent et qu'ils aiment.

Par [le] nombre de ses adhérents comme par [l'] étendue [de] son action, l'Association « France Forever » est l'un des plus importants de ces groupements. Son but est [de] maintenir sur [le] sol de [l'] Amérique [les] libres traditions de [la] patrie. Elle a pu y réussir car elle a pris naissance sur une terre traditionnelle de liberté. Par ses conférenciers, par ses publications, par le concours quotidien de milliers de bonnes volontés, « France Forever », groupement d'hommes libres dans [un] pays libre, a fait connaître [la] vérité sur [la] France et a prouvé que notre vieille devise de liberté, d'égalité, de fraternité est encore autre chose qu'une formule morte.

[Les] fondateurs et membres de « France Forever », en cette année 1943 qui s'ouvre sur de si larges espérances, poursuivront leur effort. [Ils] seront auprès de l'Amérique les interprètes de la reconnaissance française pour la puissance de son action libératrice [et] continueront à montrer à la grande démocratie américaine le ferme visage de la démocratie française. Et, parce que notre peuple héroïque souffre et lutte aujourd'hui plus durement, ils se feront avec plus de sollicitude encore [les] interprètes de sa volonté. [La] France Combattante, celle de l'intérieur unie à celle de l'extérieur, forme un tout indivisible. La nation attend d'elle sa délivrance.

« France Forever », association de bons Français et d'amis de [la] France, saura le faire entendre. C'est là mon vœu à l'entrée de la nouvelle année.

Ce vœu est aussi celui de la France.

À Winston Churchill

Londres, 26 décembre 1942

Très secret

Mon cher Premier Ministre,

Pour assurer la défense de l'île française de la Réunion, les Forces Françaises Libres possèdent les effectifs nécessaires mais elles ne disposent pas de tout l'armement indispensable.

Je vous demande de bien vouloir faire délivrer, à cet effet, aux Forces Françaises Libres, le matériel suivant :

Pour les forces terrestres :

8 pièces de côte de 6 pouces constituant 4 batteries,

16 canons Œrlikon répartis en 4 batteries,

l'armement de 2 bataillons d'infanterie à effectifs réduits.

Pour les forces navales :

3 motor-launches pour assurer les patrouilles et la liaison rapide avec l'île Maurice.

En ce qui concerne la situation aérienne, il semble que l'île de la Réunion pourrait entrer dans la zone d'action du Coastal Command britannique basé à Madagascar ou à l'île Maurice.

Bien sincèrement à vous.

Télégramme au général Catroux, à Accra[1]

Londres, 26 décembre 1942

Très secret

La disparition de Darlan[2] peut placer l'affaire de l'Afrique du Nord sous une nouvelle perspective. J'ai adressé, le 25 soir, à Giraud un télégramme secret[3] lui proposant une entrevue soit en Algérie, soit au Tchad dans le but d'organiser l'union par le moyen d'un pouvoir central groupant tout l'Empire, tout ce qui résiste en France et tout ce qui peut combattre hors de France. Je n'ai pas précisé autre chose à Giraud, mais vous savez que dans mon esprit ce pouvoir devrait être, soit un Comité national élargi autour de nous, soit un gouvernement provisoire. Vous

1. Le général Catroux devait retrouver le général de Gaulle à Accra le 26 décembre, afin d'y prendre un avion pour Washington. Leur voyage aux États-Unis étant différé, le général Catroux gagnera Londres le 7 janvier via Bathurst.

2. L'amiral Darlan a été assassiné le 24 décembre par Fernand Bonnier de La Chapelle.

3. Voir *Mémoires de guerre*, t. II, p. 429.

devriez alors devenir haut-commissaire en Afrique du Nord. Giraud aurait le commandement de la principale armée d'opération.

Le général d'Astier, rentré d'Algérie il y a quatre jours après un séjour que feu Darlan et les Américains ont voulu qu'il fût très bref, a cependant vu beaucoup de monde notamment Giraud. Les conclusions de D'Astier étaient assez optimistes. Elles le sont davantage après la fin de Darlan.

Churchill et Eden se sont immédiatement rapprochés de nous, au moins en apparence, et m'ont adjuré de les voir longuement demain, ce que je ferai. D'autre part, je crois préférable de ne pas quitter Londres pour Washington avant d'avoir reçu la réponse de Giraud ou bien constaté que je n'en recevrais pas. Bref, je compte partir lundi et vous demande, par conséquent, d'attendre à Accra.

La situation, par elle-même compliquée, l'est surtout, comme vous le sentez, à cause de la politique de Roosevelt et du State Department, de la faiblesse chronique des Britanniques et des manœuvres de la cinquième colonne notamment à Washington. Nous maintiendrons notre ligne malgré toutes les traverses.

Amitiés.

Le 26 décembre 1942, le général Giraud est investi par un « Conseil impérial » des fonctions de commandant en chef civil et militaire.
Comme Winston Churchill, le président Roosevelt souhaite que soit différé le voyage du général de Gaulle aux États-Unis. Par l'intermédiaire des amiraux Leahy, Stark et Kirk, il fait connaître, le 27 décembre, son opinion au chef de la France Combattante.

À l'amiral Kirk, ambassade des États-Unis, à Londres

Londres, 27 décembre 1942

Cher amiral Kirk,

Je vous remercie de votre lettre du 27 décembre qui m'apporte confirmation de ce que le lieutenant-commander Kittredge[1] m'avait dit ce matin au sujet de la dépêche adressée par l'amiral Leahy[2] à l'amiral Stark.

Je ne puis actuellement que m'incliner devant le sentiment exprimé par le président quant au fait que dans les circonstances actuelles en Afrique du Nord Française il est préférable que le projet de mon voyage aux États-Unis soit différé.

Je vous exprime à nouveau mon regret de n'avoir pas pris connaissance de votre lettre avant votre aimable visite de cet après-midi.

Sincèrement à vous.

---

1. Assistant de l'attaché naval de l'ambassade des États-Unis.
2. Ancien ambassadeur des États-Unis à Vichy, il est chef d'état-major particulier du président Roosevelt.

Au vice-amiral Muselier, à Ealing (Grande-Bretagne)

Londres, 29 décembre 1942

Amiral,

Il est vrai que je demande, aujourd'hui comme toujours, l'union de tous les Français. Je me félicite donc de voir, d'après votre lettre, que tel est également votre désir.

Je ne suis pas en mesure de vous attribuer un commandement. J'ignore si le général Giraud pourra le faire. En tout cas, je ne manquerai pas de lui communiquer votre demande dès que nos liaisons auront pu être établies avec lui.

Veuillez agréer, amiral, l'assurance de ma considération très distinguée.

Télégramme à la délégation France Combattante, à Beyrouth, au gouverneur général Éboué, et au général Leclerc, à Brazzaville, à la délégation France Combattante, à Washington, à Roger Garreau[1], à Kuibychev, et à la délégation France Combattante, au Caire

Londres, 29 décembre 1942

Secret le plus absolu

Je désire vous informer de mon appréciation de la conjoncture actuelle et de mes intentions personnelles.

La politique américaine ayant d'abord compté sur le ralliement à Giraud de l'armée d'Afrique du Nord au moment du débarquement et ayant vu son plan échouer, a utilisé Darlan au double point de vue politique et militaire. Mais Darlan a été exécuté. Il l'a été d'ailleurs au moment où sa propre impuissance allait se révéler. Dès lors, les Américains se rejettent sur Giraud. Celui-ci, ayant pu dans l'intervalle entraîner quelques troupes vers le combat en Tunisie, Washington l'a fait nommer haut-commissaire par le soi-disant Conseil impérial et tente maintenant, par tous les moyens de propagande et de pression, de le bâtir comme chef de la Résistance française. Ceci risquerait de créer un pouvoir français à la discrétion de nos alliés américains, tandis que nous-mêmes représentons l'indépendance française et le recours à la souveraineté nationale.

Mais les Américains se rendent bien compte qu'une telle opération ne peut se faire sans notre concours. D'abord, à cause de l'opinion en France que l'on redoute à échéance. Ensuite, en raison de nos moyens propres, matériels et surtout moraux. Enfin, parce qu'en Afrique du Nord même, surtout depuis l'exécution de Darlan, un nombre très grand et croissant de

1. Délégué de la France Combattante en URSS.

Français, notamment les plus élevés en grade, réclament l'accord avec nous, pour des motifs d'ailleurs variés. La campagne qui est commencée par les Américains a donc pour but de nous amener à nous placer sous Giraud, ce qui reviendrait à utiliser le gaullisme sans contrepartie au point de vue de l'indépendance française et de l'avenir national.

En ce qui concerne les dispositions personnelles du général Giraud à notre égard, je sais qu'elles ne sont pas mauvaises, mais il est à redouter qu'il entre plus ou moins dans le jeu américain[1].

Le gouvernement britannique est divisé sur cette affaire. Toutefois, en raison de la pression très forte que Washington exerce sur lui, il se prête plus ou moins à la combinaison, tout en se ménageant, vis-à-vis de nous, la sortie en cas d'échec.

J'ai défini notre plan dans mon allocution radiophonique d'hier[2]. Nous voulons un pouvoir central français, tel que notre Comité national élargi, et constitué autour de nous, ayant autorité sur tout l'Empire comme nous l'avons déjà sur une grande partie du territoire d'outre-mer et sur la Résistance en France. Cela fait, nous n'aurions aucune objection, bien au contraire, à voir le général Giraud devenir commandant en chef de l'armée française d'opérations.

Restons fermes et unis. Je suis certain que nous gagnerons cette dure partie comme les précédentes dans l'intérêt de la France.

Le 26 décembre 1942, d'accord avec les autorités britanniques, les Forces françaises combattantes ont pénétré en Somalie française. Trois jours plus tard, le général Dupont, gouverneur de Djibouti, a signé un accord avec le représentant du général de Gaulle, Ludovic Chancel, et le représentant britannique, le général Fowkes. Cet accord place la colonie sous l'autorité de la France Combattante. Le 30, André Bayardelle assume les fonctions de gouverneur.

Télégramme au gouverneur Bayardelle[3], à Djibouti

Londres, 30 décembre 1942

Je vous prie d'exprimer à la colonie française de la Côte des Somalis, en mon nom et au nom du Comité national, mes félicitations les plus vives. Je sais ce que nos compatriotes et la population de la colonie ont souffert moralement et physiquement dans la longue et cruelle période

1. Le général de Gaulle recevra, en réponse à sa proposition de rencontre du 25 décembre, un télégramme du général Giraud, daté du 29 décembre. Considérant l'atmosphère défavorable à un entretien personnel entre eux, le général Giraud préfère recevoir à Alger un représentant du chef de la France Combattante.

2. Voir *Discours et messages*, t. I, p. 250-252.

3. Gouverneur de Djibouti.

d'isolement et d'incertitude qu'ils ont traversée. Je sais aussi qu'ils ont toujours voulu être fidèles à la France. La Côte française des Somalis, comme l'Empire et comme la nation française, participe désormais à la guerre de libération qui se terminera par la victoire de la patrie. Vive la France !

Télégramme au général Legentilhomme[1], à Djibouti

Londres, 30 décembre 1942

Je vous ai demandé de régler sur place la destination des troupes de Djibouti.

Mon intention formelle est que ces troupes soient, pour l'essentiel, envoyées d'abord au Levant. Le général Catroux verra ensuite ce qui doit être donné à Larminat. Il faut éviter absolument que tout soit désorganisé au départ par les affectations précipitées de fragments ou de cadres à la Force L.

Certains éléments pourront être envoyés par vous à Madagascar si leur recrutement ou leur état moral l'exigent. Mais l'affectation à Madagascar doit être très limitée.

Dans les circonstances actuelles, le transfert de nos troupes en Afrique du Nord Française ne peut être qu'un projet vague et à assez longue échéance. Nous devons pour le moment nous en tenir à renforcer et à réorganiser les forces dont nous disposons déjà. En particulier la Force L doit devenir dès que possible une belle et forte division. La compagnie de chars actuellement en Libye doit devenir un bataillon. Le groupe d'automitrailleuses Rémi (*sic*) doit devenir un groupe de reconnaissance mécanique complet. Il faudrait que tout cela fût fait pour le printemps.
Copie adressée au général Catroux, à Accra

À Anthony Eden, à Londres

Londres, 30 décembre 1942

Monsieur le secrétaire d'État,

Un poste britannique de radiodiffusion en langue française, qui s'intitule « Radio-Patrie », diffuse de soi-disant « consignes » données aux « citoyens français de l'armée secrète » au nom d'un soi-disant « haut-commandement interallié ». En outre, ces « consignes » invoquent le « gaullisme », la « France Combattante », et mon propre nom, tendant ainsi à faire croire que le général de Gaulle serait d'accord. Je joins à ma lettre le texte de l'émission du 26 décembre 1942 à titre d'exemple.

---

1. Le général Legentilhomme est commissaire national à la Guerre, en mission.

Je dois dire à Votre Excellence que moi-même et le Comité national français protestons de la façon la plus formelle contre des émissions de cette nature. S'il ne saurait appartenir à une autorité alliée, certes, mais étrangère – qui, au surplus, dans l'occasion, garde l'anonymat et évite du même coup les responsabilités – d'attribuer à des citoyens français des missions de guerre, le fait de créer autour de ces soi-disant « consignes » l'équivoque « gaulliste » et l'illusion de ma propre approbation constitue un procédé dont je suis sûr que Votre Excellence le qualifiera, comme moi-même, de la façon la plus sévère.

Le Comité national français ne doute pas que le gouvernement de Sa Majesté britannique veuille faire mettre fin à de telles émissions. Je suis sûr, connaissant ses sentiments, que Votre Excellence aura à cœur de m'en donner l'assurance dans le plus bref délai possible.

Télégramme au général Legentilhomme, à Djibouti

Londres, s.d. *[31 décembre 1942]*

Très secret

J'apprends que vous allez à Djibouti avec Platt. Je ne vois pas en quoi la présence de Platt à vos côtés est utile ou même convenable pour votre arrivée dans une colonie française. Je vous demande de prendre beaucoup plus de champ à cet égard vis-à-vis du commandement britannique en pensant que vous êtes la souveraineté qui est française. En tout cas, vous ne devez à aucun prix arriver à Madagascar avec Platt ni y être reçu, je dis reçu, par une autorité britannique quelle qu'elle soit.

Discours[1] prononcé le 31 décembre 1942

Messieurs les officiers généraux, messieurs,

Mon premier mot sera pour vous dire combien je suis ému des vœux que le général Valin, d'une part, et l'amiral Auboyneau, d'autre part, viennent de m'offrir en votre nom. Je vous prie d'agréer les miens, profondément sincères, vous le savez, que par-dessus tout j'adresse à tous vos camarades, quels qu'ils soient, où qu'ils soient, qui se battent contre l'ennemi.

Je voudrais profiter de cette occasion pour vous parler, car les moments où nous nous trouvons réunis sont assez rares par le fait d'un service bien chargé et, pour ce qui vous concerne, d'occupations multiples. Je voudrais profiter de cette réunion pour vous parler pendant quelques instants des grandes questions qui actuellement nous préoccupent, parmi tant d'autres,

1. Le général de Gaulle reçoit le personnel civil et militaire de son quartier-général de Londres pour l'échange des vœux traditionnels.

et je crois que ce sont toujours les mêmes depuis le début de notre entreprise pour le salut et pour l'honneur de notre patrie. Malgré ces obstacles nous avons toujours le même but et c'est de ces questions-là que je voudrais vous dire quelques mots.

Tout à l'heure le général Valin et l'amiral Auboyneau ont dit très bien ce que font les Forces Françaises qui luttent contre l'ennemi, et nous savons avec grand bonheur et avec grand espoir que ces forces s'accroissent tous les jours.

Il y a un point sur lequel je voudrais attirer vos esprits parce que je crois que c'est essentiel dans tout ce que nous faisons et dans tout ce que nous aurons à faire. Car c'est la France qui fait la guerre en fait. Elle la fait d'abord avec ses armées et puis elle la fait ensuite par la nation française elle-même, qui résiste à l'envahisseur et qui, grâce à sa résistance, empêche le succès de l'ennemi. Elle la fait, bien entendu, avec ceux de ses fils qui ont pu, qui peuvent, et qui pourront reprendre les armes pour elle. Elle la fait par ses territoires, sans lesquels, vous le savez bien, la victoire des Nations Unies aurait été bien difficile et en tout cas bien retardée. Elle la fait par son influence et par son rayonnement dans le monde. Elle la fait aussi parce qu'un grand nombre de puissances étrangères ont pris, pendant cette guerre, vis-à-vis de nous, des engagements concernant la sécurité, concernant la grandeur et concernant l'intégrité de la France.

La France fait donc la guerre en fait. La question est qu'elle la fasse en droit, qu'il soit reconnu que parce qu'elle fait la guerre elle est une puissance belligérante aux côtés de ses alliés et que ses efforts, elle les double pour son propre service en même temps, bien entendu, que pour la cause commune à toutes les Nations Unies. Je dis qu'il faut que ce droit soit reconnu à la France, mais il s'agit de savoir dans quelles conditions. Si ce droit doit être reconnu à un certain nombre d'hommes et à un certain système qui ont fait profession de trahison, de collaboration avec l'ennemi, et qui ont mené le pays où il se trouve, je dis que c'est une erreur et je dis qu'en admettant ces hommes et ce système, en utilisant le dévouement et le sang des Français pour la cause commune, sans doute, mais sans que la France ait des droits reconnus, c'est nous demander quelque chose dont les effets doivent être très profonds en France et ailleurs. Nous demander un effort militaire, que nous avons fait, vous en êtes témoins, nous demander un effort militaire sans contrepartie politique, c'est nous demander de mettre des cadavres sur tous les champs de bataille et aux poteaux d'exécution sans que la France ait le droit de parler comme les autres et sans que la victoire des autres soit en même temps sa victoire.

On dit quelquefois dans le monde qu'il existe un problème français. Il n'y a pas de problème français. Il y a la nation française qui lutte contre l'ennemi et ceux qui l'ont trahie, voilà tout ! Lorsqu'on s'en sera aperçu, comme l'immense majorité de nos concitoyens s'en sont aperçus aussi, je crois que la sécurité, l'ordre, l'entente, l'effort seront doublés dans le camp de la liberté, et en tout cas seront décuplés pour la France. Quand on s'en sera aperçu et que l'on verra ce morceau de l'Empire français et ce morceau des Forces Françaises combattant pour la cause commune, du moment que ce morceau de l'Empire français et ce morceau des Forces Françaises combattent pour la France et sont reconnus, le problème français dont on parle sera purement et simplement résolu. Et comme nous sommes des optimistes, et comme nous le sommes depuis le 18 juin 1940, nous avons tous confiance que cela sera reconnu en effet, et que l'union des Français, et aussi du même coup l'union de la France avec ses alliés, seront des faits accomplis et que la victoire des autres sera aussi, et surtout, notre victoire.

Voilà ce que je voulais vous dire, messieurs, en vous renouvelant encore une fois pour vous-mêmes, pour tous ceux qui vous sont chers, et pour tous vos camarades qui sont avec nous mais qui ne peuvent pas être auprès de nous aujourd'hui, les vœux les plus profondément sincères de moi-même et de tous ceux qui par le fait des circonstances parlent au nom de la France.

1943

Préface à *Un seul ennemi, l'envahisseur*, de Paul Simon, publié en 1943

Je suis heureux de présenter au public ce livre d'un bon Français venu récemment de France à travers de grands périls. Ce témoignage sincère et direct sur l'occupation allemande de notre pays est sans prétention comme sans artifice : c'est la vérité, dite par un patriote. L'ouvrage de M. Paul Simon ne peut donc manquer d'émouvoir.

On y trouvera, d'abord, un tableau de Paris occupé. Les mille traits qui composent le visage de douleur de Paris, spectacles et impressions, pensées et sentiments, misères et espoirs, y sont notés avec la précision et le sens de l'observation propres à un homme lucide et averti. On y trouvera aussi les témoignages de la foi et de l'espérance des Français : foi dans la France, espérance en sa libération.

L'auteur pense et sent simplement, comme pense et comme sent le peuple de Paris. Ce peuple, qui n'a jamais fléchi dans l'épreuve de la patrie, trouve moyen de révéler, derrière le rideau sanglant par quoi l'oppresseur cherche à le séparer du monde, les preuves de sa résistance résolue. Ce peuple sait que l'ennemi est l'ennemi. Il se comporte en conséquence et lutte avec courage, et avec ingéniosité, par tous les pauvres moyens que lui laisse son cruel destin.

M. Paul Simon, vaillant éditeur d'un journal clandestin, a longuement vécu l'occupation de Paris. Des hommes et des femmes traversent anonymement le récit de ses aventures : on admirera en eux et en elles les représentants de tous les obscurs combattants du front de France, et ceux-ci s'appellent légion. Les bons Français et les amis de notre pays sauront gré à M. Paul Simon d'avoir montré le vrai visage d'une France aujourd'hui souffrante et militante qui sera demain triomphante.

Télégramme à la délégation France Combattante, à New York

Londres, 3 janvier 1943

Secret

Réponse à votre télégramme n° 1126 Diplo.

Si Béthouart[1] se présente chez vous il n'y a pas de raisons de lui fermer votre porte. Mais je tiens à ce que vous ne fassiez rien pour obtenir des contacts.

Télégramme au général Legentilhomme, à Djibouti

Londres, 4 janvier 1943

La radio de Londres cite un discours que vous auriez fait aux troupes à Djibouti. Vous auriez dit que nos forces ne comprenaient que des volontaires et que nous n'avions pas besoin des autres. Je ne puis croire que cette information soit exacte. Les troupes de Djibouti, telles qu'elles sont, se trouvent sous nos ordres. Il n'appartient à aucun militaire de choisir lui-même sa destination. Je vous ai prescrit[2] de diriger tous les éléments, je répète tous les éléments, tels qu'ils sont soit sur la Syrie, soit, pour quelques-uns, sur Madagascar en laissant à Djibouti la valeur d'un bataillon et d'une batterie. On verra ensuite ce qu'il y a lieu de faire de chaque élément ou de chaque individu. Il serait absurde et puéril soit de démobiliser actuellement des troupes, soit d'en laisser aller en Afrique du Nord ou en Afrique-Occidentale Française avant que les affaires n'y soient réglées si elles doivent l'être.

Je vous mets formellement en garde une fois de plus contre les suggestions britanniques qui sont toujours erronées et intéressées quand il s'agit de choses françaises, c'est-à-dire de choses qui ne regardent que les Français. Je suppose en particulier que Platt voudrait voir les troupes de Djibouti maintenues longtemps en Abyssinie ou en Érythrée pour que l'action

1. Le général Béthouart dirige une mission envoyée par le général Giraud à Washington.
2. Voir le télégramme au général Legentilhomme du 30 décembre 1942.

britannique puisse s'exercer sur elles notamment sur nos Sénégalais. Souvenez-vous que Giffard a incorporé nos propres Sénégalais en Gold Coast et qu'Au-chinleck a pris à son compte nos Sénégalais mutinés d'Égypte pour les envoyer à Aden. Je vous ai envoyé plusieurs télégrammes d'instructions précises. Je vous prie de vous y conformer. Veuillez à ce sujet protester auprès de Platt contre l'interruption de nos communications, qui est intolérable et qui en dit long sur les arrière-pensées de son équipe. Vous êtes le seul chef, le chef français et vous ne dépendez que de moi sur un territoire français. Veuillez accuser réception de ce télégramme.

Ordre particulier

Londres, 5 janvier 1943

En application du décret n° 627 en date du 1er décembre 1942, le général de corps aérien d'Astier de La Vigerie, adjoint au général de Gaulle, commandant en chef les Forces Françaises Libres, reçoit délégation pour traiter les questions d'ordre militaire, relevant du commandant en chef des Forces Françaises Libres et que le général de Gaulle ne réserve pas à sa décision personnelle.

Le général de Gaulle se réserve personnellement en particulier les décisions concernant :

— les opérations,

— l'attribution des commandements,

— la création et l'organisation d'unités nouvelles, la dissolution ou la transformation d'unités existantes,

— les questions à régler par décret ou par acte diplomatique avec les autorités étrangères.

Le général d'Astier rendra compte au général de Gaulle de l'ensemble des décisions qu'il aura prises par délégation, conformément aux prescriptions du présent ordre.

Télégramme au gouverneur Capagorry, à Saint-Denis-de-la-Réunion

Londres, 6 janvier 1943

Secret

Aucun accord ne peut être fait par vous avec gouverneur île Maurice concernant arrivée escadrilles britanniques à la Réunion. Je réserve ma décision à ce sujet jusqu'à ce que j'aie reçu le rapport du haut-commissaire de France[1]. Il s'agit d'une question de souveraineté.

1. Le général Legentilhomme.

Télégramme à la délégation France Combattante, au Caire et à Beyrouth, au gouverneur Bayardelle, à Djibouti, et au haut-commissaire Legentilhomme, à Madagascar

Londres, 9 janvier 1943

Très secret

Mon télégramme du 30 décembre 1942.

1. Je n'ai jamais donné d'instructions pour qu'un bataillon du Levant soit envoyé à Djibouti.

2. Je maintiens affectation du BM[1]4 à la Force L, et du BM2 à Madagascar, le BM6 et le BM7 restant au Levant où ils seront renforcés par une partie de l'ancienne garnison de Djibouti.

3. Toutes les forces terrestres de Djibouti seront envoyées au Levant moins quelques éléments prélevés pour Madagascar.

Le général Catroux, dès son retour, verra ce qui doit être donné à Larminat. Il faut éviter absolument que tout soit désorganisé au départ par des affectations précipitées de fragments ou de cadres à la Force L.

4. Le BM9 sera dirigé sur Djibouti où il sera maintenu provisoirement en attendant qu'il puisse être relevé à son tour et dirigé sur le Levant. Jusqu'à l'arrivée du BM9, la garnison de Djibouti laissera sur place des éléments de la valeur d'un bataillon et d'une batterie.

5. Les mouvements sur Djibouti et le Levant seront préparés par la mission de liaison du Caire d'accord avec les autorités britanniques et exécutés sans délai. Les troupes de l'artillerie de Djibouti partiront en première urgence.

Au général Brooke, à Londres

Londres, 9 janvier 1943

Très secret

Mon cher général,

Je reçois à l'instant la communication suivante du général Leclerc :

« Les opérations au Fezzan vont bientôt prendre fin. Le gros des forces italiennes en fuite se sont repliées dans la direction de Hone.

« Pour me permettre d'exploiter au-delà du Fezzan, je demande au commandement britannique de me ravitailler en essence, afin d'augmenter mes possibilités d'action. »

Je vous serais très obligé en conséquence de bien vouloir intervenir de manière pressante auprès du général Alexander, afin que puisse être donnée très rapidement satisfaction à la demande du général Leclerc.

1. Bataillon de marche.

Vous serez certainement d'avis, comme moi-même, qu'une augmentation de la capacité offensive des forces du général Leclerc ne pourra que contribuer à renforcer encore l'action victorieuse de la VIIIe armée.

Bien sincèrement à vous.

Télégramme à Adrien Tixier, à Washington, à Roger Garreau, à Kuibychev (Union soviétique), et au gouverneur général Éboué, à Brazzaville

Londres, 11 janvier 1943

Secret le plus absolu

Le bilan de l'opération alliée en Afrique du Nord s'établit comme suit :

En vue d'un succès militaire rapide en Afrique du Nord, Roosevelt personnellement avait adopté le plan politique de Cordell Hull et de Murphy[1]. Ce plan prévoyait l'utilisation au débarquement des partisans de la France Combattante en dehors du général de Gaulle et ensuite l'arrangement avec les gens de Vichy pour obtenir la voie libre. C'était accepter un grave préjudice moral. Mais on comptait balancer ce préjudice vis-à-vis de l'opinion en Europe et ailleurs par l'avantage stratégique obtenu et la perspective prochaine d'une offensive en Italie. Churchill était certainement d'accord sur tous les points à l'insu d'une partie de son gouvernement.

Mais Roosevelt et Churchill avaient, comme d'habitude, tenu un compte insuffisant des deux facteurs qui sont à la base de cette guerre au point de vue militaire. Premier facteur, la capacité de vitesse et d'audace des Allemands qui prirent pied en Tunisie plus tôt que les Alliés ne pensaient. Deuxième facteur, médiocrité du commandement anglo-saxon, aggravée dans la circonstance par l'inexpérience des états-majors américains.

Le résultat est que l'avantage stratégique escompté n'a pas été obtenu. La base de départ vers l'Europe qu'aurait présentée l'Afrique du Nord n'est plus qu'un espoir lointain. Les Allemands ont maintenant en Tunisie une armée puissante bien appuyée par l'aviation. Rommel va se joindre à Nehring[2] et constituer ainsi une masse redoutable en quantité et en qualité. Montgomery est beaucoup trop étiré pour pouvoir intervenir puissamment en Tunisie avant plusieurs mois. Quant à Eisenhower, il dispose d'éléments américains sans expérience du combat et mal commandés, d'éléments britanniques meilleurs mais sans ardeur, et des pauvres troupes françaises de Tunisie qui n'ont pas d'armes modernes. La perspective d'une offensive allemande en Tunisie et en Algérie se

1. Consul général américain à Alger.
2. Commandant en chef des troupes de l'Axe pour la Tunisie.

dessine à l'horizon. En tous cas, il faudra aux Alliés pour prendre Bizerte et Tunis de longues et dures batailles auxquelles ils sont loin d'être préparés.

Dès lors tout le poids de la confusion politique et du trouble moral créés par le plan Hull-Murphy commence à peser lourdement et sans compensation sur Roosevelt et Churchill. Il s'y joint l'inquiétude croissante que fait naître sur les arrières des Alliés l'attitude des gens de Vichy en Afrique du Nord. Ceux-ci se camouflent sous de vagues déclarations pro-alliés et [des] cérémonies militaires, discernent l'embarras anglo-américain, et pratiquent un attentisme systématique en attendant qu'il devienne malveillant. Ils ont fait Giraud prisonnier pour se couvrir momentanément de sa façade. Mais ils gardent leur psychologie et surtout leurs places. En outre, voyant la façon dont les Alliés traitent la France Combattante et la considération prodiguée à Darlan et consorts, ils en concluent que le patron de demain sera encore le Maréchal. En même temps, dans l'opinion en France et dans les autres pays occupés se déchaîne une fureur indignée dont les services secrets anglo-saxons accumulent en ce moment les preuves alarmantes. L'opinion britannique et même américaine est profondément troublée dans l'idéalisme qui est nécessaire aux peuples pour supporter l'effort de guerre. Enfin, le gouvernement des Soviets, qui avait d'abord observé l'affaire en silence parce qu'il en attendait l'ouverture du second front en Europe, proteste maintenant avec âpreté.

Roosevelt et Churchill, le second surtout, auraient beaucoup désiré dans ces conditions un accord entre nous et le soi-disant Conseil impérial d'Alger, de façon à donner le change à l'opinion et à procurer une base nationale aux combinaisons d'Alger. C'est pour cela que, dès décembre, Roosevelt me demandait d'aller le voir à Washington. L'exécution de Darlan a suspendu son initiative parce qu'il a espéré que Giraud se rendrait seul maître de la situation et qu'ensuite on pourrait nous amener à nous placer simplement sous sa coupe. Mais divers éléments sont venus compromettre ce plan.

Tout d'abord Giraud a manifesté une maladresse politique extrême. Placé en porte-à-faux entre les vichystes et les gaullistes, il n'est pas parvenu à établir son autorité réelle. Ses décisions et déclarations ont paru incohérentes. Boisson, Noguès, Chatel[1] ne lui refusent pas le décor mais chacun d'eux entend rester seigneur dans son fief. D'autre part, nos partisans sur place se sont rassemblés et organisés. Notre prestige s'accroît très rapidement en Afrique du Nord. Il en résulte que l'atmosphère sur place tend à devenir celle de la bataille politique. La masse de l'armée et de la marine demeure inerte et renfrognée. Enfin, la situation alimentaire

1. Respectivement gouverneur général de l'A-OF, résident général au Maroc et gouverneur général de l'Algérie.

de la population devient très inquiétante. Bref, les Alliés se sentent désormais sur un terrain mouvant et alarmant.

Le lendemain même de la mort de Darlan, j'ai proposé à Giraud de le rencontrer[1] afin de tâcher de l'amener à choisir notre côté et surtout de réaliser l'unité si elle était possible dans des conditions honorables. J'avais d'ailleurs peu d'illusions. Giraud, impuissant à se décider et poursuivant le mirage d'un succès militaire en Tunisie qui lui donnerait prestige et autorité, a cherché à gagner du temps sans refuser toutefois le principe de la rencontre. À partir de maintenant, cette rencontre rapide perd de son intérêt.

En effet, l'échec militaire anglo-saxon, la victoire russe, le succès de Leclerc, la cohésion magnifique de tous nos partisans, enfin l'inquiétude et le malaise croissants de l'opinion dans tous les pays, tournent le jeu en notre faveur. Le moment viendra où nous pourrons dicter nos conditions que j'ai, d'ailleurs, eu soin de définir d'avance publiquement.

Je ne refuserai pas une entrevue avec Giraud à Fort-Lamy ou à Brazzaville s'il la demande. En attendant, j'accepterai une liaison discrète avec Giraud surtout dans le but d'avoir des observateurs sur place.

Ce télégramme est destiné strictement à votre information personnelle et ne doit pas être diffusé.

Le 12 janvier 1943, le général Leclerc annonce au général de Gaulle la conquête du Fezzan. Mourzouk, capitale religieuse, et Sebha, principal centre militaire, sont occupés par les troupes du colonel Ingold. Le colonel Delange assume les fonctions de gouverneur militaire du Fezzan (Libye).

À Winston Churchill

Londres, 15 janvier 1943

Très secret

Monsieur le Premier Ministre,

Mon désir, que vous comprendrez certainement, est que les Forces Françaises Libres participent aussi largement que possible, avec la VIIIe armée britannique, aux importantes opérations offensives ou défensives qui paraissent devoir se dérouler en Tripolitaine et en Tunisie.

L'occupation du Fezzan par les Forces Françaises venues du Tchad et l'incorporation des troupes de Djibouti dans les Forces Combattantes me permettent de consacrer à ces opérations les éléments suivants :

1. une division légère motorisée,
2. une division d'infanterie à 3 brigades,
3. une brigade d'infanterie non endivisionnée.

1. Le 1er janvier 1943, le général de Gaulle a réitéré au général Giraud son offre de le rencontrer. Le 5, invoquant des « engagements antérieurs », le général Giraud lui a répondu que cette entrevue est impossible avant la fin du mois de janvier.

L'ensemble serait placé sous le commandement du général de Larminat. Je suis disposé à les mettre, pour la bataille, à la disposition du général commandant la VIIIe armée britannique.

La composition détaillée de ces unités est indiquée dans l'annexe jointe[1].

Je vous serais reconnaissant, monsieur le Premier Ministre, de bien vouloir intervenir auprès du haut-commandement britannique pour que les mesures concernant le transport, la concentration et le complément d'armement de ces éléments puissent être effectuées dans les plus courts délais possibles.

Sincèrement à vous.

Télégramme au général Leclerc, au Fezzan

Londres, 16 janvier 1943

Secret le plus absolu

Je vous signale que le soi-disant Conseil impérial d'Alger fait tous ses efforts par radio et presse pour donner à croire que vous et vos troupes êtes maintenant plus ou moins sous le contrôle du général Giraud.

Le gouvernement américain appuie cette manœuvre en faisant publier d'une manière tendancieuse la nouvelle que vous auriez pris liaison avec Giraud et lui auriez envoyé un message.

Ces histoires ont pour objet de tromper l'opinion française et mondiale au moment où la France Combattante mène une partie très dure mais pleine d'espérances dans l'affaire de l'Afrique du Nord.

Je vous demande donc instamment d'observer et de faire observer à tous une complète réserve vis-à-vis du général Giraud.

Toutefois, si vous pouvez prendre sous votre commandement c'est-à-dire amener à la France Combattante les méharistes venus de l'Ouest ce sera une chose excellente. Je vous couvre entièrement à cet égard.

Télégramme au colonel de Marmier, à Tananarive

Londres, 16 janvier 1943

Je remercie et je félicite l'artisan des premières liaisons aériennes militaires Madagascar-Djibouti-A-ÉF-Levant ainsi que tous les collaborateurs de cette œuvre impériale[2]. Amitiés.

1. Ce document n'a pas été retrouvé.
2. Le colonel de Marmier est secondé par le colonel Vachet.

Télégramme au haut-commissaire Legentilhomme, à Tananarive

Londres, 17 janvier 1943

Secret

Ainsi que je vous l'ai dit avant votre départ, il y a lieu procéder à mobilisation générale dans territoires sous votre autorité en appliquant les règles afférentes aux affectés spéciaux, sursis d'appel et emplois réservés.

Veuillez me faire savoir télégraphiquement conditions dans lesquelles s'opérera la mobilisation qui, naturellement, doit être progressive dans l'exécution.

Télégramme au général Leclerc, au Fezzan, transmis par Brazzaville

Londres, 17 janvier 1943

Je vous prie de notifier aux troupes et services qui ont participé aux opérations du Fezzan l'ordre suivant de ma part :

« La victoire française du Fezzan est une étape importante vers la libération et la vengeance de la patrie.

« Général Leclerc, sous votre commandement habile et audacieux, les troupes et l'aviation du Tchad ont su préparer méthodiquement et exécuter hardiment une des opérations offensives les plus difficiles de cette guerre. Les trésors d'ardeur, de discipline et de courage qu'elles ont dépensés constituent pour les Français soumis à l'oppression de l'ennemi un puissant réconfort et pour le monde une preuve nouvelle de ce que valent nos armes quand elles sont confiées à des chefs dignes de la France.

« Demain, soyez-en certains, les Forces Françaises, inspirées par l'exemple et animées par l'esprit des troupes que vous commandez, seront rassemblées pour les grandes victoires. »

Copie adressée aux délégations et comités France Combattante à l'étranger

Télégramme au général Leclerc, au Fezzan, transmis par Brazzaville

Londres, 17 janvier 1943

Très secret

Vous allez recevoir des instructions personnelles et secrètes relatives à concentration de troupes à opérer en Afrique du Nord, plus particulièrement des troupes sous votre commandement avec celles provenant de Force L Djibouti et Levant.

Ces nouvelles dispositions vous éloigneront de votre commandement de l'AFL qui deviendra en fait un commandement territorial.

J'envisage deux candidats pour votre remplacement en AFL : général Marchand et colonel Ingold[1]. Veuillez me câbler votre opinion sur ces deux candidatures éventuelles.

Instruction personnelle et secrète au général Catroux, à Londres, au général d'Astier de La Vigerie, à Londres, au général de Larminat, au Caire, au haut-commissaire Legentilhomme, à Madagascar, au général Leclerc, au Fezzan, au contre-amiral Auboyneau, à Londres, au général Valin, à Londres, et au médecin-général inspecteur Sicé, à Londres

Londres, 17 janvier 1943

Très secret

I. La nature et la tournure des opérations en Afrique du Nord semblent devoir conduire dans un délai plus ou moins rapproché à une bataille générale et prolongée en Tunisie et en Tripolitaine.

En attendant que l'évolution générale permette de placer sous un commandement unique toutes les Forces Françaises d'Afrique, mon intention est que les Forces Françaises Libres participent dans la plus large mesure possible à la bataille aux côtés de la VIIIe armée britannique.

II. Les moyens à y engager sont essentiellement les deux brigades de la Force L, complétées en effectifs et en matériel, le groupement mécanique Rémy, les éléments venus ou à venir du Tchad par le Fezzan, une brigade à constituer au Levant en utilisant les unités venues de Djibouti, et une brigade de marche des troupes spéciales, les deux compagnies de chars de Djibouti, une compagnie de chars des troupes spéciales.

III. Le tout sera placé sous le commandement du général de division de Larminat et organisé en trois grandes unités, à savoir :

1. 1 division d'infanterie à 3 brigades sous le commandement du général Kœnig ;

2. 1 division légère mécanique sous le commandement du général Leclerc à constituer par fusion des éléments du Tchad avec le groupement mécanique Rémy, renforcés par ailleurs par 3 compagnies de chars. Cette division légère mécanique comprendra :

a. 1 régiment de découverte à : 2 escadrons d'automitrailleuses, 2 escadrons de découverte du désert, 1 escadron d'autocanons ;

1. François Ingold, commandant une colonne motorisée du Tchad, a participé fin 1942 à l'offensive Leclerc sur le Fezzan.

b. 1 demi-brigade d'infanterie motorisée à : 1 bataillon mécanique, 2 bataillons motorisés ;

c. 1 bataillon de chars à 4 compagnies de combat et 1 compagnie d'échelon ;

d. 1 groupe d'artillerie à 3 batteries tractées ;

e. 1 compagnie du génie motorisée ;

f. 1 compagnie des transmissions motorisée ;

g. des services et unités de transport ;

3. 1 brigade d'infanterie des troupes spéciales sous le commandement du colonel d'infanterie coloniale Lelong.

IV. Le général de Larminat disposera en outre d'éléments non endivisionnés comprenant notamment : 1 groupe de 105 long et des unités de transmission. Le colonel breveté Vautrin est désigné pour exercer les fonctions de chef d'état-major du général de Larminat.

V. Le groupe d'aviation « Bretagne » est laissé à la disposition du général Leclerc jusqu'à constitution effective du groupement de Larminat. Par la suite, ce groupe passera pour l'emploi aux ordres directs du général de Larminat.

VI. Une division légère de deux contre-torpilleurs, une division légère de trois avisos et deux patrouilleurs sont destinées à participer aux opérations navales alliées en Méditerranée orientale.

VII. J'interviens auprès des chefs d'état-major britanniques à Londres pour que les mesures concernant le transport, la concentration et le complément d'armement et d'équipement de tous les éléments de ces forces soient hâtées de toute urgence. Le général d'armée Catroux, commandant en chef au Levant, voudra bien, d'autre part, intervenir dans le même sens auprès du commandement britannique en Middle-East.

Télégramme au général Leclerc, au Fezzan, transmis par Brazzaville

Londres, 17 janvier 1943

Très secret

Phase actuelle des opérations s'achevant pour vous, il devient évident que le plan de défense AFL sera réduit.

D'autre part, les besoins économiques croissants exigent récupérer du personnel.

En conséquence, j'envisage démobiliser hommes âgés de plus de 40 ans.

Veuillez me donner votre avis à ce sujet concernant principalement répercussion sur la composition des unités.

Télégramme au général Leclerc, au Fezzan, transmis par Brazzaville

Londres, 17 janvier 1943

Je vous prie d'inviter le colonel gouverneur du Fezzan à porter le message suivant de ma part à la connaissance des populations placées sous son gouvernement :

« Généreuses et vaillantes populations du Fezzan, je vous adresse le salut de la France dont les armes viennent de réaliser votre libération et assureront désormais votre protection. Au Fezzan, comme partout ailleurs, la France est et demeurera l'amie sincère et éprouvée des musulmans. Grâce à la défaite de notre ennemi commun, le Fezzan va trouver sous l'autorité française l'ordre et la paix. S'il plaît à Dieu ! »

Le 16 janvier 1943, Winston Churchill demande au général de Gaulle de le rejoindre au Maroc afin de rencontrer le général Giraud. Le chef de la France Combattante, refusant toute ingérence alliée dans une affaire strictement française, décline cette invitation et renouvelle une fois de plus au général Giraud sa proposition de le rencontrer sans intermédiaire, en territoire français.

Le 19, Winston Churchill insiste vivement auprès du général de Gaulle pour qu'il reconsidère sa position, menaçant de cesser toute aide à la France Combattante tant qu'elle sera dirigée par lui. Il lui précise également que l'invitation est faite aussi au nom du président Roosevelt. Enfin, il l'avertit que les débats concernant les affaires françaises en Afrique du Nord auront lieu, même en son absence.

Le général de Gaulle, approuvé par le Comité national, accepte alors, en raison de la gravité de la situation, de participer à cette rencontre.

Télégramme au gouverneur général Éboué, à Brazzaville, à Jean Helleu[1], à Adrien Tixier, à Washington, et à Roger Garreau, à Kuibychev (Union Soviétique)

Londres, s.d. *[20 janvier 1943]*

Secret le plus absolu

Je vous prie de faire publier sans délai par tous moyens en votre pouvoir le texte suivant :

Le Comité national français communique :

Les diverses déclarations faites à Washington, à Londres et à Alger par des personnalités alliées, en ce qui concerne l'union de l'Empire

1. Conseiller diplomatique auprès du Comité national français, au Levant.

français dans la guerre, les communications contradictoires émanant à ce sujet des autorités actuellement en place en Afrique du Nord et en Afrique-Occidentale Française, enfin les informations incomplètes et parfois inexactes diffusées par la presse et la radio mondiales, pourraient jeter de la confusion dans les esprits. Cette confusion risque d'être aggravée par la censure imposée sur place et appliquée en outre aux États-Unis et en Angleterre aux nouvelles émanant d'Afrique du Nord et d'Afrique-Occidentale.

Pour éviter toute ambiguïté, le Comité national français se voit amené à faire connaître ce qui suit :

1. Aucune négociation n'est actuellement engagée entre le Comité national et les personnalités en place en Afrique du Nord et en Afrique-Occidentale Française.

2. Depuis le 25 décembre 1942, le général de Gaulle a télégraphié quatre fois au général Giraud pour l'inviter à le rencontrer en territoire français et entre Français en vue d'étudier les moyens de réaliser l'union dans la guerre de tout l'Empire en liaison avec la Résistance française. Le général Giraud a répondu trois fois d'une manière dilatoire.

3. Le Comité national reste prêt à tout échange de vues entre Français qui pourrait conduire à remettre effectivement dans la guerre l'Afrique du Nord et l'Afrique-Occidentale Française, à y abolir réellement le régime de Vichy pour y établir les lois de la République, et à étendre à l'Afrique du Nord et à l'Afrique-Occidentale Française l'autorité d'un pouvoir central provisoire exerçant la direction de l'effort [...[1]] français dans la guerre jusqu'à la réunion de l'Assemblée nationale.

4. Le Comité national n'acceptera naturellement aucun soi-disant arrangement ou combinaison qui aurait pour effet soit de subordonner, soit même d'associer la France Combattante au régime de Vichy, ni à un régime dérivé de Vichy en Afrique du Nord et en Afrique-Occidentale Française.

L'union pour la guerre des territoires français d'outre-mer doit s'accomplir dans des conditions conformes à la volonté et à la dignité du peuple français.

Discours[2] aux musulmans

20 janvier 1943

Musulmans français, citoyens, sujets et protégés d'Algérie, du Maroc, de Tunisie, musulmans d'Afrique-Occidentale Française, du Sénégal, de Guinée, de Côte-d'Ivoire, du Dahomey, du Soudan français, musulmans

1. Mot illisible.
2. L'original porte la mention : « non prononcé ».

d'Afrique équatoriale, d'Afrique orientale et de Madagascar, musulmans amis de Syrie et du Proche-Orient, aujourd'hui, premier jour de la 1 362e année de l'Hégire, je veux vous envoyer à tous, avec ma pensée affectueuse, le salut de la France, notre mère.

L'année qui commence voit notre pays entrer tout entier dans la guerre par la résistance intérieure et par la lutte commune ; cette année nous rendra une France forte de son rayonnement et de sa grandeur. Dans ce magnifique effort, vous aurez eu votre part ; pendant les années où l'issue des armes était incertaine, alors qu'une lourde hypothèque pesait sur notre Empire, votre affection, votre fidélité, votre loyauté ont été pour nous un gage d'espoir et de force. Je vous remercie de n'avoir pas désespéré de la France. Vous avez eu raison. Vous avez été avec nous dans les heures tristes. Ensemble nous connaîtrons les heures joyeuses de la lutte et de la victoire. Ensemble nous ferons triompher notre foi et notre idéal menacés par le même adversaire implacable.

Je salue particulièrement les musulmans d'Afrique du Nord qui viennent de reprendre leur place dans la guerre. La grande ombre de Lyautey, symbole de l'alliance éternelle de l'Islam et de la France, anime les bras des combattants qui luttent sur le front de Tunisie aussi bien que ceux des soldats qui chassent l'Italien et l'Allemand du Fezzan et de la Libye.

L'Empire recommence. La France, forte de votre amitié et de l'aide de vos armes, vous souhaite une heureuse année. L'an 1362 de l'Hégire fera l'union de tous pour la victoire.

À René Pleven[1]

Londres, le 22 janvier 1943

Dans le cas où un « communiqué » serait publié à Washington, Londres, ou à Alger, à l'issue de la conférence et où soit les termes, soit le contenu ne paraîtraient pas satisfaisants au Comité national, il y aurait lieu de déclarer tout de suite publiquement que le Comité national fait toutes réserves jusqu'à ce qu'il ait pu communiquer avec le général de Gaulle. (Cette communication devrait être secrète ou établie par un officier de liaison ou conservée, naturellement, pour mon retour.)

Manuscrit d'une déclaration à la suite de la conférence d'Anfa (Maroc)

22 janvier 1943

À l'occasion de la Conférence interalliée d'Afrique, le général de Gaulle, accompagné du général d'armée Catroux et du contre-amiral d'Argenlieu,

1. Billet classé « secret ».

membres du Comité national, a rencontré le général d'armée Giraud, en Afrique du Nord française.

En vue d'assurer la conjugaison des efforts de guerre de l'Empire et des forces de terre, de mer et de l'air, il a été décidé que les liaisons nécessaires seraient établies immédiatement.

Au cours de ces entretiens il a été procédé à un premier examen des conditions dans lesquelles pourrait être réorganisée la direction de tout l'effort français dans la guerre de libération, compte tenu de la situation nouvelle en Afrique du Nord et en Afrique occidentale française. Les échanges de vues seront poursuivis à ce sujet.

L'union complète de l'Empire et des forces armées, en liaison avec la Résistance en France, et dans des conditions conformes à la volonté et à la dignité du peuple français, reste le but immuable du général de Gaulle et du Comité national.

Ordre général

Londres, 23 janvier 1943

Objet : Attributions du général de corps aérien d'Astier de La Vigerie pendant l'absence du général de Gaulle.

Pendant l'absence du général de Gaulle, commandant en chef les Forces Françaises Libres :

1. Le général de corps aérien d'Astier de La Vigerie exercera, par délégation et dans les cas d'urgence, les attributions du général de Gaulle pour ce qui concerne :

— les envois en mission,
— les mutations interarmes,
— les citations à l'ordre des FFL,
— les instructions à donner au médecin général inspecteur, inspecteur général du service de santé,
— éventuellement les opérations combinées.

2. Le général d'Astier de La Vigerie pourra convoquer le Haut Comité militaire. Dans ce cas il en exercera la présidence par intérim.

3. Il disposera de l'E-MP du général de Gaulle et des services qui lui sont rattachés et, d'autre part, du BCRA[1].

Le général de Gaulle, accompagné du général Catroux, du contre-amiral Thierry d'Argenlieu, du commandant de Boislambert et de Gaston Palewski, arrive le 22 janvier 1943 à Anfa (Maroc). La conférence se déroule dans un climat de tension extrême.

1. Bureau central de renseignements et d'action.

Le plan allié, appuyé par le général Giraud, prévoit d'installer en Afrique du Nord une autorité tricéphale composée du général Giraud, devenant commandant en chef de toutes les forces armées y compris celle de la résistance intérieure, du général de Gaulle, élevé au grade de général d'armée, et du général Georges, que les Alliés feraient venir de France. Le « Conseil impérial » serait élargi au général Catroux et peut-être au gouverneur général Éboué ; le général Bergeret en serait exclu.
Le chef de la France Combattante refuse cette solution imposée par l'étranger qui placerait en fait la nouvelle autorité sous la tutelle des Américains.

Au commandant Tochon[1], à Casablanca

Anfa, 23 janvier 1943

Mon cher ami,

Comme vous vous en doutez, je me trouve ici depuis hier, attiré par l'aréopage anglo-américain qui s'est enfermé dans cette enceinte. En ce qui nous concerne, il s'agit d'obliger la France Combattante à se subordonner au général Giraud et à accepter le système en vigueur et les gens en place en Afrique du Nord et en Afrique occidentale françaises.

Voici les raisons données par nos « alliés » :

D'abord, ce qu'ils appellent la nécessité militaire, c'est-à-dire l'intérêt que leur paraît présenter, au point de vue de l'ordre dans les choses et du calme dans les esprits, l'affermissement des autorités actuelles, obtenu grâce à ma bénédiction.

Ensuite, ce qu'ils appellent l'union de tous les Français qui veulent combattre l'Axe.

Voici leurs raisons réelles :

En premier lieu, le désir des Américains d'assurer coûte que coûte le triomphe de l'équipe américaine que vous connaissez et qui vise, depuis l'armistice, à maintenir Vichy pour le ramener dans la victoire. Cette politique s'est appelée ici tour à tour : Giraud, puis Darlan, puis de nouveau Giraud.

En second lieu, le désir des Américains d'établir en Afrique du Nord et, si possible, dans tout l'Empire, en attendant qu'ils l'établissent en France, un pouvoir français qui ne tienne que grâce à eux et n'ait, par conséquent, rien à leur refuser. La combinaison Giraud est, à cet égard, idéale pour

1. Loys Tochon est l'élève du capitaine de Gaulle à Saint-Cyr en 1921. Il est ensuite lieutenant au 19e bataillon de chasseurs du commandant de Gaulle. Il se trouve en Afrique du Nord au moment de la défaite de 1940. Le général de Gaulle, connaissant sa présence à Casablanca, lui fait parvenir cette lettre par son aide de camp, le commandant de Boislambert, qui doit pour cela franchir secrètement le réseau de barbelés encerclant la conférence.

les Américains, parce qu'elle leur procure les réalités sous des apparences honorables.

L'Angleterre et, surtout, son Premier ministre, se prêtent à cette politique, non de très bon gré mais par force, car la pression exercée dans tous les domaines par Washington sur Londres atteint une intensité et revêt un caractère littéralement incroyables. Le résultat, pour ce qui nous concerne, est que l'Angleterre nous soutient peu ou pas du tout.

J'ai vu ici le général Giraud, à qui j'avais télégraphié quatre fois depuis Noël pour lui demander de me rencontrer en territoire français et entre Français. Je vois maintenant pourquoi ses réponses étaient évasives. On lui faisait attendre la « conférence » actuelle, afin que nos négociations aient lieu, non point dignement et librement, mais au milieu et sous le contrôle des Anglo-Saxons, dans l'ambiance qu'ils ont créée ici pour la circonstance et qui rappelle celle de Berchtesgaden. Quoi qu'il en soit, je trouve en Giraud un homme dont la stature et le ton peuvent impressionner, mais qui me fait un peu l'effet, militairement et politiquement parlant, d'un revenant de 1939. Il n'aperçoit ni le fait que la France est en pleine révolution, précisément contre le système et les hommes de Vichy, ni le danger qu'il fait courir lui-même à la souveraineté française dans l'Empire et, demain, à l'indépendance nationale en se mettant dans la main des Américains. Je crains, en outre, qu'on le manœuvre aisément en pesant sur sa vanité. Enfin, il me donne l'impression d'être entouré soit de gens intéressés, soit de braves types sans envergure.

Je n'accepterai certainement pas la combinaison américaine. La solution que je poursuis depuis le premier jour est l'extension de l'autorité de la France Combattante à l'Afrique du Nord et à l'Afrique occidentale par le moyen du Comité national élargi en conséquence dans sa composition. Ainsi seraient réalisées l'union de l'Empire dans le sens que souhaite l'immense majorité de nos concitoyens, et la conjugaison de l'effort de guerre de l'Empire avec la Résistance en France même. Ainsi serait constituée une assez forte représentation de la France à l'extérieur. Ainsi serait, enfin, ménagé l'équilibre entre nos alliances, grâce à la Russie qui reconnaît le Comité national mais ne reconnaîtra pas Giraud. Quant à ce dernier, sa fonction normale est le commandement de la principale armée française d'opérations, à constituer en Afrique par fusion des forces qui sont ici et de celles de Leclerc et de Larminat.

Je ne sais pas encore comment les choses vont finalement tourner. Il est parfaitement possible que l'aveuglement et la colère des Américains et des Anglais me placent dans une situation telle que notre action devienne impossible. Je préférerais cela à une capitulation.

Dans l'hypothèse extrême d'une rupture, il n'y a pas à douter que Washington et Londres présenteront les choses à leur manière, c'est-à-dire en m'accablant. J'aurais alors peu de moyens d'informer la France et l'Empire. C'est pourquoi je vous écris cette lettre en vous demandant d'en faire et d'en faire faire état le plus publiquement possible si les choses se gâtaient tout à fait. En particulier, veuillez la communiquer dès à présent au professeur Capitant[1] à Alger. Les bons Français d'Afrique du Nord pourront voir ainsi que je ne les aurai pas trahis.

J'espère que vous allez bien, ainsi que les vôtres. À quand ?

Croyez à ma fidèle amitié.

Le 26 janvier 1943, le général de Gaulle est de retour à Londres.

Télégramme au général de Larminat, au Caire, et au général Leclerc, transmis par Brazzaville

Londres, 29 janvier 1943

Secret

Il va sans dire que les dispositions d'organisation prescrites par ma récente instruction personnelle et secrète[2] ne doivent rien changer aux opérations actuellement en cours ou prévues par les éléments sous vos ordres.

En particulier, la participation aux opérations actuelles en Libye et éventuellement en Tunisie du Sud de tous les moyens en mesure de combattre, tant dans la Force de Larminat que dans la Force de Leclerc, est le but immédiat à poursuivre. Cette participation est à réaliser avec la VIIIe armée britannique.

L'organisation des unités nouvelles doit être réalisée par la suite et dans le plus bref délai possible.

Au frère Xavier de Beaulaincourt[3], île de Wight (Grande-Bretagne)

Londres, 30 janvier 1943

Mon Révérend Père et cher ami,

Je ne puis renoncer au tutoiement avec mes anciens camarades et te dirai donc que j'ai été très touché de recevoir les annuaires que tu m'as envoyés.

Bien que nous n'ayons pu parvenir à une fusion dans nos entrevues au Maroc, nous établissons contacts et liaisons, espérant qu'il en sortira, comme il se doit, l'union dans l'honneur pour la guerre de libération.

Je te prie de croire à ma fidèle amitié et te demande tes prières.

---

1. René Capitant, professeur de droit à l'université d'Alger, est chef du mouvement de résistance gaulliste Combat, en Afrique du Nord.
2. Voir l'Instruction personnelle et secrète du 17 janvier 1943.
3. Bénédictin, ancien camarade de Charles de Gaulle au collège de Vaugirard.

Ordre de mission

Londres, 1er février 1943

Très secret

Le lieutenant-colonel Passy, chef du BCRA, se rendra en mission à Alger dans les conditions qui lui seront fixées par le colonel, chef de l'état-major particulier.

À Pierre Tissier, à Londres

Londres, 1er février 1943

Mon cher ami,

J'ai lu, pour mon week-end, votre ouvrage sur le procès de Riom[1]. Je vous en fais mes très sincères compliments. C'est aussi complet, clair et intéressant que possible. Il y aura quelque jour un vaste et juste procès sur les responsabilités de ceux qui ont été les coupables. Je pense qu'on y entendra Pierre Tissier.

Restons fermes. Marchons droit. Vous verrez qu'on reconnaîtra que nous fûmes les plus habiles parce que nous fûmes les plus simples.

Je vous serre bien cordialement la main.

Télégramme à Ludovic Chancel, à Djibouti

Londres, 2 février 1943

Je réponds à vos demandes concernant le général Dupont.

1. Si le général Dupont se rallie, je l'accepte avec son grade. Dans ce cas, il y a lieu de le diriger sur Beyrouth.

2. En tout cas, les officiers de Djibouti non ralliés ne seront aucunement, je répète aucunement, dégradés.

Télégramme au général Leclerc, en Libye

Londres, 2 février 1943

Très secret

Je réponds à votre télégramme n° 300 Emb.

Félicitations pour l'occupation de Ghadamès[2], j'approuve pleinement la récupération de Fort-Saint. Mais je n'approuverais pas que vous le rendiez à l'Afrique du Nord dans les circonstances actuelles.

---

1. Voir la préface du général de Gaulle à ce livre, du 29 juin 1942.
2. Cette oasis de Libye est occupée depuis le 27 janvier par les troupes du général Leclerc.

Au général Lelong, à Londres

Londres, 5 février 1943

Mon général,

Comme j'ai eu l'occasion de vous le dire hier, l'état des négociations avec l'Afrique du Nord et l'Afrique occidentale n'est pas arrivé au point où il me soit possible de vous employer dans la fonction que j'avais prévue pour vous.

Je pense que l'évolution des choses nous permettra de reprendre bientôt ce projet. En attendant, je crois que rien ne vous empêche de rentrer à Lisbonne où la France Combattante saura que vous êtes à sa disposition et prêt à être employé.

Je vous envoie M. Paillet pour régler avec vous les modalités de votre voyage.

Croyez, je vous prie, mon Général, aux assurances de mes sentiments dévoués.

Télégramme à Ludovic Chancel, à Djibouti

Londres, 9 février 1943

Secret

Veuillez diriger le général Dupont sur Londres. Veuillez lui dire de ma part que je lui fais crédit de toute mon estime.

Copie adressée au gouverneur Bayardelle

Dans les premiers mois de 1943, la France Combattante se renforce du soutien d'hommes politiques notoires : parlementaires, anciens ministres, etc. En février, Jean Moulin devient le seul représentant permanent du général de Gaulle et du Comité national pour l'ensemble du territoire métropolitain. Délégué général du Général, il est chargé de coordonner les mouvements de la Résistance française. Le Conseil de la Résistance unique, qu'il préside, doit assurer rapidement la représentation des groupements, formations politiques et syndicats résistants. L'unité de la Résistance se resserre autour du général de Gaulle.

À Rex (Jean Moulin)

9 février 1943

Mon cher ami,

Le rapport que m'a fait le commandant Manuel, les entretiens que j'ai eus avec votre adjoint 20[1] et l'ensemble de mes informations me confirment, s'il en était besoin, dans mon opinion que votre immense tâche est en excellente voie.

Le même messager vous apportera des instructions qui élargissent vos pouvoirs et précisent nos intentions.

Je suis sûr qu'une autorité accrue vous permettra de développer encore plus votre action. Vous avez toute ma confiance.

Nous approchons du but. Voici l'heure des durs efforts.

Croyez, mon cher ami, à mes sentiments profondément dévoués.

Aux membres du Comité central du Parti communiste français

Londres, 10 février 1943

L'arrivée de Fernand Grenier[2], l'adhésion du parti communiste au Comité national qu'il m'a apportée en votre nom, la mise à ma disposition, en tant que commandant en chef des Forces Françaises Combattantes, des vaillantes formations de francs-tireurs que vous avez constituées et animées voilà autant de manifestations de l'unité française, voilà une nouvelle preuve de votre volonté de contribuer à la libération et à la grandeur de notre pays. Convaincu que votre décision apporte une contribution importante à l'intérêt national, je vous en remercie sincèrement.

De grands efforts, de grands sacrifices vous seront demandés après tous ceux que les membres de votre parti ont déjà consentis au service de la France.

Vous savez comme moi qu'une coordination efficace des organisations de résistance est indispensable au but que nous poursuivons en commun : la libération de la France aussi tôt que possible avec la participation active et efficace des Français. Je suis certain que les représentants que j'ai désignés trouveront chez les responsables du parti communiste français une volonté de coopération poussée jusqu'à l'esprit de sacrifice et la même loyale discipline qui existe déjà à l'intérieur de vos organisations. Mes représentants vous feront part des décisions prises ici et auxquelles Fernand Grenier a participé.

1. Henri Manhès.
2. Fernand Grenier, député communiste, arrive à Londres amené par le colonel Rémy, le 12 janvier 1943.

Vous aurez su que, dès sa réception, j'ai acheminé sur l'Afrique du Nord la lettre destinée aux députés communistes emprisonnés. Je regrette que, malgré nos démarches répétées, leur élargissement n'ait pris place qu'au début de février. La mission de liaison de la France Combattante, qui doit se rendre prochainement en Afrique du Nord, portera à vos camarades un message de Grenier.

L'heure des plus durs efforts approche. Au moment où, sous les coups des vaillantes armées russes, la puissance militaire allemande chancelle, il importe que les Français patriotes prennent leur part, aux côtés de nos alliés russes et anglo-saxons, à la libération du territoire national. Je sais que la France Combattante peut compter sur le parti communiste français.

Au chef du groupement Ceux de la Résistance[1]

Londres, 10 février 1943

Le compte rendu de votre action que le colonel Frédéric[2] m'a apporté en même temps que votre adhésion me convainc une fois de plus que, par leur discipline et leur union, les patriotes français de l'intérieur pèseront d'un poids essentiel dans l'œuvre de libération de notre pays.

Il est superflu que je vous répète les assurances que j'ai déjà fournies d'une libre consultation démocratique dans le cadre de la République. Par l'effort conjugué de tous les patriotes, la France de demain sera digne de sa tradition millénaire et reprendra, dans l'honneur et dans la dignité, son rang de grande puissance.

Je sais que les représentants de la France Combattante peuvent compter sur votre concours discipliné.

À Marcel Berthelot[3], chef du réseau Centurie

Londres, 10 février 1943

Mon cher 95087,

J'ai été très heureux d'apprendre de manière détaillée par 95060 l'œuvre que vous avez entreprise et le chemin déjà parcouru dans le sens de l'unité dans la lutte pour la libération.

---

1. Le général de Gaulle adresse le même jour des lettres dans ce sens aux chefs des groupes de résistance Liberté, Égalité, Fraternité, Cercle, Lorraine et Ceux de la Libération.
2. Pseudonyme de Manhès. Le colonel Frédéric est chargé en 1942 par Jean Moulin d'une mission de prospection en zone nord. À ce titre, il prend contact avec plusieurs mouvements de résistance.
3. Le général de Gaulle adresse le même jour des lettres de félicitations et d'encouragement à Alphonse Tanguy et au colonel Touny, chefs d'autres réseaux de résistance. Le pseudonyme de Marcel Berthelot est Lavoisier ; le réseau Centurie est spécialisé dans le renseignement.

Je profite de cette occasion pour vous dire toute mon estime. À mesure qu'approche l'heure de l'action décisive, la tâche de chacun devient plus lourde et l'union disciplinée est chaque jour plus impérieusement nécessaire. Je sais que je puis compter sur vous.

À Daniel Mayer[1]

Londres, 10 février 1943

Cher monsieur,

Les rapports de Marnier, Brémond et Froment[2], votre lettre à Pierre, les manifestes de votre Comité m'éclairent complètement sur la position patriotique et républicaine que vos amis et vous-même avez adoptée à l'endroit du problème de la libération française.

J'apprécie pleinement votre politique d'effectifs pour les mouvements de résistance et vous demande de persévérer dans cette voie.

D'autre part, je comprends fort bien votre ambition légitime quant à l'avenir de votre parti.

Ainsi que je viens de l'écrire au plus éminent de vos amis, « il est normal et même souhaitable que la Résistance – tout en demeurant unie et cohérente – se teinte et se nuance des tendances politiques traditionnelles et diverses ».

La nouvelle formule adoptée, et qui vous sera communiquée, vous donnera, je pense, satisfaction.

Télégramme au général Giraud, à Alger

Londres, 12 février 1943

Très secret

Je suis informé que le général Mast[3] serait désireux d'aller faire une visite au général de Larminat et à ses troupes. Je donne très volontiers mon agrément à ce projet[4].

1. Secrétaire général du Comité d'action socialiste.
2. Membres du Comité d'action socialiste en zone sud.
3. Le général Mast, qui commandait la division d'Alger, a facilité le débarquement américain.
4. Le général de Gaulle en informe le général de Larminat par un télégramme du même jour.

À Anthony Eden, à Londres

Londres, 12 février 1943

Cher monsieur Eden,

Depuis l'occupation totale de la France, le nombre des Français que leur désir de rejoindre les forces combattantes a conduits dans les prisons ou les camps de concentration espagnols a considérablement augmenté.

Avec le concours de l'ambassade de S.M. britannique à Madrid, beaucoup de Français ont pu déjà quitter l'Espagne et rallier la France Combattante. J'apprécie hautement l'appui qui nous a été ainsi donné et j'ai été particulièrement heureux qu'un de nos officiers ait pu être détaché auprès de sir Samuel Hoare[1] pour assurer le travail supplémentaire occasionné par l'arrivée en masse des Français dans la péninsule Ibérique.

J'ai pensé souhaitable d'envoyer en Espagne un autre officier qui, sans être en relations officielles avec votre ambassade, resterait en contact officieux avec elle et s'occuperait des besoins matériels des internés français.

Le chargé d'affaires d'Espagne a été abordé à ce sujet et le nom qui lui a été indiqué, celui du lieutenant de Dampierre, est de nature, je crois, à être accueilli favorablement par les autorités espagnoles.

Votre Excellence sera tenue au courant de la suite de cette affaire, mais j'ai voulu, d'ores et déjà, la prévenir de ce projet qu'elle ne pourrait manquer d'envisager avec intérêt.

Bien sincèrement à vous.

Télégramme au général Giraud, à Alger

Londres, 12 février 1943

Très secret

Comme je vous l'ai dit à Anfa, j'ai décidé d'envoyer en Afrique du Nord les militaires qui ont été mis en surveillance en Afrique équatoriale à la suite des désordres qu'ils ont causés au Gabon en novembre 1940. Je vous signale qu'un certain nombre d'entre eux réclament d'être dirigés sur Vichy. Les préparatifs sont en cours pour les diriger tous sur l'Afrique du Nord ainsi que leurs familles. Le général Têtu[2], en particulier, partira bientôt. Je compte que cette mesure bienveillante facilitera par réciproque l'envoi aux forces de la France Combattante des militaires, marins et aviateurs actuellement présents en Afrique du Nord et en Afrique occidentale qui en feront la demande.

---

1. Ambassadeur britannique en Espagne.
2. Le général Têtu s'est opposé au ralliement du Gabon à la France Libre en 1940. Il a été fait prisonnier.

Télégramme au général de Larminat, au Caire

Londres, 13 février 1943

Très secret

L'instruction personnelle et secrète du 17 janvier 1943 qui fixe mes intentions tient compte des éléments cités dans votre télégramme n° 68/ADC. Ces éléments partiront par le premier convoi. D'autre part, je vous prie de noter que je suis le meilleur juge de ce que vous appelez ma politique militaire et de ce qu'elle exige.

Télégramme au général Catroux, à Beyrouth

Londres, 13 février 1943

Réponse à votre télégramme n° 138/CH.

Je ne peux admettre que vous ayez décidé sans mon autorisation préalable relèvement indemnités troupes spéciales.

Vous aviez tout délai pour soumettre propositions détaillées, mais j'entends que vous vous absteniez une fois pour toutes de la méthode du fait accompli.

Je ne puis consentir à votre demande de virement supplémentaire avant d'avoir reçu vos propositions détaillées et justifiées[1].

Télégramme à Adrien Tixier, à Washington

Londres, 13 février 1943

Secret

Je réponds au télégramme que vous m'avez adressé le 9 février après votre visite à M. Sumner Welles.

D'une manière générale je demeure naturellement désireux de me rendre aux États-Unis. Je suis convaincu en particulier que de nouvelles conversations avec le président ainsi qu'un contact direct avec MM. Cordell Hull et Sumner Welles et avec les hautes autorités militaires américaines seraient extrêmement utiles. Vous pouvez le dire à M. Sumner Welles en ajoutant, ce qui est vrai, que j'ai été vivement impressionné par les entretiens que j'ai eus à Casablanca[2] avec le président et que je suis personnellement convaincu de leur grande utilité.

Il serait nécessaire cependant que le projet de mon voyage ne soit pas ébruité avant d'être établi sur des bases fermes, étant d'ailleurs entendu

1. Voir la suite de cette affaire dans le télégramme au général Catroux du 26 février 1943.
2. Il s'agit des entretiens d'Anfa, lieu voisin de Casablanca.

que je ne serais pas censé l'accomplir sur l'invitation formelle du président puisque celui-ci paraît préférer cela.

Voici ce qui me semblerait le plus pratique et convenable. Je compte me rendre en Afrique et en Orient au début de mars pour voir nos troupes, rencontrer Montgomery et, si possible, Eisenhower, visiter Djibouti et Madagascar, enfin passer en Afrique équatoriale. Cette tournée durerait environ un mois. Je pourrais me rendre aux États-Unis ensuite, c'est-à-dire dans le courant d'avril. D'ici-là, M. Eden aurait fait lui-même son voyage à Washington et notre mission à Alger aurait commencé à travailler et à nous informer. Enfin, je pourrais renseigner le président sur la situation générale et militaire dans l'ensemble de l'Afrique et en Orient après l'avoir immédiatement étudiée. Les conversations que je pourrais alors avoir à Washington s'engageraient sur des éléments nouveaux par rapport à celles de Casablanca.

Notez que je n'exclus pas tout à fait que Sumner Welles vous ait à nouveau parlé de mon voyage afin d'atténuer l'impression d'un voyage de Giraud à Washington qui serait peut-être en préparation.

En tout cas, nous devons marquer notre désir sincère de faire tout ce qui peut contribuer à informer directement le président et le gouvernement des États-Unis tant sur notre contribution à la guerre au-dedans et au-dehors de notre territoire que sur nos intentions futures. À ce point de vue nous n'avons pas à dissimuler que mon voyage en Amérique aurait un grand intérêt.

À Harold R. Stark, à Londres

13 février 1943

Mon cher amiral,

Je vous remercie de votre lettre du 11 février, par laquelle vous avez bien voulu me faire part, à votre retour à Londres, de l'entretien que vous avez eu à Washington avec le président Roosevelt.

Je vous serais reconnaissant de transmettre au président des États-Unis l'expression du grand plaisir que j'ai eu à prendre avec lui un premier contact. Ses sentiments d'ardente sympathie à l'égard de la France ne pouvaient que toucher profondément un Français. Je tiens, à ce sujet, à vous renouveler l'assurance de la volonté du Comité national de consacrer toutes ses forces morales au regroupement de l'Empire français pour la guerre de libération.

Je suis particulièrement heureux de votre retour qui me donnera l'occasion de m'entretenir de ces questions avec vous.

Veuillez agréer, mon cher amiral, etc.

Télégramme au général Eisenhower[1], à Alger

Londres, 15 février 1943

Je vous adresse mes sincères félicitations pour le grand commandement interallié que vous assumez. J'y souscris très volontiers pour ce qui concerne les forces françaises. Veuillez noter qu'une division française sous le commandement du général de Larminat fait partie actuellement, au point de vue tactique, de la VIIIe armée britannique. Il en est de même du groupement du général Leclerc et du régiment mécanique du colonel Rémy. Ces éléments sont en cours de renforcement notamment en artillerie et en unités de chars. Presque tous ont l'expérience de plusieurs combats. Tous sont ardents et résolus. Je compte aller les revoir en mars. Je serais heureux de vous rencontrer en Afrique à ce moment.

Télégramme au gouverneur général Éboué, à Brazzaville, et au gouverneur Cournarie, à Douala

Londres, 17 février 1943

Secret

Je suis informé que lord Swinton aurait l'intention d'organiser une entrevue entre vous-même et Boisson. Je sais que je n'ai pas besoin de vous dire de vous abstenir. Mais je vous mets en garde contre une surprise possible. Veuillez en faire autant pour vos principaux subordonnés.

À Henri de Kerillis, à New York

Londres, 18 février 1943

Mon cher ami,

Je vous remercie de votre lettre du 4 janvier arrivée avec retard.

Je veux vous dire encore que je suis heureux d'avoir votre fils ici. Dans le corps d'élite où il a été affecté, il est aussi apprécié de ses chefs que de ses camarades. Il est ainsi préservé de ces servitudes de l'exil dont vous me parlez.

Croyez, je vous prie, mon cher ami, à l'expression de mes sentiments dévoués.

[PS] J'ai lu tous vos articles au sujet de l'affaire d'Afrique du Nord. Je dois vous dire que je ne partage pas entièrement votre point de vue. Ce que vous paraissez méconnaître, c'est que toute l'affaire a été inventée *à dessein* en dehors de nous.

---

1. Commandant en chef des armées alliées en Afrique du Nord.

Si, comme vous l'avez suggéré, j'avais voulu me rendre en Algérie et en Tunisie avec des troupes et des navires pour prendre part à la bataille pour l'Orient, ce sont nos alliés eux-mêmes qui m'en auraient empêché par tous moyens sans exception.

Télégramme à l'amiral Stark, à Londres

Londres, 18 février 1943

Secret

Par votre lettre en date du 14 de ce mois, vous avez bien voulu appeler à nouveau mon attention et celle du Comité national français sur la question du ralliement à la France Combattante de personnel embarqué sur des navires français en provenance d'Afrique du Nord.

Un nouvel examen de la situation nous a conduits aux conclusions suivantes : contrairement à ce que vous semblez indiquer, le Comité national ne peut être tenu pour responsable des conséquences du ralliement à la France Combattante du personnel dont il s'agit, ralliement qui, je tiens à le souligner à nouveau, fut entièrement spontané et qui tient à des causes profondes. Toutefois, nous souhaitons naturellement ne pas voir immobilisés à New York des navires français qui doivent leurs services à la France.

Dans ces conditions, le Comité national a pensé, en premier lieu, que les marins et sous-officiers destinés à compléter l'armement du *Lot* et du *Wyoming* pourraient être prélevés sur les équipages des unités de la flotte française qui viennent d'arriver aux États-Unis pour y subir des réparations importantes et qui, par conséquent, vont se trouver immobilisés pour de longs délais.

D'autre part, le Comité national serait prêt à placer à bord de chacun des navires *Lot* et *Wyoming* un détachement de sous-officiers et marins, commandé par un officier et nécessaire pour compléter leurs équipages et assurer leur départ. Ce personnel serait prélevé sur les effectifs de la marine actuellement à Saint-Pierre. Dès le retour des navires en Afrique du Nord, il serait débarqué et dirigé sur la Grande-Bretagne.

J'espère que cette proposition sera appréciée par votre gouvernement comme une nouvelle preuve de la volonté qu'a le Comité national d'assurer dans les meilleures conditions possibles la participation de la France à l'effort de guerre des Nations unies.

Télégramme au général Catroux, à Beyrouth

Londres, 18 février 1943

Secret

Aujourd'hui, 18, à midi, je n'ai encore reçu aucun télégramme de vous depuis votre départ de Londres. Soupçonnant un retard systématique de transmission de la part des Britanniques, je vous demande de télégraphier en même temps par Brazzaville et par Le Caire.

Copie adressée à Délégation France Combattante, au Caire

Télégramme[1] à Adrien Tixier, à Washington

Londres, 19 février 1943

Les rapports du Comité national avec Alger ne sont pas établis actuellement sur une base assez claire pour qu'il soit possible à nos représentants de manifester par une visite au *Richelieu* un accord qui n'existe pas.

Il y a lieu de répondre à l'amiral Fénard[2] que les circonstances ne vous permettent pas encore de vous rendre sur le *Richelieu*. Ce navire est d'ailleurs à New York pour longtemps. On peut espérer qu'une autre occasion de visite se présentera plus tard.

À Auguste Champetier de Ribes, en France[3]

Londres, 20 février 1943

Mon cher Ministre,

Nous savons ici quel courage et quel patriotisme vous avez montrés depuis l'armistice. J'en étais sûr, sachant qui vous êtes. Nous savons aussi quelle part importante vos amis ont jouée et jouent encore dans la résistance à l'ennemi et à ses complices. Votre situation actuelle apporterait, s'il en était besoin, une preuve péremptoire de l'importance de votre action.

Nous sommes d'accord sur tous les points.

Je vous prie d'agréer, mon cher Ministre, l'expression de mes sentiments très distingués et dévoués.

1. Télégramme classé « secret ».
2. Chef de la mission navale déléguée aux États-Unis par le général Giraud.
3. Arrêté le 2 décembre 1942, Auguste Champetier de Ribes est détenu à Évaux-les-Bains.

À Paul Bastid

Londres, 20 février 1943

Mon cher Ministre,

Des rapports que je reçois de France, et en particulier les comptes rendus de mon représentant, ont, depuis longtemps, attiré mon attention sur votre courageuse attitude et sur votre activité patriotique.

Je regrette de n'avoir reçu qu'en janvier la lettre que vous-même et plusieurs de vos collègues du Parlement m'aviez adressée en août 1942. Je vous en félicite bien vivement. Le danger que vous m'y signalez ne m'avait pas échappé ; les événements survenus depuis cette date ont pu lui donner une forme assez imprévue, mais le fond est bien tel qu'il fallait s'y attendre. Je dirai même que pour nous qui voulons la destruction du régime de Vichy et la disparition des responsables, ce danger est, après l'expérience du débarquement allié en Afrique, plus grave aujourd'hui que jamais. Vous pouvez donc compter que nous partageons vos vues et que nous agissons en conséquence.

Je n'ignore pas le grand travail que vous avez fourni personnellement dans l'étude de certains problèmes très importants. De tout cela également je vous remercie et vous demande de transmettre aux amis qui vous entourent mes meilleurs vœux et ma profonde sympathie.

Je vous prie d'agréer, mon cher Ministre, l'expression de mes sentiments très distingués et dévoués.

Télégramme à Adrien Tixier, à Washington

Londres, 21 février 1943

Secret

Vous devez aller à la manifestation organisée par La Guardia[1]. Le *Richelieu* et ses marins n'appartiennent à personne sinon à la France. Vous pouvez donc les saluer et recueillir leur salut sans aucune hésitation. Toutefois il est préférable de ne pas vous rendre à bord du navire pour le moment.

Communiqué au sujet des Forces françaises libres d'Afrique

Londres, 4 Carlton Gardens, 21 février 1943

Les forces françaises, venues du Tchad, à travers la Libye, sous le commandement du général Leclerc, ont comme on le sait opéré leur jonction

1. Maire de New York.

avec l'armée du général Montgomery à 2 000 kilomètres de leur base de départ.

Pour permettre au général Leclerc de se consacrer entièrement aux opérations actives avec la VIIIe armée britannique, le commandement territorial de l'Afrique équatoriale et du Cameroun qu'il exerçait antérieurement a été attribué au général Marchand.

Le général Marchand commandait les troupes du Tchad lors du ralliement du territoire à la France combattante en août 1940.

Télégramme au président de l'École des hautes études, à New York

Londres, 22 février 1943

Je suis heureux, à l'occasion de l'anniversaire de sa création, de dire ma reconnaissance au président et aux professeurs de l'École libre des hautes études. Ils contribuent au même titre que les universitaires de France unis dans la résistance, et que les maîtres qui professent dans l'Empire libéré, à défendre et à illustrer l'honneur de la culture et le rayonnement de l'intelligence française à travers le monde.

Télégramme à Roger Garreau, à Kuibychev (Union soviétique)

Londres, 22 février 1943

Très secret

L'Armée Rouge vient de célébrer dans la victoire son vingt-cinquième anniversaire. Je serais désireux d'attribuer la croix de la Libération à la ville de Stalingrad et la croix de guerre à quelques militaires russes de différents grades. Je vous serais obligé de vous mettre en rapport à ce sujet avec le gouvernement des Soviets. S'il est d'accord, vous voudrez bien m'adresser d'urgence les noms des militaires à décorer. J'ajoute que je serais également heureux de conférer la croix de la Libération à un ou deux grands chefs russes qui seraient désignés par leur gouvernement.

Télégramme au général Catroux, à Beyrouth

Londres, 23 février 1943

Très secret

Je réponds à votre télégramme n° 317 dans l'esprit de mon IPS[1] qui reste entièrement valable et qu'il y a lieu de réaliser dès que possible.

1. Voir l'Instruction personnelle et secrète du 17 janvier 1943.

1. Je sais bien que nous n'avons pas actuellement les disponibilités nécessaires pour constituer un état-major et des moyens organiques de corps d'armée. Mais il faut cependant que Larminat ait sous son commandement la 1re Division et le groupement Leclerc. Quant à l'emploi tactique de ces deux unités qui ne sont pas du même pied, je conçois très bien qu'il doive être réglé pour le moment par la VIIIe armée britannique elle-même.

2. Je suis d'accord naturellement pour compléter au plus tôt la 1re Division, notamment en artillerie venant de Djibouti. En attendant, cette division peut être engagée telle qu'elle est, avec un renfort d'artillerie britannique.

3. Je suis d'accord pour constituer une brigade au moyen de l'infanterie provenant de Djibouti. Cependant, si cette brigade ne peut être équipée et armée actuellement, il vaudrait mieux, me semble-t-il, la porter au Levant plutôt qu'en Égypte. Toutefois, je m'en remets à vous sur ce point. J'interviens auprès du War Office au sujet de l'armement de cette brigade.

4. Je mets à votre disposition le général de division Chadebec de Lavalade qui m'a fait bonne impression. Quant au général Marchand, je tiens à ce qu'il gagne Brazzaville sans délai pour y prendre son commandement. Il est important et urgent que les troupes d'AFL soient commandées maintenant que Leclerc va être engagé dans les opérations de la VIIIe armée britannique.

5. Je compte me rendre en Afrique au début de mars voir nos troupes et voir aussi en Afrique équatoriale et au Cameroun ce qu'on peut y prélever au profit de Larminat.

6. Je persiste dans mon intention formulée en août dernier de voir constituer au Levant une brigade de marche des troupes spéciales. Cette brigade devra pouvoir servir pour la garde des arrières dans la bataille de Tunisie.

Par un mémorandum du 23 février 1943, qui sera remis au général Giraud le 26 février et publié le 12 mars, le Comité national précise les conditions de « l'union de l'Empire français et des forces françaises dans la guerre ». Voir *Mémoires de guerre*, t. II, p. 446-448.

Une mission de liaison de la France Combattante s'installera à Alger. Peu après, le général Bouscat, délégué du général Giraud, arrivera à Londres.

Télégramme au général Catroux, à Beyrouth

Londres, 23 février 1943

Secret le plus absolu

J'ai étudié et fait connaître au Comité national les télégrammes que vous m'avez adressés après votre séjour à Alger.

Votre jugement sur la situation nous est précieux. Il confirme, d'ailleurs, les informations qui nous parviennent d'autres sources. D'autre part, nous pesons à sa grande valeur votre avis suivant lequel la patience est nécessaire. J'approuve votre intention d'influencer Giraud et ses services dans la mesure où vous le pourrez.

Toutefois, deux éléments d'appréciation nous portent à considérer comme grave le retard apporté par Alger à une solution acceptable. Ces éléments sont d'abord le cours des événements militaires, ensuite la situation actuelle du peuple français.

Les événements militaires aboutissent en somme à l'invasion profonde par l'ennemi de l'Afrique du Nord française. Il s'agit de savoir si Giraud, ses gens et son système ont la capacité de concourir à la défense dans les meilleures conditions aux côtés de nos alliés. D'après vos renseignements, comme d'après les faits patents, il n'en est évidemment pas ainsi. Nous devons donc désapprouver nettement cet état de choses et tout faire pour créer au plus tôt d'autres conditions. Seule la France Combattante est capable de faire régner sur place l'esprit de guerre et d'y diriger l'effort d'une manière cohérente et résolue. Tout obstacle dressé contre son action doit être écarté. Vous penserez comme moi que tel est le but à atteindre au plus vite.

D'autant plus que notre pays est en ce moment victime d'épreuves terribles et qui vont s'aggravant. Toutes nos informations de France nous disent que l'année en cours est la dernière année d'oppression et de privation que le peuple français puisse supporter sans risquer un effondrement grave, tout au moins au point de vue physique. Or, plus que jamais, c'est dans la France Combattante et en elle seulement que le pays voit le centre et l'espoir de sa résistance. Cette grande responsabilité ne nous permet pas d'accepter, même en apparence, la confusion et l'impuissance qui règnent en Afrique du Nord.

Je vous signale que parmi les équipages des navires français d'Afrique du Nord qui abordent maintenant en Angleterre ou aux États-Unis, un très grand nombre quittent spontanément leur bord et se réfugient dans nos bases en déclarant qu'ils se refusent à servir sous leurs chefs actuels. Dès à présent, aucun de ces navires ne pourrait reprendre la mer sans mon ordre personnel. Cela en dit long sur l'état des esprits.

Pechkoff et Charbonnière partiront incessamment pour Alger pour préparer l'installation de votre mission. Quoique les Américains et les Britanniques nous pressent d'envoyer aussi les autres, ils resteront ici jusque vers le 12 mars pour arriver vers le 15 comme vous le demandez. Le menu personnel a été embarqué avant-hier sur un bateau qui arrivera dans les premiers jours du mois prochain.

À l'enseigne de vaisseau Philippe de Gaulle, à Dartmouth (Grande-Bretagne)

Londres, 23 février 1943

Mon cher Philippe,

Ce mot sans autre objet que de te dire mon affection et aussi ma satisfaction de te savoir à l'œuvre dans des conditions périlleuses et, par conséquent, glorieuses.

Je vois que l'affaire d'Afrique du Nord, si mal engagée par les autres, commence à se dégager un peu. Nous sommes patients mais résolus.

Maman et Anne vont très bien. Ta sœur Élisabeth aussi, je pense. Nous avons hâte de te revoir. Je t'embrasse tendrement.

Ton papa très affectionné.

Télégramme au commandement supérieur, à Brazzaville

Londres, 23 février 1943

Secret

J'interdis toute entrevue de quiconque avec Boisson.

Ceci s'applique en particulier à Kœnigswarter.

Télégramme au général Catroux, à Beyrouth

Londres, 26 février 1943

Je reçois votre télégramme n° 97/TS du 22 février relatif aux soldes des troupes spéciales.

Je ne puis m'expliquer que vous soyez prêt à envisager le recrutement par les Anglais de Syriens et de Libanais. C'est une chose à laquelle je m'oppose formellement.

Quant au chantage de Spears il n'a aucune valeur. Nous réglerons à Londres la question des soldes des troupes spéciales et si c'est nécessaire nous pourvoirons aux dépenses supplémentaires par nos propres moyens.

De toute façon une conjonction que les Britanniques voudraient nous imposer entre les soldes, d'une part, et une action de recrutement amenée par eux dans les États sous mandat français, d'autre part, serait inacceptable.

Je persiste à vous dire que dans l'affaire de l'augmentation des soldes des troupes spéciales, il est très regrettable que le Comité national se trouve placé devant un fait accompli.

À Charles Boyer, à Hollywood (États-Unis)

Londres, 26 février 1943

Mon cher ami,

Je vous remercie d'avoir bien voulu m'envoyer vos vœux auxquels j'ai été particulièrement sensible.

À cette occasion, je vous félicite de votre dévouement à la France Combattante, et je ne doute pas des résultats heureux que vous obtiendrez avec la « French Research Foundation[1] ». Je sais que je puis compter sur vous.

Je vous prie de recevoir, mon cher ami, l'expression de mes sentiments les meilleurs.

[PS] Vivent les grands talents français quand ils servent, comme le vôtre, la France !

Messages

Londres, 28 février 1943

À l'équipage de l'*Éridan*[2],

Je remercie de son message l'équipage de l'*Éridan* incorporé à la France Combattante. Officiers, sous-officiers, marins, vous avez pris le bon chemin, celui de la lutte et de l'honneur au service de la France sous le signe national de la croix de Lorraine. Je vous exprime toute ma confiance. À bientôt.

À l'équipage du *Groix*,

J'adresse à l'équipage du *Groix* mes félicitations et l'expression de ma confiance.

Télégramme au général Leclerc, en Tunisie, transmis par Brazzaville

Londres, 2 mars 1943

Secret

Ne manquez pas de faire publier un communiqué sur vos opérations chaque fois que cela en vaut la peine. La tendance de la VIIIe armée britannique est de ne jamais parler de vous.

1. Le comédien Charles Boyer a fondé cet organisme en 1941.
2. Voir les messages de ralliement de l'*Éridan* et du *Groix* dans les *Mémoires de guerre*, t. II, p. 448 et 449.

Télégramme au colonel d'Astier de Villatte, à Bathurst

Londres, s.d. *[2 mars 1943]*

Je réponds à votre télégramme du 27 février.

Si vous pouvez vous rendre à Dakar, je vous approuve d'y aller. Un officier supérieur français est chez lui à Dakar notamment s'il appartient à la France Combattante.

Télégramme au général Catroux, à Beyrouth

Londres, 2 mars 1943

Secret

Je désirerais recevoir au plus tôt vos observations en ce qui concerne le projet de mémorandum relatif à la situation en Afrique du Nord que nous vous avons communiqué. Nous avons hâte, pour des raisons surtout extérieures, que ce mémorandum soit notifié à qui de droit, c'est-à-dire d'abord à Giraud, ensuite aux gouvernements alliés. Si vous êtes d'accord sur le texte, il sera remis à Giraud par Charbonnière[1].

Télégrammes au général Catroux, à Beyrouth

Londres, 3 mars 1943

Secret

J'ai reçu votre télégramme du 1er mars.

En même temps, le Foreign Office nous a remis un mémorandum concernant l'affaire des dix mille hommes que les Britanniques demandent à recruter en Syrie. Le mémorandum contient le texte des propositions que vous-même et les autorités britanniques en Orient seriez d'accord pour adresser à ce sujet au Comité national français et au gouvernement britannique.

Ainsi présentée, la question prend une forme plus satisfaisante qu'il n'avait paru d'abord. D'autant plus qu'aux termes du mémorandum établi par le Foreign Office, il ne s'agirait que de travailleurs et nullement de troupes. S'il en est réellement ainsi, il sera peut-être possible de trouver une solution. L'affaire sera examinée vendredi par le Comité national auquel votre télégramme sera naturellement communiqué. En tout cas, il serait inacceptable que la question fût liée à celle de la solde des troupes spéciales et a fortiori, à celle de l'engagement de la division Larminat.

---

1. Voir la suite de cette affaire dans le télégramme au général Catroux du 12 mars 1943.

Je vous adresse comme complément et sous le numéro consécutif un message strictement personnel en réponse au paragraphe 5 de votre télégramme.

Londres, 3 mars 1943

Secret le plus absolu

Je réponds au paragraphe 5 de votre télégramme du 1er mars.

Je ne crois pas, en raison de l'intérêt supérieur, que le moment soit bien choisi pour envisager la possibilité de renoncer à votre double mission à Beyrouth et à Alger. Je ne crois pas davantage que vous ayez lieu de craindre une sérieuse divergence de vues entre vous et moi ni entre vous et le Comité national en ce qui concerne la conception de ces deux missions.

Mais je crois que dans l'exécution de l'une et de l'autre il est nécessaire que nous nous réservions et que vous vous réserviez le recours de l'examen et de la décision à Londres pour ce qui concerne les problèmes qui comportent des implications d'ordre général. Vous conviendrez certainement que j'aie personnellement des raisons d'y tenir. D'autant plus que le jeu de l'extérieur tend à créer entre nous des divisions qui sont toujours soldées finalement aux frais des intérêts de la France.

À Anthony Eden, à Londres

Londres, 3 mars 1943

Monsieur le Secrétaire d'État,

Je vous adresse ci-joint le texte d'un message secret qui vient de me parvenir[1].

Je n'ai pas besoin de vous dire que la France Combattante appuie entièrement toutes les mesures qui pourront être prises pour sauver la vie du président Paul Reynaud et de M. Georges Mandel, et je vous serai personnellement reconnaissant de tout ce qui pourra être fait dans ce sens.

Sincèrement à vous.

Londres, 3 mars 1943

Monsieur le Secrétaire d'État,

J'apprends qu'un fonctionnaire de la France Combattante, M. Stéphane Manier, vient de se suicider à Camberwell où il était retenu depuis plusieurs jours.

1. Ce message secret indique que Paul Reynaud et Georges Mandel, emprisonnés à Bordeaux, sont en très mauvaise condition physique. Il demande que les autorités britanniques fassent savoir aux Allemands que les vies de Rudolf Hess et d'autres prisonniers allemands répondront de celles de Reynaud et de Mandel.

Je suis certain que les autorités britanniques ouvriront une enquête sur cette affaire et je ne doute pas que Votre Excellence veuille m'en faire connaître les conclusions.

M. Manier venait de séjourner plus d'un an à Accra, auprès des autorités britanniques. Il était, d'après mon information, très heureux de venir à Londres. Il ne pouvait se douter qu'un fonctionnaire de la France Combattante appelé par le Comité national à un nouveau poste et passant d'Accra à Londres, serait traité comme un personnage suspect.

Je crois devoir ajouter, à cette occasion, que plusieurs évadés des prisons de Vichy, où ils ont été torturés moralement et physiquement par nos adversaires, sont sur le point d'arriver à Londres. J'attacherais du prix à savoir que la nouvelle réglementation qu'il paraîtra possible au gouvernement de Sa Majesté britannique d'édicter s'appliquera assez rapidement pour qu'ils soient dispensés de subir en territoire allié l'épreuve de la réclusion.

Télégramme au général de Larminat, transmis par Le Caire

Londres, 8 mars 1943

Très secret

Il doit être entendu une fois pour toutes que la réorganisation de la force L ne doit apporter aucun retard à l'engagement des éléments susceptibles d'être engagés. Ceci s'applique en particulier à la division qui est déjà constituée, actuellement sous vos ordres.

Toutefois, pour des raisons que vous comprenez, je tiens essentiellement à réaliser dès qu'il sera possible le regroupement sous commandement français des diverses formations qui combattent actuellement avec la VIIIe armée britannique.

J'interviens dans ce sens auprès du War Office, tout en spécifiant bien que ces dispositions d'avenir ne doivent en rien gêner celles qui sont décidées pour le présent.

À Winston Churchill

Londres, 10 mars 1943

Très secret

Monsieur le Premier Ministre,

Les informations qui sont envoyées de France au Comité national rapportent que les Allemands augmentent sans cesse les déportations de Français en Allemagne[1]. Il semble que tous les Français mâles de dix-huit à trente

1. Le Service du travail obligatoire a été créé le 4 septembre 1942 par Vichy. D'abord applicable aux Français de vingt et un à trente-cinq ans, il a été étendu à la totalité de la population masculine en février 1943.

et un ans, et tous les ouvriers jusqu'à cinquante ans, puissent être, d'ores et déjà, visés par les mesures en cours d'exécution. Ces départs en masse sont évidemment de nature à compromettre gravement l'action de la résistance française en territoire national.

L'insurrection générale en France serait le seul moyen susceptible d'empêcher le départ progressif de la partie la plus active de la population. Le Comité national est prêt à la prescrire à tous les éléments organisés de la résistance, mais à la condition que cette insurrection soit conjuguée avec une action puissante et profonde entreprise par les Alliés en territoire français ou sur un territoire limitrophe. Faute de quoi, l'insurrection ne pourrait conduire qu'à des massacres sans compensation stratégique ni morale. Je dois ajouter que le Comité national français juge infiniment désirable le déclenchement très prochain d'opérations offensives en Europe occidentale, opérations dont dépendent maintenant non seulement l'envergure de la participation de la France à cette phase de la guerre, mais encore sa destinée.

Cependant, en tout état de cause, il semble essentiel de maintenir en France, dans toute la mesure du possible, les meilleurs éléments de l'armée secrète organisée sur le territoire par la France Combattante. On peut évaluer à 50 000 le nombre des hommes d'une grande qualité combative appartenant à cette armée qui sont intéressés par les mesures actuelles de déportation et auxquels le Comité national compte prescrire de s'y dérober à tout prix pour rester prêts à exécuter les missions de combat qui leur sont attribuées.

Toutefois, pour qu'une telle disposition puisse avoir sa valeur, il est indispensable que soit assurée la subsistance de ces effectifs dissimulés aux recherches de l'ennemi et de ses collaborateurs. Il est également nécessaire de les doter sans délai d'un armement et d'un outillage adéquats afin que ces hommes, constamment menacés, aient la possibilité de se défendre à chaque instant.

Je vous serais reconnaissant, monsieur le Premier ministre, de me faire connaître si le gouvernement de Sa Majesté britannique est disposé à fournir son aide pour la subsistance, l'armement et l'outillage de cette armée secrète française sur la nature, le rôle et les besoins de laquelle les services français compétents tiennent d'ailleurs exactement informés les services britanniques correspondants.

Je suis naturellement tout prêt à m'entretenir avec vous de ces questions.

Bien sincèrement à vous.

Copie adressée au général Brooke, à Londres

Télégramme au général Catroux, à Beyrouth

Londres, 12 mars 1943

Secret

Nous avons étudié en Comité national les observations que vous avez faites au projet de mémorandum concernant l'Afrique du Nord. Ces observations nous sont malheureusement parvenues tard et incomplètes. D'autre part il nous a paru que, si judicieuses qu'elles fussent, elles n'avaient rien de fondamental. Enfin, il se trouve qu'une erreur de Charbonnière lui a déjà fait remettre le texte au général Giraud. Compte tenu de tout cela comme aussi de l'urgence que présente la publication du mémorandum pour la France et pour l'étranger, nous croyons devoir nous en tenir au texte primitif. Massigli[1] en prévient directement Charbonnière.

J'ajoute qu'il est désirable que vous puissiez maintenant vous rendre à Alger pour mettre votre mission au travail. L'atmosphère étrangère est devenue meilleure, mais je crois que chez Giraud lui-même l'état d'esprit n'a pas fait grands progrès.

Télégramme à Adrien Tixier, à Washington

Londres, 12 mars 1943

Secret

J'ai vu hier l'amiral Stark. Je lui ai parlé notamment de l'affaire des ralliements des marins d'Afrique du Nord actuellement aux États-Unis. Notre position lui a été ainsi précisée et il en a rendu compte à son gouvernement :

J'ai dit à l'amiral Stark que nous distinguions le cas des équipages des navires de guerre venus se faire réparer aux États-Unis et le cas des équipages des navires de la marine de guerre et de la marine de commerce qui sont venus chercher aux États-Unis des armes ou du ravitaillement pour l'Afrique du Nord.

Dans le premier cas il s'agit de marins dont les navires sont immobilisés pour longtemps. Si ces marins s'engagent chez nous, nous les acceptons naturellement pour des raisons de morale élémentaire et d'intérêt national. En les engageant nous favorisons l'effort de guerre français car il serait dangereux de laisser sur les navires des marins qui, en grand nombre, ne reconnaissent plus l'autorité de certains officiers. D'autre part, ces navires n'étant pas destinés à combattre avant longtemps, les autorités d'Afrique du Nord ont tout loisir pour les remplacer par d'autres.

1. Ambassadeur de France en Turquie en 1939 et 1940, mis en disponibilité, René Massigli vit à Lyon en 1941 et 1942. Il rallie la France Combattante en 1943, devenant alors commissaire national aux Affaires étrangères.

Dans le cas des navires de ravitaillement, nous acceptons également l'engagement des marins. Mais nous sommes les premiers à vouloir que le ravitaillement et les armes parviennent au plus tôt en Afrique du Nord. C'est pourquoi je suis disposé à donner moi-même aux marins des navires de cette catégorie qui s'engagent chez nous, l'ordre de rentrer à bord de leurs navires à leur port de départ, Alger, Casablanca, Oran, Dakar, etc., mais ceci à deux conditions :

Première condition : la garantie doit nous être donnée par le gouvernement américain et par les autorités d'Afrique du Nord que ces marins seront débarqués immédiatement après leur arrivée au port de départ, mis à notre disposition et transportés en Angleterre.

Deuxième condition : ces marins seront accompagnés à partir des États-Unis par un officier désigné par nous qui veillera sur leur sort et sur leur destination et en rendra compte librement au Comité national.

L'amiral Stark a paru admettre que cette solution était satisfaisante du point de vue de son gouvernement. Il a semblé croire que la meilleure manière d'éviter des incidents analogues serait l'échange organisé entre nous et l'Afrique du Nord des personnels qui veulent rejoindre l'une ou l'autre des deux organisations.

Vous pouvez vous référer dès à présent au contenu de ce télégramme dans les discussions que vous aurez avec le gouvernement américain ou avec Béthouart et Fénart.

À l'amiral Stark, à Londres

Londres, s.d. *[après le 11 mars 1943]*

Secret

Comme suite à votre lettre n° 0441 du 9 et à notre entretien du 11 mars courant, j'ai l'honneur de vous confirmer que j'ai prescrit au gouverneur de Nouméa de placer à la disposition du commandant en chef des Forces navales américaines dans le Pacifique Sud le bâtiment de Nouméa qui est nommé « Naval School Buildings » dans votre lettre précitée. Ce bâtiment serait probablement, d'après mes informations, la maison dite « des Messageries Maritimes » qui depuis la guerre était occupée par les différents services du quartier général du haut-commissariat de la France Combattante dans le Pacifique.

Je tiens toutefois à attirer votre attention sur le fait que les autorités françaises à Nouméa ont déjà mis à la disposition du commandement américain un très grand nombre de bâtiments administratifs et privés de toute nature dont je joins une liste très approchée et d'ailleurs incomplète. À considérer l'importance de cette liste, vous verrez que nous avons fait un effort considérable pour faciliter l'installation des forces américaines. Il nous est réellement impossible d'aller plus loin sans compromettre l'exercice même de l'autorité française. Je fais donc donner comme instruction au gouverneur de la Nouvelle-Calédonie de ne plus accéder à de nouvelles demandes quel que soit notre désir de faire même l'impossible pour donner satisfaction à nos alliés américains.

Il me semble qu'il appartient dorénavant au commandement américain dans le Pacifique de prévoir l'édification de constructions et baraquements dont il pourrait avoir besoin sur les emplacements choisis d'accord avec le gouverneur de la Nouvelle-Calédonie.

Télégramme à Guy de Charbonnière[1], à Alger

Londres, 13 mars 1943

Veuillez faire tenir au général Giraud le message suivant. Citation : Je réponds à votre message au sujet du colonel d'Astier de Villatte. J'accepte bien volontiers de l'envoyer en Afrique du Nord et je lui adresse l'autorisation nécessaire. Je ne peux cependant pas affecter cet officier supérieur à la mission du général Catroux car il est déjà chargé d'une autre mission à l'extérieur. Fin citation.

Télégramme au gouverneur Montchamp, à Nouméa

Londres, 15 mars 1943

Secret

Je mesure les difficultés de toute nature que vous rencontrez. Si je vous ai attribué le gouvernement de la Nouvelle-Calédonie c'est parce que j'ai confiance en vous pour cette tâche ardue. Je connais votre désir de servir dans une unité combattante et vous promets de vous donner satisfaction sur ce point avant la fin de cette guerre. Mais pour le moment et pour de hautes raisons d'intérêt national, je tiens à vous voir demeurer à votre poste actuel. Veuillez me télégraphier directement et personnellement tout ce que vous jugez avoir à me dire pour m'éclairer sans ambages sur toutes les faces de la situation. Amitiés.

Télégramme au haut-commissaire Legentilhomme, à Tananarive

Londres, 15 mars 1943

Secret

Réponse à vos télégrammes n°s 364 et 365 du 5 mars 1943.

Vos propositions pour défense île de la Réunion sont approuvées sous réserve que les trois bataillons, l'artillerie de campagne, le génie, les

1. Membre de la mission France Combattante.

transmissions soient organisés en unités susceptibles de faire campagne sur un autre théâtre.

Dans un discours prononcé à Alger le 14 mars 1943, le général Giraud condamne le régime de Vichy et affirme sa volonté de voir restaurées la souveraineté française et les lois de la République.

Télégramme au général Catroux, à Beyrouth

Londres, 15 mars 1943

Secret

Le discours prononcé dimanche par le général Giraud donne l'impression d'être le résultat des conseils américains. Ceux qui mènent la politique africaine des États-Unis à Washington et à Alger désireraient évidemment quelque chose qui pût détendre leur opinion publique troublée. Il faut tenir compte aussi de l'opinion en Afrique du Nord qui se manifeste en notre faveur et pèse de plus en plus sur Giraud. Quoi qu'il en soit, tout en constatant un progrès dans son langage en ce qui concerne la légalité, nous n'y voyons pas de proposition pratique quant aux conditions de l'union. Tout se passe pour le général Giraud comme si la seule union qu'il conçoit serait celle qui se ferait autour de lui. Il est à peine besoin de dire qu'une telle solution ne serait pas admise en France et ne pourrait être acceptée par le Comité national.

D'autre part, tout projet qui serait envisagé par l'Administration actuelle de l'Afrique du Nord et qui consisterait à s'annexer sous une forme ou sous une autre nos personnalités, nos fonctionnaires ou nos troupes afin de se renforcer à nos dépens, n'a aucune chance d'être accueilli par nous. Rien ne peut être fait au point de vue de la fusion, tant que l'union n'est pas effectivement réalisée entre le Comité national et Giraud. Aucune pression ou caresse de la politique américaine ni de la politique anglaise ne nous ferait céder sur ce point.

Copie adressée à Léon Marchal, [mission France Combattante], à Alger

Note de service

Londres, 15 mars 1943

Le commissariat national aux Affaires étrangères est chargé de centraliser tous les renseignements, autres que les renseignements militaires, susceptibles d'intéresser le gouvernement soviétique, et d'en assurer la transmission à M. Bogomolov, en tant qu'ambassadeur accrédité auprès de la France Combattante.

Parmi les renseignements dont il s'agit, il faut comprendre particulièrement les informations concernant la situation en France ou dans les territoires français d'outre-mer, la résistance, etc.

Les divers commissariats nationaux et l'EM en particulier sont, en conséquence, invités à faire tenir au commissariat national aux Affaires étrangères, en vue de leur communication au gouvernement soviétique, tous documents ou informations rentrant dans les catégories ci-dessus, qu'ils jugeront pouvoir être sans inconvénient communiqués à M. Bogomolov.

La sélection définitive sera faite par le commissariat national aux Affaires étrangères. Pour faciliter ce travail de sélection, les documents en question seront transmis sous le timbre : « Direction politique – Affaires russes ».

Télégrammes au général Catroux, à Beyrouth

Londres, 16 mars 1943

Secret

Je réponds à votre télégramme n° 352 CH. Comme je l'ai déjà fait connaître à plusieurs reprises le projet de regroupement des diverses formations françaises rattachées actuellement à la VIIIe armée britannique ne doit sous aucun prétexte apporter un retard à l'engagement des éléments qui sont prêts à combattre.

Ceci s'applique en particulier à la division qui est constituée sous les ordres de Larminat.

Londres, 16 mars 1943

Confidentiel

Référence votre télégramme n° 361 CH.

J'apprécie l'importance des questions qui vous obligent à différer votre départ. Je ne puis donc que reconnaître la nécessité où vous vous trouvez placé ; mais, entre-temps, des questions techniques se posent qui appellent des décisions urgentes si nous ne voulons pas nous trouver en présence de nouvelles difficultés ; au premier rang, il s'agit du ralliement à la France Combattante, dans les ports anglais et américains, de marins embarqués sur les navires en provenance de l'Afrique du Nord.

Puisque votre arrivée se trouve retardée, j'estime que M. Marchal doit être autorisé à prendre dès maintenant les contacts nécessaires en vue du règlement de ces affaires techniques.

Je lui télégraphie dans ce sens[1], mais il conviendrait que, de votre côté, en signalant au général Giraud l'impossibilité où vous êtes de vous trouver à Alger à la date primitivement envisagée, vous le préveniez que

1. Le même jour.

la mission est dès maintenant autorisée par vous à traiter des affaires techniques, à l'exclusion des problèmes politiques.

Télégramme à mission France Combattante, à Alger

Londres, 16 mars 1943

Confidentiel

Veuillez transmettre au général Giraud le message suivant du général de Gaulle :

« La situation aux Antilles devient de plus en plus préoccupante. Comme vous le savez, le gouvernement américain a décidé de ne plus autoriser le ravitaillement des îles. L'éventualité d'une intervention américaine directe ne me paraît plus devoir être écartée. M. Sumner Welles n'a pas caché que l'amiral Robert ne saurait se bercer de l'illusion qu'il peut jouir de la sécurité, sans passer à l'action.

Dans ces conditions, je suggère que nous fassions auprès du Département d'État une démarche conjointe en vue de marquer au gouvernement américain que la question des Antilles est une affaire française qui doit se régler entre Français. Nos représentants à Washington devraient avoir pour tâche de sonder les intentions du gouvernement des États-Unis et de le prier éventuellement de ne pas essayer, par une action faite en dehors de nous, d'obliger l'amiral Robert à modifier son attitude. Ils feraient en même temps savoir au Département d'État que nous sommes disposés à envoyer à Fort-de-France une mission commune, à condition que cette mission reçoive toutes facilités pour correspondre en chiffre avec Alger et Londres.

J'avais déjà chargé M. Tixier de s'enquérir avec discrétion de la position américaine, pour le cas où il apparaîtrait que les Antilles seraient disposées à accepter l'autorité du Comité national. Je serais prêt à modifier ces instructions, si vous êtes d'accord sur le principe d'une intervention commune, qui aurait un caractère tout différent.

Il y aurait le plus grand intérêt à ce que cette démarche fût faite aussitôt que possible. »

Je vous adresse sous le numéro suivant un télégramme de Washington dont vous pourrez faire état auprès du général Giraud.

Télégramme au général Leclerc, transmis par Le Caire

Londres, 18 mars 1943

Félicitations pour très beaux combats des 9, 10 et 11 mars[1].

Les comptes-rendus britanniques passés dans la presse sur ces combats sont très incomplets et ne traitent pratiquement que de l'action de la RAF.

Télégramme à Louis de Benoist, au Caire

Londres, 18 mars 1943

Secret

Je vous serais obligé de faire prendre d'urgence par un officier du Caire, par exemple le commandant May, et de la façon la plus discrète possible, contact avec la Force L et particulièrement avec le colonel Vautrin.

Je désire être renseigné par cette voie et par votre canal sur le réel état moral du commandement, des cadres et des troupes de la Force L. Ceci s'applique en particulier en ce qui concerne leur état d'esprit vis-à-vis des autorités actuelles d'Afrique du Nord et vis-à-vis de nos alliés britanniques.

Au commander T.B. Kittredge[2], à Londres

Londres, s.d. *[après le 18 mars] 1943*

Je réponds à la lettre A14-1 0580 que vous avez bien voulu m'adresser le 18 mars 1943 au sujet du navire marchand français *Jamaïque*.

Comme vous le savez, l'équipage de ce navire fait partie du personnel de la marine marchande française qui, ayant pu quitter l'Afrique du Nord, s'est placé sous l'autorité du Comité national. À ce titre, il appartient actuellement au Comité national de lui donner des ordres et de s'occuper de ses intérêts.

Bien que l'amiral Stark n'ait pas pu, en raison de son absence, en référer au général de Gaulle, M. Diethelm, qui est [maintenant] fixé sur la situation provisoire du navire par son entretien avec vous et par votre lettre que je lui ai communiquée, parlera de la question dès demain au

1. Leclerc a pris Ksar Rhilani dans le Sud tunisien et participe à l'offensive alliée vers Gabès.

2. Cette lettre, entièrement rédigée par le général de Gaulle, a été signée par un de ses collaborateurs.

Général. Sans préjuger de la décision qui sera prise, je crois pouvoir présumer que le Général donnera l'ordre à l'équipage d'accomplir le voyage prévu avec la *Jamaïque* en attendant que la situation du navire lui-même puisse être régularisée.

Il est évidemment nécessaire que les formalités administratives régulières concernant le personnel puissent être accomplies par les autorités françaises sans interférence des autorités étrangères.

Le 15 mars 1943, le général Giraud écrit au général Catroux qu'il est favorable à l'union des Français et disposé « à accueillir le général de Gaulle afin de donner à cette union une forme concrète ».
Le lendemain, le chef de la France Combattante fait savoir au général Giraud qu'il compte aller à Alger. Le Comité national indique que le général de Gaulle est satisfait des déclarations du général Giraud, qui « marquent à beaucoup d'égards, un grand progrès vers la doctrine de la France Combattante » (Voir *Mémoires de guerre*, t. II, p. 454).

Télégramme à Léon Marchal[1], à Alger

Londres, 19 mars 1943

Secret

Je désirerais avoir de vous d'urgence un rapport télégraphique un peu explicite sur les points suivants :

1. Quel est à votre avis le sentiment du général Giraud en ce qui concerne l'union ? Comment l'envisage-t-il actuellement ? Dans quelle intention réelle me demande-t-il d'aller à Alger ?

2. Si je vais à Alger, quelle atmosphère vais-je y trouver ? Y a-t-il des chances pour que ma présence soulève un puissant mouvement d'opinion dans le sens de la France Combattante ? Croyez-vous que les autorités actuelles à Alger cherchent à empêcher ou à dévoyer les manifestations favorables de l'opinion ? Si ces manifestations se produisent néanmoins, quels effets peuvent-elles entraîner ?

3. Si je vais à Alger, mon intention formelle est d'y avoir la pleine et entière liberté de mes faits, gestes et discours. En particulier, j'entends avoir une installation complètement indépendante de toute personnalité actuellement en place en Afrique du Nord. Je parlerai certainement en public et à la radio. D'autre part, je compte être accompagné par trois commissaires nationaux. En l'absence du général Catroux, je vous prie de faire tout de suite le nécessaire au point de vue installation et voitures. Il y aurait grand avantage à trouver au moins une voiture découverte.

---

1. Chef par intérim de la mission France Combattante.

4. Mon voyage doit être préparé à fond au point de vue de l'opinion sur place. Tous mes amis, notamment « Combat », ont à s'en occuper sans délai et très activement. Vous comprenez certainement très bien que le choc psychologique et ses manifestations publiques seront essentiels aux yeux de tous, en particulier des Alliés.

5. J'apprécie que j'arriverais éventuellement à Alger dans deux ou trois semaines. Mais il n'y a pas lieu de faire état de cela pour le moment.

Télégramme au colonel de Chevigné, à Washington

Londres, s.d. *[20 mars] 1943*

Je reçois plusieurs télégrammes de Sophie, maire de Cayenne et président du Comité de ralliement de la Guyane à la France Combattante. Il en résulte que la population a exigé le ralliement[1].

Le gouverneur Véber est parti.

Le Comité de ralliement a désigné M. Collat pour expédier les affaires courantes.

Veuillez vous rendre à Cayenne d'extrême urgence, pour prendre en mon nom toutes mesures nécessaires en attendant l'arrivée du nouveau gouverneur nommé par le Comité national.

Je vous signale que le Comité de ralliement, évidemment mal informé, a télégraphié également au général Giraud.

Télégramme à Ulrich Sophie[2], à Cayenne (Guyane française)

Londres, 20 mars 1943

Je reçois aujourd'hui vos messages des 17 et 18 mars.

Le CNF et moi-même adressons à la Guyane française nos vives et chaleureuses félicitations. Grâce au patriotisme de sa population, la Guyane française rejoint l'Empire qui lutte pour la libération de la France et la liberté du monde. J'approuve les dispositions prises par le Comité de ralliement que vous présidez. En particulier, la délégation donnée par le Comité à M. [Collat], chef de bureaux, pour l'expédition des affaires courantes est sanctionnée par la France Combattante. La désignation du gouverneur sera faite incessamment.

---

1. Le 16 mars 1943, de nombreuses manifestations ont eu lieu en Guyane en faveur du général de Gaulle.
2. Maire de Cayenne.

Télégramme[1] au colonel de Chevigné, à Washington

Londres, 20 mars 1943

Comme suite à mon [précédent télégramme] M. Bertaut, administrateur en chef des Colonies, actuellement au Cameroun, est nommé par le Comité national gouverneur de la Guyane française.

M. Bertaut rejoindra son poste dans le plus bref délai possible. En attendant, il vous appartiendra de prendre à Cayenne toutes dispositions convenables et de prévenir les fonctionnaires et la population qu'il n'y a pas d'autre gouverneur que M. Bertaut.

Télégramme à Adrien Tixier et au colonel de Chevigné, à Washington

Londres, 21 mars 1943

Secret le plus absolu

Je réponds à vos télégrammes n^os^ Diplo/1492, Mili/650 et 651.

1. Le ralliement de la Guyane à la France Combattante ne laisse place à aucune équivoque. M. Sophie, maire de Cayenne, président du comité local de ralliement à la France Combattante, m'a rendu compte, par trois télégrammes des 17 et 18 mars reçus le 20, du ralliement de cette colonie à la France Combattante, demandé de désigner un gouverneur et d'approuver les dispositions prises par lui pour assurer l'intérim.

2. Voici le texte de la lettre remise à l'amiral Stark le 21 mars à 20 h 30 :

« Je crois devoir vous adresser, pour votre information, copie de trois télégrammes en clair datés des 17 et 18 mars qui me sont parvenus hier de la part de M. Sophie, maire de Cayenne et président du Comité de ralliement à la France Combattante.

Il ressort de ces télégrammes que les autorités de fait et la population de la Guyane française me demandent d'urgence des instructions et me prient de désigner un gouverneur. Certaines de ces communications ont été en même temps adressées au général Giraud. La délégation du Comité national, ayant été avertie, est entrée aussitôt en contact avec la mission du général Béthouart. Cette mission a répondu à la délégation que le colonel Lebel, appartenant à l'état-major du général Béthouart, est parti par avion pour la Guyane française où il doit arriver le 22 mars à midi.

J'avais, de mon côté, prescrit au colonel de Chevigné, chef de la mission militaire de la France Combattante aux États-Unis, de se rendre à Cayenne pour prendre sur place au nom du Comité national toutes

1. Un télégramme dans le même sens est adressé le 20 mars 1943 à Ulrich Sophie.

dispositions nécessaires en attendant l'arrivée du gouverneur. Ce gouverneur, M. Bertaut, administrateur en chef des Colonies, et actuellement au Cameroun, a été nommé hier par le Comité national qui en a prévenu le général Giraud.

Or le colonel de Chevigné me rend compte du fait que le War Department à Washington l'a avisé qu'il ne pourrait partir avant le mois d'avril.

L'arrivée à Cayenne du représentant du général Giraud venant de Washington, tandis que le représentant du Comité national est retardé, risque d'entraîner en Guyane française une confusion et des incidents de toute nature sur lesquels je crois devoir vous prier d'attirer d'urgence l'attention du gouvernement des États-Unis.

En vue de prévenir, pendant qu'il en est temps, cette confusion et ces incidents, j'estime nécessaire que le voyage du colonel Lebel soit arrêté immédiatement en cours de route, tout au moins jusqu'à ce que le colonel de Chevigné ait pu le rejoindre. Ces deux officiers seront ainsi en mesure de se rendre ensemble à Cayenne, d'étudier en commun la situation et d'en rendre compte. »

3. Chevigné doit en conséquence chercher à gagner par tous les moyens et sans délai la Guyane.

4. J'avise le général Giraud[1], et je lui fais part de la suggestion contenue in fine dans ma lettre à l'amiral Stark.

5. Ayant prévu les difficultés que rencontrerait Chevigné pour son voyage, j'envoie également Grousset[2] à Cayenne avec mission de contact.

J'envisage également d'autres moyens de contact dont je vous ferai part si nécessaire.

Note sans indication d'utilisation

Londres, s.d. *[après le 21 mars 1943]*

Le général de corps d'armée Beynet vient d'arriver à Londres venant de France. Il s'est mis immédiatement à la disposition du Comité national et a été reçu par le général de Gaulle.

Pendant la Bataille de France, le général Beynet commandait le 14e corps avec lequel il a, selon les termes de sa citation à l'ordre de l'armée, « maintenu jusqu'au bout l'intégrité de la position de défense dont la garde lui était confiée ».

Le général Beynet a exercé ensuite le commandement du 19e corps d'armée à Alger. Il est grand officier de la Légion d'honneur. Sa croix de guerre porte 7 palmes et 3 étoiles.

1. Voir *Mémoires de guerre*, t. II, p. 455 et 456.
2. Philippe Grousset est délégué du Comité national à La Havane pour les Antilles.

À l'amiral Stark, à Londres

Londres, 22 mars 1943

Très secret

Amiral,

J'ai l'honneur de répondre à la lettre que vous avez bien voulu m'adresser le 16 mars pour me présenter certaines observations relatives à la collaboration des autorités de la Nouvelle-Calédonie avec le commandement militaire américain.

En l'absence du haut-commissaire de France, c'est naturellement le gouverneur qui est responsable vis-à-vis du Comité national de tout ce qui concerne la souveraineté française à la Nouvelle-Calédonie. Il a, d'autre part, qualité pour traiter des mesures locales de collaboration avec le commandement allié sur place pour la défense de la colonie.

Toutefois, étant donné la situation évidemment exceptionnelle créée à la Nouvelle-Calédonie par la présence de 30 000 soldats américains au milieu d'une population de 55 000 personnes – situation qui a d'ailleurs conduit en 1942 aux incidents intérieurs que vous savez –, il est naturel que le gouverneur veuille prendre les instructions du Comité national quand les demandes du commandement américain lui paraissent de nature à modifier profondément les conditions matérielles et morales dans lesquelles s'exerce l'autorité française. Il est également naturel que le Comité national ait prescrit au gouverneur de le consulter en pareil cas.

Dans l'espèce, cette consultation était d'autant plus justifiée que les plus récentes demandes du commandement américain visaient notamment les propres bureaux du haut-commissaire de France actuellement absent de Nouméa.

Sincèrement à vous.

Londres, 22 mars 1943

Très secret

Cher amiral,

Au sujet des équipages des navires de commerce et des navires de guerre ravitailleurs français actuellement aux États-Unis, vous avez bien voulu, par votre lettre du 16 mars, insister pour que les autorités françaises combattantes refusent l'engagement des marins en leur prescrivant de rester sur les navires moyennant certaines garanties éventuelles à leur retour au port de départ.

Je dois vous avouer que je discerne mal comment les autorités françaises combattantes pourraient donner des ordres à des marins qui ne seraient pas sous leurs ordres.

Bien sincèrement à vous.

Télégramme au général de Larminat, transmis par Le Caire

Londres, 22 mars 1943

Secret

Je connais vos difficultés. J'espère qu'elles vont pouvoir s'éclaircir au cours de mon voyage très proche à Alger. De toute façon, il serait impraticable de vous amener actuellement vers Tabarka avec armes et bagages. En tout cas, je ne vous placerai pas sous un commandement que je n'aurais pas institué moi-même.

Jusqu'à nouvel ordre les autorités actuelles en Afrique du Nord ne sont pas reconnues par la France Combattante.

Veuillez communiquer ceci également à Leclerc. Amitiés.

Copie adressée au général Catroux

Message pour le Congrès de la jeunesse à Édimbourg (Écosse)

22 mars 1943

Parce que cette guerre condamne le compromis, la lâcheté et l'égoïsme, la jeunesse peut s'y exprimer tout entière.

Courage, jeunes gens. Soyez forts. Soyez justes. Le monde met en vous son espoir.

Jeunes gens des nations unies, aujourd'hui luttons ensemble.

Demain, tous ensemble et chacun pour tous, nous aurons à construire.

Résumé[1] d'un entretien avec le cardinal Francis Joseph Spellman, archevêque de New York, à Londres[2]

Mardi 23 mars 1943 de 16 h 30 à 18 h 10

Monseigneur Spellman

À la suite de la conversation que j'ai eue hier soir avec l'ambassadeur Biddle, j'ai souhaité vous rencontrer, mon général, espérant qu'un entretien entre nous pourrait être utile à la cause française.

Nous Américains, nous avons pour la France une amitié profonde ; je tiens à insister sur le fait que je parle en mon nom personnel comme tout homme de la rue que vous auriez le loisir de rencontrer, et qui n'aurait sur la majorité de ses compatriotes que l'avantage de connaître le président Roosevelt et la plupart des autorités, et d'avoir été récemment en Afrique du Nord. Je dois voir demain Mr. Churchill. Dans les milieux

1. Texte portant des rectifications manuscrites du général de Gaulle.
2. Au domicile londonien de l'ambassadeur des États-Unis M. Drexel-Biddle, le capitaine Léo Teyssot faisant fonction d'interprète.

catholiques, particulièrement, nous avons avec la France une double affinité, la première que je viens de citer, la seconde qui est notre religion commune. Je fais un voyage qui est strictement d'ordre professionnel, mais j'ai accueilli avec plaisir la suggestion de M. Drexel-Biddle de vous rencontrer, pensant que mon point de vue peut être susceptible de vous intéresser pour autant qu'il représente le point de vue du peuple américain.

Le général de Gaulle

Je suis très honoré, monseigneur, de cet entretien. Je sais l'important voyage que vous venez d'accomplir et je suis heureux de cette possibilité d'un échange de vues entre nous.

Monseigneur Spellman

Depuis trois ans, mon général, nous admirons l'attitude inflexible que vous avez prise ; il n'y a pas aujourd'hui, dans mon pays, de Français dont le nom soit aussi connu et aussi populaire que le vôtre. Néanmoins, la situation de la France après 1940 a donné lieu, là comme chez vous, à deux interprétations opposées. Les uns vous ont donné raison dans votre résistance instantanée, pensant que la France ainsi resterait dans la guerre et retrouverait les moyens de combattre ; les autres considéraient les gens de Vichy comme sincères (je crois, personnellement, à la sincérité de la plupart). Il leur apparaissait impossible pour la France de continuer la guerre, et ils supposaient que, sans l'armistice, les Allemands auraient occupé le Maroc, l'Algérie et la Tunisie, ce qui n'aurait pas manqué de donner aux événements une tournure entièrement différente de celle qu'ils ont prise ; c'était, on ne doit pas l'oublier, un an avant l'attaque contre la Russie. Nous-mêmes n'étions pas encore dans la guerre et nous pouvions seulement ressentir une extrême mansuétude pour la situation dans laquelle était plongé le peuple français.

Lorsque le moment est venu d'envahir l'Afrique du Nord, nos services ont pensé au général Giraud, parce que c'était un général connu, qu'il avait notre estime ; il s'était évadé d'Allemagne ; il était en France, sa famille y est encore et y souffre ; nous supposions, nous Américains, que le général Giraud rallierait instantanément les Français d'Afrique du Nord, et qu'ainsi aidées par une atmosphère favorable et une population cent pour cent sympathisante, nos opérations militaires seraient considérablement simplifiées. Les faits ont été ceux que vous connaissez. Maintenant qu'à notre tour nous sommes plongés dans la guerre contre l'Allemagne et contre l'Italie, nous avons un but unique, c'est, avec les Anglais et avec les Français, chasser Rommel de la Tunisie, puis gagner la guerre. Le général Giraud, qui en quittant la France n'était pas au courant des détails de nos préparatifs, ne pensait pas que les choses se passeraient ainsi ; à un moment donné en particulier, il a cru que les Alliés lui donneraient un commandement, nous ne le pouvions pas, ses troupes étant sans armement, son armée n'étant pas constituée ; nul n'aurait compris aux États-Unis que, dans les conditions existantes, le général Giraud se voie octroyer un important commandement militaire.

Se tournant vers M. Drexel-Biddle, Mgr Spellman lui demande s'il a exprimé assez clairement et assez explicitement son point de vue, puis sur la réponse affirmative de ce dernier, s'excuse auprès du Général d'être le seul à parler et lui demande s'il désire que l'entretien soit poursuivi de la même manière.

Le général de Gaulle (en remerciant, demande toutefois de faire ressortir deux points particuliers de la question, et dit :) On a dit fréquemment qu'il y avait entre le général Giraud et moi une question de personnes. Il n'y a pas de question de personnes, et je vais m'efforcer, monseigneur, de vous le montrer.

Le fait qui est à la base de toutes nos difficultés c'est qu'on ne tient pas assez compte à l'étranger de ce que pense le peuple français. Certains Britanniques et certains Américains ne prêtent pas une attention suffisante à l'opinion de celui-ci. Or, les Français dans leur masse se sont entièrement détachés de Vichy. Je ne prétends pas que tous les gens de Vichy n'étaient pas sincères. Je pense même, par exemple, que le général Weygand l'était au moment de l'armistice, croyant tout perdu et la capitulation inévitable. Cela n'empêche pas que ces gens se sont trompés et que, pour le peuple, Vichy est synonyme de capitulation, et qu'on ne le lui pardonne pas. Un fossé infranchissable s'est creusé entre ce système et la masse des Français qui n'admettent pas qu'on le maintienne en place. Pour ce peuple, rien d'acceptable ne saurait être construit si l'on n'élimine pas au préalable les personnes marquées par la honte de la capitulation. Le peuple qui a été trahi par quelques-uns entend que place nette soit faite.

Monseigneur Spellman

J'approuve vos principes, mon général, et je saisis parfaitement votre point de vue. Il vous appartient à vous-même de vous mettre d'accord avec le général Giraud pour supprimer les personnes que vous venez de définir. Nous ne voulons pas nous mêler de nominations ou de radiations qui ne regardent que les Français. Nous n'admettrions pas, pour notre part, qu'un gouvernement étranger se mêle de questions semblables aux États-Unis. Mais ne pouvez-vous vous entendre avec le général Giraud pour démettre telle ou telle personne que vous estimez devoir l'être ? On dit que Peyrouton serait de ceux-là !

(Le général de Gaulle ne répond pas à cette question.)

Monseigneur Spellman

Considéreriez-vous le général Giraud lui-même indésirable ?

Le général de Gaulle

Évidemment, non. Je considère le général Giraud comme un bon et un grand soldat.

Monseigneur Spellman

L'Amérique et l'Angleterre n'ont qu'un but, gagner la guerre : l'unité française nous apparaît nécessaire pour l'atteindre. C'est du moins ce que je pense, je vous le dis sans aucune arrière-pensée. Nous, Américains, souhaitons cette unité pour que les opérations militaires soient facilitées. Nous la souhaitons dans l'intérêt même de la France. Aujourd'hui tout votre territoire est occupé, l'oppression ennemie s'y fait sentir dans toute son horreur ; nul doute que la nation ne désire voir ses fils de l'extérieur unis dans la lutte qui doit la libérer. Il ne me paraît pas possible que deux hommes au passé brillant, à l'esprit noble et renommé comme le général Giraud et vous-même ne ressentiez pas cela et ne soyez pas désireux de l'achever dans le plus bref délai. Or cela ne dépend que de vous. Je suis certain que la meilleure façon d'atteindre cette fin serait pour vous de discuter d'homme à homme. On a parlé de tiers ; ils peuvent en effet intervenir utilement. Cela ne saurait remplacer votre discussion directe avec le général Giraud. Que veut le peuple de France, sinon l'union de ses fils en vue de bouter l'ennemi hors des frontières ? Je suis certain que tel est aussi votre but, mon général.

Le général de Gaulle

En réalité, le peuple français se confond maintenant avec la France combattante, dont il approuve les principes et partage l'idéal. Nous le savons. La masse, je m'excuse de prononcer ce mot, s'est ralliée au gaullisme. Pour elle, la France combattante est l'expression de ses aspirations intimes. Elle ne se regroupe pas autour de X… ou Y…, mais elle s'est regroupée autour de nous.

Monseigneur Spellman

Voulez-vous dire, mon général, que les soldats français qui se battent sur le front de Tunisie ne sont pas des Français combattants !

Le général de Gaulle

Naturellement, ce sont des Français combattants. Mais le peuple de France souhaite que ces soldats de Tunisie se joignent aux nôtres, non pas tant matériellement, car ils se battent bien là où ils se battent, mais qu'ils se battent pour nos principes. Ce serait d'ailleurs la meilleure manière et la seule de mobiliser l'effort français, si cela est ce que les Alliés veulent. En réalité, monseigneur, tout cela, dès le début, a été mal engagé. Lorsque l'opération d'Afrique du Nord a été décidée, on n'a pas voulu tenir compte de l'existence de la France combattante. Je n'ai été consulté en rien, ni par personne ; ce n'était pas ainsi que l'on devait agir. Mr. Murphy, d'accord avec les Anglais, a organisé l'évasion du général Giraud, il a préparé à sa manière le terrain en Afrique du Nord : la suite des faits a montré que cette manière n'était pas la bonne. Malgré cela, j'ai donné plusieurs preuves de mon désir d'union avec le général Giraud. Dès la mort de Darlan, le 25 décembre, je lui ai demandé par télégramme d'examiner avec moi, entre Français sur le plan français, les conditions d'une entente ; on ne me l'a pas permis. Ainsi j'ai été amené à Casablanca. Là, vous savez dans quelles conditions les choses se sont déroulées. On a voulu me faire me soumettre à Giraud, en maintenant en place les acolytes qui étaient à ses côtés.

Monseigneur Spellman

Je sais, mon général, que Casablanca a été préparé sans vous et que vous n'en avez pas connu les préliminaires – que l'on vous y a entraîné après quelques jours pour que vous serriez la main du général Giraud, et que l'on cherchait à vous placer l'un et l'autre, mais vous plus encore, sous la pression du président Roosevelt et de Mr. Winston Churchill. En un mot, on a voulu user de la force à votre égard. En ce qui me concerne, je ne saurais approuver cette méthode, car rien de bon ne peut être fait ainsi. Mais maintenant n'êtes-vous pas libre de vous rencontrer avec le général Giraud dans les conditions qui vous conviennent, sans influence extérieure ?

Le général de Gaulle

Dans tout cela, monseigneur, on n'a pas créé l'atmosphère souhaitable. Tout doit être repris à partir de la base. L'atmosphère actuelle n'est pas favorable à l'union, de même qu'elle n'est pas favorable à la guerre. Quand, à Casablanca, Mr. Churchill m'a parlé d'union avec Boisson, Noguès et Peyrouton, il ne simplifiait pas les choses. Je ne pouvais pas accepter ses suggestions.

Le général Giraud m'a dit qu'il voulait devenir un nouveau Premier consul. Mais le Premier consul avait été plébiscité par le peuple et il avait remporté des victoires. J'espère que le général Giraud remportera des victoires – il ne l'a pas encore fait. Quant au peuple, on sait ce qu'il pense !

Monseigneur Spellman

Vous et le général Giraud représentez l'ensemble des Français. Si vous me permettez une comparaison, c'est un peu comme si le président Roosevelt et Wendell Wilkie étaient unis ; ils représenteraient toute la population des États-Unis. Comment à vous deux ne pourriez-vous pas aboutir au résultat ?

Je me permets de vous suggérer de considérer les choses essentielles sur le plan de la liberté : les choses moins essentielles sur celui de l'égalité, et surtout de regarder l'ensemble sous l'angle de la charité.

Je crois sentir que vous n'avez pas que de la sympathie pour Mr. Murphy ; il est néanmoins le représentant sur place du gouvernement des États-Unis. Quelles que soient les erreurs qu'il ait faites dans le passé, je me permettrai de vous demander de faire abstraction de vos sentiments personnels, et puis vous assurer que, rempli de bonne volonté, il est prêt à faire la moitié du chemin vers nous pour aider à l'union des Français.

Ce que je crains, mon général, c'est que les circonstances ne vous dépassent si vous vous refusez à l'union. Nous voulons gagner la guerre. Il faut que vous nous y aidiez. Je ne voudrais pas que « vous manquiez le bateau ». Par votre personnalité, par ce que vous avez fait pour la France dans le passé, vous méritez d'avoir une place marquante dans les événements qui viennent.

Le général de Gaulle

La question de ma personne n'a pas à intervenir.

Monseigneur Spellman

Ce que je veux dire, mon général, c'est que les événements peuvent être plus forts que nous ne le voudrions nous-mêmes. Permettez-moi de vous citer en exemple les cas des généraux Alexander et Eisenhower. De l'avis unanime, le général Alexander a été et est le premier des généraux alliés pour la guerre d'Afrique. N'est-ce pas, monsieur l'ambassadeur ? Il a dû par suite des circonstances céder sa place au général Eisenhower, dont l'expérience en la matière est certainement moindre.

Par ailleurs, je ne peux pas croire que vous vous refusiez à réaliser l'union avec le général Giraud. Votre refus, à mon avis, entraînerait trois résultats négatifs : 1. il nuirait à la victoire des Alliés ; 2. il nuirait à l'unité française et à la participation de la France dans la victoire ; 3. il vous empêcherait d'avoir personnellement la part que vous méritez dans la guerre et dans la victoire. Même pour cette résistance intérieure dont vous parliez tout à l'heure, il me semble qu'il y aurait intérêt à ce que l'union soit réalisée.

Le général de Gaulle

Je pense avec vous, monseigneur, qu'il est dans l'intérêt de la France que l'union se fasse. Encore faut-il qu'elle puisse se faire. Si on la désire réellement, il est nécessaire que l'on cesse d'user de la radio, de la presse, pour tenter de m'influencer. Il ne faut pas non plus que l'on me gêne en faisant intervenir les gouvernements alliés. La récente affaire de la Guyane et cette sorte de choix publié que fait à ce sujet le gouvernement des États-Unis entre la France combattante et le général Giraud sont, par exemple, néfastes pour l'union des Français.

Monseigneur Spellman

Je désapprouve en effet toute méthode de contrainte.

Le général de Gaulle

N'a-t-on pas été dernièrement jusqu'à refuser de me donner un avion qui devait me permettre d'aller visiter les troupes françaises combattantes ?

Monseigneur Spellman

Je ne connaissais pas cet incident. Mais certainement un avion vous serait accordé, mon général, si votre but était d'aller voir le général Giraud.

Le général de Gaulle

Je vous remercie beaucoup, monseigneur, de cet entretien qui m'a très vivement intéressé.

Monseigneur Spellman

Je suis à Londres jusqu'à lundi, puis j'irai passer trois jours en Irlande. Je serai donc de retour jeudi en huit. Je partirai alors pour l'Algérie où je vais voir nos aumôniers militaires – ensuite j'irai en Égypte, puis aux Indes et en Chine.

Je suis à votre entière disposition pour le cas où vous souhaiteriez me revoir avant mon départ. Je puis, si vous le jugez bon, dire un mot à Mr. Murphy, au général Eisenhower ou au général Giraud. J'espère vous voir en Algérie, si vous y venez bientôt, mon général.

Le général de Gaulle

Monseigneur, puisque vous êtes passé par Rome avant de venir ici, puis-je vous demander des nouvelles de la santé du Saint-Père ?

Monsieur l'ambassadeur, je vous remercie de votre aimable intervention qui a permis cet entretien.

Télégramme au général Catroux, à Beyrouth

Londres, 24 mars 1943

Secret

La presse anglo-saxonne reproduit une dépêche d'Alger d'après laquelle le capitaine Charles Vallin, présenté pour la circonstance comme envoyé du général de Gaulle, aurait rencontré Flandin[1], je répète Flandin, et eu un entretien avec ce personnage.

Si le fait n'est pas exact, je vous prie de le démentir tout de suite. S'il est exact, veuillez mettre le capitaine Vallin en route sur Londres immédiatement et sans délai.

À l'enseigne de vaisseau de Gaulle, à Dartmouth (Grande-Bretagne)

Londres, 25 mars 1943

Mon bien cher Philippe,

J'ai été, naturellement, au courant du combat du 11 mars auquel tu as participé. Je sais que tu t'y es bien comporté et tiens à te dire que j'en suis heureux et fier.

1. Pierre-Étienne Flandin, ministre des Affaires étrangères dans le cabinet Pétain de décembre 1940 à février 1941.

Je t'adresse en même temps mes félicitations pour ta promotion au grade d'enseigne que je viens de prononcer.

Enfin, comme il est vraisemblable que je doive prochainement me rendre en Afrique du Nord et que mon séjour en Afrique pourra être prolongé, j'ai dit qu'on te donne une permission incessamment pour que je puisse te voir avant mon départ.

Au revoir, mon cher vieux garçon. Je t'embrasse.

Télégramme à Ulrich Sophie, à Cayenne (Guyane française)

Londres, 25 mars 1943

Je vous remercie de votre télégramme du 24 mars.

Dès que je me suis aperçu de la confusion causée par l'envoi simultané des télégrammes, j'ai télégraphié, à la date du 21 mars, au général Giraud pour lui annoncer la désignation de M. Bertaut et suggérer que notre attaché militaire à Washington, le colonel de Chevigné, prenne contact avec lui pour éviter tout incident, étudier en commun la situation et en rendre compte.

Je n'ai pas encore reçu de réponse du général Giraud. Entre-temps, le Comité national maintient la désignation de M. Maurice Bertaut qui appartient à cette magnifique cohorte des administrateurs de l'Afrique Française Libre qui, suivant l'exemple du glorieux fils de la Guyane qu'est le Gouverneur-général Éboué, rallièrent la cause de la libération dès le mois d'août 1940.

Né le 10 octobre 1901, ancien élève de l'École coloniale, docteur en droit, M. Maurice Bertaut est, en outre, l'un des hommes qui, au Cameroun français, s'est révélé comme un des plus distingués administrateurs de sa génération.

Télégramme au général Leclerc, transmis par Brazzaville

Londres, 25 mars 1943

Confidentiel

Ainsi que je vous l'ai déjà fait connaître, les communiqués officiels alliés ne mentionnent jamais aucune action de vos troupes ni du groupement Rémy ni du groupe d'aviation « Lorraine ». Vous apercevez certainement les raisons diverses de ce silence. Je vous prie en conséquence de faire publier par Brazzaville et de me télégraphier des communiqués chaque fois que l'occasion s'en présente.

Télégramme à la délégation France Combattante à Washington et à Ottawa (Canada)

Londres, 26 mars 1943

Confidentiel

J'estime la présence de Laugier à Alger utile pour vérifier l'action menée par Monnet[1] et Labarthe dont je ne crois pas qu'elle soit bonne et pour prendre contact avec les éléments républicains comme Cuttoli. Les convictions de Laugier, ses relations personnelles et ses qualités de propagandiste rendent ce voyage désirable immédiatement, et je serais heureux de prendre contact avec lui dès mon arrivée à Alger.

Il serait préférable que ce voyage prenne au départ un caractère privé, si cela peut être arrangé dans ces conditions. Veuillez me tenir rapidement au courant de ce qui peut être fait[2].

À la mère sainte Marie-Anaïs, supérieure du couvent français de Bassorah City (Irak)

Londres, 27 mars 1943

Ma Révérende Mère,

J'ai été heureux de pouvoir vous adresser l'allocation qui vous permettra de mener à bien la belle œuvre d'enseignement à laquelle vous donnez tous vos soins.

Le couvent de Bassorah est un des centres du rayonnement spirituel français en Iraq, et à ce titre peut compter sur l'aide et la protection de la France Combattante.

En vous remerciant des sentiments que vous m'avez aimablement exprimés, je vous prie d'agréer, ma Révérende Mère, l'assurance de ma respectueuse considération.

Je vous demande de prier pour moi.

1. Président du comité de coordination franco-britannique jusqu'au 2 juillet 1940, puis membre de la mission d'achats britannique à Washington, Jean Monnet s'installe en février 1943 à Alger.

2. Voir la suite de cette affaire dans le télégramme à la délégation France Combattante, à Washington du 31 mars 1943.

Télégramme au général de Larminat, transmis par Le Caire

Londres, 29 mars 1943

Secret le plus absolu

Je réponds à votre télégramme n° 99 du 26 mars.

Il y a lieu d'accéder au désir manifesté par la population du Sud tunisien d'être administrée par les autorités de la France Combattante[1].

Étant donné le fait que ce territoire est dans la zone de combat, la meilleure procédure est de désigner un officier pour chaque centre. Le tout devra dépendre d'un officier supérieur résidant sur place et auquel vous avez qualité pour donner des instructions. Veuillez me rendre compte de ce que vous aurez fait.

Télégramme au haut-commissaire Legentilhomme, à Tananarive

Londres, 30 mars 1943

Secret

La meilleure partie des troupes que vous organisez en Afrique orientale doit évidemment être susceptible de faire campagne sur un théâtre d'opérations plus actif.

Tenant compte de notre déficit actuel en unités d'artillerie et de DCA, je tiens à préciser que les ressources de Madagascar et de la Réunion doivent être utilisées par priorité à la formation de nouveaux groupes d'artillerie et de DCA.

En conséquence, chaque fois que sera formé un bataillon d'infanterie à la Réunion, il y a lieu de mettre en même temps sur pied un groupe d'artillerie ou de DCA. Pour Madagascar, la proportion doit être d'un groupe d'artillerie ou de DCA pour 2 bataillons d'infanterie.

À Winston Churchill

Londres, 31 mars 1943

Monsieur le Premier Ministre,

Désirant me rendre en Afrique du Nord française avec MM. Massigli, Philip et Diethelm, membres du Comité national français, et trois officiers ou fonctionnaires, je vous serais reconnaissant de me faire connaître si le gouvernement de Sa Majesté britannique est disposé à faire assurer notre transport jusqu'à Alger.

1. Par un télégramme du 3 avril 1943, le général de Gaulle demandera confirmation de cette information au général de Larminat.

Notre intention est d'effectuer ce voyage dans le plus bref délai possible.

Nous sommes prêts à partir dès demain.

Je vous prie de vouloir bien agréer, monsieur le Premier Ministre, les assurances de ma haute considération.

Télégramme à la délégation France Combattante, à Washington

Londres, 31 mars 1943

Secret

Ayant reçu des informations plus complètes, je vous prie de tenir pour nul et non avenu le télégramme que je vous ai adressé le 26 mars sous le n° 5336 relativement à un voyage de Laugier en Afrique du Nord.

Ce changement n'a naturellement rien à voir avec la personnalité et l'attitude de Laugier, pour lesquelles je ressens la plus grande confiance et la plus haute estime.

Télégramme au général Catroux, à Alger[1]

Londres, 1er avril 1943

Secret

La presse étrangère annonce aujourd'hui que mon voyage à Alger serait différé parce que vous auriez demandé à vous rendre à Londres avant mon départ. J'ignore encore la raison de cette nouvelle tendancieuse.

Je vous confirme, au contraire, que mon désir formel est de me rendre à Alger immédiatement et sans délai. J'ai demandé hier au Premier ministre britannique de bien vouloir mettre à ma disposition les moyens de transport nécessaires. Je serai accompagné par MM. Massigli, Philip et Diethelm, ainsi que par trois officiers ou fonctionnaires, dont le colonel Billotte.

Télégramme à Ulrich Sophie, à Cayenne (Guyane française)

Londres, 1er avril 1943

Je vous remercie de votre compte rendu télégraphique du 28 mars.

Je comprends parfaitement les conditions dans lesquelles vous vous trouvez placé et ne puis m'opposer à l'autorité de fait attribuée à M. Rapenne. La Guyane française doit donner, vis-à-vis de l'étranger, l'exemple de la dignité et de l'ordre.

1. Le 1er avril, la mission du général Catroux arrive à Alger.

Ceci dit, il n'est pas possible au Comité national de ratifier actuellement la nomination de M. Rapenne, étant donné les circonstances qui l'ont accompagnée et surtout les obstacles qui ont été opposés au voyage des représentants que j'avais désignés à la Guyane. D'autre part, je n'ai pas encore reçu de réponse du général Giraud avec qui je compte discuter cette question à Alger prochainement. La France Combattante ouvre ses rangs sans hésitation à tous ceux qui veulent combattre pour la libération de la France, mais le Comité national estime que, sous peine de voir renaître les causes du désastre français, les postes de commandement doivent être confiés à des hommes dont l'esprit de résistance s'est affirmé, sans ambages, par une répudiation rapide du crime qu'était l'armistice.

À Pierre Comert[1], à Londres

Londres, 1er avril 1943

Monsieur le directeur,

Si je comprends bien le sens de votre lettre du 30 mars, vous m'y donnez à entendre que le journal *France* pourrait éventuellement soutenir une politique différente de celle du Comité national français, tout au moins pour ce qui concerne l'union de la France Combattante avec les autorités de fait en Afrique du Nord et en Afrique occidentale françaises.

Je ne puis que vous remercier de la franchise de votre avertissement. Il me serait d'ailleurs, de toute façon, bien difficile d'influer sur le journal *France* qui n'est, évidemment, ni inspiré ni contrôlé par le Comité national.

Au cas où le point de vue du journal *France* apparaîtrait comme nettement opposé à celui de la France Combattante, dans une matière aussi grave pour l'intérêt de notre pays, nous devrions constater que *France* serait, néanmoins, le seul journal quotidien paraissant en français en Grande-Bretagne dont le gouvernement de S.M. britannique facilite la publication. Mais ceci est peut-être une autre histoire.

Je vous prie d'agréer, monsieur le directeur, l'expression de mes sentiments les meilleurs et les plus distingués.

1. Directeur du journal *France*.

Minutes d'un entretien avec le Premier ministre britannique au 10, Downing Street, à Londres

2 avril 1943

Étaient présents : Mr. Massigli[1]
Sir Alexander Cadogan[2]

M. Winston Churchill, au début de l'entretien, indique que l'on se préoccupe de procurer au général de Gaulle l'avion qu'il a demandé pour se rendre à Alger. M. Eden va rentrer ; il y aurait intérêt à ce que le Général le vît ; il pourrait le rencontrer lundi et partir ensuite. D'après les nouvelles qui sont arrivées d'Alger, il était cependant question d'un voyage du général Catroux à Londres pour faire son rapport.

Le général de Gaulle répond qu'en effet des nouvelles de ce genre ont été données mais que, pour sa part, il ne voit pas quelles raisons il y a d'attendre ; mieux vaut en venir le plus tôt possible à une décision.

M. Winston Churchill rappelle ce qui s'est passé à Casablanca avant l'arrivée du général de Gaulle. On pouvait alors escompter que l'accord pourrait être trouvé dans une solution plaçant à égalité les deux généraux. Le retard qui s'est produit dans l'arrivée du Général a été exploité contre lui, bien que le président Roosevelt ait parlé de lui en termes fort sympathiques. La situation s'est donc développée d'une manière assez peu satisfaisante. Le président Roosevelt a décidé d'armer les forces du général Giraud et celui-ci sera ainsi bientôt en mesure de disposer du plus important ensemble de forces françaises existant sur un territoire français.

Le général de Gaulle fait remarquer que la France combattante ne trouve nullement mauvais que les États-Unis donnent des armes à l'armée française.

M. Winston Churchill. – La préoccupation dominante chez les Américains est de voir régner l'ordre en Afrique du Nord. Si l'accord ne se réalisait pas ou si des troubles éclataient, les États-Unis appuieraient le général Giraud et le gouvernement britannique ne serait pas dans la possibilité de faire grand-chose pour appuyer la France combattante.

Le général de Gaulle comprend très bien l'importance présente et même future au fait que les Alliés appuieraient une organisation française ou une autre, mais la question n'est pas là. La France combattante pense que la décision est une affaire française et elle croit que, pour autant que les Français peuvent à l'heure actuelle exprimer leurs sentiments, ils ont déjà fait leur choix. C'est de ces sentiments que la France combattante doit tenir compte avant tout.

1. M. René Massigli, commissaire pour les Affaires étrangères du Comité national de la France Libre.

2. Sir A. Cadogan, sous-secrétaire d'État au Foreign Office britannique.

Cela n'empêche pas d'ailleurs – le général de Gaulle le répète – de reconnaître le grand intérêt et l'importance considérable de l'appui que les Alliés peuvent assurer à un groupement ou à un autre.

M. Winston Churchill dit qu'il a appris qu'il y a eu à Alger un incident entre gaullistes et giraudistes, ceux-ci appuyés par la police militaire américaine ; un partisan du général de Gaulle aurait été tué dans la bagarre. Il serait navrant et grave que des incidents sérieux se produisent lors du voyage du Général. C'est en toute amitié qu'il faut essayer d'arranger les choses.

Le général de Gaulle tient à assurer M. Winston Churchill qu'il ne part pas pour Alger pour engager une bataille. Il ira, au contraire, avec le désir de faire l'union, si elle est vraiment possible.

Au surplus, il tient à redire qu'il n'a aucun grief contre la personne de Giraud. Ses réserves ou ses préoccupations concernent ceux qui s'agitent derrière Giraud.

M. Winston Churchill demande s'il peut télégraphier au général Eisenhower que le général de Gaulle arrivera avec le désir de voir réaliser l'union entre tous les Français qui veulent chasser l'Allemand de France.

Le général de Gaulle répond que le Premier ministre ne peut avoir aucun doute sur ce point.

M. Winston Churchill explique que la grande préoccupation du général Eisenhower est que le pays soit tranquille. Il ne faut pas que les Américains soient amenés à appliquer un régime d'administration directe ; ce serait d'un effet déplorable et les conséquences seraient funestes. C'est sur l'administration existante qu'il convient de s'appuyer. En particulier, et sauf exception, il faut éviter les changements dans les rangs des fonctionnaires.

Le général de Gaulle interrompt pour faire observer qu'il n'est pas question de cela.

M. Winston Churchill. – De même la question des voies de communication préoccupe le commandement américain. Il y a de nombreux ouvrages d'art, des ponts, qu'il faudrait garder dans certains cas ; si les relations étaient mauvaises entre la population et les troupes, il serait difficile de mener à bien les opérations, et cela risquerait de développer dangereusement les sentiments d'animosité que nourrissent certains éléments militaires à l'égard des gaullistes. Pour sa part, le Premier ministre a toujours eu le souci d'empêcher qu'un désaccord ne se crée entre Mr. Hull, d'une part, et Mr. Eden et lui-même, d'autre part, sur la question française.

Le général de Gaulle pense lui-même qu'il ne faut pas créer de difficultés inutiles. La France combattante sait très bien qu'il y a en Afrique du Nord beaucoup de braves gens, même parmi ceux qui peuvent ne pas être de son avis. Il n'est pas question d'être intransigeant ; il n'est pas question de pratiquer des coupes claires dans la masse des cadres civils et militaires.

M. Winston Churchill souhaiterait qu'il n'y ait pas de démonstrations, ni de manifestations avant l'accord, pour que tout puisse se passer sous le signe de la concorde.

Le général de Gaulle le souhaite aussi, mais il est difficile de faire en sorte que les gens ne manifestent pas du tout leurs sentiments. Certes, il ne faut pas de heurts violents, mais en même temps il est utile de sentir ce que pense la population et ce qu'elle veut.

M. Winston Churchill fait remarquer que l'Algérie est tout entière une zone d'opérations militaires. Les Américains estiment que des collisions et des troubles seraient déplorables.

Le général de Gaulle est surpris de la place que la question de l'ordre tient dans les préoccupations du général Eisenhower. À Casablanca, Mr. Murphy disait qu'il n'y avait pas de gaullistes en Algérie.

M. Winston Churchill tient à ce qu'il n'y ait aucun doute dans l'esprit du général de Gaulle sur le fond de sa pensée. Il est convaincu que, dans l'intérêt de l'Europe et notamment de l'Angleterre, il faut une France forte. Il faut que la France redevienne une grande puissance qui constitue en Europe un facteur essentiel. Le Premier ministre est un Européen, un bon Européen – du moins il l'espère – ; dans sa conception de l'Europe, une France forte est un élément indispensable, même si à divers égards elle ne doit pas se trouver d'accord avec la Grande-Bretagne. Le général de Gaulle peut tabler sur ces assurances, en dépit des incidents désagréables qui peuvent se produire. C'est un principe de la politique anglaise indépendant des rapports du gouvernement avec tel ou tel et qui correspond à l'intérêt de l'Europe, de la Grande-Bretagne et aussi des États-Unis. Le Premier ministre demande à nouveau au Général de faire fond sur sa déclaration et de s'en souvenir dans les moments difficiles.

Le général de Gaulle répond que c'est précisément parce qu'il pense de l'Angleterre et du Premier ministre ce que celui-ci vient de dire que, dès l'armistice français, il a continué la guerre aux côtés de la Grande-Bretagne.

M. Winston Churchill continue en faisant remarquer que les Allemands vont à la ruine ; dans deux ou trois ans, ils seront battus. Pour sa part, il incline à penser qu'il faudra alors envisager un remaniement total de la carte du Reich. Il faut séparer la Prusse de l'Allemagne, arracher celle-ci à l'influence prussienne. On pourra envisager un regroupement des États de l'Allemagne du sud, une confédération danubienne ; la France aura des possibilités pour une politique « à l'ouest ». La Russie sera une très grande puissance ; la Grande-Bretagne a un traité avec elle pour vingt ans ; M. Churchill espère que de ce côté-là il n'y aura pas de mécomptes. Dans cet ensemble, la France peut être plus forte que jamais, car la Prusse sera désarmée et isolée.

Le général de Gaulle doit insister sur l'aspect français de la question. Les perspectives d'une guerre se prolongeant trois ou quatre ans ne sont pas sans inquiéter l'opinion française. Dans l'état d'épuisement dans lequel se trouverait le peuple français, il ne serait guère possible de refaire rapidement une France forte. En tout cas, la condition indispensable est-elle qu'on lui rende un esprit. L'esprit de la France était malade ; il faut travailler à sa guérison si on veut refaire une grande France. Il faut ressusciter dans le peuple français l'esprit de grandeur et c'est pourquoi le débat se pose toujours dans les mêmes termes : ou bien l'esprit de capitulation, celui de Vichy, ou bien l'esprit de grandeur : la France combattante.

M. Winston Churchill constate que les déclarations du général de Gaulle comme celles du général Giraud expriment l'idée que le peuple français sera consulté après la libération ; c'est une conception qui plaît beaucoup au président Roosevelt. On peut différer sur tel ou tel détail, mais on doit être d'accord pour bien marquer qu'à l'heure actuelle les chefs des Français qui luttent aux côtés des Alliés ne sont que les gérants des intérêts français.

Le général de Gaulle fait observer qu'il n'a jamais dit autre chose, mais cette situation n'empêche pas qu'il y ait lieu d'intervenir en Afrique du Nord contre les personnalités dont l'attitude heurte les sentiments de la masse française.

M. Winston Churchill remarque que, pour sa part, lorsqu'il a pris le pouvoir, certains ont insisté auprès de lui pour qu'il liquide en une fois tous ses adversaires ; il n'en a rien fait et le résultat c'est qu'il peut maintenant collaborer avec eux et que la masse de la nation le suit. Le général de Gaulle se trouve dans une situation analogue ; le Premier ministre souhaiterait qu'il agît de la même manière.

Le général de Gaulle fait observer que la situation était bien différente…

M. Winston Churchill le reconnaît, mais les principes à appliquer restent les mêmes. Le Premier ministre ajoute que selon lui il y a très peu d'hommes qui méritent d'être déclarés hors la loi. Les Français se sont trouvés en face d'une situation très difficile ; le désastre militaire, l'écroulement civil, tout ce qui en est résulté, tout cela constituait un problème terrible ; la plupart des hommes, quels qu'ils fussent, auraient pu se tromper.

Le général de Gaulle tient à assurer le Premier ministre qu'il est bien dans les intentions de la France combattante de résoudre humainement cette question, mais il faut tenir compte tout de même de légitimes colères qui existent dans la masse et il est nécessaire pour des raisons morales et pour des raisons matérielles de frapper quelques boucs émissaires.

M. Winston Churchill est d'accord : oui, il faut frapper quelques scélérats : les Laval, Doriot, Déat. Darlan a été choisi par accident et il faut reconnaître qu'à un moment précis il a rendu un grand service.

Le général de Gaulle. – Il était le chef de la flotte française et il n'y a plus de flotte française !

M. Winston Churchill assure que ni du côté britannique ni du côté américain, on ne veut se substituer en cette matière aux Français eux-mêmes.

Le général de Gaulle s'en déclare convaincu.

M. Winston Churchill. – Il y a le cas de Peyrouton, celui de Noguès (le Premier ministre prononce ce nom avec une intonation de mépris), celui de Boisson : Boisson lui paraît très capable ; il a beaucoup aidé les Alliés.

Le général de Gaulle observe qu'il s'agit de savoir seulement si le gouverneur Boisson a servi la France.

M. Winston Churchill, pour résumer sa pensée, marque qu'il est convaincu de la nécessité d'un arrangement avec le général Giraud. Il reste favorable pour sa part à l'idée qu'il y ait deux chefs. Il télégraphiera au général Eisenhower et aussi au ministre Macmillan qui apportera certainement au général de Gaulle toute l'aide possible.

Sur une question de M. Churchill :

M. Massigli attire l'attention du Premier ministre sur un autre point. Sur le plan international, la situation des Français qui combattent l'Allemagne n'est pas clairement définie. Les États-Unis se sont toujours refusés à les considérer comme représentant réellement la France. Lorsque l'union sera réalisée, peut-on espérer que cette situation se modifiera ? Il n'est pas question de demander la reconnaissance d'un gouvernement français « de droit » ; du moins, pouvons-nous compter sur l'appui britannique pour que la France combattante et la France africaine, une fois réunies, soient considérées comme ayant qualité pour parler provisoirement au nom de la France et pour gérer les intérêts français ?

M. Winston Churchill répond que la question pourra se poser, mais il ne s'agira évidemment que d'une solution provisoire.

Le général de Gaulle fait observer qu'il est difficile de demander aux Français de lutter pour les nations unies et en même temps de ne pas leur reconnaître à eux-mêmes le caractère de nation unie.

M. Winston Churchill déclare qu'en principe il n'a pas d'objection à formuler.

M. Massigli ajoute que ce n'est pas une question qui doive se régler immédiatement ; elle se posera une fois l'union réalisée.

Le général de Gaulle, pour résumer la conversation, tient à dire au Premier ministre que dans cette question de l'unité qu'il aborde avec le désir d'aboutir, il a le devoir de tenir compte de plusieurs éléments :

— D'abord l'opinion française, dont il a le droit de dire qu'elle est maintenant précisée ;

— En second lieu, la nécessité de réveiller en Afrique du Nord l'esprit de lutte et de ranimer le sentiment de la grandeur française ;

— Enfin l'opinion des Alliés.

C'est compte tenu de ces éléments et du très grand intérêt que présente pour la France une prompte réalisation de l'unité qu'il examinera les problèmes qui se poseront à Alger.

M. Winston Churchill, après une nouvelle allusion à l'importance d'un prochain accord, en vient à parler de la situation générale : elle est favorable ; il y a maintenant en Afrique du Nord deux armées britanniques très fortes, réunissant au total un demi-million d'hommes, et qui représentent une puissance de choc considérable ; l'armée américaine est également très forte. Enfin il y a trois divisions françaises. La retraite allemande se poursuit et ne semble pas devoir s'arrêter avant que la ligne d'Enfidaville n'ait été atteinte. Rommel a-t-il l'espoir de réaliser une nouvelle évacuation de Dunkerque ? Il y aura de la peine en raison de la supériorité aérienne des Alliés.

M. Massigli rappelle qu'outre les divisions françaises auxquelles le Premier ministre a fait allusion, il y a les troupes du général Leclerc et le général de Gaulle en profite pour signaler « qu'il y a une autre division de la France combattante qui n'est pas encore engagée et que nous souhaitons voir entrer dans la bataille ».

M. Winston Churchill fait allusion aux difficultés de transport qui peuvent exister concernant cette division, mais il indique que ces difficultés peuvent disparaître lorsque certaines bases maritimes redeviendront disponibles en Tunisie.

Après avoir redit qu'il allait télégraphier au général Eisenhower et qu'un avion pourrait être mis à la disposition du général de Gaulle à partir du 6 avril – ce qui permettrait au Général de voir M. Eden avant de se mettre en route – M. Winston Churchill répète que la France sera en péril aussi longtemps que l'unité ne sera pas réalisée. Puis il fait allusion au projet de voyage dans l'Empire formé antérieurement par le Général.

Le général de Gaulle répond que ce projet n'est nullement abandonné et que, si l'unité se réalise, il y aura grand avantage à ce qu'il puisse parcourir les divers territoires de l'Empire.

M. Winston Churchill admet que la question se posera alors dans des conditions différentes.

La dernière phrase de M. Churchill est pour répéter qu'il n'a jamais cessé d'être et qu'il reste un ami de la France…

Message pour tract à l'Alsace et à la Lorraine

3 avril 1943

La guerre se prolonge. Mais l'issue est certaine. L'Alsace et la Lorraine, qui sont françaises, le resteront.

L'ennemi s'acharne sur elles en proportion de leur fidélité. Elles auront souffert plus cruellement, elles auront lutté plus durement, qu'aucune autre partie de la France. La victoire de la France sera donc, pour elles avant tout, d'autant plus douce et glorieuse.

Quelle fierté devra à l'Alsace et à la Lorraine la patrie demain triomphante ! Avec quelles larmes de joie et d'amour la France retrouvera ses deux héroïques enfants, ses deux enfants martyrisés !

Télégramme à Léon Marchal, à Alger

Londres, 5 avril 1943

Secret

Votre télégramme n° Diplo/13.

1. Si j'interprète bien votre télégramme, c'est par Reber et non par Giraud que vous avez été avisé du contenu du télégramme de Sophie. Je constate donc qu'en dépit du fait que, dès le 21 mars, j'ai télégraphié, par votre entremise, au général Giraud pour lui proposer que le colonel Lebel et le colonel de Chevigné étudient en commun la situation à la Guyane et se concertent pour éviter tout incident, en même temps que je l'avisais de la désignation de M. Bertaut, le général Giraud n'a fait aucune réponse à ma proposition mais a aussitôt désigné M. Rapenne.

2. Tous les renseignements que nous avons reçus de la Guyane confirment que c'était bien à la France Combattante que s'était rallié le Comité et que tous les obstacles possibles ont été mis par les Américains qui ont refusé une place d'avion au colonel de Chevigné, place qu'ils accordaient au colonel Lebel, puis refusé une place à M. Grousset, notre délégué à La Havane. Un télégramme du 30 mars reçu de Sophie, maire de Cayenne, fait entendre clairement que Lebel étant arrivé accompagné d'une mission américaine dont dépendait le ravitaillement, le Comité n'a pu faire autrement que d'accepter la situation de fait créée par la volonté de nos alliés.

3. Nous n'avons pas à discuter de cette affaire avec M. Reber ni avec aucun Américain si ce n'est pour souligner la manière dont le Département d'État a favorisé Giraud, et tant que celui-ci gardera le silence sur cette affaire, je ne vois pas ce que nous pourrions discuter avec lui.

Le Comité national n'a aucune raison de ratifier la décision de Rapenne dont la nomination de gouverneur avant la guerre créa un véritable scandale dans l'administration coloniale.

Télégramme à la délégation France Combattante, à Alger

Londres, 5 avril 1943

Secret

Veuillez remettre de ma part au général Eisenhower le message suivant :

« Je ne vous cacherai pas la pénible surprise que m'a causée votre message.

« Tout en étant convaincu que vos intentions sont excellentes quant à l'union des Français, je pense qu'il s'agit là d'une affaire à régler entre Français et je dois regretter que votre intervention en retarde la conclusion.

« D'autre part, je suis le premier à déplorer que la confusion qui se prolonge en Afrique du Nord en raison du régime existant ait des incidences sur les opérations militaires que les forces américaines, britanniques et françaises exécutent glorieusement sous votre haut commandement. C'est une des raisons pour lesquelles je suis résolu à faire cesser cette confusion et à me rendre à Alger si j'en ai les moyens. Je suis convaincu que le retard que vous me demandez d'apporter à mon voyage aura de sérieux inconvénients au point de vue même qui vous préoccupe.

« Enfin je dois vous dire qu'à titre strictement militaire je ressens profondément le fait que vous croyiez devoir apporter des objections à ce que je me rende auprès des troupes françaises que j'ai moi-même formées et que j'ai placées pour bataille en cours sous votre commandement stratégique[1]. »

À Pierre Comert, à Londres

Londres, 5 avril 1943

Monsieur le directeur,

Je ne voudrais pas que vous puissiez croire que je mette en doute l'indépendance du journal *France*.

J'ai cru devoir vous faire observer que le journal *France* est le seul quotidien de langue française auquel le gouvernement britannique assure les facilités nécessaires pour être publié en Grande-Bretagne. Si donc le journal *France* prend une position opposée à la politique du Comité national, je ne vois pas comment il sera possible de publier la contradiction

1. Le général de Gaulle demande également à l'amiral Stark de transmettre ce message. Celui-ci s'y refuse. Voir la lettre à l'amiral Stark du 7 avril 1943.

dans des conditions équivalentes. Il n'y a là, de ma part, aucune « menace », qui ne serait d'ailleurs digne ni de vous ni – permettez-moi de l'ajouter – de moi, mais bien la constatation d'un fait qui ne me paraît conforme à l'intérêt de personne.

Veuillez agréer, monsieur le directeur, l'assurance de ma considération très distinguée.

Télégramme au général Catroux, à Alger

Londres, 5 avril 1943

Le capitaine Coulet[1] à son retour de mission en Afrique équatoriale et en Orient doit passer à Alger incessamment. Je vous prie de le garder à votre mission, convaincu qu'il vous sera utile, et désireux de le trouver moi-même à mon arrivée au cas toutefois où j'arriverais.

Le 2 avril 1943, Winston Churchill a fait part au général de Gaulle des vives réticences de son gouvernement à propos du voyage qu'il envisage de faire à Alger. Les Britanniques considèrent en effet que le voyage du chef de la France Combattante doit impliquer l'acceptation du projet exposé par les Alliés à Anfa.

Minutes d'un entretien avec John Winant[2], à Londres

6 avril 1943

Interprète : capitaine Léon Teyssot, aide de camp du Général.

Le général de Gaulle

J'ai vu M. Eden lequel m'a suggéré de venir vous rendre visite à titre officieux. Il m'a donné les impressions qu'il a recueillies aux États-Unis. Je serais heureux si vous vouliez bien me communiquer celles que vous en avez vous-même rapportées.

Mr. Winant

Bien volontiers. Mais ce que j'ai observé ne vous est pas favorable. Mr. Cordell Hull et le Département d'État ne sont pas seuls à émettre des réserves, d'autres groupes également. Au cours de mon séjour, j'ai fait tout mon possible pour améliorer cet état de choses ; je l'ai fait avec Tixier[3], car je souhaite, vous le savez, la réussite de vos efforts.

---

1. Diplomate de carrière, François Coulet gagne le Proche-Orient et rallie la France Libre en 1940. Il succède à Geoffroy de Courcel en 1941 comme chef de cabinet du général de Gaulle, poste qu'il occupe jusqu'en 1942.
2. Ambassadeur des États-Unis.
3. Adrien Tixier, chef de la délégation de la France Libre à Washington.

Aux États-Unis, mon général, on ne vous comprend pas toujours ; on juge, parfois sévèrement, d'après les éléments que l'on possède. Ainsi, de votre lettre au général Eisenhower, il ne ressort pas que vous vous intéressez d'abord à la bataille de Tunisie. Et je me permettrai de vous suggérer d'envoyer plutôt un message montrant l'attention que vous portez à la situation militaire, et formulant vos vœux d'un succès ; cela serait, j'en suis certain, profondément ressenti dans mon pays dont je connais les réactions.

Le général de Gaulle

Je vous assure que je prends un vif intérêt à ce qui se passe en Afrique du Nord. Mais je pense justement que ce n'est pas en empêchant de m'y rendre que l'on fait ce qu'il faut pour éclaircir la situation. J'ai été étonné que le général Eisenhower me prie de remettre un voyage convenu, préparé, organisé à la demande même du général Giraud.

Mr. Winant

Le général Eisenhower, sans aucun doute, n'a pas d'arrière-pensée, il souhaite comme moi que les Français s'unissent, toutefois pour le moment il pense à sa bataille qui est sa préoccupation dominante. Vous devez voir là, j'en suis sûr, l'unique raison de son message.

Je ne crois pas que l'envoi de la réponse que vous avez projetée soit souhaitable ; elle serait utilisée contre vous. Au contraire, un message témoignant de votre participation morale aux développements militaires serait apprécié en Amérique, où avant tout l'on pense aux soldats qui se battent. Il serait bon que cette solidarité soit connue.

Le général de Gaulle

Il ne m'était pas possible de ne pas dire mon étonnement au général Eisenhower qui me demandait de différer un projet de voyage agréé par les deux parties et annoncé même dans les journaux.

Mr. Winant

Une déclaration dans ce sens n'a-t-elle pas déjà paru dans la presse de ce matin ?

Le général de Gaulle

Le Comité national, en effet, a publié un communiqué sur la question. Le message du général Eisenhower faisant état seulement de considérations militaires, nous nous devions de faire part des considérations nationales qui nous guident. Nous savons qu'en France ce voyage est profondément désiré, car on y est anxieux de voir l'union se réaliser, et on sera profondément surpris de cet ajournement ; de vifs regrets en seront ressentis.

Il y a dans le télégramme du général Eisenhower, extrêmement poli dans son ensemble, un point que je voudrais vous souligner. Il y est question de la nécessité que les généraux Giraud et Catroux poursuivent la préparation de l'accord. Un Français ne peut pas ne pas être surpris qu'un général, grand certes mais étranger, s'inquiète de cette question spécifiquement française.

Mr. Winant

Le message du général Eisenhower vous a, je crois, été transmis par M. Macmillan[1]. En ce qui concerne la partie que vous citez, je ne sais pas ce qu'il en est. Néanmoins, je suis sûr que le général Eisenhower est dominé par des considérations militaires. D'après ce que je sais, la bataille aurait commencé hier soir. Ce que je puis vous dire, c'est la réaction du peuple en Amérique si vous télégraphiez dans le sens que je vous indique.

Je vous suggère, mon général, de vous élever au-dessus des réalités. Je voudrais qu'aux États-Unis il vous soit donné de vous montrer tel que je vous connais.

Le général de Gaulle

Vous savez qu'il n'a pas dépendu de moi que cela soit permis.

Mr. Winant

Je suis persuadé que bien des difficultés s'aplaniraient si l'opinion de certains de mes compatriotes à votre sujet était modifiée.

Le général de Gaulle

Je sais, monsieur l'ambassadeur, qu'il y a toujours intérêt à l'échange des points de vue. J'apprécie l'avis que vous voulez bien me donner. Mais dans ce dialogue des faits entre les États-Unis et la France combattante, on ne tient peut-être pas assez compte de ce que, si les États-Unis sont une grande force, nous sommes actuellement une petite force représentant quelque chose de grand qui n'est autre que la France, et que cela nous impose parfois des devoirs difficiles.

En ce qui concerne ma réponse au général Eisenhower, j'accepte bien volontiers d'en adoucir la forme, mais j'attire votre attention sur la difficulté où je me trouve de ne pas parler du retard apporté malgré moi à un voyage que nous considérons nécessaire à l'intérêt de la France.

Mr. Winant

Je vous renouvelle l'assurance que mes compatriotes seraient sensibles au geste que je vous suggère.

Certains faits ont marqué dans l'état d'esprit des Américains vis-à-vis des Français combattants. Je vous citerai en particulier la visite faite au président, il y a plusieurs mois, par un de vos représentants, M. Philip[2]. On a été généralement frappé de ce qu'il n'a pas fait la moindre allusion

1. Harold Macmillan, ministre représentant le gouvernement britannique à Alger.
2. André Philip, commissaire national (Travail) au Comité de la France Libre à Londres.

au débarquement des Alliés en Afrique du Nord alors qu'il n'a cessé pendant une heure d'élever des critiques et des plaintes.

Le général de Gaulle

La France a éprouvé une grande satisfaction de cette opération alliée. Je pense que si M. Philip, à ce moment-là, n'a pas exprimé ce qu'il pensait comme tous les Français, c'est qu'il était profondément impressionné par l'affaire Darlan et qu'elle causait sa préoccupation dominante.

Mr. Winant

Le Président en a été surpris, le Département d'État également, le général Eisenhower en a ressenti quelque colère.

Le général de Gaulle

Vous devez vous souvenir, monsieur l'ambassadeur, que le jour même du débarquement, bien que je n'aie pas été très satisfait d'avoir été tenu complètement à l'écart des plans et des conversations préparatoires, j'ai exprimé ma satisfaction, dit que nous ne devions pas prêter attention aux personnes et aux formules, et que nous devions aider les Alliés par tous les moyens en notre pouvoir. Tout le monde en France était heureux de cet événement décisif.

Mr. Winant

Je m'en souviens. Il est regrettable, pour l'impression qui en a été laissée dans l'esprit de mes compatriotes, que M. Philip n'ait pas exprimé la même chose.

Vous rappelez-vous, mon général, que je suis venu vous voir le jour même de mon arrivée en Grande-Bretagne lorsque j'y suis arrivé pour la première fois ?

Le général de Gaulle

Je vous dirai comme j'ai dit au président à Casablanca lorsqu'il m'a demandé de faire avec Giraud un communiqué commun : « Je ferai cela pour vous. »

Mr. Winant

Puis-je aller vous voir quelquefois ?

Le général de Gaulle

Très volontiers. Je ferai donc remettre demain à la Mission de liaison britannique auprès du Comité national français et à la Mission de l'amiral Stark un nouveau message pour le général Eisenhower. La raison pour laquelle je le fais remettre également aux Britanniques est que celui du général Eisenhower m'a été remis par cette voie.

Mr. Winant

Je le comprends fort bien.

Le général de Gaulle prend congé de l'ambassadeur à 19 h 30.

Télégramme au général Catroux, à Alger

Londres, 7 avril 1943

Secret

L'intervention américaine et britannique dans mon projet de voyage contribue à nous éclairer sur la politique américaine en Afrique du Nord.

Le gouvernement britannique, soit de bon gré, soit de mauvais gré, se joint à l'action du gouvernement américain. Il va de soi également que certains personnages en fonctions sur place ont travaillé à faire en sorte que la porte me soit fermée.

Quoi qu'il en soit, vous sentez certainement que le retard imposé à mon voyage, c'est-à-dire à l'union, jusqu'à une date indéterminée, rend votre présence à Alger sans réel objet en ce moment. D'autre part, le Comité national et moi-même tenons à avoir de vous un exposé complet de la situation sur place. Je vous prie donc de vous rendre à Londres d'urgence.

À l'amiral Stark, à Londres

Londres, 7 avril 1943

Amiral,

J'ai reçu votre lettre du 6 avril en rentrant de deux visites que j'avais faites, l'une à M. Eden, l'autre à M. Winant.

Vous voulez bien m'écrire que la communication qui avait été adressée le 4 avril par le Foreign Office au CNF ne provenait pas directement du général Eisenhower et que celui-ci ne m'avait adressé aucun message personnel.

Je crois devoir joindre à ma lettre la copie du texte de cette communication. Vous conviendrez certainement qu'en la recevant, le CNF devait être amené à penser que c'était bien le général Eisenhower qui me demandait de différer mon arrivée à Alger.

Quoi qu'il en soit et ayant pris connaissance des éclaircissements que vous voulez bien me fournir, je ne crois pas, en effet, avoir à adresser une réponse personnelle au général Eisenhower.

Le CNF et moi-même nous en tenons donc pour le moment à notre communiqué du 5 avril qui fixe notre point de vue dans cette affaire.

Sincèrement.

Télégramme au haut-commissariat, à Beyrouth

Londres, 7 avril 1943

Secret

Il m'est rendu compte, d'une part, des augmentations de traitements et de soldes que vous citeriez nécessaires pour le personnel civil et pour les troupes spéciales au Levant, d'autre part, du fait que vous n'avez encore fourni au Comité national aucune justification précise de vos demandes de nouveaux crédits.

Cette façon de procéder ne peut être admise. Le Comité national ne saurait vous ouvrir des crédits aussi élevés sans justification. D'autant plus que les crédits demandés par vous correspondent en majeure partie à des avances que le Comité national français doit demander au gouvernement britannique en vertu de l'accord Churchill-de Gaulle d'août 1940, et pour lesquels il est obligé de fournir des explications.

En conséquence, le commissaire national aux Finances, tout en s'efforçant de vous procurer provisoirement les moyens financiers que vous indiquez comme nécessaires, doit être saisi par vous d'urgence de toutes justifications appropriées.

Veuillez envoyer à Londres immédiatement et sans délai le contrôleur Soubirou-Pouey[1] avec les documents et précisions indispensables.

J'appelle une fois de plus votre attention sur le fait que le Comité national interdit, je répète interdit, tout arrangement local avec les représentants britanniques et intéressant le budget. En fin de compte, c'est toujours à Londres que sont réglées ces questions et le Comité national n'admet pas d'être placé devant des faits accomplis par des autorités subordonnées.

Télégramme à Louis de Benoist, au général de Larminat et au général Leclerc, transmis par Le Caire, au gouverneur général Éboué et au gouverneur Cournarie, à Brazzaville, au haut-commissaire Legentilhomme, à Tananarive, au gouverneur Bayardelle, à Djibouti, et à Jean Helleu, à Beyrouth

Londres, 7 avril 1943

Secret

Je tiens à vous faire connaître que malgré ma demande formelle, le gouvernement britannique a refusé, le 4 mars, de mettre un avion à ma

1. Paul Soubirou-Pouey est contrôleur de l'armée auprès des FFL du théâtre d'opérations du Moyen-Orient.

disposition pour aller inspecter nos troupes en Libye ainsi que les territoires dépendant du Comité national.

D'autre part, sur les objections américaines, dont Eisenhower s'est fait l'interprète le 4 avril, le voyage que je voulais faire à Alger pour réaliser l'union m'est pratiquement interdit.

Ces faits vous permettront d'apprécier tout ce qu'il y a d'obscur dans la politique suivie depuis juin 1940 à l'égard de la France Combattante par le gouvernement de Washington, politique à laquelle s'associe plus ou moins franchement et plus ou moins volontiers le gouvernement de Londres pour ce qui concerne l'affaire d'Afrique du Nord.

Vous pourrez en déduire également quels sont les obstacles opposés à l'union de l'Empire et à quels dangers risque d'être exposée, même dans la victoire, l'indépendance de notre pays.

Sans doute n'est-il que trop vrai que l'origine de tout cela est dans la capitulation de Bordeaux et que les premiers coupables sont ceux qui l'ont acceptée. Il n'en demeure pas moins que la cohésion des Français et, avant tout, de la France Combattante, est plus que jamais nécessaire devant l'étranger. Ceci n'implique naturellement pas que nous ayons à prendre une attitude inamicale vis-à-vis de nos alliés. Mais il est d'un intérêt vital que la France Combattante soit fermement groupée aujourd'hui comme toujours. Je vous prie de vous inspirer de ces considérations dans l'action morale que vous exercerez sur tous ceux qui sont placés sous votre autorité et en même temps leur faire comprendre pour quelles raisons précises je ne vais pas les voir actuellement comme je l'aurais tant voulu.

Note aux commissaires nationaux

Londres, 7 avril 1943

Depuis près de trois ans, les œuvres françaises dans l'Empire et à l'étranger subissent, par suite de l'arrêt dans le recrutement de leur personnel, une crise redoutable, qui s'est récemment aggravée d'une manière alarmante. Les conséquences de la situation actuelle, si l'on n'y prend garde, risquent de porter, à la longue, atteinte à des influences qui, de tout temps, ont été parmi les éléments essentiels de la grandeur et de la puissance de notre pays.

Responsable provisoirement de la gestion et de la défense des intérêts français, le Comité national estime qu'il est de son devoir de veiller à ce que les postes et les instruments de l'expansion intellectuelle et spirituelle de la France à l'étranger soient dotés de tous les moyens qu'il est, à l'heure présente, possible de mettre à leur disposition.

Pour permettre aux services intéressés de pourvoir à l'enseignement français hors de France du personnel nécessaire, je prie MM. les commissaires nationaux :

1. de bien vouloir, dans le plus bref délai, faire recenser tous les membres du corps enseignant de tous ordres et degrés qui se trouvent parmi le personnel placé sous leur autorité, tant à l'Administration centrale que dans l'Empire et à l'étranger. Ce recensement comprendra également les mobilisés, âgés de plus de trente-cinq ans, célibataires, et de plus de trente ans, mariés et pères de famille. Le résultat de ces opérations de recensement sera communiqué, sans délai, à M. le Commissaire national à la Justice et à l'Instruction publique ;

2. de bien vouloir mettre à la disposition de ce dernier, pour être reversés et utilisés dans leur cadre d'origine, tous les membres du corps enseignant se trouvant actuellement hors cadre et dont le maintien dans leur poste actuel ne serait pas jugé absolument indispensable par le Comité national ;

3. de bien vouloir communiquer dorénavant toute demande de ralliement et d'affectation concernant les membres du corps enseignant à M. le Commissaire national à la Justice et à l'Instruction publique, dont l'avis conforme sera désormais nécessaire avant toute décision en cette matière.

À Anthony Eden, à Londres

Londres, 8 avril 1943

Cher monsieur Eden,

La BBC de Londres a radiodiffusé le 7 avril, à mon sujet, une information inexacte, d'après laquelle j'aurais « accepté » de retarder mon voyage à Alger à la demande du commandement interallié en Afrique du Nord.

Je n'ai évidemment pas « accepté » le retard qui m'est imposé, ainsi que le reconnaît, d'ailleurs, le communiqué publié le 7 avril par le Premier ministre.

Je suis sûr que vous désirerez prendre des dispositions pour que l'information dont il s'agit, concernant une affaire qui m'engage au premier chef, soit rectifiée[1].

Télégramme à Léon Marchal, à Alger

Londres, 9 avril 1943

Secret

M. de Panafieu, arrivé à Londres venant d'Alger, a dit qu'il était envisagé par Giraud d'envoyer auprès de moi une mission comprenant notamment le lieutenant-colonel Durosoy.

1. Anthony Eden répondra négativement le 15 avril 1943.

Je vous prie de vérifier l'exactitude de cette information. Si elle est exacte, vous pouvez faire connaître à Giraud que je ne veux pas de Durosoy, qui est demeuré en Amérique du Sud depuis le début de cette guerre et dont l'action vis-à-vis de nous n'a pas été favorable. Un officier placé dans la situation où s'est mis lui-même Durosoy n'a rien d'autre à faire que de solliciter un commandement au combat[1].

À Mme Amery

Londres, 10 avril 1943

Chère madame,

Votre mot m'a beaucoup touché. Il arrivait au « bon » moment, c'est-à-dire dans un moment difficile.

Je crois, comme vous, à la vertu de la patience, à la condition, toutefois, qu'elle ne soit pas unilatérale. Car alors, c'est très vite Munich ou la ligne Maginot.

Ma femme me charge pour vous de tous ses meilleurs souvenirs.

Veuillez accepter mes hommages les plus dévoués et respectueux.

Télégrammes au général de Larminat, au Caire

Londres, 13 avril 1943

Secret

Je voudrais vous voir et vous prie de venir à Londres pour quelques jours et le plus tôt possible. Toutefois, si vous êtes en mesure de prévoir que votre division doive être engagée incessamment, considérez cette convocation comme différée jusqu'à nouvel ordre. Amitiés.

Londres, 13 avril 1943

Secret

Je vous répète que je ne subordonnerai jamais aucun élément des Forces Françaises Libres au commandement actuel d'Alger. Une telle subordination ne serait concevable que dans l'unité générale, laquelle n'est pas réalisée.

Il va de soi que de toute façon les Forces Françaises Libres conserveront leur existence propre et leur autonomie.

Enfin, j'ai des raisons de penser que notre division sera envoyée par la VIIIe armée dans la dernière phase de la bataille de Tunisie.

---

1. Le général de Gaulle, par un télégramme du même jour, fait savoir au général Giraud qu'il agrée auprès de lui le général Bouscat et les autres membres de la mission à l'exception formelle de Durosoy.

Télégrammes au haut-commissaire Legentilhomme, à Tananarive

Londres, 16 avril 1943

Je reçois vos télégrammes n°s 600 et 601. Je vous prie de vous rendre à Londres, mais j'insiste[1] pour que vous passiez tout au moins à Brazzaville, Le Caire et Beyrouth et pour que vous voyiez les troupes de Larminat et de Leclerc. Mes instructions relatives à ces inspections suivent par télégramme. Amitiés.

Londres, 16 avril 1943

Secret

Comme suite à mon [télégramme d'aujourd'hui], je vous demande d'inspecter en particulier :

1. les unités de marche d'infanterie, d'artillerie et de transports en AFL,
2. la division de Larminat, y compris la brigade venue de Djibouti et actuellement en Égypte,
3. le groupement Leclerc,
4. le groupe d'aviation « Bretagne ».

Je désire que vous rapportiez des indications précises sur effectifs, encadrement, armement, état moral de ces formations.

Mon intention est toujours d'orienter le groupement Leclerc sous la forme division légère mécanique et de faire de la division Larminat une grande unité à trois brigades complètes. Naturellement ces prévisions ne doivent pas les empêcher de s'engager dans l'état même où elles sont.

Quant aux unités de marche en AFL je voudrais les réserver encore quelque temps pour aller soit en Afrique du Nord, si l'unité se fait bientôt, soit en Orient, pour s'armer et s'apprêter à participer à des opérations éventuelles en Méditerranée orientale et dans les Balkans.

Télégramme à Sean Lester[2], à Genève

Londres, 16 avril 1943

Me référant à ma déclaration publique du 27 octobre 1940[3], ainsi qu'au mémorandum du Comité national français en date du 23 février 1943, et en accord avec le général Giraud, j'ai l'honneur de vous faire savoir que les Français, libres d'exprimer actuellement leur volonté, ne peuvent tenir pour effective la notification qui vous a été faite le 19 avril 1941 sans que le peuple français, privé de l'exercice de sa souveraineté,

1. Le général de Gaulle a déjà adressé, le 7 avril, un télégramme sur le même sujet au général Legentilhomme et réitérera sa demande le 24 avril.
2. Secrétaire général de la Société des Nations.
3. Voir *Discours et messages*, t. I, p. 38 et 39.

ait été à même, par l'organe de représentants légitimes, de se prononcer sur la position de la France vis-à-vis de la Société des Nations.

En conséquence, je vous demande de bien vouloir considérer que cette notification, faite sous une pression étrangère, ne peut avoir d'effet et que, par conséquent, la France continue à faire partie de la SDN.

Pour sa part, le Comité national a toujours considéré que la France demeurait liée par ses engagements et conservait ses prérogatives comme membre de la SDN.

C'est dans cet esprit que vous avez été tenu informé des mesures prises en vertu et dans le cadre du mandat confié à la France dans les territoires du Cameroun et des États du Levant.

Le 10 avril 1943, le général Giraud répond au mémorandum de la France Combattante par un autre mémorandum. Il propose la création d'un Conseil des territoires d'outre-mer composé des gouverneurs, des résidents généraux, de commissaires responsables de l'administration et de personnalités représentatives. Ce Conseil n'aurait pas de rôle politique. Le commandement en chef, assuré par le général Giraud, serait placé sous la tutelle alliée et jouerait un rôle important dans le rétablissement des administrations, au fur et à mesure de la libération. Enfin, une fois le territoire libéré, serait constituée, conformément à la loi du 15 février 1872, dite loi Tréveneuc, une assemblée, composée de délégués des conseils généraux, qui désignerait un gouvernement provisoire et fixerait la date des élections. Le 15, le Comité national demande au général Giraud des éclaircissements sur certains points. Il entend en particulier que le pouvoir central soit un véritable organe gouvernemental auquel seraient subordonnés les administrations (gouverneurs, résidents, etc.) et le commandement militaire. La France Combattante demande en outre que le général de Gaulle puisse se rendre à Alger.

Télégramme au colonel de Marmier, à Beyrouth

Londres, 17 avril 1943

Secret

Il est possible que je me rende à Alger prochainement. Je serais accompagné de sept personnes. Je regretterais d'arriver en Afrique du Nord française avec un avion anglais. Veuillez me faire connaître personnellement d'extrême urgence :

1. si vous pourriez venir me prendre à Gibraltar pour me conduire ensuite à Alger avec un de vos avions à croix de Lorraine,
2. combien de jours de préavis vous sont nécessaires. Amitiés.

Télégramme à Pierre Saurin[1]

Londres, 17 avril 1943

J'adresse au conseil général du département d'Oran mes vœux les plus sincères à l'occasion de l'ouverture de la session des conseils généraux dans les trois premiers départements français libérés du régime d'oppression imposé par l'ennemi. Voulez-vous être mon interprète auprès des populations françaises et indigènes dont vous êtes les représentants et dont je sais qu'elles veulent tout subordonner à l'effort de guerre et d'unification nationale auquel l'Algérie française, affranchie avec l'aide de nos alliés, a la possibilité de participer aujourd'hui. L'image de la France captive et les voix de la Résistance nationale sauront inspirer vos actes et vos pensées.

Du 21 au 23 avril 1943, le général de Gaulle inspecte les établissements et bâtiments des Forces navales françaises libres, notamment à Greenock (Écosse) et Barrow-in-Furness (Angleterre).

Allocution aux équipages de l'*Aconit* et de la *Lobelia*[2]

s.d. *[entre le 21 et le 23 avril 1943]*

On parle beaucoup de l'unité française. On en parle moins entre les Français que parmi les étrangers, parce que les Français savent que l'union est déjà atteinte dans l'esprit de la majorité des Français, tant en France que dans l'Empire, et même en Afrique du Nord. Mais cette unité de l'Empire n'est pas encore actuellement accomplie, parce que les chefs français n'ont pas encore eu l'occasion de se rencontrer entre Français, sur sol français. Donnez-leur cette occasion, et l'unité sera très rapidement accomplie.

Déclaration à l'occasion de la réception du sous-marin *Curie*

s.d. *[entre le 21 et le 23 avril 1943]*

Je suis heureux de voir ce beau sous-marin et ce bel équipage qui sait ce qu'il veut et qui sait ce qu'il doit. La cérémonie d'aujourd'hui est un

1. Pierre Saurin est président du conseil général d'Oran. Ce même 17 avril, le général de Gaulle envoie aux présidents des conseils généraux d'Alger et de Constantine un télégramme identique. Le chef de la France Combattante reçoit au cours du mois d'avril de nombreux messages de soutien provenant d'Afrique du Nord.

2. Les corvettes *Aconit* et *Lobelia* ont coulé un sous-marin ennemi et participé à la destruction d'un autre en mars 1943.

signe des temps. C'est, je crois bien, la première fois dans l'Histoire que des bâtiments construits par des chantiers britanniques vont à la Marine française. C'est là le signe que nos deux peuples sont tout près l'un de l'autre, et que, malgré les événements et les déplorables incidents, nos deux marines resteront proches l'une de l'autre. Notre effort est un effort commun, en vue d'une victoire commune. Et les uns et les autres nous pourrons nous dire que, du premier jour au dernier jour, cette guerre aura été notre guerre.

Télégramme au général Catroux, à Alger

Londres, 24 avril 1943

Secret le plus absolu

Je vous prie de dire de ma part au général Giraud que l'utilisation par lui de transfuges de la France Combattante tels Labarthe, Moullec[1], Muselier, serait de nature à compromettre gravement l'union entre lui et nous, s'il la désire.

Tous les Français Combattants sont aussi formels que moi sur ce point.

Télégrammes au général Catroux, à Alger

Londres, 26 avril 1943

Secret

Je réponds à votre télégramme n° 317/Marine/14 du 23 avril relatif au capitaine de corvette Rostand. Comme nous vous l'avons télégraphié le 18 mars sous le télégramme n° 4663c/Diplo/17, ce Rostand est extrêmement suspect. Il fait partie de l'équipe de plus en plus utilisée par Giraud et qui demeure en relations avec Vichy. Naturellement, la France Combattante ne peut avoir affaire à ces gens-là. C'est dire que nous ne confierons pas nos affaires de Stockholm à Rostand.

Londres, 26 avril 1943

Secret

Au sujet de Pelabon j'ai relu le télégramme qu'il m'a adressé avant la réunion des conseils généraux. Je n'ai pas trouvé que ce télégramme ait été sensiblement contredit par les faits.

En tout cas, je ne crois pas que ses pronostics soient coupables. Quant au fait d'avoir renseigné directement le Comité national, c'était là le devoir de Pelabon puisque vous n'étiez pas alors à Alger. Il ne peut vous échapper qu'une partie essentielle de la mission c'est l'action sur

1. Pseudonyme de Raymond Moret.

l'opinion, qu'il faut éclairer et orienter. D'où la nécessité d'avoir des contacts en profondeur notamment avec nos amis. Pelabon peut faire cela plus aisément que quiconque. Tout le terrain gagné depuis six mois en Afrique du Nord par la France Combattante l'a été grâce à l'opinion qui se réveille et se manifeste. C'est là la seule solution saine et efficace au problème de l'unité. Je vous prie donc de maintenir Pelabon à Alger, étant entendu naturellement que quand vous êtes sur place il dépend exclusivement de vous.

Note de service

Londres, 28 avril 1943

La mission de liaison envoyée à Londres par les autorités actuelles en Afrique du Nord s'adressera soit aux seuls commissaires nationaux ou aux fonctionnaires et officiers explicitement désignés par ceux-ci, soit au général de corps d'armée aérien adjoint au général de Gaulle, au chef de l'état-major particulier ou au directeur du cabinet.

À Nellie Guedalla, à Dunmow, Essex

Londres, 28 avril 1943

Madame,

Je vous remercie d'avoir eu la délicate attention de me faire parvenir le livre de M. Guedalla *The two Marshals*.

J'ai trouvé dans ce dernier ouvrage de votre mari une nouvelle preuve du talent d'historien qui l'a fait tant apprécier à travers le monde.

L'ouvrage est tout à fait remarquable. Un peu mélancolique pour des Français. Mais quoi ? Il n'y aurait pas de sommets s'il n'y avait des précipices.

Veuillez agréer, madame, mes hommages respectueux.

À Mme R. Thomas, à Gurnard (Grande-Bretagne)

Londres, 29 avril 1943

Chère madame,

M. Pleven vient de me faire connaître les grandes inquiétudes qu'il faut éprouver sur le sort de votre mari.

Je ne vous offrirai pas de paroles de consolation, d'abord parce que tout espoir est loin d'être perdu, et, ensuite parce que je sais que Thomas n'aurait pas aimé être plaint d'être tombé sous les coups de l'ennemi.

Je l'ai toujours considéré, lui qui fit tant pour le ralliement de Brazzaville[1], comme un de mes meilleurs et plus fidèles compagnons, et je voulais que vous sachiez que je partage profondément votre angoisse et celle de votre fils qui, je le sais, est digne de son père.

Je vous prie de bien vouloir agréer, chère madame, mes hommages les plus respectueux.

À A. de Valencé[2], à Londres

Londres, 29 avril 1943

Cher monsieur,

J'ai bien reçu votre lettre et vous remercie beaucoup d'avoir attiré mon attention sur l'importance de la sauvegarde des archives.

Cette question a, en effet, une importance capitale et je prie M. Soustelle, commissaire national à l'Information, de bien vouloir étudier votre suggestion.

Veuillez croire, cher monsieur, à mes sentiments les meilleurs et bien dévoués.

[PS] Les temps continuent d'être durs.

Télégramme au général Catroux, à Alger

Londres, 29 avril 1943

Secret

Je reçois votre télégramme n° 358 du 28 avril. Je vous prie de faire connaître au général Giraud que le Comité national et moi-même ne pouvons accepter que le résident général en Tunisie soit nommé sans notre accord formel.

Si Giraud passe outre, je ne vois pas comment l'union serait imaginable.

Le 27 avril 1943, le général Giraud répond à la note du 15 avril du Comité national. Acceptant de se mettre sur un pied d'égalité avec le général de Gaulle, il maintient cependant son point de vue quant à la composition et au rôle du Conseil des territoires d'outre-mer. Il propose en outre au chef de la France Combattante de le rencontrer à Biskra (Algérie) ou à Marrakech.

1. Où il était membre de l'administration coloniale.
2. Professeur d'anglais du général de Gaulle.

Télégramme au général Catroux, à Alger

Londres, 30 avril 1943

Secret

Votre télégramme n° 367/Cab/100.

Je ne suis aucunement d'accord avec Giraud sur la façon de rendre publique l'éventualité de mon voyage en Afrique du Nord.

1. Je veux aller à Alger depuis le 25 décembre. Cela est publié depuis longtemps.

2. Il n'appartient pas à Giraud de m'inviter, je dis m'inviter, d'aller en Afrique du Nord. L'Afrique du Nord ne lui appartient pas, non plus qu'à moi-même. D'ailleurs j'y ai des troupes à moi.

3. Du reste, sa soi-disant invitation a déjà été faite par lui publiquement le 15 mars. Il n'a pas besoin de la renouveler publiquement.

4. Je répète que c'est à Alger que je veux aller. Sa proposition de nous voir à Biskra ou ailleurs est une manœuvre.

5. En résumé je conserve toute ma liberté de publier en la matière ce qui me paraîtra bon.

Au haut-commissaire Thierry d'Argenlieu, à Londres

Londres, 3 mai 1943

Amiral et cher ami,

Je suis confus d'être obligé de vous demander de remettre encore une fois notre rendez-vous. Je suis accablé par un discours important que je dois faire demain[1]. Cependant, si ce que vous avez à me dire est urgent vous pourrez venir quand vous voudrez jusqu'à 20 heures.

Encore une fois, mes excuses.

Veuillez croire à mes meilleures amitiés.

Article pour la revue *Monde Libre*[2]

Londres, 4 mai 1943

Cette guerre qui impose aux peuples des sacrifices si lourds et si sanglants n'a et ne peut avoir de sens que si un monde nouveau surgit des ruines et des souffrances. Un monde libre où la liberté ne soit plus un mot mais la réalité, et comme l'étoffe de la vie quotidienne pour chaque homme et chaque femme, voilà ce qu'appellent de toute leur volonté les combattants

1. Il s'agit d'un discours prononcé à Londres à Grosvenor House le 4 mai 1943, évoquant la situation en Afrique du Nord. Voir *Discours et messages*, t. I, p. 284-290.
2. Cette revue est éditée aux États-Unis.

des fronts de guerre et les héros de la Résistance en Europe asservie. Et comment concevoir ce monde rénové sans la nation qui a fait de la liberté et de la dignité humaines l'objet séculaire de ses pensées et le but de ses entreprises ? Comment l'imaginer sans la France ?

En ce moment l'ennemi et les traîtres qui l'assistent, déchaînent sur la France le flot de la répression et de la déportation. Les jeunes Français, les ouvriers, les intellectuels sont pourchassés, arrachés à leurs foyers, jetés dans les prisons ou les camps de concentration, emmenés vers le Reich comme esclaves. Hitler et ses complices veulent à tout prix éteindre la flamme du combat. Pourtant, cette flamme rejaillit toujours sous leurs pas ; la nation française demeure dans la guerre. Il ne se passe pas un seul jour sans que des coups nombreux et puissants soient portés à l'ennemi et à sa machine de guerre par les réfractaires qui se dérobent à la déportation, par les travailleurs qui sabotent la production, par les patriotes qui s'unissent dans les mouvements de résistance. Les dictateurs de Berlin et de Vichy croyaient se procurer des esclaves ; [ils] ne trouvent que des rebelles. L'armée silencieuse de la libération demeurée sur le sol national attend l'heure où les alliés de la France prendront le monstre à la gorge.

Hors des frontières de la métropole depuis juin 1940, la France n'a pas cessé non plus de combattre au grand jour, fidèle à ses alliances et à son idéal. Ses soldats, ses marins et ses aviateurs ont fait résonner son nom de Koufra à Bir-Hakeim, de l'Érythrée au Fezzan, du front russe à l'Atlantique. Avec les Anglais en Cyrénaïque, avec les Américains dans le Pacifique, avec l'armée Rouge à l'est, seuls avec leur drapeau dans les monts et les sables du Tibesti et de la Libye méridionale, frappant l'ennemi de leurs armes, ils lui ont révélé et souvent imposé la volonté opiniâtre du peuple français. Les territoires qui se sont ralliés à la France Combattante ont continué jour après jour à verser dans le fonds commun de la lutte mondiale leurs bases, leurs produits et, plus d'une fois, le sang de leurs hommes. Qui pourrait, en considérant ces sacrifices, prétendre que la France n'a pas, en dépit de tout, mené sa part de la guerre, et cela quand son sol était envahi, ses meilleurs fils emprisonnés et déportés, son nom même bafoué par le mensonge et la trahison ?

Depuis quelques mois les Nations unies reprennent peu à peu l'offensive. Une portion importante de l'Empire, maintenue dans une prétendue neutralité par les agents de l'ennemi, est rentrée elle aussi dans la guerre. De vaillantes troupes françaises, rompant à leur tour le honteux armistice, ajoutent le poids de leurs armes dans les balances de l'Histoire et à celui des légions qui combattent depuis bientôt trois ans sous la croix de Lorraine. La France se reconnaît en tous ceux qui la servent ; elle applaudit à des exploits qui l'émeuvent au fond de sa prison. La nuit sera peut-être longue encore mais les peuples sanglants et las sont sûrs maintenant que l'aube viendra. La France entend se dresser fière et forte au soleil de demain.

Trois fois envahie dans le cours d'une vie d'homme, elle a conscience de ce qu'elle a souffert à l'avant-garde de la liberté. Elle sait ce que sa tradition humaine et libérale contient de promesses pour l'avenir. Elle est sûre de pouvoir, maîtresse chez elle et au sein du monde en paix, se rebâtir une maison nouvelle, construire une république plus jeune et plus efficace et de traduire en actes le grand désir de dignité et de pureté qui la soulève. Ceux qui sont nos alliés dans cette guerre peuvent compter sur la France comme la France compte sur eux : si elle est bien décidée à ne laisser supprimer aucun de ses droits elle n'est pas moins résolue à accomplir sa tâche dans la communauté internationale. Car les sacrifices, les souffrances, les exploits seraient vains si les peuples et les États qui unissent leurs efforts pour la lutte ne savaient pas maintenir cette union pour construire un monde qui soit enfin à la mesure de l'homme.

Télégramme au général Leclerc, transmis par Brazzaville, et au général de Larminat, transmis par Beyrouth

Londres, 5 mai 1943

Secret

Je confirme mes instructions antérieures.

Il faut accepter tous ceux qui veulent nous rallier – qu'ils soient civils ou militaires – en unités constituées ou isolées.

Ceci s'applique en particulier au colonel Vaneck[1] et au 7e chasseurs d'Afrique, aussi bien qu'au 4e spahis.

L'opinion de l'étranger importe peu.

Télégramme au haut-commissaire Legentilhomme, à Brazzaville et à Tananarive

Londres, 6 mai 1943

Secret

Je ne puis accepter votre démission de commissaire national qui ne me paraît pas justifiée et que vous ne pouvez raisonnablement donner qu'après avoir vu moi-même et vos collègues du Comité national. D'autre part, les difficiles circonstances actuelles ne permettent pas la dispersion. Je comprends votre agacement au sujet des retards malheureusement inévitables subis pour l'exécution de vos projets concernant Madagascar. Mais il n'y a pas lieu de jeter le manche après la cognée. L'inspection que je

1. Ancien commissaire aux Chantiers de jeunesse, le colonel Vaneck demande, le 30 avril 1943, à rallier la France Combattante avec son régiment.

vous ai demandé de faire comme commissaire national à la Guerre est indispensable, d'autant plus que je n'ai pu moi-même aller voir nos troupes. Cette inspection peut, d'ailleurs, être rapide. J'ai confiance en vous et vous adresse mes amitiés.

Message à la jeunesse française

6 mai 1943

Qui a pour soi la jeunesse a pour soi la victoire. C'est à l'avenir que doivent penser ceux qui veulent construire. Européens, nous avons une civilisation à maintenir ; pour cela il faut nous montrer jeunes et hardis dans la conception comme dans l'action.

Je fais confiance à la jeunesse vaillante et résolue du monde moderne, jeunesse sensible, diverse et en même temps solidaire, enthousiaste de l'effort.

Allez, jeunes gens ! Le monde est à vous. Il suffit d'étendre le bras pour le saisir.

Au maréchal Smuts[1], à Pretoria

Londres, 7 mai 1943

Monsieur le Field Marshall,

Le départ pour Pretoria de M. Grandin de l'Éprevier[2], que votre gouvernement a agréé comme représentant de la France Combattante, m'offre l'occasion de me rappeler à votre souvenir et de vous marquer à nouveau tout l'intérêt que le Comité national et moi-même attachons à nos relations avec l'Union de l'Afrique du Sud.

Je ne saurais, en aucune circonstance, oublier les marques de généreuse sympathie que vous avez données à la cause française, non plus que l'appui efficace que vous lui avez prêté, tout particulièrement lors du ralliement à la France Combattante de l'île de Madagascar, à la suite d'opérations auxquelles les troupes sud-africaines avaient pris une si large part.

Convaincu que, pour le plus grand bien de nos deux pays, nous devons chercher à développer leurs rapports dans une atmosphère de confiance et de compréhension réciproques, je suis heureux de vous adresser mes vœux les plus sincères tant pour l'Afrique du Sud que pour votre personne dont l'action s'exerce si efficacement pour la poursuite de la

1. Premier ministre de l'Union sud-africaine.

2. Après avoir occupé fin 1941 les fonctions de directeur des affaires politiques de la France Libre, Hervé Grandin de l'Éprevier est nommé en 1942 délégué du Comité national auprès de la Yougoslavie.

guerre, aussi bien comme chef du gouvernement sud-africain que dans les conseils interalliés.

Je vous prie d'agréer, monsieur le Field Marshall, les assurances de ma haute considération auxquelles je joins mes meilleurs souvenirs et tous mes vœux pour votre personne.

Télégrammes au général Catroux, à Alger

Londres, 7 mai 1943

Secret

Je réponds à votre télégramme n° 423 du 5 mai dans l'intention de rétablir l'affaire objectivement et d'aboutir.

1. Il est vrai que le message du 15 mars de Giraud ne spécifiait pas que notre entrevue devait avoir lieu à Alger. Mais cela a paru évident au monde entier. La réponse que je lui ai faite le 18 mars spécifiait Alger, et Giraud n'a marqué en rien qu'il n'était pas d'accord sur ce point. Vous-même, après l'avoir vu à maintes reprises, n'avez témoigné d'aucun doute à cet égard ni dans vos télégrammes ni dans les séances du Comité national auxquelles vous avez pris part à Londres. Il était donc admis pour tout le monde et partout que nous nous verrions à Alger[1]. Les communications des gouvernements américain et britannique, mes conversations avec Churchill, Eden, Stark, les vôtres et celles de Massigli avec ces trois derniers ne comportaient pas d'équivoque, non plus que les propos de Bouscat à son arrivée. Si Giraud avait dans l'esprit, le 15 mars, de nous proposer Biskra ou l'aérodrome de Marrakech, il faut reconnaître qu'il l'a bien caché. Mais une telle dissimulation dans une matière aussi grave et, en outre, publique serait susceptible de m'inquiéter quelque peu.

2. Je crois plus vraisemblable que le mouvement croissant d'opinion contre Giraud l'amène maintenant à redouter que mon arrivée à Alger ne fasse la preuve du réel état des choses en ce qui concerne respectivement son prestige et celui de la France Combattante dans l'opinion algérienne, l'administration et même l'armée. Ceci est le résultat inévitable de ses actes depuis le 8 novembre. Dès lors, il voudrait m'amener à traiter dans un lieu écarté et en comité soigneusement restreint.

3. Je suis donc forcé de me demander quelles conditions il prétend nous faire admettre. Ses réponses n'ont jamais été satisfaisantes sur les points pratiques essentiels qui sont : sa propre destination politique et militaire, la composition du nouveau Comité national à constituer, le sort de Peyrouton, Noguès et Boisson, dont le maintien dans leur place nous disqualifierait, surtout pour les deux derniers. Vous pensez bien en effet

1. Le 6 mai, le chef de la France Combattante a réaffirmé au général Giraud sa conception du pouvoir central en demandant à le voir à Alger et non ailleurs.

que la passion subite de Giraud pour la loi Tréveneuc ne peut donner le change. Je vous répète qu'isolés de tous à Biskra, ou à Bou-Saada, et n'ayant aucune consultation avec personne, nous perdrions notre force essentielle pour faire entrer Giraud dans une voie acceptable. Nous pourrions même être amenés à nous voir rembarquer pour Londres. C'est alors que nous perdrions la face. Je ne veux pas cela.

4. Vous invoquez l'intérêt du pays pour m'amener à céder. Je ne crois pas avoir besoin de dire que depuis assez longtemps je n'ai pas d'autre préoccupation. Mais précisément l'intérêt du pays ne me paraît nullement commander l'équivoque dans l'unité. Vous savez très bien qu'il n'existe, même en Afrique du Nord, rien qui puisse gouverner réellement et diriger la guerre, sinon la France Combattante. Giraud a joué un jeu qui fut nuisible. Peut-être l'a-t-il fait de bonne foi. Nous l'avons, quoi que vous sembliez penser, beaucoup ménagé. Je suis tout disposé à le ménager encore. Mais ces ménagements ne doivent pas compromettre l'œuvre que nous avons à accomplir.

5. Je ne crois pas du tout que le temps doive travailler contre nous. Chaque jour qui passe fera ressortir plus clairement que nous sommes l'unique solution possible en Afrique du Nord comme ailleurs. Plus Giraud nous fera attendre, plus il perdra pied. Je ne souhaite aucunement son effondrement parce que, tel qu'il est, il peut encore constituer un actif pour la France. Pour d'autres raisons, d'ailleurs, j'ai hâte d'aboutir même en lui faisant cette très large concession et en acceptant ce grave embarras de l'introduire au premier rang dans le pouvoir dirigeant. Mais il doit me faciliter les choses et prendre conscience des profondes réalités.

6. Je ne blâme nullement votre esprit personnel de concession. Cela vous est naturel et comporte, d'ailleurs, pour l'intérêt général, des avantages que je ne méconnais pas, surtout dans le milieu où il vous a fallu évoluer au cours de ces derniers mois. Mais veuillez considérer que la responsabilité de la solution qui prévaudra finalement paraîtra au pays, à l'opinion du monde, et à nos compagnons, m'incomber essentiellement à moi-même.

7. En résumé, je ne puis croire que Giraud, mis en présence de ses propres responsabilités, voudra persister dans son projet d'entrevue saharienne. Vous pouvez lui dire que, le cas échéant, je prescrirais à la population d'Alger, avant mon arrivée, de s'abstenir de toute manifestation déplacée à l'égard de quiconque. Il est d'ailleurs très facile de s'installer à Alger dans un endroit tranquille où l'on pourra causer, consulter et travailler sans être gênés par la foule.

8. Je réponds aujourd'hui dans une forme aimable à la lettre de Giraud du 27 avril. Ma lettre sera remise à Bouscat. Mais le texte vous en sera télégraphié dès ce soir. Je vous envoie mes amitiés et vous demande

d'exprimer à Giraud mes meilleurs sentiments. S'il entre dans une voie qui nous soit acceptable, je puis l'assurer qu'il pourra me faire confiance pour le reste.

Londres, 7 mai 1943

Secret le plus absolu

Le Comité national a pris note de l'acceptation de Giraud concernant l'envoi éventuel à la Martinique d'une délégation commune.

Nous avons désigné pour notre compte M. Bertaut, gouverneur des colonies, le colonel de Chevigné et le capitaine de frégate Cabanier. Notre délégation de Washington a reçu l'ordre de se mettre en rapport à ce sujet avec la délégation de Giraud. Le commissaire national aux Affaires étrangères vous télégraphie d'autre part pour que nous réalisions un front commun avec Giraud vis-à-vis de Washington dans l'affaire des Antilles.

Quant à la suite, Bertaut deviendrait gouverneur de la Martinique, ce qui nous permettrait d'examiner sous un angle nouveau la nomination abusive du gouverneur de Giraud à la Guyane. Dans le cas où Giraud serait d'accord au sujet de Bertaut, nous pourrions envisager d'accepter que Battet soit provisoirement commandant des forces à la Martinique sans être toutefois haut-commissaire. Les nominations seraient faites respectivement par le Comité national pour Bertaut et par Giraud pour Battet, chacun spécifiant que c'est d'accord avec l'autre.

Enfin, il peut être utile de faire un appel public et commun de De Gaulle et Giraud adressé à l'amiral Robert et l'adjurant de faire son devoir. Je vous télégraphierai demain le projet que j'ai rédigé[1]. Si Giraud est d'accord, ce projet pourrait être lancé simultanément par radio de Londres et d'Alger.

Veuillez obtenir d'urgence la réponse de Giraud sur ces divers points.

Londres, 7 mai 1943

Secret le plus absolu

Réponse à votre télégramme 409 Cab/75.

Primo – Les troupes et services stationnés en Égypte et en particulier la 4e brigade pendant son séjour dans le delta restent placés sous votre haut commandement.

Secundo – La coordination des forces de Leclerc et de Larminat avec les troupes de Giraud est actuellement illusoire puisqu'elles sont engagées dans des zones d'action différentes. Les différents problèmes concernant les arrières de Larminat et Leclerc sont réglés par ceux-ci selon mes instructions.

1. Voir le télégramme du 10 mai.

Tertio – Je ne vois que des avantages à ce que vous visitiez ces troupes en m'en rendant compte.

Télégramme au général Catroux, à Alger[1]

Londres, 9 mai 1943

Secret

Je suis informé que vous auriez interdit au général Leclerc de procéder au recrutement de volontaires en Tunisie. Cette interdiction, au cas où elle serait effectuée, serait contraire à mes ordres, car j'ai autorisé Leclerc à incorporer les volontaires. D'autre part, Leclerc est sous mes ordres directs.

On m'informe également que le général Marchand, commandant supérieur en Afrique-Équatoriale, se trouverait à Alger[2]. Si cette nouvelle est exacte, veuillez m'en rendre compte et notifier au général Marchand l'ordre de regagner son poste immédiatement et sans délai.

Télégramme au général Leclerc, transmis par Brazzaville

Londres, 9 mai 1943

Secret

J'apprends que général Catroux vous aurait prescrit de rendre à autorités Afrique du Nord militaires qui vous ont rallié et de suspendre recrutement. Je maintiens formellement mes ordres à ce sujet qui sont les suivants : vous devez recruter tous volontaires quelle que soit leur origine.

Je préviens de mon côté général Catroux et vous rappelle que vous ne dépendez que de moi-même.

Télégrammes au général Catroux, à Alger

Londres, 10 mai 1943

Secret

Voici le texte de la déclaration commune à adresser à l'amiral Robert que je propose à l'accord du général Giraud :

« Dans la situation terrible où une politique dictée par l'ennemi voudrait vous obliger à maintenir les territoires français et les forces françaises placés sous votre autorité, nous vous demandons avec instance d'accepter d'entrer immédiatement en rapports avec nous.

1. Télégramme classé « secret ».

2. Le motif supposé de ce déplacement est le règlement de l'affaire de l'évacuation de Têtu et de ses compagnons.

« Nous nous adressons à vous comme des Français à un Français, comme des chefs à un chef, comme des camarades à un camarade.

« Nous croyons qu'il est temps encore de trouver, sans événements tragiques que le pays ne pardonnerait pas, une issue qui permette à la Martinique et à la Guadeloupe de concourir, comme elles le désirent, à la liberté de la patrie et qui y garantisse le maintien absolu de la souveraineté française.

« Nous vous proposons d'accueillir sans délai notre délégation commune qui a mission d'étudier avec vous les moyens d'atteindre ce but et de compléter votre information. Notre délégation est ainsi composée :

« M. Bertaut, gouverneur des Colonies,

« le contre-amiral Battet,

« le colonel de Chevigné,

« le capitaine de frégate Cabanier,

« M. Beyens, secrétaire d'ambassade.

« Cette délégation, actuellement aux États-Unis, est prête à se rendre immédiatement à Fort-de-France pourvue de toutes instructions nécessaires. »

Londres, 10 mai 1943

Secret

Il m'est rendu compte que le motif que vous avez invoqué pour renvoyer Pelabon ne repose sur aucun fondement et que vous avez été induit en erreur sur ce point. Veuillez me rendre compte de ce qui s'est passé, à présent que vous êtes informé de la réalité des choses. En attendant, je ne consens pas au retour de Pelabon, qui rend de très grands services et pour lequel vous n'avez aucun remplaçant susceptible d'être aussi utile.

Télégramme au général Catroux, à Alger

Londres, 11 mai 1943

Secret

Vous m'avez annoncé en son temps la nomination par Giraud du général Mast comme résident en Tunisie et de Juin[1] comme intérimaire.

Le Comité national et moi-même ne nous sommes pas opposés formellement à cette décision unilatérale en considération du fait qu'il est nécessaire d'établir à Tunis sans délai une autorité française. Toutefois,

1. Commandant la 15e division motorisée en 1939 et 1940, le général Juin est fait prisonnier. Libéré en 1941 à la demande du maréchal Pétain, il devient commandant en chef en Afrique du Nord. Lors du débarquement américain, il demande à l'amiral Darlan de prescrire le cessez-le-feu, puis rallie le général Giraud.

nous considérons les nominations faites par Giraud seul comme sans valeur réelle tant que nous ne les aurons pas nous-mêmes sanctionnées. Il en serait naturellement de même de toute mesure que prendrait Giraud en ce qui concerne le statut de la Tunisie.

D'autre part, les forces que nous avons en territoire tunisien continueront à dépendre exclusivement de moi-même, tout au moins jusqu'à ce que l'unité se fasse, si elle doit se faire. Je n'accepte pour ces forces aucune subordination par rapport aux autorités déléguées par Giraud. S'il est ultérieurement nécessaire d'aboutir avec Mast ou autres à un arrangement concernant les stationnements ou d'autres points, je me réserve la décision.

Copie adressée au général de Larminat, à Beyrouth, et au général Leclerc, à Brazzaville

Au général Georges Catroux

12 mai 1943

Mon cher général,

Je vous écris rapidement, profitant du voyage de M. Offroy.

Il n'est guère possible de douter que l'on marche à des préliminaires de paix et, tout au moins, à un armistice avec l'Italie. Ceci, qui était escompté et préparé depuis longtemps (Myron Taylor, Spellman, Samuel Hoare, etc.), nous fait comprendre, mieux que tous les discours, l'une des raisons de la politique américaine et... britannique à notre égard. On ne veut pas que la France soit présente aux négociations parce qu'elle pourrait être gênante. Il en sera de même, plus tard, pour les arrangements avec l'Allemagne.

Voilà pourquoi l'unité ne se fait pas. Voilà pourquoi les Américains – et Giraud qui est leur instrument plus ou moins inconscient – ne veulent pas de gouvernement français avant que tout soit fini et réglé.

Une autre raison de cette colossale erreur et de cette injustice est que les Américains entendent instaurer en France un régime de leur choix. Quelque chose du genre Vichy a évidemment toutes leurs préférences, avec un badigeon de victoire et de démocratie. L'arrivée de Pucheu à Alger, la présence de Flandin, la confirmation de Peyrouton, les manœuvres de Piétri, le travail « juridique » de Monnier à Lisbonne, tout cela se tient parfaitement. De nous on n'attend qu'une chose c'est que nous participions à l'opération afin de la rendre possible. Telle est « l'union » des Français à la mode américaine. Si les snobs du State Department triomphent, nous allons à une atroce guerre civile car la masse française n'acceptera pas cela.

Comment se fait-il que Giraud ne voie pas et ne comprenne pas ? Voilà le centre du drame.

Le fait de m'interdire Alger, à moins que je n'aie par avance cédé à la combinaison, est une pure et simple indignité. Ceux qui arrivent de France en ce moment sont unanimes à dire qu'on la ressent partout, chez nous, avec fureur.

Je vous prie, mon cher général, de croire à ma sincère et dévouée amitié.

Message pour *Le Populaire*

Londres, 14 mai 1943

Je suis heureux de remercier et de féliciter *le Populaire* de son action.

Tous les Français, quelle que soit leur classe sociale, quelle que soit leur opinion politique, sont unis dans la Résistance. Ils ont écouté la leçon de patriotisme, de cohésion et d'ardeur rénovatrice qu'impose la lutte contre l'invasion.

Notre accord est la condition du salut du pays. Continuons à travailler ensemble pour que la France libérée soit plus forte, plus rayonnante et plus fraternelle.

Télégramme à René Capitant[1], à Alger

Londres, 14 mai 1943

Je vous remercie du message que m'adresse le Comité directeur de « Combat » à l'occasion de la fête de Jeanne d'Arc.

La constitution à Alger d'un organisme central capable de parler au nom de la France et d'en incarner les aspirations est urgente et nécessaire. Là est l'intérêt du pays, là est le devoir.

Télégramme au général Catroux, à Alger

Londres, s.d. *[15-19 mai 1943]*

Le Conseil national de la Résistance vient de se constituer en France[2]. Ce conseil comprend des délégués de toutes, je répète, toutes les organisations de résistance dans les deux zones et des délégués de toutes les organisations politiques représentant les anciens partis, de la droite à l'extrême gauche, avec l'approbation expresse de Louis Marin, Herriot, Léon Blum, Jouhaux et du Comité central du parti communiste. Notre

1. Responsable du mouvement Combat.
2. Le CNR se réunira pour la première fois le 27 mai 1943.

commissaire national en France[1] préside le Conseil. Je vous envoie par ailleurs le texte du télégramme que le Conseil, unanime, vient de me faire parvenir[2]. D'autre part, je vous envoie également le message que Herriot a chargé Vienot de me remettre[3] et d'adresser de sa part à Roosevelt et à Churchill. J'engage, si cela peut être nécessaire, ma parole d'honneur quant à l'authenticité de ces textes et de ces références, authenticité qui est d'ailleurs parfaitement connue des services de l'Intelligence britannique.

Je vous prie de donner au général Giraud connaissance de ces diverses communications. Le message d'Herriot doit naturellement rester très secret.

Bien que le Conseil de la Résistance ait pris parti catégoriquement quant aux attributions respectives de Giraud et de moi-même et que cette opinion me paraisse toujours être celle du bon sens, je ne retire rien de la proposition que j'ai faite à Giraud quant à la double présidence du Comité national, étant naturellement entendu qu'une telle présidence ne peut se cumuler avec le commandement des armées.

Vous pouvez ajouter pour Giraud que la montée d'opinion qui se produit actuellement en France ne change pas mes dispositions à son égard. Je suis très sincèrement prêt à collaborer avec lui en toute confiance réciproque. Mais n'ayant ni l'un ni l'autre aucune légitimité constitutionnelle, nous ne pouvons rien faire de valable si nous ne nous appuyons pas sur l'opinion et sur l'adhésion spontanée des exécutants. C'est la raison pour laquelle nous devons tenir tous les deux à faire notre accord au grand jour. Alger me paraît donc en toute conscience le lieu de rencontre et de négociations qui s'impose.

Au gouverneur général Brunot, à Londres

Londres, 15 mai 1943

Monsieur le gouverneur général,

Me référant à votre lettre récente, je tiens à vous faire connaître ce qui suit.

Vous m'avez écrit le 10 juin 1942 que vous ne reconnaissiez pas l'autorité du Comité national ; je ne puis, dans ces conditions, admettre la plainte que vous formulez de ce que le Comité national ne tient pas compte de vos demandes[3].

Je vous prie d'agréer, monsieur le gouverneur général, l'assurance de ma considération distinguée.

---

1. Il s'agit de Jean Moulin.
2. Voir *Mémoires de guerre*, t. II, p. 473 et 474.
3. Le gouverneur général Brunot a écrit à plusieurs reprises au général de Gaulle à propos du différend qui l'a opposé notamment au gouverneur Sautot lors de son inspection dans le Pacifique.

À André Géraud[1]

Londres, 17 mai 1943

Cher monsieur Géraud,

J'ai lu *les Fossoyeurs* avec un intérêt extrême. Comme tout ce que vous écrivez, ce livre est établi sur une information très complète et sur une connaissance exceptionnellement claire et étendue des causes profondes des événements. Cela fait une synthèse saisissante.

Le volume *Pétain* m'a paru d'une équité terrible, mais incontestable. Je me laisse entraîner moins loin que vous dans la sévérité à l'égard de Daladier et de Gamelin. Non point que je nie leur faillite ! Mais mon sentiment est que ce chef de gouvernement et ce chef militaire ont subi les effets d'un système général déplorable et dont ils étaient écrasés. Le fait est qu'il était devenu presque impossible de gouverner et de commander en France autrement qu'en apparence dans la paralysie chronique de l'État. Il est vrai que M. Daladier, M. Gamelin, n'étaient assez forts et convaincus pour renverser eux-mêmes la vapeur. Mais je crois que l'ambiance presque universelle ne se prêtait aucunement à une pareille « révélation ». En aucun temps, ils n'eussent fait, ni l'un un grand homme d'État ni l'autre un grand homme de guerre. Mais les aptitudes qu'ils avaient se seraient, néanmoins, déployées sans la conjuration générale d'inertie et d'aveuglement.

Pour ce qui concerne Paul Reynaud, je persiste à penser qu'il était très supérieur par l'esprit et par le caractère à tout le personnel politique concurrent. Reynaud avait évidemment conscience de cette supériorité et il est certain qu'il se jugeait destiné à être le Clemenceau de cette guerre. Mais souvenez-vous de l'ambiance atroce dans laquelle il vint au pouvoir et y vécut. Je ne nie pas qu'il ait eu la faiblesse de s'entourer de certains médiocres et de quelques infâmes, ce qui eut des conséquences désastreuses dont vous mettez l'une en relief, savoir le départ d'A. Léger. Je ne nie pas non plus qu'étant bourgeois conformiste et traditionaliste (malgré certaines apparences), il se laissait impressionner par le commandement militaire. Quoi qu'il discernât le jeu de Pétain et de Weygand, il lui était presque physiquement impossible de brutaliser ces vieilles gloires, comme l'aurait fait tout de suite Clemenceau. Mais j'atteste que Reynaud, malgré son « abandon » dans l'épuisement, fut un homme de cœur et d'intelligence et un Français de grande classe. S'il avait trouvé sous ses pieds le tuf solide sur quoi s'appuya le Tigre, il aurait joué un magnifique rôle national.

1. André Géraud écrit sous le pseudonyme de Pertinax.

Et voilà, suivant moi, l'alpha et l'oméga. Il faut refaire la France et la refaire nouvelle. L'épouvantable tragédie en offre, du moins, l'occasion. Si nous la manquions, malheur à nous pour toujours !

Je ne saurais, en tout cas, manquer de vous dire combien votre effort est précieux et combien nous sommes en sympathie.

Veuillez croire, cher monsieur, à mes sentiments très distingués et bien dévoués.

Le 17 mai 1943, le général Giraud répond à la lettre du général de Gaulle du 6 et lui propose de former immédiatement un Comité exécutif central de durée limitée dont la responsabilité serait assurée collectivement. Dès la Libération, ses pouvoirs seraient remis à un gouvernement provisoire constitué selon la loi Tréveneuc.

Télégramme au général Catroux, à Alger

Londres, 19 mai 1943

Secret le plus absolu

Je reçois le texte de la lettre du général Giraud tel que vous me l'avez télégraphié (votre télégramme n° 519/Cab/95). Il y a des points discutables, mais je ne crois pas à première vue que nous soyons désormais séparés par rien d'essentiel. Je vous prie de le dire de ma part au général Giraud en ajoutant que je compte aborder notre collaboration directe pour le service de la France dans un sentiment très sincère de haute estime pour sa personne.

Nous vous attendons incessamment.

Télégramme au général Catroux, à Alger

Londres, 20 mai 1943

Secret le plus absolu

Je réponds à votre télégramme n° 530 du 19 mai.

J'ignore tout des tenants et aboutissants du passage à Alger d'une section des troupes de Larminat et je lui télégraphie pour lui demander de quoi il retourne.

Je suppose qu'il s'agit d'un détachement destiné à prendre le contact d'Alger et à y montrer la croix de Lorraine. Je vous avoue que je ne vois pas qu'il y ait là de quoi fouetter un chat. Nos troupes se feront difficilement à un traitement de pestiférés en plein territoire français.

Télégramme au général Catroux, à Alger

Londres, 21 mai 1943

Secret

Je vous signale que le correspondant diplomatique de Reuter parle ce matin de la nouvelle lettre que m'a envoyée Giraud. La presse britannique fait chorus. Or nous n'avons parlé de rien ici à personne. J'en déduis une fois de plus qu'il y a autour de Giraud, et par des voies étrangères, de multiples indiscrétions. Nous déclinons à cet égard toute responsabilité.

Télégramme au général de Larminat, au Caire

Londres, 24 mai 1943

Secret

L'affaire d'Afrique du Nord paraissant décidément prendre bonne tournure, je compte arriver à Alger dimanche 30 mai. Je vous prie de vous mettre en mesure de venir me rejoindre à Alger dans un bref délai dès que je viendrais à vous le demander[1].

Dans ce cas vous pourriez vous faire accompagner des officiers nécessaires pour traiter en détail le problème des forces sous vos ordres par rapport aux forces actuellement subordonnées à Alger.

En réponse à la lettre du général Giraud du 17 mai 1943, le général de Gaulle lui écrit le 25 qu'il « compte arriver à Alger à la fin de cette semaine et [se] félicite d'avoir à collaborer avec [lui] pour le service de la France ».

Ordre général

Londres, 26 mai 1943

Confidentiel

Objet : Attributions du général de corps aérien d'Astier de La Vigerie pendant l'absence du général de Gaulle.

Pendant l'absence du général de Gaulle, commandant en chef les Forces Françaises Libres :

1. Le général de corps aérien d'Astier de La Vigerie exercera, par délégation et dans les cas d'urgence, les attributions du général de Gaulle pour ce qui concerne :

1. Le même télégramme est envoyé le même jour à l'amiral Auboyneau et au général Legentilhomme, à Beyrouth, à l'exception du second paragraphe.

— le fonctionnement de l'état-major « F »[1],
— les envois en mission et plus particulièrement ceux des agents du BCRA,
— les mutations interarmes,
— les citations à l'ordre des FFL,
— les instructions à donner au médecin-général inspecteur, inspecteur général du service de santé,
— les engagements mensuels de dépenses du BCRA,
— les nominations d'agents du BCRA, la signature des décrets étant réservée au vice-président du Comité national,
— éventuellement les opérations combinées.

2. Le général d'Astier de La Vigerie pourra convoquer le haut comité militaire. Dans ce cas, il en exercera la présidence par intérim.

3. Il disposera de l'état-major particulier du général de Gaulle et des services qui lui sont rattachés, et, d'autre part, du BCRA.

Note au contre-amiral Auboyneau[2], à Londres

Londres, 26 mai 1943

Très secret

Objet : Aéronavale aux États-Unis.

Des différentes informations reçues, il ressort que le moment est venu de décider définitivement les conditions d'emploi de l'escadrille aéronavale actuellement aux États-Unis.

Dans les circonstances générales actuelles, il m'apparaît que le choix du théâtre d'opérations du Pacifique, primitivement fixé, doit être maintenu.

Par contre, il me semble préférable, plutôt que d'équiper cette escadrille avec des hydravions, de la doter de bombardiers du type *Fortress* ou *Liberator*, qui permettront l'accomplissement de missions plus nombreuses et plus importantes.

Si, d'une part, les engagements pris le permettent encore et si, d'autre part, les délais d'entrée en action de l'escadrille n'étaient pas déraisonnablement allongés par le changement de matériel, vous voudrez bien poursuivre dans le sens précité les conversations déjà engagées avec l'amiral King.

1. Créé le 10 mai 1943, l'état-major « F » est chargé d'étudier et de préparer la participation militaire française à partir de la Grande-Bretagne aux opérations de libération en liaison avec les forces alliées.

2. Commissaire national à la Marine.

À Winston Churchill

Londres, 27 mai 1943

Cher monsieur Churchill,

Quittant Londres pour Alger où m'appelle une tâche difficile pour le service de la France, je revois en esprit la longue étape de près de trois ans que la France Combattante a accomplie dans la guerre côte à côte avec la Grande-Bretagne et à partir du territoire britannique.

Je suis plus que jamais plein d'espoir dans la victoire commune de votre pays et du mien avec tous leurs alliés, et plus que jamais convaincu que vous serez personnellement l'homme des jours de gloire comme vous avez été l'homme des pires moments.

Bien sincèrement à vous.

En novembre 1942, les Anglo-Saxons ont débarqué en Afrique du Nord française sous l'obédience de Vichy, qui a tenté de s'y opposer par les armes. La zone dite « libre » en France a été envahie sans combat par les Allemands. La flotte de Toulon s'est sabordée.
À Alger, les autorités de Vichy essayent de se maintenir avec la complicité des Anglo-Saxons. Ceux-ci ont d'abord traité avec l'amiral Darlan qui est assassiné le 24 décembre 1942. Ils ont ensuite apporté leur soutien au général Giraud.
Cette situation extrêmement confuse a été dénoncée dès l'origine par le général de Gaulle, appuyé par l'ensemble des organisations françaises de Résistance. Le chef de la France Combattante arrive à Alger le 30 mai 1943 dans le dessein d'y établir une représentation digne et un commandement unique de la France en guerre. Il rencontre le général Giraud, « Commandant en chef civil et militaire en Afrique du Nord française ».

Extrait d'une allocution prononcée le 1er juin 1943 au centre d'accueil du mouvement Combat-Empire, à Alger[1]

Mes compagnons, ce que vient de dire le Professeur Capitant[2] est profondément émouvant parce que cela est vrai et qu'il n'y a de vrai et

1. Ce centre reçoit à la fois des permissionnaires des Forces françaises libres et des civils qui ont lutté clandestinement en France. Accueillant le général de Gaulle, René Capitant, président de Combat-Empire, lui présente ces « combattants qui sont tous vos compagnons d'armes ».

2. René Capitant, professeur à la faculté de droit et des sciences politiques de Strasbourg (1929), milite en 1940 dans la Résistance au sein du mouvement Combat à Clermont-Ferrand. Professeur à l'université d'Alger en 1941, il fonde le mouvement Combat-Empire. Il sera commissaire à l'Éducation nationale (14 novembre 1943), puis ministre de l'Éducation nationale de septembre 1944 à novembre 1945.

d'émouvant que ce qui est simple. La tâche qui fut nôtre depuis la première heure est une tâche sacrée. Pour nous en convaincre, nous n'avons qu'à fermer les yeux, regarder en nous-mêmes, revoir notre maison, nos parents, nos amis, revoir la carte de France… Ainsi, nous avons la certitude que c'est nous qui sommes dans le vrai. Ce que nous voulons, c'est ce que veut la France, car nous savons ce que pense la France et ce qu'elle veut dans son immense majorité y compris ceux qui avaient pu, à un certain moment, se laisser abuser.

Aujourd'hui, il apparaît que c'est nous qui avons dit la vérité française. Cela nous confère des droits vis-à-vis des nations étrangères, des devoirs vis-à-vis de nous-mêmes et une dignité vis-à-vis de la France.

Quand la tâche sera achevée, quand nous pourrons disparaître – du moins ceux d'entre nous qui ne seront pas tombés sur les champs de bataille –, pas un de nous ne regrettera ce que nous aurons fait.

Ordre de mission

Alger, 1er juin 1943

Le commandant Mangin[1] est chargé de coordonner l'activité paramilitaire des mouvements de résistance dans la Zone Sud.

Allocution prononcée à l'occasion du déjeuner offert par l'Association de la presse anglo-américaine de Paris, à Alger, le 2 juin 1943

J'apprécie votre amabilité et vous remercie de cette réception très touchante et très émouvante. J'ajouterai que je sais très bien ce que vous êtes et je sais très bien ce que représente la presse anglo-américaine de Paris à travers le monde.

La situation est assez curieuse et nous sommes dans une étrange position. On a parlé d'une « drôle de guerre » : elle est toujours très bizarre. Il se trouve un grand pays qui s'appelle la France et qui joue toujours un rôle dans les préoccupations des hommes, qui je crois jouera encore un grand rôle et qui soudainement a presque entièrement disparu. Il y a là occasion et possibilité pour les hommes qui n'ont pas l'esprit très ferme, il y a là occasion d'inventer, de pratiquer une politique d'erreurs. Du point de vue français, de l'âme de la France et du peuple de France, cela ne représente qu'un mauvais passage qui n'est peut-être qu'un mauvais rêve dans l'avenir de cette grande nation.

Nous sommes dans une période transitoire très difficile. Il y a un grand fait : la libération de l'Afrique du Nord française par les Alliés

1. Louis Mangin est le fils du général Mangin, commandant d'armée en 1914-1918.

auxquels se sont jointes, par fractions et avec beaucoup d'ardeur, de bonnes et de belles troupes françaises qui ont fait de leur mieux.

À peine ce pays est-il même sorti d'un bouleversement moral et matériel que, cependant, il émerge et l'on y découvre de nouveau ces grands courants français dont vous-même avez l'habitude.

Le fait est que je trouve ici exactement ce que je pensais y trouver. Il y a là les effets inévitables des circonstances internes auxquelles nous ne pouvons rien. Il faut prendre les choses telles qu'elles sont et, en ce qui nous concerne, il faut trouver le moyen de faire progresser ce qui est bien, reculer ce qui est mal et bâtir ce qui est vraiment la France. Je crois que nous y parviendrons. C'est la seule préoccupation importante que nous avons ici.

Depuis quelques années, un roc portant le nom de la France Combattante émerge toujours malgré tout. L'assaut des vagues n'a pas toujours été agréable ou confortable, mais il est toujours là, simplement parce que c'est un morceau de la vraie France, qui émerge en dépit des éléments. C'est pourquoi, quoi qu'il doive arriver aujourd'hui ou demain, nous sommes certains qu'en ce qui concerne la France, ce qui devra être sera, et ce qui doit être fait sera fait.

Nous sommes certains que ce qui est la France apparaîtra comme étant elle-même à Alger, à Marseille et demain à Paris. Nous reverrons un Paris bien différent sans doute moralement et physiquement. Ce sera Paris toujours, comme ce sera la même France. Paris sera peut-être assez changé. Les regards des Français ne seront peut-être plus aussi légers, aussi à l'aise qu'étaient les regards de ces Parisiennes que nous avons connues. Cependant, ce seront des Parisiennes tout de même. Vous reverrez la fleuriste de la rue Royale avec son sourire. Vous retrouverez son attitude plus ferme, plus grave, plus décidée. Je crois que c'est là l'image de la France que nous trouverons. Et, pour ma part, je vous dirai que je la trouve d'avance très sympathique.

Télégramme[1] aux membres du Comité national, à Londres

Alger, 2 juin 1943

Secret le plus absolu

L'affaire d'Alger prend rapidement l'allure du guet-apens.

Muselier[2] vient d'être chargé par Giraud des pouvoirs de police à Alger.

1. Des extraits de ce télégramme ont déjà été publiés, datés du 3 juin 1943, dans les *Mémoires de guerre*, t. II, p. 488.

2. Le vice-amiral Muselier, ancien commandant de la marine à Marseille en 1939, a été commandant des Forces navales françaises libres (juillet 1940) et commissaire national à la Marine et à la Marine marchande jusqu'en mars 1942. À deux reprises, il a fait le projet de quitter la France Libre en entraînant avec lui la marine. En désaccord avec la politique du Comité national français, il bénéficiait de la sympathie des autorités britanniques. Il a cessé toute collaboration avec la France Combattante en mai 1942.

Giraud fait venir ici des goumiers du Maroc. Il a donné l'ordre d'arrêter tous les permissionnaires de la France Combattante en Afrique du Nord. Il vient de m'écrire une lettre me sommant de faire une déclaration publique affirmant que je m'engage à ne pas établir un régime fasciste en France et accusant de fascisme mes collaborateurs, notamment Passy.

Nous sommes en pleine tragi-comédie. Mais cela pourrait tourner mal.

Il faut ajouter, pour ce qui concerne la presse et la radio sous la férule de Labarthe[1], une mauvaise foi dont vous n'avez pas idée.

Je prie Pleven de rester à Londres.

Le 3 juin 1943, les généraux de Gaulle et Giraud forment le Comité français de la Libération nationale (CFLN), composé de sept membres. Ils en sont les coprésidents.

Déclaration à la presse, faite à Alger le 3 juin 1943[2]

Le Comité Français de Libération Nationale a été constitué ce matin. Les membres qui en font actuellement partie sont ceux que je vais dire : le général Giraud et moi-même Présidents ; et comme membres le général Georges, le général Catroux, M. Massigli, M. André Philip et M. Jean Monnet.

Ce Comité sera sans doute élargi ensuite. Mais d'ores et déjà, tel qu'il est, il constitue le pouvoir central français et à ce titre prend sous son autorité les territoires français qui sont hors du pouvoir de l'ennemi et toutes les forces françaises ; il exerce la souveraineté française sur ces territoires ; il assume la gestion des intérêts français partout dans le monde et, de manière générale, exerce la direction de l'effort français dans la guerre en tous lieux et quels que soient ces efforts.

Un communiqué, qui a été établi ce matin par le Comité, vous sera remis incessamment à tous. Ce que je vous dis est inclus dans ce communiqué.

Nous aurons demain, si vous voulez bien, une véritable conférence de presse où le général Giraud et moi-même nous trouverons ensemble et où nous développerons certains points que pour des raisons de réserve que vous comprenez certainement je préfère ne pas développer tout de suite et

1. En juin 1940, André Labarthe, directeur au ministère des Travaux publics, a rallié la France Libre et exercé pour une courte période les fonctions de directeur de l'armement à l'état-major du général de Gaulle. Démissionnaire, il a fondé une revue hostile au Général et au Comité national, bien qu'intitulée *La France Libre*. En mai 1943, il a été nommé secrétaire d'État à l'Information en Afrique du Nord française par le général Giraud.

2. Le général de Gaulle fait cette déclaration devant les journalistes réunis à sa résidence à 18 heures, tandis qu'un communiqué du CFLN est attendu avec impatience. Bloqué par la censure américaine, il ne sera publié que vers 20 h 30.

attendre pour le faire de me trouver côte à côte avec le général Giraud pour cette conférence.

Mais la raison pour laquelle je vous ai demandé de vous réunir tout de suite est que, personnellement et au nom de tous ceux qui, depuis le 18 juin 1940, constituent la France Combattante, je veux vous dire à quel point moi-même et tous mes compagnons nous trouvons satisfaits de l'unité française réalisée dans l'Empire ; nous nous trouvons satisfaits des bases sur lesquelles cette unité est constituée ; nous nous trouvons satisfaits aussi de l'accroissement considérable de la puissance et de la cohésion que cette unité va donner à l'effort français dans la guerre et aussi aux facilités que cette unité va nous donner dans nos rapports avec les puissances alliées, les puissances alliées vis-à-vis desquelles nous considérons que l'effort français et le leur est un effort absolument commun. Je parle de tous les alliés. J'espère aussi que cette unité française locale, qui ne sera, hélas, complétée en fait que quand tout le territoire aura été arraché à l'ennemi et aux collaborateurs de l'ennemi, j'espère, dis-je, que cette unité sera, pour ceux qui luttent aux côtés de la France, pour toutes les nations alliées, pour elles aussi, un réconfort, un encouragement, comme elle l'est pour nous-mêmes.

Ce qui est bien et heureux pour l'un est, je le crois, bien et heureux pour les autres et je n'ai jamais senti de manière plus profonde qu'aujourd'hui à quel point les intérêts sacrés de la France sont conjugués avec ceux de tous ses alliés.

Voilà, Messieurs, ce que je désirais vous dire aujourd'hui en m'excusant de ne pas développer davantage cette conférence et en répétant que, si vous voulez bien, demain, d'accord avec le général Giraud, nous aurons une conférence plus complète où nous développerons sans doute certains points.

J'ajouterai que cette unité a été longue à atteindre. Mais personne de ceux qui sont au courant des événements nationaux français et des événements internationaux ne s'en étonnera ; personne de ceux qui sont au courant de la situation locale d'Afrique du Nord ne s'en étonnera. Mais puisque c'est fait maintenant, je tiens à dire que l'action des représentants britanniques et des États-Unis dans ce pays a été de bout en bout très efficace et très salutaire pour la réalisation de cette grande œuvre française. Et je ne manquerai pas au devoir d'ajouter que le premier mérite en revient aux soldats alliés et aux soldats français dont les armes et les succès ont chassé d'ici, d'une part, les amis de l'ennemi et, d'autre part, l'ennemi lui-même et ont créé ainsi les conditions qui ont permis ce rassemblement de notre Empire. Messieurs, j'ai terminé pour aujourd'hui.

Télégramme aux membres du Comité national, à Londres

Alger, 3 juin 1943

Secret

Doivent venir sans délai : Pleven, Diethelm, Soustelle, Beynet, Valin, d'Argenlieu avec collaborateurs.

Le professeur Cassin est chargé d'assurer la direction des affaires courantes, des administrations civiles en Grande-Bretagne.

D'Astier de La Vigerie assurera le Commandement de tous les éléments militaires en Grande-Bretagne.

Message au mouvement Combat-Empire, à Alger

Alger, 3 juin 1943

Au moment où l'union des cœurs français trouve ici sa récompense et sa consécration, c'est vers vous, mes bons compagnons, qui avez souffert et travaillé pour l'œuvre commune de la libération, que va, d'abord, ma pensée reconnaissante.

Votre action n'est pas terminée ; elle commence. Il vous appartient aujourd'hui, comme il vous appartenait hier et comme il vous appartiendra demain, d'être des exemples et des guides au service de la patrie.

À Harold Macmillan, à Alger

Alger, 5 juin 1943

Cher monsieur Harold Macmillan,

Votre lettre du 4 juin m'a profondément touché. À mon tour, je voudrais vous dire combien j'ai apprécié l'action que vous avez exercée ici au nom du Gouvernement dont vous faites partie, et à quel point m'est précieuse votre sympathie que je me permets, moi aussi, d'appeler votre amitié.

Comme vous le dites, et comme le disait hier le Premier ministre – que j'ai été très heureux de voir –, de grandes difficultés nous séparent encore du but, qui est la victoire de nos deux pays et, par là même, le maintien et le développement de leur alliance. Mais nous gagnerons !

C'est dans cet esprit d'effort commun que je ne manquerai pas de recourir, à mesure des événements, à l'aide amicale et précieuse que vous voulez bien m'offrir.

Veuillez croire, cher monsieur Harold Macmillan, à mes sentiments très distingués et dévoués.

Le 7 juin 1943, sept membres supplémentaires sont nommés au CFLN. Certains se trouvent encore à Londres. La première réunion plénière du Comité est donc remise à une date ultérieure, en attendant leur arrivée.

Télégramme à la délégation française, à Washington

Alger, 8 juin 1943

Secret le plus absolu

Veuillez remettre d'urgence à Henry Bonnet le message suivant de ma part :

« Le Comité Français de la Libération vient de vous désigner comme un de ses membres avec la charge du Département de l'Information.

« Je me félicite et vous félicite de ce choix.

« Je vous demande personnellement d'une manière instante d'accepter ce poste difficile mais essentiel et vous prie de vous rendre à Alger immédiatement et sans délai. Amitiés. »

À Harold Macmillan, à Alger

Alger, 8 juin 1943

Mon cher Macmillan,

La fusion des administrations du Comité National Français et du Commandement en chef en Afrique du Nord rend indispensable l'arrivée aussi rapide que possible à Alger d'une partie du personnel de l'administration centrale de la France Combattante à Londres[1].

J'ai chargé le commandant de Boislambert de s'occuper de cette question en liaison avec les commissaires français intéressés et, si vous le voulez bien, avec vous-même. En particulier, le commandant de Boislambert doit établir les listes des personnes à faire venir suivant l'ordre d'urgence.

Je vous serais reconnaissant de ce que vous voudrez faire pour lui faciliter l'exécution de sa mission.

Bien sincèrement à vous.

1. Dépendants des Britanniques, les transports des membres du Comité national français ont été, depuis le début du mois de juin 1943, ajournés à plusieurs reprises.

Projet de réorganisation du haut commandement militaire[1]

Alger, 9 juin 1943

1. Le Commandant en chef oriente et contrôle la formation et l'instruction des unités en vue de leur emploi tel qu'il est à prévoir ou prévu, soit par les plans interalliés d'opérations, soit par les plans de défense ou de sûreté des territoires.

2. Il participe avec le Commandement Interallié à l'établissement des plans interalliés d'opérations.

3. Il se prépare à exercer le Commandement en chef effectif des armées françaises d'opérations dès que les circonstances le permettront. Dans cette hypothèse, il cesserait de faire partie du Comité Français de la Libération Nationale.

1. Il est constitué un Haut Comité militaire comprenant :

— Les Généraux Giraud et de Gaulle ;

— Le (ou les) Commissaire (s) militaire (s) ;

— Les Chefs d'état-major de l'Armée, de la Marine et de l'Air.

2. Le Haut Comité militaire étudie la participation des forces françaises aux opérations interalliées et arrête la répartition de ces forces entre les divers théâtres d'opérations.

3. Le Haut Comité militaire arrête les plans de défense ou de sûreté des territoires.

Au général Catroux[2]

Alger, le 9 juin 1943

Mon cher général,

Il y a aujourd'hui huit jours que nous avons réalisé, pour pouvoir diriger l'effort français dans la guerre, une soi-disant unité et constitué le Comité français de la Libération nationale en affirmant que ce Comité tiendra lieu de gouvernement français.

Or, depuis cette date, tout révèle que « l'unité » n'existe pas et qu'il n'y a pas en réalité de gouvernement.

Bien plus, nous voyons les affaires civiles et militaires dans un état d'anarchie dont certains énergumènes, intrigants, dévots de Vichy ou même agents de l'ennemi, tous en fonctions ou tout au moins libres de leurs actes, profitent pour pratiquer le sabotage et créer à tout moment une atmosphère de « putsch ».

---

1. Les 8 et 9 juin 1943, le CFLN examine les trois projets des généraux Georges, Catroux et de Gaulle au sujet de la réorganisation du haut commandement militaire français.

2. Le général de Gaulle envoie exactement la même lettre, le même jour, à André Philip.

La moindre question, qui devrait être réglée en quelques instants et donner lieu à une exécution immédiate, nous engage dans des discussions aussi interminables que désobligeantes.

C'est ainsi que nous ne sommes même pas parvenus à trancher en matière militaire le problème des pouvoirs respectifs du gouvernement et du commandement dont la solution logique et nationale crève les yeux.

D'autre part, les alliés procèdent à notre égard d'une manière qui pourrait nous faire douter de la capacité qu'ils attribuent à notre « Comité » de représenter les intérêts de la France et d'exercer l'autorité nécessaire.

Ces conditions ne sont pas conformes aux responsabilités que je crois porter dans cette guerre vis-à-vis du pays en vertu de la confiance d'un très grand nombre de Français.

Je manquerais donc à mon devoir si je m'associais plus longtemps aux travaux du « Comité français de la Libération nationale » dans les conditions où il fonctionne et je vous prie, en conséquence, de ne plus m'en considérer ni comme membre, ni comme président.

Veuillez croire, mon cher général, à mes sentiments fidèlement dévoués.

Télégramme à René Cassin et à Jacques Soustelle, à Londres

Alger, 9 juin 1943

Secret le plus absolu

Les conditions de fonctionnement du Comité d'Alger, la résistance du général Giraud, soutenu par Georges, à toute mesure efficace quelle qu'elle soit, le sabotage de tout par les Muselier, Labarthe, Mengin[1], Prioux, Rigault[2] et par l'entourage de Giraud, enfin la pression des Alliés pour me neutraliser dans l'impuissance rendent tout gouvernement impossible dans les conditions actuelles.

Ne voulant pas procéder à l'anarchie ni me déconsidérer aux yeux du Pays, j'ai décidé de me retirer du Comité Français de la Libération Nationale. Je n'assisterai pas à la séance de demain le 10 juin. J'adresse à chacun des membres du Comité la lettre[3] dont ci-dessous le texte.

Je vous prie de publier ce texte seulement si la nouvelle de ma décision vous parvient d'Alger. Dans cette éventualité, vous pouvez

1. Attaché de presse à l'ambassade de France à Londres en 1940, Robert Mengin démissionne le 17 juin 1940. Il est ensuite employé par les services secrets du Foreign Office, puis participe à la bataille de Tunisie.

2. Jean Rigault, monarchiste, ancien directeur du journal *Le Jour*, prépare la venue du général Giraud à Alger en 1942. Il est le directeur des Affaires politiques à Alger et démissionne en mars 1943.

3. Voir *Mémoires de guerre*, t. II, p. 493.

ajouter en commentaire que le général de Gaulle ne pouvant pas servir la France au gouvernement, étant donné les conditions qui lui sont faites, il désire simplement prendre le commandement d'une division blindée.

À l'écart du Comité français de la Libération nationale, le général de Gaulle se tient à Alger dans la villa des Glycines qui lui sert de quartier général.

Télégramme à René Cassin et à Jacques Soustelle, à Londres[1]

Alger, 12 juin 1943

Secret le plus absolu

Comme il était à prévoir nous sommes ici en pleine crise.

La cause profonde est la dualité persistante entre Giraud et nous, dualité soigneusement ménagée par Monnet, qui y voit le moyen d'exercer son arbitrage, c'est-à-dire sa direction.

Monnet naturellement est le truchement de l'étranger.

La cause immédiate de la crise est la question militaire, Giraud voulant conserver tous ses pouvoirs actuels tandis que nous-mêmes prétendons renouveler à la fois le système et l'armée elle-même en attribuant à Giraud le titre de Commandant en chef qui lui vaudrait en fait les attributions d'un Inspecteur général et donc lui laisserait les relations stratégiques avec les commandements alliés. Je prendrais moi-même le commissariat à la Défense nationale.

En attendant le dénouement l'émotion est profonde dans l'opinion qui est presque unanime en notre faveur et le trouble s'accentue dans l'armée où règne un immense désir de rajeunissement et un dégoût croissant à l'égard du système actuel de commandement et d'organisation. Les ralliements aux troupes de Larminat continuent malgré l'éloignement. On peut évaluer à sept ou huit mille Français au moins le nombre de ceux qui l'ont rejoint ou sont en route pour le rejoindre avec la complicité générale. Un très grand nombre d'autres ne rêvent que d'en faire autant.

Autour de Giraud, une bande d'énergumènes tels Muselier, Odic[2], Linarès[3], etc. entretiennent une atmosphère de putsch et de panique.

1. Ce télégramme a déjà été publié en partie dans les *Mémoires de guerre*, t. II, p. 496.
2. Le général en retraite Odic avait, depuis les États-Unis, pris contact avec le général de Gaulle en 1941 pour, finalement, ne pas rallier la France Combattante.
3. Chef du 2e Bureau de la région de Lyon en 1942, le lieutenant-colonel de Linarès est, en 1943, chef du cabinet militaire du général Giraud.

Macmillan, que je vois souvent, paraît avoir maintenant bien compris les réalités et donne une note qui nous est favorable. Murphy[1] demeure fuyant et difficile à pénétrer.

Je demande à Soustelle de rester à Londres jusqu'à nouvel avis de moi. Je prie Cassin, Soustelle, d'Argenlieu, Legentilhomme, d'Astier de La Vigerie, Valin de former un Conseil pour l'expédition des affaires sous la présidence de Cassin.

Télégramme à René Cassin, à Londres

Alger, 12 juin 1943

La raison qui a déterminé le Comité à ne pas vous confier le département de la Justice et de l'Instruction publique[2] est notre intention de vous voir assumer la présidence de la Commission de Législation et du Contentieux qui va être créée et dont vous mesurez mieux que personne l'extrême importance. Dans ce cas, je pense que notre ami Tissier[3] deviendra Secrétaire général de cette commission. Au nom de toute la France Combattante, je vous remercie et vous félicite de l'œuvre capitale que vous avez accomplie parmi nous depuis le premier jour, notamment comme commissaire national à la Justice et à l'Instruction publique. Fidèles amitiés.

Communiqué

Alger, 13 juin 1943

Le général de Gaulle exprime le désir que l'anniversaire du 18 juin soit célébré par les Français dans une atmosphère d'union et d'espérance.

Il demande aux Français et aux Françaises, en France, dans l'Empire ou à l'étranger, de se réunir ce jour-là dans les conditions permises par les circonstances locales pour commémorer le jour où, malgré le désastre provisoire et la trahison, la France a décidé de rester debout, dans la guerre, aux côtés de ses alliés.

En France même, il appartient aux organisations de Résistance de fixer la forme à donner à ces manifestations.

---

1. Robert Murphy, consul général des États-Unis à Alger, prépare le débarquement américain de novembre 1942 en Afrique du Nord. De juin à novembre 1943 il est « délégué personnel du président Roosevelt », toujours à Alger. Ambassadeur des États-Unis auprès du gouvernement italien en 1943 et 1944, il sera chargé de l'administration civile de l'Allemagne occupée de 1944 à 1949.

2. Attribué au docteur Abadie en séance du 7 juin 1943.

3. Maître des requêtes au Conseil d'État, Pierre Tissier est membre de l'état-major du général de Gaulle dès juin 1940, puis secrétaire général chargé de la coordination des services civils au sein du Comité national français. Il présidera à partir de juillet 1943 le Comité du Contentieux. À cette date, René Cassin recevra la présidence du Comité juridique.

Dans l'Empire libéré, en particulier en Afrique du Nord et en A-OF, tous les groupements patriotiques, quelle que soit leur nature, sont priés de prendre dans l'ordre et dans la dignité les initiatives nécessaires. Le général de Gaulle sera reconnaissant à tous d'observer, au cours de ces réunions, une minute de silence suivie par le chant de la Marseillaise, en l'honneur des Français et des Françaises morts pour la France depuis le début de la guerre.

À sa femme, à Berkhamsted (Grande-Bretagne)

Alger, 14 juin 1943

Ma chère petite femme chérie,

Je reçois ta lettre du 4 et y réponds aussitôt. Ici, grande bataille comme il était à prévoir. Mais nous avançons. Opinion presque entièrement favorable et, pour la masse, enthousiaste. Résistance acharnée des Vichystes, Giraudistes et du « vieux[1] ».

Si cela s'arrange finalement (nous le verrons dans les huit jours) tu devras venir à Alger. Je te donnerai alors toutes indications par télégraphe.

Tu ne peux te faire une idée de l'atmosphère de mensonges, fausses nouvelles, etc., dans laquelle nos bons alliés et leurs bons amis d'ici (les mêmes qui leur tiraient naguère dessus) auront essayé de me noyer. Il faut avoir le cœur bien accroché et la France devant les yeux pour ne pas tout envoyer promener.

Ton pauvre mari

Télégramme à René Cassin, à Londres

Alger, 15 juin 1943

Secret

J'ai reçu la lettre de Félix Gouin[2].

Je suis d'accord avec lui et le prie de penser que, suivant le mot de Talleyrand, « tout ce qui est exagéré ne compte pas ».

Message à l'occasion du 18 juin 1943

Dans ce jour anniversaire, c'est vous que j'évoque, mes amis du 18 juin, mes compagnons de la première heure, ceux qui sont venus vers Londres avant de s'essaimer dans l'Afrique et dans le monde pour prendre part au combat ; ceux qui sont déjà tombés au cours de la lutte, et aussi, et

1. Il s'agit très vraisemblablement du général Georges.
2. Félix Gouin s'indigne d'un article du journal *La Marseillaise*, publié à Londres.

surtout, les Français de France et de l'étranger dont la présence muette et l'aspiration indomptable ont dicté l'appel du 18 juin.

À ceux-là, dans la France et dans le monde, je dis : Ayez confiance, prenez patience. L'idéal pour lequel nous nous sommes battus et dans la défense duquel tant déjà sont morts, cet idéal subsiste intact. Nous ne ferons jamais rien qui puisse le ternir. Ayez foi dans la volonté française. Personne ne peut rien contre elle. C'est pourquoi vous pouvez hardiment ouvrir vos rangs. Il importe d'établir dès aujourd'hui, à l'ombre de notre drapeau, la fraternité nationale. Nous sommes décidés à travailler et à construire avec l'outil mis dans nos mains, certains que nous saurons inspirer aux compagnons d'aujourd'hui comme aux compagnons d'hier la même ardeur dans l'effort de redressement ; sûrs que nos alliés ne pourront manquer de reconnaître où est la vraie France, celle qui vit non pour hier mais pour demain ; celle qui est assez consciente de sa force pour que son indépendance jalouse soit acceptée pour tous ; celle qui aspire, dans sa grandeur retrouvée, à coopérer à l'élaboration du monde qui, une fois de plus, attend avec anxiété le réveil du génie constructif de la France.

Dès aujourd'hui, au monde qui considère les premiers tressaillements de notre réveil, nous disons : « Nous comptons sur vous comme vous devez compter sur nous, vous qui avez besoin d'une France. »

Télégramme à sa femme, à Berkhamsted (Grande-Bretagne)

Alger, 18 juin 1943

Je suis d'accord pour qu'Élisabeth[1] s'inscrive à Oxford pour une deuxième année d'études. Affections.

À Georges Mandel[2]

4 Carlton Gardens SW1
Le 21 juin
[avant le 30 mai 1943 ?]

Monsieur le ministre,

La guerre est dure. L'issue est toujours incertaine. Mais il faut tâcher de tout prévoir, même le succès.

À mon sens, le succès consiste :

à remettre la France dans la guerre et à donner coûte que coûte au pays l'impression qu'il l'aura gagnée,

---

1. Fille du général de Gaulle.
2. Ancien ministre de la IIIe République. Lettre probablement destinée à ce dernier mais peut-être non envoyée.

à sauvegarder vis-à-vis de tous l'indépendance nationale et, autant que possible, l'intégrité impériale,

à refaire l'unité nationale dans une démocratie renouvelée.

Si, tôt ou tard, les Alliés – y compris les faibles forces dont je dispose – parviennent à créer un front Ouest, rien ne sera plus urgent, ni plus nécessaire, que de faire en France dans le moindre délai un gouvernement provisoire de libération nationale.

Je ne pense pas qu'un tel gouvernement puisse procéder de celui de Vichy. Je ne crois pas davantage qu'il doive résulter d'une combinaison parlementaire. La guerre est une révolution.

Je crois que le seul gouvernement possible sera un composé d'éléments combattants de l'extérieur et d'éléments résistants de l'intérieur. L'idéal serait, naturellement, qu'il se forme à Paris, Vichy n'ayant qu'à se dissoudre.

Je ne vois pas la possibilité politique d'une convocation de l'ancien Parlement qui a abdiqué. Il me semble que la représentation provisoire du pays devrait être assurée par les délégations des Conseils généraux. Dès que possible, serait convoquée une nouvelle Assemblée nationale.

Voudriez-vous, si vous le jugez bon, me donner votre avis sur ces divers points ?

Personnellement je tiens pour capital qu'une conjonction soit établie maintenant entre la lutte au-dehors et la lutte au-dedans et, en particulier, entre vous et moi. Cela sans interférence de personne.

Je vous prie d'agréer, monsieur le ministre, l'expression de mes sentiments très dévoués.

Sur une proposition du général de Gaulle du 15 juin 1943, le Comité français de la Libération nationale s'est réuni pour la première fois en séance plénière. Le général Giraud a refusé d'y aborder la question du commandement, qu'il ne veut traiter qu'avec des militaires.

Le 19 juin 1943, le général Eisenhower demande, au nom des gouvernements américain et britannique, qu'aucun changement n'intervienne dans l'organisation du commandement français en Afrique du Nord. Le général de Gaulle prie le général Eisenhower de préciser par écrit ses exigences qui constituent pour lui une ingérence des Anglo-Saxons dans une affaire purement française et fait avertir toutes les autorités de la France Combattante, ainsi que l'opinion publique, afin qu'en cas de crise tous en connaissent la vraie raison.

Le 21 juin 1943, le CFLN refuse de répondre à la note écrite du général Eisenhower. Il se dote, le 22 juin 1943, d'un Comité militaire permanent ayant délégation pour arrêter les mesures relatives aux forces armées et présidé par le général de Gaulle.

À sa femme, à Berkhamsted (Grande-Bretagne)

Alger, 24 juin 1943

Ma chère petite femme chérie,

Ici, comme prévu, je me trouve en face de l'Amérique et d'elle seule. Tout le reste ne compte pas. L'Amérique prétend imposer le maintien de Giraud dont aucun Français ne veut plus, ni ici ni ailleurs. Elle prétend m'empêcher de gouverner. L'opinion ne cesse pas de monter en notre faveur dans toute l'Afrique du Nord. Il s'agit de savoir si les faits finiront par amener le gouvernement de Washington à changer sa politique. En attendant, comme tu dois le voir, tous les reptiles à la solde du State Department et de ce pauvre Churchill hurlent et bavent à qui mieux mieux dans la presse anglo-saxonne. Tout cela est méchant, idiot, mais quoi ! c'est toute cette guerre.

Le terrain que j'ai choisi pour la lutte et l'indépendance française à propos de la rénovation militaire, je crois ce terrain bon. En tout cas, tous les « gaullistes », innombrables à travers le monde, ont très bien compris quelle est la partie et me soutiennent avec passion.

J'habite depuis aujourd'hui une maison[1] comme il nous la faut. Je crois donc que dès que les familles de Londres pourront partir tu pourras venir avec elles en amenant le tout petit, Mademoiselle[2] et Augustine[3].

Ton pauvre mari

À Jules Jeanneney[4]

4 Carlton Gardens, SW1
Le 30 juin
[avant le 30 mai 1943 ?]

Monsieur le président,

Bien que le ciel ne s'éclaircisse pas beaucoup, on peut imaginer maintenant telle péripétie qui permette d'imaginer la « rentrée » de la France dans la guerre.

Dans cette hypothèse, et sans préjuger aucunement du rôle que les circonstances imposeraient à tel ou tel, il faudrait que soient résolus, d'une manière provisoire, le problème du gouvernement et celui de la représentation du pays.

1. La villa des Oliviers.
2. Marguerite Potel, qui s'occupe d'Anne de Gaulle.
3. Augustine Bastide, cuisinière.
4. Ancien président du Sénat. Lettre probablement destinée à ce dernier mais peut-être non envoyée.

Voudriez-vous accepter de me donner – pour moi seul – votre avis sur la façon dont on pourrait concevoir les solutions ?

Je saisis cette occasion pour assurer à l'ancien collaborateur de Clemenceau que moi-même et mes compagnons ne renoncerons jamais à maintenir une France combattante, et au président du Sénat de la République que nous sommes résolus à sauvegarder la démocratie.

Je vous prie d'agréer, monsieur le président, l'expression de mes sentiments respectueux.

À Adrien Tixier[1] et à Maurice Couve de Murville[2], à Alger

Alger, 2 juillet 1943

Je vous serais obligé de vouloir bien vous réunir à mon bureau samedi, 3 juillet, à 16 heures pour l'étude des questions relatives aux augmentations de salaires, à la fixation du niveau des prix et à la distribution des denrées sur le marché public.

Télégramme au général Valin, à Londres

Alger, 2 juillet 1943

Secret

Faites le nécessaire pour rejoindre Alger dans les délais les plus brefs avec renseignements de tout ordre concernant les FAFL : ordre de bataille, situation des personnels postés et en école, programme de matériel, etc.

Télégramme au contre-amiral Auboyneau, au général Valin et au général d'Astier de La Vigerie[3], à Londres

Alger, 3 juillet 1943

Secret

Ce télégramme comprend un texte des décrets qui vous est envoyé en clair en même temps.

Au cours de discussion en vue de l'Unité Française, la bataille principale a eu pour objet la question militaire.

En face de l'intransigeance du général Giraud, soutenue par l'intervention américaine incessante, parfois brutale, il restait, après deux semaines, à choisir entre la rupture et la solution de compromis provisoire.

1. Commissaire au Travail et à la Prévoyance sociale.
2. Commissaire aux Finances.
3. Commandant les forces militaires françaises en Grande-Bretagne.

J'ai adopté la deuxième solution matérialisée par les deux décrets suivants :

Premier décret :

« Le Comité de la Libération assure la direction générale de l'effort de guerre français et dispose d'un ensemble de forces terrestres, navales et aériennes. La réalisation de l'unité des forces militaires et l'organisation de la mise en condition en vue de la tâche prochaine sont confiées au Comité militaire permanent dont la première tâche est de réaliser une fusion des forces militaires sur terre, sur mer et dans l'air en une armée nouvelle unique. Dans ce cadre, l'Ordonnance et le Décret du 3 juin, et selon les directives du Comité de Guerre, le Comité militaire permanent arrête les mesures destinées à réaliser la fusion de tous les éléments constituant les forces militaires, modernisation, recrutement, réarmement et toutes les réformes de structure. Il prépare les budgets militaires, gère les crédits et les ressources. Il fixe les statuts personnels, les promotions et les affectations d'officiers généraux et des chefs de corps qui sont rattachés aux missions militaires à l'étranger. Les généraux commandant en chef exercent un commandement sur toutes les forces françaises dans la zone de commandement, orientent et contrôlent la formation et les instructions des unités en vue de l'emploi prévu ou à prévoir, soit par les plans interalliés d'opérations, soit par un plan de défense ou de sûreté des territoires intéressés, règlent les conditions de répartition et l'emploi des forces françaises dans la zone de commandement, répartissent l'armement qui leur est attribué par le Comité entre les forces sous leur commandement. Les Chefs d'état-major généraux assurent l'exécution des mesures décidées par le Comité militaire permanent, notamment pour l'organisation, l'administration et l'entretien des armées et sont nommés par décrets en Comité Français de la Libération Nationale. Les Généraux commandant en chef participent avec le Commandement Interallié à l'établissement de plans d'opérations pour les forces sous leur commandement. »

Deuxième décret :

« Le général Giraud nommé Commandant en chef des Forces Françaises d'Afrique du Nord et de l'A-OF.

« Le général de Gaulle nommé Commandant en Chef des Forces Françaises dans les autres territoires de l'Empire.

« Le général Juin nommé Chef d'état-major général des forces terrestres françaises en AFN et en A-OF.

« Le général de Larminat nommé Chef d'état-major des Forces Terrestres Françaises dans les territoires de l'Empire. »

Je considère la situation créée par ces deux décrets absolument provisoire et destinée à être exploitée en vue de l'unité réelle de la totalité des Forces Françaises rajeunies dans le commandement et la méthode.

Dans les cadres de cette organisation provisoire, outre la nomination précitée du général de Larminat, je désigne l'amiral Auboyneau comme Chef d'EMG marine et le général Valin, chef d'EMG air ; le général d'Astier, Commandant les Forces Militaires Françaises en Grande-Bretagne ; le général Legentilhomme, Inspecteur général des Forces Françaises sous mon commandement.

L'état-major particulier conserve ses attributions vis-à-vis des Forces Militaires sous mon commandement, il fournit toute la partie France Combattante de l'état-major commun du Comité militaire permanent.

L'amiral Auboyneau et le général Valin sont priés de se rendre sans délai à Alger.

Le déplacement des éléments de l'Administration Centrale Militaire est à préparer sans délai dans les conditions générales antérieurement prévues.

Message au peuple chinois à l'occasion de l'anniversaire de la guerre sino-japonaise[1]

Alger, 3 juillet 1943

Le peuple chinois entre dans la septième année de sa lutte contre le Japon. Parce que le peuple chinois a été attaqué par un agresseur décidé à le réduire en esclavage, parce qu'il a combattu avec héroïsme pendant de longues années et qu'il n'a jamais accepté la loi de l'envahisseur, parce qu'il a trouvé des chefs qui n'ont jamais voulu désespérer ni du présent ni de l'avenir, le peuple français se sent pénétré à son égard d'une immense et fraternelle sympathie. Nous vous assurons que notre amitié traditionnelle pour vous est plus étroite et plus vigilante à cause de notre destin commun dans cette guerre. Comme vous, nous sommes résolus à mener la lutte jusqu'à la libération de notre sol national tout entier. Comme vous, nous ne nous arrêterons qu'après la capitulation des ennemis communs et le triomphe de la liberté sur toute la surface de la terre.

Télégramme à sa femme, à Berkhamsted, (Grande-Bretagne)

Alger, 6 juillet 1943

Secret

Je vous prie de faire une visite de condoléances à Madame Sikorski[2].

1. Le 7 juillet 1937, à la suite de l'incident du pont de Loukeouk'ia, le Japon est entré ouvertement en conflit avec la Chine.

2. Wladyslaw Sikorski, président du Conseil du gouvernement polonais en exil à Londres et commandant en chef des armées polonaises, est mort dans un accident d'avion près de Gibraltar, le 4 juillet 1943, alors qu'il revenait d'une inspection de troupes en Égypte.

Message à Wladyslaw Rackiewicz[1] et à Édouard Raczynski[2], à Londres

Alger, 6 juillet 1943

J'apprends avec une douloureuse émotion la mort du général Sikorski, compagnon de lutte, d'épreuve et d'espoirs. Cette mort laisse un grand vide dans le camp de la liberté. Elle sera péniblement ressentie par la France amie et alliée traditionnelle de la Pologne. Elle porte à votre grand pays un coup particulièrement rude après tant d'autres, mais auquel je suis certain que la Pologne saura faire face avec son énergie à toute épreuve et sa volonté inébranlable de résurrection.

Télégramme au colonel de Chevigné[3], à Washington

Alger, 6 juillet 1943

Secret

Référence à votre [télégramme n°] Diplo 5.

Je tiens à ce que les forces à Croix de Lorraine figurent à égalité avec les autres forces françaises dans les fêtes du 14 juillet[4].

Veuillez le dire de ma part au général Béthouart.

À Samuel Hoare[5], à Madrid

Alger, 7 juillet 1943

Monsieur l'Ambassadeur,

Des mesures sont prises pour l'organisation de la représentation du Comité Français de la Libération Nationale en Espagne et pour centraliser, sous une autorité unique, l'accueil à nos nationaux échappés de France pour venir combattre.

En attendant que ceci soit réalisé, je serais reconnaissant à Votre Excellence de continuer à veiller sur le sort de ceux qui, se déclarant Canadiens, étaient jusqu'à présent pris en charge par l'Ambassade de Sa Majesté britannique.

---

1. Président de la république de Pologne.
2. Ministre des Affaires étrangères de Pologne.
3. Membre de la mission militaire française.
4. La délégation France Combattante à Washington a prévu la participation de détachements, égaux en nombre, de marins d'Afrique du Nord et de troupes françaises combattantes aux fêtes organisées par la ville de New York pour le 14 juillet 1943. Mais le général Béthouart, chef de la mission militaire française à Washington, considère qu'une importance plus grande doit être donnée au détachement d'Afrique du Nord.
5. Ambassadeur de Grande-Bretagne.

En vous remerciant d'avance de ce que vous voudrez bien faire à ce sujet, je vous prie d'agréer monsieur l'Ambassadeur, les assurances de ma haute considération.

Télégramme à toutes les autorités militaires de la France Combattante

Alger, 9 juillet 1943

Secret

1. Le décret du 22 juin du Comité Français de la Libération Nationale a créé un Comité militaire permanent chargé de diriger l'organisation des Forces Militaires Françaises et de réaliser au plus tôt la fusion des forces qui les constituent. Le général de Gaulle et le général Giraud exercent le commandement en chef des Forces de leurs zones de commandement respectives. Deux chefs d'État-Major généraux nommés par décret, les généraux Juin et de Larminat, assurent l'exécution des mesures décidées par le Comité militaire permanent en ce qui concerne les forces terrestres.

2. Ces dispositions entraînent la dissolution du Commissariat National à la Guerre de Londres et le transfert de ses attributions au chef d'État-Major général à Alger.

Dès réception du présent télégramme, toutes les correspondances jusqu'ici adressées au Commissariat seront adressées au Chef d'État-Major général.

Au général Juin[1], à Alger

Alger, 11 juillet 1943

Mon cher ami,

J'ai pensé à ce que tu m'as dit hier.

Nul ne comprend mieux que moi-même ce que tu peux éprouver comme chef et comme soldat dans les difficultés où nous sommes. Mais je dois te dire en conscience que le fait de cesser tes fonctions en ce moment et avant le retour du général Giraud[2] ne serait pas, du point de vue national, une bonne action.

Nous arrangerons sûrement nos affaires et comme il faut, mais quelque délai est nécessaire. Jusque-là sachons souffrir et patienter. Mais ne nous disloquons pas.

---

1. Chef d'état-major général des forces terrestres françaises en Afrique du Nord.
2. Depuis le début du mois de juillet 1943, le général Giraud effectue un voyage aux États-Unis à l'invitation du président Roosevelt. Il est reçu comme un simple général et non comme le coprésident du Comité français de la Libération nationale, que les États-Unis n'ont pas encore reconnu officiellement.

Je te dis cela comme ami qui te comprend et comme un chef de gouvernement qui t'estime.

Bien cordialement à toi.

Télégramme au général d'Astier de La Vigerie, à Londres

Alger, 13 juillet 1943

Secret le plus absolu

En réponse à votre télégramme n° 12.630 E.M.P.

Il est possible que le général Giraud passe en Angleterre à son retour d'Amérique.

S'il demande à voir les troupes de l'État-Major il convient de les lui présenter.

Toutefois il vous appartient de lui faire comprendre qu'il ne saurait être accompagné dans ces visites de certains personnages inacceptables qui font partie de sa clientèle.

Je vise spécialement d'abord le vice-amiral Muselier et Odic.

À ces derniers l'accès de tous bâtiments et enceintes militaires doit être absolument interdit.

Télégramme à Henri Queuille et à Félix Gouin, à Londres

Alger, 13 juillet 1943

J'ai pris connaissance de votre lettre au *Manchester Guardian* ainsi que de la démarche faite spontanément auprès de l'amiral Stark par les parlementaires qui furent mandatés par tant de nos concitoyens[1].

Je tiens à vous dire combien j'apprécie votre concours dans les très difficiles circonstances où nous nous trouvons et qui sont surtout le résultat des trahisons de Vichy.

Nous avons confiance dans la France ferme et unie dont le salut et la grandeur sont pour la démocratie des conditions nécessaires de la victoire et plus tard de la paix.

1. Les parlementaires français à Londres ont demandé audience le 2 juillet 1943 à l'amiral Stark, représentant des États-Unis auprès de la France Combattante à Londres. Une délégation a été reçue. Elle a mis en garde le gouvernement américain contre la vaste campagne de la presse anglo-saxonne pour discréditer le général de Gaulle, affirmant qu'une telle campagne, qui porte atteinte à l'autorité du CFLN, peut nuire à l'unité de la Résistance, affaiblir le général Giraud, entretenir l'anarchie en Afrique du Nord et créer des difficultés pour les opérations militaires ultérieures. Au nom des parlementaires de toutes opinions récemment arrivés de France, cette délégation a témoigné que le général de Gaulle y est considéré comme le symbole de l'œuvre de résistance et de libération.

Message du 14 juillet 1943 pour France Forever[1]

Le 14 Juillet, Fête Nationale, Français de « France Forever », c'est votre fête.

Vous n'avez cessé de vouloir maintenir la nation dans la guerre. Vous avez toujours dénoncé l'ennemi et ses collaborateurs. Aujourd'hui, comme hier, laissez venir à vous les bons Français. Accueillez-les dans vos rangs fraternels. Continuez à montrer le chemin.

Au peuple américain, en ce jour de Fête Nationale, dites que rien ne pourra nous séparer de lui. Nous avons les mêmes amis et les mêmes ennemis. Nous avons le même idéal qui s'appelle la liberté. Notre résistance française et la puissance américaine sont inspirées des mêmes principes. Le peuple français et le peuple des États-Unis, resteront, comme depuis cent cinquante ans, des soldats dans la même armée qui démolit les Bastilles pour construire l'édifice du droit, de la démocratie et de la paix.

Télégramme à René Massigli, à Londres

Alger, 14 juillet 1943

Secret

Votre séjour prolongé à Londres commence à provoquer quelque étonnement au Comité de la Libération Nationale. Dans sa séance du 13 juillet, plusieurs membres ayant évoqué votre absence, votre silence et le fait que vous n'avez point de mission déterminée, le Comité m'a prié de vous demander de revenir aussitôt assumer vos fonctions de commissaire aux Affaires étrangères dans les circonstances capitales et difficiles que nous traversons.

Au surplus, n'êtes-vous pas d'avis que la présence en Angleterre du chef de la diplomatie française alors que le gouvernement britannique n'a pas reconnu le Comité pourrait risquer de sembler un peu étrange à beaucoup de Français et même d'étrangers ? Nous attendons de votre part un télégramme nous annonçant votre retour.

À François Quilici, à Londres

Alger, 14 juillet 1943

Mon cher ami,

J'ai ressenti profondément l'outrage fait à *La Marseillaise*[2].

Si vous aviez été aujourd'hui à Alger, vous auriez vu et senti, comme nous tous, que nous ne livrons qu'une bataille gagnée.

1. Association de Français résidant aux États-Unis, constituée en 1940 à New York.
2. Les autorités britanniques ont révoqué la licence de publication de ce journal.

Le reste est brouillard artificiel, intrigues et cacophonie, le tout fabriqué à mesure par l'étranger. Mais la suite, c'est la France, et cela nous rend sereins.

Je vous attends à Alger.

Amicalement à vous.

Note pour les chefs d'état-major généraux

Alger, 15 juillet 1943

Réception des personnels arrivant de France.

Le Comité Militaire Permanent, dans sa séance du 12 juillet, a posé le principe d'une organisation commune à toutes les forces françaises, pour la réception dans les ports des personnels arrivant de France, via l'Espagne, le Portugal ou toute autre voie.

Des instructions sont en préparation dont le texte sera soumis au Comité militaire permanent.

Mais dès maintenant, et pour les prochains convois, les Chefs d'État-Major Généraux « Guerre » donneront toutes instructions utiles pour permettre aux personnels en cause, dès leur arrivée dans les ports, et si ce n'est déjà fait, de choisir librement leur arme et corps d'affectation dans l'ensemble des forces françaises.

Il sera signalé que l'unification des soldes et indemnités de toute nature sera prochainement réalisée et que le réarmement de la totalité des forces sera l'objet d'un plan d'ensemble.

Télégrammes à René Cassin, à Londres

Alger, 16 juillet 1943

Je voudrais voir venir à Alger dès que possible Messieurs Queuille, Gouin et Jacquinot. Je vous prie de le leur dire de ma part en ajoutant que les démarches nécessaires à leur départ d'Angleterre sont faites ici aujourd'hui.

Alger, 16 juillet 1943

Le voyage du général Giraud[1] s'accomplit sans aucune consultation et sans aucune mission du Comité de la Libération Nationale.

J'ajoute que le principe même et surtout les conditions de ce voyage peuvent paraître peu satisfaisants à beaucoup de Français Combattants.

1. À son retour des États-Unis le général Giraud fait une étape en Angleterre. Les troupes de la France Combattante qui y sont stationnées lui rendent les honneurs réglementaires.

En conséquence, il me semble contre-indiqué, je répète contre-indiqué, d'installer le général Giraud à Carlton Gardens et de lui faire tenir dans nos locaux sa conférence de presse. Cela pourrait donner lieu à des interprétations non conformes à la réalité et même à des incidents qui seraient regrettables.

Cela dit, il ne peut y avoir d'inconvénient à ce que le général Giraud visite les sanctuaires de la France Combattante s'il en exprimait le désir.

Allocution prononcée à la Bibliothèque nationale d'Alger le 17 juillet 1943

Monsieur le Directeur,

On a dit que « le langage est une psychologie pétrifiée ». Il semble bien qu'une bibliothèque, telle que la Bibliothèque nationale d'Alger, soit une psychologie vivante, tant il s'en diffuse d'idées, de raisonnements, de sentiments. On ne s'étonne donc point que les barbares ou simplement les médiocres n'aiment point les bibliothèques.

Mais la Bibliothèque nationale d'Alger, c'est aussi une politique. Ce qui fut, est et sera fait, je dis fait, à partir d'ici quant à ce qui concerne l'Afrique a une incalculable portée comme élément de la mission civilisatrice de la France.

Et c'est pourquoi je me félicite et me réjouis d'être reçu aujourd'hui par vous à la Bibliothèque nationale d'Alger. Dans le drame terrible que nous traversons votre bibliothèque aura été l'une des citadelles où se seront conservés les trésors de l'esprit qui appartiennent à la patrie. Elle sera comme une base de départ pour l'œuvre future des grandes influences françaises.

Télégramme à René Cassin et au général d'Astier de La Vigerie, à Londres

Alger, 18 juillet 1943

J'ai sous les yeux le texte du compte rendu que le journal *France*[1] a donné de la magnifique journée du 14 juillet à Alger.

Ce compte rendu est un monument de perfidie.

Je vous prie de notifier à tous éléments militaires, navals et aériens en Grande-Bretagne, ainsi qu'à l'association *Les Français de Grande-Bretagne* une note appelant l'attention de tous sur le caractère tendancieux et hostile du journal *France*. Vous inviterez les destinataires de la note à

1. Dirigé par Pierre Comert, ce journal est le seul quotidien de langue française auquel le gouvernement britannique assure les facilités nécessaires pour être publié en Grande-Bretagne.

accueillir avec la plus grande méfiance toutes informations et tous commentaires publiés par ce journal.

Au général Mast, à Tunis

Alger, 21 juillet 1943

Mon cher général,

Sans que vous receviez le commandement des troupes, il est entendu que les autorités militaires, navales et aériennes de la Régence auront à déférer aux demandes que vous leur adresserez, notamment pour ce qui concerne la reconstruction de la Tunisie[1].

Le Comité militaire permanent donne à ces autorités les instructions nécessaires.

Croyez, je vous prie, mon cher général, à mes sentiments les meilleurs.

Au général Vuillemin[2], au Fort-de-l'Eau

Alger, 22 juillet 1943

Mon cher général,

Après avoir lu votre lettre, je veux vous dire encore combien votre geste nous a aidés et combien il reste un vivant exemple pour l'aviation française tout entière[3].

Nous nous réservons de faire appel à la haute valeur technique et morale que vos dernières décisions n'ont fait que souligner.

Ce n'est qu'avec cette réserve que je pourrai envisager d'accéder à votre demande[4].

En attendant, croyez, je vous prie, mon cher général, à l'expression de mes sentiments dévoués et de haute considération.

---

1. Envahie par les Allemands en novembre 1942 sans opposition des autorités vichystes, la Tunisie a été reprise par les Alliés de février à mai 1943.

2. Commandant le groupe d'aviation Bretagne.

3. Le général Vuillemin, chef d'état-major général de l'armée de l'Air en 1939 et 1940, mis en congé sur sa demande en novembre 1940, a, par une lettre du 26 mai 1943, sollicité du général de Gaulle le commandement d'une unité de la France Combattante avec le grade correspondant. Voir *Mémoires de guerre*, t. II, p. 482.

4. Le général Vuillemin souhaite être libéré de son commandement, le groupe d'aviation Bretagne ne devant être réarmé qu'à très long terme.

À Yovan Djonovitch[1]

Alger, 28 juillet 1943

Monsieur le Ministre,

La question de l'hébergement en Afrique du Nord des Yougoslaves actuellement internés en Italie et que libérerait l'occupation de ce pays, a été examinée par le Comité de la Libération Nationale dans l'esprit de sympathie profonde qui anime la nation française tout entière à l'égard de votre noble pays. Le Comité a unanimement approuvé les conclusions du projet que vous m'avez soumis lors de votre récente visite et dans votre lettre du 16 juillet.

Le Comité a souligné par ailleurs la nécessité de mettre dès maintenant à l'étude les divers problèmes pratiques dont la solution est, pour la réalisation de ce projet dans la situation présente de l'Afrique du Nord, une condition indispensable. L'administration française, malgré les difficultés très grandes auxquelles elle a déjà à faire face en ce qui concerne la question de logement, entreprendra ses recherches avec le même esprit de solidarité et d'amitié qui, pendant la Première Guerre mondiale, a inspiré l'accueil fait aux courageuses populations serbes après la dure et glorieuse retraite d'Albanie.

Veuillez agréer, Monsieur le Ministre, les assurances de ma haute considération.

Au général Mac Farlane[2], à Gibraltar

Alger, 29 juillet 1943

Mon cher général,

Je vous remercie vivement de l'aimable hospitalité que vous avez bien voulu donner à ma femme à son passage à Gibraltar. Son voyage, grâce à vous, s'est poursuivi agréablement.

J'apprécie votre délicate attention de me faire parvenir à nouveau une caisse de cet excellent cherry, et vous envoie mes remerciements.

J'espère vous voir bientôt, puisque j'apprends votre intention de venir à Alger la semaine prochaine. Je compte que vous me ferez le plaisir de venir déjeuner ou dîner à ma résidence, où ma femme et moi-même serons heureux de vous accueillir.

Puis-je vous demander que votre aide de camp veuille bien téléphoner au mien pour l'informer de la date et du repas qui vous conviendront le mieux ?

1. Délégué du gouvernement yougoslave pour le Proche et le Moyen-Orient et pour l'Afrique du Nord.
2. Gouverneur et commandant en chef britannique.

Le 31 juillet 1943, le CFLN modifie son organisation interne. Tout en conservant ses deux coprésidents en titre, il confie la présidence de ses séances au général de Gaulle seul.
Par ailleurs, il décide la fusion des armées d'Afrique du Nord et d'Afrique-Occidentale française avec celles de la France Combattante et crée un Comité de la Défense nationale, présidé par le général de Gaulle. Le général Giraud est nommé commandant en chef des forces françaises.

Télégramme au général Legentilhomme, à Londres

Alger, 31 juillet 1943

Vous avez sans doute déjà appris par les agences que le Comité de la Libération vient de vous nommer sur ma proposition commissaire adjoint à la Défense nationale avec participation au gouvernement. Il n'y a pas, d'ailleurs, de commissaire à la Défense nationale proprement dit. Au cas où vous ne seriez pas disposé à première vue à accepter ce poste, je vous demande très instamment, je répète très instamment, de ne pas faire connaître votre refus avant d'avoir reçu un nouveau télégramme que je vous adresse comme suite à celui-ci pour vous éclairer sur toute l'affaire. Fidèles amitiés.

Ordre du jour du général de Gaulle

Alger, samedi 31 juillet 1943

Officiers, sous-officiers, soldats, marins, aviateurs des Forces françaises libres, mes compagnons !

Depuis plus de trois années, vous avez poursuivi le combat pour la Patrie.

Les événements vous ont entièrement justifiés. La voix de la France a fini par l'emporter. Vous n'en aviez jamais douté.

L'unité des armées françaises est désormais refaite. Tout ce qui leur reste de forces disponibles se trouve rassemblé pour marcher à l'ennemi. Un chef glorieux, le général Giraud, en a reçu le commandement en chef.

Heureux d'être réunis à ceux dont vous fûtes l'avant-garde, vous resterez vous-mêmes, croisés de la croix de Lorraine, constitués en unités fraternelles et exemplaires, et combattant au premier rang jusqu'à la victoire de la France. Plus tard, le pays aura encore besoin de votre ardeur et de votre enthousiasme pour l'immense travail de sa rénovation.

Pour moi, à qui vous avez accordé le plus grand honneur qu'un homme puisse connaître, celui d'être suivi volontairement dans l'effort et dans le sacrifice, je demeure – au poste où je suis appelé à servir – lié à vous plus étroitement que jamais.

Vive la France !

Télégramme[1] au général Legentilhomme, à Londres

Alger, 3 août 1943

Après d'immenses difficultés le Comité de la Libération a abouti, comme vous le savez, à une répartition des pouvoirs qui va lui permettre de gouverner avec plus de cohésion et qui va rendre possible la participation des forces de la France Combattante et de celles d'Afrique du Nord aux opérations décisives dans un seul et même système.

Tandis qu'une sorte de prépondérance politique est attribuée au général de Gaulle, le général Giraud se voit reconnaître une sorte de prépondérance militaire. Toutefois, dans ce dernier domaine, la création du Comité de Défense nationale sous ma présidence, la présence d'officiers généraux de la France Combattante dans le haut commandement, enfin le fait que les Forces Françaises Libres sont renforcées tout en conservant leur organisation et leur caractère, rendent la solution strictement militaire très acceptable pour nous.

Vous avez été nommé commissaire adjoint à la Défense nationale avec participation au gouvernement. Si le général Giraud était amené à s'éloigner du siège du Comité et à prendre un commandement effectif, il cesserait de faire partie du Comité. Dès ce moment vous auriez la charge entière du département de la Défense nationale.

Je vous prie de venir à Alger d'extrême urgence. Amitiés.

Le général de Gaulle effectue un voyage au Maroc du 6 au 10 août 1943. Il se rend successivement à Rabat, Casablanca, Meknès, Fez, et dans la région d'Ifrane.

Discours prononcé à Rabat le 6 août 1943

Sur le pur chemin qui nous mène vers le salut du pays et vers la rénovation nationale rien n'est plus réconfortant qu'un moment comme celui-ci. Il suffit que nous nous trouvions réunis entre Français et Françaises librement et sincèrement pour que toutes nos pensées, nos ardeurs et nos espérances soient aussitôt confondues. On proposait l'union des Français mais elle est faite, et Rabat le prouve. Passés les jours de malheur, de

1. Les deux derniers paragraphes de ce télégramme ont déjà été publiés, datés du 4 août 1943, dans les *Mémoires de guerre*, t. II, p. 520.

deuil, voici venir les jours de l'action, de la fierté et du renouveau. Au nom du Comité de la Libération j'adresse mon salut au Maroc dont je viens d'avoir l'honneur de saluer l'auguste souverain, au Maroc lié à la France pour le pire et pour le meilleur, au Maroc le témoignage vivant de la compréhension réciproque et de l'union profonde de la France et de l'Islam. Au Maroc dont la terre à elle seule proclame sa grandeur et le génie de la noble nation qu'est la France. Cette grandeur, ce génie, un instant s'étaient éteints, mais voici qu'ils vont réapparaître au grand soleil de la victoire.

Déclaration à la presse, faite à Rabat le 6 août 1943

J'ai été ému de la réception que Rabat a bien voulu me faire en présence de M. Puaux, Ambassadeur de France, le Résident général[1], et des autorités militaires. Et puis il y a eu la manifestation générale et profonde de la population. J'ai éprouvé à son contact un sentiment d'extrême réconfort et j'espère que les autres Français et Françaises auront senti comme moi cette unanimité des forces de leur pays, leur résolution de le tirer de l'abîme où il avait roulé et leur espérance de le refaire grand, heureux et fort. J'ai constaté là comme je l'avais fait partout jusqu'à présent en Afrique du Nord, des sentiments qui seront puissants en France. Voilà pourquoi nous nous en tirerons très bien, très bien, c'est ma conviction, la France est inébranlable. La défaite est passée sur nous comme une tempête sur un roc. On s'en apercevra. Voilà ce que je voulais vous exprimer tout simplement.

Extrait[2] d'une conférence de presse donnée à Rabat le 7 août 1943

Question :

— *Vous venez de dire que la France serait forte. Cela comporte, dans le respect de l'alliance dans laquelle nous nous trouvons, une position proprement française qui doit ménager d'ores et déjà l'avenir. N'y a-t-il pas, sur le plan uniquement national, une œuvre de rapprochement à faire, par exemple avec le peuple russe ?*

Le général de Gaulle :

— Êtes-vous bien sûr qu'il y a une si grande différence entre les peuples ? Je suis absolument convaincu qu'il y a dans le peuple français une compréhension très profonde du peuple russe, de ses misères, de ses douleurs, de ses gloires, et je crois qu'il en est de même pour le peuple

1. Gabriel Puaux est haut-commissaire de France au Levant de 1938 à 1940. Révoqué par Vichy en novembre 1940, il se retire à Tunis et prend position en faveur de la France Combattante. Il est depuis juin 1943 résident général au Maroc.

2. L'intégralité de cette conférence de presse n'a pu être retrouvée.

russe vis-à-vis du peuple français. Nous avons des relations avec le gouvernement soviétique, mais nous avons aussi des Français qui se trouvent en Russie, en particulier des aviateurs très glorieux qui sont reçus admirablement et luttent dans une camaraderie émouvante aux côtés des aviateurs soviétiques. Actuellement, il n'y a aucune opposition entre le peuple français et le peuple russe. J'ai l'impression qu'après cette guerre, il y aura un rapprochement général et élémentaire des peuples entre eux, des masses entre elles, et ce sera un grand bénéfice pour le monde.

— *Mon général, j'ai entendu exprimer à Alger l'équation suivante : unification plus épuration égalent renaissance. L'opinion publique attend l'épuration.*

— Entendons-nous bien, il est certain que pour que l'union se fasse et se maintienne, il faut que certains hommes qui ont pris une part personnelle dans une politique condamnée par le pays soient écartés. Du reste, un certain nombre l'ont été : les principaux responsables. D'ailleurs, vous les connaissez, ce sont les gens qui de Vichy ont orienté les administrations de l'armée et même une certaine portion du peuple français vers une politique absolument contraire à son honneur et à ses intérêts. Ceux-là seront condamnés. Maintenant, je précise ma pensée en ce qui concerne l'épuration. Rien ne serait plus lamentable au point de vue de l'avenir français, et chacun le comprend, que de faire de l'épuration, qui est une question d'État, une question de batailles locales. Il faut être assez maître de soi, assez Français, assez grand pour l'éviter. La justice est une affaire d'État au service exclusif de la France. Les Français veulent que cet État soit dirigé par des gens qui aient la confiance des masses françaises. Cela étant, la justice doit être rendue seulement au nom de l'État. C'est ainsi que l'épuration dont vous parlez se fera comme il faut qu'elle se fasse, normalement, par en haut et sous l'autorité et la responsabilité de ceux qui en ont la charge. Rien ne serait plus fâcheux en matière d'épuration que de laisser s'engager localement une bataille entre des personnes. Voilà ce que je tiens à dire. Une foule de Français a été égarée par l'action du gouvernement de Vichy visé par la propagande de l'ennemi. Pourtant, malgré tout, ce sont des Français aussi, ils font partie de la France. Naturellement, ceux d'entre eux qui ont pris une part personnelle dans une politique néfaste doivent être écartés. Certains le sont déjà. D'autres le seront encore. Mais, je le répète, c'est une affaire de l'État. Il me reste à dire aux représentants de la presse de Rabat et d'Alger et à leurs confrères alliés combien j'ai été heureux de les voir.

Je crois que nous avons fini le pire et que nous entrons dans le renouveau. Cela ne veut pas dire que nous n'ayons pas à franchir encore de nombreux obstacles. Nous revenons de loin, mais nous irons loin.

Télégramme au général Legentilhomme, à Londres

Alger, 10 août 1943

J'ai pris connaissance de vos objections à accepter les fonctions de Commissaire adjoint à la Défense nationale[1]. Sans méconnaître leur valeur, je vous demande très instamment, mon général, de passer outre à ces objections. J'ai besoin de vous ici dans l'intérêt général et vous attends à Alger sans délai. Amitiés.

Télégramme au général Legentilhomme, à Londres

Alger, 16 août 1943

Je reçois votre [télégramme n°] 59 du 13 août[2]. Il va de soi que la désignation du personnel de votre Cabinet ne relève que de vous. Il y a énormément à faire dans les fonctions qui vous sont attribuées et que vous n'avez réellement pas le droit de refuser surtout dans les circonstances présentes. Je vous attends ici en toute confiance et amitié.

Notes pour le colonel Billotte[3], à Alger

Alger, 16 août 1943

1. On ne m'a pas encore présenté les promotions d'Ecochard et autres spahis lésés comme élèves-aspirants ?

Alger, 16 août 1943

2. Trochu, Laroubine, Commissaires du Gouvernement, Conseil de Guerre, Maroc, ont requis contre les nôtres. Leur situation est impossible.

---

1. Par un télégramme au général de Gaulle, le général Legentilhomme rappelle que ses projets de réorganisation des Forces françaises libres, après la campagne du Levant (mai 1941) et au lendemain du ralliement de Madagascar (décembre 1942), furent empêchés pour des motifs politiques, alors que ses relations avec le commandement britannique étaient bonnes. Il déclare ne pouvoir accepter à nouveau un poste de responsabilité qui serait privé organiquement de moyens d'exécution.

2. Le général Legentilhomme se plaint d'avoir reçu d'Alger des télégrammes désignant les membres de son cabinet.

3. Secrétaire du Comité de la Défense nationale.

Au contre-amiral Thierry d'Argenlieu[1], à Londres

Alger, 17 août 1943

Mon cher ami,

Je vous remercie de votre lettre du 8 août.

Je compte sur le groupe fidèle de mes bons compagnons pour maintenir autour d'eux l'esprit qui, depuis le début, nous anime. C'est cet esprit qui doit l'emporter. C'est vous dire que, à la place où vous êtes, vous avez, à mes yeux, un rôle essentiel à remplir. Je compte plus que jamais sur votre rayonnement et sur votre autorité.

Je fais d'autant plus fonds sur vous que j'ai besoin ici du général Legentilhomme et du professeur Cassin.

J'espère vous revoir bientôt, et, en attendant, je vous prie de croire, mon cher ami, à l'expression de mes sentiments bien fidèlement dévoués.

Télégramme à René Cassin[2], à Londres

Alger, 18 août 1943

Secret

Compte tenu des fonctions qui vous sont attribuées comme Président du Comité juridique et de celles qui vous seront confiées comme représentant de la France à la Commission Interalliée des Crimes de guerre, je désirerais vous voir à Alger le plus tôt possible. Amitiés.

Note pour Gaston Palewski[3], le colonel Billotte et le commandant du détachement de spahis

Alger, 18 août 1943

A. Le lundi 23 août, vers 13 heures, je remettrai à Charvet[4] la Croix de la Libération.

B. Faire cela aux Oliviers, Charvet déjeunera ensuite.

C. Voir s'il y a, à proximité, d'autres compagnons à décorer.

D. Organiser troupe (FFL) pour honneurs, avec 1 trompette ou clairon.

1. Commandant en chef des Forces navales françaises libres.
2. Président du Comité juridique.
3. Directeur de cabinet du général de Gaulle.
4. Pseudonyme d'Henri Frenay.

Télégramme au contre-amiral Thierry d'Argenlieu, à Londres

Alger, 19 août 1943

Secret

Je vous serais reconnaissant de me faire apporter par quelqu'un venant ici des lettres de mon fils et de ma fille.

Au général Giraud[1], à Alger

Alger, 19 août 1943

Mon général,

J'apprends que l'amiral en retraite Muselier est revenu à Alger venant d'Angleterre.

Je dois attirer votre attention sur le fait que jamais je ne pourrai consentir à voir ce personnage exercer une fonction quelconque, militaire ou civile. L'indiscipline formelle et scandaleuse dont, avec l'appui de l'étranger, il a fait preuve, quand il était sous mes ordres, et qui aurait pu avoir les pires conséquences, m'oblige à faire de son exclusion absolue une question de principe.

Je crois devoir vous le dire très simplement et confidentiellement.

Je vous prie de croire, mon général, à mes sentiments sincèrement dévoués.

Au général Beynet, à Alger

Alger, 24 août 1943

Mon général,

Je reçois votre lettre d'aujourd'hui[2].

Je vous réponds que votre destin est celui que je vous ai dit. Il n'y faut qu'un peu de temps encore, plus beaucoup…

De ce temps, il y a cependant assez pour que vous alliez faire un tour en montagne.

Veuillez croire, mon général, à mes sentiments fidèlement dévoués.

1. Commandant en chef, coprésident du CFLN.
2. Cette lettre n'a pas été retrouvée.

À l'enseigne de vaisseau de Gaulle 23e flottille de vedettes lance-torpilles, Dartmouth, Forces navales en Grande-Bretagne

Alger, 27 août 1943

Mon bien cher Philippe,

J'ai reçu ta lettre[1]. Tout en comprenant fort bien ton désir d'entrer dans l'aviation – navale en outre – je pense que ce n'est pas le moment. En effet, la guerre va se précipiter, et suivant toute apparence, la fin est en vue maintenant, pour l'année prochaine peut-être. Tu regretterais beaucoup de ne pas être en mesure de participer aux actions finales qui nous mèneront en France d'abord, en Allemagne ensuite. Or c'est ce qui t'arriverait si tu entreprenais maintenant une instruction d'aviation (il y en a pour plus d'un an, sans compter des délais de transport aux écoles, etc.).

Par contre, il peut être intéressant pour toi de poursuivre ton métier sur d'autres navires que des vedettes. Je vais m'occuper de cela.

Ici, les marins vont cahin-caha.

Je t'embrasse tendrement.

Ton papa

Le 26 août 1943, le Comité français de la Libération nationale a été reconnu officiellement par les États-Unis, la Grande-Bretagne et l'Union soviétique.
Simple administration de territoires d'outre-mer selon les États-Unis, le CFLN est considéré par la Grande-Bretagne comme l'organisme qualifié pour exercer la conduite de l'effort français dans la guerre. Pour l'Union soviétique, il représente les intérêts d'État de la République française et est le seul organisme dirigeant et le seul représentant qualifié de tous les patriotes français en lutte contre l'hitlérisme.

Note sans indication d'utilisation[2]

Alger, 29 août 1943

I. Le Comité de la Libération Nationale s'est constitué il y a trois mois par juxtaposition d'éléments divers avec, comme but officiel et très général, de réaliser l'unité de l'Empire français et celle des forces

1. En réalité le général de Gaulle ne traite pas des sujets abordés dans la lettre que lui avait envoyée son fils dont il ne pouvait suivre toutes les activités.
2. En tête de ce document, le général de Gaulle a écrit : « Il m'en faudrait sept pour ce soir 20 heures. »

françaises dans la guerre, de rétablir dans les territoires d'outre-mer les lois de la République et de représenter vis-à-vis de l'étranger les intérêts de la France. Ce but a été partiellement atteint. Mais les événements placent maintenant le Comité devant des problèmes immédiats et des perspectives prochaines auxquels sa structure et les conditions dans lesquelles il fonctionne ne paraissent pas adéquates. La libération de la Métropole va placer le pays devant des questions conjuguées, politiques, morales et matérielles, réellement gigantesques. Tel qu'il est, le Comité ne paraît pas à même de faire face aux responsabilités exceptionnelles qui lui incombent ou qu'il peut avoir à assumer d'un jour à l'autre en attendant que puisse être constitué en France le gouvernement proprement dit. Tout le monde a le sentiment que, pour diriger les Français dans les circonstances terribles où ils se trouvent, il faudrait un gouvernement fort, tandis que le Comité de la Libération souffre d'un état organique de faiblesse, faute d'abord d'être concentré.

II. En effet, un gouvernement ne peut et ne doit former qu'un tout. Il n'y a pas d'exemple qu'il ait jamais existé, nulle part, un gouvernement digne de ce nom qui ne fût dirigé pour accomplir un certain programme dans tous les domaines de l'activité nationale, y compris, bien entendu, le domaine militaire.

Or c'est un fait que le Comité de la Libération ne constitue pas un tout. Outre qu'il n'a pas encore adopté un programme d'ensemble quant à son action, il comporte en réalité deux pouvoirs nettement séparés. Sans doute, la réforme récemment adoptée a pu concentrer mieux ces deux pouvoirs, chacun dans son domaine, mais ils demeurent, en fait, distincts. Le pouvoir central s'exerce donc sans prise réelle sur l'action militaire, ce qui est incompatible avec le principe même d'un gouvernement.

III. Cette situation est d'autant plus grave que certains éléments militaires persistent à pratiquer dans de multiples domaines une véritable politique dont le moins qu'on puisse dire est qu'elle se trouve en discordance avec celle du Comité de la Libération Nationale. L'état de siège, établi dans toute l'Afrique du Nord et qui y est maintenu bien que les opérations des armées soient à présent séparées de Tunis, d'Alger et de Casablanca respectivement par 500, 1 100 et 2 100 kilomètres, confère à l'autorité militaire des pouvoirs réellement dictatoriaux aux points de vue justice, police, entrée, sortie, circulation des personnes, réquisitions, censure de la presse, de la radio et des correspondances. Presque tout le personnel employé à ces services est, d'ailleurs, le même qui s'y trouvait en place sous le régime de Vichy. Il convient d'ajouter que le haut commandement ne rend pas compte au Comité de la Libération de ce qu'il fait dans ces matières. Le Comité se trouve constamment en présence de faits accomplis en opposition avec ses intentions et parfois avec ses décisions, qu'il est impuissant à empêcher ou à réformer et dont il porte naturellement la responsabilité « collective ».

Mais l'indépendance du pouvoir militaire par rapport à la politique du Comité de la Libération apparaît plus grave encore en ce qui concerne l'action en France, menée en secret et sans aucun contrôle du Comité par des services « militaires » spécialisés. Ces services, qui sont ceux-là mêmes qu'utilisait le « gouvernement » de Vichy jusqu'en novembre dernier, ne se bornent pas à chercher à se procurer des renseignements concernant les forces ennemies, mais ils s'efforcent d'orienter les organisations de résistance existantes vers des buts mal définis et prennent en territoire national certains contacts qui provoquent la confusion et l'inquiétude. Ces abus sont aggravés par l'état de subordination ou tout au moins de dépendance où les services « militaires » dont il s'agit se trouvent par rapport aux services étrangers, lesquels ont tous une ou plusieurs politiques « françaises ». Il faut ajouter que l'imminence probable de l'entrée des armées alliées sur le territoire métropolitain impose au Comité de la Libération de fixer avec les gouvernements étrangers l'ordre des rapports entre les autorités et populations françaises, d'une part, et le commandement allié, d'autre part. Comment le ferait-il s'il n'a pas déterminé d'abord les attributions du Commandement militaire français lui-même en la matière ?

Sans doute, le Comité de la Défense nationale a été créé avec le but essentiel de faire appliquer dans l'ordre militaire les directives générales du Comité de la Libération. Mais ce n'est là, en grande partie, qu'une clause de style. Outre que les pouvoirs du Comité de la Défense nationale sont fortement restreints par les textes mêmes qui l'ont institué, son « Président » ne dispose d'aucune attribution définie, ce qui tend à limiter l'activité du Comité à d'assez platoniques délibérations. Surtout, les domaines où se produisent précisément les abus – état de siège et action en France – échappent entièrement au contrôle du Comité de la Défense nationale comme d'ailleurs aux chefs d'état-major généraux qui en font partie. Un état-major dit « particulier » et, par là même, insaisissable en dispose, en effet, totalement.

IV. Au total, il n'est plus possible de différer davantage la « concentration » du Comité de la Libération suivant les règles et la pratique normales de tout gouvernement [...[1]] faire entrer l'action militaire, au même titre que les autres dans l'ensemble de l'activité de guerre nationale, dirigée et contrôlée par le Comité. Cette concentration doit comporter en premier lieu et essentiellement :

1. l'adoption d'un programme précis comportant pour chaque branche d'activité, en particulier militaire, une action bien déterminée prescrite et contrôlée par le Comité,

1. Mots illisibles.

2. la limitation de l'autorité militaire à son domaine propre, savoir les opérations contre l'ennemi et l'organisation des forces armées,

3. la fusion de tous les services secrets en un seul organisme dirigé et contrôlé conformément à la politique générale du Comité de la Libération,

4. corrélativement, la levée de l'état de siège tel qu'il fonctionne actuellement en Afrique du Nord et l'attribution au Gouverneur général de l'Algérie, et aux Résidents généraux au Maroc et en Tunisie de tous les droits et responsabilités concernant l'ordre public dans les territoires dont ils ont la charge.

Ordres de missions

Alger, 30 août 1943

Le commandant de Boislambert assumera le commandement du détachement d'officiers de liaison français auprès des armées alliées sur le théâtre d'opérations du nord de la France.

Il recevra ses instructions administratives du Comité Français de Libération Nationale par l'intermédiaire du représentant du Comité Français de Libération Nationale sur le théâtre d'opérations précité, et ses instructions militaires du Commandement en chef français par l'intermédiaire du Commandement français sur ledit théâtre d'opérations.

Il constituera le détachement de liaison auprès des armées alliées, notamment par choix parmi les officiers reçus à l'examen d'officiers de liaison en Grande-Bretagne.

Alger, 30 août 1943

Le commandant de Boislambert, directeur-adjoint de mon Cabinet, rejoindra de toute urgence son poste à Londres, auprès de la Mission militaire française.

Au milieu de l'année 1943 en France, l'action de la Gestapo et de ses auxiliaires s'intensifie. En juin sont arrêtés le général Frère, chef de l'Organisation de Résistance de l'Armée, le général Delestraint, chef de l'Armée secrète, et Jean Moulin, président du CNR. En même temps, commence une longue série de rafles, d'arrestations et de déportations massives, pour essayer de démanteler systématiquement tous les réseaux et tous les moyens de libération français en métropole.

Au réseau NAP[1] à Paris

Alger, 30 août 1943

Mes camarades,

Ce que vous faites, ce que vous souffrez dans la Résistance, c'est-à-dire dans le Combat, l'honneur et la grandeur de la France en dépendent. La fin approche !

Voici venir la récompense. Bientôt, tous ensemble, nous pourrons pleurer de joie !

Note pour le général Catroux et André Diethelm, à Alger

Alger, 1er septembre 1943

À la suite de la réunion du 1er septembre dans le bureau du Général de Gaulle entre M. le Général d'Armée Catroux, gouverneur général de l'Algérie, Commissaire à la Coordination des Affaires musulmanes, et M. Diethelm, Commissaire à la Production et au Commerce, il a été convenu ce qui suit :

1. L'ordonnance du 6 juillet 1943 sur l'organisation professionnelle est maintenue.

2. Il y a lieu de provoquer la constitution dans les délais les plus brefs, de syndicats libres véritablement représentatifs.

3. Il est entendu que la répartition des produits sera organisée sous la responsabilité du gouvernement général.

4. Il est entendu qu'une collaboration sera établie entre l'administration du gouvernement général et les syndicats libres.

5. Il appartiendra au Gouvernement général de régler les modalités de cette collaboration.

À Mme Catroux[2], à Alger

Alger, s.d. *[après le 2 septembre 1943]*

Comme suite à votre lettre n° 344 du 2 septembre 1943, j'ai l'honneur de vous informer que la question des organisations militaires féminines sera traitée dans son ensemble à l'un des très prochains Comités de Défense nationale. Les statuts des formations féminines de Terre, de Mer

---

1. Réseau de Noyautage des Administrations publiques, issu du mouvement Combat. C'est Andrée Jacob, chef de mission de deuxième classe dans ce réseau, qui reçut la lettre du général de Gaulle, tous ses supérieurs ayant été arrêtés.

2. Infirmière principale de 1re classe, inspectrice du personnel féminin de l'armée.

et de l'Air seront unifiés et les intérêts des différents personnels féminins seront au mieux protégés.

Comme vous le pensez le développement très important et très rapide de ces formations imposera pour des raisons d'encadrement des nominations exceptionnelles.

C'est ainsi que le général Bouscat[1] et le général Giraud ont déjà été amenés à nommer Commandant à titre fonctions le lieutenant Dumesnil – en service depuis trois ans dans les FFL – pour lui permettre de prendre le commandement des Auxiliaires féminins de l'Air dont les effectifs enrôlés ou recrutés se montent déjà à 1 400 jeunes femmes.

Il est bien évident que le commandant Dumesnil promue à titre fonctions ne perçoit, conformément aux errements actuels, que la solde de lieutenant.

Télégramme au général d'Astier de La Vigerie, à Londres

Alger, 4 septembre 1943

Le Comité de la Défense nationale dans sa séance du 25 août a estimé que la création d'un Commandement Supérieur des Forces Militaires Françaises en Grande-Bretagne[2] n'était pas à envisager, une nouvelle décision à cet égard pouvant être prise éventuellement au cas où des opérations déterminées seraient prévues avec participation des forces françaises.

Le Comité a, d'autre part, désigné le général de division Mathenet comme chef de la Mission militaire auprès de M. Viénot, délégué du Comité Français de la Libération Nationale.

Dans ces conditions, je vous demande de venir à Alger. Nous y étudierons ensemble les conditions dans lesquelles vous aurez à servir.

Mes vifs remerciements pour les services que vous avez rendus à Londres et ma gratitude pour le concours personnel que vous m'avez apporté.

1. Le général Bouscat commande en 1940 les forces aériennes du groupe d'armées de l'Est. Il est, en avril 1943, délégué par le général Giraud auprès du général de Gaulle à Londres. En août 1943, il est nommé chef d'état-major général de l'armée de l'Air, poste qu'il occupera jusqu'à la fin de la guerre.

2. Le général François d'Astier de La Vigerie avait reçu ce commandement à titre provisoire le 3 juillet 1943. Voir, à cette date, le télégramme du général de Gaulle à l'amiral Auboyneau, au général Valin et au général d'Astier de La Vigerie.

À Edvard Beneš[1], à Londres

Alger, 4 septembre 1943

Monsieur le Président,

Vous avez bien voulu, par votre lettre personnelle du 19 août, me demander de faciliter la solution de différentes questions concernant les ressortissants tchécoslovaques incorporés dans des unités militaires françaises ou résidant en territoire français libéré.

J'espère que mon télégramme du 12 août[2] donnant l'accord du Comité de la Libération à la désignation comme attaché militaire tchécoslovaque du colonel Bulandr a résolu l'une d'entre elles conformément à votre désir.

Je suis heureux, par ailleurs, de vous faire connaître que le Comité de la Libération donnera aux autorités tchécoslovaques toutes facilités pour procéder au recensement, à la révision et à l'incorporation des ressortissants tchécoslovaques résidant dans les territoires soumis à son autorité. Les modalités de détail selon lesquelles les ressortissants tchécoslovaques employés dans des entreprises indispensables à la Défense nationale ou à l'effort de guerre pourront, conformément à la loi française, être maintenus en affectation spéciale ou en appel différé, pourront, si vous le voulez bien, être réglées d'accord entre le colonel Bulandr et l'autorité militaire française.

En ce qui concerne, enfin, la démobilisation des ressortissants tchécoslovaques incorporés dans des unités françaises, le Comité de la Libération Nationale accepte bien volontiers le principe de mettre à la disposition du Gouvernement tchécoslovaque les ressortissants tchécoslovaques incorporés dans l'armée française du moment qu'ils ne sont pas liés, dans la Légion étrangère proprement dite, par des contrats d'engagements antérieurs au 16 juin 1940. Cette mesure pourra être exécutée par paliers, compte tenu des opérations actives imminentes.

Je vous prie de bien vouloir agréer, Monsieur le Président, les assurances de ma très haute considération.

---

1. Président de la République tchécoslovaque. Une copie de cette lettre est adressée par le secrétariat du Comité de Défense nationale au général Giraud le 9 septembre 1943, avec la mention suivante : « La position ainsi définie vis-à-vis des ressortissants tchécoslovaques est à généraliser vis-à-vis des ressortissants de toutes les nations alliées. »

2. Ce télégramme n'a pas été retrouvé.

Note pour René Massigli, à Alger

Alger, 8 septembre 1943

1. L'officier français maintenu à Koufra[1] en vertu de l'accord du 26 juin 1941 pour y assurer la garde du drapeau français était en même temps chargé comme adjoint du commandant britannique du poste, de collaborer avec lui à l'occupation et à l'administration de la région.

En le retirant, la France perdrait l'avantage de pouvoir invoquer des droits dans l'administration de cette région et de pouvoir revendiquer, au moment du règlement général de la question de Libye, aucune contrepartie à cette concession.

2. Il n'est pas sans intérêt que notre drapeau continue à flotter sur le poste de Koufra que nous avons conquis. À ce drapeau, il faut une garde.

3. L'occupation de Koufra ne peut à aucun titre être liée à celle du Fezzan et de Ghadamès, où nous tenons le terrain conquis par nos troupes et où aucun Anglais ne peut s'immiscer dans l'administration, ni en droit ni en fait, sans notre autorisation, que nous n'avons aucune raison d'accorder.

Message pour le journal *Combattant 43*[2]

Alger, s.d. *[avant le 15 septembre 1943]*

Combattant 43 ! C'est le journal des soldats de la libération.

Jamais l'armée française n'eut une tâche plus française. Il s'agit, ni plus ni moins, de chasser l'ennemi de chez nous et de rendre la France à elle-même.

Nos troupes frémissent à l'idée de retrouver devant elles, une fois de plus, l'ennemi, l'éternel ennemi de la France. Dans tous les cœurs brûle la même flamme. C'est la flamme qui anime aussi les hommes de la résistance, décimés et torturés, mais qui se lèvent sur la terre de France en nous appelant à les délivrer.

Combattant 43 a pour tâche de relier les chefs et les soldats, les combattants du dehors et ceux du dedans, les jeunes et les vétérans. Tâche immense. Tâche vitale.

Que *Combattant 43* soit digne de la patrie !

---

1. L'oasis de Koufra, en Libye, depuis sa prise par Leclerc le 1er mars 1941, est gardée conjointement par deux détachements français et britannique et constitue un point stratégique particulièrement important de la bataille d'Afrique. Le 16 août 1943, par une note de Macmillan à Massigli, les autorités britanniques, considérant Koufra comme désormais en dehors des opérations, proposent d'en retirer les détachements. En transmettant cette note au général de Gaulle, René Massigli exprime sa crainte qu'un refus français ne devienne le prétexte à une immixtion britannique dans le Fezzan et à Ghadamès.

2. Journal destiné aux combattants français, dont le premier numéro doit paraître vers le 15 septembre 1943.

Télégramme au général Mathenet[1], à Londres

Alger, 16 septembre 1943

Par décision du 25 août 1943, le Comité de la Défense nationale vous a nommé Chef de la Mission Militaire Française en Grande-Bretagne.

À ce titre, vos instructions vous sont données par le général commandant en chef pour ce qui concerne les opérations, par le président du Comité de Défense nationale, c'est-à-dire par moi-même, pour toutes autres questions. Vos télégrammes sont adressés à l'un ou à l'autre en conséquence. Votre correspondance doit être adressée en trois exemplaires au Comité de Défense nationale (secrétariat).

Au point de vue administratif, vous relevez de l'État-Major général de l'Armée.

Le contre-amiral d'Argenlieu et le général Valin cumulent actuellement leurs fonctions de commandement avec celles de chefs de la Mission navale et de la Mission aérienne à Londres. Ils reçoivent leurs instructions de leurs états-majors respectifs mais ont l'obligation de vous tenir au courant.

Vous n'êtes pas Commandant Supérieur des forces françaises en Grande-Bretagne. Cette fonction se trouve actuellement supprimée. Elle ne serait rétablie que dans le cas où une participation importante des forces françaises à des opérations partant de Grande-Bretagne serait envisagée.

Le colonel Marchand commandant les forces terrestres, le contre-amiral d'Argenlieu, commandant les forces navales, le général Valin, commandant les forces aériennes, continuent de relever directement à ce titre de leurs états-majors généraux respectifs. Toutefois ils sont tenus de vous mettre au courant de ce qui les concerne ou les intéresse.

Au titre du plus ancien officier général français ayant un poste en Grande-Bretagne, vous avez autorité sur les commandants des forces terrestres ou navales ou aériennes *quand il s'agit de coordonner immédiatement sur place la participation de ces forces* à des cérémonies, revues, etc., leurs opérations de guerre étant, comme vous le savez, réglées par les commandements britanniques qui en disposent pour l'emploi.

Vous pouvez et devez actuellement visiter ces éléments en y apportant les précautions et ménagements qu'impose encore une fusion très récente des deux fractions de nos armées. À ce sujet, comme pour toutes matières, j'ai confiance en vous.

1. Chef de la mission militaire française en Grande-Bretagne.

Au colonel Regard, à Tunis

Alger, 17 septembre 1943

Mon cher ami,

J'ai reçu avec plaisir votre lettre et apprécie votre activité au cours de ces trois dernières années. Votre nom vient s'ajouter à ceux qui symbolisent « l'âme de la résistance ».

Je ne doute pas que vous continuerez à apporter vos efforts et votre foi à la cause de la libération.

Je vous prie de recevoir, mon cher ami, l'expression de mes sentiments cordialement dévoués.

Au général Catroux

Alger, 18 septembre 1943

Mon général,

Les conditions dans lesquelles ont été préparées et sont actuellement exécutées les opérations de toute nature tendant à la libération de la Corse montrent une fois de plus – et cette fois dans une occasion grave – que le Comité de la Libération nationale tel qu'il est constitué et tel qu'il fonctionne n'est pas à même de jouer effectivement son rôle d'organe de gouvernement.

Cette impuissance procède, à mon avis, de deux causes, d'ailleurs conjuguées.

La première est l'absence d'une direction (je ne parle pas de « présidence »), reconnue de tous et organisée ; d'où il résulte que le Comité foisonne et bat la campagne, sans fixer sa politique sur les affaires capitales, ou, s'il l'a fixée pour l'une d'elles – sans qu'un contrôle effectif puisse en suivre la réalisation. L'affaire de Corse est caractéristique à cet égard.

La seconde raison est l'indépendance du commandement militaire par rapport à l'organe du gouvernement. Cet état de choses, formellement contraire à nos constitutions séculaires et à nos lois en vigueur, a pour conséquence qu'on fait deux politiques coexistant et s'opposant.

J'ai, comme vous le savez, maintes fois appelé d'une manière pressante l'attention du Comité sur ces vices fondamentaux. Mais, faute d'avoir eu le courage d'aller au fond des choses dans nos décisions (je confesse ne l'avoir pas eu suffisamment moi-même), nous n'avons rien résolu et nous nous sommes contentés de remplacer la réforme nécessaire par des formules et des fictions.

J'entends bien que les circonstances dans lesquelles s'est constitué le Comité de Libération nationale, ainsi que la pression de l'étranger, ont lourdement pesé sur cette mauvaise organisation et ces déplorables tergiversations. Mais la période des tâtonnements n'a maintenant que trop duré. Le pays ne comprendrait pas que nous la prolongions davantage. Les responsabilités doivent être prises et connues. Quant à moi, je ne pourrais porter plus longtemps les miennes dans de telles conditions.

Voici la solution qui me paraît s'imposer :

1. Élection par le Comité d'un président exerçant ses fonctions pour une période déterminée et disposant de pouvoirs réels et définis quant à la direction des travaux du Comité et quant au contrôle des diverses activités, y compris, naturellement, les activités militaires.

2. Dans l'ordre militaire, séparation du pouvoir du gouvernement (commissariat) et de l'autorité du commandement.

Je ne puis croire que les membres du Comité – et notamment le général Giraud – ne sentent pas comme moi-même l'absolue nécessité d'une réforme de cette nature.

En tout cas, je vous serais reconnaissant de les consulter individuellement à ce sujet et de me faire connaître d'urgence votre avis et le leur.

Si ces avis permettent de penser qu'il est possible d'aboutir, je convoquerai le Comité pour lundi 20 septembre à 17 heures. Les textes nécessaires seraient distribués le même jour avant midi.

Je vous prie de croire, mon général, à mes sentiments fidèlement dévoués.

Proclamation ouvrant la souscription nationale pour la Résistance

Alger, 20 septembre 1943

La guerre vient d'entrer dans sa phase décisive. Tous les Français attendent avec impatience l'heure d'y participer activement pour libérer la Patrie.

En Afrique du Nord, nos forces achèvent de s'organiser. En France, la lutte se poursuit. Il s'y prodigue des trésors de courage et de dévouement.

Cependant, des patriotes, par dizaines de milliers, ont dû, pour échapper aux violences de l'ennemi ou pour être en mesure de mieux le combattre, gagner des refuges dans la campagne ou dans les montagnes. En attendant l'arrivée des armées libératrices, il faut ravitailler ces Français, leur fournir des armes, des munitions, des vivres, des vêtements, des médicaments. Le CLN a décidé qu'une grande campagne de solidarité française, organisée dans tout l'Empire, recueillerait les fonds nécessaires pour aider dans leur lutte les combattants de la résistance. C'est aujourd'hui, 20 septembre, anniversaire de Valmy, grande victoire de la France et de la liberté, que s'ouvre la souscription nationale pour la résistance. Elle sera clôturée le 11 novembre, date glorieuse de la capitulation allemande de 1918.

Devant les sacrifices immenses prodigués dans la lutte de la métropole envahie, les Français de l'Empire et de l'étranger vont montrer d'une manière éclatante ce que valent, malgré nos douleurs, la solidarité et l'unité françaises.

L'Italie a capitulé sans conditions le 3 septembre 1943 ; le maréchal Badoglio a signé avec les Alliés une convention d'armistice dont le CFLN a été tenu à l'écart. La nouvelle a été rendue publique le 8 septembre. Les Allemands occupent Rome et l'Italie du Nord et libèrent Mussolini, interné par les Italiens. Ce dernier reformera, le 23 septembre 1943, un gouvernement fasciste en Italie du Nord.
Le 9 septembre, les Alliés ont débarqué à Salerne. Le même jour, a commencé, avec la prise d'Ajaccio, une opération de libération de la Corse, menée par les organisations locales de Résistance, soutenues par un débarquement de forces françaises à Ajaccio, dans la nuit du 12 au 13 septembre. Ce débarquement a été organisé par le général Giraud à l'insu du CFLN.

Au général Legentilhomme[1], à Alger

Alger, 20 septembre 1943

Mon cher général,

La vraie raison qui m'a amené hier à vous demander de ne pas assister à la séance du Comité, est que je pressentais que cette séance allait entraîner une crise grave. Il m'a paru préférable que vous n'y soyez pas mêlé, de manière à demeurer « neuf » par la suite.

Mais je ne pouvais pas vous le dire.

Croyez, mon cher général, à mes sentiments fidèlement dévoués.

[PS] Je reçois votre projet de décret que je vais lire. Je vous demande de ne pas désigner de chef de Cabinet avant de m'avoir revu.

Au général Giraud, à Alger

Alger, 20 septembre 1943

Mon général,

J'apprends à l'instant et indirectement que vous projetez de vous absenter demain.

J'appelle votre attention sur le fait que le Comité de la Libération Nationale est convoqué pour demain à 10 heures afin de prendre ses décisions

1. Commissaire adjoint à la Défense nationale.

sur des questions qui sont portées à votre connaissance et dont l'extrême importance et l'extrême urgence ne peuvent vous échapper.

Je vous demande donc de la manière la plus instante de différer votre voyage et d'assister à la séance du Comité[1], dont les conséquences peuvent être des plus graves quant à son existence même.

Veuillez croire, mon général, à mes sentiments les meilleurs.

Le 25 septembre 1943, le CFLN décide de modifier son organisation et son fonctionnement. Il adopte deux textes, qui seront signés le 3 octobre 1943 par le général de Gaulle et le général Giraud : une ordonnance, attribuant à son président, élu, la direction de ses travaux, le contrôle et l'exécution de ses décisions, et la coordination entre les commissaires ; un décret instituant un commissariat à la Défense nationale.

Désormais le Comité de la Défense nationale comprend le président du CFLN (général de Gaulle), le commandant en chef (général Giraud) et le commissaire à la Défense nationale.

Message au général Giraud, à Alger

Alger, 25 septembre 1943

Les membres soussignés du Comité Français de la Libération Nationale expriment au général Giraud leur confiance pour conduire les forces françaises unifiées à la bataille et à la victoire.

Avec pleine confiance, ils lui demandent instamment et dans l'intérêt de la France dont le Comité s'efforce en dehors de toute question de personne d'interpréter la volonté, d'accepter la décision du Comité réorganisant le Comité Français de la Libération Nationale et instituant un Commissariat de la Défense nationale, décisions prises à l'unanimité des membres présents du Comité.

Le Comité prie le général de Gaulle de porter personnellement ce message au général Giraud et de se faire accompagner dans cette démarche par le général Catroux, M. Massigli et M. Tixier.

Signé[2] : de Gaulle, Catroux, Tixier, Massigli, A. Philip, Monnet, Pleven, Abadie, Diethelm, Bonnet, Couve de Murville, de Menthon, René Mayer.

1. Le général Giraud ne diffère pas son voyage en Corse.
2. Ces signatures ont été ajoutées de la main même du général de Gaulle sur la copie que nous possédons.

Déclaration faite à Alger le 25 septembre 1943

La phase actuelle de la guerre comporte, pour la nation, à la fois d'extrêmes difficultés et d'immenses espérances.

Afin d'assurer le salut du pays et de ménager son avenir, tous les Français ont le devoir de se serrer autour du Comité de la Libération Nationale et d'exécuter ses décisions.

C'est ainsi, et seulement ainsi, que, grâce à l'effort conjugué de nos armées et de notre peuple, côte à côte avec nos alliés, la libération de la France pourra être accomplie dans l'ordre et dans la dignité.

À Monseigneur Leynaud[1]

Alger, 25 septembre 1943

Monseigneur,

Dès que j'ai reçu votre lettre, je me suis fait communiquer l'entrefilet paru mardi dernier dans les *Dernières Nouvelles* et dont l'extrême brièveté explique qu'il ait échappé à l'attention du censeur.

Quelle qu'ait été l'attitude de certains membres du clergé du point de vue national, je tiens à vous dire combien je trouve déplacé un texte portant atteinte aux sentiments religieux qui sont le patrimoine de tous les Français.

Je vous prie d'agréer, Monseigneur, les assurances de ma haute et respectueuse considération.

À l'amiral Lemonnier[2], à Alger

Alger, 25 septembre 1943

Amiral,

J'ai vu l'amiral Lougaud. Je ne m'oppose pas à votre proposition de le nommer Commandant de la Marine en Corse à la condition que vous lui donniez comme chef d'état-major un officier provenant des FNFL. Ceci est nécessaire, étant donné notamment l'état d'esprit de la population de l'île.

Cordialement à vous.

1. Archevêque d'Alger.
2. Chef d'état-major de la Marine.

Au général Giraud, à Alger

Alger, 26 septembre 1943

Mon général,

Vous avez bien voulu me dire, à la fin de notre entrevue d'hier après-midi, que vous comptiez vous absenter quelques jours.

Or le Comité de la Libération Nationale doit siéger le 27 septembre à 10 heures pour désigner le titulaire du Commissariat à la Défense nationale, dont la création a été, comme vous le savez, décidée au cours de la séance du 25.

Pour le cas où vous ne seriez pas présent à la séance de lundi, je vous demande de m'indiquer quelle personnalité vous paraîtrait convenir pour le poste, étant entendu qu'il s'agirait d'une personnalité civile[1]. Je donnerais, naturellement, au Comité communication de votre avis.

Je vous prie d'agréer, mon général, l'expression de mes sentiments les meilleurs.

À René Massigli, à Alger

Alger, 28 septembre 1943

J'ai pris connaissance de votre lettre du 22 septembre concernant l'envoi d'une mission militaire au Brésil, dont le principe a été adopté par le Comité de la Défense nationale.

Les objections que vous soulevez à l'égard de ce projet[2] appellent de ma part les observation suivantes :

1. L'intervention d'une armée brésilienne en Europe, qui aurait probablement pour conséquence l'installation d'une base brésilienne en Afrique du Nord ou en Afrique-Occidentale Française, est actuellement possible sinon probable malgré l'opposition que ce projet aurait dernièrement rencontrée de la part de certains milieux responsables de Rio.

Cette éventualité est, à mon avis, un motif suffisant pour justifier la création à Rio d'une mission militaire importante qui serait d'autant plus étroitement associée à la préparation et à l'exécution éventuelle d'une telle opération qu'elle aurait plus d'autorité. Une telle mission pourrait ainsi prévenir plus facilement toute atteinte à nos intérêts et obtenir des

---

1. En réalité, à l'issue de la séance du 27 septembre, c'est le général Legentilhomme qui sera désigné comme commissaire à la Défense nationale.

2. René Massigli s'oppose à l'installation au Brésil d'une mission du type « mission auprès d'une armée alliée en temps de guerre », qui devrait s'employer, en tant que telle, à obtenir que le Brésil participe à la guerre en Europe. Pour René Massigli, si l'armée brésilienne intervient en Europe, elle prendra Dakar pour base. Cela comportera un risque pour la position de la France en Afrique occidentale, en raison de « certaines promesses que le président Roosevelt aurait faites au président Vargas ».

garanties plus concrètes de nos droits que ne saurait le faire un simple attaché militaire.

2. En l'absence même de toute participation de l'armée brésilienne au conflit actuel, les liens que celle-ci entretenait avec l'armée française et dont le développement a toujours été poursuivi par le gouvernement français en temps de paix, doivent être maintenus. Il est normal que le gouvernement brésilien n'ait pas demandé le rétablissement d'une mission militaire française organisée et entretenue sur la base de la mission d'avant-guerre, qui se justifiait essentiellement par l'apport que nous faisions à l'armée brésilienne d'un important matériel de guerre, et de notre enseignement militaire. Mais il n'y a là aucun motif pour justifier notre abstention et nous faire renoncer aux sympathies que nous avions créées dans les milieux militaires du Brésil.

Message au personnel de la Marine marchande de la France Combattante

Alger, 28 septembre 1943

Officiers, sous-officiers et marins de la Marine marchande, vous avez, depuis le premier jour, sauvé l'honneur du pavillon en continuant la guerre sur tous les océans du monde.

Vous avez navigué en bravant tous les périls. Vous avez été durement éprouvés sans jamais succomber à aucune défaillance sous le feu de l'ennemi.

Au moment où l'ensemble de la Marine marchande française libérée vient vous rejoindre dans votre action, je tiens à vous adresser, avec mes vœux affectueux, le salut de la France reconnaissante.

Note pour le colonel Billotte, à Alger

Alger, 29 septembre 1943

J'ai réuni ce matin le général Legentilhomme et les chefs d'États-Majors généraux pour voir application des nouveaux décrets.

Ils doivent établir et présenter au prochain Comité de la Défense Nationale un papier réglant la façon dont le Commandant en Chef *utilise* les États-Majors généraux pour les affaires qui sont de son ressort.

Ils doivent également établir la liste des unités et éléments en spécifiant ceux qu'il convient de mettre à la disposition du Commandant en chef et ceux que le Commissaire à la Défense nationale doit garder sous son autorité directe.

Préface au livre du général Ingold, *L'Épopée Leclerc au Sahara*

Alger, 1er octobre 1943

L'épopée que retrace le général Ingold fait déjà partie de notre histoire.

Ingold en a été l'un des principaux acteurs. Il est qualifié pour en évoquer la grandeur poignante.

Au centre de l'Afrique, corporellement séparés de la patrie pour la mieux servir, les soldats français de Leclerc ont montré les qualités de fils d'une grande nation : le goût du risque, le culte du sacrifice, le sentiment de l'honneur, l'acceptation de la discipline, la méthode dans l'effort, la volonté de réalisation.

Dans son bureau de Fort-Lamy, à l'abri des solitudes immenses du Sahara, celui qui était alors le colonel Leclerc pouvait vivoter tranquillement. Il avait rallié le Cameroun. Il avait un « beau commandement ». Pourquoi ne se serait-il pas imprégné de l'esprit de la Ligne Maginot ? La guerre, n'est-ce pas attendre que les autres fassent quelque chose ? Si Leclerc et ses soldats s'étaient dit cela, ils n'auraient pas été des Français Libres.

Mais parce qu'ils ont voulu, eux, combattre et vaincre, la France envahie a pu, en dépit de tout, apporter une contribution éclatante à la bataille d'Afrique. En Érythrée, en Éthiopie, en Libye, elle avait lutté. Au Fezzan, elle a conquis.

Enfants de France, rêvez d'être un jour des Leclerc, lisez ce livre, apprenez ce que vaut une libre volonté française.

Note pour André Pélabon[1]

Alger, 1er octobre 1943

En ce qui concerne Charvet :

1. Je ne crois pas que la place de Charvet soit à l'Assemblée consultative.

2. Je n'accepte pas de soi-disant représentation de la Résistance à Londres. Charvet, en particulier, n'a aucune qualification en cette matière car il n'existe pas de représentation ailleurs qu'à l'Assemblée consultative.

1. André Pélabon est ingénieur en chef du génie militaire. Cette note répond à un télégramme de Georges Boris à André Philip, commissaire à l'Intérieur, demandant qu'une décision soit prise à l'égard de Charvet (Henri Frenay), dont il résume la situation ainsi : Charvet a adressé au commissaire à l'Intérieur, le 31 juillet 1943, un projet visant à la représentation à Londres des mouvements de Résistance. Sans attendre de réponse formelle du CFLN, il a saisi les mouvements de Résistance de son projet, qui a été adopté le 30 août 1943 par leur comité exécutif. Charvet a été désigné comme un des délégués. Dans l'hypothèse où le CFLN maintiendrait son opposition au projet et recevrait Charvet à Alger, celui-ci prendrait volontiers une place à l'Assemblée consultative.

3. Je ne me prêterai pas aux intrigues de Charvet qui sont des intrigues personnelles. Si Charvet m'ennuie, je ferai dévoiler son jeu publiquement. On verra alors ce qu'il en restera.

4. Charvet, dans son intérêt et dans l'intérêt général, doit être utilisé pour l'action et non pas pour la politique. Son emploi doit lui être fixé non par lui-même mais par l'autorité gouvernementale. Je lui donne le choix entre un poste administratif ou un commandement militaire.

À Félix Éboué [inédit]

Alger, le 1er octobre 1943

Mon cher ami,

Ce mot pour vous dire que je pense à vous, ainsi qu'à nos vaillants camarades d'A-ÉF.

J'ajoute que, malgré tous les obstacles, nous n'avons jamais eu tant de raisons de croire, non seulement à la victoire, mais encore… au succès.

La France est avec vous et cela se connaîtra bientôt.

Alors, dans ses bras, nous serons payés de l'avoir servi dans l'honneur, sans défaillance.

Je vous embrasse,

C. de Gaulle

Note concernant le statut des missions de liaison administrative

Alger, 2 octobre 1943

Les militaires, actuellement à Londres et chargés des questions de liaison administrative avec le commandement des corps de débarquement, continuent à dépendre administrativement des autorités militaires[1].

Pour toutes les questions concernant l'organisation et le fonctionnement de cette liaison, ils sont placés sous l'autorité du commissaire à l'Intérieur avec lequel ils correspondent par l'intermédiaire de M. Viénot.

À André Diethelm, à Alger

Alger, 4 octobre 1943

M. Adrien Tixier, commissaire au Travail et à la Prévoyance sociale a attiré mon attention sur l'intérêt qu'il y aurait à ouvrir un débat sur la politique économique et en particulier sur la politique des prix que le Comité entend suivre dans les territoires relevant de son autorité en relation avec la politique des salaires qui a déjà été définie par l'ordonnance du 14 août 1943.

1. Voir à ce sujet le télégramme au général Mathenet du 26 octobre 1943.

Les problèmes soulevés par cette question concernent plus particulièrement le territoire de l'Algérie.

M. Tixier reproche aux Services économiques du Gouvernement général d'opposer une certaine inertie à l'application de la politique économique et sociale du Comité. Il me signale en outre qu'un texte dit « loi du 20 septembre 1940 » donnant des pouvoirs exceptionnels au gouverneur général en matière économique demeure toujours en vigueur.

Je vous serais reconnaissant de bien vouloir examiner les divers aspects de cette question et préparer un exposé que vous pourriez faire à une des prochaines séances du Comité. Je désire, bien entendu, en discuter au préalable avec vous.

Il y aurait également intérêt à ce que vous vous mettiez d'accord avec le général Catroux sur la date à laquelle ce débat pourrait être ouvert, afin que le gouverneur général de l'Algérie puisse apporter en séance tous les éclaircissements sur la politique économique suivie par ses services.

À Adrien Tixier, à Alger

Alger, 4 octobre 1943

J'ai pris connaissance de vos lettres des 1er et 13 septembre concernant le retard apporté par le Gouvernement général de l'Algérie à l'exécution des ordonnances et décrets adoptés par le Comité de la Libération Nationale sur la révision des salaires et sur le remplacement des Comités d'organisation professionnelle.

Bien que le Comité ait déjà délibéré à plusieurs reprises sur ces problèmes, je compte attirer l'attention du général Catroux sur l'aspect politique de la question et sur la nécessité d'obtenir de ses services économiques une intervention plus conforme aux décisions du Comité.

Je retiens d'autre part votre suggestion d'ouvrir un débat sur la politique économique et en particulier la politique des prix et j'invite M. Diethelm à faire un exposé sur cette question à une des prochaines séances du Comité. Il vous sera possible à cette occasion de présenter vos observations, notamment en matière de constitution des groupements économiques.

Au général d'Astier de La Vigerie, à Alger

Alger, 5 octobre 1943

Mon général,

Je suis obligé de partir ce soir (voyage en Corse) et ne rentrerai pas, je le crains, avant vendredi[1]. Je dis : je le crains si ce déplacement

1. Le général de Gaulle passera trois jours en Corse. Le 4 octobre, les forces françaises ont pénétré dans Bastia, achevant ainsi la libération de l'île.

m'empêche de vous revoir avant votre départ pour Londres, car je tiens essentiellement à causer longuement avec vous.

En tout cas, je dois vous dire que je n'accepte pas que vous alliez en France avant de m'avoir revu.

À bientôt et veuillez croire à mes sentiments amicalement dévoués.

[PS] Mes amitiés à votre frère Bernard[1] si vous le voyez à Londres.

Note pour le colonel Billotte, à Alger

Alger, 5 octobre 1943

Le Comité de la Libération a décidé ce matin que le général Béthouart cessera ses fonctions à Washington[2] à la date du 10 novembre.

Faire le nécessaire, c'est-à-dire :

1. le prévenir au nom du Comité de Défense nationale et faire prévenir M. Hoppenot par Affaires Étrangères,
2. faire mettre le général Beynet en route,
3. préparer instructions pour le général Beynet.

Note pour le général Legentilhomme, à Alger

Alger, 9 octobre 1943

Le général Chef de la Mission militaire à Washington, a adressé au Comité de la Défense nationale le télégramme ci-joint[3] dont l'extrême importance ne saurait vous échapper pour ce qui concerne le réarmement de nos armées de Terre, de Mer et de l'Air en 1944 et même en 1945.

Étant donné l'urgence de la réponse à adresser à Washington, j'ai l'honneur de vous prier de soumettre au Comité de la Défense nationale avant le 16 octobre le projet de plan détaillé du réarmement que nous avons à proposer aux États-Unis.

Il y aura lieu, à la séance du Comité de la Défense nationale prévue pour le 11 octobre, de procéder à une première étude de la question d'après les éléments que vous pourrez fournir et que je vous demande de réunir. Les chefs d'états-majors généraux sont convoqués à cette séance[4].

---

1. Pseudonyme d'Emmanuel d'Astier de La Vigerie.
2. Le nouveau chef de la Mission militaire française à Washington sera le général Beynet.
3. Ce télégramme n'a pas été retrouvé.
4. Voir les plans d'armement de la Marine et de l'Aviation des 14 et 22 octobre 1943, *Mémoires de guerre*, t. II, p. 666 et 667.

Ordre de mission

Alger, 12 octobre 1943

Le Général de Corps aérien d'Astier de La Vigerie se rendra sans délai en Grande-Bretagne pour y remplir, de la part du général de Gaulle, une mission particulière auprès du BCRA.

À Adrien Tixier, à Alger

Alger, 12 octobre 1943

Monsieur le Commissaire,

Vous avez bien voulu me proposer en date du 3 octobre d'organiser sans délai une réunion à laquelle participeraient les commissaires aux Finances, à la Production, au Ravitaillement et au Travail, qui permettrait de déterminer la politique sociale à appliquer en Corse.

Je charge le Secrétaire général du Comité d'organiser une réunion que vous voudrez bien présider et qui groupera autour de vous les trois commissaires intéressés.

Veuillez agréer, monsieur le Commissaire, l'expression de mes sentiments les meilleurs.

Au vice-amiral Mountbatten, quartier général des opérations combinées, à Londres

Alger, 12 octobre 1943

Cher lord Louis,

J'ai bien reçu votre lettre du 2 octobre et je suis très touché de vos remerciements pour l'aide que les soldats et les marins de la France Combattante ont apportée aux raids glorieux de vos commandos.

Je note la recommandation que vous voulez bien me faire du major général C.J. Haydon, OBE pour la Croix de la Légion d'honneur.

Nous sommes en train de mettre au point la réglementation nécessaire pour que notre ordre national puisse être décerné à ceux qui l'ont mérité pour des faits de guerre, dans des conditions régulières.

Vous n'ignorez pas, en effet, que d'après les règles de l'Ordre, c'est le président de la République française qui en est le grand maître et qui décerne les croix.

Dès que cette réglementation sera mise au point, je ne manquerai pas de faire donner à votre recommandation pour le général Haydon la suite qu'elle mérite.

En attendant, j'ai le plaisir de vous annoncer que je lui décerne la Croix de la Libération pour la part glorieuse qu'il a prise aux opérations contre l'ennemi sur le sol français.

Je vous remercie de vos félicitations. Je vous adresse les miennes et tous mes vœux au moment où vous prenez un commandement[1] dans lequel, j'en suis certain, vos éminentes qualités apporteront une contribution décisive à la victoire sur un théâtre d'opérations essentiel où les intérêts français sont étroitement liés aux intérêts britanniques.

Bien sincèrement à vous.

Au général Béthouart, à Washington

Alger, 13 octobre 1943

Mon cher ami,

J'ai reçu ta lettre du 4 octobre. Comme tu le sais maintenant, ta mission à Washington doit cesser le 10 novembre. Le général Beynet sera, je pense, arrivé aux États-Unis vers le 5 novembre.

Nous verrons, à ton retour ici, quel commandement devra t'être attribué. Ce sera, sans nul doute, un commandement pour la bataille.

Je te prie de croire à mes meilleurs sentiments.

Au général Giraud, à Alger

Alger, 13 octobre 1943

Mon général,

Un personnage qui a pris ici le nom de « Schneider » est venu me voir ce matin. Il m'a déclaré qu'il était « le chef de la Résistance en Alsace » et qu'il « retournait en France avec une mission de vous ».

Une brève enquête m'a révélé que ce « Schneider » est notoirement connu comme membre de « l'Action Française » et élément important de l'association naguère appelée « la Cagoule ».

Je vous serais reconnaissant de me faire connaître quelle mission vous avez donnée à M. « Schneider ». Celui-ci ne peut évidemment partir tant que le Comité d'Action en France, qui doit se réunir demain, n'aura pas éclairci son action antérieure et, s'il y a lieu, précisé sa mission nouvelle.

Je vous prie de croire, mon général, à mes sentiments les meilleurs.

1. Le vice-amiral Mountbatten vient d'être nommé commandant en chef dans le Sud-Est asiatique.

Au capitaine Jacques d'Alsace, commissariat à l'Intérieur, service d'Alsace et de Lorraine, à Alger

Alger, 16 octobre 1943

Mon cher ami,

Vous avez bien voulu me demander dans votre lettre du 12 octobre qu'un porte-parole des résistants d'Alsace et de Lorraine trouve place au sein de l'Assemblée consultative provisoire.

Si ces deux provinces nous sont particulièrement chères, j'estime que ce serait une erreur politique d'admettre à leur endroit le principe d'une représentation spéciale, alors que ces trois départements, qui ont été séparés arbitrairement de la patrie, doivent reprendre leur place normale dans les départements français.

Par contre, il est regrettable que, parmi les parlementaires sur le sol libéré, le hasard ait voulu qu'il n'y eût point d'Alsaciens-Lorrains. C'est là une lacune qui n'est pas sans remède, et je serais heureux de m'en entretenir avec vous.

Croyez, mon cher ami, à l'expression de mes meilleurs sentiments.

Télégramme à Pierre Viénot[1], à Londres

Alger, 16 octobre 1943

Le colonel Passy a rendu compte des difficultés sérieuses qu'il rencontre actuellement dans l'exécution de sa mission de la part de l'Intelligence Service. Il résulte des rapports du colonel Passy et aussi d'une lettre écrite le 10 octobre par le général Gubbins[2] au général Cochet[3] que l'Intelligence Service paraît chercher sous divers prétextes à placer sous son emprise complète le fonctionnement du BCRA à Londres. C'est ainsi que les services anglais interdisent depuis quelques jours l'envoi de télégrammes vers la France par le BCRA sinon par des codes britanniques et s'opposent à la transmission de questionnaires et d'instructions par le BCRA à nos agents dans la Métropole. D'autre part, nous sommes informés que l'Intelligence Service pratique en France de nombreux parachutages d'armes à destination d'organismes qui ne sont aucunement contrôlés par nous et prétend donner directement des instructions à certains éléments de la Résistance, notamment dans les Alpes. Il en résulte

1. Délégué du Comité français de la Libération nationale en Grande-Bretagne.

2. Le général Gubbins est le chef de la Direction des opérations spéciales britannique (Special Operations Executive).

3. Depuis le 4 octobre 1943, le général Cochet a sous ses ordres l'ensemble des Services spéciaux français, dont le BCRA. Il exerce ses fonctions de chef des Services de renseignements et d'action à Alger.

une confusion qui est nuisible à la cohésion de la résistance et préjudiciable à l'autorité du Comité de la Libération. Ces tentatives des services secrets anglais ont pu d'ailleurs être encouragées par la division que crée à Londres même l'action de certains éléments de services secrets français autres que le BCRA. Le général Cochet se rendra incessamment à Londres pour mettre un terme à cette division.

En attendant, je vous prie d'attirer très sérieusement l'attention du Foreign Office sur les graves inconvénients que risquent d'entraîner les ingérences excessives de l'Intelligence Service. La collaboration entre l'Intelligence Service et le BCRA a été fondée sur cette base que les rapports entre le BCRA et la Métropole sont l'affaire de nos services. Les services anglais fournissent les moyens matériels et bénéficient en échange de toute la masse des informations que se procure le BCRA sans préjudice du concours que la résistance française organisée apporte à l'effort de guerre commun. Vous direz au Foreign Office que nous serons amenés à renoncer à maintenir en Angleterre nos propres services secrets si ces services devaient subir du côté anglais des ingérences inadmissibles dans leurs rapports avec la Métropole.

Télégramme au colonel Passy[1], à Londres

Alger, 18 octobre 1943

J'ai moi-même lu la lettre de Gubbins au général Cochet. Il est faux que cette lettre fasse état d'un soi-disant accord de Cochet au sujet de nos représentants militaires de zone. D'autre part, il est évident que je n'admets pas les prétentions des Anglais quant à nos codes et quant aux instructions données à nos agents. Si l'attitude des Anglais persiste, je retirerai de Londres tout le BCRA et j'en fais avertir M. Viénot pour qu'il le dise au Foreign Office. Le général Cochet se rendra incessamment à Londres et verra cette affaire sur place avec mes instructions. En attendant, ne vous excitez pas.

Note pour Henri Bonnet[2], à Alger

Alger, 18 octobre 1943

Toute information de presse mettant en cause le général de Gaulle et relative notamment aux entretiens qu'il est susceptible d'avoir avec des personnalités diplomatiques ou politiques, sera obligatoirement soumise au visa du Cabinet du président du Comité Français de la Libération Nationale.

---

1. Chef du Bureau central de renseignements et d'action.
2. Commissaire à l'Information.

Au professeur Vermeil[1], à Londres

Alger, 21 octobre 1943

Monsieur le Professeur,

J'ai reçu votre lettre qui m'a touché et dont je vous remercie. Vous devez rendre à la Commission interalliée pour les affaires allemandes les plus grands services, ainsi, d'ailleurs, que pour ce qui concerne les conseils à donner sur les mêmes affaires à nos délégations de Londres. Je désire que vous m'adressiez personnellement les principaux rapports que vous établirez à ce sujet.

Nous serons très heureux de vous voir ici bientôt.

Je vous prie de croire à mes sentiments très distingués et dévoués.

Télégramme à Pierre Viénot, à Londres

Alger, 21 octobre 1943

Je vous prie de faire savoir de ma part et sans délai à B. Mackenna, solicitor, que je ne l'ai pas chargé de s'occuper en mon nom de l'affaire Dufour[2] et que je l'invite à cesser en cette matière toute démarche me concernant.

Télégramme au colonel Passy, à Londres

Alger, 21 octobre 1943

Je reçois avec étonnement la nouvelle qu'un solicitor anglais a répondu en mon nom et au nom de plusieurs officiers à la plainte qu'un nommé Dufour a déposée contre eux et contre moi devant la justice britannique.

J'interdis absolument qu'aucun solicitor réponde quoi que ce soit en mon nom et au nom de mes subordonnés à la plainte du nommé Dufour, qui est un déserteur et un imposteur.

En outre, je ne reconnais naturellement pas le droit de juridiction de la justice anglaise dans une affaire intérieure de l'armée française. Si les Anglais font une campagne de presse à ce sujet, j'ai tous les éléments pour faire connaître à l'opinion ce qu'est cette affaire. Veuillez montrer ceci au com-

1. Edmond Vermeil, agrégé d'allemand et docteur ès lettres, est spécialiste de l'histoire de la culture allemande, qu'il enseignait à la Sorbonne avant la guerre.

2. Agent de l'Intelligence Service, ce Français a été jugé et emprisonné, en 1942, pour usurpation de grade et de titre lors de son engagement dans les Forces françaises combattantes. Il s'évade et, en septembre 1943, porte plainte contre le général de Gaulle et plusieurs officiers français devant la justice anglaise. Or celle-ci est incompétente pour juger des militaires français, l'accord Eden-de Gaulle du 15 janvier 1941 ne laisse aucun doute sur ce point. Toutefois, le gouvernement britannique feint de l'ignorer et, jusqu'en mars 1944, fera de nombreuses communications au CFLN à propos de l'affaire Dufour (Voir *Mémoires de guerre*, t. II, p. 216 à 219, et p. 593).

mandant de Boislambert et m'en accuser réception. Veuillez ne rien faire en la matière sans l'accord de M. Viénot à qui j'ai donné des instructions.

Note pour le commandant de Courcel[1], à Alger

Alger, 22 octobre 1943

Dire à M. Philip que je suis d'accord sur les points suivants :

1. Créer, *dans* le BCRA une Section pour la propagande et l'action des prisonniers de guerre et déportés en Allemagne, avec Warrisse à sa tête. (Le proposer au Comité d'Action en France.)

2. Organiser un service des Prisonniers de Guerre et Déportés en lui donnant une Section d'Administration (d'André) et une Section de Rapatriement (général Metrot) pour préparer leur retour à tous points de vue : rassemblement, transport, hébergement et ravitaillement au retour, démobilisation, reclassement, etc. (Ceci à proposer par décret par Abadie[2] ou par le général Legentilhomme qu'il faudrait voir.)

Note sans indication de destinataire

Alger, 23 octobre 1943

Je prie M. de Menthon d'examiner de près l'affaire Pierrat.

Celui-ci me paraît efficient et dynamique. Il a été certainement engagé dans une affaire bizarre. De toutes façons il y a lieu de l'éclaircir car l'intéressé en vaut la peine.

S'il y a lieu, on pourrait le faire juger. Un non-lieu ou un acquittement, si Pierrat mérite l'un ou l'autre, vaudrait mieux qu'une suspicion injustifiée.

Et s'il est coupable, une condamnation s'impose.

Au général Catroux[3], à Alger

Alger, 24 octobre 1943

Mon cher général,

J'ai l'honneur de vous accuser réception de votre lettre du 15 octobre par laquelle vous avez bien voulu me transmettre le texte d'un vœu émis

---

1. Directeur adjoint du cabinet du général de Gaulle. Note au sujet d'une lettre d'André Philip au général de Gaulle du 8 octobre 1943, qui formule les bases d'un projet de constitution et d'organisation de services des prisonniers de guerre à Londres. André Philip a écrit cette lettre après s'être entretenu avec l'auteur du projet, Michel Cailliau, fondateur du mouvement de résistance Prisonniers et Déportés et neveu du général de Gaulle.

2. Résistant, commissaire à la Justice, à l'Éducation et à la Santé de juin à novembre 1943, ce docteur en médecine se consacrera ensuite, selon ses vœux, à des travaux scientifiques.

3. Gouverneur général de l'Algérie, commissaire d'État à la Coordination des affaires musulmanes.

par l'Union Départementale des Syndicats Confédérés d'Alger au sujet de la constitution de l'escadrille du Travail, pour l'achat de laquelle les travailleurs de toutes catégories d'Afrique du Nord ont versé leur participation à l'occasion du 1er mai 1943.

Je suis d'accord avec les propositions que vous faites pour réaliser, de la manière la plus fructueuse et la plus ingénieuse, le désir exprimé par les travailleurs.

Veuillez agréer, mon cher général, l'expression de mes sentiments les meilleurs et les plus dévoués.

À René Massigli, à Alger

Alger, 25 octobre 1943

Monsieur l'Ambassadeur,

J'ai pris connaissance du projet de formule que vous avez établi en ce qui concerne l'accession éventuelle de la France au pacte des Nations Unies.

Sans vouloir actuellement discuter les avantages et les inconvénients que pourrait comporter cette accession tardive, il serait essentiel que nous sachions par avance sous quelle forme le gouvernement des États-Unis recevrait la communication éventuelle du Comité de la Libération Nationale. Mais nous n'avons sur ce point aucune précision.

En tout cas je ne m'oppose pas à ce que vous saisissiez de la question le Comité de la Libération Nationale quand vous le jugerez à propos.

Veuillez agréer, monsieur l'Ambassadeur, l'assurance de ma considération distinguée.

Télégramme au général de Lattre de Tassigny, à Londres

Alger, 26 octobre 1943

Très secret

J'ai appris avec joie votre arrivée à Londres et espère vous voir au plus tôt à Alger.

Amitiés.

À l'enseigne de vaisseau de 1re classe de Gaulle, frégate *La Découverte*, FNFL en Grande-Bretagne

Alger, 26 octobre 1943

Mon bien cher Philippe,

Je te félicite de l'embarquement qui t'est attribué. Le commandant Querville[1] est un chef éminent et la frégate neuve[2] à bord de laquelle tu vas servir est un navire intéressant et de première utilité.

Ici les choses vont mieux chaque jour. Il faut que la guerre se termine au plus tard dans le courant de l'année prochaine car la France s'épuise.

Si tu passais dans l'aviation tu ne serais pas, je crois, présent au dernier combat.

Je t'embrasse de tout mon cœur.

Ton papa affectionné.

Télégramme au général Mathenet, à Londres

Alger, 26 octobre 1943

Secret

Je tiens à vous préciser le rôle de la mission assignée au commandant de Boislambert et sa position par rapport à vous.

La mission de liaison administrative dirigée actuellement par Boislambert est l'organe par lequel le Comité de la Libération pourrait assurer les liaisons entre les forces alliées, d'une part, les autorités administratives et la population française, d'autre part, dans le cas où les opérations porteraient en territoire métropolitain français les armées de nos alliés. Cette liaison administrative n'a donc pas directement de caractère tactique. La mission qui en est chargée dépendrait du délégué que le Comité de la Libération désignerait dans son sein pour lui servir en quelque sorte d'avant-garde et qui se tiendrait lui-même en liaison aussi étroite que possible avec le haut commandement interallié. Le caractère de la mission Boislambert fait qu'il reçoit pour le moment ses instructions de moi-même en tant que président du Comité de la Libération et président du Comité de Défense nationale. Ces instructions lui sont notifiées par l'intermédiaire de M. Viénot qui est évidemment intéressé à les connaître et qui doit me transmettre les rapports de Boislambert. Il appartient à

1. Jean-Marie Querville, commandant les sous-marins *Sirène* (1934) puis *Souffleur* (1936), officier en second de la mission hydrographique en Indochine (1938), rallie la France Libre en 1940. Affecté au 2e Bureau des FFL, il commande en 1941 le sous-marin *Junon* et, en 1942, la 1re division de sous-marins des FNFL.

2. C'est le capitaine de corvette Rescher qui en est le commandant. Le capitaine de frégate Querville commande une autre frégate, *L'Aventure*, et le groupe des bâtiments de ce type.

M. Viénot de vous tenir vous-même au courant et il vous appartient de mettre Boislambert en rapport avec toutes autorités militaires en Grande-Bretagne qu'il lui est utile d'approcher.

J'appelle votre attention sur le fait que les autorités administratives françaises que la mission Boislambert aurait à relier avec les forces alliées seraient également les autorités militaires territoriales. Il serait en effet impossible, le cas échéant, de traiter séparément les unes et les autres car elles auraient à concourir localement à la solution des mêmes problèmes.

Indépendamment de cette mission de liaison administrative et dans l'éventualité infiniment souhaitable où des forces françaises participeraient aux opérations communes en territoire métropolitain français, il serait évidemment nécessaire d'assurer les liaisons stratégiques et tactiques entre nos unités et les échelons intéressés du commandement interallié. Les liaisons stratégiques et tactiques exigeraient un nombre restreint d'officiers qualifiés. Il serait du ressort du général commandant en chef français de les faire assurer au moment voulu, d'accord avec le haut commandement interallié. J'insiste sur le fait que cette catégorie de liaisons stratégiques et tactiques ne se confond pas avec les liaisons administratives. Vous devez vous employer à faire clairement comprendre cela aux autorités militaires anglaises dans l'esprit desquelles aucune confusion à cet égard ne doit exister.

J'ajoute qu'au point de vue discipline, les officiers de la mission Boislambert sont sous votre autorité en votre qualité d'officier général actuellement le plus ancien en Grande-Bretagne. Ils sont administrés par le commissariat à la Défense nationale.

Veuillez communiquer à M. Viénot et au commandant de Boislambert le texte de ce télégramme. Vous les prierez de m'en accuser réception et de me faire connaître les remarques ou demandes que cette communication pourrait provoquer de leur part. Vous en ferez de même pour ce qui vous concerne.

Au général Catroux, à Alger

Alger, 31 octobre 1943

Mon général,

Je reçois votre lettre d'aujourd'hui. Je n'admets pas plus que vous-même que le commissaire à l'Intérieur s'adresse aux Préfets de l'Algérie par-dessus la tête du gouverneur général, qui est, en outre, son collègue. Ce point sera tranché au fond à la plus prochaine séance du CLN.

Jusque-là, je vous demande de tenir pour suspendue la démission que vous m'avez adressée et dont je ne veux, pour le moment, retenir que les raisons justifiées que vous me donnez de l'expression de l'amitié et de la confiance que vous voulez bien m'accorder.

Je vous prie de croire, mon général, à mes sentiments fidèlement dévoués.

À René Massigli, à Alger

Alger, 6 novembre 1943

J'ai pris connaissance de votre lettre du 2 novembre relative à l'intérêt qu'il y aurait à exploiter dès maintenant à Londres et à Washington les contacts récemment établis par le chef du Cabinet diplomatique de l'amiral Decoux[1] avec un agent de notre Mission à Tchung-King.

J'ai l'honneur de vous faire savoir que je ne crois pas la démarche de M. de Boisanger suffisamment précise pour que nous en fassions état auprès des Américains et des Anglais.

J'ajoute qu'une telle démarche risquerait actuellement d'avoir pour seule conséquence de faire intervenir les services alliés en travers de notre jeu et d'en compromettre le résultat.

Au général Catroux, à Alger

Alger, 6 novembre 1943

J'ai bien reçu votre lettre du 4 novembre et je suis d'accord avec vous pour penser que la Commission d'Épuration doit observer une procédure déterminée et régulière.

D'après les renseignements que m'a fournis M. de Menthon à ce sujet, il semble que l'absence de président, depuis la démission de M. William Marçais, ait été la cause des quelques irrégularités de procédure qui ont été commises. Je pense que l'arrivée à Alger de M. Charles Laurent, désigné par le Comité pour succéder à M. Marçais, permettra prochainement à la Commission de reprendre régulièrement ses travaux sous sa présidence, et de hâter les décisions à intervenir.

Télégramme à Pierre Viénot, à Londres

Alger, 6 novembre 1943

Je réponds à votre télégramme du 29 octobre. Le procès que les autorités britanniques pensent faire intenter contre moi-même et contre des

1. L'amiral Decoux commande les forces françaises d'Extrême-Orient lorsqu'il est nommé gouverneur général de l'Indochine, à la place du général Catroux, en juin 1940. Depuis décembre 1941, il est haut-commissaire de Vichy dans le Pacifique.

officiers français devant la justice anglaise par le nommé Dufour[1] est d'avance nul et non avenu.

Si ce procès paraît devoir s'engager, il y a lieu de mettre en route sur Alger immédiatement et sans délai les officiers dont il s'agit et que je vous prie d'avertir de ma part. Il est en outre vraisemblable que si l'affaire se développait nous serions amenés à supprimer tout service secret opérant à partir de l'Angleterre.

Télégramme au général de Lattre de Tassigny, à Londres

Alger, 6 novembre 1943

Mon cher général,

Sur proposition du général Commandant en chef vous allez recevoir un commandement important en vue des opérations. J'aurai en outre le plaisir de signer le 11 novembre le décret qui vous nommera au grade de Général d'Armée. Veuillez vous rendre au plus tôt à Alger. Amitiés.

Le CFLN a demandé unanimement au général de Gaulle, le 6 novembre 1943, de procéder à son remaniement dans les buts suivants :
— Représentation au sein du Comité des délégués de la Résistance à l'Assemblée consultative provisoire qui a été instituée par ordonnance le 17 septembre 1943, et dont la première session s'est ouverte le 3 novembre 1943,
— Unité et cohésion du Comité français de la Libération nationale,
— Séparation complète des pouvoirs civil et militaire et subordination du commandant en chef au pouvoir civil.
Ce remaniement interviendra par décret le 9 novembre 1943.

À Fernand Grenier[2], à Alger

Alger, 8 novembre 1943

Cher monsieur Fernand Grenier,

J'ai bien reçu vos deux lettres du 8 novembre faisant suite à votre lettre du 1er novembre.

Comme vous avez bien voulu le rappeler je vous ai demandé, le 25 août dernier, si, dans l'éventualité d'un remaniement du Comité Français de la Libération Nationale, vous seriez disposé à en faire partie.

---

1. Sur cette affaire, voir les télégrammes du 21 octobre 1943 à Pierre Viénot et au colonel Passy.
2. Député de Saint-Denis (Seine), délégué à l'Assemblée consultative provisoire.

L'éventualité se précisant, j'ai renouvelé cette demande dans un message télégraphié à Londres le 28 septembre[1] et que M. Viénot vous a communiqué. Dans cette dernière communication je vous priais de procéder aux consultations que vous jugeriez nécessaires, ce que vous avez bien voulu faire.

Le Comité ayant décidé, le 6 novembre, de procéder à son remaniement, je vous ai confirmé ma proposition dans notre entretien d'hier. Je vous ai fait connaître en même temps, d'une part, mon accord sur les cinq points du programme que vous avez énoncés dans votre lettre du 1er novembre, d'autre part, l'essentiel de la composition du Comité Français de la Libération Nationale tel que j'avais mission du Comité de la réaliser.

Enfin, par ma lettre antérieure d'aujourd'hui[2], j'ai précisé que je souhaiterais vous voir accepter soit le département du Ravitaillement, soit celui de la Production, à titre de membre du parti communiste français et de député de Saint-Denis, et vous exprimais le désir de recevoir votre réponse dans la journée.

Vous voulez bien me dire dans votre seconde lettre d'aujourd'hui que le principe de la participation du Parti communiste au Comité Français de la Libération Nationale restait acquis mais que trois conditions vous paraissaient nécessaires.

La première de ces conditions concerne l'accord de tous les membres du Comité et des organisations ou groupements qui les ont mandatés sur un programme de guerre précis. Je puis vous dire, à ce sujet, que les grandes lignes du programme de guerre qui ont été formulées déjà soit par moi-même, soit par chacun de ceux à qui j'ai demandé de partager avec moi les responsabilités de gouvernement et notamment par vous-même, me paraissent coïncider. La mise au point et l'application sont évidemment du ressort du Comité de la Libération qui ne peut y procéder sans être constitué.

La deuxième condition vise la délimitation exacte des fonctions attribuées à chaque commissaire. Je suis entièrement d'accord avec vous sur ce point.

La troisième condition a trait au droit de chaque commissaire de faire une déclaration publique préalable sur la politique de guerre qu'il entend suivre. Dans cet ordre d'idées, je vous fais observer que chaque commissaire a naturellement toujours le droit et même le devoir d'exprimer publiquement ce qu'il croit devoir dire, pourvu que ses propos ne soient pas en contradiction avec la politique du Comité dont la responsabilité est, comme vous le savez, collective.

---

1. Voir *Mémoires de guerre*, t. II, p. 541.
2. Cette lettre n'a pas été retrouvée.

Je veux espérer que ces explications vous permettront de me donner d'urgence une réponse précise. Je crois, en effet, nécessaire que le remaniement du Comité soit une chose accomplie demain avant midi.

Veuillez croire, cher monsieur Grenier, à mes sentiments cordialement dévoués.

Au général Giraud, à Alger

Alger, 8 novembre 1943

Mon général,

Je reçois votre lettre de ce soir.

Il n'y a pas eu ce matin de réunion du CFLN, mais une réunion de personnes auxquelles j'ai demandé d'en faire partie. Le Comité sera reconstitué dès que les décrets fixant son remaniement seront signés, c'est-à-dire ce soir. À partir de ce moment, vous serez dégagé de vos attributions et fonctions au titre du Comité. Cela est conforme à la décision prise unanimement le 6 novembre – et notamment par vous-même – m'attribuant la mission d'opérer le remaniement sur des bases nettement précisées, en particulier celle-ci : séparation du commandement militaire et du pouvoir politique. Cela est conforme également au décret signé par nous deux et précisant ma mission en la matière[1].

Comme j'ai eu l'honneur de vous le dire au cours de notre entretien d'hier, je me permets de vous féliciter de pouvoir, comme vous l'avez toujours souhaité, vous consacrer entièrement à la grande tâche de commandement qui vous est dévolue.

Je ne manquerai pas de souligner à une très prochaine occasion la haute clairvoyance dont vous venez de faire preuve en décidant, avec l'unanimité du Comité, de placer l'organe de gouvernement et de commandement dans l'ordre normal.

Veuillez agréer, mon général, mes meilleurs sentiments.

Télégramme à Pierre Mendès France, à Londres

Alger, 9 novembre 1943

Secret

Le Comité de la Libération Nationale ayant décidé à l'unanimité le 6 novembre de se renouveler et m'ayant confié la tâche de sa reconstitution, je compte sur votre collaboration et sur votre présence immédiate à Alger.

Amitiés.

1. Décret du 3 octobre 1943, voir *Mémoires de guerre*, t. II, p. 533.

Télégramme à Jean Monnet[1], à Washington

Alger, 10 novembre 1943

Secret

Le Comité de la Libération Nationale m'a chargé, le 6 novembre, à l'unanimité de ses membres qui étaient tous présents excepté vous-même, de renouveler sa composition. J'ai donc constitué le nouveau Comité dont vous faites partie en qualité de Commissaire en mission pour les questions d'approvisionnement et de reconstruction. Vous restez donc investi de la mission qui vous avait été assignée précédemment par le Comité.

Je suis sûr que sa composition élargie par l'inclusion des représentants des mouvements de résistance et des partis politiques et affermie par la séparation du commandement militaire et de l'organe de gouvernement ne pourra qu'augmenter l'autorité dont vous disposez vis-à-vis des représentants des gouvernements alliés.

Je vous remercie des importantes indications contenues dans votre dernier télégramme. Elles seront communiquées au Comité au cours de sa prochaine séance. Amitiés.

La France est dépositaire d'un mandat sur les États du Levant, que lui ont confié les instances internationales (SDN).
Dès 1941, la France Libre a proclamé le principe de l'indépendance des États du Levant, et souhaité qu'il soit mis fin au mandat aussitôt que possible, c'est-à-dire à l'issue du conflit mondial.
Or, au début de novembre 1943, le Parlement libanais, élu comme celui de Syrie en juillet 1943, vote une réforme de la Constitution, supprimant de fait le mandat français. Jean Helleu, délégué général et plénipotentiaire du CFLN au Levant, qui se trouvait absent de Beyrouth lors de cet événement, y met à son retour son veto. Il fait arrêter le président de la République libanaise, Béchara Khoury, le président du Conseil, Riad Sohl, et plusieurs ministres, suspend le Parlement, et charge l'ancien président Émile Eddé de former un gouvernement provisoire.
Le 14 novembre 1943, le général Catroux quittera Alger pour Beyrouth, chargé par le CFLN d'y rétablir une situation constitutionnelle normale.

1. Commissaire en mission pour les questions d'approvisionnement et de reconstruction.

Note pour Louis Jacquinot[1]

12 novembre 1943

(Réponse à sa lettre du 10 novembre.)

Le gouvernement, qui a remis ses pouvoirs et se borne à expédier les affaires courantes, ne peut décider d'une affaire aussi importante que l'achat d'un porte-avions.

À René Massigli, à Alger

Alger, 13 novembre 1943

Monsieur l'Ambassadeur,

Dans la dépêche à adresser à Londres, Washington et Moscou, il y a lieu d'ajouter que, dans l'extrémité, nous nous retirerions du Levant. C'est là, d'ailleurs, la seule considération dont les conséquences peuvent faire changer l'attitude des Anglais, comme cela s'est produit déjà dans d'autres occasions. En outre, il est préférable de ne pas le leur cacher maintenant, tandis qu'il est temps pour eux de fixer leur position[2].

D'autre part, puisque vous voyez le général Catroux tout à l'heure, je vous prie de bien préciser avec lui que les dispositions qu'il pourra être amené à prendre à Beyrouth ne comportent évidemment pas celles qui seraient susceptibles d'altérer notre position mandataire de droit et de fait. De telles décisions, si l'éventualité s'en présentait par hasard, seraient à décider par le Comité de la Libération.

Mon impression est que la situation locale n'est pas mauvaise, que les gens du Liban et de Syrie attendent de voir si nous restons fermes pour s'accommoder de notre énergie ou tirer parti de notre faiblesse. Dans ce dernier cas, l'affaire est perdue et elle ne doit pas l'être.

Bien cordialement à vous.

Au général Catroux

Le 13 novembre 1943

Mon cher général,

Je reçois de M. Helleu le télégramme dont M. Palewski vous donnera communication et dont je vous demande de ne faire état auprès de personne – notamment de M. Helleu – car il m'est personnel.

---

1. Commissaire de la Marine du gouvernement provisoire à Alger.
2. Par une note verbale adressée au CFLN le 13 novembre 1943, le gouvernement britannique avertit que, ne pouvant tolérer des troubles au Levant, il se tient prêt à y intervenir militairement et politiquement, en cas de défaillance de l'autorité française. Voir *Mémoires de guerre*, t. II, p. 597 et 598.

Vous lirez aussi une lettre de Baelen qui vous donnera l'état d'esprit des Français devant l'incident.

Je crois qu'en passant au Caire vous pourrez vous méfier de l'alarmisme que Casey et autres ne manqueront pas de déployer. Je crois aussi qu'à l'arrivée à Beyrouth il y aura lieu de ne rien dire qui puisse ébranler Helleu car au total, même si son geste a été peut-être un peu trop vif, la France est solidaire de ce qu'il a fait. Je crois enfin que vous devez repousser absolument toute proposition éventuelle d'enquête franco-britannique par vous et Casey (par exemple), car ce serait accepter publiquement le condominium.

Le but à atteindre est de remettre la Constitution (la vraie) en vigueur avec un gouvernement acceptable pour nous. Si les Anglais rendent cela impossible (ce que je ne crois pas, du moment que nous sommes fermes) nous devrons nous en aller.

Veuillez croire, mon cher général, à mes sentiments dévoués.

Message à Alfred Duff Cooper[1], à Londres

Alger, 13 novembre 1943

J'ai été heureux d'apprendre votre nomination à Alger. Nul choix ne pouvait mieux répondre aux sentiments qui unissent nos deux pays. Croyez à mes vives et sincères félicitations.

Télégramme à Pierre Viénot, à Londres

Alger, 15 novembre 1943

Veuillez dire à M. Farjon, que j'ai reçu son message dont je suis très touché. Je lui adresse mes vœux de prompt rétablissement.

En attendant que le sénateur Farjon puisse se rendre à Alger, il est très désirable que son crédit et son expérience soient utilisés ; il peut et doit notamment travailler aux questions concernant le règlement de la guerre. Le sénateur Farjon acceptera certainement de s'employer dans cette voie et naturellement dans votre propre orbite.

Veuillez adresser propositions.

1. Ambassadeur de Grande-Bretagne auprès du CFLN.

Télégramme à Jean Monnet, à Washington

Alger, 15 novembre 1943

Je vous adresse mon compliment pour le choix qui a été fait de vous comme président d'une des commissions du Conseil pour le Secours et la Reconstruction.

Je vous confirme que vous êtes membre du Comité de la Libération remanié. Il a paru que vos devoirs de négociateur aux États-Unis vous rendraient difficile l'administration d'un département ministériel. C'est pourquoi votre titre officiel est Commissaire en mission.

Amitiés.

À l'enseigne de vaisseau de Gaulle, frégate *La Découverte*, à Greenock (Écosse)

Alger, 15 novembre 1943

Mon bien cher Philippe,

J'ai reçu ta lettre pour ma fête et t'en remercie beaucoup. Je te félicite de ton embarquement, quoique je mesure d'avance les épreuves que comportent le service à bord d'une telle frégate et le poste qui t'y est attribué.

Je crois que les événements vont se précipiter, quoique la guerre ne soit pas encore gagnée… Mais du moment que la conférence de Moscou[1] a eu un heureux résultat au point de vue de l'accord russo-américain, les Allemands n'ont plus d'issue.

Je fais venir Roger ici […]

Pierre est à l'École des aspirants de Cherchell. François se prépare à combattre avec son régiment d'artillerie. Nous attendons Bernard qui est en Espagne[2].

Je t'embrasse tendrement, mon bien cher Philippe. Sache que je suis heureux et fier de la façon dont tu sers dans la guerre.

Ton papa très affectionné.

---

1. La conférence de Moscou a réuni, du 19 au 30 octobre 1943, Eden, Molotov et Hull, ministres des Affaires étrangères de Grande-Bretagne, d'Union soviétique et des États-Unis. Ils ont envisagé l'ouverture d'un second front en France au printemps de 1944, malgré le désir de la Grande-Bretagne de porter la guerre dans les Balkans. Dans le domaine politique, la conférence de Moscou a mis en discussion de nombreux problèmes dont les plus urgents concernent le sort des pays d'Europe centrale et balkanique, notamment celui de la Pologne. Du 28 novembre au 1er décembre 1943, lors de la conférence de Téhéran, Staline, Roosevelt et Churchill parleront essentiellement du second front, auquel s'oppose encore la Grande-Bretagne. Ils n'aborderont que très rapidement et partiellement les questions politiques. Ainsi les graves problèmes liés à la phase finale de la guerre et à la reconstruction de l'Europe seront-ils laissés en suspens.

2. Roger de Gaulle, Pierre Cailliau, François et Bernard de Gaulle sont des neveux du général de Gaulle.

Apostille[1]

M. Soustelle.

Voir avec M. de Menthon ce qu'on pourrait faire ? de quelle façon ? par quelle procédure ? à quelle occasion ?

À Adrien Mercier[2], à Alger

Alger, 15 novembre 1943

Cher monsieur Mercier,

Je tiens à vous confirmer ce que j'ai eu l'honneur de vous dire lors de notre entretien du 12 novembre, entretien auquel, par suite d'un accident, n'a pu se rendre M. Fernand Grenier que j'avais prié de venir me voir en même temps que vous.

Je vous demande à vous-même ainsi qu'à M. Fernand Grenier de faire partie du Comité de la Libération Nationale, tous deux en votre qualité de membres du Parti communiste français, de députés et d'hommes qui avez pris, à la lutte contre l'ennemi et ses complices, en France et hors de France, une part considérable et notoire. J'ajoute que les membres du Comité de la Libération sont unanimes à approuver et à désirer cette collaboration.

Les deux départements dont je propose à vous-même et à M. Fernand Grenier d'assumer la direction sont, d'une part, la Production, d'autre part, la Santé publique et les Sports. J'incline à vous voir personnellement diriger le second de ces deux départements.

Dans le cas où soit vous-même, soit M. Fernand Grenier, croiriez devoir décliner cette proposition, je m'adresserais à M. Fajon que je n'ai pas l'avantage de connaître aussi bien que M. Fernand Grenier et que vous mais pour le caractère de qui j'ai une grande considération. J'estime toutefois très important pour la composition finale du Comité de la Libération Nationale, composition dont la responsabilité m'incombe, que tout au moins vous-même ou bien M. Fernand Grenier en fassiez partie.

Dans la lettre que vous avez bien voulu m'adresser le 13 novembre avec les autres représentants de la Délégation du Comité central du Parti communiste français, vous me confirmez l'accord de principe de cette Délégation quant à la participation communiste au gouvernement que je préside. J'espère que la conversation que nous avons eue dans l'après-midi

1. Sur une lettre reçue le 15 novembre 1943 du général Catroux, gouverneur général de l'Algérie, qui transmettait au général de Gaulle la copie d'une requête de M. Bonnier de La Chapelle pour la réhabilitation de son fils Fernand, qui assassina l'amiral Darlan à Alger le 24 décembre 1942 et fut condamné à mort et exécuté dans les vingt-quatre heures. Voir sur le même sujet l'apostille sur une lettre du 7 mai 1945.

2. Député de Paris, délégation du Comité central du Parti communiste français.

du même jour avec MM. François Billoux, Florimond Bonte[1], André Marty[2] et Étienne Fajon[3] a suffisamment éclairci les diverses considérations dont votre lettre collective faisait suivre l'acceptation de principe de cette collaboration.

En tout cas, j'ai la conviction que, dans la situation où se trouve notre pays dont l'avenir et la vie même sont en jeu, l'union de tous les Français dans la lutte pour le salut de la France est une loi qui domine toutes autres considérations. Je suis extrêmement désireux de pouvoir achever une telle union dans le gouvernement lui-même grâce à la présence et à l'action de deux représentants communistes. J'attends votre réponse avec confiance et vous prie de croire, cher Monsieur Mercier, à mes sentiments cordialement dévoués[4].

Le 19 novembre, le ministre d'État britannique au Caire, Richard Casey, remet au général Catroux un mémorandum de son gouvernement relatif au Levant. Ce texte se présente comme un ultimatum exigeant la libération du président et des ministres libanais, la réunion d'une conférence franco-anglo-libanaise et le rappel de Jean Helleu, et envisageant, en cas d'opposition du CFLN à ces mesures, l'instauration de la loi martiale au Liban par les forces britanniques.

Le général Catroux marque à son interlocuteur l'étonnement que lui inspire une telle mise en demeure, dont il demande qu'elle soit communiquée au Comité français de la Libération nationale à Alger.

Télégramme au général Catroux[5], à Beyrouth

Alger, 19 novembre 1943

Très secret

Bien que je croie comme vous à l'impossibilité de maintenir longtemps le Liban dans la situation d'exception où il se trouve par suite de

1. Élu député de Paris en 1936, Florimond Bonte est arrêté à l'automne de 1939, après la mise hors la loi du Parti communiste français. Emprisonné en France, puis en Algérie, libéré en 1943, il entre à l'Assemblée consultative provisoire.

2. Député communiste de 1929 à 1932, puis élu à nouveau en 1936, André Marty s'engage durant la guerre d'Espagne dans les Brigades internationales. De 1935 à 1943, il est secrétaire de l'Internationale communiste. Réfugié à Moscou pendant la guerre, il arrive à Alger le 14 octobre 1943.

3. Membre du Comité central du Parti communiste depuis 1932, Étienne Fajon a été élu député en 1936 et déchu de son mandat en février 1940.

4. Les conversations au sujet de l'entrée de communistes au CFLN n'aboutiront pas, d'autant que le « Comité Central » du parti apparaît encore mal défini. La question sera reprise en mars 1944 ; deux communistes entreront au CFLN le 4 avril 1944.

5. Commissaire d'État chargé des affaires musulmanes en mission au Levant.

l'arrestation de Béchara Khoury et des ministres, j'attache une importance essentielle à quatre points :

1. nous ne devons pas accepter un règlement franco-britannique de l'incident,

2. nous ne devons pas céder aux injonctions britanniques d'avoir à relâcher les prisonniers avant une date déterminée,

3. nous ne devons pas consentir à voir Riad Sohl ni aucun de ses ministres reprendre le pouvoir,

4. si les Anglais mettent leur menace à exécution et s'emparent de l'autorité de la France sous le couvert de la loi martiale, nous devons rassembler tous les fonctionnaires français et toutes les troupes françaises en un même point et ensuite partir.

Je dois vous dire que si les Anglais nous imposaient sur place une solution contradictoire avec l'une quelconque de ces quatre conditions je quitterais moi-même le pouvoir. Je n'entends en effet diriger le gouvernement que dans l'indépendance nationale et dans un régime d'alliance.

Télégramme au général Catroux, à Beyrouth

Alger, 21 novembre 1943

Le Comité de la Libération se réunira aujourd'hui dimanche à 10 heures. La décision relative à l'ultimatum britannique vous sera télégraphiée immédiatement et notifiée en même temps à M. Macmillan.

Jusqu'à ce que vous ayez reçu la décision du Comité vous devez vous abstenir de passer à l'exécution de mesures qui engageraient l'avenir comme par exemple la libération de Riad Sohl et de ses gens.

Télégramme au général Catroux, à Beyrouth

Alger, 21 novembre 1943

Secret

M. Massigli vous a adressé les instructions[1] que le Comité a décidé de vous envoyer au cours de sa séance de ce matin[2]. Ces décisions ont été unanimes.

---

1. Voir *Mémoires de guerre*, t. II, p. 601.

2. Le même jour, par un communiqué, le CFLN fait état des décisions qu'il a prises – rétablissement dans ses fonctions de M. Béchara Khoury, rappel en consultation à Alger de M. Helleu, mise en liberté des ministres libanais – et confirme sa décision antérieure « d'ouvrir avec le gouvernement de la République syrienne les négociations nécessaires à la mise en harmonie du mandat de la France et du régime d'indépendance promis par la France aux États du Levant par les proclamations de 1941. Dès le rétablissement de la vie constitutionnelle au Liban, des négociations analogues seront entamées avec le gouvernement de Beyrouth ».

Je dois vous préciser que si le sentiment du Comité s'est trouvé acquis au rétablissement de Béchara Khoury dans ses fonctions, il est formellement opposé au rappel de Riad Sohl et de ses collègues actuellement. D'autre part, j'insiste auprès de vous pour que le retour de M. Helleu[1] prenne l'aspect d'un appel en consultation et non pas d'un désaveu brutal. Vous penserez certainement comme moi que la situation dans laquelle s'est trouvé notre Délégué Général par suite des odieuses intrigues de l'Angleterre était presque inextricable. D'autre part, je ne crois pas que nous ayons intérêt à nous condamner publiquement nous-mêmes pour avoir usé de la force. Enfin, nous devons tenir grand compte de l'opinion de nos compatriotes qui n'est pas portée à approuver la faiblesse, surtout depuis que l'ingérence britannique leur est apparue.

Je doute que les Anglais exécutent maintenant leurs menaces de prendre le pouvoir au Liban sous le couvert de la loi martiale. Si toutefois ils le faisaient, le Comité pense unanimement que nous ne devrions à aucun prix nous accrocher à une position impossible. Il y aurait lieu d'abord de retirer de leurs postes tous nos fonctionnaires et de consigner les troupes. Si les Anglais maintenaient leur usurpation, il faudrait alors réunir à Beyrouth et abords tous les fonctionnaires et militaires français en laissant là où elles sont les troupes spéciales, sauf celles qui seraient volontaires pour nous suivre. Le dernier stade serait le départ de Beyrouth pour l'Afrique du Nord. Je crois qu'il y a intérêt à convaincre Béchara Khoury car à la limite nous n'hésiterons pas à procéder de la sorte, le laissant à la discrétion des Anglais. Ceci peut contribuer à lui faire entendre raison.

Télégramme au général Petit[2], à Moscou

Alger, 21 novembre 1943

Secret

Votre [télégramme n°] 172[3]. Il est inadmissible que vous ayez assisté à une cérémonie militaire susceptible de comporter une interprétation politique[4], telle que la cérémonie de la bénédiction des drapeaux de la

1. Diplomate de carrière, Jean Helleu rallie en 1942 la France Combattante dont il devient conseiller diplomatique auprès du Comité national. En juin 1943, il est nommé délégué général au Levant.

2. Le colonel Ernest Petit, chef de la mission militaire française au Paraguay (1933), rallie la France Libre en juillet 1940. Il est chef d'état-major du général de Gaulle en 1941, puis chef de la mission militaire française en URSS de 1942 à 1947.

3. Le général Petit informe le général de Gaulle qu'il a accepté une invitation du commandement des troupes polonaises en URSS, qui lui a été transmise par le commandement soviétique, car le fait de visiter les troupes polonaises en URSS revêt pour lui un caractère uniquement militaire.

4. Le gouvernement polonais en exil à Londres, qui entretient d'étroits contacts avec le CFLN, a suspendu ses relations diplomatiques avec le gouvernement soviétique au printemps de 1943.

deuxième division polonaise, sans avoir préalablement sollicité mon agrément et sans avoir avisé M. Garreau[1]. Ce dernier me signale qu'il n'a connu votre assistance à cette cérémonie que par la presse. Je vous prie de vous abstenir à l'avenir de toutes initiatives de ce genre sans mon autorisation préalable.

Télégramme au général Catroux, à Beyrouth

Alger, 22 novembre 1943

Je réponds à votre télégramme n° 1639 CH.[2].

Étant donné l'ultimatum anglais que le monde entier connaît et qui est toujours suspendu sur nous, vous ne pouvez rappeler Riad Sohl sans que ce rappel prenne le caractère d'une humiliation infligée à la France par l'Angleterre.

Vous devez donc faire connaître à Casey que votre mission de reconstruction de la vie constitutionnelle au Liban est impossible sous la menace britannique et que vous ne la reprendrez qu'une fois cette menace retirée. Le Comité délibérera sur ce point demain matin et fera connaître publiquement sa position vis-à-vis du chantage anglais. J'évoquerai moi-même la question demain après-midi à l'Assemblée consultative et je ne doute pas de son sentiment. En tout cas, vous ne pouvez rappeler Riad Sohl tant que le Comité s'y oppose. Or il s'y oppose[3].

[R.E. Londres Alger 1468.]

Télégramme à Ève Curie[4], à Londres

Alger, 23 novembre 1943

Je vous remercie de votre message. Je n'oublie pas combien votre attitude, dès le début, a été courageuse et je vous félicite de ce que vous continuez à faire en ce moment.

Respectueux hommages.

---

1. Roger Garreau est le délégué du CFLN à Moscou.
2. Le général Catroux s'oppose aux décisions du CFLN contenues dans le communiqué du 21 novembre 1943. Il juge indispensable, compte tenu de l'opinion publique libanaise, de rétablir également Riad Sohl et tous les ministres libanais dans leurs fonctions. Il annonce son intention de prendre ces mesures dès le lendemain 23 novembre, et s'excuse de désobéir au CFLN.
3. Le jour même, le CFLN prend acte de l'initiative du général Catroux. Le 23 novembre 1943, le *statu quo ante* constitutionnel est rétabli au Liban. Yves Châtaigneau est nommé délégué général et plénipotentiaire au Levant par intérim.
4. Fille de Pierre et Marie Curie, Ève Curie est écrivain. Elle rallie la France Libre en 1940, est correspondant de guerre, puis encadre les volontaires françaises de 1943 à 1945, avec le grade de lieutenant.

Par décret du 20 novembre 1943, les Services spéciaux français de Londres et d'Alger ont fusionné. Ils seront placés sous l'autorité de Jacques Soustelle.

Au général Cochet, à Alger

Alger, 27 novembre 1943

Mon général,

J'ai regretté de ne pouvoir vous recevoir au cours de ces derniers jours. J'aurais voulu vous dire de vive voix avec quels sentiments j'ai accueilli votre démission[1] et le souvenir que je conserve du dévouement avec lequel vous vous étiez mis à votre tâche.

Dès que je serai rétabli je vous demanderai de venir me voir et je vous indiquerai le poste où je pense que vous pourrez le plus utilement servir.

Croyez, je vous prie, mon général, à mes sentiments dévoués.

Note pour René Massigli, André Le Troquer[2] et le colonel Billotte, à Alger

Alger, 29 novembre 1943

Il convient qu'il n'y ait qu'un seul service administratif pour toutes nos missions aux États-Unis (diplomatiques, militaires, économiques et autres) et que ce service fonctionne sous l'autorité du Délégué à Washington.

Note pour le commissariat aux Affaires étrangères

Alger, 1er décembre 1943

Pour Koufra[3].

1. Nous garder un officier pour être renseignés sur ce qui se passe à cause des Sénoussistes[4], et en outre un poste de quelques sous-officiers et hommes.

---

1. Dans une lettre du 19 novembre 1943, le général Cochet a demandé au général de Gaulle de le relever de ses fonctions de chef des services de renseignements et d'action. À ce titre, il était à la tête de plusieurs organismes qui n'avaient en réalité pas d'unité.

2. Commissaire à la Guerre et à l'Air.

3. Voir la note à René Massigli du 8 septembre 1943. Dans ses récentes communications au CFLN, le ministre d'État britannique, Harold Macmillan, insistant encore pour que le détachement français quitte Koufra à l'instar du détachement britannique, souligne que la principale préoccupation du commandement britannique dans cette affaire est de réduire les dépenses considérables d'essence et d'argent qu'entraîne l'entretien du poste. Il ajoute que Koufra cessera d'être ravitaillé à partir du 1er janvier 1944, date de repli du détachement britannique.

4. Cette confrérie musulmane joue un rôle prépondérant en Cyrénaïque depuis la moitié du XIXe siècle.

2. Si les Anglais refusent de ravitailler ces éléments, nous pourrons le faire nous-mêmes à partir du Tchad.

3. Il est bien évident que ce n'est pas la dépense (!) d'essence et d'argent qui met en action le ministre d'État britannique.

Télégramme à Pierre Viénot, à Londres

Alger, 3 décembre 1943

Secret le plus absolu

J'ai reçu le texte de l'aide-mémoire que Sir Orme Sargent vous a remis le 25 novembre au sujet du nommé Dufour.

Il va sans dire que cet aide-mémoire ne modifie en rien ma décision d'ignorer ce Dufour et ses accusations devant la justice anglaise[1]. Je note le prétexte invoqué par le gouvernement britannique pour faire fi de ses engagements concernant l'immunité diplomatique. Je vous prie de me faire connaître comment il se fait que les solicitors se soient d'abord chargés en mon nom d'une affaire qui me concerne personnellement et sans y avoir aucunement été invités par moi.

Ordre de mission

Alger, 3 décembre 1943

Le général d'Astier, commandant supérieur des troupes françaises en Grande-Bretagne, est délégué auprès du Haut Commandement interallié pour les questions d'administration militaire en France sur le théâtre d'opérations Nord.

À ce titre, il est chargé de contrôler l'étude et la préparation et éventuellement d'assurer l'application de toutes les mesures d'ordre administratif militaire que comporteraient au point de vue français le débarquement, les opérations et le stationnement des troupes alliées en France[2].

Le général d'Astier est en outre nommé délégué militaire à Londres du Comité d'Action en France[3]. À ce titre, il recevra en particulier du

1. Voir les télégrammes du 21 octobre 1943 à Pierre Viénot et au colonel Passy.

2. Les gouvernements anglo-saxons n'ont pas encore répondu à un projet d'accord qui leur a été adressé en septembre 1943 par le CFLN. Ce texte précisait « les modalités de la coopération à établir du jour où les forces alliées débarqueront en France, entre ces forces, d'une part, les autorités et la population, d'autre part ». Le gouvernement britannique manifeste, dans cette matière, des réticences au projet du gouvernement américain visant à installer en France un gouvernement militaire allié des territoires occupés (AMGOT), projet qui lui a été exprimé dès le 8 septembre 1943 par un mémorandum. Voir *Mémoires de guerre*, t. II, p. 591.

3. Créé par décret du 4 octobre 1943, le Comité d'action en France est chargé d'assurer les rapports de toute nature entre le CFLN et la France métropolitaine. Il comprend le président du CFLN, le général commandant en chef et le commissaire à l'Intérieur.

commandant en chef, membre du Comité d'Action, toutes directives et missions touchant l'action militaire en France dans le cadre des plans d'opérations interalliées.

Télégramme au général Brooke, à Londres

Alger, 5 décembre 1943

Mon général,

Je tiens à vous informer personnellement de la mission que reçoit le général d'Astier, commandant supérieur des troupes françaises en Grande-Bretagne, comme délégué militaire à Londres du Comité d'Action en France, et qui l'habilite en particulier à traiter, sous mon autorité directe, avec le haut commandement allié, toutes les questions touchant l'action militaire de la Résistance française dans le cadre des opérations militaires.

1. J'espère que vous voudrez bien lui réserver bon accueil dans ces nouvelles fonctions. Je lui prescris de se tenir en liaison interne avec le général Mathenet [chef de la mission militaire française] en Grande-Bretagne.

2. Il vous exposera, dès maintenant, l'importance que j'attache à l'armement de la Résistance française, et vous transmettra, prochainement, l'ordre d'urgence dans lequel j'estime actuellement que l'effort d'armement devra être poursuivi.

3. Le général d'Astier reçoit, en outre, mes directives particulières touchant nos parachutistes en Grande-Bretagne ; j'estime qu'il serait avantageux de les employer dans la plus large mesure en combinaison avec les moyens de la Résistance.

Je lui prescris d'étudier, dès maintenant, cette question où je serais heureux que vous veuilliez bien lui donner votre appui.

Note pour le commandant de Courcel

Alger, 7 décembre 1943

Dire à M. Massigli que je ne puis comprendre la façon vraiment désobligeante et injuste dont est traité M. Ledoux[1]. Où va-t-il être employé ? Je suis contrarié, pour M. Massigli lui-même, que le sort fait à nos agents en Amérique du Sud paraisse être une sorte de revanche des gens certes

1. Le diplomate Albert Ledoux a rallié le général de Gaulle en 1940 et occupé successivement les fonctions de représentant de la France Libre pour l'Amérique du Sud et de délégué du Comité national français à Rio. Il attend une autre affectation depuis la désignation par le CFLN de son successeur.

pas mieux qualifiés au point de vue technique et certainement beaucoup moins au point de vue national.

Au contre-amiral Thierry d'Argenlieu, à Londres

Alger, 8 décembre 1943

Cher amiral,

Au moment où, d'accord avec vous, et en raison des devoirs que vous impose votre commandement actuel, le commissaire aux Colonies vient de proposer, au Comité Français de la Libération Nationale, la suppression du Haut-Commissariat de France pour le Pacifique, dont vous avez été le titulaire depuis le 9 juillet 1941, je tiens à vous exprimer ma gratitude et celle du Comité Français de la Libération Nationale pour les services que vous avez rendus à la France dans le Pacifique.

Les conditions dans lesquelles vous avez été amené à prendre le commandement de cette partie de notre Empire à la veille de l'agression japonaise étaient dramatiques.

Pour moi qui ai personnellement suivi chacune des étapes de votre mission, je me rappellerai toujours avec émotion les journées de cette période pendant laquelle, ne pouvant compter que sur les forces existant en Nouvelle-Calédonie, avec un armement insuffisant ou désuet, vous vous prépariez à résister à l'attaque japonaise jusqu'au sacrifice.

Lorsque le danger militaire fut écarté, il vous appartint de déployer, pour défendre les intérêts français dans le Pacifique, une activité diplomatique qui n'a pas peu contribué, dans des moments particulièrement délicats, à sauvegarder la position de la France en Nouvelle-Calédonie.

Vous avez bien mérité du pays.

Veuillez croire, cher amiral, à mes sentiments amicalement dévoués.

Note pour René Massigli, à Alger

Alger, 9 décembre 1943

Après réflexion, je crois que la meilleure procédure à l'égard des princes Séoudiens est la suivante :

1. avoir à leur arrivée à l'aérodrome un haut fonctionnaire des Affaires étrangères accompagné d'un officier choisi. Le fonctionnaire se présente aux princes, les salue de la part de M. Massigli et leur demande quelles sont leurs intentions pour leur séjour,

2. si les princes disent qu'ils désirent me voir ou voir M. Massigli ou le général Catroux, le fonctionnaire leur dit que dans ces conditions nous espérons qu'ils veuillent bien être nos hôtes. On les mène alors à leur installation établie par nous et l'officier est placé à leur disposition,

3. ils dînent alors le soir chez le général Catroux.

Télégramme à Pierre Viénot, à Londres

Alger, 16 décembre 1943

Très secret

J'ai pris connaissance du mémorandum que M. Oliver Harvey vous a remis le 3 décembre au sujet de l'affaire Dufour.

Ce mémorandum ne change naturellement rien à ma décision d'ignorer totalement ce que fera la justice anglaise[1].

Au général Juin[2]

Alger, 17 décembre 1943

Mon cher ami,

Vu Bernède. Je n'ignore rien de tes difficultés mais je compte ferme que tu les surmonteras. Tu auras certainement bientôt, 3 divisions plus tabors, spahis, etc. Tu as devant toi une longue et dure bataille, ce dont je… te félicite.

Au revoir, peut-être à bientôt. Je t'envoie mes sincères amitiés.

Au révérend père Xavier de Beaulaincourt, à l'île de Wight, Grande-Bretagne

Alger, 18 décembre 1943

Mon révérend père et cher ami,

Je te remercie de tes vœux auxquels j'ai été très sensible. Je signale aux autorités britanniques qui s'occupent de la liaison avec les Français combattants le nom de l'officier de marine auquel tu t'intéresses.

Affectueusement à toi.

Merci de tes pensées et de tes prières. Le plus grand obstacle est le dégoût qu'il faut savoir surmonter. Je t'envie d'avoir pour le faire tout le secours des plus grandes grâces de Dieu.

Prie pour moi.

1. Voir les télégrammes du 21 octobre 1943 à Pierre Viénot et au colonel Passy.
2. Commandant le corps expéditionnaire français en Italie. Les premiers contingents de ce corps expéditionnaire ont débarqué à Naples le 20 novembre 1943.

À l'enseigne de vaisseau de Gaulle, frégate *La Découverte*, Forces navales en Grande-Bretagne

Alger, 20 décembre 1943

Mon bien cher Philippe,

J'ai reçu la lettre que tu m'as fait transmettre par le commandant Robert. Je sais que la frégate à bord de laquelle tu sers est un beau, bon et brave navire, un navire moderne aussi. Je vois aussi que tu as une tâche très importante et une responsabilité étendue. De tout cela je te félicite de tout mon cœur. Ma pensée te suit dans les missions atlantiques ou arctiques qui vont t'incomber. Que Dieu te garde !

Toutes les difficultés que beaucoup d'étrangers, convaincus d'être très malins, accumulent sans relâche sous mes pas ne nous empêchent pas de nous redresser de plus en plus vigoureusement. Il sera fâcheux pour eux que nous nous soyons relevés sans eux. Mais le résultat final est certain.

Bernard[1] est ici, comme tu sais. Après quelque repos, dont il a besoin, il s'engagera dans l'artillerie.

Au revoir mon cher petit Philippe. Je t'embrasse tendrement.

Ton papa très affectionné.

[PS] Tous mes vœux de bonne année pour 1944 !

Aux membres du CFLN[2]

Alger, 22 décembre 1943

Monsieur le Commissaire,

Comme suite à ma lettre circulaire du 3 novembre[3], je vous prie de bien vouloir me faire parvenir d'urgence les projets concernant votre administration et se rapportant aux mesures à prendre au moment de l'arrivée en France.

Afin de faciliter l'étude de ces projets, je vous serais obligé de bien vouloir me les adresser conformément aux classifications suivantes :

1. Mesures à prendre en matière législative et réglementaire.

Il serait nécessaire que vous fassiez procéder, dans les plus brefs délais, à l'examen critique de tous les textes concernant votre département, promulgués à Vichy depuis le 10 juillet 1940. Pour faciliter votre travail, j'ai demandé au président du Comité juridique par une lettre ci-jointe en copie, de faire entreprendre, en liaison avec les services des différents commissariats, un dépouillement systématique du « Journal

1. Bernard de Gaulle, neveu du général de Gaulle.
2. Des extraits de cette lettre ont déjà été publiés dans les *Mémoires de guerre*, t. II, p. 550.
3. Cette lettre n'a pas été retrouvée.

Officiel » de Vichy qui permettra de déterminer, d'une façon aussi précise et complète que possible, le sort qui devra être réservé au moment de la Libération, à la législation de Vichy.

Je vous serais obligé de bien vouloir faire désigner immédiatement celui de vos collaborateurs qui sera chargé de se tenir en liaison avec le Comité juridique dans les conditions déterminées par ma lettre ci-jointe à M. le Président du Comité juridique.

Je vous prie, d'autre part, de bien vouloir, sans attendre les résultats de ce dépouillement, faire préparer par vos services les projets d'ordonnances et décrets destinés à remplacer les textes de Vichy dont l'annulation ne saurait être mise en doute ou qui ne pourront être repris qu'avec d'importantes modifications.

Je compte que vous soumettrez ces projets au Comité au fur et à mesure de l'avancement de vos travaux ; il ne vous échappera pas qu'une telle délibération du Comité est particulièrement nécessaire et urgente pour tous les projets d'ordonnances et de décrets dont l'application, le moment venu, engagera la politique générale du Gouvernement.

2. Mesures à prendre en matière administrative.

Je vous prie de vouloir bien adresser au secrétariat général du Comité, en double exemplaire, vos projets concernant les questions suivantes :

a. Quels sont les services de l'actuelle Administration de Vichy, qui vous paraissent devoir passer, au moment de la Libération, sous l'autorité de votre Commissariat, compte tenu du fait que la structure actuelle de notre Administration centrale ne correspond pas exactement à celle de l'Administration dans la Métropole ?

b. Quelles sont, le cas échéant, les modifications que vous proposez, dès maintenant, d'apporter à la structure et aux attributions de ces services ?

c. Quelles sont, s'il y a lieu, les modifications qui vous paraissent devoir au moment opportun, être apportées à vos attributions présentes pour que la soudure entre votre Administration et celle qui existe sur le territoire métropolitain puisse s'effectuer dans les meilleures conditions ?

d. Quels sont, parmi les titulaires des principaux départements de l'Administration de Vichy, ceux qui vous semblent devoir être écartés dès l'abord ?

J'attacherais du prix à être informé de la manière dont vous comptez pourvoir à leur remplacement et à connaître, dans l'ensemble, quel sera le personnel de direction que vous prévoyez pour les principaux services qui seront placés sous votre autorité.

D'une façon générale, je désirerais enfin savoir quelles sont les mesures administratives que vous envisagez de prendre, et, s'il y a lieu, quelles sont, dans la sphère de vos attributions, les réformes qui vous semblent devoir être réalisées sans délai dès l'arrivée en France de la

Délégation du Comité, ou, au plus tard, lors de l'installation du Comité lui-même.

Je serais ainsi à même de soumettre aux délibérations du Comité celles de vos propositions qui me paraîtront devoir faire l'objet d'une décision gouvernementale préalable.

3. Désignation de délégués.

Il me serait utile enfin, de connaître dans les plus brefs délais, les noms des délégués que vous vous proposez de désigner pour les différents organismes qui doivent fonctionner lors de l'entrée des troupes alliées en France.

Ces organismes comprennent :

a. La mission de Liaison administrative, constituée en Angleterre pour être attachée à l'armée alliée qui débarquerait en France au départ de la Grande-Bretagne et qui doit, à son échelon supérieur, comprendre un délégué de chaque Commissariat ; celui-ci devrait, bien entendu, parler anglais couramment.

b. La mission analogue, en voie de constitution en Afrique du Nord et qui est destinée à accompagner, dans les mêmes conditions, l'armée alliée qui pourrait débarquer en France au départ d'Afrique du Nord.

c. La délégation générale du Comité dont l'envoi en France est prévu pour assister le commandement en chef des forces alliées, et qui, notamment, représenterait l'autorité gouvernementale dans la zone de l'intérieur en attendant que le Comité puisse s'installer lui-même sur le territoire métropolitain.

D'autre part, dans sa séance du 23 novembre, le Comité a décidé de réserver aux Commissaires la possibilité de choisir, dès maintenant, un fonctionnaire qui serait leur représentant en France. Je vous prie de communiquer avec toutes les précautions nécessaires le nom de votre représentant au directeur général des Services spéciaux, qui se chargera d'établir le contact nécessaire, si votre représentant se trouve actuellement sur le territoire métropolitain, ou de faire rentrer ce fonctionnaire en France dans le cas contraire.

Je vous prie d'agréer, monsieur le Commissaire, l'assurance de mes sentiments les meilleurs.

À René Cassin, à Alger

Alger, 22 décembre 1943

Monsieur le Président,

Aux termes de l'ordonnance du 6 août 1943, le Comité juridique étudie, à l'invitation du Comité de la Libération Nationale ou des Commissaires intéressés, la révision des textes législatifs ou réglementaires appliqués dans les divers territoires relevant de l'autorité du Comité en vue d'assurer l'uniformité de la législation et sa conformité avec les principes en vigueur le 16 juin 1940.

Je viens d'inviter Messieurs les membres du Comité à faire procéder dans les plus brefs délais à l'examen critique de tous les textes promulgués à Vichy depuis le 10 juillet 1940 et je leur ai indiqué que, pour faciliter leur travail, je vous demandais de faire entreprendre par le Comité juridique le dépouillement systématique du « Journal Officiel » de Vichy.

Je pense que le plan de travail qui permettrait d'assurer à ce dépouillement un maximum d'efficacité dans le minimum de temps serait le suivant :

Le Comité juridique se mettra en rapport avec les différents Commissariats qui désigneront auprès de lui un représentant à cet effet ; puis, en s'inspirant des études générales déjà faites sur la législation de Vichy, « dressera pour chaque Commissariat le cadre dans lequel il propose » que soient répartis, par familles, tous les textes qui peuvent être traités en bloc parce qu'ils concernent la même matière ou des matières apparentées entre elles.

Lorsque les Commissaires intéressés auront donné leur accord sur le principe de ces classifications, le Comité juridique leur proposera d'appliquer à chacune de ces familles de textes l'un des trois régimes suivants :

a. droit commun de la nullité avec effacement des effets dans le passé,

b. validation en bloc,

c. abrogation globale simple avec validation des effets dans le passé.

Après avoir apporté, s'il y a lieu, aux travaux du Comité juridique les modifications qu'ils jugeraient nécessaires, les Commissaires soumettront leurs propositions au Comité de la Libération qui définira les principes de la politique à suivre pour chaque famille de textes.

Sur la base des directives ainsi fixées, le Comité juridique entreprendra alors le dépouillement détaillé de toute la législation de Vichy et fera parvenir, aux Commissariats intéressés, au fur et à mesure de l'avancement de ses travaux, les textes qui lui paraissent devoir être classés par familles et rentrer dans l'une des catégories ci-dessus ainsi que les textes qui ne peuvent être classés par familles et doivent faire l'objet d'un examen individuel.

Pendant tout le temps où s'effectueront ces travaux, le Comité juridique restera en liaison constante avec les Commissariats intéressés et leur soumettra toutes les suggestions que vous jugeriez utiles.

Lorsque ce dépouillement sera terminé et lorsque le Comité de la Libération se sera prononcé, à la demande des Commissaires intéressés, sur toutes les questions qui peuvent comporter de longs débats, MM. les Commissaires établiront, en liaison avec le Comité juridique, des projets d'ordonnances où sera précisé, pour chaque département déterminé, le sort qui sera réservé, lors de la Libération, à tous les textes actuellement en vigueur en France métropolitaine.

Je vous prie d'agréer, monsieur le Président, l'assurance de mes sentiments les meilleurs.

Au général Giraud, commandant en chef, à Alger

Alger, 22 décembre 1943

Mon général,

J'ai eu déjà l'occasion de vous dire que j'étais insuffisamment tenu au courant des mouvements et opérations des forces sous vos ordres, soit que ces mouvements et opérations aient lieu à votre initiative dans le cadre des plans généraux arrêtés par le Comité de Défense nationale, soit qu'ils procèdent des mesures décidées par le commandement allié. Il y a là une situation anormale et qui a déjà, comme vous le savez, entraîné des inconvénients au point de vue de la cohésion des efforts.

Je comprends que vous jugiez, dans certains cas, préférable de ne pas exposer devant le Comité de Défense nationale réuni toutes les dispositions arrêtées pour vous-même ou par le Commandement allié. Mais il vous appartient alors de me les faire connaître à temps directement et personnellement.

Indépendamment du fait que vous pouvez toujours me voir ou m'écrire à tout moment, votre chef d'État-Major ou le colonel Billotte sont qualifiés pour me transmettre vos communications.

Je vous prie de croire, mon général, à mes sentiments sincèrement dévoués.

À René Massigli

Alger, 23 décembre 1943

Monsieur le Commissaire,

J'ai bien reçu votre lettre du 9 décembre. Je comprends votre émotion en présence de certaines attaques publiées contre vous dans le journal *La France Nouvelle*[1] et que j'ai voulu lire avant de vous répondre.

Je n'ai pas besoin de vous dire que je sais mieux que personne qu'elles sont injustifiées et je pense, moi aussi, que de telles polémiques, entretenues à l'étranger, sont nuisibles à tous égards[2]. Il y a là malheureusement

1. Journal qui paraît en Amérique du Sud.

2. Le cabinet du général de Gaulle adressera le 25 décembre 1943 un télégramme à la délégation française à Montevideo, la priant de faire connaître aux rédacteurs de *La France nouvelle* la position du général de Gaulle au sujet de la pratique des attaques personnelles : l'impossible doit être fait pour en purger la vie publique française tant que la diffamation ne sera pas efficacement combattue par les lois et réprouvée par les mœurs.

le contrecoup de beaucoup d'incidents odieux qui furent le fait de Vichy. Notre pays en subit la conséquence.

J'espère qu'une conversation avec M. Albert Guérin[1] vous permettra de mettre les choses au point, afin que *La France Nouvelle*, tout en conservant sa liberté de critique et d'opinion, s'abstienne à l'avenir de ces sortes d'attaques.

Croyez, je vous prie, monsieur le Commissaire, à l'assurance de mes sentiments les meilleurs.

Au commandant Vallin[2]

Alger, 25 décembre 1943

Mon cher ami,

Comment un lutteur comme vous peut-il s'affecter d'un obscur entrefilet ? Une seule chose compte : l'avenir qui est devant nous. Poursuivez dans la voie que vous avez eu le mérite de choisir. Je vous réponds que les bons Français vous en sauront gré et, par suite, vous rendront justice. Le reste, vraiment, ne compte pas.

Et si le « lampiste » a « autre chose à faire » qu'à s'appesantir sur ce qu'il vous reproche, je crois que vous avez mieux à faire qu'à vous arrêter à sa malveillance.

Croyez-moi votre amicalement dévoué.

Télégramme à Pierre Viénot, à Londres

Alger, 26 décembre 1943

Référence votre télégramme par valise n° 1675 du 4 décembre.

Le général Torcom, qui est élève de Saint-Cyr, m'avait approché en 1940 au sujet d'un projet de ligue arménienne qu'il désirait constituer. Je l'avais alors orienté sur le War Office, à la suite de quoi il a été interné[3].

Le général Torcom, étant ancien saint-cyrien, j'avais fait donner à sa femme et à sa fille un petit secours pour les aider.

---

1. Président de la Chambre de commerce française à Buenos Aires de 1932 à 1934, Albert Guérin rallie la France Libre en 1940 et fonde un comité France Libre en Argentine.

2. Charles Vallin, secrétaire général du Parti social français issu des Croix de Feu, député de Paris, adhère dans un premier temps au régime de Vichy, puis le condamne publiquement et vient se placer aux ordres du général de Gaulle à Londres en septembre 1942. Il sert alors comme capitaine, chargé de mission en Afrique. En octobre 1942, le général de Gaulle avait tenu à répondre personnellement aux vives protestations que suscitait l'arrivée à Londres de cet homme. Voir *Mémoires de guerre*, t. II, p. 374.

3. Voir à ce sujet la lettre au général Spears du 5 mars 1941 (*Lettres, notes et carnets*, coll. « Bouquins », t. I, 2010.

Personnellement, je n'ai pas d'objection à ce que le général Torcom vienne séjourner sur un territoire français, à la condition, bien entendu, qu'il n'y exerce aucun emploi ni civil ni militaire.

À El-Hadj Thami el-Mezouari el-Glaoui[1]

Alger, 30 décembre 1943

Excellence,

J'ai pris personnellement connaissance avec la plus grande attention de votre lettre du 2 novembre relative à la situation de la Société Minière de Bou-Azzer et du Graara dont vous présidez le conseil d'administration.

Je suis heureux de l'occasion qui m'est ainsi offerte de vous dire combien j'apprécie, mieux que quiconque, l'attitude courageuse et dictée par un attachement sincère à la France dont vous avez donné l'exemple depuis l'armistice de 1940.

J'ai donc tenu à être parfaitement éclairé sur l'affaire dont vous m'avez entretenu par votre lettre, et j'ai chargé les fonctionnaires compétents d'examiner avec vous le moyen d'appliquer les lois du Blocus sans vous porter aucun préjudice, car il n'a jamais été dans l'intention du Comité français de la Libération Nationale de récompenser par une ingratitude les titres que vous avez acquis à sa reconnaissance.

Vous en recevrez le témoignage particulier par les directives qui sont dès maintenant données pour que les mesures de séquestre prises à l'égard de la Société Minière de Bou-Azzer et du Graara, que vous présidez, soient modifiées dans un sens qui puisse vous donner satisfaction.

J'ajouterai qu'en aucun cas vous ne pourriez, comme Président du conseil d'administration, être considéré comme personnellement responsable des agissements de l'administrateur délégué, en l'espèce l'Omnium Nord-Africain, et qu'en tout état de cause les mesures qui seront prises par la direction du Blocus réduiront à néant toute possibilité d'interprétation qui mette en cause votre action personnelle.

Veuillez agréer, Excellence, les assurances de ma haute considération.

Message au journal *Mundo Libro*, à Montevideo

Alger, 31 décembre 1943

Le message que j'adresse aujourd'hui à l'Amérique latine par l'intermédiaire du *Mundo Libro* est moins un appel qu'un remerciement. Plus grands sont les sacrifices et les obstacles, et plus notre peuple attache de

1. Pacha de Marrakech.

prix à l'amitié de ceux qui le respectèrent alors qu'il était humilié et lui gardèrent leur foi à l'époque du désespoir.

Parlant à l'Amérique latine aux jours les plus sombres de 1940[1], j'affirmais : « Ceux qui aiment la France et croient que la France est nécessaire à l'ordre du monde, ne peuvent souhaiter pour la France autre chose que la Victoire. » À l'heure où la Victoire approche à grands pas, beaucoup croient, de plus en plus fermement, que la France – j'entends une France indépendante et forte – est nécessaire à l'ordre du monde pour concourir à l'équilibre des forces qui garantit la paix, comme pour assurer son libre rayonnement spirituel. Cette France forte et rayonnante de demain, nos meilleurs amis l'ont reconnue dans la France populaire et profonde, fidèle à la liberté, fidèle à son idéal de pureté et d'honneur, intransigeante dans ses principes et dans ses actes.

S'il est vrai que la condition même d'une réelle sympathie c'est une ressemblance, la France et l'Amérique latine peuvent se comprendre : toutes deux sont faites du même alliage de deux traditions vivantes : une tradition latine et chrétienne, une tradition révolutionnaire. Toutes deux sont à la fois très vieilles et très jeunes, solidement plantées sur le sol et riches de jeunes ardeurs. Qu'elles travaillent ensemble et de toutes leurs forces à l'établissement d'un monde vraiment libre.

À John Convers, à Alger

Alger, 31 décembre 1943

Cher docteur,

Je sais avec quel dévouement et avec quelle science vous avez soigné nos blessés de la face, en Angleterre d'abord et, depuis mars 1943, en Afrique du Nord. Je sais aussi que vous avez ainsi réalisé le vœu que vous aviez formé dès juin 1940 lorsque vous êtes venu en France pour rejoindre le Centre de chirurgie d'Étretat.

Au moment où vous quittez l'Afrique du Nord, je suis heureux de vous féliciter de votre action et j'ai la certitude que, si vos chefs ne peuvent vous laisser à la disposition du service de Santé de l'Armée française, vous n'oublierez pas vos blessés français, comme eux-mêmes ne vous oublieront jamais.

Croyez, je vous prie, cher docteur, à mes sentiments bien sympathiques et dévoués.

1. Voir le discours adressé à l'Amérique latine le 15 août 1940 (*Lettres, notes et carnets*, coll. « Bouquins », t. I, 2010.

1944

Au général Georges, à Alger

Alger, 2 janvier 1944

Mon général,

J'ai bien reçu votre lettre du 31 décembre, et j'avais pris connaissance antérieurement de celle que vous avez adressée le 14 décembre à M. Le Troquer[1].

Je suis le premier à reconnaître que les avis peuvent être partagés en ce qui concerne les responsabilités encourues par les autorités de divers ordres dans l'insuffisance de notre préparation à cette guerre. Un jour viendra où le pays devra connaître en toute sincérité et en toute justice quel fut exactement le rôle de chacun.

Mais, depuis notre désastre momentané de juin 1940, ce sont la capitulation de Bordeaux et ses affreuses conséquences qui dominent le débat. Vous savez qui en est responsable. D'autre part, le soi-disant « procès » de Riom, dont le caractère arbitraire ne peut manquer d'indigner les consciences, a exaspéré les passions. Il est inévitable que des réactions se produisent, notamment chez des personnalités qui y ont été mêlées pour assurer la défense des victimes.

Sans être surpris que vous ayez tenu à faire connaître votre avis à M. le Commissaire à la Guerre et à l'Air à la suite des déclarations qu'il a cru devoir faire au sujet de la parodie de justice qui fut mise en scène à Riom, j'ai néanmoins le devoir de vous dire que, dans les circonstances actuelles, il ne vous appartient pas de vous faire publiquement juge de ce qui est « dangereux pour le moral de l'armée ». C'est pourquoi le gouvernement, qui a, au-dessus de tous, la charge de ce moral, a interdit la publication des critiques que vous opposez à l'appréciation de M. le Commissaire à la Guerre et à l'Air.

Je vous prie de croire, mon général, à mes sentiments les meilleurs.

1. À la suite d'une conférence donnée par celui-ci sur le procès de Riom, à Alger, le 12 décembre 1943.

Aux membres de la délégation du Parti communiste français, à Alger

Alger, 3 janvier 1944

Messieurs les Députés,

Je vous remercie de la lettre que vous m'avez adressée le 1er janvier 1944 et où vous voulez bien m'assurer de votre volonté d'aider le gouvernement dans son œuvre de guerre et d'union nationale.

Je suis heureux, à cette occasion, de vous dire toute la valeur qui doit être attribuée, dans la Résistance française sur tous les territoires français, à l'effort des Français communistes. Ceux-ci servent bien leur pays. Ils continueront à le bien servir en faisant passer le devoir national avant toute autre considération.

Croyez, je vous prie, messieurs les Députés, aux assurances de mes sentiments dévoués.

Message pour Winston Churchill

Alger, 8 janvier 1944

Très secret

J'ai bien reçu votre message.

J'ai regretté que notre arrangement pour vendredi dernier n'ait pu s'exécuter. Les travaux de l'Assemblée consultative m'obligent à être présent à Alger lundi et mardi prochains. Mais je puis aller vous voir mercredi 12 si cela vous convient[1].

Télégramme au général Beynet[2], à Washington

Alger, 9 janvier 1944

La récente crise du Liban a décidé le gouvernement à nommer un nouveau délégué général et plénipotentiaire au Levant. Le gouvernement a fait choix de vous pour ce poste de première importance en même temps que difficile. Le général Catroux, commissaire d'État, achève de régler avec les États un nouveau modus vivendi[3]. Sa tâche sera terminée vers la fin de ce mois. C'est vers ce moment que vous devrez aller prendre vos fonctions. Vous cumulerez vos attributions politiques avec celles de Commandant supérieur de nos forces au Levant.

---

1. Le général de Gaulle rencontrera en effet Winston Churchill à Marrakech les 12 et 13 janvier 1944.
2. Chef de la mission militaire française, à Washington.
3. La principale mesure adoptée est le transfert aux États du Levant des services d'intérêts communs.

Il est assurément regrettable que vous soyez amené à quitter Washington après un séjour très court et au moment où votre action commençait à porter ses fruits. Mais votre désignation comme chef de mission militaire aux États-Unis avait été prononcée à une époque où le gouvernement n'envisageait pas votre envoi rapide à Beyrouth.

Votre successeur à Washington n'est pas encore désigné. Je vous prie de m'adresser d'extrême urgence votre suggestion à cet égard. De toute façon vous ne quitterez pas Washington avant l'arrivée du nouveau chef de mission militaire.

Vous pouvez, dès à présent, avertir officieusement les autorités américaines de votre départ prochain. Vous ne manquerez pas de leur faire comprendre quelles raisons impérieuses et imprévues ont imposé ce changement. M. Massigli en a d'ailleurs parlé hier à M. Wilson. Il convient que vous vous entendiez avec M. Hoppenot pour que vos propos concordent dans la manière de présenter les choses.

Amitiés.

Un débat à l'Assemblée consultative provisoire à propos de l'aide à la Résistance française a lieu du 8 au 10 janvier 1944. À la fin de la séance du 10 janvier 1944, le général de Gaulle prend la parole.

Intervention à l'Assemblée consultative provisoire, à Alger, le 10 janvier 1944

Messieurs, je dirai d'un mot que le gouvernement fait siens tous les termes de la motion qui est déposée par le groupe de la Résistance comme conclusion à votre débat[1].

Je m'en voudrais cependant de laisser terminer cette discussion qui a été, comme l'indique votre motion elle-même, si émouvante, sans ajouter quelques mots que le gouvernement, après M. le Commissaire à l'Intérieur, se doit de prononcer pour répondre aux préoccupations générales de l'Assemblée.

Je constaterai en premier lieu que l'Assemblée ne s'est pas un instant détournée, depuis le commencement jusqu'à la fin de cette discussion, de ce qui, dès le 18 juin 1940, apparut aux Français résistants, c'est-à-dire maintenant à l'immense masse nationale, comme la base même de la guerre française : notre guerre est une et indivisible, qu'elle se déroule

1. Par cette motion, qui sera adoptée à l'unanimité après l'intervention du général de Gaulle, l'Assemblée consultative provisoire demande au CFLN d'améliorer et d'unifier l'aide à la Résistance française, et de faire en sorte que les organisations militaires clandestines soient réellement considérées comme des éléments d'avant-garde de l'armée française de libération. Elle « salue avec émotion les combattants anonymes de toutes les nations occupées et opprimées qui luttent pour le même idéal que les patriotes français ».

dans l'Empire et sur les champs de bataille du dehors ou à l'intérieur, sur les champs de bataille du dedans.

Il n'y a eu qu'un peuple et qu'une nation qui s'est battu, il n'y a qu'un peuple et qu'une nation qui se bat. Ce peuple et cette nation, messieurs – ce sera peut-être dans l'avenir l'immense honneur, comme c'est aujourd'hui l'immense charge du gouvernement –, ils se sont battus du premier au dernier jour, autour du gouvernement de la République Française.

Le deuxième point que je veux évoquer, certain de répondre au sentiment unanime de l'Assemblée, c'est la triste évidence de l'insuffisance des moyens qui, au fur et à mesure qu'elle se développe et bien que ces moyens augmentent, en même temps, sont attribués à notre résistance française. Messieurs, il y a là un des côtés les plus tragiques de cette guerre ; de cette guerre dans laquelle il se trouve que, quelques moyens qui soient prévus et mis en œuvre, jamais ils ne sont tout à fait, ni même parfois à beaucoup près, à la hauteur des nécessités. Oui, cela est tragique, surtout quand il s'agit de cette guerre clandestine qui implique de la part de ceux qui la font tant de terribles et durs efforts dans la nuit.

Il n'en est pas moins vrai, messieurs, et je le dis en conscience, que depuis le 18 juin 1940, bien des choses ont été faites, bien des moyens ont pu être employés. Je parle d'abord de ce qu'ont pu fournir les Français eux-mêmes. Je parle aussi de l'aide qui a pu être apportée par nos alliés. Bien que cette guerre spéciale, sur le caractère très particulier de laquelle les orateurs ont très justement attiré l'attention de l'Assemblée, ait eu de quoi surprendre, et c'est humain, des gouvernements et des commandements qui n'en avaient pas peut-être imaginé la forme nouvelle, nous devons cependant reconnaître que beaucoup a été fait, ce ne fut pas sans mérite, ce ne fut pas sans danger, par les services qui, chez nos alliés, ont la charge d'armer la résistance européenne et notamment la résistance française. Mais il est vrai aussi que ce qui a été fait n'est pas à la hauteur des efforts que la Résistance française a fournis, de ceux surtout qu'elle est susceptible de fournir. À ce point de vue, messieurs, vous me permettrez de ne pas mettre ici les points sur les « i » et de me borner à dire que, le jour où sera publié le grand, le douloureux livre jaune des négociations menées à ce sujet par le Comité français de Londres, puis par le Comité Français de la Libération Nationale, avec les gouvernements alliés, on verra bien que nous n'avons pas une seconde perdu de vue nos frères, nos soldats de France, et que nous avons fait tout ce que notre devoir, et notre cœur, et notre amour pour eux nous commandaient.

Enfin, messieurs, et je terminerai par là, je suis sûr aussi de répondre au sentiment unanime de l'Assemblée, en disant, après les orateurs que j'ai entendus tout à l'heure, en particulier mon ami Vallon et M. Mercier que la Résistance française telle que nous l'avons conçue tout de suite et telle en effet qu'elle s'est révélée, est certes une force de guerre, dans ce conflit qui bouleverse le monde, mais aussi une force de renouveau. C'est ce caractère-là qu'elle a pris. C'est pourquoi elle est pour demain un élément essentiel du renouveau de la Patrie dans la paix ; la force sur laquelle par excellence la Patrie compte. Elle y compte quels que soient les titres, les origines, les partis des bons Français qui ont voulu courir tant de périls obscurs pour la France. La France ne distinguera les mérites de ses enfants que d'après les efforts qu'ils auront fournis pour elle. Il y aura dans le pays, demain, comme il y a dans la Résistance, de la place pour tous les enfants de la France, surtout s'ils ont été des enfants de bonne volonté.

Messieurs, ce caractère de la Résistance française, élément de renouveau national dans la pureté, voilà l'idée qui me paraît devoir servir de conclusion à ce débat. Il me semble que la Résistance française, dans la nuit de son cachot, dans les ténèbres de sa clandestinité, peut dire ce que disait le martyr devant le tyran : « Ma nuit n'a pas d'ombre ! »

Télégramme à Pierre Viénot, à Londres

Alger, 11 janvier 1944

Secret

Je confirme mon ordre formel[1] de diriger sur Alger immédiatement et sans délai tous les officiers que concerne l'affaire Dufour. Veuillez notifier ceci au général d'Astier.

Allocution prononcée à Marrakech après la revue des troupes, le 13 janvier 1944

Combien je suis heureux de me trouver à Marrakech où vivent tant de grands souvenirs et tant de grandes espérances de l'œuvre franco-marocaine !

Marrakech a eu aujourd'hui le privilège d'être le lieu où le Premier ministre britannique a été accueilli par nous. Cette rencontre, en présence de tous et sur le front des troupes françaises du Maroc, nous voulons y voir un gage nouveau de l'alliance à la veille des suprêmes efforts en commun pour la même cause.

Vivent les Alliés !
Vive le Maroc !
Vive la France !

1. Voir le télégramme à Pierre Viénot du 6 novembre 1943.

À René Pleven[1], à Alger

Alger, 13 janvier 1944

Mon cher ami,

Je vous retourne le dossier C[…]

Réellement, il est impossible que ce gouverneur vienne à Brazzaville.

J'ajoute qu'il ne peut rester gouverneur. D'abord, il n'en est pas digne. Et puis, en le laissant en fonctions, nous entretenons un abcès d'opinion.

Bien amicalement,

[PS] Je ne réponds pas à la « France Combattante » de Guinée.

À Henri Queuille[2], à Alger

Alger, 17 janvier 1944

Monsieur le Commissaire d'État,

À la suite des échanges de vues qui ont eu lieu récemment au Comité de la Libération Nationale, il apparaît indispensable que les questions relatives au ravitaillement soient traitées par un organisme groupant régulièrement les commissaires intéressés.

La Commission Économique que vous présidez en tant que Commissaire d'État chargé de la coordination me paraît devoir être réorganisée pour être en mesure de se saisir de toutes questions ayant pour objets : 1. l'approvisionnement militaire (armée territoriale, corps expéditionnaire) ; 2. l'approvisionnement des populations civiles, y compris le premier ravitaillement des territoires libérés ; 3. la coordination de l'emploi des ressources de l'Empire en matière de ravitaillement ; 4. les négociations avec les autorités alliées autres que celles qui sont menées par M. Monnet, commissaire en mission aux États-Unis.

Les problèmes concernant ces divers objets devront être évoqués par cet organisme. Il vous appartiendra (en collaboration avec le Secrétariat général) de prendre en mon nom, l'initiative des questions à lui soumettre, de fixer avec mon accord l'ordre du jour de ses travaux et de suivre l'exécution de ses décisions.

Je vous prie de bien vouloir m'indiquer dans le plus bref délai possible les dispositions que vous proposez de prendre à cet effet.

Je vous prie d'agréer, monsieur le Commissaire d'État, l'assurance de mes sentiments les meilleurs.

1. Commissaire aux Colonies.
2. Commissaire d'État chargé de la Coordination.

Au général Giraud, à Alger

Alger, 18 janvier 1944

Mon général,

J'ai été saisi d'une démarche faite par un Service de Renseignements allié en vue d'attacher à ce service le colonel Malaise, ex-chef de mission à Madrid[1].

J'estime impossible de donner une suite favorable à cette démarche. Quels que soient les services que cet officier supérieur ait pu rendre en Espagne, son retour à Madrid serait inopportun.

D'autre part, il vous apparaîtra certainement comme à moi-même que nous n'avons pas à placer un officier à la disposition d'un Service secret étranger.

Je vous prie de croire, mon général, à mes sentiments les meilleurs.

À Vincent Auriol[2], à Alger

Alger, 24 janvier 1944

Mon cher ministre,

Je vous remercie de votre lettre du 22 janvier. Comme vous le savez, le commissaire aux Affaires étrangères a tout récemment demandé à notre délégation aux États-Unis comment pourrait être organisé votre voyage, ainsi que celui du sénateur Astier.

C'est vous dire mon regret que vous ne puissiez donner suite à votre intention.

Croyez, je vous prie, mon cher ministre, à l'assurance de mes sentiments dévoués.

Du 24 janvier au 2 février 1944, le général de Gaulle effectue un voyage en Afrique-Occidentale et Équatoriale françaises : il se rend successivement à Dakar, Conakry, Abidjan, Lomé, Cotonou, Brazzaville, Bangui, Fort-Lamy, Zinder, Niamey et Gao.

Le 30 janvier 1944, il ouvre la conférence de Brazzaville où, pour la première fois, les gouverneurs des colonies françaises d'Afrique noire et des membres de l'Assemblée consultative provisoire sont invités à étudier les bases d'une rénovation du système d'administration des colonies.

1. Ancien attaché de l'Air de Vichy à Madrid, Pierre Malaise travaillait pour les services secrets d'Afrique du Nord. Il était officier de liaison auprès de l'ambassade des États-Unis à Madrid.

2. Ancien garde des Sceaux, délégué à l'Assemblée consultative provisoire.

Allocution prononcée au stade du lycée van Vollenhoven à Dakar le 25 janvier 1944

Ai-je besoin de dire à quel point [je] suis ému par [l'] accueil magnifique de Dakar ?

Dakar a montré son cœur, et tous ont su que ce cœur ne bat que pour [la] France.

Oh non point certes pour cette France falsifiée que quelques malheureux ont voulu représenter comme renonçant à elle-même, à [la] victoire, à [sa] vocation. Mais pour [la] France telle qu'elle est, luttant dans [la] douleur, dans [la] fierté, dans [l'] espérance, côte à côte avec [les] Alliés contre l'envahisseur détesté.

L'A-OF comme Dakar a souffert. Comme Dakar, l'A-OF n'a jamais détourné [sa] pensée du jour où il lui serait possible d'apporter à [la] guerre sacrée, à la guerre [de] libération une incomparable position stratégique, le service militaire de ses hommes français ou indigènes et le travail de sa population.

Aujourd'hui [l'] A-OF contribue dans [une] mesure [dont l'] importance [est] en croissance, sous la direction éclairée du gouverneur général Cournarie[1] et [de] ses collaborateurs immédiats à [l'] immense effort [de] guerre qui va écraser [l'] ennemi. [Le] gouvernement entend lui en donner hautement témoignage. [Le] gouvernement tient à souligner ici [les] effectifs considérables conduits par [des] cadres instruits [et] résolus que [le] groupe [des] colonies africaines de l'Ouest a dirigés vers [les] champs [de] combats ou se prépare [à] y envoyer, le rôle joué dans la bataille d'Atlantique par la grande base française de Dakar et l'escadre qui s'y appuie, les progrès partout accomplis dans [la] production [des] matières nécessaires à la guerre, [le] labeur de tous, fonctionnaires ou particuliers.

Le gouvernement est assuré que cet effort de guerre ira se développant dans [l'] ordre et [l'] enthousiasme jusqu'au jour ou [l'] A-OF, comme [la] France, comme tout [l'] Empire, comme [le] monde libre tout entier arborera [les] grands pavois au soleil de la victoire. Courage, effort, confiance, voilà le mot d'ordre parce que c'est la voie du salut et la voix de la grandeur.

Vive Dakar, vive l'A-OF, vive la France !

Je demande que tous ensemble vous chantiez avec moi notre Marseillaise.

---

1. Administrateur des colonies, Pierre Cournarie contribue au ralliement du Cameroun à la France Libre en août 1940. Secrétaire général puis gouverneur de ce territoire, il est nommé gouverneur général de l'A-OF en juin 1943.

Allocution prononcée lors de l'inauguration du siège de la France Combattante à Dakar, le 26 janvier 1944

[Je] ne crois pas [qu'] il eût été possible d'exprimer mieux que vient de le faire [le] président Monod[1] ce qui est au fond [des] cœurs de tous ceux et toutes celles qui sont ici et, permettez-moi [de] vous [le] dire, dans le mien.

[Je] sais bien [qu'] il y a eu [de] très longues et très dures formalités à remplir pour que [nous] soyons ensemble à Dakar. Nous les avons remplies et sommes ici avec vous, mes camarades d'esprit, de volonté, de pensée, mes camarades d'action à qui nous pensions tant quand nous étions séparés. Avec vous nous [nous] retrouvons aujourd'hui en pleine communauté [de] sentiments et [de] volonté. Avec vous nous nous sentons unis, comme nous le sommes avec tous [les] Français qui ont [le] sentiment [de la] liberté et [de la] patrie, et aussi ce que [le président] Monod appelait [les] sentiments humains. Vous vous êtes fédérés et [vous] avez bien fait. [Il] faut que tous ceux qui ont donné [leur] volonté, [leur] cœur, [leur] courage – et c'est un très grand nombre –, il faut que tous ceux-là se mettent ensemble.

[L'] effort que [nous] avons fait est quelque chose. Celui qui reste à faire est énorme. [Nous] n'avons pas seulement à rendre au pays [ses] libertés perdues, [nous] avons encore à mettre toutes [les] forces en œuvre pour réaliser [un] avenir plus libre, meilleur, et si, pauvres hommes que nous sommes, nous ne nous trouvons pas toujours à [la] hauteur [des] événements, tâchons pourtant [de] faire tout notre possible pour atteindre ce grand avenir. Pour travailler à cela, [il] vaut la peine que l'on vive et même que l'on meure. Et maintenant, pour conclure, je vous invite à chanter avec moi, tous ensemble, notre Marseillaise.

Télégramme au général Beynet, à Washington

Parti d'Alger, 26 janvier 1944

Le gouvernement a décidé de vous remplacer à Washington par un officier général d'un rang moins élevé que le vôtre, étant donné que pour le moment l'activité de la mission militaire est essentiellement concentrée sur la question de l'armement.

Le général Brossin de Saint-Didier est nommé à l'emploi de chef de la mission militaire française à Washington. Le général Brossin de Saint-Didier partira incessamment. J'ajoute que par décret en date d'aujourd'hui vous êtes nommé général d'Armée.

1. Président de la fédération France Combattante d'Afrique-Occidentale française.

Allocution prononcée à Cotonou le 27 janvier 1944

Monsieur le Gouverneur, Mesdames, Messieurs,

Je suis ému profondément de l'accueil magnifique de Cotonou. Très souvent, depuis longtemps déjà, la pensée du Dahomey, cette belle [et] grande colonie, était dans l'esprit de l'homme qui vous parle. Puisque enfin nous sommes ensemble, je m'en voudrais, vous m'en voudriez, de ne pas dire en quelques mots les différentes préoccupations qui hantent actuellement l'esprit des Français. La première concerne le passé. Nous ne faisons pas de l'Histoire, nous vivons dans l'action. Notre pays a été divisé par des courants divers. C'était inévitable dans les circonstances qu'il a traversées. Ce n'est pas la première fois d'ailleurs que cela s'est produit. [Laissons], je vous le dis, le passé à l'Histoire et regardons le présent en face. Le présent s'appelle la guerre. Le Dahomey est dans la guerre comme tout l'Empire français et, vous le savez, comme toute la nation française. Cela implique de graves devoirs et je sais bien [que] tous ici, qu'il s'agisse des Français de France, des Français d'ici, des indigènes, tout le monde est d'accord pour faire cet effort-là de tout son cœur et de toute sa force. Il faut que le Dahomey, par ses soldats qu'il enverra au combat conduits par des officiers de France, par son effort de production fasse tout son devoir. Il le fera, je le sais. La deuxième chose que je voudrais dire, c'est que si son terme doit être la victoire, la guerre n'est pas finie. Il y a encore de lourdes et dures épreuves à franchir. Nous les franchirons et nous les franchirons d'autant mieux, avec d'autant plus de forces, de courage, [de] résolution que nous serons tous ensemble. Le moment est venu où tout ce qu'il y a de Français doit serrer les rangs. Il faut nous serrer les uns contre les autres sans s'occuper de savoir [quels sont] ceux qui furent les plus clairvoyants au début, [et] ceux qui ne le furent pas tout de suite. La justice sera rendue aux uns et aux autres. Pour le moment, [il] ne s'agit que de marcher ensemble du même pas vers le même but.

Allons voir ce qu'il faut faire, et tout le monde le fera ici comme ailleurs, j'en suis sûr. Une fois la guerre terminée, nous n'aurons pas fini. Notre pays a souffert. Il souffre. Il faudra le remettre à la place qui [lui] revient parmi toutes les grandes nations. Cela ne tient qu'à ses enfants. Il suffit que ses enfants se tiennent ensemble, unis, serrés les uns contre les autres même après la victoire, pour rebâtir le pays, pour le mettre en pleine lumière au milieu des grandes nations. Nous referons cela tous ensemble. Soyons unis. À Cotonou, je suis sûr qu'il a suffi que je vous le dise pour que tout le monde en sente la nécessité. Vous qui êtes dans cette salle, et vous qui êtes au-dehors, je sens monter de vous tous un sentiment très simple qui s'appelle le patriotisme. Je vous demande, si vous le voulez bien, de terminer en criant avec moi Vive la France !

Allocution prononcée à Abidjan le 27 janvier 1944

[Je] suis ému [de l'] accueil que vous voulez bien me faire. Ne passant que très peu de temps parmi vous, [je] m'en voudrais de ne pas vous dire différentes choses qui préoccupent [à] juste titre tous [les] Français. [Nous] sommes engagés dans [la] plus dure guerre [de] notre histoire. [C'] est [une] chose à laquelle [il] faut penser sans cesse parce [qu'elle] implique des devoirs divers. Non seulement [nous] avons [la] guerre à terminer intégralement, ce que nous ferons, [nous] en avons toute confiance, mais nous avons à retrouver [la] Patrie, [nous] avons à la replacer là où [elle] doit être, c'est-à-dire [au] premier rang [des] grandes nations. Comment voulez-vous [que l'] on fasse cela sans [l'] effort de tous ?

Le moment est venu où [il] faut que tous [les] bons Français se rassemblent. Que les uns aient été plus clairvoyants et les autres moins, ceci [n'] a pas grande importance devant [les] devoirs qui s'imposent à tous. Tous [les] Français doivent marcher ensemble, voilà [la] première chose que [je] suis venu dire en passant aux Français [d'] Abidjan.

La deuxième chose, c'est que [nous] avons tous [des] raisons [d'] espérer. [L'] ennemi a reçu [un] tel coup qu'il semble impossible [qu'] il s'en tire. [Les] Français, quoi qu'il arrive, [n'] ont jamais désespéré de… enfin [du] Comité. [Le] moment où nous [l'] emporterons [n'] est pas éloigné et – je le dis plus spécialement pour [les] soldats – [ce] sera [une] bataille dure et sanglante, et, certainement, tous ceux qui sont [en] état [de] faire campagne auront [l'] occasion [d'] aller au combat comme [je] sais qu'ils [le] souhaitent.

[La] troisième chose que [je] veux dire est que [la] Côte-d'Ivoire, qui trouvera [des] moments difficiles, qui en traverse actuellement qui ne sont pas commodes, [la] Côte-d'Ivoire a [un] rôle à jouer dans la guerre, non seulement par [les] hommes [qu'] elle envoie au combat, mais [par la] production [de] guerre.

[Je m'] adresse tout spécialement [aux] planteurs ayant [un] grand effort [à] faire, qui doit profiter [à la] colonie, qui doit profiter à [l'] Empire, qui doit profiter [au] monde libre tout entier. [Cet] effort, je sais qu'on [le] fait et qu'on continuera [de le faire] malgré [des] difficultés qui [ne] sont pas ignorées du Gouvernement. Mais, par ma bouche, [le] Gouvernement tient [à] vous dire [sa] pleine [et] entière confiance en ce qu'a fait et [en] ce que fera [la] belle et grande colonie française [de] Côte-d'Ivoire. […][1]

1. Les derniers mots de cette allocution sont illisibles.

Télégramme à Emmanuel d'Astier de La Vigerie[1], à Londres

Alger, 6 février 1944

Très secret

Je réponds à votre télégramme n° 58 du 1er février[2].

Vous savez qu'en cas de débarquement allié en France à partir de l'Angleterre, un membre du gouvernement avec autour de lui des fonctionnaires de tous les départements intéressés doit se transporter dès que possible en territoire français et avoir sous ses ordres toute notre liaison administrative. C'est ce membre du gouvernement qui doit traiter à mesure avec le commandement interallié toutes les dispositions concernant les affaires civiles françaises.

Il n'a jamais été dans notre esprit de confier cette tâche à un militaire. Mais jusqu'à présent, n'ayant aucun accord avec les Alliés à ce sujet nous ne pouvons désigner ce membre du gouvernement et nous laissons les officiers de liaison administrative préparer leur tâche sous la direction générale du général d'Astier de La Vigerie.

Télégramme au général Lombard, à Londres

Alger, 7 février 1944

Très secret

En prenant vos fonctions auprès du général Eisenhower[3] comme officier de liaison, vous lui direz d'abord de ma part que c'est par vous que j'ai l'intention de communiquer personnellement avec lui si cela lui convient.

En ce qui concerne la répartition prévue de nos troupes pour l'exécution des opérations en cours en Méditerranée ou des opérations prochaines vous appellerez son attention sur les points suivants :

1. J'avais cru qu'il était d'accord avec moi pour que nous mettions sur pied au total six (je dis six) divisions d'infanterie, trois (je dis trois) divisions blindées, deux corps d'armée, une armée, et la plupart des services correspondant à toutes ces unités.

J'avais cru que le Commandement américain était d'accord avec le nôtre sur une certaine composition de ces services qui nous permettait de

1. Commissaire à l'Intérieur.

2. Emmanuel d'Astier de La Vigerie souhaite que soit nettement précisé le rôle de la Mission militaire de liaison administrative, afin qu'elle ne puisse exercer une autorité civile sans être contrôlée.

3. Le général Eisenhower, commandant en chef allié du théâtre d'opérations méditerranéen jusqu'au 30 décembre 1943, est maintenant commandant en chef allié du théâtre d'opérations européen.

mettre sur pied au point de vue spécialistes et effectifs toutes les grandes unités ci-dessus indiquées.

Or, l'état-major allié d'Alger a récemment réclamé que nous fournissions pour ces services des éléments qui n'étaient pas antérieurement prévus. Cela va nous obliger à renoncer à une division d'infanterie nord-africaine. Je crois que cela est fâcheux pour l'ensemble car si nous avons des difficultés à constituer des services, nous disposons au contraire de bons éléments combattants. Il pourrait donc être préférable de nous laisser former la division dont il s'agit quitte à nous fournir certains éléments de services américains.

2. Le général Wilson[1] et le général Giraud se sont mis d'accord pour renforcer le général Juin par certains éléments prélevés sur la 4e Division de Montagne. Je crois qu'il serait fâcheux de rompre cette division. Il faudrait au contraire la transporter tout entière en Italie, ce que je demande. Faute de quoi nous risquons de voir cette division disloquée au moment où devront s'engager les opérations prévues ailleurs.

Au général Legentilhomme, à Alger

Alger, 8 février 1944

Mon général,

Je crois que nous allons aboutir incessamment à une solution susceptible de vous donner satisfaction, ce à quoi je tiens beaucoup.

Il va nous falloir à Londres un officier général qualifié pour préparer d'abord et, éventuellement, exécuter la réorganisation militaire des territoires qui seront – nous l'espérons – prochainement libérés par les armées alliées.

Si cette solution vous convient en principe, voulez-vous venir m'en parler ?

Bien amicalement vôtre.

À André Le Troquer, à Alger

Alger, 9 février 1944

Je suis informé que le colonel Malaise, de l'armée de l'Air, a gagné à nouveau l'Espagne d'où il avait été rappelé au début de janvier[2].

C'est en violation formelle des décisions du Gouvernement – dont il était averti – que cet officier supérieur a quitté le territoire français pour un pays neutre.

---

1. Successeur du général Eisenhower au poste de commandant en chef allié du théâtre d'opérations méditerranéen.
2. Voir à ce sujet la lettre au général Giraud du 18 janvier 1944.

Je suis certain que vous estimerez, comme moi-même, nécessaire de traduire immédiatement le colonel Malaise devant la juridiction militaire compétente et de tenter de l'en faire avertir par le délégué du Comité de la Libération à Madrid.

Le 30 décembre 1943, le chef de la Milice, Joseph Darnand, a été nommé secrétaire général au maintien de l'ordre dans le gouvernement de Vichy. Il a créé, le 20 janvier 1944, des cours martiales expéditives à l'encontre des résistants français. Les présomptions y sont utilisées comme preuves, les accusés n'ont pas d'avocats et les condamnés sont immédiatement passés par les armes.

Déclaration du Comité français de la Libération nationale[1]

s.d. *[avant le 14 février 1944]*

Le Comité Français de la Libération Nationale a pris connaissance des nouvelles dispositions prises par l'organisme de trahison dit « Gouvernement de Vichy » au sujet de la mobilisation de la nation française pour le compte de l'ennemi.

Le Comité fait connaître ce qui suit :

La nation française, qui est en état de guerre contre l'envahisseur, a le droit et le devoir de résister par tous les moyens en son pouvoir à ces mesures prétendues légales qui violent les droits de l'homme et trahissent la patrie. Chaque Français et chaque Française doit considérer comme un devoir national le fait de prêter aide et protection à ceux de nos compatriotes qui sont menacés. Chaque Français et chaque Française a le devoir d'exécuter et de diffuser les consignes qui lui seront données à ce sujet pour faire obstacle aux mesures d'exécution qui suivront la promulgation de la prétendue loi soit directement par le Comité Français de la Libération Nationale, soit par les mouvements de Résistance qui dépendent de son autorité.

Les fonctionnaires et les agents de la force publique savent que la mobilisation criminelle promulguée par Vichy ne peut être menée à bien s'ils remplissent leur devoir vis-à-vis de la Nation dont ils sont les serviteurs, et contre le pouvoir des usurpateurs.

En conséquence, tout fonctionnaire et tout agent de la force publique ne peut se considérer comme lié par le serment qu'il a prêté ou qu'on lui demandera de prêter. Il a le devoir sacré de rendre vains par tous les moyens en son pouvoir les ordres qu'il recevra du gouvernement de

1. Rédigée par le général de Gaulle.

trahison. La discipline à rebours qui consiste à se remettre aux traîtres contre l'intérêt du pays ne serait que lâcheté et servilité coupables.

Chacun aura des comptes à rendre et sera jugé sur ses actes.

Apostille[1]

Ceci ne [marche] pas.

On n'a jamais vu aucun gouvernement, même le Comité de Salut public, même Hitler, même les Soviets, déclarer : un tel est *condamné* à mort sans jugement.

Ce qu'il faut, ce que j'ai demandé, ce qui ne [sort] pas, c'est :

1. un ordre immédiat de jugement, par un tribunal militaire (à constituer sur-le-champ si c'est nécessaire), de Darnand et [consorts],

2. une ordonnance précisant que pour ces gens-là et dans ces cas-là les condamnations par contumace sont exécutoires immédiatement et automatiquement dès que la main de [l'autorité] pourra s'abattre sur eux.

Télégramme à Roger Garreau[2], à Moscou

Alger, 22 février 1944

Très secret

Le gouvernement a pris connaissance de votre télégramme concernant vos conversations avec Maurice Thorez[3]. Voici les décisions prises à ce sujet :

1. Maurice Thorez ne doit pas se rendre en Afrique du Nord. Ce n'est naturellement pas là une mesure visant le Parti communiste lui-même. Le Gouvernement considère en effet les Français communistes exactement au même titre que les autres et se félicite de l'action de résistance qu'ils mènent comme beaucoup d'autres sur le territoire national avec une grande ardeur et de lourdes pertes. Mais l'estime que nous avons pour les combattants communistes, ainsi que pour ceux qui proviennent d'autres organisations, ne saurait nous empêcher de tenir compte des tenants et aboutissants des personnes.

---

1. En marge d'un texte du 11 février 1944 émanant du commissariat aux Prisonniers, Déportés et Réfugiés, intitulé : « Projet de communication du Comité français de la Libération nationale sur les récentes mesures édictées par le gouvernement de Vichy et ses représentants en vue d'accroître la répression de l'action patriotique menée en France contre l'ennemi ». Ce texte condamne à mort par contumace Darnand, les miliciens et les magistrats acceptant de siéger ou de requérir en cour martiale afin de juger des patriotes poursuivis pour des actes de résistance.

2. Délégué du CFLN.

3. Roger Garreau a reçu la visite de Maurice Thorez le 20 janvier 1944. Le secrétaire général du Parti communiste français lui a fait part de son désir de rejoindre Alger.

La présence de Maurice Thorez en Afrique du Nord serait inopportune en raison des remous qu'elle soulèverait dans de larges couches de l'opinion. En outre, Thorez a déserté les drapeaux au début de cette guerre et trouvé d'abord abri sur le territoire ennemi. Ces faits obligeraient l'autorité militaire à le traduire devant la justice ;

2. Pour ce qui concerne la participation éventuelle d'éléments communistes au gouvernement, j'y demeure entièrement favorable. Mais, du moment où il m'appartient de constituer le Comité de la Libération Nationale, je n'entends donner au Parti communiste pas plus qu'à aucun autre parti ni à aucune autre organisation, un privilège à l'intérieur du gouvernement. En particulier il n'appartient pas au Parti communiste de désigner lui-même les ministres de son obédience politique. Un gouvernement démocratique est une équipe d'hommes solidaires les uns des autres et collectivement responsables non point devant tel ou tel parti, mais devant la souveraineté nationale. Or, comme vous le savez, la délégation du Parti communiste à Alger prétend m'imposer les membres communistes du gouvernement en les choisissant elle-même. Éventuellement, elle pourrait aussi les retirer. Cette situation serait incompatible avec l'exercice même du gouvernement ;

3. Vous pourrez évoquer ces divers points dans une conversation éventuelle avec Maurice Thorez sans paraître y attacher une importance excessive[1].

Note sans indication d'utilisation

Alger, 29 février 1944

1. M. Tissier n'a pas à écrire à des commissaires pour leur donner des consultations qu'ils ne lui demandent pas, ni pour leur indiquer ce qu'ils ont à faire. Le colonel Billotte et M. Joxe[2] auront à le lui dire et à faire cesser cet abus. C'est à eux qu'il appartient de *me* saisir des affaires évoquées par M. Tissier.

2. Faire modifier (Commissaire à la Guerre) immédiatement le texte de l'ordonnance de manière à imposer à la Commission d'Épuration de passer par la voie hiérarchique (Commissaires militaires) et de préciser que les enquêtes sont faites par d'autres que les gendarmes de la Prévôté.

3. D'une manière plus générale, il faut absolument finir les enquêtes de la Commission d'Épuration le 29 février.

---

1. Voir pour la suite de cette affaire les télégrammes adressés à Roger Garreau les 25 octobre et 7 novembre 1944.

2. Professeur d'histoire et de géographie à partir de 1925, Louis Joxe entre dans la carrière diplomatique en 1932. Il occupe à plusieurs reprises des fonctions auprès de la SDN. Mobilisé de 1939 à 1940, il quitte ensuite la France pour Alger où il participe activement à la Résistance en Afrique du Nord. Il devient, en juin 1943, secrétaire général du CFLN et occupe les mêmes fonctions auprès du Gouvernement provisoire jusqu'en 1946.

À Thémoin[1], à Londres

Alger, 1er mars 1944

Mon cher président,

Au moment où l'Alliance Française reconstituée se concentre à Alger, je tiens à vous féliciter et vous remercier du travail fait depuis 1940 à Londres, sous votre impulsion, pour la défense et l'illustration de l'Alliance Française.

Vos efforts ont porté leurs fruits et l'honneur de cette œuvre précieuse est sauvé. Elle peut continuer, sans avoir connu de compromission, à être l'instrument indispensable de diffusion de la culture et de la langue française.

Croyez, je vous prie, mon cher président, à l'assurance de mes sentiments dévoués et les meilleurs.

À Vincent Auriol, à Alger

Alger, 1er mars 1944

Mon cher ministre,

Il me revient que vous penseriez à quitter Alger.

Je vous demande de ne prendre à ce sujet aucune décision avant de m'avoir donné l'avantage de vous voir.

Croyez à mes sentiments cordialement dévoués.

Note pour René Massigli, à Alger

Alger, 1er mars 1944

1. Je ne crois pas qu'il y ait lieu de fonder notre position concernant les troupes spéciales sur la position prise par le commandement britannique[2].

2. Si le gouvernement syrien « se refuse à un arrangement sur la base de notre projet », il n'est pas certain que nous puissions maintenir les

1. Président de l'Alliance française.

2. Le statut des troupes spéciales, c'est-à-dire des troupes françaises de recrutement syrien, fait l'objet de pourparlers avec le gouvernement syrien qui envisage leur nationalisation. Par un projet du général Catroux, le CFLN propose que ces troupes, nationalisées, soient mises par le gouvernement syrien à la disposition du général commandant les forces françaises, qu'elles gardent l'usage de l'armement, de l'équipement et du casernement français, qu'elles soient entretenues par le gouvernement syrien avec une aide, sous forme d'avances, du CFLN, et qu'une mission militaire française placée auprès du ministre syrien de la Défense assure sa liaison avec le commandement français. Dans une note du 1er février 1944 destinée à l'information des membres du CFLN, le général Catroux estime que « le sort de cette négociation dépendra en partie des dispositions des Britanniques ».

troupes spéciales dans leur statut actuel. Mais il est certain que nous pourrons garder les armes et ne plus payer la solde.

3. Les instructions à donner au délégué général et plénipotentiaire sont à donner par vous seul (ceci s'applique à Beynet[1] comme à Chataigneau[2]).

Le général Catroux n'a évidemment qu'un rôle consultatif et à présent que sa mission est terminée, votre responsabilité est entière.

Note pour René Massigli, à Alger

Alger, 3 mars 1944

1. Dans la situation actuelle, la discussion de la situation en Syrie et au Liban par l'Assemblée consultative pourrait avoir de graves conséquences, non seulement au Liban et en Syrie, mais encore dans l'ordre international. Le gouvernement ne peut l'accepter.

2. Le gouvernement ne croit pas conforme à l'intérêt national de se démentir lui-même sous la pression étrangère en désignant un autre délégué général et plénipotentiaire que le général Beynet. Il faut que Beynet arrive à son poste. On verra ensuite pour le reste.

3. La Commission des Affaires étrangères de l'Assemblée consultative ne porte pas la responsabilité des actes du gouvernement. Cela est vrai, en particulier, des nominations de représentants à l'étranger. Vouloir mêler le rôle de l'Assemblée et de ses Commissions et le rôle du gouvernement aboutirait à une confusion que le gouvernement ne peut accepter et qui serait en contradiction avec les bases mêmes sur lesquelles l'Assemblée a été constituée.

[R.E. Londres Alger 1468].

Les 4 et 5 mars 1944, le général de Gaulle inspecte les divisions françaises en ligne en Italie et s'entretient avec les généraux Alexander, Clark et Anders.

Il rentre à Alger le 6 mars.

---

1. Le général Beynet a été nommé, en janvier 1944, délégué général et plénipotentiaire au Levant. Il prendra ses fonctions lors de son arrivée à Beyrouth le 9 mars 1944.

2. Yves Chataigneau est ministre de France en Afghanistan en 1940 et 1941. Secrétaire général de la délégation au Levant lors des événements de novembre 1943, il assume depuis le 23 novembre 1943 les fonctions de délégué général et plénipotentiaire au Levant par intérim. Il sera gouverneur général de l'Algérie de 1944 à 1948.

Au général Giraud, à Alger

Alger, 7 mars 1944

Mon cher général,

Je trouve en rentrant la lettre du général Wilson[1]. Je vous envoie ci-joint copie de ma réponse[2].

Il vaut mieux que vous alliez seul à sa conférence. Ne vous engagez à rien. Nous verrons ensuite de quoi il retourne. Je crois d'ailleurs le savoir… Il y aura évidemment à prendre une décision du gouvernement et il est préférable que je me tienne en retrait pour le moment.

Très bonne impression des troupes en Italie. Je vous en parlerai.

Veuillez croire, mon général, à mes sentiments très dévoués.

Message à l'Autriche

Alger, 9 mars 1944

Courbée sous le joug de l'Allemagne hitlérienne, privée de son existence nationale au mépris de sa glorieuse histoire, l'Autriche reste elle-même.

Elle attend l'heure des démocraties, qui sera l'heure de la Victoire. Qu'elle la devance. Que son peuple entre dans le combat contre les tyrans de l'Europe. Elle prouvera aux yeux du monde que les Autrichiens restent dignes de l'Autriche.

Au général Legentilhomme

Alger, 10 mars 1944

Mon général,

J'ai regretté que vous ayez quitté Alger avant que mon état de santé me permît de vous voir[3]. Je ne puis imaginer que vous envisagiez la retraite. Vous ne le *pouvez* pas. Il faut servir. Rien de surprenant à ce qu'après toutes les épreuves traversées depuis bientôt quatre ans, vous ayez éprouvé le besoin de prendre un congé. Mais maintenant, ce congé fini, vous vous devez à vous-même et vous devez à tous nos compagnons de reprendre l'activité.

---

1. Le général Wilson invite le général de Gaulle à venir prendre connaissance des récentes décisions de l'état-major interallié au sujet des opérations présentes et futures. Il adresse la même invitation au général Giraud. Il s'agit en réalité de déterminer la part qu'auront les Français dans la libération de la France. Voir l'entretien avec le général Wilson du 15 mars 1944.
2. Cette réponse n'a pas été retrouvée.
3. Le général de Gaulle est tombé sérieusement malade au début de l'année 1944.

Croyez-moi, croyez-moi, soyez d'abord l'inspecteur général des troupes coloniales, poste que je vous ai proposé. Le séjour à Londres a son revers et, pour vous, il y a mieux à faire.

Je vous attends donc à Alger et vous envoie tous mes sentiments de fidèle et dévouée amitié.

Au docteur André Lichtwitz

13 mars 1944

Cher docteur,

J'ai lu *Les Champs secrets*. C'est vivant, soutenu, bref c'est très bon. Je vous fais mon compliment. Merci de tout cœur de vos bons soins et aussi de votre sollicitude. Cela va maintenant.

Au revoir, cher ami.

Veuillez croire à mes sentiments fidèlement dévoués.

Note pour Alain Bozel[1]

Alger, 13 mars 1944

Je vous prie de faire prélever sur mon compte bloqué à Londres une somme de cinq cents livres sterling qui sera remise à M. Boissière. Cette somme est destinée à des secours que le commandant de Boislambert est autorisé à remettre en mon nom à titre de dons ou secours exceptionnels dans les mêmes conditions qu'auparavant.

À René Massigli, à Alger

Alger, 13 mars 1944

Monsieur l'ambassadeur,

Mon attention a été attirée de plusieurs côtés sur la situation morale des colonies françaises de l'Amérique latine.

Les Comités de la France Libre, puis de la France Combattante en Amérique centrale et en Amérique du Sud se sont, comme vous le savez, substitués, dès le 18 juin 1940, aux représentants diplomatiques du Gouvernement de Vichy, pour remplir le rôle spirituel de guides et le rôle matériel de défenseurs des Français. Il n'est pas douteux, d'autre part, que ces Comités groupaient la grande majorité de ces Français et correspondaient aux sentiments de nos amis d'Amérique latine.

Or il est malheureusement vrai que, pour des raisons diverses, le choix de nos représentants en Amérique centrale et en Amérique du Sud

1. Secrétaire général du commissariat à la Production et au Ravitaillement.

au moment de la création du Comité d'Alger, n'a pas tenu de ce fait un compte suffisant.

En attendant que des désignations nouvelles puissent être prononcées, il apparaît nécessaire de donner, dès maintenant, à nos représentants en Amérique latine, des instructions très strictes en ce qui concerne leur action et le compte qu'ils doivent tenir des Français qui, adhérant aux Comités de la France Libre, ont montré du courage dans le présent et de la clairvoyance pour l'avenir.

D'autre part, j'estime qu'il serait bon d'envoyer une mission pour inspecter nos Comités à l'étranger et orienter leur action, notamment en Amérique latine.

Croyez, je vous prie, monsieur l'Ambassadeur, à l'assurance de mes sentiments les meilleurs.

Entretien avec le général Wilson[1], à son quartier général, l'hôtel Saint-Georges, à Alger, le 15 mars 1944

Le général de Gaulle :

— Je suis venu, mon général, d'abord pour vous rendre un hommage, ensuite pour vous réitérer mon désir d'apporter au Commandant en chef allié mon entière coopération dans les plans et les préparatifs qui sont dressés en vue de la bataille de France.

Cette opération se réfère à trois éléments :

1. les forces régulières ;

2. les groupes de résistance qui peuvent être pendant la campagne une aide essentielle pour les armées ;

3. notre assistance au point de vue civil et administratif, au fur et à mesure de la libération du territoire français.

Le général Wilson :

— Je vous remercie de ce que vous venez de dire, mon général. Vous savez certainement que les « Combined Chiefs of Staff » ont donné l'ordre de priorité à la bataille d'Italie et que la bataille de France ne pourra être entreprise avant que celle-ci n'ait été gagnée. Cela impliquant la prise de Rome.

— Le général Wilson souhaite-t-il l'emploi de nouvelles divisions françaises en Italie ?

— Je crois, en effet, que de nouvelles divisions seraient nécessaires pour remplacer les divisions actuelles qui ont besoin de repos. D'ailleurs, il m'apparaît que certaines divisions françaises tireraient bénéfice de l'expérience qu'elles pourraient acquérir dans ces combats.

1. Commandant en chef allié du théâtre d'opérations méditerranéen.

— Des deux divisions que nous pourrions envoyer sur ce front, la 1re division d'infanterie motorisée, général Brosset, a déjà eu un entraînement considérable dans le combat ; la 9e division d'infanterie coloniale, général Magnan, en a moins.

Le général Wilson demande si la division Brosset n'a pas subi de fortes pertes au cours de la campagne de Libye, en particulier à Bir Hakeim, et si elle n'a pas eu de ce fait à recevoir de nouveaux éléments qui manquent d'expérience.

— Je ne voudrais pas que le général Wilson puisse supposer que je ne suis pas favorable à l'envoi en Italie de la division Brosset. Au contraire, pour des raisons militaires et pour d'autres raisons, c'est cette division que nous voulons envoyer la première.

Le général demande ensuite si l'envoi en Italie de divisions blindées françaises serait souhaitable.

— *En ce moment, il y a là-bas plus de blindés qu'il n'est nécessaire. Toutefois, de même que nous utilisons de petites unités blindées attachées à des divisions d'infanterie, nous pourrions peut-être utilement adjoindre un régiment blindé auprès de chaque division française. Si le front se déplaçait dans la plaine de Lombardie, des divisions blindées françaises pourraient être utiles.*

— Je conçois l'importance de la bataille d'Italie en tant que préliminaire, mais je vous demande de comprendre que l'intérêt primordial, pour nous Français, réside dans la bataille en vue de la libération de la France.

— *Évidemment. Mais le succès d'une opération contre le sud de la France dépend directement de l'échec que nous infligerons au préalable aux forces allemandes en Italie.*

— J'insiste sur l'importance, pour les Français, de la bataille de France. Tout projet faisant abstraction de celle-ci leur paraîtrait invraisemblable.

Pouvez-vous me dire à quelle date sera déclenchée l'offensive en Italie ?

— *Probablement d'ici un mois à six semaines.*

— J'aimerais savoir si vous envisagez que les divisions françaises actuellement en Italie seront ramenées en Afrique du Nord avant la bataille de France.

— *Cela est peu probable étant donné le manque de shipping. Il est possible, néanmoins, que l'une d'entre elles soit ramenée d'Italie en Corse.*

J'ai demandé l'augmentation des moyens de transport maritimes de ce théâtre, mais je n'ai pas encore reçu de réponse.

Je n'ai pas, en ma possession, tous les plans d'opérations futures. Je prévois toutefois que nous serons amenés, pendant que se déroulera l'attaque, à faire des opérations secondaires sur la côte entre Gênes et Civitavecchia, destinées à neutraliser des forces ennemies. Pour ces opérations, il est possible que nous ayons à utiliser des commandos français provenant du bataillon de choc qui se trouve en Corse. Ils devront vraisemblablement subir un entraînement à cet effet.

— Évidemment.

Ce point peut être réglé avec le commandement français. Par ailleurs, si d'importantes forces françaises ne sont pas employées au début de l'attaque en France, il est nécessaire qu'elles y prennent part ultérieurement.

— *L'assaut est conditionné par le nombre de navires. La question primordiale pour nous est de nous emparer d'un port afin de pouvoir exploiter l'action du débarquement.*

— Je comprends tout à fait la difficulté qui peut exister à employer des troupes françaises dans la phase immédiate d'assaut de la bataille de France, mais il est indispensable qu'elles soient présentes dans la phase suivante.

— *Lorsque après nous être emparés d'un port, nous serons passés à la période d'exploitation, des troupes françaises pourront y être transportées afin de participer aux batailles à venir.*

Je serai toujours heureux de vous tenir au courant du développement de la situation militaire.

— Je serai également très heureux de vous recevoir, mon général, ou de m'entretenir de questions militaires avec toute personne que vous désirerez m'envoyer.

Le général Wilson indique alors au général de Gaulle qu'il désire lui remettre un document relatif à un texte d'accord entre le Comité Français de la Libération Nationale et lui-même, en tant qu'agent des « Combined Chiefs of Staff ».

Je crois, dit-il, que ce texte a été élaboré ici au cours de conférences qui ont été tenues lorsque le général Eisenhower était commandant en chef[1]*. Il a été approuvé par les « Combined Chiefs of Staff » et j'ai reçu instruction de le signer et de le remettre au CFLN.*

L'entretien se termine par la remise de ce document entre les mains du général de Gaulle.

1. En réalité le texte relatif aux conditions de la participation française aux opérations interalliées que le général Wilson remet au général de Gaulle est sensiblement différent de ce qui avait été convenu lors de l'importante conférence tenue sur ce sujet le 27 décembre 1943 à Alger. Voir *Mémoires de guerre*, t. II, p. 670. Étant donné que cette conférence avait été suivie le 30 décembre 1943 d'un échange de lettres constituant un accord de principe, le Comité de la Défense nationale décidera, le 24 mars 1944, de maintenir son point de vue précédemment exprimé.

Au commandant Louis Vallon[1], à Alger

Alger, 17 mars 1944

Mon cher ami,

J'ai pris connaissance de votre lettre du 14 mars.

Je ne suis pas étonné de votre désir d'aller en France, mais j'estime que vous pouvez jouer ici un rôle nécessaire, notamment dans l'Assemblée. Je suis certain que vous le comprendrez. D'ailleurs, l'avenir peut bientôt tout changer…

Croyez, je vous prie, mon cher ami, à l'assurance de mes sentiments dévoués et sympathiques.

Au sénateur Farjon [à Londres ?]

Alger, 17 mars 1944

Mon cher président,

J'ai pris connaissance avec un vif intérêt du premier résultat de vos travaux de Londres.

La voie que vous indiquez semble bien la seule compatible avec les intérêts français. Je ne sais si l'on nous facilitera beaucoup les choses. Raison de plus pour préparer l'atmosphère internationale aux solutions constructives que vous proposez et dont certaines pourront être retenues.

Je ne doute pas que vous ne puissiez continuer à Alger ce travail nécessaire. La création d'un organisme d'études pour l'organisation de la paix s'impose. Il n'est pas certain que cet organisme doive être fixé à Londres.

Je serais heureux de vous voir à Alger quand vous pourrez vous y rendre. J'espère qu'à ce moment vous aurez eu des nouvelles rassurantes de votre fils.

Croyez, je vous prie, mon cher président, aux assurances de mes sentiments dévoués et sympathiques.

Message à l'occasion du congrès technique de la France au combat, le 19 mars 1944

Messieurs,

Le Congrès technique de la France au Combat n'est pas seulement une occasion offerte à des techniciens de se réunir et de se reconnaître, mais il est également et par avance une contribution à l'effort général que

1. Délégué à l'Assemblée consultative provisoire.

la France s'apprête à faire dès qu'elle sera libérée pour mettre en valeur d'une manière rationnelle ses richesses et celles de son Empire.

Dans l'activité économique des peuples, depuis l'apparition de la grande industrie, il semble qu'on puisse distinguer trois périodes. Au cours de la première, celle du libéralisme pur et simple, chaque entrepreneur pouvait à son gré, suivant ses idées personnelles, son tempérament et les conditions locales, créer et exploiter des ressources, sans autre contrainte que celle de la concurrence. Il en est résulté certainement beaucoup de bien dans un certain sens, car l'initiative et le profit sont des leviers puissants parmi les hommes. Mais, à mesure que se développaient les richesses, la société prenait une autre figure, le problème social se posait et, d'autre part, la dispersion devenait peu à peu impossible à maintenir dans un monde qui allait en se rétrécissant.

C'est alors qu'apparut la concentration et que des intérêts privés, en s'unissant, purent créer ces sommes d'entreprises, ces monopoles, ces trusts, dont je me garderai de dire qu'ils n'ont servi à rien au point de vue économique, mais dont il faut reconnaître qu'ils devinrent peu à peu incompatibles avec la volonté de liberté et de garanties sociales des travailleurs et même avec l'intérêt général de la nation au point de vue de la mise en valeur de ses ressources.

À la suite de la guerre et de tout ce qui s'y sera passé, je crois bien que nous entrerons dans la troisième période, celle de l'organisation économique nationale. Il s'agit que l'État lui-même prenne en main l'ensemble du problème, qu'il conçoive et qu'il dirige effectivement l'activité économique du pays et de l'Empire. Lui seul peut, désormais, le faire d'une manière suffisamment concentrée et, par suite, économique. Lui seul aussi est en mesure d'adapter le progrès social au progrès des richesses générales.

Mais, pour remplir cette tâche, l'État lui-même a besoin d'une organisation nouvelle. Non seulement il lui faut des organes propres d'études et de direction capables d'éclairer et d'exercer ses pouvoirs, mais il lui faut aussi la consultation permanente des grandes catégories nationales intéressées : les travailleurs, les producteurs, les techniciens.

Et voilà pourquoi, messieurs, votre Congrès, qui a mis à l'étude, sur l'initiative et sous l'impulsion de mon ami et compagnon, le colonel Antoine[1], des questions de mise en œuvre rationnelle et concentrée de ressources et d'activités, me paraît être un signe des temps. C'est à ce titre que je le salue en disant, pour terminer, qu'ainsi vous avez apporté très utilement votre pierre à l'édifice de la France nouvelle.

1. Officier du Génie, ancien directeur des services civils de la France Libre qu'il avait ralliée en juin 1940.

À Guy Menant[1], à Alger

Alger, 21 mars 1944

Cher monsieur,

Vous avez bien voulu attirer mon attention sur la possibilité de créer une Légion garibaldienne qui pourrait être rattachée à la Légion étrangère. J'ai pris note de ce projet dont l'idée généreuse fait honneur à ses auteurs. Mais ils doivent comprendre que la constitution d'une Légion garibaldienne soulèverait de multiples difficultés et notamment avec nos alliés, qui ont pris, pour ce qui les concerne, des engagements d'ordre militaire avec le maréchal Badoglio.

Vous me demandez d'autre part de faciliter le départ pour l'Italie du colonel Panella. La Commission méditerranéenne sera consultée à ce sujet. Si elle n'y voit pas d'obstacle, le colonel Panella recevra l'autorisation sollicitée.

Veuillez agréer, cher monsieur, l'assurance de mes sentiments les meilleurs.

À Maurice Schumann, à Londres

Alger, 22 mars 1944

Mon cher ami,

J'ai mûrement pesé la suite à donner à votre demande renouvelée d'aller où vous savez[2]. En conscience, de toute mon amitié pour vous et de toute ma conviction de responsable, je vous dis : Non ! Ce n'est pas le moment.

Je comprends profondément votre immense désir. Mais vous êtes et vous allez être absolument indispensable à Londres.

Je vous envoie toutes mes affections dévouées.

À Félix Gouin, à Alger

Alger, 22 mars 1944

Mon cher président,

Nous nous sommes entretenus récemment des travaux de l'Assemblée consultative et des améliorations qui, après l'expérience des premières sessions, paraissent devoir être apportées à l'organisation pratique des rapports entre les Commissaires et l'Assemblée.

---

1. Sous-directeur de cabinet du commissariat d'État aux Relations avec l'Assemblée et aux Études.

2. Maurice Schumann anime l'émission « Les Français parlent aux Français » à la BBC à Londres ; il demande à partir en mission clandestine en France.

Je serais heureux d'étudier à nouveau et personnellement cette question avec vous-même, et si vous le jugez bon, avec tels ou tels membres du bureau.

Je charge M. Palewski, directeur de mon Cabinet, de vous voir au sujet de la date de notre réunion.

Veuillez agréer, mon cher président, mes sentiments très distingués et dévoués.

Au général Giraud, à Alger

Alger, 23 mars 1944

Mon général,

L'exécution du jugement prononcé à l'égard de Pierre Pucheu par le tribunal d'armée étant maintenant un fait accompli[1], je crois devoir répondre à la lettre que vous m'avez adressée le 17 mars à ce sujet. Je ne ferai, d'ailleurs, que préciser ce que j'ai été amené à vous dire dans notre entretien de dimanche dernier.

Vous voulez bien m'écrire que c'est vous « qui en qualité de Commandant en chef civil et militaire, avez autorisé Pucheu à venir prendre part sous l'uniforme à la lutte contre l'ennemi ». Vous ajoutez que vous avez toujours « considéré en effet qu'il devait être permis à chaque Français d'y participer lorsqu'une telle action portait en elle la valeur d'un rachat ou le désir d'une purification ».

Je dois noter cependant qu'à l'arrivée de Pucheu en Afrique en mai 1943, c'est-à-dire à une époque où le Comité de la Libération Nationale n'était pas encore créé, où je me trouvais moi-même à Londres et où vous exerciez personnellement tous les pouvoirs en Afrique du Nord, vous n'avez aucunement autorisé Pucheu « à prendre part sous l'uniforme à la lutte contre l'ennemi », mais vous l'avez placé en résidence forcée au Maroc.

Le 18 août 1943, le Comité de la Libération Nationale, dont vous étiez comme moi-même, président, décida sans aucune objection de votre part que Pucheu serait mis en prison. Vous-même, en vertu des pouvoirs militaires que vous déteniez alors entièrement, vous avez donné les ordres d'exécution nécessaires à l'incarcération de l'ancien « ministre » de Vichy à la prison militaire d'Alger.

1. Pierre Pucheu, condamné à mort le 11 mars 1944, a été fusillé le 22. Membre du Parti populaire français, secrétaire d'État à la Production industrielle, ministre de l'Intérieur (1941-1942), puis ambassadeur en Suisse, il a été notamment jugé pour avoir livré à la Wehrmacht des « otages » – principalement communistes – détenus à Châteaubriant. Au printemps de 1943, le général Giraud avait d'abord autorisé le voyage d'Espagne en Afrique du Nord de Pierre Pucheu, qui lui avait exprimé son désir de combattre en Tunisie, mais, revenant sur sa décision, il l'avait fait arrêter à Casablanca et mettre en résidence surveillée à Ksar-es-Souk.

Le 3 septembre, le Comité de la Libération Nationale, dans une séance à laquelle vous assistiez, a décidé « d'assurer, dès que les circonstances le permettront, l'action de la justice à l'égard du maréchal Pétain et de ceux qui ont fait ou font partie des pseudo-gouvernements formés par lui, et qui ont capitulé, attenté à la Constitution, collaboré avec l'ennemi, livré des travailleurs français aux Allemands et fait combattre des forces françaises contre les Alliés ou contre ceux des Français qui continuaient la lutte ». Ce texte a été publié le jour même. Vous avez, pour ce qui vous concerne, adopté cette décision telle quelle, ainsi, d'ailleurs, que l'unanimité des membres du Comité.

L'ordonnance du 2 octobre 1943, adoptée en séance par le Comité en votre présence et avec votre approbation, et que vous avez signée en même temps que moi, constituait le tribunal militaire d'armée à Alger et l'ordonnance du 21 octobre 1943, également approuvée et signée par vous, spécifiait que la compétence de ce tribunal « s'étend aux crimes et délits contre la sûreté intérieure et extérieure de l'État, commis dans l'exercice de leurs fonctions par les membres ou anciens membres de l'organisme de fait se disant Gouvernement de l'État français, etc. » C'est en vertu de ces ordonnances, publiées au *Journal officiel*, que Pucheu a été cité devant le tribunal militaire d'armée. Il ne pouvait ne pas l'être.

Dans ces conditions, je m'explique assez difficilement que vous m'écriviez, le 17 mars : « J'ai le devoir et le droit d'élever la voix et de rappeler que, si le condamné est venu en Afrique du Nord, c'est en raison de la confiance qu'il a mise dans l'engagement que je lui avais consenti et que j'aurais tenu si j'étais resté le chef. »

Pour ce qui concerne la commutation de peine (ou, ce qui revient pratiquement au même, le sursis d'exécution) dont vous avez « estimé qu'elle s'imposait », la décision a été prise d'après la raison d'État dont le gouvernement, responsable de l'État, est le seul juge qualifié.

Je vous prie de croire, mon général, à mes sentiments les meilleurs.

Au général d'Astier de La Vigerie, à Londres

Alger, 25 mars 1944

Mon général,

Le gouvernement a étudié et arrêté l'organisation à donner à la mission militaire en Grande-Bretagne en fonction des événements prochains et des solutions vers lesquelles s'acheminent les Alliés en ce qui concerne leurs liaisons avec nous.

La décision qui vient d'être prise par le gouvernement au sujet de cette organisation et, d'autre part, certains projets qui vous concernent personnellement et dont je désire m'entretenir avec vous m'amènent à vous demander de regagner Alger. J'espère vous voir ici le plus tôt possible.

Je vous prie de croire, mon général, à mes sentiments fidèlement dévoués.

[PS] J'insiste sur cette dernière phrase. Rien ne sera fait à votre sujet qui ne soit digne de vos grands services et de mon attachement pour vous.

Au commandant de Boislambert, à Londres

Alger, 25 mars 1944

Mon cher ami,

Le gouvernement vient de décider que le général Kœnig sera chef unique d'une unique mission militaire à Londres, laquelle aura à traiter avec le commandement allié de toutes les questions militaires. Cette décision implique le départ de Londres du général d'Astier et du général Mathenet. Je préviens le premier par une lettre personnelle en ajoutant qu'il lui sera offert un autre poste en rapport avec ses grands services, ses hautes aptitudes et l'attachement que j'ai pour lui. Quant au général Mathenet, il est avisé par télégramme.

Je vous demande, mon cher ami, d'adoucir auprès du général d'Astier l'amertume qu'il pourra ressentir. Je vous sais l'esprit et le cœur très qualifiés pour le faire.

Au revoir, à bientôt j'espère. Toutes mes fidèles et dévouées amitiés.

À Pierre Viénot, à Londres

Alger, 25 mars 1944

Mon cher ministre,

Le gouvernement vient de décider de constituer à Londres une mission militaire unique qui aura à traiter avec le commandement allié de toutes les questions militaires concernant non seulement le petit présent, mais encore le grand avenir (Bataille de France).

Le choix auquel s'est arrêté le gouvernement pour diriger cette mission est celui du général Kœnig.

Cette décision implique le départ de Londres du général d'Astier de La Vigerie et du général Mathenet.

J'écris personnellement au premier, en même temps qu'à vous, en lui demandant de se rendre à Alger au plus tôt. Quant au second, il sera prévenu par un télégramme de service.

Je vous demande d'user de votre influence et de votre autorité pour que ces départs se produisent sans éclats ni incidents. Le général d'Astier recevra, d'ailleurs, un poste digne de ses services et de mon attachement. Le général Mathenet aura un commandement de son grade.

Veuillez croire, mon cher ministre, à mes sentiments cordialement dévoués.

[PS] Il va de soi que la nomination du général Kœnig est combinée avec la désignation d'un membre du gouvernement ayant à traiter et à résoudre, au nom du gouvernement, les questions administratives et autres en territoire libéré.

Télégramme au général Mathenet, à Londres

Alger, 26 mars 1944

Le Comité Français de la Libération Nationale, dans sa séance du 21 mars, a décidé de mettre au point les questions concernant l'exercice des pouvoirs civils et militaires et notre représentation auprès du haut commandement allié.

Cette mise au point ne pouvait s'effectuer que dans le sens d'une simplification de l'organisation présente ; le Comité a donc décidé de confier à un délégué militaire unique, agissant sous l'autorité d'un délégué civil membre du gouvernement, l'ensemble des questions concernant les opérations, la mise en œuvre de la résistance, et la liaison administrative, tant avant qu'après le débarquement.

Son choix s'est porté sur le nom du général Kœnig, qu'il a désigné pour exercer les fonctions de délégué militaire sur le théâtre Nord.

De ce fait, la mission militaire dont vous êtes le chef passera à la date du 31 mars 1944, sous les ordres du général Kœnig, et je vous prie de regagner Alger à partir de cette date.

Je tiens à ce que vous sachiez que cette disposition ne reflète aucun jugement défavorable du gouvernement en ce qui vous concerne. Vous êtes d'ailleurs appelé à recevoir un commandement correspondant à votre grade. Je vous exprime ma satisfaction personnelle pour la manière très distinguée dont vous avez su vous acquitter de votre délicate mission à Londres.

Allocution prononcée à l'hôtel de ville d'Alger le 26 mars 1944

Messieurs,

L'accueil que me fait aujourd'hui la municipalité d'Alger et les paroles émouvantes que vient de prononcer M. Duclos, son président, me touchent très profondément. Il arrive, dit-on, que les arbres puissent cacher la forêt. Mais, vous connaissant, messieurs, je suis assuré que les hommes avertis et convaincus que vous êtes savent regarder par-dessus les contingences pénibles du moment et discernent clairement la grandeur du rôle d'Alger dans cette guerre et l'étendue de son avenir. Ces contingences pénibles, vous vivez au milieu d'elles, voués à y faire face : difficultés du ravitaillement, manque de moyens, surpeuplement, lourdes contributions apportées par la ville au logement et à l'entretien des armées alliées, de l'armée française et des nombreux réfugiés. Il s'y est ajouté quelques sévères bombardements. Je n'aurai garde d'oublier dans la liste de ces épreuves la tension des esprits et des cœurs que ressentent ici, comme partout, tant de Français et tant de Françaises qui ne détournent pas leur pensée de ceux des leurs qui se battent ou qui souffrent et des angoisses de la patrie. De tout cela, il résulte que votre grande et noble cité, lors même qu'elle se force à sourire, vit aujourd'hui dans la contrainte et dans le sacrifice.

Mais au travers de ses épreuves, la ville d'Alger a conscience qu'elle porte l'honneur et la responsabilité d'être la capitale de la France guerrière dans la période décisive du conflit. N'est pas digne qui veut, n'est pas capable qui veut, d'être le foyer de lutte vers quoi se tournent un peuple frémissant dans ses chaînes et un vaste empire au combat, le centre que les ennemis fixent avec colère et nos amis avec attention. Cette insigne dignité est désormais inscrite dans vos annales. Et, comme tout se tient et s'enchaîne, elle est un présage du grand avenir d'Alger.

Grand avenir ? Ah certes, oui ! Car, dans la France nouvelle qui va paraître au terme du drame, quel rôle magnifique attend votre ville ! Cité française la plus grande de cette côte méditerranéenne, capitale d'une Algérie incorporée à la patrie par ses hommes[1] comme par ses terres, vaste passage commun où l'Europe et l'Afrique pourront échanger à nouveau les navires, les avions et les pensées, Alger se sent, n'est-il pas vrai ? appelée par le destin à jouer un rôle éminent dans le monde français élargi, rajeuni, que nous saurons édifier.

Messieurs, en rendant aujourd'hui par ma présence et par celle du général Catroux, par celle de plusieurs membres du gouvernement, par celle aussi du président de l'Assemblée consultative dans votre Hôtel de Ville, un juste hommage à la ville d'Alger, le gouvernement a voulu attester à la fois le mérite de ceux qui la dirigent, le courage de la cité dans les épreuves de la guerre et la confiance qu'il nourrit dans son essor de demain.

1. L'ordonnance du 7 mars 1944 (voir *Mémoires de guerre*, t. II, p. 557) a élargi considérablement les droits électoraux des musulmans d'Algérie.

Instruction définissant les attributions du délégué militaire pour le théâtre d'opérations Nord[1]

Alger, 27 mars 1944

Très secret

I. Les attributions générales du délégué militaire pour le théâtre d'opérations Nord sont fixées par l'Ordonnance du [...[2]] mars 1944 concernant l'exercice des pouvoirs civils et militaires sur le territoire métropolitain au cours de sa libération (notamment articles 3, 6, 7).

II. Le Délégué militaire pour le théâtre d'opérations Nord est Commandant supérieur des forces françaises en Grande-Bretagne.

Vis-à-vis de l'ensemble des militaires stationnés en Grande-Bretagne, il dispose des prérogatives d'un Commandant supérieur définies par le règlement de discipline générale.

Il remplit les fonctions d'Inspecteur à l'égard des états-majors, corps de troupe et services stationnés en Grande-Bretagne et dépendant de lui en matière d'emploi.

En matière d'emploi, sa mission est définie comme suit :

1. préparer les opérations offensives menées par les forces françaises au départ de Grande-Bretagne en direction de la France ;

2. régler l'exécution des actions de détail (coups de main clandestins ou de commandos, etc.) exercés en France, et ayant pour origine la Grande-Bretagne ;

3. en cas de débarquement, il veille à la répartition des forces françaises et suit leur emploi.

III. Les commandants des forces terrestres, des forces aériennes, et des forces navales en Grande-Bretagne, relèvent de l'autorité du général commandant supérieur des forces françaises en Grande-Bretagne dans les conditions fixées au paragraphe II.

Ils correspondent, sous couvert du Délégué militaire, avec les commissaires des départements militaires pour ce qui concerne la gestion des effectifs, l'administration et l'entretien du matériel.

Ils assurent directement leurs liaisons avec les autorités britanniques, militaires ou civiles, pour ce qui concerne la vie des formations sous leurs ordres et les opérations autres que celles définies au paragraphe II.

IV. Le Délégué militaire coordonne l'activité des chefs de missions et attachés relevant des Départements de la Guerre, de la Marine et de l'Air

---

1. Le général Kœnig.
2. Blanc figurant dans le texte. Il s'agit de l'ordonnance du 14 mars 1944. Voir *Mémoires de guerre*, t. II, p. 559.

auprès du Gouvernement britannique et des Gouvernements alliés réfugiés en Grande-Bretagne.

V. Sous la haute autorité du Délégué du Comité Français de la Libération Nationale à Londres, le Délégué militaire est chargé d'assurer auprès du Haut Commandement interallié en Grande-Betagne, l'ensemble des liaisons exigées par l'exécution des diverses missions qui lui sont confiées.

VI. Le Délégué militaire reçoit ses instructions :

— du général commandant en chef français, pour les questions concernant les opérations ;

— des commissaires des départements militaires, pour les questions concernant l'administration militaire ;

— du Comité de la Défense nationale (Secrétariat) pour les questions de Défense nationale,

et leur adresse ses comptes rendus, sous couvert du Président du Comité de Défense nationale (Secrétariat).

À Monseigneur Leynaud[1]

Alger, 27 mars 1944

Monseigneur,

Au cours du récent entretien que j'ai été particulièrement heureux d'avoir avec vous, vous avez bien voulu me soumettre un certain nombre de demandes que j'ai examinées avec le plus grand soin.

Je tiens d'abord à vous dire que j'apprécie hautement le souci qui a inspiré aux évêques de l'Algérie une démarche pour attirer l'attention des pouvoirs publics sur les atteintes que la mobilisation féminine pourrait porter à l'avenir des familles françaises. C'est une question dont le Gouvernement s'est constamment préoccupé en examinant les mesures législatives qu'il a édictées sur ce sujet. En son nom, le commissaire à la Guerre a donné à la tribune de l'Assemblée des explications sur les mesures qu'il a prescrites en faveur des femmes mobilisées. En outre, l'appel fait aux femmes restera limité au minimum indispensable aux besoins de la Défense nationale.

Vous avez bien voulu également me signaler le retard apporté jusqu'à présent à la nomination des aumôniers auxiliaires de l'armée. J'ai fait attirer l'attention de M. Le Troquer sur cette question, en lui demandant de faire appliquer d'une manière plus libérale les dispositions prévues par le décret du 1er novembre 1943.

1. Archevêque d'Alger.

Les autres demandes que vous m'avez transmises sont soumises à l'examen des services compétents et je vous ferai tenir au courant de la suite qui leur sera réservée.

Veuillez agréer, Monseigneur, les assurances de ma haute et respectueuse considération.

Télégramme au lieutenant Desjardins, à Londres

Alger, 27 mars 1944

Je compte vous voir assurer sans délai la direction de l'agence de Londres. Je vous fais confiance pour ne pas vous laisser prendre à la manœuvre d'intimidation montée contre la création d'une agence indépendante de toute influence étrangère.

Je vous confirme que cette agence aura la même indépendance vis-à-vis du gouvernement français que l'agence Reuter vis-à-vis du gouvernement britannique. Ce poste est actuellement celui où vous devez servir.

Je compte sur vous pour toutes les initiatives qui permettront de sauvegarder les positions acquises en Grande-Bretagne et notamment des facilités consenties pour les transmissions vers l'étranger par le poste de Rugby, ainsi que les accords avec l'agence Reuter. Mais au-dessus de tout, il y a l'indépendance française dans cette matière comme dans toutes les autres.

Note[1]

1. Dispute à qui le plus démocrate (reproches réciproques et même au CFNL).
2. Élections Constituante – générales – avec tout le monde.
3. Élections municipales et départementales.
4. Assemblée provisoire. Difficulté parce que le peuple entier n'est pas là et que tout le monde est démocrate.
5. Situation [...[2]] le cas échéant. Difficulté de tabler dessus d'avance et d'imaginer des élections directes sur des principes politiques, sans réunions, sans affiches, et étranglés par des difficultés [locales extrêmes].
6. C'est pourquoi le projet proposé par le gouvernement à l'Assemblée prévoyait la formation de l'Assemblée provisoire par [ce qu'on

1. Le général de Gaulle a très probablement noté ces lignes au cours du débat sur l'organisation des pouvoirs publics en France à la Libération, à l'Assemblée consultative provisoire à Alger, le 27 mars 1944. Il s'agirait, en somme, du brouillon de l'intervention qu'il fit à cette même séance de l'Assemblée consultative provisoire (voir *Discours et Messages*, t. I, p. 391).

2. Mot illisible.

tient], c'est-à-dire Conseils municipaux et Conseils généraux, Résistance et parlementaires encore mandatés.

7. Quel que soit le projet voté, reste l'inconnu de ce qu'on trouvera. Quant à l'étranger : non.

Télégrammes à Emmanuel d'Astier de La Vigerie, à Londres

Alger, 28 mars 1944

Très secret

J'ai vu Sophie[1]. Je regrette que vous n'ayez pu le rencontrer à Londres. Mais Boris[2] a dû vous exposer l'essentiel de son rapport.

Je crois qu'il est capital et très urgent que Quartus[3] vienne nous voir dans le moindre délai. Je tiens essentiellement à ce qu'il arrive dans le courant de la lune d'avril et suis convaincu que vous serez d'accord sur ce point. Amitiés.

Alger, 30 mars 1944

Secret

Les projets anglo-saxons concernant les instructions qui seraient données au général Eisenhower par les gouvernements de Washington et de Londres, en ce qui concerne son comportement lors du débarquement en France à l'égard du CFLN, risquent de susciter dans les esprits de l'émotion et de la confusion.

Je crois devoir, en conséquence, vous préciser quelle est la position adoptée par le gouvernement en la matière, en vous priant de la faire connaître nettement et directement aux organes de commandement ou de liaison français qui vous sont subordonnés.

1. Il n'existe qu'une seule autorité française qualifiée, c'est le CFLN, gouvernement provisoire français.

2. Tout Français, qu'il soit en France ou hors de France, a le devoir d'obéir exclusivement au gouvernement provisoire français.

En particulier, aucune autorité étrangère, quelle qu'elle soit, n'a le droit de donner des ordres à aucun Français, à moins que le gouvernement

1. Pseudonyme de Claude Bouchinet-Serreulles. Attaché au cabinet du général de Gaulle de juin 1940 à 1942, il a assuré l'intérim de la délégation générale du CFLN en France après l'arrestation de Jean Moulin. Il sera commissaire de la République à la Libération et directeur de cabinet du ministre de l'Intérieur de 1944 à 1945.

2. Georges Boris est un ancien collaborateur de Léon Blum. Il a rallié la France Libre le 19 juin 1940. En 1941, il est membre du service de l'Information de la France Libre ; en décembre 1942 il est nommé directeur au commissariat à l'Intérieur.

3. Pseudonyme d'Alexandre Parodi, délégué général du CFLN en France occupée.

français ne l'ait placé pour un temps et pour une tâche déterminée à la disposition de cette autorité étrangère.

3. En conséquence, tout ordre qui serait donné en France par une autorité étrangère quelconque, sans l'accord explicite du gouvernement français, ne devrait pas être et ne serait pas obéi.

4. Tous les éléments de liaison que le gouvernement français se propose de détacher pour le débarquement auprès des divers échelons de commandement allié n'ont et n'auraient d'ordres à recevoir que de l'autorité française.

5. Les formules que les gouvernements étrangers pourraient dicter au général Eisenhower, et qui ne seraient pas conformes à ce qui précède, n'auraient aucune valeur aux yeux d'aucun Français et ne manqueraient pas, en conséquence, de créer de graves difficultés.

Veuillez communiquer ce télégramme à M. Viénot, à qui M. Massigli a télégraphié de son côté pour ce qui le concerne.

Télégramme à Jacques Truelle[1], à Madrid

Alger, 30 mars 1944

Je tiens à vous remercier du soin que vous avez pris de ma belle-sœur, Mme Pierre de Gaulle, et de ses enfants lors de leur passage en Espagne. Je vous prie de transmettre mes remerciements à toutes autres personnes qui sont également intervenues avec obligeance. Veuillez me faire connaître d'urgence le montant des avances que vous-même ou d'autres avez faites à Mme Pierre de Gaulle.

À Monseigneur Hincky, à Alger

Alger, 4 avril 1944

Monseigneur,

J'ai eu l'honneur de voir, dimanche dernier, Monseigneur l'Archevêque et de lui parler du sujet dont nous nous étions entretenus.

Monseigneur Leynaud m'a donné l'impression qu'il n'était personnellement nullement défavorable au projet. Mais il a affirmé qu'il n'était pas lui-même en mesure d'y donner son assentiment sans l'autorisation du Saint-Père. Il a ajouté qu'il écrirait à Rome dans le moindre délai en exposant les raisons que je lui faisais valoir au point de vue de l'intérêt de la paix et de l'ordre au sein de la nation française et des intérêts de la Religion en France.

1. Délégué du CFLN et diplomate de carrière, Jacques Truelle avait été révoqué par Vichy. Il sera ministre plénipotentiaire du GPRF.

Je ne manquerai pas, Monseigneur, de vous tenir au courant de ce que Monseigneur l'Archevêque me communiquerait par la suite. C'est une chose que je tiens essentiellement à voir aboutir.

Je vous prie d'accepter, Monseigneur, l'expression de mes sentiments respectueux et dévoués.

Au cours des mois de mars et avril 1944 le CFLN prend une série de mesures relatives à la préparation de la libération du territoire national.
Le 28 mars, les généraux Kœnig et Cochet ont été nommés délégués militaires du CFLN, le premier sur le théâtre d'opérations Nord, le second sur le théâtre d'opérations Sud.
Le 4 avril, André Le Troquer est nommé commissaire national délégué en territoire libéré.
Le 21 avril sera signée l'ordonnance fixant l'organisation des pouvoirs publics à la Libération : élection d'une Assemblée constituante, rétablissement des conseils généraux et des conseils municipaux de 1939, désignation par avance des commissaires régionaux.

À André Le Troquer, à Alger

Alger, 4 avril 1944

Mon cher commissaire et ami,

Les grands événements qui s'annoncent ont amené le gouvernement à vous charger, dès à présent, de préparer et, bientôt peut-être, de diriger, en liaison avec nos alliés, l'œuvre administrative qui s'imposera dans les territoires métropolitains libérés de l'ennemi en attendant que le gouvernement puisse s'y porter tout entier.

Cette mission vous oblige à quitter vos fonctions de commissaire à la Guerre et à l'Air[1]. Au moment où vous transmettez les pouvoirs que vous exerciez en cette qualité, je tiens à vous dire, en mon nom et au nom de tous vos collègues, combien le Gouvernement a apprécié les grands efforts que vous avez déployés quant à la mise sur pied, à la fusion morale, à l'esprit de discipline et d'action de nos armées de Terre et de l'Air.

Je vous prie de croire, mon cher commissaire et ami, à mes sentiments très cordialement dévoués.

1. André Diethelm devient commissaire à la Guerre et Fernand Grenier commissaire à l'Air.

À René Massigli, à Alger

Alger, 4 avril 1944

Monsieur le Commissaire,

Mon attention a été attirée sur la situation qui est actuellement faite à M. Helleu et sur l'insuffisance du traitement qui lui est alloué en conséquence de sa mise en non-activité.

Étant donné les obligations auxquelles notre ancien délégué général au Levant doit encore répondre à Alger et les fonctions qu'il exerce dans diverses commissions, il conviendrait, à mon sens, qu'il reçoive un traitement ou des indemnités correspondant à ce qui est normalement accordé à un haut fonctionnaire en activité à Alger. Je suis certain que vous serez de cet avis.

Veuillez agréer, monsieur le Commissaire, l'assurance de ma haute considération et de mes sentiments dévoués.

À Louis de Benoist, au Caire

Alger, 8 avril 1944

Mon cher délégué,

Vous me saisissez, dans votre lettre du 17 mars, des critiques que certains ont pu formuler en présence de la dualité de vos fonctions en Égypte[1].

Je n'ai pas besoin de vous dire que, pour ma part, je n'ai jamais attaché d'importance à ces critiques.

Je suis heureux de saisir cette occasion pour rendre hommage au dévouement avec lequel vous avez fait face depuis 1940 au surcroît considérable des préoccupations que votre désignation comme délégué vous a imposées. Je sais fort bien que vous avez accepté cette responsabilité avec un parfait désintéressement et que vous avez toujours su exercer vos fonctions sans les mettre du tout sur le même plan que vos obligations envers la Compagnie du Canal.

Je comprends toutefois vos scrupules, mais je ne vois aucune raison actuelle pour modifier cette situation de fait. Si un changement d'attitude du gouvernement égyptien permettait un jour d'envisager l'échange de représentants sur la base d'une reconnaissance élargie, et si, pour mieux marquer le retour à des conditions normales dans nos relations avec l'Égypte, nous estimions alors préférable de procéder à une réorganisation de notre représentation, je suis certain que vous seriez vous-même le premier à en faire la proposition.

1. Agent supérieur de la Compagnie du canal de Suez, Louis de Benoist est délégué du CFLN au Caire.

Je vous demande donc, en attendant, de poursuivre votre mission en considérant que vous avez toute ma confiance et celle du gouvernement.

J'apprends avec beaucoup de tristesse le deuil qui vient de frapper votre famille déjà si cruellement éprouvée par deux guerres et vous prie de trouver ici l'expression de ma profonde sympathie.

Veuillez agréer, mon cher délégué, l'expression de mes sentiments sincèrement dévoués.

Au général Catroux, à Alger

Alger, 8 avril 1944

Mon général,

Vous avez bien voulu me transmettre, par votre lettre du 6 avril[1], un rapport du préfet de Constantine au sujet des activités de M. Ferhat Abbas[2] et me faire part des instructions que vous comptez envoyer à M. Perillier[3] à ce sujet.

J'ai l'honneur de vous faire savoir que, d'accord avec M. le Commissaire à l'Intérieur, je me range entièrement à votre avis sur la manière dont il convient de répondre à la campagne de conférence que M. Ferhat Abbas se propose d'entreprendre.

Croyez, je vous prie, mon général, à l'assurance de ma haute considération et de mes sentiments dévoués.

Au professeur Vermeil, à Londres

Alger, 8 avril 1944

Mon cher maître

Je vous remercie de votre lettre et de votre rapport[4], qui m'a vivement intéressé. Je suis tout à fait d'accord avec vous sur les conclusions que vous tirez de votre étude sur la pensée allemande.

Vous poursuivez une œuvre indispensable. Pour trouver des solutions justes à l'issue de cette guerre, il faut aborder et résoudre le problème allemand. L'action de ceux qui, comme vous, étudient ce problème et le font mieux connaître à nos alliés apporte une contribution essentielle à notre cause.

---

1. Cette lettre n'a pas été retrouvée.
2. Nationaliste algérien, fondateur en 1938 de l'Union populaire algérienne. En 1943 il a rendu public un *Manifeste du peuple algérien*, signé par la quasi-totalité des élus musulmans et demandant l'instauration d'une République algérienne.
3. Secrétaire général au commissariat à l'Intérieur en 1943, Louis Périllier est préfet d'Alger.
4. Cette lettre et ce rapport n'ont pas été retrouvés.

Je donne des instructions pour que votre situation administrative soit réglée comme vous le désirez.

Croyez, je vous prie, mon cher Maître, à l'assurance de mes sentiments les meilleurs et de ma haute considération.

Les mesures prises par le CFLN afin d'organiser la collaboration de l'administration française et des forces alliées au cours de l'imminente bataille sur le sol français ne reçoivent pas l'agrément des gouvernements alliés.

Au contraire, le gouvernement américain organise un AMGOT (gouvernement militaire allié des territoires occupés) destiné à prendre en main les affaires françaises.

Télégramme à Jean Monnet, à Washington

Alger, 9 avril 1944

J'ai pris connaissance de vos télégrammes relatifs à l'allocution imminente de M. Cordell Hull[1], à votre entretien avec M. Dunn[2] et à votre proposition de déclaration du Comité de la Libération Nationale.

Ce que vous avez dit à Dunn est exactement ce qu'il fallait dire[3]. Quant à répondre publiquement au discours de Cordell Hull, nous croyons préférable de ne pas le faire tout de suite et spécifiquement. Nous trouverons prochainement l'occasion de faire connaître notre position de souveraineté française, tout en nous félicitant que des arrangements pratiques puissent être désormais étudiés et arrêtés en commun. Mais nous le ferons sans souligner le point de vue du secrétaire d'État américain. En effet, celui-ci parle de contrôle du commandement militaire allié sur le Comité de la Libération Nationale. Si nous évoquions son allocution, nous serions obligés de le contredire. Mieux vaut garder le silence pour le moment dans nos propos publics. Amitiés.

1. Le 9 avril, le secrétaire d'État américain Cordell Hull prononce une allocution radiodiffusée dans laquelle il déclare notamment que le CFLN n'est pas le gouvernement de la France, qu'à l'issue des opérations militaires, le peuple français devra exercer lui-même sa souveraineté en choisissant la forme de gouvernement qu'il voudra se donner, mais que pendant la durée des combats, le CFLN dirigera le rétablissement de l'ordre et de la légalité, sous le contrôle du commandement en chef allié.

2. Conseiller politique du département d'État, pour les affaires françaises.

3. Jean Monnet a déclaré à James Dunn que toute autorité française n'est responsable que devant le peuple français, le commandement allié devant se limiter aux seuls actes d'administration exigés par les opérations militaires contre l'ennemi.

Le 4 avril 1944, une ordonnance prescrit que le président du CFLN est seul chef des armées. En tant que tel, il décide en dernier ressort de tout ce qui concerne la conduite de la guerre.
Par décret du 8 avril, le général Giraud cesse d'exercer les fonctions de commandant en chef.

À André Diethelm, à Alger

Alger, 10 avril 1944

Mon cher commissaire et ami,

Sur la base de l'ordonnance du 4 avril et du décret du 8 avril, il y a lieu de prescrire sans délai à tous commandants de forces en opérations (général Juin – général Martin[1]) ainsi qu'au général de Lattre, d'adresser dorénavant toutes leurs communications au commissaire à la Guerre (E.-M. général de l'Armée). Inversement, il faudrait les aviser qu'ils n'ont dorénavant d'ordres et d'instructions à recevoir que par cette voie.

Ceci est urgent et important.

Meilleures amitiés.

[PS] De même, il y aurait lieu de prévenir le commandement allié que toutes vos communications relatives à l'armée de Terre, quelle que soit leur nature, doivent avoir lieu par le commissaire à la Guerre (E.M. général de l'Armée).

À André Gide, à Alger

Alger, 13 avril 1944

Mon cher maître,

Je vous remercie bien vivement d'avoir pensé à m'envoyer les *Interviews imaginaires*.

Je l'ai relu avec un grand plaisir. Avec vous, je dis : « Oh ! délivrance, ne tarde pas… »

Les vœux des poètes ont toujours chance d'être exaucés.

Croyez, je vous prie, mon cher maître, aux assurances de mes sentiments dévoués et reconnaissants.

---

1. Le général Henry Martin a commandé les troupes françaises qui ont opéré la libération de la Corse en septembre et octobre 1943. Il sera à la tête des troupes qui prendront l'île d'Elbe en juin 1944.

Instruction générale concernant les attributions respectives du président du Comité français de la Libération nationale et des commissaires des départements militaires en matière de Défense nationale

Alger, 15 avril 1944

1. Les décisions réservées au président du Comité Français de la Libération Nationale en matière de Défense nationale concernent :

a. l'organisation générale et la répartition des forces ainsi que les plans généraux d'emploi et d'armement,

b. la répartition générale, entre les départements ministériels civils et militaires et les divers territoires, des ressources en personnel et des ressources matérielles,

c. la coordination des questions d'administration générale entre les départements militaires,

d. l'activité générale et la composition des missions militaires, navales et de l'air à l'étranger, des postes d'attachés militaires navals et de l'air, ainsi que des missions de liaison administrative.

Le président du Comité Français de la Libération Nationale dispose à cet effet de l'état-major de la Défense nationale.

Le Chef d'État-Major de la Défense nationale assure les liaisons nécessaires avec les départements militaires et éventuellement les autres départements ainsi qu'avec les Alliés.

2. Les attributions du Comité de Défense nationale demeurent celles qui sont définies par le décret du 16 décembre 1943 (article 3), portant organisation du haut commandement.

3. Les attributions des commissaires à la Guerre, à l'Air et à la Marine demeurent celles qui sont définies par le décret du 16 décembre 1943 (article 5) portant organisation du haut commandement.

Les commissaires conservent entièrement sous leur autorité directe celles des forces de leur département qui ne sont pas placées pour les opérations à la disposition du commandement militaire allié, et éventuellement du commandement militaire français par le Comité Français de la Libération Nationale.

En outre, les commissaires règlent les mouvements des forces destinées aux théâtres d'opérations.

Les commissaires font assurer avec les Alliés toutes liaisons nécessaires dans le cadre de leurs attributions.

4. Le président du Comité Français de la Libération Nationale désigne ceux des commandants des forces en opérations immédiates ou à terme, qui relèvent directement de lui pour l'emploi des forces sous leurs ordres. Ces autorités lui adressent et en reçoivent directement, sous le timbre de

l'État-Major de la Défense nationale, toutes communications relatives à ce sujet.

Dans l'organisation actuelle des forces navales et aériennes, les commissaires intéressés (chefs d'États-Majors Généraux), soumettent au Président les décisions principales concernant l'organisation, la répartition, l'armement et l'emploi de ces forces.

5. Les nominations ou promotions dans l'ordre de la Légion d'honneur et de la Croix de la Libération et les attributions de la médaille de la Résistance et de la médaille militaire, aux troupes en opérations, sont accordées par décrets.

Les citations à l'ordre de l'armée sont accordées par le président du Comité de la Défense nationale sur proposition des commissariats.

Un contingent limité de ces diverses récompenses peut être mis, par décret, à la disposition directe des officiers généraux, Commandants de forces en opérations pour récompenser des cas exceptionnels, soit par leur éclat, soit par l'urgence de la décision à intervenir.

À André Diethelm, à Alger

Alger, 15 avril 1944

Mon cher commissaire,

Au cours de l'enquête menée au Maroc par les Services de Sécurité militaire, à la suite des incidents qui se sont produits dans le Protectorat le 11 janvier dernier, un des dirigeants du Parti nationaliste marocain, le nommé Ahmed ben Abdesselem ben Ahmed Balafredj, a été arrêté et se trouve, aux termes des renseignements qui me sont fournis par notre Résident général de France au Maroc, sur le point de faire l'objet, à la demande de la Sécurité militaire, d'un ordre d'informer de M. le Général Commandant Supérieur des troupes au Maroc.

J'ai l'honneur de vous faire connaître qu'après examen de cette affaire avec M. le Commissaire d'État à la Coordination des affaires musulmanes et M. le Commissaire aux Affaires étrangères, il m'est apparu qu'il y aurait lieu de ne pas traduire Balafredj en justice pour des raisons d'ordre politique dont vous concevez certainement la nature. Je vous prie donc de bien vouloir faire suspendre, sous telle forme que vous jugerez utile, l'instruction entreprise contre cet individu. Il devra, cependant, demeurer en état d'arrestation et être transporté à Madagascar, où il sera placé en résidence forcée.

Je vous serais obligé de bien vouloir donner à M. le Général Commandant Supérieur au Maroc les instructions nécessaires et régler avec MM. les Commissaires aux Colonies et à la Marine le transfert de Balafredj au lieu de sa résidence forcée dans le plus bref délai possible.

Veuillez agréer, mon cher commissaire, l'expression de mes sentiments dévoués.

Copie adressée au général Catroux, à René Pleven, à René Massigli et à Louis Jacquinot

Télégramme à Louis Marin, à Londres

Alger, 16 avril 1944

Secret

Mon cher président,

La nouvelle de votre arrivée à Londres me cause une grande joie. Je souhaite vous voir à Alger dès que cela vous sera possible.

Télégramme au général Kœnig, à Londres

Alger, 17 avril 1944

Secret

Vous voilà sur place. Veuillez après examen me faire connaître quelle organisation vous jugerez à propos de donner finalement à votre état-major. Vous ne tiendrez naturellement compte pour cela que de ce qu'il est rationnel et utile de faire, sans égard aux prétentions des personnes. Il est nécessaire que vous procédiez avec netteté et autorité dans cette matière qui en a beaucoup manqué mais qu'il faut absolument et d'urgence mettre en ordre[1].

Instruction concernant les liaisons à assurer entre les organes de commandement alliés et le commandement militaire français

Alger, 22 avril 1944

Secret

1. Avant l'organisation récemment réalisée du haut commandement français, le général commandant en chef traitait avec le haut commandement allié, de nombreuses questions d'exécution qui sont du ressort, selon leur nature, soit des commandements français de forces en opérations, soit du commissariat à la Guerre (état-major général).

Il est estimé nécessaire, au double point de vue de la rapidité d'exécution et de la conservation du secret, que chacun des organes de commandement français traite directement avec les organes correspondants de

---

1. La constitution de l'état-major du général Kœnig à Londres sera effective le 24 avril.

commandement alliés les questions à leur échelon et dans leurs attributions.

2. Dans les conditions définies ci-dessus, sont accrédités auprès du haut commandement allié :

a. le général Béthouart, chef d'état-major de la Défense nationale, pour toutes questions concernant la répartition générale des forces de Terre, de Mer, et de l'Air, et les plans généraux d'emploi et d'armement ;

b. le général Leyer, chef d'État-Major Général « Guerre[1] », pour toutes questions concernant *dans l'exécution :* la mise sur pied, le réarmement et la préparation des unités terrestres prévues dans les plans généraux, les transports par voie terrestre et maritime, l'entretien des forces terrestres et le fonctionnement des services ;

c. le général Bouscat et l'amiral Lemonnier, chacun en ce qui le concerne, pour les liaisons entre les forces navales ou les forces aériennes françaises et alliées.

3. Les commandants français de forces en opérations :

— général Juin, pour les opérations du détachement d'armée française en Italie,

— général de Lattre de Tassigny, pour opérations basées sur la Corse, et celles à conduire ultérieurement en France à partir du littoral méditerranéen, sont accrédités pour assurer les liaisons nécessaires à la préparation et à l'exécution de leur mission avec les organes de commandement alliés correspondants.

4. Dans le domaine particulier de la Défense terrestre antiaérienne, le général Puig continuera à assurer les liaisons avec le haut commandement allié.

5. Pour ce qui concerne la répartition et la coordination de l'emploi des moyens de *Transmissions* du territoire, le général Merlin assurera les liaisons nécessaires avec le Haut Commandement allié dans les mêmes conditions qu'antérieurement à la récente organisation.

À André Diethelm, à Fernand Grenier et à Louis Jacquinot[2], à Alger

Alger, 26 avril 1944

Mon cher Commissaire,

J'ai été saisi directement d'un projet concernant la formation d'une association intitulée « Union de l'Armée et de la Nation » et qui comprendrait,

1. Roger Leyer commande en 1940 le 12e régiment de cuirassiers. Il est, en août 1940, directeur de la Cavalerie et du Train, en janvier 1942 adjoint à l'inspecteur de la Cavalerie, puis commande la Cavalerie du Maroc (avril 1942). Depuis août 1943, il est chef d'état-major « Guerre », fonction qu'il occupera jusqu'en novembre 1945.

2. Commissaire à la Marine.

outre certaines personnalités civiles, des officiers généraux et officiers en activité.

Une telle association ayant un caractère politique il m'apparaît que les militaires en activité ne peuvent être autorisés à en faire partie lors même que l'objet de l'« Union » serait, par lui-même, utile.

Certain de rencontrer votre accord, je vous serais reconnaissant de bien vouloir donner les instructions nécessaires à ce sujet aux militaires dépendant de votre autorité.

Je vous prie de croire, mon cher Commissaire, à mes sentiments cordialement dévoués.

Dépêche pour France-Afrique[1]

Alger, 28 avril 1944

Des incidents graves ont marqué l'entrée au Parlement de M. Joseph Karam, descendant du héros national libanais[2]. Son élection, dimanche dernier, avait porté ombrage au gouvernement Riad Sohl, qui n'entend tolérer aucune opposition, et des mesures rigoureuses avaient été prises pour empêcher les manifestations.

Toutefois, au moment où Karam pénétrait à la Chambre, l'enthousiasme populaire s'est étendu jusqu'aux abords du Parlement.

Cette effervescence demeurait dans les limites de la modération quand un Égyptien a abattu d'un coup de revolver un soldat autochtone. C'est alors que la police libanaise, au lieu d'arrêter le meurtrier, a tiré sur la foule, qui a riposté. Il y a quatre morts et dix-sept blessés. Le trouble gagna jusqu'à la Chambre. Lorsque le calme fut rétabli, dans l'enceinte du Parlement, le président du Conseil a prononcé une allocution où il a dit notamment : « Un poing de fer s'abattra sur les traîtres. La période de clémence est terminée. »

Étant donné l'état d'esprit dans certains milieux, il pourrait être à craindre que ces paroles ne soient le prélude de mesures antidémocratiques. On rappelle que depuis la réinstauration de M. Riad Sohl, en [...[3]] dernier, le gouvernement libanais assume la responsabilité du maintien de l'ordre.

---

1. La censure libanaise interdit au représentant de France-Afrique à Beyrouth d'envoyer à son agence aucune dépêche sur les événements du 27 avril 1944. En conséquence, un texte destiné à France-Afrique est acheminé par les services diplomatiques du CFLN, de Beyrouth à Alger. Le général de Gaulle le revoit lui-même.

2. En 1860, un Joseph Karam avait eu un comportement héroïque lorsqu'il avait tenté d'éviter le massacre des chrétiens par les Druzes dans le Metn.

3. Blanc figurant dans le texte. Riad Sohl a été rétabli dans ses fonctions de président du Conseil du gouvernement libanais en novembre 1943.

Instruction définissant les attributions du délégué militaire pour le théâtre d'opérations Sud[1]

Paris, 29 avril 1944

Très secret

1. Les attributions générales du délégué militaire pour le théâtre d'opérations Sud sont fixées par l'ordonnance du 14 mars 1944 concernant l'exercice des pouvoirs civils et militaires sur le territoire métropolitain au cours de sa libération (notamment art. 3, 6, 7).

2. Le délégué militaire pour le théâtre d'opérations « Sud » exerce ses fonctions auprès du général commandant la « Force interalliée » appelée à intervenir en France, sur ce théâtre.

3. Il est chargé, dans le domaine des communications (chemins de fer, ports maritimes, transmissions) et sur l'ensemble des territoires métropolitains libérés dans la zone sud, des attributions fixées par l'article 6 – paragraphe I, de l'ordonnance du 14 mars.

Il n'exerce par contre aucun commandement sur les forces françaises engagées, dont le chef relève directement :

— d'une part du haut commandement et des départements militaires français dans les conditions fixées par l'instruction générale en date du 15 avril 1944, concernant les attributions respectives du haut commandement,

— et d'autre part, en matière d'emploi, du général allié sous les ordres duquel il se trouve placé.

4. En ce qui concerne la mise en œuvre sur le plan militaire de la Résistance, il remplit les fonctions fixées par l'ordonnance du 14 mars (article 6 – paragraphe 2 – et article 7 – paragraphe 2).

À cet effet, il utilise en particulier les Services spéciaux basés sur Alger, et maintient avec ces derniers une étroite liaison.

5. Sur le plan administratif, il exerce les attributions fixées par les articles 6 (paragraphe 3) et 7 (paragraphe 3) de l'ordonnance du 14 mars.

En particulier :

a. au moyen des liaisons administratives détachées auprès des divers échelons du commandement allié ou du commandement français, il assure la remise en place des administrations civiles et militaires, la remise en route des activités économiques, ainsi que la liaison entre les divers échelons du commandement allié et les administrations françaises civiles et militaires ;

b. il dirige l'activité des commandements militaires territoriaux reconstitués et dispose dans la zone de l'avant des pouvoirs résultant de la loi

1. Le général Cochet.

sur l'état de siège. Dans l'hypothèse de l'intervention sur le front Sud, d'une armée française, les attributions territoriales respectives du délégué militaire et du général commandant cette armée, seront celles prévues par le règlement sur l'organisation générale aux armées (titre I, chapitre III – article II).

En particulier, toutes questions concernant l'ordre et la sécurité, la police et la discipline générale, la garde des voies de communications et des points sensibles, l'exploitation des ressources locales pour la satisfaction des besoins des armées relèveront du Général commandant l'armée qui recevra les instructions nécessaires du délégué du Comité Français de la Libération Nationale par l'intermédiaire du délégué militaire.

6. Le délégué militaire reçoit ses instructions :

— des Commissaires des départements militaires pour les questions concernant l'administration militaire,

— du Comité de la Défense nationale, (état-major de la Défense nationale) pour les questions de défense nationale,

— du Comité d'action en France, pour les questions concernant la mise en œuvre de la Résistance,

— du Délégué du Comité Français de la Libération Nationale, pour toutes autres questions.

Il leur adresse ses comptes rendus.

Ordre de mission

Alger, fin avril 1944

Socrate[1] est chargé par le Comité d'Action en France de la mission civile définie ci-dessous :

Les décisions prises par le représentant civil et le représentant militaire de la mission CLÉ le seront en application des directives du Comité d'Action en France. Les modalités d'application de ces décisions seront soumises à l'agrément du délégué général.

1. Il assurera l'application des directives du Comité d'Action concernant la représentation du Comité Français de la Libération Nationale en France (installation du délégué général[2] et de ses suppléants suivant la liste des désignations établies par le commissaire à l'Intérieur au nom du Comité d'Action).

2. Il assurera la répartition des tâches du délégué général, de ses suppléants et des délégués de zones suivant les directives du Comité d'Action.

---

1. Pseudonyme de Lucien Rachet. D'une famille d'immigrés russes, Lazare Rachline est naturalisé français et prend le nom de Lucien Rachet. Industriel, résistant, il sera commissaire de la République.

2. Alexandre Parodi.

3. D'accord avec le représentant militaire, il assurera par l'intermédiaire des Services spéciaux les transmissions propres entre le délégué général, les délégués de zone et le CNR, d'une part, et le commissariat à l'Intérieur, d'autre part, agissant pour le Comité d'Action.

4. Il s'assurera de la mise en place des secrétaires généraux provisoires conformément aux directives du Comité d'Action. Il confirmera toute mise en place provisoire faite d'accord avec le délégué du CFLN, en attendant les décisions du Comité Français de la Libération Nationale.

5. D'accord avec le représentant militaire de la mission CLÉ, il assurera la normalisation des rapports entre l'organisation civile et l'organisation militaire, en application des décisions prises au Comité d'Action le 10 mars 1944, qui régissent les relations des différents délégués sous l'autorité du délégué général du Comité Français de la Libération Nationale.

6. Il s'assurera, d'accord avec le représentant militaire que toutes les décisions de structure civiles et militaires sont prises en accord avec les organismes directeurs de la Résistance et sont mises à exécution avant le terme de la mission.

7. Il s'assurera, d'accord avec le représentant militaire de la mission CLÉ et avec les délégués de zones et les organismes directeurs de la Résistance, de l'unification de la Résistance à l'échelon régional.

8. Il étudiera, en accord avec le représentant militaire, les problèmes de liaison du Comité militaire national avec les grands services publics, en vue d'obtenir le concours de ceux-ci, tant sur le plan de l'action immédiate que pour la préparation du jour J.

Le représentant civil pourra se pourvoir d'adjoints désignés par lui, soit à Londres, soit en France, et qui agiront dans le cadre de cette mission.

Discours aux délégués des syndicats, prononcé à l'occasion de la fête du travail, à Alger le 1er mai 1944

Mesdames, Messieurs,

Je remercie vivement MM. Poimbœuf[1], Fayet[2] et Gazier[3] des nobles et fortes paroles qu'ils viennent de prononcer. En les écoutant, il me semblait bien que ce qu'ils disaient correspond exactement à ce que pensent

1. Marcel Poimbœuf, militant syndicaliste de la CFTC, rejoint Londres au début de l'année 1943. Il est délégué à l'Assemblée consultative provisoire d'Alger, représentant de la Résistance métropolitaine.

2. Pierre Fayet est délégué à l'Assemblée consultative d'Alger, représentant de la Résistance métropolitaine.

3. Albert Gazier, membre du parti socialiste, participe à l'organisation clandestine de la CGT. Délégué à l'Assemblée consultative provisoire d'Alger, représentant de la Résistance métropolitaine, il sera, à la Libération, secrétaire du bureau de la CGT.

et veulent aujourd'hui la majorité immense des Français et des Françaises. Et je m'efforçais de mesurer toute l'étendue de l'évolution qui déjà fait apparaître les traits de la société française à la fois nouvelle et meilleure qu'enfantera la pire épreuve du monde. Il aura fallu, pour atteindre ce progrès social, les terribles leçons de la guerre et les malheurs immenses de la patrie. Ainsi, dans le conte, le prince infirme et disgracié devient soudain aimable et beau après mille douleurs endurées.

C'est qu'en effet la lutte que mène notre peuple pour sa vie et pour sa grandeur lui révèle jusqu'à l'évidence certaines vérités essentielles sur lesquelles il entend désormais fonder son existence sociale.

La première est que sur la terre telle que la font l'industrie, l'invention et la vitesse, il ne peut y avoir demain pour nous de prospérité, ni même d'indépendance, si l'économie française n'est pas fortement dirigée, en vue de faire rendre à nos ressources non point ce qui peut intéresser tels ou tels groupes particuliers mais bien ce qui profitera le plus à la communauté nationale. Les conséquences quant aux droits et aux devoirs de l'État, à la destination des grandes sources de la richesse commune, au contrôle public de tel ou tel secteur de l'activité économique, s'imposent donc à tous les esprits.

La seconde de ces vérités fécondes, c'est que, dans l'économie nationale française, que nous avons *non pas* à créer mais que nous avons à susciter à l'intérieur d'un cadre européen et africain, et, si possible, international, le rôle du travail organisé devient absolument capital. Non point seulement à cause du nombre très considérable des travailleurs qui sont à la fois artisans et consommateurs de la production, mais encore pour cette raison que leurs propres capacités et leur expérience pratique entraînent la nécessité de leur collaboration régulière dans la gestion des entreprises. Il en résulte que le niveau relatif de vie, la sécurité et la dignité de ceux et de celles qui portent parmi leurs concitoyens l'honneur et la charge du travail cessent d'être simplement des sujets de discussion entre travailleurs et employeurs, pour devenir des questions d'ordre public à l'heureuse solution desquelles la nation tout entière est intéressée. Il en résulte, en même temps, que les organisations représentatives du travail doivent entrer organiquement dans la consultation de l'État en matière économique et sociale. Il en résulte encore que les choses doivent être telles, dans l'intérêt général, que les meilleurs aient la possibilité d'accéder aux postes de commande, quelle que soit leur origine. Il va en résulter enfin, pour les libres syndicats, de vastes responsabilités non point seulement vis-à-vis de ceux et de celles qui les auront mandatés, mais encore à l'égard de la collectivité nationale.

Cependant, les grandes affaires humaines ne se règlent point uniquement par la logique. Il y faut l'atmosphère que seule peut créer l'adhésion du sentiment. Les vastes réformes que nous évoquons ici et qui doivent conduire à un changement profond quant à la condition des travailleurs français et à leur rôle dans l'État, économique et social de demain, impliquent l'élan général, le respect, l'affection du pays tout entier. Or cet élan, ce respect, cette affection, les travailleurs les ont acquis tout simplement par la façon dont ils servent la patrie. Dans le drame qu'elle traverse, ils sont au premier rang de ses bons serviteurs. Sous les outrages et l'oppression de l'ennemi héréditaire, au milieu de l'infamie et de la propagande du régime abominable que quelques douzaines de traîtres, quelques centaines de lâches et quelques milliers d'imbéciles, ont essayé d'imposer au pays en exploitant ses malheurs, les travailleurs français ont agi et réagi comme de bons, de purs, de braves enfants de la France. Ils prennent à la résistance nationale une part exemplaire et magnifique. Ils supportent une charge insigne dans les épreuves de la nation. Par là même ils ont, une fois pour toutes, gagné son amour et sa confiance. En outre, l'immense fraternité dont la souffrance et la lutte en commun sont en train de faire aux Français comme une seconde nature nous donne à tous le courage de bâtir notre France nouvelle et rajeunie et la certitude d'y réussir. Les préjugés, les routines, les divisions ne devront pas peser lourd dans un pays où les mamans auront pleuré toutes ensemble, où les garçons et les filles auront tous ensemble frémi de la rage des vaincus, puis bondi de l'orgueil des vainqueurs, où les hommes et les femmes auront frissonné tous ensemble devant nos drapeaux en deuil, puis devant nos drapeaux triomphants.

Mesdames, Messieurs, je ne fais qu'illustrer ce que nous venons d'exprimer, si je vous dis que le Gouvernement se félicite et vous félicite du caractère digne, émouvant, patriotique qu'aura pris ici et en France la fête du Travail en cette année qui sera, nous l'espérons infiniment, l'année de la libération. Permettez-moi d'ajouter que Madame de Gaulle et moi-même sommes très heureux d'avoir pu vous recevoir ce soir à cette occasion.

Télégramme à l'équipe de l'émission « Les Français parlent aux Français », à Londres

Alger, 1er mai 1944

Je désapprouve les attaques personnelles dont vous avez été l'objet. Je n'oublie pas que c'est sur mes instructions que certains d'entre vous sont restés dans votre groupe.

Votre situation vis-à-vis de l'autorité française a motivé cet incident qui ne doit pas se renouveler.

Amitiés.

Apostille[1]

Pourquoi des hymnes étrangers dans une cérémonie française ? Les hymnes étrangers sont à jouer dans les revues où figurent des troupes étrangères.

Allocution en réponse à Sidi Lamine[2]

Tunis, 6 mai 1944

Monseigneur,

Les paroles si chaleureuses que Votre Altesse a prononcées à l'égard de la France m'ont profondément touché. Il m'est agréable de sentir que le souverain de la Tunisie reste fidèle aux traditions de loyale amitié de la dynastie husseinite.

J'ai tenu à venir à Tunis participer au premier anniversaire de la libération du pays. Cette victoire a marqué une étape vers la délivrance finale de la métropole française et de toutes les nations opprimées, délivrance à laquelle la France et tous les peuples qui sont liés à son destin prennent part dans un élan magnifique d'union et de solidarité. Je sais que le gouvernement français peut compter sur Votre Altesse dans l'œuvre entreprise pour permettre à la Tunisie de panser ses plaies, de rétablir définitivement son économie et de poursuivre dans l'unité, heureusement et pour toujours rétablie, sa participation efficace à l'effort général de guerre. Je sais d'ailleurs que le concours précieux et confiant de Son Altesse n'a jamais fait défaut au général Mast, représentant de la France, et cette loyale collaboration constitue un gage d'un avenir de grandeur et de paix.

Très sensible aux sentiments que Votre Altesse a bien voulu me témoigner, je tiens à l'assurer de la ferme intention de la France de poursuivre en Tunisie, avec l'aide de Dieu, sa mission d'amitié, dans la justice et dans la générosité, certain qu'elle trouvera pour cette grande tâche l'appui complet de Votre Altesse, à qui j'exprime mes vœux les plus sincères pour la prospérité d'un long règne.

---

1. En marge du programme du voyage du général de Gaulle à Tunis les 6 et 7 mai 1944, qui prévoit l'exécution des hymnes nationaux anglais et américain après *La Marseillaise* et l'hymne beylical.
2. Bey de Tunis.

Au général Juin, en Italie

Alger, 10 mai 1944

Mon cher ami,

Je reçois ta lettre d'hier.

Nous avons confiance en toi et en tes troupes. Tunis m'a empêché d'aller vous voir… avant. Mais je viendrai très prochainement. Pour cette visite, il n'y aura pas de salamalecs. Je verrai les gens à leur poste. À bientôt. Je te serre la main.

Mes amitiés.

Instruction secrète fixant les attributions militaires du général d'armée Beynet

Alger, 11 mai 1944

Secret

1. Le général d'armée Beynet est Commandant en chef des troupes du Levant.

De ce fait, le général d'armée Beynet est directement responsable vis-à-vis du président du CFLN, Chef des Armées, de l'emploi sur les territoires des États du Levant, des Forces françaises de Terre, de Mer et de l'Air.

2. Dans le cadre de cette mission, les commandants des Forces Terrestres, de la Marine et de l'Air au Levant sont tenus :

a. de rendre compte au général Beynet de toutes les questions qui s'y rapportent ;

b. de déférer à tous ordres et directives qu'il estimera devoir leur donner à ce sujet.

3. Le général d'armée Beynet a d'autre part pouvoir de décision en matière d'organisation, d'encadrement et de discipline des Forces françaises et autochtones au Levant, dans le cadre des directives données à ce sujet par les commissaires intéressés.

4. Cette instruction secrète sera diffusée aux commandants des Forces Terrestres, de la Marine et de l'Air au Levant, par les commissaires intéressés, à l'exclusion de toutes autres autorités. Il appartiendra au général Beynet seul de faire état de ses fonctions de Commandant en chef à l'égard des autorités alliées, s'il le juge opportun.

Le désaccord persiste entre le CFLN et les Alliés au sujet de l'administration des territoires métropolitains français libérés. Le 21 avril, arguant du secret militaire, les Alliés ont annoncé que les messages chiffrés entre Alger et les missions françaises à Londres ne seront plus transmis.

Télégramme au général Kœnig, à Londres

Alger, 12 mai 1944

Secret le plus absolu

Je réponds à votre télégramme du 11 mai[1] reçu le 12 mai à 20 heures.

1. Le gouvernement a décidé d'interrompre toute négociation avec les Alliés à Londres, quelle que soit la nature de cette négociation, aussi longtemps qu'il n'aura pas la possibilité de communiquer par code français avec ses représentants diplomatique et militaire, c'est-à-dire avec M. Viénot et avec vous.

2. Cette décision est formelle et doit être observée rigoureusement. C'est une question de souveraineté française.

M. Viénot et vous-même êtes autorisés à donner aux autorités alliées qualifiées cette assurance et cette garantie de la part du gouvernement et du commandement français et de la vôtre.

Vous pouvez également prendre et observer l'engagement qu'aucun télégramme chiffré ne sera adressé à partir de la Grande-Bretagne excepté par M. Viénot ou par vous-même personnellement.

Il est nécessaire, en contrepartie, que les autorités alliées prennent l'engagement de ne faire subir aucun retard à nos transmissions.

D'autre part, toute acceptation de l'état de choses existant nous conduirait demain, en France même, à d'intolérables abus de la part de l'étranger.

3. Cela dit, nous sommes les premiers à penser que le secret des opérations militaires ayant la Grande-Bretagne pour base doit être assuré d'une manière absolue.

Le gouvernement français accepte donc très volontiers de concourir au maintien du secret en interdisant à quiconque de faire état des opérations dans ses télégrammes et dans sa correspondance sauf s'il s'agit de la mise en œuvre des forces françaises, y compris, bien entendu, celles de l'intérieur.

4. Si cette proposition est agréée par les autorités alliées qualifiées et si l'exécution n'en est pas entravée, vous pourrez reprendre avec le commandement militaire allié la négociation dont vous êtes chargé.

Jusque-là vous devez vous abstenir.

---

1. Le général Kœnig avise le général de Gaulle que :

a. Le War Office propose que des officiers de la censure alliée contrôlent la teneur des télégrammes codés,

b. lui même pourrait obtenir d'utiliser son chiffre sans contrôle à condition de s'engager à ne transmettre aucune information militaire,

c. les Alliés comprennent l'attitude du CFLN, mais jugent urgent que celui-ci autorise la reprise des négociations sur l'emploi et l'organisation des armées en France, quitte à remettre à plus tard les négociations sur l'administration des territoires métropolitains français libérés.

D'autre part, si nos communications par code étaient rétablies, il resterait qu'aucun accord ne pourrait être conclu tant que le gouvernement n'aurait pas été informé par vous de l'aboutissement de la négociation et n'aurait pas approuvé l'objet et le texte de l'accord.

5. M. Viénot et vous-même sentez certainement très bien tout l'intérêt qu'il y a à maintenir absolument notre droit dans cette affaire qui est un critérium quant à la position de la France parmi ses alliés.

Amitiés.

Veuillez accuser réception.

À Jules Moch[1], à Alger

Alger, 15 mai 1944

Mon cher ministre,

J'ai pris connaissance avec beaucoup d'intérêt de votre projet de reconstruction politique et économique.

Vous apportez des idées très heureuses quant à l'amélioration des rouages politiques et économiques de la nation, et j'ai lu avec profit certaines de vos suggestions. Je désire vous en parler.

Croyez, je vous prie, mon cher ministre, à l'assurance de mes sentiments dévoués.

Le corps expéditionnaire français est engagé en Italie depuis novembre 1943. À la mi-mars 1944, malgré d'incessants combats, l'offensive menée par le général Clark n'a pas remporté de succès décisif.

Ayant consenti à modifier le dispositif français sur l'insistance du général de Gaulle et adopté le plan d'attaque du général Juin (commandant le corps expéditionnaire français), le général Alexander (commandant les forces alliées en Italie) a annoncé qu'une nouvelle offensive aurait lieu en mai, avec Rome comme objectif final. Le corps expéditionnaire français a été alors renforcé.

La bataille a commencé dans la nuit du 11 au 12 mai.

Le 17 mai, le général de Gaulle viendra inspecter le front.

À la date du 20 mai, toutes les positions ennemies seront en recul.

1. Délégué à l'Assemblée consultative provisoire.

Intervention à l'Assemblée consultative provisoire, à Alger, le 15 mai 1944[1]

Je ne crois pas dénaturer le débat, un peu complexe, auquel j'ai assisté, ni altérer ce que les orateurs qui se sont succédé ont dit dans leurs interventions, ni l'ordre du jour qui vous est proposé par votre commission des Affaires étrangères, si je constate qu'il y avait dans ce débat quelque chose d'insatisfait.

Messieurs, celui qui vous parle en est le dernier surpris. Peut-être voudrez-vous admettre qu'à cause de la position qu'il occupe provisoirement celui qui vous parle mesure mieux que personne les raisons multiples qui donnent aux débats de l'Assemblée, et particulièrement au débat concernant la position de la France dans le monde, cette allure que je qualifierai d'un peu mélancolique.

Et cependant, il me semble que de tout ce qui a été dit au cours de la discussion, et sur les détails de quoi vous me permettrez de ne pas revenir, il se dégage quelque chose de positif. Même sous le mécontentement apparent de certaines interventions, on voit apparaître d'abord un désir de dynamisme de notre politique étrangère et en second lieu la volonté de voir se préciser, comme elle doit l'être, la position de la France au milieu des peuples qui combattent à ses côtés pour la cause commune. Voilà tout simplement l'explication des opinions qui se sont exprimées à la tribune.

Mais, à ce sujet, je dirai avec franchise qu'il faut nous mettre nous, Français, devant notre propre conscience. Il faut reconnaître et il faut dire qu'il n'est que trop explicable que nos amis, même les meilleurs, après notre désastre momentané, aient pu, quelque temps douter de la France. Hélas, trop de Français avaient alors douté d'eux-mêmes ! Il faut dire que, dans ces conditions, les gouvernements qui portaient le poids bien lourd de la cause commune, ont pu maintes fois être justifiés à se poser cette question terrible pour le monde entier : où est la France ?

Messieurs, c'est en reconnaissant cela que nous sommes justifiés maintenant à appeler l'attention du monde entier et d'abord celle de nos amis, sur ce fait qu'aujourd'hui il n'y a plus de doute possible et qu'une lumière éclatante éclaire la réalité française.

Cette réalité, elle est clairement indiquée par la résistance française, par ses pertes, par ses efforts, par cette nation tout entière ouvertement ou secrètement dressée contre l'envahisseur, par la fin virtuelle de Vichy, par le fait que les Français, dans leur immense masse, sont pour la victoire et pour la République.

1. Lors du débat sur la politique extérieure.

La démonstration de la réalité française est faite aussi par l'Empire. Est-ce un fait, oui ou non, que l'Empire français, bien que coupé de sa métropole, est tout entier, sauf notre Indochine, dans l'effort de guerre, unanime et fidèle autour du gouvernement ? La réalité française, enfin, elle est en train de se prouver par le sang de nos soldats, et je demande à l'Assemblée d'entendre la communication des deux derniers télégrammes que j'ai reçus du général Juin, commandant le corps expéditionnaire français en Italie, télégrammes dont vous comprendrez que je doive taire ce qui peut intéresser le développement ultérieur des opérations.

Messieurs, voici le télégramme reçu du général Juin qui s'applique aux opérations de notre armée d'Italie dans la journée de samedi :

« Les attaques du corps expéditionnaire français ont repris à trois heures du matin (c'est-à-dire samedi matin). L'ennemi, qui avait accepté la bataille et résisté avec acharnement depuis 36 heures, a été enfoncé sur tout le front français et contraint de battre en retraite.

« Nous nous sommes emparés, après de durs combats, acharnés, de Monte-Mayo, clé de la position allemande que nous avons dépassée à l'ouest. Nous avons contourné San Andrea par l'est et investi San Anbrosio au nord et à l'ouest. Nous avons enlevé la ligne de crêtes du Feschi-Caschito et achevé le nettoyage du Castel Forte. »

Voici le télégramme reçu du général Juin au sujet des opérations d'hier :

« La défaite allemande s'est accentuée au cours de la journée sur la première position de l'ennemi. Le corps expéditionnaire français poursuit énergiquement l'ennemi, qui bat en retraite en désordre, n'offrant plus qu'une résistance sporadique d'éléments dépassés et encerclés. La progression est générale sur tout le front. Nous nous sommes emparés de San Andrea, San Anbrosio, San Apollinare, et nous avons nettoyé entièrement la boucle du Garigliano. Nous sommes entrés dans San Giorgio du Liri. Partis de Mayo, nous avons atteint la crête dominant au sud San Giorgio et enlevé Corino.

« Plus d'un millier de prisonniers, dont une trentaine d'officiers parmi lesquels six officiers supérieurs, sont actuellement dénombrés. Le nombre des prisonniers augmente sans cesse. Un nombreux matériel est abandonné par l'ennemi sur le terrain. Toutes les troupes ont fait preuve d'une énergie et d'un courage magnifiques. »

Messieurs, telles sont les réalités françaises, et c'est pourquoi je suis sûr que l'Assemblée est d'accord avec le Gouvernement pour penser que dans ces conditions il est certain que rien d'extérieur ne viendra influer sur le destin du peuple français tel qu'il veut qu'il soit et tel qu'il sera.

Sans doute, nous pouvons regretter l'insuffisance des formules ou la prolongation des délais. Nous ne sommes pas, non, c'est vrai, nous ne sommes pas dans une situation analogue à celle que nous occupions au moment du traité de Westphalie ou du traité de Paris ou même du traité de Versailles auxquels il fut fait allusion. Il n'en est pas moins vrai que l'avenir que nous avons commencé à nous forger, nous continuerons à le forger nous-mêmes par et seulement nos propres mains.

Poursuivons donc notre chemin !

Au général Wilson, à Alger

Alger, 24 mai 1944

Mon cher général,

J'ai reçu votre lettre du 19 mai. Sans douter des intentions qui vous l'ont inspirée, je dois vous avouer qu'elle m'a un peu surpris[1].

Le gouvernement français qui, évidemment, dirige seul l'effort de guerre de la France est également seul à même de juger des voies et moyens de cet effort. La question du concours à apporter par chacune des nations alliées, et notamment par la France, à la reconstruction des pays dévastés est étudiée actuellement en commun par les représentants des divers gouvernements, y compris naturellement ceux du Comité Français de la Libération Nationale.

Je ne puis donc retenir de vos demandes que celle qui concerne la participation apportée par la France à la bataille commune au moyen de ses ports d'Afrique du Nord et d'Afrique occidentale et dont il est naturel qu'elle vous intéresse en tant que Commandant en chef interallié pour les opérations en Méditerranée.

Télégramme au général Eisenhower[2], à Londres

Alger, 27 mai 1944

J'ai reçu avec plaisir votre message d'éloge pour les troupes françaises.

Je tiens à vous assurer de nouveau à cette occasion que le gouvernement se félicite d'avoir placé son armée sous votre haut commandement interallié pour les opérations sur le théâtre occidental et qu'il a en vous une pleine et entière confiance pour conduire les armées de la liberté à la victoire rapide et complète.

1. Dans cette lettre, le général Wilson tente de persuader le général de Gaulle de ne pas mobiliser les Français qui, selon lui, seraient plus utiles aux champs que sur les théâtres d'opérations militaires. Il le prie également, dans l'intérêt général, de ne pas priver les ports d'Afrique de leur personnel en l'incorporant dans l'armée.
2. Commandant en chef des forces alliées pour le théâtre d'opérations occidental.

À Félix Gouin, à Alger

Alger, 27 mai 1944

Monsieur le président,

En réponse à la lettre que vous avez bien voulu m'adresser le 26 mai[1], j'ai l'honneur de vous faire connaître que le gouvernement a décidé de demander l'avis de l'Assemblée consultative sur les projets d'ordonnance relatifs aux objets suivants :

1. Rétablissement de la légalité républicaine dans les territoires libérés ;
2. Indignité nationale.

Les textes de ces projets vous sont adressés par les soins de Monsieur le Commissaire d'État chargé des rapports avec l'Assemblée. En raison des événements, le gouvernement demande que l'Assemblée formule son avis sur ces deux projets au plus tard avant la fin du mois de juin.

Je vous prie d'agréer, monsieur le président, l'expression de mes sentiments les meilleurs et les plus dévoués.

Au général Wilson, à Alger

Alger, 27 mai 1944

Mon cher général,

J'ai l'honneur de porter à votre connaissance la décision du Comité Français de la Libération Nationale, par laquelle sont confiées au général de division aérienne Cochet, les fonctions de Délégué militaire pour les territoires métropolitains dans le sud de la France.

Les attributions dévolues à cet officier général concernent essentiellement, d'une part, *la mise en œuvre des forces françaises de l'intérieur en liaison avec les opérations militaires* et, d'autre part, les questions ayant trait à l'administration dans les territoires libérés.

Je charge du reste le général de corps d'armée Béthouart, chef d'État-Major de la Défense nationale de vous apporter toutes indications complémentaires nécessaires à ce sujet.

Sous la réserve d'accords ultérieurs à réaliser entre les Alliés et le Comité Français de la Libération Nationale, notamment en matière de questions administratives, il me paraît en tout cas souhaitable que des contacts s'établissent dès que possible entre le général Cochet et les officiers alliés sous vos ordres appelés à connaître de questions connexes.

1. Le président Gouin informe le général de Gaulle que l'Assemblée consultative provisoire serait désireuse de discuter des problèmes suivants : le rétablissement de la légalité républicaine dans les territoires libérés, les mesures à prendre pour le fonctionnement de la magistrature, l'épuration administrative, les sanctions à prendre contre les collaborateurs.

Je demande donc au général Béthouart de vous transmettre mes propositions dans ce sens, et de se mettre à votre disposition pour faciliter l'établissement de ces contacts.

Bien sincèrement à vous.

À madame Félix Éboué

Alger, 29 mai 1944

Chère madame,

C'est de tout mon cœur que je vous adresse l'expression respectueuse de ma très grande affliction et de ma profonde sympathie dans le chagrin qui vous a frappée[1]. Je ne vous redirai pas ici tout ce que mille et mille voix ont répété à travers le monde au sujet de la perte que la France et l'Empire ont faite dans la personne de votre mari. Mais à vous, sa compagne, sa femme, la mère de ses enfants, je dirai simplement que Félix Éboué était mon ami et que rien ne pourra me faire oublier jamais l'homme, le compagnon, le frère de combat, qu'il fut à mes côtés dans la plus grande épreuve possible.

Je vous demande, chère madame, de bien vouloir dans le présent et dans l'avenir me tenir pour très fidèlement dévoué à sa mémoire et très attentif à ce qui peut ou pourra vous être utile à vous-même et à vos chers enfants.

Je vous prie d'accepter, chère madame, mes hommages et souvenirs les plus respectueux et attristés auxquels ma femme joint l'expression de ses sentiments de très vive sympathie.

Instruction concernant les attributions respectives des divers organismes appelés à Alger à participer à la mise en œuvre sur le plan militaire de la Résistance dans la métropole

Alger, 29 mai 1944

Très secret

I. Dans le cadre des dispositions générales fixées par :

— le décret du 4 octobre 1943, créant un Comité d'Action en France,

— le décret du 20 novembre 1943, fixant l'organisation des Services spéciaux,

1. Gouverneur des Colonies (Guadeloupe 1936, Tchad 1938), Félix Éboué fut un des principaux acteurs du ralliement du Tchad à la France Libre en août 1940. Membre du Conseil de défense de l'Empire en octobre 1940, et gouverneur général de l'A-ÉF depuis novembre 1940, il est mort le 17 mai 1944. Le 12, le général de Gaulle lui avait adressé un télégramme de sympathie. Apprenant sa mort le 18 mai, il avait fait à Alger une déclaration pour rendre hommage à son action et à sa fidélité.

— l'ordonnance du 14 mars 1944, relative à l'exercice des pouvoirs civils et militaires dans les territoires métropolitains au cours de leur libération et,

— la décision N° 658 CSB en date du 9 mai 1944, du président du Comité d'Action en France,
la présente instruction a pour but de fixer les attributions respectives des divers organismes appelés à Alger à participer à la mise en œuvre, sur le plan militaire, de la Résistance dans la métropole, à savoir :

— le Comité d'Action en France (Section d'action militaire),

— le Délégué militaire Sud,

— les Services spéciaux de la base d'Alger.

II. Le Comité d'Action en France dispose au sein de son secrétariat général d'une Section d'action militaire chargée sous l'autorité du secrétaire général d'étudier les problèmes d'emploi militaire de la Résistance, de préparer les textes et décisions de caractère militaire à soumettre au Comité et d'en suivre l'exécution ; d'assurer la liaison entre l'état-major de la Défense nationale et le secrétariat du Comité d'Action en France.

Cet organisme est l'instrument du Comité d'Action en France et du président de ce Comité chef des armées d'une part, sur le plan gouvernemental, et d'autre part, sur le plan de la conduite générale des opérations.

À ce double titre, ses attributions concernent :

1. l'établissement des plans généraux d'emploi, ou d'équipement, et instructions générales, concernant l'ensemble du territoire métropolitain[1].

2. les liaisons nécessaires avec :

— les divers commissariats (notamment Intérieur, Communications, Information) ;

— le haut commandement allié (généraux Eisenhower et Wilson).

3. la préparation des décisions et instructions relevant en cours d'opérations du président du Comité d'Action en France, chef des armées.

III. Outre ses attributions d'ordre administratif en territoire libéré, attributions définies en dehors de la présente instruction[2], le délégué militaire Sud est chargé de la mise en œuvre militaire de la Résistance dans les arrières de l'ennemi et dans le sud de la France, au cours des opérations de libération menées au départ du littoral méditerranéen.

Il en assure la préparation, puis la réalisation :

— en exécution des décisions et instructions du Comité d'Action en France,

— et en liaison avec le général allié commandant la Force X, ainsi qu'avec le général d'armée commandant l'armée B.

1. Et notamment la coordination de l'action des délégués militaires Nord et Sud [cette note fait partie du document].

2. Voir l'instruction du 29 avril 1944.

1. La préparation de ces actions dans le triple domaine
— de la recherche du renseignement militaire,
— des sabotages et destructions,
— des actions de forces de la Résistance visant à la libération du territoire } effectués dans le cadre des opérations

est poursuivie conformément aux plans d'ensemble arrêtés par le Comité d'Action en France, et doit conduire le délégué militaire Sud :

— à un plan d'emploi militaire de la Résistance,

— à des plans de recherche de renseignements, ces plans étant liés aux plans d'opérations interalliés,

— et de directives d'emploi sur les mêmes objets, destinées aux chefs de la Résistance, dont il rend compte au Comité d'Action en France.

Le Délégué militaire soumet au Comité d'Action en France les listes numériques de personnel et de matériel, schémas de réseaux de commandement et de transmissions, etc. dont il demande la mise en œuvre par l'intermédiaire des Services spéciaux. Il poursuit d'autre part en liaison avec les commandements français et alliés intéressés, les travaux préparatoires concernant la réalisation des appuis extérieurs nécessaires aux Forces françaises de l'intérieur. Il provoque, s'il y a lieu, la réunion des moyens nécessaires.

2. Au cours des opérations, il se tient normalement auprès du général allié commandant la Force X, tout en se maintenant en liaison avec le Comité d'Action en France à Alger.

Il donne tous ordres nécessaires d'ordre militaire, à la Résistance, en fonction des opérations.

Il veille à ce que les appuis extérieurs nécessaires – français ou alliés – soient fournis en temps opportun aux forces de résistance.

Enfin, et suivant les opérations, il propose au Comité d'Action en France l'exécution des mesures dont le déclenchement relève, en vertu des plans, du président de ce Comité.

IV. Les Services spéciaux basés sur Alger sont responsables :

a. de la mise en place des réseaux de commandement, de transmissions, et d'action, dans la métropole – et de leur fonctionnement (notamment établissement des codes, émission des messages convenus par le poste radiophonique d'Alger) ;

b. de l'organisation et de la mise en place des réseaux de renseignements nécessaires pour répondre aux questions posées par les plans de recherches ;

c. de la mise en place pour ces objets, du personnel et du matériel nécessaires dans les arrières ennemis.

Pour l'exécution de ces diverses missions, les Services spéciaux sont responsables :

— du choix et de la réunion du personnel nécessaire, ainsi que de son instruction,

— de la réunion du matériel.

Ils orientent en outre auprès des services alliés, l'emploi des équipes « Jedburghs » en fonction des buts généraux fixés en commun.

Ils transmettent aux délégués militaires dans la métropole les consignes techniques ressortissant au fonctionnement normal de leur service. Ils transmettent d'autre part aux délégués militaires régionaux intéressés par les opérations Sud, les directives et ordres du général délégué militaire Sud.

Devant l'imminence du Débarquement, les Alliés ont accepté de donner à leurs rapports avec Alger une orientation plus favorable aux positions du CFLN. Le 23 mai 1944, Duff Cooper a rendu visite au général de Gaulle de la part de Churchill, pour l'inviter à se rendre à Londres afin d'y être présent lors des opérations de débarquement. Le président du CFLN a exigé la garantie de pouvoir communiquer par chiffre avec son gouvernement.

À Alfred Duff Cooper, à Alger

Alger, 30 mai 1944

Monsieur l'Ambassadeur,

Vous avez bien voulu me renouveler hier soir, de la part du gouvernement britannique, au cas où je me rendrais en Grande-Bretagne comme le Premier ministre veut bien m'en presser, l'engagement de me procurer les possibilités et les moyens de communiquer par code français secret avec toutes destinations.

Dans ces conditions, je compte partir pour Londres dans l'après-midi d'aujourd'hui en utilisant l'avion que M. W. Churchill a bien voulu m'envoyer ici pour le voyage. Je vous enverrai quelqu'un avant le déjeuner pour vous préciser la liste définitive des personnes qui, du côté français, doivent se rendre à Londres avec moi.

Bien sincèrement à vous,

À François Billoux[1], à Alger

Alger, 31 mai 1944

Mon cher commissaire,

Je suis surpris de lire votre note CEB 136 relative aux indiscrétions dont ont pu profiter des agents de Vichy à Alger[2].

1. Commissaire d'État sans département.
2. Dans cette note, François Billoux rappelle au général de Gaulle que des agents de Vichy ont rendu publiques des informations concernant son imminent départ pour Londres.

Vous n'ignorez pas que cette question a fait l'objet d'une discussion au Comité hier après-midi.

La communication que vous avez bien voulu m'adresser me paraît donc sans objet.

Veuillez agréer, mon cher commissaire, l'expression de mes sentiments les meilleurs.

À René Cassin, à Alger

Alger, 31 mai 1944

Mon cher ami,

J'ai bien reçu votre lettre du 29 mai.

Je vous accorde volontiers le congé que vous demandez de vos fonctions de président du Comité juridique, ces fonctions étant évidemment incompatibles avec celles que vous assumez au titre de l'Assemblée consultative.

Croyez, je vous prie, mon cher ami, à l'expression de mes sentiments cordialement dévoués.

[PS] Ne manquez pas, s'il vous plaît, de me tenir au courant de ce qui vous intéresse et de rester en contact direct avec moi.

Télégramme au général Juin, en Italie

Alger, 1er juin 1944

Très secret

Je réponds à votre [télégramme n°] 1555/C.E.F/3/T.S. du 30 mai[1].

1. L'ensemble des grandes unités qui constituent le détachement d'armée sous vos ordres doit demeurer groupé sous votre commandement. Cette disposition ne pourrait être altérée qu'en cas de circonstances tout à fait exceptionnelles et que vous seul pouvez apprécier sous votre responsabilité.

Je vous rappelle que vous formez un détachement d'armée et non pas un corps.

2. Pour dégager des disponibilités en troupes américaines sur le front de la Ve Armée, il me semble que le général Clark peut le faire très simplement en élargissant votre base d'action à votre gauche. Mais ceci est naturellement son affaire. Lui seul peut en décider. J'observe cependant qu'un tel élargissement vous mettrait sans doute à même de participer à la prise de Rome.

---

1. Le général Juin avise le général de Gaulle que le général Clark souhaite prélever une division française pour renforcer sa propre action. Le général Juin s'y refuse afin de maintenir la cohésion du corps expéditionnaire français.

3. J'ai des raisons de penser que le déclenchement de l'offensive à partir de la Grande-Bretagne n'est plus qu'une question de jours.

4. Je saisis cette occasion pour vous renouveler toute ma satisfaction. Chacun suit avec fierté et confiance les opérations que vous dirigez.

Télégramme au général Kœnig, à Londres

Alger, 2 juin 1944

Très secret

Je réponds à votre télégramme chiffré du 31 mai reçu aujourd'hui 2 juin à midi.

Vous ne devez pas, je répète vous ne devez pas, mettre à la disposition du commandement allié nos missions administratives. Il ne sera possible de le faire qu'après conclusion d'un accord entre France, Angleterre et États-Unis. Comme vous le savez, un tel accord est actuellement hors de question. Quant à nos forces militaires, elles doivent naturellement combattre. Amitiés.

Le 3 juin 1944, le Comité français de la Libération nationale devient le Gouvernement provisoire de la République française, présidé par le général de Gaulle.
Le même jour, le chef du Gouvernement provisoire, accompagné de quelques personnalités, quitte Alger pour l'Angleterre. Après escale à Casablanca et à Gibraltar, ils arrivent à Londres le 4 juin 1944.

Contre-projet pour la proclamation du général Eisenhower[1]

Londres, 4 juin 1944

Citoyens de France,

Au moment où s'engage la bataille pour la Libération, mon premier mot en m'adressant à vous est pour vous dire combien je suis fier de voir les vaillantes forces françaises placées sous mon commandement. Ces forces, combattant côte à côte avec leurs camarades américains et britanniques, jouent une part notable dans le combat pour la libération de leur patrie.

1. À son arrivée en Angleterre, le général de Gaulle rencontre le général Eisenhower qui lui communique le texte de la proclamation qu'il compte faire à l'intention des peuples d'Europe occidentale : il demande à la nation française « d'exécuter ses ordres » et semble vouloir prendre en main le destin politique de la France, au lieu de se borner au discours militaire qu'il tient face aux autres nations. Le président du GPRF récuse cette proclamation et propose au général Eisenhower ce texte pour remplacer le sien. Il n'en sera pas tenu compte. Le général Eisenhower maintiendra les termes de sa déclaration.

Puisque c'est sur votre sol qu'ont lieu les premiers débarquements, je crois devoir préciser pour vous mon message aux peuples des autres pays occupés par l'ennemi en Europe occidentale.

Quelles que soient les épreuves que vous traversez, je demande aux populations françaises de demeurer en ordre dans toute la mesure où cela est possible. Je leur demande de suivre les ordres de l'autorité française qualifiée. Le général Kœnig, qui est auprès de moi, donnera à vos forces de l'intérieur, d'après mon plan stratégique, les instructions qui leur permettront de participer à toutes les phases de la bataille. Quant à la masse de la population, je lui demande, pour cette période initiale, de ne pas compromettre par une insurrection prématurée le concours qu'elle pourra fournir quand le moment sera venu.

L'administration de votre pays, à mesure de sa libération, appartient à l'autorité française. Vous savez que cette autorité vous assurera, quand les oppresseurs auront été chassés, les moyens de choisir vous-mêmes vos représentants et votre gouvernement.

Comme commandant suprême de la Force expéditionnaire alliée, c'est mon devoir et ma responsabilité de prendre avec les Français toutes les mesures nécessaires aux opérations militaires. L'exécution prompte et volontaire des ordres que j'aurai à donner à ce sujet est essentielle.

Au cours des opérations qui ont pour but la défaite finale de l'ennemi, vous aurez, hélas ! à supporter de nouvelles pertes et destructions. Si tragiques qu'elles soient, elles constituent une partie du prix dont sera payée notre victoire commune. Je vous assure que je ferai tout ce qui est en mon pouvoir pour adoucir vos épreuves. Je sais que votre énergie est, dans le présent, ce qu'elle fut dans le passé. La mort héroïque de beaucoup des Français qui ont continué la lutte contre les nazis et leurs satellites de Vichy, en France même et dans l'Empire français, vous sert à tous d'exemple et d'inspiration.

Télégramme à Henri Queuille, à René Massigli, et à René Pleven[1], à Alger

Londres, 5 juin 1944

Vu hier très longuement MM. Churchill et Eden[2] qui avaient avec eux M. Bevin[3] et même le maréchal Smuts[4]. Déjeuné avec eux et Viénot, Béthouart, Kœnig. Avons été ensuite avec les ministres anglais voir le

1. Ministre des Colonies.
2. Ministre britannique des Affaires étrangères depuis décembre 1940.
3. Ministre britannique du Travail.
4. Premier ministre de l'Union sud-africaine, maréchal britannique, Jan Christian Smuts appartient au cabinet de guerre de Winston Churchill.

général Eisenhower à son Quartier général dans la campagne. J'ai entretenu Eisenhower en particulier[1].

Conclusions actuelles :

1. Le gouvernement britannique désire beaucoup un accord tripartite. Mais cet accord est impossible à cause du refus catégorique de Roosevelt.

2. Il y a dans le gouvernement britannique de sérieuses divergences quant à la conduite à suivre. Churchill ne veut à aucun prix s'opposer actuellement au président. Eden et surtout Bevin ne semblent pas reculer devant une telle attitude. Mais étant donné l'imminence de la bataille, on ne peut forcer la main à Churchill.

3. Churchill et Eden voudraient que nous négociions avec eux un texte que j'irais ensuite porter à Washington à Roosevelt avec leur appui. J'ai refusé naturellement cette procédure, car nous ne pouvons admettre la supervision américaine ni dans nos propres affaires ni dans nos arrangements éventuels avec l'Angleterre.

4. Je crois que dans cette situation nous n'avons qu'à laisser faire les événements. Nous participerons à la bataille de toutes nos forces. Il est admis par Eisenhower que c'est à Kœnig qu'il appartient de donner des instructions à nos forces de l'intérieur. Il est admis par Churchill que nos communications entre Alger et Londres sont rétablies, ce qui nous permet de reprendre en main l'ensemble de la résistance en France. Dans ces conditions le mieux est de patienter.

5. L'ensemble de notre délégation diplomatique et militaire fait bonne impression à tous points de vue.

6. Il ne faut pas attendre pour notifier aux puissances étrangères le changement de nom de gouvernement.

7. Je rappelle que ma présence à Londres ne doit être publiée par Alger qu'après avoir été annoncée ici.

Le 4 juin 1944, les troupes alliées du front d'Italie sont entrées à Rome.
Le 6 juin l'armée alliée basée en Grande-Bretagne débarque sur les côtes normandes.

Déclaration faite à Londres, le 6 juin 1944

Me revoici en Grande-Bretagne, à l'invitation du Premier ministre et du Gouvernement de Sa Majesté britannique.

1. Les entretiens ont porté sur le principe et l'organisation de la participation française aux opérations de débarquement et de libération du territoire français.

Comment ne serais-je pas ici, puisque la France, au plus fort de ses douleurs et de son combat, voit les armées de la Libération venir vers elle à partir des rivages de la vieille et chère Angleterre ?

Télégramme à Henri Queuille, à René Massigli, à René Pleven et à Henri Bonnet[1], à Alger

Londres, 6 juin 1944

Après trois journées de présence ici, voici les conclusions que je suis amené à tirer des faits qui se révèlent et des entretiens que soit moi-même, soit M. Viénot avons eus avec Churchill, Eden, Eisenhower et d'autres.

1. Il est certain qu'en nous adressant son invitation le gouvernement britannique savait que les États-Unis ne seraient pas présents aux conversations.

2. Le gouvernement britannique n'avait fait aucune opposition au discours adressé aujourd'hui par Eisenhower au peuple français. Ce discours était imprimé depuis quinze jours à douze millions d'exemplaires. J'ai eu connaissance du texte le 4 juin lors de ma visite à Eisenhower. J'ai aussitôt protesté et réclamé des changements qu'on m'a promis de considérer. Après quoi on m'a notifié qu'il était trop tard. Le texte initial se terminait par ces mots : « Vous allez entendre maintenant le général de Gaulle. » Ceci pour faire croire à l'opinion que j'étais d'accord avec ce qui précédait. J'ai refusé de parler dans ces conditions. C'est pour cela que mon allocution a été faite à part des autres.

3. Dès que j'ai su de la bouche d'Eisenhower que le déclenchement de l'offensive était imminent, j'ai prescrit que notre liaison administrative ne partirait pas. Faute d'un accord avec les Alliés, cette liaison, telle qu'elle est constituée et préparée, ne pourrait servir qu'à sanctionner par sa présence l'AMGOT que les Alliés sont en train d'établir en France. Ma décision a provoqué naturellement une tempête de la part de Churchill et des Américains. Je l'ai cependant maintenue. Partiront seulement une vingtaine d'officiers sans attribution administrative, destinés aux liaisons tactiques et de vie courante et chargés de nous informer de la situation en territoire libéré.

4. Demain Eisenhower doit faire une proclamation annonçant l'émission en France de la fausse monnaie que vous savez[2]. Toutes nos protestations ont été inutiles. Il est indispensable que nous adressions à ce sujet aux gouvernements américain et britannique une protestation formelle que M. Massigli devra établir et remettre, et que nous fassions connaître publiquement à la France que nous condamnons cet abus.

---

1. Ministre de l'Information.
2. Le commandement militaire allié, ayant d'importants besoins financiers pour les opérations en cours sur le sol français, met en circulation des billets de banque libellés en francs sans l'assentiment du GPRF.

5. Tous ces faits, ainsi que beaucoup d'autres moins inquiétants mais concordants, m'ont convaincu que, dans l'esprit de Churchill entièrement d'accord avec Roosevelt, mon voyage a pour principal objet de couvrir leur marchandise.

6. Une opération latérale qui paraît prendre sa source chez Eden et se conjuguer avec une opération de politique parlementaire consiste à nous proposer des conversations d'ordre général sur lesquelles d'ailleurs j'attends toujours des précisions. Étant donné l'état actuel de l'opinion anglaise très alarmée de l'asservissement de Churchill à Roosevelt, et des perspectives de ressentiment de la part de la France, de telles conversations avec nous pourraient provoquer en Angleterre un effet d'apaisement. Il est possible qu'il y ait là également la marque d'un désir sincère d'un arrangement futur avec la France. Mais quels que soient les motifs complexes de cette attitude, ceux qui la prennent sont impuissants à forcer la main à Churchill qui est devenu aveugle et sourd.

7. À moins d'un coup de théâtre, auquel je ne crois pas, mon voyage ici ne peut donc avoir qu'un caractère militaire. Je vous demande de donner et de redonner très nettement ce ton à toutes informations et considérations émises par Alger à ce sujet. Si les opérations militaires me permettent de prendre pied dans une ville de la métropole je ne manquerai pas de le faire. Cela est possible car la première phase de l'offensive se déroule d'une manière satisfaisante avec de très puissants moyens. De toute façon je compte rentrer à Alger prochainement.

8. Qu'attend M. Massigli pour notifier aux puissances étrangères que l'ex-Comité s'appelle maintenant le Gouvernement Provisoire de la République Française ?

9. Je prie M. Queuille de donner connaissance de ce télégramme ainsi que du précédent au Gouvernement.

Note pour le général Kœnig, à Londres

Londres, 6 juin 1944

1. Les circonstances ne permettent pas actuellement de faire fonctionner les organismes prévus pour assurer les liaisons administratives des territoires libérés. En conséquence, ces organismes sont maintenus jusqu'à nouvel ordre en position d'attente.

2. Il sera détaché immédiatement auprès de SHAEF, de l'État-Major des Groupes d'Armées en opérations, de l'État-Major des Armées en opérations, et éventuellement des Corps d'Armée actuellement en opérations, un total de 20 officiers prélevés sur les organismes de la Mission militaire de liaison administrative.

Je dis : *Vingt officiers*.

Note pour le général Kœnig, à Londres

Londres, 7 juin 1944

1. Le nombre d'officiers (vingt) mis par note du 6 juin à la disposition du commandement allié pour faciliter ses relations avec la population civile ne sera pas augmenté jusqu'à nouvel ordre.

2. Le général Kœnig placera auprès de l'état-major du général Eisenhower et des principaux états-majors alliés en opérations des officiers de liaison tactique chargés de suivre les opérations et de l'en tenir informé.

L'ordre est adressé à Alger de mettre en route immédiatement douze officiers supérieurs pour remplir ces emplois.

3. Jusqu'à nouvel ordre, il ne sera pas détaché d'officiers de transmissions ni d'officiers du service des chemins de fer auprès des États-Majors alliés.

Il y a lieu cependant de faire venir en Angleterre ceux qui ont déjà été demandés à Alger, ainsi que les officiers de liaison tactique et les États-Majors et Services des trois régions militaires prévues.

Télégramme à André Diethelm, à Alger

Londres, 7 juin 1944

Je vous demande de diriger de toute urgence, sur Londres, douze officiers supérieurs qualifiés pour être détachés comme officiers de liaison tactique auprès des états-majors alliés en opérations. Ces officiers viendront en déduction de ceux déjà signalés, demandés par le général Kœnig au titre de la liaison tactique.

Le colonel Ollivier est maintenu à Londres pour faire partie de la liaison.

Entre le 8 et le 20 juin 1944, les gouvernements européens en exil à Londres, à l'exception du gouvernement hollandais, reconnaissent le Gouvernement provisoire de la République française.

Les Forces françaises de l'intérieur sont intégrées à l'armée française par une ordonnance du 9 juin 1944.

Télégramme à [René Massigli ?], à Alger

Londres, 9 juin 1944

Secret

I. Je profite de mon séjour à Londres pour prendre contact avec les divers gouvernements alliés ayant leur siège dans la capitale britannique.

D'une façon générale je constate chez eux d'excellentes dispositions à l'égard de la France et de son gouvernement provisoire, une grande compréhension des difficultés que nous rencontrons avec certains de nos alliés, ainsi qu'un vif désir de voir, dès maintenant, notre pays prendre la place qui lui revient.

C'est dans ces sentiments que j'ai trouvé la Grande-Duchesse de Luxembourg et le Prince Félix auxquels j'ai rendu visite hier 8 juin.

II. Avec le président Benès j'ai eu, hier, un long entretien qui m'a laissé l'impression la plus satisfaisante.

a. Le président de la République tchécoslovaque m'a spontanément déclaré que son gouvernement reconnaîtrait immédiatement le gouvernement provisoire de la République française dans les termes mêmes où la notification lui avait été faite. M. Ripka[1] a déjà communiqué à M. Dejean[2] le texte de la réponse qui nous sera adressée aujourd'hui.

b. Afin de placer, dès maintenant, les relations diplomatiques entre la France et la Tchécoslovaquie sur le même plan que les relations entre ce pays, la Grande-Bretagne, les États-Unis et l'URSS, le président Benès souhaite que soit conféré à nos représentations diplomatiques respectives à Alger et à Londres le statut d'ambassade. Il envisage de publier à cet égard un communiqué qui serait conçu dans les mêmes termes que celui qui a annoncé la transformation en ambassade de la légation tchécoslovaque auprès du gouvernement britannique et réciproquement.

c. M. Benès m'a également entretenu d'un projet de déclaration commune, dont M. Ripka avait déjà parlé à M. Dejean.

Cette déclaration ferait suite à l'échange de lettres du 29 septembre 1942 au sujet des accords de Munich[3]. En substance elle rappellerait l'abolition de ces accords, affirmerait en termes généraux la fidélité de la France à la politique définie par les traités antérieurs au 29 septembre 1938, et marquerait l'intention réciproque des signataires d'apporter, en temps voulu, auxdits traités les modifications et les compléments qui seraient jugés nécessaires pour rendre plus étroite et plus efficace la coopération politique

1. Ministre tchécoslovaque.

2. Maurice Dejean, diplomate de carrière et chef de cabinet du ministre des Affaires étrangères (1939-juin 1940), rallie la France Libre en 1940 et devient directeur des Affaires politiques en 1941, puis commissaire national jusqu'en 1942. En 1943, il est conseiller diplomatique du Comité national, puis en 1944 est nommé ministre plénipotentiaire auprès des gouvernements européens.

3. Par une lettre du général de Gaulle à Mgr Shramek, le Comité national déclarait son attachement à l'alliance franco-tchécoslovaque, proclamait solennellement qu'il considérait les accords signés à Munich le 29 septembre 1938 comme nuls et non avenus, et s'engageait à faire tout ce qui serait en son pouvoir pour que la République tchécoslovaque, dans ses frontières d'avant septembre 1938, obtienne toute garantie effective concernant sa sécurité militaire et économique, son intégrité territoriale et son unité politique. Par la réponse de Mgr Shramek, le gouvernement de la République tchécoslovaque prenait des engagements analogues vis-à-vis de la France. Voir *Mémoires de guerre*, t. II, p. 371 à 373.

et économique entre la France et la Tchécoslovaquie dans le cadre de la reconstruction de l'Europe. Il a été convenu que le texte d'une pareille déclaration serait élaboré par M. Dejean et M. Ripka et soumis au gouvernement provisoire de la République française et au gouvernement tchécoslovaque. Après approbation la déclaration commune pourrait être signée par M. Benès et moi-même.

III. Le gouvernement belge manifeste, lui aussi, un vif désir d'une étroite collaboration avec nous.

a. Il reconnaîtra le Gouvernement provisoire de la République française dans les mêmes termes et en même temps que le gouvernement tchécoslovaque.

b. En dépit d'une objection formulée – assez timidement d'ailleurs – du côté britannique, il souhaite également voir transformer en ambassades nos représentations diplomatiques respectives, afin que soient rétablies sans délai, entre les deux pays, les relations diplomatiques normales.

c. À l'issue d'un dîner organisé hier soir par le gouvernement belge, j'ai eu avec M. Pierlot[1] et M. Spaak[2], ainsi qu'avec les ministres belges de l'Intérieur et des Finances, un entretien auquel a pris part M. Dejean et qui a porté sur les diverses questions abordées dans les aide-mémoire récemment échangés entre le commissariat aux Affaires étrangères et M. de Romrée[3] – documents qui avaient été remis la veille à M. Spaak.

La conversation, qui s'est déroulée dans une atmosphère de cordialité et de franchise, a fait ressortir une communauté de vues très nette sur la nécessité d'entamer immédiatement, suivant les grandes lignes esquissées dans les aide-mémoire, des négociations sur les points suivants :

1. accord monétaire ;

2. arrangements économiques pour la période de secours et de reconstruction ;

3. adoption de positions communes concernant l'armistice avec l'Allemagne ainsi que les mesures permanentes de sécurité, de caractère militaire et économique, à prendre à l'égard du Reich notamment dans la région rhéno-westphalienne.

De l'entretien s'est dégagée l'impression que sur ces questions d'un intérêt vital il existait dès maintenant entre les Belges et nous une assez grande concordance d'opinions, qui si elle se précisait et s'affirmait, ne pourrait manquer d'exercer une certaine influence sur les Pays-Bas et la Grande-Bretagne, partenaires indispensables de toute organisation de l'Europe occidentale.

Il a d'ailleurs été indiqué que dans notre esprit comme dans celui du gouvernement belge une telle organisation régionale, destinée à satisfaire

1. Chef du gouvernement belge.
2. Ministre belge des Affaires étrangères, à Londres.
3. Représentant du gouvernement belge auprès du CFLN.

d'une façon directe et immédiate l'impérieux besoin de sécurité de peuples qui ont tant souffert de l'agression allemande, n'exclurait pas la participation à une organisation générale de la sécurité, qui ne saurait cependant lui être substituée.

Les négociations franco-belges commenceront dès cette semaine entre M. Dejean et M. Alphand[1] du côté français, et l'ambassadeur Van Langenhove et le baron Guillaume du côté belge.

Notre délégué auprès des gouvernements alliés tiendra le gouvernement au courant de leur développement.

Télégramme à Pierre Mendès France[2] et à Emmanuel d'Astier de La Vigerie, à Alger

Londres, 10 juin 1944

Secret

1. Les derniers messages reçus de France montrent que l'effectif des maquis augmente très rapidement.

2. D'autre part, il est nécessaire de renforcer ou de créer des réseaux de renseignements en vue des opérations.

3. Les besoins en francs métropolitains de l'action et du renseignement augmentent, en conséquence, dans des proportions considérables.

4. Dans l'impossibilité de réunir régulièrement le Comité d'Action en France, je vous prie de me faire connaître votre avis sur la proposition suivante, qui m'est soumise par le secrétaire général du Comité, d'accord avec le général Kœnig et Boris.

5. Pour juin, le budget dit de sécurité, au départ de Londres, serait porté à cinq cents millions, dont trois cent cinquante pour l'Action et cent cinquante pour les Renseignements.

6. La réserve expédiée aux maquis et aux réseaux, sous forme de bons et de chèques, ne serait pas déduite de ce budget.

Télégramme à Henri Queuille, à René Massigli et à René Pleven, à Alger

Londres, 10 juin 1944

Secret

Le plan de l'AMGOT anglo-américain continue de se déployer. Aujourd'hui est publiée une nouvelle proclamation d'Eisenhower au peuple

1. Inspecteur des Finances, Hervé Alphand collabore à divers cabinets ministériels avant la guerre. Il rallie la France Libre en 1941 ; est nommé directeur des Affaires économiques de la France Libre, puis du CFLN. En 1944, il occupe les fonctions de directeur général des Affaires économiques au ministère des Affaires étrangères.

2. Ministre des Finances.

français qui confirme et renforce la première. Il y ajoute l'affirmation fausse que les officiers de la mission française prennent part à son entreprise. À Bayeux, les Alliés ont maintenu en place le maire vichyste. Cependant, tous les témoignages venant des communes libérées, notamment une lettre de Schumann qui est à Bayeux, montrent que la population est ardemment et unanimement tournée vers nous et ne conçoit aucune autre autorité que celle du gouvernement français.

Ici le gouvernement britannique tourne en rond. Il redoute son opinion qui commence à s'alarmer. Il voudrait traiter ici avec nous sans pouvoir d'ailleurs le faire indépendamment des Américains, lesquels s'y refusent. Il aurait souhaité voir le gouvernement de Washington envoyer un délégué à Londres pour une négociation tripartite mais se montre impuissant à obtenir même cela. Au milieu de ces velléités contradictoires, le gouvernement britannique s'associe en pleurant aux usurpations que Roosevelt dicte à Eisenhower. Mais il voudrait en même temps obtenir de nous que nous donnions l'impression de couvrir la marchandise et que nous négociions solennellement ici ce qui pourtant ne peut aboutir ici. C'est dans cette intention que M. Eden a beaucoup insisté pour que des commissaires français viennent à Londres. Nous ne devons le faire à aucun prix. Le gouvernement français ne peut se déplacer que pour conclure un accord et non pour gémir dans des antichambres. Or, dans cette affaire, on ne peut évidemment conclure que si l'on est trois.

Quant au voyage éventuel à Washington, annoncé publiquement et sans beaucoup de bonne foi par Roosevelt, il y a lieu d'en examiner tranquillement l'objet et les conditions[1].

Je pense rentrer à Alger samedi ou dimanche prochain après avoir visité les communes normandes libérées.

Télégramme à Henri Queuille et aux membres du Gouvernement provisoire de la République française, à Alger

Londres, 10 juin 1944

Secret

Les dossiers préparés par le secrétariat général ont été remis aux chefs de mission des différents Commissariats à Londres. Ceux-ci signalent qu'un certain nombre de textes essentiels sont encore à l'état de projets. Ils vous feront parvenir à cet égard, des indications précises.

1. Le président Roosevelt a rendu publique la nouvelle de la venue aux États-Unis du général de Gaulle en donnant des précisions de dates, alors que rien n'a encore été arrêté à cet égard entre le général de Gaulle et le gouvernement américain.

Il importe que le gouvernement délibère d'urgence sur ces sujets et mette au point les textes définitifs.

J'estime, en outre, qu'une brochure devrait être dès maintenant préparée à l'usage des officiers de liaison et comprenant l'ensemble des textes à appliquer au fur et à mesure de la libération du territoire.

Télégramme à Henri Queuille, à René Massigli et à René Pleven, à Alger

Londres, 11 juin 1944

Très secret

Je prie M. Queuille de communiquer ceci verbalement au gouvernement.

Les jours qui passent me confirment dans l'impression que, dans l'esprit de certains, mon voyage à Londres devait servir à faire croire que ma présence signifiait l'acceptation au moins tacite de l'autorité étrangère sur la France.

À présent que nous avons désapprouvé les proclamations d'Eisenhower et l'émission de la fausse monnaie et que nous avons fait connaître que les négociations préparatoires franco-britanniques proposées par les Anglais devaient avoir lieu d'abord par la voie normale c'est-à-dire diplomatique, ma présence ici n'est plus considérée comme intéressante.

D'autre part, le général Kœnig rencontre à la fois des objections croissantes à l'armement de la Résistance et une véritable usurpation par les services alliés dans la mise en œuvre de nos éléments de combat en France. Enfin, on sent ici, de la part des innombrables services américains et anglais qui s'occupent soit des affaires civiles, soit de la résistance française, une sorte de passion de déployer leurs propres talents sur la matière française.

La façon tout à fait inexacte et tendancieuse dont le président Roosevelt lui-même a présenté au public le projet de mon voyage à Washington et les commentaires qu'on en fait donner par les journaux américains procèdent de la même conception qu'il faut bien qualifier d'hégémonique. Ce qui me fut offert, on veut faire croire que je l'ai demandé. Et l'on cherche déjà à me représenter comme le candidat qui viendrait subir l'examen du président des États-Unis pour tâcher d'obtenir de lui le brevet nécessaire pour administrer la France.

J'ai rectifié ce qu'a dit Roosevelt au sujet des allées et venues de l'amiral Fenard[1] au moyen d'un communiqué donné à l'AFI[2] mais dont la

1. Représentant de l'amiral Darlan à Alger en 1942, l'amiral Fenard rejoint le général Giraud qui le nomme chef de sa mission navale aux États-Unis. Il devient en 1944 chef de la mission militaire et navale française aux États-Unis. Fin mai, le président Roosevelt l'a chargé de transmettre au général de Gaulle son invitation à se rendre sur le sol américain.

2. Voir *Mémoires de guerre*, t. II, p. 643 et 644.

partie qui concerne ce point n'a paru dans aucun journal anglais. Ceci me fait croire que cette partie n'a pas été autorisée à paraître en Angleterre et qu'on a dû l'empêcher de franchir les frontières de ce pays. Je vous fais adresser le texte complet par chiffre et vous demande de le faire publier immédiatement à Alger et à Brazzaville, tel qu'il est. En tout cas, l'ensemble nous montre une fois de plus à qui nous avons affaire.

Je compte toujours arriver à Alger samedi ou dimanche prochain.

Télégramme à René Massigli, à Alger

Londres, 12 juin 1944

1. Le président Roosevelt ayant rompu lui-même par sa communication à la presse le silence qu'il m'avait expressément demandé au sujet du projet de voyage aux États-Unis il y a lieu de mettre d'urgence M. Hoppenot au courant de toute l'affaire. Notre représentant doit connaître notamment l'initiative prise le 31 mai par le président en convoquant l'amiral Fenard pour le charger du message que vous savez.

2. Je vous prie d'inviter M. Hoppenot à faire savoir immédiatement au Département d'État que le président du gouvernement provisoire de la République française a reçu à Londres par l'amiral Fenard communication des dates proposées par le président des États-Unis pour le voyage à Washington.

Le général de Gaulle remercie le président Roosevelt de ces précisions. Après sa visite actuelle en Angleterre il devra retourner d'abord à Alger. Il ne manquera pas, dès son retour à Alger, de faire connaître au président à quelle date, parmi celles que celui-ci a bien voulu lui indiquer, il lui serait possible de se rendre à Washington. Il espère vivement que les circonstances lui permettront ce voyage.

Télégramme à Emmanuel d'Astier de La Vigerie et à André Diethelm, à Alger

Londres, 12 juin 1944

1. Il me paraît nécessaire de procéder immédiatement à la nomination du Commissaire de la République pour la région de Rouen et d'annoncer publiquement et avec beaucoup d'éclat cette nomination.

Coulet[1] est disponible à Londres. Je crois que Coulet peut être désigné : Coulet gagnera dès que possible la zone libérée et commencera à y exercer

1. Diplomate avant la guerre, François Coulet rallie la France Libre en 1940. Il devient chef de cabinet du général de Gaulle en 1941, puis commandant de l'Infanterie parachutiste en Grande-Bretagne en 1942. En 1943, il est secrétaire général à la préfecture de la Corse avant d'être nommé, la même année, directeur au commissariat à l'Intérieur.

ses fonctions. Si je me rends en France mercredi, comme je le pense, j'emmènerai Coulet et le laisserai sur place, où il se débrouillera.

2. Il est également nécessaire de désigner un commandant militaire dans la zone libérée. Le général Legentilhomme, prévu pour le commandement de la région intéressée, ne me paraît décidément pas utilisable. En attendant qu'on en nomme un autre, le colonel de Chevigné peut aller sur place comme commandant du groupe de subdivisions. Il mettra notamment en ordre tous les garçons qui réclament à grands cris d'être mobilisés et constituera des camps pour leur organisation et leur instruction.

3. Si d'Astier et Diethelm sont d'accord, chacun pour ce qui le concerne, je leur demande de faire paraître immédiatement les décrets nécessaires et de les publier à la radio et dans la presse. M. Queuille peut signer les décrets.

Le 14 juin 1944, le général de Gaulle se rend en France, à bord de *La Combattante*. Il débarque sur la côte normande, et entre dans Bayeux, qui a été libéré le 8.
Il sera de retour à Londres dans la journée du 15.

Allocution prononcée à Bayeux le 14 juin 1944

Nous sommes tous émus en nous retrouvant ensemble, dans l'une des premières villes libérées de la France métropolitaine, mais ce n'est pas le moment de parler d'émotion. Ce que le pays attend de vous, à l'arrière du front, c'est que vous continuiez le combat aujourd'hui, comme vous ne l'avez jamais cessé depuis le début de cette guerre et depuis juin 1940. Notre cri maintenant, comme toujours, est un cri de combat, parce que le chemin du combat est aussi le chemin de la liberté et le chemin de l'honneur.

C'est la voix de la mère patrie. Nous continuerons à faire la guerre avec nos forces de terre, de mer et de l'air comme nous la faisons aujourd'hui en Italie, où nos soldats se sont couverts de gloire, comme ils le feront demain en France métropolitaine. Notre Empire, entièrement rassemblé autour de nous, fournit une aide énorme. Nous combattrons pour la France avec passion, mais aussi avec raison.

Vous qui avez été sous la botte de l'ennemi et avez fait partie des groupes de Résistance, vous savez ce qu'est cette guerre. C'est une guerre particulièrement dure, cette guerre clandestine, cette guerre sans armes. Je vous promets que nous continuerons la guerre jusqu'à ce que la souveraineté de chaque pouce de territoire français soit rétablie. Personne ne nous empêchera de la faire.

Nous combattrons aux côtés des Alliés, avec les Alliés, comme un allié. Et la victoire que nous remporterons sera la victoire de la liberté et la victoire de la France.

Je vais vous demander de chanter avec moi notre hymne national, la Marseillaise.

Instructions

Londres, 15 juin 1944

1. La liaison administrative ne peut et ne doit fonctionner, telle qu'elle est prévue et constituée, que sur la base d'un accord avec les Alliés pour ce qui concerne la coopération de l'administration française et des armées alliées.

2. Nous devons administrer nous-mêmes nos propres territoires tant au point de vue civil qu'au point de vue militaire.

3. Dans ces conditions, la meilleure solution possible consiste à employer les officiers de liaison administrative auprès des autorités civiles et militaires françaises et sous les ordres exclusifs de ces autorités. Il appartiendra aux échelons du commandement allié de s'adresser sur place à ces autorités françaises pour leur demander tous concours utiles et réciproquement.

Télégramme à René Massigli, à Alger

Londres, 15 juin 1944

Il y a ici quelque émotion chez les gouvernements européens alliés en raison de la fermeture de la frontière du Maroc à leurs agents diplomatiques et agents consulaires.

Je comprends mal que cette disposition leur soit appliquée, alors qu'elle ne l'est pas aux Anglais, aux Américains et aux Russes. Nous paraissons donner raison aux mesures prises par Londres et sur lesquelles nous avons protesté.

Je pense que la question doit être reprise.

Au roi Pierre de Yougoslavie, à Londres

Londres, 16 juin 1944

Sire,

J'avais vivement souhaité pouvoir mettre à profit mon séjour à Londres pour rendre visite à Votre Majesté et pour m'entretenir avec Elle de la situation de nos deux pays qui partagent aujourd'hui les épreuves de l'occupation ennemie et l'espoir de la libération. Malheureusement, la brièveté de mon séjour et l'absence de Votre Majesté ne m'ont pas permis de réaliser ce désir.

Au moment de quitter Londres, je tiens à exprimer, avec mon profond regret, la conviction que la Yougoslavie, bientôt délivrée, verra s'ouvrir pour elle, sous l'égide de Votre Majesté, une nouvelle ère de grandeur et de prospérité.

Je saisis cette occasion pour renouveler, Sire, les assurances du respect avec lequel j'ai l'honneur d'être, de Votre Majesté, le très humble et très obéissant serviteur.

Ordre

Londres, 16 juin 1944

Aux officiers, sous-officiers, soldats, marins et aviateurs des Forces françaises en Grande-Bretagne.

La grande bataille est commencée.

Vos unités de la Marine et de l'Aviation y participent déjà glorieusement aux côtés des Alliés. Celles de l'Armée auront bientôt leur tour. Je salue les uns et les autres. Vos efforts seront liés à ceux de vos camarades d'Italie, de Corse, d'Afrique, qui, eux aussi, auront l'honneur et la joie de combattre prochainement en France, comme ils le seront aux combats et aux sacrifices de nos soldats de l'intérieur.

Le gouvernement a confiance en vous et la patrie vous attend.

Ordre

Londres, 16 juin 1944

L'École militaire française de Grande-Bretagne a formé les promotions :

Libération, Bir-Hakeim, Fezzan et Tunisie, Corse et Savoie, 18-Juin, elle voit sa mission terminée.

J'adresse mes félicitations au commandant Beaudoin, directeur de l'école de Malvern, puis de Ribbesford, qui fut pour ses instructeurs et ses élèves un chef, un exemple, un animateur. Je remercie les officiers de l'école pour le cœur, l'enthousiasme et la foi apportés à instruire les jeunes gens qui leur étaient confiés. Je remercie le personnel et les volontaires françaises pour leur concours dévoué.

Les aspirants et sous-officiers de Ribbesford conserveront intact l'esprit pur de leur école, leur bravoure sera, j'en suis sûr, celle des anciens, ils honoreront les premiers d'entre eux morts pour la France : le cadet Digo et les aspirants tombés dans la campagne d'Italie.

Le nom de l'école de Ribbesford demeurera dans l'histoire militaire de la France. Il demeurera comme celui du refuge où la jeune élite de notre armée apprit à vaincre pour la libération et la rénovation de la patrie.

Note

Londres, 16 juin 1944

Pour mener les négociations politiques et économiques avec le gouvernement belge sur la base des aide-mémoire récemment échangés entre M. de Romrée et le commissaire aux Affaires étrangères, il est constitué, sous l'autorité du ministre de France auprès du gouvernement belge, une délégation qui comprend :

M. Jacques-Émile Paris[1], conseiller diplomatique,

M. Alphand, directeur des Affaires économiques,

Le professeur Gros[2], conseiller juridique,

M. Babelon, conseiller économique,

M. Rauzan[3], attaché financier,

ainsi que toute autre personne que M. Dejean jugera bon d'y adjoindre à titre de membre ou d'expert.

En dehors de cette délégation, aucune négociation ne pourra être menée à Londres avec le gouvernement belge ou les services dépendant du gouvernement belge.

Toutes les correspondances avec Alger relatives à ces négociations partiront sous la signature du ministre de France auprès du gouvernement belge.

À l'enseigne de vaisseau de 1re classe de Gaulle[4], régiment blindé des fusiliers marins, 2e division blindée

Londres, 16 juin 1944

Mon bien cher Philippe,

Quittant l'Angleterre ce soir, je t'envoie mes meilleures et profondes affections, sûr que tu feras honneur à ton nom et à la Marine dans la bataille de France où tu seras engagé.

Mon voyage en Normandie a été très réconfortant.

---

1. Diplomate de carrière, Jacques-Émile Paris rallie la France Combattante en 1941. Depuis 1942, il est conseiller de la délégation française auprès des gouvernements en exil à Londres.
2. Professeur de droit, André Gros rallie la France Combattante et est nommé en janvier 1943 membre du Comité du Contentieux.
3. Expert financier, Pierre Denis dit Rauzan rallie la France Libre en juin 1940 et occupe les fonctions de directeur des finances de la France Libre à Londres puis en Afrique française libre.
4. Le général de Gaulle avait passé la soirée du 5 au 6 juin en tête à tête avec son fils jusqu'à l'heure du premier parachutage en France.

Il est probable que les événements m'amèneront à nouveau en Angleterre avant peu de temps. Je pourrai alors, je pense, te voir sous les armes, avec ta division, ce qui m'a été impossible l'autre jour car l'avion a refusé de partir à cause du mauvais temps.

Je t'embrasse de tout mon cœur, mon bien cher petit Philippe.

Ton papa très affectionné.

Télégramme au général Juin, en Italie

Alger, 17 juin 1944

Très secret

Je reçois ton télégramme du 16 juin et ta lettre du 14[1]. Comme tu le sais, le plan général interallié pour les opérations en Méditerranée a été approuvé en son temps par le gouvernement et par le général Giraud alors commandant en chef.

Ce plan comportait :

1. Une offensive des Ve et VIIIe Armées en Italie avec la participation de 4 divisions françaises, de nos goums et éléments de réserve générale, offensive visant essentiellement à la prise de Rome et à l'exploitation jusqu'à la ligne générale Pise – Rimini. Tu devais avoir, et tu as eu, le commandement de nos troupes dans cette affaire ;

2. Ultérieurement, une offensive sur la France du Sud exécutée par une armée américaine et des troupes françaises dont de Lattre doit avoir le commandement.

La première partie du plan sera bientôt achevée, les mouvements préparatoires à la deuxième partie commencent. Je ne saurais m'y opposer. J'appelle d'ailleurs ton attention sur le fait que l'opération sur le sud de la France a été prévue comme devant se conjuguer avec celle du nord en cours ; de même celle-ci a été conjuguée avec offensive préalable en Italie. Il n'est pas possible et il ne serait pas justifié de notre part de bouleverser un plan général arrêté en accord avec nous et qui comporte la mise en œuvre d'une machinerie très compliquée notamment pour les transports et les moyens de débarquement.

En ce qui te concerne personnellement, tu viens de prendre une part insigne et glorieuse à la victoire commune de Rome et à l'exploitation subséquente. Tout en comprenant profondément ton regret de voir tes unités passer successivement maintenant dans la zone de commandement d'un autre, tout en convenant que, peut-être, il aurait été préférable de pousser en Italie jusqu'aux Alpes plutôt que de s'arrêter sur l'Arno, je

---

1. Dans sa lettre du 14 juin, le général Juin considère qu'après la prise de Rome l'occasion se présente de franchir l'Apennin, de descendre dans la plaine du Pô et d'arriver en France par les Alpes. Il regrette que la stratégie en cours en Italie ne lui donne pas cette possibilité.

suis sûr que tu admettras qu'il faut jouer le jeu et poursuivre l'exécution d'un plan longuement préparé par un commandement allié qui en est, avec notre assentiment, stratégiquement responsable.

J'approuve ta décision de relever en premier lieu la 3e DIA et la 1re DMI. Quant à toi sois tranquille pour la suite, la guerre est loin d'être finie et j'ai de grandes vues sur toi. Calme ta généreuse impatience et fais-moi confiance. J'irai te voir en Italie très prochainement.

Message pour le Club du 18 Juin

Alger, 18 juin 1944

Le 18 juin 1940, c'est le cœur qui avait raison !

Quelques-uns, ce jour-là, ont écouté leur cœur. C'étaient donc les vrais raisonnables. Aujourd'hui, ils sont des guides pour tous les autres et, entre eux, des compagnons.

Mes compagnons, mes amis, du 18 juin 1940, serrons nos rangs, marchons la main dans la main ! Nous avons fait quelque chose. Il nous reste tant à faire !

Apostille[1]

Vu. Je voudrais en outre connaître de quels moyens de transmission-radio le gouvernement pourrait disposer pour ses communications à l'intérieur de la France, au cas où les postes français dans la zone libérée seraient soit détruits, soit saisis par les Américains.

Télégramme au général Kœnig, à Londres

Alger, 23 juin 1944

Secret

Je vous prie de m'adresser chaque jour compte rendu au sujet de l'action des forces de l'Intérieur d'après les rapports qui vous arrivent de France.

1. En marge d'une note du 19 juin 1944, établie par le commissaire aux Communications et à la Marine marchande, au sujet des liaisons télégraphiques et radiotélégraphiques entre l'Afrique du Nord et la métropole.

Allocution faite à Alger lors de l'inauguration de l'exposition de la marine marchande française dans la guerre, le 24 juin 1944

Monsieur le Commissaire, monsieur le Président de la Chambre de commerce,

Je vous remercie des émouvantes paroles que vous avez prononcées et qui expriment si bien ce qu'il convenait de dire de la Marine marchande française dans la guerre.

La Victoire vient ! Si elle vient, c'est notamment grâce à l'effort des marines marchandes du monde libre, parmi lesquelles la nôtre. Pensons toujours à cette immense bataille navale qui aura été livrée sans relâche pendant des années pour transporter sur les océans tant de matières, tant d'hommes, tant de matériels qui aujourd'hui écrasent l'ennemi.

« Patria non immemor » dit la devise de notre médaille de la Libération. Non ! la Patrie n'oublie, n'oubliera pas !

La Patrie n'oubliera pas les efforts glorieux et modestes, c'est-à-dire héroïques, des marins de notre Marine marchande, et d'abord de ceux qui n'ont jamais cessé le combat.

Elle n'oubliera pas les dangers courus, les peines acceptées, les pertes subies pour son service par les marins de commerce, dans ces convois incessants de jour et de nuit sur toutes les mers du monde.

Mais vous avez évoqué l'avenir. Oui, tout en combattant, c'est à l'avenir qu'il faut penser. Or l'avenir de la France, pour sa vie propre, pour sa puissance impériale, pour sa position mondiale, en un mot pour sa grandeur, est lié à celui de sa Marine marchande.

Le Gouvernement de la République entend, là comme ailleurs, rénover. Techniquement, économiquement, socialement, la Marine marchande française sera refaite sur des bases nouvelles.

Aujourd'hui, je suis heureux, en présence de plusieurs membres du gouvernement, de M. le Président de l'Assemblée consultative, de M. le Président de la Chambre de commerce, de M. le Président de la Délégation spéciale de la Ville d'Alger, d'officiers généraux et d'officiers des armées de Mer, de Terre et de l'Air et des nombreuses personnalités qui ont bien voulu se réunir autour de nous, de déclarer ouverte l'exposition de la Marine marchande française dans la guerre.

Télégramme au contre-amiral Thierry d'Argenlieu, à Londres

Alger, 27 juin 1944

Secret

Je réponds à votre télégramme relatif au vice-amiral Muselier. Je n'envisage aucunement de confier actuellement un commandement à l'amiral Muselier. En particulier sa nomination au poste de Préfet maritime à Cherbourg est totalement exclue.

Le 27 juin 1944, le chef du Gouvernement provisoire entreprend un voyage en Italie. Après avoir inspecté le front et rencontré les généraux français et alliés, il est, le 30, à Rome où le pape Pie XII le reçoit.

À René Cassin [inédit]

Le 30 juin 1944

Mon cher Professeur Cassin

La principale force des hommes d'honneur est la constance dans l'affirmation de leur volonté et l'inébranlable foi de ceux qui les suivent dans leur croisade. Cher professeur, ces quelques mots que je vous adresse au soir de mon audience avec Sa Sainteté témoignent de ma grande espérance et d'un sentiment d'immense fierté dans le combat que nous avons entrepris voilà quatre années.

Recevez mon cher ami, mes très sincères et cordiales salutations.

C. de Gaulle

Déclaration faite au palais Farnèse[1] à Rome devant la presse le 30 juin 1944

[Je] tiens à vous parler d'abord [de l'] inspection militaire à laquelle [j']ai procédé mercredi et jeudi, ensuite des quelques heures que je viens de passer à Rome. Pour ce qui est de [ma] tournée militaire, [je n']ai pas besoin de vous dire, à vous qui êtes sur [le] terrain, que mes impressions ont été, une fois de plus, extrêmement satisfaisantes. [Il] est évident maintenant que l'ennemi est vaincu, qu'il se trouve dominé par [une] supériorité matérielle écrasante sur [le] front [d']Italie comme sur [les] autres fronts et que sa destinée est sombre, en dépit de son courage et de [l']énergie avec laquelle [il] continue [de] se battre. Quant à

1. Siège de l'ambassade de France à Rome.

nos troupes, elles sont aujourd'hui ce qu'elles ont été depuis le début de l'offensive : magnifiques et parfaitement commandées. [J']ai constaté avec la plus vive satisfaction ce que [j']avais vu au cours [de] mes précédents voyages : [la] parfaite harmonie qui existe entre [l']action des Français et, à leurs ailes gauche et droite, celle de nos alliés américains et britanniques. [J']ai causé avec [le] général Clark et [j']ai trouvé qu'il y avait, au sein de la Ve armée en particulier, une entente qui m'apparaît comme [un] signe [de] victoire pour [le] présent et [l']avenir. De même [j']ai eu [l']honneur [de] m'entretenir avec [le] général Alexander[1], ce qui m'a permis de constater l'excellente liaison qui a été réalisée.

Pour ce qui est de [mon] séjour à Rome, vous me trouvez très impressionné par cette ville. Elle est mieux que magnifique, parce que, en elle, se résume toute [l']histoire du monde ; [je suis] très impressionné aussi par tout ce que j'ai vu et tout ce que j'ai entendu.

[Je] ne manquerai naturellement pas d'évoquer d'abord [l']accueil que [le] Saint-Père a bien voulu me réserver à moi-même et aux personnes qui m'accompagnaient. Sa Sainteté le pape m'a paru gravement et paternellement soucieux des épreuves que traverse la chrétienté. [Il] est particulièrement attentif à tout ce qui touche au difficile présent et au grand avenir de [la] France.

[J']ai vu également Son Éminence [le] Cardinal Maglione[2] en qui [j']ai trouvé [les] mêmes sentiments et qui a bien voulu me les exprimer.

[J']ai été aussi très frappé par ce que je viens de voir de [la] colonie française qui, ici comme partout, se révèle extrêmement patriote, pleine de confiance après beaucoup d'épreuves et pleine de certitude quant à la victoire prochaine et complète de mon pays, c'est-à-dire [la] victoire [de l']ensemble des Alliés.

Enfin, [je] dois dire que [je] suis très sensible aussi à tout ce qui se dégage de ces pierres comme à [l']esprit des hommes et [des] femmes qui les habitent. On sent battre ici le cœur d'une grande ville européenne, d'une grande ville latine.

Comment un Français ne serait-il pas ému de cette rencontre avec une grande capitale de l'Europe imprégnée de civilisation latine ? Le présent est ce qu'il est, mais à tous égards, [je] crois que [l']avenir sera meilleur que [le] passé. [Je] suis convaincu que ces deux grands peuples qui s'appellent [le] peuple français et [le] peuple italien, liés entre eux par tant d'histoire et tant de grandes œuvres communes, sauront trouver un jour, que j'espère proche, [le] chemin commun d'une marche en avant pour [le] bien général et pour leur propre grandeur.

1. Nommé commandant en chef du 15e groupe d'armées alliées en février 1943, le général Alexander est commandant en chef allié de la campagne d'Italie.
2. Secrétaire d'État du pape Pie XII.

Télégramme à Henri Hoppenot[1], à Washington

Alger, 2 juillet 1944

1. Si la ville de New York désire me recevoir dans de bonnes conditions et si la journée de dimanche n'est pas favorable pour cela, je pourrais à la rigueur demeurer un jour de plus aux États-Unis et me rendre à New York le 10, je dis le 10. Cela est à voir d'urgence.

2. Je ne veux naturellement rencontrer ni Alexis Léger[2], ni Labarthe, ni Tabouis[3], ni Kerillis[4], ni Géraud[5], ni Chautemps[6]. Je ne fais pas d'exclusive pour les autres[7].

3. Il est évident que les invitations à mon nom doivent être faites sous le titre de Président du Gouvernement provisoire de la République française.

Télégramme au président Roosevelt, à Washington

s.d. *[avant le 4 juillet 1944]*

À l'occasion de l'Independence Day, je tiens à vous adresser, monsieur le Président, les vœux chaleureux que le Gouvernement provisoire de la République française et moi-même formons pour la grandeur et la prospérité des États-Unis.

Les forces armées américaines prodiguent aujourd'hui, comme elles l'ont fait il y a vingt-cinq ans, leur valeur héroïque pour la libération du sol français. Je vous exprime, en attendant de pouvoir le faire de vive voix, toute la gratitude de mon pays à leur égard.

Uni à la nation américaine par une étroite fraternité d'armes, annonciatrice de la victoire prochaine, le peuple français tout entier s'associe, dans un sentiment de profonde et reconnaissante amitié, à la fête nationale de votre pays.

---

1. Représentant le Gouvernement provisoire de la République française, que les États-Unis ne reconnaîtront toutefois que le 23 octobre 1944, de même que l'URSS et la Grande-Bretagne.

2. Écrivain et diplomate, secrétaire général du Quai d'Orsay, mis en disponibilité en mai 1940, Alexis Leger s'est installé à titre privé à Washington en juillet 1940.

3. Geneviève Tabouis, journaliste diplomatique, a dénoncé avant la guerre le danger hitlérien. Elle dirige à New York, depuis 1940, le journal français *Pour la victoire*.

4. Henri de Kerillis, journaliste, député antimunichois, gagne Londres en 1940, puis les États-Unis où il participe à la fondation de *Pour la victoire*.

5. Journaliste, André Géraud est spécialiste de politique étrangère.

6. Ancien vice-président du Parti radical, Camille Chautemps fut vice-président du Conseil dans le cabinet Reynaud, puis membre du cabinet Pétain. Il fut l'initiateur de la proposition de demande d'armistice à l'Allemagne en juin 1940. Il est arrivé aux États-Unis en novembre 1940.

7. Toutes les personnalités citées appartiennent à un groupe alors hostile au général de Gaulle et à la France Libre.

Note pour le général Cochet, à Alger

Alger, 4 juillet 1944

1. Il n'appartient pas au général Wilson de vous nommer à quoi que ce soit, notamment pas au poste de commandant des FFI.

2. Vous et Kœnig êtes délégués militaires et non pas commandants des Forces Françaises de l'Intérieur. On n'est pas *commandant* de forces dont ont est séparé par l'ennemi. Vous avez à mettre en œuvre ces forces en liaison avec la bataille au sud.

Télégrammes à Henri Hoppenot, à Washington

Alger, 4 juillet 1944

Secret

Je réponds à votre [télégramme n°] 1561 du 2 juillet.

Il serait ridicule que j'aille aux États-Unis sans me rendre à New York. Il serait inconvenant que j'aille à New-York en me cachant. Veuillez le comprendre et le faire comprendre. Il ne s'agit pas de provoquer à New York des manifestations au point de vue de la politique intérieure américaine[1]. Il s'agit pour le chef du gouvernement français de témoigner à la plus grande ville des États-Unis l'amitié de la France en guerre pour l'Amérique en guerre. La chose peut et doit se faire dignement.

Alger, 4 juillet 1944

Secret

Je reçois votre [télégramme n°] 1567 du 3 juillet.

J'approuve le programme de mon voyage tel que vous le proposez.

Je répète que ma visite à New York doit être réglée dignement sans provoquer de manifestations intempestives mais sans fuir la population.

Déclaration faite à Alger le 5 juillet 1944

C'est avec une vive satisfaction que je me rends aux États-Unis pour m'entretenir avec le président Roosevelt des graves questions qui intéressent en commun l'Amérique et la France et pour porter au vaillant peuple américain en guerre le salut profondément amical de la France en guerre.

En ce moment, le sang des braves garçons des États-Unis coule sur les terres d'Europe en même temps que celui de nos hommes et pour la même cause, celle de la liberté et de la démocratie.

1. L'élection présidentielle doit avoir lieu trois mois plus tard et le gouverneur de l'État de New York, Thomas Dewey, se présente contre Roosevelt.

C'est le peuple américain, ses ressources, son travail, qui nous fournissent des armes pour combattre et qui en fournissent à nos alliés. Voilà les pensées qui dominent toutes les autres dans mon esprit et dans mon cœur au moment où je vais partir pour Washington.

Le général de Gaulle séjourne aux États-Unis du 6 au 10 juillet 1944. Il s'entretient à plusieurs reprises avec le président Roosevelt ainsi qu'avec de nombreuses personnalités américaines. Il se rend ensuite à Québec, puis à Montréal. Le 13, il est de retour à Alger.

Message[1] au gouverneur Ponton

s. d. *[6 juillet 1944]*

Je regrette de ne pouvoir apporter moi-même aux autorités et à la population de la Martinique le témoignage de l'attachement de la mère patrie et le salut du gouvernement de la République. Continuez à contribuer de toutes vos forces à l'œuvre de libération et de rénovation que la France et son Empire veulent poursuivre avec ardeur et dans la liberté. J'ai trouvé les mêmes sentiments chez les Français de la métropole, libérés par l'offensive des armées alliées et des forces de l'intérieur. Par cette communauté de pensée et d'action, ensemble nous retrouverons notre grandeur.

Je suis heureux d'être en Amérique. Il y a longtemps que je voulais venir ici. Mais aucun moment ne pouvait être meilleur que celui où je pense apporter le témoignage de notre reconnaissance aux pères et aux mères des braves enfants qui se battent sur le sol de la France pour notre cause commune.

Télégramme à Henri Queuille, à René Massigli et à René Pleven, à Alger

Washington, 7 juillet 1944

Secret

Mon séjour à Washington se déroule d'après le plan prévu et dans une ambiance que de part et d'autre on veut rendre cordiale. J'ai revu longuement ce matin le président seul à seul avant de déjeuner à la Maison-Blanche. Je le reverrai encore une fois demain matin. Messieurs Hopkins[2], Morgenthau[3] et Mac Cloy[4] font dire chacun de son côté qu'ils

1. Un message analogue est adressé à tous les gouverneurs de territoires français d'Amérique. Louis Ponton est gouverneur de la Martinique.
2. Conseiller du président Roosevelt.
3. Secrétaire d'État américain au Trésor.
4. Secrétaire d'État américain à la Guerre.

viennent d'obtenir l'approbation du président pour un texte d'accord avec nous très analogue au projet d'accord de Monsieur Viénot avec les Anglais : je m'attends à voir sortir le papier demain de la poche du président. Je lui répondrai que nous étudierons cela au gouvernement dès mon retour, car je ne veux pas négocier ici. J'ai prié Mendès France de faire une réponse analogue à Morgenthau qui lui montrera probablement le même papier à la conférence monétaire. Quant à la question d'ordre général, j'ai l'impression d'une volonté arrêtée de finir la guerre contre l'Allemagne par une victoire militaire complète, mais aussi d'une grande incertitude quant à la solution à donner aux problèmes d'après-guerre.

Déclaration faite à New York le 10 juillet 1944

Monsieur le maire,

L'accueil que veut bien me faire aujourd'hui la ville de New York, après les réconfortants entretiens que je viens d'avoir avec le président des États-Unis d'Amérique, marque une grande date dans l'histoire magnifique de l'amitié franco-américaine.

Tout au long du dur chemin que nous autres, Français, depuis les terribles jours de juin 1940, suivons au service de notre patrie et au service de la liberté, que de fois nous avons vu venir de New York les encouragements, les sympathies et les secours ! Que de fois, vous-même, monsieur le maire, avez su exprimer et diriger cela avec une éloquence, une ardeur, une activité que les Français n'oublieront jamais !

Votre ville, qui est littéralement un monde, a discerné dès les premiers instants où était l'âme de la France. Vous avez soutenu ceux de ses enfants qui n'abandonnaient point son drapeau et qui voulaient faire en sorte qu'elle demeurât malgré tout fidèle à elle-même et à ses amis. Vous n'avez point désespéré d'elle.

Aujourd'hui, je viens ici vous dire que vous avez eu raison. Grâce, en grande partie, à l'énorme effort de guerre des États-Unis d'Amérique, grâce à la peine et aux sacrifices de millions et de millions d'hommes et de femmes de chez vous, grâce au courage de vos jeunes soldats, marins et aviateurs, grâce au déploiement pour la guerre des colossales ressources de votre pays, voici qu'apparaît dans le ciel de France la lumière de la victoire. Sans doute, en nous conservant votre confiance et votre amitié, vous n'avez écouté que votre idéal généreux, votre foi dans la puissance du droit et de la démocratie. Mais c'est à nous, Français, qu'il appartient de prouver que nous saurons rendre concours pour concours, fidélité pour fidélité.

Les occasions ne nous manqueront pas. Aujourd'hui même les armées françaises renaissantes, devant et derrière l'ennemi, prennent auprès des grandes armées américaines leur part des combats décisifs. L'Afrique française, la Corse, les Antilles françaises, les îles françaises du Pacifique apportent à l'effort de guerre commun leurs positions stratégiques, leurs hommes et leurs ressources. Demain, quand il faudra organiser le monde pour la paix et pour la liberté, les États-Unis d'Amérique trouveront la France à côté d'eux.

À Fiorello La Guardia

New York, 10 juillet 1944

Monsieur le Maire,

Avant de quitter New York, je tiens à vous remercier pour l'accueil chaleureux que j'y ai rencontré et qui, à travers ma personne, va à mon pays.

J'ai été touché de la sympathie témoignée par la population de la grande ville que vous administrez et je me permets de vous demander d'être auprès d'elle l'interprète de mes sincères remerciements.

Je souhaite que Paris, enfin libéré, puisse un jour prochain vous accueillir et vous renouveler ainsi l'expression de l'amitié française.

Veuillez agréer, monsieur le maire, les assurances de ma haute considération et de mes remerciements et sentiments bien dévoués.

Au président Roosevelt, à Washington

New York, 10 juillet 1944

Monsieur le Président,

En quittant les États-Unis, je veux vous remercier encore une fois de l'accueil si cordial que vous avez bien voulu me réserver et de l'hospitalité chaleureuse que j'ai reçue du gouvernement américain.

Les manifestations sympathiques qui m'ont été prodiguées ici reflètent les sentiments d'amitié et de confiance que vous avez bien voulu m'exprimer. Au-delà de ma personne, elles vont à la France et j'en porterai l'écho à mon pays, unanime lui aussi dans son amitié pour le vôtre et dans sa détermination de lutter et de travailler côte à côte avec ses alliés pour la Victoire et pour la Paix.

Veuillez agréer, monsieur le Président, les assurances de ma très haute considération et de mes sentiments bien dévoués.

Télégramme au général Kœnig, à Londres

Alger, 14 juillet 1944

Secret

Je réponds à votre télégramme relatif au colonel Passy[1].

1. J'interdis absolument à cet officier supérieur d'intenter un procès pour diffamation devant la justice anglaise. Ce serait reprendre par la bande l'affaire Dufour[2].

2. Si les calomnies reparaissent, je vous prescris de publier, d'accord avec M. Viénot, une note officielle, protestant contre les calomnies odieuses alléguées dans la presse d'un pays allié contre un officier français que son devoir oblige pour le moment à servir sur le territoire de ce pays.

3. Veuillez dire de ma part à M. Viénot que je le prie de protester officiellement au Foreign Office.

4. Tenez-moi au courant. Mais sachez et faites savoir à vos officiers que les attaques de l'étranger n'ont jamais en définitive fait aucun mal à un Français.

Au général Wilson, à Alger

Alger, 14 juillet 1944

Mon cher général,

Le général Béthouart, chef d'état-major de la Défense nationale, et le colonel Billotte vous ont exposé le projet d'une opération C[3] concernant le Massif central.

J'attache à l'exécution de cette opération, en liaison avec les théâtres Nord et Sud, une très grande importance – car je considère que cette opération est de nature à permettre la mainmise des forces alliées sur le Massif central, au moment même où les opérations Nord et Sud commenceront à porter leurs fruits, et à entraîner d'importantes conséquences au point de vue national et moral en France.

J'ai désigné le colonel Billotte pour conduire cette action qui doit mettre en jeu du côté français :

---

1. Le colonel Passy a été pris à partie dans les journaux anglais *Tribune* et *New Statesman*, l'accusant d'avoir appartenu à la Cagoule et d'avoir fait subir de mauvais traitements à des détenus en Grande-Bretagne. Par télégrammes des 7 et 12 juillet 1944, le général Kœnig a prié le général de Gaulle d'autoriser Passy à engager des poursuites judiciaires contre ces publications, à défaut de quoi celui-ci demandera sa radiation des cadres de l'armée afin d'assurer, comme simple citoyen, la défense de son honneur.

2. Voir à ce sujet le télégramme à Pierre Viénot du 21 octobre 1943.

3. Opération aéroportée, conçue dès mai 1944 en liaison avec les maquis du Massif central. Les Alliés refusant de fournir les moyens aériens suffisants, le projet sera abandonné. Voir la lettre au général Eisenhower, fin juillet 1944.

— les Forces françaises de l'Intérieur de la région intéressée,

— des Forces françaises régulières terrestres et aériennes, actuellement stationnées, pour la plupart, sur les théâtres d'opérations de la Méditerranée. Ces forces françaises régulières, dont la liste est donnée en annexe ci-jointe, sont pour la plupart inscrites sur la « troop list », mais aucune de ces unités, sauf le 69e RAA et le Bataillon du Génie, ne fait partie de l'Armée B.

Je vous serais obligé de me préciser, dans les plus brefs délais possibles, votre accord sur :

1. l'exécution de l'opération C,

2. la liste des forces françaises régulières destinées à entrer dans la composition de la Force C,

3. la réunion de ces forces sous les ordres du colonel Billotte en une zone déterminée, en vue de leur mise en condition préalable.

Il ne m'échappe pas que l'exécution de l'opération envisagée implique des mesures particulières au sujet des transports aériens. Je vous serais donc reconnaissant de me faire connaître également votre avis sur ce dernier point.

Bien sincèrement à vous.

À Félix Gouin, à Alger

Alger, 15 juillet 1944

Monsieur le Président,

Au cours de la séance de l'Assemblée, le 26 juin dernier, et sur la proposition faite par M. Ferrière[1] d'ouvrir un débat sur la politique générale de libération, j'ai eu l'honneur de faire connaître que le gouvernement acceptait volontiers le principe de cette proposition, mais estimait nécessaire que le débat fût différé en raison de la conjoncture extérieure.

Les circonstances permettent maintenant au gouvernement d'envisager un débat prochain. À moins d'événements imprévus, je compte faire à l'Assemblée, le lundi 24 juillet, une communication[2], à la suite de laquelle le gouvernement souhaiterait que l'Assemblée lui fît connaître son avis sur le sujet après en avoir débattu.

En attendant, je serais heureux de m'entretenir avec la commission des Affaires étrangères de l'Assemblée, le mercredi 19 juillet à 17 heures, et je vous serais très obligé de bien vouloir porter cette intention à la connaissance de son président.

Veuillez agréer, monsieur le Président, l'assurance de ma haute considération et de mes sentiments sincèrement dévoués.

---

1. René Ferrière est président du groupe Résistance métropolitaine à l'Assemblée consultative provisoire à Alger.

2. Voir *Discours et messages*, t. I, p. 426, en date du 25 juillet 1944.

Télégramme à Emmanuel d'Astier de La Vigerie, à Londres

Alger, 17 juillet 1944

Secret

1. Il est nécessaire que le commissaire de la République en Normandie et plus tard le délégué du gouvernement puissent communiquer directement avec le gouvernement à Alger. Je pense que vous pourrez organiser cela avec le général Kœnig. C'est une question de postes radio à donner à Coulet et ultérieurement à d'autres.

2. J'approuve entièrement envoi de Luizet[1] et de Fouché[2] là où vous savez.

3. En ce qui concerne opération C, je partage votre avis quant à l'exercice de l'autorité civile dans la région intéressée. Cette autorité civile doit être exercée par le commissaire ou les commissaires de la République désignés d'avance et qu'il y aura lieu d'avertir par vos soins mais seulement après déclenchement de l'opération militaire pour ménager le secret. Soustelle demeurera dans ses fonctions actuelles.

4. Toutefois, il est naturel et nécessaire que quelques officiers de liaison administrative venus de Londres ou d'Alger participent à l'opération C. Ceci afin de seconder le commissaire ou les commissaires de la République intéressés et les aider à connaître et à appliquer la législation qui a été décidée par le gouvernement.

5. Cela dit, je dois ajouter que je regrette le ton de votre télégramme relatif à cette question, en particulier l'allusion à Saint-Just et Morny qui ne peut avoir pour effet que de créer des blessures injustes. Souvenez-vous toujours que vous êtes le ministre de l'Intérieur, c'est-à-dire l'homme de l'État et non plus le chef d'un des mouvements de Résistance.

Note à René Mayer[3]

Alger, 18 juillet 1944

Attention – dans la convention interalliée sur le Shipping – à nous assurer les moyens de transporter ce qui sera nécessaire à la sécurité de l'Empire sans avoir à demander la permission…

---

1. Attaché militaire à Tanger, Charles Luizet rallie secrètement la France Libre en juin 1940. Le 10 septembre 1943, il est nommé préfet de la Corse. En juillet 1944, il sera désigné pour exercer les fonctions de préfet de police de Paris.

2. Pseudonyme de Marcel Degliame. Fait prisonnier en juin 1940, il s'évade en septembre et s'engage dans les FFL. Envoyé en mission en France, il prend contact en août 1941 avec le mouvement Combat, qu'il représente au Conseil national de la Résistance en 1943. Il est le fondateur du journal *Action*.

3. Ministre des Transports.

Télégramme au général Kœnig, à Londres

Alger, 20 juillet 1944

Secret

Je vous avais donné, après délibération du 29 avril du Comité de Défense nationale, délégation pour prononcer, en cas d'urgence, promotions d'officiers à titre temporaire ou fictif. Cette délégation vous avait été accordée en raison de l'interruption des communications avec la Grande-Bretagne et ne se justifie plus dans les circonstances présentes. Veuillez, en conséquence, considérer [cette] délégation comme rapportée et ne plus prononcer [de] promotions ou [de] nominations. Je donne toutes instructions pour que les propositions que vous adresserez soient examinées et présentées à ma sanction dans les délais les plus brefs.

Télégramme à Camille Paris[1], à Londres

Alger, 20 juillet 1944

Secret

J'apprends avec une grande tristesse la mort de M. Pierre Viénot[2]. Il meurt après avoir travaillé pour le pays jusqu'à l'épuisement de ses forces. En lui la France perd un serviteur et l'Angleterre un ami.

Veuillez transmettre à tous les Français d'Angleterre pour lesquels il a été un chef et un exemple, mes douloureuses condoléances.

Télégramme au général Juin, en Italie

Alger, 25 juillet 1944

1. Comme je te l'avais dit, mon intention est de te prendre avec moi comme chef d'état-major de la Défense nationale pour la période imminente de libération de la Métropole et de réorganisation de nos forces.

2. Le général Béthouart ira prendre le commandement du 1er corps d'armée, en remplacement du général Martin, qui recevra une autre affectation.

3. Ton arrivée ici est maintenant urgente. Je te prie de me faire connaître à quelle date tu seras disponible par rapport aux opérations du corps expéditionnaire en Italie[3].

---

1. Diplomate, chargé d'affaires, Camille Paris est chef des services nord-américain et asiatique au commissariat aux Affaires étrangères à Londres, en 1941. En 1945, il sera ministre plénipotentiaire et conseiller d'ambassade à Londres.
2. Ce même jour, 20 juillet 1944.
3. Le 21 juillet, le corps expéditionnaire français en Italie a amorcé son retrait des opérations.

4. D'autre part, est d'intérêt général que le général Carpentier[1] assume sans arrière-pensées les fonctions de chef d'état-major de l'Armée B tout au moins quelque temps. Veuille le lui dire de ma part. À bientôt. Amitiés.

Télégramme à René Massigli, à Londres

Alger, 25 juillet 1944

Secret

Spears[2] a fait dire à Beyrouth qu'il allait à Londres, qu'il vous y verrait et qu'il discuterait avec vous des questions que vous savez.

Il doit être naturellement bien entendu que vous n'entrerez pas dans ce jeu. Au surplus nous vous attendons ici. Amitiés.

Télégrammes à Emmanuel d'Astier de La Vigerie, à Londres

Alger, 25 juillet 1944

Secret

Votre retour ici est très nécessaire d'urgence. Il n'est naturellement pas question que vous attendiez à Londres l'arrivée de M. Le Troquer dont la date du départ n'est pas, d'ailleurs, encore fixée. Amitiés.

Alger, 27 juillet 1944

Très secret

J'ai reçu votre télégramme relatif à l'envoi éventuel de Sophie en R. 5[3].

Je vous avoue comprendre mal la raison de cette proposition. S'il est possible d'avoir maintenant une haute autorité civile en R. 5, fût-elle partiellement effective, c'est un commissaire de la République qu'il faut y avoir. Ceci d'autant plus que vous évoquez la nomination des préfets.

---

1. Adjoint du général Weygand de 1939 à 1941, il rallie la France Combattante en 1943. Il est chef d'état-major du général Juin en 1943-1944, puis du général de Lattre de Tassigny en 1944.

2. Le général Spears a été officier de liaison entre les gouvernements britannique et français en mai et juin 1940, chef de la mission militaire britannique à l'état-major de la France Libre en 1940 et 1941, puis chef de l'organe de liaison entre le général Wilson et le général Catroux en 1941. Au début de 1942, il a été nommé envoyé extraordinaire et ministre plénipotentiaire britannique auprès des gouvernements syrien et libanais. Il a encouragé au Levant des mouvements nationalistes contre la France.

3. Emmanuel d'Astier a pressenti Sophie (pseudonyme de Claude Bouchinet-Serreulles) pour une mission de préparation et de mise en place de structures administratives en région 5 (Limoges) qu'il effectuerait sans être réellement nommé commissaire de la République.

La question se pose donc comme suit, à mes yeux : qui proposez-vous pour être commissaire de la République en R. 5 ? Nous attendons avec impatience votre retour à Alger. Amitiés.

Au cardinal Tisserant[1], à Rome

Alger, 28 juillet 1944

Éminence,

J'ai lu avec beaucoup d'intérêt la lettre que vous avez bien voulu m'adresser le 20 juillet[2].

Je vous remercie d'avoir bien voulu me signaler la propagande insidieuse faite à l'égard du comportement de nos soldats musulmans. Je sais que tout cela a été exagéré.

Je n'oublierai pas cette nouvelle marque de la sollicitude que Votre Éminence a toujours témoignée à l'égard des intérêts de notre pays.

Veuillez croire, Éminence, au souvenir que je conserve des entretiens que nous avons eus à Rome et agréer les assurances de ma haute considération ainsi que de mes sentiments respectueusement et sympathiquement dévoués.

Télégramme au général Kœnig, à Londres

Alger, 29 juillet 1944

Secret

En raison des objections obstinées que le général Wilson oppose à l'opération C telle que nous l'avons conçue, la destination du colonel Billotte[3] est en suspens.

D'autre part, vous me rendez compte du prochain retour à Alger du colonel Malaguti[4].

J'ai l'intention de désigner Billotte pour remplacer Malaguti à la Division Leclerc. Je considère en effet comme nécessaire pour le présent

---

1. Eugène Tisserant est cardinal et secrétaire de la congrégation pour l'Église orientale depuis 1936. Le général de Gaulle l'a rencontré à plusieurs reprises lors de sa visite à Rome, fin juin 1944.

2. Dans cette lettre, le cardinal Tisserant explique que la propagande allemande au Vatican fait courir le bruit que les troupes musulmanes du corps expéditionnaire français en Italie se livrent à des violences sur les civils et à des rapines. Le pape, ayant reçu des plaintes à ce sujet, en a parlé au général de Gaulle. Le cardinal Tisserant rappelle que le pape, ne sortant pas, ne voit rien directement et donc subit l'influence de son entourage. Il indique, enquête faite, que les cas de mauvaise conduite ont été beaucoup plus rares qu'on ne le dit.

3. Voir la lettre au général Wilson du 14 juillet.

4. Commandant un bataillon de chars lourds en 1940, il rejoint la 1re DFL avec laquelle il participe aux campagnes de Cyrénaïque et de Tripolitaine en 1943. Il contribue à créer, au Maroc, la brigade de chars de la 2e DB.

et pour l'avenir de donner à un officier supérieur tel que le colonel Billotte l'occasion de déployer une fois de plus dans le combat ses exceptionnelles qualités.

Je vous prie de me faire connaître d'extrême urgence votre avis à ce sujet. Vous voudrez bien communiquer le texte de ce télégramme au général Leclerc en ajoutant pour lui de ma part que je désire beaucoup voir Billotte servir sous ses ordres. J'ai pour cela des raisons d'intérêt général en dehors de toutes les autres.

Note pour René Massigli, à Alger

Alger, 29 juillet 1944

Je lis la lettre d'Eden sur armement des gendarmeries.

Je ne vois pas du tout pourquoi vous accepteriez que les armes soient livrées soi-disant conjointement par les commandements anglais et français.

Personne ne sera dupe et la présence de notre commandement à une « cérémonie » de remise d'armes par un autre ne sera qu'une humiliation et une résignation de plus.

Les gendarmeries dépendent de nous. Il n'appartient qu'à nous de régler leur réarmement. Si nous estimons nécessaire de les réarmer, et si les Anglais ont des armes à nous fournir pour cela (Lease-Lend) ils n'ont qu'à nous les remettre à nous. Il faut absolument tenir bon. D'autant que nous allons l'emporter.

Message à Alexandre Parodi[1], à Paris

Alger, 31 juillet 1944

Secret

Je tiens à vous donner directement et personnellement des indications qui vous seront utiles dans la phase décisive où nous entrons.

1. Les opérations militaires en France vont aller en s'améliorant dans le courant du mois d'août. On peut compter qu'une fraction importante du territoire sera libérée d'ici à sept ou huit semaines. Toutefois, il ne faut pas s'attendre à la libération très prochaine de Paris.

2. Mon principe et celui du gouvernement est de ne négliger aucune forme de la lutte intérieure contre l'ennemi. Toute initiative doit être encouragée, à la condition formelle qu'elle ait pour but exclusif de nuire à l'ennemi et qu'elle ne vise pas à créer une situation qui pourrait gêner par la suite l'autorité du gouvernement et, par conséquent, l'unité nationale.

3. C'est naturellement le combat proprement dit, celui des forces armées de l'Intérieur, qui doit être l'essentiel. Tout doit être fait pour

1. Délégué général du GPRF en France.

donner à ces forces le caractère d'unités militaires, lors même qu'elles agissent loin les unes des autres. Nous voulons arriver à créer un commandement effectif dans toute zone qui en vaut la peine.

4. Vous êtes le représentant du Gouvernement. C'est dire que vos instructions doivent s'imposer en dernier ressort. Nous attachons naturellement la plus grande importance au rôle consultatif et à l'action inspiratrice du Conseil national de la Résistance et des Comités locaux de la Libération.

5. La nomination des fonctionnaires nouveaux ne saurait provenir d'aucun dosage entre fractions diverses. Les fonctionnaires n'appartiennent qu'à l'État et ne servent que l'État.

6. Je vous recommande de parler toujours très haut et très net au nom de l'État. Les formes et les actions multiples de notre admirable Résistance intérieure sont des moyens par lesquels la nation lutte pour son salut. L'État est au-dessus de toutes ces formes et de toutes ces actions.

7. Je mesure très bien les difficultés extrêmes de votre tâche du fait de l'ennemi et du fait des rivalités de tous ordres qui vous entourent. Mais moi-même et le gouvernement avons en vous une confiance entière. Amitiés.

Au général Eisenhower, à Londres, et au général Wilson, à Alger

Alger, s.d. *[fin juillet 1944 ?]*

Secret absolu

Dès les premiers débarquements effectués en Normandie, la Résistance française, dont l'activité ne s'était point démentie durant les périodes antérieures, s'est révélée d'une manière indiscutée comme un instrument efficace dans le domaine du renseignement et de l'action – le commandement allié l'a reconnu sans détours et n'a pas cessé depuis cette époque d'exprimer sa satisfaction quant aux résultats obtenus.

Il m'apparaît cependant nécessaire de faire actuellement valoir certaines observations importantes en ce qui concerne la place réservée à la Résistance française dans les opérations alliées présentes et prochaines. Ces observations ont trait principalement aux régions suivantes : Bretagne, Alpes et Massif central, régions dont je vous ai déjà précisé les possibilités en vous communiquant mes Instructions n° 1 et 2 /S.AM. du 16 mai 1944[1].

1. Étant donné l'aspiration actuelle et progressive des forces allemandes d'occupation vers la Normandie, la Bretagne, dont les maquis sont particulièrement vivaces, est susceptible d'apporter une aide précieuse

1. Voir *Mémoires de guerre*, t. II, p. 689 et 690.

pour libérer les ports de cette province et permettre aux armées alliées un débordement rapide par le sud du front normand.

L'équipement de cette région a été déjà entrepris par le commandement allié du théâtre Nord. J'estime cependant que ces efforts doivent être complétés d'une manière massive pour obtenir des résultats décisifs.

2. Les Alpes françaises ont donné d'une manière constante depuis le début de 1943 la preuve de leur vitalité, et de très larges possibilités s'y offrent encore malgré les revers successifs du plateau des Glières, de l'Ubaye et du Vercors. Il n'est pas douteux que le déclenchement de la guérilla y a été prématuré, et que les moyens mis par parachutage à la disposition de nos organisations ont été parfois soit tardifs, soit insuffisants.

Il apparaît cependant nécessaire de souligner à nouveau que cette région est capable, si le haut commandement allié consent les efforts suffisants, d'ouvrir aux armées de la Libération la route Digne-Grenoble-Chambéry. Ces efforts doivent se traduire par un armement intensifié des pays limitrophes de cette route et la projection au moment même de l'exploitation d'unités parachutistes suffisamment nombreuses.

3. Le Massif central enfin, placé en avant-garde de l'ensemble de la zone du Sud-Ouest faiblement occupée par l'ennemi, constitue l'un des pôles essentiels de la Résistance française. À mi-distance des théâtres d'opérations Nord et Sud, il est en mesure de fournir des éléments de première valeur pour les actions décisives à mener au départ de ces théâtres, et de permettre aux armées alliées de devancer l'ennemi sur la Loire d'Orléans à Roanne, dernière ligne sur laquelle ce dernier puisse tenter de se rétablir dans le cœur de la France.

Des propositions concrètes ont été présentées dès les premiers jours du mois de juillet au commandement allié du théâtre d'opérations méditerranéen – propositions mettant en œuvre la valeur d'une division aéroportée française à réunir dès que possible sur ce théâtre.

Susceptible de développements stratégiques du plus haut intérêt pour les Alliés, cette Opération C, placée naturellement sous le commandement suprême des Alliés, se serait présentée du point de vue national comme la consécration finale des efforts de la France métropolitaine pour se libérer de l'ennemi.

Or, à la présente date, le Gouvernement provisoire de la République doit en fait renoncer à cette opération, parce qu'il n'a pas été possible de réunir les quelques milliers de soldats français nécessaires à sa réussite, tandis que cependant l'Empire français a mis sur pied dans la lutte commune près de 700 000 hommes au titre des services de terre, de l'air et de mer.

En définitive, il est permis de penser que dans les phases prochaines de la bataille, la Résistance française serait normalement capable de réalisations plus efficaces que celles qui sont actuellement envisagées. Par une utilisation plus large de ses possibilités sur le plan stratégique et à condition de lui consacrer les appuis nécessaires, il serait raisonnable d'espérer des succès à la fois plus rapides et décisifs, et finalement moins lourds en dommages de toute nature pour la France.

J'ai l'honneur d'appeler une nouvelle fois votre attention sur les considérations qui précèdent, afin que tout soit mis en œuvre, s'il en est temps encore, en vue de leur réalisation, et pour que soit réservée à la Résistance française, dans la bataille de demain, toute la part dont celle-ci est capable.

Bien sincèrement à vous.

Décision

Alger, s.d. *[août 1944]*

Très secret

1. Il est constitué, sous la présidence du commissaire aux Colonies, un Comité d'Action réunissant les chefs des divers services chargés de la préparation des mesures d'ordre politique et militaire intéressant l'Indochine.

L'objet de ce Comité est de coordonner l'activité de ces services et de leur imprimer une orientation générale commune.

2. Le Comité d'Action prend la désignation de : « Comité d'Action pour l'Indochine ». Il est seul habilité pour donner à tous les services, militaires, civils, spéciaux, les instructions nécessaires dans toutes les matières susceptibles de comporter une incidence politique en Indochine.

3. La composition du Comité d'Action pour l'Indochine est la suivante :

Président :	le commissaire aux Colonies.
Membres :	le chef d'état-major général de la Défense nationale, le fonctionnaire des Affaires étrangères faisant fonction de secrétaire général, le commandant en chef des FFEO, ou, lorsqu'il aura quitté Alger, son délégué en cette ville, le directeur des Services spéciaux.
Secrétaire :	le directeur des Affaires politiques au commissariat aux Colonies.

Allocution faite à l'école des élèves aspirants de Cherchell (Algérie), lors de l'inspection du 1er août 1944

Mes chers enfants,

Je suis content, très content et très honoré de voir aujourd'hui les élèves-aspirants de l'École de Cherchell.

L'atmosphère y est simple, claire, nette, militaire ; elle est ce qu'elle doit être. On sent qu'il règne ici l'esprit de guerre, de droiture, de renouveau. Ceci s'applique à la chose militaire qui ne se sépare pas des autres choses, c'est un esprit bien français et qui se doit à vos instructeurs, à vos chefs, à vous-mêmes.

On croit que la guerre va se terminer bientôt. C'est possible, mais ce n'est pas sûr. Nous sommes, je crois, à la dernière phase, mais pas à la fin de la dernière phase, et je suis convaincu que vous tous qui êtes ici vous arriverez à temps pour employer vos armes contre l'ennemi.

J'espère quand même que vous n'aurez pas à les employer longtemps, que ça doit aller vite, que ça doit aller très vite. De toute manière, nous combattrons et nous vaincrons.

Les jeunes gens que vous êtes, jeunes Français, jeunes soldats, sont en mesure mieux que personne d'apprécier jusqu'où nous avons coulé, où nous en sommes et vers quoi nous voulons remonter, d'abord par les armes. C'est pourquoi vous êtes ici et c'est pour cela que vous participerez à refaire la France quand les armes auront fini d'agir.

La guerre, nous l'avons commencée mal. Nous avons subi un grand désastre, mais nous sommes sortis du désastre, parce que nous étions capables de nous en sortir, nous autres Français. Nous en sommes sortis avec nos moyens et c'est avec ces mêmes moyens que nous irons à la victoire. Je puis vous le dire d'ailleurs : les troupes françaises qui ont été engagées en Italie, vous le savez, puisque parmi vous certains y ont été, ont été ce qu'il y a de mieux au monde, ennemis compris.

Ce que nous allons faire en France, avec notre armée, nos troupes, je vous prédis qu'on en parlera très longtemps. Vous y serez à votre tour, car la guerre ne sera pas finie avant septembre. Après, ceux d'entre vous qui survivront, auront un grand travail pour le reste de leur vie. Ils auront à contribuer, où ils seront, à la plus grande France ; quand je dis : la plus grande, je veux dire : à la grandeur de la France.

Il ne peut pas survivre une France qui ne serait pas la vraie France. Elle ne peut l'être sans l'ardeur, sans la discipline, sans le désintéressement de ses enfants. Vous êtes la jeunesse, vous êtes une partie de sa jeunesse. Vous avez un immense devoir envers la France, je ne doute pas que vous sachiez le remplir.

La France sera grande, je suis convaincu que la masse de ses enfants veut qu'elle le redevienne.

Au point de vue militaire, elle sera forte. Il lui faut une grande armée, une grande aviation, une grande marine. Tout cela, nous le ferons, ou ceux qui nous survivront, parce qu'il faut que cela soit. Après beaucoup d'épreuves, la nation française renaîtra plus belle, plus forte, plus rayonnante que jamais.

Mes enfants, pour le moment, vous avez la joie de servir, l'orgueil des armes, l'espoir des ambitions, et vous faites, en même temps, le plus joli rêve : le rêve de gloire auprès d'un étendard.

Garde à vous !… Au revoir…

À Édouard Froment[1], à Alger

Alger, 1er août 1944

Mon cher ami.

Je reçois votre lettre d'hier[2].

Comme je vous l'ai dit récemment, je serais heureux de recevoir prochainement la commission (je dis bien la commission) de la Défense nationale de l'Assemblée afin de lui donner, au sujet de la conduite militaire de la guerre, certaines indications qui ne pourraient être évoquées dans un débat public. Je regrette de ne pouvoir le faire aujourd'hui (séance du gouvernement), ni demain (inspection en Italie[3]). Je vous téléphonerai à mon retour.

Croyez, mon cher ami, à mes sentiments cordialement dévoués.

Au général Cochet, à Alger

Alger, 5 août 1944

Secret

J'ai reçu votre lettre du 4 août[4].

Votre présence à bord d'un navire auprès du général Patch et pour une durée assez prolongée ne peut être envisagée. Vous n'êtes pas l'auxiliaire

1. Président de la commission de la Défense nationale de l'Assemblée consultative provisoire.

2. Après le grand débat à l'Assemblée des 24 et 25 juillet sur la politique générale de libération, la commission de la Défense nationale souhaite reprendre quelques questions restées sans réponse concernant : le complément d'aide à la Résistance, la nomination des chefs militaires de régions, la désignation de commissaires aux armées pour faciliter l'intégration des FFI dans l'armée régulière, la réorganisation de l'armée après la Libération.

3. Les 3 et 4 août 1944, le général de Gaulle inspectera, à Naples, les forces françaises devant participer au débarquement dans le midi de la France.

4. Dans cette lettre, le général Cochet signale qu'aux termes d'une décision alliée, il doit s'embarquer sur un navire américain pour suivre le général Patch (commandant les opérations de débarquement qui auront lieu, le 15 août, sur les côtes de Provence). Il sera, de ce fait, en mesure de recevoir des informations sur la France et les FFI, mais, étant obligé de garder le silence, il n'aura pas la possibilité d'émettre par radio et d'adresser ses ordres à Alger. Considérant qu'exécuter cette décision serait renoncer à remplir son rôle, il demande au général de Gaulle de lui faire connaître ses ordres à cet égard.

du général Patch, vous êtes le délégué militaire du gouvernement français. Votre poste de commandement doit être à Alger pour le moment. C'est à Alger seulement, en effet, que vous pouvez avoir les communications directes avec la Résistance dans votre zone. Au cours de la période actuelle de dispersion des organismes alliés de commandement, il vous appartient d'organiser vos liaisons avec le général Wilson d'une part, et le général Patch d'autre part.

Lorsque les événements comporteront l'utilité de votre présence dans la zone sud libérée, vous vous y rendrez.

[PS] Venez me voir mardi 8 août à 10 h 30.

Télégrammes au général Kœnig, à Londres

Alger, 7 août 1944

Secret

Je vous prie d'exprimer aux unités des forces de l'intérieur qui opèrent en Bretagne la vive satisfaction du gouvernement pour la façon exemplaire dont elles mènent le combat, notamment depuis le 6 juin[1]. La part que ces braves troupes et leurs chefs prennent à la grande bataille de la libération se révèle comme très efficace, en même temps que glorieuse. Honneur à eux.

Alger, 8 août 1944

Très secret

Je réponds à votre [télégramme n°] 501 EM/DM du 1er août.

Les règles provisoires à suivre vis-à-vis des militaires exerçant des fonctions publiques civiles ou militaires à la date de la Libération sont les suivantes :

1. Aucun officier ou sous-officier ne peut quitter son poste, où il est automatiquement considéré comme requis, sans en avoir été relevé par une décision du représentant du gouvernement provisoire et avoir régulièrement transmis ses services ;

2. Devront faire l'objet d'une telle décision, sans préjudice de l'application des lois en vigueur, tous officiers et sous-officiers visés par l'ordonnance du 21 décembre 1943[2] ;

1. Dès le Débarquement, une importante quantité de matériel a été fournie par les Alliés aux maquis de Bretagne qui organisent de nombreuses opérations. Le 18 juin, les Allemands ont attaqué Saint-Marcel (Morbihan) ; les parachutistes du commandant Le Garrec et le bataillon formé par le général en retraite de La Morlaye se sont âprement défendus. Par ailleurs, au cours du mois de juin, le 2e régiment d'infanterie de l'air, sous les ordres du colonel Bourgoin, a été parachuté dans la région. Il a regroupé autour de lui plus de 10 000 résistants. Avec cet appui, il procède avec succès à d'importantes opérations de sabotage ainsi qu'à l'attaque d'éléments ennemis.

2. Relative à l'indignité des membres des groupements antinationaux.

3. Compte tenu des renseignements connus sur l'activité des intéressés et de la nécessité d'assurer la continuité du service, pourront faire l'objet d'une telle décision sans préjuger la solution définitive les concernant :

a. officiers généraux, colonels et lieutenants-colonels des corps et services,

b. officiers supérieurs de gendarmerie, de gendarmerie maritime et de la garde,

c. officiers de tous grades exerçant des fonctions politiques ou de police ou appartenant à la justice militaire ;

4. Il appartiendra à tous les militaires qui seront l'objet d'une telle décision, s'ils veulent reprendre du service, d'apporter les preuves de leur loyauté ;

5. Toutes ces décisions feront l'objet de comptes rendus qui devront vous être adressés par l'autorité qui les aura prononcés.

Alger, 8 août 1944

Je mets à votre disposition un contingent de dix, je répète dix, Croix de la Libération, et de cent, je répète cent, Médailles de la Résistance[1], pour être attribuées d'urgence à des personnes militaires ou civiles dans la zone libérée.

Vous me rendrez compte à mesure des récompenses ainsi décernées, pour que les décrets de ratification puissent être pris sans délai.

Décision

Alger, 9 août 1944

Très secret

1. Le général, Chef d'État-Major général de la Défense nationale[2], est chargé de suivre la mise sur pied des FFI et les opérations de ces forces, et, de proposer la répartition des moyens militaires affectés à ces opérations. À cet effet une section FFI est créée à la Défense nationale.

2. Le général, Chef d'État-Major général de la Défense nationale doit être constamment tenu au courant par le directeur général des Services spéciaux, et par les généraux délégués militaires Nord et Sud, de la situation militaire des FFI et de leurs opérations en France. Il reçoit communication de tous les télégrammes reçus et envoyés à ce sujet par le Comité d'Action en France et par les généraux, délégués Nord et Sud.

1. Distinctions créées par le général de Gaulle respectivement le 17 novembre 1940 à Brazzaville et le 9 février 1943 à Londres.

2. Le général Juin.

3. Le général, Chef d'État-Major général de la Défense nationale assiste, avec voix délibératrice, aux réunions du Comité d'Action en France.

4. Les délégués militaires Nord et Sud adressent leurs comptes rendus au Chef d'État-Major général de la Défense nationale, dans les mêmes conditions que les généraux commandant les forces françaises engagées sur les théâtres d'opérations.

5. Les unités mises dès maintenant en réserve générale en vue de leur emploi avec les FFI ont été fixées par décision n° 7/DN/3.TS. du 28 juillet 1944.

6. Par voie de conséquence, l'État-Major de la Force C est dissous.

Au général d'Astier de La Vigerie, à Londres

Alger, 10 août 1944

Mon cher général,

Je ne comprends que trop bien votre désir de vous trouver au milieu de notre armée de l'Intérieur que vous avez tant contribué à créer et à organiser, quand vous étiez en France, d'abord, puis dans vos fonctions à Londres.

Mais je me demande si votre envoi dans une zone de maquis serait actuellement le meilleur emploi que le gouvernement puisse faire de vous.

Je désirerais vous voir, en attendant la libération réelle et complète, accomplir en Amérique du Sud la grande mission de contact, d'amitié et d'inspection de nos organisations et délégations, qui est devenue indispensable. Si cette mission vous agrée, dites-le-moi tout de suite. Je puis, en tout cas, vous assurer qu'elle sera accueillie avec enthousiasme en Amérique latine.

Je vous prie de croire, mon cher général, à mes sentiments fidèlement et amicalement dévoués.

Au général Béthouart, à Alger

Alger, s.d. *[10 août 1944]*

Mon cher ami,

Mr. W. Churchill passera demain matin à Alger pour quelques heures. Ceci est *absolument secret*. Je te prie d'aller le saluer de ma part à son arrivée à l'aéroport de Maison-Blanche, où il arrive vers 8 heures. S'il te demande s'il va me voir dans la matinée, tu répondras que tu ne sais pas de quoi il s'agit, bref, tu répondras évasivement que tu as reçu de moi simplement l'ordre de le saluer.

Je regrette de te déranger dès ton retour d'Italie, mais c'est indispensable.

Bien amicalement.

Une commission européenne, dont la création a été décidée dès octobre 1943 à la conférence de Moscou, siège à Londres. Ses membres sont la Grande-Bretagne, l'URSS et les États-Unis.

Dans un discours à la Chambre des communes, le 2 août 1944, Winston Churchill a souhaité que la France soit associée le plus étroitement possible au règlement du problème rhénan et qu'elle conserve une place importante dans la politique mondiale.

Apostille[1]

Il pourrait y avoir une autre politique qui consisterait en ceci :

1. Actuellement, exiger la participation sur pied d'égalité dans les questions de portée immédiate et capitale, tels l'armistice allemand, le Rhin.

2. En même temps, réserver entièrement notre position pour toutes questions qui ont une vaste portée dans l'avenir, mais dont la solution n'est pas pour nous d'un intérêt immédiat (Problème monétaire – Shipping – Bases internationales – Transports aériens – Pétrole, etc.).

3. Progressivement, agir sur les petits États et sur les neutres, même sur l'Italie et l'Espagne, pour tâcher d'établir sur ces questions d'avenir une doctrine européenne autour de nous.

4. Quand nous serons rétablis, nous présenter avec notre doctrine européenne comme des organisateurs mondiaux ayant un programme précis et satisfaisant pour les petits.

---

1. À la fin d'une note du ministère des Affaires étrangères du 10 août 1944, sur la participation de la France aux négociations et organisations internationales. Le ministère des Affaires étrangères y envisage de mener des négociations avec les Britanniques, les Américains et les Soviétiques en vue d'obtenir :

— la participation de la France, même en dehors de la Commission européenne, à l'élaboration de l'armistice avec l'Allemagne et au règlement du problème rhénan,

— l'entrée de la France dans la Commission européenne qui, en préparant l'application de l'armistice, interviendra dans toutes les affaires européennes,

— la place de la France sur un pied d'égalité avec les États-Unis, la Grande-Bretagne et l'URSS au sein de l'organisme politique international qui ne manquera pas d'être créé, et de tout nouvel organisme économique international qui sera constitué.

À Winston Churchill, à Alger

Alger, 11 août 1944

Mon cher Premier ministre,

M. Duff Cooper m'a dit hier soir que vous passiez ce matin quelques instants à Alger au cours d'un voyage « stratégique » et très secret. À la réflexion, je pense qu'il vaut mieux que je renonce à vous voir cette fois et que vous puissiez prendre un peu de repos entre vos deux vols.

Je tiens cependant à vous dire d'abord que j'ai personnellement le meilleur espoir dans notre grande opération commune « Dragon[1] », ensuite que je forme tous mes meilleurs vœux pour votre voyage.

Je vous prie de bien vouloir agréer, mon cher Premier ministre, mes sentiments bien vivement dévoués.

Note au général Kœnig, à Londres

Alger, 11 août 1944

Je vous prie de me faire connaître d'extrême urgence dans quelles conditions il me serait possible de me rendre par avion ou par hydravion dans les territoires libérés. Je voudrais y aller avec mon propre avion ou mon propre hydravion directement à partir de l'Afrique du Nord et sans atterrir en Angleterre.

Directives aux résistants

Alger, 12 août 1944

Pour Paris et les grandes villes occupées :

1. Ne pas accomplir de travaux utiles à l'ennemi. Si l'ennemi veut les imposer, faire grève.

2. Si l'ennemi fléchit, se saisir du personnel qu'il emploie à n'importe quel titre dans l'usine. En faire des otages.

3. Surveiller les préparatifs de destruction de l'ennemi. Préparer les équipes de protection. Faire agir ces équipes à temps.

4. De toute façon empêcher l'ennemi en retraite de retirer son personnel et son matériel.

5. Reprendre le travail immédiatement et en ordre dès que les forces alliées arrivent.

1. Débarquement allié dans le midi de la France.

Déclaration à l'AFP[1]

Alger, s.d. *[après le 12 août 1944]*

Il est clair qu'après cette guerre, l'Amérique aura le droit et le devoir de se soucier, à son tour, de sa sécurité, dans un monde qui se rétrécit tous les jours. Je ne crois pas qu'aucune grande nation comprenne la préoccupation du président Roosevelt mieux que la France qui, une fois de plus, a failli tomber dans l'abîme faute d'une sécurité suffisante contre son éternel agresseur.

Le président Roosevelt vient de définir la région où réside, dans le Pacifique, la sécurité américaine telle qu'il la conçoit. Il a défini cette région pratiquement et sur la carte. Je pense que c'est la bonne méthode. Nous, Français, avons, en effet, éprouvé assez de souffrances et de déceptions pour savoir que la sécurité est, avant tout, quelque chose de réel et de matériel. Depuis deux mille ans jusqu'à aujourd'hui même, la sécurité réelle et matérielle des terres gauloises et franques s'appelle le Rhin et ses abords. Quand le moment sera venu pour la France d'étudier, dans son ensemble, avec les États-Unis et les autres États du parti de la liberté, le problème vital de la sécurité, j'espère fermement que l'on parviendra enfin à des solutions solides. Il est certain, d'ailleurs, que de telles solutions devront être profitables à l'intérêt commun de toutes les nations qui se sont unies contre les agresseurs et qu'elles ne seront pas adoptées aux frais de la souveraineté de l'une ou l'autre en particulier.

Pour ce qui concerne les États-Unis et la France, c'est un fait très remarquable que la sécurité et la puissance de chacune de nos deux grandes Républiques n'ont jamais nui aucunement à la puissance et à la sécurité de l'autre. Bien au contraire. Leur amitié réciproque n'est jamais si vive que lorsqu'elles sont toutes les deux fortes et sûres de leur avenir.

Télégramme à Alexandre Parodi, à Paris

Alger, 14 août 1944

Secret

Par décret d'aujourd'hui 14 août[2], vous êtes nommé membre du Gouvernement provisoire de la République française[3]. Avant de signer le décret

1. Le rédacteur diplomatique de l'AFP demande au général de Gaulle ce qu'il pense des idées évoquées par le président Roosevelt dans son discours du 12 août à propos de la sécurité future du continent américain et de l'aide que d'autres États, notamment la France, pourraient apporter à cette sécurité par leurs possessions insulaires dans le Pacifique.
2. Voir *Mémoires de guerre*, t. II, p. 700.
3. Commissaire délégué aux territoires occupés.

j'ai consulté vos collègues du gouvernement. Tous vous accueillent très favorablement.

En votre qualité nouvelle de Commissaire, vous conserverez toutes les attributions que vous exerciez comme Délégué Général. Amitiés.

Au général Giraud, à Alger

Alger, 14 août 1944

Mon général,

Dès que le Gouvernement sera en France, je vous promets que vous pourrez y aller vous-même. Je veillerai personnellement à ce que les moyens de transport convenables vous soient fournis.

Je vous prie de croire, mon général, à mes sentiments sincèrement dévoués.

Au président Roosevelt, à Washington

Alger, 14 août 1944

Monsieur le Président,

J'ai suivi par les dépêches votre grand voyage stratégique sur le théâtre d'opérations d'Extrême-Orient, et j'ai entendu avec un extrême intérêt le beau discours que vous venez de prononcer, notamment ce que vous y avez dit de la sécurité américaine dans le Pacifique.

Quand vous viendrez en France, et j'espère que ce sera bientôt, vous verrez, d'après nos destructions et nos pertes de toute sorte, matérielles et morales, pourquoi nous autres Français comprenons immédiatement qu'un peuple veuille sa sécurité et que cette sécurité doive être permanente, réelle, matérielle, ou bien ne pas être. Pour l'Amérique il est bien vrai que sa sécurité stratégique et économique est désormais au large dans le Pacifique. Pour l'Europe occidentale et pour l'Afrique, en particulier pour la France européenne et africaine, je suis certain que vous pensez que leur sécurité stratégique et économique est, plus que jamais, sur le Rhin et ses abords.

Dans quelques heures va commencer la grande opération en France du Sud, opération dans laquelle les forces américaines et françaises vont marcher côte à côte. J'ai été récemment voir à leur Quartier général le général Patch, l'amiral Hewitt et le général Eckart, et j'ai emporté de tous les trois une très bonne impression. Nous allons voir ce que cela donnera. J'ai, pour ma part, une grande confiance. Je compte, d'autre part, me rendre très prochainement au Nord et je me permettrai de vous écrire ensuite de nouveau. Cependant, je ne veux pas attendre jusque-là pour vous dire avec quelle admiration et quelle reconnaissance les Français suivent les magnifiques opérations des troupes d'Eisenhower, de Bradley[1] et de Patton[2].

Tous les rapports que je reçois de France me font penser qu'il sera possible d'y établir à la Libération, sans grandes secousses, le bon ordre qui est nécessaire à une lente et dure reconstruction. L'esprit public est excellent, malgré toutes les épreuves. Le ravitaillement va être tout de suite le plus difficile problème et je vous remercie d'avance de ce qui a été préparé et de ce qui sera fait à cet égard par les diverses autorités américaines qualifiées, pour nous aider dans ce mauvais moment.

Je prévois pour Paris une situation vraiment tragique et je me permets de vous signaler quel prix nous attacherons à voir arriver sans délai, dès que Paris sera libéré, les denrées et objets que vous avez bien voulu prévoir pour le ravitaillement de la capitale en vivres et pour la remise en marche des services publics les plus nécessaires (eau, gaz, électricité, santé). Il en sera probablement de même pour Marseille, Lyon et les grands centres du Nord.

En attendant l'honneur et le plaisir de pouvoir poursuivre et approfondir les entretiens, pour moi inoubliables, que nous avons eus à Washington le mois dernier, je vous prie de croire, monsieur le Président, à mes sentiments de très haute et amicale considération.

Le 15 août 1944, les Alliés débarquent sur les côtes de Provence. Le général Patch commande l'ensemble de l'opération. Le général de Lattre est à la tête de la Ire armée française.

Télégramme au général Mollard[3]

Alger, 15 août 1944

M. Winston Churchill n'a pas fait savoir au gouvernement français qu'il se rendait en Corse. En conséquence, je vous prescris, ainsi qu'à toutes autres autorités militaires et civiles en Corse d'ignorer totalement sa présence. Veuillez communiquer ceci au préfet.

---

1. Le général américain Omar Bradley commande en Tunisie et en Sicile en 1943. En juin 1944, il est à la tête des unités américaines de débarquement. Commandant le 12e groupe d'armées, il avance ensuite de la Bretagne à l'Elbe ou il opère sa jonction avec les Soviétiques en 1945.

2. Le général américain George Patton participe au débarquement en Afrique du Nord en novembre 1942. En 1943, il combat en Tunisie et en Sicile ; en 1944, il commande la IIIe armée tenue en réserve lors du débarquement de Normandie. Il perce le front allemand à Avranches et entre à Rennes le 4 août 1944. Il lance ensuite ses troupes sur la Bretagne, puis se tourne vers l'est et libère Orléans, Chartres, Nancy et Metz.

3. Gouverneur militaire de la Corse.

Note pour le général Cochet, à Alger

Alger, 15 août 1944

Très secret

1. Puisque le commandement interallié a lui-même donné l'ordre de destruction de nos navires à Toulon, Marseille et Sète, je ne vois pas pourquoi vous le donneriez de votre côté.

2. Il est inadmissible que, malgré tous les accords conclus en dépit du bon sens en même temps que de nos droits, les Alliés donnent des ordres à nos forces de l'Intérieur par-dessus votre tête.

3. J'ai fort envie de vous retirer d'auprès d'eux, vous-même et tous ceux qui sont sous vos ordres. Vous pouvez le leur dire. De mon côté j'écris à Wilson.

Au général Wilson[1]

Alger, 16 août 1944

Le général délégué militaire Sud me rend compte que le haut commandement allié a pris, à son insu, la décision de donner l'ordre de sabordage simultané des bateaux français qui se trouvent dans les rades de Toulon, de Marseille et de Sète.

Sans mettre en discussion l'opportunité d'une pareille mesure qui se justifie par le souci d'éviter la destruction totale de nos navires ou leur utilisation par l'ennemi à des fins de défense, j'ai l'honneur d'attirer votre attention sur la nécessité d'un accord préalable sur toutes les questions qui touchent comme celle-ci aux intérêts proprement français.

Il ne saurait vous échapper, d'autre part, qu'il appartient au général Cochet, et à lui seul, de donner l'ordre d'exécution, celle-ci ne pouvant être assurée que par nos forces de l'Intérieur. Toute autre manière d'agir risque, en semant la confusion, de rendre stérile le concours du délégué du gouvernement que j'ai placé à vos côtés.

1. Le général Wilson ayant présenté des excuses, cette lettre ne lui a pas été envoyée.

Télégramme au général Eaker[1]

Alger, 17 août 1944

Je vous remercie vivement de l'offre que vous voulez bien me faire de votre *Fortress* personnelle. Mais je compte utiliser le *Lockheed Lodestar* qui me sert habituellement[2].

Mes félicitations pour la grande action aérienne en cours sous votre commandement. Amitiés.

Le 18 août 1944, le général de Gaulle quitte Alger. Après une escale à Casablanca, il atterrit le 20 août en France, à Maupertuis (Manche). Dès son arrivée, il prend connaissance des événements survenus à Paris, qui commence son insurrection, puis se rend auprès du général Eisenhower qui l'informe de l'ensemble des opérations. Apprenant qu'aucune troupe française n'est en marche sur Paris, le général de Gaulle insiste pour que la 2e division blindée, commandée par le général Leclerc, soit chargée de cette opération ; ceci sera fait le 22 août.
Le général de Gaulle traverse alors les régions libérées. Le 25 août, Leclerc sera à Paris. Le chef du Gouvernement provisoire y entrera en fin d'après-midi.

Message pour le Club du 18-Juin

Londres, 18 août 1944

Le 18 juin, c'est le cœur qui avait raison ! Quelques-uns, ce jour-là, ont écouté leur cœur. C'était donc les vrais raisonnables. Aujourd'hui ils sont des guides pour tous les autres, et entre eux, des compagnons.

Mes compagnons, mes amis du 18 juin 40, serrons nos rangs, marchons la main dans la main ! Nous avons fait quelque chose. Il nous reste tant à faire.

1. Officier d'aviation américain, le général Eaker participe à l'organisation de l'offensive aérienne de 1942 sur l'Allemagne et l'Europe. À partir de 1944, il commande les forces aériennes américaines en Méditerranée.

2. Les Alliés, considérant le *Lockheed* du général de Gaulle comme peu sûr, avaient insisté pour qu'il utilisât un bombardier américain quadrimoteur *Flying Fortress*, pour se rendre en France.

Note pour le général Leclerc[1]

Chartres, 23 août 1944, 14 h 55

Je reçois le capitaine Jeanney et votre mot. Je voudrais vous voir aujourd'hui. Je compte être à Rambouillet ce soir et vous y voir.

Je vous embrasse.

Télégramme[2] à Henri Queuille et à René Pleven, à Alger

Rambouillet, 24 août 1944

Secret le plus absolu

La Division Leclerc entre à Paris aujourd'hui.

Je compte m'y trouver personnellement ce soir.

Quartus[3] a l'autorité bien en main.

Contrairement à ce qui avait été dit, la capitale est en bon état.

Les Allemands tiennent encore certains points mais leur situation est désespérée.

Je demande à tous les membres du gouvernement de me rejoindre sans délai à Paris.

Le terrain d'aviation du Mans est bon.

Je leur demande également de placer leurs postes de commissaires à ma disposition pour me permettre de remanier aussitôt le gouvernement si cela apparaît comme nécessaire. Je demande enfin que cette décision qu'ils voudront prendre me soit confirmée par télégramme à notre délégation de Londres. Amitiés.

Le 26 août 1944, le général de Gaulle descend les Champs-Élysées au milieu d'une foule immense. En fin d'après-midi, il arrive à Notre-Dame où doit se dérouler une cérémonie religieuse. Pour une raison que l'enquête ne parviendra pas à établir, une fusillade éclate sur le parvis et des coups de feu sont tirés jusqu'à l'intérieur de la cathédrale, ainsi qu'en d'autres points de la capitale. La bousculade qui s'ensuit fait de nombreux blessés.

---

1. Cette petite note figure dans les annexes des *Mémoires de guerre*, en édition originale.
2. Ce télégramme a déjà été publié en partie dans les *Mémoires de guerre*, t. II, p. 708.
3. Pseudonyme d'Alexandre Parodi.

À sa femme, à Alger

Paris, 27 août 1944

Ma chère petite femme chérie,

J'ai vu Philippe qui va parfaitement et s'est très bien battu et se bat encore.

Tout va très bien. Hier, manifestation inouïe. Cela s'est terminé à Notre-Dame par une sorte de fusillade qui n'était qu'une tartarinade. Il y a ici beaucoup de gens armés qui, échauffés par les combats précédents, tirent vers les toits à tout propos. Le premier coup de feu déclenche une pétarade générale aux moineaux. Cela ne durera pas.

Je suis au ministère de la Guerre, rue Saint-Dominique. Mais c'est provisoire. Quand tu viendras, nous prendrons un hôtel avec jardin du côté du Bois de Boulogne pour habiter et j'aurai mes bureaux ailleurs.

Lettres d'une masse de gens : les Solal, les Duquesnoy, etc., etc. Jean Rérolle[1] est venu deux fois. Mais je n'ai pas encore eu… le temps de le recevoir.

Donne une réponse au général Juin qui repartira pour Paris deux jours après son arrivée à Alger et qui te porte cette lettre. Donne-lui aussi du linge et des souliers pour moi.

Je t'embrasse de tout mon cœur […]. Mille affections à Élisabeth et Anne.

Ton pauvre mari.

Charles.

À Henri Queuille, à Alger

Paris, 27 août 1944

Mon cher ministre,

Le général Juin partant pour Alger vous remettra cette lettre.

J'attends avec beaucoup d'impatience l'arrivée du gouvernement ici. Je vous ai adressé à ce sujet plusieurs télégrammes[2] auxquels je n'ai reçu aucune réponse par aucune voie. Il est indispensable que vous veniez tous ici, fût-ce par des moyens étrangers si vous ne pouvez en employer d'autres. Toutefois, le général Catroux doit rester à Alger comme délégué du gouvernement en Afrique du Nord. Ultérieurement, un décret précisera ses attributions.

La situation physique de Paris (ravitaillement en particulier) est un peu meilleure que ce que nous redoutions, sauf pour ce qui concerne le charbon. Moralement, il n'y a pas de question (la manifestation d'hier

1. Mari de Suzanne Vendroux, sœur de Mme Charles de Gaulle.
2. Voir *Mémoires de guerre*, t. II, p. 704, 706.

l'a fait éclater d'une manière vraiment inouïe). Mais il y a des problèmes.

La « fusillade » de Notre-Dame était, à mon avis, une vulgaire tartarinade. Beaucoup de gens (FFI et autres) se promènent avec des armes. Tout échauffés par les combats des jours précédents, ils sont toujours prêts à tirer vers les toits. Le premier coup de feu déchaîne alors une pétarade effrénée. Mais nous arrangerons cela aussi.

Je demande à Joxe d'arriver sans délai avec son premier échelon et de mettre en route ses moyens de transmission.

Nous espérons pouvoir mettre en action demain un poste radio de la Marine que nous avons trouvé ici et qui, je le pense, pourra communiquer directement avec Alger.

Croyez, mon cher ministre, à mes sentiments les meilleurs et les plus dévoués.

Au colonel Billotte, à Paris

Paris, 28 août 1944

Mon cher ami,

Je vous ai tout juste entrevu l'autre jour aux Champs-Élysées.

Je suis content que ce soit vous qui ayez ouvert la porte de Paris.

Quand vous le pouvez, venez me voir.

Amitiés.

Télégramme à Henri Queuille et à René Pleven, à Alger

Paris, 28 août 1944

Secret

Je ne puis comprendre comment ni pourquoi les membres du gouvernement ne sont pas arrivés à Paris malgré mes appels réitérés. Je ne puis comprendre davantage comment ni pourquoi vous me laissez sans aucune communication de vous depuis mon départ d'Alger. Nous avons une délégation à Londres. Vous avez la communication chiffrée avec cette délégation. J'ai moi-même pu prendre contact plusieurs fois avec elle. Il me paraît inexplicable que vous n'utilisiez pas ce moyen pour me tenir au courant de ce que fait le gouvernement.

Il n'est pas possible d'attendre davantage, pour avoir un gouvernement à Paris. Je vous invite donc tous de nouveau de la manière la plus formelle à me rejoindre et à me faire connaître immédiatement par la délégation de Londres ce que vous faites et quand vous arriverez.

Le 31 août 1944, le siège du Gouvernement provisoire est transféré d'Alger à Paris.

À sa femme, à Alger

Paris, 31 août 1944

Ma chère petite femme chérie,

Les choses continuent à s'arranger ici d'une manière satisfaisante. Naturellement, certains éléments ont essayé de tirer parti de la confusion inévitable du début, et au besoin de la créer, pour tirer à eux la couverture. Mais cela ne peut et ne pouvait avoir grande portée, car l'esprit public est magnifique et tout à fait orienté comme il faut.

Philippe est venu dîner avec moi hier soir, puis il a regagné son régiment qui est au Bourget après avoir contribué à le prendre. Ils sont maintenant au repos et l'ont bien mérité. Leurs combats à Alençon, puis à Argentan, puis au sud de Paris (Antony – Porte d'Orléans) pour entrer dans la ville, puis dans Paris (École Militaire, Palais-Bourbon, rue Royale, Luxembourg, gares du Nord et de l'Est) où l'ennemi était retranché ont été durs. Après ce n'était pas fini car il leur fallut reprendre Saint-Denis, Le Bourget, Stains, etc. Philippe s'est parfaitement bien conduit. Nous pouvons en être fiers.

Je n'ai vu encore personne de la famille faute de temps. Dis à Madeleine que je viens d'avoir de bonnes nouvelles de Pierre[1], par voie… spéciale. Il a excellent moral, les paquets lui sont arrivés. Il attend la fin avec confiance.

À Pierre Villon[2], à Paris

Paris, 1er septembre 1944

Cher monsieur Villon,

J'ai l'honneur de vous accuser réception de votre lettre du 31 août. Vous voulez bien m'écrire que vous ne croyez pas aujourd'hui pouvoir répondre affirmativement à l'offre que je vous ai faite le 29 août de faire partie du gouvernement.

Je n'ai pas à discuter les raisons que vous me donnez de votre refus et qui, étant en partie d'ordre personnel, échappent à mon appréciation. Toutefois, je suis obligé de vous dire que le dernier motif que vous invoquez est contraire à la réalité des faits. Aucune décision de « dissoudre et de désarmer les FFI » n'a été prise par moi. La décision du gouvernement

1. Il s'agit de Pierre de Gaulle, dernier frère du Général, interné par les Allemands en Bohême, et de sa femme Madeleine.

2. Membre du Comité d'action militaire, comité formé à l'initiative du parti communiste et qui assiste en matière militaire le Conseil national de la Résistance.

consiste, tout au contraire, à intégrer dans l'ensemble des formations de campagne et des formations du territoire de l'armée française les éléments et unités des vaillantes FFI, afin de les utiliser de la meilleure manière possible dans les batailles qui nous restent à livrer à l'ennemi.

Veuillez croire, cher monsieur Villon, à mes sentiments cordialement dévoués.

Au général Boud'hors

Paris, 2 septembre 1944

Mon général,

Parmi toutes les lettres que j'ai reçues à l'occasion de mon arrivée à Paris, la vôtre est de celles qui m'ont le plus touché.

Comment aurais-je pu oublier ce passé que vous évoquez ? Pour combien ont compté dans ce que j'ai tenté de faire les glorieux souvenirs de notre vieux 33e et de votre commandement[1] !

Veuillez accepter, mon général, l'assurance de mes sentiments respectueux et dévoués.

Télégramme au général Catroux, à Alger

Paris, 2 septembre 1944

Après avoir vu le général de Larminat j'estime nécessaire de mon côté d'être informé du différend qui le sépare du général de Lattre de Tassigny. En conséquence, je vous prescris de vouloir bien, à titre de plus ancien commandant d'armée, d'effectuer une enquête sur place à l'armée B pour l'examen des griefs réciproques de ces deux officiers généraux[2] et d'une manière générale me donner votre sentiment sur la nature des rapports existant entre le général commandant l'armée B et ses subordonnés, d'une part, et les autorités alliées dont il dépend, d'autre part. Cette enquête porterait également sur la conduite générale des opérations.

Vous m'adresserez un rapport et toute proposition que vous estimerez nécessaire.

---

1. De 1914 à 1916, le capitaine de Gaulle a servi au 33e RI sous les ordres du colonel Boud'hors.

2. Larminat reproche à de Lattre de ne pas avoir donné priorité à la conquête de Marseille. De Lattre fait remarquer que le plan allié « Dragon » lui avait donné Toulon en premier objectif et que Larminat en avait été dûment informé.

Télégramme au général Giraud, à Alger

Paris, 2 septembre 1944

Secret

J'apprends avec indignation l'attentat dont vous avez été victime[1]. À la suite des premières tentatives dirigées contre votre personne j'avais donné des ordres formels pour que des enquêtes soient menées à fond et que des sanctions soient prises. J'entends reprendre cette question. En tout cas, je prescris au général Catroux de prendre toutes dispositions pour vous faire diriger sur la France, en Bretagne suivant le désir que vous m'avez exprimé et aussitôt que votre état de santé le permettra. Je pense beaucoup à vous en ce jour où nos alliés entrent à Metz dans des conditions stratégiques qui me paraissent inexplicables[2].

Meilleurs vœux et déférentes amitiés.

À Philip Noël-Baker[3], à Londres

Paris, 3 septembre 1944

Mon cher ami,

J'ai été très sensible à votre lettre. Je n'oublie pas votre confiance en la France pendant ces quatre années.

Nous comptons sur les hommes comme vous pour aider à réaliser les conditions d'une paix durable. La première de ces conditions pour l'Europe c'est, je le pense, une sécurité assurée à l'Occident par une frontière de fait sur le Rhin. Ne recommençons pas la tragédie actuelle où la démocratie a failli sombrer.

Jamais nous n'avons eu tant besoin en Grande-Bretagne d'amis comme vous qui comprenez nos nécessités et qui partagez nos espoirs. Voulez-vous, je vous prie, transmettre à Mrs. Philip Noël-Baker mes respectueux hommages et me croire bien sincèrement à vous.

---

1. Le 28 août 1944, le général Giraud a été blessé d'un coup de feu tiré par un tirailleur algérien appartenant à son propre service de garde. Interrogée, la sentinelle n'a pu expliquer les mobiles de son acte.

2. La IIIe armée américaine est immobilisée sur la Meuse par manque d'essence et de munitions. Elle ne sera ravitaillée que le 6 septembre. Pendant un mois les Alliés buteront sur la contre-attaque allemande. Le 8 novembre sera lancée l'offensive qui aboutira à la libération de Metz le 22 novembre.

3. Sous-secrétaire d'État britannique.

À Suzanne Schmidt[1]

Paris, 3 septembre 1944

Ma chère Suzanne,

J'ai été très sensible à ta lettre de félicitations et je t'en remercie.

J'ai obtenu de divers côtés des nouvelles de Geneviève de Gaulle[2] qui confirment malheureusement celles que tu me donnes toi-même. Je vais essayer une intervention par la voie de la Croix-Rouge.

Je te prie d'accepter, ma chère Suzanne, mes pensées les plus affectueuses.

Télégramme au général Eisenhower

Paris, 4 septembre 1944

Secret

Je suis informé que certains personnels civils et militaires, actuellement à Alger, et dont le gouvernement français a besoin d'urgence à Paris, seraient retardés dans leur départ par un ordre du SHAEF.

Je vous demande de noter que je désire voir arriver ici, dans le plus bref délai possible, les personnes désignées, et que le général Catroux à Alger a qualité pour mettre en route.

J'ajoute que je vous remercie d'avance des moyens de transport aérien que vous voudrez bien mettre éventuellement à leur disposition.

Télégramme au général Catroux, à Alger

Paris, 4 septembre 1944

Secret

Le retard apporté par les Alliés au départ de notre personnel d'Alger, et leur allégation d'un ordre de ma part pour différer ce départ constituent un sabotage qui se combine d'ailleurs avec une série d'autres.

Je vous confirme que je veux voir arriver à Paris, dans le plus bref délai possible, tout le personnel désigné. Je vous prie de donner la priorité prévue aux membres de l'Assemblée consultative, et de leur faire connaître que l'origine du retard est, une fois de plus, à Washington et à Londres.

Je vous prie enfin de prendre en main cette affaire des départs, car il arrive ici des gens qui ne sont pas prévus dans l'ordre de priorité.

---

1. Cousine du général de Gaulle.

2. Nièce du général de Gaulle (fille de Xavier), membre du réseau de Résistance Défense de la France. Arrêtée par la Gestapo en 1943, elle est déportée à Ravensbrück où elle tombe gravement malade. Elle sera libérée en février 1945.

Télégramme au général de Lattre de Tassigny

Paris, 6 septembre 1944

Je vous remercie de votre télégramme. Le péril encouru a été nul[1].

Paris se prépare à faire à l'Armée française reconstituée et victorieuse et à ses chefs le plus chaleureux accueil.

À Jules Jeanneney, à Paris

Paris, 7 septembre 1944

Monsieur le Président,

Veuillez me permettre de vous dire, d'abord, combien j'ai été heureux de notre entretien du 4 septembre. Il m'a semblé, après réflexion, comme j'en avais le sentiment sur le moment même, qu'il y a accord complet entre nous sur les grandes lignes de la politique qui s'impose pour achever la victoire de la France, côte à côte avec ses alliés, restaurer l'État républicain, organiser la consultation nationale dans le plus bref délai possible, et faire valoir au-dehors les droits et intérêts de notre pays.

Comme j'ai eu l'honneur de vous le dire, je serais profondément désireux que vous acceptiez de faire partie, dès à présent, en qualité de ministre d'État, du gouvernement provisoire que je préside et dont je voudrais terminer incessamment le remaniement.

Par la suite, j'espère que M. le président Édouard Herriot[2], une fois libéré, pourra et voudra siéger à nos côtés. Peut-être nous paraîtra-t-il alors souhaitable que M. Léon Blum[3] (dès sa libération) et M. Louis Marin, viennent compléter l'aréopage des plus hautes personnalités de la République qui me semblent devoir se tenir à la tête du gouvernement lorsque nous aurons à consulter la nation[4].

Je vous prie de bien vouloir agréer, monsieur le Président, l'assurance de ma très haute considération et de mes sentiments dévoués[5].

---

1. Le général de Gaulle fait vraisemblablement allusion à la fusillade du 26 août à Notre-Dame.

2. Président du Parti radical, plusieurs fois ministre et président de la Chambre des députés avant la guerre, Édouard Herriot, ayant manifesté publiquement son hostilité à Vichy, est arrêté et mis en résidence surveillée en 1942. Emmené en Allemagne et mis dans une maison de santé, il est sollicité par Pierre Laval, en août 1944, pour former un gouvernement d'union contre le général de Gaulle. Il refuse. Il rentrera en France en mai 1945.

3. Chef du parti socialiste, l'un des précurseurs du Front populaire (1935), chef du gouvernement (1936), Léon Blum est arrêté par Vichy et jugé au procès de Riom (1942), puis déporté. Il sera libéré par les Alliés en mai 1945.

4. En fait, Léon Blum, Édouard Herriot et Louis Marin refuseront, en 1945, de participer au gouvernement pour se consacrer à la reconstitution de leurs partis politiques respectifs.

5. Dès le 8 septembre, le président Jeanneney répondra au général de Gaulle pour lui donner son entière acceptation et « l'assurance de son concours pour l'achèvement de la victoire et de la restauration de l'État républicain ».

Projets de composition du Gouvernement provisoire de la République française[1]

Paris, 8 septembre 1944

Président	de Gaulle	
Ministre d'État	Jeanneney	+ Radical socialiste (RS)
Justice	de Menthon	+ Démocrate chrétien (DC)
Affaires étrangères	Bidault	+ DC
Intérieur	Parodi	+
Finances	Lepercq[2]	
Économie nationale	Mendès France	RS
Production	Lacoste	+ SFIO
Agriculture	Tanguy-Prigent[3]	+ SFIO
Ravitaillement	Giacobbi	RS
Travail	Tixier	SFIO
Guerre	Diethelm	France Libre
Marine	Champetier de Ribes[4]	DC
Air	Tillon	+ Parti communiste (PC)

1. Afin de faciliter la lecture de ces documents qui présentaient de nombreuses abréviations, nous avons rétabli le libellé intégral de l'appellation des ministères ; pour ce qui concerne les origines politiques des personnes citées, nous n'avons rétabli le libellé intégral qu'à la première mention de chacune des organisations, conservant ensuite les abréviations.

2. Résistant, Aimé Lepercq devient à la libération de Paris commandant supérieur de l'Hôtel de Ville. Nommé en septembre 1944 ministre des Finances, il mourra accidentellement deux mois plus tard.

3. François Tanguy-Prigent est conseiller général et député socialiste du Finistère de 1936 à 1940. Il vote contre la délégation des pleins pouvoirs au maréchal Pétain, adhère dès 1940 au mouvement Libération et fonde le journal *La Résistance paysanne*.

4. Auguste Champetier de Ribes est en 1940 député et ministre dans le gouvernement Reynaud. Il prend position contre l'armistice. Arrêté en décembre 1942 il est interné jusqu'en 1944.

Population	Billoux	PC
Éducation nationale	Capitant	DC
Colonies	Pleven	DC
Information	Teitgen	+ DC
Communications	R. Mayer	
PTT	Augustin Laurent	? SFIO
Prisonniers	Frenay	+ Résistance

Justice	Jeanneney de Menthon	
Intérieur	A. Tixier	
Aff. étrangères	Bidault	
Guerre	Diethelm	
Marine	Jacquinot	9 parlementaires { 3 sénateurs ; 6 députés
		8 résistants
Air	Tillon	
Économie nationale	Mendès France	
Production	Lacoste[1]	4 gaullistes
Agriculture	Tanguy-Prigent	
Ravitaillement	Giacobbi[2]	1 giraudiste
Santé Publique	Billoux	
Colonies	Pleven	
Travail et Sécurité sociale	Parodi	
Transports et Travaux publics	R. Mayer	8 parlementaires { 1 modéré ; 3 radicaux ; 2 socialistes ; 2 communistes
PTT	Augustin Laurent	
Éducation nationale	Capitant	

1. Syndicaliste, fondateur du mouvement Libération-Nord, Robert Lacoste est secrétaire général à la Production industrielle depuis août 1944.

2. Élu sénateur de la Corse en 1938, Paul Giacobbi vote contre la délégation des pleins pouvoirs au maréchal Pétain. Résistant, il est délégué à l'ACP d'Alger.

Prisonniers	Frenay
Information	Teitgen
Finances	Lepercq
Afrique du Nord	Catroux[1]

Le 9 septembre 1944, le GPRF est remanié. Le nouveau gouvernement comprend vingt et un ministres. Huit d'entre eux sont issus de la Résistance intérieure.

À Fernand Grenier, à Paris

Paris, 9 septembre 1944

Mon cher ministre,

Vous avez été le premier représentant du Parti communiste dans la France Combattante. Après avoir prodigué, dans la lutte clandestine, au service du pays, votre courage et votre énergie, vous avez fait preuve, au ministère de l'Air, de belles qualités d'initiative, d'ardeur et de rayonnement.

C'est pourquoi j'éprouve un sincère regret en me privant de votre collaboration. Mais j'ai considéré qu'il était utile aujourd'hui de faire appel, pour le poste de ministre de l'Air, au concours d'un de vos camarades[2] qui s'est tout récemment distingué dans l'action héroïque grâce à laquelle Paris a été libéré.

En vous remerciant de l'aide précieuse que vous avez apportée au Gouvernement, je vous prie de croire, mon cher ministre, à mes sentiments cordialement dévoués.

À André Philip

Paris, 9 septembre 1944

Mon cher ami,

Vous avez été, au sein du Comité national de Londres, le premier représentant de la Résistance. Vous avez su animer et guider cette Résistance pendant de longs mois.

À Alger, au Gouvernement, vous avez continué à montrer, dans une mission délicate, vos hautes qualités de cœur, d'esprit et l'éloquence.

Vous quittez le gouvernement pour consacrer à Lyon libéré toute votre activité généreuse. Je penserai toujours à notre collaboration avec regret.

Veuillez agréer, mon cher ministre, mes sentiments de fidèle amitié.

1. Ce second projet correspond exactement au gouvernement constitué le 9 septembre 1944.

2. Il s'agit de Charles Tillon.

À Henri Queuille, à Paris

Paris, 9 septembre 1944

Mon cher président et ami,

C'est avec un profond regret que je dois me résigner à voir cesser notre collaboration[1].

Vous avez continué à servir jusqu'à la limite de vos forces. Vous avez apporté sans réserves au gouvernement dans des moments difficiles, le concours précieux de votre haute expérience et de votre patriotisme éclairé. Je vous en remercie.

Je forme pour votre rétablissement les vœux les plus sincères et vous prie d'agréer, mon cher président, les assurances de mes sentiments d'amitié et de haute considération.

Télégramme à Jean Monnet, à Washington

Paris, 9 septembre 1944

J'ai fait appel, pour le remaniement du gouvernement sur le territoire de la métropole, à la participation des éléments qui se sont distingués le plus activement dans la Résistance intérieure. Aussi suis-je contraint de mettre fin à une collaboration au cours de laquelle j'ai pu apprécier, comme tous vos collègues, l'intelligence, l'énergie, l'ingéniosité et la continuité avec lesquelles vous avez mis au service du pays votre patriotisme élevé et vos grandes capacités.

Je conserverai le souvenir de ce que vous avez fait. Je vous demande de mener à bonne fin, dans les plus brefs délais, la mission que vous avez commencée et au cours de laquelle vous avez obtenu déjà des succès. Amitiés.

À Raoul Nordling[2], à Paris

Paris, 10 septembre 1944

Monsieur le Consul Général,

J'ai l'honneur de vous accuser réception de vos lettres des 9 et 10 septembre[3].

---

1. Henri Queuille a demandé à quitter ses fonctions pour raisons de santé.
2. Consul général de Suède.
3. Dans ces lettres, Raoul Nordling explique qu'il est intervenu auprès des autorités allemandes, à la libération de Paris, pour sauver les prisonniers politiques détenus dans les prisons de la capitale. Il souhaite continuer son œuvre pour les prisonniers détenus en Allemagne, à partir de la Suisse ; mais il s'étonne que – d'après ses informations – le gouvernement français ait une position très réservée à cet égard.

J'ai été mis au courant de votre activité. La situation actuelle des détenus politiques et le sort qui peut les menacer constituent pour nous tous un très lourd et constant souci.

En ce qui concerne votre projet de négociation, je constate que vous m'assurez que la libération éventuelle des détenus politiques français emmenés en Allemagne ne comporterait aucune contrepartie en ce qui concerne la France et ses alliés. Toutefois, je voudrais être éclairé sur la contrepartie que les autorités allemandes ou tout au moins certaines d'entre elles ne manqueraient sans doute pas de demander à d'autres instances.

Il va de soi que le gouvernement n'entend apporter aucun obstacle à votre faculté de circuler librement en tous points du territoire français.

Croyez, je vous prie, monsieur le Consul Général, aux assurances de ma haute considération.

Télégramme au général Platt[1]

Paris, 11 septembre 1944

Je vous remercie, mon général, de votre message auquel je suis très sensible.

La route de Paris passait par Keren[2], mais elle finit tout de même à Paris.

Amitiés.

Télégramme au général Catroux, à Alger

Paris, 13 septembre 1944

Pour des raisons que vous comprendrez, je désire personnellement que M. Le Troquer et les membres de sa famille soient mis en route immédiatement.

Message aux comités de la France Libre

Paris, 13 septembre 1944

Pendant quatre ans, les Comités de la France Libre ont été, aux côtés des représentants de la France Combattante, les serviteurs de la continuité nationale.

---

1. Le général Platt commande en 1941 les forces britanniques qui pénètrent en Érythrée. À partir de 1942, il commande le théâtre d'opérations de l'Afrique orientale.

2. Ville d'Érythrée que les Britanniques et les Français Libres prirent aux Italiens le 26 mars 1941.

Je les félicite et je les remercie de tout ce qu'ils ont fait. Je leur demande de continuer à tout subordonner à l'unité et à la grandeur françaises.

Au président Roosevelt, à Washington

Paris, 13 septembre 1944

Monsieur le Président,

Je reçois la lettre[1] que vous voulez bien m'adresser pour m'exprimer votre inquiétude au sujet de la santé du général Giraud. Je sais quelle sympathie vous lui portez personnellement. C'est pourquoi je suis heureux de vous dire que sa blessure n'est pas grave. Je sais que le général Giraud compte se rendre prochainement en France où il achèvera de se remettre tranquillement.

Quant aux Français qui ont continué à combattre pour leur pays aux côtés de ses alliés, je comprends très bien que vous vous y intéressiez. Le gouvernement fait naturellement en sorte de leur attribuer les postes qui conviennent le mieux à leurs capacités. Pour le général Giraud, qui avait été nommé en avril dernier Inspecteur Général des Armées françaises, j'ai regretté qu'il n'ait pas cru devoir prendre son poste à ce moment-là.

Je vous remercie vivement des aimables félicitations que vous voulez bien m'adresser au sujet des récents succès des armées alliées. Mais c'est vous-même, monsieur le Président, qu'il convient de féliciter et je me permets de le faire de la façon la plus vive et la plus sincère.

Je vous prie d'agréer, monsieur le Président, l'assurance de ma très haute considération.

Du 14 au 18 septembre 1944, le général de Gaulle se rend à Lyon, à Marseille, à Toulon, à Toulouse, à Bordeaux, à Saintes et à Orléans.

Discours prononcé à Orléans le 18 septembre 1944

Au nom de la France, j'ai l'immense émotion et le grand honneur de saluer Orléans libérée.

Où donc la libération peut-elle prendre une signification aussi grande qu'à Orléans, ici, devant la statue de la sainte libératrice, la statue de Jeanne d'Arc ; j'ajoute dans Orléans qui, comme toute la France, à aucun moment quoi qu'on ait pu dire parfois, n'avait renoncé à la victoire,

1. Le président Roosevelt se préoccupe des personnalités françaises ayant aidé les États-Unis à la libération de la France et demande que, dans l'intérêt des bonnes relations franco-américaines, les services rendus par ces Français – au premier rang desquels il place le général Giraud – soient particulièrement reconnus et considérés.

n'avait donné la France pour perdue, qui jamais n'avait voulu écarter de son esprit et de son espérance la grande route que nous suivons maintenant tous ensemble, fraternellement, qui est la route de la France plus grande, la route de la France plus belle, la route de la France nouvelle, la route de l'avenir.

Ce qui a été fait par nous, pour notre libération, a été fait d'abord par nos hommes, puis à la fois par les magnifiques troupes qui sont venues de l'Empire et par celles qui ont jailli spontanément du sol national. Les unes et les autres sont une même armée, une seule armée, l'armée française une et indivisible.

Mais ce qui a été fait pour la libération du pays, ce sont aussi beaucoup de sacrifices, beaucoup de douleurs acceptées, beaucoup d'efforts obscurs et quelquefois éclatants, les plus grands étant parfois les plus modestes. Voilà ce qui a été fait par vous tous, par vous toutes, par nous tous et nous toutes, Français et Françaises, qui en avez fait un humble don offert à la fierté humiliée de la patrie.

Maintenant, la route est libre. Nous reprenons notre pays, non point tel que nous l'avions laissé avant l'abominable invasion, nous le reprenons mutilé, coupé dans ses communications, meurtri dans ses ports, ravagé dans beaucoup de ses régions, mais nous le retrouvons rassemblé moralement, rassemblé pour libérer ses ruines, pour remonter à sa place, la première place, celle d'une grande nation parmi les autres grandes nations, et puis nous le reprenons, rassemblés pour marcher vers un avenir meilleur, vers un avenir où il faut qu'il y ait plus de justice, où il faut qu'il y ait plus d'effort concentré, où il faut qu'il y ait plus d'union qu'il n'y en eut jamais parmi nous.

Cette grande tâche, n'est-ce pas, nous la ferons ensemble. Orléans la fera avec toute la France. Nous la ferons dans l'ordre, car on ne fait rien et rien de grand que dans l'ordre. Nous la ferons dans l'ordre républicain, dans l'ordre de l'État, dont j'ai l'honneur d'être l'interprète de son gouvernement. Nous le ferons dans le travail, le travail joyeux, le travail fier, le travail qui sait ce qu'il veut et où il va, et nous le ferons, comme je le disais tout à l'heure, dans l'union des frères et des sœurs que nous sommes, fils et filles d'une même mère qui est la Patrie.

Pour faire cela, pour marcher sur cette route, nous rejetterons tout ce qui peut nous corrompre, nous gêner, nous diminuer, nous rejetterons l'esprit des partis, les intrigues, les combinaisons. Nous ne voudrons voir, comme l'ont voulu voir nos morts, que le service de la France et alors, puisque nous voici rassemblés aujourd'hui pour quelques minutes, nous regardant les uns les autres, nous apercevant à quel point nous sommes près les uns des autres, nous allons exprimer cela en chantant tous ensemble le même chant, notre hymne national : la Marseillaise.

Télégramme à la délégation générale en Algérie, à Alger

Paris, 19 septembre 1944

Je désire que Madame Félix Gouin soit mise immédiatement en route sur Paris, de préférence par mon avion personnel, qui doit rentrer à Paris vendredi[1].

À Paul Claudel, à Morestel (Isère)

Paris, 19 septembre 1944

Mon cher Maître,

Merci de ce simple témoignage auquel votre signature donne un tel poids.

La victoire ouvre devant nous un avenir difficile mais lourd d'espoirs. Nous savons bien que la France sera ce que nous la ferons : et c'est cette certitude qui nous donne confiance.

Je vous prie de croire, mon cher Maître, à mes sentiments d'admiration très dévouée.

À Maurice Schumann

Paris, 21 septembre 1944

Mon cher ami,

Il *faut* que vous rentriez à Paris immédiatement[2]. Vous devez rester notre porte-parole pour la France et pour le monde. Je vous le dis et vous le *prescris* dans l'intérêt général. Venez donc tout de suite et reprenez le micro. Nous allons avoir dans trois jours un émetteur puissant dont la mise en service doit coïncider avec votre réapparition.

Mes amitiés fidèles.

À Louis Chevallier[3]

Paris, 22 septembre 1944

Mon cher Louis,

Je te remercie de ta lettre à laquelle, après une si longue séparation, j'ai été particulièrement sensible.

1. Le général de Gaulle vient d'apprendre que l'épouse du président de l'Assemblée consultative provisoire est gravement malade.

2. Maurice Schumann a participé au débarquement du 6 juin ; il est capitaine à la 2e DB.

3. Cousin du général de Gaulle.

Je serais heureux de te revoir lorsque tu viendras à Paris. Donne, alors, un coup de téléphone à mon officier d'ordonnance.

Je ne puis malheureusement me consacrer autant que je le voudrais aux êtres qui me sont chers, mais nous trouverons bien, entre deux audiences, le temps de reprendre contact.

Affectueusement à toi.

Du 23 au 26 septembre 1944, le général de Gaulle se rend dans le Doubs, le Jura et en Meurthe-et-Moselle. Il inspecte la Ire armée et la 2e DB.

Discours prononcé à Nancy le 25 septembre 1944

Au nom de la France, j'ai l'honneur de saluer aujourd'hui Nancy libéré.

Que de chagrins, que d'angoisses mais aussi que d'espérance ont été en nos cœurs, dans le cœur de tous ceux, de toutes celles qui sont ici, pendant ces quatre ans et davantage d'épouvante, d'humiliation, d'occupation par l'envahisseur. Mais aussi quelle flamme, quelle ardeur ont brûlé dans les cœurs, et quelle victoire nous sommes en train de remporter après tout ce qui s'est passé, d'autant plus belle, d'autant plus chère que nous avons plus souffert, n'est-il pas vrai ?

La France, la France meurtrie, la France bafouée, la France opprimée s'est redressée enfin tout entière rassemblée dans une seule volonté et dans une seule espérance. Elle a maintenant fixé son but qui est le but commun à tous ses fils et à toutes ses filles, elle a relevé ses drapeaux, que j'ai vus aujourd'hui même et hier portés sur les champs de bataille par notre armée renaissante, celle qui est venue de l'Empire et celle aussi qui, spontanément s'est levée de l'angoisse et de l'espérance nationales, et qui toutes ensemble forment une seule et même grande armée, l'armée française, une et indivisible.

Le but que nous nous sommes tracé, c'est d'abord d'achever la victoire. Il reste dans les mains de l'ennemi des morceaux du sol national, il reste un morceau de la Lorraine, il reste toute notre Alsace, il reste des lambeaux de notre territoire du nord, des lambeaux aussi de notre territoire du sud-ouest, nous arracherons cela à l'ennemi avec le concours de nos chers et vaillants alliés, mais nous irons plus loin, nous irons une fois encore au-delà du Rhin, chez l'ennemi pour qu'il connaisse notre victoire et notre loi. Voilà pour l'immédiat et tout l'avenir est devant nous. Ne nous le dissimulons pas, c'est d'abord un dur avenir. Notre pays est mutilé gravement, mutilé dans ses communications, mutilé dans ses ports, mutilé dans certaines sources de sa richesse. Nous referons cela plus grand, plus riche, plus prospère. Mais il est mutilé aussi, notre pays, au point de vue de la place qu'il occupait et qu'il doit occuper, au premier rang parmi les plus grands, et puis il faudra que nous bâtissions de nos mains une France meilleure, n'est-ce pas, une France plus pure, une France plus fraternelle, il faut que dans notre pays tous les fils et toutes les filles de France se sentent chez eux à leur aise, faisant partie d'une même famille, la grande famille française, n'est-il pas vrai que c'est là ce que nous voulons tous ?

Le gouvernement de la République qui vous parle par ma bouche, vous dit que ce but national est son but et qu'il l'atteindra avec le concours de tous les citoyens, de toutes les citoyennes de France. Nous ferons cela dans l'ordre car on ne fait rien et notamment rien de grand que dans l'ordre ; nous ferons cela par le travail, l'union, car on n'a jamais rien fait qu'en peinant ; nous ferons cela dans l'union car on n'a jamais rien fait qu'en se tenant les mains les uns les autres pour marcher vers un but commun comme des frères et des sœurs que nous sommes. Voilà le programme de la France. Voilà par conséquent celui du gouvernement. On ne fait pas de conditions à l'unité nationale, c'est la nation qui dicte sa loi et tous sans exception n'ont qu'à s'y plier. Non, pas de conditions, pas de privilèges d'aucun côté, le but commun, l'ordre républicain et la discipline.

Eh bien, nous voilà tous ensemble, j'ai eu l'honneur de vous voir, vous m'avez vu, vous m'avez entendu, n'est-ce pas que nous sommes d'accord comme nous le sommes, je vous assure avec Paris, avec Lyon, avec Marseille, avec Toulouse, avec Bordeaux, avec Lille, avec Strasbourg, et pour exprimer tout cela, une seule fois, tous ensemble, pieusement nous allons chanter notre hymne national : la Marseillaise.

Note pour Gaston Palewski

Paris, s.d. *[octobre 1944]*

Il nous faut un service des cultes.

Ce service doit être rattaché à un département.

Je désire que ce soit la Justice.

Voir cela avec M. Bidault et M. Tixier.

Les 30 septembre et 1er octobre 1944, le général de Gaulle effectue un voyage dans le Nord et le Pas-de-Calais. Il se rend à Lille, à Lens et Arras. Cette visite lui permet de constater la gravité de la situation des ouvriers. Le 13 septembre, le Conseil des ministres a déjà adopté une majoration des salaires de 30 % à 50 % suivant les régions et les professions. Le 17 octobre les allocations familiales seront majorées, suivant les cas, de 50 % à 80 %.

Discours prononcé à Lille le 1er octobre 1944

La voilà donc libérée, la chère, la vieille ville de Lille, la voilà sortie de l'océan de souffrances et d'humiliation où elle a été plongée, sans avoir jamais rien perdu de sa fierté et de sa dignité, sans avoir jamais, une seconde, failli à l'espérance. Et maintenant que cette première chose est faite, qui s'appelle la Libération, tous les Lillois et toutes les Lilloises regardent les réalités devant lesquelles ils se trouvent car, n'est-ce pas, nous autres Lillois, ce sont les vérités que nous regardons en face, beaucoup plus que nous ne goûtons les formules.

Eh bien, les réalités sont dures et rigoureuses.

Nous fûmes prospères après un long passé, nous l'étions encore après et malgré l'immense épreuve de l'avant-dernière guerre.

Aujourd'hui, ne nous le dissimulons pas, nous sommes une grande nation appauvrie.

Nos chemins de fer étaient intacts, nos canaux navigables, nos ports magnifiques, nos usines tournaient rond. À présent, nos communications, partout coupées, nos écluses sautées, nos ports inutilisables, nos usines sans matières premières, sans charbon et sans courant, nos mines sans poteaux de mine, voilà la situation matérielle devant laquelle notre peuple se trouve aujourd'hui sans se leurrer mais sans baisser la tête.

Au demeurant, nous nous trouvons toujours dans la guerre. Qui le sait mieux que nous, gens du Nord, puisque l'ennemi est encore à Dunkerque, de même qu'il tient encore une grande partie de notre Lorraine, et qu'il a dans les mains toute notre Alsace, et puisque nous voulons aller, une fois de plus, au-delà du Rhin faire connaître aux Germains ce que sont les vieux Gaulois.

L'épreuve qui se trouve devant nous s'appelle maintenant la reconstruction du pays en même temps que la guerre. Elle implique de notre part des victoires à remporter, victoires sur l'ennemi d'abord, car nous irons à toutes les batailles de même que nous avons participé à toutes celles qui se sont livrées depuis le 3 septembre 1939. Oui, nous y serons avec toutes nos forces disponibles, nous y serons avec cette armée que nous avons formée, homme par homme, avion par avion, dans l'Empire et qui est venue, par une marche foudroyante, depuis les bords de la Méditerranée jusqu'aux portes de l'Alsace.

Les communiqués communs n'en parlent pas souvent, probablement pour des raisons stratégiques. Mais, enfin, je puis dire que cette armée, dans sa marche du sud au nord, a fait 60 000 prisonniers pendant que la

2e division blindée, débarquée sur les côtes normandes, et aujourd'hui sur le front de Lorraine, en faisait 25 000 et tandis que nos braves troupes constituées spontanément à l'intérieur, sorties de l'espérance et de la volonté nationales, en ont fait plus de 35 000.

Avec ces forces qui toutes constituent au même titre l'Armée française, nous irons jusqu'au bout de la guerre et de la victoire sur l'ennemi.

Avec la guerre, la reconstruction. Parce que nous commençons cette reconstruction dans de bien dures conditions matérielles, nous n'y mettrons que plus d'audace, de labeur et de volonté.

Oui, nous avons à remporter, cette fois-ci, sur nous-mêmes, la victoire de la reprise du travail, qui, seule, peut ouvrir la voie à la victoire de la reconstruction française.

Mais les Français et les Françaises que nous sommes ont bien compris que l'effort qu'ils vont faire, tous en commun, ne doit pas les ramener au point d'où ils sont partis.

Non, non. Nous ne voulons pas retourner à cette situation politique, sociale et morale qui nous a mis au bord de l'abîme. Nous en voulons une autre, tous ensemble et fraternellement. Nous voulons des choses simples et fortes dont aujourd'hui je vais dire un mot devant mes concitoyens et concitoyennes de Lille.

D'abord, dans le monde devenu si petit, nous avons un devoir commun, c'est la mise en valeur de ce que nous possédons sur notre sol, dans notre sous-sol et dans notre Empire.

Cette mise en valeur, en commun, nous voulons qu'elle soit aussi puissante que possible parce que dans le monde d'aujourd'hui où tant d'hommes souffrent, on n'a pas le droit de laisser des ressources mal employées.

Nous voulons donc la mise en valeur en commun de tout ce que nous possédons sur cette terre et pour y réussir il n'y a pas d'autre moyen que ce qu'on appelle l'économie dirigée.

Nous voulons que ce soit l'État qui conduise au profit de tous l'effort économique de la nation tout entière, et faire en sorte que devienne meilleure la vie de chaque Français et de chaque Française.

Au point où nous en sommes, il n'est plus possible d'admettre ces concentrations d'intérêts que l'on appelle, dans l'univers, les trusts, qui ont pu correspondre à une période donnée de la mise en valeur des ressources de la terre mais qui ne répondent plus aujourd'hui aux nécessités d'une organisation économique moderne de même que dans le passé, la féodalité militaire cessa de répondre aux nécessités de la défense, dès lors qu'il fallut se défendre sur le plan national et non plus sur le plan local.

Pour cette économie dirigée, pour cette mise en valeur en commun de toutes les ressources du pays, il y a des conditions à remplir dont la première est, évidemment, que la collectivité, c'est-à-dire l'État, prenne la direction des grandes sources de la richesse commune et qu'il contrôle certaines des autres activités sans, bien entendu, exclure aucunement les grands leviers que sont dans l'activité des hommes, l'initiative et le juste profit.

À l'intérieur de ce système il est nécessaire que chacun soit, désormais, moins plié à sa tâche qu'associé à l'œuvre à laquelle il prend part, et c'est pourquoi, bien que le mode et le degré de la collaboration entre ceux qui travaillent et ceux qui dirigent puissent être différents suivant la nature et l'importance des entreprises, il faut que cette collaboration soit établie d'une manière organique entre les uns et les autres, sans naturellement contrarier en rien l'action de ceux qui ont la responsabilité de leur direction.

À ce point de vue le gouvernement, vous le savez, a pris déjà certaines décisions de principe. Nous ne réaliserons pas ce programme partout en même temps et en quelques minutes, tout le monde le comprend bien, mais nous le réaliserons.

Système national d'économie française, association organisée à l'intérieur des entreprises entre tous ceux qui prennent part, oui, mais pour quel but ?

C'est pour qu'en exploitant mieux, d'une manière plus efficace et plus ardente, tout ce que nous possédons sur cette terre, chacun de ceux qui peuplent la France et même son Empire puisse avoir une vie meilleure dans une plus grande dignité et dans la sécurité de son travail et de sa vie.

Voilà notre tâche d'avenir, c'est cela que nous voulons bâtir au fur et à mesure que nous aurons vaincu l'ennemi sur notre sol, puis sur le sien, et que nous aurons reconstruit pierre à pierre tout ce qu'il a détruit chez nous.

En vous parlant franchement comme je le fais, je vois bien que nous sommes d'accord. Comment en serions-nous surpris puisque c'est la même flamme qui nous a animés depuis la première minute du drame et qui nous animera demain dans l'immense tâche nationale que nous avons à accomplir ?

Nous avons bien souffert, nous avons bien été humiliés. Nous allons montrer au monde entier, nous allons nous montrer à nous-mêmes que cette souffrance et cette humiliation nous ne les avons pas éprouvées pour rien. Nous sommes un grand peuple qui sait ce qu'il veut, qui sait ce qu'il va faire et qui se remet au travail.

En un mot, Français et Françaises, une fois de plus dans notre longue et dure histoire, nous allons montrer que nous sommes la France.

Au prince Charles de Belgique[1]

Paris, s.d. *[après le 3 octobre 1944]*

J'ai été très sensible à l'aimable attention qu'a eue Votre Altesse Royale de m'annoncer son élection par les Chambres législatives réunies en congrès comme Régent du Royaume.

En l'absence du roi Léopold III en captivité[2], le peuple belge qui, lui aussi, a tant souffert d'une occupation brutale, trouvera en la personne de Votre Altesse Royale un chef qui avait déjà durant les mois qui viennent de s'écouler su acquérir par son attitude et ses qualités la sincère admiration de tous.

Je remercie Votre Altesse Royale des sentiments qu'Elle a bien voulu m'exprimer ainsi que de ceux qu'Elle a manifestés à l'égard du peuple français. Celui-ci, de son côté, se sent uni au peuple belge par des liens rendus sans cesse plus étroits par une succession de luttes, de souffrances et aussi de gloires communes.

À la fin d'août 1943, le général Blaizot a été chargé, à Alger, d'organiser les premiers éléments d'une force expéditionnaire destinée à la libération de l'Indochine. Le 4 octobre 1943 il a été désigné comme commandant en chef de la Mission militaire française pour l'Extrême-Orient.
Par ailleurs, le 8 décembre 1943, le CFLN a indiqué dans un mémorandum sa volonté de rétablir la souveraineté française en Indochine.
Dans sa lettre du 29 février 1944 au général Mordant (Voir *Mémoires de guerre, t. II, p. 600 à 683*), alors commandant supérieur des troupes en Indochine, le général de Gaulle, en traçant les grandes lignes de sa stratégie en Indochine, a considéré notamment que la Résistance intérieure indochinoise devait être un facteur important de la libération.
À partir de l'été 1944, la défense de l'Union indochinoise s'organise dans le cadre du plan stratégique allié. Le 23 août, le général Mordant a été nommé délégué général du GPRF et chef de la Résistance, François de Langlade, délégué politique et le général Blaizot, délégué militaire. Des démarches sont entreprises auprès des Alliés pour faire accepter la mission de ce dernier. Le 26 octobre, il arrivera à Kandy (Ceylan) où il fera partie du commandement des forces alliées dans le Sud-Est asiatique (South East Asia Command).

1. Régent du royaume de Belgique.
2. Le 28 mai 1940, Léopold III a donné l'ordre à l'armée belge de capituler, contre l'avis de son gouvernement. Il a, en outre, rencontré Hitler à Berchtesgaden en novembre 1940. Gardé en son château de Laeken par les Allemands, puis emmené en Allemagne en 1944, il sera libéré en 1945. Mis hors de cause en 1941 par le gouvernement belge en exil à Londres, il sera néanmoins l'objet de vives attaques à la Libération. Il se retirera en Suisse. Son frère, le prince Charles, assure la régence.

Télégramme à l'amiral Mountbatten[1]

Paris, 5 octobre 1944

Le général Blaizot part vous rejoindre. Je suis sûr que vous voudrez bien l'accueillir et lui faciliter sa tâche. Il peut faire quelque chose d'utile pour notre but commun, c'est-à-dire pour l'expulsion des Japonais de nos territoires et pour leur écrasement.

Je profite de cette occasion pour vous souhaiter, ainsi qu'à tous ceux qui servent sous vos ordres, la meilleure chance possible et pour vous dire tous mes meilleurs souvenirs.

Bien sincèrement à vous.

Note pour Étienne Burin des Roziers[2]

Paris, s.d., *[après le 6 octobre 1944]*

1. Pourquoi a-t-on mal reçu M. Murphy, ministre d'Irlande[3] ?

2. Je voudrais connaître le point de vue de M. Bidault sur la question de nos relations avec l'Irlande, à laquelle je pense que nous devons attacher du soin et de l'importance.

Du 7 au 9 octobre 1944, le président du Gouvernement provisoire visite la Seine-Maritime, l'Eure et le Calvados, départements particulièrement dévastés.

Discours prononcé à Louviers le 8 octobre 1944

Au nom de la France, j'ai l'honneur de saluer aujourd'hui Louviers blessé au service de la patrie, mais Louviers libéré.

Nous voyons, jour après jour, se développer à nos yeux tout l'effort que nous avons à fournir. Effort pour gagner la guerre avec notre armée, une seule armée composée de celle de l'Empire et de celle qui est faite ici, bataillon par bataillon, et dont l'ensemble constitue une seule et grande armée française.

---

1. Commandant des forces alliées dans le Sud-Est asiatique.
2. Chargé de mission au cabinet du général de Gaulle.
3. À l'issue de sa visite au ministère des Affaires étrangères, l'ambassadeur d'Irlande s'est plaint des allusions désobligeantes à la neutralité irlandaise faites en sa présence. On lui aurait, par ailleurs, laissé entendre que le GPRF ne pouvait admettre le principe de son maintien à Paris en qualité d'ambassadeur d'Irlande. Le gouvernement irlandais s'est étonné de l'accueil fait à son ministre, alors que le ministre de France à Dublin a été totalement accepté et reconnu comme représentant du GPRF en Irlande.

Effort de reconstruction de ce qui est détruit chez nous et que nous voulons refaire pour être plus puissants et plus forts que nous ne l'étions.

Effort de rénovation, ensuite.

Une nation nouvelle, nouvelle dans ses forces, nouvelle dans son âme, n'est-ce pas que c'est cela que Louviers veut comme le veut toute la France ?

Aux côtés de deux membres du gouvernement, M. Mendès France et M. Tanguy-Prigent, que vous connaissez tous, au nom du gouvernement de la République, je vous exprime mes sentiments, ceux du pays et l'assurance que les sentiments qui nous animent, sont ceux-là qui animent tous les Français et Françaises dignes de ce nom, l'immense majorité des fils et filles de notre pays.

Rassemblons-nous, tenons-nous les mains dans les mains, et marchons fraternellement unis vers nos grandes et nouvelles destinées.

Vive la République !

Vive la France !

Discours prononcé à Évreux le 8 octobre 1944

Combien je suis ému et impressionné par l'accueil magnifique que me fait Évreux, et les paroles très émotionnantes que vient de prononcer M. le Maire. Ici comme partout, nous nous sentons ensemble, frères et sœurs, fils et filles d'une même patrie. Tous en même temps nous apercevons au milieu de nos ruines quelle est l'immensité de l'effort fraternel que nous avons à accomplir. Nous avons à gagner la guerre, ce qui n'est pas fait encore, au moyen de nos armées, côte à côte avec nos alliés, mais d'abord avec la grande armée française, celle de l'Empire et celle que nous faisons ici, car l'une et l'autre n'en font qu'une, je dis bien, une armée française.

Et puis nous avons à réparer tout ce qui a été détruit chez nous après quatre ans et davantage, tout ce qui a été détruit matériellement, peut-être aussi ce qui fut altéré moralement. Il nous faut reconstruire et moralement parlant, il faut nous rassembler, il faut nous regrouper les uns les autres. Peut-être quelques-uns se sont-ils trompés, peut-être quelques autres ont-ils pris un fâcheux chemin, nous croyons que c'était de bonne foi, du moment que c'était sans profit ; ceux-là comme les autres doivent rallier l'unanimité de la nation.

La France a besoin pour se rebâtir du concours de tous ses enfants, de tous ses fils, de toutes ses filles, pourvu qu'ils soient de bonne volonté.

Enfin, une autre grande tâche est devant nous, non seulement la guerre, non seulement la reconstruction, mais comme l'a dit M. le Maire, la rénovation française. Nous avons à prendre sur nous pour devenir ce que nous voulons être, ce que nous devons être, ce que nous serons.

Je veux dire un grand peuple, non seulement libre, mais un des plus grands parmi les plus grands ; que tous les Français le sachent et le sentent, c'est d'eux que dépend leur grandeur, notre grandeur. Cet effort-là, ils veulent le fournir, parce qu'ils la veulent, leur grandeur.

Voilà le sentiment qui nous anime et la façon dont vous accueillez ces paroles prouve à quel point l'union de tous ceux qui savent où ils veulent aller dans ce pays martyrisé, mais qui veut être grand, à quel point cette union est près de se faire, sous le signe de la liberté, de l'union, de l'ardeur.

Je demande à Évreux, d'exprimer en chantant avec moi, notre hymne national, la Marseillaise, les sentiments qui l'animent et qui, j'en réponds, sont ceux de toute la France.

Discours prononcé au Neubourg [le 8 ou le 9] octobre 1944

Je ne voudrais pas passer au Neubourg sans apporter à la population du Neubourg, à tout le département, à toute la population agricole et par-delà à tous les agriculteurs de France le salut du gouvernement de la République.

Le drame dont nous sortons à peine, je sais comment vous l'avez traversé, je sais quelles sont les pensées qui vous ont animés, les espérances qui n'ont jamais cessé de vous inspirer et je viens vous dire que vous avez eu raison.

Vous voyez bien comment ont tourné les événements, où sont maintenant ceux qui avaient douté de la France ?

Oui, la population agricole, celle de la France entière, celle en particulier de la Normandie et celle encore plus spécialement du département de l'Eure et du Neubourg même, cette population, comme toujours dans l'Histoire, a donné ce qu'elle a de plus solide, de plus fidèle, de plus constant dans le patriotisme, la solidarité nationale. Elle l'a fait d'abord par les sentiments que chacun et chacune à la campagne ont su nourrir, et conserver dans leur cœur, ensuite par l'effort que rien n'a découragé pour mettre en valeur la terre sacrée de la patrie, enfin par le concours que, par leur travail, ces populations ont apporté au reste de la population française prisonnière entre les mains de l'ennemi.

Cela, je tiens à vous le dire, le gouvernement le sait et vous en remercie au nom du pays. Le pays ne l'oubliera pas.

Maintenant la guerre est-elle finie ? Non ! Du reste qui, mieux que les agriculteurs de la France, sait que la tâche n'est jamais finie ? La tâche nationale ne l'est pas, d'abord, il faut terminer la guerre. Il faut la terminer par la seule fin qu'elle mérite d'avoir. Il faut la terminer dans la victoire et il faut que dans la mesure de nos moyens cette victoire soit une victoire de la France.

Terminer cette guerre même si cela doit durer encore des mois et des mois. La terminer avec notre armée, celle qui vient de l'Empire, celle qui est sortie du sol national. Nous la formons et la formerons bataillons après bataillons pour que nous ayons comme toujours, une seule et grande armée française.

Terminer la guerre au-delà du Rhin non pas précisément par haine de l'ennemi mais par nécessité de justice, de sécurité, et parce que c'est seulement au-delà du Rhin que peuvent être tranchées les choses qui doivent être tranchées.

Terminer la guerre par la victoire et travailler en même temps sans relâche à l'avenir et à la reconstruction française.

Vous le savez, notre pays est mutilé gravement dans ses ports, dans ses routes, ses chemins de fer, ses ponts, dans ses télégraphes et téléphones ; les artères de sa vie même, tout cela doit être relevé, et le sera par un travail acharné, parmi les difficultés dont je vais vous entretenir. Il faut tout refaire en même temps sans matières premières, avec un outillage profondément abîmé, une main-d'œuvre hors du pays ou mobilisée, bref, dans les conditions les plus difficiles. En même temps, nous devons préparer et commencer cette rénovation de notre pays que nous voulons et devons faire. Car ou la France sera plus forte, et plus puissante, ou bien elle est condamnée à mort, on n'imagine pas la France si elle n'est pas indépendante, on n'imagine pas non plus l'Europe rayonnante sans la France.

Rénovation française, à ce travail-là qui peut travailler le mieux, le plus, qui veut travailler le mieux, le plus, sinon les paysans de France, les agriculteurs de France, ceux qui ont sous leurs pieds ou presque dans leurs mains la terre de France ?

D'où viennent les choses qui nourrissent les hommes qui travaillent et les armées mêmes qui vont combattre et récolter la gloire pour les drapeaux ? C'est à cette tâche d'abord que les agriculteurs de France vont s'appliquer comme ils l'ont toujours fait. Ils vont continuer de le faire.

Cette tâche-là ils veulent la remplir, comme d'ailleurs l'immense majorité des Français, dans l'ordre public sans lequel on ne fait rien de grand ni de durable. Ils veulent l'accomplir sous la protection, sous la direction de l'État, de l'État fort, de l'État tutélaire, de l'État généreux qui seul peut diriger une tâche nationale de cette envergure. Les paysans de France veulent l'union parce qu'ils savent que notre pays ne fait rien de grand ni de fort quand il se trouve divisé à l'intérieur de lui-même. Ils veulent un sentiment de fraternité de tous les Français et de toutes les Françaises. Avec eux nous voulons refaire une grande patrie. Tous les Français, toutes les Françaises dignes de ce nom, c'est-à-dire l'immense majorité de nos concitoyens et de nos concitoyennes, à part un très petit nombre d'hommes indignes qui ont trahi, tous les autres et toutes les autres sont de vrais frères et sœurs, des fils et des filles de la même mère et de la même patrie. Tous et toutes, quelque direction qu'ils aient pu prendre à tel ou tel moment et suivant l'exemple de la Résistance française, marcheront vers le même but qui est la grandeur du pays.

Voilà ce que le gouvernement de la République en présence de deux ministres, M. Tanguy-Prigent, ministre de l'Agriculture, que vous connaissez tous, et M. Mendès France que vous connaissez aussi, voilà ce que le gouvernement de la République est venu vous dire en venant apporter son salut à la ville du Neubourg, aux agriculteurs de l'Eure et par-delà aux agriculteurs de la France.

Et maintenant si vous le voulez bien pour exprimer votre unanimité dans les sentiments que j'exprime et qui sont les vôtres, nous allons tous ensemble pouvoir chanter l'hymne national, la Marseillaise.

Discours prononcé à Caen le 9 octobre 1944

Au nom de la France, j'ai l'honneur et l'émotion de saluer ce soir Caen mutilée pour le service du pays, mais Caen plus fière et plus résolue que jamais, comme la France entière est plus fière et plus résolue qu'elle n'a jamais été.

Caen au milieu de ses ruines est un symbole admirable de tout ce que nous avons subi et de tout ce que nous devons faire. Ce que nous avons subi, ce que nous avons souffert, l'océan d'humiliation et de malheur d'où nous émergeons, chacun et chacune de vous les mesurent aussi bien que moi-même. Ce que nous devons faire il n'y a qu'à regarder autour de nous pour le comprendre et le vouloir : nous avons à gagner cette guerre, ce n'est pas encore fait. Nous avons à arracher des mains d'un ennemi détesté une partie de notre Lorraine, toute notre Alsace qu'il tient encore ; nous avons à franchir le Rhin pour aller chez lui arracher la vraie victoire et trancher par l'épée ce que l'épée seule peut trancher.

Nous avons à nous rebâtir morceau par morceau, pont par pont, port par port, ville par ville, maison par maison.

Nous avons à nous rebâtir, dis-je, pour être forts, puissants et grands : pour prendre – car on ne nous le donnera pas – pour prendre, dis-je, la place que nous voulons avoir, au premier rang parmi les plus grands.

Et puis nous avons à nous rénover, matériellement, moralement, pour être la grande nation que, depuis deux mille ans, nous avons mérité d'être, que nous saurons mériter de rester pendant des siècles encore. Cela c'est l'œuvre à faire en commun par tous les fils et toutes les filles de France.

Rassemblés – y compris même certains qui ont pu se tromper du moment qu'ils étaient de bonne foi – rassemblés autour d'un seul drapeau, et dans une seule patrie, tous dans la nuit, bien d'accord, devant votre monument aux morts, morts de la Grande Guerre auxquels nous joignons tous ceux des citoyens et des citoyennes de Caen qui sont tombés dans leur ville ou hors de leur ville pour le service de la France, tous assemblés, dis-je, pour marquer notre union et notre volonté, nous allons chanter pieusement l'hymne national, la Marseillaise.

À Pierre le Bail[1]

Paris, 9 octobre 1944

Mon cher Pierre,

Je te remercie de ta carte à laquelle j'ai été très sensible.

Ma femme est venue me rejoindre et j'ai, dans l'ensemble, de bonnes nouvelles de tous les miens. Malheureusement, plusieurs d'entre eux continuent de souffrir de la captivité et de l'exil.

Je te prie de dire à Marie-Claire ma fidèle pensée et d'accepter, mon cher Pierre, mon souvenir le plus affectueux.

Instruction définissant la mission du général Kœltz[2]

Paris, 10 octobre 1944

Très secret

1. Le général de corps d'armée Kœltz est accrédité auprès du général Eisenhower, commandant suprême des Forces Expéditionnaires alliées, comme représentant du général de Gaulle, président du gouvernement provisoire de la République française, chef des Armées, et du général Juin, chef d'état-major général de la Défense nationale. Il est habilité à ce titre à présenter au commandement suprême allié les points de vue français concernant les dispositions militaires à prendre vis-à-vis de l'Allemagne, ainsi que les plans généraux d'emploi et d'armement des forces armées françaises.

2. Pour l'exercice de sa mission, le général Kœltz est tenu régulièrement informé par les organes de commandement français de l'état des questions traitées avec le haut commandement allié par l'intermédiaire de la Mission alliée de SHAEF auprès du gouvernement français. Il se tient, d'autre part, en liaison étroite avec cette Mission pour toutes les affaires de son ressort.

---

1. Lointain cousin du général de Gaulle.

2. Officier français, Louis-Marie Kœltz est directeur des services de l'armistice en 1940 et 1941, puis commandant de la 19e région militaire à Alger. En 1943, il est à la tête du corps d'armée français qui combat avec les Alliés en Tunisie.

Le 6 octobre 1944, le gouvernement français a refusé de transmettre aux gouvernements syrien et libanais le contrôle des troupes spéciales qu'ils demandaient.

Note[1] sur la position de la France au Levant

Paris, 12 octobre 1944

Les incidents qui se sont périodiquement produits en Syrie et au Liban depuis 1941 ont appelé sérieusement l'attention non seulement sur les rapports de la France avec ces États, mais encore sur les relations franco-britanniques. Il ne paraît donc pas inutile de rappeler succinctement les événements qui se sont succédé à Damas et à Beyrouth au cours des dernières années, ainsi que les difficultés auxquelles les autorités françaises ont eu à faire face en vue de promouvoir l'indépendance réelle des États tout en maintenant la position traditionnelle de notre pays au Levant.

En confiant à la France en 1922 un mandat sur la Syrie et le Liban, la Société des Nations reconnaissait que la France était à même de faciliter l'évolution de ces pays vers la pleine indépendance en raison du rôle qu'elle avait joué dans ces parages depuis plusieurs siècles. Comptant dans son Empire de nombreux musulmans, protectrice naturelle des communautés chrétiennes d'Orient, instigatrice et soutien des efforts des peuples arabes vers la liberté, la France a su asseoir son influence dans le Proche-Orient sur des bases saines et fermes. Tout en étant présente, elle demeurait désintéressée. C'est dans cet esprit que les autorités françaises se sont acquittées de leur tâche en s'entourant de Libanais et de Syriens destinés à les remplacer ultérieurement, en entreprenant de grands travaux et en créant de nouvelles écoles. Équipées et armées par nos soins, des troupes autochtones, dites spéciales, ont été placées sous le commandement français, auquel elles n'ont cessé de témoigner beaucoup d'attachement. Enfin, le haut-commissariat de France au Levant s'est efforcé de développer les institutions démocratiques et d'initier progressivement la Syrie et le Liban à la conception d'un État moderne.

Cette période préparatoire devait trouver sa conclusion logique dans la signature de traités destinés à établir l'indépendance des États et à reconnaître également la position particulière de notre pays à leur égard. Conclus en 1936, dans des termes qui donnaient satisfaction aux deux parties, ces traités n'ont pas été ratifiés avant la guerre par le Parlement français. La poursuite des hostilités ne laissa pas au gouvernement français le loisir de reprendre la question. Au surplus, nos propres engagements

1. Le général de Gaulle a revu et corrigé entièrement cette note préparée par Georges Bidault.

envers les États, nos alliés et la Société des Nations, nous faisaient un devoir non seulement de veiller à la sécurité de la Syrie et du Liban, mais encore d'empêcher que ces pays ne fussent utilisés par les puissances de l'Axe pour nuire à la cause commune.

C'est pourquoi, lorsque les autorités de Vichy décidèrent au printemps de l'année 1941 de céder des armes françaises aux éléments irakiens favorables à l'Axe et de permettre aux avions allemands d'atterrir sur les aérodromes de Syrie et du Liban, la France était tenue d'intervenir conformément aux obligations qu'elle avait assumées. La sécurité de ces territoires était une affaire française.

Au terme de la campagne de Syrie, le Conseil national de Londres proclamait, par la voix du général Catroux nommé Délégué général de la France au Levant, l'indépendance de la Syrie et du Liban ; d'autre part, en vue d'éliminer à l'avance toute possibilité de malentendu entre la France et l'Angleterre dans une partie du monde où les rapports entre les deux puissances avaient eu à souffrir dans le passé du zèle excessif de leurs représentants locaux, un accord fut signé entre le général de Gaulle et M. Oliver Lyttelton[1], ministre d'État britannique dans le Moyen-Orient.

Ce sont les proclamations du général Catroux, ainsi que l'accord Lyttelton-de Gaulle, qui constituent actuellement les bases de nos relations au Levant, tant avec les États qu'avec la Grande-Bretagne.

La proclamation adressée conjointement par le général Catroux dès juillet 1941 à la Syrie et au Liban, puis les proclamations de septembre et de novembre de la même année, ont solennellement marqué l'accession des États à l'indépendance. Le statut particulier des États et les nécessités de la guerre exigeaient toutefois qu'une double réserve fût apportée à la reconnaissance de leur souveraineté et de leur indépendance. D'une part, la France, en raison des obligations internationales qu'elle assumait, ne pouvait en principe se décharger de la tutelle qui lui avait été confiée sans obtenir le « quitus » de l'organisation internationale dont elle avait reçu cette mission ou de toute autre organisation qui remplacerait celle-là. D'autre part, l'état de guerre contraignait le Comité national de Londres à maintenir au Levant un régime transitoire particulier. Enfin, les proclamations mentionnaient la nécessité, pour qu'il fût mis juridiquement un terme à la période mandataire, que des traités fussent conclus par la France avec la Syrie et le Liban, comme l'Angleterre l'avait fait dans les mêmes conditions avec l'Irak.

Il ressort, d'autre part, de la lettre comme de l'esprit de l'accord Lyttelton-de Gaulle que la position prééminente de la France dans les États est reconnue par nos alliés et que l'indépendance de la Syrie et du Liban a été proclamée par le général Catroux dans le cadre du mandat.

1. Voir *Mémoires de guerre*, t. I., p. 466 à 458.

Au surplus, il est stipulé que le commandement territorial appartient, comme par le passé, à la France et que nous demeurons responsables de la sécurité des États.

Les autorités françaises se sont appliquées pour leur part à tirer toutes les conséquences que comportait le nouveau statut reconnu aux États. Elles ont préparé la dévolution de leurs attributions aux gouvernements locaux, et se sont efforcées d'amener la Syrie et le Liban à l'application de la Constitution.

Les opérations électorales eurent lieu en 1943, les autorités françaises continuant à observer la plus stricte neutralité au cours de ces opérations. Le résultat du scrutin fut d'amener au pouvoir, tant à Damas qu'à Beyrouth, des nationalistes convaincus et ardents. Nous nous trouvions donc en présence de gouvernements qui, désireux d'acquérir sans délai une complète indépendance, réclamaient à la France la dévolution immédiate de tous les attributs du pouvoir. La crise atteignit son point extrême en novembre 1943, lorsque, le délégué général ayant été convoqué à Alger, le gouvernement libanais profita de son absence pour proclamer immédiatement la fin du mandat. À ce coup de force, le délégué général répondit par la force.

Dans cette crise où la responsabilité du Comité Français de la Libération Nationale n'était nullement engagée et qui en revanche avait été en partie provoquée par les conseils imprudents prodigués aux Libanais par des fonctionnaires britanniques oublieux des accords Lyttelton-de Gaulle, le gouvernement français a donné la mesure de son extrême modération. Dans le dessein de ne laisser se créer artificiellement aucune équivoque quant à la résolution prise par la France d'amener les États du Levant à une réelle indépendance et, d'autre part, dans le souci de ménager à un moment grave de la guerre la permanence des bons rapports franco-anglais, il consentit à revenir sur de justes décisions et à rétablir au pouvoir le gouvernement de Beyrouth.

Le nouveau délégué général, le général Beynet, à qui était confiée l'exécution des décisions prises par Alger, se mit loyalement à la tâche, pour poursuivre l'œuvre commencée par ses prédécesseurs. Tous les services administrés par la délégation générale étaient progressivement passés aux États dans le cours de l'hiver dernier. Quant aux troupes spéciales, elles constituent une question particulière : ces troupes nous sont nécessaires pour assurer l'ordre dans les États, puisque nous sommes responsables de la sécurité des territoires. D'autre part, de nombreuses forces britanniques s'y sont [implantées] quoique la situation stratégique ne paraisse plus comporter la probabilité d'opérations contre l'Axe en Syrie et au Liban. Cependant, les voix les plus autorisées ont réitéré de Londres, à l'adresse de la France, des assurances satisfaisantes. Tant par les déclarations de M. Churchill et de M. Eden que par l'entremise des chancelleries, la France a été avisée du désir de la Grande-Bretagne de voir notre pays s'assurer par des traités avec les États une position prédominante. Nos rapports avec les États seraient dans ces conditions analogues à ceux de la Grande-Bretagne avec l'Irak.

Il n'en reste pas moins que les initiatives de certains agents britanniques au Levant ont pu paraître s'écarter parfois des assurances formelles et itératives qui nous ont été données de Londres. La France, pour sa part, s'est efforcée, sans négliger ses intérêts permanents au Levant, d'éviter de porter atteinte à l'entente franco-britannique et de nuire à l'effort de guerre. Nous persistons d'ailleurs à penser qu'en Orient l'entente cordiale est de nature à servir à la fois les intérêts de la Grande-Bretagne, ceux de la France et ceux des États arabes. Loin de souhaiter que des difficultés surgissent, nous attachons trop de prix à la solidarité de la France et de la Grande-Bretagne dans le monde pour douter que le gouvernement britannique et ses représentants au Levant ne veuillent s'en tenir finalement à une appréciation loyale de la position respective des deux puissances en Orient.

À Mme Espenel[1], à Paris

Paris, 13 octobre 1944

Ma chère cousine,

J'ai été sensible à votre souvenir et je vous en remercie.

Votre frère Henri va très bien. Je le vois assez souvent. Il a été magnifique. Vous pouvez lui écrire à l'Assemblée consultative dont il est membre.

Pierre est toujours au camp de Komotau (Bohême). Quant à Xavier[2], je l'ai vu à Paris où il vient d'arriver.

Veuillez agréer, ma chère cousine, mon meilleur souvenir pour vous-même et pour les vôtres.

Au général d'Astier de La Vigerie, à Paris

Paris, 16 octobre 1944

Mon cher général,

J'ai vu M. Bidault au sujet du poste de Rio[3] et je crois que les choses vont se faire comme je vous en avais parlé.

Il faudrait que vous voyiez le ministre des Affaires étrangères. Ensuite, revenez me voir, s'il vous plaît.

Je vous prie de croire, mon cher général, à mes sentiments sincèrement dévoués.

---

1. Paule Espenel est née Maillot ; son frère Henri a combattu pour la libération de la Corse.
2. Xavier de Gaulle, frère aîné du général de Gaulle.
3. Voir à ce sujet la lettre au général d'Astier de La Vigerie du 10 août 1944.

Note

Paris, 16 octobre 1944

Je veux savoir *tout de suite* pourquoi le « Capitaine » ? FFI arrêté pour avoir tiré des coups de fusil à l'occasion de la manifestation violente du cinéma[1] a été relâché.

À Pierre Gourdon[2], à Chemillé (Maine-et-Loire)

16 octobre 1944

Cher monsieur,

Le deuil qui vous a frappé, et dans des conditions si particulièrement cruelles, est de ceux pour lesquels il n'est pas de consolation. Croyez que je prends une grande part à votre douleur.

Jacques Gourdon et sa femme dont vous me demandez des nouvelles vont très bien. Nous les avons vus souvent à Alger, Jacques doit être sur le chemin du retour. Roger[3], engagé volontaire, a été affecté à l'armée de Lattre de Tassigny. Quant à Geneviève[4], elle est toujours au camp de Ravensbrück, les nouvelles de sa santé qui nous sont parvenues sont malheureusement loin d'être bonnes.

Ordre au général Juin

Paris, 17 octobre 1944

1. La Division Du Vigier[5] est *nécessaire* dans le Midi puis dans l'Ouest. Il *faut* qu'elle soit relevée avant la fin de ce mois.

2. La Division Brosset est fatiguée. Elle doit être relevée sans délai et venir à Paris avant la fin de ce mois.

---

1. Une fusillade ayant éclaté le 13 octobre 1944 devant une salle de cinéma à Paris, la police a arrêté un capitaine des FFI alors qu'il tenait un pistolet à la main. Il affirma ne pas avoir tiré et avoir eu l'intention de prêter main-forte à la police. Le préfet de police répondra au général de Gaulle, le 17 octobre, qu'aucun témoignage n'ayant été relevé à la charge de cet officier, celui-ci a été immédiatement relâché.
2. Parent par alliance de Xavier de Gaulle.
3. Fils de Xavier de Gaulle.
4. Fille de Xavier de Gaulle.
5. En 1944, le général Du Vigier a participé à la campagne d'Italie, puis au débarquement dans le midi de la France, à la tête de sa division blindée. Il atteindra le Rhin à Saint-Louis le 19 novembre 1944 et sera gouverneur de Strasbourg, dont il assurera la défense lors de l'offensive de von Rundstedt.

3. Ce sont là des nécessités absolues. Je souhaite que le général Eisenhower les admette[1]. De toute façon, l'ordre sera donné avant la fin du mois.

Au colonel de Saxcé[2], à Saint-Michel

Paris, 18 octobre 1944

Mon cher ami,

Ta lettre m'a particulièrement touché et je tiens à te le dire sans plus tarder.

Ton fils Arnaud est actuellement au Groupe Alsace, à Courtrai. Le ministre de l'Air doit très prochainement m'envoyer des renseignements plus précis à son sujet.

Quant à Jacques, ne sachant où il se trouve, je fais procéder aussitôt à une enquête dont je te communiquerai, dès que possible, le résultat.

Je te prie d'accepter, mon cher ami, mes meilleurs souvenirs.

Note pour Georges Bidault, à Paris

Paris, 19 octobre 1944

Il résulte de ces documents[3] :

1. que les Britanniques, tout en déclarant à Londres et ici qu'ils s'en tiennent aux accords Lyttelton-de Gaulle et qu'ils recommandent aux Syriens et aux Libanais de signer un traité avec nous, font proposer à Damas par leur ambassadeur à Bagdad (Cornwallis) de signer un traité particulier avec eux, traité comprenant même une partie secrète ! Ceci illustre la réalité et la duplicité de la politique de Londres. Cette fois, il ne s'agit pas d'une initiative de Spears !

2. que Choukri-Kouatli ne veut de traité avec personne et qu'il a bien, comme nous le savions, partie liée avec Ibn Séoud contre les Hachémites (Abdullah[4], Noury Pacha Saïd[5], etc.) et contre les Anglais. Il est le seul homme politique sincère dans ces pays,

3. que l'Union arabe continue d'être un thème de proclamations et un rêve oriental, mais que les rivalités de personnes, ou mieux de familles, qui l'ont toujours empêchée ne s'apaisent d'aucune manière,

---

1. Le général de Gaulle et le général Eisenhower ont déjà échangé plusieurs lettres sur cette question. Voir *Mémoires de guerre*, t. III, p. 467 à 471.
2. Camarade du capitaine de Gaulle au 33e RI pendant la Première Guerre mondiale.
3. Rassemblées par les services français à Beyrouth, ces lettres émanant du président syrien Choukri-Kouatli et du roi d'Arabie Saoudite Ibn Séoud mettent en lumière la stratégie britannique de soutien aux Hachémites et au projet de « Grande Syrie ».
4. Émir allié aux Britanniques et établi à Amman.
5. Émir syrien partisan de la « Grande Syrie ».

4. que Riad Sohl est dans une position bien difficile, lui qui a fait toute sa carrière politique sur le thème de la Grande Syrie absorbant le Liban et qui, aujourd'hui, défend le Liban contre l'absorption en sa qualité de président du Conseil à Beyrouth,

5. enfin, que nous sommes loin d'avoir perdu nos cartes dans le jeu syrien et même dans le jeu arabe-oriental, ce qui doit nous conduire à y avoir une politique active et à y placer des gens de valeur. Il est urgent, en particulier, de renforcer ce pauvre Beynet par quelques fonctionnaires et militaires de réelle qualité.

À Georges Bidault, à Paris

Paris, 21 octobre 1944

Très secret

J'ai l'honneur de vous adresser, ci-joint, copie de la correspondance échangée entre le général d'Armée, chef d'État-Major général de la Défense nationale et le chef de la Mission de liaison du commandement suprême allié auprès du gouvernement français, au sujet des prisonniers de guerre alsaciens-lorrains[1].

Les instructions des Combined Chiefs of Staff sont incompatibles avec le principe de la souveraineté française. J'estime, en effet, inadmissible que les autorités alliées se réservent le droit de déterminer quel sort devra être fait à des Français capturés dans les rangs de l'armée allemande ou déserteurs de cette armée.

Cette question dépassant les attributions du commandement militaire, je vous serais obligé de vouloir bien engager avec les gouvernements britannique et américain des négociations ayant pour objet d'obtenir que tous les prisonniers de guerre de nationalité française soient remis entre les mains des autorités françaises.

Du 21 au 23 octobre 1944, le général de Gaulle visite la Champagne et la Bourgogne. Après avoir inspecté la 1re DFL et la 3e DIA, stationnées près de Remiremont, il se rend à Dijon le 23. Il est reçu par les personnalités locales à la tête desquelles se trouve le général Giraud.

---

1. Il s'agit des Alsaciens et des Lorrains enrôlés de force dans l'armée allemande. L'échange de lettres comprend : une lettre du général Juin au chef de la Mission de liaison du commandement suprême allié auprès du gouvernement français datée du 25 septembre 1944, demandant la remise d'office de tout prisonnier français aux autorités françaises ; la réponse de la Mission au général Juin, du 12 octobre, qui stipule que les Alliés effectueront eux-mêmes le criblage des prisonniers, avant de rendre aux autorités françaises ceux qui seront classés comme sûrs, les autres restant prisonniers de guerre jusqu'à la fin des hostilités.

Discours prononcé à Dijon le 23 octobre 1944

Combien je suis ému par la splendide réception que Dijon fait en ma personne au président du gouvernement ! Combien nous avons souffert durant quatre années d'oppression, mais aussi quelles perspectives s'ouvrent devant nous !

Perspectives de victoire d'abord : la guerre n'est pas encore terminée. Nous devons la terminer là où elle doit être terminée, c'est-à-dire, n'est-ce pas, de l'autre côté du Rhin.

Cela, nous le ferons côte à côte avec nos alliés et avec nos armes, avec celles des magnifiques troupes qui sont venues de l'Empire et que je viens de voir, une fois de plus, sur les Vosges et devant l'Alsace ; et aussi avec ces forces magnifiques sorties de l'espérance et de la volonté nationales et qui, toutes ensemble, font une seule armée, une armée indivisible comme la France elle-même : l'armée française.

Et puis nous avons autre chose à faire encore. Nous avons à nous reconstruire. Notre pays est gravement mutilé, gravement abîmé dans ses ports, dans ses communications. Nous avons à redresser cela de manière que nous redevenions plus forts, plus puissants que nous ne le fûmes jamais.

Enfin, nous avons à nous rénover, à faire de notre patrie une nation neuve, si vieille qu'elle soit ; une nation recréée dans les sources de sa vie même, matériellement et moralement ; une nation meilleure, plus pure, plus fraternelle.

Enfin, tout cela, nous le ferons dans l'ordre national ; et nous le ferons dans l'union de tous et de toutes. Nous devons fraternellement nous tenir les mains parce que le but que nous poursuivons est le même pour tous les Français et pour toutes les Françaises : c'est la vie et la grandeur de la France.

Vive Dijon ! Vive la Bourgogne ! Vive la France !

Apostille[1]

Je reprends la conclusion pour la rédiger comme suit :

Ce que les Français de bonne foi attendent, c'est, en somme, que la France d'aujourd'hui soit autre chose que ce qu'elle est, c'est-à-dire une

1. En marge d'une note de Georges Pompidou (chargé de mission auprès du président du GPRF depuis le 1er octobre 1944) du 23 octobre 1944, traitant de la manière dont est perçu le GPRF dans la population. La conclusion de Georges Pompidou est la suivante : « Ce que les Français de bonne foi attendent donc, c'est que le Gouvernement provisoire gouverne, ait un programme économique et social, le fasse connaître, mobilise la nation pour le réaliser, ait enfin une politique et des hommes pour la défendre qui, dans le cadre régional, départemental et même local, feraient une chaîne entre le Général et chaque Français. » Le général de Gaulle retourne à Georges Pompidou sa note, munie de ce commentaire.

nation gravement malade depuis longtemps, sans institution, sans administration efficiente, sans diplomatie, sans hiérarchie… et entièrement vide d'hommes de gouvernement. À cela, ni moi ni personne ne pourrons remédier en deux mois. C'est l'affaire d'un long et dur effort et d'au moins une génération.

L'effort est commencé. Nous verrons !

Aux ministres

Paris, 23 octobre 1944

Mon cher ministre,

Il m'est apparu opportun d'appeler l'attention des membres du gouvernement sur certaines règles de travail qu'il est nécessaire d'observer.

Il convient que les ministres ne s'absentent pas de la capitale sans l'assentiment du président du Gouvernement.

D'autre part, lorsqu'ils sont en déplacement, les membres du gouvernement doivent à tout moment pouvoir être touchés par les services de la Présidence.

Je vous serais donc obligé de vouloir bien vous assurer que votre adresse personnelle postale et téléphonique, est connue de mon Cabinet et du secrétariat général.

Enfin, il est indispensable que dans chaque administration soit maintenu de jour et de nuit, le dimanche comme en semaine, un nombre de fonctionnaires suffisant pour assurer la continuité des services et parer à toute éventualité.

Croyez, je vous prie, mon cher ministre, à l'expression de mes sentiments amicalement dévoués.

À Jacques Soustelle[1], à Paris

Paris, 24 octobre 1944

Mon cher Soustelle,

En raison du succès de la Bataille de France, succès auquel ils ont tant contribué ! nos Services spéciaux voient arriver à son terme une partie de leur tâche : l'action en territoire métropolitain.

Sous votre direction, les Services ont, maintenant, à s'organiser et à agir en vue d'un rôle extérieur, non point nouveau pour eux, mais très élargi ; en même temps, il leur appartient de veiller à la sécurité militaire du pays.

Au moment où se transforment ainsi leur mission et leur devoir, je tiens à vous dire – et vous prie de le communiquer à tout le personnel –

1. Chef de la Direction générale des études et recherches (DGER) à Paris (nouvelle appellation des Services spéciaux).

à quel point j'ai été satisfait des multiples et courageux efforts des Services spéciaux et combien j'ai confiance en tous pour s'acquitter désormais du rôle capital, mais assez profondément modifié qui leur incombe au service de la patrie.

Croyez, mon cher Soustelle, à mes sentiments de sincère amitié.

Télégramme à Roger Garreau[1], à Moscou

Paris, 25 octobre 1944

Le gouvernement a adopté hier une ordonnance permettant d'amnistier les condamnations prononcées par les tribunaux militaires avant le 17 juin 1940, du moment que les personnes qui ont fait l'objet de ces condamnations ont participé activement après juin 1940 à la résistance contre l'ennemi.

L'application de cette ordonnance permettra sans doute très prochainement à M. Maurice Thorez de rentrer en France. Vous êtes autorisé à le lui dire. Toutefois, vous ne pourrez lui accorder le visa nécessaire qu'après réception d'une nouvelle instruction télégraphique. Cette instruction vous sera adressée dès que le décret concernant M. Maurice Thorez aura été signé et promulgué en application de l'ordonnance susvisée. Cela peut prendre encore quelques jours.

Note

Paris, s.d. *[fin octobre ou début novembre 1944]*

Prévenir :

1. M. Bidault et les Affaires étrangères ;
2. M. Diethelm et le ministère de la Guerre ;
3. Le général Juin ;
4. Le général Kœnig ;
5. Le préfet de la Seine et le préfet de Police

que, si M. Churchill venait à passer à Paris[2], aucune démarche, ni démonstration, ni *présence* d'aucune sorte ne devrait être accomplie du côté français sans mon accord.

Spécifier à tous que j'attache à cela une importance absolument *capitale*[3].

---

1. Ministre plénipotentiaire.
2. Winston Churchill envisage de se rendre en France, même s'il n'y est pas invité par le général de Gaulle.
3. En fin de compte, le Premier ministre britannique et Anthony Eden, invités par le général de Gaulle, seront en visite en France du 10 au 14 novembre 1944. Winston Churchill assistera aux manifestations du 11 novembre, sera reçu à l'Hôtel de Ville de Paris le 12 et inspectera le front de Lorraine aux côtés du général de Gaulle le 13.

Télégramme à Roger Garreau, à Moscou

Paris, 7 novembre 1944

Très secret

Par décret daté d'aujourd'hui M. Maurice Thorez a bénéficié de la grâce amnistiante. En conséquence vous pouvez lui accorder le visa pour se rendre en France.

À Raymond Brugère[1]

Paris, 7 novembre 1944

Monsieur l'Ambassadeur,

J'ai lu votre ouvrage[2] avec le plus vif intérêt. Il m'a moi-même éclairé sur beaucoup de points concernant diverses personnes et diverses choses. Il aura, quelque jour, je le crois, un grand succès. Il vous fait honneur.

Cependant, je pense qu'il ne convient pas de le publier actuellement. Vous êtes dans les plus hautes fonctions. Vous avez à représenter beaucoup de ceux dont vous parlez, étrangers ou Français. Attendez pour les juger publiquement.

Comment faire pour qu'on accepte de voir l'ambassadeur de France à Bruxelles donner son avis tout cru et tout sévère sur le gouverneur général de l'Algérie, le résident général au Maroc, l'amiral chef de l'EM du président Roosevelt, etc. Je vous signale que Mme Tixier-Vignancourt est née Henri Auriol et non Vincent Auriol.

Je vous prie de croire, monsieur l'Ambassadeur, à mes sentiments très distingués et bien dévoués.

Le 7 novembre 1944, la nouvelle Assemblée consultative provisoire, dont la composition a été fixée par une ordonnance du 12 octobre, se réunit au Palais du Luxembourg. Félix Gouin est réélu président.

Le 9, le général de Gaulle ouvrira la première séance de travail de l'Assemblée.

1. Ambassadeur de France à Bruxelles.
2. Il s'agit très probablement d'un ouvrage qui paraîtra sous le titre de *Veni, vidi, Vichy*.

À Félix Gouin à Paris

Paris, 8 novembre 1944

Mon cher président,

Toutes mes sincères et amicales félicitations pour votre réélection vraiment triomphale. Ceci prouve, une fois de plus, qu'il n'est rien de tel que de demeurer soi-même.

Veuillez croire, mon cher président, à mes sentiments très distingués et bien dévoués.

Message au président Roosevelt, à Washington

Paris, 8 novembre 1944

Veuillez agréer, monsieur le Président, mes félicitations les plus vives pour votre élection nouvelle[1]. J'y joins l'assurance de mon entière sympathie dans les grandes tâches qui vous attendent après celles que vous avez si magnifiquement remplies.

Ordre

Paris, 8 novembre 1944

Je donne *l'ordre formel* de faire venir à la Revue du 11 novembre au moins 1 régiment de Reconnaissance et 1 gros bataillon d'Infanterie, de l'Est. Ceci avec ou *sans* l'accord des Américains.

La responsabilité personnelle des généraux de Lattre et Juin est engagée.

Note pour le général Juin

Paris, 8 novembre 1944

Préparer une note résumée qui puisse me servir dans les conversations avec M. Churchill au sujet de :

1. l'armement de l'Armée et de l'Aviation (de quoi avons-nous besoin au juste en 1944-1945 en fait des matériels de toute sorte ?).

Le général Juin devra, de son côté, exposer la même chose plus en détail au général Brooke[2] ;

2. le corps expéditionnaire pour l'Extrême-Orient (armement nécessaire, organisation du commandement, concours français aux points de vue

1. Le 7 novembre 1944, Franklin Delano Roosevelt a été réélu président des États-Unis.
2. Chef d'état-major impérial britannique.

terrestre, aérien, naval). Au point de vue naval, il faut voir l'EM de la Marine pour qu'il ne dise pas, de son côté, des choses contradictoires.

Me remettre ces notes vendredi matin.

Au général Bétant, à Montpellier

12 novembre 1944

Mon cher ami,

Je te remercie de ta lettre qui m'a vivement touché.

J'ai été heureux d'apprendre la part que ton fils et toi-même vous avez prise dans les grands combats de la libération. Ceux-ci ne se passaient pas tous sur les champs de bataille : ils n'en furent pas pour cela moins efficaces.

Accepte, mon cher ami, mes souvenirs les meilleurs.

À Paul Claudel

Paris, 18 novembre 1944

Mon cher Maître,

Votre magnifique poème[1] m'a beaucoup ému et je tirerai profit de votre lettre.

Après tant de secousses inouïes, je crois que la France retourne à la puissance. Mais il lui faut, maintenant, la sérénité.

Je vous prie de croire, mon cher Maître, à mes sentiments d'admiration très dévouée.

Message à Winston Churchill, à Londres

Paris, 19 novembre 1944

Je vous remercie au nom du gouvernement de votre message[2].

La France, sa capitale et son armée ont été heureuses d'acclamer dans votre personne non seulement le Premier ministre d'un grand pays qui leur est cher, mais encore le glorieux combattant qui a maintenu la coalition dans la guerre aux jours les plus sombres et lui vaut ainsi la victoire.

Laissez-moi vous dire combien j'ai été personnellement heureux de vous revoir.

---

1. Il s'agit de l'*Ode au général de Gaulle* écrite par Paul Claudel en septembre 1944. Voir *Mémoires de guerre*, t. III, p. 295 et 296.

2. Le 16 novembre, Winston Churchill a adressé au général de Gaulle un message de remerciements pour l'accueil qui lui a été fait et de félicitations pour l'action des troupes françaises.

À Mme Diego Brosset

Paris, 22 novembre 1944

Chère madame,

Comment vous dire à quel point mon émotion et mon chagrin sont auprès des vôtres !

L'armée et le pays viennent de faire une perte immense en perdant le général Brosset[1], mort pour la France.

Moi j'ai perdu, avec lui, un ami.

Jamais, depuis que je l'ai connu dans les sombres jours de ce début de 1941, je n'ai eu du général Brosset autre chose que des preuves éclatantes d'ardeur, de noblesse de cœur, de désintéressement, de dévouement à son devoir et à tous ceux qui dépendaient de lui. Tout bas, pour moi-même maintenant, je le remercie de m'avoir si souvent réconforté sur une route difficile par l'exemple qu'il donnait.

Quant à sa valeur de chef, c'est la France entière qui la connaît.

Je vous prie d'accepter, chère madame, avec tous mes sentiments pour vos chers enfants, mes hommages les plus respectueux et infiniment attristés.

Télégramme à la 1re division motorisée d'infanterie

Paris, 23 novembre 1944

Votre chef, le général Brosset, vient de mourir pour la France dans vos rangs. Ma pensée, tout mon cœur, sont avec vous dans ce grand chagrin.

Le général Brosset était mon bon compagnon et mon ami. Jamais je n'ai eu de lui que des preuves indéfiniment prodiguées d'ardeur, de désintéressement, de confiance. Il était de la noble et chère phalange qui s'était, dès les premiers jours, groupée autour de moi pour accomplir notre mission au service de la France et dans laquelle la mort a si terriblement frappé.

Ses derniers regards furent ceux d'un vainqueur puisqu'il vous conduisait à l'une des plus glorieuses victoires de cette guerre. Il est

1. Le général Diego Brosset est mort le 20 novembre 1944 à Champagney, en Haute-Saône. Officier en mission en Colombie, il avait rallié la France Libre dès juin 1940. Le général de Gaulle, en 1941, l'avait chargé de mission dans le Djézireh. En 1942, à la tête d'une brigade, il avait combattu en Libye. Commandant de division, il avait pris part aux campagnes d'Italie et de Provence, à la libération de Lyon et à la campagne d'Alsace.

tombé sur le sol reconquis par vous sous son commandement. C'est ainsi, je le sais, qu'il souhaitait mourir.

Honneur au général Brosset, commandant la 1re division motorisée d'Infanterie, mort pour la France !

Télégramme au général Leclerc, à Strasbourg[1]

Paris, 23 novembre 1944

De Brazzaville à Strasbourg, par le combat et la victoire ! voilà, mon général, le chemin que vous avez suivi avec nos braves et chers compagnons ! Nous finirons cette entreprise d'une manière qui sera digne de la France.

À Jules Jeanneney, à Paris

Paris, 23 novembre 1944

Monsieur le Président,

Le ministre de l'Air vient, par arrêté, d'exproprier la compagnie Air France. Il est de fait que cette compagnie a passé avec les Allemands des contrats coupables. Toutefois, M. Tillon n'aurait pas dû procéder de cette sorte sans en avoir référé au Conseil des ministres, comme il a été fait pour l'expropriation de Renault, car il y a beaucoup de prolongements.

Je viens de téléphoner à M. Tillon pour le lui dire et l'inciter à faire porter la question à l'ordre du jour du prochain Conseil. Je vous demande de tenir la main à ce que cela soit fait de telle sorte que l'affaire puisse être étudiée dans son ensemble.

Je vous prie d'agréer, monsieur le Président, l'expression de mes sentiments sincèrement dévoués.

Note

[Paris], 23 novembre 1944

En 1921, des objets venant des musées de Georgie ont été apportés à Marseille (Banque de Marseille) par le professeur Takegschwilli, puis transférés Banque de France en 1935.

Le professeur Takegschwilli voudrait voir ces objets rendus aux musées georgiens.

M. Jaudon (qui doit appartenir au ministère des Finances) s'occupe des biens russes à [...[2]].

1. Le 23 novembre la 2e DB entre dans la ville.
2. Blanc figurant dans le texte.

Il faudrait rendre ces objets avant le voyage à Moscou, geste à faire comme plaisant à Staline qui est georgien.

Au Général Eisenhower, à Versailles

Paris, 23 novembre 1944

Mon cher général,

J'ai été mis au courant de votre aimable offre et j'y ai été très sensible.

Vous ne m'en voudrez pas si je m'en tiens à mon vieux *Lockheed*, avec lequel j'ai l'habitude de parcourir des étapes analogues à celles de ce voyage.

Je ne vous en reste pas moins très reconnaissant de votre pensée et vous prie de croire, mon cher général, aux assurances de mes sentiments dévoués et de haute considération.

Le 24 novembre 1944, le président du Gouvernement provisoire, entouré de nombreuses personnalités, se rend en voyage officiel à Moscou, via Le Caire, Téhéran, Stalingrad.

Télégramme à Jules Jeanneney, et à René Pleven[1], à Paris

Téhéran, s.d. *[26 novembre 1944]*

La première partie du voyage s'est accomplie normalement : Tunis-Le Caire-Téhéran. Nous partons de Téhéran à midi par avion français pour Bakou. Ensuite, un train spécial nous mènera à Moscou par Stalingrad, ce qui paraît-il est plus sûr que l'avion en raison des retards aériens que fait prévoir le mauvais temps sur la plaine russe. Nous comptons être à Moscou le 29.

J'ai fait longuement visite au roi d'Égypte[2] et au shah d'Iran[3]. L'un comme l'autre se félicitent de la réapparition de la France. Dans la situation inquiétante où les événements et les rivalités subséquentes placent l'Égypte et […[4]] l'Iran, je crois que les déclarations des deux rois à notre égard sont sincères.

1. Ministre des Finances.
2. Le roi Farouk.
3. Mohammed Reza Pahlavi a succédé en 1941 à son père Reza Shah, fondateur de la dynastie.
4. Mot illisible.

Le général de Gaulle arrive le 2 décembre 1944 à Moscou. Il s'entretient le soir même avec le maréchal Staline de la nécessité de poursuivre les combats jusqu'à la défaite complète du Reich.

Télégramme à Jules Jeanneney et à René Pleven, à Paris

Moscou, 5 décembre 1944

Secret

Tout va bien. Je crois préférable de ne pas vous télégraphier des précisions. Nous comptons rentrer à Paris dans le courant de la semaine prochaine, sauf retards qui seraient imposés par les intempéries.

Nous souhaitons que la question des frontières occidentales, orientales et méridionales de l'Allemagne soit largement et constamment discutée dans la presse française et exposée à la radio en conjonction avec le sujet des alliances franco-soviétique, franco-anglaise et anglo-soviétique. On est très attentif ici à tout ce qui s'écrit et se dit en France à ce propos.

J'ai reçu votre télégramme du 2 décembre.

Amitiés.

Les 6 et 8 décembre 1944, le général de Gaulle et le maréchal Staline abordent en réunion de travail la question polonaise. Le Comité de Lublin, gouvernement provisoire de la République polonaise, prosoviétique et opposé au gouvernement en exil à Londres, a été installé à Varsovie en juillet. Staline tente de poser comme condition au pacte franco-soviétique la reconnaissance par la France de ce Comité.

Le 9 décembre, le général de Gaulle inspecte le régiment Normandie-Niémen et le fait Compagnon de la Libération.

Message au régiment Normandie-Niémen

Moscou, 9 décembre 1944

Sur la terre russe, martyrisée comme la terre française et par le même ennemi, le régiment « Normandie », mon compagnon,

soutient,
démontre,
accroît,
la gloire de la France !

Note sans indication d'utilisation[1]

Moscou, avant le 10 décembre 1944

1. La France et l'URSS affirment à nouveau leur volonté de poursuivre la guerre contre l'Allemagne par tous moyens en leur pouvoir jusqu'à la destruction complète de toute résistance de l'ennemi.

2. La France et l'URSS constatent qu'elles ont un intérêt essentiel et commun à prévenir toute nouvelle agression de l'Allemagne dans n'importe quelle direction après sa défaite et, si une telle agression devait, néanmoins, se produire, à s'y opposer en commun par tous moyens en leur pouvoir.

3. En vue de prévenir toute nouvelle agression de la part de l'Allemagne après cette guerre, la France et l'URSS prennent en commun la décision de déterminer la réalisation des conditions suivantes :

a. fixation de la frontière occidentale de l'État allemand ou des États allemands à la ligne…,

b. fixation de la frontière orientale…,

c. fixation de la frontière méridionale…,

Au Général Béthouart

Carlton Gardens, Londres SW1
14 décembre 1944

Mon cher ami,

J'ai reçu avec plaisir ta lettre du 8. Je savais depuis longtemps quels étaient tes sentiments et n'ai naturellement pas ignoré ce que tu as fait pour aider les Américains ; je t'en approuve. Mais il faut reconnaître que si leur arrivée en Afrique du Nord peut être, militairement parlant, une très bonne chose, l'incroyable marché qu'ils ont passé avec Darlan risque d'entraîner les conséquences les plus graves. Toute la résistance en France est ébranlée dans ses profondeurs. Dans la partie de l'Empire, libérée sous le signe de la France combattante, l'indignation est indicible. Dans l'autre partie, la confusion est à son comble. J'ajoute que l'accord entre les alliés se trouve, du même coup, compromis et que, partout, l'esprit de guerre a reçu un dur coup de hache.

Il va sans dire que ni moi-même, ni le Comité national, ni aucun de mes compagnons ne consentirions à entrer directement, ni indirectement,

1. Cette note annonce quelques-uns des principaux thèmes du pacte du 10 décembre, pacte d'alliance et d'assistance mutuelle conclu entre la France et l'URSS après une semaine de négociations, sans que la France ait reconnu officiellement le Comité de Lublin. Voir *Mémoires de guerre*, t. III, p. 381 à 883.

dans cette « combine » à la Vichy. Nous ne voulons pas d'une libération pourrie. Au contraire, nous voulons l'union pour la guerre et dans l'honneur de tous les Français de bonne volonté, et nous voulons que cette union se fasse de Français à Français, sans interférence des étrangers qui jouent leur jeu à eux et non point celui de la France.

J'envoie en Afrique du Nord le général d'Astier de la Vigerie pour étudier la situation, voir sur place ce qui peut être fait et m'en rendre compte. Je souhaite, en particulier, qu'il soit possible d'éclairer le général Giraud, que Darlan a trouvé moyen de s'associer – ce qui ne blanchit point le traître mais pourrait salir le bon soldat.

Quant à toi, sache que tu es de ceux sur lesquels je compte.

À bientôt, j'espère, mon cher ami. Crois à mes sentiments cordialement dévoués.

À l'enseigne de vaisseau de Gaulle, 2e DB, en Alsace

Paris, 18 décembre 1944

Mon bien cher Philippe,

Ce mot pour te dire combien je pense à toi dans les jours glorieux mais difficiles que toi-même et tes camarades traversez en ce moment[1]. L'ennemi prouve par ses attaques qu'il est loin d'être à bout de forces. La victoire ne pourra être obtenue sans le concours puissant de la France et de ses armées. Nous travaillons à cela.

Mon voyage à Moscou a donné des résultats satisfaisants et qui, je l'espère, se développeront.

Sache, *en confidence*, que je compte me rendre dans tes parages pour Noël[2].

Au revoir, mon cher petit garçon. Je n'ignore pas ce que tu as su faire à la tête de ton monde et j'en suis fier. Je t'embrasse de tout mon cœur.

Ton papa très affectionné.

Le 18 décembre 1944, le général allemand von Rundstedt déclenche dans les Ardennes une violente contre-attaque. La Ire armée française doit suspendre son avance.

1. Des combats acharnés et dans un froid intense se déroulent autour de Strasbourg.

2. Les 24 et 25 décembre, le général de Gaulle effectuera un voyage d'inspection de la Ire armée à Strasbourg et de la 2e DB à Erstein. L'enseigne de vaisseau de Gaulle, chef d'une unité de chasseurs de chars des fusiliers marins, ne le verra qu'à distance.

Note pour le général Juin

Paris, 19 décembre 1944

1. Je tiens à savoir ce qui se passe au point de vue de la contre-offensive allemande et quels sont les pronostics du commandement interallié.

2. Il faut fournir au général de Lattre un effectif de 10 000 hommes à prélever sur l'intérieur (FFI) pour recompléter d'urgence ses 3 divisions nord-africaines, son génie et ses communications. Ceci est urgent[1] et sans préjudice des éléments FFI qu'il a déjà absorbés ou des unités FFI constituées qui lui sont destinées.

3. Voir d'extrême urgence la mise à la disposition du ministre du Ravitaillement de nouvelles compagnies de transport du groupe Dunat[2].

Au général de Lattre de Tassigny

19 décembre 1944

Mon cher général,

J'ai lu votre lettre et votre rapport d'hier.

Je ne suis pas surpris de la fatigue de certaines de vos troupes notamment des divisions nord-africaines. Il vous appartient ainsi qu'aux officiers généraux sous vos ordres, de leur faire comprendre qu'elles ne sont nullement « abandonnées » au contraire… Pour ce qui est des effectifs, vous recevrez pour les trois divisions nord-africaines les compléments « français » que vous demandez… Je suis toutefois un peu surpris que vous n'ayez parmi les FFI à votre disposition aucun élément de remplacement pour les tirailleurs.

Vous êtes comme toutes les armées alliées dans un moment difficile. Vous en sortirez à votre gloire. Je compte être avec vous à Noël.

Amicalement vôtre.

Au recteur de l'université de Paris

26 décembre 1944

Monsieur le recteur,

Aux heures les plus obscures de ces tragiques années où, dans toute la France, les étudiants et leurs maîtres ont refusé de consentir aux ténèbres,

---

1. Le 18 décembre 1944, le général de Lattre demande d'urgence des renforts en hommes, matériels et munitions. Il signale par ailleurs la fatigue physique et morale de ses troupes.

2. Du nom du colonel chargé de l'organisation des transports militaires d'aide aux populations civiles (TMAPC).

l'Université de Paris sut conserver, avec une toute particulière dignité, sa liberté et son honneur.

En ces jours de résurrection, qui seront bientôt de totale victoire, des témoignages tels que le vôtre me touchent profondément.

Je vous prie d'accepter mes remerciements et de bien vouloir être l'interprète de ma gratitude auprès de vos collègues du Conseil de l'Université.

Veuillez agréer, monsieur le recteur, l'expression de mes sentiments cordialement dévoués.

Le 27 décembre 1944 s'ouvre à l'Assemblée consultative provisoire un débat de politique intérieure. Au cours de celui-ci, le délégué socialiste Louis Noguères prend à partie Jules Jeanneney, ministre d'État, qu'il accuse d'avoir contribué à faciliter le vote de la délégation du pouvoir constituant au maréchal Pétain, le 10 juillet 1940.
Le général de Gaulle prend alors la parole.

Intervention à l'Assemblée consultative provisoire, à Paris, le 27 décembre 1944

Messieurs, ayant écouté ce qui vient d'être dit, je me demande si le débat qui s'est ouvert aujourd'hui dans les circonstances dont nous sentons tous la gravité, porte sur la politique générale du gouvernement ou sur sa composition.

Ce gouvernement a été composé voici quelque temps déjà. L'Assemblée le fut ensuite et, au demeurant, par une ordonnance de ce même gouvernement, signée de tous ses membres.

D'autre part, je crois bien qu'en ce qui concerne le drame de 1940, une infinité d'objections pourraient, si on le voulait, être formulées, séparant les uns et les autres, opposant même les membres et les groupes qui composent cette Assemblée.

Nous sommes des hommes, nous sommes des Français ; nous avons traversé la plus grande crise de l'Histoire. Les seules choses qui comptent, c'est la bonne volonté, c'est le service du pays, ce sont les intentions et ce sont les actes.

Oui ou non, existe-t-il ici un homme qui, lorsque les choses se furent éclaircies et devinrent nettes – mais elles ne l'étaient pas alors ! – n'ait pas servi la Patrie et la République ? Vous savez bien que non !

Quant à moi et à quelques autres, nous pouvons vous dire que, dès le 17 juin 1940, nous avions pris nos dispositions pour n'être pas à Vichy le 10 juillet : c'était une conception comme une autre. Je vous prends seulement à témoin qu'on pouvait concevoir de différentes manières le service de la Patrie et de la République à ce moment-là. Les événements ont fait ensuite que tous les hommes de bonne volonté, tous les bons Français, toutes les bonnes Françaises sont tombés d'accord pour servir une seule cause qui est celle que nous servons tous, soit au gouvernement, soit à l'Assemblée, soit ailleurs : celle de la Patrie, de la démocratie et de la République.

Je vous demande aujourd'hui de ne pas connaître autre chose, car c'est la seule chose qui compte.

1945

À René Pleven

[sans date. 1945 ?]

La propagande anglaise, secondée chez nous par certains imbéciles, s'efforce de faire croire au monde que la politique extérieure de la France est mon fait personnel et que je la mène contre l'opinion des gens qualifiés même contre l'opinion du gouvernement.

Je crois qu'il y aurait intérêt à ce que cette affirmation britannique soit contredite par les ministres eux-mêmes en un sens qu'ils devraient marquer, chaque fois qu'ils parlent publiquement, qu'ils vont avec le chef du gouvernement, notamment en matière extérieure. Ils ne le font pas toujours… Il s'en faut…

Je ne veux pas le dire moi-même. Voulez-vous le dire ici aujourd'hui ?

À Mme Léo Lagrange

s.d. *[1945]*

Chère madame,

On parle du « Souvenir de Léo Lagrange[1] ». Mais comment l'oublierait-on ?

Comment oublierait-on ce Français droit, ferme et net, ce représentant du peuple ouvrant son esprit et prêtant son labeur et son éloquence aux fraternelles idées, ce combattant des premiers instants tué à l'ennemi en

1. Député socialiste, et ministre du Front populaire, Léo Lagrange a soutenu avant la guerre les théories militaires du colonel de Gaulle contre l'avis de son parti. Il est mort pendant la campagne de France en juin 1940.

défendant la terre natale et la liberté contre la pire invasion qu'ait connue notre pauvre monde ?

Moi qui l'ai connu, c'est-à-dire estimé et aimé, je veux lui rendre témoignage.

Je vous prie de bien vouloir agréer, chère madame, vous qui fûtes non seulement la compagne de sa vie, mais celle de son travail et de son mérite, mes hommages très respectueux.

Au président Roosevelt, à Washington

Paris, 1er janvier 1945

Monsieur le Président,

Les événements nous prouvent que nous ne battrons pas définitivement l'Allemagne sans engager des forces nouvelles ; or la France, malgré la perte ou l'absence de trois millions d'hommes, est en mesure d'augmenter puissamment et rapidement ses forces militaires. J'ajoute qu'elle le désire ardemment.

Ici, nous remettons en route nos fabrications d'armement. Mais cela prend beaucoup de temps, car notre outillage a gravement souffert et surtout nous manquons de matières premières.

Vous nous avez déjà fourni, en Afrique du Nord, l'armement et l'équipement de huit divisions. C'est un effort dont vous avez pu voir qu'il n'était pas perdu.

Vous venez maintenant d'accepter de nous envoyer l'armement et l'équipement de huit divisions nouvelles. Je vous en remercie vivement, mais je vous demande, dans notre intérêt commun, de hâter l'envoi de ce matériel que l'armée française est en mesure d'utiliser entièrement sur les champs de bataille d'ici à trois mois.

Si j'étais sûr que vous nous envoyiez ensuite d'autres matériels d'armement et d'équipement, et si je pouvais connaître à l'avance, même d'une manière approximative, les quantités, la nature et le rythme de ces envois, cela aiderait infiniment le gouvernement français à préparer ses plans de mobilisation.

Nous pourrions avoir, avant la fin de cette année, une cinquantaine de bonnes divisions françaises, à condition de pouvoir les armer et les équiper. Si vous vouliez bien me donner une réponse de principe favorable, tous les détails pourraient être réglés avec vos services techniques par le général Juin, chef d'État-Major général de la Défense nationale, que j'enverrais aussitôt à Washington.

Avec mes vœux profondément sincères pour cette année 1945 qui sera dure mais glorieuse pour nos deux pays, je vous prie d'agréer, monsieur le Président, l'expression de mes sentiments d'amitié dévouée.

Réponse à l'allocution prononcée par le nonce apostolique[1], doyen du corps diplomatique, à l'occasion de la réception du 1er janvier 1945

Monsieur le Nonce,

Je suis profondément touché des vœux qu'au nom des souverains et chefs d'État, ainsi que de leurs représentants accrédités auprès du Gouvernement Provisoire de la République vous venez d'exprimer pour la grandeur de la France.

Ce n'est pas sans émotion que j'ai l'honneur d'accueillir, au seuil de la nouvelle année, les membres éminents du Corps diplomatique assemblés autour de Votre Excellence dont je suis heureux de saluer l'arrivée, dans la capitale de la France libérée.

La France, au milieu des épreuves que vous avez évoquées, a su montrer une fois de plus dans cette guerre par ses efforts et ses sacrifices, sa fidélité inébranlable à la liberté, au droit, à la justice et au respect de la personne humaine, que ses fils et ses filles servent en servant la patrie. Elle puise dans cet idéal la force et la volonté d'écraser la tyrannie. De la victoire devra sortir un monde meilleur. Les peuples, assurés d'un libre et pacifique développement, seront enfin protégés contre les entreprises de violence. La France reprend sa place légitime dans le concert des nations et s'engage à mettre en œuvre toutes les ressources de son génie et de sa puissance pour contribuer à l'établissement de cette paix réelle qu'appellent tous les hommes de bonne volonté.

Je tiens, monsieur le Nonce, à exprimer à Votre Excellence ainsi qu'à tous les chefs de mission qui l'entourent, mes vœux pour le bonheur personnel des souverains et chefs d'État qu'ils représentent et pour le salut de leur patrie.

Le 29 décembre 1944, attaquant entre Sarrebrück (Allemagne) et Bitche (Moselle), les Allemands menacent Strasbourg. Le haut commandement allié prend la décision d'évacuer l'Alsace et de replier le front sur les Vosges. Le général de Gaulle se refuse à abandonner Strasbourg ; le 1er janvier 1945, il ordonne au général de Lattre de se maintenir sur place et d'assurer la défense de cette ville.

Le 3 janvier, à l'issue d'une entrevue avec le général de Gaulle, à laquelle assiste Churchill, le général Eisenhower suspendra l'exécution du repli américain qui avait commencé.

1. À la demande du général de Gaulle, Monseigneur Valerio Valeri, le nonce apostolique accrédité auprès du maréchal Pétain, a été remplacé. Monseigneur Roncalli, futur Jean XXIII, lui a succédé fin 1944.

Message au général de Lattre de Tassigny, à Montbéliard (Doubs), et au général Juin

Paris, 3 janvier 1945

Très secret

Je vous confirme mon ordre de tenir votre position actuelle et de tenir également Strasbourg. Je fais en ce moment un grand effort pour obtenir que la décision de retraite de SHAEF soit rapportée en ce qui concerne la VIIe armée américaine. Mais, de toute façon nous ne pouvons pas abandonner l'Alsace sans combat.

Au général Eisenhower

N° 18/DN/3/P/S

3 janvier 1945

Mon général,

Je reçois votre lettre du 2 janvier. D'autre part, le général Juin m'a rendu compte de son entretien avec le général Bedell Smith.

Je suis prêt à tout moment à discuter avec vous les raisons d'ordre stratégique qui vous détermineraient à évacuer *a priori* l'Alsace et une partie de la Lorraine, après que les Forces américaines et françaises placées sous votre commandement les ont reprises à l'ennemi en combattant.

Le général Juin a fait connaître à votre chef d'état-major mon opinion à ce sujet. D'autre part, par ma lettre du 1er janvier, je vous ai indiqué qu'à mon avis il était possible de tenir au nord de Strasbourg, au minimum le canal de la Marne au Rhin.

Quand cette lettre a été écrite, j'ignorais en effet toute l'étendue de l'ordre de repli donné par vous au général Devers et je pensais qu'il était question de Strasbourg seulement. Mais rien de ce qui vous a été dit de ma part et rien de ce que j'ai écrit ne peut vous donner à penser que, du point de vue militaire « j'approuve vos vues » telles qu'elles me sont connues, je dois vous dire franchement que c'est le contraire qui est vrai…

En tout cas, je suis obligé de vous confirmer que le gouvernement français ne peut accepter que l'Alsace et une partie de la Lorraine soient évacuées délibérément et, pour ainsi dire, sans combat, alors surtout que l'armée française en occupe la plus grande partie. Consentir à une telle évacuation et dans de telles conditions serait une erreur au point de vue de la conduite générale de la guerre, qui, au-dessus du commandement militaire, relève des gouvernements alliés, comme au point de vue national français qui relève du gouvernement français.

Je me vois donc amené à prescrire de nouveau au général de Lattre de défendre avec les Forces françaises dont il dispose la position qu'il occupe actuellement et de défendre également Strasbourg, même si les forces américaines se repliaient à sa gauche.

Je regrette vivement, pour ma part, cette divergence dans un moment grave et je veux espérer qu'elle pourra se résoudre.

Sincèrement à vous.

Au commandant Amyot d'Inville [inédit]

Paris, le 4 janvier 1945

Mon cher commandant,

De tous les vœux que j'ai reçus, il en est peu qui pouvaient m'être plus sensibles que ceux du vaillant 1er régiment de fusiliers marins auquel restent liés le souvenir de tant d'héroïsmes et le nom du commandant Amyot d'Inville et qui compte tant de mes premiers compagnons !

Vous voudrez bien être l'interprète de ma gratitude auprès de tous vos officiers, officiers mariniers, quartiers maîtres et marins, et les remercier en mon nom, du magnifique agenda qu'ils ont eu la délicate pensée de m'offrir.

Puisse cette année nouvelle qui a vu sous votre commandement votre régiment se couvrir de gloire sur tous les fronts, lui apporter en même temps qu'à la France, la définitive victoire.

Veuillez accepter, mon cher commandant, l'expression de mes sentiments cordialement dévoués.

C. de Gaulle

À Paul Roquère[1]

4 janvier 1945

Monsieur,

Je n'oublierai jamais ceux qui, comme votre fils, ont donné leur vie pour cette France régénérée que nous voyons peu à peu se dresser plus belle et plus grande que jamais, face au monde étonné.

Je tenais à vous dire, en ces heures douloureuses, ma sympathie émue.

Veuillez accepter, monsieur, l'expression de mes sentiments les meilleurs.

1. Conseiller d'État honoraire.

Note

Paris, 6 janvier 1945

J'apprécie le sentiment qui inspire certainement la demande du Comité parisien de la Libération[1]. Mais sans oublier rien, je considère que l'unité morale aussi bien que matérielle de l'armée française est une nécessité qui prime tout. C'est pourquoi je n'approuve pas en ce moment les « exceptions » faites à l'occasion de la mort de tel ou tel de nos combattants.

Au général de Lattre de Tassigny

7 janvier 1945

Le général Juin qui est rentré hier soir m'a mis au courant de la situation de fait sur votre front et sur celui de la 7e armée américaine. Il m'a indiqué l'intention que lui a exposée le général Devers et qui comporte la, défense de la [...[2]] laquelle doit être sans esprit de recul. Il m'a exposé enfin les dispositions que vous avez prises pour défendre votre front nouveau (Strasbourg inclus). L'ensemble me paraît satisfaisant. L'abandon de l'Alsace et de Strasbourg sans bataille et par les troupes françaises eût été un désastre national irréparable. Mieux eût valu faire le sacrifice d'une partie de vos divisions.

Je vous adresse ci-joint copie d'une lettre que le général Eisenhower m'envoie en réponse à une autre que je lui avais écrite avant votre entrevue du 3 à son quartier général. Il n'y a donc rien de nouveau dans cette confirmation écrite de ce que le commandant en chef interallié m'avait dit à Versailles. Vous y verrez qu'il tient pour essentielle la réduction de la poche de Colmar et il a, à mon sens, tout à fait raison. D'autre part, il insiste – et je suis complètement de son avis – sur la nécessité absolue de renforcer l'infanterie des divisions. Je vous répète à ce sujet la décision qui a été prise par le gouvernement et en vertu de laquelle chacune de vos divisions y compris les blindés doit comprendre organiquement un régiment de plus. Cela vous est facile puisque vous avez les régiments des FFI, et que je vous invite à ne plus annoncer que par leur numéro tel qu'il a été fixé par le ministre. Il faut aussi que vous liquidiez tous ceux des officiers supérieurs venant des FFI et qui se révèlent incapables et cela fait beaucoup. N'ayez aucune arrière-pensée à cet égard.

---

1. Le Comité parisien de la Libération exprime le désir de faire des obsèques nationales au colonel d'aviation de Marmier, disparu le 30 décembre 1944, afin de manifester aux combattants des FFL la gratitude de la population parisienne.
2. Mot manquant.

M. Diethelm qui va vous voir vous portera cette lettre où je désire que vous trouviez à la fois l'expression de ma confiance entière en vous et en votre armée et celle de ma volonté de vous voir conserver l'Alsace aussi bien que procéder fortement et sans délai aux mesures d'organisation qui vous ont été prescrites.

Je vous adresse mes meilleures amitiés.

À Pierre Brisson[1], à Paris

Paris, 9 janvier 1945

Cher monsieur,

J'ai été très sensible à l'envoi de votre livre[2] et je vous en remercie ainsi que de sa dédicace.

Racine me sera, grâce à vous, un refuge plus sûr et plus clair encore.

C'est en ce sens que l'on peut dire qu'il n'y a pas, même pour un homme d'action, une œuvre qui ne soit actuelle. Vous le savez, vous qui, faisant tout ce que vous faites, avez pu cependant écrire cet ouvrage.

Veuillez accepter, cher monsieur, l'expression de mes sentiments les meilleurs.

À Pierre Jean Jouve, à Genève

Paris, 9 janvier 1945

Mon cher ami,

J'ai bien reçu les deux ouvrages[3] que vous avez eu la délicate pensée de m'envoyer.

Venant d'un poète tel que vous, ces livres ne pouvaient que toucher à la fois mon intérêt et mon amitié.

Je tenais à vous le dire.

Veuillez accepter, mon cher ami, l'expression de mes sentiments cordialement dévoués.

À Georges Duhamel, à Paris

Paris, 9 janvier 1945

Mon cher Maître,

Je tiens à vous remercier de l'envoi de vos derniers livres et à vous dire combien j'ai été sensible à leur dédicace.

1. Directeur du *Figaro*.
2. *Les Deux Visages de Racine.*
3. *L'Homme du 18 juin* et *La Vierge de Paris.*

J'ai lu, déjà, avec quel intérêt, votre *Inventaire de l'Abîme* et votre *Chronique des Saisons Amères*[1].

À les lire, il faut presque se garder de la nostalgie du chagrin.

Veuillez accepter, mon cher Maître, l'expression de mes sentiments cordialement dévoués.

Déclaration faite à Paris le 10 janvier 1945

Le gouvernement français rappelle solennellement aux autorités allemandes que les mesures d'annexion de fait qui ont été naguère prises unilatéralement en Alsace et en Lorraine par le gouvernement du Reich n'ont aucune valeur aux yeux de la France. Les populations d'Alsace et de Lorraine n'ont jamais cessé d'être françaises.

En conséquence, celles de ces populations que les récentes opérations ont pu placer dans la zone occupée par les troupes allemandes doivent être traitées conformément aux conventions de La Haye.

Le gouvernement français déclare que, si des violences venaient à être exercées contre des Alsaciens ou des Lorrains sous prétexte que ceux-ci auraient manqué à leurs devoirs de « sujets allemands », ces actes ne sauraient trouver dans de tels prétextes leur justification et les personnes qui s'en seraient rendues coupables tomberaient sous le coup des châtiments qui frappent les criminels de guerre.

Du 13 au 16 janvier 1945, le général de Gaulle se rendra dans le Finistère, le Morbihan, en Maine-et-Loire et en Loire-Atlantique.

À Emmanuel d'Astier de La Vigerie, à Maxime Blocq-Mascart, à André Colin, à Henri Ribière et à Pierre Vallon[2], à Paris

Paris, 12 janvier 1945

Messieurs,

J'ai bien reçu votre lettre datée du 10 janvier[3].

Bien que – je dois vous le dire franchement – la conception qui y est exposée ne coïncide pas avec la mienne, je serai heureux de vous voir.

Je dois partir pour l'Ouest demain et compte rentrer mardi prochain 16 janvier. Voulez-vous venir ce jour-là à 16 heures ?

Veuillez croire à mes sentiments cordialement dévoués.

---

1. Le troisième ouvrage adressé au général de Gaulle est *Civilisation française*.
2. Délégués à l'Assemblée consultative provisoire.
3. Cette lettre n'a pas été retrouvée.

À Jacques Ibert[1]

13 janvier 1945

Mon cher maître,

J'ai été très sensible aux vœux que vous m'avez adressés à l'occasion de cette nouvelle année.

Puisse-t-elle apporter à notre Patrie la Victoire qui lui permettra de se consacrer de nouveau à sa traditionnelle mission civilisatrice et culturelle.

Je sais quelle part il revient dans la gloire présente de la France au prestige de votre nom.

Veuillez accepter, mon cher maître, avec mes vœux les plus sincères, l'expression de mes sentiments cordialement dévoués.

Note[2] pour Georges Bidault, à Paris

Paris, 17 janvier 1945

Nous n'avons, à ma connaissance, rien dit au sujet du traité anglo-éthiopien.

Cependant, ce traité est mauvais pour nous et s'applique à une région où nous avons de grands intérêts.

L'armée éthiopienne devient « partie intégrante des forces de Sa Majesté britannique » ! Et ceci dans le même temps où les Anglais prétendent se mêler de la question de l'armée syrienne et la retirer à notre commandement.

Les Anglais remettent hypocritement à l'Éthiopie le chemin de fer d'Addis-Abeba qui est à nous, qui fut construit par nous et qui aboutit à Djibouti, chez nous.

On comprend pourquoi le Négus[3], sous la pression anglaise, ne s'est pas encore décidé à nous reconnaître et pourquoi nos missionnaires sont exclus d'Éthiopie.

Maintenant que les Anglais se sont servis, il faut s'attendre à ce qu'ils proposent leurs bons offices pour cette reconnaissance. On verra aussitôt M. Massigli enthousiasmé par leur bonne volonté à ce sujet…

Il y a lieu de protester contre ce traité qui dispose d'intérêts français sans la signature de la France. En outre, nous avons intérêt à nous faire les protagonistes de l'indépendance éthiopienne.

---

1. Directeur de l'académie de France à Rome, palais de Fontainebleau.
2. Une partie de cette note a déjà été publiée dans les *Mémoires de guerre*, t. III, p. 389.
3. Haïlé Sélassié Ier est empereur d'Éthiopie depuis 1930. Après l'invasion italienne, en 1936, il s'est exilé à Londres. Il a retrouvé son trône après l'arrivée des Britanniques en Éthiopie au printemps de 1941.

Télégramme à René Mayer, à Washington

Paris, 22 janvier 1945

Je comprends mal pourquoi nous consentirions à laisser les Américains utiliser comme navires-hôpitaux nos deux paquebots *Atlas* et *Colombia*. Je ne discerne pas, d'ailleurs, la contrepartie. Je vous rappelle que le gouvernement a décidé de reprendre à sa disposition directe tous les navires français, à moins qu'il ne soit participant à la direction du pool interallié au même titre que les autres grandes puissances. C'est de cela qu'il s'agit. Quant aux Liberty-Ships, le but à atteindre n'est pas de les armer avec des équipages français pour le compte des Alliés et sans que nous puissions en disposer. De toute façon, je vous demande à nouveau de rentrer d'urgence. Votre présence est nécessaire à la tête de votre département qui se trouve en ce moment devant les problèmes les plus difficiles. Amitiés.

À Paul Giacobbi[1], à René Mayer, à Augustin Laurent[2] et à Raoul Dautry[3], à Paris

Paris, 23 janvier 1945

Conformément à la décision prise par le Conseil des ministres, je vous demande de vouloir bien m'adresser désormais communication, sous le timbre de mon cabinet, de l'ensemble des instructions, circulaires ou télégrammes ayant soit une incidence politique, soit une importance technique notable, envoyés par vous à vos agents, ainsi que des rapports ou télégrammes de même ordre, reçus par vous de vos agents.

J'ai désigné M. Ruais[4] pour se tenir personnellement en liaison avec vous-même pour les questions concernant votre département.

À Georges Duhamel, à Paris

Paris, 26 janvier 1945

Monsieur le Président,

C'est avec grand plaisir que j'accepte l'offre que vous me faites d'être le président d'honneur de l'Alliance Française.

---

1. Ministre des Colonies.
2. Ministre des PTT.
3. Ministre de la Reconstruction.
4. Ingénieur des Ponts et Chaussées, Pierre Ruais est directeur des Travaux publics au Tchad en 1940 et rallie la France Libre. Depuis 1942, il est membre du cabinet du général de Gaulle.

En accordant ce patronage, je n'entends pas, moi non plus, obéir seulement à un usage, mais encore et surtout, marquer l'intérêt tout particulier que je porte à votre association.

Témoignant à travers le monde des traditions de culture et de civilisation qui font l'inaliénable grandeur de notre Pays, l'Alliance Française est en effet plus que jamais appelée à jouer un rôle éminent.

Veuillez croire, monsieur le Président à l'expression de mes sentiments cordialement dévoués.

Directive au sujet du plan de défense de l'Indochine[1]

Paris, 26 janvier 1945

I. Situation générale

1. La libération de l'Indochine doit nécessairement s'intégrer dans le Plan d'opérations des Alliés pour le théâtre du Pacifique et tenir compte à la fois de l'organisation des commandements ainsi que de leurs possibilités d'action.

2. Grâce à la position géographique de ses territoires, l'Indochine :

a. permet, avec la possession du Moyen-Annam, d'assurer le contrôle des lignes de communication terrestres du front japonais de l'Ouest avec ses bases arrière et ainsi de limiter, voire de bloquer, les mouvements des réserves stratégiques ;

b. constitue, avec le Tonkin, une zone favorable au développement d'opérations visant le dégagement de la Chine du Sud ;

c. présente dans son hinterland, des régions propices à la réunion d'éléments permettant la conduite d'opérations de guérilla visant, tout en assurant la pérennité de notre présence, au harcèlement des forces japonaises et à la permanence des destructions sur les voies stratégiques de communication. En particulier, la conservation de la région du Haut-Laos à l'ouest de la ligne Paksane-Col Barthélemy-Sam Neua, assure une tête de pont favorable à des opérations aéroportées alliées et un débouché éventuel en Indochine des unités terrestres s'infiltrant par les États Shans.

3. Par ailleurs, au point de vue stratégique, l'Indochine se trouve placée pratiquement à la fois dans la zone d'action du SEAC et du commandement sino-américain de Chine. Il est possible toutefois que cette situation très particulière, qui est la manifestation de divergences d'intérêts, subisse des modifications dans l'avenir. En tout état de cause, aucun de ces commandements ne disposera, avant la mi-45, de moyens suffisants pour déclen-

1. Apprenant qu'il y a des divergences au sein des autorités françaises pour la libération de l'Indochine, au sujet du plan de défense de l'Indochine défini dans sa lettre au général Mordant du 29 février 1944 (voir *Mémoires de guerre*, t. II, p. 680 à 683), le général de Gaulle précise ses directives, dans ce texte, classé « très secret », préparé par l'EMGDN.

cher des opérations au profit immédiat de l'Indochine (hypothèse B du Plan de défense). Tous deux, pour le moment, sont convaincus de l'intérêt d'une prolongation de l'état de fait existant, qui permet, en même temps, un renforcement des possibilités d'action de la résistance indochinoise sous toutes ses formes.

4. Quelle que soit l'attitude du moment adoptée par les Japonais, la connaissance que nous avons de leurs procédés impose de nous prémunir en permanence contre toute surprise de leur part et d'être constamment en mesure de résister par les armes.

II. Objet de la présente directive

5. Compte tenu des considérations précédentes, les hypothèses ci-après du Plan de défense de l'Indochine sont adoptées :

— *Hypothèse A* comportant deux variantes (A.1 et A.2) suivant que l'initiative japonaise s'effectue par surprise ou est précédée d'une période de tension.

— *Hypothèse B* correspondant à une reprise de la lutte à notre initiative, sur ordre du gouvernement, dans le cadre d'une action concertée avec l'extérieur, intéressant directement ou indirectement l'Indochine (variante B.1 et B.2) et en tenant compte dans chacune de ces variantes d'un renforcement éventuel du dispositif nippon.

6. Toutefois, s'il est possible de fixer, et avec une certaine précision, la conduite générale des opérations correspondant à l'*Hypothèse A*, il est bien évident que par suite de l'incertitude qui règne encore sur les actions du commandement allié, les données générales de l'*Hypothèse B* ne peuvent présenter que des prévisions susceptibles de révision. Sous cette dernière forme, cependant, elles paraissent de nature à « déterminer » des manœuvres alliées non encore définitivement fixées, mais soucieuses d'obtenir, comme dans la métropole, le maximum de coopération des forces françaises de l'Indochine.

En conséquence, la présente directive se propose essentiellement de préciser au commandement français en Indochine sa mission et le sens général dans lequel devront être conduites les opérations dans l'hypothèse A. Dans cette éventualité, les troupes de l'Indochine disposant de leurs seuls moyens, doivent résister par les armes à toute action japonaise visant, soit par surprise, soit à la suite d'un ultimatum, et par des mesures d'ensemble ou fractionnés, à désarmer ou à neutraliser les troupes françaises ou même, *à leur enlever la liberté d'action indispensable à l'application du Plan*.

III. Conduite générale de la défense dans l'hypothèse A

7. En raison des délais relativement encore importants (ordre de grandeur maximum de six mois) dans lesquels l'action alliée est susceptible de s'exercer directement ou indirectement au profit de l'Indochine, les opérations devront être conduites avec le souci primordial de durer. Il convient en conséquence :

a. après les combats initiaux, qui auront lieu inévitablement dans les zones de stationnement, combats au cours desquels l'écrasement de nos troupes devra être évité, regrouper dans les hautes régions du Tonkin et dans l'hinterland de l'Annam-Laos et du Sud des effectifs en état de mener des opérations de guérilla visant à harceler et à fixer le maximum d'ennemis et à interrompre leurs communications ;

b. conserver sous notre souveraineté, partout où ce sera possible, des parties du territoire indochinois afin d'y affirmer effectivement la pérennité de notre administration ;

c. assurer en toutes circonstances les destructions demandées par le commandement allié afin d'appuyer ses opérations et de contrecarrer les mouvements des réserves ennemies.

8. Compte tenu de l'articulation existante des forces françaises et de l'implantation de leurs moyens matériels, ainsi que de l'impossibilité d'y apporter des modifications rapides et profondes, l'*effort principal* de la défense sera porté sur le théâtre d'opérations du Tonkin.

Par ailleurs, la conservation des abords Nord-Ouest et Ouest du delta du Tonkin assure la possession du Haut-Laos et de ses terrains d'aviation, permettant ainsi l'arrivée éventuelle de renforts extérieurs.

Les opérations du Tonkin seront couvertes par des actions sur les installations japonaises de l'Annam et du Sud et sur les voies de communication et par la conservation de zones de recueil dans l'hinterland Moï.

9. Il n'est pas prévu, jusqu'à nouvel ordre, de renforcement des moyens actuels du Groupe, en dehors de l'appui éventuel de l'aviation alliée (14e Air Force, peut-être après la libération de la Birmanie, Eastern Air Command), et d'une action du CLI (5e régiment d'Infanterie coloniale du Maroc) déclenchée dans des conditions qui seront précisées ultérieurement.

Il est prévu toutefois un apport de cadres européens au profit des troupes du Tonkin, lesquelles seraient susceptibles de bénéficier, le cas échéant, d'une aide matérielle (armement du commandement américain en Chine).

IV. Organisation du commandement

10. La large décentralisation du commandement militaire imposée par un certain nombre de facteurs (soudaineté de l'attaque ennemie, étendue des territoires…) conduit à préciser les attributions respectives de certaines hautes autorités dans la conduite des opérations de défense :

a. dans l'hypothèse A, il appartient au Délégué général, commandant en chef[1], de déclencher le plan d'opérations militaire et subversif sans en référer préalablement au gouvernement. Le commandant en chef aura également à apprécier si, même en l'absence d'un ultimatum, la tentative d'occupation par les forces japonaises de points vitaux pour la défense doit entraîner la mise en œuvre du Plan.

1. Le général Mordant.

Il pourra, en vue de gagner du temps, se prêter à des négociations qui ne devront toutefois en aucun cas compromettre sa liberté d'action pour le cas où le déclenchement des opérations deviendrait inévitable.

b. les délais de transmission et la précarité des moyens mis en œuvre limitent l'action du commandement supérieur des troupes à fixer les données générales de la manœuvre et à assurer la coordination des actions menées sur les différents théâtres d'opérations ;

c. enfin les commandants désignés des divers théâtres d'opérations ont pour mission de conduire personnellement la bataille dans la zone qui leur a été délimitée et dans le cadre des missions qui leur ont été assignées par le général commandant supérieur.

11. Il est souligné que la définition de ces missions amène à envisager des modifications aux limites territoriales des grands commandements militaires de l'Indochine pour se rapprocher de celles des théâtres d'opérations prévus dans les plans de défense antérieurs de la Fédération.

C'est ainsi que le théâtre d'opérations du Nord devrait, outre le Tonkin, comprendre le Nord-Annam et le Haut-Laos ; tandis que celui du Sud doit englober tout le Sud-Annam, zone de recueil naturelle des forces de Cochinchine et du Cambodge.

Il est estimé d'ailleurs que cette réduction de la zone dévolue au théâtre d'opérations du Centre renforce l'action de son commandement et assure une plus grande efficacité de ses moyens sur les lignes de communication de l'ennemi ainsi que sur la base de Tourane, objectifs normaux de ses interventions.

12. Il est insisté sur la nécessité, *pour tout chef ayant à sauvegarder sa liberté d'action*, d'assurer sa sécurité personnelle ainsi que celle de son commandement.

Toute faute, tout oubli, engagerait gravement la responsabilité des intéressés.

V. Missions des grandes unités du groupe

13. La division du Tonkin est, dans le théâtre d'opérations Nord, chargée de l'effort principal visant à assurer, au minimum, la possession de territoires particulièrement importants pour l'effort ultérieur allié, puisqu'ils se trouvent appartenir à la fois aux zones d'action des deux commandants du SEAC et sino-américain de Chine.

À cet égard, le choix des axes d'effort :

— Sontay-Laokay

— Hoa-Binh-Sonla, ultérieurement Haut-Laos, est particulièrement favorable, sous réserve de s'assurer par ailleurs une sérieuse couverture sur l'axe Vinh-Khank-Kay.

Il est signalé l'*éventualité* d'un réarmement possible des éléments agissant sur le premier axe grâce à l'aide américaine, sur la base de dotations correspondant à deux « Combat Teams » (chacun à 3 bataillons d'infanterie, 1 groupe d'artillerie, Génie, Transmissions et Services, peut-être une compagnie de chars légers).

Toutefois, le repli des forces indochinoises au Yunnan ne doit être envisagé qu'à la dernière extrémité, sur l'ordre du gouvernement, suivant les modalités étudiées avec le commandement allié.

Par ailleurs, le développement des fortifications dans la zone frontière sino-tonkinoise doit permettre d'interdire, avec les effectifs limités, pendant un certain délai, les communications entre la vallée du fleuve Rouge et les territoires du Kouang-Si ou du Kouang-Toung. À signaler plus particulièrement le rôle de *Langson* comme « road block » sur la ligne de communication japonaise.

14. La brigade d'Annam-Laos a pour missions essentielles :

— d'assurer l'interdiction des communications ennemies dans la zone du Moyen-Annam entre Mékong et côte mer de Chine ;

— de harceler la base japonaise de Tourane ;

— de maintenir les forces françaises au voisinage de Hué, capitale de l'Annam.

Son attention est spécialement appelée sur l'importance de la transversale Savannakhet-Dong Ha pour l'exécution des mouvements entre Siam et Tonkin.

15. La division Cochinchine-Cambodge a, en raison de son stationnement au milieu du dispositif d'occupation japonais de l'Indochine du Sud une mission de décrochage particulièrement difficile à remplir.

Toute la conduite de sa manœuvre vers les zones de recueil serait largement facilitée par des dispositions visant à soustraire dès que possible le maximum d'effectifs à une brusque étreinte japonaise et à permettre leur regroupement au voisinage de la route coloniale n° 13 et du Mékong, dans la zone sud de Kratie.

En tout état de cause, la sécurité des opérations de repli vers les zones de recueil choisies exige que les troupes du Sud-Annam chargées de tenir la région Kontum-Darlac soient placées sous les ordres du commandement du théâtre d'opérations Sud.

16. Il est précisé que, dans toutes les Grandes Unités, les détachements autres que les troupes mobiles doivent participer à la lutte et recevoir, si nécessaire, une mission de sacrifice en vue d'infliger le maximum de pertes à l'ennemi et de faciliter ainsi la manœuvre des troupes d'opérations.

VI. Marine

17. La Marine doit s'organiser et prendre des mesures pour résister à l'agression japonaise.

Les groupes de combat qu'elle peut former, spécialement dans l'Indochine du Sud, doivent participer à la lutte suivant les instructions données par les commandants des théâtres d'opérations auxquels ils sont rattachés.

VII. Aviation

18. Des dispositions analogues sont à prendre dans l'Aviation, dont tous les moyens, aussi bien en personnel qu'en matériel, doivent être mis en œuvre au profit de la résistance militaire ou paramilitaire.

VIII. Liaisons et transmissions

19. L'organisation des liaisons et transmissions, entre le haut commandement indochinois et les divers théâtres d'opérations intérieurs ressortit aux attributions du général commandant supérieur compte tenu, le cas échéant, des prescriptions particulières du commandant en chef.

En vue d'assurer une liaison étroite avec le commandement français à l'extérieur appelé à renseigner sur les *intentions alliées*, des détachements de liaison (officiers d'État-Major, chiffre, transmissions) seront, en principe, déposés auprès des PC du commandant supérieur et des Commandants de théâtres d'opérations.

Dans le même ordre d'idées, un détachement de liaison du Génésuper pourrait être placé auprès du commandant des FEFEO.

Afin de compléter ce système, il est envisagé un réseau radio destiné à assurer des communications entre les Indes, d'une part, le CLI en opérations, d'autre part.

La mise en place de toute cette organisation devra donner lieu à des prescriptions spéciales de la part des commandements intéressés.

Par ailleurs, il demeure entendu que le réseau radiotélégraphique clandestin, d'ores et déjà réalisé entre l'Indochine et l'extérieur, continuera à fonctionner.

IX. Hypothèse B

20. Le déclenchement de l'*Hypothèse B* est évidemment lié à l'évolution de la situation stratégique sur les divers théâtres d'Extrême-Orient. Toutefois, il convient de ne pas oublier que la libération de l'Indochine peut donner lieu à une « course » entre les deux commandements alliés qui se « disputent » actuellement ce futur champ de bataille.

La solution transactionnelle d'un découpage n'est pas non plus à écarter. Elle donnerait sans doute le Tonkin et l'Annam du Nord jusqu'à Tourane (inclus) au commandement sino-américain et attribuerait la Cochinchine, le Cambodge et l'Annam du Sud à la zone d'action du SEAC qui dispose du Siam comme base de départ, à la fois vers Saigon et vers Tourane.

Il convient toutefois de signaler que malgré la réouverture prochaine de la route de Birmanie, le commandement sino-américain ne sera jamais en mesure de disposer avec cette voie, du matériel nécessaire pour assurer, d'une part, le réarmement des troupes chinoises destinées à la libération de leur pays, et, d'autre part, alimenter des opérations de cette importance. Il devra donc s'assurer, à brève échéance, une tête de pont sur la mer de Chine, comportant des installations susceptibles d'un certain débit.

Le choix peut se porter, en partant des Philippines, soit sur la Chine du Sud, soit, avec moins de risques, sur le Moyen-Annam (distance de Mindoro à la côte d'Annam : 800 milles environ).

22. De son côté, le SEAC, qui oriente son action future vers un large emploi des unités aéroportées et des groupements combinés de débarquement, peut escompter aussi une prochaine libération de la Birmanie. Mais, bien que son prochain effort paraisse s'orienter vers Sumatra et les côtes de la Malaisie en direction de Singapore, il n'est pas sans remarquer l'importance des États Shans du Sud pour des contacts terrestres avec l'Indochine.

23. Dans l'un et l'autre cas, il semble bien qu'aucun plan définitif n'ait encore été élaboré. Aussi la conduite éventuelle de la lutte contre les Japonais, dans le cadre défini ci-dessus pour l'hypothèse A, doit permettre de réserver un avenir qui ne peut guère s'ouvrir avant la mi-1945.

24. Pour marquer sa volonté de participer avec des troupes françaises, aux deux opérations évoquées ci-dessus, le gouvernement français a introduit, dès septembre dernier, une demande de réarmement pour deux divisions des FEFEO : l'une sur le type anglais, l'autre sur le type « Marines » américain.

La négociation est encore en cours à Washington auprès du gouvernement américain. Dès son aboutissement, elle placera la libération de l'Indochine dans le cadre d'un commandement allié analogue à celui qui a assuré la libération de la Métropole.

Apostille[1]

Le Comité d'Action pour l'Indochine est mal nommé.

Il n'a aucune décision à prendre mais des propositions à faire au gouvernement.

Il faut un secrétariat pour le Comité de l'Indochine, ce secrétariat devrait être rattaché à l'État-Major général de la Défense nationale.

À Gustave Cohen[2], à Paris

Paris, 1er février 1945

Mon cher Maître,

J'ai été extrêmement sensible à la lettre que vous m'avez adressée. J'ai ressenti, comme vous, de l'émotion en retrouvant l'autre jour cette

1. En marge d'une note du 30 janvier 1945 du gouverneur de Langlade, délégué politique du Comité d'action pour l'Indochine, qui souhaite qu'un certain nombre de mesures soient prises pour subordonner les instances militaires et administratives françaises en Indochine au Comité d'action.

2. Professeur à la Sorbonne.

atmosphère de la Sorbonne[1] où s'unissent de grandes puissances d'enthousiasme et un souci jaloux de la liberté.

Je compte beaucoup sur cette jeunesse intellectuelle à la formation de laquelle vous avez consacré votre vie. Je sais qu'en retrouvant des maîtres tels que vous je puis, à bon droit, compter sur elle.

Veuillez agréer, mon cher ami, l'expression de ma haute considération et de mes sentiments dévoués.

À Michel Chevallier[2], à Bonnefont

Paris, 8 février 1945

Mon cher Michel,

Je te remercie de ta lettre.

C'est avec joie que j'ai appris les bonnes nouvelles que tu me donnes de tes frères et de toi-même.

Puissiez-vous tous acquérir, dans les épreuves de la guerre, les qualités qui feront de vous ces hommes accomplis dont notre France aura tant besoin pour les tâches de la Paix.

Je t'embrasse avec toute mon affection.

À Georges Duhamel[3]

8 février 1945

Mon cher maître,

L'hommage de cette magnifique édition de *la Passion de Joseph Pasquier* m'a vivement touché.

Je n'ai pas perdu le goût des beaux livres et je vous remercie de m'avoir donné une si agréable occasion de m'en ressouvenir.

Je vous prie de croire, mon cher maître, à mes sentiments d'admiration très dévoués.

Les forces françaises prennent Colmar le 2 février 1945. Le 9, elles bordent le Rhin de Bâle au nord de Strasbourg.
Le 11, le général de Gaulle se rend à Metz.

---

1. Voir le discours du général de Gaulle du 22 janvier 1945, *Discours et Messages*, t. I, p. 501 et 502.
2. Cousin du général de Gaulle.
3. Secrétaire perpétuel de l'Académie française.

Discours prononcé le 11 février 1945 au balcon de l'hôtel de ville de Metz

Combien je suis heureux et ému de l'accueil que fait en ma personne au gouvernement de la République française, la noble, la grande ville de Metz libérée !

Pendant ces quatre années, les plus cruelles de notre histoire, Metz a souffert infiniment, je le sais, souffert matériellement et pis encore, souffert moralement. Metz martyrisée, Metz opprimée, Metz déchirée, déchirée jusque dans ses foyers, déchirée aujourd'hui même au moment où je parle, et où tant de familles sont séparées par la volonté hostile et farouche de l'ennemi. Et cependant, pas une minute, Metz n'a renoncé à soi-même, Metz n'a renoncé à la France. S'il en fallait une preuve, eh bien ! tous et toutes vous l'avez donnée ce soir, et vous l'avez donnée magnifique.

Le cœur de Metz, le cœur de la Lorraine a battu ici aujourd'hui. Ce cœur c'est votre cœur à vous. De son côté, la France, malgré tous les malheurs qu'elle a traversés, n'a jamais renoncé une seconde à sa Lorraine, à sa ville de Metz. La preuve ! C'est que, comme symbole de sa lutte, de sa victoire, et demain de sa rénovation, c'est la Croix de Lorraine qu'elle a choisie. Et nos troupes, qui ont repris l'habitude de la victoire, c'est aux accents de la Marche Lorraine qu'elles se plaisaient à défiler. L'avenir qui est devant nous, quand nous aurons achevé l'ennemi, quand nous aurons été de l'autre côté du Rhin, ce grand avenir, ce splendide avenir, nous le ferons tous ensemble.

La Lorraine, l'une des plus chères parties de la France, de la France une et indivisible, la Lorraine reprend sa route avec toute la France. C'est la route de l'effort qui mène à la grandeur. Du Rhin, nous ferons une route française, une route française d'un bout à l'autre. Ce sera là le symbole, le signe et l'obligation de la victoire, cette fois durable, et de la grandeur retrouvée.

N'est-ce pas, messieurs, que c'est cela que vous voulez, comme aujourd'hui le veulent tous les Français et toutes les Françaises pour que soit continue et vigoureuse la rénovation du pays, la rénovation politique, sociale, morale ? Nous ne voulons plus être ce que nous fûmes, c'est-à-dire encombrés de querelles absurdes. Tous et toutes, fils et filles de la France, nous voulons être des frères et des sœurs, travailler ensemble à ce qui nous est commun, au bien de la chère patrie.

Messieurs, si vous le voulez, nous allons ensemble, pour exprimer ces sentiments qui se confondent avec ceux de la France rassemblée, chanter l'hymne national, *la Marseillaise*.

Vive Metz ! Vive la Lorraine ! Vive la France !

Allocution prononcée le 11 février 1945 à la mairie de Metz

Monsieur le Maire[1], je veux répondre aux paroles très émouvantes que vous venez de prononcer au nom de la grande et chère ville de Metz. Vous avez dit, monsieur le Maire, que Metz était au service de l'État. Me trouvant ici au milieu des notabilités de la ville, de ceux notamment qui font profession de servir l'État, je réponds que ce qui est vrai pour Metz est vrai pour tous les Français. Oui, nous devons servir l'État. Certes, il faut refaire la Nation, qui a conservé ses sources de puissance et de volonté et dont nous espérons bien, d'ailleurs, que les malheurs qu'elle a traversés en feront sourdre de nouvelles. Mais, sur la base de la nation, nous autres, tant que nous sommes, avons le devoir de rebâtir l'État français, l'État fort, l'État tutélaire, sans lequel la nation perdrait tout. On a failli s'en apercevoir. L'État, nous avons déjà commencé de le refaire. Nous le refaisons sous le signe de la liberté, mais aussi sous le signe du devoir.

La liberté est une chose qu'il appartient à l'État de respecter, les devoirs sont une autre chose que les citoyens sont tenus d'observer. Voilà les grandes règles que nous mettons à la base de tout ce que nous avons à faire. Voilà la vérité nationale, grâce à laquelle nous pourrons construire, non point la France telle qu'elle fut, mais la France telle qu'elle doit être, rénovée dans ses mœurs, dans ses institutions, dans les rapports entre les citoyens, bref une France meilleure, plus pure, mais aussi plus dévouée à son propre intérêt !

Dans cette tâche nécessaire, Metz est à même de jouer un rôle capital, car Metz est un symbole, le symbole de la vigilance de la patrie éternelle. L'exemple de Metz, la pensée de Metz, l'amour de Metz sont des choses qu'on ne sépare pas de la France. Vous en avez conscience. La France aussi ! Quant à moi, jamais je n'en ai eu conscience plus profondément que ce soir.

De toute mon émotion et de toute ma confiance, je vous dis, monsieur le Maire, ma satisfaction de l'accueil que vous-même et votre cité avez réservé aujourd'hui à moi-même et à monsieur le Ministre de la Guerre, entourés que nous sommes de monsieur le Préfet de la Moselle[2], de votre grand gouverneur d'autrefois, le général Dody[3] qu'ici tous aiment et respectent, du chef d'État-Major de la Défense nationale[4], du secrétaire général du Gouvernement[5].

Vive Metz ! Vive la Lorraine ! Vive la France !

---

1. M. Gabriel Hocquard.
2. Le préfet Rebourset.
3. Le général Dody a commandé en 1943-1944 la 2e division marocaine qui a combattu successivement en Italie, en Provence et en Savoie. Après la campagne d'Alsace, il occupe les fonctions de gouverneur de la région militaire de Metz.
4. Le général Juin.
5. Louis Joxe.

À André Diethelm, à Paris

Paris, 15 février 1945

Mon cher ministre,

Conformément aux instructions verbales transmises à M. Bozel le 25 janvier 1945, j'ai l'honneur de vous demander de bien vouloir me faire connaître :

1. Quelles dispositions ont été prises par vos services pour assurer l'évacuation de l'immeuble situé en façade au 12 de la rue Saint-Dominique.

Il ne saurait vous échapper qu'à l'instant où le fonctionnement de la plupart des administrations, et notamment des services de la Présidence du gouvernement, se trouve contrarié par l'exiguïté et la dispersion des services, l'affectation d'un tel bâtiment au logement du personnel administratif et du personnel ouvrier du ministère constitue un non-sens auquel il importe de mettre fin sans délai.

Le personnel actuellement domicilié 12, rue Saint-Dominique sera transféré dans les bâtiments dont dispose la présidence, 99, quai d'Orsay, où sont libres, dès à présent, l'ensemble des appartements nécessaires.

2. Quelles sanctions vous avez cru devoir prendre à l'égard du chef de service responsable du chauffage des immeubles du ministère de la Guerre qui a cru pouvoir autoriser l'alimentation des chaudières desservant le 12, rue Saint-Dominique, alors que, dans le même temps, aucune distribution n'était déclarée disponible pour le chauffage des locaux à usage administratif et notamment de l'ensemble des services de la Présidence.

Veuillez agréer, mon cher ministre, l'assurance de mes sentiments dévoués.

Au général Eisenhower

Paris, 15 février 1945

Mon cher général,

Les opérations d'Alsace, qui ont abouti si heureusement, ces jours derniers, à l'éviction complète des Allemands de la poche de Colmar, ont aligné le front de la Ire armée française sur le cours du Rhin depuis la frontière suisse jusqu'au nord de Strasbourg. Je crois savoir que votre intention qui, à mon avis, est pleinement justifiée, consiste à maintenir la Ire armée en situation défensive jusque vers le 1er avril.

Cette période de répit doit permettre à la Ire armée de se remettre en état après les rudes efforts qu'elle a fournis cet hiver dans les Vosges et en Alsace.

À ce sujet, il me paraît indispensable de retirer de la zone des armées plusieurs grandes unités françaises. Ces grandes unités seraient ainsi placées dans les meilleures conditions possibles pour se refaire avant leurs futurs contacts. Elles pourraient contribuer à l'instruction rapide des grandes unités nouvelles que nous formons à l'intérieur.

Elles fourniraient les moyens de procéder, éventuellement, à la réduction des poches allemandes de Bordeaux dont la nécessité est pressante.

À ces considérations d'ordre militaire, je dois joindre, pour ma part, celles qui concernent l'esprit public en France et le fait que le gouvernement juge nécessaire d'assurer le contact entre certaines régions du pays et son armée organisée.

J'estime que cinq divisions doivent suffire, compte tenu des fortes majorations d'effectifs que représentent les unités de provenance FFI ainsi que d'autres éléments auxiliaires en service de la Ire armée, pour monter la garde du Rhin. Dans ces conditions, trois divisions devraient être ramenées à l'intérieur : la 1re DMI, la 3e DIA qui sont les plus fatiguées et la 2e DB.

Sur les cinq divisions françaises qui lui seraient ainsi laissées, la Ire armée devrait, d'autre part, placer en réserve d'armée, deux divisions afin que ses Grandes Unités puissent se reposer et se reconstituer tour à tour.

Je compte donner au général Leclerc le commandement d'un nouveau corps d'armée composé initialement de la 2e DB et de la 10e DI actuellement en formation. La 2e DB serait, dans ce but, accolée à la 10e DI en Touraine.

Quant aux 1re DMI et 3e DIA elles seraient regroupées, l'une à proximité de la 1re DI (région du Centre), l'autre près de la 36e DI (région du Sud-Ouest) pour aider à la formation et à l'instruction de ces nouvelles divisions.

Si l'opération de Bordeaux était décidée, l'une des deux divisions d'infanterie anciennes venues de la Ire armée (1re DMI, 3e DIA) et peut-être aussi un Combat-Command de la 2e DB seraient rattachés au commandement du général de Larminat pendant le temps nécessaire.

Les trois divisions anciennes venues de la Ire armée, tout en poursuivant leur remise en condition – recomplètement en personnel et matériel et instruction –, seraient prêtes sur un court préavis à rejoindre le front pour y être à nouveau engagées : la 1re DMI et la 3e DIA dans la Ire armée française, le corps d'armée Leclerc dans une armée américaine de votre choix.

Je sais que la réalisation de ce programme va entraîner pour le commandement suprême la résolution de problèmes difficiles de mouvements et de ravitaillements, mais on peut penser que de telles mesures permettront d'avoir procédé au commencement du mois d'avril à la reconstitution des anciennes divisions françaises, à la formation de trois nouvelles divisions, à la constitution d'un nouveau CA et à la libération du port de Bordeaux à laquelle j'attache toujours la même importance.

Je serais heureux d'avoir votre accord sur ces divers points[1], dont les modalités d'exécution seraient débattues avec votre État-Major par le général Juin, assisté du général Leyer.

Sincèrement vôtre.

Au général de Lattre de Tassigny

20 février 1945

Mon cher général,

Il me revient que Michelin reste toujours à la tête du régiment nouvellement formé avec les anciens éléments dits « Fabien ».

Je vous ai dit l'autre jour qu'il fallait sortir une fois pour toutes de ces combinaisons qui vont à l'encontre du bon ordre dans la réorganisation de l'armée.

Je vous prie donc de verser Michelin à une École de cadres où il puisse acquérir les connaissances élémentaires d'officier militaire qui lui manquent. J'y tiens essentiellement.

Croyez à mes amitiés.

À Auguste Gillot[2], à Paris

Paris, 22 février 1945

Monsieur le Président,

Le directeur général des Études et Recherches a rendu compte au gouvernement d'une lettre destinée à […] qui lui a été remise le […] par […][3].

J'ai l'honneur de vous faire connaître que le gouvernement n'estime pas qu'une Commission de l'Assemblée consultative ait qualité pour convoquer devant elle un fonctionnaire. Au surplus, et pour ce qui concerne la Direction Générale des Études et Recherches qui intéresse essentiellement les organismes de Défense nationale et, subsidiairement, les Affaires étrangères et l'Économie nationale, il n'apparaît pas au gouvernement que la Com-

1. Le général Eisenhower lui répondra le lendemain. Il ne croit pas possible que trois divisions soient retirées du front en ce moment. Il propose cependant « qu'une DI et une DB soient relevées de la Ire armée française pour satisfaire [aux] besoins d'entraînement à condition que la DI demeure à la disposition du général Devers jusqu'à ce qu'une unité nouvellement formée soit en mesure de prendre en charge la frontière franco-italienne ». Il précise enfin que « l'opération *Indépendance* devra naturellement être retardée jusqu'à ce qu'elle puisse être entreprise par de nouvelles unités ».

2. Auguste Gillot, président de la commission de la justice et de l'épuration à l'Assemblée consultative provisoire, fut l'un des représentants du parti communiste au Conseil national de la Résistance dès sa création.

3. Blancs figurant dans le texte.

mission de la Justice de l'Assemblée consultative soit habilitée à rapporter à son sujet.

Du 4 au 12 février 1945, une conférence s'est tenue à Yalta en Crimée, sans la participation de la France. Elle a réuni Churchill, Roosevelt et Staline. À son issue a été publié un long communiqué :
les forces des trois puissances occuperont chacune des régions distinctes de l'Allemagne. La France est conviée à occuper une sous-zone et à participer en tant que quatrième membre à la Commission centrale de Berlin chargée de coordonner le contrôle et l'administration de ces territoires.
Le communiqué contient une Déclaration sur l'Europe libérée. Les Trois prévoient notamment le rétablissement d'institutions démocratiques par la voie d'élections libres.
Il est décidé que la frontière orientale de la Pologne sera fixée sur la ligne Curzon de 1919 tandis qu'elle bénéficiera à l'ouest de compensations territoriales aux dépens de l'Allemagne.
Moyennant diverses concessions territoriales, l'Union soviétique accepte d'entrer en guerre contre le Japon.
Enfin, il est prévu d'organiser en avril, à San Francisco, une conférence qui devra jeter les bases de la future Organisation des Nations unies dont un projet a été élaboré à Dumbarton Oaks (21 août-7 octobre), en l'absence de la France. Les invitations seraient adressées par le président des États-Unis au nom des cinq Grands, dont la France, si elle acceptait d'être puissance invitante. Le général de Gaulle refuse, son gouvernement n'ayant pas participé à l'élaboration des textes préparatoires de la conférence.

Télégramme à Georges Bidault, à Londres

Paris, 25 février 1945

Le télégramme du général Beynet, annonçant que la Syrie déclare la guerre aujourd'hui à l'Allemagne[1] et exposant la façon dont MM. Shone[2] et Hankey[3] ont procédé à notre égard, contribue à nous éclairer sur la duplicité de la politique britannique. Il n'est que trop évident qu'à leur passage en Orient après Yalta, MM. Churchill et Eden ont personnellement participé à cette affaire sans doute avec Choukri Kouatli[4]. Les bonnes

1. Le gouvernement syrien entend ainsi être invité à la conférence de San Francisco, en tant que puissance belligérante. En fait, le 26 février 1945, la Grande-Bretagne informe Damas que sa demande n'est pas conforme aux arrangements de Yalta. Elle précise que cette déclaration de guerre n'entraînera pas sa participation à la Conférence. C'est finalement à la demande de la France que la Syrie y sera admise.
2. Ministre britannique au Levant.
3. Fonctionnaire au Foreign Office.
4. Président de la République syrienne.

paroles prodiguées ensuite à M. Massigli n'étaient, comme d'habitude, qu'une feinte.

Il est maintenant facile de comprendre pourquoi notre retard à accepter d'être co-invitant à la Conférence de San Francisco a tant agité, non seulement Washington, mais encore l'ambassadeur d'Angleterre à Paris. Si nous avions eu la légèreté de donner notre adhésion à ce qui nous était proposé nous nous trouverions demain dans cette situation ridicule que le président Roosevelt inviterait en notre nom la Syrie et sans doute le Liban à participer à la Conférence de San Francisco. De la part des Anglais qui veulent nous faire perdre en Syrie tout y compris la face, c'eût été bien joué si cela avait réussi. Il va de soi que dans de telles conditions notre co-invitation est désormais impossible.

D'autre part, le télégramme reçu du général Pechkoff[1], au sujet des plans d'intervention prochaine en Indochine des forces chinoises conduites par les Américains, nous offre un autre aspect de l'hypocrisie de Londres. Le gouvernement britannique ne peut nier avoir été au courant. D'ailleurs, à Tchong-King, le général anglais Carton de Wiart reconnaît qu'il savait à quoi s'en tenir. Cette opération, qui est lourde des plus graves conséquences quant à l'avenir de notre souveraineté en Indochine, a donc été décidée sans qu'on nous en ait rien dit. Il y a tout lieu de croire que MM. Roosevelt et Churchill en ont traité, après Yalta, lors de leurs entretiens d'Orient qui portaient officiellement sur les plans de guerre contre le Japon. Nous pouvons comprendre pourquoi les Anglais viennent de renoncer à transporter en Extrême-Orient le corps léger d'intervention français qu'ils s'étaient naguère engagés à y amener. Nous pouvons également discerner ce qu'on veut mettre, pour ce qui nous concerne, sous la bâtisse du trusteeship dont les Anglais affectent de croire qu'elle n'a qu'une vague destination.

Dans de telles conditions, vous jugerez certainement comme moi quelle peut être la valeur des témoignages de bonne volonté qui vous seront prodigués à Londres.

En tout cas l'Angleterre n'est pas sur le chemin qui peut la conduire à un traité de confiance et d'alliance avec nous.

Amitiés.

Note pour Georges Bidault, à Londres

Paris, 26 février 1945

La démarche de M. Caffery[2] auprès de M. Dejean prouve à quel point est justifiée la position prise par le gouvernement en ce qui concerne la

1. Ambassadeur de France en Chine.
2. Ambassadeur des États-Unis en France depuis octobre 1944.

participation de la France aux invitations pour San Francisco. Nous n'avons qu'à tenir bon sur cette position et nous en recueillerons des fruits que nos interlocuteurs viendront eux-mêmes nous apporter.

Au général Leclerc

Paris, 7 mars 1945

Mon cher Leclerc,

Je serais très heureux si une permission pouvait être accordée à mon cousin Morel-Deville, qui s'est engagé lors de la prise de Paris, et qui se trouve actuellement comme caporal au 3e Escadron SP. 84276.

Je désirerais le voir assez rapidement si possible.

Bien cordialement à vous.

À Augustin Laurent[1], à Paris

Paris, 7 mars 1945

Mon cher ministre,

J'ai bien reçu votre lettre du 1er courant, exposant les besoins urgents en pneumatiques de l'Administration des PTT, et votre lettre antérieure du 19 février, me parlant des difficultés que vous éprouvez à pourvoir de vêtements des agents de cette Administration.

Je serais d'avis que vous exposiez les difficultés que vous rencontrez dans l'exécution des transports routiers des PTT au ministre des Transports, qui me paraît être, depuis février, en mesure de vous apporter une aide très efficace.

Je demande, d'autre part, au ministre de la Production industrielle de prendre des mesures pour augmenter les allocations, à l'Administration des PTT, de pneumatiques et de vêtements.

Veuillez croire, mon cher ministre, à l'assurance de mes sentiments cordialement dévoués.

Le 9 mars 1945, les Japonais ont sommé les autorités vichystes de placer les forces françaises d'Indochine sous leur autorité. L'amiral Decoux a refusé. Il a aussitôt été arrêté ainsi que le commandant des troupes, le général Aymé. Néanmoins, des combats sporadiques avec des unités françaises ont éclaté, notamment au Tonkin.

1. Copie de cette lettre est adressée à Robert Lacoste, ministre de la Production industrielle, et à René Mayer, ministre des Transports et des Travaux publics. Le général de Gaulle leur demande d'apporter leur concours à Augustin Laurent.

Le 10, le général de Gaulle adresse au délégué général du Gouvernement provisoire en Indochine, le général Mordant, un télégramme lui donnant l'ordre de résister selon le plan prévu.

Le 11, l'empereur d'Annam, Bao Daï, encouragé par les Japonais, dénonce le protectorat français et proclame l'indépendance.

Télégramme au général Blaizot, à Kandy (Ceylan)

Paris, 12 mars 1945

Très secret

1. Le Comité interministériel de l'Indochine a pris la décision suivante :

Narcisse[1] sera seul délégué général du Gouvernement en Indochine aussi longtemps qu'il aura la possibilité de rester à la tête de la résistance intérieure vraisemblablement déclenchée depuis le 9 mars 1945 suivant l'hypothèse A[2].

2. Vos attributions demeurent les suivantes :

— commandant en chef désigné des Forces expéditionnaires françaises appelées à intervenir,

— en outre chef de la Mission militaire française auprès des commandements alliés en Extrême-Orient.

3. En conséquence votre rôle doit être :

— d'une part, de rechercher auprès de Narcisse toutes les informations concernant les opérations de la résistance intérieure ainsi que les suggestions propres à orienter l'aide extérieure,

— d'autre part, d'intervenir auprès des commandements alliés pour obtenir leur appui et guider leur action en Indochine d'après les renseignements et suggestions recueillis de Narcisse et d'introduire dans l'action extérieure les moyens qui vous seront progressivement donnés.

4. Le 10 mars 1944 nous avons demandé d'urgence à Washington que vous soyez accrédité auprès du général Wedemeyer[3] en attendant de l'être auprès du général MacArthur[4] puisque jusqu'à présent seules les autorités britanniques du SEAC vous ont reconnu.

Par ailleurs des démarches ont été entreprises à Londres pour obtenir le transport du CLI et rétablir vos liaisons par radio par l'intermédiaire du poste britannique de Kandy.

---

1. Pseudonyme du général Mordant. Il sera bientôt arrêté par les Japonais et remplacé par le général Sabattier.
2. Voir la directive du 26 janvier 1945.
3. Commandant en chef des forces alliées en Chine, et chef d'état-major du maréchal Chiang Kai-shek.
4. Commandant en chef des forces alliées dans le Pacifique, depuis 1943. Le général MacArthur fut aide de camp du président Theodore Roosevelt avant la Première Guerre mondiale, qu'il termina avec le grade de général à l'âge de trente-huit ans. Il a été commandant des forces américaines en Extrême-Orient en 1941 et 1942.

5. Le Comité interministériel d'Indochine continue à communiquer avec Narcisse par le canal de la DGER. Vous êtes informé de ces communications.

Toutefois, le Service d'Action aux Indes passe sous votre autorité.

6. La décision du Comité de Défense nationale du 1er février vous conférant les attributions de commandant supérieur des forces de terre, de mer et de l'air dans le théâtre SEA vous est confirmée.

À ce titre, un officier de liaison du *Richelieu* est détaché auprès de vous par la Marine.

7. Seront placés sous vos ordres, les officiers de liaison administrative qui seront désignés pour les territoires libérés d'Indochine.

À Pierre Lebon[1]

15 mars 1945

Mon cher délégué,

C'est avec la plus vive attention que j'ai pris connaissance de votre intéressant essai dont je vous remercie de bien vouloir m'offrir la dédicace.

Il y a là des vues neuves et fécondes. La France ressuscitée a besoin d'éliminer tous ces toxiques dont l'occupation nazie l'a empoisonnée.

Elle a besoin d'hommes dignes de tirer la leçon sur le plan pratique de votre utile synthèse et décidés à faire triompher les disciplines qui s'imposent.

Croyez, mon cher délégué, à mes sentiments cordialement dévoués.

À Gilberte Brossolette [inédit]

Paris, mars 1945

Chère Madame,

Le 22 mars, soyez sûre que ma pensée s'associera à la vôtre, à celle de vos enfants, à celle aussi de tous vos braves et chers compagnons qui honorent la grande mémoire de Pierre Brossolette.

Car nous n'avons jamais éprouvé plus profondément la perte que nous avons subi en le perdant. Du moins son exemple et ses idées nous restent dans la dure tâche qui est la nôtre au service du pays et de la liberté des hommes.

Je vous prie d'agréer, chère Madame, mes hommages très respectueux,

C. de Gaulle

1. Délégué à l'Assemblée consultative provisoire, palais du Sénat.

À Gaston Palewski [inédit]

mars 1945

Claude Teyssot, 39 ans, marié, 4 enfants, ingénieur industriel du pétrole ; militaire, est à l'hippodrome de Vichy. Il faudrait savoir ce qu'il en est ?

M.Palewski

Directeur de cabinet du général de Gaulle

Note pour le général Juin

Paris, 17 mars 1945

Affaire de la Sarre[1].

2 points essentiels.

1. Le charbon.

Les Alliés, comme nous, sont intéressés à la production des mines (je parle des militaires alliés).

Nous avons tout un personnel (ingénieurs et techniciens) au courant des mines où ils ont tout fait marcher jusqu'en 1935. Il faut l'envoyer sur place dès que possible.

2. L'occupation.

Nous avons les moyens d'assurer tout de suite l'occupation. 1½ Brigade à Metz, autres éléments ensuite. Général Dody a qualité pour régler les détails avec l'armée américaine intéressée (VIIe armée).

Les combats entre forces françaises et japonaises en Indochine se poursuivent en particulier au Tonkin.

Le 14 mars 1945, le général de Gaulle dans un discours radiodiffusé a stigmatisé l'agression nippone et glorifié la résistance des forces françaises à l'occupant.

Le 20, le président du Gouvernement provisoire intervient à l'Assemblée consultative provisoire à l'issue de la discussion du budget des Colonies.

1. Le traité de Versailles de 1919 reconnut les mines de la Sarre comme propriété française, à titre de dommages de guerre. Il fut prévu que la Société des nations administrerait pendant quinze ans ce territoire. Au terme de cette période un plébiscite devait être organisé. Il eut lieu en 1935 et décida du rattachement de la Sarre à l'Allemagne qui fut sensée racheter les mines à la France.

Intervention à l'Assemblée consultative provisoire, à Paris, le 20 mars 1945

Mesdames, messieurs, quelque désir que le gouvernement ait de voir aboutir au plus tôt la discussion du budget, je ne crois pas mal faire en prolongeant quelques instants ce très intéressant débat pour en tirer avec vous quelques conclusions qui, me semble-t-il, s'imposent à tous les esprits. Car il est remarquable que, sur le sujet dont vous débattez, une pensée commune, quoique subtilement nuancée, se soit élevée dans cette enceinte pour ce qui concerne ce qu'on a appelé d'un très beau mot, qui doit rester dorénavant non seulement dans nos propos mais dans nos institutions, la communauté française.

D'abord pas un mot n'a été dit, par les orateurs qui se sont succédé avant M. le ministre des Colonies, qui n'ait mis en relief la conscience prise aujourd'hui par tous de ce qui est cependant une nouveauté pour la nation française : je veux parler de la cohésion définitivement établie entre cette vieille métropole et les territoires d'outre-mer où elle a porté, souvent avec de grands mérites, et toujours avec de grandes idées, son drapeau qui est celui de la liberté.

Cette cohésion est apparue en pleine lumière au long de ces quatre années. Nous l'avons vu lorsque l'orage s'est déplacé tour à tour d'un territoire vers l'autre sans en épargner aucun, le dernier où souffle aujourd'hui la tempête étant notre Indochine. Cette cohésion, tous ici l'ont proclamée parce que tous l'ont ressentie. Les orateurs ont en outre exprimé ce que la nation, je crois, ressent profondément, à savoir que de ce qui a été détruit dans cette guerre il doit sortir des constructions nouvelles, pour ce qui est des territoires d'outre-mer par rapport à la métropole, et réciproquement.

Cela, messieurs, c'est à nous, tout de suite, qu'il appartient de le préparer. Et demain, c'est à la nation française, en collaboration avec ses filles d'outre-mer, qu'il appartient de le construire.

Enfin, le troisième point qui est ressorti du débat et qui fut clairement mis en lumière, c'est que, l'ennemi eût-il été décidément abattu, tout ne serait pas accompli pour assurer notre cause là où nous l'avons établie. Car cette cause même est restée en cause.

Messieurs, pas plus que M. le ministre des Colonies, le président du gouvernement n'attribue à des propos de journaux ou de réunion à l'étranger plus d'importance que peut-être ils n'en méritent[1]. Cependant, beaucoup de raisons nous ont avertis d'avoir l'oreille assez fine. Et je

1. Paul Giacobbi a évoqué « certaines tendances de par le monde aux termes desquelles il ne devrait plus y avoir de puissance coloniale [...], les colonies devraient, suivant le régime institué après la guerre 1914-1918, être soumises à je ne sais quel régime de mandat international. Ce sont là des théories qui ont cours dans la presse. Le gouvernement n'y attache pas plus d'importance qu'il ne se doit [...] ».

dois ajouter que les événements qui se produisent en Indochine, à l'heure où je parle, événements sanglants pour nous, en même temps que pour nos amis, ces événements nous donnent à réfléchir.

Messieurs, je ne m'étendrai pas sur ce point, mais, pour qu'il soit bien exprimé et, en même temps, pour établir un contact en quelque sorte direct entre notre Assemblée et nos combattants d'Indochine, je vais vous lire le dernier télégramme que le gouvernement a reçu des héroïques défenseurs de Monkay[1], qui est, vous le savez, un des points actuellement le plus chèrement défendus.

Dans un texte, pourtant très bref, vous verrez apparaître non seulement l'acharnement du combat, mais aussi les soucis de ceux qui en portent là-bas la charge. Vous verrez que ces soucis sont les nôtres et ceux mêmes que tout à l'heure, au nom du gouvernement, exprimait M. le ministre des Colonies.

Voici ce qui nous est télégraphié de Monkay, à la date d'hier :

« Le lieutenant-colonel Lecoq… » – lequel commandait les forces de défense de Monkay – « … a été tué à l'ennemi à l'attaque de Hakoï. »

Hakoï avait été perdu d'abord. Les Japonais en sont maintenant chassés.

Le télégramme poursuit : « Nos tirailleurs ont une conduite admirable ; aucune défection n'est à signaler.

« J'insiste… » – demande le chef d'aujourd'hui – « … pour que soient exécutés les parachutages d'armes et de munitions. » Vous comprenez, messieurs, de qui ces parachutages sont attendus et aujourd'hui encore espérés.

Le rapport s'achève ainsi :

« Tant que nous aurons des munitions et des armes, nous tiendrons. Aidez-nous autant que vous le pourrez. Le moral est excellent. Vive la France ! »

Messieurs, je conclus en en appelant à vous tous pour constater avec moi que, quand il s'agit de choses essentielles – et, sans doute, pour des mois encore, il ne s'agira que de celles-là –, nous sommes tous parfaitement rassemblés.

Attribution de la croix de la Libération à la Ville de Paris

Paris, 24 mars 1945

Capitale fidèle à elle-même et à la France, a manifesté, sous l'occupation et l'oppression ennemies, et en dépit des voix d'abandon et de trahison, sa résolution inébranlable de combattre et de vaincre.

Par son courage en présence de l'envahisseur et par l'énergie indomptable avec laquelle elle supporta les plus cruelles épreuves, a mérité de rester l'exemple pour la nation tout entière.

1. Ville du Tonkin, aujourd'hui région nord du Vietnam.

Le 19 août 1944, conjuguant ses efforts avec ceux des armées alliées et françaises, s'est dressée pour chasser l'ennemi par une série de glorieux combats commencés au cœur de la cité et rapidement étendus en tous les points de la ville. Malgré de lourdes pertes subies par les Forces Françaises de l'intérieur levées dans son sein, s'est libérée par son propre effort, puis, unie à l'avant-garde de l'armée française venue à son secours, a, le 25 août, réduit l'Allemand dans ses derniers retranchements et l'a fait capituler.

Décision

Paris, 27 mars 1945

Très secret

1. La 2ᵉ DB est mise à la disposition du détachement d'armée de l'Atlantique pour l'opération « Indépendance ».

Elle devra être libérée en entier à la fin de l'opération.

2. L'opération « Indépendance » ne nécessitant pas l'emploi de la totalité des moyens de la 2ᵉ DB, le général commandant le détachement d'armée de l'Atlantique fixera en accord avec le général commandant la 2ᵉ DB, et conformément aux ordres du général commandant le 6ᵉ groupe d'armées US – responsable de l'opération « Indépendance » –, les États-Majors et formations de combat et de service de la division qui seront engagés.

3. Après avoir réglé la participation de sa division à l'opération « Indépendance » le général Leclerc pourra prendre contact avec le 6ᵉ groupe d'armées pour préparer l'engagement éventuel de la 2ᵉ DB outre-Rhin.

En mars 1945, une offensive générale des Alliés a été déclenchée sur le Rhin. Le 7, les Américains se sont emparés du pont de Remagen. Le 25, la rive gauche du Rhin est entièrement contrôlée par les Alliés. La Iʳᵉ armée française commence, le 30, le franchissement du fleuve.

Télégramme au général de Lattre de Tassigny

s.d. *[après le 31 mars 1945]*

Secret

Je réponds à vos récents télégrammes.

Primo : Le cours des événements sur le front des Alliés, où les événements approchent de leur fin, pose sous un angle nouveau la question de l'occupation des territoires allemands. Le destin de la rive gauche du Rhin en particulier intéresse directement la France et ne peut plus être considéré par nous du seul point de vue des convenances militaires. En attendant que la question de l'occupation des territoires allemands soit réglée d'accord entre Washington, Londres, Moscou et Paris, nous devons occuper nous-mêmes et prendre sous notre propre autorité la fraction des territoires de la rive gauche du Rhin où nos troupes se trouvent actuellement. Cette disposition n'empêche naturellement pas que les communications de cette région puissent être utilisées pour les besoins de telle ou telle armée américaine. Vous devez donc vous maintenir à Spire, Bezgzabern, Gemersheim et Landau.

Si le commandant américain n'est pas d'accord, vous répondrez dans le sens de ce qui est indiqué ci-dessus en ajoutant que la rive gauche du Rhin devant, de toute façon, être occupée par les forces françaises, il serait illogique et fâcheux de les retirer maintenant pour les y ramener prochainement.

Secundo : Quand la Iʳᵉ Armée rencontre les personnalités françaises qui ont fait partie du gouvernement de l'Armistice ou de celui de Vichy, vous avez à vous assurer de leur personne et à les faire conduire sous escorte à Paris pour les y mettre à la disposition du ministre de l'Intérieur. Pour les autres, si vous avez un doute, vous devez faire de même. Il y a lieu de procéder ainsi même si les personnalités dont il s'agit étaient détenues par les Allemands ; la chose doit se faire en tout cas avec discrétion. Le général Weygand[1] est évidemment de ceux qu'il convient d'amener à Paris dans ces conditions en évitant tout éclat. Je dois vous en donner l'ordre quels que soient les sentiments personnels que vous avez pu garder à son égard. C'est là une affaire d'État. Amitiés.

Note au colonel Allégret, au cabinet militaire, au sujet d'un voyage d'inspection aux armées

4 avril 1945

Je veux aller voir nos forces :

1. sur le Rhin et au-delà,
2. dans les Alpes, notamment région de Nice,
3. sur le front de l'Atlantique (région de Royan).

Départ vendredi après-midi ? samedi, dimanche, lundi, retour mardi matin si possible ?

Pas de cérémonie civile, sauf visite à Nice.

1. Le général Weygand succède le 14 mai 1940 au général Gamelin comme commandant en chef de tous les théâtres d'opérations. Ministre de la Défense nationale dans le cabinet Pétain en juin 1940, il se déclare favorable à un armistice dès le 12 juin. Il est nommé le 6 septembre 1940 « délégué général du gouvernement en Afrique du Nord », et rappelé en novembre 1941 à la demande de Hitler. En novembre 1942, il est arrêté et déporté en Allemagne.

Note pour le contre-amiral Ortoli

Paris, 5 avril 1945

M. Bonneau[1] n'a eu aucune décoration militaire, bien qu'il ait servi au feu en Érythrée *très brillamment*.

Il faudrait lui en donner une (Croix de Chevalier de la Légion d'Honneur avec Croix de Guerre).

Si cela n'a pas été fait, c'est qu'après l'Érythrée il a été employé dans le service diplomatique et que l'autorité militaire ne s'est plus occupée de lui.

À Gustave Cohen, à Paris

Paris, 7 avril 1945

Mon cher Maître,

Ce n'est pas dans le seul domaine de sa langue qu'aura à lutter la France sauvée sans avoir encore retrouvé sa force première.

Mais les nations comme les hommes vont sans crainte aux combats qui engagent leur honneur et leur vie.

Je vous remercie de votre invitation que je regrette d'autant plus de n'avoir pu accepter que de telles manifestations sont précisément à encourager en ces temps où notre pays a besoin de prendre conscience de la totalité de son patrimoine.

Croyez, mon cher Maître, à mes sentiments cordialement dévoués.

Note pour le général Juin

Paris, 10 avril 1945

Dire ce qui suit au commandement américain :

1. L'armée française est au service de la France. Elle est employée dans les conditions que décide le gouvernement français.

2. Le gouvernement français met à la disposition du commandement interallié telle ou telle fraction de l'armée française si cela lui paraît conforme aux intérêts de la France. Dans ce cas, le commandement interallié emploie cette fraction ou ces fractions comme le comportent les opérations stratégiques communes.

---

1. Diplomate, Gabriel Bonneau rallie la France Libre dès 1940 et participe en 1941 aux combats d'Érythrée. En 1942, il est en poste au commissariat aux Affaires étrangères à Londres. Nommé la même année délégué du Comité national à Ottawa, il y dirige la mission militaire. En 1945, il devient directeur à la section d'Amérique du Quai d'Orsay avant de diriger la section d'Afrique et du Moyen-Orient.

3. Le gouvernement français a constitué la Ire armée et l'a mise à la disposition du SHAEF pour les opérations en France, puis en Allemagne. Épisodiquement il a également placé la 2e DB à la disposition du SHAEF pour être employée dans une autre armée. Enfin, il a consenti à ce que les troupes de certaines régions en France contribuent à la sécurité des forces alliées sur leurs arrières. Il n'a jamais accepté autre chose.

4. Le fait que les Alliés ont armé certaines unités françaises est une contribution à l'effort de guerre commun, tant comme le fait que le gouvernement français met ses chemins de fer, des locaux, du charbon, etc., à la disposition du commandement militaire interallié.

Conclusion.

Si les Alliés ont des demandes à adresser en dehors de ces points quant à l'emploi des troupes françaises, il ne tient qu'à eux de le faire. Le général Juin est là pour les recevoir et le gouvernement étudiera la suite à donner.

À Barmolini[1], à Strasbourg

Paris, 10 avril 1945

Monsieur le président,

Je suis profondément sensible au message que vous m'adressez[2] au nom de la Commission synodale de l'Église Réformée d'Alsace et de Lorraine, réunie pour célébrer, en présence de M. le pasteur Boegner, président de la Fédération protestante de France[3], la libération totale et définitive de l'Alsace.

Pendant les dures années que nous venons de vivre, ni les chrétiens d'Alsace, ni l'ensemble du protestantisme français, n'ont perdu la claire vision de l'intérêt véritable du devoir sacré de la patrie. À maintes reprises, des voix courageuses se sont élevées parmi eux pour l'affirmer. Cette attitude était conforme au noble esprit d'indépendance, de résistance à l'oppression, de fidélité au drapeau qui anime la tradition de vos Églises.

J'en suis trop informé pour douter du rôle important qu'elles joueront dans la rénovation morale et spirituelle de la patrie.

Veuillez agréer, monsieur le président, l'expression de mes sentiments les meilleurs.

1. Président de la commission synodale, Église réformée d'Alsace et de Lorraine.
2. La Commission synodale présente au général de Gaulle « ses hommages déférents et l'expression de son attachement indéfectible à la France ».
3. Le pasteur Boegner occupe ces fonctions depuis 1929. Pendant l'Occupation, il s'est élevé publiquement contre la persécution antisémite.

À Georges Bidault, à Paris

Paris, 11 avril 1945

Mon cher ministre,

Il me revient de divers côtés que M. Chauvel[1] s'apprêterait à partir pour Londres[2].

Je pense que ce sont là de faux bruits car, évidemment, le secrétaire général des Affaires étrangères ne peut aller négocier tant que le gouvernement n'a pas arrêté l'objet des négociations. Or ceci n'est pas fait.

Je crois donc qu'il y aurait intérêt à ne pas donner la chose comme acquise car les événements pourraient démentir, ce qui serait fâcheux.

J'attends toujours le projet d'échange de lettres au sujet de l'Allemagne qui, avec la déclaration sur l'Orient, est la seule chose à envisager pour le moment.

Amicalement à vous.

À Vincent Auriol[3], à Neuilly-sur-Seine

12 avril 1945

Mon cher président,

Merci de votre mot. Je viens de recevoir votre livre[4] et ai commencé de le lire. Si vous le voulez bien, nous en parlerons, car il y a dans vos idées pour demain une foule de choses d'un extrême intérêt.

Je vous prie, mon cher président, d'offrir à Mme Vincent Auriol mes très respectueux hommages et de croire à mes sentiments les plus distingués et amicalement dévoués.

Télégramme au général de Lattre de Tassigny

Paris, 14 avril 1945

À déchiffrer par vous seul.

Les agences annoncent que vous auriez nommé M. William Bullitt[5] gouverneur militaire de Baden-Baden. Je ne puis croire que cette information soit exacte. Il serait inadmissible qu'un citoyen américain, fût-il

1. Diplomate de carrière, Jean Chauvel a rallié la France Combattante en 1943.
2. Jean Chauvel pense que si l'on désire signer un traité avec la Grande-Bretagne, les conditions seront moins favorables après la conférence de San Francisco. C'est pourquoi il souhaite rencontrer Anthony Eden avant le départ de celui-ci pour la Conférence.
3. Délégué à l'Assemblée consultative provisoire.
4. Il s'agit d'*Hier et demain*, ouvrage de Mémoires et de réflexion politique.
5. Ancien ambassadeur des États-Unis à Paris, assistant de 1942 à 1943 du secrétaire d'État à la Marine, il sert en 1944-1945 comme officier de liaison à la Ire armée française.

officier à titre étranger dans l'armée française, reçût une telle fonction sur le territoire actuellement conquis et occupé par l'armée française.

Veuillez me télégraphier ce qu'il en est en réalité[1].

Note personnelle et confidentielle pour les ministres

Paris, 14 avril 1945

Le général de Gaulle, président du gouvernement provisoire de la République Française, rappelle à Messieurs les Ministres que s'il leur est loisible d'être candidats aux prochaines élections municipales et départementales[2], ils ne sauraient en aucun cas, ni tenir des réunions ni faire des discours qui aient en quoi que ce soit un caractère électoral.

Il convient, en particulier, que ceux des ministres qui seraient candidats s'abstiennent de parler en public dans la circonscription où ils se présentent.

Au général Eisenhower

Paris, 17 avril 1945

Mon cher général,

Je suis informé des grands efforts qu'accomplissent en ce moment l'armée et l'aviation américaines pour le secours et le rapatriement des prisonniers français libérés en Allemagne par l'avance des troupes alliées. Je vous en remercie très sincèrement. Les efforts déployés et les résultats déjà obtenus à cet égard, malgré toutes les charges imposées aux forces sous votre haut commandement pour les opérations en cours, sont profondément appréciés par le gouvernement français et par moi-même.

Je saisis cette occasion pour vous adresser mes très vives félicitations pour le développement magnifique de la progression des armées occidentales.

Veuillez croire, mon cher général, à mes sentiments cordialement dévoués.

1. Il s'agit d'une information erronée.
2. Elles auront lieu respectivement les 29 avril et 13 mai et les 23 et 30 septembre 1945.

Note

Paris, 17 avril 1945

Intendant général Ley[1].

Voir personnellement avec M. Diethelm. Il faut lui donner un poste important. Il n'a rien fait de mal, au contraire, et il est maintenant très capable.

Note

Paris, 17 avril 1945

Nous ne pouvons accepter aucune condition qui interdise à nos prisonniers de guerre de reprendre les armes contre l'ennemi[2].

À Jacques Maritain[3], à Paris

Paris, 18 avril 1945

Mon cher ambassadeur,

J'ai bien reçu les deux ouvrages dont vous avez eu la délicate pensée de me faire l'hommage et que je me propose de lire dans un proche délai. Ils concernent cette part de l'actualité qui est éternelle parce que du domaine de l'esprit et de l'âme.

Vous savez combien j'y suis peu indifférent et que les soucis du siècle ne m'en ont jamais tout à fait distrait.

Croyez, mon cher ambassadeur, à mes sentiments cordialement dévoués.

---

1. L'intendant général Ley est détenu au Val-de-Grâce malgré un ordre d'élargissement donné par le ministre de l'Intérieur.

2. Les Allemands proposent de laisser sur place leurs prisonniers dans les régions « menacées » par l'avance alliée à condition que ceux-ci, libérés, ne soient pas employés en service actif sur le front.

3. Ambassadeur de France au Vatican.

Télégramme au général Maley, commandant la 15e région, à Marseille

s.d. *[après le 19 avril 1945]*

Confidentiel
À déchiffrer par vous-même.

Au lieu de vous occuper de P[…], qui ne vous regarde pas, et d'apprécier le prestige du gouvernement[1], qui n'est pas dans vos attributions, veuillez vous consacrer à votre commandement et donner l'exemple de la discipline.

À André Diethelm, à Paris

Paris, 21 avril 1945

Mon cher ministre,

Les instructions que vous avez données aux généraux commandant les Régions en vue du retour dans les mines des ouvriers mineurs mobilisés n'ont pas encore été suivies d'effet. Un effectif d'environ 10 000 mineurs est maintenu sous les drapeaux.

Étant donné la nécessité de résoudre sans retard ce problème capital pour l'économie, je vous demande d'envisager des sanctions sévères contre les commandants d'unité qui persisteraient à méconnaître vos instructions et de m'indiquer les mesures que vous prendrez pour que cette situation soit promptement redressée.

Veuillez agréer, mon cher ministre, l'expression de mes sentiments cordialement dévoués.

Le 24 mars 1945, le Gouvernement provisoire a publié une déclaration relative à l'Indochine, précisant son statut particulier au sein de la future Union française.
Le 8 avril 1945, le général de Gaulle a donné l'ordre au général Sabattier de se maintenir en territoire indochinois.

1. Selon le général Maley la mesure de clémence dont bénéficient deux condamnés « suscite le mécontentement des populations » et « porte une atteinte grave au prestige du gouvernement ».

Télégramme au général Blaizot, à Kandy (Ceylan), au général Sabattier[1], à la DGER, à Calcutta, à M. de Raymond[2] et au général Pechkoff[3], à Tchong-King

Paris, 22 avril 1945

1. Aussi longtemps que le général Sabattier pourra se maintenir en territoire indochinois, il conservera son titre de Délégué général du gouvernement en Indochine.

2. Si cette situation devait se terminer et que le général Sabattier fût obligé de se retirer en Chine, il cesserait d'être Délégué général en Indochine.

Sa mission serait alors de commander et de regrouper les troupes françaises d'Indochine et de se tenir, à cet égard, en liaison avec le généralissime chinois, le maréchal Tchang Kai-chek, en pratique, par l'intermédiaire de son chef d'État-Major le général Wedemeyer.

Le général Sabattier portera alors le titre de Chef de la Mission militaire française et Commandant des troupes françaises en Chine.

Il continuera à dépendre directement du président du gouvernement chef des Armées par l'intermédiaire du général chef d'État-Major général de la Défense nationale et devra rester en liaison avec le général Blaizot.

À partir du moment où le général Sabattier cessera d'être Délégué général, et qu'il résidera en Chine, il devra se tenir en liaison étroite avec l'ambassadeur de France en Chine et le tenir au courant de ses activités.

3. Le général Blaizot conserve le titre de Chef de la Mission militaire française aux Indes et Commandant désigné des forces expéditionnaires françaises dans le théâtre SEAC. Il doit rester en liaison avec le général Sabattier ainsi qu'avec les diverses missions diplomatiques ou administratives françaises en Extrême-Orient. Il continue à dépendre directement du président du gouvernement chef des Armées par l'intermédiaire du général chef d'État-Major général de la Défense nationale.

4. *M. de Raymond* est le représentant du ministre des Colonies pour l'Indochine. Il est chargé de l'action politique et administrative sur l'Indochine.

C'est à lui qu'il appartient de donner des directives pour tout ce qui concerne l'action politique et administrative en territoire indochinois occupé par les Japonais. Il donne les directives nécessaires au service d'Information en Extrême-Orient.

Il lui appartient de former le plus rapidement possible un lot important de fonctionnaires capables de reprendre en main l'Administration de

1. Délégué général du Gouvernement provisoire, en Indochine.
2. Représentant du ministre des Colonies pour l'Indochine, à Calcutta.
3. Ambassadeur de France en Chine.

l'Indochine une fois libérée, et de contrôler les activités des techniciens qui lui sont envoyés pour la reprise économique du pays.

5. *À partir de la réception de ce télégramme* les services de la DGER, Action, Renseignements, et Contre-Espionnage en Extrême-Orient sont à nouveau centralisés sous le commandement du chef de la base DGER à Calcutta.

La DGER est seule chargée de l'exécution de toute l'action clandestine. Aucune mission ne peut être envoyée en Indochine, pays occupé, si ce n'est par elle.

Le général Blaizot, le général Sabattier, et M. de Raymond, chacun en ce qui le concerne, ont qualité pour actionner les services de la DGER suivant les directives qu'ils reçoivent, pour les deux premiers, du président du gouvernement, chef des Armées, par l'intermédiaire du général chef d'État-Major général de la Défense nationale, pour M. de Raymond, du ministère des Colonies. La DGER a l'obligation d'informer chacune de ces trois hautes autorités de ce qui peut l'intéresser dans son activité.

En outre, et comme précédemment, la DGER doit tenir informé l'ambassadeur de France en Chine.

6. *Au cas où des missions S.A.* données à la base DGER d'Extrême-Orient, par l'une ou l'autre de ces hautes autorités pourraient être divergentes, les divergences seront tranchées par le président du gouvernement, par l'intermédiaire du directeur général des Études et Recherches à Paris.

7. Toute instruction interministérielle ou ayant un objet commun sera donnée aux différentes représentations en Extrême-Orient par le *président du gouvernement.*

Au général Vanier[1], à Paris

Paris, 23 avril 1945

Monsieur l'Ambassadeur,

Vous n'êtes pas sans connaître les extrêmes difficultés auxquelles la France doit faire face pour son ravitaillement en papier. Vous avez pu vous rendre compte de tous les aspects que présente ici ce problème. Jusqu'à maintenant, nous n'avons pas pu aboutir, dans ce domaine, aux résultats en rapport avec les besoins auxquels nous avons à faire face.

J'ai pensé que le Canada serait en mesure de fournir à la France une certaine quantité de papier, selon des modalités à discuter entre nos deux gouvernements. Je vous le dis, sachant que je puis compter sur votre appui chaleureux dans cette affaire comme dans toutes les autres.

Veuillez agréer, monsieur l'Ambassadeur, les assurances de ma très haute considération et de mes sentiments dévoués.

---

1. Ambassadeur du Canada.

Au général de Lattre de Tassigny

23 avril 1945

Cher général de Lattre,

Je vous prescris de maintenir une garnison française à Stuttgart et d'y instituer tout de suite un gouvernement militaire, quoi que puissent dire et penser les Américains.

À leurs observations éventuelles, vous répondrez que les ordres de votre gouvernement sont de tenir et d'administrer les territoires conquis par nos troupes jusqu'à ce que la zone d'occupation française ait été fixée entre gouvernements intéressés, ce qui, à votre connaissance, n'a pas encore été fait.

Félicitations pour magnifiques résultats obtenus.

Amitiés.

Créé le 1er mars 1945, le détachement d'armée français des Alpes a déclenché, le 31 mars, une offensive au Petit-Saint-Bernard et au Mont-Cenis, et attaqué dans le massif de l'Aution. Le 25, il pénétrera dans le val d'Aoste.

Note pour le général Doyen, commandant le détachement d'armée des Alpes

Paris, 24 avril 1945

La région des 6 communes jusqu'au Col de Tende inclus et la région de la Basse-Roya y compris Vintimille doivent être assurées à la France[1].

Ces régions une fois enlevées à l'ennemi seront placées jusqu'à nouvel ordre sous l'autorité du général commandant le détachement d'armée des Alpes qui en assurera l'administration.

Il utilisera dans ce but les moyens et personnels administratifs qui ont été préparés par le préfet des Alpes-Maritimes avec qui il se tiendra en liaison étroite à ce sujet.

1. Ces régions se situent à l'est de la frontière italienne de 1939.

Instructions du gouvernement à la délégation à la conférence de San Francisco[1]

Paris, s.d. *[avant le 25 avril 1945]*

La Conférence de San Francisco, à laquelle la France sera représentée par une délégation dont vous assumerez la présidence, va se réunir dans des conditions sans doute assez différentes de celles qui avaient été initialement prévues. En convoquant cette Conférence sans attendre la fin des hostilités, le feu président de la République des États-Unis[2] avait eu le souci de séparer des règlements de frontières et de questions politiques proprement dites, celui de l'organisation générale de sécurité et d'en terminer avec ce problème avant d'avoir à aborder les autres qui se poseront nécessairement aussitôt que l'Allemagne aura déposé les armes. Dans le dernier état des événements militaires, il n'est pas absolument certain que le déroulement des opérations respecte les délais que le président Roosevelt s'était réservé et qu'en conséquence la Conférence de San Francisco puisse prendre les développements prévus. Quoi qu'il en soit, c'est sur la base d'un programme limité à la constitution d'une organisation générale de sécurité que la France a accepté de participer aux travaux de la Conférence, et les présentes instructions ne vous habilitent pas à négocier les questions qui sont du ressort des traités de paix, telles que règlements de frontières, réparations, etc.

La Conférence de San Francisco est la première conférence mondiale de politique générale qui se tient depuis la guerre. Il faut prendre garde que l'image qu'elle donnera du monde sera, par la force des choses, une image faussée. Alors que l'Amérique du Nord et du Sud y sera au complet, l'Europe, dans sa grande majorité, en sera absente : non seulement, pour des raisons trop évidentes, l'Allemagne et l'Italie n'y sont pas admises, mais encore l'Espagne, le Portugal, l'Irlande, la Suisse, le Danemark, la Suède, la Finlande, l'Autriche, la Hongrie, la Roumanie, la Bulgarie, la Pologne n'y figureront pas. C'est dire que, si la France n'y verra pas ses ennemis, elle ne pourra non plus y compter sur un certain nombre des petites et moyennes Puissances qui formaient en d'autres temps sa « clientèle ». C'est dire aussi que les préoccupations européennes ont des chances d'y trouver une moindre audience. C'est dire enfin qu'il incombera à la France d'y défendre, en accord avec l'Angleterre, la Belgique, les Pays-Bas, et, éventuellement, avec la Grèce et la Tchécoslovaquie, les éléments du patrimoine européen.

1. Ces instructions préparées par un tiers ont été entièrement revues et corrigées par le général de Gaulle. La délégation française à la conférence de San Francisco, qui s'ouvrira le 25 avril 1945, est dirigée par Georges Bidault.
2. Roosevelt est mort le 12 avril 1945.

D'une manière générale, tout ce qui peut contribuer à renforcer les pouvoirs de l'Assemblée, par rapport à ceux du Conseil, doit être soutenu par nous. Non seulement parce qu'il est fréquent et pour ainsi dire traditionnel que l'influence diplomatique de la France s'exerce plus facilement sur les États de moyenne ou de faible importance, mais encore parce que leur total représente une partie considérable du monde et que leur attitude joue un rôle essentiel dans l'opinion moyenne internationale.

À San Francisco la France doit s'affirmer comme grande puissance. Ce titre d'ailleurs ne lui est pas discuté par les dispositions mêmes du Plan de Dumbarton Oaks[1] qui ont prévu qu'un des cinq sièges permanents du Conseil de Sécurité lui était réservé de droit. Cette disposition ne saurait être remise en cause. Mais il importe en outre que, bien qu'elle ait décliné, pour garder entière sa liberté, l'offre de faire partie des puissances invitantes, la France soit associée, dans les mêmes conditions que les quatre autres membres permanents, au bureau de la Conférence ; il importe également au plus haut point que le français soit, dès l'ouverture des travaux, reconnu comme une des deux langues officielles, conformément au précédent de la SDN et à des raisons si fortes qu'aux jours les plus sombres de la guerre une Commission internationale réunie à Londres s'était inclinée devant elles. Des instructions à cet effet ont déjà été envoyées à Washington et dans les capitales de tous les pays représentés. Mais vous ne sauriez trop veiller à ce que cette question ne soit pas éludée au dernier moment, car c'est l'avenir de notre langue, comme langue diplomatique, qui se joue dans ce débat préliminaire.

En tout cas, vous ne sauriez conclure ni a fortiori signer aucun acte ne comportant pas de version française et dont le texte français ne ferait pas foi au moins au même titre que les textes rédigés en d'autres langues.

Les questions qui figurent à l'ordre du jour – tel qu'il résulte du projet de Dumbarton Oaks et de l'accord de Yalta – se rangent, d'après l'ordre d'importance qu'elles ont pour la France, en trois ordres d'idées :

1. l'organisation de la sécurité collective,
2. la question des « trusteeships »,
3. les questions économiques, sociales et intellectuelles.

1. *Organisation de la sécurité collective*

Sur les problèmes concernant l'organisation de la sécurité collective, les intentions du gouvernement ont été définies dans le mémorandum et les amendements remis le [...[2]] mars au gouvernement des États-Unis.

Votre première préoccupation doit être que l'élaboration d'un système de sécurité collective – dont, si parfait qu'il soit en théorie, la mise en

1. La conférence de Dumbarton Oaks (États-Unis) a réuni du 21 août au 7 octobre 1944 les représentants de la Chine, des États-Unis, de la Grande-Bretagne et de l'Union soviétique.
2. Blanc figurant dans le texte.

œuvre au jour dit dépendra de l'accord unanime des cinq grandes puissances – n'ait pas pour effet de remettre en cause ou de subordonner à des autorisations préalables les garanties d'intervention immédiate résultant pour la France de son traité d'assistance avec l'URSS ou de ceux qu'elle se réserve de négocier avec la Grande-Bretagne, la Belgique, les Pays-Bas, la Tchécoslovaquie.

Ce point étant acquis, la France, qui a toujours été favorable à l'idée de la sécurité collective, ne saurait manquer d'appuyer toutes les initiatives qui pourraient la renforcer, que celles-ci résultent de nos projets d'amendements, ou des projets apparentés présentés par d'autres États, européens ou américains. Mais, dans la poursuite de cet idéal, vous ne devez pas perdre de vue que le résultat le plus concret que nous puissions attendre de cette conférence est d'associer pour l'avenir les États-Unis à la sécurité du continent européen et d'établir, grâce à leur présence, les conditions d'un équilibre nécessaire des forces en Europe. C'est l'absence des États-Unis qui a été la cause première, mais déterminante, des échecs de la SDN. Nos efforts pour renforcer le système de sécurité du nouveau plan doivent donc être limités par le souci de ne pas dépasser le point au-delà duquel les engagements demandés aux États rencontreraient une opposition certaine du Sénat américain.

Le règlement de sécurité par la méthode des arrangements régionaux, qui a nos préférences, peut amener la Conférence à aborder la question des bases susceptibles d'être utilisées aux fins de la sécurité collective. La position du gouvernement à l'égard de ce problème, a fait l'objet d'une décision explicite. Je me bornerai donc à en rappeler ici l'essentiel.

La France, soucieuse d'assurer la sécurité des grandes voies de communication internationales aériennes et maritimes, pourrait accepter, en même temps que toutes les autres puissances mondiales, de mettre à la disposition de l'organisme responsable de la sécurité collective, en application d'une convention internationale ou d'accords bilatéraux, celles de ses bases qui présenteraient un intérêt stratégique international. Cette mesure toutefois ne prendrait effet qu'en cas de menace de guerre entraînant une action collective et sur décision dudit Conseil. Le gouvernement français n'admettrait, par contre, ni un partage d'autorité ni même un contrôle sur des territoires ou des établissements relevant de sa souveraineté. Il doit être naturellement entendu enfin que la collaboration que la France apporterait en ce domaine à la sécurité collective suppose la mise à la disposition du Conseil, suivant les mêmes critères, des bases présentant un intérêt international et situées sur le territoire des autres États membres de l'organisation.

2. *Trusteeships*

La question des trusteeships aura, semble-t-il, été examinée antérieurement à la Conférence par une Commission des cinq grandes puissances.

Les instructions données à M. Naggiar[1], qui y représente la France, vous indiqueront les principes dont vous devrez vous inspirer, au cas où la question reviendrait devant la Conférence.

3. *Questions économiques, sociales et intellectuelles.*

Le mémorandum français au gouvernement des États-Unis comporte plusieurs projets d'amendements au chapitre IX du plan de Dumbarton Oaks qui concerne le Conseil économique et social de l'Organisation. Le gouvernement s'est prononcé pour un renforcement des pouvoirs de ce Conseil, estimant qu'un système de sécurité serait insuffisant et risquerait d'être inefficace si l'Organisation internationale renonçait à agir sur les causes lointaines des tensions et des conflits, causes qui peuvent être, pour une large part, d'ordre économique. Il a tenu dans cet esprit à mentionner spécialement, au nombre des questions sur lesquelles pouvaient porter les études du Conseil économique, le problème de la répartition des matières premières. De façon générale, les amendements tendent à conférer à l'organisation internationale des pouvoirs de décision et de recommandation plus précis qu'il n'avait été prévu dans le projet de Dumbarton Oaks. Il doit s'ensuivre logiquement que nous devons nous montrer également favorables à une extension des attributions du futur Conseil économique et social par rapport à celles qui avaient été reconnues aux organismes correspondants de la Société des Nations.

La logique de cette position vous conduira à demander l'établissement de liens étroits entre les organisations internationales existantes et le Conseil économique et social. Il y aura lieu cependant d'apporter, notamment en ce qui concerne les institutions sociales et humanitaires, certaines atténuations ou même certaines dérogations au principe de cette centralisation.

Le Bureau International du Travail a donné depuis vingt ans des preuves de sa vitalité, et, grâce à une politique habile, est parvenu à garder une activité réelle pendant la guerre. La classe ouvrière française en a apprécié les réalisations et y est attachée. Vous devrez donc chercher à obtenir qu'il garde sa constitution propre et, dans le cadre de l'organisation nouvelle, le droit d'intervenir directement auprès des gouvernements pour leur recommander l'adoption des conventions du travail élaborées par ses soins.

Pour les institutions humanitaires, notamment les institutions d'hygiène, la question se pose sur le plan du rayonnement de notre culture. Les techniques médicales françaises, dont l'influence, prépondérante dans l'ancien Office international d'hygiène de Paris, demeurait grande encore au sein du Comité d'hygiène de la SDN siégeant à Genève, risqueraient d'être éliminées et remplacées par les techniques américaines dans une

1. Paul-Émile Naggiar, diplomate de carrière, est président de la Commission d'épuration du ministère des Affaires étrangères en 1944. Ambassadeur de France, il représente son pays dans différentes conférences internationales en 1945.

organisation nouvelle centrée aux États-Unis. Il s'agit ici de défendre un des éléments du patrimoine européen menacé. La solution la plus indiquée pour y parvenir sera de recourir à la méthode des organisations régionales ou continentales : les arguments à faire valoir dans ce cas (sous-alimentation dans l'Europe occupée par l'Allemagne, etc.) ne vous manqueront pas.

À plus forte raison est-ce la défense de notre influence qui est en cause à propos des institutions intellectuelles. Lorsqu'une Commission de coopération intellectuelle fut instituée par la SDN, elle accorda, sans discussion, sa présidence à un Français, et cette présidence française y est devenue en quelque sorte une institution. En 1924, la France mettait à la disposition de la Commission un Institut de coopération intellectuelle, par les soins duquel la coordination des échanges scientifiques, littéraires, artistiques, etc., dans le monde fut organisée pendant quinze ans à Paris, sous direction française. Il importe que la France reprenne sa place éminente dans un domaine qui, jusqu'à la guerre, ne lui était pas contesté. Un mémorandum récemment établi par un comité d'experts conclut à la consécration de l'Institut dans ses anciens privilèges, sur un programme nouveau, précis et constructif. Le résultat des premiers sondages effectués à Mexico auprès des délégués des États de l'Amérique latine a été encourageant. La délégation française devra présenter et soutenir les mêmes conclusions.

Certaines questions d'ordre politique peuvent être évoquées au cours des débats de la Conférence.

La première, qu'il faut prévoir comme susceptible de surgir dès le début de la Conférence, à l'occasion de l'examen de la liste des puissances invitées, concerne la Pologne.

La France a adopté dans l'affaire polonaise une position dont elle n'a pas de raison de se départir actuellement. Elle n'a pas rompu avec Londres. Elle a posé des jalons en direction de Lublin, puis de Varsovie. Des relations de fait qui se sont établies avec le gouvernement provisoire polonais la France tire un grand avantage en ce qui concerne la protection de ses intérêts en Pologne. Plusieurs puissances, dont la Grande-Bretagne et les Pays-Bas, paraissent tentés de s'inspirer de cet exemple.

Le gouvernement français n'est pas représenté à la Commission tripartite chargée de préparer à Moscou la constitution d'un nouveau gouvernement polonais. Il a donc toutes raisons de se tenir en dehors du débat et de continuer d'avoir, suivant les circonstances, avec le gouvernement de Londres et avec le gouvernement provisoire les rapports que, dans chaque cas d'espèce, commanderaient ses intérêts.

N'étant pas puissance invitante à la Conférence, la France s'abstiendra en particulier de prendre part aux discussions auxquelles pourrait donner lieu la participation ou la non-participation de certains États.

La question ne se pose plus en ce qui concerne la Syrie et le Liban. Le Gouvernement Provisoire l'a dissipée dès avant la Conférence, en suggérant lui-même aux gouvernements invitants de l'inclure dans leur liste. La position qu'il a prise ainsi implique qu'il ne se propose pas de chercher, dans le régime du trusteeship, la prolongation du mandat qui lui avait été attribué sur ces États par la SDN. Il reste fidèle, ce faisant, aux promesses faites dès l'automne 1941. Il n'est pas inutile de rappeler toutefois que la proclamation du général Catroux, si elle annonçait l'indépendance de la Syrie et du Liban, réservait expressément les obligations internationales dont la France avait la charge ainsi que les nécessités de la guerre et prévoyait la négociation d'un traité assurant à la France le maintien au Levant d'une position « prédominante et particulière ».

La Conférence de San Francisco n'est pas le lieu propice pour la négociation des accords envisagés. Mais elle peut être l'occasion de préparer, à la faveur de l'initiative qu'a prise le gouvernement et des relations confiantes que vous devrez chercher à créer et à entretenir avec les délégations syrienne et libanaise, une atmosphère favorable à la négociation ultérieure de tels accords.

Il est enfin diverses questions d'ordre politique qui ont été évoquées de diverses parts depuis la remise du mémorandum français à l'ambassade des États-Unis et qui, de ce fait, doivent être mentionnées ici.

La première est celle des pouvoirs de l'Assemblée, considérée comme la représentation directe de l'ensemble des États membres de l'organisation. Les vœux exprimés en ce sens sont le fait des petites puissances. Le gouvernement français a déjà, à propos du chapitre V, section B, du projet de Dumbarton Oaks, fait une proposition en ce sens. Il y a lieu, étant donné la préférence que nous marquons en toute cette affaire pour les solutions démocratiques, de donner notre appui aux manifestations de cette tendance qui se produiraient à San Francisco.

La seconde question est celle du vote plural, qui a été largement discutée à l'occasion de la divulgation de l'accord secret intervenu à Yalta entre le président Roosevelt et le maréchal Staline.

Partisans résolus du principe de l'égalité des États membres, nous ne pouvons admettre le vote plural. En dehors de tous aspects juridiques un tel avantage consenti à l'un ou à plusieurs des cinq membres permanents du Conseil de sécurité accentuerait ce qu'ont de choquant pour certains esprits les pouvoirs particuliers réservés auxdits membres. Vous ne sauriez donc l'admettre s'il venait à être proposé.

Enfin l'opportunité de prévoir une clause de révision des traités a été évoquée par la presse américaine.

Au cas donc où la question se trouverait posée, il conviendrait de s'inspirer du précédent sur le pacte de la SDN et des expériences faites au cours de vingt années d'application de ce pacte.

La France n'est pas favorable à une disposition qui ferait peser sur les traités une perpétuelle hypothèque et aurait tôt fait de leur ôter le caractère de permanence et d'obligation qu'ils doivent revêtir. L'évolution des événements, le changement des conjonctures et l'action de l'opinion doivent demeurer, comme ils le furent toujours, les éléments déterminants de la caducité des traités et, par suite, de leur fin ou de leur révision. Toutefois, il doit être admis que le pacte international qui pourra sortir des délibérations de San Francisco sera susceptible de révision dans des délais à déterminer. Le projet de Dumbarton Oaks, s'il était adopté sur ce point, confirmerait d'ailleurs à l'Assemblée les attributions nécessaires pour amener éventuellement le Conseil à un nouvel examen et à de nouvelles propositions.

Vienne a été prise le 12 avril 1945 par les forces soviétiques. Le 22, les troupes du maréchal Joukov ont pénétré dans Berlin. Le 25, Américains et Soviétiques ont fait leur jonction à Torgau, sur l'Elbe.

Le 22 avril 1945, la Ire armée française est entrée à Stuttgart. Cette zone étant nécessaire à la VIIe armée américaine, le général américain Devers a ordonné au général de Lattre de l'évacuer, le 24 avril.

Au général de Lattre de Tassigny, à Stuttgart

Paris, 25 avril 1945

Mon général,

Le colonel Beaufre[1] m'apporte votre lettre du 23 et les annexes qui y sont jointes.

1. L'autorité à Stuttgart comme dans tous les territoires conquis par nos troupes doit être une autorité française. Vous y établirez et y maintiendrez un gouverneur militaire avec une garnison suffisante et n'accepterez aucun empiétement à ce sujet.

Outre qu'il s'agit là d'une question politique sur laquelle le gouvernement a pris formellement position, il a toujours été entendu entre nous et le général Eisenhower que l'armée française administrerait les territoires allemands qu'elle aurait conquis.

Il ne pourra y avoir de changement à cet égard qu'après un accord entre les quatre gouvernements intéressés à l'occupation de l'Allemagne (France, États-Unis, URSS, Grande-Bretagne) en ce qui concerne les zones

1. Secrétaire permanent de la Défense nationale en Algérie en 1940-1941, il facilite en 1942 le débarquement allié en Afrique du Nord. Il participe en 1944 aux campagnes d'Italie, de France et d'Alsace et en 1945 à la campagne d'Allemagne.

d'occupation réparties des quatre armées. Cet accord n'est pas conclu à l'heure qu'il est.

2. La même prescription que je vous donne pour Stuttgart est évidemment valable pour tous les districts du Palatinat que vous occupez déjà.

3. Il est évidemment souhaitable que les gouvernements de Washington, Moscou et Londres se décident à négocier avec nous au sujet de la répartition des zones d'occupation. Mais ils ne le font pas jusqu'à présent, ou tout au moins ils ne répondent pas à mes propositions. Cela étant, nous restons où nous sommes comme eux-mêmes restent où ils sont.

4. J'espère venir à Stuttgart prochainement. Mais une visite ne peut y être le terme de notre administration et de notre autorité.

Je vous demande de croire à ma fidèle amitié.

Note pour M. Jeanneney[1]

27 avril 1945

Il conviendrait de convoquer l'ambassadeur des États-Unis et de lui dire à quel point nous prenons au sérieux l'incident de Stuttgart.

1. Nos troupes ayant pris Stuttgart, c'est à nous qu'il appartient d'administrer Stuttgart puisque nous n'avons aucun accord relatif à l'occupation. D'ailleurs, il a toujours été convenu avec Eisenhower que la première armée française administrerait les territoires allemands qu'elle aurait conquis jusqu'à ce que la question des zones d'occupation soit réglée.

2. Du moment où nous avons installé notre gouvernement à Stuttgart nous considérons comme presque outrageant d'être sommés de le retirer.

3. Nous le maintiendrons donc avec une garnison adéquate,

4. et en conclusion. Cet incident montre à quelles complications on risque d'aller si les zones d'occupation française, britannique, américaine et russe ne sont pas délimitées au plus tôt par les quatre gouvernements et non pas trois seulement.

À Jules Jeanneney, à Paris

Paris, 28 avril 1945

Mon cher ministre,

Toutes les questions concernant nos prisonniers libérés par les armées soviétiques et réciproquement les soldats soviétiques qui sont en France doivent, à mon avis, être reprises activement.

1. Ministre d'État, ministre des Affaires étrangères par intérim.

Il y aurait lieu de négocier avec Moscou un accord en bonne et due forme qui, jusqu'à présent, n'a pas été conclu.

Je vous serais obligé de reprendre l'affaire d'accord avec M. Frenay.

Je vous prie de croire, mon cher ministre, à mes sentiments cordialement dévoués.

À Henri Frenay[1], à Paris

Paris, 28 avril 1945

Mon cher ministre,

J'ai bien reçu votre lettre du 25 avril.

Il va de soi que nous n'avons aucune suite à donner à la démarche de Krug von Nidda, ni à aucune autre du même genre[2].

Veuillez croire, mon cher ministre, à mes sentiments cordialement dévoués.

À René Pleven, à Paris

Paris, 28 avril 1945

Objet : Budgets militaires (1946-48)

En réponse à votre lettre du 20 avril 1945, j'ai l'honneur de vous faire connaître que, prochainement le Comité de la Défense nationale étudiera dans ses grandes lignes la réorganisation militaire du pays dans l'après-guerre, et, qu'à ce titre, vous serez invité à prendre part à celles de ses séances qui seront consacrées à l'aspect financier du problème.

Comme vous, je considère en effet qu'il est à présent nécessaire de fixer nos idées sur ce point déjà abordé sommairement au cours de l'automne dernier, et étudié depuis, par l'État-Major général de la Défense nationale, aussi bien que par chacun des trois départements militaires.

Quant au fond, et comme vous, je considère que notre armature militaire ne pourra être définie que dans le cadre de la politique générale notamment dans les domaines économique et démographique. J'ajoute que les conditions de la paix future et la conjoncture internationale à ce moment entreront pour beaucoup dans les projets définitifs.

Il va de soi, en tout cas, qu'il serait dangereux de ne compter, pour assurer la sécurité française, que sur un système militaire excluant l'existence d'armées solides, dont certaines puissances peu exposées géographiquement, peuvent à la rigueur se passer.

---

1. Ministre des Prisonniers, Déportés et Réfugiés.
2. Les Allemands insistent pour que le gouvernement français fasse un geste de clémence en faveur de deux collaborateurs notoires.

D'une manière plus précise – et concernant les *matériels* – je dois, dès à présent, souligner ce qui suit :

a. aucune de nos armées – de l'air, de terre, de mer –, n'a pu encore réunir la totalité du matériel strictement nécessaire au *premier équipement* de ses seules forces du temps de paix. Le complément, à estimer, devra être réalisé soit par nos propres moyens et de manière échelonnée, soit avec l'aide de l'étranger et en utilisant alors toutes occasions favorables, telles que par exemple le rapatriement des forces américaines ;

b. renonçant sans doute à l'idée de stockage à longue échéance visant à constituer d'avance l'armement total de la nation, il nous faudra par contre *renouveler* constamment les matériels de nos armées du temps de paix. Cette obligation unanimement reconnue, même à l'étranger, entraînera annuellement, et dès l'origine, la réalisation non pas d'« importantes séries », mais des quantités nécessaires au but poursuivi et suffisantes pour offrir la matière voulue aux recherches scientifiques, d'une part, et aux éléments d'usines d'armements, d'autre part. Cela étant, l'entretien et le renouvellement de ces matériels paraissent devoir – à première vue – absorber des crédits sensiblement égaux à ceux qui correspondent à l'entretien des personnels[1] ;

c. il y a nécessité enfin d'entreprendre progressivement divers *programmes particuliers de travaux* (bases, reconstruction de bâtiments militaires détruits, etc.).

Concernant les *personnels* – et sans qu'il me soit possible, avant examen complet des besoins, d'émettre une opinion sur l'importance des effectifs à réunir – il faut observer :

a. que la *compression des effectifs* sera limitée au cours des premières années par des charges d'occupation initialement plus lourdes qu'elles ne le seront par la suite, ainsi que par la campagne d'Extrême-Orient ;

b. qu'étant donné notre intention de développer au maximum dans l'avenir nos effectifs de *militaires engagés ou de carrière* pour réduire parallèlement la durée du service, les conditions matérielles que nous devons, dès à présent, offrir aux hommes servant à très long terme ne peuvent être inférieures à celles que procurent les carrières civiles – quelle que puisse être la situation économique du moment ;

c. que, dans le même ordre d'idées, si nous voulons aiguiller une partie des élites de la nation vers l'armée, il faudra nous garder de revenir à la politique financière pratiquée à l'égard *des cadres* de 1919 à 1925 – politique dont nous subîmes les effets jusqu'en 1940.

1. Contrairement à ce que nous connûmes de 1918 à 1939, période durant laquelle les sommes investies en armements (Terre et Air) ne dépassèrent pas au total 60 milliards environ – soit le montant de 3 ou 4 mensualités payées depuis le 5 juin 1940 aux armées d'occupation… [Cette note figure sur le texte].

Pour toutes ces raisons, j'estime en définitive que s'il est nécessaire de comprimer et d'échelonner certaines de nos dépenses militaires, il ne serait pas indiqué, sur le plan des formules, de trouver la solution du problème dans une « pause[1] » dont le seul nom évoque une stagnation contraire aux buts de rénovation qu'il nous faut poursuivre dans l'armée comme dans toutes les institutions de l'État.

En fait, la restauration de nos armées devra faire partie intégrante de la rénovation générale du pays, et se voir affecter la part qui lui revient. Il semble que cette part, *à la lumière d'une expérience d'un siècle et demi*, ne saurait sans danger descendre en dessous du *tiers environ* du budget de la nation[2] (étant entendu que cette charge pourra peut-être bénéficier d'allégements correspondants au paiement par l'ennemi de tout ou partie des frais d'occupation engagés sur ses territoires.

Télégramme au général de Lattre de Tassigny

28 avril 1945

Je viens de recevoir du général Eisenhower une lettre d'après laquelle il s'accommode, bien qu'à regret, du maintien de nos troupes à Stuttgart.

Déclaration

s.d. *[après le 29 avril 1945]*

Les troupes françaises ont traversé victorieusement le territoire ennemi[3]. Elles arrivent aujourd'hui sur le sol de l'Autriche. En cette heure solennelle, le gouvernement de la République française proclame une fois encore sa volonté de participer à la restauration de l'indépendance autrichienne.

Au moment où cette promesse s'accomplit, la France adresse son salut aux habitants de l'Autriche, à ceux qui ont contribué à hâter l'heure de la Libération, à ceux qui sont déjà délivrés, à ceux qui vont l'être demain.

Ce n'est pas en conquérants, mais en libérateurs, que les soldats français pénètrent sur le sol de l'Autriche.

Le peuple autrichien, enfin délivré de ses oppresseurs, extirpera le nazisme et l'esprit prussien de l'administration de son pays. Il recouvrera

1. René Pleven propose « une pause pour tout ce qui concerne la remise en état de notre appareil militaire ».

2. Cette proportion semble avoir conservé toute sa valeur : si les charges civiles – économiques, sociales, etc. – se sont progressivement amplifiées, les charges militaires se sont accrues parallèlement, notamment dans le domaine des matériels [Cette note figure sur le texte].

3. Le 29 avril, la Ire armée française a franchi la frontière autrichienne.

ses libertés en rétablissant dans l'ordre ses institutions démocratiques. Il trouvera aide et assistance dans l'armée française de la Libération.

À Louis Jacquinot[1]

30 avril 1945

Mon cher ministre,

Comme vous le savez, il est d'une grande importance que nos renforts destinés au Levant y soient envoyés d'urgence.

Le gouvernement britannique en est très contrarié parce que l'arrivée à Beyrouth de troupes françaises envoyées sans son agrément doit marquer dans le Levant la fin de la période d'effacement de la France et de suprématie de la Grande-Bretagne. Il ne faut à aucun prix céder ni aux caresses ni aux grognements britanniques. C'est le moment de marquer le coup.

Je vous renouvelle donc et vous prie de renouveler de ma part à l'amiral Lemonnier l'instruction formelle d'assurer le transport des trois bataillons désignés. Comme nous ne disposons que de croiseurs, ce transport aura lieu par croiseurs (ce qui est, d'ailleurs, préférable…). En outre, il est essentiel que nos croiseurs et les troupes qui y seront embarquées aillent directement d'un port français à un port français (de Bizerte à Beyrouth) et ne passent pas à Alexandrie.

Je compte sur vous et sur l'amiral Lemonnier pour cette importante affaire.

Mes amitiés.

Télégramme au général Catroux[2]

Mai 1945

Je vous remercie de votre message et de la gratitude dont vous voulez bien apporter le témoignage. Laissez-moi vous dire que je n'aurais rien pu faire sans les Français qui n'ont jamais désespéré et qui n'ont pas hésité à se grouper autour de nous. À ces Français vous avez donné l'exemple de l'abnégation et du dévouement à la patrie. Je ne l'ai jamais oublié et je tiens à vous le redire aujourd'hui où la première étape s'achève dans une victoire à laquelle vous avez noblement contribué.

Amitiés.

1. Ministre de la Marine.
2. Ambassadeur de France à Moscou.

À Pierre-Henri Teitgen[1], à Paris

Paris, 1er mai 1945

Mon cher ministre,

J'appelle votre attention sur la nécessité d'une information plus active de l'opinion française et étrangère quant aux événements d'Indochine et, d'une manière générale, à la position de la France en Extrême-Orient.

Vos services comportent, je crois, un élément spécialisé dans cette importante matière. Je vous signale que le personnel qui en est chargé peut et doit trouver en particulier auprès du secrétariat du Comité d'Indochine (M. de Langlade[2], gouverneur des Colonies) de très utiles indications.

J'attache beaucoup d'importance à cette affaire. Il faut que le pays s'intéresse constamment à l'Indochine, ainsi qu'au destin de notre puissance et de notre influence dans tout l'Extrême-Orient.

Il faut aussi que le monde connaisse le rôle qui nous y est dévolu et mesure notre volonté de le jouer, voire de le développer, dans le plus prochain avenir.

Croyez, mon cher ministre, à mes sentiments cordialement dévoués.

En Syrie, après les manifestations antifrançaises de janvier 1945, de nouveaux signes d'agitation sont apparus à la fin d'avril. À la demande du Délégué général au Levant, le général Beynet, trois bataillons doivent y être envoyés, transporté par les croiseurs *Montcalm* et *Jeanne-d'Arc*. Au même moment on apprend qu'une division britannique venant de Palestine va rejoindre la IXe armée britannique stationnée au Levant.

Le 30 avril 1945, le gouvernement britannique a demandé à la France de suspendre l'envoi de ses troupes, susceptible, selon lui, d'entraîner des troubles.

Télégramme au général Mast, à Tunis

Paris, 2 mai 1945

J'ai donné l'ordre formel que le croiseur *Montcalm* embarque à Bizerte le détachement prévu et le transporte à Beyrouth sans escale.

1. Ministre de l'Information.
2. Directeur d'une société financière, installé en Malaisie depuis 1927, François de Langlade rallie la France Libre le 19 juin 1940. Chargé de plusieurs missions de renseignement en Indochine, il dirige en 1943 la section de liaison française en Extrême-Orient. Délégué politique du général de Gaulle dans cette région en 1944-1945, il est nommé à la tête du Comité interministériel pour l'Indochine en mars 1945.

Les objections et même éventuellement l'opposition du commandement britannique doivent être tenues pour nulles et non avenues. La mission du *Montcalm* est catégorique et doit être exécutée.

Veuillez communiquer ceci de ma part à l'amiral commandant à Bizerte, au général commandant supérieur en Tunisie et au commandant du *Montcalm*. Rendez-moi compte.

À Geneviève de Gaulle[1], au consulat général de France à Genève (Suisse)

2 mai 1945

Ma bien chère Geneviève,

Quelle joie j'ai éprouvée – partagée par ta tante Yvonne, tes cousines et ton cousin – de te savoir enfin libre !

Je suis extrêmement fier que tu sois ma chère nièce. Remets-toi, maintenant. La France a besoin de filles comme toi.

Nous espérons beaucoup te voir à Paris très bientôt. Ta chambre est prête. Nous causerons.

Toutes nos affections profondes à ton papa, à ta mère et aux tiens. Je t'embrasse de tout mon cœur.

Ton oncle affectionné.

Note pour le colonel Coulandon[2]

Paris, 3 mai 1945

Je désire :

1. que les vrais maquisards restent, après la guerre, réunis en une association d'anciens combattants des Forces françaises de l'Intérieur,

2. que l'historique des combats soit établi (notamment ceux du Mont Mouchet[3]),

3. que des monuments soient érigés par l'association avec concours des pouvoirs publics sur les lieux principaux.

1. Fille de Xavier de Gaulle, frère aîné du Général, Mlle Geneviève de Gaulle, membre du réseau de Résistance Défense de la France, avait été arrêtée et déportée en Allemagne au camp de Ravensbrück.
2. Dit « Gaspard », président de la Fédération nationale des maquis de France.
3. Sommet d'Auvergne où prirent position en juin 1944 trois mille maquisards qui affrontèrent victorieusement les troupes allemandes.

Au capitaine Bianquis[1], à Beurouth

Paris, 3 mai 1945

Mon cher Bianquis,

J'ai été tenu au courant de l'échange de correspondance que vous avez eu avec mes collaborateurs au sujet de la publication par vos soins de mes ouvrages.

Mes éditeurs s'entendront avec vous sur la fixation des droits en application des textes en vigueur et sur les modalités de leur versement.

Je tiens toutefois à préciser que le privilège dont *Les Lettres Françaises* de Beyrouth ont bénéficié, en raison de circonstances exceptionnelles, pour la publication de mes œuvres, a pris fin du jour de la Libération.

De ce fait, les éditeurs avec qui je suis lié par contrat sont seuls habilités, depuis le mois d'août 1944, à effectuer de nouvelles réimpressions de mes ouvrages.

Les Lettres Françaises peuvent donc vendre les exemplaires qui leur restent jusqu'à épuisement des stocks existant à cette date mais il ne leur est plus permis de procéder à de nouveaux tirages.

Croyez, mon cher Bianquis, à mes sentiments les meilleurs.

À André Diethelm, à Paris

Paris, 3 mai 1945

Confidentiel

Mon cher ami,

Mme C[…], qui est au Claridge, se trouve dans une situation très fâcheuse (ressources matérielles[2], soucis d'avenir, etc.). Personne ne s'occupe de cela, semble-t-il.

Je vous demande de prendre la chose en main sans délai. Il faudrait d'abord faire liquider très rapidement sa pension de veuve de général. Il faudrait également lui trouver un « job » un peu brillant et qui n'offre pas d'inconvénients sous le rapport des projets de l'« Intelligence Service ». Il paraît que les Anglais l'engagent déjà à retourner en Syrie…

N'y a-t-il pas dans « l'Entr'aide » ou dans le service social de l'Armée, ou ailleurs, quelque chose à lui donner tout de suite et où on pourrait, peu à peu, la calmer ?

Mes amitiés.

---

1. Directeur général de la société d'édition *Les Lettres françaises*.
2. Le général de Gaulle fait verser à Mme C[…], sur sa caisse personnelle, la somme de 20 000 francs.

À Adrien Tixier[1], à Paris

Paris, 4 mai 1945

Très secret

Mon cher ministre,

Je viens de recevoir l'ambassadeur de Belgique au sujet du passage éventuel du roi en France. Le baron Guillaume avait les déliberata explicites de son gouvernement.

Il demande que, si le roi[2] se présente à la frontière française, il y soit reçu simplement par les autorités locales (préfet, commandant militaire de subdivision) avec une extrême discrétion et sans aucune publicité.

Instruction est que le roi gagne la Belgique sans délai.

J'ai dit à l'ambassadeur que nous ferions comme son gouvernement le désirait, étant entendu que le commandement allié n'aurait pas à s'en mêler en France, sauf à fournir des moyens de transport aériens si le gouvernement belge les lui a demandés.

Je vous prie de donner les ordres nécessaires aux préfets qui peuvent être intéressés.

Amicalement à vous.

Télégramme à Georges Bidault, à San Francisco

Paris, 4 mai 1945

Je reçois votre télégramme du 2 mai.

Il me paraît à la rigueur acceptable de limiter aux mesures à prendre contre les États agresseurs dans la guerre actuelle, le cas où les arrangements régionaux pourront jouer immédiatement. Mais il n'est pas acceptable de s'en tenir aux arrangements régionaux conclus avant la ratification du pacte de sécurité[3]. Car cela nous amènerait soit à conclure avec l'Angleterre dans des conditions précipitées, c'est-à-dire mauvaises, soit à retarder notre ratification éventuelle, ce qui ferait mauvais effet.

Au total, voici le texte que nous pourrons à la grande rigueur déposer : « excepté les mesures prévues dans les arrangements régionaux dirigés contre le renouvellement de la politique d'agression de la part d'États agresseurs dans la guerre actuelle ».

1. Ministre de l'Intérieur.
2. Voir la lettre au prince Charles de Belgique, *s.d.* [après le 3 octobre 1944].
3. Au sujet de la sécurité, voir les instructions du général de Gaulle à la délégation à la conférence de San Francisco *s.d.* [avant le 25 avril 1945], et le télégramme à Georges Bidault du 9 mai 1945, *Mémoires de guerre*, t. III, p. 514.

À Alger, le 21 avril 1944, le général de Gaulle fixe par ordonnance l'organisation des pouvoirs publics à la Libération : élection d'une assemblée constituante, rétablissement des conseils généraux et des conseils municipaux de 1939, désignation par avance de commissaires régionaux. Le 3 juin 1944, le Comité français de la Libération nationale prend le nom de Gouvernement provisoire de la République française, présidé par le général de Gaulle ; il sera reconnu par les grandes puissances seulement cinq mois plus tard.

Le 6 juin 1944, les Alliés débarquent en Normandie. Huit jours après, le président du GPRF arrive en France et installe à Bayeux le premier commissaire de la République. Le 12 septembre, il remanie son gouvernement. Le 7 novembre 1944, l'Assemblée consultative provisoire se réunit pour la première fois à Paris, qui a été libéré le 25 août.

Les forces françaises, aux côtés des Alliés, participent à la libération de la France et aux combats sur tous les fronts. À l'exception de l'Alsace, de quelques poches sur la côte atlantique et de certains cols des Alpes, le territoire métropolitain est libéré à la fin de septembre 1944. Entrés à Metz, Belfort et Strasbourg en novembre 1944, les Français résistent, à Strasbourg en décembre 1944 et janvier 1945, à la contre-offensive allemande. La poche de Colmar est réduite en février 1945, celle de Royan en avril. Le même mois, les Alpes sont franchies.

En mars 1945, les forces américaines traversent le Rhin. Elles font la jonction en avril avec les forces soviétiques, à Torgau. En Italie, l'offensive alliée a culminé en avril. Les forces allemandes se sont rendues le 29. Les combats ont cessé le 2 mai (Hitler s'est suicidé le 30 avril 1945, l'amiral Dœnitz lui avait succédé le 29). Le 4, la division Leclerc est entrée à Berchtesgaden. Le même jour, les armées allemandes du nord-ouest de l'Allemagne, du Danemark et de la Hollande ont capitulé.

Télégramme au général Doyen

Paris, 4 mai 1945

Il y a urgence à occuper le Val d'Aoste entièrement. À ce sujet je suis informé que le colonel de Galbert qui commande dans ce secteur aurait une position personnelle et négative dans cette affaire. Bien que je veuille douter d'une attitude qui serait très grave de la part d'un officier, je vous prie de prendre les mesures voulues pour que le commandement de l'opération soit exercé par un chef qui ne se mêle que d'exécuter les ordres qui lui sont donnés en conformité des miens.

D'autre part, il y aurait grand intérêt à ce qu'un détachement français se rendît à Turin, ne fût-ce qu'à titre symbolique, puisque Turin fut le théâtre du soi-disant armistice franco-italien de 1940.

Télégramme au général de Larminat[1], à Cognac

Paris, 5 mai 1945

Secret

Étant donné l'effondrement de l'esprit combatif des armées allemandes dans toutes régions, j'estime qu'il y a lieu d'entreprendre sans délai des opérations actives contre les poches ennemies qui subsistent sur l'Atlantique. Quelle que soit la faiblesse relative de vos moyens, il est du plus haut intérêt de tenter de réduire sans tarder les dernières positions allemandes[2].

À Charles Tillon[3], à Paris

Paris, 5 mai 1945

Mon cher ministre,

Vous m'avez signalé le 4 mai que vous n'aviez pas encore obtenu l'inscription à l'ordre du jour du Conseil des ministres de l'avant-projet d'ordonnance portant rachat des actions des entreprises françaises de transport aérien et fusion de ces organismes.

Ce projet d'ordonnance intéressant aussi M. le ministre des Transports et des Communications et M. le ministre des Colonies, il y a lieu de le soumettre d'abord à l'examen du Comité économique[4]. Je donne des instructions au secrétaire général du Comité économique pour que ce projet d'ordonnance figure à l'ordre du jour d'une des prochaines séances de ce Comité.

Veuillez agréer, mon cher ministre, l'expression de mes sentiments cordialement dévoués.

Apostille[5]

M. Palewski.

Quand le procès de Pétain et consorts sera terminé, il faudra arranger l'affaire du jeune B. de La Chapelle. S'en souvenir à ce moment et, en attendant, le faire entendre à son oncle.

1. Commandant les Forces françaises de l'Ouest.

2. Cette situation entretient en particulier des mouvements armés qui empêchent le retour à la vie normale dans ces régions.

3. Ministre de l'Air.

4. Ce comité, placé auprès de la présidence du gouvernement, a pour mission de coordonner l'action des divers ministères intéressés dans le domaine économique. Il examine sous la présidence du général de Gaulle, avec les ministres compétents, toute question mettant en cause la politique économique du gouvernement.

5. Sur une lettre du 7 mai 1945 adressée par l'oncle et père adoptif de Fernand Bonnier de La Chapelle, qui demande sa réhabilitation. À la fin de 1945, le procureur général d'Alger sera invité à saisir la Chambre de révision.

Le 7 mai 1945, la capitulation inconditionnelle des forces allemandes est signée à Reims, quartier général du commandant en chef occidental. Une ratification parallèle sera effectuée le 8 au quartier général soviétique, à Berlin. Le général de Lattre y représentera la France.

Télégramme au général de Lattre de Tassigny

Paris, 7 mai 1945

Le premier acte de capitulation en campagne a été signé par le général Bedell Smith[1] avec les plénipotentiaires allemands le 7 mai à 0 h 01. Le général Eisenhower a invité à participer à la signature le général Souslaparof, représentant le front de l'Est, et le général Sevez[2] afin d'assurer à l'armée française une représentation symbolique. Le général Sevez m'en ayant référé, je l'ai chargé de signer la capitulation. Étant donné le grade et la personnalité du général Bedell Smith et puisque Montgomery ne signait pas il n'aurait pas convenu que vous fussiez derrière Bedell Smith. À tout prendre, je pense qu'il est mieux d'être le vainqueur que le signataire. Amitiés[3].

Télégramme à Winston Churchill, à Londres

Paris, 8 mai 1945

Au moment où le canon cesse de tonner sur l'Europe, je tiens à vous adresser ma pensée fidèle d'amitié et d'admiration. Ce qui a été fait ne l'aurait pas été sans vous. Je suis sûr de rencontrer votre espérance en souhaitant ardemment que nos deux vieux et grands peuples marchent ensemble en avant dans la paix féconde et glorieuse.

Télégramme au général Sabattier

Paris, 9 mai 1945

Vous êtes à la pointe du combat pour la reconquête de notre Indochine.

---

1. Secrétaire des états-majors alliés combinés en 1942, Walter Bedell Smith est nommé, fin 1943, chef d'état-major du général Eisenhower.
2. Le général Sevez commande, dès fin 1943, la 4e division marocaine engagée dans la campagne d'Italie et participe au débarquement en Provence, avant de devenir sous-chef d'état-major de la Défense nationale.
3. Voir aussi le second télégramme que le général de Gaulle lui adresse le même jour, *Mémoires de guerre*, t. III, p. 497 et 498.

Au moment où la bataille d'Europe s'arrête victorieusement, le pays adresse sa pensée reconnaissante et son espoir aux Français et aux Indochinois qui luttent sans relâche pour la Libération et que la mère patrie va pouvoir aider plus étroitement et plus efficacement encore.

Amitiés.

Télégramme au général Eisenhower, à Reims

Paris, 9 mai 1945

Au moment où se termine par une victoire complète sur l'Allemagne la magnifique campagne menée depuis novembre 1942 par les armées alliées et françaises sous vos ordres, je tiens à vous remercier au nom de la France. Le gouvernement français se félicite d'avoir placé sous votre haut commandement stratégique les forces françaises opérant sur le théâtre d'opérations occidental. Je puis vous assurer que toujours nos officiers et nos soldats se souviendront de vous avec respect et affection. C'est là un lien nouveau et définitif entre l'armée française et l'armée américaine. J'ai le plaisir de vous faire connaître que le gouvernement français a décidé de vous attribuer la Croix de la Libération. Avec mes meilleures félicitations, je vous adresse mes sincères amitiés personnelles.

Télégramme au maréchal Staline, à Moscou

Paris, 9 mai 1945

Au moment où s'achève par la victoire commune la longue guerre d'Europe, je vous prie de transmettre, monsieur le Maréchal, à votre peuple et à vos armées, le témoignage de l'admiration et de l'affection de la France pour son héroïque et puissante alliée. Vous avez fait de l'URSS un des principaux éléments de la lutte contre les puissances d'oppression. C'est par là que la victoire a pu être remportée. Ainsi la glorieuse Russie et vous-même avez mérité la reconnaissance de l'Europe tout entière qui ne peut vivre et prospérer que dans la liberté.

Télégramme au roi George VI, à Londres

Paris, 9 mai 1945

En ce jour de la victoire commune en Europe, je désire exprimer à Votre Majesté les sentiments de profonde amitié et de vive admiration que la France et l'Empire français portent à la Grande-Bretagne, aux dominions et à tout l'Empire britannique. La nation française salue les héros britanniques tombés en si grand nombre depuis le début jusqu'à la fin de cette guerre de trente ans et dont beaucoup sont ensevelis dans la terre française. En 1939, comme en 1914, c'est ensemble que nous avons tiré l'épée contre l'ennemi qui attentait à la liberté de l'Europe et à celle du monde. En 1945, comme en 1918, c'est ensemble que nous avons vaincu. Maintenant, c'est ensemble que nous allons poursuivre la lutte en Extrême-Orient jusqu'à la défaite des agresseurs. Puissions-nous désormais rester étroitement unis pour les œuvres difficiles de la paix. Je prie Votre Majesté d'accepter les vœux que je forme pour sa personne et de faire agréer à Sa Majesté la Reine mes hommages très respectueux.

À Georges Bidault, à Paris

Paris, s.d. *[après le 8 mai 1945]*

La fin des hostilités en Europe, l'amélioration probable des moyens de transport vont amener un afflux de demandes de visas pour la France.

Dans les circonstances actuelles, il me paraît indispensable que des enquêtes approfondies soient faites sur les conditions de départ de certains Français qui demanderaient à revenir ou les mobiles réels des voyageurs étrangers.

Je désirerais, dans ce but, que fussent installés auprès des représentations diplomatiques françaises à l'étranger, des organismes permanents à caractère exclusivement technique.

Ces organismes, qui existent déjà sous le nom de « Passport Control », auprès des représentations diplomatiques britanniques et américaines, seraient chargés :

a. d'établir des relations suivies avec les services de Police et de Sécurité locaux et nationaux ;

b. d'en référer, pour les cas douteux, au Service central à Paris dont ils relèveraient techniquement, à charge pour ce Service central de consulter ses propres fichiers, ceux de la Sécurité nationale ou tous autres auprès desquels il a accès.

La DGER ayant dans ses attributions la lutte contre l'espionnage ennemi, serait l'organisme à charger de l'exécution de ces mesures.

Cet organisme a reçu l'instruction de se mettre en rapport avec votre département pour régler les modalités de mise en place du service « Contrôle des Visas ».

Il est bien entendu qu'en dehors des attributions ci-dessus définies, le « Contrôle des Visas » devra s'interdire toute recherche *active* du renseignement dans les pays où il sera appelé à fonctionner.

Toutefois, il assurera le classement et le fichage des informations recueillies par les représentants de la DGER en pays étranger, ces représentants étant toujours choisis en dehors des personnalités couvertes par l'immunité diplomatique.

Je vous prie de bien vouloir agréer, monsieur le Ministre, les assurances de ma très haute considération et de mes sentiments dévoués.

Télégramme au général Mast

Paris, 10 mai 1945

Si le président Herriot[1] passe à Tunis, je vous prie de lui dire de ma part combien je me réjouis de le voir de nouveau sur le sol de France et combien j'ai sympathisé avec les épreuves qu'il a noblement supportées au service du pays.

Télégramme à Pierre Jean Jouve, à Berne (Suisse)

Paris, 11 mai 1945

J'ai été très sensible à votre message.

Merci d'avoir été un interprète de l'âme française pendant ces dernières années.

Au début du mois de mai 1945, trois communes italiennes situées sur le versant français des Alpes ont été rattachées administrativement au département des Alpes-Maritimes. Les Américains exigent le retrait, en deçà de la frontière italienne de 1939, des troupes françaises auxquelles seraient substituées des forces alliées.

Télégramme au général Doyen[2]

Paris, 12 mai 1945

J'apprends que des officiers anglais et américains se mêleraient ou prétendraient se mêler de l'administration des communes de Tende, La Brigue et Vintimille. J'apprends d'autre part que le préfet des Alpes-Maritimes demande qu'un accord interallié intervienne pour que ces communes soient placées sous l'autorité de l'administration française.

1. Président du Parti radical, plusieurs fois ministre, élu président de la Chambre des députés en 1936, Édouard Herriot, ayant manifesté publiquement en 1942 son hostilité à Vichy, est arrêté et mis en résidence surveillée la même année. Déporté en Allemagne en 1944, il refuse à la Libération les propositions de Pierre Laval tendant à former un gouvernement d'union contre le général de Gaulle. Libéré avec son épouse par les troupes soviétiques, il est rapatrié en France via Moscou, Damas et Le Caire.

2. Commandant du détachement d'armée des Alpes.

Je vous rappelle et vous confirme formellement :

1. que tout étranger qui se mêlerait ou prétendrait se mêler de l'administration de ces communes doit être expulsé sans délai. L'étranger n'a pas à se mêler davantage de la sécurité de notre frontière ;

2. que l'administration de ces communes doit être exercée sous votre autorité exclusive par des fonctionnaires désignés par le préfet des Alpes-Maritimes. Il n'y a à envisager à ce sujet aucun accord interallié.

Télégramme au ministre de France, à Téhéran

Paris, 12 mai 1945

J'apprends que le Président et Mme Herriot doivent rester quelques jours à Téhéran. Veuillez dire au Président combien je suis heureux de le revoir bientôt, et désireux de m'entretenir avec lui dès son retour à Paris. Vous exprimerez à Mme Herriot tous mes vœux de complet rétablissement.

Télégramme à Georges Bidault, [à San Francisco ?[1]]

Paris, 12 mai 1945

Je réponds à vos télégrammes du 10 mai.

1. Je ne vois aucun inconvénient à ce que vous indiquiez à M. Stettinius[2] quelles sont nos intentions relativement à la rive gauche du Rhin[3].

Pour le point particulier de Cologne, vous pourrez lui faire observer que la France a été envahie en 1914 et en 1940 et chaque fois par la Belgique. Or c'est Cologne qui est pour l'ennemi venant de l'est la porte de la Belgique et, par conséquent, de la France. Nous n'accepterions pas de confier à une autre puissance, dans l'espèce à l'Angleterre, la clef de notre sécurité. D'autant plus que ni en 1914 ni en 1940, le concours de l'Angleterre ne nous a défendus de l'invasion.

Tracez la ligne droite Berlin-Paris, cette ligne passe par Cologne.

2. Je reconnais que la question des arrangements régionaux aurait peut-être été plus facile à discuter pour vous si nous avions un pacte avec l'Angleterre. Mais comment en avoir un tant que celle-ci joue au point de vue du Rhin un jeu si différent du nôtre ? D'autre part, souvenez-vous que la politique de l'Angleterre consiste toujours à ne faire de pactes qu'en se réservant la possibilité d'apprécier elle-même, le cas échéant, si

1. La conférence internationale de San Francisco s'est ouverte le 25 avril 1945. Elle traite des bases d'une organisation des Nations unies et de l'avenir de l'Europe.

2. Secrétaire d'État américain aux Affaires étrangères.

3. La France entend occuper et contrôler la rive gauche du Rhin, de la Suisse à Cologne inclus.

ces pactes doivent jouer. C'est ce qui vous explique la position prise par M. Eden[1] au sujet de la formule « appréciation des gouvernements intéressés ».

Télégramme à Georges Bidault, à Washington

14 mai 1945

Le Nonce apostolique m'a fait savoir qu'il désirait connaître nos demandes définitives en ce qui concerne les prélats à écarter de leurs diocèses. Je lui ai fait indiquer que nous désirions des mesures d'éloignement à l'encontre de NN.SS. Duthoit, Auvity, Vielle, Serant et Poisson[2] ; que le maintien de Mgr Feltin, archevêque de Bordeaux, nous paraissait peu souhaitable ; qu'enfin, nous répugnerions à voir octroyer le chapeau à Mgr Marmottin, archevêque de Reims, comme à Mgr Feltin.

Mgr Roncalli, après avoir rappelé que le Saint-Siège nous avait déjà donné satisfaction par le retrait de Mgr de La Ville-Rabel, archevêque d'Aix-en-Provence, a promis d'obtenir du Saint-Père la pression nécessaire à l'éloignement de NN.SS. Duthoit, Auvity, Vielle et Poisson.

En outre, le Nonce a déclaré fort bien comprendre que le gouvernement français répugnât à l'octroi du chapeau à Mgr Marmottin.

En ce qui concerne Mgr Serant, évêque de St-Brieuc, Mgr Roncalli, s'est montré peu disposé à intervenir pour sa mise à l'écart définitive. Mais il envisage favorablement la possibilité de l'éloigner pendant un an de son siège et de le remplacer par un coadjuteur nommé à cet effet.

Enfin, le Nonce s'est déclaré nettement opposé à l'éloignement de Mgr Feltin, archevêque de Bordeaux, qui semble avoir gagné ses sympathies. Il lui a été indiqué que Mgr Feltin ne saurait en tout cas recevoir le chapeau.

Message à Harry Truman, à Washington

Paris, 15 mai 1945

M. Bidault qui va avoir l'honneur de vous voir doit vous parler entre autres questions de notre extrême désir de faire participer les forces françaises aux côtés des forces américaines à la campagne décisive contre le Japon.

Je comprends que cette participation soulève des problèmes techniques difficiles. Mais dans un moment capital pour l'avenir des deux pays, je tiens à vous dire que leur coopération effective dans la lutte du

1. Ministre britannique des Affaires étrangères.
2. Respectivement en charge des diocèses d'Arras, Mende, Rabat, Saint-Brieuc, Saint-Pierre-et-Miquelon.

Pacifique après la victoire en Europe pourrait avoir de très importantes conséquences politiques, morales et militaires.

C'est pourquoi je crois devoir attirer votre attention personnelle sur cette affaire. Le général Juin restera à Washington jusqu'au départ de M. Bidault. Il est en mesure de discuter le côté technique de la question.

Je vous envoie mes meilleurs vœux.

Au lieutenant-colonel de Saxcé[1]

Paris, 15 mai 1945

Mon bien cher ami,

Ta douleur est ma douleur[2]. Arnaud était un brave, un généreux, un excellent.

Ce sont les Arnaud qui nous auront sauvés en se faisant tuer pour la France.

Ma femme se joint à moi pour dire à Mme de Saxcé et à toi-même nos sentiments de profonde et affectueuse sympathie.

Télégramme au général Doyen

Paris, 17 mai 1945

L'envoi de forces provenant de la Ve armée américaine dans la zone qu'occupent nos troupes à l'est de la frontière franco-italienne de 1939 ne peut être accepté. Ce serait là un acte foncièrement inamical et avec un caractère qui pourrait paraître hostile. Vous notifierez ceci aux autorités militaires alliées intéressées en ajoutant que l'exécution risquerait de conduire à des incidents graves.

À Georges Duhamel, à Paris

Paris, 17 mai 1945

Monsieur le Secrétaire perpétuel,

Voulez-vous exprimer à vos confrères de l'Académie française mes remerciements bien vifs et sincères. Leur adresse m'a vivement touché[3].

Je ne doute pas un instant que votre Compagnie ne prenne une part éminente à l'œuvre de redressement national et de rénovation qui s'impose maintenant à tous les Français.

---

1. Camarade du capitaine de Gaulle au 33e RI pendant la Première Guerre mondiale.
2. Son fils, Arnaud, est mort en combat aérien comme pilote de chasse des Forces aériennes françaises libres dans lesquelles il s'était engagé le 1er juillet 1940.
3. « L'Académie française exprime sa profonde gratitude au général de Gaulle pour l'œuvre de salut entreprise dans la détresse, poursuivie dans la ferveur et accomplie dans la gloire. »

Veuillez agréer, monsieur le Secrétaire perpétuel, les assurances de ma haute considération et de mes sentiments dévoués.

Télégramme au général Doyen

22 mai 1945

Je suis informé du fait que c'est un officier anglais qui administre la ville d'Aoste[1].

Il convient que vous nommiez un gouverneur français dans la ville. On verra alors à qui la population ira s'adresser.

D'autre part, j'ai hâte d'apprendre que vous avez pu renforcer votre garnison.

À Georges Bidault

Paris, 23 mai 1945

Mon cher ministre,

Compte tenu de l'état des négociations de la Commission consultative européenne de Londres[2], en ce qui concerne le tracé de la zone d'occupation française en Allemagne par rapport à la zone d'occupation américaine, je crois devoir préciser à quelle solution nous devons nous tenir.

1. Considérant que le tracé de chaque zone doit correspondre en règle générale à des limites administratives simples, nous estimons qu'à l'est la zone française doit être délimitée :

— d'une part, par le tracé du Wehrkreis n° XII,

— et d'autre part, au sud de ce Wehrkreis, par les limites orientales du pays de Bade.

Pour cette même raison, nous ne réclamons pas la part Sud du Wurtemberg, ni la province de Sigmaringen.

2. La seule exception à ce principe concernerait :

— le cercle de Friedrichshafen (Wurtemberg),

— et le cercle de Lindau (Bavière),

à inclure dans notre zone dans le but de nous laisser la surveillance de la frontière suisse, et la communication avec le Tyrol.

3. Si ces divers points étaient admis, nous accepterions de voir Cassel et Francfort englobés dans la zone américaine.

4. Il convient en outre de faire ressortir que les questions de communication soulevées pour justifier l'inclusion de Karlsruhe, Mannheim et Darmstadt en zone américaine sont des plus discutables.

---

1. Le Val d'Aoste est une région italienne francophone.
2. La Commission consultative européenne a été créée lors de la conférence tripartite de Moscou, en octobre 1943. La France en fait partie depuis fin 1944.

En effet, il est parfaitement possible de laisser les Américains installer en zone française tel organisme ou communication qui serait jugé nécessaire – ainsi que cela a été fait en territoire français.

D'autre part, il ne peut être soutenu que l'extension de la zone française à quelques dizaines de kilomètres à l'est du Rhin rendrait plus difficiles les liaisons alliées entre Anvers et la zone américaine.

5. Sur le plan de nos intérêts, le tracé ainsi défini présenterait essentiellement les deux avantages suivants :

a. inclure tout de suite dans notre zone les territoires rhénans de la zone américaine dont nous envisageons pour nous-mêmes l'occupation permanente, soit :

— les deux rives du Rhin, en aval de Kehl,

— avec têtes de pont jointives en rive est, à hauteur de Coblence-Mayence face à l'Allemagne Centrale, et de Mannheim-Pforzheim face à l'Allemagne du Sud ;

b. éviter de briser l'unité rhénane qui, sur les plans ethnique et économique, doit trouver dans le Rhin une artère et non une barrière.

Ce tracé permet, d'autre part, et secondairement, de nous relier par la partie sud du pays de Bade, aux provinces autrichiennes du Tyrol et du Vorarlberg soumises initialement à notre contrôle.

6. Notre position antérieure concernant la délimitation de la partie nord de la zone française en relation avec la zone britannique (ligne Aix-la-Chapelle-Cologne) demeure inchangée.

Croyez, mon cher ministre, à mes sentiments cordialement dévoués.

Copie adressée au général Koeltz.

Décision

Paris, 25 mai 1945

1. Pour la période transitoire actuelle, l'Armée française sera articulée en 19 divisions plus 2 divisions destinées au théâtre d'opérations d'Extrême-Orient et un certain nombre de formations du territoire.

Ces 19 divisions comprendront :

— 13 divisions d'infanterie dont 3 de montagne,

— 4 divisions blindées,

— 2 divisions aéroportées.

2. Elles seront réparties ainsi qu'il suit :

a. Divisions d'occupation

Allemagne : 7 divisions – dont 2 blindées – groupées en deux corps d'armée

Autriche : 1 division de montagne et un commandement réduit de corps d'armée

Alpes : 2 divisions de montagne et un commandement réduit de corps d'armée.

b. Divisions de l'Intérieur : (Métropole et AFN)

9 divisions – dont 2 blindées et 2 aéroportées groupées en 2 corps d'armée.

Une division aéroportée sera stationnée en AFN ainsi que certains éléments blindés qui y seront envoyés ultérieurement.

Les corps d'armée seront des organes de commandement, d'instruction et éventuellement de ravitaillement et d'entretien et ne comprendront pas d'EOCA.

3. La relève suivante sera effectuée le plus tôt possible :

1re DMI par la 36e DI.

Les 19e, 23e et 25e DI seront mises à l'instruction au besoin pour une période de trois mois à la suite de laquelle elles relèveront autant de divisions d'occupation.

4. Les groupes de bataillon de choc de la Ire Armée sont remis à la disposition du ministre de la Guerre.

Allocution prononcée lors de la réception offerte à Paris en l'honneur du maréchal Montgomery le 25 mai 1945

C'est un grand honneur et une grande joie que d'avoir aujourd'hui parmi nous le maréchal Montgomery. Je le lui dis au nom du gouvernement français et au nom de nos armées. S'il le veut bien, je le lui dis aussi en mon nom personnel.

On pourrait s'étonner du hasard qui a toujours placé le maréchal Montgomery, depuis le début de cette guerre, précisément dans les lieux, juste aux moments et exactement dans les situations où se décidaient les grands combats, ceux dont a dépendu le destin du monde. Il commandait à Dunkerque la magnifique 3e division. Il tenait avec les 5e, puis 12e corps d'armée en 1940 et 1941 un morceau du sol d'Angleterre. Il prenait en 1942, dans le pire danger qu'ait couru l'Orient, la tête de la glorieuse VIIIe Armée et la menait depuis El-Alamein jusqu'à Tunis, en passant par Benghazi, Tripoli, le Mareth et Enfidaville dans l'extraordinaire épopée du désert. Il prenait avec cette même armée une part essentielle à la campagne d'Italie. Enfin, commandant de groupe d'armées, il débarquait en France en juin 1944 et depuis la Normandie, par les Flandres et l'Artois, la Belgique, la Hollande, la Westphalie, le Hanovre, le Danemark, il poussait devant lui, brisait morceau par morceau et faisait à la fin capituler une grande partie des armées allemandes. Partout où des forces et des chefs français ont combattu à ses côtés et, parfois, sous ses ordres, c'est-à-dire, je le crois bien, du premier au dernier jour de cette guerre, n'est-ce pas

Kœnig, n'est-ce pas Leclerc, n'est-ce pas Juin ? ils ont éprouvé pour lui la plus extrême confiance et la plus complète estime.

J'ai parlé, parce que c'est un terme consacré, du hasard qui avait mis en relief dans ces occasions décisives le maréchal Montgomery. Mais il n'y avait pas là de hasard. Il y avait un grand homme de guerre qui recevait toujours la charge des plus hautes responsabilités et en tirait le plus grand honneur parce qu'il en était capable. Les historiens, Monsieur le Maréchal, étudieront longuement vos victoires, votre art et votre manière. Moi, je dirai simplement aujourd'hui que vous êtes un soldat et un chef exceptionnels par la valeur et le caractère et que vous avez noblement et magnifiquement servi votre roi et votre pays et, par eux, la cause de tous les hommes de bonne volonté dans ce monde. Je me permets d'ajouter qu'en le faisant, vous avez aussi servi la France. Car, en vérité, et j'espère que M. l'Ambassadeur de Grande-Bretagne m'approuvera, le sort de nos deux vieux et nobles pays est lié avec celui de tout ce qui, dans l'univers, vaut la peine de vivre, de combattre et, s'il le faut, de mourir.

Et c'est pourquoi c'est de tout cœur que nous levons nos verres en l'honneur du maréchal Montgomery et des glorieuses armées britanniques.

Télégramme au général Catroux, à Moscou

Paris, 25 mai 1945

Je serais heureux de vous remettre vos insignes de Grand-Croix de la Légion d'honneur lors de la cérémonie militaire qui aura lieu à Paris le 18 juin. Si vous jugez que les circonstances vous permettent de vous absenter de votre poste à ce moment, veuillez donc venir ici en vous mettant d'accord à ce sujet avec le ministre des Affaires étrangères. J'en parle de mon côté à M. Bidault. Amitiés.

À la reine Élisabeth de Belgique[1], au château de Laeken (Belgique)

Paris, 27 mai 1945

Madame,

Puis-je dire à Votre Majesté à quel point j'ai été touché du message[2] qu'Elle m'a fait l'honneur de m'adresser à l'occasion de la Victoire ?

Au moment où commence une paix si chèrement payée, une fois de plus, je forme les vœux les plus ardents et les plus confiants pour la Bel-

1. Veuve d'Albert Ier, roi des Belges de 1909 à 1934 qui joua, pendant la Première Guerre mondiale, un rôle éminent tant militaire que diplomatique, qui lui valut le surnom de « roi-chevalier ».

2. La reine Élisabeth adresse au général de Gaulle un « hommage admiratif pour son inébranlable foi en les glorieuses destinées de la France qu'il a conduite à la victoire ».

gique, aussi proche aujourd'hui de la France qu'elle l'était sous le règne du grand roi Albert Ier. C'est dire que je confonds avec ces souhaits ceux, profondément sincères, qui s'adressent à Votre Majesté et à la famille royale.

Je prie Votre Majesté de bien vouloir agréer l'hommage de mon profond respect.

À André Diethelm, à Louis Jacquinot et à Charles Tillon

Paris, 28 mai 1945

Mon cher ministre,

Le moment est venu, pour le gouvernement, de fixer le niveau et la composition des forces de Terre, de Mer et de l'Air qu'il entend garder dans la période actuelle, compte tenu des conditions imposées pour la guerre contre le Japon, l'occupation en Allemagne et la sécurité de l'Empire. Il va de soi que ces conditions, une fois assurées, il y a lieu de ramener nos forces et notamment leurs effectifs, au minimum nécessaire.

Cette question essentielle sera examinée par le Comité de la Défense nationale au cours de sa prochaine séance et je vous prie de vouloir bien réunir dès à présent, pour ce qui vous concerne, les éléments de la décision.

Veuillez agréer, mon cher ministre, l'expression de mes sentiments cordialement dévoués.

L'Indochine est occupée par les Japonais. Depuis mars 1945, ils contrôlent presque en totalité ce territoire, malgré la résistance d'unités françaises, et encouragent les revendications nationalistes.

Télégramme au général Blaizot, à Kandy (Ceylan)

Paris, 28 mai 1945

Très secret

Veuillez mettre à la disposition de la section de liaison française en Extrême-Orient, seule chargée de l'action clandestine et du renseignement en territoire indochinois occupé par l'ennemi, le personnel français et indochinois qu'elle vous demandera pour l'exécution de sa mission. Les demandes pour ce personnel vous seront adressées par le représentant de la DGER en Extrême-Orient, le colonel Ross.

Message à Edvard Beneš

Paris, 28 mai 1945

Toutes mes pensées vous ont accompagné au moment où vous êtes rentré dans votre capitale de Prague. Rien n'est plus symbolique de notre victoire que la délivrance de la Tchécoslovaquie. Vous voulez bien invoquer dans votre message la tradition d'amitié de nos deux peuples. Croyez qu'elle est à jamais gravée dans notre cœur.

Jamais, je le crois, notre étroite amitié n'a été plus nécessaire à l'Europe comme à nous-mêmes. Elle ne sera que le prolongement du passé dans l'avenir.

Croyez à mes amitiés dévouées.

Note

Paris, 28 mai 1945

Je demande à M. Diethelm de revoir le cas de l'intendant général Ley qui me paraît réellement être traité sans justice[1].

Il faudrait le mettre à Paris.

À Joseph Paul-Boncour

Paris, 28 mai 1945

Monsieur le Président,

Je viens de lire le premier volume de vos Souvenirs[2] que vous m'avez si gracieusement envoyé et dédicacé.

C'est d'un extrême intérêt. Et puis il y a là tant de haute philosophie, tant de clair bon sens, tant d'expérience ; avec, par surcroît, de l'impartialité.

Je vous demande d'accueillir mes bien vifs et sincères compliments avec l'expression de mes sentiments fidèlement dévoués.

---

1. L'intendant général Ley vient d'être nommé à Orléans alors qu'il sollicitait le poste d'inspecteur des subsistances à Paris.
2. *Entre deux guerres. Souvenirs de la IIIe République.*

À Paul Ramadier, à Paris

Paris, 30 mai 1945

Mon cher ami,

Au poste que vous quittez[1], vous avez apporté dans des circonstances exceptionnellement difficiles une somme de travail, une abnégation et un dévouement à la chose publique, dont je tiens à vous remercier hautement.

Le gouvernement tout entier gardera de votre collaboration un très vivant et cordial souvenir.

Quant à moi, je vous demande d'être assuré de ma profonde estime et de ma fidèle amitié.

Télégramme au général Juin et au général de Lattre

s.d. *[mai 1945 ?]*

Je suis surpris de ne recevoir de vous que de très rares comptes rendus depuis la cessation des hostilités. Veuillez me rendre compte quotidiennement de la situation, notamment pour ce qui concerne l'administration des territoires allemands et autrichiens occupés par les forces sous vos ordres, la situation politique, économique, morale des populations, leurs relations avec les troupes, l'état d'esprit de l'armée, les rapports avec les Alliés.

Télégramme au général Doyen

Paris, 2 juin 1945

Secret

J'approuve entièrement la réponse que vous avez adressée au commandement allié, en ce qui concerne la prétention de l'AMGOT de s'installer sur les territoires pris et tenus par nos troupes[2]. Si les Alliés passaient à l'exécution vous devriez les en empêcher par tous les moyens nécessaires sans exception. Vous en avertirez de la manière la plus claire le commandement allié.

1. Le ministère du Ravitaillement.
2. Le 30 mai 1945, le général Doyen a averti par une lettre le commandement américain qu'il s'opposait formellement à l'installation d'un gouvernement militaire allié dans la province de Cueno.

Télégramme au général de Lattre de Tassigny

4 juin 1945

Je suis surpris de ne recevoir de vous que de très rares comptes rendus depuis la cessation des hostilités. Veuillez me rendre compte quotidiennement de la situation, notamment pour ce qui concerne l'administration des territoires allemands et autrichiens occupés par des forces sous vos ordres, de la situation politique, économique et morale des populations, de leurs relations avec les troupes, de l'état d'esprit de l'armée et des rapports avec les alliés.

À Abdul Aziz al-Saoud[1]

Paris, 9 juin 1945

Cher et grand ami,

Je reçois aujourd'hui le texte de la lettre de Votre Majesté. J'y suis sensible. L'amitié du peuple français à l'égard des peuples arabes est une des traditions les plus précieuses à notre cœur et à notre esprit.

Comment notre amour pour les peuples arabes ne serait-il pas plus ardent aujourd'hui après les émouvants témoignages de fidélité qu'ont donnés à la France les populations musulmanes d'Afrique dont les enfants n'ont jamais hésité à donner leur vie pour le salut du pays. C'est là la marque d'une solidarité profonde que rien ne peut altérer.

J'en vois une nouvelle preuve dans la lettre de Votre Majesté et je La prie d'agréer les assurances de ma haute estime et de ma constante amitié.

Discours prononcé à l'hôtel de ville d'Alençon le 10 juin 1945[2]

Je suis infiniment touché de l'accueil émouvant et magnifique que veut bien me faire la ville d'Alençon.

Alençon a souffert matériellement. Je sens aussi combien elle a souffert moralement. Combien de chagrins, de douleurs, d'humiliations ont été ressentis ici sur ce morceau de France comme sur la terre de France tout entière. Mais je sens aussi, à quel point, la résurrection et la victoire ont consolé tant de deuils et tant de souffrances et je suis sûr que le courage, la volonté, l'énergie de vous tous et de vous toutes sont appliqués maintenant au travail positif de notre reconstruction et de notre rénovation. Cette œuvre immense de reconstruction et de rénovation qui est

1. Roi de l'Arabie saoudienne.
2. À cette date le général de Gaulle visite la Manche et l'Orne.

entreprise ici comme dans toute la France, pour la mener à terme nous savons bien qu'il nous reste à surmonter maints obstacles.

D'abord des obstacles intérieurs : ceux qui procèdent de nous-mêmes, de notre propre nature, de nos propres défauts ; obstacles que nous saurons vaincre en nous-mêmes pour que l'union, le labeur commun, l'ordre, la discipline de toute la Nation viennent volontairement, consciemment à bout de bien des difficultés. Nous sommes d'ailleurs en très bon chemin.

Puis il nous faut vaincre encore des obstacles extérieurs que, je ne sais pourquoi, on pousse par-ci par-là sur notre route, sans calculer peut-être très bien les conséquences fâcheuses que cela peut comporter pour la bonne entente des grandes nations indispensable à la paix mondiale.

On ne mesure peut-être pas très bien aussi que si la France est dans une conjoncture assez difficile, il n'en sera pas de même toujours et que ce n'est peut-être pas un très bon placement, aujourd'hui, que de l'humilier. Car la paix qui naît et qu'il faut faire, on ne la fera pas, quoi qu'on ait pu penser, sans le concours de la France. Pour bâtir cet édifice qui s'appelle la paix, le bien de tous les hommes et de toutes les femmes de la terre, la France mieux instruite et mieux éclairée par ses malheurs et aussi par ses gloires nouvelles, est prête comme toujours à apporter son concours sans réserve.

Le 15 juin 1945, l'Assemblée consultative provisoire débat de la politique française au Levant à la suite des graves troubles qui s'y sont produits en mai[1]. Au cours de la discussion, le général de Gaulle prend la parole.

Interventions à l'Assemblée consultative provisoire le 15 juin 1945

Je voudrais dire un mot seulement, non pas au sujet de la justice distributive à laquelle nous a conviés Mme Viénot mais simplement sur un point de détail, de grande importance d'ailleurs, qu'elle a bien voulu évoquer à propos des traités de 1936[2].

Ce n'est pas le président du Gouvernement qui démentira ce que Mme Viénot a dit quant à la qualité de ces traités, à l'utilité qu'il y aurait pu avoir, qu'il y aurait eu certainement, à les ratifier à l'époque.

Mais quand elle parle de ce qui fut fait en 1941, dans le même domaine, je me permets de lui dire, étant assez bien informé, qu'elle se trompe. Les traités de 1936, quand nous sommes entrés en Syrie, en 1941, personne,

1. Sur les troubles du Levant, voir la conférence de presse du général de Gaulle le 2 juin 1945, *Discours et Messages*, t. I, p. 558 à 572.

2. Les accords de 1936 signés par Pierre Viénot au nom de la France mais jamais ratifiés par le Parlement prévoyaient l'achèvement du mandat et l'indépendance des deux États du Levant. Préservant les intérêts économiques et culturels français, ils garantissaient le maintien de bases militaires.

en réalité, n'en voulait plus. Il y avait à cela quelques petites causes. Je m'excuse de les rappeler.

Ces causes, c'était d'abord, hélas ! la défaite de la France, en second lieu, la présence des Britanniques avec nous. C'était, en troisième lieu, le doute, qu'on ne cherchait pas à nous dissimuler, même chez les nationalistes de Damas. Ce doute, on l'exprimait quant à l'avenir des hommes qui, à ce moment-là, à Damas et à Beyrouth, très peu entourés, je dois le dire, et dans des circonstances vraiment difficiles, parlaient cependant au nom de la France : « Qui êtes-vous ? nous disait-on, qui avez-vous avec vous ? Êtes-vous la France ? Quel parlement ratifiera ces traités ? »

Je prie Mme Viénot, comme tous les Français et toutes les Françaises qui veulent bien s'occuper actuellement des affaires de la France, de penser toujours qu'en ces matières et dans la situation où nous sommes, plus que des formules, il faut tenir compte des réalités.

Je ne sais pas si l'orateur calcule très exactement la portée de ses paroles, quand il met en cause, de cette façon et dans les circonstances présentes, le représentant de la France en Syrie et au Liban[1].

En tous cas, lorsqu'il évoque le fait qu'en Syrie et au Liban il se trouve, et c'est exact – comme d'ailleurs il se trouve partout – un nombre très grand de Français qui, à un moment donné, ont été plus ou moins contraints de subir la loi de Vichy, et quand il semble indiquer que la France, maintenant, doit les exclure, je me sépare complètement de lui.

Je me permets de rappeler, puisque nous parlons de la Syrie, qu'à Bir-Hakeim la moitié des soldats que nous y avons amenés étaient de ceux qui, quelques mois auparavant, tiraient sur nous, devant Damas.

Et j'ajoute qu'en Italie, et même en Alsace, une grande partie de l'armée qui s'est couverte de gloire, pour le compte du pays, venait de cette Afrique du Nord où il est bien vrai que, par suite de consignes absurdes et criminelles, elle s'était trouvée, en effet, opposée au pays lui-même, et à ses alliés.

Je rappelle enfin que, par exemple, le *Richelieu*, ce cuirassé magnifique, qui porte aujourd'hui, en Extrême-Orient – car il le porte – le pavillon de la France, est le même bâtiment, équipage compris, qui tirait naguère, près de Dakar, sur des gens que vous connaissez bien.

Voilà la victoire de la Résistance qui n'a de valeur et qui n'a d'avenir qu'à condition qu'elle rassemble la France.

1. Florimond Bonte, député communiste, a mis en cause le général Beynet qui fut l'un des délégués de Vichy à la commission d'armistice de Wiesbaden.

À Mohammed V ben Youssef[1]

15 juin 1945

L'accueil que Paris vient de réserver à Votre Majesté lui a déjà montré les sentiments que nous éprouvons à son égard. La France est heureuse que le premier souverain accueilli sur son sol depuis la victoire soit précisément le Sultan de ce Maroc dont les fils ont une fois de plus si vaillamment lutté à nos côtés.

Ainsi nous nous trouvons unis dans la joie, comme nous fûmes unis, Votre Majesté me le rappelait hier, dans la peine et dans le sacrifice. Devant la France et le Maroc, dont les liens indissolubles viennent d'être encore une fois consacrés par le sang versé en commun sur les champs de bataille, s'ouvrent de brillantes perspectives.

Nous n'oublions pas que le Maroc, aux plus mauvais jours, n'a jamais laissé entamer sa foi en nos destinées. Nous savons la clairvoyance qui n'a cessé d'inspirer Votre Majesté au plus fort de nos épreuves communes.

Nous nous réjouissons d'autant plus de cette haute sagesse et de cette sagacité politique qu'elles sont les seules garantes des possibilités d'évolution et de progrès qui attendent l'Empire Chérifien comme tous les pays dont le destin est à jamais associé à celui de la France.

Je remercie Votre Majesté des sentiments chaleureux qu'elle a bien voulu m'exprimer, à mon tour je lui apporte la bienvenue de la France et la prie d'agréer les vœux que je forme pour le bonheur de son peuple et sa prospérité personnelle.

Le 15 juin 1945, le Gouvernement provisoire fixe la composition du corps expéditionnaire en Extrême-Orient, commandé par le général Leclerc.

À André Diethelm, à Paris

Paris, 19 juin 1945

Très secret

Objet : Participation française aux opérations d'Extrême-Orient.

Comme suite à ma lettre n° 140 DN/IP/TS du 30 mai 1945[2] et à la décision du gouvernement fixant la composition des forces expéditionnaires terrestres d'Extrême-Orient, un mémorandum a été remis aux

1. Sultan du Maroc.
2. Cette lettre n'a pas été retrouvée.

Combined Chiefs of Staff par le général chef de la mission militaire française à Washington.

La réponse américaine à nos propositions ne nous étant pas encore parvenue, il en résulte que les indications que j'ai données quant aux dates auxquelles ces forces seraient prêtes seront vraisemblablement soumises à révision.

Il importe toutefois que les délais actuellement prévus [pour] la mise sur pied des unités déjà désignées soient réduits au strict minimum afin de ne pas être surpris par l'accord des CCS s'il devait être obtenu et j'ai l'honneur de vous demander de vouloir bien prescrire à vos services toutes mesures utiles dans ce genre.

Je crois devoir, d'autre part, attirer votre attention sur la nécessité de faire apporter un soin particulier à la sélection physique du corps expéditionnaire, surtout pour les jeunes gens de moins de vingt ans. Cette sélection s'impose d'une manière spéciale en raison des rigueurs du climat.

Il serait également souhaitable que ce personnel, du moins en ce qui concerne les unités de première ligne, ait en grande majorité subi l'épreuve du feu.

Pour que soit facilitée la réalisation de ces deux séries de conditions, je tiens à confirmer que je ne vois aucune objection à l'emploi de Nord-Africains et, en particulier, de Marocains dans les unités du corps expéditionnaire.

À madame Spears[1]

Paris, 27 juin 1945

La dissolution de l'Ambulance Hattefield Spears a été prononcée à la suite d'une décision prise le 6 juin dernier, et qui s'applique à six des neuf formations chirurgicales mobiles dont disposait le service de Santé de l'armée. Elle n'est nullement la conséquence des faits signalés dans votre lettre du 21 juin, et je m'étonne que vous ayez pu lui attribuer un caractère désobligeant de ma part.

En de nombreuses occasions, moi-même et les autorités dont vous dépendiez avons publiquement reconnu la valeur des services rendus par votre unité.

Une fois encore je me plais à constater l'importance et la qualité de ces services, et vous prie de transmettre l'expression de ma vive gratitude au personnel qui, sous vos ordres, s'est acquis les titres les plus solides de l'amitié de l'armée française.

1. L'épouse du général Spears dirigeait depuis 1941 une ambulance franco-britannique.

Au pasteur Lucien Rimbault[1]

Paris, 27 juin 1945

Monsieur le Modérateur,

Je suis profondément sensible à la communication que vous voulez bien me faire à l'occasion de la première réunion que tient, depuis la Libération, le Synode national de l'Église Réformée de France[2].

Pendant les dures années que nous venons de vivre, le protestantisme français a su garder la claire vision de l'intérêt véritable et du devoir sacré de la patrie ; à maintes reprises, des voix courageuses se sont élevées dans son sein pour l'affirmer. Cette attitude était conforme à l'esprit d'indépendance, de résistance à l'oppression, de fidélité au drapeau, qui anime la tradition de vos Églises.

La tâche n'est point aujourd'hui terminée. Dans le message qu'il vient d'adresser aux pasteurs et aux fidèles, le Synode national s'inquiète avec raison des brèches qu'une période malheureuse a creusées dans l'édifice économique et social de la France. J'estime, comme lui, que l'exemple de tant de Français qui ont donné leur vie pour la Libération et que le contact des prisonniers dont la longue épreuve a bien souvent exalté le courage et la foi peuvent favoriser la rénovation morale et spirituelle du pays. Dans cette œuvre qui est la première et sans laquelle aucune réalisation politique ne pourrait avoir de portée, vos Églises sont appelées, j'en suis sûr, à jouer un rôle capital.

Je vous prie d'agréer, monsieur le Modérateur, l'expression de mes sentiments les meilleurs.

À André Philip[3], à Paris

Paris, 29 juin 1945

J'aime beaucoup le colonel [X.] que je connais personnellement et dont je n'oublie naturellement pas les mérites et les services.

Mais il a commis une faute grave en improvisant un tribunal pour exécuter un de ses subordonnés. Il a été condamné par le Conseil de guerre. Je dois dire que c'est justice, malgré mon attachement pour lui.

Toutefois je n'ai pas l'intention de le laisser détenu longtemps encore. Mais le plus mauvais service que ses amis peuvent lui rendre consiste à

1. Modérateur du synode national de l'Église réformée de France.

2. Le pasteur Lucien Rimbault déclare notamment que le Synode « bénit Dieu d'avoir maintenu chez tant de Français une invincible volonté de fidélité à l'honneur et d'avoir suscité » en la personne du général de Gaulle « la première et la plus grande voix qui ait traduit, soutenu et mené à son terme cette décision ».

3. Délégué à l'Assemblée consultative provisoire.

sommer publiquement le gouvernement de le gracier. Vous comprenez certainement pourquoi…

Bien amicalement.

À Lady Crewe, à Londres

29 juin 1945

Chère Lady Crewe,

C'est avec une vive émotion que j'ai appris la nouvelle du grand chagrin qui vous a frappée.

J'avais, comme tout Français, une très haute estime pour Lord Crewe et je conserve personnellement des relations que j'ai eu l'honneur d'avoir avec lui un souvenir excellent. Il fut un grand serviteur de son roi et un grand ami de la France.

Ma femme se joint à moi pour vous exprimer mes plus sincères et sympathiques condoléances, auxquelles je me permets de joindre mes hommages très respectueux.

Message au peuple américain

Paris, 3 juillet 1945

Hommes et femmes des États-Unis, vous fêtez avec joie et fierté votre jour de l'Indépendance[1]. Vous avez raison d'être joyeux et fiers.

Par votre courage et par votre effort, vous avez contribué à battre l'Allemagne, ennemie de l'Europe et, par là, à sauver la liberté du monde.

Demain vous pourrez vous glorifier d'avoir joué le premier rôle dans la défaite du Japon, ennemi de l'Asie.

Sachez que nul plus que la France ne se réjouit de vos succès. Nous sommes de vieux amis. Jamais nos deux pays ne se sont combattus.

Nous étions avec vous dès les commencements. Nous avons vu naître votre force. Nous l'avons vue grandir quand vous êtes venus une première fois au secours de la vieille Europe. Nous venons de la voir se déployer sur les champs de bataille à tout jamais mémorables de cette guerre. Toujours et cette fois encore, nous, Français, et vous, Américains, avons servi le même idéal.

Nous célébrons donc avec vous, comme vous, le jour de l'Indépendance, votre fête. Puissiez-vous le célébrer longtemps, comme aujourd'hui, dans une juste gloire acquise en commun.

1. Le 4 juillet.

À madame Ferrières, à Paris

Paris, 7 juillet 1945

Madame,

Alors qu'il se confirme que nous devons perdre l'espérance de retrouver Jean Cavaillès[1], je tiens à vous dire la part profonde que je prends à votre deuil.

Le souvenir du sacrifice de votre frère ne sera pas oublié par cette France qui doit à son héroïsme et à celui de tant d'autres magnifiques combattants d'être encore vivante.

Je tenais à vous dire, en ces heures cruelles, toute ma sympathie.

Veuillez agréer, madame, mes respectueux hommages.

À André Diethelm, à Louis Jacquinot et à Charles Tillon, à Paris

Paris, 11 juillet 1945

Objet : Mesures de démobilisation du personnel des Forces françaises libres.

Mon cher ministre,

Les mesures prévues jusqu'ici pour la démobilisation des personnels provenant des Forces françaises libres ne tiennent pas suffisamment compte des conditions dans lesquelles ces militaires se sont engagés, sans souci de leurs intérêts civils ni de la difficulté que la plupart d'entre eux, très jeunes et sans formation professionnelle, éprouveront à trouver un emploi acceptable dans la vie civile.

Pour tenir compte de la dette que la Nation a contractée envers eux il paraîtrait équitable de prendre en leur faveur certaines mesures telles que :

— attribution d'un congé avec solde de deux à six mois, sur la base de 45 jours par année de présence aux armées ;

— attribution durant ce congé de tous les avantages inhérents à la qualité de militaire d'active (alimentation, facilités de transport, etc.) ;

— possibilité pour les militaires qui désirent rester dans l'armée, l'aviation ou la marine, de présenter une demande de maintien dans les cadres actifs (étant considérés comme n'ayant pas quitté le service) ;

— octroi à ceux qui se feraient démobiliser des mêmes avantages que ceux dont jouissent les prisonniers rapatriés (habillement, reclassement, etc.).

---

1. Professeur en Sorbonne, Jean Cavaillès était un important chef de réseau de la France Combattante. Arrêté par la Gestapo en 1943, il a été détenu à Fresnes. On a découvert son corps dans un charnier près d'Arras.

Je vous demande d'examiner d'urgence la possibilité de prendre – dans le sens général indiqué ci-dessus – toutes dispositions qui vous paraîtraient opportunes.

Veuillez croire, mon cher ministre, à l'expression de mes sentiments cordialement dévoués.

Discours prononcé à la Sorbonne à l'occasion de la remise des prix du concours général le 11 juillet 1945

Il était d'une cruelle logique que la distribution des prix du Concours général fût interdite aussi longtemps que l'ennemi tenait sous son genou la France terrassée. Car, du moment où, pour lui, c'était notre indépendance qu'il s'agissait d'anéantir, il ne pouvait manquer de la poursuivre dans l'un de ses plus sûrs refuges, celui de l'Université.

Mais il est aujourd'hui d'une logique éclatante que l'année même où l'ennemi aura succombé devant nous et devant nos alliés, aura vu refleurir cette cérémonie que la tradition consacre à l'un des efforts les plus émouvants, parce que les plus jeunes, de la pensée française. La victoire, certes, comme toute œuvre humaine, mêle l'amertume à la joie. « Hélas ! quel miel jamais n'a laissé de dégoûts ? »

Mais la réunion d'aujourd'hui, où sont couronnés en Sorbonne les plus brillants de nos lycéens, est bien l'une des plus grandes douceurs de la victoire.

Voici donc des lauriers, solennellement décernés à des jeunes gens et à des jeunes filles que leur valeur distingue déjà au milieu de leur génération ! Des lauriers faits pour qu'on s'en exalte mais non certes pour qu'on s'y repose ! Car jamais la patrie, une fois de plus blessée, n'a eu tant besoin de l'effort de tous ses enfants. C'est pourquoi, en exprimant de très vives félicitations aux élèves qui viennent d'être couronnés et aux maîtres qui surent les instruire, c'est vers l'avenir que nous devons regarder. Un succès n'est une réussite que s'il est un point de départ !

En avant donc, à partir d'ici et à partir d'aujourd'hui ! Puisque nous avons su vaincre, puisque ceux qui osèrent, jusque dans cette enceinte, outrager la majesté du peuple français se trouvent châtiés et abattus, voici qu'une longue suite d'années s'ouvre librement au labeur de l'esprit. Or de ce labeur sacré tout dépend pour la France, sa force, son poids, son unité, son rayonnement. Avec la joie et la fierté de la dignité recouvrée, emportons de cette assemblée la conscience de devoirs nouveaux !

Le général de Gaulle accueille en France le bey de Tunis. En sa compagnie, il passe les troupes en revue le 14 juillet 1945.

Au bey Lamine[1]

Paris, 15 juillet 1945

Monseigneur,

Votre Altesse a bien voulu marquer combien elle avait été frappée par le caractère chaleureux de l'accueil que lui a réservé la France, par la voix de Paris comme hier par celle de Marseille. Les acclamations que les Français font monter sur votre passage ne s'adressent pas seulement à l'ami éprouvé de leur patrie mais aussi au souverain éclairé d'un noble pays dont le destin est indissolublement lié à celui de la France.

Cette amitié séculaire de la France et de la Tunisie, fondée dès l'origine sur une communauté étroite de sentiments et d'intérêts, vient d'être consacrée une fois de plus par le sang généreux de leurs enfants, versé sur les champs de bataille d'Afrique, d'Italie, de France et d'Allemagne.

Les Tunisiens, qui viennent de supporter avec tant de courage et plus durement encore qu'il y a vingt-cinq ans les épreuves de la guerre, se sont acquis des titres nouveaux et particuliers à la sollicitude de la France. Le gouvernement français ne saurait, en conséquence, se borner à aider la Régence à relever ses ruines et à restaurer son économie. Il entend aussi, comme a bien voulu le dire Votre Altesse, consacrer ses efforts à la mise en œuvre d'un vaste plan d'avenir. Ce plan embrasse non seulement le développement méthodique des ressources de la Régence dont dépend le bien-être du pays, mais aussi des réformes tendant à satisfaire, dans le cadre du Protectorat, les intérêts et les aspirations légitimes des populations.

Le gouvernement de la République vous souhaite, Monseigneur, la bienvenue. La France, durement éprouvée mais sûre de son destin, est heureuse et honorée de recevoir Votre Altesse, d'attester la fidélité inébranlable de la Tunisie en lui rendant hommage dans la personne de son souverain, à qui nous souhaitons, s'il plaît à Dieu, toutes les prospérités d'un long règne.

1. Bey de Tunis.

Au général de Lattre de Tassigny[1], à Lindau (Allemagne)

Paris, 25 juillet 1945

Mon cher général,

Je reçois votre lettre d'aujourd'hui. Ce matin au vu de votre télégramme de la nuit dernière, j'avais moi-même téléphoné à Kœnig qu'il devait aller à votre QG vendredi pour vous y voir. C'est donc entendu ainsi.

D'autre part, je trouve excellent que vous alliez ensuite inspecter en Autriche et que vous receviez chez Patton la haute distinction américaine[2]. Je vous verrai donc à Paris à votre retour. Vous me signalerez votre arrivée.

À bientôt et amicalement à vous.

Le 9 juillet 1945, le général de Gaulle fait adopter à l'unanimité au Conseil des ministres, après de longs débats, son projet constitutionnel qui prévoit l'élection d'une Assemblée au suffrage universel et en même temps la consultation des Français par référendum sur les deux questions suivantes :

— L'Assemblée qui va être élue sera-t-elle constituante ? Si oui, elle rédigera un projet de Constitution. Sinon, l'Assemblée formera la Chambre des députés prévue par les lois constitutionnelles de 1875 et un Sénat sera alors élu. On en reviendrait ainsi à la IIIe République ;

— Si l'Assemblée est constituante, approuvez-vous le projet de loi proposé par le gouvernement fixant le fonctionnement des pouvoirs publics jusqu'à la mise en vigueur de la nouvelle Constitution ? Le projet de loi prévoit que la durée du mandat de l'Assemblée sera limitée à sept mois. Elle votera la loi, le budget et ratifiera les traités mais sera privée d'initiative en matière de dépenses. Elle élira le président du Gouvernement provisoire qui choisira ses ministres et demeurera en fonctions aussi longtemps que l'Assemblée. Enfin le projet de Constitution sera ratifié par le peuple. Le rejet de ce projet de loi aurait pour conséquence de rendre l'Assemblée totalement souveraine.

Saisie pour avis, qui ne lie pas le gouvernement, l'Assemblée consultative débat, du 27 au 29 juillet 1945, du projet constitutionnel. Le général de Gaulle intervient à plusieurs reprises dans la discussion.

---

1. Simultanément, le général de Lattre est nommé Inspecteur général de l'armée, la Ire armée française est dissoute en tant que commandement, et le général Kœnig est nommé commandant en chef en Allemagne. Voir l'échange de lettres des 24 et 25 juillet 1945 entre le général de Gaulle et le général de Lattre, *Mémoires de guerre*, t. III, p. 545 et 546.

2. La Distinguished Service Medal.

Intervention à l'Assemblée consultative provisoire le 27 juillet 1945

Je remercie M. le rapporteur de me laisser l'interrompre une minute. Je désire qu'on examine avec sang-froid quelques-unes des paroles qu'il vient de prononcer[1]. Je lui demande de le faire lui-même.

Il vient de comparer – je ne peux pas employer un autre terme – ces plébiscites qui furent commis dans notre Histoire, chacun sait dans quelles circonstances, par qui, à quelle époque, avec le projet de référendum que, loyalement, le gouvernement soumet à l'avis de l'Assemblée et au pays.

Mesdames, messieurs, il y a là un abus de termes contre lequel la dignité républicaine du gouvernement de la République a le droit de s'élever formellement.

Qu'étaient ces plébiscites auxquels M. Plaisant vient de faire allusion ? Ils consistaient, pour des hommes qui avaient saisi l'autorité de la nation, après avoir expulsé ceux qui la représentaient, à se tourner vers le peuple, la police derrière eux, en disant : « Donnez-moi raison ! »

Ce gouvernement-ci, messieurs, qui dirige la nation, qui l'a dirigée dans son effort pour la guerre, qui a relevé la République, son drapeau, ses lois et jusqu'à son nom – ce gouvernement prend aujourd'hui, conformément à ses promesses et à son devoir sacré, les dispositions nécessaires pour rendre la parole au peuple, faire désigner une Assemblée qui élira le chef du futur gouvernement devant lequel ce gouvernement-ci s'efface d'avance.

Et l'on ose rapprocher cette consultation du pays avec les plébiscites dont vous avez parlé ? Dans une discussion de ce genre je demande un peu d'équité !

Intervention à l'Assemblée consultative provisoire le 28 juillet 1945

On peut, sans doute, discuter sur la façon dont l'Assemblée pourrait manifester sa confiance au gouvernement[2]. Il peut paraître que le fait même d'en avoir désigné le chef est, dans une certaine mesure, une façon de lui manifester sa confiance.

On peut imaginer aussi, du reste, qu'il y ait une formalité de plus consistant pour l'Assemblée, quand le gouvernement a été constitué par l'homme qu'elle a désigné, à lui accorder un vote de confiance explicite.

1. Marcel Plaisant, rapporteur de la Commission de la réforme de l'État et de la Législation, et délégué radical, a vivement critiqué le projet et en particulier la procédure référendaire, très contestée par la grande majorité des délégués.

2. Le projet ne prévoit pas explicitement la responsabilité du gouvernement devant le Parlement.

Aucun gouvernement, et en particulier celui-là, ne pourrait, me semble-t-il, se refuser à une formalité pareille.

Enfin, de toute manière, quoi que nous disions, quoi que nous écrivions dans nos textes, comment imaginerions-nous qu'une Assemblée, quelle qu'elle fût, si elle était hostile à un gouvernement quel qu'il soit, rendrait la tâche de ce gouvernement possible ? N'est-ce pas absolument évident ?

L'intérêt national que je vous demande de considérer, car il me semble que c'est celui-là qui, par-dessus les hommes, par-dessus les partis, par-dessus les professions de foi elles-mêmes, doit l'être, quel est-il dans cette affaire ?

Je vais vous le dire comme je le pense et comme il me paraît absolument nécessaire qu'il soit respecté.

D'abord, la première tâche d'une Assemblée constituante, quelle qu'elle soit, doit être de faire une Constitution. Je ne suis pas certain que, dans l'esprit de tous ici, cette notion soit aussi claire que je l'affirme en ce moment.

Le second point, c'est que tant qu'il n'y a pas d'institutions, il est nécessaire que soit fixé, et fixé par le seul souverain, c'est-à-dire le peuple, un fonctionnement des pouvoirs publics – fonctionnement constitutionnel du moment que c'est le peuple qui en décide – tant que la Constitution n'en a pas décidé.

On parle beaucoup de Constituante souveraine. Mais c'est un terme mal choisi. Il n'y a qu'un souverain : le peuple. Une Assemblée souveraine, dans quelle mesure l'est-elle ? Dans la mesure où le peuple lui en a donné les pouvoirs. Un point, c'est tout.

Oui, le peuple seul est souverain. Il ne faut pas faire d'abus des termes.

Le troisième point qui, me semble-t-il, au nom de l'intérêt national, doit être sauvegardé, dans cette période préconstitutionnelle, c'est le fait que la France doit avoir un gouvernement.

N'avons-nous pas fait assez d'expériences de ce que coûtait au pays l'instabilité ministérielle antérieure ? Nous avons eu 102 ministères de 1875 jusqu'à 1940, pendant que l'Angleterre en avait 20 et que les États-Unis avaient 14 présidents.

Dans le grand procès qui se déroule tout près d'ici et où l'on est en train de démontrer avec quelle effrayante facilité s'est produit l'évanouissement de 1940, croyez-vous qu'il n'entrait pour rien un certain scepticisme du peuple causé par cet état permanent de crise dans le pouvoir qui était chargé de diriger la nation ?

Voilà les points qui ont déterminé le gouvernement à proposer un texte. Peut-être aurait-il été plus logique, pour ne pas employer d'autres termes, de ne pas rejeter ce texte a priori, comme le fit la Commission de la réforme de l'État, quitte à le prendre en considération et à proposer à son sujet – ce qui est votre droit strict – les amendements que vous croyez nécessaires.

Mais si, sur les points que je viens de dire, les Français, les républicains qui sont ici sont d'accord avec le gouvernement, je ne vois aucune raison pour que ce ne soit pas la démocratie qui se tourne vers le peuple pour lui demander d'approuver un système jusqu'à ce qu'il ait une Constitution.

Intervention à l'Assemblée consultative provisoire le 29 juillet 1945

Messieurs, nous avons tous entendu avec l'intérêt de fond et j'ajoute l'intérêt immédiat qu'il montre, le très beau et très intéressant discours de M. Vincent Auriol. Au fond, il me semble que, mis à part certain débat assez désagréable, que l'on aurait pu éviter, comme l'a dit M. Vincent Auriol lui-même, mais moi j'ajoute, excusez-moi, qu'on aurait pu éviter au gouvernement, il n'y a pas bien loin entre les conceptions des démocrates de cette Assemblée et celles du gouvernement. Ce serait, d'ailleurs, surprenant, car, quoi qu'on dise quelquefois, le gouvernement est à votre image.

Je ne peux pas prendre une position catégorique sur tous les termes de la proposition actuellement soumise à l'Assemblée ; l'Assemblée comprendra pourquoi. Le texte qu'arrêtera en définitive le gouvernement sera, d'après nos propres ordonnances, qu'a approuvées, du reste, l'Assemblée, le texte définitif de ce qui sera proposé au pays. Mais je puis dire aujourd'hui que le texte soumis à vos délibérations mérite de la part du gouvernement une considération complète tout à la fois dans son esprit et dans son économie.

Toutefois, dès le premier examen et en attendant celui qui, je le répète, sera fait à loisir, par le gouvernement dans l'esprit que je vous dis, j'en prends l'engagement, il y a un point que je dois signaler tout de suite.

Dans le texte qui nous est soumis, rien n'indique quelle peut être la durée des pouvoirs de l'Assemblée. Il ne peut pas échapper aux auteurs de la proposition à quel point cette fixation est capitale. Il faut, si le pays donne le mandat, comme nous le lui demandons, à la future Assemblée de faire la Constitution, qu'il fixe en même temps la durée de ce mandat.

Bien entendu, il va de soi que, dans la Constitution elle-même, il est infiniment probable – de cela je ne préjuge pas, bien que je parle avec mon bon sens – que l'Assemblée constituante elle-même pourvoira à sa propre place dans les futures institutions constitutionnelles.

Mais, en attendant qu'elle le fasse, il me semble que, dans la même interrogation que nous aurons à poser au pays, nous devons lui proposer une durée raisonnable pour que le travail constituant, comme l'a très bien dit M. Auriol – et c'est cela le fond des idées du gouvernement dans cette matière –, soit l'objet des travaux principaux de l'Assemblée.

Il faut que l'on sorte, après plus de cinq ans, d'une situation provisoire et inconstitutionnelle, pour se trouver enfin dans une situation constitutionnelle ferme et déterminée. Ce travail constituant sera donc imposé – je ne cherche pas à jouer sur le terme – par le pays lui-même à l'Assemblée qu'il aura élue.

Je crois donc qu'il est de bon sens et qu'il est même de notre devoir que nous proposions au pays un fonctionnement raisonnable et démocratique des pouvoirs publics pendant cette période. Mais il faut que nous lui proposions, en outre, un délai qui nous paraît raisonnable pour que la Constitution soit établie, en même temps que nous demandons au pays de donner à l'Assemblée le mandat de la faire[1].

Du 17 juillet au 2 août 1945 une conférence se tient à Potsdam, sans la participation de la France. Elle réunit Truman, Staline et Churchill, qui à la suite de son échec électoral est remplacé par Attlee le 28 juillet 1945. Il y est décidé de créer à Londres un Conseil composé des ministres des Affaires étrangères du Royaume-Uni, de l'Union soviétique, de la Chine, de la France et des États-Unis. Ce Conseil sera autorisé à élaborer, en vue d'être soumis aux Nations unies, des traités de paix avec l'Italie, la Roumanie, la Bulgarie, la Hongrie et la Finlande, et à proposer des règlements aux questions territoriales. Il sera habilité, en outre, à préparer un règlement de paix pour l'Allemagne qui sera soumis à l'acceptation du futur gouvernement allemand. Pour chacune de ces tâches, le Conseil sera composé de membres représentant les États signataires des conditions de reddition imposées à l'État ennemi en cause. Pour le règlement de paix avec l'Italie, la France sera considérée comme signataire des conditions de reddition.
Il est cependant indiqué que l'établissement de ce Conseil sera sans préjudice de l'accord de la conférence de Yalta qui prévoyait des consultations périodiques entre les ministres des Affaires étrangères des États-Unis, de l'Union soviétique et du Royaume-Uni.

1. Avant le vote, le général de Gaulle intervient le même jour, une dernière fois. Voir *Discours et Messages*, t. I, p. 590 à 596. L'Assemblée donne un avis négatif sur le projet par 210 voix contre 19 et se prononce par 185 voix contre 46 pour une Assemblée constituante souveraine.

Apostilles[1] — Note pour Étienne Burin des Roziers[2]

Paris, 2 août 1945

Me faire une note d'observations sur ces textes pour servir de bases à notre réponse.

Notamment :

1. Affaire allemande. Un État allemand ? Des Secrétaires d'État[3] ? Etc.

Apostille : Il y a donc un État allemand ? Inadmissible ! Nous ne pouvons admettre qu'on tranche de cette manière la question de l'unité allemande :

a. sans nous avoir consultés,

b. sans savoir comment évolueront les Allemands des diverses sortes et contrées.

2. Affaire polonaise. L'*État* polonais prend l'administration de certains territoires allemands ; c'est contradictoire avec ce qui précède.

Apostille : C'est donc une annexion ! Ceci est contradictoire ave ce qui est soi-disant décidé pour l'administration locale allemande.

3. Hongrie, Finlande, Roumanie, Bulgarie. Nous n'aurions pas à délibérer sur la confection des traités de paix[4] ?

4. Et l'Autriche ? Nous trouverions-nous là encore devant un fait réglé en dehors de nous[5] ?

5. Réparations ? Aller à la Commission ? Oui sans doute. Mais qu'est-ce qui a été réglé déjà entre les Trois ?

Apostille : Quelles sont les conditions qui ont été fixées entre les Trois ?

6. Italie ? À quoi bon nous lier par l'armistice ?

Apostille : Pourquoi ? Ceci est inutile et ce peut être fâcheux. Mieux vaut prendre la situation telle qu'elle est, au point de vue armistice, sans nous y engager. D'ailleurs, on peut faire la paix sans être signataire de l'armistice.

7. Tout se passe, encore une fois, comme si, après avoir tout réglé en dehors de nous, on nous demande notre accord implicite, moyennant une conférence.

---

1. Le général de Gaulle a annoté les textes de la conférence de Potsdam. On a replacé ses diverses apostilles en parallèle avec la liste des questions qu'il pose à Étienne Burin des Roziers sur les mêmes sujets.
2. Chargé de mission au cabinet du président du GPRF.
3. Il a été décidé d'établir des administrations centrales dirigées par des secrétaires d'État. Il est prévu l'établissement d'un gouvernement allemand.
4. La France ne leur a pas déclaré la guerre, elle est donc exclue des négociations.
5. Les Alliés n'ont pas fait figurer l'Autriche au nombre des États ennemis.

Note pour Étienne Burin des Roziers

Paris, 4 août 1945

L'écroulement de l'Allemagne et la [poussée] des Slaves dans le bassin de l'Adriatique changent du tout au tout les données de notre politique à l'égard de l'Italie.

Nous n'avons aucun intérêt à l'opprimer, ni à la brimer. Réciproquement, elle n'a aucune raison de chercher à nous nuire. Une fois réglée la question de notre frontière commune (avec modération de notre part), notre attitude doit être, par principe, favorable à l'Italie.

En particulier, nous n'avons aucun intérêt à l'humilier en la privant de flotte, d'armée ou d'aviation. D'ailleurs, l'expérience a prouvé qu'elle n'a guère de chances de devenir, par elle-même, militairement dangereuse pour nous.

À Georges Bidault, à Paris

Paris, 6 août 1945

Mon cher ministre,

J'ai étudié les projets de réponse aux communications des trois gouvernements tels que les a établis votre département. Je vous retourne ses projets tels que j'ai cru devoir les amender.

Tout en croyant, comme vous, qu'il y a lieu d'accepter la proposition qui nous est faite de participer à la prochaine conférence des cinq ministres des Affaires étrangères, j'estime qu'il faut marquer nettement notre position sur les points principaux qui sont évoqués, notamment, pour ce qui concerne l'éventualité du rétablissement d'un gouvernement allemand.

Veuillez croire, mon cher ministre, à mes sentiments cordialement dévoués.

Au général de Larminat

Paris, 8 août 1945

Mon cher ami,

J'ai dit à M. Bozel de se mettre en rapport avec vous pour la première mise de l'association des Français Libres. Je suis disposé à remettre à l'association une somme importante à prélever sur les fonds qui nous restent et qui nous avaient été donnés par beaucoup de générosités pour nos combattants du début.

Quant aux prochaines élections[1], je trouve très naturel qu'un homme comme vous contribue au travail constituant d'où sortiront nos constitutions nouvelles. Vous aurez la possibilité de vous faire mettre « en congé » avant la période électorale.

Amicalement à vous.

À Jacques de Gaulle [inédit]

Paris, le 13 août 1945

Mon bien cher Jacques,

François[2] te portera cette lettre qui te dira, avec mes plus profondes affections, tous mes compliments de frère aîné et de chef français quant à la conduite et au mérite du fils que tu a mis au service de la patrie dans l'effroyable guerre qui se termine. Grâce à eux, c'est-à-dire grâce à toi, notre nom aura été glorieusement porté dans la génération de nos jeunes combattants. Philippe[3], aussi, aura fait ce qu'il a pu (ce dont je suis fier) et le pauvre Roger[4] n'aura pas été inutile.

Je voudrais que tu saches combien souvent je pense à toi à mesure des événements dont je sais que tu les suis avec une extrême attention et que tu les juges parfaitement bien. Pour moi-même, la route est dure. Il est malaisé de solidifier notre pays qui fut en fusion et de le remettre décidément sur ses pieds après tant de pertes de substance matérielle et surtout morale. Cependant, nous gagnons peu à peu du terrain. Ce ne sont ni l'intelligence, ni la bonne volonté qui manquent, mais plutôt le sens commun et l'esprit de dévouement à l'intérêt général. Il nous manque aussi beaucoup de moyens. J'irai aux États-Unis la semaine prochaine et j'espère m'accorder avec le président Truman sur les divers sujets que tu discernes (Allemagne, Indochine, importations, etc.).

Au revoir, mon bien cher Jacques. Je t'embrasse de tout mon cœur. Yvonne se joint à moi pour adresser à Jeanne[5] nos meilleures affections. Bien des choses au jeune Pierre[6].

Ton frère qui t'aime.

Charles de Gaulle

M. Jacques de Gaulle
Grenoble

---

1. Les élections à l'Assemblée constituante auront lieu le 21 octobre 1945.
2. Fils de Jacques de Gaulle.
3. Fils du Général.
4. Fils de Xavier de Gaulle, frère aîné de Charles, Roger a été capturé après avoir franchi la frontière espagnole et fut emprisonné au camp de Gérone. Libéré, il est parvenu à rejoindre son oncle à Londres, qui l'a alors envoyé à l'École des cadets de la France Libre à Ribbesford.
5. L'épouse de Jacques de Gaulle, née Jeanne Michoud.
6. Autres fils de Jacques de Gaulle.

Au général Juin

Paris, 14 août 1945

Il serait question d'un retrait des troupes alliées de la zone de Brigue et Tende. Le commandement allié remettrait la zone à l'administration italienne purement et simplement.

1. Écrire une lettre (et me la montrer) au commandement interallié en Italie, l'avertissant que l'accord Doyen a été signé avec lui[1]. S'il retire ses troupes, l'accord est nul et nous nous réservons de prendre les mesures qui nous paraîtront convenables pour protéger nos intérêts. En outre, dire que nous protestons d'avance contre une pareille transmission des pouvoirs, si elle a lieu, sans que nous ayons eu à en discuter.

2. Adresser copie de cette lettre au ministère des Affaires étrangères et lui indiquer qu'il faudrait saisir notre ambassadeur à Rome.

La conférence de Potsdam a décidé, sans consulter la France, que l'Indochine sera partagée en deux zones de part et d'autre du 16e parallèle. Le désarmement des troupes japonaises et l'administration sont confiés pour la zone nord aux Chinois et pour la zone sud aux Britanniques.
Le général de Gaulle nomme l'amiral Thierry d'Argenlieu haut-commissaire pour l'Indochine et le général Leclerc commandant supérieur des troupes.

À Paul Giacobbi[2], à Georges Bidault, à André Diethelm, à Louis Jacquinot, à Charles Tillon, à René Mayer[3], à l'amiral Thierry d'Argenlieu[4], au général Juin, et au général Leclerc[5]

Paris, 14 août 1945

Secret

Étant donné la situation d'urgence créée par la capitulation vraisemblablement imminente du Japon, les mesures suivantes sont à exécuter dès à présent.

1. Cet accord signé au mois de juin entre les commandements alliés et français précise notamment que les troupes italiennes ne stationneront pas à la frontière tant que l'on disposera de troupes anglo-américaines dans le nord-ouest de l'Italie.
2. Ministre des Colonies.
3. Ministre des Travaux publics et Transports.
4. Haut-commissaire de France pour l'Indochine et gouverneur général.
5. Commandant supérieur des troupes en Extrême-Orient.

1. Le vice-amiral Thierry d'Argenlieu, haut-commissaire de France pour l'Indochine, et le général Leclerc, commandant supérieur des troupes en Extrême-Orient, se rendront à Saigon dans les plus brefs délais.

Le général Leclerc précédant le vice-amiral Thierry d'Argenlieu sera son délégué en Indochine.

Ces deux autorités seront accompagnées des éléments militaires et civils indispensables pour le début de leur mission.

2. M. le ministre de l'Air est prié de mettre à la disposition du vice-amiral Thierry d'Argenlieu et du général Leclerc les avions nécessaires à leur transport immédiat, et en outre d'assurer dans les délais les plus courts le transport de 150 membres du corps des Assimilés spéciaux pour l'Extrême-Orient.

3. Il appartient à la Marine d'assurer le transport progressif des premiers éléments du Corps expéditionnaire, en accord avec le général Leclerc, ou en son absence, avec le général Valluy. Il importe évidemment de ne pas donner l'impression d'un déplacement massif de forces navales en Extrême-Orient au moment de la cessation des hostilités.

4. M. le ministre des Transports est prié de destiner au transport d'un premier lot de matériel et de certains éléments de personnel affectés à l'Indochine, au moins un navire de transport, même s'il est nécessaire de renoncer pour le moment à d'autres services.

Il semble que *La Ville d'Oran* pourrait convenir.

Instruction à l'amiral Thierry d'Argenlieu

Paris, s.d. *[16 août 1945]*

Très secret

1. Le haut-commissaire de France pour l'Indochine exerce les pouvoirs de gouverneur général de l'Indochine et ceux de commandant en chef des forces terrestres, navales et aériennes basées en Indochine ou désignées pour s'y rendre dès lors qu'elles ont atteint le théâtre d'opérations d'Extrême-Orient.

Il a pour première mission de rétablir la souveraineté française dans les territoires de l'Union indochinoise.

2. Le général, commandant supérieur des troupes en Extrême-Orient, est chargé, sous l'autorité du haut-commissaire, de prendre toutes les mesures militaires tendant au rétablissement de cette souveraineté.

3. Les forces désignées pour se rendre en Indochine sont actuellement les suivantes :

a. Corps expéditionnaire d'Extrême-Orient stationné dans la métropole,

b. Brigade coloniale basée sur Madagascar. Mouvements à régler par l'État-Major général de la Défense nationale et les départements ministériels intéressés, *c.* Corps léger d'intervention en Indochine,

d. Forces françaises de Chine et forces terrestres éventuellement reconstituées en Indochine,

e. Forces navales d'Extrême-Orient,

f. Forces aériennes d'Extrême-Orient,

g. Forces navales éventuellement débarquées.

4. Le haut-commissaire utilise les services de la direction générale des Études et Recherches.

5. Il assure ses liaisons avec les commandants alliés des théâtres d'opérations par l'intermédiaire d'officiers délégués.

6. Il appartient au haut-commissaire de mettre à la disposition du général commandant supérieur celles de ces forces et ceux de ces moyens ou de lui déléguer ceux des pouvoirs administratifs qu'il juge nécessaires à l'accomplissement de sa mission.

7. Dans le cas où, en raison de la présence de forces alliées en Indochine, la situation ne permettrait ni au haut-commissaire ni au commandant supérieur d'exercer directement leur autorité sur tout ou partie des territoires français, les officiers délégués visés au paragraphe 5 pourraient recevoir délégation d'autorité au point de vue militaire, politique et administratif.

Les 6 et 9 août 1945, les Américains ont lancé sur Hiroshima et Nagasaki les premières bombes atomiques. Le 15, le Japon accepte la capitulation imposée par les Alliés ; elle sera signée le 2 septembre 1945 sur le cuirassé *Missouri*.

Télégramme à l'amiral Mountbatten

Paris, 16 août 1945

Le Japon a mis bas les armes. Au dernier jour de cette longue croisade que l'Empire britannique et l'Empire français mènent en commun depuis près de six ans, c'est vers les premiers compagnons d'armes que vont d'abord les pensées reconnaissantes de la France. Je vous serais reconnaissant, Amiral, de dire à tous ceux qui sont sous vos ordres, qu'ils ont bien mérité de nos deux pays.

Télégramme au maréchal Chiang Kai-shek[1], à Tchoung-King

Paris, 16 août 1945

Le grand peuple chinois vient une fois de plus de secouer le joug de l'envahisseur. Je vous suis reconnaissant, monsieur le Maréchal, de dire à vos compatriotes combien leurs compagnons d'armes en France et en particulier dans l'Empire français, leurs voisins de l'Indochine française participent à leur joie et à leur fierté. Le jour de gloire est arrivé. Nos deux pays abordent ensemble, dans l'esprit de leur alliance, les jours de paix et de prospérité.

Télégramme à Harry Truman, à Washington

Paris, 16 août 1945

En ce jour où, après tant d'épreuves, la paix revient sur le monde, je tiens à vous exprimer, monsieur le Président, l'admiration et la gratitude qu'inspire à la communauté française tout entière la part immense que la nation américaine a prise à la victoire définitive des Nations unies.

La vaillance et l'esprit de sacrifice de vos soldats, le génie de vos savants, le travail et l'ardeur inventive de vos ingénieurs et de vos ouvriers ont montré, à quel degré de puissance et de gloire pouvait s'élever une grande démocratie sous la conduite de guides éclairés.

Cette grande leçon sera précieuse au monde dans la paix, comme elle l'a été dans la guerre. La tâche écrasante qu'est la reconstruction du monde, je suis sûr que nos deux pays vont l'aborder avec la volonté de maintenir leur amitié traditionnelle et fraternelle une fois de plus resserrée dans le combat pour le même idéal.

Note pour Adrien Tixier[2], pour André Diethelm et pour Georges Bidault

Paris, 16 août 1945

Il m'est signalé que des militaires soviétiques casernés à Reuilly procèdent à des « arrestations » à Paris. (Mme Cafritza, M. Dumont, etc., etc.)

Ceci est inadmissible et doit cesser immédiatement. Il appartient au ministère de l'Intérieur de donner les ordres nécessaires au préfet de police pour que les militaires soviétiques qui commettent de pareils actes soient arrêtés immédiatement et traduits devant un tribunal militaire[3].

---

1. Chef suprême des armées alliées en Chine.
2. Ministre de l'Intérieur.
3. En réalité, l'accord franco-soviétique du 29 juin 1945 prévoit que les ressortissants soviétiques, ne pouvant être traduits devant une juridiction française, soient rapatriés.

Le ministre de la Guerre doit faire consigner les Soviétiques dans leur caserne.

Le ministre des Affaires étrangères a à avertir l'ambassade de Russie des mesures qui seront prises pour mettre fin à ces scandales.

Invité par le président des États-Unis, le général de Gaulle part pour Washington le 21 août 1945. Il s'entretient avec le président Truman les 22, 23 et 25 août. Il se rend ensuite à New York, à Chicago et au Canada, et rentre à Paris le 29 août.

Allocution prononcée à New York le 26 ou le 27 août 1945

Il y a un peu plus d'un an, votre maire, M. La Guardia, me recevait déjà dans votre ville, avec cette magnifique hospitalité dont il a le secret. Les troupes américaines avaient débarqué quelques semaines auparavant sur notre sol. Et dans toutes les villes et les campagnes de France, nos populations, soulevées contre l'occupant, attendaient l'heure où [elles] feraient leur jonction avec les armées de la liberté. De New York partait alors le plus formidable équipement de guerre qui ait jamais traversé les mers.

Aujourd'hui nous pouvons lever nos verres à la paix renaissante. Déjà vos fils retournent dans leurs foyers. Mais New York n'en restera pas moins bourdonnante d'activité, pas moins tendue dans un effort quotidien : celui d'une reconstruction, qui doit être à l'échelle même de la guerre.

Nous avons devant nous, les uns et les autres, une tâche immense. La coalition est aussi nécessaire dans la paix que dans la guerre. Vous, vous devez, en la transformant, maintenir l'activité de vos usines, conserver du travail à vos ouvriers, à vos fermiers, en trouvant d'autres débouchés à leur production. Nous, nous devons faire surgir à nouveau sur notre sol des industries que la guerre a ruinées, remplacer un équipement que l'ennemi a volé ou détruit. Des destructions deux fois plus étendues qu'au lendemain de la dernière guerre, presque tous nos ports inutilisables, presque tous nos ponts coupés, un Français sur sept sans abri, voilà les traces que l'ennemi a laissées de son passage sur notre territoire. Reconstruire, pour vous, c'est réadapter. Pour nous, c'est relever, et parfois faire renaître.

Nous avons donc besoin en France et dans nos terres d'outre-mer de beaucoup de ces denrées pour lesquelles vous cherchez vous-mêmes des débouchés. La France ne s'est d'ailleurs jamais suffi à elle-même. Elle a presque toujours importé plus qu'elle n'a exporté. Sans doute, la France devra, dans la période de sa reconstruction, protéger certaines de ses industries qu'elle veut voir renaître. Mais une autarcie française est inconcevable. La France désire une reprise rapide des échanges internationaux. Les Français ne peuvent pas ne pas regarder vers New York, le plus grand port du monde, qui fait face, par-delà l'Atlantique, à notre vieux continent.

Mais la grandeur des métropoles ne vient pas seulement de leur puissance matérielle. Elle découle plus encore de leur rayonnement spirituel. Les villes qui ont le plus compté dans l'Histoire ont été celles où se sont rencontrés les grands courants intellectuels du monde, où se sont brassées les idées et les connaissances, venues de tous les horizons et coulées dans le moule du génie national. Des villes comme Athènes ou Rome, comme Paris, comme New York. Des capitales de l'esprit.

Paris et New York deviennent d'ailleurs chaque jour plus proches l'une de l'autre. Dans quelques années, dit-on, un passager arrivera à New York à l'heure solaire même à laquelle il aura quitté Paris. Nos deux villes seront alors très voisines, même dans l'espace. Elles n'ont jamais cessé d'être très proches par le cœur.

Discours prononcé au banquet donné par Édouard Kelly, maire de Chicago, en l'honneur du général de Gaulle, le 27 août 1945

Hier, je me félicitais de pouvoir me rendre au cœur même des États-Unis, à Chicago, Illinois, mais aujourd'hui, je suis heureux de m'y trouver. Je n'attendrai donc pas une minute de plus pour remercier M. Kelly, maire de Chicago, de m'y avoir invité et la ville entière de m'y accueillir.

Cette ville, je sais ce qu'elle est, franche, hardie, par-dessus tout laborieuse, je sais qu'à Chicago, on est fidèle à ses amis. Aussi le président du gouvernement français y trouve-t-il une très émouvante et cordiale atmosphère.

Mais je sais aussi qu'à Chicago on tient compte des actes beaucoup plus que des mots et c'est pourquoi, voulant vous parler de la France, je préfère évoquer non pas des déclarations de principe mais bien quelques réalités.

Ce n'est certes pas que nous puissions oublier Cavelier de La Salle et Marquette, Washington et La Fayette, les Déclarations des droits américaine et française, la victoire de 1918 avec Foch et Pershing, celle des Quatre Libertés de 1945. Mais, tout en rendant à notre grand passé commun l'hommage qui lui est dû, regardons, s'il vous plaît, le présent, tel qu'il est.

Où en est la France aujourd'hui ? La France est un pays qui sort de la guerre avec plus de 600 000 morts, tués sur les champs de bataille, ou aux poteaux d'exécution, ou dans les camps de l'ennemi, ou dans les bombardements. Cent milliards de dollars de destructions, c'est-à-dire deux fois plus qu'après la dernière guerre. Un Français sur sept sans logement. Quand la plus grande partie de notre sol a été libérée, nous avons fait tout de suite l'inventaire. Il n'était pas bon. Presque tous nos ports détruits, 4 000 ponts démolis, nos voies ferrées et nos canaux hors d'état, d'un bout à l'autre, 2 000 locomotives en service au lieu de 18 000, nos mines réduites à une production dérisoire, nos centrales électriques mal en point, nos usines paralysées, le ravitaillement des villes tombé à 900 calories, plus de stocks nulle part, nos télégraphes et téléphones partout coupés. Nous avons immédiatement commencé le travail.

À présent, nos ports sont capables d'importer chaque mois un million et demi de tonnes de marchandises, 2 500 ponts sont refaits, tout au moins provisoirement, 7 000 locomotives roulent sur nos chemins de fer, nous extrayons presque les trois quarts des quantités de charbon de 1938, nous atteignons près de la moitié du taux de production d'avant-guerre. Nous distribuons dans les villes 1 300 calories par habitant. Je dis tout de suite que certains arrivages de matières premières et quelques apports de vivres venus des États-Unis y ont contribué. Les plans d'importation qui ont été faits par vous et par nous pour la fin de cette année doivent accélérer le mouvement. Nous passerons cependant un très dur hiver. Nous le savons et ne le cachons pas. Mais cet hiver sera moins dur que le dernier, qui le fut beaucoup.

Mais ce serait une grande erreur de supposer que la France veuille se borner à rebâtir tels qu'ils étaient ses moyens de production. Tout le monde, chez nous, vous pouvez m'en croire, a parfaitement compris que nous entrons dans un monde nouveau. Quand, au milieu de nos ruines, nous disons que nous voulons faire une France nouvelle, c'est avant tout le domaine économique que nous visons. On dit que souvent les nations cachent leurs buts aux autres. La nation française ne cache pas les siens. Elle veut parvenir à un degré d'activité qui lui permette de jouer dans l'économie et dans les échanges du monde un rôle beaucoup plus grand qu'autrefois. Elle sait, d'ailleurs, que pour un peuple qui ne renonce pas du tout à lui-même, c'est là un devoir à l'égard de l'univers. Car la terre n'aura point d'équilibre, ni de bonheur, ni de paix, si nous autres les hommes laissons tomber ou même végéter la prospérité générale.

Voulant être franc jusqu'au bout, je vous avouerai carrément que pour réussir cette rénovation économique de la France, les Français comptent sur les Américains. Non pas que nous vous demandions des cadeaux d'État à État. Mais il est parfaitement vrai que nous vous demandons votre aide. Nous vous la demandons, d'abord, pour régler d'une manière équitable l'attribution à l'Ouest de certains moyens de production que les Allemands ont, de tout temps, utilisés pour la guerre et que nous croyons préférable d'utiliser désormais pour la paix. Mais aussi nous vous la demandons sous la forme de fournitures de certaines matières premières et d'outillages agricoles et industriels afin que nous puissions produire et par conséquent échanger dans les moindres délais et sur la plus grande échelle possible. Nous sommes au total, dans les cinq parties du monde, 110 millions d'hommes et de femmes vivant sous le drapeau français. Nous croyons que si nous pouvons faire de cet ensemble une grande puissance économique, l'Amérique n'aura pas à regretter les sacrifices et les restrictions qu'elle aura si noblement supportés pour nous aider, d'abord à être libérés de l'ennemi et à devenir ensuite un grand foyer d'échanges dans le monde.

En tous cas une chose est certaine : dans les conversations que le président du gouvernement français et le ministre des Affaires étrangères viennent d'avoir avec le président Truman et les membres de son gouvernement, je puis dire que la plus haute compréhension des problèmes qui se posent au monde et notamment à la France est apparue dans les vues des hommes éminents qui ont la charge de diriger l'Amérique vers son destin. Si j'ajoute que les mille et mille voix du peuple des États-Unis qu'il nous a été donné d'entendre nous ont révélé combien profonde et vivante demeure la vieille amitié de nos deux pays, si je constate enfin que l'amitié est en somme la meilleure inspiratrice de la coopération, vous comprendrez que j'emporte de ma visite dans votre pays victorieux la plus solide confiance dans l'avenir. Dans cette confiance, laissez-moi vous dire de quel poids pèse l'accueil de Chicago !

Vive Chicago !
Vive l'Amérique !
Vive la France !

Texte figurant sur des diplômes donnés aux membres des FFL

1er septembre 1945

Répondant à l'appel de la France en péril de mort, vous avez rallié les Forces Françaises Libres.

Vous avez été l'équipe volontaire des bons compagnons qui ont maintenu notre pays dans la guerre et dans l'honneur.

Vous avez été de ceux qui, au premier rang, lui ont permis de remporter la victoire !

Au moment où le but est atteint, je tiens à vous remercier amicalement, simplement, au nom de la France !

Au général Catroux, à Moscou

Paris, 1er septembre 1945

Mon général,

À mon retour d'Amérique, je réponds à votre lettre du 18 août[1].

Je saisis mal les raisons qui vous font penser que le gouvernement vous inflige une sorte de désaveu en ne vous nommant pas haut-commissaire en Indochine alors que, depuis que vous l'avez quittée, vous fûtes Délégué général au Levant, gouverneur général de l'Algérie, membre du gouvernement, ambassadeur et nommé, en outre, compagnon de la Libération et grand-croix de la Légion d'honneur.

Je ne puis, évidemment, vous imposer de conserver un poste où, quelque éminent et essentiel qu'il soit, vous ne voulez pas rester. Le gouvernement va donc pourvoir à votre remplacement à Moscou. De toute manière, mon intention était de vous proposer autre chose, dans l'espèce, la grande chancellerie. Mais je vois, par votre lettre, que vous avez d'autres vues. Je souhaite, dans mon estime et mon amitié pour vous, que vous ne le regrettiez pas un jour.

Veuillez agréer, mon général, l'expression de mes sentiments dévoués.

À Yves Farge, à Lyon

Paris, 1er septembre 1945

Mon cher Farge,

Je sais que vous avez l'intention d'être candidat aux élections pour la prochaine Constituante. Vous connaissant, je crois que vous y jouerez un rôle important et qui sera, en outre, hautement utile si vous savez subordonner toutes considérations à l'intérêt de notre bonne et chère France.

Je vous remercie de ce que vous avez fait de bien comme commissaire de la République à Lyon dans des circonstances magnifiques à certains égards, très difficiles à d'autres et, en tous cas, extraordinaires.

Veuillez croire, mon cher Farge, à mes sentiments amicalement dévoués.

1. Le général Catroux, haut-commissaire en Indochine du 20 août 1939 au 25 juin 1940, écrit notamment : « La destitution dont j'ai été l'objet en 1940, valait, autant pour ma personne que pour la France, une significative réparation. Cette réparation, je l'attendais sous la forme de mon retour en Indochine, ne fût-ce que pour quelques mois. Vous en avez décidé autrement [...]. La conséquence en est qu'une sorte de désaveu m'est infligé au lendemain du procès Pétain où ma politique en Indochine a été mise en cause. » Il souhaite « s'employer pour la nation dans des champs d'action qu'[il] choisira ». Voir la suite de cette affaire dans le télégramme au général Catroux du 13 décembre 1945.

Note pour Gaston Palewski[1]

Paris, s.d. *[avant le 2 septembre 1945]*

À Ottawa, M. M. King[2] m'a parlé d'un M. Jacques Greber, urbaniste français, qui serait choisi par le gouvernement canadien pour transformer Ottawa. M. Greber est-il parti ? Sinon pourquoi[3] ?

Le 10 août 1945, le Viet-minh, dirigé par Hô Chi Minh, a appelé à l'insurrection générale. Le 19, il contrôle Hanoi. Jean Sainteny, délégué pour le Tonkin, y arrive trois jours plus tard.
Issu du Front national animé par le Viet-minh, un gouvernement provisoire est formé à Saigon le 29. L'empereur d'Annam, Bao Dai, dont l'abdication a été obtenue par les nationalistes, en est le « Conseiller suprême ».
Le 2 septembre 1945, jour de la capitulation japonaise, Hô Chi Minh proclame l'indépendance de la République du Vietnam.

À l'amiral Thierry d'Argenlieu, à Paris

Paris, 4 septembre 1945

Très secret

Objet : Organisation du haut commandement allié dans la zone intéressant l'Indochine – Directives au haut-commissaire de France pour l'Indochine.

Référence : Votre lettre n° 45 CAB/M du 3 septembre 1945.

Une note de renseignements n° 2338 EMG/DN/2 du 31 août 1945 dont vous trouverez une copie mise à jour en annexe vous a précisé l'organisation du haut commandement allié en Extrême-Orient actuellement appliquée pour les redditions japonaises.

Il est vraisemblable que cette organisation ne subsistera pas longtemps après que les différentes redditions seront achevées. En tous cas, elle ne saurait être maintenue sur le territoire de l'Indochine dès l'arrivée des forces françaises.

La ligne de conduite à adopter me paraît donc la suivante : votre commandement est indépendant des théâtres d'opérations alliés. Toutefois, au moment de votre arrivée, il est obligatoire que vous teniez compte de l'infrastructure du haut commandement allié pour obtenir l'acheminement et régler l'entrée des troupes françaises en Indochine.

1. Directeur de cabinet du président du GPRF.
2. Mackenzie King est Premier ministre du Canada.
3. Jacques Greber effectue les démarches nécessaires à son voyage.

Le but à atteindre est d'obtenir le plus rapidement possible votre autonomie en cette matière.

Théâtres terrestres.

Sur le plan territorial, il ne saurait être question d'admettre le partage de l'Indochine en deux zones de commandement allié. Vous devrez obtenir la possibilité de pouvoir faire circuler les forces terrestres, aériennes et maritimes affectées spécialement à l'Indochine sans aucune contrainte et sans négociations spéciales auprès des autorités de Kandy ou de Nankin.

Vos efforts doivent tendre à faire disparaître la ligne de démarcation du 16e Nord.

D'autre part, au fur et à mesure de l'arrivée des troupes françaises en Indochine, vous chercherez à obtenir le départ de forces chinoises et anglaises. Dès que vous estimerez être en mesure avec nos seules forces de faire respecter l'ordre en Indochine et d'assurer la garde des prisonniers japonais non encore rapatriés, vous entamerez des négociations en vue du retrait complet des troupes alliées.

Forces maritimes.

En ce qui concerne l'emploi des bâtiments de guerre, la même politique générale devra être suivie. Cependant il est probable qu'il vous sera plus difficile d'obtenir la liberté de mouvement désirable tant que leur ravitaillement restera subordonné à l'aide alliée.

Vous vous attacherez toutefois, dans cette période transitoire, à obtenir du haut commandement allié toutes facilités de passage de nos forces navales du sud au nord (et vice versa) du 16e parallèle, dans la mer d'Indochine.

Conformément aux instructions qui règlent la subordination à votre égard de l'officier général commandant les forces navales françaises d'Extrême-Orient, il vous appartient de régler la répartition des forces navales françaises entre l'Indochine proprement dite et les théâtres d'opérations alliés limitrophes.

Vous me tiendrez au courant sous le timbre de l'État-Major général de la Défense nationale de l'évolution de la situation et de l'emploi général des forces armées placées sous votre haute autorité.

Instruction à l'amiral Thierry d'Argenlieu, à Paris

Paris, 4 septembre 1945

Référence : Décret du 17 août 1945 fixant les attributions du haut-commissaire de France pour l'Indochine.

Secret

1. Les forces navales françaises d'Extrême-Orient sont placées sous la haute autorité du haut-commissaire de France pour l'Indochine qui détient

les pouvoirs de commandant en chef. Elles constituent une escadre dont le commandement est exercé par un officier général de la Marine.

2. La zone de commandement des forces navales françaises d'Extrême-Orient s'étend provisoirement sur les théâtres d'opérations alliés « Asie Sud-Est » et « Pacifique », ce dernier limité à l'est au méridien 159° est.

Les limites des théâtres d'opérations alliés existant au moment de la capitulation du Japon sont donnés en annexe.

3. Le haut-commissaire de France pour l'Indochine assure les liaisons nécessaires avec le haut commandement allié et règle en accord avec celui-ci la répartition des forces navales françaises entre l'Indochine proprement dite et les théâtres d'opérations intéressés.

4. L'officier général qui exerce le commandement des forces navales françaises d'Extrême-Orient relèvera pour emploi jusqu'à nouvel ordre du haut-commissaire et du ministre de la Marine pour toutes les questions d'administration, d'entretien et de discipline.

À l'amiral Mountbatten

Paris, 4 septembre 1945

Cher lord Mountbatten,

À mon retour d'Amérique, je réponds à votre aimable lettre du 18 août.

Je vous remercie vivement de votre appréciation concernant le général Blaizot qui a bien servi. Je suis certain que l'amiral d'Argenlieu (qui part incessamment et à qui je confie cette lettre) et le général Leclerc collaboreront avec vous dans les meilleures conditions. Laissez-moi, en effet, froisser votre modestie en vous disant que tous nos militaires, marins et aviateurs français et leurs chefs ont pour vous-même une très haute et particulière estime.

Je crois pouvoir ajouter que ce que nous, Français, et vous, Anglais, sommes amenés à faire ensemble en Extrême-Orient est un élément très important des relations entre nos deux pays, dont je souhaite ardemment qu'elles se développent désormais dans l'amitié et dans la coopération.

Veuillez croire, cher lord Mountbatten, à mes sentiments cordialement dévoués.

[PS] J'ai le plaisir de vous dire que le major-général Haydon a été nommé chevalier de la Légion d'honneur le 4 avril 1945 pour prendre rang le 1er janvier 1945.

À l'amiral Thierry d'Argenlieu, à Paris[1]

5 septembre 1945

Cher amiral,

J'ai reçu votre lettre d'hier :

Il *nous* reste un gros morceau à reprendre, une grande partie à jouer.

C'est à vous ! En avant.

Croyez à ma profonde amitié.

À André Diethelm, à Charles Tillon, à Louis Jacquinot, à René Pleven et à Paul Giacobbi, à Paris

Paris, 6 septembre 1945

Très secret

Mon cher ministre,

Conformément aux décisions prises en séance du Comité de Défense nationale, le 17 août, j'ai examiné personnellement les propositions relatives à la révision du plan du 4 juin concernant l'organisation de nos armées[2].

La solution finale à laquelle j'estime que nous devons nous arrêter et qu'il y a lieu de proposer au Conseil des ministres, est la suivante :

1. *Armée de Terre*

17 divisions (au lieu de 21) comprenant :

7 divisions normales (dont 3 blindées)[3], force d'intervention,

1 division aéroportée,

7 divisions allégées[4] dont 1 blindée,

2 divisions d'Extrême-Orient,

13 groupes mobiles pour la sécurité de l'Empire, et forces diverses territoriales (de sécurité intérieure, à l'instruction, etc.).

Les effectifs globaux indigènes compris sont fixés à 690 000 hommes (au lieu de 770 000).

Répartition envisagée :

Occupation de l'Allemagne et de l'Autriche : 8 divisions.

Métropole : 6 divisions.

AFN et Empire : 1 division, 13 groupes mobiles.

Extrême-Orient : 2 divisions.

---

1. L'amiral Thierry d'Argenlieu quitte Paris pour l'Indochine le lendemain.
2. Voir *Mémoires de guerre*, t. III, p. 580 et 581.
3. Comptées à 25 000 h. (avec soutiens et éléments de réserve générale adaptés) [Note figurant sur le document].
4. Comptées à 12 500 h. (9 000 h. + 3 500 h. en éléments de soutien et de réserve générale) [Note figurant sur le document].

2. *Armée de l'Air*

Le programme de base à réaliser pour 1950 demeure inchangé (2 000 avions – 170 000 hommes).

Toutefois la première tranche fixée pour le 1er janvier 1947 ne portera que sur : 1 300 avions – 110 000 h. au lieu des 1 500 avions – 140 000 h. actuellement envisagés.

3. *Armée de Mer*

Le programme de la Marine comportera 72 000 h. au maximum pour l'année 1946 au lieu des 82 000 h. actuellement envisagés.

En ce qui concerne les budgets des départements militaires pour 1946, leur aménagement me semble devoir être conçu en s'inspirant des principes déjà énoncés dans la lettre que j'avais adressée au ministre des Finances, le 28 avril 1945, à savoir :

— Fixation des dépenses globales d'entretien des personnels de l'ensemble des trois départements militaires à un niveau voisin de celui des dépenses absorbées par l'entretien, l'acquisition et le renouvellement des matériels.

— Concernant les matériels, le but à atteindre consiste à réunir tout ce qui est nécessaire au premier équipement de nos forces du temps de paix, en renonçant à toute idée de stockage ; mais de préparer intensément et d'amorcer le renouvellement de nos matériels en procédant à toutes les recherches scientifiques utiles.

— Concernant les personnels, nécessité, d'une part, d'accorder aux militaires servant au-delà de la durée légale et de carrière des conditions de vie comparables à celles offertes dans des fonctions ou emplois civils similaires, d'autre part, de proportionner l'encadrement de nos forces aux seuls effectifs indiqués ci-dessus comme devant être maintenus.

Enfin, des dispositions sont à prendre en vue de réaliser la fusion des troupes coloniales et métropolitaines. Ces mesures se justifient par la solidarité des territoires de l'Empire et de la métropole dans le système de sécurité de la communauté française, et la nécessité de pouvoir, le cas échéant, faire participer le maximum de forces à la défense de la France d'outre-mer. Ces mesures doivent en outre entraîner des économies substantielles sur le plan financier.

Croyez, mon cher ministre, à mes sentiments cordialement dévoués.

Note[1] pour les Affaires étrangères, remise à Georges Bidault

Paris, 7 septembre 1945

J'ai lu la note des Affaires étrangères datée du 6 septembre sur la « question des troupes françaises au Levant ».

Il est de fait que M. Ostrorog[2] à Beyrouth et M. Massigli à Londres ont, dans leurs négociations, admis comme allant de soi que les troupes françaises seraient retirées en même temps que les troupes britanniques.

Cela n'a jamais été accepté par le gouvernement. Cela reviendrait à consacrer nous-mêmes notre départ, à reconnaître comme justifiée l'intervention brutale des Anglais contre nous en mai-juin et à livrer la Syrie et le Liban à toute intervention éventuelle des Anglais qui restent en force à Jérusalem et à Mossoul, tandis que nous serions repliés à Alger.

Or rien n'a été dit à MM. Ostrorog et Massigli pour rectifier leur attitude et l'on continue à ne rien leur dire.

Rien n'est fait, d'autre part, pour avertir le gouvernement de Beyrouth que, désormais, s'il n'est pas capable de préserver la vie de nos concitoyens sur son territoire (récente agression de Français à Tartous) nous prendrons les moyens de les préserver nous-mêmes. Il faut absolument que ces outrages cessent et c'est une dérision d'invoquer les Anglais à leur propos.

Quant à la « solution proposée » dans la note, elle relève d'un état d'esprit fâcheux. D'abord, s'il y a « impasse », c'est du fait des Anglais et s'il faut « en sortir » (ce qui n'a plus rien d'urgent, maintenant que les hostilités sont terminées et que nous avons toute liberté en toutes matières), ce ne doit pas être à nos frais.

À cet égard, il serait absurde de « réaffirmer » notre intention d'évacuer le Levant en même temps que les Britanniques (nous l'avions donc affirmée ?…). Pourquoi, en effet, puisque les Anglais n'évacuent ni l'Irak ni l'Égypte et que le gouvernement français a décidé d'y rester jusqu'à ce que la question de la sécurité collective soit réglée ?

Tout cela est d'une inconséquence et d'une faiblesse d'autant plus inexplicables qu'elles ne peuvent nous rapporter absolument rien, notamment quant à nos rapports avec les gouvernements libanais et syrien, et qu'elles jurent avec les possibilités que nous offre le désir désormais public des Anglais d'obtenir l'entente avec nous.

1. Des extraits de cette note ont déjà été publiés dans les *Mémoires de guerre*, t. III, p. 557 et 558.

2. Ministre plénipotentiaire français au Levant.

Ce qu'il faudrait poser à Londres et vis-à-vis des États arabes, c'est le principe d'un règlement général des affaires arabes (Le Caire, Bagdad, Jérusalem, Amman, Beyrouth, Damas) entre la France, l'Angleterre et les États, avec menace d'un règlement international si cette vue n'est pas adoptée, et non pas l'acceptation du coup de force anglais contre nous et l'effort honteux tendant à lui donner raison sous le couvert d'une formule.

À Adrien Tixier, à Paris

10 septembre 1945

Mon cher ami,

Il me revient de divers côtés que certains commissaires de la République et certains préfets n'ont pas reçu d'instructions au sujet de l'attitude qu'ils doivent prendre dans l'affaire du référendum. Cela est vrai, notamment dans tout le Midi.

Je vous demande de faire le nécessaire d'urgence et nettement. La position prise par le gouvernement et en particulier par son chef doit être connue des populations et des autorités municipales. Il ne serait pas admissible et même il serait trop bête que les représentants du gouvernement affectent dans cette grave affaire nationale l'ignorance ou l'indifférence.

Quant aux commissaires de la République ou aux préfets (Bounin[1], Chaintron[2], Monjauvis[3]) qui prennent une attitude tacite d'opposition, notre devoir est de les liquider. *Je vous le répète.*

Amicalement à vous.

À André Diethelm, à Paris

Paris, 11 septembre 1945

Mon cher ministre,

Les négociations poursuivies avec nos alliés pour l'octroi des moyens de transport maritimes nécessaires à nos forces d'Extrême-Orient font apparaître la possibilité des premiers départs à partir de la mi-septembre.

D'autre part, l'évolution politique de l'Indochine exige l'envoi aussi rapide que possible de la totalité du corps expéditionnaire.

1. Député indépendant antimunichois élu en 1939, Jacques Bounin participe activement à la Résistance et est l'un des fondateurs en zone sud du Front national, en 1941. Il est nommé commissaire de la République à Montpellier le 26 mai 1944. Il restera en fonctions jusqu'en 1946.

2. Jean Chaintron, communiste, préfet de la Haute-Vienne.

3. Syndicaliste, député communiste de 1932 à 1936, conseiller municipal de Paris de 1935 à 1940, Lucien Monjauvis a été nommé préfet de la Loire en 1944. Il restera en fonctions jusqu'en 1947.

Dans ces conditions, il convient d'accélérer l'exécution des plans prévus de mise sur pied et de transport :

1. la 9e DIC, recomplétée en matériel par vos soins, devra commencer ses premiers mouvements vers Marseille le 20 septembre, au plus tard,

2. les EOCA de la première tranche de transport, recomplétés par vos soins, seront tenus prêts à faire mouvement à la même date,

3. la 3e DIC et le reste des EOCA seront mis en route dès que possible sur l'Indochine aussitôt après livraison du matériel par les Alliés.

Je n'ignore aucune des difficultés que soulève le prélèvement de matériels de toutes sortes sur l'armée française. Mais le rétablissement de notre souveraineté en Indochine est à ce prix.

D'ailleurs, nous poursuivons tant auprès de nos alliés britanniques qu'auprès de nos alliés américains les négociations entamées, en vue des achats de matériels qui compenseront à brève échéance les prélèvements effectués au bénéfice de nos forces d'Extrême-Orient.

Croyez, mon cher ministre, à mes sentiments cordialement dévoués.

Le 17 août 1945, le gouvernement a adopté l'ordonnance relative au référendum et à l'élection de l'Assemblée constituante. Ce texte fixe le mode de scrutin voulu par le général de Gaulle : la représentation proportionnelle à l'échelle départementale. Le 1er septembre 1945, Léon Jouhaux, secrétaire général de la CGT, demande audience au chef du gouvernement au nom de la délégation des gauches, regroupant les Partis communiste, socialiste et radical ainsi que la Ligue des droits de l'homme. Ces groupements entendent protester contre le mode de scrutin choisi, préférant, pour la majorité d'entre eux, la proportionnelle à l'échelle nationale. Le 1er septembre, le général de Gaulle refuse de recevoir Léon Jouhaux en tant que représentant d'un syndicat. Le 8 septembre, par un mémorandum adressé au général de Gaulle, la délégation des gauches déplore le refus d'audience et rappelle sa position au sujet du mode de scrutin.

À Daniel Mayer[1], à Paris

Paris, 12 septembre 1945

Mon cher secrétaire général,

J'ai bien reçu la lettre du 8 septembre dont vous êtes signataire et relative au système électoral adopté par le gouvernement pour les prochaines élections générales. La note ci-jointe[2], qui sera diffusée dans la soirée du 14 septembre, vous apportera, je l'espère, la réponse que vous

1. Secrétaire général du Parti socialiste.
2. Voir *Mémoires de guerre*, t. I, p. 605 à 607.

souhaitez et que je vous serais reconnaissant de bien vouloir communiquer aux autres signataires de votre lettre.

Veuillez agréer, mon cher secrétaire général, l'expression de mes sentiments cordialement dévoués.

À Louis Saillant[1], à Paris

Paris, 13 septembre 1945

Monsieur le Président,

Par lettre du 5 septembre vous avez bien voulu me demander de recevoir le Conseil national de la Résistance qui désirerait m'entretenir des modalités du scrutin pour la prochaine consultation électorale.

Comme vous le savez, d'autres organisations m'ont adressé la même demande. Le gouvernement a donc décidé de publier le vendredi 14 septembre dans la soirée une note sur la question. J'espère que vous y trouverez les explications que vous souhaitez.

Veuillez croire, monsieur le Président, à mes sentiments les meilleurs et les plus distingués.

En vertu des accords de Potsdam, s'est ouverte à Londres, le 11 septembre 1945, la conférence des ministres des Affaires étrangères des États-Unis, de France, de Grande-Bretagne et d'Union soviétique. Elle doit traiter en particulier des problèmes européens.

À Georges Bidault, à Londres

Paris, 16 septembre 1945

Mon cher ami,

Pour la frontière italienne, je vous confirme que nous ne prétendons ni au val d'Aoste, ni à Vintimille, ni même à la vallée de la Roya, ni au val de Suze. Nous y avons, d'ailleurs, grand mérite et il vous appartient de le faire ressortir.

Par contre, nous devons nous assurer comme frontière la crête des Alpes au sud du Cenis, c'est-à-dire : Mont Rogassa, Mont Clapier, col de Tende, Mont Saccarolbe, ce qui inclut en France, Tende, La Brigue, les 6 communes.

Au Saint-Bernard, nous devons aller jusqu'à la crête, c'est-à-dire absorber l'hospice.

Dans la région du Mont-Cenis, les terrains qui voisinent l'hospice et le lac appartiennent aux gens de Lanslebourg. Il faut qu'ils fassent partie du territoire français (il n'y a pas d'habitants fixes).

1. Président du Conseil national de la Résistance.

Reste l'affaire de Bardonnèche, c'est-à-dire de la sortie sud du tunnel du Mont-Cenis. Il faut la réclamer aussi pour nous permettre de relier Modane à Briançon par une route, ce qui a de l'importance.

En ce qui concerne la Libye, nous devons défendre catégoriquement le retour de l'Italie à Tripoli et à Benghazi : toute solution d'« indépendance » serait à la fois une dérision et un grand danger. Le trusteeship russe serait également catastrophique[1]. En tous cas, et à aucun prix, nous ne devons lâcher le Fezzan, Ghat, Ghadamès.

J'ai lu le mémorandum que notre délégation a remis au sujet de l'Allemagne[2].

L'essentiel y est. Mais il est faible de ton. Surtout, pourquoi renoncer à faire discuter l'affaire allemande tout de suite ? C'est le fond de toute la paix et, actuellement, nous sommes bafoués pour ce qui a été fait sans nous.

Je vous signale que notre délégation commet des indiscrétions. La 1re proposition Molotov a paru dans nos journaux avant même que nos télégrammes soient parvenus à Paris. Il faut faire taire nos Français et les mettre à la porte quand ils bavardent. Notre « standing » est à ce prix.

Croyez à mes meilleures amitiés.

À l'amiral Thierry d'Argenlieu à Chandernagor (Inde)

Paris, 16 septembre 1945

Mon cher amiral,

Je profite du passage d'un officier de Leclerc pour vous adresser ce mot.

Rien n'est plus urgent que d'avoir tout au moins Leclerc installé à Saigon. Y fût-il, pour le moment avec une poignée d'hommes, cela serait d'une très grande importance en Indochine et vis-à-vis du monde. On verrait s'orienter vers lui une foule de courants divers qui ne sont pas sûrs du retour à la souveraineté française et subissent, dans leur incertitude, toutes sortes de fâcheuses influences. Il ne faut pas attendre l'arrivée des troupes de France. D'ailleurs, la présence de Leclerc à Saigon serait la preuve éclatante qu'elles arrivent coûte que coûte. J'estime que nous-

---

1. Les États-Unis et l'Angleterre ont proposé d'ériger la Libye en État souverain. Le projet de la France est de placer ce pays sous la tutelle des Nations unies dont l'Italie serait mandataire. L'Union soviétique, par la voix de Molotov, commissaire du peuple aux Affaires étrangères, réclame un mandat sur la Tripolitaine.

2. Le mémorandum présenté le 14 septembre 1945 à la conférence précise la position française sur les mesures relatives au contrôle et à l'administration de l'Allemagne. La France rappelle ses réserves sur la reconstitution d'administrations centrales à Berlin qui préfigureraient la renaissance du Reich. Elle propose de créer une fédération d'États allemands. Le Palatinat, la Hesse, la Province rhénane seraient en outre érigés en États autonomes et la Ruhr placée sous un régime international.

mêmes, dès que le détachement Massu pourra être débarqué en Indochine, devrons nous y rendre.

Je verrai M. Soong[1] dans le courant de cette semaine à Paris et je compte le sommer rigoureusement. La première chose à obtenir est l'arrivée à Hanoi d'Alessandri et de son détachement[2]. J'ai l'impression que les Chinois veulent nous vendre même cela contre des avantages pour leurs colons et des droits sur nos chemins de fer.

Je n'ai aucune confiance dans les Anglais : ils prennent et gardent une attitude hypocrite. Mais ils cherchent avec acharnement à nous créer des complications, tant localement quand ils seront sur place, que sous l'angle des Chinois et, même (vous le verrez), des Siamois. Ils sont enchantés de se présenter en Indochine comme les forts et les dirigeants avec des Français dans leurs bagages. Ne nous laissons donc à aucun moment illusionner par Mountbatten.

Je suis convaincu qu'ils ne nous prêteront pas de bateaux pour nos transports. Nous devrons très probablement amener nos troupes par nos propres moyens, ce qui durera longtemps. Cependant, nous les enverrons et il y aura sûrement un moment où vous serez le plus fort. En attendant il faut être sur place, dès que possible, c'est-à-dire tout de suite pour Leclerc et fin octobre pour vous.

Ne prenez et ne laissez prendre à l'égard des gens du Viet-minh aucun engagement quelconque. Vous pourrez accepter certains contacts, à condition qu'ils soient directs et ne comportent aucun intermédiaire, ni anglais, ni chinois, ni américain. Quand du côté allié on vous proposera des « bons offices » refusez catégoriquement. Nous ne traitons pas avec nos sujets par le truchement de l'étranger. Sans quoi, nous verrons se renouveler en Indochine l'ignoble jeu des Anglais en Syrie.

L'intérêt français consiste à ne rien régler quant aux gouvernements locaux en Indochine tant que nous n'aurons pas la force. Mieux vaut cent fois laisser jusque-là la situation entière, même si elle nous est défavorable, plutôt que d'accepter, du faible provisoire ou fort, des arrangements où l'étranger serait partie et qui seraient, par là même, catastrophiques.

Je fais tout, personnellement, pour hâter l'envoi des moyens, personnel et matériel. Mais cela durera longtemps.

Au revoir, mon cher ami. Votre tâche est dure, je le sais. Mais vous en sortirez comme il faut.

Croyez à ma fidèle et confiante amitié.

---

1. T.V. Soong, beau-frère de Chiang Kai-shek, est président du Comité exécutif et ministre des Affaires étrangères de la République chinoise. Le général de Gaulle s'entretiendra avec lui le 19 septembre 1945. Voir *Mémoires de guerre*, t. III, p. 564 à 569.

2. Le détachement du général Alessandri a résisté aux Japonais avant de se replier en Chine, près de la frontière. Les Chinois et les Américains ne facilitent pas son retour au Tonkin.

[PS] Pour que Leclerc en profite, je prescris à son officier de lui montrer cette lettre au passage.
Copie adressée à Paul Giacobbi, ministre des Colonies, et au gouverneur de Langlade.

À l'amiral Stark

Paris, 17 septembre 1945

Mon cher amiral,

À mon retour des États-Unis, je trouve la lettre que vous avez eu la délicate attention de me faire parvenir au moment de votre départ de Londres.

Soyez assuré que j'ai été très sensible à ce nouveau témoignage d'une amitié qui m'est chère. Les aspérités des événements passés n'y avaient jamais rien changé.

Croyez-moi, mon cher amiral, toujours fidèlement vôtre.

Note pour Adrien Tixier

Paris, 20 septembre 1945

1. La grève des imprimeries de la Haute-Vienne est évidemment une manœuvre politique.

2. Au point de vue des revendications du personnel, le gouvernement les estime injustifiées et le ministre du Travail leur oppose une fin de non-recevoir.

3. Au point de vue des élections dans la Haute-Vienne, il est possible qu'elles devront être annulées quand elles auront eu lieu. Mais le gouvernement ne peut penser à les différer. La date des élections départementales est fixée[1] par ordonnance, c'est-à-dire par la loi. D'autre part, le fait de remettre certaines d'entre elles en raison d'une grève constituerait un précédent dont les conséquences pourraient être illimitées. Enfin, rien n'assure qu'à la nouvelle date qui serait fixée des empêchements du même ordre ne se produiraient pas.

4. Au total, ceux qui auront faussé l'élection et conduiront à son annulation par leur manœuvre de grève politique en porteront seuls la grave responsabilité. Le pays n'aura pas de peine à les reconnaître.

1. Aux 23 et 30 septembre 1945.

Communiqué

Paris, 21 septembre 1945

Les services de la Défense nationale de la Présidence du gouvernement communiquent :

De multiples informations foncièrement inexactes sinon tendancieuses ont paru récemment dans certains organes de presse en ce qui concerne la Direction Générale des Études et Recherches (DGER).

À ce sujet, il est nécessaire de préciser ce qui suit :

1. Le BCRA, créé à Londres en juin 1940 par la France Libre, a eu pour tâche essentielle de mettre en place et d'organiser, *dès cette époque*, des réseaux de renseignements et d'action en territoire français occupé par l'ennemi. Il a rempli cet office au prix de lourdes pertes et on lui doit d'inappréciables résultats.

2. La DGER, qui lui succède, a reçu, après la libération du territoire national, la mission d'organiser, sur le modèle qui existe chez nos principaux alliés, un service de contre-espionnage orienté exclusivement au-delà de nos frontières, tout en entretenant en Indochine le rôle joué antérieurement par le BCRA. Il s'agissait, d'une part, de remplacer les anciens services français dont le gouvernement de Vichy avait pratiquement annihilé toute activité et, de l'autre, de donner à ces nouveaux services une structure conforme aux nécessités de l'avenir.

Par ailleurs, la DGER fut chargée, après la Libération, de procéder à l'examen des droits aux décorations, avancements et pensions des membres de réseaux de renseignements qui, au cours de l'Occupation, ont largement contribué à la libération du territoire par la qualité et le nombre des informations fournies au commandement français et aux commandements alliés.

Elle a pu au cours de ce travail se rendre compte que si certains éléments troubles se sont parfois infiltrés dans ces réseaux, de tels éléments ne constituent qu'une infime minorité dans une masse de bons serviteurs du pays dont l'action a vaillamment contribué à la victoire.

3. La DGER joue un rôle d'intérêt national à l'extérieur de nos frontières, elle n'en joue aucun à l'intérieur. Liée par ses devoirs de discipline, elle ne peut répondre ni aux attaques ni aux insinuations malveillantes, sinon en poursuivant avec conscience le service dont elle est chargée.

À Adrien Tixier, à André Diethelm et à René Pleven, à Paris

Paris, 26 septembre 1945

Mon cher ministre,

Je suis informé par les généraux commandants en chef en Allemagne et en Autriche qu'à la suite de retards à attribuer aux différents ministères, de nombreux fonctionnaires détachés de l'Administration centrale et ayant pris leurs fonctions en Allemagne ou en Autriche depuis plusieurs mois, n'ont pas encore touché leurs appointements.

Il y a là une négligence inadmissible.

Je vous demande de prendre toutes mesures utiles afin d'assurer au plus vite la rétribution des fonctionnaires détachés dans les zones d'occupation et qui relèveraient de votre ministère.

Veuillez agréer, mon cher ministre, l'assurance de mes sentiments cordialement dévoués.

Note pour Étienne Burin des Roziers

27 septembre 1945

Note pour les Affaires étrangères.

Je tiens essentiellement à ce que l'accord franco-chinois en Indochine ne soit pas conclu sans mon assentiment sur le texte[1].

À l'abbé Henri Grouès[2] (dit l'abbé Pierre)

27 septembre 1945

Mon cher ami,

J'ai bien reçu la brochure que vous avez eu la délicate pensée de m'adresser.

C'est avec le plus vif intérêt que j'y ai suivi le détail, au jour le jour, de la magnifique action qui fut la vôtre et celle de vos camarades de la Résistance.

Puissent les Français conserver le secret de cette fraternité qu'ils surent découvrir aux heures de l'épreuve !

Croyez, mon cher ami, à mes sentiments cordialement dévoués.

Les premières forces françaises et britanniques arrivées à Saigon à la mi-septembre 1945 ont dû y maîtriser, le 23 septembre, des troubles graves.

---

1. Cet accord doit préciser en particulier les conditions et la date du retrait des troupes chinoises de l'Indochine.

2. Aumônier militaire.

Télégrammes à l'amiral Thierry d'Argenlieu et au général Leclerc

Paris, 29 septembre 1945

Secret

Comme je vous l'ai écrit, il me paraît nécessaire que le général Leclerc se rende sans délai à Saigon et s'y installe. L'effectif des troupes dont il y disposera provisoirement est une considération secondaire en comparaison de la nécessité d'être présent. Tout retard à l'arrivée du général Leclerc à Saigon accentue l'apparence d'impuissance momentanée de la France et laisse le champ libre à l'autorité britannique. Celle-ci, en admettant qu'elle ne soit pas malveillante, peut être mal inspirée.

Copie adressée au général Juin et à Paul Giacobbi.

29 septembre 1945

Secret

J'ai reçu le télégramme n° 140 du général Leclerc[1].

1. Il est exclu que le gouvernement français fasse actuellement une nouvelle déclaration concernant l'Indochine. Celle de mars se suffit à elle-même. Le fait d'en édicter une nouvelle dans les circonstances présentes aurait toutes les apparences d'une reculade qui compliquerait davantage la situation en Indochine et à l'extérieur.

2. Les inquiétudes de l'amiral lord Mountbatten sont explicables. Elles devraient conduire les Anglais à hâter le transport de nos troupes. Or ils viennent de nous annoncer qu'ils ne feraient rien à ce point de vue avant le 20 octobre. Il y a là une contradiction qui n'est pas de nature à nous rassurer sur leur clairvoyance, sinon sur leurs arrière-pensées.

3. Je répète qu'il me paraît nécessaire que le général Leclerc aille s'installer à Saigon sans délai. Il est essentiel et urgent que l'autorité française soit présente sur place.

Télégramme à Georges Bidault, à Londres

Paris, 29 septembre 1945

Secret

En ce qui concerne nos propositions concernant l'affaire allemande j'ai l'impression que vous avez été écouté très poliment par la Conférence mais que l'intention générale était de noyer le poisson. Bien qu'il ne soit pas sans intérêt que vous ayez posé la question, et d'une manière dont je

1. L'amiral Mountbatten a proposé au général Leclerc que Paris fasse une nouvelle déclaration promettant à l'Indochine l'indépendance et le statut de dominion. Le général Leclerc demande au général de Gaulle de « préciser notre position à l'égard des différents pays de l'Union indochinoise, si besoin par une déclaration comportant et étendant celle du 24 mars 1945 ». Voir *Mémoires de guerre*, t. III, p. 458 à 460.

me plais à reconnaître qu'elle était nette, le poisson est à demi noyé puisque vous avez consenti à prendre la voie diplomatique. Étant donné l'importance vitale du problème et la manière dont vous l'avez affirmée, je crains que l'acceptation d'une telle procédure n'encourage les objecteurs.

En tous cas, ce n'est pas à Londres qu'il faut en discuter puisque les suppléants n'ont pas à s'en mêler. Il convient d'amener la négociation à Paris. Nous ne courrons pas ainsi le risque d'avoir en différents points des ambassadeurs qui tiendront un langage différent.

Pour l'affaire balkanique, je ne verrais aucun inconvénient à ce que vous quittiez Londres si nous devons être, en fait, exclus de la discussion[1]. Car du moment où ni le problème allemand, ni celui des Balkans n'y doivent être désormais discutés par nous et puisque les affaires des restitutions des prisonniers alsaciens et du ravitaillement de l'Autriche paraissent désormais réglées, je ne vois pas ce qui vous retiendrait.

Il y a d'ailleurs urgence à votre retour. La question d'Indochine et celle du Levant, en particulier, requièrent votre présence. Les Syriens ont décidé de fermer nos écoles et les Anglais de Damas ont fait connaître qu'ils les fermeraient eux-mêmes si leur réouverture risquait d'entraîner des désordres. Nous savons ce que cela veut dire.

De toute manière, j'espère avoir le plaisir de vous revoir incessamment.

À André Diethelm, à Paris

1er octobre 1945

Mon cher ministre,

Je vous envoie Monsieur de Langlade[2] avec le texte d'un message de l'amiral d'Argenlieu.

Le haut-commissaire pour l'Indochine réclame à grands cris le général Salan. Il faut le lui donner. Nous ne pouvons le refuser dans les circonstances actuelles.

Je vous serais reconnaissant de faire le nécessaire aussitôt[3]. Bien cordialement.

Au début du mois d'octobre 1945, le général de Gaulle visite la zone d'occupation française en Allemagne. Dans la journée du 3, il se rend à Sarrebruck, Trèves et Coblence. Le 4, il est successivement à Mayence,

1. L'Union soviétique entend exclure la France et la Chine des conversations de paix avec les pays balkaniques.
2. François de Langlade est chargé du secrétariat du Comité interministériel pour l'Indochine.
3. Le général Salan remplacera en octobre le général Alessandri comme représentant du haut-commissaire auprès du commandement en chef des troupes chinoises d'occupation.

Neustadt et Fribourg. Le 5, il visite Baden-Baden et Sasbach avant de gagner Strasbourg.

Allocution prononcée à Trèves devant les membres du gouvernement local et les personnalités de la ville le 3 octobre 1945

Je m'adresse à vous pour vous dire à quel point moi-même et le gouvernement français nous nous rendons compte de votre tâche et du poids des responsabilités que vous portez.

Vous avez des tâches lourdes pour le service des populations que vous administrez. Je sais que vous le faites bien et je tiens à vous dire que du côté français des instructions ont été données pour vous aider et le général Kœnig, commandant en chef de la zone française est prêt à le faire.

Nous sommes ici entre Européens, entre Occidentaux et il y a des raisons pour que nous nous comprenions d'une manière particulière.

Ce que nous avons à faire, il suffit de regarder autour de nous pour le comprendre.

Dans ce pays comme dans bien d'autres, en France en particulier, les événements ont fait en sorte que nous devons nous entendre pour exécuter un travail primordial qui se nomme la reconstruction. Pour ce travail de reconstruction je sais qu'on n'ira pas vite et je le déplore, mais je sais aussi que l'autorité française, selon la somme de ses possibilités, y apportera tout son concours.

Restituer une vie normale à ce pays au point de vue de la vie matérielle, de la vie morale, religieuse et administrative, voilà la tâche commune à tous et c'est celle que se sont donnée les autorités françaises.

La France n'est pas ici pour prendre, mais pour faire renaître et pour que vous renaissiez avec elle. Je suis convaincu que, dans cet effort qui est commencé et qui s'étendra sur de très longues années dont nous ne pouvons prévoir le terme, vous serez avec nous. Je suis convaincu que vous êtes décidés à mériter l'estime et la confiance et que l'avenir justifiera cette confiance. Au revoir, messieurs.

Allocution prononcée à Coblence devant les autorités allemandes de Rhénanie le 3 octobre 1945

Messieurs,

Je me félicite de l'occasion qui m'est donnée de vous voir. Cette occasion me permet en premier lieu de vous dire combien je sais que le gouvernement français reconnaît l'immensité de votre tâche et les grandes responsabilités que vous assumez pour le service des populations rhénanes. Personne ne les mesure mieux que moi. Je sais que vous vous appliquez à les porter avec une très grande conscience et je sais aussi que les relations que vous entretenez avec les autorités françaises sont bonnes.

Nous avons à faire ensemble, par le fait des événements, beaucoup de choses. Nous avons à reconstruire, nous avons à reconstruire partout, et en particulier dans le pays où nous sommes, et dans cette ville de Coblence si durement touchée. Je dis que nous devons envisager de faire ce travail ensemble et cela réclame une compréhension mutuelle. Cette compréhension, nous saurons la pratiquer, j'en suis sûr, parce que nous sommes des Européens et des Occidentaux. Ce que nous avons à faire, ai-je dit, lorsqu'on voit dans quel état horrible est la ville de Coblence, lorsque cet état se retrouve dans une grande partie de la province, c'est d'abord la reconstruction. Cette reconstruction doit être matérielle et aussi morale, elle doit se faire sur tous les terrains : bâtiments, alimentation, économie et dans le domaine moral : religion, éducation, justice, administration.

Vous pouvez être assurés que sur toutes ces questions vous rencontrerez la plus grande bienveillance des autorités françaises et en particulier du général Kœnig.

Le temps passera, et au fur et à mesure les blessures se fermeront. Comme les blessures ont été graves, le temps sera long. Mais de toute façon nous aurons à travailler ensemble très longtemps.

Quant à la suite des événements, on ne peut évidemment la prévoir, mais le monde change, il s'est produit de grands faits nouveaux et très importants, et je crois bien que désormais, il y a toutes les raisons pour que vous soyez longtemps plus près que loin [de] nous.

Au fur et à mesure que le travail en commun se développera, vous pouvez compter, et je compte bien, que la considération et la confiance des autorités françaises vous seront acquises.

Vous remarquerez que j'ai parlé seulement de l'avenir et du présent, ce n'est pas sans intention. J'ai l'honneur de vous saluer.

Allocution prononcée à Fribourg devant les autorités allemandes de Bade et de Wurtemberg le 4 octobre 1945

Messieurs,

J'ai l'honneur de vous saluer. Je commencerai par vous dire quelle est ma satisfaction de vous voir ici, à Fribourg, en Bade, et puisque cette occasion se présente, le premier mot que je vous dirai c'est que moi-même et le gouvernement français, apprécions, je vous prie de le croire, les grandes difficultés de votre tâche et le poids des responsabilités que vous assumez au service de la population de Bade et du Wurtemberg. Ce qui s'est passé, les événements horribles dont nous sortons, je n'épiloguerai pas sur leur compte ; les dégâts qu'ils ont faits, tant du point de vue matériel que moral dans notre malheureuse Europe, tout le monde les connaît. Tout le monde sait aussi quels en sont les responsables et tous les Européens de l'Ouest de bonne volonté et de bon sens doivent avoir à cœur, avant tout, de les réparer.

Nous avons donc à travailler ensemble. Nous avons pour tâche immédiate de travailler à une chose qui s'appelle la reconstruction : ceci est vrai pour le pays de Bade, ceci est vrai pour le Wurtemberg. Quand je parle de reconstruction, je parle d'abord, bien entendu, au point de vue matériel, de tout ce qui concerne la reconstruction des bâtiments, l'alimentation de la population et l'activité économique en général. Je parle aussi de tout ce qui concerne le point de vue moral, qu'il s'agisse de l'enseignement, de la justice ou de la religion, de l'administration.

Dans cette tâche extrêmement lourde et extrêmement difficile que vous avez à accomplir dans votre contrée, je puis vous assurer de l'appui et de la bienveillance des autorités françaises. Et je veux espérer fermement que, le temps passant et le travail en commun se développant, il y aura pour vous, de notre part, de l'estime et de la considération.

Ce que sera l'avenir, nous ne pouvons pas le prédire puisque l'avenir ne dépend pas des hommes, il dépend de Dieu, mais dans les possibilités qu'offre ce monde nouveau où nous avons à travailler, il peut y avoir entre le pays de Bade et la France, entre le Wurtemberg et la France, des liens qui n'existaient pas, sinon il y a fort longtemps, et qui peut-être se renoueront.

J'ai voulu vous faire connaître quelle était l'intention du gouvernement de la République française dont l'autorité militaire s'exerce ici pour le moment. J'espère qu'entre vous et nous, pour la tâche commune à accomplir, naîtra une compréhension mutuelle de plus en plus grande. Je tenais à vous le dire. Je forme les meilleurs vœux pour le pays de Bade et le Wurtemberg. Je forme les meilleurs vœux pour vous-mêmes dans vos tâches respectives. J'ai l'honneur de vous saluer.

Allocution prononcée à Sasbach, devant le monument élevé au maréchal de Turenne, le 5 octobre 1945

Je viens apporter à la mémoire du maréchal de Turenne l'hommage du gouvernement français. Cet hommage, nous le lui apportons sur le lieu même où il est tombé après avoir conquis l'Alsace et alors qu'il la couvrait.

Le monument qui lui fut élevé, à la fin du XVIIIe siècle, a connu les vicissitudes de l'Histoire. Il fut ravagé par les nazis. Il a été reconstruit par l'armée française[1] et, dans l'avenir, nous le ferons encore plus beau et plus émouvant.

Les troupes qui lui rendent aujourd'hui les honneurs sont : le 1er Régiment de cuirassiers qui porte le nom du maréchal de Turenne, le 151e Régiment, qui est un des plus beaux régiments d'infanterie, et nos spahis.

Nous allons nous recueillir pendant une minute de silence pour honorer la mémoire de ce grand serviteur de la France.

Allocution prononcée « au Kurhaus » à Baden-Baden le 5 octobre 1945

Je suis très heureux de me trouver au milieu de vous tous après avoir parcouru, rapidement sans doute, les diverses régions sur lesquelles s'exerce votre action.

Au total, pour ce qui est de l'action de la France dans ces contrées, ce que j'ai vu, dans l'ensemble, m'a satisfait. Je dis cela pour le gouvernement militaire, son personnel et son action, et je le dis, bien entendu, pour l'armée d'occupation.

Que faisons-nous ici au lendemain de notre victoire ? Notre action a pour but d'installer la France ici. Nous obéissons à une sorte de vocation historique de notre pays qui fut rompue dans le passé à plusieurs reprises et que nous venons, pour la dernière fois et selon l'occurrence la meilleure, de réaliser enfin.

Établir la France ici, cela veut dire d'abord donner à la France la disposition des territoires qui, de par leur nature, font corps avec elle. J'entends par là ceux de la rive gauche du Rhin, le Palatinat, la Hesse, la Prusse rhénane et la Sarre. Ces contrées, qui sont toutes dépendantes les unes des autres, ce Palatinat qui prolonge notre Alsace, cette Hesse qui est à l'endroit où arrivent sur le Rhin ces vallées qui nous mènent avec le Main et vers le Danube, cet Eifel, qui, en fait, est le prolongement de nos Ardennes et encore cette ville de Cologne par où passe la ligne la plus courte entre Paris et Berlin, ces pays doivent, comme je viens de le dire, faire corps avec la France.

S'agit-il d'une annexion ? Non pas ; du reste, je ne veux pas jouer sur les mots. Ce doit être une union économique et morale, une présence, un contrôle indéfini.

---

1. Le monument porte le profil, gravé dans la pierre, du maréchal de Turenne, et à la place du noyer au pied duquel il mourut, on a posé une pierre sur laquelle on lit :
« Ici, mourut Turenne,
au pied du noyer, arraché et brûlé par les nazis
en septembre 1940. »

Quant aux pays de la rive droite, ces pays qui se trouvent immédiatement sur l'autre rive de cette route européenne qui s'appelle le Rhin, le Bade, à coup sûr, et peut-être le Wurtemberg, et qui ont été moralement, intellectuellement et commercialement unis dans l'histoire de notre pays, pourquoi ne ferions-nous pas en sorte qu'ils se tournent vers nous cette fois encore ?

Je pense à la Ruhr, ce bassin qui possède tant de ce charbon dont l'Europe occidentale et la France en premier lieu ont si grand besoin. Cette Ruhr est à la fois un gage et un instrument. Un gage, car sans elle, l'Allemagne ne pourra se relever, et une fois de plus, nous menacer, nous attaquer et nous envahir. Un instrument, pour le relèvement de l'Europe occidentale et en particulier un instrument qui devra aider la France à devenir une grande puissance industrielle, but qu'elle ne peut atteindre qu'au moyen de la contribution de ce bassin minier.

Voilà le rôle de la France. Voilà les possibilités qui s'offrent à notre pays et dont il ne doit pas avoir peur.

Quant au reste des Allemagnes, elles suivront leur destin, triste destin. L'Allemagne divisée, ruinée, livrée à des autorités différentes dont chacune a sa conception opposée aux autres, cette Allemagne ainsi livrée au malheur, sans possibilité immédiate de relèvement, s'orientera tout naturellement vers le pays qui lui offrira le plus de chances de redressement, le plus de possibilités, qui lui offrira de reprendre une place en Europe. Nous verrons bien comment ces Allemagnes évolueront et ce que nous pourrons faire à leur égard. Dans tous les cas, nous n'avons pas l'intention d'agir au détriment des habitants.

Ces villes, telles que Sarrebruck, Coblence, Mayence, Trèves et Fribourg, et Karlsruhe que, un jour ou l'autre, nous reprendrons sous notre coupe, dans quel état sont-elles ! Il n'y a qu'à voir dans quel état sont invariablement les provinces du Rhin pour se rendre à l'évidence qu'il leur faudra l'assistance et le secours de la France.

Il n'y a qu'à regarder la carte pour que cette vérité éclate. Si ces États de l'Allemagne rhénane viennent à participer vraiment à l'esprit occidental, je crois qu'ils abandonneront l'idée d'une Allemagne groupée autour de la Prusse maintenant écroulée pour se retourner vers l'horizon qui leur apportera le plus d'espoir, vers l'Europe occidentale et avant tout vers la France.

Voilà la tâche qu'il nous reste à faire, tâche qui, il y a quelques mois, à plus forte raison quelques années, avait paru inimaginable, impossible, et qui est devenue aujourd'hui le bon sens même.

C'est la tâche du gouvernement militaire de préparer cette évolution. On m'a dit que ce gouvernement militaire avait eu des difficultés pour s'installer. Nous sortons de cette guerre avec des pertes, et dans une situation amoindrie, et cependant nous voilà aujourd'hui ressuscités et avec devant nous la possibilité d'agir, de travailler. Cette transition s'est faite subitement et à l'improviste et les difficultés qu'elle peut susciter sont compréhensibles.

Je suis convaincu toutefois que l'autorité achèvera son œuvre et que le gouvernement militaire, dans toute sa force, va jouer son rôle avec la conscience, l'autorité et la discipline indispensables pour établir la France ici.

En ce qui concerne l'armée, cette belle armée d'occupation, elle est la force de la France et elle en est l'exemple. Souvenez-vous que rien n'est plus important que l'aspect de nos troupes, que la façon dont elles se comportent et j'entends par là non seulement dans les revues, mais encore et surtout dans les exemples de la vie de chaque jour. Il faut graver dans les yeux et dans la mémoire des populations allemandes les exemples de la France, la façon dont nous vivons et dont nous nous comportons.

C'est une très grande tâche qu'elle a à jouer, et il faut que tous, jusqu'aux plus humbles de nos soldats, en aient particulièrement conscience. Ils sont les ambassadeurs de l'Histoire, les ambassadeurs de notre pays dans son avenir, comme ils le sont dans son passé.

Je crois avoir par là éclairci quelques idées demeurées jusqu'ici imprécises. Ces imprécisions s'expliquent d'elles-mêmes. Nous faisons ce que nous pouvons et nous le ferons encore plus parfaitement, car nous commençons seulement à agir et parce que certaines conjonctures internationales, qui aujourd'hui se sont améliorées pour nous et qui demain le seront encore plus complètement, nous le permettent.

Possédant de telles possibilités, si nous ne réalisons pas notre programme, nous manquerons à notre destinée.

Les élections à l'Assemblée nationale constituante et le référendum auront lieu le 21 octobre 1945. La SFIO et le Mouvement républicain populaire, nouveau Parti démocrate-chrétien, appellent à voter « oui-oui ». Le Parti communiste préconise le « oui-non » et le Parti radical le « non-non ».

À René Pleven

6 octobre 1945

Mon cher ami,

M. Bidault me parle de la situation électorale dans les Côtes-du-Nord par rapport à vous. Il me dit qu'il n'a pas le moyen d'empêcher la formation d'une liste MRP dans le département même si vous êtes candidat sur une autre liste. Il ajoute que le MRP serait enchanté que vous acceptiez d'être sa tête de liste (je le crois...).

Franchement, il faut que vous soyez élu et élu dans des conditions brillantes. Je ne vois pas, permettez-moi de vous le dire, ce qui vous empêcherait (ni quant au passé, ni quant au présent, ni quant à l'avenir) de prendre la tête d'une liste MRP. J'avoue même, soit dit entre nous, que je verrais volontiers ce jeune parti ou mieux ce jeune mouvement déjà très important bénéficier d'un homme comme vous.

Croyez à ma fidèle amitié.

À René Pleven

Paris, 12 octobre 1945

Mon cher ministre,

La réalisation du programme d'approvisionnement de l'Indochine se trouve considérablement retardée par l'application rigide des règles de la comptabilité publique en ce qui concerne particulièrement les achats en France.

Tout paiement de plus de 200 000 francs ne peut être effectué que pour 1/4 au comptant et le solde par traite à 9 mois et toutes les opérations en France sont à l'heure actuelle arrêtées de ce fait.

Vous connaissez l'importance de notre action économique de ravitaillement en Indochine et les avantages politiques qui en découleront.

Je vous demande de voir sous quelle forme on peut aboutir rapidement à donner au CAIC la possibilité d'effectuer ses commandes pour l'Indochine avec un délai minimum.

À René Pleven

15 octobre 1945

Mon cher ami,

On me dit que vous préféreriez ne pas assister au Conseil des ministres de jeudi prochain.

Je n'y puis croire. Vous *devez* y être. Les soucis électoraux peuvent avoir leur valeur, mais le minimum d'activité ministérielle et la présence du ministre des Finances et de l'Économie nationale au dernier Conseil de notre gouvernement, passent avant tout.

À jeudi, donc, mon cher ami, et croyez à mes sentiments cordialement dévoués.

À Henri Frenay[1], à Paris

15 octobre 1945

Mon cher ami,

Comme vous me le demandez, je vous confirme que j'avais eu, en septembre 1942, connaissance des deux entretiens que vous aviez jugé utile d'avoir antérieurement avec Pucheu, membre du pseudo-gouvernement de Vichy[2]. Votre rapport à ce sujet m'était parvenu par l'intermédiaire de notre vaillant Jean Moulin[3], qui était alors le chef de mes services dans la métropole et qui est, par la suite, mort pour la France.

Je me souviens, en outre, que vous m'avez parlé de l'affaire directement, quelques semaines plus tard, lors de notre première entrevue à Londres, où j'eus l'avantage de faire votre connaissance.

Pendant ces temps héroïques, il a pu m'arriver de diverger d'opinion avec vous sur telle ou telle question de tactique de la Résistance. Mais laissez-moi vous dire que l'efficience et le courage que vous avez prodigués sont au-dessus des éloges.

Croyez, mon cher ami, à mes sentiments cordialement dévoués.

Note pour Georges Bidault

Paris, 15 octobre 1945

M. Couve de Murville[4] paraît s'engager à Londres dans des conversations avec le Foreign Office, concernant le Rhin.

Ceci ne doit avoir lieu que d'une manière absolument officieuse et avec une extrême prudence. Nous avons fait connaître nos intentions par un mémorandum. Nous n'avons pas à discuter d'abord sur ce mémorandum, mais nous devons en premier lieu demander à nos interlocuteurs quelle est leur position dans l'affaire de l'Allemagne de l'Ouest (Ruhr, rive gauche du Rhin, Rhin) et dans la question de l'Allemagne en général.

Si des négociations effectives s'engagent un jour, c'est à Paris qu'il faut les conduire.

---

1. Ministre des Prisonniers, Déportés et Réfugiés.

2. Mis en cause par divers organes de presse à ce propos, Henri Frenay demande au général de Gaulle de « prendre position sur le fond de la question » par une lettre signée de sa main. Ce document lui est utile en particulier pour le procès qu'il intente au journal *L'Humanité*.

3. Préfet révoqué par Vichy le 2 novembre 1940, Jean Moulin est chargé par le général de Gaulle de coordonner l'action de la Résistance en zone nord, en 1941. Puis il devient le seul représentant du Comité national français en territoire métropolitain, s'efforçant d'unifier la Résistance intérieure. En 1943, il est président du Conseil national de la Résistance. Trahi, il est arrêté par les Allemands. Il meurt le 21 juin 1943 après avoir été affreusement torturé.

4. Vice-président du Conseil des ministres des Affaires étrangères de Londres.

À Michel Cailliau

16 octobre 1945

Mon cher Michel,

Je viens de signer le décret qui te nomme capitaine dans la réserve à la date du 1er février 1944. Mes compliments et mes affections.

Note pour le vice-président du Conseil d'État

16 octobre 1945

Prière de procéder d'urgence à l'examen des projets d'ordonnance et de décret concernant le Commissariat à l'Énergie atomique dont le gouvernement doit délibérer jeudi 18.

À Henri Frenay, à Paris

Paris, 18 octobre 1945

Mon cher ministre,

Vous voulez bien, dans votre lettre du 3 octobre, me demander de saisir directement le maréchal Staline de la question des prisonniers de guerre Alsaciens-Lorrains[1].

Je ne pense pas cette procédure opportune. Le recours direct au maréchal Staline me paraît mal convenir à l'état actuel de nos relations avec la Russie. D'autre part, M. Molotov, à la Conférence de Londres, a contesté, dans des termes singuliers, que l'accord franco-soviétique réglementant l'échange des prisonniers s'applique aux Alsaciens-Lorrains. Il ne me paraît pas souhaitable de donner au chef de l'État soviétique une occasion de reprendre cette thèse ou, tout au moins, de nous opposer, à titre de réciprocité, des prétentions embarrassantes concernant les ressortissants baltes ou tous autres dont le sort a été laissé en suspens à Londres.

J'ajouterai que les considérations d'ordre général invoquées dans votre projet appelleraient sans doute une réponse conçue en termes aussi généraux et par conséquent inopérante.

Or nous pouvons invoquer des arguments très précis : les statistiques russes elles-mêmes font ressortir que 30 000 Alsaciens-Lorrains se trouvent encore en territoire occupé par l'Armée Rouge ; 12 à 13 000 seulement ont, à ce jour, été dénombrés par les services du général Gouloubiev. Ce que nous pouvons et devons donc demander par les voies diplomatiques normales, c'est qu'un nouvel effort de prospection soit fait par les Russes

1. Les autorités soviétiques font des difficultés pour le rapatriement des prisonniers de guerre alsaciens et lorrains ayant servi sous l'uniforme allemand.

en liaison avec la mission Keller dans les camps de prisonniers de la Wehrmacht.

Veuillez agréer, mon cher ministre, l'assurance de mes sentiments cordialement dévoués.

À René Pleven

Paris, 19 octobre 1945

Mon cher ami,

Je viens de voir Monsieur Jean Monnet qui m'a parlé du projet d'échange de lettres avec les Américains, projet concernant l'ouverture de négociations économiques pour l'avenir[1].

Il faudrait que le gouvernement prît une décision à ce sujet en Conseil des ministres.

Si vous êtes d'accord sur le fond, je vous prie de faire une communication au Conseil de jeudi prochain.

Veuillez croire à mes sentiments cordialement dévoués.

À Jacques Vendroux

Paris, 20 octobre 1945

Mon cher Jacques,

C'est de tout mon cœur que je vous adresse mes félicitations profondément sincères pour les fiançailles de votre chère Claude. Yvonne écrit à Cada[2] et Élisabeth à sa cousine. Mais je tiens à vous dire moi-même quelle joie me cause cet heureux événement.

Voici donc pour notre génération l'avènement de la suivante. Saluons-le et réjouissons-nous de ce que le grand drame que nous venons de vivre ne l'aura pas empêché. Je pense aussi à votre Papa et à votre Maman…

À bientôt, mon cher Jacques. Partagez avec Cada et les vôtres mes bien sincères affections.

Note[3]

22 octobre 1945, 17 h 30

Je veux voir M. Pleven sans aucun délai et à n'importe quelle heure.

1. En échange d'un crédit de 500 millions de dollars destiné à la couverture du plan français d'importations, les États-Unis demandent à la France de s'engager par écrit à s'efforcer de pratiquer une politique libérale des échanges.

2. Mme Jacques Vendroux.

3. Suite à des instructions déjà données par téléphone à midi à Paul Delouvrier, directeur de cabinet de René Pleven [Cette note figure sur le document].

Au général Leclerc, à Saigon[1]

27 octobre 1945

Mon cher ami,

J'ai reçu votre lettre, apportée par le colonel Fay, et tiens à vous dire que votre conception est la bonne[2]. L'amiral d'Argenlieu, qui est maintenant auprès de vous, vous le confirmera.

Nous n'avons rien à conclure avec les « locaux », tant que nous n'aurons pas la force. Jusque-là, nous pouvons, avec prudence et suivant l'opportunité, prendre certains contacts, mais c'est tout.

Nous tenons, d'ailleurs, les atouts. Nos troupes arrivent. Le riz est dans nos mains. Les Anglais filent doux à cause des Indes. Les Chinois s'inclineront dès que, nos forces étant en place, nous serons en mesure de faire la grosse voix. Les Américains se détachent, noyés dans leurs problèmes intérieurs.

Les Français d'Indochine doivent y rester. Nous n'évacuerons que par relève. Il faut qu'ils le comprennent. En tous cas, il en sera ainsi !

Toutes mes amitiés et ma confiance. Veuillez exprimer mes sentiments à l'amiral d'Argenlieu à qui j'écrirai incessamment.

Au général Kœnig[3], à Baden-Baden

Paris, 29 octobre 1945

La Conférence de Londres a abouti à un échec[4] dont rien n'annonce qu'il puisse être réparé avant longtemps. D'autre part les gouvernements anglais, américain et soviétique ne se décident aucunement à adopter les bases de règlement que nous avons proposées pour les questions de la rive gauche du Rhin, de l'Administration interalliée de la Ruhr et de la neutralisation du cours du Rhin. Les mêmes gouvernements, pour des mobiles d'ailleurs divers, sinon opposés, persistent à préconiser la formation d'une administration centrale allemande qui ne saurait mener qu'au redressement des espoirs en un nouveau Reich et à des frictions entre alliés. Enfin, il est manifeste que les Anglais s'efforcent de faire croire à une volonté

---

1. Le général Leclerc est arrivé à Saigon le 5 octobre 1945.

2. Pour faire disparaître, dans la population, le sentiment d'une France vaincue en 1940 et en mars 1945, le général Leclerc insiste sur la nécessité de *montrer sa force* avant toute négociation. C'est selon lui la condition impérative au rétablissement de la France.

3. Commandant en chef de la zone d'occupation française en Allemagne.

4. La Conférence de Londres s'est séparée le 2 octobre 1945 sans avoir pu rédiger un communiqué commun. Cet échec est dû en particulier au refus opposé par les Soviétiques à la participation de la France et de la Chine à l'établissement de traités de paix avec les pays balkaniques.

spontanée d'amitié des masses allemandes et de combattre les tendances à l'autonomie locales qualifiées de séparatistes.

Dans ces conditions nous devons pousser activement notre politique propre dans notre zone et aboutir aux premières réalisations. Nous y sommes, d'ailleurs, amenés par la nécessité de faire vivre dans le présent et dans l'avenir les populations dont nous avons la charge, notamment sur la rive gauche du Rhin. Dans l'incohérence du système interallié, ces populations ne peuvent trouver de recours qu'en nous-mêmes. Beaucoup d'indices montrent qu'elles le comprennent. L'attitude prise par une personnalité de l'importance d'Adenauer[1] est caractéristique à cet égard.

Au point de vue économique, certaines mesures me paraissent devoir être prises d'urgence. C'est ainsi que le rattachement à la Société nationale des chemins de fer français, au point de vue de la direction et de l'exploitation, du réseau des chemins de fer de notre zone d'occupation, tout au moins sur la rive gauche du Rhin, s'impose dès à présent.

La prise en charge directe des mines de la Sarre par notre Service des mines et, peut-être, la création d'un système de direction et d'exploitation commun à ces mines et à celles de Sarre-et-Moselle, sont les seules solutions pratiques imaginables. D'autres dispositions, concernant le ravitaillement, la monnaie, les douanes, la reconstruction et tendant à conjuguer les services locaux avec nos services français, sont à envisager immédiatement sous peine d'aboutir bientôt à la ruine irrémédiable des territoires que nous avons pris sous notre responsabilité. Il est, en effet, trop évident qu'exception faite pour le charbon de la Ruhr, ces territoires n'ont rien à attendre des zones d'occupation russe, américaine et britannique et ne peuvent rien faire pour elles. Au contraire, notre pays, dont le redressement économique est largement commencé et qui est leur voisin immédiat, sera chaque jour davantage en mesure de l'associer à sa prospérité renaissante.

Au point de vue démographique, nous pouvons, et nous pouvons seuls, offrir un débouché et probablement un établissement définitif à l'excédent de population des territoires rhénans. Les nécessités de notre reconstruction et le développement de notre industrie nous obligent à prévoir l'emploi et sans doute l'assimilation progressive d'un grand nombre d'étrangers. Dès à présent, vous pourriez proposer un commencement d'exécution que les ministères du Travail et de la Reconstruction sont disposés à favoriser. À ce sujet, j'appelle votre attention sur la récente ordonnance adoptée par le gouvernement sur le statut des étrangers en France.

Au point de vue politique, il est indispensable de donner aux administrations dans notre zone un caractère rigoureusement local, notamment en ce qui concerne l'origine des administrateurs. Ceci s'applique au Palatinat, à la Hesse-Nassau, à la Province rhénane, et au pays de Bade,

1. Élu maire de Cologne en 1917, Konrad Adenauer fut destitué par les nazis en 1933. Il reprend ces fonctions en 1945 et s'attache à constituer un parti démocrate chrétien (CDU).

chacun de ces territoires étant à traiter séparément. Nous ne devons à aucun prix, sous prétexte de commodités momentanées, conserver l'armature prussienne ou bavaroise de l'ancienne administration.

Je vous prie d'apporter au prochain Comité des Affaires allemandes toutes propositions et précisions nécessaires concernant ces diverses mesures et sur toutes autres que vous croiriez utile d'envisager dans le même ordre d'idées.

Au général Kœnig, à Baden-Baden

30 octobre 1945

Confidentiel

Mon cher ami,

Pour Coblence et la Province rhénane, où Keller n'ira décidément pas, j'ai pensé à Boislambert qui me paraît tout à fait qualifié pour cette tâche capitale.

Je suis sûr que vous auriez en lui un gouverneur de toute confiance et qui réussira.

Si vous êtes d'accord, dites-le-lui et dites-le-moi et c'est fait[1] !

Note[2]

Paris, [entre le 2 et le 6] novembre 1945

Mme Maurice Maillot[3] : habitant Rabat, elle n'a pas cessé, depuis juin 1940, de contribuer par tous les moyens en son pouvoir à la Résistance au Maroc. Elle a, notamment, assuré la transmission à la France Libre à Londres, de nombreux messages venus de France et d'Afrique du Nord.

Elle a tenu cachés chez elle plusieurs jeunes gens qui cherchaient à rejoindre Londres et dont plusieurs y sont parvenus (en particulier : La Grandière).

Mme Magny[4] : à Tanger, elle a été extrêmement active et efficiente, non seulement par son attitude de Résistante, mais encore par les services qu'elle a rendus (renseignements transmis, voyages au Maroc du temps de Vichy, etc., etc.). La DGER donnerait toutes informations détaillées.

1. Claude Hettier de Boislambert sera nommé gouverneur militaire en Rhénanie, fonction qu'assumait provisoirement le général Billotte.

2. Cette note, transmise par Mme de Gaulle au lieutenant Guy, est une réponse à la commission de la médaille de la Résistance qui demande les éléments nécessaires aux propositions concernant Mmes Maillot et Magny.

3. Épouse d'un cousin issu de germain du général de Gaulle. Simone Maillot a été nommée, en décembre 1943, membre du Conseil du gouvernement du Maroc.

4. Madeleine Magny, professeur agrégé d'histoire et géographie.

Message aux soldats américains[1]

Paris, 6 novembre 1945

Soldats de la libre Amérique !

Ayant accompli votre tâche et remporté la victoire, vous quittez le sol d'Europe.

Je vous adresse les souhaits cordiaux de tous les soldats français et le salut reconnaissant du peuple de France tout entier.

Jamais nous ne vous oublierons. Pensez à nous quelquefois. Nous avons combattu ensemble, souffert ensemble, triomphé ensemble. C'est la main dans la main que nos deux pays doivent marcher vers l'avenir.

Vivent les armées américaines !

Vivent les États-Unis d'Amérique !

Lors du référendum du 21 octobre 1945, le peuple français a largement répondu « oui » aux deux questions qui lui étaient posées.

L'Assemblée élue le même jour comprend 159 communistes et apparentés, 150 MRP, 146 socialistes et apparentés, 53 modérés, 42 membres et apparentés du groupe de la résistance démocratique et socialiste ; 29 radicaux et apparentés ; 7 non inscrits. Elle se réunit le 6 novembre 1945.

À Paul Cuttoli[2]

Paris, 6 novembre 1945

Monsieur le Président,

Je vous serais reconnaissant de porter à la connaissance de l'Assemblée constituante que, dès l'instant où elle aura élu son bureau, le Gouvernement Provisoire de la République que j'ai l'honneur de présider considérera que les pouvoirs qu'il exerce seront venus à expiration.

Ainsi la victoire de la France et le rétablissement de la souveraineté du peuple lui auront permis de remettre ses pouvoirs entre les mains de la représentation nationale, comme il n'a jamais cessé de l'espérer.

Le gouvernement ne manquera pas d'assurer l'expédition des affaires courantes jusqu'à ce que celui qui devra lui succéder ait été constitué conformément à la loi sur le fonctionnement provisoire des pouvoirs publics adoptée le 21 octobre par le peuple français.

Je vous prie d'agréer, monsieur le Président, l'assurance de ma haute considération.

---

1. Ce message aux soldats américains quittant la France est transmis par l'ambassade des États-Unis au général Eisenhower.

2. Député radical et doyen d'âge de l'Assemblée constituante.

À Joseph Paul-Boncour, à Paris

Paris, 7 novembre 1945

Mon cher président,

Je reçois le second tome d'*Entre deux guerres*, et vais le lire avec le même intérêt passionné que j'ai porté au premier.

Ne croyez-vous pas que nous sommes encore entre deux guerres ? En tous cas, le monde, tel qu'il va, est rempli de rumeurs.

En attendant de vous revoir, je vous prie de croire, mon cher président, à mes sentiments respectueux et fidèlement dévoués.

À Georges Bidault, à Paris

Paris, 8 novembre 1945

Mon cher ministre,

J'ai pris connaissance de votre lettre du 6 novembre concernant les propositions faites par le général Bedell Smith[1] à M. Monnet[2] au sujet de l'exploitation et du transport du charbon en Allemagne occidentale[3].

Il me paraît certain que le plan de l'État-Major américain se révélera, dans l'application, moins efficace que celui dont le gouvernement français avait eu l'initiative. Comme, néanmoins, il marque un effort pour intensifier l'exploitation des mines de charbon de l'ouest de l'Allemagne, je suis disposé à lui donner mon assentiment.

Je vous serais donc très reconnaissant de bien vouloir faire savoir officieusement au général Eisenhower que le gouvernement français donne son accord à ces propositions et qu'il attend, conformément à la procédure convenue, d'en être officiellement saisi par le président Truman.

Je vous prie de croire, mon cher ministre, à mes sentiments cordialement dévoués.

---

1. Secrétaire-adjoint de l'état-major général américain et chef d'état-major du théâtre d'opérations en Europe.
2. Jean Monnet est chargé des négociations extérieures relatives à l'approvisionnement et à la reconstruction.
3. Les négociations franco-américaines portent sur la proposition française de créer un organisme tripartite franco-anglo-américain qui disposerait de vastes pouvoirs afin de régler ces questions au nom des trois gouvernements. L'état-major américain accepte le principe de cette suggestion et propose de confier à un comité tripartite d'experts l'étude immédiate de ces problèmes. Cependant, chacun des membres de cet organisme opérerait sous le contrôle de son commandant de zone qui saisirait son gouvernement dans les cas où il ne pourrait donner satisfaction aux demandes du Comité. Cette solution réserverait les pouvoirs des commandants de zone selon le souhait des Américains.

À François de Menthon, à Paris

Paris, 12 novembre 1945

Mon cher ami,

Je reçois votre lettre de ce matin qui insiste pour qu'il vous soit désigné un successeur comme chef de la délégation française au tribunal international.

Je ne puis comprendre, je vous l'avoue, que vous abandonniez ainsi, et pour des raisons politiques personnelles, la tâche si importante que vous veniez d'assumer.

En outre, vous ne pouvez ignorer que, dans la situation présente, le gouvernement qui a remis ses pouvoirs est hors d'état de vous désigner un successeur.

Comme vous le dites, « l'intérêt national est en jeu », et je ne puis croire que vous vouliez vous abstenir d'être à votre poste à l'ouverture du procès international[1].

Croyez, mon cher ami, à mes sentiments bien dévoués.

Note pour Marcel Berthelot[2]

Paris, 12 novembre 1945

Je suis d'accord pour la solution proposée par notre délégation de Berlin au sujet des expulsés.

Il vaut mieux voir revenir des gens qui appartenaient à notre zone plutôt que d'y recevoir des gens accourus des Sudètes et de Prusse qui seront des pangermanistes.

Par contre, il peut y avoir une exception à faire pour les Hongrois qui, en principe, sont intéressants.

D'autre part, il faudrait voir avec M. Parodi[3], si nous n'aurions pas avantage à accueillir *en France même* une certaine partie de ces réfugiés sudètes et prussiens. S'ils sont indésirables en Rhénanie pour des raisons faciles à comprendre, ils ne le sont pas *a priori* en France.

Le 13 novembre 1945, le général de Gaulle est élu président du gouvernement à l'unanimité par l'Assemblée nationale constituante, sans qu'il se soit porté candidat. Le 15, il commence ses consultations en vue de former le gouvernement.

1. François de Menthon assistera à l'ouverture du procès de Nuremberg, en tant que procureur général, le 20 novembre 1945, et conservera ces fonctions jusqu'en 1946.
2. Secrétaire général pour les Affaires allemandes.
3. Ministre du Travail.

Le Parti communiste, par la voix de Maurice Thorez, exige l'un des trois principaux ministères : Défense nationale, Intérieur, Affaires étrangères. Le général de Gaulle refuse et lui propose des ministères à caractère économique.

À Maurice Thorez[1]

Paris, 15 novembre 1945

Monsieur le Secrétaire Général,

Je viens de prendre connaissance de votre lettre du 15 novembre. Je ne saurais admettre en aucune façon que la conversation, d'ordre d'ailleurs très élevé, que nous avons eue ce matin au sujet de la politique extérieure de la France et de l'attitude du Parti communiste à cet égard, puisse comporter en quoi que ce soit un outrage pour la mémoire d'aucun Français mort pour la France[2].

D'autre part, il est nécessaire que le pays ait au plus tôt un gouvernement. Ayant reçu pour le former mandat unanime de l'Assemblée nationale constituante, je vous ai demandé la large participation du Parti communiste[3] et indiqué les conditions de cette participation, me réservant, naturellement, de procéder moi-même à l'attribution des départements ministériels. Je vous renouvelle mes propositions et vous demande de bien vouloir m'adresser d'urgence votre réponse définitive[4].

Veuillez croire, monsieur le Secrétaire Général, à mes sentiments très distingués.

Par une lettre du 16 novembre 1945, le général de Gaulle fait savoir à Félix Gouin, président de l'Assemblée nationale constituante, qu'il est dans l'impossibilité de former un gouvernement d'union nationale compte tenu des exigences du Parti communiste. Il remet donc son mandat à la disposition de l'Assemblée. Voir *Mémoires de guerre*, t. III, p. 626.

1. Secrétaire général du Parti communiste français.
2. Selon Maurice Thorez, les propos du général de Gaulle ont mis en cause le caractère national du Parti communiste et de sa politique. Il est ainsi fait outrage, selon lui, aux milliers de communistes morts pour la France.
3. Depuis avril 1944, des communistes font partie du CFLN puis du GPRF.
4. Le secrétaire général du Parti communiste maintient les propositions de son organisation quant à sa participation au gouvernement.

À Félix Gouin[1], à Paris

Paris, 18 novembre 1945

Monsieur le Président,

Ayant eu connaissance d'interprétations diverses données à ma lettre du 16 novembre dernier, aux termes de laquelle je remettais à la disposition de l'Assemblée nationale constituante le mandat qu'elle m'a unanimement confié le 13 novembre, je crois nécessaire, sans préjuger des décisions de l'Assemblée en ce qui concerne la fixation de son ordre du jour, de préciser quelle est, dans mon esprit, la signification de ma démarche.

Ne pouvant me présenter devant l'Assemblée pour lui demander sa confiance, puisque le gouvernement n'a pas encore été formé dans les conditions fixées par la loi adoptée le 21 octobre par le peuple français, et croyant devoir cependant la rendre juge des motifs qui m'empêchent de constituer un gouvernement d'unanimité nationale conformément à l'indication qu'elle m'a donnée par son vote unanime sur mon nom, je n'ai pas d'autre moyen de connaître ses intentions que de placer mon mandat à sa disposition.

J'ai l'honneur de demander à l'Assemblée nationale constituante de vouloir bien décider si elle me retire ce mandat ou si elle me le confirme.

Veuillez agréer, monsieur le Président, l'assurance de ma haute considération.

Le 19 novembre 1945, l'Assemblée nationale constituante élit de nouveau le général de Gaulle à la présidence du gouvernement, les communistes s'abstenant. Le 21 novembre 1945, il constitue son gouvernement. Maurice Thorez est ministre d'État sans portefeuille. Quatre autres membres du Parti communiste sont ministres : François Billoux (Économie nationale), Ambroise Croizat (Travail), Marcel Paul (Production industrielle) et Charles Tillon (Armement). Le ministère des Armées est confié à Edmond Michelet. Le général de Gaulle assume la direction de la Défense nationale et de la Guerre.

À Jules Jeanneney, à Paris

Paris, 22 novembre 1945

Mon cher président,

Au moment où votre désir de vous retirer de la vie politique me prive de votre collaboration, je tiens à vous remercier, en mon nom personnel,

1. Président de l'Assemblée nationale constituante.

du concours que vous m'avez apporté pendant quatorze mois et, au nom de la France, de l'effort de toute une vie consacrée au service du pays.

Après avoir, aux côtés de Clemenceau, contribué, au gouvernement, à notre première victoire, vous avez, dans les assemblées comme dans les conseils du gouvernement et finalement à la présidence du Sénat, fait entendre, sans cesse, le langage de l'honneur et du patriotisme.

Votre présence au lendemain de la Libération dans le Gouvernement provisoire ne lui apportait pas seulement le fruit de votre expérience politique et administrative. Elle était le signe que la France continuait, que l'esprit de Clemenceau animait la nouvelle République.

Aujourd'hui, mon cher président, vous jugez que l'heure est venue, pour vous, de laisser la tâche à d'autres. Mes vœux et ceux de la France vous accompagnent dans une retraite marquée comme toute votre vie du sceau de la dignité.

Croyez, mon cher président, à mes sentiments amicaux et reconnaissants.

À Henri Frenay, à Paris

Paris, 22 novembre 1945

Mon cher ministre,

Au moment où les circonstances m'obligent à me priver de votre collaboration, je tiens à vous remercier en mon nom personnel et au nom du Gouvernement provisoire de la République du concours que vous nous avez apporté.

Parmi les premiers, vous avez entendu l'appel de l'honneur et repris le combat contre l'ennemi. Puis vous avez su, malgré les obstacles, préparer cette grande tâche, le retour, l'accueil, le reclassement de nos compatriotes les plus éprouvés.

Cette mission est aujourd'hui terminée. Mais quel que soit demain le champ de votre action, vous continuerez à mettre au service du pays le même courage et la même foi qui vous ont animé dans la Résistance.

Croyez, mon cher ministre et ami, à mes sentiments cordiaux.

À René Mayer, à Paris

Paris, 22 novembre 1945

Mon cher ministre,

Au moment où les circonstances m'obligent à me priver de votre collaboration dans les Conseils du gouvernement, je tiens à vous remercier, en mon nom personnel et au nom du Gouvernement provisoire de la République, du concours que vous nous avez apporté.

À Alger puis à Paris votre compétence, votre goût des responsabilités et de l'action ont été pour tous un exemple et un encouragement.

Placé au lendemain de la Libération devant une tâche qui semblait insurmontable, vous avez su, en quatorze mois, refaire le réseau de nos communications et rendre ainsi possible la résurrection économique du pays.

Demain, quel que soit le poste où vous appellera le service de la France, je sais que vous répondrez à l'appel avec le même courage et le même désintéressement.

Croyez, mon cher ministre et ami, à mes sentiments cordiaux.

À Alexandre Parodi, à Paris

Paris, 22 novembre 1945

Mon cher ministre,

Au moment où les circonstances m'obligent à me priver de votre collaboration, je tiens à vous exprimer mes remerciements personnels et ceux du Gouvernement provisoire de la République pour le concours désintéressé et total que vous m'avez apporté.

J'avais pu, dans la lutte contre l'ennemi, apprécier hautement votre courage et votre abnégation.

Depuis la Libération, vous vous êtes entièrement consacré à une œuvre de sécurité sociale qui honore son réalisateur.

Demain, quel que soit le poste où vous appellera le service du pays, je sais que vous répondrez à l'appel avec la même modestie et le même désintéressement.

Croyez, mon cher ministre et ami, à mes sentiments cordiaux.

À Christian Pineau, à Paris

Paris, 22 novembre 1945

Mon cher ministre,

Au moment où les circonstances m'obligent à me priver de votre collaboration, je tiens à vous remercier, en mon nom personnel et au nom du Gouvernement provisoire de la République, du concours précieux que vous m'avez apporté.

À peine revenu de la déportation et sans ménager vos forces, vous vous êtes consacré à une tâche particulièrement ingrate[1] et le pays a ressenti les bienfaits de vos efforts.

1. Christian Pineau a succédé à Paul Ramadier le 30 mai 1945 au poste de ministre du Ravitaillement.

J'espère que notre collaboration ne sera pas interrompue. À l'Assemblée nationale constituante vous continuerez à mettre au service du pays la même foi désintéressée qui vous animait hier dans la Résistance, dans les camps, dans les Conseils du gouvernement.

Croyez, mon cher ministre et ami, à mes sentiments cordiaux.

À André Diethelm, à Paris

Paris, 22 novembre 1945

Mon cher ministre,

Au moment où les circonstances m'obligent à me priver de votre collaboration, je tiens à vous remercier en mon nom personnel et au nom du Gouvernement provisoire de la République du concours total que vous nous avez apporté.

Vous êtes mon ancien compagnon ; vous avez répondu parmi les premiers à l'appel du devoir, et animé du seul esprit de la résistance à l'ennemi, vous avez consacré tous vos efforts à forger l'armée de la victoire. Vous avez eu la joie de voir nos drapeaux flotter sur les villes d'Allemagne.

Demain, sur les bancs de l'Assemblée nationale constituante où vous a envoyé une de nos plus belles provinces, vous continuerez à vous dévouer au seul service du pays.

Croyez, mon cher ministre et ami, à mes sentiments cordiaux.

À Robert Lacoste, à Paris

Paris, 22 novembre 1945

Mon cher ministre,

Au moment où les circonstances m'obligent à me priver de votre collaboration, je tiens à vous remercier en mon nom personnel et au nom du Gouvernement provisoire de la République du concours désintéressé et total que vous m'avez apporté pendant quatorze mois.

À un poste particulièrement difficile[1] vous avez été un animateur et un réalisateur. Vous laissez aujourd'hui à d'autres une tâche que vos efforts ont déjà singulièrement facilitée.

J'espère que notre collaboration ne sera pas interrompue et qu'à l'Assemblée nationale constituante vous continuerez à mettre au service du pays les mêmes hautes qualités de cœur et d'esprit.

Croyez, mon cher ministre et ami, à mes sentiments cordiaux.

1. Le ministère de la Production.

Seconde intervention à l'Assemblée nationale constituante le 23 novembre 1945[1]

Mesdames, messieurs, ayant écouté avec la plus grande attention les orateurs qui se sont succédé après la déclaration du gouvernement, il me semble avoir pu inférer de tout ce qui a été dit, un accord assez profond, quoique certainement nuancé, pour ce qui concerne l'action que nous avons à entreprendre ensemble, et la collaboration du gouvernement avec l'Assemblée nationale constituante.

Je ne reviendrai pas sur les diverses observations qui ont été présentées et dont j'ai pris note, qui concernent, en particulier, la composition du gouvernement.

J'ai entendu certaines objections portant sur les personnes. Tout le monde comprend, inutile de le dissimuler, leur importance et leur portée. Je vous prie de croire que je suis le premier à m'en être aperçu.

J'ai entendu également des observations concernant l'organisation, la structure du gouvernement, notamment, à propos de la création ou de la non-création d'un ministère des Victimes de la guerre et des Anciens combattants. De celles-là aussi, j'ai pris note.

Mais dans ces matières, qu'il s'agisse des questions de personnes ou de la structure du gouvernement, je demande à l'Assemblée nationale constituante de bien vouloir considérer à quel point les circonstances liaient celui qui était chargé de le former. Le système tripartite n'offrait pas beaucoup de jeu dans aucun sens, ni quant au choix, ni quant à la structure, ni même quant au nombre des départements ministériels.

C'était là une nécessité politique à laquelle nous nous sommes adaptés. Nous l'avons fait non sans peine. Je crois qu'on en a parlé. Il est dit quelquefois que la meilleure stratégie est celle qui obtient les résultats avec le minimum de pertes.

Peut-être avons-nous tous été, après tout, d'excellents stratèges puisque le résultat est, en somme, acquis.

Quant à la suite, je me suis aperçu, en entendant les uns et les autres, que rien n'est jamais fini !

J'ai entendu par exemple M. Joseph Denais[2]. J'ai bien compris ce qu'il voulait dire. Sur certains points, mais certes pas sur tous, le président du gouvernement partage son avis.

J'ai écouté avec une attentive déférence ce qu'a bien voulu dire le président Édouard Herriot – qu'aucun chef de gouvernement républicain

1. À cette date, le général de Gaulle présente son gouvernement devant l'Assemblée nationale constituante. La première intervention du général de Gaulle est publiée dans les *Discours et Messages*, t. I, p. 651 à 656.

2. Député du parti républicain de la liberté (modéré).

ne pourra jamais entendre sans éprouver les mêmes sentiments –, ce qu'il a dit, en particulier, de ses préoccupations, que certainement beaucoup partagent, quant à la nécessité de procéder à l'établissement de la Constitution dans les meilleures conditions d'ordre et d'objectivité. Je lui donne sur ce point mon entier accord.

J'ai entendu M. Jacques Duclos[1]. Je me suis convaincu, en l'écoutant, et comme il l'a dit lui-même, que « les affaires sont toujours les affaires ».

J'ai entendu M. André Philip qui, dans ses déclarations, était tout au moins d'accord avec l'orateur que je viens de nommer pour soutenir le gouvernement dans l'accomplissement de son programme. M. Maurice Schumann a généreusement exprimé la même intention.

Mesdames, messieurs, nous terminons un débat que peut-être on pourra qualifier de décisif, puisque vient de paraître devant vous, qui êtes la représentation nationale, le premier gouvernement légal de la République française.

Au nom de cela, compte tenu de nos intentions, telles que nous les avons exprimées, sur le vu de notre composition, songeant aux regards que portent sur nous la France entière et le monde, le gouvernement a l'honneur de vous demander votre confiance[2].

Note pour Henri Frenay, pour François Tanguy Prigent[3] et pour Raoul Dautry

24 novembre 1945

La disparition du ministère des Prisonniers, Déportés et Réfugiés pose la question du rattachement de ses services.

Il y a lieu de transmettre au ministère de la Population les services concernant les prisonniers et les déportés, ainsi que les réfugiés étrangers. Ce qui est relatif aux réfugiés français est à transmettre au ministère de la Reconstruction. Ceci est à faire tout de suite.

La question sera tranchée au fond en Conseil des ministres, sur la proposition de MM. Prigent et Dautry.

M. Prigent est prié d'avertir M. Joxe[4], que je préviens de mon côté.

1. Député communiste.
2. La confiance est votée à l'unanimité.
3. Ministre de l'Agriculture et du Ravitaillement.
4. Louis Joxe est secrétaire général du gouvernement.

Note pour Gaston Palewski

25 novembre 1945

Dire aux Affaires étrangères qu'il est temps de faire dire à Tchong-King par Pechkoff[1] que cette affaire des piastres a assez duré[2]. Elle se présente comme une pure tentative de spoliation. Nous n'avons pas à examiner même l'ultimatum.

À Albert Lebrun

25 novembre 1945

Monsieur le Président,

Votre bienveillant témoignage m'a profondément touché et réconforté. Il m'est parvenu au milieu d'une crise assez difficile, actuellement résolue, mais pour combien de temps ?

Cependant, je demeure optimiste. Mes difficultés sont les remous qui suivent une tempête de beaucoup d'années. Espérons que ces remous iront en s'atténuant.

Je vous prie de bien vouloir agréer, monsieur le Président, l'assurance de mes sentiments respectueux et bien dévoués.

Note

26 novembre 1945

1. Mes audiences sont :
lundi après-midi (tous)
samedi après-midi (tous)
[mercredi] après-midi (parlementaires avec priorité pour les présidents de groupes et les présidents de commissions).

(M. Palewski me fera signer une lettre à ce sujet pour le président de l'Assemblée).

2. Les mardi matin et vendredi matin sont réservés pour les Conseils des ministres.

3. Les mardi après-midi et vendredi après-midi sont réservés pour les Comités interministériels.

1. Représentant du gouvernement français en Chine.
2. Depuis septembre 1945, les militaires chinois tentent par divers moyens de soutirer aux autorités françaises au Tonkin des centaines de millions de piastres. En novembre, ils prétendent ne plus pouvoir garantir la sécurité des ressortissants français si la France ne couvre pas les frais d'occupation.

4. Les lundi matin, mercredi matin, jeudi matin [...[1]] samedi matin me sont réservés. Je ne reçois ces jours-là que mes collaborateurs immédiats ou les ministres.

À l'enseigne de vaisseau de Gaulle, aéronautique navale, Homestead, Floride (États-Unis)

Paris, 28 novembre 1945

Mon bien cher Philippe,

Comme tu le sais maintenant, Élisabeth est fiancée avec le Cdt Alain de Boissieu. Cela s'est fait sans intermédiaire et par sympathie réciproque.

Leur mariage est fixé au jeudi 3 janvier. Pour des raisons de limites et d'opportunité, il aura lieu dans une stricte intimité.

Il faut, naturellement, que tu sois là, quelque inconvénient que cela puisse présenter pour ton entraînement aérien. Nous t'attendons au plus tard le 1er janvier. J'écris à l'amiral Fenard[2] pour le lui dire et pour qu'il prenne les dispositions nécessaires quant à ta permission et quant au transport (par avion[3]). Tu feras donc bien de te mettre immédiatement en rapport avec lui à ce sujet.

Il y a eu ici, comme tu l'as appris, une sorte de tragi-comédie politique qui s'est terminée par une trêve. Nous verrons la suite.

À bientôt, mon cher Philippe.

Je t'embrasse de tout mon cœur.

Ton papa

Préface à *Honneur et Patrie* de Maurice Schumann

Paris, 28 novembre 1945

Voici les allocutions de Maurice Schumann, celles de Londres et celles du front.

Voici notre guerre, jour après jour, exprimée.

Voici de notre Histoire, la plus dure, la plus belle.

Voici, pour l'avenir, de quoi nourrir notre espérance.

1. Mot illisible.
2. Chef de la mission militaire et navale française aux États-Unis.
3. Qui fut intégralement aux frais de la famille de l'intéressé.

À Ambroise Croizat[1]

Paris, 29 novembre 1945

Mon cher ministre,

Vous avez cru devoir appeler mon attention sur les objections graves que soulèveraient à vos yeux les mesures évoquées par de récentes informations de presse, selon lesquelles il serait envisagé le rattachement au ministère de la Population, d'une part, des services traitant des problèmes d'assurances sociales et d'allocations familiales, d'autre part, des services chargés des problèmes d'immigration. L'exposé de M. Prigent sur la structure du ministère de la Population, lors du Conseil des ministres de mardi dernier et l'échange de vues qui a suivi ont déjà fourni l'occasion d'une première mise au point sur ce que pourront être les projets gouvernementaux en la matière et auront dissipé, je pense, l'essentiel des malentendus provoqués par des informations de presse dépourvues de fondement.

Il ne saurait être question de méconnaître la pertinence des observations que vous formulez sur les liens étroits qui unissent l'ensemble des services de la Direction générale des Assurances sociales aux autres services de votre département.

Dans un souci de simplification administrative et d'organisation rationnelle des tâches au sein du ministère du Travail, l'ordonnance du 4 octobre 1945, relative à la Sécurité Sociale, a prononcé le rattachement à la Direction générale des Assurances sociales de l'ensemble des services prévus par la législation concernant les allocations familiales et de salaire unique et relevant jusqu'alors de la direction du Travail. Vous ne manquez pas de souligner l'aspect surprenant qu'à si peu d'intervalle depuis la promulgation de l'ordonnance précitée revêtirait une mesure transférant les mêmes services de la Direction générale des Assurances sociales au ministère de la Population.

Sans préjuger des décisions qu'il appartiendra au Conseil des ministres d'arrêter en la matière, je tiens simplement à bien préciser que c'est en dehors de toute considération d'ordre « politique », au sens étroit du terme, qu'un tel problème doit être envisagé. Parmi les réformes dites de structure que le gouvernement dont j'assume la présidence a le devoir de mener à bien, figure au premier plan la refonte de l'administration française. Je ne saurais trop m'élever à ce propos contre la tendance de certaines administrations ou de certains services à considérer comme leur fief propre et exclusif la parcelle d'attributions dont ils sont dépositaires au nom de la puissance publique et à tenir pour rivaux tous autres services dès lors qu'ils sont chargés d'attributions connexes. Le cloisonne-

1. Ministre du travail.

ment des administrations de bureau à bureau, de ministère à ministère, ne saurait justifier autant de conceptions différentes du service de l'État. L'intérêt public ne se divise pas.

Dès lors si des considérations identiques à celles qui ont conduit à regrouper au sein du ministère du Travail sous l'autorité de la Direction générale des Assurances sociales, l'ensemble des services d'allocations familiales, à un moment où le ministère de la Population n'existait pas, sont invoquées à l'heure actuelle pour un groupement, au sein de ce nouveau ministère, de l'ensemble des services appelés à traiter des questions familiales, il est de notre devoir de les examiner en toute objectivité et seule la notion d'intérêt général commandera la décision.

En ce qui concerne l'immigration, vous avez excellemment marqué qu'une politique rationnelle en la matière devait tenir compte, non seulement de l'aspect démographique du problème, mais aussi de ses aspects économiques et sociaux, sans parler de ses aspects médicaux ou policiers. Au nouveau ministère de la Population, incombera de toute évidence la mission de fixer les principes généraux de la politique française en matière d'immigration et d'animer efficacement la mise en œuvre de cette politique. Mais il ne pourra s'acquitter valablement de sa tâche que s'il le fait après avoir pris étroitement l'attache de vos services, auxquels il appartiendra pour le surplus d'adopter les dispositions nécessaires, dans le cadre des décisions générales, pour l'utilisation la plus satisfaisante de la main-d'œuvre immigrée. Soyez assuré par conséquent que le gouvernement tiendra le plus large compte de vos légitimes observations.

Veuillez agréer, mon cher ministre, l'expression de mes sentiments les meilleurs.

Télégramme au général Kœnig, à Baden-Baden

30 novembre 1945

Comme vous le savez, les fournitures de charbon de la Ruhr au profit de la France ont été, au cours du mois d'octobre et surtout au cours du mois de novembre, extrêmement réduites par rapport au programme adopté par le Comité du charbon. Selon les Alliés, et notamment selon les Britanniques, cette carence serait due à des impossibilités de transport. Je note que ces prétendues impossibilités n'ont affecté que la France. Au contraire, la Belgique et la Hollande ont vu leurs attributions augmentées par rapport aux prévisions.

Or la conférence des experts ferroviaires, qui s'est réunie à Essen le 27 novembre, vient de reconnaître la possibilité d'effectuer à partir de la Ruhr vers la France et la Belgique des transports supplémentaires de 420 000 tonnes de charbon pendant le mois de décembre.

Je vous prie d'intervenir sans délai auprès du maréchal Montgomery pour obtenir que ces transports aient lieu effectivement. Vous n'ignorez pas à quel point la situation est actuellement grave en France quant à l'approvisionnement en charbon.

J'attache à cette affaire une extrême importance et vous demande de la traiter avec toute la diligence et toute l'insistance possibles.

L'Assemblée nationale constituante débat, le 2 décembre 1945, du projet de loi nationalisant la Banque de France et quatre banques de dépôts, soumettant à un contrôle étroit les banques d'affaires, et organisant la direction et le contrôle du crédit. Le général de Gaulle intervient à la fin de la discussion générale.

Intervention à l'Assemblée nationale constituante le 2 décembre 1945

Mesdames, messieurs, à ce que vient de dire fort éloquemment M. le ministre des Finances, je crois devoir ajouter quelques mots qui concernent la suite de ce débat et qui intéressent les résolutions finales que l'Assemblée constituante va prendre, quelle que puisse être, d'ailleurs, dans une matière aussi vaste et aussi variée, la diversité des opinions.

Le gouvernement a inscrit, dans son programme, la nationalisation du crédit. Il l'a annoncé. Vous avez bien voulu l'approuver ; j'ajoute que ce fut à l'unanimité. Or le gouvernement a saisi l'Assemblée nationale constituante d'un projet de nationalisation qui, effectivement, est de nature à placer le crédit entre les mains de la nation en vue de sa reconstruction et de sa rénovation, pour ces seules fins et dans toute la mesure nécessaire.

Ce projet de loi a été l'objet d'études très serrées du gouvernement quant à ses modalités. En ce qui concerne, en effet, son esprit et ses dispositions générales, un gouvernement formé comme celui qui est devant vous ne pouvait évidemment envisager autre chose que ce qui vous inspire vous-mêmes.

Quant aux modalités, il est bien vrai que le gouvernement a été amené à les peser d'une façon tout à fait détaillée, en tenant compte – comme l'a dit M. le ministre des Finances – de toutes les conditions intérieures et extérieures qu'il faut envisager en la matière.

Le gouvernement s'est trouvé unanime pour vous saisir de ce projet de loi. J'entends bien qu'il peut se révéler, de tels ou tels côtés de l'Assemblée, à propos de telles ou telles de ces modalités, des conceptions quelque peu différentes. Cela est vrai, paraît-il, au sein de la commission des Finances et peut-être même de la part de M. le rapporteur général lui-même, que nous avons écouté avec tant d'intérêt.

S'il s'agissait d'un projet de loi ordinaire, la procédure prévue par notre loi constitutionnelle votée le 21 octobre par le peuple français nous permettrait, en cas de désaccord entre l'Assemblée et le gouvernement, de procéder à une seconde lecture. L'Assemblée ne peut méconnaître qu'en l'espèce une telle procédure est, non pas certes impossible – car rien n'est impossible en matière législative, du moment qu'on en a le droit et qu'on en prend les responsabilités – mais cette procédure de deuxième lecture aurait, dans le cas particulier, des conséquences dont personne ne peut ignorer la portée.

J'appelle donc, mesdames et messieurs, comme c'est mon devoir de le faire, l'attention de l'Assemblée nationale constituante sur le fait que le gouvernement, ayant établi le projet, en ayant pesé toutes les modalités, compte tenu de sa composition même, vous demande de ne pas apporter aux dispositions qu'il vous propose des changements assez profonds pour l'obliger à procéder à un nouvel examen. Cela pourrait, en effet, étant donné le très faible délai qui nous est laissé, nous conduire à une procédure dont je ne crois pas qu'elle serait conforme à l'intérêt général, ni même à l'intérêt de la réforme qui vous est proposée[1].

Note pour le Conseil de l'ordre de la Libération

3 décembre 1945

On me propose des candidats qui, bien que très dignes et vaillants combattants, ne répondent pas aux conditions *tout à fait exceptionnelles* qui justifient l'accession dans l'Ordre.

D'autre part, je ne puis étudier en détail tous les dossiers.

Il appartient au Conseil de l'Ordre [...[2]]

Apostille[3]

Je soupçonne qu'en réalité le commandement britannique garde des stocks d'armes allemandes à toute éventualité pour en réarmer, le cas échéant, des forces allemandes...

1. Le projet de loi est voté.
2. La suite n'a pas été retrouvée.
3. Sur une lettre du 4 décembre 1945 du ministre des Affaires étrangères concernant le matériel de guerre allemand aux mains des Britanniques destiné à l'ensemble de l'armée française. Le gouvernement britannique fait savoir qu'il ne peut satisfaire que partiellement les demandes françaises en raison des destructions faites par les Allemands lors de leur retraite et par les Britanniques désireux d'empêcher que ce matériel soit repris par l'ennemi.

À Pierre-Henri Teitgen[1], à Paris

Paris, 5 décembre 1945

Mon cher ministre,

Saisi de la question du transfert des crédits du Conseil d'État de la chancellerie à la présidence du Conseil au titre de l'exercice 1946, je crois devoir me prononcer dans le sens du maintien desdits crédits à votre ministère.

Cette décision, qui répond au souci de ne pas alourdir les services de l'Hôtel Matignon, ne me semble pas contraire aux termes de l'article premier de l'ordonnance du 31 juillet 1945. Si ceux-ci disposent que « le Conseil d'État relève du président du Gouvernement Provisoire de la République Française », ils ne règlent pas, en effet, expressément la gestion des services administratifs et financiers du Conseil d'État.

Toutefois, je ne peux pas me prononcer en faveur du maintien du régime antérieur sans avoir attiré tout spécialement votre attention sur la situation qui doit être réservée au Conseil d'État auprès du ministère de la Justice, quel que soit son titulaire.

Si, comme cela a toujours été reconnu, l'indépendance traditionnelle de ce grand corps est incompatible avec sa subordination à l'une des directions de la chancellerie, du moins ses affaires doivent-elles être centralisées et suivies sans interruption par le directeur du cabinet du garde des Sceaux, en liaison avec le membre du Conseil d'État désigné à cet effet. Ce système semble adopté, d'ailleurs, place Vendôme[2], mais il mériterait d'être complété en vue d'éviter les perturbations résultant des changements ministériels. Il suffirait que le bureau du cabinet fût le dépositaire des dossiers intéressant le Conseil d'État.

D'autre part, il est désirable que le Conseil d'État soit associé réellement à la discussion de ses intérêts, notamment au point de vue budgétaire. Le rejet de ses demandes ou la réduction de ses crédits, au moins par le ministère des Finances, sont prononcés à son insu et peuvent créer au Conseil d'État l'impression que ses intérêts n'ont pas été défendus en pleine connaissance de cause auprès du gouvernement. Au point de vue de la procédure, je vous suggère, en conséquence, soit d'attribuer au vice-président du Conseil d'État les pouvoirs d'ordonnateur secondaire, soit d'inviter le vice-président du Conseil d'État ou, à défaut, son secrétaire général, à débattre au ministère des Finances les questions intéressant le budget du Conseil d'État.

En ce qui concerne le fond, j'attire tout particulièrement votre attention sur le rythme inusité des départs des membres du Conseil d'État, sol-

1. Ministre de la Justice.
2. Le ministère de la Justice.

licités pour l'exercice de fonctions extérieures mieux rémunérées. Les traitements des membres du Conseil d'État font en effet l'objet d'un déclassement relatif et continu au sein de la fonction publique, ce qui ne se concilie pas avec l'importance des services que le gouvernement a demandés récemment et qu'il a toujours l'intention de demander à la Haute Assemblée. En particulier, l'exclusion du Conseil d'État, soit du champ d'application du projet de loi portant réforme de la magistrature, soit des mesures qui ont amélioré la condition des autres hauts fonctionnaires appelle de celui qui est leur défenseur qualifié des initiatives particulières.

Il me paraît enfin nécessaire de donner aux membres du Conseil d'État des moyens de travail modernes indispensables à la tâche qu'ils ont à accomplir (dactylographie, documentation, etc.).

Je connais trop votre attachement au Conseil d'État pour ne pas être persuadé que les observations qui précèdent recueilleront toute votre adhésion et votre entier appui.

Croyez, mon cher ministre, à mes sentiments cordialement dévoués.

Note pour Gaston Palewski

Paris, 6 décembre 1945

Voir télégramme de M. Massigli du 5 décembre au sujet [X.[1]] qui doit être pendu le 19 décembre.

Je désire *beaucoup* que satisfaction soit donnée à M. et à Mme [X.], les parents de ce malheureux dévoyé. Il s'agit d'autoriser sa femme à aller lui dire adieu à Londres pour être ensuite refoulée sur la France. Mais je crois qu'en France la Justice aurait à s'occuper d'elle ; c'est à voir tout de suite. Si oui, nous ne pourrions pas assurer qu'elle ne sera pas poursuivie. Mais les Anglais ne pourraient-ils la ramener dans son camp à Tirani (Italie) après sa visite à son mari ?

Note pour le général Juin

Paris, 7 décembre 1945

Voir télégramme de la liaison auprès AFHQ Rome[2].

1. Il faut répondre que le gouvernement français n'accepte pas de troupes italiennes dans la région de 15 miles tout le long de notre frontière.

1. Ce citoyen britannique, condamné à mort pour collaboration avec la Radio italienne, avait épousé une Française restée en Italie. Le général de Gaulle connaît les parents du condamné.

2. Ce télégramme informe que, selon l'officier français de liaison à Milan, l'ordre donné aux troupes italiennes de ne pas pénétrer dans la zone de 15 miles à l'est de la frontière n'aurait été maintenu que pour la région de Tende.

2. Il faudrait, d'autre part, télégraphier au général Doyen qu'il constitue peu à peu, et discrètement, un petit noyau militaire autour de notre officier de liaison à Tende et La Brigue. À aucun prix celui-ci ne doit partir. Au contraire, il devrait réunir deux ou trois adjoints discrets en plus du noyau.

Note pour Georges Bidault

Paris, 7 décembre 1945

Les Soviets demandent des passeports pour huit ou neuf officiers qu'ils voudraient introduire en Indochine pour le rapatriement de leurs prisonniers. Nous ne pouvons donner suite à cette demande.

D'abord, le haut-commissaire en Indochine ne nous a jamais signalé de prisonniers russes en Indochine. On ne sait pas comment ils y seraient.

Ensuite, fussent-ils, comme le disent les Russes, « plusieurs centaines » cela ne justifierait pas l'envoi d'un si grand nombre d'officiers pour s'occuper d'eux.

Enfin, étant donné que les Russes continuent à interdire à mes officiers de se rendre dans les camps qui sont en Russie, il serait extraordinaire que nous leur ouvrions les portes de l'Indochine !

À Ambroise Croizat, à Paris

Paris, 8 décembre 1945

Mon cher ministre,

J'apprends par une dépêche de l'Agence française de presse que vous auriez l'intention de présenter au prochain Conseil des ministres un projet fixant les salaires des heures chômées en raison des restrictions de l'électricité.

Il y a inconvénient à ce qu'un membre du gouvernement fasse des déclarations sur des intentions personnelles dont il n'a pas encore fait part au Conseil des ministres.

Je suis persuadé qu'à l'avenir vous vous conformerez à l'usage, afin d'éviter l'inconvénient de communications prématurées au sujet de décisions éventuelles du gouvernement.

Veuillez agréer, mon cher ministre, l'expression de mes sentiments les meilleurs.

À André Malraux[1], à Paris

Paris, 11 décembre 1945

Mon cher ministre,

J'apprends [qu'à] l'émission de demain matin 7 heures de la radiodiffusion, M. Neumeyer ferait un appel à la grève des services publics.

Cela est inadmissible et je vous prie de prendre les mesures nécessaires pour l'empêcher.

Ou bien, durant son « quart d'heure » la CGT renoncera à en appeler à la grève des fonctionnaires, ou bien la radiodiffusion ne sera pas mise à sa disposition.

Amicalement à vous.

Au général Kœnig, à Baden-Baden

Paris, 12 décembre 1945

Mon cher général,

Le général Leyer, qui vient se présenter à vous, vient d'être nommé par moi adjoint au général Kœltz[2].

Dans mon intention, c'est là une position provisoire. Le général Leyer est destiné à remplacer le général Kœltz à Berlin. Ce sera fait, si vous êtes d'accord, le 1er janvier.

Il n'y a là aucune disgrâce pour Kœltz qui a fait beaucoup dans des conditions difficiles. Mais, d'une part, il a dépassé de deux ans la limite d'âge, d'autre part, je crois que son remplacement est désirable.

Veuillez croire, mon cher Kœnig, à mes sentiments amicalement dévoués.

Télégramme au général Catroux, à Moscou

Paris, 13 décembre 1945

La rencontre à Moscou de trois ministres alliés[3] me détermine à attendre un peu pour annoncer votre haute dignité de chancelier et par conséquent votre prochain départ. Cela pourrait être interprété comme une marque de mauvaise humeur de la part du gouvernement français.

Je compte publier votre nomination au début du mois de janvier[4]. Amitiés.

1. Ministre de l'Information.
2. Chef de la mission française à Berlin.
3. Les ministres des Affaires étrangères américain, soviétique et britannique traitent, lors de conversations non officielles, de « questions intéressant particulièrement les trois pays ».
4. En fait, le général Catroux demeurera ambassadeur à Moscou jusqu'en 1948.

À Edmond Michelet[1], à Paris

Paris, 13 décembre 1945

Mon cher ministre,

J'apprends que la « commission de la Défense nationale » de l'Assemblée aurait décidé d'entendre le général de Lattre.

Il est évident que vous ne pouvez consentir à cela. Le général de Lattre n'est responsable que vis-à-vis de vous et il n'a rien à voir avec l'Assemblée ni ses commissions, même en votre compagnie.

Veuillez me confirmer que cette audition n'aura pas lieu.

Amicalement à vous.

Discours prononcé le 15 décembre 1945 à l'occasion de la réouverture solennelle de l'Université de Paris

Le temps marche. Je vois ici la preuve qu'il est parfois notre ami. Sans accorder à l'optimisme un crédit excessif, il faut noter en effet tout ce que cette cérémonie révèle de projets et offre de réconfort.

L'an dernier, l'Université de Paris célébrait sa réouverture solennelle dans de tout autres conditions[2]. Certes, la liberté reconquise et la victoire remportée inspiraient alors à tous beaucoup d'ardeur et beaucoup de confiance. Mais, au milieu des ruines matérielles, intellectuelles et morales dont la guerre avait jonché le monde, la raison se demandait quand et comment l'Université de Paris retrouverait les conditions de stabilité et de sérénité sans lesquelles son enseignement ne saurait s'épanouir.

Or, je crois bien que si, dans cette enceinte, rien ne paraît, bien au contraire, de nature à décourager ni l'ardeur ni la confiance, la raison, elle, commence à se sentir justement rassurée.

Car, sous l'appareil majestueux et traditionnel de cette cérémonie, maîtres assemblés, étudiants réunis, pouvoirs publics présents, éminents docteurs venus des nations amies de la nôtre et que j'ai l'honneur de saluer, l'Université de Paris nous montre qu'elle a, en vérité, renoué la chaîne des temps.

Il en est ainsi de la France tout entière et dans tous les domaines où elle peut reprendre normalement et puissamment sa vie. Certes, nos facultés, tout comme la patrie, se heurtent encore à maints obstacles d'organisation, de fonctionnement, d'existence matérielle. Mais considérant ce qu'elles viennent de surmonter déjà, elles se sentent, tout comme la patrie, certaines de franchir ce qui reste. Je puis les assurer que les pouvoirs publics

1. Ministre des Armées.
2. Voir *Discours et Messages*, t. I, p. 501 et 502.

continueront de les y aider, convaincus qu'en définitive rien ne procède que de l'esprit dont vous avez à ranimer la flamme et qu'il n'y a d'avenir pour un peuple que dans l'intelligence, le cœur et l'âme de la jeunesse que vous avez à former.

C'est dire tout ce que la nation attend de l'Université dans la tâche dure et magnifique de la rénovation française.

Après une longue négociation, des accords franco-britanniques concernant le Levant sont conclus le 13 décembre 1945. Il est décidé que les forces françaises et britanniques évacueront en même temps la Syrie. Dans l'attente de la mise en place d'un dispositif de sécurité collectif par l'ONU, la France conservera ses troupes au Liban. Enfin, les deux gouvernements procéderont « aux échanges d'informations leur permettant d'éviter les divergences de politiques ».

Instruction[1] au général Beynet[2] et au général de Larminat[3]

Paris, 17 décembre 1945

Secret

Comme suite aux accords conclus le 13 décembre 1945 avec le Royaume-Uni, il convient de définir :

a. les directives devant servir de base à la conférence franco-britannique dont l'ouverture à Beyrouth est fixée au 21 décembre 1945, et concernant les modalités de l'évacuation de la Syrie par les forces françaises et britanniques, ainsi que du regroupement de ces forces au Levant ;

b. les dispositions militaires d'ensemble à prendre du point de vue français en fonction de la situation nouvellement créée.

I. La conférence franco-britannique de Beyrouth donne lieu aux directives générales suivantes :

1. Le général de corps d'armée de Larminat, inspecteur général des forces terrestres d'outre-mer dirigera les négociations du côté français.

2. Ces négociations devront viser à l'exécution stricte et loyale des accords du 13 décembre 1945.

3. La date du commencement de *l'évacuation de la Syrie* ainsi que le rythme de cette évacuation, à réaliser par tranches, devront dépendre de la possibilité de retirer au préalable des territoires syriens les matériels français qui s'y trouvent actuellement stockés, et d'assurer leur regroupement en territoire libanais.

1. Une partie de cette instruction a déjà été publiée dans les *Mémoires de guerre*, t. III, p. 640 et 641.
2. Délégué général et plénipotentiaire au Levant.
3. Inspecteur général des Forces terrestres d'outre-mer.

Ce rythme devra être d'autre part suffisamment large pour que le gouvernement syrien puisse prendre toutes les mesures voulues pour assurer l'ordre après évacuation.

L'État des Alaouites et Damas seront en principe à évacuer en dernière urgence.

Il conviendra enfin d'examiner la possibilité de maintenir en permanence en Syrie des détachements français pour assurer la garde de certains aérodromes – Messé notamment – ou participer à la garde du réseau des pipe-lines.

4. Le regroupement de nos forces au Liban devra viser sur le plan militaire :

a. à établir une sorte de tête de pont, englobant à la fois les groupes ethniques locaux dont la sympathie nous est le mieux assurée, ainsi que les débouchés des canalisations pétrolières auxquelles nous sommes le plus intéressés, et susceptible de permettre l'arrivée éventuellement de renforts par voie maritime et aérienne.

Pour ces diverses raisons, la zone de stationnement de nos forces s'appuiera essentiellement sur le triangle stratégique *Tripoli-Beyrouth-Rayak*, et prendra *Tripoli* pour base ;

b. à demeurer d'autre part en état de prendre éventuellement à notre charge, sur ordre du gouvernement, et dans le cadre de décisions d'ensemble prises sur le plan de la sécurité collective, toute action militaire visant au maintien de la paix ainsi qu'au respect de nos intérêts dans l'ensemble des pays du Levant.

5. Il sera fait état de la nécessité de disposer au Liban de locaux suffisants pour le regroupement de nos forces et de notre matériel, pour demander le *retrait des troupes britanniques du Liban*.

6. Les facilités à proposer aux gouvernements syrien et libanais en vue de l'exercice des missions de maintien de l'ordre qui leur incombent pourront porter sur la cession de locaux militaires nous appartenant, en s'efforçant d'obtenir en contrepartie, notamment en Syrie, toutes les facilités désirables pour les installations civiles françaises, particulièrement dans le domaine des transports aériens.

Concernant le Liban, ces facilités pourront porter sur l'ouverture d'écoles de cadres ou de spécialistes pourvus d'instructeurs français, et éventuellement la fourniture de matériels militaires actuellement stockés au Levant ou exceptionnellement à provenir de la métropole.

7. Les projets définitifs de l'accord militaire franco-britannique à conclure à l'issue de la conférence seront soumis avant signature à l'approbation du président du Gouvernement provisoire de la République.

II. Les propositions du général Beynet concernant *la réorganisation des forces du Levant*, sont approuvées dans leur principe. Elles comportent :

a. l'aménagement d'une force terrestre chargée de la sécurité à l'intérieur de la zone de regroupement, ainsi que la création d'un groupe mobile blindé, réservé, des forces terrestres ne devront actuellement totaliser qu'un effectif faible : 8 000 hommes environ, avenantaires compris. Elles doivent pouvoir disposer par contre d'un matériel puissant et mobile ;

b. le détachement au Levant de quelques bâtiments de guerre appropriés (avisos) ;

c. la rénovation des forces aériennes sur la base initiale d'un groupe de chasseurs-bombardiers, complété par des éléments de transport et de liaison.

M. le ministre des Armées est prié de faire connaître, pour le 10 janvier prochain, les conditions de réalisation de ce programme pour chacune des trois armées.

Le général Beynet est chargé, d'autre part, d'adresser des propositions concernant *l'équipement* de la zone de stationnement du Liban, et notamment :

— la création d'une base aérienne à Tripoli,

— l'amélioration de la base navale de Tripoli et de la base aérienne de Rayak,

— la création d'une raffinerie de pétrole et de réservoirs de combustible liquide, protégés, dans la région de Tripoli.

Le 12 décembre 1945, une grève d'avertissement a été organisée par les fédérations de fonctionnaires pour protester contre l'insuffisance des propositions gouvernementales relatives à l'augmentation de leurs traitements.

Le 18 décembre 1945, à l'initiative du Parti socialiste, l'Assemblée nationale constituante débat de cette question. À la fin de la discussion, le général de Gaulle prend la parole.

Intervention à l'Assemblée nationale constituante le 18 décembre 1945

Mesdames et messieurs, malgré les aspérités du règlement, il semble bien qu'ait été dit tout ce qu'il y avait d'essentiel à dire dans ce débat dont tout le monde comprend l'importance et le caractère délicat.

De ce qui a été avancé à cette tribune par les orateurs qui se sont succédé après M. le ministre des Finances, j'ai dégagé un premier point commun, c'est leur sympathie à l'égard de la situation de nos fonctionnaires et des agents de nos services publics. Je ne crois pas avoir besoin d'affirmer que cette sympathie, le gouvernement qui les emploie est le premier à l'éprouver.

Un autre point commun, c'est le regret de constater qu'il n'est pas possible de faire pour eux plus qu'il n'a été fait déjà et plus qu'il n'est proposé de faire aujourd'hui. Il me paraît inutile d'ajouter que le gouvernement le déplore, tout le premier.

Il y a cependant une considération, évoquée incidemment par presque tous les orateurs, mais que le gouvernement, lui, a le devoir de souligner avec force, c'est la situation générale où nous nous trouvons dans l'instant où se présente le problème que nous avons à résoudre. Oh ! il est cruel d'être un État pauvre ou plus exactement appauvri ! Il est tragique de voir tomber sur soi, à la fois, toutes les conséquences de la crise que nous venons de traverser. Cela comporte des conséquences inéluctables. Le gouvernement, dont les sentiments ne peuvent être mis en doute et dont la composition vous est connue, a pris, eu égard à cette situation générale, toutes ses responsabilités.

M. le ministre des Finances a expliqué ce qui avait été fait dans le courant de l'année, qui n'est pas encore finie, pour nos fonctionnaires et les agents de nos services publics. Il a indiqué ce qu'avait été la politique de revalorisation commencée au mois de janvier dernier par rapport à ce qu'était, même avant cette guerre, la situation relative de la fonction publique.

Il a exposé aussi quelles modestes, mais, certes, appréciables améliorations avaient été apportées depuis le 1er novembre dernier, portant comme il était juste, sur les catégories les plus défavorisées. Il a fait connaître à l'Assemblée nationale quelles dispositions nouvelles le gouvernement, conscient de ses responsabilités à l'égard de la nation tout entière, avait, dans l'état actuel des choses, décidé de prendre en ce moment.

M. le ministre des Finances vous a dit encore que, sans méconnaître l'intérêt primordial qu'il y a pour l'avenir à ne pas laisser écraser « l'éventail des émoluments », le gouvernement, dans les circonstances présentes, se croyait tenu d'apporter une amélioration particulièrement sensible en faveur de ceux dont les traitements sont les moins élevés et de ceux dont les charges de famille sont les plus lourdes.

Le gouvernement a fait cela en conscience. Il l'a fait après une étude complète et minutieuse de tous les éléments de la question. Il l'a fait surtout en pensant que nous sommes parvenus au moment même où il s'agit de savoir si, économiquement et financièrement parlant, nous allons tout perdre ou tout sauver.

Il n'y a pas un membre de cette Assemblée qui ne sache à quel point j'ai raison de parler ainsi, et pas un seul Français qui ne mesure l'extrême importance des mois qui viennent pour la nation tout entière et pour sa situation propre.

Il en est de même, j'en suis sûr, de tous nos fonctionnaires et de tous les agents de nos services publics.

Ce que nous proposons, ce sont des dispositions de raison, des dispositions équitables pour autant que l'équité puisse exister quand il n'est pas possible de la satisfaire entièrement.

Ce sont aussi des dispositions d'avenir, car il est bien entendu que toute une œuvre de revalorisation morale et matérielle de la fonction publique est entreprise par le gouvernement qui est sur ces bancs. Je l'ai dit le jour même où ce gouvernement s'est présenté à l'Assemblée. Et vous savez déjà, mesdames, messieurs, quelles dispositions intérieures de notre travail gouvernemental tendent à préparer cette revalorisation matérielle et morale.

Personne n'est plus convaincu que moi de la nécessité absolue, pour l'État moderne, que nous voulons être et que nous sommes en train péniblement de bâtir, d'être servi comme il faut, de grand cœur, par tous ceux qui en ont l'honneur et la charge.

Compte tenu de ce que je viens de vous dire et en considération des responsabilités du gouvernement, dont je vous assure qu'il les porte solidairement et complètement, j'attire, pour conclure, l'attention de l'Assemblée nationale sur deux points essentiels. Ce sont deux points d'ordre politique, je n'hésite pas à le dire.

Il faut savoir d'abord si, alors que, se trouvant pour la première fois devant une difficulté sérieuse, le gouvernement, qui a été constitué comme vous le savez et qui se présente avec sa solution, se trouve amené à faire les déclarations qu'il a apportées devant vous, l'Assemblée voudra lui manifester sa confiance.

Il faut savoir ensuite si, par-dessus toutes les préoccupations bien légitimes – car vous êtes des hommes politiques – qui concernent vos partis, l'Assemblée nationale saura considérer d'abord l'intérêt général de la nation.

Voilà les deux questions que je pose. Je suis sûr de votre réponse[1].

À Charles Tillon, à Paris

Paris, 18 décembre 1945

Mon cher ministre,

Le Conseil des ministres a adopté, dans sa séance du 27 novembre 1945, un règlement intérieur fixant les modalités selon lesquelles sera coordonnée par la présidence du gouvernement l'activité des différents départements ministériels.

1. L'ordre du jour, proposé par Albert Gazier, député socialiste, enregistre avec satisfaction les améliorations du sort des fonctionnaires annoncées par le ministre des Finances et fait confiance au gouvernement pour poursuivre l'effort entrepris. Cet ordre du jour est voté à main levée.

J'ai désigné le lieutenant-colonel Tochon, le capitaine de frégate de Lévis-Mirepoix et le lieutenant-colonel Soufflet, de mon cabinet, qui, pour les questions intéressant respectivement les armées de Terre, de Mer et de l'Air, se tiendront à votre disposition en vue d'assurer la liaison entre votre département et la présidence[1].

Croyez, mon cher ministre, à mes sentiments cordialement dévoués.

Note pour Gaston Palewski

Paris, 20 décembre 1945

Faire connaître aux Affaires étrangères que le président du gouvernement français n'accepte pas, en tant que coprince, les « élections » qui viennent d'avoir lieu en Andorre et qu'il faut le faire connaître dans ce pays[2].

Il conviendra de reprendre l'affaire quand les cols seront rouverts, au printemps prochain, en vue d'aboutir à des élections sur la base de l'accord de 1933.

À madame [X.[3]]

20 décembre 1945

Chère madame,

Nous vous disons de tout notre cœur, ma femme et moi, à vous et à M. [X.], que nous souffrons avec vous.

La tragédie du monde aura fait tant de victimes, partout et de toute sorte ! Nos griefs et nos raisons sont à notre échelle, celle des hommes, et elle n'est pas haute. Le seul jugement qui compte est celui de Dieu.

Je vous demande, chère madame, de partager avec M. [X.] nos sentiments de profonde et dévouée sympathie et d'accepter, pour vous-même, mes hommages infiniment respectueux.

---

1. Une lettre identique est adressée aux autres ministres. Les membres du cabinet assurant la liaison sont : René Brouillet (Intérieur et ministres d'État Thorez et Gay), Étienne Burin des Roziers (Affaires étrangères et ministre d'État Jacquinot), Georges Desmouliez (Agriculture et Ravitaillement, Travail), Jacques Donnedieu de Vabres (Secrétariat général du gouvernement), Gaston Palewski (Information), Georges Pompidou (Éducation nationale), Pierre Ruais (Travaux publics et Transports, PTT, Reconstruction, Colonies), Jean Touchard (Population) et Louis Vallon (Production industrielle, Économie nationale, Finances).

2. Les élections ont eu lieu sur la base d'un décret de Vichy pris en 1941 qui avait mis fin au système électoral plus libéral institué en 1933 avec l'accord des deux coprinces. Les opérations électorales consistent en effet en la simple publication d'une liste qui est retenue si elle n'a pas soulevé d'opposition.

3. Cette lettre est transmise par René Massigli auquel le général de Gaulle précise : « Je vous serais obligé de faire tenir à Madame [X.] la lettre ci-jointe où j'exprime à cette malheureuse et noble femme et à son mari les sentiments que nous éprouvons pour eux, ma femme et moi, dans leur affreuse épreuve. » Il s'agit de la condamnation évoquée dans la note du 6 décembre 1945 à Gaston Palewski.

Note pour Louis Jacquinot, ministre d'État, à Paris

Paris, 20 décembre 1945

Je prie M. Jacquinot d'étudier cette affaire et de voir avec les divers départements intéressés (Affaires étrangères, Colonies, éventuellement Intérieur) ce qu'on pourrait faire pour Abd el-Krim[1] et sa famille qui ne peuvent indéfiniment dépérir à La Réunion.

Il y a, je crois, deux questions à trancher :

1. la résidence à leur assigner,

2. la révision de leur pension. Après étude, M. Jacquinot portera la question au prochain Comité d'Afrique du Nord.

À Adrien Tixier, à Paris

Paris, 21 décembre 1945

Mon cher ministre,

Le travail de réorganisation et de simplification administratives entrepris par le gouvernement vise en première urgence les administrations régionales et départementales.

Il me paraît indispensable que les commissaires régionaux de la République soient appelés à nous éclairer sur cet aspect particulier de l'action publique.

Je pense donc que dans le courant du mois de janvier, les commissaires de la République pourraient procéder à l'examen de l'ensemble de l'administration à la tête de laquelle ils sont placés : services d'État, régionaux et départementaux, en y comprenant les ramifications locales des établissements publics et offices dont le nombre s'est considérablement accru durant les dernières années. Leur examen pourrait subsidiairement porter sur les services propres des départements et des communes.

L'expérience des commissaires doit leur permettre d'établir des propositions dans un temps relativement court à l'effet de supprimer les services inutiles, fusionner les services voisins et, ainsi, progressivement, diminuer le nombre des employés et agents ; enfin, de prévoir à l'occasion de ces regroupements, la réforme plus profonde de la structure administrative.

L'importance des questions soulevées vous semblera donc justifier une très prochaine réunion des commissaires de la République à Paris.

---

1. Nationaliste marocain né en 1888, Abd el-Krim anime en 1924 la guerre du Rif et finit par se rendre en mai 1926. Il est déporté à la Réunion. Abd el-Krim demande au général de Gaulle de le rapatrier avec sa famille au Maroc ou dans un autre territoire d'Afrique du Nord pour y être assigné à résidence. Il souhaite finir ses jours avec les siens « dans la tranquillité et loin de toute agitation politique ».

Croyez, mon cher ministre, à mes sentiments cordialement dévoués.

Aux préfets

Paris, 24 décembre 1945

Monsieur le Préfet,

La situation difficile du ravitaillement exige que l'autorité publique redouble et concentre ses efforts pour la mobilisation et la juste répartition de toutes les ressources disponibles. Dans chaque département, c'est au préfet lui-même que le gouvernement a décidé de confier à cet égard toute l'autorité et toute la responsabilité.

Dès réception de cette lettre, vous serez entièrement responsable du ravitaillement dans toute la mesure où votre département y est intéressé et tous les moyens d'action seront concentrés entre vos mains.

Vous recevrez directement les ordres du ministre du Ravitaillement et des autres ministres intéressés en ce domaine. C'est à vous seul qu'il appartiendra d'en faire assurer l'exécution par les services du département qui, tous (directions départementales du ravitaillement, des services agricoles, des services vétérinaires, du contrôle économique, section départementale de l'office des céréales, etc.), vous seront pleinement subordonnés et ne correspondront plus directement avec leur administration centrale. Les services régionaux seront limités à un rôle, d'ailleurs hautement important, d'inspection et de contrôle. D'autre part, le gouvernement considère comme nécessaire que les sous-préfets, placés au contact des producteurs comme des consommateurs, soient employés par vous de la manière la plus active à seconder votre action.

Les efforts de la collecte et des transports en matière de ravitaillement devront être concentrés sur les denrées essentielles : blé, vin, pommes de terre, viande, produits laitiers. Le gouvernement envisage de rendre la liberté à l'échange des denrées accessoires, afin d'alléger la tâche de vos services.

Vous devrez frapper avec énergie et d'une manière exemplaire les producteurs qui ne livrent pas et les fraudeurs du marché noir. Le gouvernement a, d'ailleurs, décidé de renforcer à cet égard les peines prévues par les lois, comme aussi les récompenses. En particulier, l'attribution des bons de répartition des produits demandés par les agriculteurs sera liée aux livraisons que ceux-ci auront effectivement faites.

Je compte, monsieur le Préfet, sur votre autorité, ainsi nettement précisée, et sur l'activité et le dévouement des services placés sous vos ordres, pour que votre département réponde, en ce qui concerne le ravitaillement, à tout ce qu'exige l'intérêt public et à tout ce qu'attend le gouvernement.

Recevez, monsieur le Préfet, l'assurance de ma confiance et de ma considération.

Copie adressée pour information aux commissaires de la République.

Le 26 décembre 1945, le franc est dévalué. Le même jour, l'Assemblée nationale constituante est saisie du projet de loi autorisant le gouvernement à adhérer aux accords de Bretton Woods. Ceux-ci visent à la création d'un Fonds monétaire international destiné à garantir la stabilité des monnaies et des changes et à l'institution d'une Banque internationale pour le développement. À la fin de la discussion, le général de Gaulle intervient sur ces divers sujets.

Intervention à l'Assemblée nationale constituante le 26 décembre 1945

Mesdames, messieurs, après tout ce qui a été dit avec compétence et dignité, je me garderai de revenir sur les conditions d'ordre économique et financier qui justifient, au point de vue extérieur et au point de vue international, l'alignement de notre monnaie.

Je n'insisterai pas davantage sur les raisons qui nous ont conduits à faire coïncider cette opération avec la prochaine ratification des accords de Bretton Woods. Enfin, je n'aurai garde de développer les motifs qui nous ont poussés à adopter pour le franc le taux que vous connaissez et qui se place entre deux limites : l'une au-dessous de laquelle le niveau de nos prix par rapport aux prix extérieurs nous ôtait la possibilité d'exporter, l'autre au-dessus de laquelle l'incidence des prix extérieurs nous contraindrait à relever les nôtres et à les jeter par conséquent dans cette course avec les salaires qui mène où l'on sait.

MM. les ministres des Finances et de l'Économie nationale ont apporté à l'Assemblée toutes précisions sur ces divers aspects du problème et les rapports présentés par M. le rapporteur général des Finances et MM. les rapporteurs de l'Économie et des Affaires étrangères nous ont donné à entendre que vos commissions compétentes vous recommandent d'approuver la solution à quoi le gouvernement s'est rangé.

Quand je parle de solution, je n'aurai garde de donner à ce terme un sens qu'il ne comporte pas. En réalité, la fixation du taux du franc ne possède en elle-même aucune sorte de vertu. Elle n'est que la constatation de la situation relative dans laquelle nous sommes. En dépit de ce qu'elle présente assurément de mélancolique, la fixation du franc à sa nouvelle valeur peut et doit nous procurer la base monétaire stable sur laquelle, en conjugaison avec les autres nations unies, nous pourrons reconstruire et, je l'espère, développer notre économie bouleversée, mais à la condition formelle que nous fassions nous-mêmes ce qu'il faut pour que cette base demeure stable. Cela implique un long et dur effort.

Il s'agit, d'abord, de faire en sorte que l'équilibre péniblement réalisé entre les prix et les salaires soit rigoureusement assuré, ce qui exige à la fois la compression de toutes les marges bénéficiaires et le maintien de tous les émoluments à leur niveau actuel.

Il s'agit en même temps d'exporter, c'est-à-dire de soustraire à notre propre pénurie d'importantes ressources et, notamment, de prélever, en faveur des produits et des fabrications destinés à l'étranger, une partie de nos propres et médiocres moyens.

Il s'agit encore de parvenir rapidement à l'équilibre budgétaire et, par conséquent, de nous interdire d'une manière absolue toute suppression des recettes prévues et tout accroissement des dépenses. À cet égard le gouvernement sait qu'il peut compter sur le concours vigilant des commissions compétentes de l'Assemblée nationale. Les dépenses d'ailleurs devront être notablement réduites au cours même du prochain exercice et perdre dans le plus bref délai le caractère d'inflation administrative, d'assistance systématique et d'armements précipités que la guerre leur avait imposé.

Par-dessus tout, il s'agit de produire, c'est-à-dire d'abord de travailler, car le maintien des prix, les possibilités d'exportation, l'équilibre budgétaire dépendent d'une manière absolue de ce que nous tirons de nos mines, de nos usines, de nos champs, de nos cerveaux.

Il n'est que d'évoquer ces conditions pour mesurer quelles épreuves elles imposent encore à la nation dans la crise inouïe que nous venons de traverser ; nous avons pu sortir de l'abîme mais non sans de terribles pertes de substance.

Depuis la Libération, nous avons pu, au milieu de nos ruines, accomplir un premier redressement, mais tout juste suffisant pour nous permettre de végéter. Maintenant, nous voulons vivre. Il n'y a pas d'autre chemin que celui de l'effort.

Certes, une pareille conjoncture, qui coïncide chez nous avec le rétablissement délibéré de la liberté et de la souveraineté nationales, est une épreuve décisive pour notre démocratie. Vraiment devant nos charges, nos déficits, nos tâtonnements, ces surenchères à quoi la démagogie appelle successivement chaque catégorie du peuple au détriment du peuple tout entier ne seraient que trop faciles.

Mais si leur triste génie venait à l'emporter, il nous précipiterait vite dans le chaos d'où l'on ne sort qu'abaissés et asservis. Non ! Non ! Le bon sens et le courage de notre peuple ont reconnu qu'on ne rétablit point sans peine la maison démolie et qu'il faut être solide pour parvenir à la prospérité de tous sans laquelle, de notre temps, il n'y a pas de puissance.

Je suis sûr que l'Assemblée nationale constituante elle aussi, elle d'abord, a fait son choix et qu'elle va tout à l'heure le ratifier par son vote[1].

Note pour Marcel Berthelot

27 décembre 1945

En ce qui concerne le chiffre d'acier auquel doit être fixée la production future de l'Allemagne, notre délégation de Berlin ne peut et ne doit prendre aucune position qui préjugerait de l'attribution de la Ruhr au Reich.

Notre délégation doit donc déclarer qu'elle ne peut prendre parti que sous réserve que l'affaire de la frontière occidentale de l'Allemagne serait fixée. Le total d'acier que nous proposons s'appliquerait à toute l'Allemagne, Ruhr [...[2]] comprise.

Ceci est à notifier immédiatement.

1946

Réponse à l'allocution prononcée par Monseigneur Roncalli[3], à l'occasion de la réception du 1er janvier 1946

Monsieur le Nonce,

Je vous remercie des vœux que vous venez de m'exprimer au nom des représentants accrédités auprès du Gouvernement provisoire de la République.

Le témoignage que vous avez bien voulu rendre au vaste effort de redressement accompli en ce moment par le peuple français m'a été particulièrement sensible.

Votre sagacité n'aura pas manqué d'observer que cet effort ne vise à rien de moins qu'au renouvellement de la France sans nullement, et bien au contraire, renoncer à ses traditions. Au milieu d'un monde qui cherche à compenser par de fécondes transformations les cruelles blessures que lui a infligées une guerre sans exemple, la France, une fois de plus profondément éprouvée, entend donner à sa reconstruction le caractère du progrès.

1. Le projet de loi est voté.
2. Mot illisible.
3. Nonce apostolique, doyen du corps diplomatique.

Cet effort ne va pas sans peine et la nouvelle année comportera encore maintes épreuves. La France, cependant, poursuit sa carrière parce qu'elle sait combien sa grandeur importe au monde. Tandis que les peuples s'interrogent devant de nouveaux instruments de puissance, qui comme les précédents, peuvent servir aussi bien au bien qu'au malheur des hommes, c'est un message de raison et d'humanité qu'elle ne cessera de faire entendre d'une voix de nouveau assurée.

Que Votre Excellence et tous les chefs de mission qui l'accompagnent, veuillent bien recevoir à leur tour les vœux profondément sincères que je forme pour le bonheur personnel des souverains et chefs d'État qu'ils représentent, ainsi que pour la prospérité de leurs pays dont l'effort commun doit, désormais, organiser la paix.

Lors de la discussion budgétaire à l'Assemblée nationale constituante, le 1er janvier 1946, Jean Capdeville dépose, au nom du groupe socialiste, un amendement visant à réduire de 20 % les crédits de la Défense nationale, invoquant les gaspillages de l'administration militaire. Malgré l'opposition du gouvernement, le Parti socialiste, soutenu par le Parti communiste mais combattu par le MRP, maintient son amendement. Dans l'après-midi, le général de Gaulle intervient à plusieurs reprises au cours du débat.

Interventions à l'Assemblée nationale constituante le 1er janvier 1946

Mesdames, messieurs, en présence de la tournure qu'a prise, en dernier ressort, la discussion du budget de 1946, et spécialement sur le point des crédits à ouvrir à la Défense nationale, le président du gouvernement tient à s'expliquer nettement.

Il l'aurait fait déjà s'il ne s'était trouvé saisi depuis ce matin par les obligations impératives du protocole. Je viens donc fixer devant l'Assemblée les points qui doivent l'être et prendre devant elle toutes les responsabilités du gouvernement.

Je m'excuse de ce que mes propos auront sans doute d'assez décousu et d'assez improvisé.

Le point qui reste en question avant la fin du débat et sa conclusion sur les dépenses et les recettes de la France pour 1946 est la discussion du montant des crédits à attribuer au département des Armées et à celui de l'Armement.

Le gouvernement, vous le savez, considérant que la période dans laquelle nous sommes est essentiellement transitoire, puisque nous passons d'un système de guerre à un système de paix, avait proposé à l'Assemblée – et je crois bien que la commission des Finances était d'accord avec lui – la procédure suivante : demander un total de crédits qui avoisine 42 milliards pour les trois premiers mois de 1946, avec l'engagement d'apporter à l'Assemblée, avant la fin des trois mois, les projets de loi qui doivent décider du statut militaire du pays dans la période où nous sommes entrés.

Cette procédure avait paru rationnelle au gouvernement, car, d'abord, elle lui semble offrir les possibilités de franchir sans désordre administratif et militaire grave la transition dont j'ai parlé. Elle permettrait, en outre, d'assurer, au plus tôt, les bases futures de la Défense nationale française, ce que, dans le monde entier, nous serions les premiers à faire.

Si cette procédure a été admise en principe par l'Assemblée, des objections sérieuses se sont cependant élevées quant au montant des crédits demandés pour les trois premiers mois.

Un amendement a été proposé qui tend à réduire massivement ces crédits de 20 %, de manière non seulement à marquer – car c'est bien inutile, je le crois – l'intention de l'Assemblée, mais encore à réduire au minimum nécessaire les crédits militaires de la France dans cette période de paix où nous sommes entrés, et enfin à obliger, de cette manière, l'administration des armées et l'administration de l'armement, c'est-à-dire, en somme, le gouvernement, à comprimer brutalement, du jour au lendemain, les dépenses.

Mesdames, messieurs, je dois dire, en toute franchise, à l'Assemblée nationale constituante, que le gouvernement ne peut pas accepter une pareille disposition. Il ne peut pas accepter, dans la situation où nous sommes, une réduction immédiate de 20 %, des crédits qui sont nécessaires à l'entretien de l'appareil militaire.

Si je vous disais qu'il le peut, je vous cacherais la vérité. Le gouvernement, s'il s'en trouvait réduit à cette extrémité, ne resterait certainement pas sur ces bancs.

Quant à celui qui lui succéderait, je suis sûr, et personne de vous n'en doute, qu'il serait obligé, peu de semaines après, de venir vous trouver pour vous demander l'ouverture de nouveaux crédits, de manière à joindre les deux bouts.

Il est hors de doute qu'aucune administration, militaire ni civile, ne se trouverait capable, d'un instant à l'autre, de liquider 20 % de ses effectifs, 20 % de ses matériels, avec toutes les conséquences d'organisation et d'entretien que cela comporte. Aucune administration digne de ce nom ne consentirait à le faire.

Mesdames, messieurs, au fond de ce débat, je ne peux pas croire qu'il y ait un conflit d'intentions ; je ne peux pas croire que d'aucun côté de cette Assemblée on puisse douter de la volonté du gouvernement, qui coïncide avec la vôtre, de réduire dans le plus bref délai possible les dépenses que nous ont léguées les événements de la guerre.

De cette volonté, on n'a pas le droit de douter si l'on veut bien comparer dans quelle mesure est descendu déjà le niveau des dépenses de la Défense nationale et continue à descendre, malgré l'augmentation de bien des produits et de bien des soldes, et malgré la fin des fournitures étrangères par « lease-lend », dont vous parlait l'autre jour M. le ministre des Finances.

Mais se posent des questions de démobilisation, de remise en place, de dissolution d'unités, d'encadrement, de fonctionnement des services, d'emploi de personnel des usines d'armements, de commandes actuellement au terme de leur achèvement et qu'il serait vraiment inadmissible d'interrompre quand elles sont aux quatre cinquièmes terminées.

Le gouvernement vous a dit, ce matin, par la bouche de M. le ministre d'État et de MM. les ministres de l'Armement et des Armées, qu'il était prêt, pour marquer, d'une manière encore plus accentuée sa volonté de réduire l'ensemble des crédits militaires, à accepter un abattement d'un milliard huit cents millions sur les quarante-deux milliards qu'il a inscrits à son projet de budget.

Cette diminution d'un milliard huit cents millions est le maximum de ce à quoi le gouvernement peut consentir, je dois le dire comme cela est. Je sais qu'on s'en prend souvent aux abus. On n'a pas tort, si on le fait dans le désir de les réformer et non d'en tirer parti. Le fond des choses, c'est que nous avions un appareil militaire de guerre formé Dieu sait comment, de pièces et de morceaux. Vous savez dans quelle situation nous l'avons fait, avec quoi nous l'avons fait, comment nous l'avons fait, quelle sorte d'administration, quelle sorte de commandement nous avons eus pour le faire, avec quels éléments infiniment divers et souvent improvisés à tous les égards, notamment en ce qui concerne la discipline et l'observation des règles administratives, nous avons dû le composer. La France seulement a dû faire cela, parmi les grandes puissances belligérantes de cette grande guerre.

Comment donc pourrait-on s'étonner qu'il y eût encore des abus quelques mois après le dernier coup de canon ? Ces abus, il faut les réprimer, sans aucun doute. Le gouvernement et le commandement s'y appliquent. Mais croyez-vous que, du jour au lendemain, nous ferons en sorte que notre système militaire sera parfait, qu'il ne s'y produira rien de répréhensible ? Les autres grandes nations belligérantes conservent sous les armes d'énormes effectifs : sept millions d'hommes pour la Russie soviétique, des millions pour l'Angleterre et l'Empire britannique, des forces très considérables pour les États-Unis d'Amérique. Chez ces colosses qui vont s'amenuisant, eux aussi, tous les jours, mais qui ne disparaissent pas d'un instant à l'autre, des abus multiples sont actuellement commis. Nous en avons des preuves tous les jours. Pourquoi nous étonnons-nous de ne pas être nous-mêmes parfaits, étant donné la situation où nous fûmes par rapport aux autres ?

Non, nous ne sommes pas parfaits. Il faut le devenir, et le devenir par les lois. Il n'y a pas d'autre moyen de mettre sur pied, d'une manière rationnelle, l'administration et l'organisation militaires et les programmes d'armements. Voilà le procédé normal, dans le régime démocratique où nous sommes.

Il nous faut au plus tôt une loi d'organisation de nos armées, une loi des cadres et effectifs, une loi de recrutement, une loi des programmes, formant pour l'armée en cours et, dans une certaine mesure, pour les exercices suivants le degré et le rythme des fabrications d'armements, en considérant à la fois les nécessités et les moyens.

Quant à couper subitement un cinquième des crédits nécessaires ce serait un système qui ne conduirait pas au but. Mais en outre, quels abus empêchera-t-il ? Faites attention à ceci : pour réprimer les abus, il n'y a qu'une force, c'est l'autorité de ceux qui doivent l'exercer et, en premier lieu, celle du gouvernement. Quelle autorité garderait un gouvernement qui, étant venu dire en conscience à l'Assemblée nationale qu'il a besoin de tels crédits pour faire vivre l'appareil militaire jusqu'à ce que les lois aient été établies, vous l'ayant dit et en ayant pris la responsabilité, vous dirait ensuite : « J'accepte que, du jour au lendemain, soit réduit de 20 % ce que je considère comme nécessaire ? » Que penseriez-vous donc d'un gouvernement de cette sorte ? Si jamais il nous est arrivé d'en avoir, prenons garde de ne pas y revenir !

Certains allèguent que cette attitude du gouvernement est contradictoire avec les prérogatives de l'Assemblée nationale. Ah ! mesdames et messieurs, que non pas ! L'Assemblée nationale a sans aucun doute le droit de refuser au gouvernement les crédits qu'il lui demande, elle peut en prendre la responsabilité ; mais alors il faut qu'elle la prenne tout entière, avec ses conséquences. Car le gouvernement a, lui aussi, des responsabilités. Vous le mépriseriez s'il s'en déchargeait.

Mesdames et messieurs, j'ai expliqué aussi simplement, aussi nettement que j'ai pu, la façon dont se présente la question qui vous est actuellement posée.

Je conclus en disant que le gouvernement a pris ses responsabilités pour ce qu'il vous a demandé. Il ne pourrait les prendre pour ce qui lui serait imposé, et qui, à ses yeux, rendrait sa tâche impossible.

André Philip indique que le groupe socialiste maintient l'amendement proposé.

Mesdames, messieurs, j'ai écouté avec le plus vif intérêt les considérations que vient de développer M. André Philip pour soutenir l'amendement qui a été déposé.

Dans ce qu'il a dit, je me permets de voir d'abord – qu'il veuille bien m'en excuser – une large confirmation de ce que j'ai déclaré moi-même à la tribune.

Quand, par exemple, M. André Philip dit au gouvernement : Acceptez l'abattement de 20 % et puis, au mois de mars, nous vous donnerons des crédits supplémentaires, c'est bien ce que j'ai, tout à l'heure, décrit d'avance à l'Assemblée et qui ne manquerait pas, en effet, de se produire. Mais je ne crois pas que cela rehausserait ni l'autorité du gouvernement ni le prestige de l'Assemblée.

Nous aurions pu, nous aussi, gouvernement, prendre la question sous cette forme. Nous aurions pu vous faire plaisir, venir avec un total de crédits tout à fait différent de celui qui est nécessaire, en méditant de les faire arrondir plus tard. Mais nous aurions manqué, en agissant de la sorte, de cette qualité indispensable, à mon avis, pour le gouvernement de la République, et qui est la sincérité.

Oui, nous aurions donc pu vous proposer un chiffre beaucoup plus agréable, quitte à revenir ensuite, conformément à ce que vous nous recommandez vous-mêmes, vous demander des suppléments.

Quant à la procédure employée, je me permets de rappeler à M. André Philip ce qui a été décidé par l'Assemblée, non pas seulement pour les crédits militaires, mais pour tous les crédits.

Il a été entendu que les crédits votés globalement pour tous les chapitres étaient soumis à révision, par un moyen que vous avez adopté, et qui est l'examen détaillé de la commission des Finances.

La réforme de tous les abus dont vous parlez, la recherche de tous les détails des crédits, toutes les occasions que vous voulez trouver avec raison de porter la hache dans les exagérations, tout cela est assuré par la procédure que vous avez adoptée, pour les crédits militaires comme pour les autres.

En dernier ressort, vous le savez bien, quelques moyens que nous prenions, nous dépenserons à peu près la même somme.

Ne vaut-il pas mieux le dire et prendre la résolution virile d'aboutir dans le minimum de temps à fixer les premiers dans le monde l'état nouveau de notre puissance militaire ? Car cela n'a été fait encore par aucune autre démocratie. Sur cette base, nous établirons solidement, avec les crédits évalués au plus juste, le statut militaire de la France.

Mais ces improvisations qui consisteraient à porter inconsidérément la hache – je n'ose pas dire, dans cet hémicycle, le sabre – dans les crédits indispensables pour faire vivre, nourrir, habiller nos soldats, franchement, cette procédure ne peut être acceptée.

Voyez à quelles difficultés pratiques, indépendamment des difficultés politiques, n'importe quel gouvernement se heurterait de ce fait !

Je ne puis croire, monsieur André Philip, que vous vouliez persister dans cet amendement. Acceptez, je vous en prie, – et je vous assure que c'est raisonnable – l'abattement d'un milliard huit cents millions auquel le gouvernement consent tout de suite, non sans difficultés, d'ailleurs, nous l'avons vérifié ce matin avec MM. les ministres des Armées et de l'Armement.

Acceptez l'engagement que prend le gouvernement de vous apporter, dans un temps minimum, les textes de base sur lesquels nous pourrons construire.

Ne dites pas que vous n'avez pas, d'ores et déjà, maints éléments d'appréciation. Car le fascicule qui a été remis à l'Assemblée ne se borne pas à énumérer des chiffres globaux, il donne aussi des détails nombreux que, certainement, vous avez lus.

Suivez la procédure que vous avez décidée vous-mêmes pour examiner les crédits une fois le vote global acquis et pour pouvoir vous éclairer sur tous les points que vous voudrez. Le gouvernement vous y aidera, vous pouvez m'en croire, et ainsi, vous-mêmes aiderez le gouvernement.

Telle doit être, me semble-t-il, la philosophie de cet incident ; car je ne peux croire qu'il s'agisse d'autre chose.

Aucun but ne nous est commun au point où l'est celui-ci : nous voulons réduire tout ce qui n'est pas absolument nécessaire dans les dépenses de la France, et spécialement dans les dépenses d'armement, puisque nous pouvons espérer qu'à la fin la paix va se faire.

Et nous voulons en même temps établir les éléments nouveaux de la puissance militaire française qui, de toute façon et quoi qu'il arrive – car nous ne sommes pas maîtres de l'avenir – devra être rétablie.

François de Menthon, au nom du MRP, demande à ses collègues socialistes de retirer leur amendement. Albert Gazier déclare que son parti s'y refuse et pose « le problème capital de la suprématie du pouvoir législatif sur le pouvoir exécutif qui est le fondement même de notre démocratie ».

Mesdames, messieurs[1], M. Gazier vient de poser parfaitement bien le problème qui se trouve, à l'occasion des crédits militaires, soumis à l'Assemblée.

Un jour ou l'autre, ce débat devait avoir lieu. Je ne sais pas, bien entendu, quelle en sera la conclusion. Mais le gouvernement n'est pas fâché de l'occasion qui lui est ainsi offerte – il vous en remercie – de pouvoir s'expliquer sur ce point.

Sur les grands principes que M. Gazier a exposés fort éloquemment, le gouvernement et, en particulier, son chef ne croient pas avoir rien à se

1. Une partie des interventions qui suivent a déjà été publiée dans les *Discours et Messages*, t. I, p. 661 à 664.

reprocher ; ces grands principes se résument en ceci : souveraineté nationale. Il ne me semble pas qu'on puisse trouver dans la conduite de celui qui vous parle rien qui ait été jamais contraire à la souveraineté nationale.

L'Assemblée nationale constituante a tout le pouvoir législatif. Personne ne le conteste et surtout pas moi. Elle a tout pouvoir de suivre le gouvernement qui lui plaît et, s'il ne lui plaît pas, de le laisser partir ou de le faire partir.

Ces attributions de l'Assemblée nationale constituante ne sont en rien contestées et, dans mon esprit, elles ne sont nullement contestables.

Mais le fait est qu'il y a un gouvernement. Il a été constitué, je le crois bien, comme vous l'avez souhaité. Vous avez marqué par votre unanimité que vous en approuviez la composition et, j'ajoute, le programme. Cela a été développé de la façon la plus explicite devant vous.

Et cependant, aujourd'hui, vous venez dire que ce gouvernement, tel qu'il est composé, avec son programme, vous heurte, ou tout au moins heurte vous-même, monsieur Gazier, qui avez bien voulu, d'une façon répétée, lui accorder votre confiance.

Il faut éclaircir cette situation. Le gouvernement qui est ici a-t-il votre confiance ou ne l'a-t-il pas ? Vous avez l'occasion de le dire, car le gouvernement, lui, vous l'offre en déclarant que les crédits qu'il vous a proposés, il les considère en conscience comme nécessaires.

Ou bien vous les voterez, et alors vous lui aurez marqué votre confiance, ou bien vous ne les voterez pas, et le gouvernement sera obligé d'en tirer aussitôt toutes les conséquences. Il n'y a pas de voie plus démocratique. Si l'on veut lever tout ce qui peut sembler un voile tendu sur la réalité politique d'aujourd'hui, en voici l'occasion.

Levez le voile ! Dites si oui ou non le gouvernement a votre confiance. S'il l'a, continuons le chemin ensemble aussi longtemps que nous le pourrons. S'il ne l'a pas, vous allez le marquer par votre vote.

Je le répète, à aucun moment le gouvernement ne considérerait qu'il a le droit de rester dans ses fonctions et de porter sur ses épaules la charge qu'il assume s'il n'était pas assuré d'avoir la confiance de l'Assemblée nationale constituante.

Jacques Duclos, au nom du groupe communiste, explique le soutien de son parti à l'amendement socialiste en invoquant la nécessité de mettre fin à certains gaspillages. Maurice Schumann, au nom du MRP, rappelle la solidarité de son parti avec le gouvernement.

Mesdames, messieurs, j'ajouterai un mot seulement après avoir entendu les explications de vote des orateurs des groupes de cette Assemblée. Ce mot n'est pas pour le présent, il est déjà pour l'avenir. Le point qui nous sépare de certains d'entre vous, c'est une conception générale du gouvernement et de ses rapports avec la représentation nationale.

J'ai cru comprendre que chez certain parti, qui du reste n'en parle plus, tout au moins aujourd'hui, et, dans une demi-mesure chez un autre, la question qui avait été posée devant le pays le 21 octobre dernier avait pu être tranchée par le pays, mais qu'elle ne l'était pas dans l'esprit de tous.

Je répète que je parle pour l'avenir. Nous avons commencé de reconstruire la République. Vous continuerez de le faire. De quelque façon que vous le fassiez, je crois pouvoir vous dire en conscience, et sans doute est-ce la dernière fois que je parle dans cet hémicycle, je crois pouvoir vous dire en conscience que si vous le faites en ne tenant pas compte des leçons de notre histoire politique des cinquante dernières années et en particulier de ce qui s'est passé en 1940, si vous ne tenez pas compte des nécessités absolues d'autorité, de dignité et de responsabilité du gouvernement, vous irez à une situation où, un jour ou l'autre, je vous le prédis, vous regretterez amèrement d'avoir pris la voie que vous aurez prise.

Après les interventions de plusieurs députés, André Philip précise que le vote de l'amendement n'implique nullement l'absence de confiance dans le gouvernement.

Une fois de plus, au risque de lasser davantage l'Assemblée nationale constituante, je tiens à répondre à l'orateur qui vient de parler en lui signalant à quel point le débat qui l'oppose à moi-même ainsi qu'au gouvernement est un débat de fond.

Je me demande quelle étrange conception M. André Philip se fait d'un gouvernement de la République. Il nous dit : « Dans la matière grave qu'est la matière des crédits de la Défense nationale, le gouvernement considère une chose comme nécessaire. L'Assemblée ne veut pas la reconnaître comme telle. Le gouvernement n'a qu'à en prendre son parti. »

La même question s'est posée hier à propos des fonctionnaires et elle s'est fixée de la même manière avant-hier à propos de la nationalisation du crédit. Elle se posera demain sur n'importe quelle autre question.

Mais ce régime cher à M. Philip, le régime d'une Assemblée qui gouverne elle-même – car en dernier ressort c'est bien de cela qu'il s'agit – ce régime est concevable, mais ce n'est pas celui que conçoit le gouvernement. Je ne l'ai jamais caché en prenant les fonctions que vous avez bien voulu m'attribuer, d'abord à l'unanimité, puis, ensuite, en comptant les votes de ce parti et de cet autre, d'une manière très différente de celle que, paraît-il, on considère comme nécessaire aujourd'hui.

En tous cas, je ne vous ai pas caché dans quel esprit j'acceptais la responsabilité de former et de désigner le gouvernement, je vous en prends à témoin.

Oui, il y a les deux conceptions. Elles ne sont aucunement semblables, c'est très exact.

C'est d'ailleurs là le débat qui va s'engager bientôt à l'Assemblée dont je vais me trouver absent et demain, dans le pays, à propos de nos institutions, car c'est là qu'est la question qu'il faut résoudre.

Veut-on un gouvernement qui gouverne ou bien veut-on une assemblée omnipotente, déléguant un gouvernement pour accomplir ses volontés ? Cette deuxième conception se conçoit très bien. C'est un régime dont nous avons nous-mêmes fait parfois l'expérience, et d'autres aussi l'ont faite.

Personnellement, je suis convaincu que cela ne répond en rien aux nécessités du pays dans lequel nous vivons ni aux nécessités de la période dans laquelle nous vivons, où les problèmes sont si nombreux, si complexes, si précipités, si brutaux, qu'il est impossible de les résoudre de cette manière.

Alors, à quelle formule semble-t-il que l'on devrait s'arrêter ? Je ne parle pas pour moi, bien entendu, je parle pour vous. Mais j'ai hâte de le faire pendant que cela m'est encore possible ici.

La formule qui me semble devoir résulter des expériences que nous avons faites, c'est un gouvernement constitué de telle sorte qu'il ait la responsabilité entière du pouvoir exécutif aussi longtemps que l'Assemblée lui fait confiance, et qu'il porte seul – je dis : seul – la responsabilité du pouvoir exécutif.

Et si l'Assemblée, ou les assemblées, à un moment donné, lui refusent tout ou partie des moyens qu'il juge nécessaires pour porter la responsabilité du pouvoir exécutif, eh bien ! ce gouvernement se retire, un autre gouvernement apparaît, et c'est, me semble-t-il, ce qui va arriver ce soir.

Au cours du débat, Lucien Rose, député UDSR, a déposé un sous-amendement à l'amendement socialiste, ainsi conçu : « Toutefois, cette réduction ne s'appliquera que pour les deux premiers mois de 1946 si les projets de loi relatifs au statut militaire du pays sont déposés avant le 15 février 1946, projets dans lesquels il sera tenu compte de la volonté de l'Assemblée. »

Je suis sensible à la préoccupation qui a incité M. Rose à déposer son sous-amendement et je pense que le gouvernement tout entier partage ma manière de voir à cet égard, bien que je n'aie pas eu le loisir d'en conférer avec mes collègues.

Ce sous-amendement, toutefois, n'ajoute rien au fond des choses, car son texte implique, de même que le demande M. Philip, une réduction de crédits valant, il est vrai, pour les deux premiers mois du trimestre au lieu de porter sur trois mois.

Quelle différence résulterait, pour le comportement du gouvernement, de l'adoption de cet amendement, qui diminuerait les crédits qu'il demande pour deux mois au lieu de trois ?

Il faut voir les choses au fond, juger en conscience, prendre ses responsabilités. L'Assemblée en a l'occasion.

Ce débat aura donc été utile. Je le juge, en ce qui me concerne, très satisfaisant, car tout ce qui a été dit contribuera, ce qui n'avait pas été suffisamment fait jusqu'à présent, à éclairer le pays.

Un autre sous-amendement est présenté par Lucien Rose et ses collègues de l'UDSR : « Toutefois cette réduction n'aura d'effet que si le projet du gouvernement sur la réorganisation de l'armée n'a pas été déposé à la date du 15 février 1946 ; en tout état de cause, une réduction de 5 % sera effectuée sur le total des crédits ouverts au titre des armées. »
Le groupe socialiste adhère à cet amendement.

Mesdames, messieurs, le but poursuivi par l'amendement de M. Rose est assez clair pour que je n'aie pas besoin de l'éclaircir, même, j'ose le croire, aux yeux de certaines parties de l'Assemblée. Je me bornerai simplement à souligner que le gouvernement s'était lui-même engagé à déposer – et même, je crois m'en souvenir, nous avions parlé du mois de janvier – un ensemble de projets sur la réorganisation de l'armée française, qui comportera, je le rappelle, un projet de loi des cadres, un projet de loi des effectifs, un projet de loi de recrutement et enfin un projet de loi sur les programmes d'armement, car l'habitude que nous avions avant la guerre de ne voter de programmes d'armement que pour les constructions navales doit être, à mon sens, étendue, dans la période où nous sommes, aux armements de tous ordres, quitte à les étendre, comme les armements navals naguère, sur plusieurs années. Ces projets de loi, le gouvernement est en train de les préparer avec toute la diligence que lui permettent les circonstances, c'est-à-dire sa constitution récente et aussi, ne le cachons pas, une certaine nocivité de nos administrations militaires comme des autres. En tous cas, le gouvernement a pris l'engagement, je crois que je l'ai fait dès le jour de sa présentation devant l'Assemblée, de déposer ces projets dans les délais qui sont précisément prévus par l'amendement de M. Rose. C'est dire que le gouvernement ne fait sur ce point à cet amendement aucune objection.

Il y a un deuxième point sur lequel le gouvernement n'a également rien à objecter à la proposition de M. Rose, dans la mesure où elle aboutit à réduire, comme le gouvernement l'avait lui-même admis, si je me souviens bien, de 1 200 millions pour les deux premiers mois, les crédits demandés, c'est-à-dire, à très peu de chose près, les 5 % que vous proposez.

Le gouvernement aurait souhaité une rédaction un peu plus gracieuse, peut-être même plus objective, car, en somme, cela revient pour l'Assemblée à adopter les propositions gouvernementales, en maintenant toutefois son point de vue en faveur d'une réduction des crédits de la Défense nationale.

Or ce point de vue est aussi celui du gouvernement, dans la mesure toutefois où les nécessités de la Défense nationale ne seront pas mises en cause.

Mais, cela étant, le chiffre que vous proposez d'une réduction de 20 %, réapparaît dans la rédaction combinée de M. Capdeville et de M. Rose.

On proclame que cette réduction va être opérée sans toutefois l'opérer. C'est bien ce que veut dire l'amendement.

Dans ces conditions le gouvernement, quoiqu'il eût souhaité une rédaction légèrement différente, n'a aucune objection à adopter, lui aussi, cet amendement.

Le Parti communiste et le MRP annoncent qu'ils voteront le sous-amendement.

Le budget des armées est voté à l'unanimité.

Mesdames, messieurs, le gouvernement tient à s'associer pleinement au témoignage que M. le président vient de rendre à l'Assemblée elle-même, en particulier à sa commission des finances, à son président, à son rapporteur général, ainsi qu'à l'ensemble de son personnel.

Le gouvernement a trouvé dans l'Assemblée tout entière, et notamment dans sa commission qualifiée, toute la collaboration qu'il pouvait souhaiter et qui était indispensable pour le vote de la loi de budget et pour le bien de l'État.

Je me plais à constater que le premier budget proposé depuis six ans dans ce pays à une Assemblée libre est, en dépit d'un léger retard, adopté par la représentation nationale française à la date qu'elle et le gouvernement s'étaient fixée, et c'est là une satisfaction qui sera, j'en suis sûr, partagée par vous tous.

À Félix Gouin, à Paris

Paris, 3 janvier 1946

Monsieur le Président,

J'ai reçu du président de la commission de la Défense nationale de l'Assemblée nationale constituante, une lettre dont vous trouverez ci-joint copie, et dans laquelle il sollicite l'établissement d'ordres de mission permanents pour tous les membres de cette commission[1].

Le gouvernement est très soucieux de faciliter aux commissions de l'Assemblée l'exercice de leurs attributions, notamment quand elles sont chargées par l'Assemblée nationale constituante d'un examen précis sur un point particulier.

Mais il apparaît contraire au principe de la responsabilité du gouvernement et de celle de l'Assemblée de créer une inspection permanente et individuelle des membres du Parlement.

1. Pierre Villon souhaite que la commission exerce sa mission de contrôle sur pièces et sur place suivant la tradition parlementaire.

Le gouvernement ne se trouve donc pas en mesure de donner satisfaction à la demande du président de la commission de la Défense nationale sous la forme où il veut bien la présenter.

Veuillez agréer, monsieur le Président, les assurances de mes sentiments dévoués et de haute considération.

À la conférence franco-britannique de Beyrouth, les délégations française et britannique dirigées respectivement par le général de Larminat et le général Pilleau constatent leur divergence d'interprétation au sujet des accords du 13 décembre 1945, relatifs au Levant. Les Anglais entendent en effet replier sur le Liban leurs forces de Syrie, et les y maintenir jusqu'au départ des troupes françaises.

Télégramme au général de Larminat, à Beyrouth

Paris, 3 janvier 1946

Secret

Je vous prie de vous conformer aux instructions de mon télégramme du 29 décembre[1] qui vous prescrit d'interrompre toute négociation avec les Anglais aussi longtemps que le fond de l'affaire n'aura pas été réglé entre les gouvernements.

À Vincent Auriol, ministre d'état

Paris, 3 janvier 1946

Mon cher ministre,

Pendant mon absence, je vous serais reconnaissant de diriger les travaux du gouvernement.

Il vous appartiendra de convoquer le Conseil des ministres quand vous le jugerez opportun et de présider ses réunions.

Croyez, mon cher ministre, à mes sentiments cordialement dévoués.

À Francisque Gay[2], à Paris

Paris, 4 janvier 1946

Mon cher ami,

J'ai omis de vous parler de la question très grave du Liban avec assez de force.

1. Voir *Mémoires de guerre*, t. III, p. 641 et 642.
2. Ministre d'État, ministre des Affaires étrangères par intérim. Cette lettre a déjà été publiée en partie dans les *Mémoires de guerre*, t. III, p. 645.

Les Affaires étrangères actionnées par M. Massigli et par M. Chauvel[1] nous ont engagés dans un soi-disant accord avec les Anglais qui tourne à l'escroquerie.

M. Massigli pousse maintenant ses pions pour nous amener au but que poursuivent les Anglais et qui est notre départ *total* de Syrie et du Liban, eux restant en force en Palestine, Irak et Égypte (voyez le dernier télégramme de Londres).

Tout ce que j'ai pu dire à M. Bidault à ce sujet n'a servi à rien. Je crains qu'il soit dans cette affaire tout à fait aveugle.

En tous cas, la coupe est pleine.

Je désavoue formellement en tant que chef du gouvernement et ministre de la Défense nationale les « propositions » que Massigli nous adresse par son télégramme du 3 janvier.

J'exige qu'aucune décision nouvelle ne soit prise en mon absence sur cette matière capitale.

Je mettrai dès mon retour le Conseil des ministres au courant de toute cette affaire sur laquelle ne lui sont jamais fournies que des indications incompréhensibles et le gouvernement tout entier prendra enfin une décision ferme qui devra être appliquée par quiconque sous peine de renoncer à son poste quel qu'il soit.

J'envoie copie de ceci à M. Vincent Auriol qui me remplace pendant mon absence.

Amicalement à vous.

À Edmond Michelet et à Charles Tillon, à Paris

Paris, 4 janvier 1946

Mon cher ministre,

Le Comité de la Défense nationale se réunira avant le 20 janvier afin de fixer les bases des projets de loi concernant :

1. l'organisation des Armées,

2. les cadres et effectifs des Armées et les mesures de dégagement qui s'y rapportent,

3. le recrutement,

4. les cadres et effectifs des personnels de l'Armement,

5. les programmes d'Armement pour 1946 et, éventuellement, les années suivantes.

J'attire votre attention sur le fait que les projets qui concernent votre département doivent être prêts pour le jour où se réunira le Comité de la Défense nationale. D'autre part, il va de soi que ces projets doivent rigou-

1. Respectivement ambassadeur à Londres et secrétaire général du ministère des Affaires étrangères.

reusement tenir compte de la décision prise par le gouvernement de n'imposer au Budget pour l'exercice 1946 que des dépenses n'excédant pas au total 125 milliards de francs et suivant la répartition qui a été arrêtée antérieurement par le Comité de la Défense nationale.

Veuillez croire, mon cher ministre, à mes sentiments cordialement dévoués.

Copie adressée à René Pleven et au général Juin.

Du 6 au 14 janvier 1946, le général de Gaulle prend quelques jours de repos et de réflexion à Antibes.

[Au ministre des Affaires étrangères ?]

Antibes, 10 janvier 1946

Mon cher ministre,

J'ai bien reçu vos deux lettres.

En ce qui concerne une demande éventuelle des Britanniques tendant à envoyer M. Couve de Murville à Londres pour reprendre les conversations des experts, je crois qu'il y aurait lieu de répondre que M. Couve de Murville partira dès que nous aurons reçu les précisions demandées par notre note sur l'ensemble.

Amitiés.

À Gaston Palewski, à Paris

Antibes, 13 janvier 1946

Mon cher ami,

J'ai lu votre lettre.

Le Conseil des ministres *doit* avoir lieu demain lundi après-midi sous ma présidence. C'est nécessaire et urgent.

Le débat sur la politique étrangère *doit* s'ouvrir mardi en présence de M. Bidault qui n'a aucun besoin d'être à Londres ce jour-là.

Voilà le programme. Il faut s'y tenir. En voilà assez des dérobades de tous et de chacun.

À demain et amicalement à vous.

À Jules Jeanneney, à Paris

Paris, 15 janvier 1946

Monsieur le Président,

Votre aimable lettre ne m'est remise qu'à mon retour d'Antibes. Veuillez m'excuser de n'y avoir pas répondu plus tôt. Veuillez également agréer à la fois ma vive gratitude pour vos vœux et mes propres souhaits profondément sincères pour vous-même et pour les vôtres.

Jamais je n'oublierai la noble simplicité avec laquelle vous avez, en 1944, accepté de prendre à mes côtés les responsabilités du gouvernement dans un moment essentiel et très difficile.

Je vous demande, monsieur le Président, de présenter à Mme Jeanneney mes hommages les plus respectueux auxquels ma femme joint ses meilleurs souvenirs, et d'agréer, pour vous-même, l'expression de mes sentiments fidèlement dévoués.

Note pour Edmond Michelet

Paris, 15 janvier 1946

Très secret

Je suis informé que les Anglais demandent à incruster leurs bases aériennes d'El-Aouina[1].

Ceci ne peut être accepté. Il est grand temps que les Anglais s'en aillent et qu'on leur fixe le terme de leur présence. Il ne peut *a fortiori* être question de leur permettre de s'installer.

D'autre part, je rappelle que toute demande des Alliés tendant à s'installer où que ce soit, ou à prolonger leur séjour, doit faire l'objet d'une décision du gouvernement. Car c'est une affaire de souveraineté et la guerre est finie. Enfin, j'attire spécialement l'attention du ministre sur la nécessité de donner des instructions très fermes à ce sujet aux exécutants (États-Majors des armées de terre, de mer et de l'air, commandants de région, commandants supérieurs). Ceux-ci ont trop souvent tendance à conclure des arrangements avec les Alliés, pour leur faire plaisir…

Note pour René Mayer[2]

Paris, 16 janvier 1946

M. le commissaire général pour les Affaires allemandes donnera des instructions au général Kœnig et au général Béthouart pour le voyage[3] de la commission d'Information de l'Assemblée sur les bases suivantes :

1. C'est au général commandant en chef en Allemagne et au général commandant en chef en Autriche qu'il appartient de recevoir et de faire piloter cette commission parlementaire.

2. Cette commission indiquera au général commandant en chef *qui* elle désire voir. Celui-ci fera le nécessaire. Toute personne ou toute orga-

1. Terrain d'aviation de Tunis.
2. Commissaire général pour les Affaires allemandes et autrichiennes.
3. En Allemagne et en Autriche.

nisation que veut voir la commission doit être prévenue par le commandant en chef à qui seul il appartient de lui donner les ordres à ce sujet comme à tout autre sujet.

3. Il n'y a pas lieu de se dérober en rien aux questions qui seront posées par la commission.

4. Quant aux questions que la commission voudrait poser aux Allemands, elle doit être avertie que, n'ayant pas juridiction sur eux, elle doit ne les voir que si le général commandant en chef est d'accord.

Le 16 janvier 1946, l'Assemblée nationale constituante débat de la politique extérieure du gouvernement. Au cours de son intervention Édouard Herriot, président du Parti radical, demande des explications à propos de la régularisation de diverses décorations accordées à des officiers français ayant résisté au débarquement américain en Afrique du Nord, en novembre 1942. Le général de Gaulle lui répond.

Intervention à l'Assemblée nationale constituante le 16 janvier 1946

Mesdames, messieurs, je me garderai en cet instant de répondre aux multiples préoccupations et aux très précises intentions que M. Herriot vient de développer à cette tribune. M. le ministre des Affaires étrangères le fera, sur les points de fond, pour le compte du gouvernement.

Je crois seulement qu'il est bon, pour dissiper ce qu'on pourrait appeler un nuage, que je réponde tout de suite sur un point de détail que M. Herriot a cru devoir évoquer tout à l'heure dans cette haute discussion et qui, dans son esprit comme dans le mien, n'est cependant pas sans importance.

Je parle d'une citation qui a été publiée au *Journal officiel* et qui, effectivement, concerne un officier qui s'était trouvé dans les conditions dont M. Herriot a parlé tout à l'heure.

Je pourrais, bien entendu, me borner à dire ou à laisser entendre qu'il s'agit d'une signature-surprise. Cela pourrait être explicable. M. Herriot a bien voulu l'admettre lui-même. Mais je n'accepte pas cette échappatoire, et, devant l'Assemblée nationale, je tiens à m'en expliquer.

M. Édouard Herriot m'excusera de le faire avec d'autant plus de clarté et de simplicité qu'avec Vichy, depuis 1940, je ne me suis pas borné à échanger des lettres ou des messages, mais que, tout de suite, j'ai procédé à coups de canon.

Le Gouvernement provisoire de la République, qui s'appelait à ce moment-là le Comité français de la Libération nationale, s'est, vous vous le rappelez, constitué à Alger à la fin de juin 1943. Avant son arrivée à Alger et après les événements lamentables du 8 novembre 1942, il s'était passé bien des choses. Il s'était écoulé, en particulier, une période au cours de laquelle l'autorité sur les armées de terre, de mer et de l'air de l'Afrique du Nord n'appartenait pas à ce qui fut ensuite le Gouvernement Provisoire de la République Française. Elle appartenait à d'autres.

C'est un fait qu'à la suite des événements du 8 novembre 1942, les autorités dont il s'agit avaient distribué des récompenses. Lorsque le Gouvernement provisoire de la République s'est installé à Alger, il s'est trouvé en présence de ce fait que, sur la poitrine d'un certain nombre de nos garçons – car ceux-là aussi étaient nos garçons – il y avait des croix de guerre, voire même des croix de la Légion d'honneur et des médailles militaires qu'évidemment, monsieur Herriot, nous eussions préféré voir gagnées en tirant sur l'ennemi.

Mais, parmi ces garçons, quelques-uns étaient morts, quelques autres étaient estropiés et, c'est vrai, pour ceux-là le gouvernement de la République n'a pas jugé, en conscience, compte tenu de ce qu'il voulait faire ensuite, devoir arracher de leur cercueil ou de leur poitrine les décorations obtenues dans des conditions affreuses mais dont ils n'étaient pas responsables.

Je n'ai pas de raison d'en rougir, car c'est là un des moyens dont nous nous sommes servis pour rassembler sur-le-champ des troupes qui sont redevenues les armées de la République, pour rétablir parmi ces hommes, venus de points si différents et dont un certain nombre avaient été si odieusement dévoyés, l'esprit de bonne volonté qui nous a permis de les conduire à l'ennemi.

Nous ne croyons pas que le pays et la République aient eu à le regretter.

À Georges Bidault, à Paris

Paris, 17 janvier 1946

Mon cher ministre,

Vous avez bien voulu me soumettre par votre lettre du 15 janvier les objections que vous suggère ma lettre du 16 septembre définissant les demandes que nous avons à faire valoir dans le Traité de paix avec l'Italie, sur les rectifications de frontière et la démilitarisation de cette frontière.

Tout bien examiné, je suis d'accord avec vous pour limiter l'aménagement à réaliser dans la moyenne Roya à ce qui est nécessaire pour dégager nettement la voie ferrée Nice-Breil, sans annexer de commune italienne. Le nouveau tracé doit correspondre toutefois à une délimitation géographique facile (crêtes si possible).

Mais, par contre, j'insiste à nouveau sur la rectification à obtenir à Bardonnèche qui répond aux réels intérêts et aux vœux des populations.

Il s'agit de réaliser la liaison entre Maurienne et Briançonnais par une voie ferrée reliant Briançon à Modane par Bardonnèche en passant sous le col de l'Échelle et cette voie doit être entre nos mains.

Et dans ces conditions, il apparaît nécessaire d'absorber également le Chaberton qui commande les routes partant de Briançon, et qui a toujours constitué une véritable obsession pour les habitants de cette région.

Reste la question du Petit-Saint-Bernard. L'hospice doit devenir français, ce qui nous conduit jusqu'à la crête.

En ce qui concerne le Mont-Cenis, je suis heureux de voir que vous entrez tout à fait dans mes vues.

Je ne mentionne Tende, La Brigue et les Six-Communes que pour mémoire.

Alors que l'opinion italienne redoute encore de voir nos revendications porter sur le Val d'Aoste, le Val de Suse, La Roya, ces revendications sont modestes, et vous aurez à le souligner.

Quant à la démilitarisation, l'affaire est de moindre importance pour la sauvegarde de nos intérêts. Il faut la ramener à l'interdiction d'entretenir des fortifications dans la zone montagneuse qui nous fait face, y compris le Val d'Aoste.

La ligne doit correspondre à la limite est du Val d'Aoste, à partir du Mont Rose et au bas des pentes jusqu'à Coni. On peut la raccorder au littoral à Imperia. En outre la Marine de guerre italienne ne doit pas pouvoir entretenir d'installations à Gênes.

Croyez, mon cher ministre, à mes sentiments cordialement dévoués.

À l'amiral Thierry d'Argenlieu[1]

Paris, 18 janvier 1946

Vous avez bien voulu appeler mon attention sur la discipline intérieure de l'ordre de la Libération et me demander des directives sur les conditions dans lesquelles devrait être assurée cette discipline.

Je vous confirme tout d'abord mon intention de prendre incessamment un décret portant cessation des attributions de croix de la Libération.

Il est évident que l'ordre de la Libération destiné à récompenser « les personnes ou collectivités militaires et civiles qui se seront signalées d'une manière exceptionnelle dans l'œuvre de la libération de la France et de son Empire » se distingue par sa nature de l'ordre de la Légion d'honneur. Alors que celui-ci est une institution permanente, l'ordre de la Libération est une création liée à l'œuvre même de la libération de la France

1. Chancelier de l'ordre de la Libération (depuis sa création en novembre 1940).

et de son Empire, et destinée en fait à s'éteindre lorsque auront disparu ceux dont elle a consacré en leur temps les mérites illustres.

Mais la grandeur même des sacrifices et des services que la croix de la Libération a récompensés et le fait que, si les individus sont destinés à disparaître, des collectivités telles que par exemple la Ville de Paris continueront à témoigner dans l'avenir de ce qu'a été l'ordre de la Libération, imposent au Conseil de l'ordre d'assurer une discipline intérieure extrêmement stricte et notamment de veiller à ce que ceux qui en portent les insignes ne puissent par leur personne causer préjudice à l'honneur de l'ordre.

Il va de soi que dans le cas où un compagnon est l'objet d'une condamnation à une peine afflictive ou infamante ou à un emprisonnement, son exclusion de l'ordre de la Libération, par analogie sur ce point avec les règles de l'ordre national de la Légion d'honneur, en application du Code pénal, est une conséquence de la peine et qu'il vous appartient, comme chancelier de l'ordre, d'en prendre simplement acte par arrêté.

Mais la discipline de l'ordre doit être plus rigoureuse et ne peut être satisfaite par une telle disposition. Il appartient au Conseil de l'ordre d'y veiller comme suit :

Tout d'abord, l'ordonnance du 7 janvier 1944 a prévu que le Conseil de l'ordre pouvait émettre des blâmes à l'encontre d'un compagnon de la Libération. Un tel blâme doit entraîner l'interdiction du port de l'insigne et l'exclusion de toute cérémonie à laquelle les membres de l'ordre participeraient en tant que tels et cela pour une durée variable, mais limitée. Il appartient au Conseil de l'ordre qui prononce le blâme de fixer en même temps la durée de ses effets.

Mais, avant même que le Conseil de l'ordre ait émis un blâme ou décidé d'ouvrir une procédure d'exclusion, il faut considérer qu'à partir du moment où il a été jugé par le Conseil que la conduite d'un compagnon comportait ouverture d'une enquête, l'honneur de l'ordre exige que la personne incriminée cesse provisoirement d'avoir droit au port de l'insigne, ainsi qu'aux autres prérogatives attachées au titre de compagnon de la Libération. Le Conseil de l'ordre, en même temps qu'il décide l'ouverture d'une enquête, doit donc prononcer la suspension de ces droits. Cette suspension est provisoire et ne préjuge en rien du résultat de l'enquête. Elle n'est qu'une mesure préventive prise par le chancelier sur avis conforme du Conseil de l'ordre.

Telles sont les règles qui doivent permettre au Conseil de l'ordre et au chancelier d'assurer la discipline intérieure de l'ordre et de sauvegarder les principes qui ont présidé à sa fondation.

Note[1]

Je ne suis pas d'accord.

Il faut prendre la question tout autrement et de beaucoup plus haut.

1. Nous ne voulons rien qui ressemble en quoi que ce soit à un organe administratif du *Reich*. C'est pourquoi nous n'adhérons pas au projet Montgomery.

2. Nous concevons l'avenir de l'Allemagne à l'est du Rhin comme un ensemble d'États qui se préciseront ou non plus tard.

La première chose à faire est de constituer ces États là où ce n'est pas fait (zone anglaise en particulier).

3. Ces États, une fois [institués ?], nous acceptons qu'ils délèguent auprès de la Commission de contrôle des experts financiers pour étudier les questions qui les intéressent en commun. De toute façon cela ne peut s'appliquer à la rive gauche du Rhin.

Constatant que le retour du « régime exclusif des partis » l'empêche de mener la politique qu'il juge nécessaire, le général de Gaulle se démet, le 20 janvier 1946, de ses fonctions de président du Gouvernement provisoire de la République française.

À Vincent Auriol

20 janvier 1946

Mon cher ministre,

Je reçois votre lettre et vous remercie de vos avis qui coïncident d'ailleurs avec mes propres décisions.

Soyez tranquille pour la radio. Je ne parlerai pas au pays, puisque je me mets moi-même hors de cause et que j'entends me retirer en pleine et entière sérénité.

Pour l'Intérieur, il va de soi que je demeure président jusqu'à l'élection du successeur. Mais comme je l'ai dit ce matin aux ministres, je ne veux pas rester à Neuilly, ni a *fortiori* me rendre rue Saint-Dominique, en raison des manifestations possibles autour de ma personne. Je vais donc aller demain à Marly. Naturellement je continuerai à signer les quelques décrets indispensables, mais pour la routine des menues décisions, je vous demande de les prendre à ma place, comme si c'était moi.

1. En marge d'un projet d'instruction au général Kœnig, commandant de la zone française d'occupation en Allemagne, projet présenté par René Mayer et soumis au général de Gaulle le 18 janvier 1946.

Je vous remercie, à votre tour, du concours excellent et particulièrement loyal que vous m'avez apporté et vous demande de croire, mon cher ministre, à mes sentiments amicalement dévoués.

Lettre de démission du général de Gaulle à M. Félix Gouin [inédit]

21 janvier 1946

Monsieur le Président,

Je vous serais reconnaissant de bien vouloir faire connaître à l'Assemblée nationale constituante que je me démets de mes fonctions de président du gouvernement provisoire de la République.

Depuis le jour même où j'ai assumé la charge de diriger le pays vers sa libération, sa victoire et sa souveraineté, j'ai considéré que ma tâche devait prendre fin lorsque serait réunie la représentation nationale et que les partis politiques se trouveraient ainsi en mesure d'assumer leurs responsabilités.

Si j'ai accepté de demeurer à la tête du gouvernement après le 13 novembre 1945, c'était à la fois pour répondre à l'appel unanime que l'Assemblée nationale constituante m'avait adressé et pour ménager une transition nécessaire. Cette transition s'est aujourd'hui réalisée.

D'autre part, après d'immenses épreuves, la France n'est plus en état d'alarme. Certes, maintes souffrances pèsent encore sur le peuple français, et de graves problèmes demeurent, mais la vie même des Français est pour l'essentiel assurée.

L'activité économique se relève. Nos territoires sont entre nos mains. Nous avons repris pied en Indochine. La paix publique n'est pas troublée.

À l'extérieur, en dépit des inquiétudes qui subsistent, l'indépendance est fermement établie. Nous tenons le Rhin. Nous participons au premier rang de l'organisation internationale du monde, et c'est à Paris que doit se tenir au printemps la première conférence de la paix. En me retirant, j'exprime le vœu profondément sincère que le gouvernement qui succédera à celui que j'ai eu l'honneur de diriger réussisse dans la tâche qui reste à accomplir pour assurer définitivement les destinées du pays.

Veuillez agréer, Monsieur le Président, l'assurance de ma haute considération.

Télégramme à l'amiral Thierry d'Argenlieu, à Saigon

Paris, 23 janvier 1946

La décision d'actualité que je viens d'être amené à prendre et qui m'amène à quitter mes fonctions ne doit que vous confirmer dans votre mission. Je vous demande formellement de la poursuivre. Il en est de même pour Leclerc. Mes fidèles amitiés à vous et à lui.

Pour servir d'introduction à *Servitude et grandeur militaires* d'Alfred de Vigny[1]

Les armes qui viennent de changer le monde ne laissent pas d'en souffrir d'abord et pleurent leurs ardeurs perdues.

Cette mélancolie du corps militaire hors des périodes de grands efforts n'a rien, sans doute, que de classique. Il y a, dans le contraste entre l'activité fictive de l'armée du temps de paix et sa puissance latente, quelque chose de décevant que les intéressés ne ressentent point sans douleurs : « Tant de forces inemployées..., dit Psichari, tant de destination et tant de stérilité ». À plus forte raison un pareil chagrin imprègne-t-il l'âme des soldats dans les années qui suivent les batailles. À se détendre brusquement, il semble que le ressort se brise, non sans rendre, parfois, ce son sourd et profond de plainte dont nous ont bercés Vauvenargues et Vigny...

Vingt-cinq ans de déchirements et de guerres, dix régimes successifs, l'alternative de succès inouïs et de revers lamentables et, pour finir, deux invasions, la déroute militaire, la capitulation des gouvernants ont jeté la France de 1815 dans un abîme de détresse. De pareils événements laissent les esprits bouleversés et divisés. Aussi l'armée ne trouve point, lorsqu'on la reconstruit, la vertu puissante et exclusive qui pourrait la rassembler. Il l'eût fallu, cependant, et plus que jamais, car l'épreuve trop prolongée et sa triste fin portaient à l'extrême dans les rangs l'amertume et le découragement. Il l'eût fallu pour lier ensemble les éléments souvent opposés, dont on reformait les cadres : combattants des grandes guerres, chargés d'expérience, mais hautains et moroses, émigrés anciens ou récents, désireux de bien faire mais gênés de leur personnage, jeunes hommes appelés aux armes par l'écho des grands souvenirs mais qui, le harnais revêtu, se voyaient engagés dans une carrière sans éclat. Bref, il l'eût fallu pour animer d'une même foi cette armée désenchantée, consoler Coigner, raffermir Bugeaud et fixer Vigny.

Aux soldats d'aujourd'hui, comme à ceux de naguère, il faut un culte qui les rassemble, les réchauffe, les grandisse.

Ces hommes craignent la mort, souffrent de la faim, de la soif, des insomnies, des intempéries. Les uns sont braves, les autres moins ; ceux-ci sont lents, ceux-là rapides ; certains confiants et dévoués, d'autres insolents ou jaloux. Pour qu'ils agissent d'accord, il ne suffit point que le chef ait conçu dans son propre esprit ce qu'il y a lieu de faire, ni même qu'il le prescrive ; il doit avoir prise sur les âmes ; il lui faut l'autorité.

Cet apanage nécessaire contient, il est vrai, un élément permanent, établi par l'expérience humaine en dehors de celui qui commande : la

1. Publié par *Les Belles Lectures*, n° 1, du 24 janvier 1946.

discipline. La force des choses, la loi et l'habitude l'ont imposée aux guerriers, plus ou moins solide, suivant le tempérament des peuples, la contrainte de circonstances et l'esprit du temps, mais, cependant, toujours effective du moment qu'existe l'armée.

Des hommes ont adopté la loi de perpétuelle contrainte. Les droits de vivre où il leur plaît, de dire ce qu'ils pensent, de se vêtir à leur guise, ils les ont bénévolement perdus. Un ordre suffit désormais pour les fixer ici, les porter là-bas, les séparer de leur famille, les soustraire à leurs intérêts. Un mot d'un chef les fait se lever, marcher, courir, les jette aux intempéries, les prive de sommeil ou de nourriture, les enferme dans un poste, force leur fatigue. Ces hommes ne disposent pas de leur vie : que leurs membres soient rompus, leurs restes dispersés, c'est leur fonction de soldat.

Cette destination de misère, cette vocation de sacrifices, depuis que le monde est monde l'armée en procède, y trouve sa raison d'être, en tire sa délectation. Mais comment vivre dans un domaine séparé, poursuivre un idéal d'exception, sans un ordre propre de sentiments, un tour particulier de la pensée, un code spécial des valeurs et des rapports ?

Quant à l'ordre international que notre époque essaie de créer, se peut-il même concevoir sans une force militaire pour l'établir et l'assurer ? Jamais l'orgueil des armes ne fut plus justifié ni plus nécessaire.

Cette conviction, toutefois, demeurerait stérile au-dedans de l'armée et, au-dehors, insupportable, si les professionnels ne restauraient en même temps l'abnégation. Il y a là un sentiment de *grandeur* que l'on peut qualifier d'infaillible. C'est qu'il existe, en effet, un curieux rapport, mais incontestable, entre le renoncement des individus et la splendeur du tout.

On conviendra qu'au cours des dernières années les professionnels ont manifesté quelque impatience de leur *servitude*. Mais, ce n'était, jadis, que mécontentement de surface. Au fond, les militaires discernaient très bien que leur honneur se confond avec leurs sacrifices. Point de doute que la *servitude militaire* ne paraisse avant peu plus grande que jamais…

À Claude Vendroux[1], à Calais

10 février 1946

Ma bien chère Claude,

Ta tante Yvonne t'apporte toutes mes pensées, celles aussi de Philippe, d'Élisabeth et d'Alain et de la pauvre Anne. Mais je tiens à t'écrire avec quelle affection et quelle émotion mes vœux t'accompagnent ainsi

1. Nièce d'Yvonne de Gaulle.

que celui qui va être ton mari[1]. Notre famille a toujours été profondément liée et c'est une des douceurs et des consolations de mon existence depuis le jour où j'eus moi-même le bonheur de recevoir à Calais la bénédiction qui m'unissait à ta tante Yvonne. Depuis, les plus graves événements n'ont pu que resserrer encore les liens qui nous rassemblent tous. Tes chers grands-parents Vendroux en sont, au Ciel, les témoins.

Veuille dire à ta Maman et à ton Papa que je suis auprès d'eux et de vous tous par l'esprit et par le cœur. Toutes mes meilleures affections à toi, à Bernard. Ne m'oublie pas auprès de Mme Legrand.

À Pierre Jean Jouve, à Paris

Marly, 11 février 1946

Mon cher ami,

Votre fidèle témoignage me touche profondément.

Je tiens à me départir du silence que je me suis imposé pour vous le dire.

Croyez, mon cher ami, à mes sentiments cordialement dévoués.

À Guy Girard de Charbonnières[2]

Marly, 17 février 1946

Mon cher ministre,

Merci de votre lettre qui m'a touché ! Retournez à votre poste où vous faites très bien. Mon « départ » est une péripétie. Nous verrons la suite. En attendant, il faut servir et faire pour le mieux.

Au revoir et peut-être à bientôt, mon cher Charbonnières. Vous êtes dans mon souvenir en très bonne place et je vous demande de croire à mes sentiments cordialement dévoués.

À François de Gaulle[3]

Marly-le-Roi, 18 février 1946

Mon bien cher François,

La mort de ton pauvre Papa[4] m'a plongé dans le même chagrin qui est le tien, celui de ta Maman, celui de tes frères. Je joins mes pensées et mes prières aux vôtres. Ce fut un destin d'une immense mélancolie que celui

1. Bernard Legrand, agriculteur de Pernes-lès-Boulogne.
2. Ministre de France à Copenhague.
3. Neveu du général de Gaulle.
4. Jacques de Gaulle, un des frères du général de Gaulle, paralysé depuis de longues années.

de ton père, si brave, si généreux, si intelligent, foudroyé par cette maladie et cloué comme il le fut. Du fond de son épreuve, il aura participé avec tout son cœur et tout son esprit aux malheurs, puis à la résurrection de la Patrie et se sera vu prolonger et multiplier par toi-même et par Bernard, Jean, Pierre.

Ta Maman aura été auprès de ton Papa, un modèle de foi, d'affection, d'abnégation. Je voudrais que tu saches quelle admiration j'ai pour elle. Ta tante, Philippe, Alain, Élisabeth et Anne se joignent à moi pour te dire notre chagrin.

Au revoir, mon bien cher François. Toi qui discernes, par vocation, que les desseins et les voies de la Providence disposent de nous à leur gré, tu n'auras pas été surpris de la décision que j'ai prise le mois dernier et dont, je le crois, chaque jour qui passe apporte la justification.

Je t'embrasse du fond du cœur. Ton oncle très attristé et affectionné.

À l'enseigne de vaisseau de Gaulle, base aéronautique navale, à Memphis (Tennessee, États-Unis)

Marly-le-Roi, 21 février 1946

Mon bien cher Philippe,

J'ai reçu ta lettre du 13 février qui m'a fort intéressé et qui me permet d'apercevoir le déroulement de ton instruction de pilote. Je souhaite que celle-ci puisse se terminer comme il était prévu.

Ton pauvre oncle Jacques de Gaulle est mort à Grenoble dimanche dernier. Tu sais que depuis bientôt vingt ans, il était paralysé à la suite d'une encéphalite léthargique contractée dans son service d'ingénieur des mines. C'était un homme d'une volonté et d'un courage exceptionnels. Il aura pu voir la Victoire vers laquelle était tendue toute sa vie intérieure pendant les cinq années de la guerre et à laquelle il eut la fierté de voir trois de ses fils participer vaillamment et glorieusement. Maman a été à Grenoble assister à ses obsèques. Quant à moi je me suis abstenu afin d'éviter en ce moment toute manifestation publique concernant ma personne. Écris un mot à ta tante Jeanne, 1, rue Molière, Grenoble, Isère.

Tu auras certainement compris les raisons essentielles qui m'ont décidé à laisser se dérouler sans moi l'expérience politique en cours. Il faut choisir et l'on ne peut être à la fois l'homme des grandes tempêtes et celui des basses combinaisons.

Au revoir mon bien cher Philippe.

Maman, Élisabeth (qui est ici pour quelques jours pendant un stage que fait Alain en Allemagne) et Anne se joignent à moi pour t'envoyer nos meilleures affections.

Ton Papa

À Étienne Repessé[1], à Paris

Marly, 26 février 1946

Mon cher ami,

Je vous confirme que Claude Mauriac[2] continue de s'occuper des éditions qui me concernent.

Ayant revu de très près les textes – inédits en librairie – de mes discours 1944-46, j'achève en ce moment la correction de la très imparfaite édition des messages 1940-43. Dès que j'aurai terminé, je vous le ferai savoir et nous envisagerons alors leur prompte parution sous une forme qu'il reste à déterminer.

Acceptez, mon cher ami, avec mon fidèle souvenir, l'assurance de mes sentiments cordiaux et dévoués.

Hommage à la 1re DFL

27 février 1946

Ce qu'a su faire, pour la France, la 1re Division française libre,

ce qu'elle a su faire par le cœur, le corps, les armes, de ceux qui « en » étaient,

ce qu'elle a su faire avec ses chefs, Kœnig, Brosset, Garbay, ses officiers et ses soldats,

c'est un des plus beaux morceaux de notre grande Histoire,

c'est un rocher que les vagues du Temps ne pourront détruire jamais,

c'est, pour toujours, un défi lancé à ceux qui doutent de la France.

À Hélène Terré[3]

Marly, 28 février 1946

Mademoiselle et cher commandant,

J'ai été touché de votre lettre. Dans notre grande affaire, qui est le salut de la France, l'événement actuel n'est qu'une péripétie de plus. Nous verrons la suite…

La vague de bassesse qui passe sur notre pays ne pouvait manquer de déferler aussi sur les Volontaires françaises[4]. Mais, quelle que soit l'indignation qu'on en éprouve, il faut penser que l'avenir, et un avenir

1. Directeur de la librairie Berger-Levrault.
2. Chef du secrétariat particulier du général de Gaulle.
3. Ancien commandant des Volontaires françaises des Forces françaises libres.
4. Certains organes de presse ont mis en cause l'action des Volontaires françaises pendant la guerre.

prochain, remettra nécessairement les choses à leur juste place. Pour moi c'est un des souvenirs les plus nobles et les plus réconfortants de notre épopée que celui de ces braves et généreuses femmes et filles qui ont servi, pour l'immense majorité d'entre elles, d'une manière si pure et si efficace. J'ai ressenti avec elles et comme elles l'infamie des injures qui les abreuvent aujourd'hui. Mais je vous garantis que le soleil luira bientôt de nouveau et la justice avec lui.

Merci mille fois de la très belle médaille et de l'album qui m'ont fait un très grand plaisir.

Croyez, cher commandant, à mes sentiments fidèlement dévoués.

À Michel Debré

Marly, 5 mars 1946

Mon cher ami,

J'ai vraiment beaucoup tardé à vous dire combien j'ai été touché par la lettre que vous m'avez écrite au moment de mon départ.

Il m'a paru essentiel de tirer de la boue ce qui ne doit pas y être et qui est, pour le pays, tout au moins dans son Histoire, une sorte de trésor matériel. Ma personne ne compte que dans la mesure où elle y est incorporée.

Je serais heureux de vous voir à l'occasion et vous prie de croire à mon meilleur souvenir et à mes sentiments bien cordialement et fidèlement dévoués.

À Maurice Schumann

Marly, 14 mars 1946

Mon cher ami,

Si j'ai tardé, à dessein, à vous remercier du mot que vous m'aviez adressé fin janvier, veuillez croire que ce n'était point indifférence à votre égard. Vous fûtes mon compagnon et mon ami, presque par excellence, et il ne saurait y avoir de « conjoncture » qui me le fasse oublier. Mais je tenais essentiellement à m'arracher d'une manière totale au jeu dit « politique » (?) et ce que je vous aurais écrit, au moment de mon départ, y serait forcément entré pour quelque chose.

En comparaison du drame dont nous sommes récemment sortis et de celui où, tôt ou tard, nous allons entrer, je ne puis attribuer aux contorsions des partis, y compris, – excusez-moi, – le vôtre[1], que trop peu d'intérêt pour en demeurer prisonnier. Mais ceci, croyez-le bien, n'a rien

1. Maurice Schumann préside le Mouvement républicain populaire.

à voir avec l'estime et l'affection que j'ai pour vous et qui sont profondes.

Veuillez donc, mon cher ami, en agréer l'expression.

À l'enseigne de vaisseau de Gaulle,
aéronautique navale,
Homestead (Floride, États-Unis)

18 avril 1946

Mon bien cher Philippe,

De tout mon cœur je te souhaite une bonne fête et j'espère que ce mot t'arrivera à temps. Nous pensons à toi, constamment, Maman et moi, et nous attendons avec parfois un peu de mélancolie la fin de ton stage lointain.

Ici les événements suivent leur cours inéluctable et tel qu'on pouvait aisément le prévoir. La vague de bassesse continue à déferler. Rien ni personne n'aurait pu l'empêcher. C'est la rançon fatale de trop de malheurs et de démissions. Je ne voulais à aucun prix me laisser salir par ce flot. Mais je crois au reflux qui, tôt ou tard, dégagera des rivages sur lesquels on pourra construire.

Les travaux de la Boisserie s'achèvent. Quand tu reviendras tu trouveras le tout terminé sauf pour le jardin où rien ne peut être entrepris avant l'automne.

Cela n'aura rien d'imposant mais ce sera confortable et convenable.

Au revoir, mon vieux garçon, je t'embrasse de tout mon cœur.

Ton Papa

En Indochine, la France se rétablit au Cambodge, en Cochinchine, au Sud-Annam, dans une grande partie du Laos, et dispose de bases au Tonkin.
Le 28 février 1946 est signé un accord franco-chinois qui, moyennant certaines concessions territoriales, consacre le retrait des troupes d'occupation chinoises au Tonkin et leur relève par le corps expéditionnaire français.
Le 6 mars 1946, Jean Sainteny, délégué de l'amiral Thierry d'Argenlieu, haut-commissaire en Indochine, signe avec Hô Chi Minh un accord aux termes duquel la France reconnaît la République du Vietnam comme un État libre faisant partie de la Fédération indochinoise et de l'Union française. Le gouvernement vietnamien accepte en outre le débarquement au Tonkin des troupes françaises, qui doivent l'évacuer dans les cinq ans. Un plébiscite doit décider du rattachement éventuel de la Cochinchine au Vietnam.

Au général Leclerc

26 avril 1946

Mon cher ami,

Je vous connais (heureusement !). C'est vous dire que je mesure fort bien votre impatience dans la situation où vous vous trouvez et qui délimite vos attributions… Mais c'est vous dire aussi que j'ai confiance en vous pour vous accommoder de cette situation-là et vous abstenir de tout ce qui pourrait vous opposer à l'amiral d'Argenlieu. Dans l'état où se trouvent nos affaires (celles de notre équipe aussi bien que celles de la France) un pareil désaccord serait un grand malheur. L'avenir est à nous, malgré la vague actuelle de bassesse qui déferle sur notre pauvre pays. Mais il est à nous à la condition que nous ne le compromettions pas nous-mêmes. D'un homme comme vous *on* aura quelque jour besoin. C'est pourquoi vous êtes guetté par beaucoup de malveillances qui n'attendent qu'un prétexte pour se déchaîner.

Sachez bien que j'ai moi-même, en son temps, [pesé] les conditions de la mission confiée à l'amiral d'Argenlieu et de celle qui vous a été confiée à vous-même. Je l'ai fait en tenant compte de beaucoup de facteurs différents. Je vous demande, aujourd'hui, d'y penser avec un peu de confiance en mon jugement et en mes sentiments.

Tenez ainsi quelque temps encore. Ensuite, beaucoup de choses deviendront plus claires, ici, dans un sens ou dans un autre, et vous aurez sans doute à prendre une nouvelle orientation qui, celle-là, sera essentielle. Ménagez donc cette suite et, en conséquence, faites un peu de tactique…

Bref, « nous autres » et vous en particulier nous devons jouer serré et non point dispersé. Il y va d'un enjeu qui dépasse de beaucoup nos propres désirs et même, je n'hésite pas à l'écrire, nos propres idées.

Je vous embrasse, mon cher ami.

[PS] Brûlez cette lettre.

Le 19 avril 1946, l'Assemblée nationale constituante adopte par 309 voix (PC et SFIO) contre 249 (MRP et modérés) un projet de Constitution établissant un régime d'assemblée. Le texte doit être soumis à référendum le 5 mai. Le général de Gaulle n'intervient pas dans la discussion.

À Jacques Bardoux[1]

Marly, 28 avril 1946

Mon cher maître,

Je reçois votre lettre du 26. Elle m'émeut mais ne change pas ma décision.

La soi-disant Constitution, telle qu'elle se présente et est présentée, n'est qu'un enjeu de l'actuelle bataille politique dont je ne me dissimule nullement l'importance. Mais j'ai résolu de ne point figurer en personne et directement dans les combats de cette sorte, au cours de la période où nous sommes. Nous risquons en effet de nous voir bientôt devant de nouvelles et immenses épreuves mondiales.

Où serait alors le recours si ce que je puis avoir de symbolique aux yeux du pays quant à l'indépendance et à l'unité nationales s'était par avance dégradé dans ce qui n'est encore que la lutte des partis ? Il fallait prendre du recul. C'est ce que j'ai fait en janvier. Je m'en tiens à cette attitude.

D'ailleurs mon opinion quant à l'œuvre constitutionnelle de la majorité de l'Assemblée ne peut être ignorée de personne ; il n'est que de se rappeler tout ce que j'ai écrit naguère sur la matière dans maints discours qui ont eu leur portée et que chacun a le droit de critiquer et de reproduire. Ce que j'ajouterais aujourd'hui ne changerait guère les votes au prochain référendum, mais compromettrait ce qui dans l'avenir peut être réellement essentiel.

J'ai entièrement confiance en vous pour que cette lettre ne reçoive aucune publicité d'aucune sorte. Je vous l'adresse dans l'esprit du service de l'État qui est celui dans lequel vous-même m'avez écrit la vôtre.

Je vous prie de croire, mon cher maître, à mes sentiments les plus distingués et sincèrement dévoués.

À Georges Bernanos

Marly, 4 mai 1946

Mon cher maître,

Votre jeune et aimable neveu m'apporte aujourd'hui votre lettre[2].

J'espère que vous retiendrez de mon intention ce qu'elle contenait essentiellement, je veux dire l'hommage public et le mien à votre personne

1. Membre de l'Institut, député à l'Assemblée nationale constituante.

2. Le général de Gaulle a signé le décret nommant Georges Bernanos dans l'ordre de la Légion d'honneur. L'écrivain, considérant en particulier que cette distinction doit être réservée aux militaires, la refuse comme il l'a fait en 1926, 1937 et 1940.

et à vos « services ». Cela admis, – si vous voulez bien – je m'incline devant votre refus.

J'espère avoir quelque jour prochain l'honneur de vous revoir et vous prie d'agréer, mon cher maître, l'expression de mes sentiments profondément dévoués.

Le 5 mai 1946, le projet de Constitution est rejeté à 1 200 000 voix de majorité par le peuple français. Le parti communiste et la SFIO avaient appelé à voter « oui ».

Au cardinal Roncalli, à Paris

Marly, 7 mai 1946

Monsieur le nonce,

Les souhaits que Votre Excellence m'a adressés le jour de Pâques m'ont profondément touché : si je n'y réponds qu'aujourd'hui c'est qu'ils viennent seulement de me parvenir.

Je ne serais pas surpris que les jours que nous traversons marquent une étape importante dans le redressement de notre Europe, si essentielle à la Chrétienté. En France tout au moins, une consultation populaire, dont les conditions avaient été ménagées d'avance et à dessein, me paraît avoir marqué un progrès notable du bon sens.

Puisse ce redressement se poursuivre, malgré tant de germes mauvais jetés dans nos pauvres peuples déchirés par la crise terrible dont nous sortons ! Un tel souhait répond, n'est-il pas vrai ? au désir de Notre Saint-Père le Pape[1], dont je suis l'action avec un extrême et filial intérêt.

Je prie Votre Excellence d'agréer les assurances de ma haute considération ainsi que mes vœux les plus sincères pour Sa personne.

À Jules Jeanneney

Marly, 9 mai 1946

Monsieur le président,

Dimanche prochain, j'irai en Vendée rendre hommage à Clemenceau[2].

D'après les nouvelles que vous me donnez de votre santé dans l'aimable lettre que vous m'avez écrite tout récemment, je crains que vous n'envisagiez pas de faire en ce moment le voyage. Si, cependant, vous le pouviez, je vous demande de me faire l'honneur de venir avec moi.

1. Pie XII.
2. Voir *Discours et messages*, t. II, p. 3-4.

Nous ferions route en compagnie de M. Michel Clemenceau[1] si cela vous agréait.

Veuillez être sûr, en tous cas, que ce jour-là notre pensée se sentira près de la vôtre.

Je vous prie d'agréer, monsieur le président, l'expression de mes sentiments les plus dévoués et distingués, auxquels je me permets de joindre mes très respectueux hommages pour Mme Jeanneney.

À Laure Moulin[2], à Montpellier

Colombey, 1er juin 1946

Mademoiselle,

Vous trouverez, ci-joint, la préface que j'ai rédigée pour l'émouvant Journal de Jean Moulin.

Je suis malheureusement obligé, après votre seconde lettre, de répondre par la négative à la demande de présidence d'honneur dont vous m'aviez déjà fait part. J'avais cru pouvoir l'accepter parce que je pensais qu'il s'agissait d'une association qui ne présenterait aucune incidence politique. Je m'aperçois, en lisant le nom des personnalités qui la composent, qu'il n'en est rien[3].

Vous m'excuserez donc de revenir sur ma décision, mais j'ai dû me fixer à ce sujet des règles auxquelles il m'est impossible, dans les circonstances présentes, de faire exception.

Veuillez agréer, mademoiselle, l'assurance de mes sentiments très respectueux.

Max, pur et bon compagnon de ceux qui n'avaient foi qu'en la France, a su mourir héroïquement pour elle.

Le rôle capital qu'il a joué dans notre combat ne sera jamais raconté par lui-même, mais ce n'est pas sans émotion qu'on lira le Journal que Jean Moulin écrivit à propos des événements qui l'amenèrent, dès 1940, à dire NON à l'ennemi.

La force de caractère, la clairvoyance et l'énergie qu'il montra en cette occasion ne se démentiront jamais. Que son nom demeure vivant comme son œuvre demeure vivante !

Après l'échec du premier projet de Constitution, une seconde Assemblée constituante est élue le 2 juin 1946. Le MRP progresse nettement, la

1. Fils de Georges Clemenceau, député à l'Assemblée nationale constituante.
2. Sœur de Jean Moulin.
3. Le Comité d'honneur de l'Association comprendrait les personnalités les plus marquantes de la Résistance ainsi que plusieurs membres du Gouvernement.

SFIO régresse sensiblement et le parti communiste se maintient. Les modérés et les radicaux se redressent.

Le 16 juin 1946, dans un discours prononcé à Bayeux, le général de Gaulle définit ses conceptions constitutionnelles.

Le 23 juin, un gouvernement tripartite (MRP, PC, SFIO) présidé par Georges Bidault est formé.

À Félix Gouin[1]

Colombey-les-Deux-Églises, 11 juin 1946

Mon cher président,

Vous avez bien voulu me demander de prendre part à la cérémonie nationale du 18 juin prochain. Vous l'avez fait en des termes qui honorent tous les combattants de la Résistance et auxquels j'ai été profondément sensible.

Cependant, étant donné les circonstances dans lesquelles nous nous trouvons, il me paraît préférable de ne pas figurer personnellement dans les manifestations publiques de l'État.

Je désirerais simplement me rendre le 18 juin au mont Valérien et y allumer une flamme en commémoration de nos morts de cette guerre. Il me semble que cette flamme pourrait venir de celle du Soldat inconnu que les combattants de la Résistance, guidés par les Compagnons de la Libération, iraient ranimer ce jour-là.

Le Conseil de l'ordre pourrait régler les détails avec les autorités.

Veuillez croire, mon cher président, à mes sentiments les plus distingués et cordialement dévoués.

À l'enseigne de vaisseau de Gaulle,
aéronautique navale,
Homestead (Floride, États-Unis)

Colombey-les-Deux-Églises, 30 juin 1946

Mon bien cher Philippe,

Ta lettre du 23 vient de nous parvenir. J'y vois que ton stage se poursuit comme il faut, quoique dans des conditions… équatoriales. Nous espérons que, maintenant, tu seras rentré dans quelques semaines, pilote naval confirmé.

La Boisserie est bien à l'intérieur. On s'occupe à présent d'arranger le jardin qui en a besoin. Tu trouveras tout assez changé à ton retour, sauf le pays et les bonnes gens qui sont toujours les mêmes.

1. Président du Conseil des ministres.

Quant à la chose politique, le jeu sans issue des partis continue à se déployer et, du même coup, à démontrer son impuissance. C'était, malheureusement, une expérience inévitable étant donné les illusions et les prétentions de tout ce que le pays sécrète en fait de politiciens. Je n'excepte naturellement de ce jugement aucun parti et n'attends rien d'aucun d'entre eux. C'est une malfaisance organique.

Je t'embrasse de tout mon cœur, mon cher Philippe.

Ton Papa

Note pour René Thibault[1], au sujet d'archives à retrouver pour les *Mémoires de guerre*

Juillet 1946

1. Retrouver un télégramme expédié par Churchill à Wavell en avril (?) 1941 pour lui dire qu'il fallait nous aider dans l'affaire Marmier[2] (ralliement de Djibouti).
2. Retrouver mon télégramme à Churchill du 13 juin, relatif aux conditions d'un éventuel armistice avec Dentz.
3. Retrouver le télégramme adressé le 19 juin par Eden à Washington au sujet des conditions d'armistice, télégramme contre lequel je me suis élevé par mon propre télégramme à Eden du 20 juin.
4. Retrouver ma lettre du 2 juin à Sir Miles Lampson, Le Caire, au sujet de la garantie britannique à l'indépendance de la Syrie et du Liban.
5. Retrouver la lettre de Kerillis où il me décrit les divisions des Français en Amérique (1941).
6. Ma lettre à Weygand (hiver 1940-1941) terminée par : « S'il en est ainsi… je vous assure de mon respect. »
7. Les télégrammes adressés à moi (alors à Brazzaville) par Sir Miles Lampson (au Caire) les 6 et 9 mai.
8. Ma lettre à Eden au sujet du paquebot *Présidence* qui rapatriait d'office à Marseille les gaullistes de Syrie (mars).

---

1. Agrégé de lettres, ancien de la France Libre qu'il avait ralliée depuis Tokyo, M. René Trotobas, dit Thibault, faisait les recherches de documentation nécessaires aux *Mémoires de guerre* et au premier volume, publié par Berger-Levrault, des *Discours et messages, 1940-1946*.
2. Colonel d'aviation Lionel de Marmier, de la France Libre.

À Rémy Roure[1]

Colombey-les-Deux-Églises, 1er juillet 1946

Mon cher ami,

Je n'envisage pas avant un assez grand délai de publier ces Mémoires dont seule est encore rédigée l'ébauche d'une première partie.

Veuillez le dire à Beuve-Méry[2] en l'assurant que je ne manquerai pas éventuellement de me souvenir de sa demande.

Croyez, mon cher ami, à mes sentiments fidèlement dévoués.

À Michel Debré

3 juillet 1946

Mon cher ami,

J'ai lu avec un très grand intérêt votre étude sur le mode de scrutin[3]. J'y ai retrouvé les idées, parfaitement justes, que vous m'aviez exposées si souvent. Pour justes qu'elles soient, cependant, il est à présumer que les partis se refuseront à les adopter : le parti communiste par volonté théologique de demeurer inentamable ; le MRP par certitude de ne pouvoir rester rassemblé que dans l'idéologie, fût-elle (et c'est le cas) d'ordre arithmétique ; le parti socialiste par esprit naturel d'abandon ; tous les trois par aversion intime d'un État digne de ce nom et par conscience de ne point sécréter d'hommes capables de le diriger.

La nécessité d'avoir de véritables gouvernements, nécessité qui inspire vos arguments, est précisément ce qui les en détourne. Chacun des trois ne peut s'épanouir que dans l'irréel, l'apparence, la démagogie. Ce qu'on appelle le tripartisme et qu'ils ont inventé est, pour leurs hommes, le moyen idéal de « figurer » au pouvoir et d'y soigner leur clientèle, sans assumer ce qui, par-dessus tout, leur fait horreur et qui s'appelle la responsabilité. Veuillez noter que je n'en fais pas grief aux personnes qui les composent et les expriment. Cela tient à la nature des choses, du moment qu'il s'agit de la France et des Français. Est-il possible, en effet, de rassembler chez nous librement les citoyens et de les garder groupés autrement que dans un esprit d'« opposition » ? C'est là tout le drame de notre démocratie depuis cent cinquante ans.

Lors même qu'il est arrivé qu'un parti pût se maintenir quelque temps au gouvernement c'est qu'il y était pour combattre quelque chose d'orga-

---

1. Rédacteur en chef du journal *Le Monde*.
2. Directeur général du journal *Le Monde*.
3. « Scrutins – Partis – Institutions », parue dans les *Cahiers politiques*, n° 22, juillet 1946. Dans cette étude, Michel Debré insiste sur l'importance capitale, selon lui, du mode de scrutin dans le fonctionnement de la démocratie et prône un scrutin de liste, majoritaire et départemental.

nique à l'État ou à la société : l'Église, l'armée, l'administration, les finances, la sécurité extérieure, etc. Et quand, enfin, il fallait recourir à quelqu'un pour réparer ce qui pouvait l'être, ce quelqu'un n'était jamais un homme de « parti ». Ainsi, sous la IIIe République : Ferry, Waldeck-Rousseau, Poincaré, Clemenceau…

Vous dites qu'il eût été possible de mettre en pratique le scrutin uninominal à majorité relative lors des premières élections après la Libération. Cela était possible, en effet, car les partis n'avaient pas alors la décision. Mais supposez que je l'eusse fait de la même façon que j'ai, contre tout le monde (je parle du monde politique), institué le référendum, notre seule planche de salut. Nous aurions eu, l'automne dernier, dans toutes les circonscriptions, *un* candidat communiste bloquant toutes les voix de cette tendance et *dix* ou *douze* autres candidats (socialiste, MRP, UDSR, radical, républicain modéré, droite, extrême droite, personnalités diverses de la circonscription).

Le résultat, c'était au moins 250 communistes à l'Assemblée et, entre autres conséquences, une représentation qui n'eût aucunement exprimé l'opinion du pays. Sans doute, après trois ou quatre épreuves eût-on assisté au groupement des fractions en trois ou quatre, puis en deux ou trois. Mais y aurait-il eu d'autres épreuves ?

À mon avis, et pour éviter la dictature dont je suis convaincu qu'elle finirait mal, il n'y a pas d'autre solution au problème du gouvernement que de séparer complètement ce qui est législatif (les partis) et ce qui est exécutif. Il faut nous mettre résolument dans cette pratique que les ministres, hommes de l'État, ne peuvent et ne doivent pas provenir des partis. Grâce à l'irritation croissante du public à l'égard du système actuel du gouvernement par les partis il doit être possible d'aboutir au système nouveau. Si cela est fait, alors il n'y aura qu'avantage à inaugurer un mode de scrutin tel que celui que vous préconisez et qui donnera peu à peu aux partis un autre esprit et une autre composition tout en réduisant leur nombre. Après quoi, on pourra concevoir de faire des gouvernements tirés de la majorité parlementaire. Mais je ne crois pas qu'il nous soit possible d'éviter la transition.

Voici une bien longue lettre que je vous demande expressément de garder pour vous seul.

Sachez que j'aurais toujours plaisir et profit à vous voir. Vous pouvez venir déjeuner ici quand il vous plaira. Guy ou Bonneval[1] vous en indiqueront les voies et moyens.

Au revoir, mon cher ami. Croyez, je vous prie, à ma fidèle amitié.

1. Aides de camp du général de Gaulle.

À Jacques Baumel[1], à Paris

Colombey-les-Deux-Églises, 8 juillet 1946

Mon cher ami,

Votre lettre m'a fort intéressé[2]. Ma réponse s'adresse non pas au président d'un groupe parlementaire[3] mais à mon ami Baumel, ce qui doit la soustraire au domaine public.

Au sujet de la Constitution, ma conviction est que si, dans la IVe République, les pouvoirs ne sont pas réellement séparés et équilibrés nous irons à une carence chronique des institutions. Il en sortira d'abord divers désastres tels que la banqueroute financière, l'ébranlement de l'Empire, l'abaissement extérieur. Après quoi viendra la dictature. Il n'y a là, dans mon esprit, aucune inspiration de droite, ni du centre, ni de gauche, mais simplement l'énoncé de ce qui est évident. Comme, en vertu de la loi salutaire du référendum, le pays est le juge direct et suprême, il est légitime et naturel que l'on s'adresse à lui pour l'éclairer objectivement. C'est ce que j'ai fait à Bayeux.

Dans la même intention, M. Capitant propose, m'a-t-il dit, à certaines personnes de constituer une « union » sans étiquette de parti. Sans vouloir en quoi que ce soit me mêler à cette entreprise, je ne vois pas ce qui pourrait me justifier à la blâmer.

Il est vrai que M. Capitant souhaiterait voir qualifier cette union de « gaulliste ». C'est là, vous le savez, un terme que j'apprécie médiocrement et que je n'ai, personnellement, jamais employé. Dès lors que, la guerre gagnée, il pénètre dans la controverse politique, il devient l'objet d'interprétations diverses et contradictoires. C'est ce que j'ai dit à M. Capitant en ajoutant – bien que le terme ne m'appartienne pas – que je préférerais le voir écarter du titre de l'« union ».

Quant à votre amical souhait de me voir demeurer en-dehors des compétitions politiques, je puis vous assurer – en ayant fourni la preuve – qu'il coïncide exactement avec ma formelle intention.

Veuillez croire, mon cher ami, à mes sentiments cordialement dévoués,

C. de Gaulle

---

1. La fin de cette lettre est inédite.
2. Jacques Baumel s'inquiète de la fondation prochaine de l'Union gaulliste qui, selon lui, risque de « multiplier les divisions ».
3. Le groupe UDSR.

Au colonel de Bardies-Montfa, château de Seignan par Saint-Girons (Ariège)

Colombey-les-Deux-Églises (Haute-Marne)
10 juillet 1946

Mon cher Bardies,

Toutes mes bien sincères et vives félicitations pour le mariage de votre fille dont j'apprends la date très prochaine.

Avec mes hommages très respectueux pour Mme de Bardies-Montfa, veuillez recevoir mes sentiments de fidèle amitié.

À Léon Noël[1]

Colombey-les-Deux-Églises, 31 juillet 1946

Monsieur l'ambassadeur,

Votre livre[2] m'a intéressé au plus haut point. Le récit n'exagère rien mais ne laisse rien dans l'ombre. Vous jugez les hommes et les faits avec sérénité et netteté : cela est à votre honneur, car il est rare que ceux qui ont contribué directement à l'Histoire, – surtout quand ils en ont souffert – aient la force d'âme de juger objectivement.

J'ai noté, à propos de vos liaisons avec Paris pendant la crise décisive de l'été 1939, le défaut d'instructions et d'informations où vous vous trouviez. Il y a là un vice chronique et qui est, semble-t-il, particulier à la diplomatie française.

Le manque d'instructions est évidemment imputable à la tête même du Département, au ministre, mais le manque d'informations ne peut venir que de « l'Administration », en l'espèce du secrétaire général et de la direction intéressée. Comment remédier à cela qui dure encore ? Est-ce organique ?

Veuillez croire, monsieur l'ambassadeur, à mes sentiments les meilleurs et les plus distingués.

À Paul Claudel, de l'Académie française

17 septembre 1946

Mon cher maître,

Vous savez avec quelle attention je vous ai toujours lu.

C'est vous dire combien j'ai été sensible à l'envoi de votre dernier livre.

Je vous prie de croire, mon cher maître, à mes sentiments d'admiration très dévouée.

---

1. Ambassadeur de France.
2. *L'Agression allemande contre la Pologne.*

Au maire d'Épinal

Colombey, 23 septembre 1946

Monsieur le maire,

Je suis certain qu'il est bien entendu qu'à Épinal je suis l'invité de la Ville, c'est-à-dire de sa municipalité et que nul groupement, quel qu'il soit, n'a rien à voir dans l'organisation de la belle cérémonie du 29.

De mon côté, le capitaine Guy, et lui seul, est qualifié pour vous entretenir de ce qui me concerne dans cette occasion.

Veuillez croire, monsieur le maire, à mes sentiments les meilleurs et bien distingués.

Le 30 septembre 1946, l'Assemblée nationale constituante adopte par 440 voix (MRP, SFIO, parti communiste) contre 106 (modérés et radicaux), le second projet de Constitution, peu différent du premier, que le général de Gaulle a condamné trois jours auparavant dans un discours à Épinal.

À Jacques Vendroux[1]

1er octobre 1946

Mon cher Jacques,

J'ai su que vous n'avez pas voté la « Constitution » et que vous vous êtes dégagé du parti qui, lui, l'a votée et qui était le vôtre[2].

Laissez-moi vous en faire tout mon compliment.

Vous avez montré de la clairvoyance, du courage et de la loyauté, d'une part en ne donnant pas votre voix à une Constitution foncièrement mauvaise, d'autre part en refusant de vous prêter à la mensongère équivoque que d'autres cherchent à répandre et qui tend à faire croire qu'en disant *Oui*, quand je dis *Non*, on est, au fond, d'accord avec moi[3] !

Croyez, mon cher Jacques, à ma sincère affection.

1. Député maire de Calais.
2. Le MRP.
3. Le MRP a appelé à voter « oui » tout en laissant entendre qu'il est assez proche du « non » du général de Gaulle.

À René Pleven

Personnel

Colombey-les-Deux-Églises, 10 octobre 1946

Mon cher ami,

J'ai appris que vous comptiez vous représenter aux prochaines élections dans les Côtes-du-Nord, à la tête d'une liste de bons Français et de bons républicains. Je vous en félicite très sincèrement et je forme des vœux ardents pour votre réussite et celle de vos compagnons.

C'est qu'en effet, bien que je ne veuille pas personnellement me mêler à la compétition des partis, je crois infiniment souhaitable que la future représentation nationale comprenne des hommes capables et des hommes réellement fidèles à tout ce pourquoi nous avons ensemble tant lutté et tant travaillé !

Or, sans offenser votre modestie, je puis dire, mon cher Pleven, que vous êtes au tout premier rang de ces hommes capables et fidèles.

Veuillez croire à ma dévouée amitié.

À Joséphine Baker

Colombey-les-Deux-Églises, 14 octobre 1946

Chère mademoiselle Joséphine Baker,

C'est en toute connaissance de cause et de tout cœur que je vous adresse mes sincères félicitations pour la haute distinction de Résistance française qui vous a été attribuée. J'ai su et beaucoup apprécié naguère les grands services que vous avez rendus dans les moments les plus difficiles. Je n'ai été, par la suite, que plus touché de l'enthousiasme et de la générosité avec lesquels vous avez mis votre magnifique talent à la disposition de notre cause et de ceux qui la servaient. Ma femme et moi-même formons des vœux ardents pour votre rapide et complet rétablissement.

En attendant d'avoir l'honneur de vous revoir, je vous demande d'agréer, chère mademoiselle, mes hommages les plus respectueux auxquels ma femme tient à joindre ses très sympathiques souvenirs.

À Maurice Schumann

26 octobre 1946

Mon cher Schumann,

Je réponds à votre lettre de Lille.

Vous savez bien ce que je pense de vos services proprement militaires. Si j'avais considéré qu'ils étaient nuls ou même médiocres, vous ne seriez pas Compagnon de la Libération.

Quant aux affaires de parachutage, il est tout à fait normal que vous n'ayez pas été, à un moment déterminé, en mesure de prendre part à l'une d'elles. Pour la plupart des hommes le saut en parachute est une question d'entraînement. Vous n'étiez pas entraîné. Je connais, d'ailleurs, beaucoup de gens très braves au feu qui n'ont pas de dispositions pour cette sorte d'exploit spécial et qui ne consentiraient pas à l'exécuter. Si vous avez eu un tort, dans l'opération du mois d'août en Bretagne, ce fut de vous exagérer vos aptitudes, sans les avoir, au préalable, vérifiées, puisqu'il s'agissait d'une mission de volontaires.

Ceci dit et considérant « l'honneur du navire », je tiens pour absurde et lamentable la polémique qui vient de s'engager. Mais j'attire votre attention sur le fait qu'elle n'est que le résultat de l'affaire montée au sujet de Passy[1] et qui, par le caractère qu'on lui a donné à dessein, a dépassé les limites mêmes de l'ignominie en même temps que de la sottise. En admettant qu'il ait commis une faute – ce que j'ignore, car j'ai refusé de lire le « dossier » qu'on voulait me montrer, – l'océan d'illégalités, d'âneries et de calomnies qui a déferlé sur Passy ne pouvait manquer de le rendre, à juste titre, enragé. Comme il savait que vos amis politiques y avaient participé, soit activement, soit passivement comme : président du Conseil, ministre des Armées, ministre de la Justice, il s'en est pris à vous qui passez pour le chef du « parti » auquel ils appartiennent. Il l'a fait avec d'autant plus de fureur et moins de ménagements qu'il s'agissait d'hommes dont il s'était, si longtemps et dans un combat si dur, senti solidaire et qu'il voyait devenir complices, au moins tacites, de l'entreprise très vaste de démolition menée par *nos* ennemis à travers sa personne. Encore une fois, je déplore qu'il réponde par l'outrage à l'infamie. Mais c'est à quoi on en arrive forcément quand toute chose, – et même la Justice, – devient une affaire partisane, ce qui est le cas dans notre malheureux pays et ce qui devrait suffire à vous faire comprendre pourquoi je crois que le régime nouveau, que vous avez préconisé et qui subordonne l'État tout entier au jeu des partis, est une catastrophe pour la France.

En tous cas, je pense que vous auriez tort de vous exagérer les conséquences de cette affaire en ce qui vous concerne vous-même. Le jugement qui sera porté à ce sujet par les gens de bonne foi sera certainement celui que j'ai exprimé dans les deux premières pages de ma lettre.

Croyez, mon cher Schumann, à mes meilleurs souvenirs et sentiments.

Le 13 octobre 1946, le peuple français adopte de justesse le second projet de Constitution. Un tiers des électeurs se sont abstenus. L'élection de l'Assemblée nationale a lieu le 10 novembre 1946.

1. Le colonel Passy est arrêté au début de mai 1946 et interné pendant plusieurs mois dans des conditions pénibles. Il est accusé à tort de détournements alors qu'il dirigeait le BCRA (Services secrets de la France Libre).

Note

Prévisions faites le 7 novembre pour les élections du 10[1] :

Abstentions ou nuls : 7 800 000 (je dis sept millions huit cent mille).

Marxistes : 8 800 000 (je dis huit millions huit cent mille).

Non-marxistes : 9 500 000 (je dis neuf millions cinq cent mille).

Les communistes et apparentés ne perdent pas de sièges au total.

Les socialistes perdront une dizaine de sièges.

Le MRP perdra une trentaine de sièges.

Le Rassemblement des gauches gagnera une quinzaine de sièges.

L'Union gaulliste gagnera cinq sièges environ.

La droite (PRL ; Indépendants) gagnera une vingtaine de sièges.

Il s'agit là de gains et de pertes établis par comparaison avec les effectifs des partis tels qu'ils auraient été en juin si le nombre total des sièges à l'Assemblée avait été celui [...[2]]. En somme, dans la prochaine chambre, les marxistes et apparentés seront en minorité d'une dizaine de voix.

À Jules Jeanneney

13 novembre 1946

Monsieur le président,

C'est avec une profonde émotion que nous avons appris, ma femme et moi, quel immense chagrin vient de vous frapper et frapper les vôtres.

Nous avions, pour Mme Jeanneney, une si haute et respectueuse sympathie ! D'autre part, nous pensons à vous que cette disparition plonge dans une douleur indicible.

À une telle douleur, on ne peut offrir de consolation humaine. Permettez-moi, cependant, de dire, monsieur le président, que dans toutes les circonstances vous avez su faire honneur à celle qui avait uni sa vie à la vôtre.

Je vous prie, monsieur le président, de bien vouloir agréer l'expression de mes sentiments d'affection déférente et profondément attristée.

1. Les abstentions, blancs et nuls s'élèvent à 5 850 000 voix. Les marxistes totalisent en métropole environ 8 921 000 voix, les non-marxistes 10 208 000 voix. L'Assemblée nationale compte 22 sièges supplémentaires. Le parti communiste et apparentés gagnent 20 sièges, la SFIO et apparentés en perdent 25, le MRP, 2. Le RGR gagne 16 sièges, l'Union gaulliste compte cinq sièges. Le PRL et les divers droite n'en gagnent aucun.

2. Mot illisible.

À Paul Claudel

22 novembre 1946

Mon cher maître,

J'ai été profondément sensible à votre attention de m'envoyer et de me dédicacer *L'Œil écoute*. Il m'est précieux, dans les conditions présentes, de m'adresser à la source de pensée et de sentiment que vous excellez à faire jaillir.

Avec mes meilleurs remerciements, je vous prie d'agréer, mon cher maître, l'expression de mes sentiments fidèles et bien dévoués.

À Michel Debré

24 novembre 1946

Très touché de vos vœux, mon cher ami, je prends l'occasion de mes remerciements pour vous dire qu'étant donné le cours des événements, je m'affecte peu de ne pas vous voir élu[1]. Venez me voir au début de décembre.

Croyez à mes sentiments bien amicalement dévoués.

Carte au révérend père Raymond Bruckberger[2], de l'ordre des Dominicains

Décembre 1946

Merci, mon révérend père, de vos aimables vœux. Tous les miens vont à vous. Notre France dort. Elle eut tant de fatigues ! Respectueusement et avec mon dévouement.

À l'enseigne de vaisseau de Gaulle, école de chasse, Meknès (Maroc)

2 décembre 1946

Mon cher Philippe,

Je reçois ta lettre du 26 novembre. Toutes mes félicitations définitives pour ta Légion d'honneur dont tu as été reconnu officiellement et réglementairement chevalier. J'en éprouve, sois-en sûr, une grande fierté paternelle, d'autant plus que c'est par ton seul mérite et ton seul courage

1. M. Debré n'a pas été élu lors des élections législatives du 10 novembre 1946 en Indre-et-Loire.

2. Écrivain et cinéaste (*Le Dialogue des carmélites*, *Les Anges du péché*), ancien aumônier de la Résistance française.

au feu que tu as gagné cette distinction. Ainsi en fut-il de ton Bon-Papa lors de la guerre de 70, de ton Père lors de celle de 14-18. Mais des trois tu auras été le plus jeune décoré… Tel est le destin d'une fière et noble famille française, – la nôtre, – destin très symbolique de celui de la France elle-même.

La pensée de ta Maman et la mienne te suivent dans tes stages africains. Nous espérons te revoir bientôt et, en tous cas, à Noël.

J'ai reçu ton chèque qui me montre que tu es homme de parole. Nous reparlerons du complément quand nous nous reverrons. Toutes mes meilleures affections avec celles de ta Maman et d'Anne.

Ton Papa

Au général de corps d'armée (CR) Robert Altmayer

6 décembre 1946

Mon général,

J'ai été, comme vous devez le penser, profondément intéressé par l'ouvrage si clair et si objectif que vous m'avez envoyé sur les opérations de la xe armée et très touché par la dédicace que vous y avez écrite à mon intention.

Vous avez bien raison, mon général, de témoigner pour ceux qui combattirent sous vos ordres. L'Histoire fera, peu à peu, ressortir les vraies raisons de nos malheurs dans les débuts de cette guerre. Mais, si profonde qu'ait été notre infortune et si grande que fût notre pénurie, il serait faux et injuste de croire que les combattants et leurs chefs se soient, pour la plupart, montrés indignes.

Voici pour moi, mon général, une très bonne occasion de vous dire quelle fierté je garde de ce que ma 4e division cuirassée put faire sous vos ordres et de vous assurer du souvenir vivant et reconnaissant que je conserve de vous.

J'y joins, si vous le voulez bien, l'expression de mes sentiments fidèlement dévoués.

Au colonel Dupérier

9 décembre 1946

Mon cher Dupérier,

Je ne sais si j'ai répondu déjà à l'envoi que vous m'avez fait de votre livre sur *La Vieille Équipe*. Sachez que je l'ai lu avec un extrême intérêt et beaucoup d'émotion. Ah ! de quelle qualité furent ces « premiers » ! Tout ce qui s'est passé depuis n'a fait que les grandir encore par comparaison. Et si la vague de la bassesse déferle en ce moment, – ce qui était inévitable, – soyez sûr que l'avenir est, comme la gloire du passé, aux bons et aux purs des premiers aux derniers jours.

Voici, mon cher Dupérier, une bonne occasion de vous assurer de mes sentiments très fidèles et bien dévoués.

À l'amiral Thierry d'Argenlieu

13 décembre 1946

Cher amiral,

Je réponds à votre lettre du 5 décembre.

Il est de fait que je n'ai jamais eu à signer de décret attribuant la Croix de la Libération au lieutenant Clostermann[1], parce que aucun décret le concernant ne m'a jamais été présenté.

Il est de fait que j'aurais signé bien volontiers un décret de ce genre, parce que les titres d'aviateur français libre du lieutenant Clostermann sont éclatants.

Il est de fait que n'étant pas Compagnon de la Libération, le lieutenant Clostermann ne peut revendiquer, ni porter ce titre, bien qu'encore une fois il l'ait certainement mérité.

Ce qu'il a à faire, c'est d'attendre que les circonstances permettent de le lui attribuer, mais non pas de préjuger de ces circonstances ni de passer outre à la règle. Je suis sûr que les choses étant ainsi bien claires, il se conformera aux réalités. Communiquez-lui ma lettre.

Veuillez croire, cher amiral, à mes sentiments amicalement dévoués.

Au général Girardot

Colombey, 17 décembre 1946

Mon cher Girardot,

Je ne sais pas pourquoi vous demanderiez à quitter votre poste actuel sous prétexte d'attaques politiciennes. Il deviendrait trop facile à certaines gens de trouver la voie libre si des hommes qui leur déplaisent ou qui les gênent se retiraient d'eux-mêmes.

Il faut laisser qui de droit prendre ses responsabilités, s'il consent, toutefois, à les prendre… et s'il incline du côté de ses détracteurs.

Veuillez croire, mon cher Girardot, à mes sentiments cordialement dévoués.

1. Engagé en 1940 dans les Forces aériennes françaises libres, Pierre Clostermann sert au groupe Alsace et devient l'un des plus brillants pilotes français pendant la guerre.

À Marie-Agnès Cailliau

28 décembre 1946

Ma bien chère Marie-Agnès,

C'est de tout mon cœur que je t'adresse mes vœux de nouvelle année profondément sincères et affectueux, – auxquels Yvonne joint les siens, – pour toi-même, pour Alfred et pour les vôtres. Comme je souhaite que 1947 t'apporte toutes les satisfactions possibles en ce pauvre monde ! En particulier l'établissement de Michel, Henri, Pierre, que tu désires vivement, je le sais.

Quant à nous, nous menons ici une existence paisible, ce qui ne m'empêche pas, comme tu le penses bien, de suivre les péripéties lamentables de la foire des partis. C'est là, malheureusement, une épreuve inévitable. Quand elle sera terminée, il faudra payer les frais, sans doute, mais du moins pourra-t-on alors travailler efficacement au relèvement de la France.

Sache que si tu viens ici à quelque moment que ce soit, nous en serons toujours, Yvonne et moi, extrêmement heureux.

Je t'embrasse de tout mon cœur, ma bien chère Marie-Agnès. Partage avec Alfred et tes enfants les meilleures de nos affections.

Ton frère qui t'aime

À Jules Jeanneney, à Paris

31 décembre 1946

Monsieur le président,

C'est vraiment de tout cœur que je vous adresse et vous demande d'agréer mes vœux les plus sincères. Puisse l'année qui va commencer vous apporter, par vos enfants et petits-enfants, quelque adoucissement au grand chagrin qui vous a frappé[1] ! Puisse-t-elle aussi voir notre pays reprendre d'un pas plus ferme la route de sa destinée !

S'il m'arrive quelque jour de passer à Paris, j'espère pouvoir me rendre auprès de vous, en toute discrétion. Mon opinion est identique à la vôtre quant à la voie que suit le monde en ce qui concerne l'établissement de la paix. La puissance – à mon sens exagérée – de la Russie fait commettre aux Anglo-Saxons, sous le rapport de l'Allemagne, une erreur analogue à celle qu'ils ont commise il y a vingt-sept ans en raison de l'idée, – bien erronée ! – qu'ils se faisaient de la puissance française. Toutefois, l'Allemagne de 1947 est cruellement abîmée…

Je vous prie de croire, monsieur le président, à mes sentiments les plus dévoués et à ma haute considération.

---

1. Sa femme est décédée le 10 novembre 1946. Le 13 novembre, le général de Gaulle adressait à Jules Jeanneney une lettre de condoléances où il écrivait : « À une telle douleur, on ne peut offrir de consolation humaine. »

1947

À Léon Blum[1]

Janvier 1947

Mon cher président,

Il est venu par la presse à ma connaissance que le gouvernement présidé par vous aurait décidé de conférer la médaille militaire à M. Winston Churchill, au maréchal Staline, au président Franklin Roosevelt et à moi-même.

En ce qui concerne les trois hommes d'État alliés, grands et glorieux entre tous, je ne puis qu'approuver pour ma part une disposition qui leur décernerait la plus pure distinction militaire – réservée aux soldats et aux généraux en chef – dont dispose la République française.

Mais, pour ce qui est de moi, il n'en saurait être de même.

En effet, les actes que j'ai accomplis entre le 18 juin 1940 et le 22 janvier 1946 l'ont été en un temps où, comme vous le savez, j'exerçais par la force des choses les fonctions de chef de l'État et celles de chef de gouvernement. Il n'est évidemment pas imaginable que l'État ni le gouvernement se décorent jamais eux-mêmes dans la personne de ceux qui les ont personnifiés et dirigés et pour la manière dont ils l'ont fait.

Laissez-moi ajouter que pour un homme qui s'est donné la charge de conduire la France et l'Union française depuis le désastre et la servitude jusqu'à la victoire et à la liberté, il n'y a pas d'autre « récompense » acceptable que d'y avoir réussi.

Veuillez croire, mon cher président, à mes sentiments très distingués et bien dévoués.

À Lucien Nachin

4 janvier 1947

Mon cher ami,

J'ai été très touché de votre lettre, pleine d'idées comme toujours mais aussi de sentiments qui me vont au cœur. À votre tour, accueillez mes vœux de nouvelle année, profondément cordiaux et sincères, pour vous-même et pour les vôtres.

À propos de 47, il n'y a rien à faire avant que soient, par la faillite, purgées diverses hypothèques. Cela va, d'ailleurs, assez vite.

1. Président du gouvernement provisoire.

Si vous pouvez un jour venir jusqu'ici, je serais très heureux de vous voir. Vous pouvez arriver pour déjeuner et rentrer à Paris pour dîner. Il suffirait que vous demandiez les jour et moyens à Guy ou à Bonneval. Voulez-vous présenter à Mme Nachin mes très respectueux hommages, auxquels ma femme joint ses bien sympathiques souvenirs.

Pour vous, cher ami, mes sentiments très fidèles et dévoués.

À René Pleven[1]

4 janvier 1947

Mon cher ami,

Vos aimables vœux m'ont beaucoup touché. Je vous adresse les miens, les plus cordiaux et sincères, pour vous-même et pour les vôtres.

À propos de 47, nous y verrons purgées, par voie de faillite, certaines hypothèques qui obstruent le chemin. Cela va d'ailleurs assez vite. Il n'était absolument pas possible d'éviter cette épreuve. Mais il est indispensable, si l'on veut pouvoir être éventuellement utile, de ne pas se dégrader dans le système actuel d'impuissance et de confusion. Je le dis pour moi. Je le dis aussi pour vous, certain que vous me comprenez et m'approuvez.

Voulez-vous présenter à Mme Pleven mes très respectueux hommages, auxquels ma femme joint ses bien sympathiques souvenirs et sentiments. Pour vous, mon cher Pleven, l'assurance de mon amitié fidèle et dévouée.

À Michel Debré

6 janvier 1947

Merci, mon cher ami, de vos aimables vœux qui m'ont vivement touché. Je vous adresse les miens, très sincères, auxquels ma femme joint les siens, pour vous-même, pour Mme Debré, pour les vôtres.

Venez ici quand vous voudrez. Les choses marchent vite. L'« expérience » actuelle est la dernière carte jouable du régime.

Ne vous alarmez pas de l'avenir de la France. Sous l'écume, la vie profonde commence à lui revenir.

Croyez à ma fidèle amitié.

1. Député des Côtes-du-Nord.

À Élisabeth de Miribel, à Paris

7 janvier 1947

Chère mademoiselle,

Votre aimable lettre et les vœux qu'elle m'apporte m'ont vivement touché. Laissez-moi vous adresser mes souhaits les plus sincères.

En Amérique, vous avez ressenti ce qui est le drame du monde : l'effondrement de l'Europe et, d'abord, l'éclipse d'une France épuisée.

Car elle l'est, en dépit de tout ce que nous fîmes pour lui donner à elle-même et pour donner aux autres l'illusion du contraire. Nous, en retrait, la réalité apparaît, car nous avons, en partant, emporté le voile.

Et, cependant, la source profonde n'est pas tarie, lors même que trop de ruines l'ont, pour un temps, obstruée. Un nombre impressionnant de Français ont pu renoncer à la grandeur, mais la France, elle, s'en souvient et la désire. C'est pour cela qu'elle nous aura aimés. Quant à l'avenir, il n'y en a pas pour elle ailleurs que dans les grandes actions ; c'est pourquoi nous en avons un.

Veuillez croire, chère mademoiselle, à mes sentiments d'amitié respectueuse et fidèle.

Des négociations consécutives à l'accord du 6 mars 1946 se poursuivent à Dalat et à Fontainebleau d'avril à septembre 1946, entre Vietnamiens et Français. Elles n'ont que peu de résultats. Le 1er juin 1946, à l'initiative de l'amiral Thierry d'Argenlieu, un gouvernement provisoire de la Cochinchine a été constitué. Une semaine plus tard, la République autonome de Cochinchine, dirigée par le docteur Nguyen Van Thin, a été proclamée. À l'automne 1946, en Indochine, la situation se détériore et les incidents se multiplient. En novembre, la flotte française bombarde Haiphong en réponse à des attentats du Viet-minh. Le 19 décembre, à Hanoi, des civils français sont massacrés. Hô Chi Minh déclare le 20 qu'il faut chasser les Français « par tous les moyens ».

À Michel Cailliau

10 janvier 1947

Merci, mon cher Michel, de tes vœux. Je t'adresse les miens et ceux de ta tante. Ils sont, je te l'assure, très affectueux et sincères. En particulier, nous souhaitons pour toi – comme le font tes chers parents – un « établissement » matrimonial prompt et heureux.

Côté politique, il n'y a à l'horizon que pagaille, incertitude et médiocrité. Seulement le courant général se renforce du côté du bon sens. Il est possible que nous ne soyons plus très loin de la secousse qui permettra d'agir.

Tu sais que tu peux venir déjeuner ici quand tu voudras.

Au revoir, mon bien cher Michel. Sois sûr que je t'aime bien.

Avec les meilleures affections de ta tante et de moi-même.

Au général Leclerc[1]

13 janvier 1947

Mon cher ami,

1. La situation actuelle en Indochine est grave, en effet. La raison principale est la lâcheté absurde de ce qu'il est convenu d'appeler notre « gouvernement » (Gouin, Bidault, Moutet, Blum[2]). Il est très injuste et vraiment trop commode de faire porter au compte de d'Argenlieu les erreurs et les abandons qui ont grandi nos adversaires et affaibli nos partisans.

2. Rappeler d'Argenlieu *en ce moment* serait une nouvelle sottise et une nouvelle lâcheté. Quel que soit son remplaçant, et même si c'est Leclerc[3], le monde entier conclura que nous nous désavouons nous-mêmes.

3. En ce qui vous concerne, prendre en ce moment la place de d'Argenlieu vous donnerait l'apparence d'un instrument employé pour une manœuvre politicienne (affaire Lyautey, Pétain).

4. De toute façon et quel que soit le haut-commissaire, il n'y a pour le moment rien d'autre à faire qu'envoyer et répartir des renforts. Lors même qu'il serait utile de changer plus tard de politique localement, il n'y a aucune urgence réelle au rappel de d'Argenlieu, sauf empressement malsain du « ministre » Moutet qui veut un bouc émissaire à ses propres fautes.

5. Au total voici, suivant ma conviction, en quoi consiste l'intérêt national :

Dire au « gouvernement » que la France ne peut et ne doit pas rappeler, c'est-à-dire désavouer, actuellement d'Argenlieu. Il faut, au contraire, le soutenir et le renforcer.

Plus tard, quand les renforts seront arrivés et mis en place, quand la position militaire sera assurée, quand il s'agira, sur la base de cette situation nouvelle et bien établie de faire une nouvelle politique, alors le problème se posera tout autrement, spécialement pour le général Leclerc.

---

1. Inspecteur général des Forces d'Afrique du Nord, depuis juillet 1946.
2. Respectivement vice-président du Conseil, ministre des Affaires étrangères dans les précédents cabinets, ministre des Colonies, président du Conseil.
3. Léon Blum a pressenti le général Leclerc.

En attendant, il est désirable que le général Leclerc reçoive qualité pour choisir les renforts et s'emploie à les faire partir. Il suffit, administrativement, de joindre à sa mission concernant l'Afrique du Nord, une autre mission concernant l'Indochine.

Voilà, sans ambages, ce que je pense. J'y ajoute, mon cher ami, tous mes sentiments de profonde affection.

À François de Gaulle, scolasticat Sainte-Croix, à Thibar (Tunisie)

30 janvier 1947

Mon cher François,

Si je suis bien en retard pour t'adresser, à mon tour, mes vœux de nouvel an, – ainsi que ceux de ta tante Yvonne, – crois qu'ils n'en sont pas moins les plus affectueux et sincères. Souvent, sache-le, je pense à toi, à ton enfance, à ton adolescence, au chemin que tu as choisi pour marcher dans cette vallée d'ombre vers la divine lumière, à ton simple et noble courage de combattant, à ta vie d'aujourd'hui enfin qui est : étude, abnégation, prière.

Je me suis, pour le présent, arraché à un jeu qualifié de « politique » par les pauvres diables qui en vivent, car les événements sont trop médiocres et la bassesse générale trop grande pour qu'on puisse en tirer quelque chose de bon et de fort. Il faut attendre pour ne pas se salir.

Je t'embrasse de tout mon cœur, mon cher François. Comme à toi-même, la pensée de ton cher Papa me vient bien souvent à l'esprit. Quelle épreuve fut la sienne et comme il l'a acceptée !

Toutes mes meilleures affections.

Ton oncle

Au commandant André Beaudoin[1] [inédit]

12 février 1947

Mon cher Beaudoin,

L'idée de fonder une Amicale de nos anciens Cadets de la France libre me paraît excellente. Quand ce sera fait, j'en prendrais très volontiers la présidence d'honneur, car c'est toujours avec une émotion profonde que je pense à ces magnifiques jeunes gens et aux occasions où il m'était donné de me trouver avec eux. Combien sont morts purement et bravement pour la France !

C'est bien à vous, qui les dirigiez si bien dans leur préparation au métier de chef et de soldat, qu'il appartient maintenant d'organiser leur regroupement amical.

1. Ancien commandant de l'École militaire des Cadets de la France Libre à Malvern House (Worcestershire, Grande-Bretagne).

Tenez-moi au courant et veuillez croire, mon cher Beaudouin, à mes sentiments cordialement et fidèlement dévoués.

C. de Gaulle

Au prince Charles[1]

24 février 1947

Monseigneur,

Ayant appris que Votre Altesse Royale allait, à titre privé, passer quelques jours en France, je me fais un devoir de Lui adresser l'hommage de mon souvenir très fidèle. J'espère vivement qu'en une autre occasion, celle-là publique, le peuple français pourra prochainement manifester à Votre Altesse Royale les sentiments qui l'animent à l'égard de Sa personne en même temps que du noble et cher peuple belge : ce sera là une démonstration éclatante de l'amitié profonde et j'ose dire fraternelle qui unit nos deux pays.

Comme Votre Altesse Royale le sait, l'opportunité me détourne des réunions d'ordre officiel. C'est cette circonstance, Monseigneur, qui m'empêchera de vous redire, à Paris même, combien sont restés présents à ma mémoire l'accueil que vous avez bien voulu me faire à Bruxelles au mois d'octobre 1945 et les entretiens qu'il me fut donné d'avoir alors avec Votre Altesse Royale. Mais je désire, Monseigneur, que cette lettre vous apporte les profonds regrets que j'en éprouve.

Avec mes vœux les plus ardents pour vous-même, Monseigneur, et pour la Belgique, je prie Votre Altesse Royale de bien vouloir agréer les assurances de ma plus haute considération et l'expression de mes sentiments de très fidèle dévouement.

À Mme Langlois[2]

24 février 1947

Madame,

Permettez-moi de vous dire, du plus profond de mon respect, combien j'admire et combien j'envie la vocation de renoncement humain que vous avez choisi d'écouter. Le sacrifice de votre mari, cher et brave officier de France, comment pourriez-vous le glorifier et le compléter mieux ? Le 19 mars prochain, ma pensée fervente se joindra à celles qu'il vous adressera depuis son séjour d'immortelle lumière. Et moi je remercierai Dieu de la leçon de si pure humilité que, de sa part, vous me donnez en même

1. Régent de Belgique.
2. La veuve de Xavier Langlois, Compagnon de la Libération, tué le 23 novembre 1944 dans le Haut-Rhin, entre en religion.

temps qu'à tous. Je suis certain que vous ferez dans votre prière une part à ceux qui furent les bons compagnons du commandant Langlois, qu'ils soient aujourd'hui morts ou vivants, mais j'ose vous demander d'avoir en même temps une intention pour leur chef.

Je vous prie de bien vouloir accepter, madame, l'hommage de mon plus profond respect auquel ma femme désire joindre ses sentiments de très dévouée sympathie.

Au général de Larminat[1], à Paris

1er mars 1947

Mon cher Larminat,

Il est de fait que je souhaiterais trouver à louer aux environs immédiats de Paris (par exemple : Neuilly ou Saint-Cloud) une installation décente, en bon état, mais non éclatante et, par-dessus tout, discrète quant au site et aux abords. Je serais, naturellement, très content d'être, si l'occasion s'en présentait, le locataire de l'Association dans des conditions normales et régulières (ce qui n'empêcherait pas les sentiments…).

Je vous avoue que Morsang[2] me paraît un peu éloigné de Paris. En outre, d'après ce qu'on m'en dit, ce qu'il serait possible d'y trouver ne comporterait guère de commodités pour l'hiver (chauffage). Mais peut-être suis-je mal renseigné ?

Dans tous les cas je vous remercie de votre obligeante intention et suis à votre disposition pour parler éventuellement d'un projet ferme.

Veuillez croire, mon cher Larminat, à mes sentiments cordialement dévoués.

À Laure Moulin

8 avril 1947

Chère mademoiselle,

Votre lettre m'a vivement touché. Jean Moulin, votre héroïque frère, était par excellence, mon bon compagnon et mon ami. C'est parce que nous avions l'un et l'autre et en toute connaissance de cause une confiance entière que je l'avais choisi et désigné pour agir et parler, en mon nom et au nom du gouvernement dont il était membre, sur notre territoire non encore libéré. C'est pour la même raison qu'il avait, de toute sa foi, accepté de le faire.

Nos entretiens et nos travaux communs à Londres comme les rapports qu'il m'adressait de France et les instructions que je lui envoyais, jusqu'au

1. Président de l'association des Français libres.
2. Commune de l'Essonne.

jour même où l'ennemi l'a saisi pour le torturer et l'abattre, ont été l'expression éclatante de cet accord et de cette confiance. C'est dire quel mépris méritent les contorsions calomnieuses de ceux qui, aujourd'hui, voudraient exploiter à leur profit de partisans ou d'arrivistes, contre nos compagnons et moi-même, la pure gloire de Jean Moulin !

Je vous prie de croire, chère mademoiselle, à mes sentiments très respectueux et fidèlement dévoués.

Le 7 avril 1947, à Strasbourg, le général de Gaulle annonce la prochaine création du Rassemblement du peuple français.

Déclaration

14 avril 1947

Dans la situation où nous sommes, l'avenir du pays et le destin de chacun sont en jeu. Cela, chaque Français le sait.

Pour nous assurer la prospérité économique, la justice sociale, l'unité impériale, la puissance extérieure, sans lesquelles nous perdrions jusqu'à la liberté des citoyens et l'indépendance de la France, la nation doit se rassembler dans un long et puissant effort de travail et de rénovation. Cela, chaque Français le voit.

Pour marcher droit vers son but, il faut que la nation soit guidée par un État cohérent, ordonné, concentré, capable de choisir et d'appliquer impartialement les mesures commandées par le salut public. Le système actuel, suivant lequel des partis rigides et opposés se partagent tous les pouvoirs, doit donc être remplacé par un autre où le pouvoir exécutif procède du pays et non point des partis et où tout conflit insoluble soit tranché par le peuple lui-même. Cela, chaque Français le sent.

Aujourd'hui est créé le Rassemblement du peuple français. J'en prends la direction. Il a pour but de promouvoir et de faire triompher, pardessus nos divisions, l'union de notre peuple dans l'effort de rénovation et la réforme de l'État.

J'invite à se joindre à moi dans le Rassemblement toutes les Françaises et tous les Français qui veulent s'unir pour le salut commun, comme ils l'ont fait hier pour la libération et la victoire de la France.

Vive la République !

Vive la France !

À Geneviève Anthonioz, à Paris

14 avril 1947

Ma bien chère Geneviève,

Hourrah pour Michel ! Que mes très affectueuses félicitations partent rejoindre celles de ta tante Yvonne, pour toi-même et pour Bernard. Ainsi après tes glorieuses épreuves et tes solitaires souffrances, voici que la vie s'ouvre pour toi en t'offrant ce qu'elle a de meilleur. Tu ne saurais croire combien j'en suis heureux.

Partage avec Bernard et votre petit bébé toutes nos profondes affections.

Au général Sicé [inédit]

Le 24 avril 1947

Mon cher général,

J'ai bien reçu votre lettre relative à la construction de l'église Sainte-Anne de Brazzaville.

Les noms de mes premiers compagnons tombés au champ d'honneur devant être gravés sur les murs de ce sanctuaire, je tiens à faire exception à la règle que je me suis fixée de n'accepter aucune présidence d'honneur.

Vous pouvez donc informer Monseigneur Biéchy et les membres du Comité que j'ai donné mon assentiment à leur proposition qui m'a profondément touché.

Ne doutez pas de la fidélité du souvenir que je vous conserve et croyez, mon cher général, à mes sentiments cordialement dévoués.

C. de Gaulle

Monsieur le médecin général Sicé
[...[1]] rue Chardin
Paris (16e)

Destinataire inconnu [inédit]

10 mai 1947

Notre Rémy fut des premiers, parce qu'il est des meilleurs.

Et c'est pourquoi, après tout ce qu'il a fait – qu'il est si grand ! –, il sait qu'il reste tant à faire !

C. de Gaulle

1. Numéro illisible.

À Jacques Soustelle

Vendredi matin [30 mai 1947 ?]

Mon cher ami,

Hier soir, vous m'avez dit que vous vous rendiez à un comité de l'UDSR[1] avec Jacques Baumel et, sur le moment, je n'ai pas réagi. Mais, à la réflexion, je crois que cela n'était pas heureux. Car que signifiait cette réunion en ce qui vous concerne ? Vos amis d'hier et sans doute de demain (Avinin, etc.) s'en vanteront partout et cela aura l'air d'un « choix » au lieu d'une « justification » de votre part.

Je vous demande de bien vous tenir en dehors de tous les partis. Sans quoi, le Rassemblement prend une couleur politique, ce qu'il ne faut pas.

À bientôt et toutes mes amitiés.

Le 4 mai 1947, l'Assemblée nationale vote la confiance au gouvernement Ramadier sur sa politique économique et sociale. Le parti communiste ayant voté contre, le président du Conseil révoque les ministres communistes.

Apostilles[2]

Un chef de gouvernement[3] est « courageux » quand il fait *tout* passer *après* le service de l'intérêt général. Il n'est pas « courageux », quand il fait *tout* passer (y compris l'intérêt général) *après* son propre maintien dans sa place…

Je crois que les choses qui ont été assurées le furent malgré la Constitution ou plutôt malgré la manière dont on la pratiquait[4].

Il est bon, en effet, de montrer qu'il n'y a aucun rapport entre la « dictature » et le système présidentiel des États-Unis. Mais il faut montrer aussi que ce système présidentiel assure à l'exécutif la force, la durée, l'indépendance. À la rigueur nous y parviendrions peut-être comme les Anglais par le système des 2 partis. Mais nous avons et nous aurons toujours au moins 5 partis ! dont l'un fausse d'ailleurs tout le jeu car il est séparatiste et dictatorial.

1. Union démocratique et sociale de la Résistance.
2. Sur un texte consacré à la réforme de l'État, rédigé, probablement en juin 1947, par le professeur Dubois-Richard, professeur à la faculté de droit de Poitiers.
3. Il s'agit de Paul Ramadier, qualifié par l'auteur de « courageux » à propos de la révocation des ministres communistes.
4. Au sujet des lois constitutionnelles de 1875 qui ont permis, selon l'auteur, de réaliser de « grandes choses ».

Au professeur Charles Oulmont[1], suivie de citations du général

29 juillet 1947

Voici, mon cher directeur, ce que vous me demandez.

Bonne occasion, pour moi, de vous renouveler l'expression de ma confiante et amicale sympathie.

Le succès n'est une réussite que lorsqu'il est un point de départ.

Depuis l'aurore de notre histoire, nos malheurs furent toujours en proportion de nos divisions. Mais jamais la Fortune n'a trahi une France rassemblée.

Maintenant, j'entends la France me répondre. Au fond de l'abîme, elle se relève, elle marche, elle gravit la pente. Ah ! mère, tels que nous sommes, nous voici pour vous servir.

À Paul Reynaud, à Paris

1er août 1947

Monsieur le président,

Avant même d'ouvrir : *La France a sauvé l'Europe*, je savais y trouver un indicible intérêt. À cet égard, ma lecture a dépassé mon attente.

Pour ce qui est de votre action, si clairvoyante et si courageuse, avant et pendant la tempête jusqu'au grand drame de la mi-juin 1940, vous savez que je l'ai toujours approuvée, au point de m'y associer dans la mesure de mes moyens. C'est vous dire qu'à part quelques détails, je souscris, aujourd'hui encore, à ce que vous en exposez.

Quant au problème décisif posé dans les jours suprêmes (*infandum regina jubes renovare dolorem*[2]), vous connaissez, mieux que quiconque, la solution qu'il me parut à moi-même nécessaire de lui donner.

Cette solution, comme celle à laquelle vous crûtes devoir alors vous résigner, tout en en souhaitant une autre, échappent désormais à nos propres jugements. Elles appartiennent à l'Histoire. Je ne vous en dirai rien.

Vous me laisserez, toutefois, ajouter que mon exceptionnelle estime pour votre valeur et ma fidèle amitié pour votre personne sont demeurées ce qu'elles étaient.

Le général de Gaulle annonce le 24 août 1947 que le RPF participera aux élections municipales qui doivent se dérouler en octobre.

1. M. Oulmont, écrivain, travaillait pour les services de renseignements de la France Libre en 1940-1945.
2. « Tu me demandes, reine, de raviver une effroyable douleur » (Virgile).

Note

24 septembre 1947

Contrairement à ce qui a pu être dit, je n'ai eu avec M. Jacques Bardoux[1], – pour qui j'ai, d'ailleurs, une haute estime, – aucun entretien.

Contrairement à ce qui a pu être dit, je n'ai jamais approuvé et je n'approuve pas la formation de listes qui ne seraient pas présentées explicitement sous le signe du Rassemblement du peuple français.

Note

Paris, 26 septembre 1947

1. Dans toutes les circonscriptions où joue la représentation proportionnelle, il *faut* une liste RPF.
2. Dans toutes celles des autres circonscriptions où l'élection a un caractère politique, il *faudrait* une liste RPF.
3. Dans certaines circonscriptions, s'il y a avantage local à accepter les listes dites d'Union républicaine, etc., *pour* le Rassemblement du peuple français (type Alger), nous pouvons le faire.
4. Si les conditions locales, notamment la non-valeur de la liste que nous pourrions présenter, nous font voir que nous n'aboutirions à rien de notable en fait de pourcentage de voix, nous devons, *au dernier moment*, renoncer à présenter une liste.
5. Dans tous les cas, nous ne pouvons admettre que nos compagnons figurent sur une liste, quelle qu'elle soit, avec l'étiquette *individuelle* RPF, pêle-mêle avec des candidats portant l'étiquette : MRP, ou : radical, PRL, etc.[2].

1. Président de l'Union des radicaux indépendants et vice-président du Centre républicain indépendant d'action paysanne et sociale.

2. Jacques Soustelle précise dans une directive confidentielle où il reproduit la note du général de Gaulle, que ce dernier a indiqué verbalement que :

« 1) Par "liste RPF", il entend soit une liste portant le titre "Rassemblement du peuple français", soit une liste à titre complexe "type Alger".

« 2) Pour les communes de petite importance où l'élection n'a pas de sens politique, il n'en est pas moins utile de capter à notre profit le plus grand nombre possible de listes et de mairies.

« 3) Les décisions visées au paragraphe 4 de la directive devront être tenues secrètes jusqu'à la plus extrême limite. »

Note avant les élections municipales d'octobre 1947

1. Sandhal
il faut qu'il s'établisse à Clermont-Ferrand et qu'il prenne en main le Puy-de-Dôme, notamment au point de vue : implantation
2. Lefebvre-Pontalis
3. Rassemblement d'Afrique du Nord ?
4. Roux ne fait rien au Puy-de-Dôme
5. Mettre le général Mozat au Comité national avant la session prochaine.

Le journal *Le Monde* annonce qu'aux prochaines élections le général de Gaulle aurait l'intention de se présenter à Paris.

Cette nouvelle du *Monde* est inventée de toutes pièces.

À Jacques Soustelle[1]

2 octobre 1947

Mon cher ami,

Je vois votre directive du 27 septembre.

Il ne faut pas du tout mettre sur le même plan la liste RPF proprement dite et la liste type Alger. Sans cela, nous serons partout ou presque amenés à ne pas présenter de listes nettement RPF.

C'est seulement à la grande rigueur et là où il n'y a vraiment pas moyen de faire autrement que nous pouvons aller jusqu'à la liste du type d'Alger. Il y a lieu de bien le faire comprendre.

Bien cordialement.

À Paul Claudel

9 octobre 1947

Mon cher maître,

Vous savez quelle est mon admiration pour vous et quel prix j'attache à votre confiance.

C'est vous dire que votre lettre m'a apporté un précieux réconfort.

J'espère avoir l'honneur de vous voir et de vous consulter lors du plus prochain voyage que je ferai à Paris après Alger.

En attendant, je vous demande de croire, mon cher maître, à mes sentiments de bien fidèle dévouement.

1. Destinataire probable de cette lettre.

Communiqué

Paris, 16 octobre 1947

Le Comité exécutif du Rassemblement du peuple français, réuni sous la présidence du général de Gaulle, a examiné les conditions dans lesquelles va se dérouler le scrutin aux élections municipales.

Pour empêcher certaines manœuvres tendant à utiliser le vote préférentiel et le panachage à des fins partisanes, le Comité exécutif demande aux électrices et aux électeurs dans toutes les circonscriptions où joue la représentation proportionnelle :

Premièrement, de s'abstenir de tout panachage ;

Deuxièmement, de maintenir l'ordre indiqué sur les listes ;

Troisièmement, de placer des croix devant les quatre premiers noms de chaque liste parisienne et devant les cinq premiers noms de chaque liste en province.

Note pour Jacques Soustelle[1]

17 octobre 1947

J'ai reçu Mme Louise Weiss. Ci-joint son adhésion et sa cotisation.

Elle propose d'être utilisée. Prière de me fournir les éléments d'une réponse.

Appel

s.d. *[avant le 19 octobre 1947]*

Les Françaises et les Français vont élire leurs conseils municipaux. Je leur demande de voter pour les listes du Rassemblement du peuple français.

Il s'agit de choisir des hommes et des femmes dignes d'administrer les communes. Mais, en outre, chacun sent que ces élections revêtent une extrême importance nationale et internationale

Le redressement de la France exige qu'elle soit conduite par un État fort, juste, indépendant, capable de prendre toutes les mesures imposées par l'intérêt commun et de s'opposer aux menées des séparatistes qui servent les ambitions d'une domination étrangère.

Le redressement exige aussi que les bons citoyens s'unissent pour appuyer l'État renouvelé, dans sa tâche de salut public.

1. Secrétaire général du RPF.

Ce sont là les buts du Rassemblement du peuple français, que j'ai créé au-dessus des partis. J'appelle à l'aider, en votant pour les listes qu'il présente, toutes les Françaises et tous les Français qui, devant le péril national, ne veulent plus d'autre jeu que le jeu de la France.

Vive la France ! Vive la République !

À la maréchale Franchet d'Esperey

26 octobre 1947

Madame,

C'est l'hommage d'un esprit et d'un cœur fidèles que j'ai silencieusement adressé avant-hier au maréchal Franchet d'Esperey[1]. Les circonstances m'empêchaient de figurer en public à Paris pour l'accompagner à sa dernière demeure. Mais ma pensée était avec sa glorieuse mémoire, tandis que sa dépouille mortelle prenait place aux côtés de celles de Turenne, de Napoléon et de Foch et que la France évoquait sa grande âme entrée maintenant dans la divine lumière.

Combien souvent j'ai pensé au maréchal Franchet d'Esperey pendant la guerre récente en m'aidant dans ma dure tâche des leçons et de l'exemple qu'il m'avait naguère donnés ! Tout se rejoint. Le service de la patrie est une chaîne dont tous les anneaux se tiennent.

Je vous prie de bien vouloir agréer, madame la maréchale, l'expression de mes sentiments les plus respectueux et sincèrement dévoués.

Aux élections municipales des 19 et 26 octobre 1947, le RPF emporte un immense succès. Il obtient plus de 39 % des voix et la mairie des quatorze plus grandes villes dont Paris. Le MRP, la droite modérée et les radicaux sont les principales victimes du scrutin tandis que la SFIO et le parti communiste subissent un recul moins sensible. Le général de Gaulle demande la dissolution de l'Assemblée nationale.

Au général Leclerc, à Paris

26 octobre 1947

Merci, mon cher ami, de votre attention et de vos sentiments. Le but de l'opération du 19 octobre était de donner à l'opinion l'occasion et le moyen de se ressaisir et de se tourner vers l'intérêt de la France.

1. Louis Franchet d'Esperey participe en 1900 à l'expédition en Chine contre les Boxers et est appelé en 1912 par Lyautey pour servir au Maroc. Pendant la guerre de 1914-1918, il commande successivement la Ve armée, les groupes d'armées de l'Est et du Nord puis les armées alliées d'Orient. Promu maréchal en 1921, il meurt en 1942. Ses cendres sont transférées aux Invalides en octobre 1947.

Le résultat est important. Il aura ses conséquences aux points de vue national, impérial et international. Nous allons maintenant organiser la suite.

Veuillez croire, mon cher ami, à mes sentiments cordialement dévoués.

Au chanoine Kir[1]

Colombey, 26 octobre 1947

Monsieur le chanoine,

Vous voilà réélu maire de Dijon. Soyez assuré que je n'ai rien à y redire. J'aurais, toutefois, préféré, pour vous-même, pour Dijon et pour le pays, que vous preniez, aux élections, la tête de la liste du Rassemblement du peuple français.

Cela aurait donné à votre élection un caractère et une signification d'intérêt national qui eussent été utiles pour l'avenir.

Veuillez croire, monsieur le chanoine, à mes sentiments bien sincèrement dévoués.

À l'enseigne de vaisseau de Gaulle, 3e flottille d'aviation embarquée, base aéronautique navale, Hyères (Var)

28 octobre 1947

Mon cher Philippe,

[…] Le succès du Rassemblement est triomphal. Les grenouilles coassent désespérément.

Ta Maman et moi t'embrassons bien affectueusement.

Ton Papa très affectionné

[PS] Élisabeth et Alain nous ont annoncé par télégramme qu'ils étaient bien arrivés à Brazzaville. Mais nous n'avons pas encore de lettre d'eux !

Au commandant et à Mme Alain de Boissieu, à Brazzaville

4 novembre 1947

Mes bien chers enfants,

Vos lettres pour ma fête me parviennent aujourd'hui. Elles m'ont beaucoup touché. Votre affectueuse pensée, venue de si loin, tandis que vous êtes absorbés par tout ce que comporte votre installation, mérite mes remerciements que je vous adresse de tout mon cœur.

Grâce à ce que vous avez écrit, ma chère Élisabeth, mon cher Alain, nous discernons quelle est votre existence équatoriale, de quelle sorte est

1. Maire de Dijon.

votre habitation, par qui vous êtes entourés. Nous en parlons, votre Mère et moi, comme bien vous pensez.

Le mariage de Philippe est toujours fixé au 30 décembre. Le R.P. d'Argenlieu vient de télégraphier de Rome qu'il y sera. Mais nous ne savons pas encore s'il bénira le mariage ou célébrera la messe.

Le Rassemblement a eu un bon départ. Il aura une excellente arrivée, parce qu'il est dans la logique implacable des événements et que le sentiment populaire le pousse en avant. Déjà l'esprit public se montre différent de ce qu'il était à votre départ. L'avenir n'est pas aux grenouilles malgré leurs bruyants coassements. Ce qui s'est passé les 19 et 26 octobre a montré que la France n'était pas finie du tout. Personne dans le monde ne s'y est trompé. Nous allons faire le nécessaire pour en tirer tout le parti convenable au service du pays.

Je vous embrasse bien tendrement, mes chers enfants. Comme le dit Élisabeth, deux ans sont courts, après tout. En attendant, il faut les vivre.

Votre père très affectionné

Note pour Jacques Soustelle

10 novembre 1947

Je répète, une fois de plus, que personne ne peut ni ne doit faire de déclaration à quiconque quant à ce qui me concerne personnellement.

Ce que je pense, ce que je fais, ce que je projette, c'est mon affaire. Il n'appartient qu'à moi de le dire ou de le taire.

Prière d'en tenir compte absolument et de faire le nécessaire auprès de tous les membres de mes services pour qu'ils se conforment, eux aussi, à cette règle indispensable de convenance et de tactique.

À Élisabeth de Boissieu, à Brazzaville

11 novembre 1947

Ma chère petite fille Élisabeth,

Bonne et heureuse fête !

Votre papa pense beaucoup à vous qui êtes si loin et vous souhaite de tout son cœur tout ce que vous pouvez vous-même désirer.

Je pense qu'à présent vous et Alain êtes installés et que vous avez déjà fait le tour des gens et des choses. Je pense qu'Alain, en particulier, est maintenant en mesure d'accomplir sa mission de défense nationale.

Ici, les affaires suivent leur cours inéluctable. La France dépouille peu à peu la gangue de démagogie et de sottise dans laquelle on avait voulu l'enfermer.

Je joins mes profondes affections à celles que Maman vous envoie en même temps et vous embrasse de tout cœur, ma bien chère Élisabeth.

Votre Papa très affectionné

[PS] Voici un petit « concours » qu'Alain pourra, je pense, facilement réaliser.

Instruction sur l'organisation du Rassemblement du peuple français

Paris, 13 novembre 1947

Le Rassemblement du peuple français a pour objet de constituer un cadre au sein duquel la Nation pourra atteindre, en surmontant ses divisions, les objectifs du Salut Public.

Il se compose de compagnons qui ont librement répondu à l'appel qui leur a été adressé.

Son organisation est celle d'un cadre de volontaires, constitué pour l'action commune, solidaire et désintéressée.

Cette organisation doit :

— S'étendre à tous points du territoire et de l'Union française, ainsi qu'à toutes les branches de l'activité nationale.

— Offrir aux compagnons du Rassemblement, d'une part, les moyens d'exprimer régulièrement leur opinion et leur sentiment, d'autre part, les éléments d'information et d'études propres à les éclairer.

— Assurer constamment et fortement la cohésion du Rassemblement.

Le Rassemblement comprend :

— La Direction.

— Les Groupements.

— Les Assemblées.

I. Direction

Le Président du Rassemblement en assure la direction. Il est assisté par le Comité exécutif et le Secrétariat général, constitués par lui à cette fin.

Le Comité exécutif délibère des questions concernant la direction du Rassemblement. Chacun de ses membres peut, en outre, être chargé par le Président d'une tâche particulière.

Le Secrétariat général est l'organe d'administration, d'études et de liaison de la Direction. Il comporte, d'une part, des services et, d'autre part, des chargés de mission.

Le Secrétaire général reçoit ses instructions du Président. Il fait partie du Comité exécutif.

Des commissions d'études sont constituées par le Secrétaire général pour fournir à la Direction les éléments techniques de son action.

Tous arbitrages à l'intérieur du Rassemblement sont assurés par le Président, qui procède, s'il y a lieu, aux délégations nécessaires.

II. Groupements

Les groupements constituent les organes d'action commune et de réunion des compagnons du Rassemblement. Ils sont soit locaux, soit professionnels, soit sociaux.

Chaque département français, chaque territoire de l'Union française, chaque pays étranger dont les lois ne s'y opposent pas, comportent un groupement du Rassemblement. Celui-ci se subdivise localement en groupes, sections, équipes, pour s'étendre à tous les points du département (ou du territoire). *Pour la Seine, chaque secteur comporte un groupement.*

Chaque corps de profession comporte un groupement pour l'ensemble de la Métropole et de l'Union française. Chaque groupement professionnel se subdivise, s'il y a lieu, en groupes, sections, équipes, pour s'étendre à toutes les branches de la profession. Il comprend, en outre, localement, et, s'il y a lieu, des sections départementales (ou, pour l'Union française, territoriales).

Des groupements du Rassemblement sont constitués à l'intérieur de certaines catégories sociales : familles, jeunesse, intellectuels, anciens combattants, etc. Les groupements sociaux comprennent des sections départementales (ou territoriales).

Chaque groupement départemental (ou territorial), professionnel, social, est dirigé par un Comité de vingt à vingt-cinq membres, élus pour un an au scrutin secret par tous les compagnons du groupement. Le Comité se désigne un bureau composé d'un président et de quatre membres.

Une instruction spéciale règle l'organisation du département de la Seine.

Les compagnons qui exercent le mandat de député à l'Assemblée nationale, de conseiller de la République, de conseiller général, de maire ou d'adjoint au maire, ne peuvent faire partie des bureaux de Comités de groupement.

Auprès de chaque groupement, un délégué, nommé par la direction du Rassemblement veille à la cohésion entre l'action particulière menée par le groupement et l'action d'ensemble du Rassemblement. Le délégué assure l'administration matérielle du groupement. Chaque délégué départemental (ou territorial), a la charge des liaisons entre le groupement départemental (ou territorial) et les sections locales des groupements professionnels.

Auprès du délégué, un trésorier, nommé par la Direction, est responsable des fonds et de leur comptabilité. Son avis est obligatoirement demandé pour tout appel de fonds et pour tout engagement de dépenses.

III. Les Assemblées

Les Assemblées sont : les réunions de Groupements, le Conseil national, le Congrès.

Réunions des Groupements

Chaque groupement départemental, professionnel ou social tient chaque trimestre une réunion aussi nombreuse que possible au cours de laquelle sont exposées aux compagnons et discutées par eux les questions concernant l'activité du groupement. Cette réunion doit dégager leur opinion collective d'orientation.

Les réunions sont organisées par le Comité du groupement conjointement avec le délégué intéressé.

En principe, l'un au moins des membres du Comité exécutif et, en tous cas, un chargé de mission, prennent part à la réunion.

Conseil national

Le Conseil national élabore, pour les soumettre au Rassemblement, les éléments nécessaires à l'orientation.

Le Conseil national comprend cent quarante membres. Cent vingt de ces membres sont élus pour un an par le Congrès, parmi lesquels soixante sont choisis parmi les candidats présentés par les groupements départementaux (ou territoriaux), quarante parmi ceux qui sont présentés par les groupements professionnels, vingt parmi ceux qui sont présentés par les groupements sociaux. Vingt membres du Conseil sont nommés par la Direction.

Le Conseil national élit son bureau. Il se réunit tous les trois mois en session d'une semaine, et, exceptionnellement, quand il y est invité par la Direction du Rassemblement. Il fixe l'ordre du jour de ses travaux en y inscrivant, notamment, les questions qui lui sont soumises par la Direction ou par le Congrès. Les résultats des délibérations sont formulées en « résolutions ».

En dehors des sessions, les membres du Conseil national se répartissent en commissions qui élaborent les questions soumises à leurs études par le Conseil national.

Les membres du Comité exécutif peuvent prendre part aux travaux du Conseil national.

Congrès

Le Congrès est, pour le Rassemblement, l'organe principal de son orientation.

Il se réunit normalement chaque semestre et, en outre, exceptionnellement, s'il y est invité par la Direction. Il est présidé par le Président du Rassemblement ou par un compagnon désigné par lui.

Le Congrès se compose de délégations de tous les groupements départementaux (ou territoriaux), professionnels ou sociaux.

Le Congrès exprime l'orientation générale du Rassemblement. Il formule en ordres du jour les résultats de ses délibérations.

À Georges Pompidou

22 novembre 1947

Mon cher ami,

Vos vœux m'ont beaucoup touché. Je vous en remercie. Mais je veux vous dire à cette occasion combien profonde est mon estime pour vous.

L'avenir ne nous appartient pas. Mais, s'il s'y prête, sachez que je compte sur vous, et avec une entière confiance.

Veuillez croire, mon cher ami, à mes sentiments de sincère et dévouée affection.

À Jacques Soustelle

25 novembre 1947

Mon cher ami,

Les magnifiques cadeaux que vous m'avez fait parvenir à l'occasion de mon anniversaire et qui me viennent de vous-même et de nos excellents et chers compagnons du Comité exécutif, m'ont infiniment touché. Mais, tout en vous en remerciant du fond du cœur, je dois vous dire franchement que je me vois confus d'être l'objet d'une pareille générosité ! Mais peut-être, en m'adressant ainsi le témoignage d'une affection que je leur rends bien, mes camarades ont-ils voulu m'exprimer un encouragement dans le grand combat que nous menons ensemble ? Dans ce cas, leur double but est atteint.

Il me reste à vous dire, mon cher ami, à vous et à mes compagnons, tous mes sentiments les plus fidèles et les plus dévoués.

Copie adressée aux membres du Comité exécutif du RPF.

À Gaston Palewski

25 novembre 1947

Mon cher ami,

L'émouvant Mirabeau que vous-même et ceux et celles qui vous entourent m'avez fait parvenir pour mon anniversaire m'a apporté de la joie, et aussi de l'embarras. La joie m'est venue du témoignage de l'affection des donateurs. L'embarras m'est inspiré par l'image du magnifique orateur qui, lui, était capable de soulever par des mots tout un monde, alors que votre serviteur… Combien, en tous cas, je vous ai de gratitude, ainsi qu'à celles et à ceux qui se sont joints à vous ! Rien, sachez-le, ne peut me toucher et me réconforter davantage que cette constance dans la sympathie des meilleurs.

En vous remerciant tous, je vous demande de croire, mon cher ami, à mes sentiments dont je vous assure qu'ils sont dévoués et fidèles.

Copie adressée aux membres du Cabinet du général de Gaulle.

Instruction sur les arbitrages au sein du Rassemblement du peuple français

Paris, 27 novembre 1947

En application de l'Instruction du 13 novembre 1947 sur l'organisation du Rassemblement du peuple français, les arbitrages au sein du Rassemblement s'exercent selon les dispositions suivantes :

1. Le président du Rassemblement donne délégation permanente aux délégués départementaux (ou territoriaux) pour arbitrer tout différend s'élevant à l'intérieur du département (ou du territoire) entre des compagnons du Rassemblement ou entre divers groupements. Il est rendu compte de ces arbitrages au délégué chargé de mission pour la région intéressée.

2. Le président donne délégation permanente aux délégués chargés de mission pour arbitrer tout différend s'élevant à l'intérieur d'une région entre délégué et groupement. Il est rendu compte de ces arbitrages à la direction du Rassemblement (secrétariat général, action politique).

3. Pour les arbitrages à l'échelon national, le président du Rassemblement peut déléguer ses pouvoirs notamment à un ou plusieurs membres du Comité exécutif.

À Gérard Jaquet[1]

27 novembre 1947

Mon cher président,

Au nom de la commission parlementaire que vous présidez, vous voulez bien me demander si je ne pense pas pouvoir apporter « une clarté décisive » sur certains points « historiques » concernant les événements « particulièrement importants de l'histoire de notre pays », qui sont survenus en France de 1933 à 1945 ?

Je ne contesterai certes pas que l'appréciation impartiale de ce qui s'est passé au cours de cette période présente un extrême intérêt. Mais, laissez-moi vous le dire, je ne crois pas que la commission dont il s'agit ait, par nature, la possibilité d'en juger d'une manière désintéressée.

L'Histoire se compose de jugements établis sur les faits. Les faits, notamment ceux qui se rapportent à mon action publique, ainsi que les documents officiels qui en font foi, sont connus dans leur ensemble. Chacun peut, individuellement, les apprécier comme il l'entend. Je crois savoir que nul ne s'en fait faute.

---

1. Président de la commission d'enquête sur les événements survenus en France de 1933 à 1945.

Mais les jugements que la commission pourrait porter à ce sujet, – comme tous ceux que je porte moi-même, – ne sauraient être ceux de l'Histoire. Nul ne peut être à la fois juge et partie. Je suis, évidemment, partie. La commission l'est également, puisqu'elle se trouve formée d'hommes qui y sont délégués par les partis politiques. Si bonnes que soient leurs intentions, une telle situation les met dans l'impossibilité de considérer avec impartialité des événements tout récents, qui commandent directement leur attitude et leur activité présentes, et dont eux-mêmes, ou tout au moins les organisations qui les mandatent, ont été dans une large mesure, en bien ou en mal, responsables. Je serais surpris si vous-même, mon cher président, et les membres de la commission, ne partagiez point cet avis.

Dans ces conditions, les travaux de la commission que vous présidez aboutissent forcément à un débat, non point historique, mais politique. Je ne veux pas discuter l'intérêt qu'il présente à ce titre pour ceux qui l'instituent. Mais, en ce qui me concerne, je tiens pour nécessaire de ne pas y prendre part.

Veuillez croire, mon cher président, à mes sentiments très distingués.

À la générale Leclerc[1]

29 novembre 1947

Chère madame,

Ce que le général Leclerc de Hauteclocque fut comme grand chef, comme illustre serviteur de la France, comme homme d'action pour toujours glorieux, je le dirai, certes, au pays. À vous-même, chère madame, je ne veux dire aujourd'hui que mon immense chagrin qui s'incline devant le vôtre et celui de vos enfants. J'aimais votre mari, qui ne fut pas seulement le compagnon des pires et des plus grands jours, mais aussi l'ami sûr dont jamais aucun sentiment, aucun acte, aucun geste, aucun mot, ne furent marqués même d'une ombre par la médiocrité. Sous l'écorce, nous n'avons jamais cessé d'être profondément liés l'un à l'autre. C'est de tout mon cœur, chère madame, que je vous exprime la part que je prends à votre douleur. Ma femme vous demande de croire à ses sentiments de sympathie la plus émue auxquels je joins mes hommages les plus attristés et respectueux.

Note[2]

Je n'ai fait aucune réponse à cette lettre qui, de la part d'un homme qui se dit « président du Conseil » en 1947, est vraiment trop « moche » !

1. Le 28 novembre, le général Leclerc se tue dans un accident d'avion en Algérie.
2. Par une lettre du 6 décembre 1947, Robert Schuman invite le général de Gaulle à rejoindre les rangs des généraux aux funérailles nationales du général Leclerc. Cette cérémonie « doit grouper, autour du corps de celui qui a libéré Paris, tous ceux à qui la France doit sa propre Libération ».

Au prince Félix de Luxembourg

12 décembre 1947

Monseigneur,

La lettre que vous m'avez fait l'honneur de m'écrire à l'occasion de la mort du général Leclerc, l'expression que vous avez tenu à donner à vos condoléances, m'ont profondément touché. Je vous en remercie, non seulement en mon propre nom, mais aussi au nom de tous les officiers et soldats qui ont combattu aux côtés du vaillant disparu. De très hautes raisons donnent un grand prix, Monseigneur, au jugement élogieux que vous portez sur Leclerc. La moindre de ces raisons n'est pas le fait que vous-même avez fait campagne avec lui pendant les semaines décisives de la libération de notre Europe, donnant ainsi à l'armée française une preuve de plus de très particulière confiance et sympathie.

Je vous serais reconnaissant, Monseigneur, de bien vouloir présenter à Son Altesse la grande-duchesse mes hommages et mes vœux les plus profondément respectueux. Je vous demande en même temps d'accepter pour vous-même, Monseigneur, les assurances de ma considération la plus haute et l'expression de mes sentiments très dévoués.

À Laure Moulin

12 décembre 1947

Chère mademoiselle,

Voici donc publié le Journal qu'a laissé Jean Moulin[1]. Dans ces brèves pages, on le voit vivre et agir tel qu'il était, c'est-à-dire ardent, clairvoyant, convaincu, homme de pensée, d'action, de devoir.

Ah ! comme il nous manque aujourd'hui !

Je voudrais que vous sachiez, chère mademoiselle, que je l'ai bien souvent réuni dans mon esprit et dans mon cœur à Leclerc, qui vient, à son tour, de disparaître. L'un comme l'autre servaient pour servir mais avec quelles capacités et aussi quelle noblesse !

Veuillez croire, chère mademoiselle, à mes sentiments respectueusement dévoués.

1. *Premier combat*, Éditions de Minuit.

Directives pour les aides de camp et Mlle Garrigoux, archiviste

12 décembre 1947

1. Garder quai Branly les archives de Paris.
2. Achever l'inventaire des classeurs Londres[1] et Alger[2].
3. Cela fait, envoyer à Colombey ces classeurs, ainsi que tous mes manuscrits.
4. Garder (Mlle Milliez[3]) les microfilms de mes manuscrits.

À Paul Claudel, de l'Académie française

12 décembre 1947

Mon cher maître,

Combien m'a touché votre attention de m'envoyer, avec une étonnante dédicace, vos *Discours et remerciements* !

En échange, je ne puis vous donner, mon cher maître, que le témoignage de mon admiration et de ma sympathie. Mais l'une et l'autre sont ardemment sincères.

1948

Note

s.d. *[1948 ?]*

L'épopée de Leclerc, c'est, pour toujours, une des plus belles pages de notre histoire.

Non seulement en raison de la valeur du chef et de l'itinéraire terrible et merveilleux qu'il parcourut avec ses compagnons, mais aussi parce que lui et eux donnaient sans cesse tout d'eux-mêmes sans calcul.

Oui, leur effort, tous les hommes purs et forts qui en ont porté le poids, depuis leur jeune et glorieux général jusqu'au plus obscur soldat,

1. Le torpillage d'un bateau transportant les archives de la France Libre de Londres à Alger a anéanti une grande partie de celles-ci en 1943.
2. La plupart des archives des anciens commissariats de la République à Alger sont restées dans les anciens ministères des Affaires étrangères, de l'Information, de la Guerre, des Colonies, etc.
3. Mme Louis Hautecœur, née Marguerite Milliez, archiviste paléographe de l'École des chartes.

en faisaient un humble don, offert de toute leur ferveur à la douleur et à la fierté de la France.

C'est pourquoi il n'y a pas une ombre sur ce tableau.

À Jules Jeanneney, à Paris

5 janvier 1948

Monsieur le président,

Votre lettre m'a profondément touché et honoré. Je tiens beaucoup, si vous me le permettez, à aller vous offrir mes vœux de nouvelle année. Auriez-vous l'amabilité de dire au commandant de Bonneval, porteur de cette lettre, quel jour et quelle heure vous conviendront ?

Je vous prie de bien vouloir agréer, monsieur le président, l'expression de mes sentiments les plus fidèles et dévoués.

À Jules Jeanneney[1]

10 janvier 1948

Monsieur le président,

Au nouveau et profond chagrin qui vient de vous frapper et de frapper les vôtres, nous prenons, ma femme et moi, la part la plus émue et la plus sympathique.

Permettez-moi de vous le dire très simplement, et de vous renouveler en cette douloureuse occasion l'assurance de mes sentiments fidèlement dévoués.

Télégramme à Charlotte Scamaroni[2], à Ajaccio

19 janvier 1948

Ma pensée fervente et fidèle va au souvenir de Fred Scamaroni[3] mon bon compagnon mort pour la France. Respectueux hommages.

---

1. Pour le décès de son petit-fils Claude, âgé de huit mois.
2. Conseiller général de la Corse et mère de Fred Scamaroni.
3. Rallié à la France Libre, il est envoyé en 1941 en Corse pour y organiser la Résistance. Arrêté par les Italiens, il est torturé avant de se donner la mort pour ne pas parler. Il est Compagnon de la Libération à titre posthume.

À Jacques Maritain[1]

24 janvier 1948

Mon cher ambassadeur,

La philosophie est une magie. Magicien admirable, vous retournez à ses enchantements. Vous nous les ferez, de nouveau, goûter. Tout cela est très justifié et je m'explique votre résolution de quitter l'ambassade de France auprès du Pape.

Vous l'aurez occupée dignement et dans l'ensemble utilement, malgré les secousses de notre époque. Le pays aurait tiré plus de profit encore de vos efforts si l'État lui-même était ce qu'il devrait être et qu'il faudra bien que nous le fassions.

Je vous prie de croire, mon cher ambassadeur, à mes sentiments les plus distingués et bien dévoués.

Apostille[2]

À communiquer à M. Soustelle, à qui je demande d'écrire tout de suite à Perrussel qu'il doit modérer ses envahissements et qu'en particulier il n'a pas à prendre l'initiative de me faire « inviter » par le Bey de Tunis en fixant jusqu'à la date !

À Élisabeth de Boissieu, à Brazzaville

10 février 1948

Ma chère petite fille Élisabeth,

Je vous écris à vous, – naturellement la première, – après le grand chagrin qui est venu sur nous. Votre pauvre petite sœur est morte vendredi (6) à 10 heures et demie du soir. Elle était assez patraque depuis une quinzaine de jours. Ensuite elle a paru être grippée. Le docteur Colomb croyait à une angine comme elle en avait souvent. Mais le vendredi matin elle respirait péniblement et ne voulait plus rester étendue sur le dos. Un spécialiste de Troyes (Dr Hurez) est venu au début de l'après-midi et a reconnu une broncho-pneumonie double, d'autant plus grave que le petit cœur lui paraissait faible. Une piqûre de pénicilline et de l'oxygène n'ont rien donné. Anne allait s'affaiblissant et s'asphyxiant. Elle est morte dans mes bras avec sa Maman et Mme Michignau[3] à côté d'elle, pendant que le médecin lui faisait une piqûre *in extremis*. Mon-

1. Le général de Gaulle avait nommé Jacques Maritain ambassadeur de France près le Saint-Siège trois ans auparavant.
2. Sur une lettre d'Yves Perrussel, délégué du RPF pour la Tunisie, du 2 février 1948.
3. Gouvernante d'Anne de Gaulle.

sieur le curé est accouru pour la bénir. C'est une âme libérée. Mais la disparition de notre pauvre enfant souffrante, de notre petite fille sans espérance, nous a fait une immense peine. Je sais qu'elle vous en fait aussi. Puisse la petite Anne nous protéger du haut du ciel et protéger, d'abord, vous-même ma bien chère Élisabeth !

L'enterrement a eu lieu hier lundi à onze heures. Nous n'avions voulu absolument que notre famille (oncles et tantes) et les bonnes gens de Colombey. Ceux-ci avaient, d'ailleurs, défilé tous auprès du cercueil à la maison le dimanche après-midi. Monsieur le curé y avait conduit toutes les jeunes filles. C'est lui qui a dit la messe des Anges hier, assisté par le curé de Lignol. Ensuite, votre petite sœur a été déposée dans le cimetière de Colombey.

Étaient présents : Philippe et Henriette, arrivés le dimanche ; vos oncles et tantes : Xavier, Marie-Agnès ; Pierre et Madeleine ; Jacques et Cada ; Jean et Madeleine ; Suzanne (marraine d'Anne) et Jean ; Raymond Gailly, Jeanne Lombard, Charles Noizet. Le docteur et Mme Solal avaient tellement tenu à venir – par amitié et aussi par souvenir de leur pauvre fille Lélette – que nous les avons naturellement reçus. Il y avait également Mlle Potel arrivée le dimanche matin (à temps pour revoir une dernière fois les traits d'Anne) et Mme Michignau. Avec le commandant de Bonneval et le capitaine Guy (qui nous ont aidés pour toutes les affaires à régler, notamment pour régler le service d'ordre qui empêchait les abus de la curiosité et même du dévouement), c'était là tous les assistants du déjeuner après la cérémonie.

Je sais que le service avait appelé et maintenu Alain à Fort-Lamy pendant que vous arrivaient sommairement ces tristes nouvelles. Vous avez dû en être d'autant plus affectée. Nous avons beaucoup beaucoup pensé à vous pendant ces jours. Et moi, je n'ai pas cessé de témoigner tout bas du chagrin qu'éprouve ma petite fille Élisabeth et de lui adresser mentalement toutes mes tendresses très attristées.

Mme de Boissieu avait télégraphié tout de suite dans des termes qui nous ont beaucoup touchés. Elle a ensuite téléphoné exprimant son désir de venir de Chartres avec M. de Boissieu. Votre Maman a insisté pour qu'ils ne fassent pas ce long et rude voyage, étant donné le caractère que nous voulions donner à la cérémonie.

Au revoir, ma bien chère petite fille Élisabeth. Sachez que vos lettres nous sont extrêmement précieuses, en même temps qu'intéressantes. Maman et moi vous embrassons de tout notre cœur et vous envoyons nos plus profondes affections à partager avec Alain.

Votre Papa

Au colonel Nachin

12 février 1948

Merci, mon cher ami, des sentiments que vous nous avez exprimés, à ma femme et à moi, de votre part et de celle de Mme Nachin. Nous en avons été très touchés. Notre fille disparue était, hélas ! un enfant sans espérance. Mais d'autant plus chère à ses parents. Je suis vôtre en toute fidèle amitié.

Au colonel Ditte[1], à Paris

14 février 1948

Mon cher Gustave,

Merci de tout cœur de l'amicale sympathie que toi-même et ta femme nous avez témoignée à Yvonne et à moi et qui nous a beaucoup touchés. Notre pauvre enfant n'avait pas, ici-bas, d'espérance. Dieu l'a libérée. Mais notre peine est grande.

Ma pensée te demeure fidèle. Nous nous sommes beaucoup réjouis de l'heureux événement du mariage de ta fille Françoise.

Veuille bien, mon cher ami, partager avec Christiane, mes fidèles affections.

En novembre 1947, les « gaullistes » du MRP sont exclus de leur parti qui refuse la double appartenance.

En décembre, la SFIO se déclare favorable à la constitution d'une Troisième force entre le parti communiste et le RPF.

À Edmond Michelet[2]

Paris, 19 février 1948

Mon cher ami,

J'ai lu avec un intérêt qui n'allait pas sans émotion la brochure intitulée *Pour votre information* que vous m'avez communiquée[3].

1. Camarade de Charles de Gaulle à Saint-Cyr, puis en captivité pendant la Première Guerre mondiale.

2. Député de la Corrèze.

3. Cette brochure est rédigée par d'anciens adhérents du MRP, membres du RPF. Elle rassemble des documents et relate des faits ayant trait aux relations entre le général de Gaulle et le MRP depuis août 1947, date de la création à l'Assemblée nationale de « l'intergroupe d'action pour une vraie démocratie ».

Rien, mieux que ces documents, ne montre quel mal peut faire ce qu'il faut bien appeler l'esprit de parti, même parmi les hommes qui sont, pour la plupart d'entre eux, d'un mérite et d'une honnêteté indéniables.

Quel jeu étrange et dérisoire constituent les « exclusions » et les « condamnations », appliquées à qui ? et pourquoi ?

Alors que le monde est rempli de ruines, de douleurs, de menaces, la France est à refaire, la République à rénover. Comment y parviendrons-nous, sinon par le rassemblement de nos familles spirituelles, – j'entends de celles qui sont françaises, – sans qu'aucune renonce à être elle-même, mais de telle sorte que chacune admette qu'avant tout et par-dessus tout nous avons à atteindre tous ensemble les objectifs du salut public ?

Ces objectifs, comment les atteindrons-nous, si nous n'y sommes plus conduits par des pouvoirs publics procédant de l'intérêt commun et non plus de combinaisons et marchandages entre nos propres divisions ?

Je suis convaincu, quant à moi, que le bon sens s'imposera et mon amitié pour vous se félicite de voir que vous y travaillez.

Veuillez croire, mon cher ami, à mes sentiments bien cordialement dévoués.

[PS] Je vous demande de ne pas publier ma lettre qui n'est pas une « opération » mais l'expression de mon sentiment pour vous et pour ceux de vos amis à qui vous croiriez devoir la faire connaître.

Règlement concernant l'organisation et le fonctionnement des groupements

Paris, 20 février 1948

Application de l'Instruction du 13 novembre sur l'Organisation du Rassemblement du peuple français.

1. « Les groupements constituent les organes d'action commune et de réunion des Compagnons du Rassemblement.

Ils sont, soit locaux, soit professionnels, soit sociaux[1]. »

I. Groupements locaux

2. Tous les adhérents du Rassemblement du peuple français dans un département constituent le Groupement départemental des Compagnons du Rassemblement.

3. Le Groupement se subdivise, s'il y a lieu, en groupes d'arrondissement, et en tous cas en sections de canton et équipes de commune.

4. Chaque groupement départemental est dirigé par un comité. Auprès de chaque groupement, un délégué représente la Direction du Rassemblement.

1. Instruction du 13 novembre 1947 [Cette note figure dans le texte].

5. Une instruction spéciale règle l'organisation du département de la Seine.

A. Le Délégué départemental

6. Le Délégué départemental est nommé par la Direction du Rassemblement.

7. « Il veille à la cohésion entre l'action particulière menée par le Groupement et l'action d'ensemble du Rassemblement. » Il rend compte de son activité à la Direction.

8. « Le Délégué assure l'administration matérielle du Groupement départemental. Auprès de lui, un trésorier nommé par la Direction, est responsable des fonds et de leur comptabilité. L'avis du trésorier est obligatoirement demandé pour tout appel de fonds et pour tout engagement de dépenses. »

9. Le Délégué désigne les sous-délégués à l'échelon de l'arrondissement ou du canton.

10. Il assure la mise en place des organismes prévus par le présent règlement. En particulier, il suscite la création des sections départementales des groupements professionnels et sociaux et peut se faire assister, pour suivre leur activité, d'une Commission composée de Compagnons choisis par lui au sein de ces sections.

11. Il reste en contact avec les élus du Mouvement (Conseils municipaux et généraux, Parlement, etc.) et assure la liaison entre ces élus et le Comité départemental.

B. Le Comité départemental

12. Pour tous les départements, dont la moitié au moins des cantons comporte une section organisée, les Compagnons du Rassemblement élisent pour un an, au scrutin secret, un Comité de vingt à vingt-cinq membres.

13. Le Comité dirige le Groupement suivant les directives de la Direction et en accord avec le Délégué départemental. Il est appelé à donner son avis à la Direction, notamment sur les problèmes de politique locale et sur la situation électorale.

14. La Direction du Rassemblement fixe la date de l'élection du Comité sur proposition du Délégué départemental et délègue un chargé de mission pour assister aux opérations.

15. L'élection a lieu au cours d'une assemblée qui groupe les délégués des cantons organisés. Chaque canton désigne un délégué si le nombre de ses adhérents est égal ou inférieur à cinquante, et un délégué supplémentaire par tranche de cinquante adhérents au-dessus de ce nombre.

16. La date fixée pour l'Assemblée est portée à la connaissance des responsables cantonaux dix jours au moins à l'avance.

17. Les candidatures doivent être adressées au Délégué départemental deux jours au moins avant le scrutin.

18. Le Délégué départemental fait désigner par l'Assemblée un Président et un Bureau de quatre membres qui dirigent les opérations de vote et à qui il communique la liste des candidatures.

19. Le Comité, une fois élu et une fois reconnu par la Direction, se réunit sous la présidence du Délégué et procède aussitôt à l'élection de son Président et d'un Bureau de quatre membres.

20. Dans la semaine qui suit l'élection du Comité, le Président, en accord avec le Délégué départemental, répartit entre les membres du Bureau les diverses responsabilités.

21. Le Comité doit se réunir au moins une fois par mois.

22. Le Délégué assiste aux réunions du Bureau et du Comité. Il prend part à leurs délibérations, s'il le juge utile.

23. Le Comité départemental ne peut être dissous que par la Direction. Dans ce cas, la Direction désigne un Comité provisoire et fait procéder à une nouvelle élection.

24. « Chaque territoire de l'Union française, chaque pays étranger dont les lois ne s'y opposent pas comporte un Groupement du Rassemblement ».

Pour les Groupements territoriaux de l'Union française, des dispositions analogues à celles prises pour les Groupements départementaux seront fixées par des instructions spéciales. De même des instructions particulières fixeront les conditions de création de l'organisation des groupements des adhérents résidant à l'étranger.

II. Groupements professionnels

25. Le corps de profession est constitué par tous les éléments, direction, cadres, maîtrise, main-d'œuvre, employés, d'un grand secteur de l'Économie.

26. « Chaque corps de profession comporte un groupement pour l'ensemble de la Métropole et de l'Union française. »

27. Ces groupements ont, en principe, leur siège établi à Paris.

28. Chaque groupement professionnel est dirigé par un Comité. Auprès de chacun de ces groupements, un Délégué représente la Direction du Rassemblement.

29. Le Groupement se subdivise, s'il y a lieu, en groupes, sections, équipes, pour s'étendre à toutes les branches de la profession. Il peut comprendre, en outre, un fractionnement correspondant aux échelons de la hiérarchie professionnelle.

30. Chaque groupement comprend en outre, s'il y a lieu, des sections départementales (ou territoriales).

A. Le Délégué professionnel

31. Le Délégué professionnel est, dans son groupement, le représentant de la Direction.

32. Il est nommé par la Direction du Rassemblement.

33. Il a la charge de grouper sur le plan national tous les membres d'un corps de profession. Dans ce but, il organise des sections départementales et coordonne leur activité.

34. Il désigne, en accord avec les Délégués départementaux, les secrétaires responsables des sections départementales.

35. Il peut être assisté au fur et à mesure du développement de son Groupement.

36. « Il veille à la cohésion entre l'action particulière menée par son Groupement et l'action d'ensemble du Rassemblement. »

37. Il assure l'administration de son Groupement suivant les directives de la Direction.

38. « Auprès de lui, un trésorier, nommé par la Direction, est responsable des fonds et de leur comptabilité. Son avis est obligatoirement demandé pour tout appel de fonds et pour tout engagement de dépenses. »

B. Le Comité professionnel

39. Dans chaque groupement, les représentants des sections départementales réunis au Centre national élisent pour un an, au scrutin secret, un Comité de vingt à quarante membres. Le nombre de ces représentants est fixé pour chaque département par le Délégué professionnel en fonction de l'importance du groupement. En outre, dix à vingt membres sont désignés par la Direction du Rassemblement.

40. Le Comité dirige le groupement suivant les directives de la Direction et en accord avec le délégué professionnel.

41. La Direction du Rassemblement fixe la date de l'élection de chaque Comité sur proposition du Délégué professionnel. Elle désigne un représentant pour assister aux opérations.

42. Les convocations doivent être envoyées un mois au moins avant la date de la réunion, et les candidatures doivent être adressées au Délégué professionnel huit jours au moins avant le scrutin.

43. L'Assemblée désigne un Président de séance qui dirige les opérations de vote.

44. Le Comité, une fois élu, et une fois reconnu par la Direction, se réunit sous la Présidence du Délégué et procède aussitôt à l'élection de son Président et d'un Bureau de quatre membres.

45. Le Président, en accord avec le Délégué professionnel, répartit entre les membres du Bureau les diverses responsabilités.

46. Le Délégué professionnel participe aux travaux du Comité et de son Bureau.

47. Le Comité ne peut être dissous que par la Direction. Dans ce cas, la Direction désigne un Comité provisoire et fait procéder à une nouvelle élection.

C. La Section départementale

48. Dans les départements où le corps de profession est représenté, le Délégué du Groupement professionnel crée une section départementale de son Groupement.

49. Cette section est constituée par tous les membres du corps de profession et se subdivise en groupe d'entreprises.

50. Elle est organisée et animée par un Secrétaire désigné par le Délégué professionnel en accord avec le Délégué départemental. Ce secrétaire est assisté d'un bureau élu par les Compagnons de la Section.

51. La Section est reliée sur le plan administratif au Délégué départemental et, sur le plan technique, au Délégué professionnel.

III. Groupements sociaux

52. « Des groupements du Rassemblement sont constitués à l'intérieur de certaines catégories sociales (famille, jeunes, anciens combattants, diverses activités intellectuelles). »

53. Chaque groupement social est dirigé par un Comité. Auprès de chacun de ces groupements, un Délégué représente la Direction du Rassemblement.

54. Les groupements sociaux comprennent des sections départementales.

A. Le Délégué à l'Action sociale

55. Le Délégué à l'Action sociale est pour son groupement le représentant de la Direction.

56. Il est nommé par la Direction du Rassemblement.

57. Il a la charge de réunir sur le plan national tous les éléments de son groupement. Dans ce but, il organise et coordonne les sections départementales.

58. Il désigne, en accord avec les Délégués départementaux, les Secrétaires responsables des sections départementales.

59. Il peut être assisté d'adjoints au fur et à mesure du développement de son Groupement.

60. « Il veille à la cohésion entre l'action particulière menée par son groupement et l'action d'ensemble du Rassemblement. »

61. Il assure l'administration matérielle de son Groupement suivant les directives de la Direction.

62. « Auprès du Délégué, un trésorier nommé par la Direction est responsable des fonds et de leur comptabilité. Son avis est obligatoirement demandé pour tout appel de fonds et pour tout engagement de dépenses. »

B. Le Comité à l'Action sociale

63. Dans chaque groupement les représentants des sections départementales réunis au Centre national élisent pour un an, au scrutin secret, un Comité de vingt à quarante membres. Le nombre de ces représentants est fixé pour chaque département par le Délégué à l'Action sociale en fonction de l'importance du Groupement. En outre, dix à vingt membres sont désignés par la Direction du Rassemblement.

64. Le Comité dirige le Groupement suivant les directives de la Direction et en accord avec le délégué à l'Action sociale.

65. La Direction du Rassemblement fixe la date de l'élection de chaque Comité sur proposition du Délégué à l'Action sociale et en tenant compte du développement du Groupement. Elle désigne un représentant pour assister aux opérations.

66. Les convocations doivent être envoyées un mois au moins avant la date de la réunion et les candidatures doivent être adressées au Délégué à l'action sociale huit jours au moins avant le scrutin.

67. L'Assemblée désigne un Président de séance qui dirige les opérations de vote.

68. Le Comité, une fois élu et une fois reconnu par la Direction, se réunit sous la Présidence du Délégué et procède aussitôt à l'élection de son Président et d'un Bureau de quatre membres.

69. Le Président, en accord avec le Délégué à l'Action sociale, répartit entre les membres du Bureau les diverses responsabilités.

70. Le Délégué à l'Action sociale participe aux travaux du Comité et de son Bureau.

71. Le Comité ne peut être dissous que par la Direction. Dans ce cas, la Direction désigne un Comité provisoire et fait procéder à une nouvelle élection.

72. Les dispositions concernant l'élection du Comité ne sont pas applicables au groupement national des jeunes (RJF) pour lequel des modalités spéciales sont prévues.

C. La section départementale

73. Dans chaque département, le Délégué à l'Action sociale crée une section départementale de son Groupement.

74. Cette section est constituée par tous les éléments de la catégorie sociale.

75. Elle est organisée et animée par un Secrétaire désigné par le Délégué à l'Action sociale en accord avec le Délégué départemental. Ce secrétaire est assisté d'un bureau élu par les Compagnons de la Section.

76. La Section est reliée sur le plan administratif, au Délégué départemental et, sur le plan technique, au Délégué à l'Action sociale.

IV. Dispositions communes à tous les groupements

77. Les Compagnons qui exercent le mandat de député à l'Assemblée nationale et de Conseiller de la République ne peuvent faire partie des bureaux de Comité de groupements locaux, professionnels ou sociaux.

De plus, en ce qui concerne les bureaux des groupements locaux, les conseillers généraux, maires ou adjoints au maire ne peuvent en faire partie.

78. Des chargés de mission représentent la Direction dans un ou plusieurs départements, aussi bien pour les affaires concernant les groupements locaux que pour celles concernant les sections départementales des groupements professionnels et sociaux.

79. Le Président du Rassemblement donne délégation permanente aux délégués départementaux pour arbitrer tout différend s'élevant à l'intérieur du département entre les Compagnons du Rassemblement. Il est rendu compte de ces arbitrages au chargé de mission dans la région intéressée.

Le Président donne délégation permanente aux chargés de mission pour arbitrer tout différend s'élevant entre délégués et groupements. Il est rendu compte de ces arbitrages au Centre national.

Pour les arbitrages à l'échelon national, le Président du Rassemblement peut déléguer ses pouvoirs à un ou plusieurs membres du Comité exécutif.

Note

Paris, 27 février 1948

I. Le Rassemblement du peuple français a pris connaissance de la formation dans les assemblées parlementaires et à l'assemblée de l'Union française, d'Intergroupes constitués afin de promouvoir la réforme de l'État républicain conformément aux principes que le Rassemblement lui-même entend faire triompher au plus tôt dans le pays.

Dans la situation parlementaire actuelle, qui n'est aucunement en conformité avec le sentiment et la volonté du corps électoral, la condition nécessaire de toute réforme réelle de l'État dans le cadre de la démocratie, et d'ailleurs, de toute politique efficace de redressement national, est la consultation la plus prompte possible du suffrage universel.

Le Rassemblement du peuple français considère donc avec sympathie l'existence et l'action des Intergroupes du moment qu'ils s'efforcent effectivement, sur le plan parlementaire, d'amener les pouvoirs publics à procéder sans délai aux élections générales qui s'imposent.

C'est dans cet esprit que le RPF estime utile que les Intergroupes parlementaires se tiennent en liaison régulière avec lui.

II. Cette liaison doit avoir pour objet d'examiner :

a. La conduite à tenir au Parlement par les Intergroupes à l'occasion des principaux débats et scrutins.

b. Les questions locales qui peuvent se poser dans les circonscriptions respectives des membres des Intergroupes.

c. Éventuellement la participation de ces parlementaires à l'action du RPF, notamment dans sa propagande.

III. Les Intergroupes pourront donc désigner pour assurer cette liaison :

Intergroupe de l'Assemblée nationale : 5 membres.

Intergroupe du Conseil de la République : 3 membres. Il va de soi que les membres de ces délégations devront être membres du RPF.

Le Secrétaire général du RPF rencontrera en principe chaque semaine la délégation des deux Intergroupes parlementaires. Il convoquera à ces réunions ceux des membres de la Direction (Comité exécutif, Service du Secrétariat général) dont il estimera la présence nécessaire.

Le président du Rassemblement du peuple français a l'intention d'être lui-même présent à certaines de ces réunions.

Au général de Larminat, à Paris

19 mars 1948

Mon cher Larminat,

Mme Bonvin, veuve du gouverneur[1], m'informe qu'en raison de l'absence de certaines pièces officielles dans son dossier la caisse de solidarité de l'Association des Français Libres ne pouvait lui verser le secours périodique dont elle a besoin pour élever ses enfants.

Je vous confirme que c'est dans mon bureau à Alger que je remis la médaille de la Résistance au gouverneur Bonvin. Quant à la croix de la Libération, il y avait droit automatiquement comme membre du Conseil de l'Empire.

Il conviendrait, à mon avis, de faire le nécessaire pour compléter en ce sens le dossier de l'intéressée.

Croyez, mon cher Larminat, à mes sentiments cordialement dévoués.

1. Louis Bonvin, gouverneur des Établissements français de l'Inde de 1938 à 1945, rallié à la France Libre dès septembre 1940.

À Patrick de Ruffray[1]

21 mars 1948

Mon cher Ruffray,

Je ne vous avais pas oublié. Je vous retrouve. Peut-être, après tout, sommes-nous revenus douze ans en arrière. Mais le point où on est arrivé n'est jamais qu'un point de départ. En lisant *Solstice* j'ai bien vu que vous savez cela aussi.

Qui sait vers quoi, maintenant, le monde va partir ? Où qu'il aille, il sera conduit par des pensées et des sentiments. Or, vous savez penser et sentir. Alors ! Allez, marchez, courez ! Vous avez un rôle à jouer et un devoir à remplir.

Croyez, mon cher Ruffray, à mes sentiments bien sympathiques et dites-moi comment je puis vous aider à « servir » ?

Au commandant et à Mme Alain de Boissieu

22 mars 1948

Ma chère Élisabeth,

Mon cher Alain,

Bonnes et heureuses Pâques ! Quand ce mot vous parviendra, la fête sera passée. Mais vous saurez que nous aurons beaucoup pensé à vous.

Tout pousse à La Boisserie, y compris les nouveaux arbres et arbustes. Vous trouverez des changements dans le jardin à votre retour.

Côté des grandes affaires, la situation continue à se tendre en Europe[2]. Toute la question est que la France se ressaisisse à temps. Il y a virtuellement tous les éléments d'un redressement. Mais la « 3e force » (!) s'accroche désespérément. Cependant, ses jours sont comptés : la dislocation de cette coopérative d'exploitation de l'État est prochaine. Ce sera vilain à voir.

Toutes mes meilleures et profondes affections.

1. Ancien élève de Saint-Cyr, collaborateur du journal *La Croix*. Le général de Gaulle l'avait rencontré avant la guerre.

2. En décembre 1947, un gouvernement communiste s'est installé en Roumanie après l'abdication du roi Michel. En février 1948, les communistes s'emparent du pouvoir en Tchécoslovaquie.

À l'enseigne de vaisseau de Gaulle, 3e flottille d'aviation embarquée, à Hyères (Var)

22 mars 1948

Mon cher Philippe,

Voici le printemps officiel (1er Germinal). Cependant, à La Boisserie, il y a en ce moment un froid brouillard succédant à des jours magnifiques. Tout est en train de pousser et le décor verdit à vue d'œil.

Du côté des grandes affaires, la situation en Europe continue de s'assombrir. Toute la question est que la France se ressaisisse à temps. Le redressement est tout près. Mais la 3e force s'accroche désespérément. Cependant, je ne lui donne pas un long avenir…

Tiens-nous au courant des projets de manœuvre et de déplacements qui te concernent.

Je t'envoie un livre américain sur les marins-aviateurs du Pacifique.

Maman et moi vous embrassons tous deux très affectueusement.

Ton Papa

À Jules Houcke[1]

Paris, 31 mars 1948

Mon cher ami,

Merci de votre « lettre de faire-part » au sujet de *La Voix du Nord*. Cette affaire aura été bien regrettable, notamment au point de vue qui me préoccupe surtout. Puisse le journal conserver la ligne qu'il avait suivie.

Soyez sûr que je ne doute pas un instant de votre volonté personnelle à cet égard. Je souhaite que ceux qui vous entourent soient dans les mêmes intentions. Ne croyez-vous pas qu'après un certain temps, la pression des événements aidant, et à la condition que les blessures échangées ne s'enveniment pas davantage, il sera peut-être possible de recoudre ce qui a été déchiré ?

En tous cas, tous mes vœux pour vous, mon cher ami, et mes sentiments de fidèle dévouement.

1. Vice-président du comité départemental du RPF dans le Nord et membre du conseil de gérance de *La Voix du Nord*, journal qui vient de connaître un conflit, accompagné d'une grève, entre ce conseil de gérance et le directeur Léon Chadet. Le général de Gaulle écrit dans les mêmes termes à Léon Chadet.

À Louis François[1]

6 avril 1948

Mon cher François,

Je vois mal à quoi tend votre lettre du 11 mars.

Si la Commission d'Histoire de l'occupation et de la résistance (que j'ai moi-même créée) a des documents à demander à l'organisme qui a succédé à la DGER ou à telle personnalité dont le rôle fut marquant (comme M. Diethelm), je ne vois absolument aucun inconvénient à ce qu'elle les leur demande. Mais mon intermédiaire n'est nullement nécessaire.

En ce qui a trait aux documents officiels de la période pendant laquelle j'ai dirigé le gouvernement (18 juin 1940-21 janvier 1946), ils se trouvent, je pense, dans les services qu'ils concernent et sur lesquels, comme vous le savez, je n'exerce actuellement aucune autorité... Quant aux papiers personnels que je puis avoir, il m'appartient de juger si et quand ces papiers devront être remis par moi aux Archives nationales.

Veuillez croire, mon cher François, à mes meilleurs sentiments.

Instruction sur la composition, l'objet et le fonctionnement du Ier Congrès national du RPF

s.d. *[avant le 16 avril 1948]*

I. Le premier Congrès national du Rassemblement du peuple français aura lieu à Marseille les 16 et 17 avril 1948.

Il sera présidé par le général de Gaulle.

II. Il se composera des délégations de tous les Groupements départementaux (ou territoriaux) professionnels et sociaux.

Chaque groupement départemental sera représenté par :

1. le délégué départemental,
2. le président du Comité départemental,
3. le délégué à la Propagande,
4. le trésorier,

et par plusieurs Compagnons désignés par le Comité en accord avec le délégué départemental et choisis de telle sorte que la moitié au plus des membres de la représentation proviennent du chef-lieu et la moitié au moins des autres cantons. Le nombre de ces Compagnons sera fixé par la direction pour chaque département, compte tenu à la fois de l'importance du département et de celle de son groupement.

---

1. Inspecteur général au ministère de l'Éducation nationale.

D'autre part, les Compagnons du Rassemblement qui sont membres du Parlement ou maires de chefs-lieux de département ou d'arrondissement, participent au Congrès.

III. Chaque Groupement professionnel ou social sera représenté au Congrès par :

1. le délégué,
2. le président du Comité,
3. le trésorier,

et un certain nombre de Compagnons désignés par le Comité en accord avec le délégué. Le nombre de ces Compagnons sera fixé par la direction pour chaque groupement professionnel ou social compte tenu de son importance.

IV. L'objet de ce premier Congrès est de dégager l'orientation que doit prendre le Rassemblement par rapport aux grands problèmes d'intérêt national et de salut public qui sont posés devant la France.

À cet effet les Comités de Groupement adresseront à la direction avant le premier avril la liste des questions qu'ils souhaitent voir figurer au programme des travaux.

Ce programme sera établi en conséquence par la direction.

V. Le Congrès sera ouvert par le président du Rassemblement.

Au cours de la première séance plénière, le Congrès prendra connaissance d'exposés des membres du Comité exécutif sur les principales questions politiques, économiques, professionnelles, sociales et sur celles qui concernent l'Union française. Il s'organisera ensuite en Commissions pour étudier les questions inscrites au programme des travaux (questions intérieures, questions extérieures, questions économiques, questions sociales et professionnelles, questions relatives à l'Union française).

Les conclusions des Commissions seront exposées en séance de clôture par des rapporteurs qu'elles auront désignés. L'ensemble de ces conclusions sera en principe formulé dans l'ordre du jour voté au scrutin public.

En outre, l'ordre du jour fixera les questions que le Congrès soumet à l'étude du Conseil national.

Au cours du Congrès, une Commission d'étude de l'organisation intérieure examinera les questions concernant le fonctionnement du Rassemblement. Elle se divisera, dans ce but, en plusieurs sous-commissions (organisation proprement dite, propagande, finance...).

VI. Enfin le Congrès désignera pour un an, au scrutin secret, cent vingt Compagnons pour siéger au Conseil national. Soixante seront choisis parmi les candidats présentés par les groupements départementaux ou territoriaux, quarante parmi ceux présentés par les groupements professionnels et vingt parmi ceux présentés par les groupements sociaux.

Les candidatures seront déposées à une Commission de centralisation qui les présentera au Congrès.

À Jeanne Bataille[1]

19 avril 1948

Ma chère cousine,

Nos chagrins se sont croisés. Le bon et cher capitaine Bataille vous a quittée presque au moment où notre pauvre jeune fille Anne allait partir pour le Ciel !

Je n'ai rien oublié de celui que vous avez perdu et je n'oublierai jamais, en particulier, ni son bienveillant accueil au 33e quand j'y arrivais voici beaucoup d'années, ni l'exemple qu'il a donné sur le champ de bataille !

À vous-même et aux vôtres, j'adresse ma chère cousine, les plus sincères et profondes condoléances de ma femme avec les miennes. J'y joins tous mes respectueux souvenirs.

Au colonel Rémy[2]

23 avril 1948

Mon cher ami,

J'espérais vous voir à Paris pour vous témoigner toute ma satisfaction au sujet de la grande affaire de Marseille. Veuillez, du moins, en trouver, par ce mot, l'expression.

Ç'a été une réussite complète, grâce à vous.

Les prolongements seront multiples et importants.

Bien amicalement.

À l'enseigne de vaisseau de Gaulle, 3e flottille d'aviation embarquée, base aéronavale, à Hyères

24 avril 1948

Mon cher Philippe,

Ma pensée, – comme celle de Maman, – t'accompagne dans la croisière et les manœuvres auxquelles tu vas prendre part. Je te demande de m'écrire un mot de temps en temps pour me dire comment cela marche.

La Boisserie est à la disposition d'Henriette qui y trouvera, – non point une folle gaîté, – mais beaucoup d'affection et, en outre, ce qui peut s'y trouver de confort et de tranquillité.

1. Née Le Bail, cousine éloignée du général de Gaulle.
2. Membre du Comité exécutif du RPF.

Au revoir, mon vieux garçon. J'ai été ravi de voir votre gentille installation et de vous y voir heureux ensemble tous les deux, en attendant le 3e.

Je t'embrasse tendrement ainsi qu'Henriette.

Ton Papa

Apostille[1]

Répondre qu'il est faux que je m'oppose à ce qu'on donne mon nom à une rue[2]. Tout dépend du caractère et de l'intention de la décision de la municipalité de Sainte-Maure, si, comme je le crois, il ne s'agit que de commémorer à travers mon nom les événements historiques de 1940 à 1946, je n'ai aucune raison de m'y opposer.

À Madame Génin [inédit]

7 mai 1948

Madame,

C'est avec une vive émotion que j'ai reçu, en même temps que votre noble lettre, le « memento » de votre glorieux mari le colonel René Génin.

Il fut l'un des premiers et, certainement, l'un des meilleurs et des plus purs. Le moment où cet homme de cœur et de valeur, ce soldat d'élite, ce chef magnifique était venu me rejoindre et la façon dont il l'avait fait avait beaucoup contribué à éclairer et à affermir ceux qui se trouvaient déjà avec nous et ceux qui se préparaient à y venir. Quant à moi je n'oublierai jamais les entretiens que j'ai eu avec le colonel Génin, d'abord quand il arriva de France en A-ÉF, ensuite sur le champ de bataille d'Érythrée où il s'est si brillamment distingué, enfin sur ce terrain douloureux de Syrie, qu'il fallait à tout prix occuper sous peine de voir l'ennemi achever de s'en saisir. Je puis vous dire que j'eus un très profond chagrin quand j'appris sa mort pour la France. Car, dans la terrible pénurie d'hommes où se trouvait alors la France Libre et où se trouve hélas ! toujours notre pays, je fondais sur lui de grandes espérances.

À l'occasion de mon prochain voyage à Verdun, je compte m'arrêter à [...[3]] pour y rendre hommage à la mémoire du colonel Génin. J'aurai ainsi l'honneur de vous saluer et de voir peut-être tel ou tel de vos enfants.

Je vous prie de bien vouloir agréer, Madame, mes hommages les plus respectueux et dévoués.

C. de Gaulle

---

1. Sur une lettre du 27 avril 1948 du délégué départemental du RPF en Indre-et-Loire.
2. La commune de Sainte-Maure-de-Touraine s'est vu refuser par la préfecture d'Indre-et-Loire l'autorisation de donner le nom du général de Gaulle à une rue de la ville alors que le conseil municipal en avait pris la décision.
3. Le nom du lieu est illisible.

Dédicace à la Résistance française[1]

9 mai 1948

La Résistance, ce fut la Défense nationale.

Suivirent les péripéties et les conditions terribles d'une guerre sans précédent, elle a pris toutes les formes, rassemblé toutes les tendances, utilisé tous les sacrifices. Mais elle fut, toujours et partout, un combat, un seul combat, pour la Patrie.

En voici le témoignage, c'est la liste glorieuse de ses noms, médaillés de la Résistance, mes camarades, morts ou vivants !

La victoire fut gagnée. La France a été sauvée. Maintenant que le temps passe ! Que l'oubli monte ! Que les passions déferlent ! Nous avons fait notre devoir.

À M. Le Van Hoach[2], à Saigon

11 mai 1948

Monsieur le président,

Les services que vous avez rendus à la Cochinchine comme chef de son Gouvernement, ceux que vous lui rendez aujourd'hui, le rôle qui doit vous revenir dans ce qui sera quelque jour le règlement réel des problèmes concernant l'Indochine par rapport à l'Union française, vous constituent des titres vraiment exceptionnels. C'est vous dire quel prix j'attribue aux sentiments et aux idées qu'exprime la lettre dont M. Debeaumarché m'a fait remise de votre part. C'est vous dire également quelle importance j'attache à la création du « Rassemblement du peuple vietnamien » dont je suivrai avec la plus grande attention le développement et l'action.

J'espère, monsieur le président, trouver bientôt l'occasion de vous voir et de m'entretenir avec vous des problèmes du présent et de l'avenir. En attendant, je vous demande d'agréer l'assurance de ma considération la plus distinguée.

Le 3 avril 1948, le Congrès américain adopte le Plan Marschall d'aide économique à l'Europe.

1. Manuscrit déposé à l'ordre de la Libération.
2. Ancien président du gouvernement de la république de Cochinchine.

Au général de Bénouville[1]

14 mai 1948

Mon cher ami,

Au moment où vous partez pour les États-Unis, je crois utile de vous préciser quelques idées qui pourront vous servir dans vos entretiens.

Pour bien faire comprendre à nos amis américains les raisons fondamentales de notre action actuelle, il faut toujours se reporter à ce qu'était la situation de la France au moment de la Libération. Le régime de la IIIe République s'était, en 1940, écroulé dans le désastre. D'autre part, la secousse produite par l'effondrement de Vichy risquait de plonger la France dans l'anarchie. Or, les communistes s'étaient par avance organisés de manière à s'emparer du pouvoir s'ils en trouvaient l'occasion et le moyen.

Ma première tâche intérieure a consisté alors, tout en terminant la guerre, à barrer la route aux communistes. Je l'ai fait non sans à-coups ni oppositions, mais sans conflit sanglant. En particulier, j'ai dissous les forces que les communistes avaient préparées pour leur compte, incorporé dans l'armée tous les éléments sains de la résistance, lesquels étaient, d'ailleurs, de grande qualité, réinstauré l'administration normale et la justice régulière.

Cela fait, j'ai rétabli la démocratie en appelant le pays à voter librement pour élire, d'abord ses conseils municipaux, ensuite ses conseils généraux, enfin son Assemblée nationale constituante. Ainsi, les communistes se trouvaient noyés dans la démocratie. Mais, en même temps, les partis renaissaient et, malheureusement, plus âpres, divisés et exclusifs que jamais. Dans le régime que les partis instituaient pour leur propre compte, sans égard pour l'intérêt commun du pays, mon action et même ma présence devenaient impossibles à moins d'un coup d'État, dont je repoussais même l'idée. C'est pourquoi je me suis retiré du pouvoir.

Cependant, le pays reconnaît, à l'expérience, qu'en présence de la dimension et de la difficulté des problèmes qui l'étreignent, le régime exclusif des partis ne peut aboutir et qu'il convient de séparer les pouvoirs pour restaurer à la fois et séparément le Gouvernement et le Parlement. Quant à moi, je préconise, comme on sait, une organisation des pouvoirs qui tiendrait largement compte de l'exemple fourni par la Constitution des États-Unis d'Amérique et telle que les libertés fondamentales de l'individu seraient garanties par un État suffisamment solide.

Ce caractère de solidité est d'autant plus nécessaire au régime politique de la France que, devant la menace constante que font peser sur elle

1. Secrétaire général du RPF aux relations avec l'étranger.

à la fois la masse soviétique et l'action communiste, il lui faut être capable de se défendre, tout en jouant un rôle éminent dans l'organisation de l'Europe libre. En particulier, sa participation active et puissante est indispensable à la création d'un groupement européen de l'Occident. Mais cette participation même est exclusive d'une restauration éventuelle du Reich allemand. Au contraire, la France n'aurait pas d'objection à ce qu'une Allemagne organisée en États souverains, lesquels pourraient constituer entre eux une fédération, fût introduite dans le groupement européen.

La nécessité où se trouve la France de se donner à elle-même un État solide et stable s'impose enfin, à nos yeux, pour ce qui concerne sa collaboration avec les États-Unis. À moins que cette collaboration soit conçue comme une sorte de protectorat exercé par l'Amérique, ce qui lui ôterait *ipso facto* tout crédit et toute efficacité et pousserait rapidement l'opinion française du côté des Soviets, il est indispensable que la France soit en mesure de traiter avec les États-Unis dans un esprit d'indépendance. Il faut aussi qu'elle puisse offrir aux États-Unis, en contrepartie de leur appui économique et, éventuellement, stratégique, une réelle capacité d'échanges commerciaux et, s'il le fallait, de concours militaire. Mais une pareille assistance exige évidemment un régime politique assez fort pour porter de redoutables responsabilités, prendre des engagements graves et, le cas échéant, les tenir.

Tels sont les buts que nous poursuivons. S'ils étaient atteints, la France, profondément enfoncée dans le corps de l'Europe, gardienne du littoral occidental du vieux continent, possédant en Afrique une position essentielle, appuyant sur le concours des États-Unis sa rénovation économique et, éventuellement, sa défense, pourrait prendre à la renaissance et à la sauvegarde de l'Europe occidentale et de l'Afrique, une part capitale. Au contraire, à quelles incertitudes resterait exposée la liberté du monde si la France demeurait privée d'un État capable de la conduire !

Amicalement à vous.

À Élisabeth de Boissieu, à Brazzaville

15 mai 1948

Ma chère petite fille Élisabeth,

Ma pensée et celle de votre Maman sont allées vers vous aujourd'hui plus tendrement que jamais. Faute de vous voir près de nous avec un gâteau à bougies, nous dirigeons nos souhaits et nos affections vers notre lointaine petite fille. Et nous mesurons mieux que jamais quel vide c'est pour nous que votre éloignement actuel.

L'atmosphère en France est assez bizarre en ce moment. Il y a beaucoup plus de choses en vente qu'à votre départ, notamment comme ravitaillement (sauf la viande, devenue au contraire très rare). Mais les gens n'ont plus d'argent pour acheter et les prix demeurent aussi élevés que jamais. Les mesures prises par M. René Mayer[1] ont eu leur effet momentané. Mais elles sont maintenant au bout du rouleau et tout le monde prévoit une nouvelle chute financière. À l'extérieur c'est le néant. Nul ne fait, ni ne projette plus rien. L'Amérique est hypnotisée par ses élections prochaines. L'Angleterre se traîne dans un marasme inguérissable. Quant à nous ! Il résulte de tout cela une psychologie générale d'attente, d'inquiétude et d'amertume. Chez nous, le régime s'accroche désespérément. Il flotte sur le pays comme le bouchon sur la mer. Personne n'y croit. Mais il se prolonge, précisément à cause de cette méprisante indifférence. En fait, il disparaîtra sans aucune résistance et sans laisser de traces au premier événement grave. Mais, jusque-là, il peut végéter sur sa propre nullité.

Philippe est en croisière jusqu'à la fin de juin. Henriette est à La Cueille avec sa mère. C'est vous dire que nous sommes bien seuls, votre Maman et moi. La pauvre petite Anne, quel que fût son état, jouait tout de même son rôle de présence, de sujet d'intérêt et d'affection. Qu'il en soit comme Dieu l'a voulu !

Au revoir, ma bien bien chère petite fille Élisabeth. Je vous embrasse du fond de mon cœur. Votre Papa très affectionné.

[PS] Ce sera la fête de Maman le 19.

Au commandant de Boissieu, à Brazzaville

15 mai 1948

Mon cher Alain,

Votre dernière lettre m'a fort intéressé. De votre côté, comme ailleurs, je vois qu'il faudrait assez peu de chose pour que notre défense nationale réapparaisse et que la vieille plante repousse, quitte à être taillée à la moderne. Mais ce peu de chose est un secret que le régime actuel ne possède pas.

Ici, les esprits continuent à évoluer dans le bon sens. Toute la question est de savoir si les événements n'iront pas trop vite pour qu'il soit possible de redresser la situation dès lors qu'on en aura les moyens.

J'ai eu de vos nouvelles par le général Delange que j'ai été content de revoir. Mlle Idrac nous avait déjà décrit votre maison et ses habitants.

1. En janvier 1948, René Mayer, ministre des Finances et des Affaires économiques dans le cabinet Schuman, a décidé un prélèvement exceptionnel sur les revenus de certains particuliers et de certaines entreprises, la dévaluation du franc et le rétablissement de la liberté du marché de l'or.

Ici le printemps est à son apogée. Quand le prochain viendra vous ne serez plus loin du retour.

Au revoir, mon cher Alain. Votre Mère et moi vous envoyons toutes nos meilleures affections.

À l'enseigne de vaisseau de Gaulle, 3e flottille d'aviation embarquée, base aéronautique navale, à Hyères

16 mai 1948

Mon bien cher Philippe,

Ma pensée te suit dans la croisière et les manœuvres auxquelles tu prends part. J'espère qu'elles te seront utiles et intéressantes. Tu m'en rendras compte en détail quand tu viendras ici. En tous cas, la force navale qui est constituée à cet effet a une certaine puissance et une sérieuse qualité. Nous ferons mieux plus tard…

Henriette, nous a écrit sa tante Mme Chavent, est maintenant à La Cueille. Nous espérons qu'elle ne va pas s'y fatiguer. Car il est essentiel qu'elle ne fasse pas actuellement d'efforts excessifs et le mieux serait une vie purement végétative. Nous attendons avec un peu d'impatience le moment où elle arrivera ici. Il va de soi que plus Mme de Montalembert voudra y rester aussi et plus nous serons satisfaits.

À bientôt mon cher Philippe. Nous t'embrassons bien affectueusement.

Ton Papa

À Léon Noël

18 mai 1948

Mon cher ambassadeur,

Merci de m'avoir remis et dédicacé votre ouvrage sur Camille Barrère[1]. J'y ai pris un vif intérêt. Le sujet en est une cause. L'auteur une autre. La troisième cause c'est le sentiment que le Passé nous aide à trouver le chemin de l'Avenir pour le service de la France.

Veuillez croire, mon cher ambassadeur, à mes sentiments très distingués et bien dévoués.

1. *Camille Barrère, ambassadeur de France.*

À Joseph Frys, à Lille

21 mai 1948

Monsieur,

J'ai appris que vous faisiez état à des fins que je ne saurais approuver d'une lettre que je vous ai adressée le 2 février 1947[1] en réponse à la vôtre du 30 janvier.

Ainsi que vous le savez, il n'existe qu'une seule Association des Français Libres, celle dont je suis le président d'honneur. Le général de Larminat en assume la présidence et le révérend père Florent la représente pour le département du Nord. Je vous demande donc instamment de ne plus utiliser, comme vous l'avez fait jusqu'à maintenant et en en déformant le sens, la lettre en question.

Croyez, Monsieur, à mes sentiments les meilleurs.

Aux membres du Comité exécutif du RPF

27 mai 1948

Mon cher ami,

Vous savez quels sont nos devoirs. Vous savez aussi quelles sont nos charges.

Je vous demande de faire personnellement auprès de ceux des bons Français que vous connaissez et qui en ont les moyens les démarches nécessaires pour que nous soyons aidés dès maintenant quant aux finances de notre Rassemblement.

Je compte sur vous et vous pouvez dire à chacun de ceux à qui vous allez vous adresser que je compte sur lui.

Bien amicalement.

À Jules Houcke, à Nieppe (Nord)

27 mai 1948

Mon cher ami,

J'apprends par nos amis du Nord que vous songeriez à donner votre démission de la vice-présidence du comité départemental.

Je vous connais depuis trop longtemps et nos relations sont marquées de trop de confiance pour penser que vous puissiez prendre en définitive une telle décision sans m'en avoir entretenu auparavant.

---

1. Il s'agissait d'une simple lettre de remerciement pour le témoignage reçu des membres de l'Association France Libre et France Combattante du Nord dont Joseph Frys était alors président.

Je serais heureux de vous voir à ce sujet et en attendant je vous prie de recevoir, mon cher ami, l'assurance de mes sentiments cordialement dévoués.

Au colonel de Petiville[1], à Saint-Sever (Calvados)

27 mai 1948

Mon cher Petiville,

Votre lettre n'a fait que me confirmer dans ma conviction que rien n'est plus lamentable que la dispersion de bons Français et dans ma résolution d'y remédier en les rassemblant pour le salut du pays.

Je regrette que vous-même n'ayez pas encore répondu à l'appel que j'ai, dans ce but, adressé il y a un an et maintes fois renouvelé depuis. Les incidents dont vous me parlez ne se seraient pas produits. Surtout, votre élection au Conseil général du Calvados aurait revêtu un caractère d'utilité générale dont, à mon avis, elle a été malheureusement privée.

Il est vrai que, malgré cela, vous avez été élu… Votre situation personnelle dans le canton, l'inexpérience de votre concurrent, vos beaux services de guerre, certains concours qui vous sont venus de divers côtés, notamment des plus imprévus, par haine et par crainte de mon actuelle entreprise, enfin et surtout peut-être l'équivoque que vous avez créée quant à votre accord avec moi en utilisant le fait de nos relations antérieures ont, pour cette fois, produit ce résultat. Je persiste à penser qu'il y avait mieux à faire.

Croyez, mon cher Petiville, à mes sentiments de sincère camaraderie.

Au commandant de Boissieu, à Brazzaville

27 juin 1948

Mon cher Alain,

À l'occasion de cette fin de trimestre…, je vous adresse, ainsi qu'à Élisabeth, toutes mes pensées les plus affectueuses. Nous ne cessons pas d'évoquer notre jeune ménage de Brazzaville, jugeant que par le temps qui court il vaut peut-être mieux pour vous deux être [posés] en A-ÉF, qui sait ?

Bien que je ne veuille pas croire à un conflit imminent auquel personne n'est ni matériellement, ni moralement préparé, je constate que l'atmosphère s'alourdit de plus en plus. En ce moment, c'est l'affaire de Berlin, – très mal engagée[2]. Le régime actuel étale dans le domaine extérieur la

1. Le colonel de Petiville remporte l'élection cantonale partielle à Saint-Sever le 25 avril 1948 contre le candidat du RPF. Il bénéficie de quelques voix communistes. Écrivant au général de Gaulle, il se plaint qu'on ait mis en doute pendant la campagne électorale ses titres de résistance, l'« obligeant » à se présenter comme un résistant reconnu, camarade de promotion du général de Gaulle à l'École de guerre, et connaissant Xavier de Gaulle, son frère.

2. Le 22 juin, les Soviétiques ont commencé le blocus de Berlin.

même lamentable impuissance que dans tous autres domaines. Pour des raisons qui ne dépassent plus la mangeoire, les tenants du régime persistent dans leur être, non sans épouvante quant à la suite. Cela donne un cercle horrible de malheureux. Mais l'esprit public ne cesse de s'éclairer et, par là même, de s'améliorer. Les élections cantonales d'octobre, malgré leur caractère très peu favorable aux grands courants, vont montrer l'agonie – vraiment laide, – de ce qui s'est appelé « la 3e force ».

Au revoir, mon cher Alain. Travaillez bien. Votre Mère et moi vous adressons toutes nos meilleures affections à vous et à Élisabeth. La jeune Henriette est ici en ce moment, attendant Philippe qui doit rentrer de croisière dans quelques jours.

[PS] Je fais créditer votre compte au Crédit Lyonnais, rue Royale, de la somme de 30 000 francs.

À Paul Claudel[1]

7 juillet 1948

Mon cher maître,

Conformément à l'instruction sur l'organisation du Rassemblement du peuple français du 13 novembre 1947, je vous ai désigné comme membre du Conseil national.

Je suis heureux de vous l'écrire et de vous inviter à prendre part à la session du Conseil qui se tiendra à Paris du 19 au 25 juillet 1948.

Veuillez croire, mon cher maître, à mes sentiments fidèlement dévoués.

À Paul Claudel

13 juillet 1948

Mon cher maître,

Ainsi que je vous en ai fait part dans ma lettre du [7] juillet, le Conseil national du Rassemblement du peuple français doit se réunir pour la première fois lundi prochain.

J'ai l'intention de présider le début de la première séance, et je serais d'autant plus heureux que vous y soyez présent. En qualité de doyen d'âge, vous seriez appelé à assurer ensuite la présidence provisoire, ce qui serait à toutes sortes d'égards un grand honneur et un grand avantage pour notre Conseil national.

Je vous prie de croire, mon cher maître, à mes sentiments de très haute et dévouée considération.

1. Une lettre analogue est adressée à d'autres membres du Conseil national du RPF.

Message aux délégués du RPF

14 juillet 1948

Notre tâche de salut public exige que nous allions chercher au plus profond du peuple français le concours moral et matériel qui nous est nécessaire.

C'est la raison de la grande Campagne du Timbre que nous allons engager partout[1].

Je sais d'avance que l'appel sera entendu, que le succès sera remporté.

Je sais d'avance que les délégués de notre Rassemblement vont y contribuer au premier chef, au premier rang !

Le 19 juillet 1948, le gouvernement Robert Schuman, mis en minorité sur les crédits militaires, démissionne.

La première réunion du Conseil national du RPF se tient à Paris, du 19 au 25 juillet 1948. Le général de Gaulle en préside la séance d'ouverture.

Allocution prononcée à Paris le 19 juillet 1948

Avec un grand plaisir et sans apprêt, j'ai l'honneur de saluer les membres du Conseil national du Rassemblement du peuple français, Conseil qui va se constituer dans un instant.

Avant qu'il ne le fasse, je tenais, toujours sans apprêt, au nom du Rassemblement tout entier, à appeler l'attention des conseillers sur des idées qui leur seront utiles au service de notre cause, qui est celle du pays.

C'est un fait que notre conseil se réunit, pour la première fois, dans un moment où ce que nous avions prévu est en train de se produire, et où les raisons pour lesquelles nous nous sommes rassemblés apparaissent comme évidentes aux yeux des moins prévenus, et même aux yeux de ceux qui ont pris le parti de ne pas regarder pour ne pas être obligés de voir. L'État, disloqué par le régime exclusif des partis, la Nation sentant fermenter en elle-même des germes de dissolution, une situation extérieure immensément grave, une situation économique et financière et, par conséquent, sociale, qui peut s'exprimer par un seul mot : déséquilibre, la rupture progressive de tous les liens administratifs à l'intérieur du pays, par-dessus

1. En achetant des timbres de 50 francs spécialement édités par le RPF, et en les envoyant personnellement au général de Gaulle, les Français pourront soutenir moralement et matériellement son action. Voir le message du général de Gaulle en septembre 1948.

tout cette sorte de découragement qui tendrait à s'emparer de la France si nous n'étions pas là. Mais nous sommes là.

Face aux crises que nous traversons, inévitables et d'ailleurs prévues, il y a longtemps, vous le savez, que nous dressons des principes qui peuvent tout sauver, pour peu qu'un jour nous soyons – et nous le serons – en mesure de les appliquer.

Devant la situation de déséquilibre social et économique qui a pour résultat une opposition plus aiguë que jamais entre les classes sociales, et un défaut de rendement collectif grave des activités françaises, nous avons une solution qui s'appelle : l'Association[1].

À la dislocation commencée de l'Empire, nous avons une solution à opposer qui s'appelle : l'Union française. Aux graves dangers extérieurs qui planent sur l'Europe, sur le monde et sur nous, du fait des ambitions de domination illimitée de la Russie soviétique, et de rien d'autre, nous avons une solution qui s'appelle la Fédération européenne, dans l'ordre économique et dans l'ordre de la défense. Enfin, à cet état de dislocation national, dont nous avons parlé tout à l'heure, nous avons une solution à opposer qui est la réforme de l'État.

Association, Union française, Fédération européenne, réforme de l'État, il y a des années que nous avons proclamé ces principes. Nous l'avons fait, je vous en prends tous à témoin, aux pires moments de la récente guerre, c'est-à-dire dans les moments où peu, semble-t-il, y pensaient, excepté nous. Ces principes, nous ne nous sommes pas bornés à les indiquer, nous les avons nettement définis. Maintenant, il s'agit de les traduire en dispositions pratiques qui puissent être appliquées du jour au lendemain, car c'est cela probablement que nous aurons à faire bientôt.

Le travail, la mission, le devoir que le RPF a confiés à son Conseil national, c'est essentiellement cela : déterminer dans le plus bref délai possible les mesures d'application pratique qui concernent les principes dont j'ai parlé, en y ajoutant, bien entendu, tout ce qui est d'ordre administratif, intellectuel, éducatif, quand il s'agit de rénover la Nation. À ce grand travail, le RPF vous convie. Dès que vous vous serez constitués, c'est-à-dire dès que vous aurez établi votre règlement et désigné votre bureau, je pense qu'il vous paraîtra expédient de vous répartir en commissions auxquelles le Conseil national donnera mission d'établir des rapports sur les principaux de ces sujets-là.

Voilà l'œuvre principale à laquelle il est normal que vous vous livriez dans la session présente, de manière que, dans la session suivante, qui se réunira dans le courant de septembre, vos commissions soient en mesure de fournir leurs rapports, sur le vu desquels le Conseil national du RPF prendra ses résolutions. Ainsi pourrons-nous dresser devant le pays, dès

1. L'Association capital-travail est une des importantes réformes sociales préconisées par le RPF.

septembre prochain, un corps de dispositions destinées à servir aux Pouvoirs publics, dès lors naturellement que ces Pouvoirs publics auront été transformés de manière à être capables de remplir leur mission.

Je demanderai à nos compagnons parlementaires de bien vouloir servir de correspondants à notre Conseil national, et en particulier à nos commissions, de manière à leur apporter le concours de leur expérience, de leur activité, et pour qu'il n'y ait pas de différences entre la manière dont nous aurons conclu au Conseil national et la façon dont les questions seront présentées au Parlement.

Les événements, mes chers compagnons, vous voyez comment ils tournent. Suivant le mot d'un grand écrivain, « Nous marchons vers une mer inconnue ». Personne ne peut embrasser l'avenir suffisamment pour le prévoir, mais tout le monde comprend que le destin et la vie de la France, le destin et la vie de l'Europe sont en jeu d'une manière immédiate. Suivant que notre pays aura su se reprendre, recouvrer ses moyens vitaux et son rayonnement, ou bien qu'il ne l'aura pas su, c'est un monde complètement différent dans l'une ou l'autre hypothèse qui va se dessiner pour des siècles.

Jamais de ma vie, permettez-moi de vous le dire, je n'ai senti à un pareil degré l'intensité du devoir. Il faut que nous prenions la France en charge pour la conduire, mais il faut qu'elle nous porte avec sa propre volonté, sans quoi nous ne saurions rien faire que des fictions. Voilà la tâche sacrée du Rassemblement.

À quelle hauteur de mépris devons-nous être par rapport à ceux qui nous tiennent pour des partisans et des chercheurs de portefeuilles ! Mais c'est de cette hauteur-là que nous pouvons voir les choses dans leur réalité si grave. Je sais, mes chers compagnons, que mon sentiment est le vôtre, et c'est en toute confiance que je déclare ouverte la première session du Conseil national.

Allocution prononcée à Nantes le 26 juillet 1948

Si je suis venu à Nantes aujourd'hui, c'est d'abord pour m'unir à vous tous dans le grand souvenir que vous avez décidé de commémorer. C'est aussi parce que Nantes est un bon compagnon de la Libération, l'un des premiers et l'un des plus chers, et que c'est à Nantes que, dans un moment qui doit être peut-être décisif pour l'avenir du pays, je tiens à venir dire certaines choses, qui concernent le passé, le présent et l'avenir.

Je vous parlerai franchement, sans apprêt. Je vous dirai les choses comme elles me viennent. Elles n'en seront, bien entendu, que plus sincères. Vous les prendrez de cette façon-là. Je suis un homme qui s'adresse à des hommes et des femmes ; un Français qui, depuis huit ans, s'adresse à des Français et des Françaises, et qui ne veut considérer en ses auditeurs que des Françaises et des Français.

Le passé, le présent, sont infiniment douloureux. Dans la longue occupation où la France fut frappée matériellement et moralement d'une manière grave, mais sut toujours, sans jamais faiblir, conserver tout entière la foi dans ses destinées, je sais que Nantes fut parmi toutes nos villes une de celles qui, dans les durs moments, prenaient la patrie le plus au sérieux.

Et puis, épreuve par épreuve, chagrin après chagrin, larmes après larmes, morts après morts, est venue enfin la Libération. Vous avez vécu cela à Nantes, et je suis certain que tous ceux qui s'y sont trouvés ont compris que c'était là un des plus grands souvenirs de l'Histoire française et qu'ils avaient l'honneur et le privilège d'y avoir participé. Et la Libération accomplie, ce fut la Victoire, une dure victoire, une cruelle victoire.

Oh ! Ce n'est pas que nous, la France, nous n'ayons eu l'habitude de la Victoire. Mais nous avions l'habitude de victoires complètes quand nous les remportions, de victoires magnifiques où nous étions au premier rang ; de celle, par exemple, de 1918 où c'était un Français, un Foch, qui menait le monde entier à la Victoire. C'est ce souvenir-là que nous avions. Cette fois, il faut bien le dire, la Victoire, nous la remportions dans des conditions beaucoup plus dures, et où la France n'apparaissait pas au rang auquel elle aurait dû se trouver. Elle était, en outre, rompue, rompue matériellement, dans de nombreuses régions et d'abord dans la vôtre ; rompue moralement dans l'âme de beaucoup de ses enfants, et cependant, de toute cette nation qui émergeait de l'abîme par une espèce de miracle, de toute cette nation se dégageait partout, j'en fus témoin, un immense espoir, un courant général qui entraînait le pays vers l'avenir, en toute confiance, bien qu'il mesurât dans une certaine proportion les obstacles qu'il allait rencontrer.

Il faut bien dire que les obstacles rencontrés ont été plus élevés, plus durs à franchir, qu'on n'avait pu le prévoir, que beaucoup n'avaient pu le prévoir. Il faut bien dire que l'état d'esprit de nombreux Français les inclinait à penser que nous allions nous retrouver dans une situation analogue à celle d'autrefois, dans notre prospérité, dans nos habitudes et même dans nos disputes et que cette situation nous pouvions la retrouver sans inconvénients. Il faut bien dire que beaucoup n'ont pas saisi sur le moment qu'il y avait un immense effort à faire pour remettre notre pays sur ses pieds, puisque non seulement il était blessé, mais encore puisque à l'intérieur de lui-même une espèce de sombre et permanent complot contre lui se trouvait organisé, et que ce complot-là était lié directement à ce qui pourrait constituer du jour au lendemain une immense menace extérieure, la plus grande qui ait jamais plané sur l'Europe. Cela, tout le monde ne l'avait pas prévu.

Il fallait savoir si l'on voulait ou non, au début de cette nouvelle période, jouer la carte de la réconciliation nationale et internationale. Il fallait savoir si, oui ou non, la France avait intérêt à tendre la main à ceux qui, dans son sein, avaient été avant la guerre des séparatistes, et dont beaucoup pendant la guerre avaient combattu pour la Patrie avec quantité d'autres Français. Eh bien ! ce geste de réconciliation, il fallait qu'il fût accompli. L'homme qui vous parle l'a fait et il ne le regrette pas. Il a tendu les mains à tous ceux qui voulaient les prendre, et ceux qui ne les ont pas prises, c'est qu'ils les ont repoussées, c'est qu'ils ont prétendu se maintenir dans leur sectarisme ou dans leur complot. Alors, pas de regrets maintenant. En tous cas, pas de remords au sujet de ce qu'il pourrait arriver demain.

Du point de vue international, il est parfaitement vrai que l'homme qui vous parle a fait ce qu'il a pu pour introduire dans la communauté internationale cette grande puissance russe, qui en avait été, avant la guerre et jusqu'en 1941, si terriblement écartée. Oui, j'ai été à Moscou ; oui, j'ai tendu la main à la Russie soviétique ; oui, j'ai fait ce que je pouvais pour que cette grande puissance rentrât avec les autres dans la communauté internationale, à condition naturellement qu'elle reconnût le droit des hommes et, avant tout, leurs libertés. Si cette main n'a pas été prise assez largement, la France n'en est pas responsable et cela peut avoir une importance historique capitale, mais il fallait que la main eût été tendue.

Quoi qu'il en soit, le présent, c'est une nation encore blessée, qui, cependant, sent renaître les sources profondes de sa vitalité. C'est une nation qui voit ses fils et ses filles tout prêts à reprendre ensemble la route de la puissance, de la prospérité, du rayonnement national. C'est une nation qui ne demande qu'à marcher rassemblée vers les objectifs de son salut, dans des conditions telles que ce qui revient à chaque citoyen lui soit assuré et qu'à la fin des fins on sache faire passer tous les intérêts, même les plus gros, après l'intérêt de tous, c'est-à-dire l'intérêt national.

À cela, la France entière est prête, mais il se trouve qu'une sorte de superstructure politicienne s'est rétablie au-dessus de nous, que des combinaisons dont la dernière est en train de se faire, des combinaisons de représentants de partis expirants et d'intérêts affolés prétendent exprimer la France et prétendent la conduire. Eh bien, je vous en prends tous à témoin, regardez-vous : vous êtes ici peut-être deux cent mille. Il y a tout le peuple ici, mais il ne s'y trouve rien du cadre qu'on qualifie d'« officiel ». Vous voyez bien que ce qu'on nous offre, c'est une caricature d'État, car à partir du moment où il n'y a plus de correspondance directe, et physique, et immédiate, entre le peuple et ceux qui prétendent l'exprimer et le représenter, à partir de ce moment-là, je demande devant la France tout entière : où est la légitimité ?

Et l'on assiste à ce scandale que des gens qui avaient naguère à défendre la République, à la mettre en état de défense avant que la France ne fût attaquée en même temps qu'elle, et qui avaient négligé leur devoir ; des gens qui, dans le moment du drame, ont laissé la République tomber et même l'ont plus ou moins escortée jusqu'au tombeau, osent aujourd'hui déclarer qu'un de Gaulle, qui a sorti la République de la tombe, est celui qui la menace.

Eh bien ! je dis, – et je suis sûr d'exprimer ainsi le sentiment de millions et de millions de mes concitoyens et de mes concitoyennes, – je dis qu'un régime qui utilise de tels arguments pour se survivre est un régime que nous devons condamner. Oui, nous avons sauvé la République et maintenant il faut la refaire. Elle n'a pas été refaite, elle retourne à ces trucs que nous avons bien connus et qui nous ont menés où nous avons vu. Les mêmes personnages, les mêmes comités qui avaient été responsables du désastre, ont prétendu régner de nouveau et tromper les électeurs.

Oui, il faut refaire la République. Il faut la refaire ce qu'elle doit être, dans sa nature, dans son esprit, dans son origine, c'est-à-dire l'expression des réalités françaises, l'expression des réalités populaires, et non point une espèce de combinaison qui en remplace une autre avant qu'une troisième ne lui succède, grâce à des jeux qui n'intéressent plus personne que quelques milliers de professionnels.

Le régime essaiera peut-être de dérober aux Français le droit qu'ils ont de désigner leurs représentants : leurs conseillers généraux[1] et, le plus tôt possible, leur Assemblée nationale. Le régime essaiera peut-être de retarder cette échéance, mais il aura beau faire, du moment que la nation est ce qu'elle est, ce que vous prouvez qu'elle est, la France passera et personne ne l'empêchera de passer.

Voilà pourquoi la magnifique réunion d'aujourd'hui à Nantes fournit à la fois une preuve et un réconfort. Elle est une preuve d'abord pour tous ceux qui sont là et qui se sentent parfaitement rassemblés au coude à coude, dans la volonté d'atteindre l'objectif du salut public, elle est également une preuve pour la France entière. Elle est un réconfort pour tous, pour tout le pays, et elle est aussi un réconfort, je dois le dire, pour l'homme qui vous parle. Parce que, je vous l'avoue, il est arrivé depuis huit ans qu'à travers beaucoup d'épreuves l'accord de mes concitoyens et de mes

---

1. Bien que le président du Conseil Robert Schuman eut pris l'engagement de respecter la date normale des élections cantonales (octobre 1948), l'Assemblée nationale adoptera deux fois, durant les gouvernements d'André Marie et Henri Queuille, des propositions de loi pour leur report. Malgré l'opposition du Conseil de la République, les élections cantonales seront repoussées aux 20 et 27 mars 1949.

concitoyennes ait été pour moi le réconfort indispensable. Or, je constate que vous me l'accordez généreusement.

Il ne faut rien exagérer. Je ne suis pas un pessimiste et vous autres, Français, non plus. Nous reprendrons l'avantage, nous remettrons le pays debout. Tant pis pour ceux qui, au-dedans, n'auront pas voulu se joindre à nous quand il était temps de le faire, et tant pis pour ceux qui, au-dehors, manigancent je ne sais trop quelle France molle, qui pourrait servir leurs intérêts.

Nous ferons passer la France là où elle doit aller. De cela, je suis profondément convaincu, je tiens à vous le dire. Nous le ferons parce que nous nous rassemblerons les uns et les autres sur l'intérêt national, et sur rien d'autre.

Eh bien, ce magnifique accord que vous me témoignez, vous le témoignerez, j'en suis sûr désormais, en toute occasion publique ou électorale, et, pour l'instant, tous ensemble, d'un seul cœur, nous allons l'exprimer à pleine voix en chantant notre hymne national : *la Marseillaise*.

Allocution prononcée à Metz le 31 juillet 1948

Après neuf années mesurées, quelle émotion peut habiter le cœur de l'homme qui vous parle quand il se retrouve dans ces lieux et qu'il s'y retrouve pour célébrer la mémoire de celui qui fut son chef avant cette terrible guerre et qui, pendant qu'elle dura, fut son compagnon convaincu, fidèle et discipliné. Le général Delestraint, avant cette guerre était, dans cette arme de chars, l'une des personnalités marquantes qui, si on l'avait écoutée, aurait pu, je le crois, encore plus que jamais après beaucoup d'expériences, marquer d'une manière très différente le destin de notre pays, cette arme des chars que les Français avaient inventée, qui avait été un des éléments essentiels de notre Victoire de 17 et de 18 et dont il ne tenait qu'à nous de faire l'instrument de qualité qui nous eût assuré la compensation du [...[1]]. Cette arme des chars, on sait qu'elle fut quasi reléguée et qu'on laissa à l'ennemi l'occasion de la prendre pour en faire le fer de sa lance avec lequel il nous perça. Il est bien inutile d'épiloguer sur le passé, excepté quand il s'agit d'en tirer une leçon pour le présent et pour l'avenir. Cette douloureuse histoire de la négligence officielle, en ce qui concernait l'arme des chars, malgré tous les efforts d'un Delestraint et de quelques autres, cette négligence officielle, plaise à Dieu qu'elle ne revienne pas sur d'autres objets et qu'une direction nationale insuffisante et négligente combinée avec quelques routines dans l'instrument militaire, car l'un accompagne toujours l'autre, que cette conjonction ne revienne pas une fois de plus mettre en danger le corps et peut-être

1. Blanc figurant sur le document.

l'âme de la Patrie. En tous cas Delestraint prit les choses comme elles étaient, il fut de ceux qui, pendant la bataille de la France, la première des deux, se prodiguèrent sans compter pour essayer de détourner le destin éminemment contraire. Je l'ai vu sur les champs de bataille et je rends hommage solennellement à sa clairvoyance, à son courage, à ses aptitudes de commandement. Puis, lorsque l'ennemi eut balayé toute espèce de lutte organisée sur le territoire national, lorsqu'un régime qui n'existait plus eut reconnu son impuissance, son incapacité, son indignité en capitulant et en passant la main à ceux qui devaient être les symboles, non pas seulement de la défaite mais de la collaboration avec l'ennemi, Delestraint, lui un des premiers, refusa d'accepter le désastre, il se mit en rapport avec moi-même dès qu'il le put, de manière que ses efforts et peut-être, il le pensait déjà, son sacrifice fussent non pas des épisodes personnels mais une contribution à la défense nationale qui continuait malgré tout, en dépit de l'occupation ennemie comme elle continuait dans l'Empire, comme elle continuait sur mer et dans les ciels. Cela, Delestraint le comprit tout de suite, il le marqua à celui qui vous parle, il se plaça sous ma direction de manière à faire partie de cet ensemble que péniblement, je vous l'assure, je constituais partout au service de la France. Je le convoquai en Angleterre lorsque le moment parut venu de rassembler en un tout ces éléments militaires, je dis militaires. Ils sortaient du sol national sous les jambes de l'ennemi et ils s'apprêtaient secrètement à prendre leur part à la grande bataille de la Libération. Je fis venir Delestraint à Londres et là, il fut nommé commandant de l'armée de l'Intérieur, c'est-à-dire de tous les éléments, et partit commencer à la constituer. Ce fut un grand malheur national que l'ennemi, probablement orienté par quelque trahison, que l'ennemi ait pu arrêter ce grand chef, car son arrestation, sa disparition pesèrent lourdement sur les opérations des Forces de l'Intérieur au moment décisif. Non pas que sa disparition ait en quoi que ce soit réduit le courage, la volonté de bien faire de tous nos combattants qui étaient une fois pour toutes acquis, mais parce que la coordination de l'ensemble a manqué de la présence du grand chef qui était désigné pour l'assurer. Et lorsqu'il fut assassiné par l'ennemi, le 19 avril 1945, il avait pu, tout au moins, apprécier que ses efforts d'organisation avaient été immédiatement utiles à la deuxième grande bataille de France, et cela, j'en témoigne, c'est cela qu'il voulait. Il fut donc un soldat pur, d'un métal pur, depuis le premier jusqu'au dernier de ses jours et vous savez, madame, avec quel respect je pense à lui quand, avec un immense respect aussi, je m'incline devant vous.

Et maintenant nous allons dévoiler la plaque que Montigny a tenu à placer ici pour commémorer la mémoire du général Delestraint. Nous allons le faire, non pas seulement dans le sentiment que nous commémorons un passé glorieux et un grand sacrifice, mais nous allons le faire aussi avec l'intention que ce monument demeure un témoignage, un témoignage qui puisse servir à l'avenir d'une patrie toujours menacée. C'est dans ce sentiment que nous allons procéder à cette inauguration, en présence de monsieur le général commandant la 6e Région, qui par ses fonctions autant que par sa personne rappelle à beaucoup de ceux qui sont ici et en particulier à moi, les nombreux souvenirs d'une époque où la France sentait la menace sur elle, mais où elle espérait dominer les événements. Elle les a dominés en effet et peut-être de la manière qu'elle [n']aurait souhaité ni voulu ; elle les a dominés en fin de compte, elle fut victorieuse. En présence de monseigneur l'évêque de Metz, qui va, s'il le veut bien, bénir ce monument. En présence des parlementaires du département qui sont ici, de celles des autorités civiles qui sont ici, de monsieur le maire de Montigny, de monsieur le maire de Metz, du colonel Loisillon, dont j'ose dire qu'il fut mon ancien camarade et qu'il est demeuré mon bon compagnon, et de beaucoup de ceux qui connurent les grandes années que j'ai évoquées tout à l'heure et dont, dans notre mémoire, un homme comme Delestraint restera le témoin.

Allons dévoiler la plaque en l'honneur du général Delestraint !

Allocution prononcée au Stauffen, le 1er août 1948

Mon général, mes chers camarades,

Oui, c'est bien ici qu'il fallait élever le monument de la Résistance alsacienne, ici sur cette hauteur qui commande la plaine de l'Alsace, qui commande la direction de Colmar où s'est jouée en 1944 et au début de 1945 la dernière partie franco-allemande, celle que nous avons gagnée, je le crois, définitivement, et qui au loin laisse deviner le Rhin, le Rhin maintenant français, le Rhin qui sert de rue européenne pour la France, pour la Suisse, pour les Pays-Bas et demain, je le crois, pour un certain nombre de pays de ceux qui constituaient naguère le Reich et qui, souhaitons-le, comprendront qu'étant occidentaux il leur faut maintenant se plier aux croyances et aux disciplines éternelles d'Occident.

La Résistance alsacienne, c'est un mot qui n'a pas été inventé pendant la guerre récente, il y a bien longtemps que vous autres Alsaciens vous savez ce que c'est que la résistance. Il y a bien longtemps que vos pères, vos grands-pères ont payé pour la France, dans toutes espèces de circonstances difficiles, douloureuses et souvent sanglantes. C'est à tous ceux-là qui vous ont précédés dans la Résistance la plus récente que nous devons penser aussi quand nous commençons à élever sur cette haute terre historique la Croix de Lorraine qui symbolisera dorénavant pour toujours cette Résistance alsacienne depuis longtemps commencée et triomphalement mais cruellement terminée en 1945. Cette Croix de Lorraine et ce monument symboliseront donc le passé, le passé de la lutte alsacienne contre ceux qui voulaient opprimer, de la lutte alsacienne contre ceux qui voulaient arracher l'Alsace à la France, mais cette Croix de Lorraine symbolisera aussi, et je le crois pour toujours, les espérances de l'Alsace, les espérances confondues de l'Alsace avec celles de la France, les espérances de cette province française, la meilleure de toutes, cette province d'avant-garde à tous les égards, cette province exemplaire dont les espérances, je le répète, vont être symbolisées par cette Croix et il sera prouvé ainsi qu'elles se confondent pour toujours avec les espérances de toutes les autres provinces françaises. Que toute la France prenne exemple sur ce qui fut fait dans cette plaine et qui fut fait en particulier par les Alsaciens avec leur âme, que la France tout entière vienne ici peu à peu en pèlerinage de manière à comprendre ce que fut un passé difficile, où la partie fut gagnée par tous les Alsaciens, que la France tout entière vienne ici peu à peu en pèlerinage pour se convaincre de sa propre qualité puisque c'est elle qui a su inspirer aux Alsaciens tout ce qu'ils ont fait, tout ce qu'ils ont voulu sur ces terres que voilà.

La cérémonie d'aujourd'hui qui a eu lieu en présence et par l'organisation si complète et si magnifique de M. le maire de Thann et de la ville de Thann qui était bien faite pour avoir auprès d'elle ce monument de l'éternité, cette cérémonie qui a eu lieu en présence de Mgr Hincky de Colmar, en présence du ministre de la Guerre de la Libération, M. André Diethelm, en présence des officiers généraux qui sont ici, des représentants des anciens combattants et de vous tous, cette cérémonie est, dans sa simplicité, une des plus grandes, une des plus belles auxquelles il me fut donné d'assister depuis les grands jours de la Libération.

Que ce lieu devienne un des hauts lieux de la France, la France ne pourra qu'y gagner à tout jamais. Vive l'Alsace, Vive l'Alsace grâce à ceux qui ont su donner leur vie pour elle et sacrifier tout ce qu'ils ont sacrifié pour qu'elle reste française.

Vive l'Alsace donc, et vive la France !

Allocution prononcée au champ de Mars de Colmar le 1er août 1948

Ainsi donc après trois années, trois années passées depuis que cette magnifique ville alsacienne de Colmar fut libérée, ainsi donc la voilà qui manifeste de la manière la plus éclatante ses sentiments d'unanimité nationale et je dois ajouter, pour vous en remercier, qui manifeste à mon égard d'une manière si éclatante que j'en éprouve un immense réconfort.

Tout à l'heure en plaçant sur le Stauffen, au-dessus de Thann, la première pierre du monument de la Résistance alsacienne dans un site splendide qui domine toute la plaine du Haut-Rhin dans la direction de Colmar et qui laisse deviner le Rhin, tout à l'heure de là-haut je pensais à vous, je pensais à vous Alsaciens et spécialement Alsaciens de Colmar, je pensais à votre destin qui est douloureux c'est vrai, qui est grandiose aussi et que dans tous les cas – je vous en rends témoignage – vous avez depuis que vous êtes avec la France et à la France, vous avez toujours porté avec une dignité, une fidélité exemplaires dont je dois purement et simplement témoigner.

Cette dignité, cette fidélité, vous les avez montrées dans les années terribles, et à quel prix ! Et vous les montriez quand, nous autres, qui étions libérés déjà, nous regardions du haut des Vosges ce Colmar que l'ennemi tenait encore dans sa main et dont la reprise devait être, c'est tout naturel, le signal de son effondrement. Il s'est donc effondré. Nous sommes allés, notre Ire armée derrière de Lattre, nos troupes de Leclerc derrière leur chef, nous sommes allés au cœur de l'Allemagne, nous y avons porté, non pas seulement notre juste revanche, mais nous y avons porté aussi notre volonté de changer, une fois pour toutes, le destin fatal de cette Europe, qui toujours, parce qu'il s'y trouve un Reich, retombe dans des guerres affreuses. Aujourd'hui et demain, combien ce pourrait être plus dangereux encore, puisqu'il se lève à l'Orient de l'Europe une énorme menace de domination, à laquelle, si jamais on refait un Reich, ce Reich serait tout naturellement appelé à se conjuguer, et d'autant plus qu'à l'intérieur de nous-mêmes il a poussé depuis des années une espèce de complot permanent de gens égarés par des équipes de séparatistes, et qui sont tout prêts, qui font le jeu de la menace extérieure et qui, peut-être demain, feraient le jeu de l'invasion. C'est à tout cela que je pensais tout à l'heure, du haut du Stauffen en regardant dans la direction de Colmar. Eh bien, je trouve Colmar bien rassemblé, bien ferme et manifestant, je n'ai qu'à vous voir, une confiance solide, une confiance alsacienne dans l'avenir de la Patrie.

Je trouve une population immense, assemblée dans les rues et maintenant assemblée sur cette place, dont demain des journaux et une radio, qui prennent souvent une bien mauvaise direction, diront qu'ils se trouvaient quelques milliers et que la réception était seulement assez chaleureuse !

Nous avons vu se reproduire à Colmar, mais alors d'une manière éclatante, les mêmes sentiments qui se sont manifestés partout, en particulier à Mulhouse, à Thann et qui remplissent, je puis vous le dire, car il m'arrive de m'en apercevoir, qui remplissent aussi un très grand nombre, sinon même toutes les autres provinces de la France. De tout cela, il résulte des conclusions que nous devons tirer, nous qui avions bien décidé de remettre notre pays sur pied à l'intérieur, de le remettre sur pied, de ne pas nous laisser berner pour cette tâche sacrée par des histoires de partis, de politique et de combinaisons. Et puis nous voulons tout simplement comme nous l'avons fait dans les années terribles de la

Résistance – au début, c'est vrai, nous n'étions pas très nombreux, mais à la fin, nous étions le pays tout entier – nous voulons rassembler le peuple français sur lui-même et non pas sur des combinaisons, pour qu'il marche vers sa destinée du même pas et autour des hommes qui n'ont jamais fait que servir la France. Or, voilà justement que toutes les cérémonies d'aujourd'hui, et celle-ci en particulier, montrent à tous les yeux quelle différence effrayante il y a entre le peuple, que voilà tout entier, et puis ce qu'il est convenu d'appeler le cadre officiel, seul absent de ces cérémonies. On conviendra qu'à partir de là, on peut se demander à juste titre où est la légitimité nationale !

Alors, nous nous connaissons bien et nous savons que, même si quelques mois encore, quelques semaines ou quelques jours, on essaye de s'accrocher, même si on tente de priver – sortant ainsi de la démocratie, dont on prétend être le défenseur – si l'on prétend, si l'on veut soustraire au peuple français le droit qu'il a par exemple de voter au mois d'octobre pour élire la moitié de ses conseillers généraux et manifester ainsi d'une manière éclatante sa volonté, même si l'on emploie toutes ces astuces, y compris celles dont je parlais tout à l'heure de la presse et de la radio, la France passera, le peuple français passera.

Nous avons déjà connu une époque – toutes proportions gardées, bien entendu – nous avons déjà connu une époque où un certain régime qui avait produit des textes, mais non pas la légitimité profonde que donne le sentiment national et le service de l'intérêt national, nous avons connu ce régime, qui a essayé de faire prendre le change et de gagner du temps et de raconter des histoires et qui, tout à coup, s'est effondré au point qu'il n'en reste plus rien.

Nous avons donné à la République, nous lui avons donné la vie qu'elle avait perdue pendant la tourmente, nous la lui avons donnée alors que d'autres, qui aujourd'hui font les difficiles et vont jusqu'à alléguer que de Gaulle pourrait peut-être menacer la République qu'il a rétablie, alors que d'autres, quand elle tombait et qu'elle allait au tombeau, n'élevèrent pas la voix bien fort pour la défendre et qu'il n'y avait guère pour le faire et pour défendre la France avec elle que quelques bons et purs compagnons réunis autour de moi et puis avec eux l'immense sympathie, l'immense volonté secrète, mais tout de suite ressaisie de la nation française.

Vous voyez bien que j'ai raison de vous dire que les sentiments que vous avez manifestés d'un bout à l'autre de ce voyage et qui viennent de s'épanouir d'une manière magnifique à Colmar, en face du cénotaphe, vous voyez bien que j'ai raison de dire que ce réconfort a de quoi m'être précieux et je salue tout particulièrement, – vous n'y verrez certainement aucun inconvénient, – je salue tout particulièrement mes compagnons d'aujourd'hui, ceux qui constituent d'ores et déjà ce début du Rassemblement du peuple français autour de votre président et qui nous offrent le spectacle magnifique de phalanges sorties de la terre d'Alsace depuis un an et dont on voit bien qu'ils sont un levain fameux pour faire lever la pâte.

Oui, cela montre le chemin de l'avenir du peuple français et dans son union à rénover pour le service de la patrie – cela est vrai aujourd'hui, comme c'était vrai pendant la guerre ; vous tous qui êtes ici me montrez que cela est non seulement possible, mais que cela est désiré par la masse profonde des Français, car nous en avons assez de ce système qui consiste à mélanger perpétuellement les uns avec les autres et les mêmes autres avec les mêmes uns, les dirigistes qui ont ramassé les voix des électeurs, en attaquant les [libéraux] et qui, aujourd'hui, trouvent tout naturel de s'asseoir avec eux pour soi-disant gouverner la France, et les libéraux qui ont ramassé d'autres voix en prétendant qu'ils étaient avec de Gaulle pour changer la Constitution, mais qui, aujourd'hui, la trouvent fort bonne du moment qu'ils reçoivent à leur tour des portefeuilles et des présidences.

Ce n'est pas dans cette voie-là que la France se remettra debout, mais nous avons la foi. Nous la lui indiquons et nous lui demandons d'y marcher, de nous suivre. Aidez-moi, Français et Françaises ! Vous en avez les moyens, non pas seulement parce que, de temps en temps, l'on vote, mais aussi parce que, par votre attitude, la manière dont vous réagissez, dont vous vous exprimez, en particulier à l'égard de ceux qui se disent vos élus, vous avez tous les moyens pour que votre volonté triomphe, c'est-à-dire la volonté nationale, et une fois que ce sera fait – oh, je ne dis pas que nous aurons à suivre ensemble un chemin semé de roses (d'ailleurs, depuis huit ans, je ne vous l'ai jamais dit), mais je vous dis que nous suivrons ensemble un chemin honnête, que nous suivrons ensemble un chemin où nous n'aurons pas d'autres objectifs et d'autre volonté que l'intérêt commun et d'abord celui des plus humbles, que nous voulons mener le pays à sa destinée et que nous ne croyons pas du tout, nous, que sa destinée doive être médiocre, nous ne voulons pas être de ceux qui disent aux Français : « Acceptez notre médiocre régime, parce que c'est celui que vous méritez. » Non, la France mérite infiniment mieux et tout autre chose, elle l'a montré, moi je le dis ; je ne crois pas que dans la situation où elle s'est trouvée, occupée tout entière par l'ennemi – de brèves heures de dégoût, de désillusions, avec la trahison organisée à sa tête – je ne crois pas qu'aucun pays se serait redressé comme vous le prouvez, quand je vous regarde, comme la France s'est redressée tout de même. Non, nous ne sommes pas destinés au trente-sixième dessous. Nous aurons des difficultés à vaincre, nous aurons des obstacles à briser, nous aurons une dure marche à faire, nous sommes capables de vaincre ces difficultés, de briser ces obstacles et de faire cette marche et nous aboutirons, j'en suis convaincu de toute mon âme, et si jamais, – ce qui n'est pas – j'en avais douté, eh bien, merci ! vous m'avez convaincu qu'on pourrait avoir confiance.

Avant de nous séparer, physiquement et non moralement, avant de nous séparer, s'il vous plaît, Alsaciens et Alsaciennes, Français et Françaises qui êtes ici, chantons ensemble l'hymne national : *la Marseillaise*.

Au colonel Vezinet[1]

9 août 1948

Mon cher Vezinet,

Je souhaite pour vous que votre poste auprès du jeune Bourgès ne vous mêle pas aux bassesses de la lutte. Vous savez, en effet, contre qui, en réalité, sont édifiées les actuelles combinaisons dites « ministérielles », auxquelles participe Bourgès !

Bien cordialement.

À Michel Carlini[2]

18 août 1948

Mon cher maire,

J'ai bien reçu votre lettre.

Je ne vois pas quel intérêt présenterait la présence en Corse à mes côtés du général Giraud, mais je ne crois pas, de toute façon, qu'il fasse partie du Rassemblement.

Croyez, mon cher maire, à mes sentiments cordialement dévoués.

À Louise Weiss, à Paris

19 août 1948

Chère madame,

C'est avec une toute particulière attention que j'ai lu votre lettre.

Il n'entre pas dans mes intentions de procéder à de nouvelles nominations au Conseil national avant les élections prévues au Conseil de la

1. Le colonel Vezinet a écrit au général de Gaulle pour lui renouveler son attachement et lui faire part de ses nouvelles fonctions de chef de l'état-major particulier et de directeur du cabinet militaire (Guerre) de M. Bourgès-Maunoury, secrétaire d'État aux Forces armées (Guerre et Air).

2. Maire de Marseille, Michel Carlini écrit notamment au général de Gaulle qu'il lui a été dit que le général Giraud faisait partie du Rassemblement. Il suggère que ce dernier vienne en Corse « où il fit un séjour inoubliable », et pense que cette rencontre serait d'un très grand effet en Corse et « sur le continent ».

République et je ne puis encore préjuger de ce qui aura lieu ensuite. Vous pouvez être assurée, en tous cas, de la haute estime où je tiens votre activité et votre talent, ainsi que du prix que notre Rassemblement attache à votre concours.

Veuillez agréer, madame, mes respectueux hommages.

Note pour Jacques Soustelle

23 août 1948

J'ai lu le rapport de Lefranc[1].

Il en résulte – ce que nous savions *grosso modo* : que là-bas notre Rassemblement se paralyse lui-même dans le grenouillage.

Il faut que nous trouvions un représentant pour le Cameroun et un autre pour l'A-ÉF, tous deux venus de la Métropole (comme des gouverneurs) et qui tireront leur autorité de sa source (rapports avec le centre et avec moi).

Personnalités qui devront, naturellement, recevoir des émoluments.

[PS] À retenir l'idée des groupements africains *par territoire*.

Allocution prononcée à Paris, devant les comités professionnels du RPF, le 31 août 1948

D'après ce qu'il me semble du contenu du document[2] et ensuite de la manière dont ce document est accueilli par les compagnons, les différents points qui sont fixés peuvent être considérés comme définissant notre position à l'heure qu'il est. Il est indiscutable que de chute en chute, de faiblesse en faiblesse, d'erreur en erreur, les pouvoirs publics et au fond, aussi, une certaine veulerie nationale ont réalisé ce résultat qu'il n'y a plus moyen de tenir l'équilibre que l'on se figurait pouvoir établir sur la base actuelle des salaires et des prix. Il est donc tout naturel que le Rassemblement du peuple français, actuellement, considère comme normales des revendications professionnelles qui ont pour objet de permettre à tous les travailleurs de vivre dans des conditions satisfaisantes et par conséquent, les améliorations qui sont actuellement demandées par les catégories sociales les plus défavorisées, nous les considérons comme normales, comme justes, comme inévitables. Il ne s'ensuit pas que nous pensions, au Rassemblement, que c'est là la solution des problèmes français et spécialement des problèmes économiques et sociaux français. C'est un

1. Adjoint de Christian Fouchet, secrétaire national administratif du RPF, Pierre Lefranc, ancien Français libre, a été chargé, par le général de Gaulle d'une mission d'information et de propagande en Afrique-Équatoriale française au Cameroun.

2. Ce document n'a pu être retrouvé.

moment à passer qui a été amené, je le répète, par toutes sortes de désordres publics et aussi par un certain abandon de beaucoup de nos concitoyens, mais enfin, ce n'est qu'un moment, et si difficile que soit ce moment, nous ne considérons pas du tout au Rassemblement que ce soit définitif et qu'on doive rester dans cette pagaille où nous nous trouvons actuellement qui nous oblige, toutes les six semaines ou tous les trois mois, devant la misère, à reconsidérer perpétuellement cet équilibre qui échappe. Nous voulons établir tout autre chose. Je suis très honoré et très heureux de prendre contact aujourd'hui avec l'ensemble de nos Comités professionnels du Rassemblement pour le dire et pour vous dire, sans aucun apprêt et très simplement ce que je pense de la question.

Il n'échappe à personne, avant tout il n'échappe pas aux ouvriers français, aux ingénieurs français, aux paysans français, c'est-à-dire à ceux qui, ici ou là, supportent d'une manière directe et personnelle les conséquences de tout désordre économique et social et de toute injustice économique et sociale, il n'échappe à personne, donc, que nous nous trouvons dans une période historique absolument capitale, en même temps que dramatique. C'est la première chose qu'il faut comprendre, qu'il faut avoir présente à l'esprit. Nous avons été ravagés, nous autres, peuple de France, par des guerres, par tout ce qui les accompagne matériellement et moralement. Nous sommes un très grand pays qui, à cause de nos épreuves, s'est trouvé peu à peu diminué, et ce n'est pas la peine de nous leurrer, ni de jouer sur les mots, qui s'est trouvé terriblement diminué au point de vue de sa puissance économique et au point de vue de sa valeur humaine, au point de vue de ses effectifs populaires et au point de vue de son rayonnement économique. Mais nous sommes aussi un pays qui n'a pas renoncé à remonter la pente et qui comprend très bien que s'il y renonçait, non seulement il ne pourrait plus redevenir grand, mais encore il serait voué à tomber toujours plus bas, jusqu'à disparaître. Ça, c'est une notion que nous avons tous, même quand nous ne l'exprimons pas et qui est en vérité le résumé de la situation où nous nous trouvons en tant que Français dans le monde d'aujourd'hui. Nous avons à refaire la France au point de vue matériel et au point de vue moral. Cela étant, il est aussi indiscutable que le système social et économique d'aujourd'hui est un système qui ne peut pas et qui ne doit pas durer. Cela ne peut pas indéfiniment se prolonger comme cela. Non ! Tout le monde en a le sentiment. Naturellement, il y a les intérêts, les intérêts particuliers, de ceux-ci, de ceux-là, de ceux-là encore. Oui ! Mais tous, du moment qu'ils sont de bonne foi, tous sentent qu'il faut trouver autre chose que le système dans lequel nous vivons au point de vue économique et social et je m'explique.

On a fait ce qu'on a fait au point de vue économique dans le monde, en gros, avec un système qui s'appelait le libéralisme et on a fait de très grandes choses, c'est évident. Il n'est pas moins évident que le libéralisme tel qu'on le voyait avant-hier est devenu une chose inconcevable et insupportable dans l'état présent du monde et spécialement dans l'état présent de la France. Au point de vue des travailleurs, il se traduit par le salariat et nous ne considérons pas que le salariat, c'est-à-dire l'emploi d'un homme par un autre, doive être la base définitive de l'économie française, ni de la société française. Cela, nous ne l'admettons pas. Nous ne l'admettons pas, sans doute pour des raisons humaines, des raisons de justice sociale, mais nous ne l'admettons pas non plus pour des raisons économiques parce que nous considérons, étant donné tout ce que nous avons à refaire et, l'ayant refait, à créer, que ce système-là n'est plus susceptible de donner à tous ceux qui produisent l'impulsion, la volonté, la passion de produire et de créer qui sont indispensables si nous voulons redevenir puissants, prospères, généreux et rayonnants dans le monde.

Par conséquent, le vieux libéralisme, ce n'est pas la voie économique et sociale dans laquelle la France se refera telle qu'elle doit se refaire.

Il y a le système des communistes. C'est une solution. C'est une solution écrasante, effroyable pour le peuple, pour les hommes, c'est une solution qui démolit tout, qui détruit chez tous l'initiative, la liberté, cela va sans dire, la capacité de créer, quoi qu'on dise. C'est un système qui en est un, cependant. Il peut marcher sur la misère générale, sur la tristesse et sur la douleur universelle. Il peut marcher et il marche. Il marche en Russie et il s'étend sur une partie considérable de l'Europe par la force, en dehors de la Russie. Nous considérons, nous autres Français, que ce système-là est mauvais. Nous considérons qu'il est mauvais pour tout le monde et nous considérons qu'il est spécialement mauvais pour nous. Nous sommes ce que nous sommes, nous nous connaissons bien, nous avons des traditions, des habitudes, une certaine façon d'être, qui que nous soyons, dans quelque milieu que nous figurions, quel que soit notre travail, car, au fond, nous nous ressemblons terriblement les uns les autres. Nous n'avons d'ailleurs qu'à nous entendre pour en être bien convaincus[1].

Ce système qui écrase tout est déplorable pour tout le monde et il est particulièrement déplorable pour la France. Ni le vieux libéralisme, ni le communisme écrasant. Autre chose. Quoi ? Eh bien, quelque chose de simple, de digne et de pratique qui est l'association. C'est une vieille idée française, elle fut bien souvent dans notre histoire économique mise en valeur. Elle le fut en particulier par ces hommes généreux, pas toujours très pratiques, de bonne volonté et de valeur qui, vers les années 1835,

1. Des applaudissements ont ponctué la phrase précédente.

40, 48 et après, avaient suscité ce que l'on appelait alors le socialisme français, qui n'a aucun rapport avec la SFIO d'aujourd'hui.

L'association, c'est-à-dire un système tel que, du moment que des hommes travaillent ensemble à toute espèce de chose, dans une même œuvre productrice, autrement dit, dans une même entreprise, il doit se constituer entre eux, non pas un contrat d'employeur à employé mais un contrat de société. Il faut que ces hommes s'associent. Ils apportent chacun à l'œuvre économique commune, à la production commune, à l'entreprise commune, ils apportent chacun quelque chose, les uns leur capacité de direction, leur valeur technique, pour certains autres – et quelquefois ce sont les mêmes, et même souvent – leurs capitaux, qui d'ailleurs sont très souvent un peu à tout le monde, et leur valeur technique de travailleurs, leur assiduité, leurs capacités. Dès lors que ces capacités sont prouvées, soit au point de vue de la direction technique, soit au point de vue du travail, on est digne d'être sociétaire dans l'entreprise commune, on y a sa place, on y a ses devoirs et on y a ses droits. Le tout doit être fixé par des contrats de société pour chaque entreprise, répondant à certaines conditions qui seront d'ailleurs évidemment variables selon la nature des entreprises. On ne fera pas un contrat d'entreprise pour l'ébéniste du faubourg Saint-Germain avec les ouvriers qui travaillent chez lui de la même manière qu'on fera un contrat pour Renault le jour où Renault sera constitué en association – ce que nous espérons tous réaliser un jour. Mais les principes seront les mêmes. Ils seront fixés par une loi qui déterminera les conditions de création de ces sociétés nouvelles, destinées à remplacer le type de sociétés d'aujourd'hui, c'est-à-dire sociétés anonymes ou sociétés à responsabilité limitée qui, pour le moment, ne prévoient de contrat qu'entre les employeurs et les employés. Je ne crois pas du tout, d'ailleurs, que dans un système comme le nôtre – le système des associations – les droits indispensables des directions, l'autorité – je tranche le mot – les gens qui ont la responsabilité de diriger des entreprises, ne souffriront en quoi que ce soit. Je suis, bien au contraire, convaincu qu'elles y gagneront et que, tout le monde se sentant intéressé matériellement et moralement à ce que la boîte marche, à ce qu'elle rende, à ce qu'elle gagne, tout le monde s'y sentant intéressé, tout le monde ayant son rôle et sa part, je suis persuadé qu'il sera créé, surtout entre des Français et étant donné tout ce qu'il y a à faire, je suis persuadé qu'il sera créé en France un climat social nouveau ; et je suis convaincu aussi qu'il n'y a pas moyen, au point où nous en sommes, d'associer dans l'œuvre nationale de reconstruction et de rénovation françaises tous les Français de bonne volonté d'une autre manière que celle-là. Et c'est pourquoi le Rassemblement du peuple français, vous le savez, vous l'avez approuvé, a pris l'association comme la forme qu'il faut donner à l'économie nouvelle française pour la recréer et pour recréer en même temps les conditions sociales nouvelles et acceptables pour tous.

Mais comment voulez-vous qu'une œuvre pareille puisse être réalisée dans le régime politique, législatif et exécutif où nous vivons ? C'est évidemment impossible, d'abord parce que ce régime est constitué par les partis qui, par définition, par nature, représentent nos divisions, représentent – j'ose le dire – quelquefois nos haines réciproques ; ce régime qui forcément ne peut donner lieu qu'à des compositions, qu'à des combinaisons, qu'à des cotes mal taillées, en admettant même qu'il en ait encore pour longtemps à faire ces combinaisons et ces cotes mal taillées, comment voulez-vous que ce régime arrive à instituer les lois, l'atmosphère, l'élan qui sont indispensables au peuple français pour se rénover comme je l'ai dit tout à l'heure ? C'est évidemment impossible. Du reste, il y a une condition première à toute espèce de construction économique, qu'elle soit individuelle, qu'elle soit collective, et cette condition c'est une certaine stabilité de base, en particulier – et c'est celle-là qui exprime toutes les autres – la stabilité de la monnaie.

Il est absolument inutile de penser que nous travaillerons en France de grand cœur quand nos salaires, nos traitements, nos gains pour l'agriculture s'évanouiront au fur et à mesure que nous les aurons gagnés. Il est absolument inutile de penser que nous pourrons rénover l'économie française et en particulier lui apporter des capitaux quand la chute perpétuelle de la monnaie ôte à tous les citoyens le goût de l'épargne et par conséquent le goût de constituer des capitaux pour les engager dans des entreprises françaises. Il est absolument inutile de croire qu'on va trouver des gens pour créer des affaires, pour susciter des sources nouvelles de richesses, pour rebâtir même des maisons si on ne peut s'appuyer sur rien en fait d'avenir. C'est évident, par conséquent, la stabilité – et avant tout celle de la monnaie qui l'exprime parfaitement – est une condition indispensable à notre réforme économique et sociale. Or, le régime actuel est hors d'état d'établir la stabilité et en particulier la stabilité de la monnaie, parce que le régime actuel ne sait pas dire non et qu'aujourd'hui gouverner et avant tout faire des finances, cela consiste à savoir dire non. Il ne peut pas. Il l'a montré. Il faut changer le régime.

Je vais vous parler bien simplement et bien franchement. Le régime, celui des partis, nous l'avons vu s'écrouler en 1940. Il s'est écroulé dans le désastre. Je ne dirai pas qu'il était seul responsable du désastre. Beaucoup d'autres l'étaient aussi, qui n'étaient pas dans le régime. Mais enfin le régime dirigeait la France et c'est la loi de l'Histoire, quand il y a Sedan – et il y a eu une deuxième fois Sedan – le régime s'écroule. Il s'est écroulé. Pendant la guerre, pendant l'occupation, un autre régime a prétendu s'établir. Mais tout ce qu'il a fait, tout ce qu'il a prétendu faire était vicié à sa base. Par quoi ? Par deux choses. La première, c'était la capitulation. On ne bâtit pas un régime sur une capitulation. Et la deuxième base c'était l'absence de liberté des Français. On ne bâtit pas un régime en France sur la destruction de la liberté. Automatiquement, du moment que la victoire venait, ce régime devait s'écrouler.

Ceux, dont j'étais, qui dès l'origine ont refusé d'admettre que ce régime fût légitime, ceux-là ont été évidemment justifiés par les événements. Et moi-même – vous le savez bien – je me suis trouvé dès Alger et puis à Paris par le fait des événements, des circonstances, je me suis trouvé porter sur mon dos, – je peux bien le dire, presque seul au point de vue humain, au point de vue des projecteurs – porter sur mon dos, presque seul, les destinées nationales et tenir dans mes mains, tout seul, tous les pouvoirs de l'État. Je ne l'ai pas cherché. Je n'ai pas fait carrière dans les postes politiques. Ce sont les événements qui l'ont voulu. J'en ai accepté la charge. Une fois la France libérée, la paix faite avec l'Allemagne, avec le Japon, le pays consulté, j'ai accompli ma promesse, celle que j'avais faite toujours, qui était de laisser le peuple français organiser lui-même son régime et ses affaires. Je ne vous cacherai pas, – vous pouvez le répéter – je ne vous cacherai pas que je me méfiais un peu de ce qu'allait être la suite. Je m'en méfiais, mais je considérais qu'avec un grand peuple majeur comme le nôtre, il n'y a pas d'expérience qui tienne, excepté celle qu'il fait lui-même et il a fait lui-même l'expérience du régime des partis qui s'était réinstitué, tout tranquillement, sur la victoire, après avoir disparu dans la défaite.

On s'est étonné que j'aie quitté ce régime. Mais, si j'y étais resté que serait-il arrivé ? De deux choses l'une. Ou bien je serais comme le régime, c'est-à-dire assez déconsidéré et par conséquent inutilisable pour le pays, ou bien, j'aurais fait ce qu'on m'accuse de vouloir faire aujourd'hui où je suis tout seul, j'aurais fait un coup d'État. Mais à l'époque, en 1945, un coup d'État, étant donné ce qu'était l'opinion, étant donné la grande force, à l'époque, des séparatistes, étant donné le fait qu'ils étaient partout et qu'en faisant ce coup d'État celui qui l'aurait fait leur eût donné ce tremplin magnifique de se poser eux en défenseurs de la liberté. Étant donné aussi – ne le répétez pas – la conjoncture internationale, c'est-à-dire l'Amérique, l'Angleterre, qui guettaient ce qui allait se passer, qui n'étaient pas très résolues à voir repousser très vite une très grande France ; que voulez-vous, les nations sont les nations, les États sont les États. La situation d'un gouvernement de coup d'État dans cette France-là, dans ce monde-là, eût été rapidement bien dommageable à la patrie. Et c'est pour cela qu'il n'y a pas eu de coup d'État en 1945. Le régime a donc fait ses preuves de nouveau. Je crois qu'on arrive au moment où le pays tout entier considérera que ces preuves sont concluantes. Les manières d'en sortir ? Il y a la manière normale, c'est celle que nous souhaitons tous et nous l'avons proposée au pays, c'est celle qui consiste à le consulter lui-même. Je crois d'ailleurs qu'on en viendra là beaucoup plus vite qu'on ne le voudrait. Mais je crois que nous sommes en chemin d'y aller et il vaut mieux que les choses se passent normalement. Par conséquent si les voies normales sont ouvertes, si elles sont ouvertes, si les voies légitimes sont ouvertes, c'est-à-dire la consultation du peuple, l'expérience continuant de s'accomplir, je suis convaincu que la prochaine fois que l'on consultera le peuple français tout entier au suffrage universel, il saura exprimer une volonté qui nous permettra de réparer les choses, c'est-à-dire d'établir un régime qui ne soit plus à la discrétion des partis. Je ne dis pas qu'il n'y aura pas dans le peuple français demain comme toujours une foule d'opinions qui s'exprimeront et se feront valoir. Bien sûr ! Mais l'organisation en parti politique de ces opinions intransigeantes, ces programmes qu'on brandit pour ne pas les réaliser, ces promesses qu'on fait pour ne pas les tenir, ces combinaisons entre comités et entre délégations pour ne pas gouverner ni légiférer, c'est cela que nous détruirons et que nous remplacerons par un régime tel que d'abord ceux qui gouvernent soient chargés du Gouvernement et pas d'autre chose et ceux qui auront à faire les lois soient chargés de les faire et pas autre chose. Un régime aussi dans lequel le peuple aura institué au-dessus de tout et en toutes matières, et notamment en matière sociale et économique, un arbitrage qu'il aura lui-même institué en désignant le chef de l'État qui, lui, aura la charge, la mission, le devoir d'arbitrer au nom du peuple, par-dessus tous les intérêts, dans toutes les matières, quitte bien entendu à réserver au peuple le jugement en dernier ressort, quand il sera nécessaire de lui demander de trancher. C'est ainsi que doit pouvoir marcher une démocratie nouvelle, avec un régime politique, économique et social nouveau, avec l'arbitrage institué par le peuple et avec, nous l'espérons, une atmosphère très différente de celle que nous avons.

Ne nous figurons pas que cette œuvre immense, cette œuvre qui dépassera probablement nos vies, cette œuvre qui durera des années, ne nous figurons pas que nous l'accomplirons sans difficultés immenses, parce que d'abord, je le répète, comme je le disais au début, nous sommes un pays fort las ; ensuite parce que nous avons parmi nous des forces centrifuges qu'il faudra évidemment obliger à entrer dans la communauté nationale ou alors à en sortir, parce que nous aurons à surmonter des intérêts quelquefois très grands et souvent liés avec une certaine conception routinière de la vie, de la production, des relations sociales. Il faudra vaincre aussi cela et puis il faudra nous vaincre nous-mêmes parce que nous avons tous nos défauts, nos divisions, nos aversions réciproques, nos difficultés à nous mettre d'accord, à marcher ensemble pour quoi que ce soit, le goût de nous déchirer un peu les uns les autres, alors qu'au fond, nous sommes tous des hommes, des Français. Il faut savoir non seulement nous supporter mais nous lier ensemble et nous aimer. Nous aurons tout cela à surmonter pour réaliser cette œuvre, mais elle en vaut la peine et d'ailleurs, nous n'avons pas le choix. Voilà ce que nous avons à faire, nous autres du Rassemblement du peuple français, voilà ce que vous avez à diriger, à répandre, à inspirer, vous autres des Comités professionnels de notre Rassemblement, vous autres des cadres professionnels du Rassemblement aujourd'hui et de tout le pays demain, parce que vous comprenez bien que quand nous allons être en mesure de faire notre politique, il faut que nous ayons dans le pays tout entier, dans toutes ses activités et spécialement dans ses activités professionnelles, il faut que nous ayons partout des compagnons pour nous aider, pour conduire vers nous les autres, pour que nous puissions nous appuyer sur quelque chose dans ce terrible travail.

Voilà, je vous ai parlé bien simplement. Ce que j'ai dit ne sera pas publié, c'est pour vous tout seuls, mais je crois qu'après que cela a été dit, nous nous comprenons encore un peu mieux que tout à l'heure et que nous sentons à la fois quelles sont nos responsabilités immédiates, quelles seront celles de demain, dans quel esprit nous les assumons, pour quoi faire, dans quel intérêt, et nous avons bien tous vu que cet intérêt-là c'est celui de la France, et moi, je crois qu'en servant la France de cette manière-là, nous servons de la meilleure manière possible tous les hommes, parce que, qu'est-ce que vous voulez ? nous avons pu, nous la France, recevoir bien des mauvais coups, nous avons pu être bien réduits, bien humiliés, bien démolis, mais tout de même, on ne se passera pas de nous. Si nous disparaissons, qu'est-ce que deviendra le monde ? Quelle jungle ! Quelle terre sans lumière ! On a besoin de nous ! Il faut que nous repoussions, que nous revivions. Nous ne le ferons pas sans nous lier les uns aux autres et sans aller chercher la force à sa source, la force nationale, c'est-à-dire au fond du peuple, car on ne l'a jamais trouvée que là. Eh bien, allons au travail. La conjoncture actuelle, les revendications, nous en avons dit ce que nous devions en dire. Oui, certainement, il ne faut pas laisser les séparatistes s'en emparer. Ce n'est pas pour eux, c'est pour les travailleurs. Mais ce n'est pas la solution. La solution est bien plus haute que ça et bien plus difficile et la solution c'est nous.

Merci ! Vive la France ! Vive la République !

Message

Septembre 1948

Je remercie d'avance chacune des Françaises et chacun des Français qui vont m'envoyer le timbre du Salut public.

Parce que chaque timbre reçu sera, pour moi, le témoignage d'une sympathie.

Parce que chaque timbre envoyé comptera pour une preuve, et que, dans ces jours où tout se décide, le total doit revêtir une très grande signification.

Parce que chaque timbre acheté va m'aider à rassembler les Français pour le salut de la France.

À Pierre de Gaulle[1]

6 septembre 1948

Mon cher Pierre,

Les événements tournent de telle sorte qu'il me paraît assez dérisoire d'organiser à Paris prochainement une cérémonie publique présidée par moi.

Je crois donc nécessaire de ne pas fixer de date à l'inauguration de l'avenue Leclerc[2] et de laisser les choses en suspens. Nous allons voir bientôt si le « régime actuel » parvient à se stabiliser (ce que je ne crois pas) ou s'il va rouler à l'abîme. Dans cette dernière hypothèse, il y aurait des perspectives très différentes de celles que la Ville de Paris aurait d'abord envisagées.

Je m'en remets à toi pour le lui faire discrètement comprendre.

Toutes mes affections.

À Gustave Cohen[3], à la Croix-Valmer (Var)

s.d. *[6 septembre 1948]*

Mon cher maître,

J'ai appris avec peine la mesure d'éviction dont vous avez été l'objet de la part du ministère de l'Éducation nationale[4].

Vous méritiez plus d'égards par les services que vous avez rendus. Vous pouvez en rendre beaucoup trop pour qu'on puisse imaginer de priver ainsi la jeunesse française d'un de ses maîtres les meilleurs et les plus écoutés.

Je souhaite qu'on revienne à une solution plus équitable et plus digne.

---

1. Président du Conseil municipal de Paris, membre du Conseil national du RPF.
2. Le général de Gaulle présidera l'inauguration de l'avenue du Général-Leclerc à Paris le 18 juin 1949. Voir *Discours et messages*, t. II, p. 296 à 300.
3. Professeur en Sorbonne.
4. Gustave Cohen écrit au général de Gaulle qu'il a été informé de sa mise à la retraite au 30 septembre 1948 « sur une simple convocation à une séance de faculté ». En vertu de la loi du 27 février 1948 qui assure aux victimes de Vichy autant d'années de prolongation que ce régime leur en a fait perdre, il estime que sa date de mise à la retraite devrait être décembre 1948.

Croyez, mon cher maître, à mes sentiments cordialement dévoués.

En juin 1948, la conférence de Londres (réunion d'experts et de diplomates français, américains, britanniques, belges, hollandais et luxembourgeois) publie un communiqué recommandant notamment la réunion d'une Assemblée constituante dans l'Allemagne occupée par les Alliés occidentaux, pour y instituer un gouvernement allemand. Ses recommandations vont à l'encontre de la politique voulue par la France : fédération allemande, statut international de la Ruhr, rattachement économique de la Sarre à la France.

La France, la Grande-Bretagne et le Benelux ont signé un pacte de défense mutuelle à Bruxelles, le 17 mars 1948. Le 11 juin 1948, le Sénat américain adopte la résolution Vandenberg, permettant aux États-Unis une alliance hors du continent américain. Le Pacte atlantique sera signé le 4 avril 1949.

À Pierre de Gaulle

9 septembre 1948

Mon cher Pierre,

Mon voyage dans le Midi va sans doute m'empêcher de te voir avant ton départ pour les États-Unis. Voici quelques indications de moi à toi.

1. Du côté français, ne te laisse coiffer par personne. Tout en étant aimable, garde tes distances. L'ambassadeur H. Bonnet est un homme intelligent, mais sans caractère ni fidélité. Son ambassade joue tous les tableaux. Billotte, lui, est sûr. Si tu as des conseils à prendre, prends-les auprès de lui.

2. Du côté américain. Je ne sais au juste qui tu verras. Cela dépendra, sans doute, de l'ambiance.

Sache que je fus toujours en bons termes avec Truman, Marshall, etc. Mais je le fus aussi avec Dewey[1] (dont j'ai gardé un très vivant souvenir. Dis-le-lui, à l'occasion), avec Foster Dulles (futur secrétaire d'État de Dewey), avec Vandenberg. Ne manque pas de dire à tout ce monde officiel que je me souviens très bien de chacun, et notamment de mes visites aux E-U en 1944 (Roosevelt) et 1945 (Truman). Quant à la ville de New York elle m'avait reçu d'une manière magnifique et enthousiaste du temps de La Guardia.

Mais quant à la politique, sois réservé, sans toutefois paraître rien cacher. Trois grandes affaires : l'affaire allemande pour laquelle nous voulons une politique commune avec les États-Unis et *avec les Allemands*,

1. Gouverneur de l'État de New York et candidat aux élections du 2 novembre 1948 à la présidence de la République contre Harry Truman.

du moment qu'il s'agirait de faire une Allemagne d'États fédérés (nom un Reich à la manière de Clay[1] et des Anglais) et de l'introduire dans une Union européenne.

Affaire russo-communiste. Il faut que nous nous organisions entre Occidentaux de manière à amener la Russie à rentrer dans son lit ou, si elle attaque, à l'écraser.

Affaire de l'aide économique américaine. Nous sommes pour le Plan Marshall, naturellement. Mais, comme les Américains sensés, nous n'y croyons que dans la mesure où la France elle-même réexistera économiquement et financièrement.

3. Le redressement de la France, voilà la question qui hante tous les esprits réfléchis aux États-Unis. Ne manque pas de leur dire que les gens qui y ont intérêt les ont trompés à ce sujet pour ce qui nous concerne. De même que j'ai été chercher dans le peuple la résistance d'abord, puis la restauration de la démocratie (référendum et élections dès 1945), de même aujourd'hui c'est dans le peuple que je veux aller chercher l'élan de rénovation et l'organisation de la démocratie (complètement ratée par les partis). Il nous faut des élections. Mais quoi que tu dises, souviens-toi qu'à l'étranger, il n'est pas séant de taper sur les « gouvernants » de son propre pays, même – ce qui est le cas, – quand ils sont des adversaires et qu'ils n'ont aucun poids.

4. Tu n'y couperas évidemment pas d'une conférence de presse. Prépare-la. Fais-la de bonne humeur. Fais-la assez courte (1 h 1/2 au grand maximum).

5. Au total, sérénité, affabilité, *assurance*. La France, c'est nous. Les fictions constitutionnelles n'y changent rien. Tu verras cela tout de suite en Amérique.

Au revoir, mon cher Pierre. Les événements marchent exactement dans le sens prévu. Il faudra bientôt ramasser les morceaux. Mais je ne pourrai faire quelque chose que si le régime a été condamné par le pays et moi-même mandaté par le suffrage universel.

Toutes les affections d'Yvonne et les miennes pour toi et pour Madeleine. Mille choses aux enfants.

Ton frère très affectionné

1. Lucius Clay, gouverneur militaire de la zone américaine d'occupation en Allemagne.

Note[1]

s.d. *[avant le 10 septembre 1948]*

1. Je n'irai pas à Valence.

Je n'irai pas à Bollène.

Je commencerai le voyage officiel par Orange et Avignon.

2. Entendu pour le samedi, sous réserve que je ne m'arrête ni au Lavandou, ni à Saint-Raphaël.

3. Le dimanche,

je ne veux pas que les « réceptions » soient multipliées le long de la côte.

Cros-de-Cagnes, Saint-Laurent-du-Var, *simples arrêts.*

Nice, d'accord.

4. Corse, d'accord.

5. Je ne *veux pas* aller à Digne. Entendu pour Grasse. Quant à Gap, sauf lettre correcte du maire, je n'irai pas davantage.

Entendu pour Barcelonnette, pour Guillestre, pour Largentière, pour Briançon.

Pour d'autres patelins (La Grave, Bourg-d'Oisans, Vizille, etc.) simples arrêts.

Allocution improvisée à Chambéry le 19 septembre 1948

Que m'importe les sifflets de quelques-uns… je m'en moque…

À Dakar, en 1940, certains qui n'avaient rien compris ont tiré des coups de canon sur l'homme qui vous parle. En 41, en Syrie, d'autres ont tiré des coups de canon sur l'homme qui vous parle. À l'entrée à Paris, certains, qui n'étaient pas loin de ceux qui sifflent, ont tiré des coups de fusil autour de l'homme qui vous parle.

Il y a un progrès. Ce que je veux dire, c'est que des incidents comme ceux-là ne sont rien en comparaison de l'immense enthousiasme de la population française, mais ils nous donnent une preuve de plus de la nécessité de rétablir l'État, l'autorité de la France, de manière que l'unité nationale soit maintenue envers et contre tout et notamment contre ceux qui jouent le jeu de l'étranger.

Tranquillisons-nous, bons citoyens, nous sommes en marche pour prendre la place qui doit être la nôtre à la tête de la France, de manière à la remettre debout, malgré ceux-là.

Les citoyens et les citoyennes qui manifestent ici leurs sentiments de patriotisme en opposition à ceux-là qui manifestent leur désir de servir

1. Du 10 au 19 septembre, le général de Gaulle effectuera un voyage dans le sud-est de la France.

l'étranger, ces citoyens et ces citoyennes ne seront pas déçus. Je leur prédis qu'avant peu ces choses-là cesseront, parce que nous aurons […[1]].

J'ai tenu à venir saluer Chambéry et la Savoie au terme d'un voyage qui m'a prouvé partout la cristallisation des Français sur la France et des étrangers sur l'étranger. Les choses sont maintenant bien claires et cela était important, il fallait que cela se fît et c'est fait… Vive Chambéry…

Instruction sur l'organisation du service d'ordre

Paris, 25 septembre 1948

Il est nécessaire de centraliser le service d'ordre[2] en appliquant strictement les règles suivantes :

1. Le responsable du service d'ordre à l'échelon national (Paul Carré) a autorité sur tous les services départementaux. Il en nomme les responsables après avis des délégués départementaux.

2. Dans chaque département, le service d'ordre est à la disposition du délégué départemental pour exécuter les missions de protection des réunions locales que ce délégué lui assigne. Mais il est tenu d'exécuter en priorité toute mission qui lui est fixée par le responsable national.

3. En cas de besoin, et notamment pour assurer la protection de certaines manifestations, le responsable national prend sous son commandement direct les éléments locaux du service d'ordre et utilise des groupes provenant d'autres départements ou de la Région parisienne.

Note

1er octobre 1948

Campagne du Timbre

1. Tous les comptes (espèces et timbres) doivent être arrêtés au plus tard 15 jours après la clôture de la souscription.

2. Tous les fonds recueillis doivent être portés au compte spécial qui m'a été ouvert à cet effet et sont transférés automatiquement et à mesure par moi, au Comité du Timbre formé par :

MM. PASTEUR VALLERY-RADOT
BRACK
BRUGÈRE
CHATENAY
DIETHELM
FOUCHET
BOZEL-RICHEMOND

1. Du bruit a empêché la notation de la fin de cette phrase.
2. Le 18 septembre 1948, de violents incidents ont eu lieu à Grenoble, lors d'une manifestation communiste contre une réunion du RPF présidée par le général de Gaulle.

3. Le Comité me donne décharge des fonds transférés, contrôle la régularité des opérations, assure la répartition des fonds suivant mes indications, et en reçoit reçu des parties prenantes. Après la fin de toutes ces opérations, il m'adressera un rapport.

4. Je précise qu'il m'appartient de décider de l'affectation de toutes les sommes recueillies, car je suis responsable de leur emploi, vis-à-vis des souscripteurs.

Le 7 novembre 1948 auront lieu les élections au Conseil de la République (qui dans la Constitution de la IVe République est la deuxième Chambre). Le Rassemblement du peuple français présente des listes, dans lesquelles certains candidats appartiennent également à un parti.

À Marius Durbet[1]

13 octobre 1948

Mon cher maire,

Je n'ai pas besoin de vous dire quelle importance revêtent les prochaines élections au Conseil de la République.

Il est donc nécessaire, pour le bien du pays, que nul effort ne soit épargné pour faire triompher dans le plus grand nombre possible de départements des candidatures sérieuses présentées au nom du Rassemblement.

Pour ce qui concerne la Nièvre, tout ce que j'en sais me confirme que votre candidature n'est pas seulement souhaitable mais nécessaire. Maire du chef-lieu, où j'ai été reçu par vous-même, votre personnalité et la confiance de nos compagnons vous désignent. Je vous demande donc de prendre la tête de notre liste à ces élections.

Je n'ignore pas que votre état de santé vous inspire des scrupules très respectables. Mais l'enjeu est important ; d'autre part, je puis vous assurer que la direction du Rassemblement et vos collègues au Conseil feront ce qu'il faudra pour vous faciliter votre tâche.

Je compte donc sur vous, et je vous prie de croire, mon cher maire, à mes sentiments les plus distingués et les meilleurs.

Aux délégués désignés comme électeurs au Sénat

19 octobre 1948

Monsieur le délégué,

En ce moment, où le sort du pays et de la République est en jeu, j'ai quelque chose à vous demander.

1. Maire de Nevers.

Vous êtes électeur pour le Conseil de la République. L'élection du Conseil revêt, vous le savez, une importance et une signification exceptionnelles.

Bien qu'une Constitution mauvaise assigne à cette Assemblée des pouvoirs limités à l'extrême, la confusion et l'impuissance du régime actuel font que le Conseil qui va être élu sera, néanmoins, en mesure de jouer un rôle essentiel.

Son action pousse, d'abord, à conduire à une consultation rapide du suffrage universel, seule issue démocratique à la crise dans laquelle la nation se débat. Ensuite, le redressement de l'État, le salut de la monnaie, le retour du pays à l'équilibre et à la sécurité, bref la vie même de la France, dépendront, en grande partie, de ce que fera le Conseil de la République.

Mais il est de toute nécessité que le Conseil comporte une majorité cohérente, composée d'hommes marchant solidairement – quelle que soit la diversité très légitime de leurs tendances – vers les objectifs du salut sur lesquels la masse immense de notre peuple est en vérité d'accord. C'est pour atteindre ces objectifs que j'adjure maintenant les Français de se rassembler comme je le fis pendant la guerre quand il s'agissait de sauver la patrie et la liberté. Je vous demande donc, monsieur le délégué, simplement mais instamment, de voter pour les candidats unis par le Rassemblement du peuple français.

Certes, il peut en exister d'autres dont les capacités soient également dignes d'estime. Mais le résultat qu'il faut atteindre exige, croyez-moi, que l'on passe au-dessus de toutes considérations secondaires pour aboutir à quelque chose de cohérent et de solide. Ainsi, chacun, chez nous et à l'étranger, comprendra que la France a choisi sa route. Si vous voulez bien m'écouter, vous y contribuerez, pour votre part, efficacement et en conscience.

Croyez, monsieur le délégué, à mes sentiments les meilleurs. Soyez, en outre, assuré du profond attachement qui me lie à tous ceux qui veulent avant tout faire en sorte que la France soit la France.

Note

28 octobre 1948

Budget

I. Nos budgets mensuels, jusqu'en avril prochain inclus, doivent être établis compte tenu de ce que donnera finalement la collecte du Timbre et sans escompter aucune autre ressource de cette nature exceptionnelle.

II. D'autre part, le produit net du Timbre doit être employé :

1. à payer *toutes* nos dettes (soit une quarantaine de millions) ;

2. à constituer une *réserve* de quinze millions ;

3. à pourvoir jusqu'en avril inclus aux *augmentations de dépenses* avec priorité à la propagande et au service d'ordre.

J'entends par priorité le fait qu'aucune augmentation ne doit être accordée à aucun titre avant que soient assurées celles qui seront jugées nécessaires à la propagande et au service d'ordre.

III. En admettant que le Timbre rapporte net cent millions, c'est donc une somme de quarante-cinq millions que nous pourrions de ce fait consacrer aux six prochains budgets mensuels, en dehors des autres ressources. Dans mon esprit cela ferait vingt millions à la propagande, dix au service d'ordre, quinze au reste y compris les manifestations.

IV. C'est d'après ces bases que doit être établi d'abord le budget de novembre.

À Winston Churchill, à Chartwell, Westerham (Kent Grande-Bretagne)

3 novembre 1948

Cher monsieur Churchill,

Voici les précisions que vous voulez bien me demander[1] :

C'est le 16 juin, lors de la visite que je fis à Londres ce jour-là en qualité de sous-secrétaire d'État à la Défense nationale dans le gouvernement de M. Paul Reynaud, que j'ai donné l'ordre au *Pasteur* de changer sa destination. Il devait arriver d'Amérique à Bordeaux avec son chargement d'armes. Je lui ai prescrit en mer de gagner un port anglais, ce qu'il a fait. M. Monnet, de son côté, s'est occupé par la suite de faire transférer les contrats américains d'armement du crédit de la France à celui de la Grande-Bretagne. Quant à moi, si j'ai détourné les armes de Bordeaux sur l'Angleterre, je n'ai joué aucun rôle dans l'opération du transfert de crédit. M. Monnet n'était d'ailleurs pas avec moi après le 18 juin.

C'est le 17 juin au matin que j'ai quitté Bordeaux en compagnie du général Spears. Nous sommes arrivés à Londres au début de l'après-midi. L'avion qui nous y a amenés était celui-là même que vous m'aviez prêté le 16 au soir, pour regagner Bordeaux, et qu'en prévision de ce qui allait suivre je vous avais demandé de laisser à ma disposition jusqu'au lendemain à midi. Le général Spears ayant appris par moi à Bordeaux, au cours de la nuit du 16 au 17, dans la propre chambre de Sir R. Campbell, votre ambassadeur, que je comptais partir le matin pour l'Angleterre et

1. Winston Churchill termine le second volume de ses Mémoires. Il fait appel à la mémoire du général de Gaulle pour préciser ses propres souvenirs d'un entretien Monnet-Churchill-de Gaulle au cours duquel Jean Monnet s'employa à arranger le transfert des contrats américains d'armement, du crédit de la France à celui de la Grande-Bretagne, avec le soutien du général de Gaulle. Winston Churchill ne peut dater cette conversation. Il hésite entre le 15, le 16, le 18 ou même le 19 juin 1940. Il cherche également la date de l'arrivée en Angleterre du général de Gaulle en compagnie du général Spears.

que je me proposais d'utiliser cet avion, a aussitôt décidé qu'il m'accompagnerait et donné les ordres à l'équipage. Nous sommes partis vers 9 heures en prenant quelques précautions mais sans difficultés. D'ailleurs, c'est ce matin-là seulement que M. Paul Reynaud a transféré ses pouvoirs au maréchal Pétain et, jusqu'à l'accomplissement de cette formalité, j'étais membre du gouvernement et ne courais guère de risque. C'est vous dire ce qu'ont d'exagéré certains récits romanesques concernant mon départ.

Je vous prie de croire, cher monsieur Churchill, à mes sentiments les plus distingués et bien dévoués.

En novembre 1948, 130 élus au Conseil de la République (sur 309) forment l'Intergroupe du RPF. Au sein de cet intergroupe, l'Action démocratique et sociale réunit 56 conseillers de la République sans autre étiquette que celle du RPF.

À Gaston Palewski [inédit]

Novembre 1948

Vous-même et vos chers camarades du « cabinet » d'hier, d'aujourd'hui, de toujours, vous me plongez dans l'embarras, mon cher ami, en m'accablant de si beaux et émouvants cadeaux ! Le tableau est superbe. Le témoignage qu'il symbolise me va droit au cœur.

Je vous en remercie bien vivement et cordialement.

Nous grognons, en effet. Mais il me semble que nos adversaires grognent encore beaucoup plus fort. C'est bon signe !

Croyez, mon cher ami, à mon affectueux et fidèle dévouement,

C. de Gaulle

À l'enseigne de vaisseau de Gaulle,
escadrille 50 S, aéronautique navale, Lanvéoc-Poulmic (Finistère)

11 novembre 1948

Mon bien cher Philippe,

Merci de tes vœux pour ma fête. J'en ai été bien touché. Cette année même, comme tu l'avais prévu à pareille époque, un magnifique petit-fils était présent le 4 novembre auprès de son grand-père et lui a offert des fleurs par l'intermédiaire de sa Maman ! Merci.

J'espère que tout va bien pour vous trois à Morgat. Nous avons eu quelques premiers détails par Mme Michignau.

Les élections ont été un triomphe. Le pays se rassemble vraiment, même dans les milieux les plus difficiles que sont les « notables » locaux, électeurs du 7 novembre.

Maman et moi nous vous adressons à tous trois nos meilleures et profondes affections.

Ton Papa

Ordre de mission

Paris, 13 novembre 1948

M. Fouchet, membre du Comité exécutif, est chargé de se rendre à Bordeaux[1] pour appliquer les décisions suivantes :

1. Le Comité départemental est dissous. Une commission départementale provisoire sera formée après la plus large consultation des compagnons du département.

2. Les fonctions du colonel Fleuret comme délégué départemental prennent fin à partir du 15 novembre.

3. M. Fouchet proposera à la direction du Rassemblement un nouveau délégué départemental. Le cas échéant, l'intérim sera assuré par M. Guichard, chargé de mission.

4. Ces décisions doivent être appliquées et expliquées en tenant compte :

a. du fait qu'une modification de l'organisation du RPF en ce qui concerne le rôle et la composition des comités de groupement sera incessamment introduite ;

b. du fait que le colonel Fleuret recevra de moi-même, après exécution de ces décisions, les témoignages les plus honorables pour l'action qu'il a accomplie.

À Geneviève Anthonioz, à Paris

22 novembre 1948

Avec retard mais de tout cœur, ma chère Geneviève, je te remercie de tes vœux de fête. Nous espérons, ta tante Yvonne et moi, que tout va bien pour toi, pour ton mari, pour ton fils !

La bataille s'anime peu à peu dans l'opinion française, malgré sa veulerie trop fréquente. Je crois que nous allons gagner.

Nous t'envoyons nos meilleures affections.

Ton oncle

---

1. Lors de la préparation de l'élection au Conseil de la République, la direction du RPF a dû arbitrer un conflit, au sein du groupement départemental de la Gironde, entre le colonel Fleuret et Jacques Chaban-Delmas. La liste du RPF en Gironde a comporté uniquement des compagnons du Rassemblement, selon le vœu du colonel Fleuret et contre celui de Jacques Chaban-Delmas qui souhaitait une liste d'union avec les radicaux.

À Élisabeth de Boissieu, à Brazzaville

22 novembre 1948

Nous avons beaucoup pensé à vous le 19, ma chère petite fille Élisabeth. Tous nos vœux sont allés vers vous. Moi, du plus profond de mon cœur, j'ai souhaité à ma petite fille chérie ce qu'elle souhaite elle-même. C'est d'ailleurs en toute confiance que j'envisage l'avenir pour vous et pour Alain.

Nous sommes rentrés tout à l'heure de Septfontaines, Maman et moi. Nous y étions allés, à l'occasion de la traditionnelle battue, pour voir tous ceux de la famille ou des amis qui y étaient. On a, naturellement beaucoup parlé du jeune ménage de Brazzaville !

Les résultats des élections du 7 novembre ont été excellents. Tous les ragots des gens de la « 3e force », depuis *l'Époque* incluse jusqu'au *Populaire* inclus, ne peuvent rien y changer. L'opinion est maintenant ébranlée dans ses profondeurs. Nous gagnerons certainement. Pourvu qu'il soit encore temps de construire !

Je vous embrasse bien tendrement, ma chère petite fille Élisabeth. Toutes mes affections à Alain.

Votre Papa

À Mme Abel Clément-Grandcourt à Saint-Cloud (Seine-et-Oise)

22 novembre 1948

Chère madame,

C'est avec une émotion profonde que j'ai appris la mort du général Clément-Grandcourt et c'est du fond du cœur que je vous adresse, en cette douloureuse épreuve, mes très respectueuses condoléances, auxquelles ma femme joint les siennes.

J'ai beaucoup admiré, et laissez-moi ajouter : aimé, au long de ma vie militaire, puis de ce qui suivit, le général Clément-Grandcourt. Il fut, à bien des égards, mon maître, et à tous points de vue un exemple. Je n'oublierai jamais cette noble et belle figure de chef, de soldat et de Français.

Je vous prie de bien vouloir agréer, chère madame, mes hommages les plus respectueux et attristés.

Note

Paris, 26 novembre 1948

Pour compléments et modifications apportés à l'Instruction du 13 novembre 1947 sur l'organisation du Rassemblement du peuple français et au Règlement du 20 février 1948 concernant l'organisation et le fonctionnement des Groupements, la présente note a pour objet :

a. de mieux préciser les attributions dans le cadre des Groupements et de mieux adapter l'organisation intérieure des Groupements à celle qui est pratiquée par le Rassemblement sur le plan national ;

b. de mieux organiser, par le moyen des Assemblées, l'information des Compagnons et de recueillir leur opinion et leur sentiment qui sont des éléments essentiels de l'action du Rassemblement.

Le délégué départemental.

1. *Le délégué départemental* est nommé par la direction du Rassemblement et la représente dans le département.

Il dirige l'action du Groupement départemental et la cohésion entre cette action et celle du Rassemblement dans son ensemble. Il administre le Groupement. Il est responsable devant la direction.

2. Le délégué départemental est assisté :

des délégués {
- à la propagande
- à l'action professionnelle et sociale
- aux adhésions
- au service d'ordre

ainsi que par le trésorier.

Les délégués et le trésorier sont nommés par la direction sur proposition du délégué départemental.

3. Le délégué départemental désigne les délégués cantonaux (et exceptionnellement, en cas de nécessité, des délégués d'arrondissement).

Le Conseil départemental.

1. *Le Conseil départemental* est composé de 40 à 50 membres élus pour un an, au scrutin secret, par les Compagnons du département, pour moitié sur la base territoriale (arrondissement ou cantons), et pour moitié sur la base professionnelle (Groupes d'entreprises, Sections départementales des Groupements sociaux).

2. Le Conseil se réunit, en principe, une fois par mois. Le délégué fait au Conseil l'exposé de la situation du Groupement. La gestion des finances du Groupement doit être, en particulier, l'objet de l'étude attentive du Conseil.

Le délégué tient le Conseil au courant des instructions reçues de la direction et des mesures prises ou à prendre en conséquence.

Il consulte le Conseil sur les questions intéressant l'action du Rassemblement, notamment sur celles qui doivent faire l'objet des travaux des Assises nationales ou du Conseil national. Le Conseil s'organise en commissions chargées de les étudier ainsi que celles qui lui sont soumises par le Centre national et le délégué départemental, ou celles dont il entend les saisir.

Le délégué départemental reçoit les observations, avis et suggestions que le Conseil estime devoir présenter.

3. Le Conseil départemental exprime le résultat de ses délibérations sous forme de résolutions que le délégué départemental est tenu de transmettre à la direction. D'autre part, le Conseil est qualifié pour correspondre directement avec celle-ci, sous réserve de communiquer copie de sa correspondance au délégué départemental.

Les Assemblées.

1. Le délégué départemental a l'obligation d'organiser des assemblées destinées à recueillir l'avis et le sentiment des Compagnons sur tous les problèmes intéressant le Rassemblement.

2. Ces assemblées ont lieu selon les possibilités, soit pour l'ensemble du département, soit pour un arrondissement ou pour un ou plusieurs cantons. Elles doivent être organisées de telle manière que tous les Compagnons du département aient aisément la possibilité d'assister à une réunion au moins deux fois dans l'année.

Les assemblées se réunissent sur convocation du délégué départemental. Celui-ci y assiste ou s'y fait représenter. Les parlementaires et élus du Rassemblement dans le département y sont conviés de droit.

3. Le délégué départemental ou son représentant fait connaître aux assemblées la situation du Groupement et les met au courant des questions intéressant l'action du Groupement à l'échelon national et à l'échelon local. Les assemblées expriment leur opinion sous forme d'ordres du jour que le délégué départemental doit transmettre à la direction du Rassemblement.

Dispositions diverses.

1. Une instruction spéciale fixera l'organisation de la région parisienne.

2. Sont abrogées toutes dispositions contraires à la présente note et notamment les articles 12 à 23 du Règlement du 20 février 1948.

À Élisabeth de Miribel

27 novembre 1948

Chère mademoiselle,

Votre lettre et la nouvelle qu'elle m'apporte m'ont infiniment ému[1].

Depuis le premier jour du combat, jusqu'à aujourd'hui, inclusivement, vous avez été, non pas seulement une collaboratrice d'une éminente valeur et d'un dévouement sans ombre, mais encore un réconfort et

1. Élisabeth de Miribel exprime au général de Gaulle sa profonde reconnaissance pour la part qu'il lui a permis de prendre depuis huit ans à l'action qu'il poursuit au service de la France. Elle lui annonce sa prochaine entrée au Carmel de Nogent dans la certitude qu'elle ne cessera pas de servir la France à sa manière. Il lui semble que ce sont les exemples qu'elle a reçus du général de Gaulle et de ses propres parents qui l'ont « portée vers Dieu ».

un exemple qui ont compté pour beaucoup plus que vous ne le mesurez vous-même, sur ce que j'ai pu faire de bon.

Notre combat ne serait pas ce qu'il est si votre rôle et votre noblesse n'avaient pas provoqué la haine et les basses injures de l'adversaire. Je vous en demande pardon.

Quant à la décision que vous avez prise d'aller dès à présent vers la divine lumière, elle ne peut susciter que le respect. Mais vous donnez l'exemple encore. Merci pour moi et pour tous les « nôtres ».

Veuillez accepter, chère mademoiselle, en attendant de vous voir, mes hommages les plus dévoués et respectueux.

Au bureau de l'Intergroupe du RPF au Conseil de la République[1]

2 décembre 1948

Messieurs les conseillers de la République et chers compagnons,

Vous m'avez fait connaître qu'en conformité d'engagements pris à l'occasion des élections au Conseil de la République, un certain nombre de conseillers s'étaient constitués en « Intergroupe du Rassemblement du peuple français ».

Une pareille décision, pour devenir définitive, comporte naturellement l'approbation du Rassemblement. Je puis vous dire que cette approbation est donnée de grand cœur pourvu qu'il soit fait en sorte que l'existence de l'intergroupe et le comportement des conseillers de la République qui y adhèrent ne puissent prêter à confusion et créer d'équivoque en ce qui concerne le Rassemblement lui-même.

Vous tiendrez, en effet, comme moi, pour inacceptable que l'Intergroupe du Rassemblement du peuple français, dont le nom qu'il porte est synonyme de cohésion, vînt éventuellement à se diviser quant aux attitudes et aux votes de ses membres sur les grands problèmes d'ordre intérieur et extérieur pour la solution desquels le Rassemblement poursuit l'union des citoyens dans son propre cadre, le recours au pays et le redressement de l'État. Or, le fait qu'un nombre important des conseillers de la République intéressés se sont répartis dans les groupes que divers partis politiques ont constitués au sein de l'Assemblée, ne pourrait manquer d'entraîner la dispersion dans l'action de l'Intergroupe si celui-ci n'adoptait et n'appliquait les dispositions nécessaires pour assurer sa propre cohésion. Je vous serais très obligé, messieurs les conseillers de la République et chers compagnons, de me faire connaître quelles dispositions l'Intergroupe aura décidé de prendre à ce sujet.

---

1. Présidé par Pierre de Gaulle. Une lettre analogue est adressée au bureau de l'Intergroupe du RPF à l'Assemblée nationale (présidé par Paul Giacobbi).

D'autre part, le Rassemblement se doit à lui-même d'organiser des rapports étroits entre ses organismes qualifiés et l'Intergroupe qui porte son nom au Conseil de la République. À cet effet, la liaison de la direction du Rassemblement avec vous-mêmes a commencé de fonctionner. D'autre part, des instructions sont données à nos groupements départementaux pour qu'ils se tiennent constamment au courant de l'action des élus du département et leur offrent, notamment par des réunions appropriées les moyens de les en informer. Je suis certain que les contacts ainsi établis entre nos compagnons de la base et les conseillers de la République qui ont été élus sous le signe et avec l'investiture du Rassemblement du peuple français, répondent au désir de tous autant qu'à la véritable règle démocratique.

Veuillez agréer, messieurs les conseillers de la République et chers compagnons, l'expression de mes sentiments très distingués et cordialement dévoués[1].

À Mme André Pironneau

4 décembre 1948

Chère madame,

Par le cœur et par la pensée je suis aujourd'hui présent à la triste cérémonie puisque les conditions de notre France d'aujourd'hui m'empêchent d'y figurer physiquement. André Pironneau[2] fut mon ami et j'ajoute mon bon compagnon dans une lutte qui préludait à celles qui ont suivi et qui continuent encore.

C'est avec émotion et fidélité que je garde son souvenir. C'est aussi avec un profond respect et une très grande tristesse que je m'incline devant votre chagrin et que je vous demande d'agréer mes sentiments de sympathie auxquels ma femme joint les siens, les plus sincères. Le monde tel qu'il est ne fait paraître que plus éclatante et consolante cette divine lumière que contemple à présent votre cher mari.

Je vous prie d'accepter, chère madame, mes très respectueux hommages et souvenirs.

1. Voir également la lettre du général de Gaulle, du 20 mai 1949, au bureau de l'Intergroupe du RPF au Conseil de la République.
2. Directeur avant guerre du quotidien *L'Écho de Paris.*

Note pour les délégués départementaux, les chargés de mission, les délégués spécialisés et les membres du Comité exécutif du RPF

6 décembre 1948

Le fait qu'outre nos chargés de mission et nos délégués départementaux, il existe des responsables désignés par le Centre national pour certaines branches spéciales de l'action (propagande, action professionnelle et sociale, service d'ordre, etc.) provoque nécessairement des chevauchements locaux d'attribution. Il faut faire en sorte que ces chevauchements ne nuisent pas à la cohésion.

En premier lieu, rien ne doit être fait sur place en dehors des chargés de mission et des délégués départementaux. Il appartient aux responsables spécialisés, envoyés par le Centre, de se tenir en liaison avec eux et de les informer à temps et franchement de leur activité.

Mais l'unité de l'action locale dépend surtout de l'unité des décisions prises au Centre national. Il appartient aux membres qualifiés du Comité exécutif de soumettre au Comité les plans de leur action spéciale. Ces plans, une fois approuvés, deviennent exécutoires pour tout le monde. Il doit en être ainsi, notamment du programme des réunions.

À l'enseigne de vaisseau de Gaulle, escadrille 50 S, aéronautique navale, Lanvéoc-Poulmic (Finistère)

7 décembre 1948

Mon cher Philippe,

Nous sommes contents, ta Maman et moi, de savoir que vous allez bien, Henriette, toi et votre bébé, et que votre installation s'est faite dans les meilleures conditions.

Je voudrais que tu me dises comment les choses se présentent au point de vue de ton service ? En quoi ce service consiste-t-il exactement ? À qui as-tu affaire comme chefs, comme camarades et comme subordonnés ? Comment marche l'École navale au point de vue de l'organisation, etc. ?

Je te rappelle que tu devrais, pendant tes loisirs, t'emparer d'une question d'ordre général (navale, de préférence, historique ou technique ou les deux, avec, si possible, un côté philosophique) et en faire l'objet d'une étude personnelle qui pourrait être publiée et, en tous cas, servir de base à une ou plusieurs conférences.

Maman et moi t'envoyons, mon cher Philippe, pour vous trois nos profondes affections.

Ton Papa

Au docteur André Lichtwitz

17 décembre 1948

Mon cher ami,

À vous et à Bernal, merci de m'avoir envoyé votre *Retour des insolents*. Le livre est très émouvant, bien conduit, bien écrit.

Tout de même, quel filon ! Quelle couverture ! Quels gens ! Quelle nation ! Et quels services rendus à un pauvre cher pays malade ! Il fallait montrer ce qu'il en coûtait, jour après jour, à ceux qui s'y vouaient mais il fallait le faire avec pittoresque et sans grandiloquence.

Voilà qui est fait.

Au revoir, mon cher ami, voulez-vous présenter à Mme Lichtwitz mes très respectueux hommages auxquels ma femme joint ses meilleurs souvenirs. Pour vous, tous mes sentiments dévoués et fidèles.

Note pour les responsables du RPF

24 décembre 1948

Je demande instamment à tous que l'année 1949 soit marquée, dès ses débuts et partout, par un recrutement intensif d'adhésions. Je demande en outre que tout ce qui concerne ces adhésions – anciennes ou nouvelles – soit mis et tenu en ordre dans les groupements et au Centre national. Cela implique qu'elles y soient exactement connues et enregistrées. Cela implique aussi que les cotisations soient effectivement versées et que les fonds ainsi recueillis soient répartis d'une manière exactement conforme aux prescriptions réglementaires.

Au colonel Fleuret, à Bordeaux

24 décembre 1948

Mon cher Fleuret,

J'ai bien reçu votre lettre[1] dont les termes m'étonnent.

Il n'a jamais été dans mes intentions de faire élire le nouveau Conseil départemental par un congrès : j'entends qu'il soit élu canton par canton, par tous nos compagnons et non par un congrès où ne se retrouvent que quelques-uns, toujours plus ou moins les mêmes.

1. À propos de la prochaine élection du Conseil départemental du RPF en Gironde, le colonel Fleuret fait une analyse de la note du général de Gaulle du 26 novembre 1948, qui l'amène à conclure que Chavanac et Guichard n'exécutent pas les ordres du général de Gaulle. Par ailleurs, il déplore le « drame RPF » en Gironde. Il voit « une seule opposition, le RPF d'un côté, et de l'autre, Chaban-Delmas qui, au nom du parti radical, s'occupait du RPF au moment des élections » au Conseil de la République.

Voilà la seule méthode démocratique, celle qu'ont mise en œuvre, sur mes intentions, Chavanac et Guichard.

Allons, ces querelles ont trop duré. Le salut public dépend de notre cohésion. Aujourd'hui comme hier, je compte sur vous.

Croyez, mon cher Fleuret, à mes sentiments cordialement dévoués.

Au colonel Rémy

24 décembre 1948

Mon cher ami,

Ci-joint lettre que je reçois de Fleuret et copie de la réponse que je lui ai adressée. Ceci pour votre information.

Je regretterais très profondément, vous le savez, que Fleuret exagère au point que je doive me fâcher tout à fait. Mais vous savez aussi que je ne puis accepter les « fiefs » quels que soient les services rendus.

Bien amicalement, bon Noël pour vous et les vôtres.

À Richard Coudenhove-Kalergi[1]

30 décembre 1948

Monsieur le président,

J'ai bien reçu votre lettre du 17 décembre[2] et vous remercie des sentiments que vous exprimez à mon égard.

Nul plus que moi n'est convaincu de la nécessité de construire l'Europe. C'est le seul moyen d'aboutir à un règlement du problème allemand qui concoure à l'équilibre, je veux dire qui puisse ouvrir une carrière aux capacités du peuple allemand sans mettre en danger ses voisins. Cela est d'autant plus vrai qu'aujourd'hui l'ambition de la Russie des soviets est susceptible d'offrir à l'aventure un excitant et un appui.

Entre une Angleterre que sollicite le Commonwealth et une Allemagne qui se cherche, j'ai toujours pensé que la France était destinée, par la géographie même, à promouvoir l'Union européenne. C'est pourquoi je ne puis que me réjouir de ce que vous faites personnellement pour favoriser la réalisation de cette union.

Croyez, monsieur le président, à mes sentiments les plus distingués et cordialement dévoués.

---

1. Président de l'Union parlementaire européenne, Gstaad (Suisse).
2. Richard Coudenhove-Kalergi s'y déclare préoccupé par la mainmise britannique sur le mouvement européen, « parce que l'Angleterre ne désire que l'intégration de l'Europe occidentale dans son Commonwealth ». Selon lui, ce danger d'une nouvelle scission européenne ne peut être évité que par des contacts directs franco-allemands. Désirant se vouer à cette cause, il sollicite une audience du général de Gaulle.

1949

À Paul Le Boulengé[1]

4 janvier 1949

Cher maître,

C'est bien moi, en effet, que vous avez transporté de Dinant à Charleroi, le 16 août 1914. J'avais été blessé la veille au pont de Dinant.

Vous m'avez conduit à la porte de ma sœur, Mme Alfred Cailliau qui habitait Charleroi (rue d'Assaut) et qui est venue m'embrasser dans votre voiture.

Ensuite vous m'avez déposé à la gare. Je me souviens très bien de votre si aimable et utile obligeance.

Veuillez croire, cher maître, à mes bien sympathiques souvenirs.

À Marie-Thérèse Tardif[2], à Chambon Feugerolles (Loire)

8 janvier 1949

Ma chère Thérèse,

J'ai été, ainsi que ta tante Yvonne, très touché de tes vœux de nouvel an.

Je t'envoie les nôtres, les plus affectueux, pour toi, pour Louis, pour vos beaux et chers enfants. Ma pensée se portait souvent vers vous, au cours des mauvaises journées de cet automne et je mesure toutes les difficultés que Louis y a rencontrées et tous les mérites qu'il y a déployés. Ce qui est absurde, c'est que l'infirmité du régime actuel ne tirera aucun parti du succès finalement remporté par le bon sens et le bon ordre. Plus que jamais la guérison de la France présuppose l'établissement d'un régime adéquat. Nous y arriverons certainement.

Ta tante Yvonne se joint à moi, ma chère Marie-Thérèse, pour vous embrasser tous de tout cœur.

Ton oncle et parrain très affectionné

À Mme Jacques Vendroux

8 janvier 1949

Ma chère Cada,

Vos vœux et la façon dont vous les avez exprimés m'ont profondément touché. C'est de toute mon affection que je vous en remercie et que

1. Notaire à Dinant (Belgique).
2. Nièce du général de Gaulle, fille de Marie-Agnès et Alfred Cailliau, épouse de Louis Tardif.

je vous renouvelle tous les miens pour vous et pour les chers vôtres. Mais je veux y ajouter un témoignage. Sachez que dans le destin assez âpre qu'il m'est donné de porter, votre sympathie et votre concours me réconfortent au plus profond de moi-même.

Pour ce début d'année 1949, je vous embrasse de tout cœur, ma chère sœur Cada. À l'expression de mes très affectueux sentiments pour vous-même, pour Jacques, pour vos enfants et petits-enfants, Yvonne et les nôtres joignent leurs meilleures pensées.

À Marie-Agnès Cailliau

15 janvier 1949

Ma bien chère Marie-Agnès,

Merci de l'envoi du chèque de 6 808 francs.

Très heureux d'avoir appris que Michel est rétabli. Nous sommes rentrés de Lille hier, Yvonne et moi. Tout était bien et très réconfortant au point de vue national et Rassemblement. Le docteur Denis, que j'ai vu, donnera ses impressions et conclusions au Havre.

Nous étions descendus chez Geneviève. Nous avons vu tous les Maillot et Watrigant présents à Lille. Ta tante Lucie est en bonne santé et toujours très bonne. Marguerite Jaspar est venue déjeuner dimanche. On a parlé, notamment, de toi et des tiens que tous aiment beaucoup !

Je t'embrasse, ma bien chère Marie-Agnès. Toutes nos affections à toi et à Alfred.

Note sur le fonctionnement des services du Rassemblement

20 janvier 1949

À dater du 3 février, les chargés de mission et les divers responsables régionaux devront être réunis à Paris le premier jeudi de chaque mois pour une période de deux jours.

Le premier jour sera une journée de travail en commun. Ils y rendront compte de leur activité et recevront, notamment de moi-même, les directives communes.

Au cours de la deuxième journée, les chargés de mission et responsables de chaque région travailleront en commun pour régler l'application dans leur région des directives reçues la veille. Dans le même but et pendant cette même journée, ils prendront contact avec les services centraux intéressés.

Lors de la réunion générale, tous les chargés de mission et responsables régionaux devront être porteurs :

1. du texte des ordres de mission qu'ils auront reçus pendant le mois précédent,
2. du texte des comptes rendus de mission rédigés par eux durant la même période.

L'ordre du jour de la réunion sera établi par le secrétaire général compte tenu des propositions des membres du Comité exécutif et des chefs de services intéressés.

L'ordre du jour devra être porté à la connaissance de tous quarante-huit heures au moins avant la réunion.

À Élisabeth de Boissieu, à Brazzaville

3 février 1949

Ma chère petite fille Élisabeth,

Alain vous portera ce mot qui vous apporte les meilleures affections de votre Papa. Il nous a dit beaucoup de choses sur votre vie là-bas et cela nous a permis, à votre Maman et à moi, de mieux discerner le cadre qui enveloppe notre chère petite fille. Nous pensons que l'année commencée verra votre retour en France et vous savez quels souhaits vous entourent de notre part.

Vous unirez vos pensées et vos prières aux nôtres dimanche prochain. Il y aura ce jour-là un an que votre petite sœur Anne nous aura quittés pour trouver sa libération au Ciel où elle nous attend.

Je vous embrasse de tout mon cœur, ma chère petite fille Élisabeth. À bientôt maintenant.

Votre Papa très affectionné

Discours prononcé à la Madeleine-Lez-Lille (Nord) lors de l'inauguration de l'avenue du Général-Leclerc

13 février 1949

Il est bien émouvant d'inaugurer pour la première fois dans le Nord une avenue consacrée à la mémoire du général Leclerc et je suis particulièrement sensible au fait que c'est à La Madeleine que cela se sera fait.

Vous avez bien fait, monsieur le maire, de vouloir que le nom de ce grand soldat de France restât inscrit sur l'une de vos principales avenues de manière à ce qu'en voyant ce nom l'on repense à des choses qu'il ne faudrait pas oublier et que de génération en génération on se souvienne que, quoi que soient les péripéties de l'Histoire, à partir de maintenant, il y a une page de l'histoire de France qui a été écrite avec quelques hommes courageux pour la patrie tout entière et qui a servi à la gloire de notre pays.

Tout à l'heure on disait que le général Leclerc avait demandé cette mission. Non, le général Leclerc ne demandait jamais de missions, mais quand on lui en donnait une – ce qui s'est produit pour le Cameroun, le Tchad, Koufra, le Fezzan, la Tunisie, Paris, Strasbourg et Berchtesgaden – alors magnifiquement, avec un sens du devoir et aussi un sens de la guerre qui était vraiment admirable, ce grand chef remplissait parfaitement bien sa mission.

Jusqu'au dernier de ses jours, moi je puis le dire, le général Leclerc a été un modèle, non pas seulement de valeur, non pas seulement de patriotisme, mais de fidélité. Vous entendez bien, de fidélité. C'est pourquoi et c'est à cause de cela en grande partie que sa mémoire est pure. C'est à cause de cela qu'il n'y a pas une ombre sur le souvenir que nous gardons de lui, que les générations futures garderont du général Leclerc de Hauteclocque.

Nous ne savons pas ce que l'avenir nous réserve. Il y a des nuages à l'horizon. Qu'arrivera-t-il de la France ? Nous ne le savons… En grande partie d'ailleurs, il arrivera à la France ce que nous voudrons car si nous savons prendre les mesures et les moyens de nous redresser, sans doute les plus grandes difficultés passeront-elles. Dans tous les cas, quoi qu'il arrive, les Français, quand ils se trouveront dans l'angoisse, penseront à celui-là qui, au fond même de l'abîme, n'avait jamais perdu courage ni confiance dans son pays.

Il fut une gloire pour l'armée française. Il fut une gloire pour la France. Voilà pourquoi nous saluons tous ensemble sa mémoire et nous ne pouvons pas le faire mieux, si vous le voulez bien, qu'en chantant en son honneur et en l'honneur de ceux qui ont lutté comme lui, de la même manière que lui et pour la même cause que lui, l'hymne national : *La Marseillaise*.

À Mme Charles Delestraint

15 février 1949

Chère madame,

Il est possible que je trouve, dans le courant du mois de mai, l'occasion de me rendre à Saint-Amand. Dans ce cas, ce serait pour moi un grand honneur que de présider à l'inauguration d'une plaque à la mémoire du cher et glorieux général Delestraint[1]. Toutefois, je ne le ferais qu'à la

1. Ancien supérieur du général de Gaulle comme inspecteur des chars avant 1939, il réussit à rejoindre Londres en février 1942 et retourne aussitôt en France où il est nommé chef de l'Organisation de Résistance de l'Armée secrète (ORA). Il est arrêté par les Allemands en juin 1943 après avoir inspecté le maquis du Vercors. Exécuté en déportation à Dachau le 19 avril 1945.

demande de la Ville de Saint-Amand, en raison du caractère qu'une telle cérémonie doit revêtir.

Je vous prie de bien vouloir agréer, chère madame, mes hommages très respectueux et dévoués auxquels ma femme tient à joindre ses bien sympathiques souvenirs.

Ci-joint, en retour, la lettre de mon compagnon, maître A. Delcourt.

À Jacques Soustelle

22 février 1949

Mon cher ami,

À la réflexion, je crois que ce serait une erreur que de fixer à nos délégués départementaux un « contingent » de voix à obtenir pour les cantonales[1]. Dire à celui de la Creuse, par exemple, que nous le tenons quitte avec 2 000 voix me paraîtrait déplorable.

Tous doivent faire le maximum. Nous verrons bien ce qu'il sera quand le scrutin sera passé.

Bien amicalement.

Note pour les responsables du RPF

28 février 1949

Toute réunion décidée par le Centre national et organisée par lui doit être tenue quelles que puissent être les contingences locales.

Les responsables ont naturellement qualité pour faire valoir ces contingences éventuelles auprès du Centre. Mais la décision, une fois prise, doit être exécutée.

À Léon Noël[2]

1er mars 1949

Mon cher ambassadeur,

Voici la note[3] concernant la mission dont je vous ai entretenu ce matin. J'attache à cette mission une grande importance et je vous remercie de l'assumer.

Je vous prie de croire, mon cher ambassadeur, à mes sentiments les plus distingués et bien sincèrement dévoués.

1. Les élections cantonales, qui devaient avoir lieu en octobre 1948, se dérouleront les 20 et 27 mars 1949.
2. Président de la Commission nationale des Affaires étrangères du RPF.
3. Note non retrouvée mais dont l'intéressé a confirmé qu'il s'agissait de conseiller à l'empereur Bao Dai de regagner l'Indochine.

À André Malraux[1]

4 mars 1949

Mon cher ami,

Comme vous le savez sans doute, j'ai vu hier Albert Ollivier.

Je lui ai dit qu'il devait reprendre son poste à la Direction du *Rassemblement*[2] et qu'il vous appartenait de régler avec lui ce qui concerne l'utilisation de telle ou telle personne dans l'intérêt du journal.

Veuillez croire à ma dévouée amitié.

[PS] Je réclame une réunion nationale à Chambéry, une à Annecy et une à Grenoble avant la fin mars.

Observations sur une brochure au sujet de l'Association capital-travail

6 mars 1949

1. D'une manière générale, cela va.

Mais il faut perfectionner.

2. Donner plus de chaleur au début (la Résistance et la volonté de changement social).

À cet égard, on peut citer l'extrait de mon message du 23 juin 1942, adressé aux organisations de Résistance et qui fut publié aussitôt par les journaux clandestins (opérateur du transport et de la diffusion Jean Moulin).

(Voir *Discours et messages*, p. 222[3]).

3. Expliquer, brièvement mais nettement, la raison profonde pour laquelle l'Association, quoique inventée au milieu du XIXe siècle, ne parvint pas à se développer avant le Rassemblement.

Cette raison, c'est l'opposition conjuguée que lui firent : d'une part le capitalisme enivré longtemps par ses propres réalisations et, d'autre part, les champions de la lutte des classes, pleins d'illusions sur ce que donnerait la dictature de la classe ouvrière.

(C'est ainsi que le marxisme desséchait à mesure toutes les velléités de coopération et que le capitalisme les étouffait dans l'œuf.)

En outre, la politique, par les partis, s'est emparée de la question, ce qui la rendait insoluble (partis libéralisants contre partis socialisants ; résultat : néant).

---

1. Secrétaire national du RPF à la Propagande.
2. Hebdomadaire du RPF créé le 26 avril 1947 sous le titre *L'Étincelle*, changé pour *Le Rassemblement* le 31 janvier 1948.
3. La page indiquée ici est celle de l'édition Berger-Levrault (1946). Dans l'édition Plon (1970), voir *Discours et messages*, t. I, p. 206 et 207.

Mais, voici que le capitalisme ne peut plus progresser par lui-même et qu'en même temps l'expérience bolcheviste fait réfléchir beaucoup d'esprits sur ce qui est forcément l'aboutissement de la lutte des classes (dictature totalitaire et écrasement général). Voici que les partis expirent. Voici qu'a paru le Rassemblement.

4. Donner plus de « ton » et de cohésion à ce qui est dit sur la marche du Rassemblement vers l'Association (travaux progressifs).

Surtout, faire ressortir quelque part que notre volonté de réaliser l'Association est une partie intégrante de notre raison d'être, qui est la rénovation de la France à tous égards.

5. Faire une conclusion (qui peut être inspirée par le paragraphe ci-dessus).

Le 7 mars, au moment où allait se séparer le congrès des cadres des étudiants du Rassemblement du peuple français, le général de Gaulle y entra, prit place et improvisa l'allocution que voici[1].

Allocution prononcée au congrès des étudiants RPF, le 7 mars 1949

Je vais vous parler, puisque j'ai le plaisir de me trouver au milieu de vous, de sentir quelle est l'unanimité de vos sentiments, de voir de quelle façon vous les exprimez, non seulement par des applaudissements mais par une attitude qui couvre quelque chose de profond et d'efficace.

Dumas m'a dit tout à l'heure que les trois jours où vous avez travaillé ensemble, où vous avez écouté, réfléchi, échangé des idées, que ces trois jours ont été féconds. En particulier vous en avez tiré des conclusions quant à l'action pratique qu'il faut que vous assumiez pour le développement et le succès du Rassemblement du peuple français, dans toute la mesure où vous le pouvez, et vous le pouvez beaucoup.

Ah ! les étudiants de France ! Quelle génération est la vôtre et à quelle génération êtes-vous appelés à succéder ! On ne fait pas son destin, on le prend comme il vient. Seulement, il s'agit d'en être digne. Nous sommes à une époque terrible, moralement, matériellement. C'est très banal de le dire, tellement c'est évident. Un énorme élément d'évolution, qui s'appelle le machinisme, s'est emparé du monde peu à peu et les choses en sont venues à ce point qu'il s'agit de savoir qui va gagner ; si c'est la servitude que le machinisme rapporte avec lui ; ou bien si c'est la liberté, qui, en définitive, maîtrisera ce qui doit être maîtrisé. Nous sommes juste au moment où cette affaire va se décider. Et vous, vous êtes

1. Ces lignes d'introduction ont été rédigées par le général de Gaulle sur le texte du discours.

les jeunes gens, les jeunes filles, qui arrivez à la pensée, à l'action, précisément au moment décisif.

S'il n'est pas dominé, le machinisme enchaîne les esprits, il gouverne les mœurs, il inspire des théories, il fait des guerres. Tout cela est dirigé dans le même sens : l'asservissement. Pour dominer le machinisme, les hommes libres, ou qui veulent l'être, se rassemblent. Ils ont leur doctrine, leur puissance, leur valeur, leur cadre, leur nation. Ils prétendent vaincre. Ces hommes libres, c'est nous.

Tout le débat, actuellement, est de savoir comment faire pour vaincre ? Les vieux systèmes, les vieilles théories prétendent maintenir une certaine conception de la politique, de l'action, de la pensée, qui est une dispersion perpétuelle. En politique, notamment, les partis rivalisent entre eux. Ils ont, en outre, leurs nuances à l'intérieur d'eux-mêmes. Toutes sortes de chapelles, pour ne pas dire de boutiques, écoles, subdivisions, se poussent, s'empressent pour se dépasser les unes les autres, afin de saisir les places que leurs hommes appellent encore « le pouvoir », bien que ces places soient vides de pouvoir. Car, à partir du moment où on n'est plus d'accord avec les réalités profondes, en particulier avec les masses, le pouvoir n'est plus qu'une fiction et c'est ce que nous voyons actuellement.

Ça, c'est l'ancien système. Nous, nous en avons un nouveau, nous prétendons rassembler les hommes. D'abord rassembler les Français, non pas pour les opprimer ou pour qu'ils s'oppriment entre eux, mais pour qu'ils consentent à agir ensemble dans la guerre, car c'est la guerre que nous menons. On ne vaincra pas les énormes armées de la servitude autrement qu'en se rassemblant pour agir d'une manière forte et cohérente, jusqu'à ce que l'adversaire soit vaincu. Le Rassemblement du peuple français, c'est cela. C'est une très grande chose. Il y a des gens, en particulier de ces journalistes que vous lisez, de ces partisans qui s'expriment aux tribunes du Parlement, de ces professeurs, diplomates, politiciens, vestiges d'un système expirant, qui veulent faire croire que le Rassemblement du peuple français c'est un « parti » comme leurs partis, que c'est une concurrence de plus pour les places, pour les portefeuilles. Ils veulent nous mettre aussi bas qu'ils sont. Mais les peuples ne s'y trompent pas, non pas seulement le nôtre, mais tous ceux du dehors et c'est vers nous que ces peuples regardent. Le débat est engagé, la lutte est engagée entre la servitude et nous. Parce que, en fait de champions de la liberté, en fait de champions de la France, en fait de champions de l'Europe, il n'y en a pas d'autres que nous. Voyez. Interrogez-vous. Regardez dans les yeux des autres. Nous sommes les champions du monde qu'il faut faire. Si ce n'est pas nous, ce n'est personne ! mais c'est nous !

Nous avons gagné un premier acte : la guerre mondiale. À ce moment-là, aussi, les forces de servitude essayaient de briser la liberté et en particulier de casser les reins à la France. Nous avons pu nous en sortir. L'Histoire, sinon les mémoires, diront combien ce fut difficile. Tous ne s'en doutent souvent pas. Le résultat a été atteint. Ensuite, comme dit le proverbe italien : *passato il pericolo, gabatto il santo*[1]. Mais le péril a été surmonté et c'était là la grande affaire. Les petites histoires qui suivent sont des histoires qui passent ; mais le résultat reste. Maintenant, nous sommes dans le deuxième acte. Nous nous y engageons carrément, comme nous nous étions engagés dans le premier. L'objectif est le même si l'adversaire a changé, tout au moins quant à sa forme. Il s'agit immédiatement de tirer la France d'affaire et il s'agit de tirer l'Europe d'affaire, parce que, sans l'une et sans l'autre, il n'y aura pas de liberté. De l'autre côté de l'Atlantique, il y a du courage, beaucoup de moyens, de grandes richesses, de grandes ambitions, mais moi je dis – et vous sentez bien – que ces ambitions, ces richesses, ces moyens, ce courage d'outre-Atlantique ne suffiraient pas au triomphe de la liberté. Il y faut l'Europe. Il y faut la France. C'est là notre combat.

Pratiquement, tout le monde a quelque chose à faire. Les étudiants, d'abord. Vous vous trouvez être des éléments actifs, une espèce de levain dans la pâte, au milieu d'une masse nationale fatiguée, troublée, incertaine, mais dont la bonne volonté demeure. C'est là qu'est votre devoir vis-à-vis du Rassemblement, c'est-à-dire du peuple français. Vous, étudiants, avez à pénétrer cette masse dont nous avons besoin, dont il faut que nous l'amenions à nous, non seulement sentimentalement – c'est fait pour une très large part – mais activement. Vous avez à y répandre nos pensées, nos doctrines, nos sentiments. Vous avez à faire de l'organisation, à aider celle que nous faisons. Il y a même de petites besognes, qui ne sont petites qu'en apparence, mais qui, en fait, sont essentielles et que l'on vous demande d'exécuter : propagande, concours, services. Cela aussi vous avez compris qu'il fallait le faire et vous avez conclu dans vos réunions de quelle manière ce devait être fait.

Combien j'ai été heureux de vous voir ! C'est le dernier mot que je vous dirai. Qui que l'on soit, quoi qu'on ait pu faire, on est un homme, c'est-à-dire un être à qui le réconfort est nécessaire. Celui qui me vient de vous, je vous le dis en face, est le plus précieux de tous. Je vous remercie de me l'avoir donné. Et moi, je compte sur vous pour la grande tâche que nous avons à faire ensemble. Elle sera dure, elle sera peut-être longue. Elle vaut bien plus que nous. Elle passe bien au-dessus de nos têtes. C'est de l'Histoire que nous faisons.

Vive la France !

1. « Une fois le péril passé, tout le monde se moque du saint » [traduction figurant sur le document].

Au général de Larminat

8 mars 1949

Mon cher Larminat,

Le court ouvrage que vous m'avez envoyé sur les opérations des Terres françaises de l'Ouest m'a intéressé au plus haut point. Cette campagne sur la côte atlantique, menée avec des moyens improvisés, mais par des troupes sortant des maquis, contre un ennemi très solide et très retranché, fut une des plus curieuses et, naturellement une des moins connues de la guerre. Mais, justement, à cause des extraordinaires difficultés dans lesquelles nos forces se débattaient, elle nous a fait extrêmement honneur. Vous l'avez parfaitement bien commandée, et il y eut, sous vos ordres, d'innombrables et admirables mérites. Quant à moi, je l'ai voulue, pour qu'elle fût, comme celle d'Alsace, puis celle du Danube, une contribution proprement française aux grandes opérations de la victoire.

Veuillez croire, mon cher Larminat, à mes sentiments amicalement dévoués.

À Pierre Juillet[1]

11 mars 1949

Mon cher Juillet,

Il me revient que le général Breuillac se présenterait à Bergerac en alléguant quelque agrément de ma part. Je vous autorise à faire savoir à qui vous le jugerez utile que je n'approuve en rien la candidature du général Breuillac et que le seul candidat pour lequel je demande de voter, à Bergerac comme ailleurs, c'est celui qui a reçu l'investiture du Rassemblement du peuple français…

À Armand Gérard à Cuisery (Saône-et-Loire)

12 mars 1949

Monsieur,

C'est vraiment avec un grand retard que je réponds à votre lettre du mois d'octobre. Je voulais auparavant remettre la main sur une note que mon père avait rédigée naguère au sujet de notre famille. J'ai pu retrouver cette note et en fais prendre une copie que je vous enverrai incessamment.

1. Délégué régional du RPF dans la région du Centre.

Vous savez mieux que personne quels liens ont attaché les miens à Cuisery[1]. C'est vous dire combien sont sincères les vœux que je forme pour la ville et pour le musée qu'elle consacre à sa propre histoire.

Veuillez croire, monsieur, à mes sentiments les meilleurs et les plus distingués.

En Indochine, depuis le 19 décembre 1946, date de l'agression antifrançaise du Viêt-minh à Hanoi, la France, par la voix de son haut-commissaire Émile Bollaert, a affirmé qu'elle se maintiendrait en Indochine, partie de l'Union française. Son interlocuteur n'est plus Hô Chi Minh mais l'ex-empereur Bao-Dai.

Un accord intervient le 5 juin 1948 en baie d'Along. Il est complété par ceux du 8 mars 1949 à Paris, qui donnent satisfaction à Bao-Dai sur les deux points qu'il jugeait essentiels : la représentation diplomatique du Vietnam et la possibilité pour la Cochinchine de se rattacher à ce dernier (cette possibilité avait été mise en échec par la création d'un gouvernement provisoire de Cochinchine le 1er juin 1946).

À Léon Noël

17 mars 1949

Mon cher ambassadeur,

Après les conversations que nous avons eues au sujet de l'Indochine, du Viet-nam, de l'empereur Bao-Dai, vous connaissez exactement quelle est ma position et quelle elle serait dans toute éventualité[2].

Je n'ignore pas que beaucoup de gens croient pouvoir se faire à l'occasion les interprètes de ma pensée, jusque auprès des hommes qui entourent l'empereur et, parfois, de l'empereur lui-même. Il me paraît qu'il y aurait intérêt à ce que Sa Majesté fût réellement informée à ce sujet. C'est pourquoi je vous serais obligé, mon cher ambassadeur, de la mettre au courant de ce que je vous ai dit, si l'occasion vous en est offerte[3].

Veuillez croire, mon cher ambassadeur, à mes sentiments très distingués et amicalement dévoués.

1. Un ancêtre du Général, Nicolas de Gaulle, a assumé la charge de capitaine châtelain du château de Cuisery, près de Chalon-sur-Saône, sous Henri IV de 1580 à 1610, probablement à la suite de son oncle Gaspard. Une sculpture des armes de sa famille se trouvait dans l'église de Cuisery sur sa sépulture.

2. Voir *Discours et messages*, t. II, p. 265 à 267.

3. Le général de Gaulle, inquiet du fait que Bao-Dai prolonge son séjour en France, souhaite être fixé sur ses intentions de retour en Indochine.

Lors du premier tour des élections cantonales, les suffrages vont, dans un ordre décroissant (pour les principales formations) : au RPF, au PC, à la SFIO et au MRP.
Au second tour, le parti communiste a maintenu ses candidats. Il perd 147 sièges (de 184 à 37). Le RPF qui ne s'est pas désisté en obtient 389 (sur 1 507), plus 138 élus avec la double appartenance. Les partis de la « Troisième force » : SFIO, MRP et radicaux, ayant pratiqué entre eux des désistements, sont gagnants en nombres de sièges.

À F. Machut[1]

4 avril 1949

Mon cher Machut,

Je tiens à vous dire mes remerciements, au nom de notre Rassemblement, pour l'action que vous avez menée et les résultats que vous avez obtenus dans le canton de Douai-Sud. C'est une excellente base de départ pour la prochaine occasion.

Il s'agit d'arracher la population ouvrière et minière, d'une part aux séparatistes qui s'efforcent de l'asservir, d'autre part à l'immobilisme bourgeois et stérile de la « 3e force » qui ne fera jamais rien pour les travailleurs, sauf des discours.

Bien cordialement à vous, mon cher Machut. Christianne, lui aussi, a très bien fait. Veuillez le lui dire, de ma part, à l'occasion.

À Christian Fouchet[2]

4 avril 1949

Mon cher Fouchet,

L'élection de la municipalité d'Issy-les-Moulineaux[3] vient d'avoir lieu dans des conditions vraiment inadmissibles en ce qui concerne le rôle qu'y ont joué nos élus.

À Issy-les-Moulineaux, le Rassemblement du peuple français a dix conseillers municipaux, les partis dits de la « 3e force », sept. Les séparatistes seize.

Le devoir pur et simple pour nos élus était de présenter un candidat pour le poste de maire. C'est pour cela et pas pour autre chose que nous les avions investis. C'est pour cela et pas pour autre chose que tant de bons Français d'Issy-les-Moulineaux leur avaient fait confiance au scrutin.

1. Conseiller municipal de Douai (Nord).
2. Délégué général du RPF pour la région parisienne.
3. Il s'agit d'une élection municipale partielle.

Il appartenait évidemment aux conseillers municipaux de la soi-disant « 3e force », soit de voter pour notre candidat qui avait plus de voix qu'eux, soit de prendre la responsabilité de faire passer le séparatiste.

Le résultat est l'élection par nous-mêmes d'un maire de « 3e force » dont, au surplus, l'aversion personnelle à notre égard est notoire et publique.

Je vous prie, mon cher Fouchet, de faire connaître à nos élus du Conseil municipal d'Issy-les-Moulineaux que je blâme formellement leur conduite.

Au général Perón[1]

12 avril 1949

Monsieur le président,

J'ai été vivement touché des termes en lesquels Votre Excellence a bien voulu s'exprimer tant à mon égard qu'à celui de la France en me faisant parvenir le texte de la Constitution de la Nation argentine.

Sous votre haute impulsion, les auteurs de cette Constitution se sont proposés de créer un État juste et fort, capable de garantir à la fois la liberté des citoyens, la cohésion et l'indépendance de la Nation. Le peuple argentin témoigne ainsi de son adhésion à des principes auxquels les Français, après beaucoup d'épreuves et malgré quelques apparences momentanées, sont profondément attachés.

C'est donc du fond du cœur qu'en remerciant Votre Excellence de son aimable attention, je l'assure de ma très haute considération et de ma très vive sympathie pour sa personne et lui adresse les vœux très sincères que je forme pour Elle-même ainsi que pour la grandeur du peuple argentin.

À Gustave Cohen, à Paris

13 avril 1949

Mon cher maître,

J'ai bien reçu votre lettre[2] et je l'ai lue avec intérêt.

Vous savez que je ne me fais aucune illusion sur les raisons qui ont inspiré certaines attitudes à l'égard du général Giraud. Mais je me devais

1. Président de la République argentine.

2. Gustave Cohen, tout en considérant que le général de Gaulle a fait un beau geste en allant s'incliner devant le corps du général Giraud à Dijon, énumère les raisons pour lesquelles il ne l'imitera pas. Il reprend notamment la phrase qu'il avait eu l'occasion de prononcer à La Nouvelle-Orléans pendant la guerre : « Giraud est une invention américaine et ce n'est pas la meilleure. »

comme je devais à la France de rendre un dernier hommage au grand soldat qu'il a été.

Croyez, mon cher maître, à mes sentiments les plus distingués et cordialement dévoués.

À Pierre de Gaulle

17 avril 1949

Mon cher Pierre,

Finalement, j'ai vu Jean Marin, qui a prodigué de telles protestations de fidélité que je n'ai pu refuser de lui confirmer son élection par les Assises. D'autant plus que d'aucun côté ne m'est venue aucune réelle précision sur des propos qu'il aurait tenus et des actes qu'il aurait commis et qui seraient susceptibles de justifier sa radiation.

Naturellement je lui ai dit qu'il entrait au Conseil national sous bénéfice d'inventaire et qu'il n'y resterait pas s'il manifestait qu'il n'est pas des nôtres.

Au total, je ne me fais pas, crois-le bien, d'illusions sur certaines de ses tendances. Mais ce n'est pas actuellement suffisant pour l'outrager publiquement en refusant d'entériner le choix, assez peu éclairé, des Assises.

À bientôt, mon cher Pierre. Toutes nos affections à toi, à Madeleine, aux enfants.

Note pour le Comité du timbre

2 mai 1949

Je demande au Comité de terminer au plus tôt l'opération du Timbre.

1. Accuser réception à *tous* les Départements et Colonies de ce qu'ils ont envoyé.

2. Faire un court rapport, adressé à moi-même, et destiné à être publié relatant :

a. Résultats obtenus par départements, particuliers, globaux.

b. Affectation des sommes (propagande des élections sénatoriales et cantonales, réunions, etc.).

3. Ceci devrait être terminé au plus tard le 15 mai.

Au colonel Coudrais[1], à Aix-en-Provence

2 mai 1949

Mon cher Coudrais,

Je vous remercie de votre lettre et de la franchise avec laquelle vous m'exposez les difficultés qui vous assaillent.

Je ne sais que trop combien la tâche est lourde et combien les adversaires du Rassemblement apportent d'habileté à semer le découragement. Mais vous auriez tort de croire que les combinaisons des uns, les reniements de certains autres, la lassitude de beaucoup puissent empêcher le peuple français de se rassembler pour appuyer ceux qui reforment l'État et par là sauvent le pays.

Depuis deux ans que vous avez assumé la direction du deuxième groupement des Bouches-du-Rhône, vous avez accompli un travail pour lequel je tiens à vous remercier, et votre dévouement ne s'est jamais démenti. Je comprends les raisons qui vous font désirer être déchargé de ces fonctions auxquelles vous avez tant sacrifié. J'accepte donc votre démission. En même temps, désirant que vous demeuriez associé à l'orientation de notre Rassemblement, j'ai décidé de vous appeler à faire partie du Conseil national qui se réunira prochainement à Paris.

J'espère donc vous voir bientôt ici et je vous prie de croire, mon cher Coudrais, à mes sentiments très cordiaux.

À René Pleven, à Paris

Colombey-les-Deux-Églises, 7 mai 1949

Mon cher Pleven,

La cérémonie du transfert au Panthéon de la dépouille mortelle du gouverneur général Félix Éboué[2] est fixée au 20 mai.

Pour des raisons évidentes, je ne pourrai moi-même figurer dans le cortège qui le conduira à sa dernière demeure.

Mais Mme Éboué vient d'avoir une pensée qui m'a profondément touché : elle me demande de désigner six de mes premiers compagnons pour l'accompagner elle-même et accompagner sa famille à cette cérémonie.

En raison du passé, vous êtes l'un des six[3].

Veuillez croire, mon cher Pleven, à mes sentiments bien cordiaux.

1. Délégué départemental du RPF dans les Bouches-du-Rhône.

2. Gouverneur des colonies (Guadeloupe 1936, Tchad 1938), Félix Éboué proclame le ralliement du Tchad à la France Libre en août 1940. Le général de Gaulle le nomme, en octobre 1940, membre du Conseil de défense de l'Empire, et en novembre 1940 gouverneur général de l'A-ÉF, fonction qu'il assumera jusqu'à sa mort, le 17 mai 1944 au Caire. Il est Compagnon de la Libération.

3. Avec l'amiral Thierry d'Argenlieu, le général Kœnig, le général de Larminat, le médecin général Sicé et Claude Hettier de Boislambert.

Note

16 mai 1949

Ce n'est pas à envisager.

Un voyage à Liège soulèverait, au point de vue belge, trop de questions délicates.

Au point de vue français, dans les circonstances actuelles, cela ferait contraste avec le précédent voyage en Belgique[1].

À Joséphine Baker, à Paris

18 mai 1949

Chère madame,

La fidélité de votre pensée me touche vivement.

Très sensible à la nouvelle preuve que vous venez de m'en donner à l'occasion du 1er-Mai, je vous en remercie bien sincèrement.

Veuillez agréer, chère madame, avec le meilleur souvenir de ma femme mes respectueux hommages.

[PS] Je sais combien vous avez fait plaisir à tous ce jour-là et combien vous avez été acclamée et applaudie !

Instructions sur l'organisation des journées du Rassemblement

Paris, 19 mai 1949

Dans chaque département, et au cours de l'année 1949 doit être instituée une « Journée du Rassemblement » ayant le caractère d'une réunion amicale de masse, très largement ouverte aux Compagnons, à leur famille, à leurs amis.

Le but de la « journée » est de révéler partout le Rassemblement à lui-même, de resserrer la solidarité cordiale entre ses membres, de réunir les cadres, d'honorer en public ceux des Compagnons qui se sont particulièrement signalés par leur dévouement et par leur action.

Mon intention est de participer à un certain nombre de ces journées afin d'y prendre localement le contact des Compagnons.

Chaque groupement départemental organise sa journée, compte tenu des conditions locales et de la saison. D'une manière générale la manifestation comporte d'une part une fête et d'autre part une manifestation de masse.

---

1. Le général de Gaulle s'était rendu à Bruxelles du 9 au 11 octobre 1945, alors qu'il était président du Gouvernement provisoire de la République française.

M. André Malraux, membre du Comité exécutif, est chargé des « journées du Rassemblement » pour tout ce qui concerne le concours à leur apporter et l'action à y exercer par le Centre national.

Au bureau de l'Intergroupe du RPF au Conseil de la République

20 mai 1949

Messieurs les sénateurs et chers compagnons,

Lorsque vous m'avez fait connaître, en novembre 1948, que s'était constitué au Conseil de la République un « Intergroupe du Rassemblement du peuple français », je vous ai indiqué que le Rassemblement acceptait volontiers que l'Intergroupe portât son nom, mais à la condition que « l'existence de l'Intergroupe et le comportement des sénateurs qui y adhèrent ne puissent prêter à confusion et créer d'équivoque ».

En même temps, j'appelais votre attention sur la nécessité pour l'Intergroupe « d'adopter et d'appliquer les dispositions nécessaires pour assurer sa cohésion ».

Cependant, il est de fait qu'en d'importantes occasions, l'attitude et le vote de certains éléments de l'Intergroupe ont pu « prêter à confusion et créer l'équivoque » et qu'en tout cas la « cohésion » n'y a pas toujours été assurée d'une manière satisfaisante[1].

Tandis qu'il apparaît chaque jour plus nettement que l'impuissance du régime des partis ainsi que la rupture entre le corps électoral et l'actuelle conjoncture parlementaire compromettent gravement le relèvement et la sécurité du pays, il est essentiel que le Rassemblement du peuple français agisse et se manifeste dans toutes ses activités, notamment au Parlement, d'une manière claire, ferme et cohérente.

Aussi, pour que l'Intergroupe soit justifié à porter le nom du Rassemblement du peuple français, est-il indispensable qu'il réponde à deux conditions :

D'abord que tous les parlementaires adhérents à l'Intergroupe soient effectivement membres du Rassemblement.

Ensuite que, sur chacun des problèmes d'ordre intérieur et extérieur qui ont une portée politique, l'Intergroupe du Rassemblement conforme son attitude et les votes de ses membres à l'attitude et à la politique du Rassemblement.

Je vous serais très obligé, messieurs les sénateurs et chers compagnons, de me faire connaître quelles dispositions entend prendre l'Intergroupe

1. Par exemple, le 16 décembre 1948, une motion présentée au Conseil de la République par Pierre de Gaulle, au nom de l'Intergroupe RPF, s'élevant contre le projet gouvernemental de « procédure d'urgence » pour le vote du budget, a été rejetée dans les conditions suivantes : 4 sénateurs inscrits à l'Intergroupe RPF ont voté contre, 7 se sont abstenus volontairement, 6 n'ont pas pris part au vote.

pour que ces conditions soient réalisées et qu'ainsi le Rassemblement lui-même ait la possibilité de l'associer plus étroitement à sa propre action.

Veuillez agréer, messieurs les sénateurs et chers compagnons, l'expression de mes sentiments très distingués et cordialement dévoués.

À Maître André Delcourt, à Saint-Amand-les-Eaux (Nord)

23 mai 1949

Cher maître,

Je suis d'accord avec tout ce que vous m'écrivez le 22 mai[1].

Ci-joint copie de ma réponse au cartel des anciens combattants de Saint-Amand-les-Eaux.

Ci-joint d'autre part copie d'une lettre que j'adresse à Mme Delestraint.

Bien cordialement à vous.

Discours prononcé à Huppy (Somme) le 29 mai 1949

Nous voici donc revenus sur ce terrain où dans les pires jours de 1940 la Providence a voulu que pût être remporté un de ces succès dont quelquefois ses desseins veulent faire honneur aux armées les plus malheureuses.

À revoir ce relief, ces champs, ces bois, que nous avons parcourus tout à l'heure, nous retrouvons non pas seulement le souvenir des combats, mais aussi nous sentons passer le souffle de l'Histoire.

C'est qu'en effet, non seulement nous retrouvons dans notre esprit la mémoire des faits, auxquels nous avons pris part, mais encore nous sentons tous comment ces faits-là ont été reliés par une extraordinaire fortune avec les grands événements qui suivirent et qui aboutirent en définitive, après quelles péripéties à la cruelle victoire.

C'est ainsi à Huppy comme ailleurs que les efforts déployés, que les sacrifices offerts par les enfants de la patrie ne sont jamais perdus. Ils vont se retrouver avec ce capital moral dont, plus tôt ou plus tard, et quoi qu'il arrive, en dernier ressort, est forgé le destin d'un peuple. C'est par là à Huppy qu'une histoire a commencé et une histoire s'est poursuivie.

Oh, c'est très simple que résumer ce qui s'est passé sur ce terrain au milieu de mai :

L'ennemi qui disposait d'une masse blindée appuyée par une aviation formidable avait percé notre front fortifié près de Sedan. Il avait couru d'un seul élan jusqu'à l'embouchure de cette Somme, jusqu'au Crotoy,

1. La lettre de maître Delcourt fait part du désaccord de la municipalité socialiste.

jusqu'à Saint-Valéry où nous étions hier soir. Il avait d'un seul pas, coupé en deux le dispositif des armées françaises, anglaises et belges.

Le groupe des Armées du Nord se repliaient vers Dunkerque, où le commandement français foudroyé par la surprise essayait en vain de rétablir sur la Somme sa gauche complètement découverte.

Sur la Somme, vieille rivière française, où plusieurs fois déjà dans notre histoire nous avions pu accrocher la couverture de la patrie ; mais pour essayer de le faire, il fallait d'abord chasser les forces allemandes qui, en plusieurs points, avaient franchi déjà la Somme, et c'est pourquoi le 27 mai au soir, notre 4e division cuirassée à peine faite et très incomplète reçut l'ordre de réduire la tête de pont que les Allemands avaient établie au sud d'Abbeville.

Le 27 mai au soir, après une très longue et très dure étape, nous avons franchi notre ligne de départ, Warcheville, Limeux, le bois de Bailleul ; le soir même nous nous sommes emparés d'Huppy, du moulin de Limeux, du village de Bailleul.

Le 29 mai nous avons poursuivi notre tâche, nous avons pris Frucourt, Les Croisettes, Caumont, Huchenneville, Bienfait, le bois de Frechencourt, et puis ensuite, nous avons poursuivi, prenant Villers-Mareuil, Mareuil-Caubert, Bray-les-Mareuil, Erondelle. Nous avons poussé nos chars jusque-là où nous voulions aller, c'est-à-dire jusqu'aux monts de Caubert, camp de César, cette hauteur abrupte qui domine Abbeville.

Le 30 mai, dernier effort, avec notre matériel à bout, et un personnel qui n'en pouvait plus, contre un ennemi qui n'avait cessé de se renforcer depuis 48 heures, finalement l'attaque était arrêtée, et nous étions relevés sur place par la vaillante 51e division écossaise du général Fortune, à la suite de quoi, la division était relevée pour se reformer plus à l'arrière.

Nous avons ramené un matériel considérable, 400 prisonniers ; à ce moment-là, c'était bien rare. Nous avions donné quelques lauriers à une armée française qui, à ce moment-là se trouvait au dernier degré du malheur.

Voilà ce que nous avons fait. On le mesure mal si on ne se rappelle pas les conditions dans lesquelles nous nous trouvions alors. On le mesure mal si on ne sait pas que notre division avait été faite de pièces et de morceaux commencés à se rassembler tout en combattant, s'était trouvée sur le terrain morceau après morceau sans cohésion autre que celle que tous ces éléments étaient résolus à avoir.

Ces éléments, c'est-à-dire notre 10e cuirassiers régiment de découvertes […], notre 6e demi-brigade de chars B 1 […], notre 8e demi-brigade de chars Renault, colonel […], notre 3e régiment de cuirassiers Somua, Hotchkiss, colonel […], notre 4e bataillon de chasseurs colonel […], notre 7e régiment de dragons portés […], le 19e bataillon de chars commandant […], notre artillerie, le 322e régiment […] ce régiment-là, plus celui de la 2e division de cavalerie avec le colonel […][1] notre génie, nos transmissions, tout cela c'était du très beau monde avec ce qui pouvait y avoir de matériel à l'époque dans l'armée française, rappelez-vous les anciens, ça n'était pas grand-chose.

Nous avons vu l'ennemi nous voler nos idées, et triompher de nous en utilisant ce que nous aurions voulu faire.

Ambiance de désespoir, au milieu des réfugiés s'enfuyant de toutes parts, dans une armée découragée, avec un commandement qui déjà était bien près de renoncer.

Mais, c'est de ces événements-là, je vous le dis ici à Huppy, c'est de ces événements-là qu'est partie une autre histoire qui fut la lente, longue, dure histoire de notre redressement militaire, jusqu'à aboutir à participer aux victoires alliées de 1944/1945.

Oui, c'est ici qu'en vint l'idée à celui qui vous parle, quand il s'aperçut d'abord que les Français, pourvu qu'ils fussent commandés et cohérents, ne le cédaient en rien à l'ennemi le mieux armé. C'est ici aussi, je le dis, que celui qui vous parle mesura quelle était la constance, la résolution de nos alliés, qui par la suite, allaient nous relever dans le grand effort de guerre, et avec lesquels nous reviendrions victorieux ici.

Les Britanniques – c'est ici que j'ai mesuré ce que valait la division légère du général Evens et la 51e division du général Fortune – cela aussi a compté dans les résolutions qui furent prises quelques jours après.

Et puis enfin, par-dessus tout, c'est ici que le serment fut fait dans un cœur, que si je revenais jamais à Huppy, ce ne serait pas après un désastre, mais après une victoire avec vous tous.

Il y a une leçon à tirer de tout cela. Nous sommes un pays qui passe sa vie à traverser des drames et à en tirer de temps en temps des leçons sans que toujours malheureusement ces leçons suffisent à leur éviter le drame suivant.

Ce que nous avons à tirer de leçons, nous tous Français, de ces batailles de 1940 c'est d'abord, – il faut avoir le courage et la lucidité de le reconnaître – que nous n'étions pas prêts, que nous avions négligé à cause de l'indifférence, et l'impuissance des pouvoirs publics, d'une part, et de la routine des techniciens d'autre part, que nous avions négligé de faire l'effort qu'il nous fallait faire, car en somme, lorsque nous avancions, nous autres, de la 4e division cuirassée, quand nous avancions ici fin mai, sur 10 km de front et sur 10 km de profondeur à travers l'ennemi, nous pensions : ah ! qu'est-ce que ce serait si, au lieu d'être tout seuls, nous nous trouvions avec des forces mécaniques et cuirassées, dix ou quinze fois plus fortes que nous aurions pu avoir !

Première leçon à tirer par ceux qui survivent, il faut savoir être prêts et avec les moyens dont on dispose, il faut savoir les combiner, les orga-

1. Blancs figurant sur le document.

niser matériellement, moralement de manière qu'ils servent. Il faut avoir, Français, Françaises, il faut avoir toujours, quand on est la France, une défense nationale, voilà la première leçon.

L'autre leçon c'est qu'avec les morceaux épars, on peut faire quelque chose de puissant, pour peu qu'on les rassemble, – ce fut là toute l'histoire de notre 4e division cuirassée – nous prîmes des morceaux et nous en fîmes une grande unité, eh bien, la France, c'est la même chose, tous ces éléments divers dont elle se compose, toutes ces familles spirituelles variées, toutes ces forces différentes, industrielles, agricoles, commerciales, intellectuelles, ouvrières, paysannes, tous ces morceaux de la France, il suffirait qu'ils fussent rassemblés pour que la France entière soit de nouveau une grande chose, puissante, inébranlable, à laquelle personne ne puisse chercher noise, et bien sûre de ses destinées.

Voilà la deuxième leçon à tirer des batailles d'Huppy.

Le temps passe, les jours coulent, des soucis remplacent des soucis, des deuils se sont, depuis les jours de mai 1940, ajoutés aux deuils. La France a continué, elle est sortie d'abord de ce tombeau où l'ennemi et ses complices avaient cru sceller son destin, maintenant elle reprend toute seule, peu à peu, de sa substance, toute sa substance matérielle, physique, toute sa substance morale, elle voit devant elle la grande pente de l'avenir, une pente qui monte très dur, très loin. Il faut qu'elle ait le courage de gravir la pente, il faut qu'elle en prenne la résolution, il faut aussi qu'elle veuille en prendre les moyens, et celui qui vous parle, s'il l'a fait pour le service de la patrie, avec tous ses compagnons, c'est pour avoir aujourd'hui le droit et l'autorité de dire : Rassemblons-nous, nous autres Français, rassemblons-nous sur nous-mêmes, méprisons nos querelles, nos divisions, soi-disant traditionnelles, nous avons maintenant bien autre chose à faire, nous avons à faire notre pays, nous avons à faire d'abord un régime qui soit capable de le conduire. Nous le ferons !

Nous le ferons, nous avons commencé de le faire tous ensemble, il était important que ce fût dit sur le champ de bataille d'Huppy.

Vive la France, et vive la République !

Au capitaine Gérard, à Versailles

30 mai 1949

Mon cher Gérard,

Vous m'écrivez que des nécessités de force majeure vous ont empêché d'être hier, auprès de moi, à Huppy[1]. Je prends l'occasion de ma réponse pour vous dire ceci : rien, pendant les récentes années, ne m'a

1. Le capitaine Gérard a été mis aux arrêts pour sa présence à la grande réunion organisée par le RPF à Bagatelle le 1er mai 1949. Par ailleurs, il subit des vaccinations en vue de son départ en Indochine.

échappé de votre dévouement et de votre fidélité. À cet égard, vous n'avez cédé qu'au sentiment le plus désintéressé, – et pour cause ! – mais, quant à moi, je n'oublierai pas ce que j'aurai à faire dès que les événements m'en procureront les moyens.

En attendant, soyez sûr de ma sincère et bien cordiale amitié.

Apostille[1]

M. Pompidou,

Voir ceci à deux points de vue :

1. le fond des choses.

2. ce que dit le signataire de cette lettre au sujet de « réseaux radio » pour mon compte. Je ne *veux* pas de ces histoires. C'est encore une manifestation de malades de la clandestinité.

Note

7 juin 1949

J'ai chargé M. André Malraux de tout ce qui concerne les journées du Rassemblement en tant qu'elles intéressent le Centre.

C'est donc à lui-même qu'il appartient de faire en sorte que les choses soient assez convenables pour que je puisse y aller[2].

Quant à Guy, il est chargé de régler pour mon compte ma participation et mes mouvements. À cette occasion il lui appartient de voir si l'affaire comporte ma présence.

Note pour Léon Noël

9 juin 1949

Parmi les problèmes qui pourraient faire l'objet d'une étude sérieuse en vue d'un rapport au prochain Conseil national, figure le tourisme populaire.

Des efforts ont déjà été accomplis pour définir une doctrine du Rassemblement en la matière, mais il y aurait lieu d'en tirer les conclusions. Je vous demande de bien vouloir en charger la Commission économique et sociale.

---

1. Sur une lettre du 2 juin 1949 d'un industriel, partisan de la « définition » de 819 lignes (pour la télévision) mise au point par la société Radio-Industrie, et indigné que cette société – qui, selon lui, a fourni des postes pour un réseau-radio de sécurité du RPF – ait été attaquée dans le *Rassemblement* du 28 mai.

2. Le même jour, le général de Gaulle écrit dans les mêmes termes à M. Loubet, chargé par André Malraux d'organiser à Quimper la « journée du Rassemblement ».

Il serait possible de faire appel notamment à M. René Soyer, 7, villa Deroin, Le Raincy (S. & O.) ancien délégué régional de « Tourisme et Travail ». M. Soyer a rompu avec « Tourisme et Travail » et contribué à la création d'un organisme intitulé « Vacances Tourisme », théoriquement apolitique, encore que le MRP et la SFIO y aient de l'influence. M. Soyer a joué un rôle assez actif dans les rangs du Rassemblement à Pau.

Au général Boud'hors[1], à Paris

10 juin 1949

Mon général,

Votre lettre au sujet des Mémoires du général Giraud m'a beaucoup touché et intéressé[2]. Je vous raconterai un jour ce que fut le fond des choses. En tous cas la publication n'est pas une bonne action au point de vue national et je crois que c'est le jugement porté par tous les hommes de bonne foi.

Je vous prie d'agréer, mon général, l'expression de mes sentiments respectueux et fidèlement dévoués.

À François de Gaulle, scolasticat des Pères Blancs, à Thibar (Tunisie)

Colombey-les-Deux-Églises, 19 juin 1949

Mon bien cher François,

C'est du meilleur de mon esprit et du plus profond de mon cœur que je t'envoie mes vœux pour le 29 juin. Il n'appartient qu'à toi-même de reconnaître si tu es « appelé ». Mais si tu t'en sens certain, je puis te dire, – comme ton cher papa te l'aurait dit, – que tu dois répondre. En tous cas tu peux être sûr que si tu t'engages dans la Société des Pères Blancs, tu ne porteras atteinte – bien au contraire – à aucun intérêt national, ni à aucun intérêt familial. Quant à l'ordre surnaturel, je ne puis que répéter que toi seul es en mesure d'en juger devant Dieu. Mes prières, celles de ta tante Yvonne, de Philippe et Henriette, d'Élisabeth et Alain, se joignent aux tiennes. La petite Anne, ton Papa, tes grands-parents, te protègent du haut du ciel.

Je t'embrasse bien affectueusement, mon bien cher François.

Ton oncle qui t'aime bien et t'estime profondément.

---

1. De 1914 à 1916, le capitaine de Gaulle a servi sous les ordres du colonel Boud'hors au 33e RI.

2. Le général Boud'hors s'indigne des Mémoires du général Giraud et de leur publication posthume.

Le 23 juin 1949, le général de Gaulle transforme le Comité exécutif du RPF en Conseil de direction, ouvert aux parlementaires. Le lendemain sept nouveaux membres y seront nommés.

Instruction portant modification de l'Instruction du 13 novembre 1947 sur l'organisation du RPF

Paris, 23 juin 1949

Le chapitre premier de l'Instruction du 13 novembre 1947 sus-visée, est modifié comme suit :

« I. Direction

« Le Président du Rassemblement en assure la direction. Il est assisté par le Conseil de direction, la Commission administrative et le Secrétariat général, constitués par lui à cette fin.

« Le Conseil de direction présidé par lui délibère des questions concernant la direction du Rassemblement et prend les décisions nécessaires. Chacun de ses membres peut en outre être chargé par le président d'une tâche particulière.

« La Commission administrative, présidée par le président du Rassemblement ou par le secrétaire général, règle les mesures d'exécution et suit leur application. »

Le troisième paragraphe demeure sans changement.

Le quatrième paragraphe est modifié comme suit :

« Le secrétaire général reçoit ses instructions du président. Il fait partie du Conseil de direction. »

Le reste sans changement.

Au prince Louis Napoléon

23 juin 1949

Monseigneur,

C'est du fond de mon cœur que je vous adresse mes félicitations à l'occasion de vos fiançailles que vous me faites l'honneur de m'annoncer.

Je m'en réjouis pour de très hautes raisons historiques et nationales. Mais, permettez-moi d'ajouter, Monseigneur, que l'extrême estime que j'ai pour votre personne y trouve également son compte.

Avec tous mes vœux, je vous prie, Monseigneur, d'agréer l'assurance de ma très haute considération.

Au capitaine Gérard, à Versailles

25 juin 1949

Mon cher Gérard[1],

Vous savez combien je désapprouve tous ces « jeux » dont l'origine est trop facile à deviner et combien je désire que s'en écartent rigoureusement tous ceux qui me tiennent de près.

Votre lettre me prouve que vous l'avez compris et j'en suis heureux.

Croyez, mon cher Gérard, à mes sentiments cordialement dévoués.

Au commandant et à Mme Alain de Boissieu, à Brazzaville

28 juin 1949

Mes bien chers enfants,

Vous ne pouvez imaginer combien je pense à vous et avec quelle affection. Maman et moi nous avons bien besoin de vous revoir et nous faisons pour votre retour toutes sortes de projets heureux.

Je répondrai très bientôt à Eggenspieler au sujet de la demande que m'ont adressée par lui les « Français Libres » d'A-ÉF[2]. J'attends encore un peu pour bien mesurer l'ambiance. Mon souci dominant est que la « réception » ne puisse troubler ou désorienter les indigènes, car après ce qu'ils ont vu et senti naguère, un changement même dans la forme aurait de sérieux inconvénients au point de vue national.

Je vous embrasse de tout cœur.

Votre Père

[PS] Je crédite demain le compte d'Alain de 35 000 francs.

Discours prononcé à Tilly à l'occasion de l'inauguration du monument érigé à la mémoire du général George S. Patton le 3 juillet 1949

Ce n'est pas sans raison que nous avons tenu à venir dans ce simple et noble village de Tilly, au moment même où nous sommes, pour rendre témoignage à la mémoire du général Patton.

Les lieux où nous nous trouvons, c'est-à-dire Tilly, Saint-Fargeau, tout près de Ponthierry-la-Seine, et de l'autre côté, Seine-Port, Melun, sont là pour témoigner toujours des grands services qu'il a rendus avec

1. Le capitaine Gérard écrit au général de Gaulle qu'ayant reçu fin mai la visite d'un agitateur qui voulait le gagner à sa cause, il en a rendu compte à la Sécurité militaire, dont il suit depuis lors les instructions.

2. Voir la lettre du 21 juillet 1949.

les hommes qu'il commandait. Et d'autre part, le moment où nous nous trouvons marque l'instant où, quatre ans après sa mort, les controverses qui ont inévitablement entouré cet homme, parce qu'il avait été mêlé aux grands événements, ces controverses sont en train de se dissiper maintenant. Peu à peu ce grand et noble soldat prend sa figure historique. Vous voyez donc bien que c'était le lieu et que c'était bien le moment de venir lui rendre hommage.

La guerre qui s'est terminée récemment a mis en œuvre une telle masse d'hommes et de matériels que quelquefois on aurait pu croire qu'elle était menée par une sorte de fatalité écrasante et anonyme, on aurait pu croire quelquefois que les faits quels qu'ils fussent étaient dominés seulement par des chiffres et par des mesures et non point du tout par des personnalités. Eh bien ! il n'en est rien. Les hommes qui ont été à même de voir comment se sont passées réellement les affaires savent à quel point l'initiative, la valeur, le caractère de certains hommes ont influé profondément sur les événements. La grande bataille de France, puis celle d'Allemagne, qui, en 1944 et en 1945, ont scellé le destin du monde, n'auraient pas été ce qu'elles furent si le général George S. Patton n'avait pas été placé là où il était et, là où il était placé, si Patton n'avait pas été celui qu'il était.

Il était placé en effet à la tête de cette armée américaine qui comptait principalement de grandes unités blindées et motorisées. Il se trouvait être l'élément essentiel dans tout l'ensemble des armées que les Gouvernements alliés, notamment celui de la République française, avaient confié au commandement du général Eisenhower. C'est donc cet instrument éminent et capital de toute la bataille que Patton avait à commander. Il l'a commandé comme il fallait parce qu'il était l'homme de la sorte qu'il fallait pour la commander. Ce cavalier émérite, ce soldat-né, ce général plein de talent, cet homme loyal avait en effet tout ce qu'il fallait pour mener une armée de cette sorte. Il avait montré déjà en d'autres terrains, en Tunisie à El Guettar, à Gafsa, il avait montré en Sicile déjà qu'il était un homme qui savait prendre le risque. Mais il allait le montrer d'une manière particulièrement éclatante, à partir du 1er août 1944 quand la 3e armée américaine perçait à Avranches le front allemand. À partir de ce moment-là, de la grande bataille de Normandie – son issue étant décidée – il s'agissait de savoir où les Allemands allaient tenter de rétablir leur ligne. Moi-même, je dois vous le dire, j'étais en ce moment-là hanté par cette perspective, imaginant ce que serait le sort de notre pays s'il se trouvait coupé en deux au milieu de ses œuvres vives au cas où les Allemands se rétabliraient sur la Seine et tiendraient notamment Paris qui se trouverait alors pour des mois au centre même de la bataille. À vrai dire, dès mon arrivée à Cherbourg, j'avais vu que le général Eisenhower avait fixé à la 3e armée, celle de Patton, exactement la meilleure direction possible pour franchir la Seine là où il le fallait, c'est-à-dire ici. D'autre part, la 1re armée française du général de Lattre, la 7e armée américaine du général Patch, remontant la vallée du Rhône, menaçaient déjà le flanc gauche, et le groupe d'armée de Montgomery accrochait durement l'aile droite, tandis que sur tous les points de notre territoire nos éléments de l'intérieur harcelaient l'ennemi comme ils pouvaient. Et, cependant, il fallait que la manœuvre essentielle, celle du centre motorisé, blindé, fût menée dare-dare, c'est ce qu'a fait Patton. Il a apporté à mener ces affaires une telle vigueur et une telle ardeur que l'ennemi ne put se rétablir ici et qu'il fut rejeté jusqu'à proximité de ses frontières.

Ainsi la libération de la France tout entière s'accomplissait avec le minimum de temps, de pertes, de douleurs.

C'est dans la nuit du 23 au 24 août 1944, à Tilly, ici, que la tête de la 3e armée américaine, qui était la 5e division blindée, commença à franchir la Seine sur un pont de bateaux qu'elle avait établi le soir. Elle y était aidée par des éléments locaux sous les ordres du capitaine Fercot et du docteur Limoges qui aidaient, modestement mais efficacement, à couvrir les reconnaissances de la 5e division blindée et à renseigner les chefs alliés sur les dispositions de l'ennemi sur la rive droite et sur les meilleurs points de passage qu'il convenait de choisir. Dans les jours qui suivirent, la bataille s'étendit de part et d'autre de Melun. 400 000 soldats alliés franchirent la Seine tant ici qu'à Seine-Port et pendant ce temps-là le général Patton s'est trouvé sur cette place, regardant au loin – comme le sculpteur l'a représenté si justement – regardant au loin et pensant déjà à la suite de ses opérations.

Cette suite, vous le savez, ce devait être la course victorieuse jusqu'à la Moselle et jusqu'à la Sarre. Et puis, en décembre, l'intervention dans Lauterburg et Bastogne de la 3e armée américaine quittant la région de Sarrebruck pour venir briser dans le flanc l'offensive suprême de Von Rundstedt et puis en mars 1945, ce fut le passage du Rhin. Enfin, ce fut la ruée décisive à travers l'Allemagne qui aurait mené Patton jusqu'à Berlin si la politique de Yalta ne l'avait pas détourné vers le sud, vers le Danube. L'Histoire dira peut-être que ce changement de direction imposé à Patton a, pour des générations, scellé le destin du monde.

En ce moment, dans l'immensité de la fatigue mondiale et nationale, dans les vagues de médiocrité qui naturellement déferlent sur la terre après tant d'efforts supportés, on sent cependant s'élever au ras du sol de notre vieille planète ce vent d'alarme que le vieux fleuve gaulois et français qui coule tout près d'ici connaît si bien, c'est pourquoi s'il était juste et s'il était bon que dans ce modeste théâtre de ses exploits il fût rendu hommage à un grand chef allié et à ses soldats qui combattirent glorieusement avec nous, si cela était juste et bon, cela était aussi peut-être utile de manière à marquer que sa gloire à lui fut un témoignage de la solidarité et de l'amitié qui unissent depuis longtemps et qui uniront toujours le peuple français et le peuple américain. Dans les temps qui viennent, cette solidarité et cette amitié seront peut-être plus nécessaires que jamais entre les peuples de bonne volonté et, notamment, entre ces deux peuples-là. C'est pourquoi la cérémonie d'aujourd'hui tout en étant un témoignage rendu au passé est également, vous le sentez bien, un engagement pris pour l'avenir.

Vive les États-Unis !

Vive la France !

Décision du conseil de direction organisant la Commission consultative d'arbitrage

Paris, 13 juillet 1949

1. Il est institué une Commission consultative d'arbitrage, composée d'un président et de quatre membres élus pour un an par le Conseil national parmi ceux de ses membres qui n'exercent aucune autre fonction élective au sein du Rassemblement, ni aucun mandat public.

Dans l'intervalle des sessions du Conseil national le président du Rassemblement pourvoit, s'il y a lieu, aux remplacements provisoires nécessaires.

2. La Commission consultative d'arbitrage examine tous les cas personnels qui lui sont soumis et qui sont relatifs soit aux compagnons chargés de fonctions électives au sein du Rassemblement, soit aux compagnons qui exercent un mandat public.

3. La Commission consultative d'arbitrage est saisie, soit par la direction du Rassemblement, soit par l'intéressé lui-même.

4. Aucune proposition ne peut être formulée par la Commission consultative d'arbitrage sans que l'intéressé ait eu la possibilité de s'expliquer devant elle.

La Commission provoque tous les témoignages qu'elle juge utile de recueillir.

5. La Commission consultative d'arbitrage formule ses propositions à la majorité des voix des membres présents. En cas de partage, la voix de son président est prépondérante.

Le quorum est de trois.

6. Les propositions de la Commission consultative d'arbitrage sont transmises par elle au Conseil de direction qui statue.

7. Le président du Rassemblement peut charger l'un des membres du Conseil de direction de rapporter au Conseil les propositions de la Commission. Le membre du Conseil qui est ainsi désigné peut assister aux séances de la Commission consultative d'arbitrage sans prendre aucune part aux débats.

À Élisabeth de Miribel

s.d. *[avant le 19 juillet 1949]*

Chère mademoiselle,

Ma pensée sera présente à la cérémonie du 2 août[1]. Vous apporterez à Dieu, en même temps que vous-même, une œuvre dont vous avez pris une large et noble part et des expériences françaises qui brûleront toujours jusque sur nos tombeaux. Vous aurez, n'est-ce pas, pour moi, pour les amis, pour les prêtres, une prière.

Je vous remercie, chère mademoiselle, et je vous prie de croire à mon très profond respect.

Au commandant Eggenspiller[2], à Brazzaville

21 juillet 1949

Mon cher Eggenspiller,

La demande que vous m'avez adressée au nom de nos camarades « Français Libres » m'a vivement touché.

J'aurais été très heureux de revoir avec vous et avec eux les chers territoires de l'A-ÉF et du Cameroun lors de l'anniversaire de leur libération. Mais la « conjoncture » est telle que ma visite pourrait provoquer de la part de certaines gens provisoirement en place à Paris des ordres dont souffrirait en A-ÉF le prestige de la France.

Je préfère donc remettre pour un peu de temps ma venue.

Veuillez croire, mon cher Eggenspiller, à mes sentiments amicalement et fidèlement dévoués.

À madame la comtesse de Durfort[3] [inédit]

6 août 1949

Chère madame,

Nous vous sommes, ma femme et moi, très reconnaissants de votre si aimable accueil à Combourg.

Laissez-moi aussi vous remercier de m'avoir donné l'occasion de voir les lieux où put éclore le génie de votre arrière-grand-oncle et d'entendre de vous-même de si intéressantes et émouvantes précisions.

Me voilà, grâce à vous, plus profondément marqué par Chateaubriand dont l'œuvre et la mémoire me hantaient déjà, depuis quarante-huit ans !

---

1. La prise d'habit de carmélite d'Élisabeth de Miribel.
2. Président de l'association des français libres, section de Brazzaville.
3. Arrière-petite-nièce de Chateaubriand.

Je vous prie de bien vouloir agréer, chère Madame, mes hommages très respectueux et dévoués.

Ch. de Gaulle

À Pierre de Gaulle[1]

17 août 1949

Mon cher Pierre,

Finalement, j'ai vu Jean Marin, qui a prodigué de telles protestations de fidélité que je n'ai pu refuser de lui confirmer son élection par les Assises. D'autant plus que d'aucun côté ne m'est venue aucune réelle précision sur des propos qu'il aurait tenus et des actes qu'il aurait commis et qui seraient susceptibles de justifier sa radiation.

Naturellement je lui ai dit qu'il entrait au Conseil national sous bénéfice d'inventaire et qu'il n'y resterait pas s'il manifestait qu'il n'est pas des nôtres.

Au total, je ne me fais pas, crois-le bien, d'illusions sur certaines de ses tendances. Mais ce n'est pas naturellement suffisant pour l'outrager publiquement en refusant d'entériner le choix, assez peu éclairé, des Assises.

À bientôt, mon cher Pierre. Toutes nos affections à toi, à Madeleine, aux enfants.

Charles

À Pierre de Gaulle

18 août 1949

Mon cher Pierre,

Je t'envoie ci-joint copie d'une lettre que M. Vachet vient d'écrire à Soustelle.

Vachet est le représentant d'Air-France en Amérique du Sud. C'est un « Français Libre » qui fut pendant la guerre le bras droit de Marmier dans l'organisation de nos communications aériennes en Afrique, au Levant, en Extrême-Orient, etc., Vachet est un homme très sérieux et très estimé. Sa femme a rendu aussi de grands services. Elle quête souvent au Brésil pour la Fondation Anne-de-Gaulle.

Tout en faisant dans ce qu'il dit des « Moreau » (que je connais pas) la part des disputes habituelles des Français à l'étranger, je crois qu'il faut tenir compte de ce qu'il dit.

1. Président du Conseil municipal de Paris.

Sache que l'ambassadeur de France qui vient de quitter Rio pour Ottawa (Guérin[1]) mais qui doit être en France actuellement est un homme très sûr et qui m'est personnellement très dévoué. Il serait pour toi de bon conseil si tu pouvais le voir.

Au revoir et à bientôt, mon cher Pierre. Nous allons avoir des secousses dès septembre, et il faut nous y préparer. Je viendrai à Paris mardi prochain pour la journée. Le reste du temps je suis à Colombey où toi-même, Madeleine, tels ou tels de vos enfants, nous feriez grand plaisir si vous y veniez. Nous avons jusqu'à la fin du mois Philippe, Henriette et leur bébé.

Toutes nos affections pour vous tous.

À Edmond Michelet

1er septembre 1949

Mon cher ami,

Comme suite à notre conversation d'hier et à ce qui fut dit au cours de la réunion de notre Conseil de direction ; je vous demande[2] :

1. de seconder André Malraux dans sa tâche à l'Information.

Malraux va, en effet, dans la période des prochains mois, porter son action principalement sur nos journaux.

2. de vous rendre, aux occasions et moments que vous choisiriez, dans la région : Basses-Pyrénées, Landes, Lot-et-Garonne, Gironde, qui a pour délégué notre compagnon Chavanac.

Il s'agit, par votre présence, d'y apporter : à Chavanac lui-même, à nos délégués et Conseils départementaux, à nos élus, à nos militants, l'appui direct de la direction, de compléter et préciser ce qu'ils savent de l'attitude et de l'action de notre Rassemblement en toutes matières, de recueillir leurs avis, de les aider à susciter des sympathies et des concours, etc.

En vous remerciant d'assurer ces deux missions et le surcroît de charges qu'elles comportent, je vous prie de croire, mon cher ami, à mes sentiments bien cordialement dévoués.

---

1. Diplomate de carrière, Hubert Guérin rallie la France Combattante en 1943 et sert au commissariat aux Affaires étrangères d'Alger. Il est ensuite délégué du GPRF auprès du Saint-Siège.

2. Le général de Gaulle adresse une lettre analogue – à l'exception du paragraphe 1. – le même jour à Rémy, et les 13 et 14 octobre 1949 à Diethelm, Palewski, Bénouville, Capitant et Barrachin. Chacun est chargé d'une région différente.

Note de service

Paris, 7 septembre 1949

Les circonstances commandent au Rassemblement de procéder à d'importantes simplifications de structure et de fonctionnement.

Les événements que chacun voit venir créeront, probablement bientôt, une conjoncture toute différente. En attendant, nous avons le devoir de réduire notre train de manière à n'avoir point de tares quand nous aurons à fournir la course décisive.

En conséquence et après consultation du Conseil de direction et des responsables, j'ai pris les décisions suivantes :

1. Le Secrétariat général est l'organe d'exécution de la direction du Rassemblement. L'action politique, l'action professionnelle et sociale, les services administratifs et le service d'ordre lui sont rattachés. Les crédits qui lui sont alloués mensuellement ne doivent pas dépasser les chiffres maxima suivants :

— Bureau de l'action politique : 200 000 F.

— Frais de mission : 200 000 F.

— Délégués régionaux : 1 500 000 F.

— Service d'ordre : 600 000 F.

— Frais généraux (loyers, courrier, téléphones, petit personnel) : 1 000 000 F.

2. Le service de la propagande assure la publication des journaux du Rassemblement, élabore et diffuse aux divers échelons les thèmes de propagande et les informations, et veille à l'organisation des manifestations d'ordre national. Les crédits alloués à ce service ne doivent pas dépasser :

— Journaux : 1 500 000 F.

— Propagande : 200 000 F.

3. Une somme minimum de 1 000 000 de F. par mois est affectée, sous la responsabilité du trésorier, à la liquidation des paiements en retard.

4. Dans le cas où, ultérieurement, des ressources nouvelles pourraient être recueillies, les allocations de crédits ci-dessus seraient révisées par le Conseil de direction.

À Élisabeth de Boissieu, à Brazzaville

10 septembre 1949

Ma chère petite fille Élisabeth,

Pour vous écrire aujourd'hui, je n'ai aucune raison particulière. Simplement celle de vous dire que je vous aime beaucoup, ainsi qu'Alain. La perspective de vous revoir dans quelques semaines est pour moi, – comme pour Maman, – un des très rares aperçus joyeux de notre temps. J'ai su, de multiples sources, que pendant votre séjour dans cette profonde et dure Afrique, vous avez de toutes les façons et à tous égards fait honneur à votre père. Je dis cela pour vous deux. Rien n'est jamais perdu et votre comportement là-bas a de l'importance, même au point de vue de notre pauvre vieux et cher pays. Plus l'on va et mieux on voit à partir de quelle profondeur il faut lui faire remonter la pente.

Pour ce qui vous concerne plus particulièrement, ma chère petite fille Élisabeth, si la Providence ne vous a pas encore accordé ce que vous lui demandez instamment, je veux vous dire que j'ai grande confiance dans l'avenir et que vous devez avoir confiance, vous aussi, oui vous, toute jeune femme de vingt-cinq ans !

Maman a dû vous décrire le récent et bref séjour à La Boisserie de Philippe et Henriette avec le jeune Charles.

On a beaucoup parlé de vous. Maintenant, ils sont de nouveau au fin fond de la Bretagne. Peut-être les verra-t-on à Noël ? Peut-être pourrons-nous nous réunir avec vous en cette occasion ?

Je vous embrasse de tout mon cœur, ma chère petite fille Élisabeth. Maman en fait autant. Partagez avec Alain nos meilleures affections. À bientôt.

Votre Papa

À Pierre Juillet

13 septembre 1949

Mon cher Juillet,

Il ne serait pas sérieux de me faire recevoir nos compagnons dans le château que vous me proposez. Inutile d'y penser.

Par contre, je ne vois pas pourquoi je n'irais pas chez le duc de Choiseul-Praslin que je connais, qui fut un résistant très courageux depuis la première heure et dont un fils – qui était FFL – a été tué à l'ennemi dans les rangs de la Division Leclerc.

De toute manière, voyez Guy (montrez-lui ma lettre). C'est lui qui a à décider sur place de ce qui me concerne personnellement.

Bien cordialement.

Allocution prononcée à Lesparre (Gironde) le 24 septembre 1949

Mon premier mot est pour vous dire l'émotion que je ressens de l'accueil si chaleureux que vous avez bien voulu me faire et qui me touche d'autant plus que je sais les sentiments de Lesparre, quels ils ont été pendant le grand drame de la guerre, quels ils sont aujourd'hui où nous nous trouvons devant de nouvelles menaces.

Je suis d'autant plus touché de vous le dire que je sais l'accueil que vous avez fait, dans la personne de tel ou tel de vos enfants, à des membres de ma famille pendant les années tragiques[1]. C'est pourquoi ce que monsieur le maire vient de dire m'a touché parce que j'ai vu que cela correspondait à ce que vous pensez.

J'ai été fort sensible à l'honneur qui m'est fait d'être convié pour présider à cette touchante et émouvante cérémonie en l'honneur de Georges Mandel. Il y a à cela des raisons générales et quelques raisons particulières.

Les raisons générales, c'est que Georges Mandel fut trois choses à la fois très rares : il fut un politique au sens le plus élevé du terme, un patriote au sens le plus haut et un républicain au sens le plus vrai et le plus réel.

Il fut d'abord ai-je dit un politique, c'est-à-dire le contraire d'un politicien. Il fut un politique parce qu'il a eu la propriété, le mérite, le courage en toutes circonstances, d'abord de « choisir » car la politique, au sens qu'elle doit avoir, c'est d'abord un choix et ensuite, il eut toujours le mérite et le courage de porter complètement sa responsabilité. Vous voyez que c'est le contraire : un politique et un politicien.

Il fut un patriote en ce sens que jamais il n'a dit au pays, ou aux Français et à vous en particulier : abaissons-nous, couchons-nous, nous trouverons la sécurité, la tranquillité dans l'humiliation. Non !... Il a toujours dit au pays, aux enfants du pays et à vous : levons-nous, levons la tête, soyons fermes et soyons forts ; c'est ainsi que nous serons respectés et aurons des chances de rester libres.

Il fut un républicain en ce sens qu'il a toujours montré cette loyauté, cette fermeté, ce sens de l'État qui était à l'origine de ce que firent pour la France les républicains et de ce qui est aujourd'hui dans l'âme de ceux qui méritent encore ce nom, leur véritable caractéristique.

Il y a eu aussi ces raisons générales de l'estimer, de le respecter, de lui rendre hommage qui se sont manifestées pendant la guerre de toutes sortes de façons ; avant, elles s'étaient manifestées aussi ; il avait servi Clemenceau, c'est-à-dire en même temps la France et la République. Il

1. Notamment à Jean Vendroux, le plus jeune frère d'Yvonne de Gaulle, évacué dans le sud-ouest de la France avec son village, Fagnon (Ardennes), dont il était le maire.

avait, entre les deux guerres, exercé l'action nationale ferme et républicaine dont j'ai parlé tout à l'heure et puis, au moment du grand drame, lui, il n'a pas fléchi, il a fait son choix et il a porté sa responsabilité. Il en est mort ! Il est mort pour la France.

Il y a des raisons particulières que j'ai eues et que j'ai de nourrir à son égard un souvenir particulièrement profond : d'abord il fut mon collègue et je ne le connaissais pas avant. Il fut mon collègue dans le Gouvernement, dans le dernier Gouvernement libre de la République, dans ces premiers terribles jours de juin 1940 et je dois dire que son attitude personnelle, à ce moment-là, fut pour l'homme qui vous parle, non seulement un réconfort mais une orientation pour la suite.

Je le vois encore, la dernière fois que je le vis, à la préfecture de Tours, au moment où nous allions partir pour Bordeaux où le désastre planait. Je vois encore cette attitude de Georges Mandel simple, ferme, calme, absolument résolue et j'entends encore ces paroles de lui me disant : « Vous êtes un des rares » – hélas, excusez ce que ma modestie peut avoir à vous répéter ces paroles, mais je les répète pour vous indiquer à quel point elles m'ont servi – « vous êtes un des rares qui, dans le drame que nous traversons, peut servir purement la France. »

Quand il partit pour l'Afrique du Nord, sur le *Massilia*, j'ai compris qu'il condamnait de la façon la plus formelle et de la manière en ses moyens la capitulation et l'armistice.

J'ai rencontré sa présence lorsque, me rendant à Fort-Lamy, au Tchad, pour y prendre au nom de la France libre, c'est-à-dire de la France, possession des territoires de l'Afrique équatoriale, je rencontrai Félix Éboué, que la prescience de Mandel avait installé là ; et, en le faisant, Mandel a indirectement sans doute, mais clairement joué un rôle essentiel dans la résurrection de l'Empire.

Enfin, j'ai eu des rapports avec Mandel, tandis qu'il était en prison à Vals et au Pourtalet et, de là, il m'a donné ce que je vais vous indiquer ; il m'a donné et des encouragements et des conseils dont vous verrez qu'ils ne furent pas inutiles. Voici quelques passages d'une lettre que Georges Mandel, de sa prison, le 20 août 1942, a envoyée au général de Gaulle, alors à Londres : « Mon cher ancien collègue, notre malheureux pays a été livré depuis le 17 juin 1940 à des gouvernants qui se sont constitués à des degrés divers, les serviteurs de l'ennemi. Il faudra, tout en remettant la France dans la guerre, commencer par effacer d'un trait de plume l'ensemble des mesures politiques qu'ils ont prises et restaurer la République. » C'est ce que j'ai fait.

Il m'écrivait encore : « Quant à moi, je n'ai souffert, cruellement souffert de toutes les persécutions dont j'ai été l'objet, que parce qu'elles m'ont empêché de seconder votre effort. Je n'ai d'autre ambition que rattraper le temps perdu. » La mort l'a empêché de rattraper le temps perdu, mais elle n'a pas empêché que je garde son témoignage et son encouragement. Ceci est la preuve qu'aujourd'hui, Georges Mandel, s'il vivait, serait ici à côté de moi.

Gardons son souvenir, conservons son témoignage. Nous pouvons en avoir besoin. Ce sont de pauvres gens qui disent aujourd'hui au pays : Dormez ! C'est le contraire qu'il faut lui dire : Veillez ! Debout ! En marche ! La menace n'est pas loin.

Vive Lesparre ! Vive la République ! Vive la France !

Allocution prononcée au grand théâtre de Bordeaux le 25 septembre 1949[1]

C'est la deuxième fois, en effet, que j'ai l'honneur de signer le Livre d'or de votre noble et grande, et chère ville.

Je ne peux pas m'empêcher de me souvenir des conditions dans lesquelle le Livre a été signé pour la première fois[2] et je vais vous dire quelque chose, à vous autres Bordelais : jamais je n'ai senti à ce moment-là, d'une manière plus directe, plus évidente, quelle était la catastrophe qui nous avait en réalité atteints. On ne s'en rendait peut-être pas immédiatement très bien compte ; chacun avait été plus ou moins dans son souci, pour un bon nombre dans son combat ; et on commençait, le reflux ennemi se poursuivant, à apercevoir l'ensemble. Et moi-même qui traversais partout le territoire, à ce moment-là, je me permets de vous répéter que c'est à Bordeaux que j'ai eu l'impression la plus frappante de cette espèce d'effondrement. Cette ville magnifique comme vidée de son activité, désorientée, pleine de patriotisme sans aucun doute mais tout effritée dans sa contexture, son administration complètement déroutée par les événements et, pour certains qui en faisaient partie, obligés d'être écartés ; pour toutes les activités bordelaises, un trouble effroyable ; pour la population bordelaise, une sorte d'inquiétude et d'angoisse sur ce qui allait encore arriver, une fois passé l'enthousiasme de la Libération (d'autant qu'à ce moment, les Allemands n'étaient pas encore loin de vous).

Ce tableau de Bordeaux, très ardent, très désireux de reparaître, mais complètement bouleversé par les événements, c'était en réalité le tableau de la France ; c'était un cadre qui s'était démoli. Et le drame consistait à savoir si, oui ou non, nous pourrions refaire un cadre à la Patrie, compte tenu de toutes les destructions matérielles et morales que nous venions de subir et [de] celles qui avaient précédé celles-là.

1. En réponse au discours de Jacques Chaban-Delmas, maire de Bordeaux.
2. Le 17 septembre 1944, quelques jours après la libération de Bordeaux.

Je ne vous cacherai pas que la tâche m'est apparue, à ce moment, extrêmement lourde et c'est seulement le réconfort qui me venait de notre peuple, les convictions qui s'y manifestaient, l'unité profonde qu'on y voyait, qui m'ont convaincu que nous réussirions à refaire la France et que vous réussiriez à refaire un grand, prospère, magnifique Bordeaux.

Mais, ne nous y trompons pas, il nous y faudra un très long et très dur effort ; pourvu que des événements dont nous ne sommes pas maîtres, qui sont des événements extérieurs, nous le permettent, nous y parviendrons sans aucun doute, à condition de vouloir très fort et très longtemps.

Et la première condition est que nous reconstituions dans ce pays ce qui ne peut se faire que peu à peu, tout un cadre politique (je pense le mot), administratif et aussi, dans toutes les activités nationales, un cadre solide, cohérent, convaincu et bien à sa place. C'est là l'œuvre à laquelle tous ceux qui, comme vous, mesdames, messieurs, ont leur mot à dire et leur rôle à jouer dans cette affaire ; en raison de votre influence, de votre situation, de votre importance, vous devez vous y atteler. C'est la première condition à remplir.

Monsieur le député-maire de Bordeaux parlait tout à l'heure de sa tâche. Je puis vous dire que quand l'occasion s'est présentée, en 1947, d'établir à la tête de cette ville une administration nouvelle, moi-même j'ai dit à mon ami, le général Chaban-Delmas : Vous devez prendre la charge et la responsabilité très lourde d'être le maire de Bordeaux. Vous y serez aidé, j'en suis sûr, par les membres de votre Conseil municipal ; vous y serez aidé par tous les corps constitués de la ville, par son commerce, par son industrie, par ses syndicats, par les agriculteurs qui l'entourent ; vous y réussirez parce qu'il le faut.

Je constate avec le plus grand plaisir et la plus grande satisfaction qu'en effet l'administration de Bordeaux réussit actuellement dans sa tâche. Je n'ignore pas les difficultés énormes que vous rencontrez à propos de votre port en particulier, et de toutes les activités qui s'y rattachent ; mais je crois que vous êtes bien résolus à surmonter les obstacles et je suis convaincu que vous les surmonterez, à la condition d'être ce que vous êtes, c'est-à-dire très décidés, très rassemblés, et voulant aider ceux qui sont vos guides à accomplir leur tâche et à porter leurs responsabilités.

C'est donc, je vous le dis, un sentiment de complète confiance que j'ai éprouvé en me retrouvant à Bordeaux, après ma visite d'il y a deux ans et celle d'il y a cinq ans, un sentiment de complète confiance dans vos destinées et dans celles de la Patrie, lesquelles sont conjuguées.

Nous avons encore du travail pour des générations entières et la nôtre a le devoir d'y employer toutes ses forces. Nous avons surmonté l'occupation, la défaite, nous sommes en train de surmonter le séparatisme (j'en suis convaincu) ; il s'agit maintenant de surmonter nos défauts nationaux, nos divisions et de nous rassembler pour la France.

Vive Bordeaux ! Vive la République ! Vive la France !

Allocution improvisée à Bordeaux[1] le 25 septembre 1949

Oui, comme vient de le dire si éloquemment monsieur le maire de Bordeaux, voici que Bordeaux reçoit sa place Bir-Hakeim.

Le temps passe, les années s'ajoutent aux années et le moment vient, peu à peu, où toutes sortes de grandes actions apparaissent dans leur vraie lumière.

Je n'ai pas peur, en ce qui concerne l'œuvre qu'avec beaucoup d'autres nous avons accomplie. Je n'ai pas peur de l'Histoire. Je n'ai pas peur de l'Histoire en particulier pour Bir-Hakeim et ses combattants.

Oh ! il est bien vrai que dans la désolation nationale ils n'étaient pas alors fort nombreux à dresser le drapeau. Il est bien vrai qu'ils avaient leurs lacunes, leurs manques ; mais il est vrai aussi – je l'atteste et je crois bien que la France entière l'a senti –, il est vrai qu'ils avaient une qualité suprême, pas seulement comme soldats et combattants, mais comme hommes et comme Français. C'étaient des témoins ; c'étaient des gens qui, dans un des pires moments de notre histoire, confessaient la France et savaient mourir pour elle.

Ils étaient symboliques de toutes sortes d'autres, qui, ailleurs, à d'autres moments, sur d'autres champs de bataille, en particulier sur les mille lieux de combats de la Résistance en France, confessaient la même cause que ceux-là.

Voilà ce que, dans les pires extrémités, des enfants de chez nous furent capables de faire. Pourquoi maintenant, où nous avons retrouvé nos terres, nos libertés et nos moyens, ne ferions-nous pas la France, telle qu'elle doit être ? Pourquoi, répondez ?

Je suis sûr que la France entière, peu à peu, répondra. Je suis convaincu que nous sommes au début d'un très dur et très grand redressement national. Mais je sais bien que, dans ce redressement, Bordeaux sera en tête des meilleurs serviteurs de la Patrie.

Vive Bordeaux ! Vive la République ! Vive la France !

1. Sur l'ancienne place de Bourgogne, rebaptisée place Bir-Hakeim.

Au général Catroux, à Cannes

29 septembre 1949

Mon général,

Ce mot pour vous accuser simplement réception de votre lettre[1]. Je regretterai, certes, de ne pas vous voir à Versailles cette semaine. Mais je comprends qu'en ce moment vous teniez à un certain éloignement. Votre livre[2] est d'une très grande valeur, d'une très haute portée et d'un puissant intérêt. Vous ne pouviez évidemment pas y faire plaisir à tout le monde. Peut-être s'y trouve-t-il quelques involontaires lacunes. Mais c'est un monument digne de vous et, j'ajoute, de nous. Nous en reparlerons à loisir.

À bientôt, j'espère, mon général. Voulez-vous présenter à Mme Catroux mes très respectueux hommages et croire à mes sentiments fidèlement dévoués ?

À Edmond Barrachin[3], à Paris

27 octobre 1949

Mon cher Barrachin,

Des missions d'inspection de nos organisations locales ont, vous le savez, été confiées à un certain nombre de membres du Conseil de direction, dont vous-même.

Toutefois, indépendamment de cette tâche, il est nécessaire d'entreprendre dès maintenant un premier travail de pure information sur les conditions dans lesquelles se présenteraient d'éventuelles élections.

Je vous demande de bien vouloir, en ce qui vous concerne, entreprendre cette enquête dans les départements suivants :

Somme – Oise – Marne – Aisne – Aube

Ardennes

Seine-Inférieure – Eure – Eure-et-Loir

Orne – Sarthe – Indre-et-Loire

Loir-et-Cher

Croyez, mon cher Barrachin, à mes sentiments cordialement dévoués.

---

1. Le général Catroux demande notamment au général de Gaulle la permission de ne pas assister à la prochaine session du Conseil national du RPF : « Je ne me sens guère en mesure d'apporter une contribution valable à la discussion d'affaires que mon éloignement de Paris m'a empêché de suivre. »

2. *Dans la bataille de Méditerranée*, dédié « au général de Gaulle, à tous ceux et à toutes celles qui furent ses compagnons de lutte dans la guerre, à la glorieuse mémoire de tous ceux et de toutes celles qui tombèrent dans le combat ».

3. Membre du Conseil de direction du RPF. Le même jour, le général de Gaulle adresse une lettre analogue à Capitant, Diethelm, Michelet, Palewski et Vallon. Chacun est chargé d'une région différente.

À Léon Noël

27 octobre 1949

Mon cher ambassadeur,

Vous savez combien il importe que soit créée et que travaille une commission chargée de l'étude pratique des problèmes posés par l'Association capital-travail : établissement d'un projet de loi cadre. Mise au point de projets de contrats types. Précisions concernant les dégrèvements fiscaux pour les entreprises qui réaliseraient l'association.

M. Louis Vallon, et avec lui, notre Action professionnelle et sociale ont besoin que ces divers points soient fixés.

Voulez-vous m'en parler la semaine prochaine ?

Croyez, mon cher ambassadeur, à mes sentiments très distingués et bien dévoués.

À Gaston Palewski [inédit]

25 novembre 1949

Mon cher ami,

Merci de tout cœur de vos aimables souhaits d'anniversaire. C'est avec philosophie que je vois une année s'ajouter à mes années. Mais c'est avec émotion que je recueille en cette occasion la pensée de ceux qui me portent de l'amitié. Vous en êtes, au premier rang. Sachez que, sans l'écrire, la mienne vous est profondément acquise.

C'est pourquoi, d'ailleurs, je vois avec beaucoup de satisfaction se développer, non certes votre mérite qui était déjà une chose acquise, mais la réputation qu'il obtient.

Vous êtes, dans notre pays, un homme qui monte. Bien entendu, c'est à travers des difficultés au milieu desquelles vous ne vous ménagez pas. Voilà le bon chemin et la bonne méthode. Pour vous les fruits mûrissent. Le moment approche où vous les cueillerez.

En vous disant combien je me félicite d'avoir appris le rétablissement de la santé de Madame votre mère, je vous demande de croire, mon cher ami, à mes sentiments fidèlement dévoués,

C. de Gaulle

À Marie-Agnès Cailliau

27 novembre 1949

Ma bien chère Marie-Agnès,

Merci de tout cœur de tes affectueux souhaits pour mon anniversaire. Il faut bien s'accommoder des années qui passent.

J'éprouve une vraie sérénité à la pensée que notre chère Maman repose désormais à Sainte-Adresse, auprès de Papa, de Charles, du petit Étienne, là où elle-même avait fixé son dernier séjour. Que du haut du ciel Maman veuille nous aider ! Car l'horizon est bien sombre et l'air bien froid.

Je partirai samedi pour une tournée dans la Marne, les Ardennes, l'Aisne, la Somme et l'Oise. Après quoi nous serons à Paris, Yvonne et moi, pour voir arriver notre ménage Élisabeth-Alain. Merci beaucoup de ton accueil de l'autre jour.

Yvonne et moi t'adressons ainsi qu'à Alfred, ma bien chère Marie-Agnès, nos meilleures affections. Je t'embrasse de tout cœur. Ton frère aimant.

À Girard[1]

30 novembre 1949

Mon cher Girard,

J'ai pris connaissance du rapport que vous m'avez adressé concernant la situation dans le département du Cher.

Là comme ailleurs il peut y avoir et il y a entre compagnons, quant à l'action locale, certaines divergences de vues. Peut-être s'y mêle-t-il en outre des questions de personnes.

Je demande qu'on cherche toujours l'accord, qu'en tous cas on respecte la cohésion et qu'on reconnaisse le droit d'arbitrage des responsables. Notre succès est à ce prix.

Je compte pour cela sur la compréhension et le dévouement de tous, en particulier sur les vôtres.

Croyez, mon cher Girard, à mes sentiments très cordiaux.

1. Conseiller municipal de Bourges.

À madame de Pommayrac

1er décembre 1949

Chère madame,

Vous avez bien voulu m'informer du fait que certaines personnalités avaient pris l'initiative de créer une « Union privée pour l'aide à l'action nationale du général de Gaulle ». Comme présidente du bureau provisoire, vous m'avez demandé de donner mon agrément à sa constitution officielle comme à l'action qu'elle se propose de mener.

Il me sera, certes, moralement et matériellement précieux, dans l'effort poursuivi au service de la France, que des Français de qualité veuillent se grouper pour m'y aider.

C'est donc en toute confiance que je vous donne mon assentiment et que je vous demande de remercier ceux et celles qui entreprennent, avec vous, cette tâche d'intérêt national.

Je vous prie d'agréer, chère madame, mes hommages très respectueux et sincèrement dévoués.

Au docteur André Lichtwitz

7 décembre 1949

Mon cher ami,

À votre retour du douloureux voyage pendant lequel vous avez conduit monsieur votre père à sa dernière demeure, je vous assure de mes sentiments de très vives condoléances. Soyez sûr que ma meilleure pensée fut et demeure avec vous dans le grand chagrin qui vient de vous frapper.

Ma femme me charge de vous exprimer ses profondes sympathies. Elle et moi nous vous demandons d'associer Mme Lichtwitz et les vôtres à notre hommage très attristé.

Pour vous, mon cher ami, ma fidèle et dévouée amitié.

À Pierre Mendès France[1]

9 décembre 1949

Mon cher ministre,

Vous avez bien voulu me demander si je voyais un inconvénient à ce que fût publiée la lettre que vous m'avez adressée le 18 janvier 1945 en votre qualité de ministre de l'Économie nationale.

1. Ancien ministre, député de l'Eure.

Il est de fait que cette lettre – au demeurant d'un grand intérêt – traite de questions qui étaient alors parmi les principaux objets des délibérations du Conseil des ministres.

Du strict point de vue des principes, il me paraîtrait, je dois vous le dire, préférable, quant au secret des délibérations du gouvernement et à la solidarité ministérielle, que vous différiez cette publication jusqu'au jour où elle revêtirait seulement un intérêt historique et non plus politique.

Cependant, je ne puis méconnaître que l'essentiel de ce que vous écriviez alors a été, par la suite, porté de diverses manières à la connaissance du public. D'autre part, il y a cinq ans de cela. Enfin, vous m'indiquez votre intention de ne faire paraître ce texte qu'au milieu d'autres, d'où je crois pouvoir conclure que vous n'entendez lui donner qu'un caractère proprement documentaire.

Dans ces conditions, je ne crois pas devoir m'opposer à la publication de votre lettre du 18 janvier 1945.

Veuillez croire, mon cher ministre, à mes sentiments très distingués et bien dévoués.

À Pierre Anthonioz[1]

10 décembre 1949

Mon cher Anthonioz,

Au moment où vous partez pour les Nouvelles-Hébrides comme commissaire-résident de la République française, je revis en esprit les grands jours de notre France Libre.

Les Nouvelles-Hébrides furent le premier territoire qui – bien que soumis au régime du condominium – se rallia à moi-même[2] pour gagner finalement la guerre pour la France aux côtés de nos alliés.

Veuillez dire là-bas à nos compatriotes et à tous nos amis que je ne les oublie pas et que je continue à compter sur eux pour tout ce qui reste à faire. Car, si notre pays est sorti du gouffre, le salut n'est pas encore assuré !

Veuillez croire, mon cher Anthonioz, à mes vœux très sincères dans votre mission et à mes sentiments de cordiale amitié.

1. Frère de Bernard, le mari de Geneviève de Gaulle (fille de Xavier).
2. Le 22 juillet 1940.

À André Malraux

10 décembre 1949

Mon cher ami,

Nous avons besoin de votre voix et de votre présence. C'est vous dire que mes vœux vous entourent au moment où vous allez subir la chirurgie après les guerres.

Je viens de lire votre article pour *Carrefour*[1]. C'est magnifique ! Voilà vraiment qu'un grand coup va être frappé.

À bientôt, mon cher ami, je vous demande de croire à mon fidèle dévouement.

À l'abbé Viallet[2]

30 décembre 1949

Cher monsieur l'abbé,

Rémy m'a rendu compte de la visite qu'il a faite à votre département.

Les circonstances ont fait que vous avez été quelque peu délaissé. Je tiens donc à vous féliciter pour vos constants efforts qui, j'en suis certain, aboutiront au résultat qu'ils méritent.

J'irai vous voir au printemps prochain. Rémy vous rejoindra d'ici là ; il vous aidera à organiser le Comité départemental qu'il faudra me présenter sous une forme aussi complète que possible, tant sur le plan géographique que sur celui de la représentation de toutes les classes sociales de votre département.

Veuillez bien dire à M. Couturié, dont je sais quelle est la haute autorité dans la Lozère, combien je suis sensible à la façon dont il a reçu Rémy. Je suis heureux de le compter parmi nos compagnons et je compte sur lui pour vous aider au mieux de ses possibilités qui sont grandes.

Croyez, cher monsieur l'abbé, à mes sentiments cordialement dévoués.

---

1. Le journal *Carrefour* reproduit l'essentiel du discours d'André Malraux à la séance de clôture des manifestations littéraires de l'œuvre du XXe siècle (conférence internationale d'intellectuels faisant le bilan de l'activité des Arts et Lettres au cours de la première moitié du XXe siècle).

2. Délégué départemental du RPF en Lozère.

1950

Au général Mast

5 janvier 1950

Mon cher général,

Les incidents dont vous me parlez dans votre lettre étaient, naturellement, venus à ma connaissance[1]. J'ai, jusqu'à présent, réservé mon jugement, faute de me sentir suffisamment éclairé et discernant, d'autre part, de quelle malveillante machination vous avez pu être entouré. En tous cas, je compte vous offrir bientôt l'occasion de me dire ce qui vous paraîtra nécessaire pour m'informer.

En attendant, soyez assuré que les vœux que je forme pour vous, et auxquels ma femme joint les siens pour Mme Mast, sont profondément sincères, et veuillez croire à mes sentiments toujours cordialement dévoués.

À Monseigneur Roncalli

9 janvier 1950

Monseigneur,

Le R.P. d'Argenlieu m'a apporté la lettre de Votre Excellence. Ai-je besoin de vous dire à quel point j'ai été heureux et honoré des vœux que vous voulez bien m'adresser ?

Les souhaits que je forme pour Votre Excellence et pour sa mission en France sont les plus sincères et les plus dévoués. Que Dieu veuille bien faire aussi que l'année 1950 voie la cause du Bien s'affermir dans le monde, par comparaison avec 1949 où ont été subis de si fâcheux reculs en Europe et en Asie.

Je prie Votre Excellence d'agréer les assurances de ma très haute et distinguée considération.

---

1. Il s'agit de « l'affaire des généraux » qui a commencé au milieu de l'année 1949, et occupera la scène politique tout au long de l'année 1950 : un certain Peyré, informateur des généraux Revers (chef d'état-major de la Défense nationale) et Mast, les accuse d'avoir vendu le rapport Revers sur l'Indochine (mai 1949) à un Vietnamien, par son intermédiaire.

Au général de Lattre de Tassigny

10 janvier 1950

Mon cher général,

Votre *Histoire de la Première Armée française* est une belle œuvre, digne de ce qui a été accompli par cette armée sous votre commandement. J'y ai trouvé le maximum d'objectivité et de sérénité qu'on puisse attendre d'un grand chef qui parle de ce que lui-même a fait – et réussi – au milieu de difficultés vraiment exceptionnelles. Je m'en félicite et vous en félicite pour « l'honneur du navire ».

Veuillez croire, mon cher général, à mes sentiments bien cordialement dévoués.

À Henri Bernstein, à Paris

11 janvier 1950

Mon cher maître,

J'ai été très touché du ton à la fois amical et confiant avec lequel vous me livrez vos réflexions en ce début d'année.

Il est bien certain qu'un monde, celui que nous avons connu, est en voie de disparition, mais c'est la passivité des peuples qui fait la fatalité des événements. De toute manière, la solution ne réside que dans l'union de ceux qui sont résolus à construire le monde de demain, selon leur idéal de liberté.

Cette lutte a commencé il y a dix ans et je n'oublie pas que vous y avez, dès cette époque, ardemment pris part.

Recevez les vœux que, du fond du cœur, je forme pour vous et croyez, mon cher maître, à mes sentiments de bien sincère et cordial dévouement.

À Jean Spitalier[1]

18 janvier 1950

Mon cher conseiller général,

Votre lettre du 13 décembre m'est bien parvenue et j'ai noté avec satisfaction que vous accepteriez éventuellement d'être, aux futures élections législatives dans les Basses-Alpes, le candidat du Rassemblement.

Il va de soi cependant que le Rassemblement ne pourrait donner son investiture qu'à ceux qui porteraient son drapeau.

C'est pourquoi je ne puis concevoir par quelle erreur ou par quelle illusion nos compagnons des Basses-Alpes pourraient vous conseiller le

1. Conseiller général de Barcelonnette (Basses-Alpes).

renoncement[1]. C'est dans la clarté et par le courage que nous pourrons refaire la France.

Croyez, mon cher conseiller général, à mes sentiments cordiaux.

À Marie-Thérèse Tardif, à Chambon-Feugerolles (Loire)

24 janvier 1950

Ma chère Marie-Thérèse,

Mes vœux, auxquels ta tante Yvonne joint les siens, t'arriveront tard. Sois certaine, ma chère nièce et filleule, qu'ils sont profondément affectueux et sincères, pour toi, pour Louis, pour vos enfants.

Nous avons eu de vos nouvelles à tous la semaine dernière en passant à Sainte-Adresse où ta Maman nous a renseignés. Il y avait là tous tes frères, y compris Pierre qui est fort intéressant sur l'Indochine, mais à l'exception d'Henri. Hélas ! le pauvre cher Charles[2], nous ne le reverrons qu'au Ciel.

Ta tante Yvonne et moi t'embrassons de tout cœur, ma chère Marie-Thérèse. Mille choses à Louis et aux enfants.

Ton oncle très affectionné

Note à montrer à M. Léon Noël

25 janvier 1950

Au sujet des divergences entre commissions d'études quant à la représentation familiale.

1. Les Assises et le Conseil national, ainsi que la direction, ont adopté le point de vue que cette représentation de la famille devait être instituée à l'intérieur du futur Sénat.

2. Il faut mettre au point notre projet concernant la composition et le mode d'élection de ce futur Sénat, lequel doit comprendre 3 cellules délibérant suivant les cas, séparément [...[3]] ou ensemble (Sénat) :

a. le Conseil de la République (métropolitaine et départements d'outre-mer (200 membres ?)

b. le Conseil des territoires d'outre-mer (100 membres ?)

c. le Conseil économique et social (100 membres ?).

C'est dans cette dernière cellule que doit figurer la représentation propre de la Famille (15 membres ?).

---

1. Dans sa lettre, Jean Spitalier explique que la section locale RPF lui a demandé de conserver l'étiquette « Républicain indépendant » sous laquelle il a été élu au Conseil général.
2. Charles Cailliau a été tué au front en mai 1940.
3. Mots illisibles.

Allocution prononcée à Marault (Haute-Marne) le 28 janvier 1950

Mon premier mot est pour vous dire à quel point je suis heureux de vous voir. D'abord parce que vous êtes là, ensuite parce que vous êtes venus, malgré un très mauvais temps, malgré la neige avec toutes les difficultés que ça comporte, et un jour de travail, et enfin parce que, en vous voyant, je vous reconnais. Je vous reconnais comme étant ici dans ce département exactement les mêmes que tous les Français et Françaises qui partirent de France avec moi-même pour tirer le pays d'affaire.

Nous avons traversé de très grandes épreuves, et je dois vous dire à vous de la Haute-Marne, qu'entre moi-même et vous autres, il y avait une sympathie, un accord qui s'est magnifiquement montré par la suite, au moment de la Libération. Malgré ces épreuves, il n'y a aucune raison pour que, nous autres Français, nous baissions la tête. Nous avons été malheureux, démolis pendant plusieurs années, disloqués. Nous avons été surpris, nous n'étions pas prêts. Mais faites-y bien attention, les autres n'étaient pas prêts non plus, et ils ont été surpris, tout comme nous. Si l'Angleterre n'avait pas eu la mer tout autour, il lui serait arrivé ce qu'il nous est arrivé, et si l'Amérique n'avait pas eu un grand océan, d'un côté et de l'autre, la surprise n'aurait pas été seulement locale, mais nationale. Quant à la Russie, rappelez-vous qu'en 41 et 42, l'ennemi est allé d'un seul bond jusqu'à la mer Caspienne. L'ennemi était prêt, les autres pas. D'ailleurs malgré ce qui nous est arrivé, nous avons réalisé un tour de force, à être parmi les vainqueurs. Je ne sais pas si beaucoup d'autres pays en auraient fait autant que nous.

Ne baissez pas la tête. Nous ne sommes inférieurs à personne, et il n'y a aucune espèce de raison pour que la France ne remonte pas la pente, ne redevienne pas le grand pays fort et puissant qu'elle fut, et qu'elle doit redevenir. Voilà la première chose.

Il y a énormément à faire pour réaliser cela, c'est notre tâche à nous. Nous voulons, nous autres RPF, remonter le pays à l'intérieur, ce qui ne veut pas dire que nous voulons refaire la prospérité française pour le profit de quelques-uns. Nous voulons refaire la prospérité française pour tous les Français. Voilà ce qui nous distingue, et c'est pour cela d'ailleurs que nous avons une doctrine, en particulier celle de l'Association, qui doit nous permettre, nous en sommes convaincus, d'abord de changer tout à fait l'atmosphère sociale, en associant les gens qui travaillent ensemble au lieu de les opposer, et ensuite d'améliorer la productivité qui est aujourd'hui une condition indispensable du redressement national. Nous sommes persuadés que nous pourrons rebâtir la prospérité française en changeant les rapports sociaux et le système économique par l'association des hommes.

Il y a à l'intérieur une plaie terrible, c'est la plaie du séparatisme. Un pays ne peut pas vivre longtemps avec une plaie pareille sur son cœur. Il y a un nombre considérable de Français, qui à l'origine ne sont pas toujours les moins bons, mais regardent à l'extérieur de la France au lieu de regarder au-dedans. Cette plaie, nous le RPF prétendons la guérir. Nous voulons que les pouvoirs publics, quand nous les aurons pris, montrent à l'égard de ces séparatistes la fermeté qui convient. Mais ce n'est pas seulement par la fermeté que nous guérirons la maladie, il faut aussi que nous changions les conditions sociales, que les Français de bonne foi, y compris ceux-là qui sont en ce moment avec les séparatistes, trouvent en France leur place, leur valeur et leur dignité. Et c'est seulement quand ce sera fait et que ceux qui ne voudront pas prendre cette place, cette valeur et cette dignité qui leur seront offerts comme à tous les autres, continueront à jouer le jeu d'une domination étrangère, qu'on pourra et qu'on devra les écraser.

De quoi le monde se compose-t-il aujourd'hui ? D'une grosse bête qui est la Russie soviétique avec les satellites qu'elle s'est attribués par la force et qui sont sous sa domination, soit les deux tiers de l'Europe et une grande partie de l'Asie, qui est une menace effrayante et permanente d'une part, d'autre part la masse américaine.

Mais nous ne voulons pas que le monde soit seulement cela. Nous prétendons être la France en Europe libre, indépendante, la vieille Europe qui, si on la refait au besoin, trouvera tout ce qu'il faut en fait de ressources, en fait d'intelligence, en fait de volonté, pour exister indépendamment des deux masses actuelles. Cela ne veut pas dire que devant la menace qui pèse sur nous et qui vient de la Russie soviétique et de ses satellites nous ne voulions pas d'amis ou d'alliés. Nous trouvons fort naturel que si nous sommes attaqués, les Américains concourent à la défense de l'Europe : c'est leur avantage et le nôtre. Nous trouvons tout naturel que les Américains, qui n'ont pas été ruinés par la guerre, loin de là, nous prêtent momentanément leur concours économique à nous qui sommes ruinés, et cela jusqu'à ce que nous ayons retrouvé notre capacité normale. C'est tout à fait souhaitable, mais nous ne voulons pas passer dans leur poche. Nous voulons rester indépendants, nous voulons des amis et des alliés, mais nous ne voulons pas de suzerains, et nous n'avons pas besoin de vassaux.

Ni au point de vue du redressement intérieur, ni au point de vue du redressement extérieur, le régime actuel ne peut en sortir. On le voit bien. On dit souvent : « Mais de Gaulle, quand il avait les affaires en main, pourquoi n'a-t-il pas fait lui-même le régime qu'il juge nécessaire ? » Je vais vous répondre : en 44 et 45, au moment de la Libération et de la Victoire, je portais depuis plus de cinq ans la destinée nationale, et j'avais des compagnons. J'en ai encore. Mais en fait, je portais cette responsabilité tout seul. Le moment était venu, avec la victoire pour la France, de rebâtir ou d'établir des institutions nouvelles, car évidemment le système que je pratiquais pendant la guerre ne pouvait pas durer indéfiniment, et il fallait que le pays lui-même établisse ces institutions.

J'avais devant moi le public qui fort sympathiquement et généreusement criait « vive de Gaulle » – il le dit du reste toujours – et puis, j'avais devant moi tout ce qui était organisé, c'est-à-dire les partis politiques, la presse, les affaires, les syndicats…

Si le peuple était en sympathie avec de Gaulle, tout ce qui était organisé était en réalité contre lui. Tous ne le montraient pas. Je ne dis pas que tous les hommes politiques étaient contre moi, mais je dis que les partis en tant que tels étaient contre moi. Je ne dis pas que tous les hommes d'affaires, les commerçants, les industriels étaient contre moi, mais je dis que les affaires en tant qu'affaires étaient contre moi. Je ne dis pas que les journalistes étaient contre moi, mais la presse, en tant que presse était contre moi. Et d'ailleurs c'était bien naturel de leur part.

J'avais contre moi naturellement les séparatistes qui ont fait à ce moment les bons garçons, les patriotes, qui s'étaient mélangés avec tout le monde, qu'on voyait sur des estrades avec les Américains, et qui n'étaient pas ce qu'ils sont devenus. J'avais le moyen matériel d'établir ma dictature. Supposons que j'aie fait cela. Dans la situation où était le pays, que serait-il arrivé ? Il serait arrivé que tout ce qui était organisé aurait constitué autour des séparatistes qui en auraient été le noyau, une masse s'opposant de plus en plus.

Au-dehors, les puissances étrangères ne voulaient pas de cette dictature. Elles l'ont d'ailleurs bien montré, elles ne le voulaient pas ; et à ce moment-là, faites-y attention, la France avait besoin du concours des autres, en particulier des Anglais, des Américains au point de vue économique, pour rétablir ses communications avec l'Union française. Pendant cinq ans, je me suis trouvé à supporter le poids de la France, face à face avec des alliés qui pouvaient être favorables au peuple français, mais qui, je vous l'assure, ne connaissaient que leur intérêt.

Quand on est un homme qui a dans ses mains le destin d'un pays comme la France, on est tenu de regarder loin.

Et si j'avais installé cette dictature, je répète que tout l'étranger aurait été contre moi, et très vite la situation internationale de la France aurait été impossible.

Et quand bien même j'aurais à l'intérieur et au-dehors porté la charge, un jour j'aurais disparu. De Gaulle est aussi un homme. Il a sa fin, ne serait-ce que sa mort. À ce moment-là, que serait-il arrivé ? Qui lui aurait succédé ? Les communistes ; alors nous n'en serions jamais sortis.

Voilà pourquoi je n'ai pas pris cette solution-là.

Il y en avait une autre, qui consistait à me mettre dans le jeu politique et à être un de ces candidats à la présidence du Conseil qui se succèdent tous les trois ans pour trois mois. Comment me regarderiez-vous aujourd'hui ?

Troisième solution : que le pays fasse l'expérience des partis. Il fallait que le pays fasse l'expérience de ce régime ; il l'a faite, et je crois bien que l'expérience n'est pas très loin de se terminer, un jour ou l'autre, le plus tôt possible. Mais un jour ou l'autre, le pays sera appelé à parler et alors, ce jour-là, le pays éclairé maintenant parlera, et je suis convaincu qu'il parlera dans notre sens.

J'interprète la rénovation nationale à partir de la volonté exprimée par le pays de telle sorte qu'au-dedans et au-dehors personne n'aura rien à dire. Voilà la troisième solution… C'est celle que nous sommes en train de pratiquer, et vous verrez que nous allons gagner la tâche.

Nous gagnerons la partie dans les élections… C'est ainsi que l'on procède. Notre Rassemblement est très fort, très puissant dans le pays tout entier. Vous n'avez qu'à vous regarder. Vous êtes venus de tous les points du département, un jour de travail. Vous n'avez qu'à vous regarder pour vous apercevoir de ce que vous êtes, de ce que nous sommes. Nous sommes des gens de partout, de toutes les localités, de toutes les activités françaises, de toutes les origines, de toutes les naissances, de toutes les familles… Nous sommes le peuple français et c'est comme cela partout. Et ceci est notre privilège. Ça n'existe que pour nous. Il y a des organisations politiques, il y a des partis qui épousent chacun la querelle des concurrents, mais il n'y a que nous qui ayons au-dessus de nous cette atmosphère de bon aloi, de bonne volonté, de résolution et de conviction nationale. Il n'y a que nous, c'est notre affaire à nous, et c'est pourquoi aussi nous gagnerons.

Mais ne nous y trompons pas. Même lorsque ça sera arrivé, lorsque nous aurons pris en main les commandes du pays pour sa rénovation, notre tâche ne sera pas terminée, bien au contraire, car cet effort de rénovation sera très long, très dur, très difficile. Nous sommes un pays très blessé matériellement et moralement, et le monde est très dur. C'est pourquoi l'effort sera très considérable. Notre Rassemblement est fait pour engager toute la nation dans l'effort qu'il y a lieu de faire, d'engager la nation dans tous ces coins du territoire, dans toutes ses activités. Il faut l'entraîner avec nous vers l'effort et vers sa rénovation, et c'est pour ça, surtout, que le Rassemblement est fait. En réalité, c'est quelque chose d'analogue à ce que nous avons fait dans la Résistance, où nous avons constitué partout dans le pays, peu à peu, une espèce de noyau d'activités, de volontés, au milieu d'une veulerie qui s'était bien répandue, un noyau qui finalement entraînait la nation tout entière. C'est une opération de ce genre que nous faisons, nous les compagnons du Rassemblement. Nous sommes les meilleurs, nous sommes là pour être l'exemple, pour être le levain dans la pâte, voilà nos responsabilités, voilà vos responsabilités. Dans la Haute-Marne comme ailleurs, nous devons gagner, et ça c'est votre affaire… C'est une affaire d'organisation, c'est une affaire de propagande. Chacun d'entre vous, chacune d'entre vous représente notre Rassemblement vis-à-vis de nos concitoyens ; chacune d'entre vous, chacun d'entre vous doit faire connaître ce que nous sommes, et doit faire connaître ce que nous voulons.

Il faut que nous restions ensemble. Nous avons à passer au-dessus des ambitions personnelles, des disputes. Nous sommes organisés pour cela. Nous avons nos délégations départementales, nos Conseils départementaux. Il y a tout ce qu'il faut pour passer au-dessus des difficultés qui peuvent se produire entre nous.

Organisation, cohésion et propagande, voilà la tâche.

Demain le pays sera consulté, nous l'emporterons.

Après-demain, prenant les leviers de commande, nous entreprendrons la rénovation nationale. Si la France avait dû mourir, elle serait morte déjà, et nous ne sommes pas morts. Nous ne sommes pas plus bêtes ni plus lâches que quiconque, par conséquent nous devons nous tirer d'affaire.

Vive la France !

Au lieutenant de vaisseau de Gaulle, escadrille 50 S, aéronautique navale, à Lanvéoc-Poulmic (Finistère)

30 janvier 1950

Mon cher Philippe,

Sache que je pense très souvent à toi, mon « vieux » garçon, dont je sais que la vocation, l'amour de ton pays, l'espérance dans son avenir, rencontrent actuellement tant de raisons de mélancolie. Mais sache aussi que, sans me faire aucune illusion sur nos tares et nos faiblesses, je suis confiant dans notre avenir. Je t'écris cela au lendemain d'une de mes « tournées » dans les départements, où je vais voir les compagnons du Rassemblement. Vendredi j'étais à Belfort et dans la Haute-Saône, samedi dans la Haute-Marne et dans l'Aube, hier dimanche dans la Côte-d'Or et en Saône-et-Loire. Ce que j'y ai vu est réconfortant. Il y a partout des gens résolus et convaincus et, tant qu'il en est ainsi, on peut compter sur la suite. C'est l'histoire de la France Libre. Quant à toi, tiens le coup ! Les jours sans clarté passeront. Immanquablement tu reverras des occasions d'agir en grand.

Je pense que tu dois être en possession de ta voiture ? Si cela t'arrange, Fontenil[1] ira te la prendre à Sochaux. Quant à nous, – Maman

1. Chauffeur du général de Gaulle.

et moi, – nous serons samedi dans le Pas-de-Calais et dimanche dans le Nord, pour nous retrouver à Colombey lundi prochain 6 février, anniversaire de la mort de la pauvre Anne.

Dis à Henriette de ma part que j'ai beaucoup d'affection pour elle, comme en a aussi Maman. Nous sommes très fiers de notre petit-fils, mais nous ne sommes pas moins fiers de notre belle-fille.

Je t'embrasse, mon cher Philippe. Maman en fait autant. Mille « choses » enfin au petit Charles.

Ton Papa très affectionné

Le 4 février 1950, le président du Conseil Georges Bidault reçoit la démission des ministres socialistes, en désaccord avec sa politique sociale.

Allocution prononcée à la conférence des cadres du RPF, à Saint-Maurice, le 11 février 1950

Mes chers compagnons, je vais vous parler sans apprêt. Mon premier mot est pour vous dire l'impression excellente que je recueille de votre réunion. Je connais un certain nombre d'entre vous. Il suffit que je vous voie pour m'apercevoir, je le savais bien, à quel point nous sommes cohérents, forts ; à quel point nous sommes ce que nous voulons être, c'est-à-dire un rassemblement d'hommes de toutes sortes, de toutes localités, de tous points du territoire, mais vraiment unis dans une ferme volonté, qui est celle du salut public.

À l'heure qu'il est, virtuellement nous avons gagné la partie en ce sens qu'il est trop clair que ce que nous voulons faire est la seule solution nationale. Nous l'avons gagnée virtuellement, mais il s'agit maintenant de la gagner pratiquement, ce qui n'est pas encore fait.

Nous avons, – et là j'insiste, – certains points qui nous distinguent de tous les autres et qui sont notre raison d'être. Nous les cadres, c'est toujours à ces points-là qu'il nous faut revenir, c'est toujours ceux-là que nous devrons mettre en avant dans notre esprit et vis-à-vis des autres. Nous n'épousons aucune catégorie d'intérêt particulier, nous nous plaçons toujours et nous forçons à nous placer sur le plan de l'intérêt général, quelles que soient les sollicitations, les influences locales, ce qu'on croit être par-ci, par-là, des nécessités. Nous ne devons jamais faire aucune concession sur ces points.

Lesquels sont-ils ? D'abord nous considérons que pour rétablir l'unité nationale il est indispensable de sortir du régime social et économique actuel. Nous avons une solution. C'est l'association des hommes au lieu de l'opposition de leurs intérêts. Il n'y en a pas d'autre.

Plus nous préciserons, plus nous creuserons cette énorme réforme sociale et économique, plus nous serons dans notre propre ligne. C'est celle-là que nous voulons réaliser et il n'y a que nous qui pourrons la réaliser.

Le deuxième point essentiel est une certaine attitude, une certaine action de la France dans le monde. Nous avons été très diminués et très humiliés. Nous sommes très ébranlés. C'est vrai. C'est une raison de plus pour que nous nous redressions vis-à-vis des autres. On ne refera pas le redressement intérieur de la France si on ne fait pas en même temps son redressement extérieur. Ce redressement extérieur n'implique pas que nous voulions désobliger nos amis. Mais il implique que nous voulons faire face à nos adversaires et être, non pas des dépendants, mais des alliés de ceux qui sont avec nous. Cette attitude, dis-je, est pour nous absolument essentielle. Il faut toujours en revenir là. Aussi je le répète : ce redressement extérieur de notre pays, il n'y a que nous qui pourrons le faire.

Le troisième point essentiel de notre action est ce que nous affirmons au pays, ce que nous voulons réaliser : c'est la réforme de l'État. Jamais, dans aucun moment de son histoire, on n'a remis la France debout, on ne l'a tirée du danger autrement que par l'État. C'est un fait.

Il n'y a pas à l'heure qu'il est d'État valable, parce que le régime qui s'en est emparé est, sans aucun doute, en contradiction avec les nécessités de l'État, en particulier par les temps qui courent.

Cette réforme de l'État par la réforme du régime, c'est une chose que nous avons proclamée tout de suite, dont j'ai cherché qu'elle me soit à moi-même incorporée, et dont je considère qu'elle est, avec les deux autres points dont j'ai parlé tout à l'heure, l'essentiel de tout ce que nous avons à faire. L'association, la réforme de l'État, le redressement extérieur de la France, voilà ce qui nous caractérise. Je répète que c'est toujours là que nous voulons en venir et que c'est sur ces points-là que nous ne devrons jamais faire aucune concession.

Vous voici les cadres réunis. Ce n'est pas tant pour examiner notre doctrine – évidemment vous aurez à l'examiner aussi – que pour préciser les modalités de notre action. À cet égard-là, il y a trois directives que je donne au fur et à mesure que je vous vois dans les départements et que je répète devant tout le monde. Ces trois directives sont les suivantes : il faut que nous fassions de l'organisation, il faut que nous fassions de la propagande, et il faut que nous assurions notre cohésion. Voilà les trois nécessités pratiques du moment, en ce qui concerne notre Rassemblement. C'est cela que je vous demande d'étudier dans votre conférence et c'est cela qu'il faut que nous précisions bien.

Il faut que nous fassions de l'organisation. Nous nous sommes créés à partir de rien. Nous avons improvisé. C'était forcé. C'était fatal. Nous avons utilisé, c'est vrai, un grand courant national de sympathie, extrêmement puissant, mais ça n'a pas empêché que en ce qui concerne l'organisation de notre affaire, nous avons eu forcément des lacunes et des déceptions.

Il n'en est pas moins vrai que nous avons fait quelque chose. Vous en êtes d'ailleurs tous les témoins et les preuves. Nous avons encore à faire beaucoup.

Les grandes lignes de notre organisation sont tracées. Nous n'avons qu'à nous en tenir là. Nous avons notre Centre national. Vous savez comment il est organisé, avec sa direction, avec son Conseil national, avec ses Assises. Nous avons nos organisations locales et nos organisations professionnelles. Vous savez comme elles sont organisées, avec leurs délégations, avec les Conseils et en particulier les Conseils départementaux et avec les congrès et en particulier les Congrès départementaux, les conférences et congrès professionnels.

Le fait de la compléter implique un effort constant. D'abord, il faut faire travailler ces organismes. Ensuite, il faut que chacun de ceux qui ont une tâche s'emploie à l'accomplir le mieux possible et le plus activement possible. Enfin, il faut que tous ceux qui ont une responsabilité soient constamment préoccupés de trouver des compagnons qui aient toutes les qualités voulues et, en outre, le temps et les moyens d'accomplir la tâche. Il faut qu'il y ait dans tous nos cadres et parmi nous tous un perfectionnement incessant de notre organisation. L'effet que nous produisons ne tient pas seulement aux sentiments que nous pouvons inspirer. Il tient aussi, – et c'est essentiel pour ce que nous avons à faire, – il tient aussi à l'impression que nous donnons au point de vue de nos organismes. Organisons-nous.

Faisons de la propagande. Il n'y a pas comme moyen de propagande, uniquement ce qui est imprimé, uniquement ce qui est dit à la radio. Il y a comme moyens de propagande, – et moi je crois que se sont les plus actifs, – ce que l'on dit partout où l'on est, l'attitude que l'on a, l'exemple que l'on donne dans toutes les localités, dans toutes les activités françaises.

Vous tous nos cadres, compagnons de nos cadres, vous êtes nos représentants partout où vous êtes. Vous avez de ce fait de grands devoirs, de graves responsabilités. Faites de la propagande, constamment, toujours, sans vous lasser. C'est essentiel.

Enfin, gardons notre cohésion. Nous sommes des hommes ; nous avons des tendances diverses. Et puis, nous sommes des Français et par conséquent nous sommes portés naturellement à nous disputer. Il faut absolument que nous passions outre. Nous avons des instances dans notre Rassemblement pour trancher les litiges. Il faut faire jouer ces instances. Il faut maintenir constamment notre cohésion.

Nous avons aussi – et je mets là les points sur les i – nous avons en particulier des élus. Ne nous faisons pas d'illusions. Un certain nombre de ces élus sont des nôtres, un certain nombre ne le sont guère. Cela tient aux conditions dans lesquelles nous nous sommes formés, à l'improvisation, en particulier électorale, que nous avons été obligés de faire. Mais cette période est terminée. Nous devons dorénavant, et en particulier dans les élections futures, – les élections législatives futures qui seront absolument essentielles, décisives, – nous devrons cette fois nous arranger. Nous sommes maintenant assez forts et nous connaissons assez bien notre monde, pour ne présenter au suffrage des électeurs et ne faire élire que des compagnons dont nous soyons sûrs à tous les égards et dont nous soyons certains qu'une fois élus, ils feront, là où ils se trouveront, avec leur mandat public, notre politique et pas une autre.

Il y a la conjoncture actuelle. Jacques Soustelle vous en a parlé, ce n'est pas la peine que je la précise. Tout le monde le comprend. Il y a tout un « truc » qui, actuellement, est à l'œuvre, et qui voudrait faire croire que le RPF est prêt à sauver le régime. Cela est absolument faux. Le RPF n'est pas là pour sauver le régime, il est là pour le remplacer. Ceci exige que le régime disparaisse. Nous n'avons pas d'autre chose à faire dans le moment présent que de le faire disparaître. Il faut convenir, d'ailleurs, qu'il nous aide lui-même beaucoup.

Pratiquement nous voulons conduire le pays – et aujourd'hui plus que jamais – à sa consultation. Nous voulons obtenir d'abord l'union du plus grand nombre possible de Français avec nous et autour de nous. Ensuite, grâce à eux, par les moyens démocratiques prendre les leviers de commande du pays – nous ne le cachons pas – prendre toutes les responsabilités que cela comporte, modifier la Constitution et, grâce à un régime qui nous permettra d'agir, procéder aux grandes réformes dont j'ai parlé tout à l'heure et prendre l'attitude forte que nous devons prendre face aux dangers énormes qui nous menacent à l'extérieur et au-dedans.

Voilà notre politique. Tout ce qu'on raconte d'autre est purement et simplement faux. Je vous le dis et vous pouvez le répéter.

Dans notre Rassemblement, souvenons-nous toujours que nous sommes un rassemblement. Écoutez-moi bien, il y a trois flammes en France, qui toutes les trois ont fait, d'une certaine manière, la nation française et dont il faut que nous les ayons avec nous et parmi nous.

Il y a ce que j'appellerai la flamme sociale. La flamme de ceux qui ne veulent pas de l'injustice sociale, qui veulent faire en sorte que chaque Français ait sa place, sa part en France et que les hommes aient leur dignité. Cette flamme-là est la nôtre.

Il y a la flamme plus proprement chrétienne qui, d'ailleurs, au fond, est de la même source que la première et inversement. La flamme proprement chrétienne, nous sommes un pays chrétien, c'est un fait. Nous le sommes depuis très longtemps. Il se trouve que nous avons été plus ou moins, mais plutôt plus que moins, façonnés par cette source-là. Eh bien, nous n'avons pas besoin de nous méconnaître et cette flamme chrétienne, en ce qu'elle a d'humain, en ce qu'elle a de moral, elle est aussi la nôtre.

Enfin, il y a la flamme de la tradition. Cela est une chose qui existe dans notre pays et qui doit exister. On ne peut pas faire la France en reniant le passé tous les jours. Tout se tient. Nous venons d'un fond du passé et comme disait Jaurès – je n'ai pas peur de le citer – nous allons vers la mer ; nous sommes un fleuve qui va vers la mer, mais en y allant nous prétendons être fidèles à nos sources. La flamme de la tradition est indispensable aussi pour rebâtir un grand pays. La flamme de la tradition, elle est aussi la nôtre.

Voilà en réalité les trois sources d'inspiration que nous voulons avoir avec nous et qu'il faut absolument utiliser simultanément pour rebâtir notre pays dans la conjoncture terrible où il se trouve.

Mes chers compagnons, je suis sûr d'avoir là rencontré votre accord. En ajoutant que tout en ayant parmi nous ces trois sources diverses mais concentrées d'inspiration et d'action, il faut par-dessus toutes les trois que nous ayons une cohésion forte. Nous sommes un peuple en marche. On nous y force. Le siècle nous y force, mais nous sommes en marche vers une mer inconnue, vers un destin que nous ne savons pas. Pour cette marche il faut que le peuple soit ensemble. Il lui faut être conduit. Il lui faut par conséquent être encadré. C'est une nécessité nationale. Mais il faut qu'il soit conduit, il faut qu'il soit encadré d'accord avec lui-même et c'est cette révélation de l'instinct et de la volonté du pays pour se mettre ensemble en vue de son salut qui doit être notre grande œuvre nationale, comme elle le fut pendant la guerre dans la Résistance.

Je tiens à vous dire en terminant à quel point j'ai confiance dans ce que nous ferons et dans ce que nous réussirons. J'ai déjà [dit] assez souvent dans les départements où je passe, et vous savez mieux que personne que je passe dans beaucoup en ce moment – ce dont entre parenthèses j'ai tout lieu de me féliciter et j'espère que les départements ont la même opinion, – mais en tous cas je trouve profondément réconfortants et satisfaisants les voyages qu'il m'est donné d'accomplir parmi vous – dans tous les cas je dis et je répète maintenant que vous êtes là tous : j'ai pleine et entière confiance. Si la France devait périr elle serait déjà morte et elle ne l'est pas. Et ensuite, je n'ai qu'à voir partout où je passe l'aspect, la qualité, la fraternité de tous ceux qui sont avec nous pour être convaincu que nous l'emporterons. Il y a en ce qui nous concerne et en ce que nous sommes quelque chose qu'on ne trouve nulle part ailleurs. Je vous en prends tous à témoin. Il y a une espèce de noblesse, une espèce de désintéressement, une espèce de volonté supérieure de servir, qui est vraiment notre caractéristique et que nous devons soigneusement conserver.

Vos travaux ne sont pas à proprement parler des travaux. Ils seront aussi le fait que vous vous trouvez ensemble et que vous pourrez communiquer les uns avec les autres. Vous passer par conséquent toutes sortes d'impressions, d'indications qui vous seront extrêmement utiles, car une des caractéristiques, un des avantages de votre conférence nationale c'est précisément de vous mettre en rapport les uns avec les autres et de me mettre en rapport avec vous.

Encore une fois : Vive la France ! Vive la République !

Allocution prononcée pour la clôture de la session du Conseil national du RPF à Saint-Mandé le 12 février 1950

Nous avons voulu cette fois-ci faire coïncider la session du Conseil national avec la Conférence nationale de nos cadres et nous voici à peu près réunis, nous autres qui sommes l'essentiel de l'encadrement de notre immense Rassemblement. La coïncidence de ces deux réunions a été, je crois, fort utile, d'autant plus que nous avons pu l'illustrer hier soir par la réunion que l'on sait[1] et qui a témoigné, entre autres choses, de la vigueur très profonde du courant qui nous porte vers l'avenir.

Pour ce qui est de notre Conseil national, il va de soi qu'il est fort difficile, dans des sessions qui durent trois jours, de dire tout à la fois et de faire valoir en même temps les idées avec tous les développements qu'on voudrait leur donner. C'est une chose impossible, c'est pourquoi je vous recommande de faire le travail de discussion pour ainsi dire essentiellement dans les Commissions et je rappelle que ces Commissions existent en permanence d'après nos statuts et que l'on attend toujours le dernier moment pour faire une foule de travaux qui pourraient être faits dans les intersessions. Si bien que, lorsque le Conseil national se réunit, la Commission compétente se trouve déjà en possession de tous les points de vue et peut établir son rapport sans discussions trop prolongées. Il faudrait que dans nos séances plénières, toujours trop peu nombreuses, on s'arrange de manière à exposer à tous ceux qui ne font pas partie de la Commission intéressée, – au fur et à mesure que les rapports sortent, – quels sont les points sur lesquels on a discuté, les idées qui se sont fait valoir, à quelles conclusions on est arrivé. Quant au texte même des motions des rapports, je crois que leur distribution en général suffit et que leur lecture pourrait être évitée dans les séances plénières. Voilà ce que je recommande pour les prochaines fois.

---

1. Au Vélodrome d'Hiver, voir *Discours et messages,* t. II, p. 336 à 343.

Nous avons pu constater dans l'ensemble de notre Conseil national et la Conférence des cadres à quel point notre organisation s'améliore. C'est une chose que je salue personnellement avec beaucoup de satisfaction, car c'est capital. La conjoncture est telle, qu'en réalité nous avons virtuellement gagné la partie. Je le dis comme je le pense. Vous allez voir que les événements étant ce qu'ils sont et la dislocation étant ce qu'elle est, les grandes responsabilités nationales arrivent sur nous, en ce moment, très vite. Nous devons tous en avoir conscience. C'est pourquoi le fait que nous avons pu réaliser en si peu de temps – un peu plus de deux ans – une organisation déjà solide, est un fait réconfortant et qui sera utile pour l'avenir. Je salue donc les progrès que notre organisation a faits, en particulier quant à la qualité des hommes qui sont nos responsables un peu partout et quant à l'accroissement de leur autorité, de leur crédit et de leur cohésion.

J'ai parlé de la conjoncture. Eh bien ! parlons-en un peu. La conjoncture actuelle est inutilisable. On ne peut l'utiliser au point de vue national. D'abord elle est bâtie sur un régime – c'est trop évident, – qui ne permet pas de gouverner et qui ne permettrait à personne de gouverner, pas même à moi, et en second lieu elle est inutilisable parce qu'elle ne correspond plus à grand-chose, au point de vue électoral notamment. Il est incroyable qu'on arrive à confier le gouvernement de ce pays à une combinaison dont les membres représentent en fait à l'heure qu'il est peut-être un million et demi d'électeurs français, c'est-à-dire 1/15e du corps électoral. Ce n'est plus un gouvernement de minorité, c'est une pure fiction. La conjoncture actuelle est inutilisable et nous ne l'utiliserons pas. Nous n'y entrerons d'aucune façon. Voilà ce qui doit être entendu. Laissons la presse, plus ou moins effrayée par les responsabilités qu'elle a prises lorsqu'elle a fait voter ce régime et l'a soutenu, dire ce qu'elle voudra, mais sachons que nous n'entrerons pas dans une combinaison quelconque dans la conjoncture actuelle.

Il faut des élections générales. Du reste nous les aurons. Un peu plus tôt, un peu plus tard, on y va, c'est absolument certain. Ces élections générales, il faut que nous les préparions et les gagnions – et ceci est une affaire d'organisation, comme je le disais tout à l'heure, et c'est une affaire de propagande incessante. Nous devons faire de la propagande ; nos réunions doivent reprendre. Je tâche, pour ma part, de faire mon possible dans cet ordre d'idées. Il faut que nous parlions partout et que partout le pays soit par nous alerté, éclairé et encadré, comme je le disais hier aux Parisiens. Préparons nos élections et nous les gagnerons sans aucun doute. Des indépendants, dont on ne sait s'ils sont indépendants contre ou pour la « 3e force », s'ils sont dans la majorité ou s'ils n'en sont pas, doivent se mettre d'accord avec leurs arrière-pensées. Il faut que les choses se précisent et que le pays sache que les candidats qui lui sont présentés sont réellement choisis. En ce qui nous concerne, nous présenterons aux prochaines élections des membres et des compagnons fidèles du Rassemblement du peuple français et pas d'autres.

Je sais bien que certains, dans la conjoncture expirante, pourraient faire miroiter de soi-disant révisions de la Constitution ou peut-être une réforme électorale. Parlons de ces points. Il n'y aura pas de réforme de Constitution pour deux raisons. La première est qu'elle[1] est indigne de faire une réforme de Constitution, d'ajouter des institutions à celles qui ont été commises. En second lieu, elle ne le peut parce qu'elle n'aura par elle-même aucune espèce d'armes, aucune espèce de cohésion, qui sont nécessaires pour donner des institutions à la France. Par conséquent, toutes les révisions qu'elle prétendrait réaliser ne seraient en réalité qu'une fiction et des faux-semblants et cela ne nous intéresse pas. Pour ce qui est de la réforme électorale, je me suis déjà expliqué sur les raisons pour lesquelles j'avais donné au pays, d'accord avec le Gouvernement provisoire, le système électoral en vigueur. Je m'en suis expliqué et n'y reviendrai pas. Si j'avais fait autrement, si j'avais établi en 1945 le système majoritaire, nous aurions eu une Assemblée qui aurait été conduite de bout en bout par les communistes et nous n'en serions jamais sortis. Actuellement, je le reconnais, la situation est assez différente. Nous sommes au contraire partisans d'une réforme électorale majoritaire, qui facilite la création d'une majorité au Parlement. Nous sommes d'accord. Mais là encore nous ne voulons pas d'escroquerie et nous avons toutes les raisons de redouter que dans l'Assemblée nationale actuelle, ce qu'on appellerait une réforme électorale serait en réalité une escroquerie, je le répète, destinée à faire que la majorité des parlementaires soit la minorité du pays. Si cette escroquerie était commise, nous la dénoncerions au pays tout entier et nous n'y participerions pas.

On parle d'union lorsqu'on se trouve au bord de l'abîme. Nous la voulons, l'union, c'est pourquoi nous avons créé le Rassemblement, mais pas celle des politiciens, mais l'union dans le pays c'est nous qui voulons la faire, c'est autour de nous qu'elle doit se faire et pas autrement. Que ceux qui veulent marcher avec nous dans la consultation du pays le disent et nous verrons à qui nous avons affaire et qui nous pouvons prendre avec nous à condition, je le répète, qu'ils soient nos compagnons et qu'ils soient fidèles. Quant à la suite, nous ne fermons pas les portes, je ne donne pas d'avance, pour plus tard, des exclusives. Nous ne mettons pas des écriteaux dans le dos de personne, nous verrons. Pour l'instant : consultation nationale, union dans le pays avec nous, par nous, autour de nous et ensuite nous réformerons les institutions et nous gouvernerons

1. Il s'agit probablement de la « Troisième force », dominante au sein de l'Assemblée nationale.

dans une atmosphère toute différente. Je suis convaincu que nous allons gagner la partie.

Je n'ai rien à ajouter à ce que j'ai dit tout à l'heure au sujet des questions que je traite, je me bornerai à saluer une fois de plus la ville de Saint-Mandé, sa municipalité et son maire qui nous ont offert leur hôtel de ville et leur concours à tous égards. Nous allons aller d'ailleurs rendre hommage à cette grande cité en déposant une couronne à son monument aux morts.

Mes chers compagnons, je dois vous dire à quel point aussi ma confiance s'accroît et prend force au fur et à mesure que le temps passe et que notre Rassemblement devient non pas un sentiment mais une organisation inébranlable et de plus en plus solide. Les voyages que je fais à travers les départements me paraissent extrêmement réconfortants. On s'aperçoit que partout le courant nous porte, que partout le peuple dans ses profondeurs discerne les réalités de son salut et qu'enfin tout le monde comprend que nous avons cette dignité supérieure d'être ceux qui peuvent et les seuls qui puissent assurer le salut du pays.

Vive la France !

Vive la République !

Au docteur Meunier[1]

4 mars 1950

Mon cher président,

Votre lettre du 3 mars m'est bien parvenue et a retenu toute mon attention.

S'il n'est pas possible que les maires de Paris, de par leur statut qui les fait nommer par le Gouvernement, soient de droit membres des Conseils de secteurs ou du Conseil départemental[2], je ne vois qu'avantages à ce qu'ils y soient associés comme invités de droit. Ainsi pourraient-ils participer aux délibérations des Conseils dans des conditions compatibles avec leurs fonctions et permettant d'utiliser au mieux leur compétence en matière municipale. J'invite dès aujourd'hui le secrétaire général du Rassemblement et le délégué pour la région parisienne à prendre les mesures nécessaires.

Croyez, mon cher président, à mes sentiments très cordiaux.

1. Président du groupe des maires et maires-adjoints RPF de Paris.

2. Les conseillers municipaux de Paris, élus, sont membres de droit de ces conseils du RPF.

Note pour Jacques Soustelle et Christian Fouchet

4 mars 1950

Il importe d'associer les maires de Paris aux délibérations des Conseils de secteurs et du Conseil départemental de la Seine, sans leur donner la qualité de membre de droit qu'exclut leur statut.

Je vous demande donc de prendre les dispositions nécessaires pour que les maires de Paris soient considérés comme « invités » de droit aux délibérations de ces Conseils, et que soient fixées les conditions du concours qu'ils peuvent y apporter.

Au professeur Escarra

8 mars 1950

Mon cher professeur,

M. Vallon détient le texte adopté par le Conseil de direction[1].

Le Conseil est, d'autre part, d'accord sur ce que vous proposez au point de vue du « polissage ».

Veuillez donc vous y mettre sans délai. Si vos changements sont importants, M. Vallon m'en préviendra. Sinon, le texte que vous aurez arrêté sera publié aussitôt par ses soins.

Veuillez croire, mon cher professeur, à mes sentiments d'amical dévouement.

Note pour René Fillon et le capitaine Guy

Paris, 9 mars 1950

La présente note a pour but de confirmer la teneur des précisions que j'adresse à l'UPANG[2] au titre de son concours pour le mois de mars 1950, et dont je me suis entretenu avec la délégation du bureau de l'Union.

1. Subvention destinée aux deux hebdomadaires *le Rassemblement* et *le Rassemblement ouvrier* à porter ce *mois-ci* à un million.

2. Une subvention de 300 000 F à verser, ce *mois-ci* pour permettre le démarrage de la revue *Liberté de l'Esprit*[3].

---

1. Il s'agit de l'avant-projet de loi-cadre relatif aux contrats d'association capital-travail.

2. Union privée pour l'aide à l'action nationale du général de Gaulle (association selon la loi de 1901).

3. Revue mensuelle de réflexion du RPF, fondée à l'initiative d'André Malraux en février 1949. Animée par Claude Mauriac, elle paraîtra jusqu'en juin 1953.

3. *Ce mois-ci* également une somme de 350 000 F à verser à la propagande, afin de permettre l'impression de divers tracts ou papillons, notamment d'un tract destiné aux milieux agricoles.

4. Une somme de 40 000 F à prévoir pour couvrir les frais de ma prochaine conférence de presse[1].

5. Enfin, et d'une façon permanente, un crédit de 150 000 F à inscrire au budget des dépenses de l'UPANG, et destiné à couvrir certains frais afférents aux moyens immédiats de mon action personnelle.

L'ensemble de ces sommes représente une contribution de 1 840 000 F.

Les fonds destinés aux journaux et à la propagande sont à remettre, sous sa responsabilité, au trésorier du Rassemblement. Les autres subventions sont à verser à mon chef de cabinet qui en disposera, sous sa responsabilité, mais en accord avec le trésorier du Rassemblement pour ce qui concerne *Liberté de l'Esprit* et l'organisation de ma conférence de presse.

Les États-Unis ont posé comme conditions à l'aide militaire aux pays signataires du Pacte atlantique (4 avril 1949) un plan de défense commune et des accords bilatéraux d'aide mutuelle. Ceux-ci font l'objet de conventions signées à Washington le 27 janvier 1950.
Le débat à l'Assemblée nationale sur les accords bilatéraux d'aide mutuelle entre la France et les États-Unis s'ouvre le 14 mars 1950.

Note[2]

9 mars 1950

1. Nous acceptons que soit ratifié par le Parlement l'accord bilatéral pour « l'aide mutuelle », tout en observant que l'aide pratique qui nous est donnée cette année est presque dérisoire par rapport à nos besoins, et en faisant toutes réserves sur un accord qui ferait du président Truman le juge, l'arbitre de notre valeur quant à la défense atlantique et cela moyennant une aide pratique presque dérisoire et sans obligations chiffrées de sa part.

2. En tous cas, l'accord vaudra pour nous dans l'avenir suivant ce que vaudra notre propre politique, c'est-à-dire notre régime.

Il va de soi que le Rassemblement estime que le régime ne vaut rien et que s'il persiste l'accord d'aide mutuelle ne vaudra rien pour la France.

1. Au Palais d'Orsay à Paris, le 16 mars 1950. Voir *Discours et Messages*, p. 344 à 358.
2. Pour l'intervention de Jacques Vendroux à l'Assemblée nationale.

Si donc, le « gouvernement » pose là-dessus la question de confiance, alors nos compagnons parlementaires doivent s'abstenir.

3. Bref, nous sommes pour une politique (celle de l'aide mutuelle) mais à condition qu'elle ne se confonde pas avec le « gouvernement » qui est incapable de la suivre dans l'indépendance et dans l'efficacité.

À Paul Claudel

31 mars 1950

Mon cher maître,

Votre aimable lettre m'a beaucoup touché et honoré. La voie qui peut mener à une entente avec l'Allemagne est, je le crois, la seule bonne. Votre approbation m'est infiniment précieuse.

Pour que le but puisse être atteint il faut, à mon avis, deux conditions. La première est que les Allemands choisissent d'être occidentaux. La seconde est que la France soit debout avec un État digne de ce nom.

Je vous prie d'agréer, mon cher maître, les assurances de ma considération la plus haute et la plus dévouée.

À Joseph Kessel

9 avril 1950

Mon cher compagnon des graves années, laissez-moi vous dire quel intérêt et quel plaisir j'ai trouvés à lire *le Tour du malheur* (*la Fontaine Médicis* et *l'Affaire Bernan*). C'est bien vivement que je vous remercie de me les avoir envoyés et dédicacés. Vous revoilà, avec votre puissant et magnifique talent !

Veuillez croire, cher monsieur, à mes sentiments de bien sincère et amicale sympathie et à mes fidèles souvenirs.

À Gabriel Gadot[1]

9 avril 1950

Mon cher président,

Je me serais certainement et très volontiers rendu à la réunion des APG du canton de Juzennecourt le 23 avril si j'avais pu disposer de cette journée. Mais il se trouve que je me suis engagé à être à Clermont-Ferrand ce dimanche-là.

Soyez sûr que je regretterai de ne pas me trouver au milieu de mes camarades qui furent prisonniers dans cette guerre, comme je le fus dans

1. Président de l'association locale des Anciens prisonniers de guerre, Colombey-les-Deux-Églises.

la précédente. Dites-le-leur de ma part en ajoutant que ma pensée s'élèvera avec la leur vers la France le 23 avril.

Croyez, mon cher président, à mes bien cordiaux sentiments.

Le 11 avril 1950, dans un article intitulé « La justice et l'opprobe » publié par l'hebdomadaire *Carrefour*, le colonel Rémy, faisant état de propos que le général de Gaulle lui aurait tenus, développe la thèse de l'épée et du bouclier selon laquelle : « la France de juin 1940 avait à la fois besoin du maréchal Pétain et du général de Gaulle ».
Dès le lendemain, le général de Gaulle fait savoir, par un communiqué, qu'il ne peut admettre ce raisonnement.

Au colonel Rémy

13 avril 1950

Mon cher ami,

Pour moi, il y a trois choses dans cette affaire.

La première, c'est mon amitié, mon estime, mon affection, pour Gilbert Renault[1], pour Rémy. Ça c'est inaltérable. Il n'y a pas de question.

La seconde, c'est la position de fond que vous avez prise publiquement en ce qui concerne Vichy par rapport à la France Libre et réciproquement. Cette position n'est pas la mienne. Nous en parlerons un jour à loisir.

La troisième chose, c'est la façon dont vous avez procédé. Étant donné votre qualité de membre de notre Conseil de direction, étant donné surtout nos confiantes relations, vous n'auriez pas dû publier un pareil article sur un pareil sujet sans m'en avoir parlé auparavant.

Ceci dit, laissons l'eau passer sous les ponts. Veuillez présenter à Mme Gilbert Renault mes très respectueux hommages et les meilleurs souvenirs de ma femme. Pour vous, ma fidèle amitié[2].

Note

20 avril 1950

Pour le mois de mai, je demande à l'UPANG, indépendamment de sa contribution pour le 1er mai :

1. un million pour les deux journaux (Bozel),

2. un million pour le remboursement de certaines avances concernant affichages, brochures, imprimerie, etc.

---

1. Nom véritable du colonel Rémy.
2. Le même jour, le colonel Rémy écrit au général de Gaulle et lui présente sa démission du Conseil de direction du RPF.

3. 100 000 F pour *Liberté de l'Esprit*,

4. 150 000 F pour le Cabinet.

Enfin, voir avec M. A. Malraux la question du tract agricole. 100 000 F ont déjà été alloués par l'UPANG. Y-a-t-il un supplément ? Il faut que le tract sorte.

Liaisons à perfectionner entre le Comité [Directeur] de l'UPANG et le trésorier du Rassemblement notamment au point de vue des justifications des dépenses.

Au général Noetinger

26 avril 1950

Mon cher ami,

C'est du plus profond de mon cœur que je vous adresse l'expression de mes sentiments en apprenant l'immense chagrin qui vous frappe. Mon ami, je suis auprès de vous dans cette épreuve, la plus grande qui puisse être. Et ma femme se joint à moi pour vous le dire ainsi qu'à Mme Noetinger.

Votre cher et glorieux fils est maintenant du côté de la divine lumière. Il laisse ici-bas des actes, une œuvre, un exemple, tout cela noble et pur. Je l'en remercie pour ma part et je vous en remercie vous-même.

Veuillez mettre aux pieds de Mme Noetinger mes hommages les plus respectueux et les plus attristés. Et vous, mon cher ami, je vous embrasse de tout mon cœur.

Au lieutenant de vaisseau de Gaulle, escadrille 50 S, aéronautique navale, à Lanvéoc-Poulmic (Finistère)

30 avril 1950

Mon cher Philippe,

Je t'envoie tous mes vœux pour ta fête. Sache que mon affection te suit sans cesse dans ta vie et dans ta carrière. Sache aussi que je suis certain qu'il y a sur toi la même marque du destin qui me fut à moi-même imprimée.

N'oublie pas, ainsi qu'Henriette, que ta Maman et moi, nous trouvant loin de vous, désirons vivement recevoir le plus de nouvelles possible de vous deux et du petit Charles. À plus forte raison vos séjours près de nous nous font le plus grand plaisir.

Au revoir, mon cher Philippe.

Toutes les meilleures affections de Maman et de moi-même pour toi, pour Henriette, pour votre bébé.

Je t'embrasse.

Ton Papa

À Jacques Raphaël-Leygues

s.d. *[mai 1950]*

Mon cher Raphaël-Leygues,

Il est bien vrai que j'ai été vivement ému par la mort de l'amiral Battet. Il était un chef et un marin d'une exceptionnelle valeur. J'ai pu l'apprécier moi-même pendant la dernière guerre, notamment lors des opérations décisives en Méditerranée en 1943 et 1944. J'ai su quelles qualités tout à fait éminentes il a déployées ensuite dans son commandement des forces navales en Extrême-Orient. J'ai connu les espérances que notre marine portait vers lui quand il prit la charge des Écoles et qu'en pensant à lui on pensait à l'avenir.

Le drame de notre pays et de nos armées a, je le sais, profondément éprouvé l'amiral Battet. Il l'a subi et traversé avec dignité et noblesse. Pour un Français qui n'a jamais voulu servir que l'honneur des armes de la France, c'est là en définitive le meilleur témoignage qui puisse lui être rendu.

J'espère pouvoir trouver l'occasion d'aller quelque jour, sans aucune cérémonie d'aucune sorte, m'incliner et prier sur sa tombe.

Veuillez, mon cher Raphaël-Leygues, exprimer encore une fois à la famille de l'amiral Battet et aux officiers qui l'ont entouré, ma très sincère sympathie. Soyez vous-même assuré de mes sentiments bien cordialement dévoués.

Au général[1] Chaban-Delmas

Paris, 3 mai 1950

Mon cher ami,

Guy m'a dit le premier et notable effort que vous aviez accompli, en qualité de sociétaire de l'Union[2], en répandant la bonne parole auprès de nos amis bordelais.

Je suis convaincu que sur place, pour beaucoup de raisons qui tiennent à votre personne, quant au passé, au présent, à l'avenir, c'est à vous qu'il appartient dans la Gironde de « faire votre affaire » du succès de notre entreprise.

Je tenais à vous l'écrire dès aujourd'hui, en ajoutant que, précisément parce que la tâche est méritoire, j'ai toute confiance dans ce que réalisera votre insistance personnelle auprès de ceux qui peuvent et doivent faire leur devoir.

Croyez, mon cher ami, à mes sentiments cordialement dévoués.

---

1. Jacques Chaban-Delmas était en 1944 général de brigade dans les Forces françaises de l'intérieur.
2. L'UPANG.

À M. de la Bardonnie

4 mai 1950

Mon cher ami,

Combien je suis heureux de vous féliciter des doubles fiançailles que vous m'annoncez chez vous et au sujet desquelles ma femme joint ses bien vifs compliments aux miens pour Mme de La Bardonnie et pour vous-même !

L'affaire de ce pauvre Rémy me fait certainement de la peine. Au fond, c'est surtout de l'étonnement que j'en éprouve. Il me paraît presque incroyable que quelqu'un comme lui et qui fut aussi près de moi puisse mettre sur le même plan ce que *nous* avons fait, c'est-à-dire au total la guerre, et ce que *Vichy* a fait, c'est-à-dire au total la capitulation. Il est vrai que si nous étions dans une époque de bon sens et de sang-froid, ce qui est arrivé depuis des années et des années ne se serait pas produit.

Quoi qu'il en soit, je suis, quant à moi, décidé à rester sur ma route. L'indulgence et la clémence, – dont je suis partisan, – n'ont rien à voir avec la question de principe qui ne changera jamais.

Voulez-vous, mon cher ami, présenter à Mme de La Bardonnie mes très respectueux hommages, auxquels ma femme joint tous ses meilleurs souvenirs. Nous espérons bien vivement que Mme de La Bardonnie se remettra vite de son accident si pénible.

Pour vous, mon cher ami, mon fidèle dévouement.

Au colonel Fleuret[1]

10 mai 1950

Mon cher Fleuret,

Je croyais qu'on savait ce que j'ai fait et dit quant à Vichy depuis le 18 juin 1940. Je croyais que cela suffisait à démentir un million de fois l'infamie des « deux cordes ».

Je regrette de constater l'espèce de doute que paraît marquer à ce sujet votre lettre du 2 mai[2] et que, de votre part, je trouve inexplicable.

Veuillez croire, mon cher Fleuret, à mes sentiments fidèlement dévoués.

1. Sous-chef de pilotage, au Verdon-sur-Mer (Gironde).
2. Le colonel Fleuret s'inquiète de ce que le général de Gaulle n'a pas apporté de démenti aux propos que lui attribuait l'article du colonel Rémy.

À Louis Terrenoire[1]

10 mai 1950

Mon cher ami,

Comme je vous l'ai dit, notre Conseil de direction et moi-même vous demandons de vous rendre dans le Bas-Rhin. Il s'agit d'y étudier d'une manière aussi approfondie que possible la situation d'ensemble du département au point de vue national, ce qui revient à l'étudier au point de vue de notre Rassemblement. Il s'agit également de voir sur place avec nos délégués et nos compagnons ce qu'il convient de faire pour donner à notre organisation la valeur, le poids et l'étendue qu'exigent les événements et les prochaines épreuves. Il s'agit notamment de rechercher quels hommes de qualité pourraient et devraient venir compléter nos instances et notre action. Il s'agit enfin de prendre contact avec toutes notabilités et autorités non administratives du département, en particulier avec les autorités religieuses, pour les informer mieux qu'elles ne le sont de nos buts et de nos efforts.

C'est vous dire quelle très grande importance j'attache – ainsi que notre Conseil de direction – à la mission de longue haleine qui vous est confiée et que je vous remercie d'accepter.

Veuillez croire, mon cher ami, à mes sentiments bien cordialement dévoués.

Allocution improvisée à l'issue de la deuxième assemblée des sociétaires de l'UPANG, le 10 mai 1950

Madame la présidente, mesdames, messieurs,

Mon premier mot est pour vous dire le plaisir que j'ai à me trouver au milieu de vous, en même temps que... mon intimidation, car j'arrive à l'improviste, au moment où se termine votre deuxième assemblée.

C'est une occasion que je n'ai pas voulu manquer : celle de serrer la main de tous, dont j'ai d'ailleurs, l'honneur de connaître le plus grand nombre.

Mais aussi, puisque nous voilà réunis, je vous dirai franchement, bien que brièvement, quelle importance extrême nous devons attacher à ce que vous avez entrepris. Aussi bien que celui qui vous parle, vous mesurez quelle est la portée de cette action. Elle nous dépasse tous ; elle me dépasse moi-même.

1. Député RPF de l'Orne, membre du Conseil de direction du RPF.

Nous sommes engagés dans une partie nationale et internationale, où, qu'on le veuille ou non, nous jouons un rôle essentiel. Il faut prendre nos responsabilités telles qu'elles sont, faire notre devoir tel qu'il se présente et dans tous les domaines.

Nous avons présent à l'esprit le but pratique que vous vous proposez à vous-mêmes ; je précise que nous en sommes convenus ensemble et qu'il coïncide exactement avec le mien.

En fait, vous avez déjà, par votre effort, par votre action, par tout ce que vous avez apporté à votre œuvre, atteint des résultats dont nous avons, les uns et les autres, mesuré le retentissement. J'en prendrai pour exemple ce que nous avons pu faire récemment au Vélodrome d'Hiver et, pas plus tard que la semaine dernière, à Bagatelle[1], où toutes les charges furent assumées par vous. Pour d'autres tâches de tel ou tel ordre, c'est également à vous qu'on doit d'avoir pu les accomplir. Je profite de cette occasion pour vous en remercier.

Notre action, votre action, doit se développer. Nous avons énormément à faire. Nous allons avoir, notamment, beaucoup de choses à réaliser d'ici à la fin de cette année.

Nous sommes dans une situation évidemment compliquée par le fait de tous les obstacles et de toutes les hostilités, publiques ou sourdes, que nous rencontrons. Ceci est vrai, en particulier, sous le rapport des moyens que nous avons de répandre notre propre pensée et de déployer notre propre action. Il est certain que la presse nous est, dans sa majeure partie, sinon opposée, tout au moins indifférente. Il est certain que la radio joue un jeu qui n'est pas le nôtre. Il est certain que la situation internationale est telle qu'à l'étranger, même ceux qui se croient naturellement assez bien disposés à l'égard de la France, le sont, en général, médiocrement à notre égard, parce que la France que nous fûmes, que nous sommes et que nous serons, ne fut, n'est, ne sera pas toujours commode aux autres.

C'est pourquoi nous sommes obligés de pourvoir, par nos propres moyens, à la diffusion et au rayonnement de ce que nous voulons et de ce que nous faisons. C'est à cet égard-là, surtout, que je vous demande votre appui et votre aide. Vous me l'avez déjà fourni dans une certaine mesure et je vous demande de l'étendre demain.

D'ici à la fin de l'année, nous avons toute une situation de presse à améliorer et même à transformer. Peut-être, lors de votre prochaine assemblée – si ce que vous aurez pu réaliser d'ici là le justifie –, aurai-je l'honneur de venir vous exposer quels sont, dans ce domaine, les buts à atteindre. Je vous entretiendrai, aussi, par la même occasion de l'aide que vous pouvez apporter en ce qui concerne ces publications saisissantes que sont les affichages. Vous connaissez, en effet, l'importance que revêtent

1. Manifestation organisée par le RPF pour la fête du Travail (1er Mai).

les affichages, non seulement par l'impression momentanée qu'ils produisent, mais aussi par celle qu'ils laissent dans les esprits. Enfin, je vous préciserai, en même temps, quel concours vous pouvez fournir à l'organisation de diverses manifestations publiques, du genre de celles que nous avons récemment effectuées et dont vous avez vous-mêmes mesuré le retentissement.

Tout cela, mesdames, messieurs, c'est à vous que je le demande. De vous, j'attends, en toute confiance, un vigoureux développement de votre effort.

Je sais que vous êtes déjà plusieurs centaines de Sociétaires. Je souhaite ardemment et je considère comme normal, qu'avant peu de mois votre assemblée compte mille membres. Cela implique de la part de chacun des Sociétaires qu'il trouve parmi ses amis et ses relations des Sociétaires nouveaux. Je pense que vous vous êtes mis d'accord les uns et les autres sur ce point. Voilà la tâche essentielle qui est attendue individuellement de chacune et de chacun d'entre vous, parallèlement à l'œuvre collective de votre Union.

Voyez-vous, nous rencontrons, pour faire obstacle à notre tâche nationale, deux sortes d'adversaires.

D'une part, les ennemis de l'État, de la Nation, du Monde libre. Je n'ai pas besoin de les nommer. On ne les connaît que trop !

Mais il est un autre adversaire : la veulerie. Oui, la veulerie qui enlace un univers et une France évidemment fatigués. La veulerie qui, au fur et à mesure des événements, prend des noms divers, mais procède toujours des mêmes causes. Pour la vaincre, il n'y a que nous ! Tout le reste ne s'y essaiera même pas, car tout le reste en vit, s'en nourrit, s'en fait même une espèce de doctrine.

Pour triompher de ces deux oppositions-là, nous avons besoin, – j'ai besoin, – des moyens que vous mettez à ma disposition. J'ajoute que, vous connaissant et vous voyant, j'ai plus que jamais confiance en votre appui. C'est pourquoi, en vous remerciant de ce que vous m'avez apporté déjà, j'attends – je ne vous le cache pas – que les concours que vous m'apporterez, demain, s'étendent et s'accroissent à la mesure de nos devoirs.

À François Mauriac

15 mai 1950

Mon cher maître,

Merci beaucoup de m'avoir envoyé et dédicacé votre *Journal*. En relisant ces beaux articles on voit avec quelle saisissante rapidité les attitudes, – sinon les sentiments – se succèdent et se précipitent pendant l'entracte d'un drame à l'autre.

Voici pour moi, mon cher maître, une occasion de vous assurer de ma plus haute considération et de ma constante admiration.

À Christian Fouchet

16 mai 1950

Mon cher Fouchet,

Vous savez quelles difficultés rencontre notre propagande dans l'état actuel de la presse et de la radio. Cela nous impose d'assurer à notre hebdomadaire *le Rassemblement* une beaucoup plus large diffusion et, avant tout, un beaucoup plus grand nombre d'abonnements. Par là même, d'ailleurs, il nous serait possible d'améliorer sa qualité.

Or, je constate que dans les différents secteurs où vous assurez notre délégation, les abonnés au *Rassemblement* ne sont :

pour Paris, qu'au nombre de 706 ;

pour la Seine, qu'au nombre de 297 ;

pour la Seine-et-Oise, qu'au nombre de 430 ;

pour la Seine-et-Marne, qu'au nombre de 68.

C'est là un résultat hors de toute proportion avec ce qui est indispensable et aussi, d'ailleurs, avec la force réelle de notre mouvement dans la région parisienne.

C'est pourquoi je vous invite, mon cher Fouchet, à entreprendre immédiatement l'effort nécessaire pour recruter de nouveaux abonnés. Je compte qu'avant le 1er août vous aurez obtenu qu'il y ait :

pour Paris, au moins 3 000 abonnements au *Rassemblement* ;

pour la Seine, au moins 1 000 abonnements au *Rassemblement* ;

pour la Seine-et-Oise, au moins 1 000 abonnements au *Rassemblement* ;

pour la Seine-et-Marne, au moins 200 abonnements au *Rassemblement*.

J'attends à cette date une lettre de vous me précisant les résultats que vous aurez atteints.

Croyez, mon cher Fouchet, à mes sentiments très cordiaux.

Apostille[1]

M. Pompidou,

Il est tout de même fâcheux que de telles équivoques soient entretenues par nous-mêmes.

Comment est-il possible que Bruneau ait pu avoir même l'idée que j'irais à la mairie, si le maire est pour Pleven ?

1. Sur une lettre du 23 mai 1950 : le responsable du bureau du RPF pour l'arrondissement de Dinan, G. Bray, s'étonne que le général de Gaulle renonce à y être reçu par le maire M. Aubert. Cela contredit les directives écrites qu'il a reçues de M. Bruneau.

Apostille[1]

M. Pompidou,

Je veux bien voir M. Duveau mais pas avant qu'il se soit décidé à nous rallier. Sans quoi il restera là où il est mais se promènera partout en disant que je l'ai reçu, ce qui créera une équivoque.

Note

Paris, 24 mai 1950

Objet : conférence des maires français et allemands.

1. Le principe de contacts personnels entre maires français et allemands n'est pas mauvais. Toute la question est de savoir par qui ces contacts sont organisés ? pour quoi faire ? et ce qu'on en dit ?

2. Les organisateurs suisses poursuivent évidemment un but non technique mais politique (contribuer à un rapprochement franco-allemand) et cela probablement dans un but plus ou moins commercial sur le plan européen. Il faut donc faire très attention.

3. Les éléments municipaux de la 3e force qui se sont mis dans le circuit ne sont pas les plus dignes de confiance… Il est surprenant qu'aucun maire belge, hollandais, etc., ne soit venu. Raison de plus pour rester réservés.

4. Nous pouvons accepter d'assister à la réunion de Stuttgart. Mais il nous faut :

a. bien spécifier qu'il ne s'agit que de contacts et que nous n'approuverions pas que les maires des deux pays prennent des positions politiques, à plus forte raison des positions politiques communes ;

b. nous tenir de toute manière sur la réserve ;

c. concerter avant la réunion l'attitude de nos maires du Rassemblement. M. Chatenay et M. Bertaud étant présents et actifs dans cette préparation.

Au commandant d'Armau de Pouydraguin, à Paris

25 mai 1950

Mon cher ami,

Tu penses bien que je m'associe de tout mon cœur à l'idée de restaurer le monument aux morts de notre Saint-Cyr. Je t'envoie ci-joint une

---

1. Sur une note de Jacques Foccart du 24 mai 1950, qui suggère au général de Gaulle de recevoir Roger Duveau, député MRP de Madagascar.

contribution – extrêmement modeste, – à cette œuvre d'intérêt vraiment national, dont tu t'occupes directement et si généreusement.

Quant à la « cérémonie » d'inauguration, il va de soi que je n'y serai pas présent étant donné les conditions dans lesquelles elle est organisée. Mais cela n'a rien à voir avec mes sentiments, – pas plus d'ailleurs qu'avec l'Histoire.

Veuille croire, mon cher Pouydraguin, à ma fidèle et dévouée amitié.

Au cardinal Tisserant

26 mai 1950

Éminence,

Bien que, dans la situation actuelle, je ne reçoive, à dessein, que très peu de visites venues de l'extérieur, je viens de voir Mgr Kairouz qui m'apportait une lettre de Sa Béatitude Mgr [Arida].

Mgr Kairouz m'a exposé, de la part de Sa Béatitude, la situation, difficile à certains égards, où se trouvent actuellement l'Église maronite et, d'abord, son vénéré patriarche. Il a ajouté qu'il se rendait à Rome et que, sans doute, il pourrait y voir Votre Éminence à ce sujet.

Ayant entendu ce que voulait bien me rapporter Mgr Kairouz, je lui ai dit que, dans l'état des affaires en Orient, je souhaitais vivement, en tant que Français, catholique et ami du Liban, que l'Église maronite pût se trouver, à l'intérieur d'elle-même et vis-à-vis du dehors, aussi à son aise que possible. Votre Éminence connaît, mieux que personne, mes sentiments à cet égard. Je me permets de les lui redire bien simplement par la présente lettre que je remets à Mgr Kairouz.

Voici pour moi, une bonne occasion de prier Votre Éminence d'agréer mes souvenirs respectueux et fidèlement dévoués.

Message aux Français libres

18 juin 1950

Il y a dix ans, la Patrie nous appelait au secours. Alors, nous avons pris ensemble la route du combat et du sacrifice. Les meilleurs des nôtres y sont tombés. Mais nous avons, à la fin, remporté la Victoire de la France. Soyons tranquilles ! L'Histoire, – elle, – ne nous en voudra pas d'y avoir réussi.

Maintenant, il nous reste à parcourir l'autre étape, celle du redressement du pays, faute de quoi rien ne vaudrait rien dans notre monde menaçant. Cette fois encore, en avant ! tous ensemble, malgré les passions contraires et les obstacles dressés.

Français Libres, mes bons Compagnons, en ce dixième anniversaire du départ pour la grande entreprise, c'est de toute mon affectueuse et inaltérable confiance que je vous adresse mon salut !

Au colonel Rémy

19 juin 1950

Mon cher Rémy,

Avec vous, qui êtes Rémy, je n'entrerai pas dans la discussion épistolaire. Cela ne donnerait rien, sinon peut-être des blessures. Moi, – tout en ne vous approuvant pas, je ne veux pas vous blesser, – parce que je vous aime bien.

Je remets donc à un peu plus tard l'explication que j'aurai avec vous, si vous voulez.

En attendant, je vous envoie, – le lendemain du 18 ! – l'expression de mes sentiments d'inaltérable amitié.

Au général Billotte, à Paris

23 juin 1950

Mon cher Billotte,

Il faut venir faire votre rapport aux assises[1]. Vous n'avez pas à vous montrer froissé du fait que tel ou tel autre et sous un angle différent parleront du Pacte atlantique ! Je compte sur vous absolument et tiens votre intervention pour capitale.

Mes amitiés fidèles.

Au général Boud'hors

27 juin 1950

Mon général,

Votre pensée m'a été précieuse. Le 18 juin est une affaire dans laquelle je me regarde en même temps que tous autres, car c'est la France qui a tout fait. Sachez, mon général, sachez que vous y eûtes votre part, vous qui commandiez et donniez l'exemple que je n'ai pas oublié.

Voulez-vous, mon général, présenter à Mme Boud'hors mes plus respectueux hommages, ainsi que les meilleurs souvenirs de ma femme. Pour vous-même, mon respectueux et fidèle dévouement.

1. Les troisièmes assises nationales du RPF ont lieu à Paris du 23 au 25 juin 1950.

Au lieutenant de vaisseau de Gaulle, escadrille 50 S, aéronautique navale, à Lanvéoc-Poulmic (Finistère)

30 juin 1950

Mon cher Philippe,

Rentrés hier soir à La Boisserie, ta Maman et moi, nous n'y avons pas trouvé de lettre de Morgat comme nous y comptions depuis pas mal de jours. Comme je te l'ai dit souvent, tu dois savoir, ainsi qu'Henriette que nous tenons beaucoup à recevoir de vos nouvelles et de celles du petit Charles. En écrivant d'une manière tant soit peu régulière vous donnerez satisfaction non seulement à notre sollicitude, mais aussi à ce qui est convenable. As-tu reçu mon dernier envoi ?

Les assises du Rassemblement se sont très bien passées. Beaucoup de délégués (venus à leurs frais). Beaucoup d'ardeur. Beaucoup d'ordre. C'est une affaire désormais bâtie. Le reste va venir.

Mille affections de Maman et de moi à vous deux et au bébé.

Ton Papa

À René Cassin[1]

5 juillet 1950

Mon cher président,

J'ai lu l'article que vous avez pris l'heureuse initiative de publier au moment du 18 juin[2] et je vous remercie de me l'avoir communiqué.

Il est toujours bon de rappeler la vérité, particulièrement au moment où l'on essaie – ici et là – de faire revivre et même, par des raisonnements spécieux, de justifier la politique de Vichy.

Croyez, mon cher président, à mes sentiments cordialement dévoués.

Le 30 juin 1950, Henri Queuille obtient l'investiture de l'Assemblée. Le 4 juillet, il présente devant celle-ci un cabinet modéré, sans les socialistes. Il est renversé par 334 voix contre 231.

1. Vice-président du Conseil d'État.
2. « Oui, les Français Libres en engageant le combat sont restés fidèles au pacte avec l'Angleterre », paru dans *Ici Paris* du 26 juin au 2 juillet 1950.

À Edmond Michelet[1]

Paris, 7 juillet 1950

Mon cher président et ami,

Comme vous le savez, le Conseil de direction du Rassemblement du peuple français et moi-même, avons dû constater que lors des récents scrutins de l'Assemblée nationale à l'occasion d'une « investiture » et d'un vote de « confiance », notre Intergroupe avait manqué gravement à la cohésion.

Certains de ses membres ont été jusqu'à voter la « confiance » à un « gouvernement » dont le moins qu'on puisse dire est qu'il s'était formé contre nous et qu'il refusait à son tour de procéder à l'indispensable recours au pays par les élections générales. Ces membres de l'Intergroupe se sont ainsi séparés de nous d'une manière publique et sur une question tout à fait essentielle.

Au moment où la situation extérieure et intérieure d'une part, l'approche de la consultation du pays d'autre part, rendent la dispersion et les équivoques moins acceptables que jamais, le Rassemblement du peuple français ne peut évidemment admettre que l'Intergroupe qui porte son nom à l'Assemblée nationale agisse, dans une grave occasion, en plusieurs fractions séparées et même opposées.

Je vous demande donc, mon cher président et ami, d'une manière que les circonstances m'obligent à rendre formelle :

ou bien de me donner l'assurance et la garantie que l'Intergroupe du Rassemblement du peuple français à l'Assemblée nationale observera la cohésion dans les votes de tous ses membres, chaque fois qu'une question « politique » sera posée et de telle sorte que l'action parlementaire de l'Intergroupe soit elle-même cohérente avec celle du Rassemblement tout entier,

ou bien de me faire connaître que l'Intergroupe renonce à se donner pour lié à notre Rassemblement et à en porter le nom.

Vous sentez aussi bien que moi que les décisions de l'Intergroupe à cet égard et votre propre réponse revêtent un caractère d'urgence.

Je vous prie de croire, mon cher président et ami, à mes sentiments bien cordialement dévoués.

1. Président de l'Intergroupe du RPF à l'Assemblée nationale.

Note pour Georges Pompidou[1]

s.d. *[19 juillet 1950]*

Sur tous sujets, voir mes observations dans les marges. En outre :

1. Ne pas citer deux ou trois fois le même texte, même dans des chapitres différents.

2. Pour les discours, préciser toujours la date, le lieu, la nature (devant l'Assemblée, ou devant tel auditoire, ou radiodiffusé, etc.). Spécifier toujours si c'est un discours, une *allocution*, une déclaration, une conférence de presse, etc.

3. Au sujet des partis et de leur attitude envers moi, évoquer leur hostilité sourde bien avant que je quitte le pouvoir. Exemples :

a. attitude des communistes ;

b. la discussion à la Consultative sur le référendum[2] (radicaux) ;

c. la conjuration sur le mode de scrutin, etc. (Socialistes, Communistes, CGT, Radicaux).

4. À propos de l'« indépendance » faire un chapeau indiquant qu'il n'est donné que des extraits de déclarations publiques, mais qu'on doit savoir que l'action du général de Gaulle pour l'indépendance et les droits de la France vis-à-vis de tous fut incessante et rude. (Action des forces militaires, action du Tchad, débarquement du Sud, marche sur Paris, Alsace, Strasbourg, etc. Action des Services de renseignements et d'action, propagande, Syrie, Saint-Pierre-et-Miquelon, Madagascar, Casablanca, Alger, l'administration après le débarquement, l'Indochine, etc.)

5. À propos de la Défense nationale, compléter le chapeau :

a. en faisant allusion à la 4e division cuirassée à Montcornet et à Abbeville ;

b. en disant un mot du passage au gouvernement Reynaud comme sous-secrétaire d'État à la Défense nationale et à la Guerre ;

c. en soulignant que, comme chef du Gouvernement, depuis le 18 juin 1940, le général de Gaulle ne cessa d'être le chef des Armées et de mettre en œuvre personnellement toute l'action de guerre française au-dehors et au-dedans.

6. À propos de la « Politique étrangère » dire plutôt « Action extérieure ». Ne faire que trois chapitres sans annexes : Indépendance, Défense nationale, l'Europe.

---

1. Georges Pompidou est chargé de préparer l'édition d'un recueil d'extraits de discours et de déclarations du général de Gaulle. Il sera publié en octobre 1950 sous le titre *La France sera la France.*

2. Voir l'intervention du général de Gaulle à l'Assemblée consultative provisoire le 27 juillet 1945.

Note pour Jacques Soustelle

21 juillet 1950

Je suis d'accord avec la note ci-jointe[1] de M. Marc Jacquet.

Prière de me préparer une note que je signerai et organisant toute cette affaire sur les bases suivantes :

1. Chapeau, précisant la volonté du Rassemblement de rassembler les agriculteurs de France en vue de les faire concourir à la rénovation (c'est-à-dire au salut du pays) tout en développant l'agriculture elle-même et en affirmant son rôle essentiel dans la nation.

2. Commission d'études comprenant parlementaires intéressés et idoines ainsi que compétences agricoles extraparlementaires. Cette commission, liée au Conseil national, étudie la question régulièrement. Dans l'intervalle de ses réunions, elle a un organe de travail émanant d'elle et qui rédige avec Jacquet les documents ci-dessous :

a. lettre aux agriculteurs, mensuelle,

b. page agricole (mensuelle ?) du futur *Rassemblement*, refondu.

3. Jacquet doit faire organiser par la propagande les réunions spéciales aux agriculteurs avec le concours des orateurs qualifiés, parlementaires ou non.

4. D'accord, en principe, pour le budget. J'en ai parlé à M. Bozel.

Note pour Jacques Soustelle

21 juillet 1950

Ayant lu votre rapport sur l'Algérie[2], d'autre part tenant compte d'autres observations que j'ai pu recueillir, voici mes conclusions :

1. Suppression de la Délégation générale AN. C'est fait. Encore faudrait-il le dire officiellement (note à faire pour *le Rassemblement* sans égratigner Pompéi, naturellement, et en mentionnant même que je lui ai adressé une lettre[3] pour le remercier de ses efforts).

2. Trouver un délégué régional à envoyer sur place à Alger pour l'Algérie et qui sera appointé par le Centre. (Genre : digne homme, non politicien. Peut-être ancien combattant ou ancien fonctionnaire.)

---

1. Concernant l'organisation de l'action agricole du RPF : création d'un Conseil national, mise en place de délégués dans les départements, réalisation de conférences sur les objectifs agricoles, établissement d'un tract pour les élections cantonales et sénatoriales, instauration de relations avec la presse spécialisée, rédaction d'un bulletin.

2. À la demande du général de Gaulle, Jacques Soustelle a procédé à une enquête approfondie portant sur le groupement départemental du RPF de la région d'Alger, du point de vue administratif, financier et politique.

3. Cette lettre à Jean Pompéi, membre du Conseil de direction du RPF, n'a pas été retrouvée.

3. Susciter partout de réels Conseils départementaux, et organiser la liaison des élus. Envoyer Berthaud ou l'emmener avec vous quand vous irez.

4. « Encadrer » Murat[1] par le délégué régional, par le Conseil départemental et même par sa propre délégation à compléter et à renouveler partiellement. Je ne crois pas qu'il serait juste ni habile de liquider Murat si ces conditions sont remplies. Mais évidemment, il faut qu'il les accepte et s'en accommode. Muscatelli[2], en liaison avec les radicaux d'Algérie a joué un vilain rôle pour desservir Murat. C'était une opération Giaccobi. Il y a lieu de faire savoir à « notre » sénateur que nous ne sommes pas dupes.

5. Régler dès octobre la question des candidatures virtuelles. À cet égard, pour Alger : M. Chevallier[3] Aumeran[4] plus un 3e. Pour Oran : Fouques-Duparc[5], etc. Pour Constantine : je vais voir moi-même avec Montsabert.

Mais ces candidatures doivent être exclusivement RPF. Voir vous-même avec Chevallier et Aumeran s'ils acceptent cela. Sinon, trouvons d'autres candidats ! En dernier ressort, je verrai moi-même Chevallier et Aumeran. Mais ceci doit être réglé pour octobre.

6. Tout cela réglé, j'irai en Algérie, entouré de *nos* parlementaires, élus, délégués, conseillers, etc., pour faire une grande démonstration du Rassemblement.

À Louis Stephen Saint Laurent[6]

s.d. *[après le 22 juillet 1950]*

Mon cher Premier ministre,

La mort de M. Mackensie King[7] m'a vivement ému. J'avais gardé de lui un souvenir profond, l'ayant connu, comme un homme tout à fait éminent, à la tête du gouvernement du très cher et vaillant Canada. Je ne saurais oublier quant à moi, que dans le plus grand drame du monde, il avait toujours marché la main dans la main avec la France et avec moi-même.

C'est vous dire de quel cœur je m'associe au deuil de votre pays et au vôtre.

Je vous prie de croire, mon cher Premier ministre, à ma très haute considération, ainsi qu'à mes sentiments et souvenirs fidèles.

---

1. Délégué du RPF pour Alger et Constantine.
2. Sénateur d'Alger.
3. Député radical d'Alger. Membre de l'Intergroupe RPF.
4. Le général Aumeran est député indépendant d'Alger. Membre de l'Intergroupe RPF.
5. Sénateur maire d'Oran.
6. Premier ministre du Canada.
7. William Lyon MacKensie King a été Premier ministre du Canada de 1921 à 1930 et de 1935 à 1948. Il est mort le 22 juillet 1950.

À Winston Churchill

26 juillet 1950

Cher monsieur Churchill,

Je suis en train d'écrire mes souvenirs de la dernière guerre.

Bien que je ne prévoie aucune date pour leur publication, je tiens à vous adresser ci-joint dès à présent le texte de ce que j'y dis de vous-même à l'occasion de notre première rencontre le 8 juin 1940 dans votre bureau de Downing street[1].

Cette communication n'est, évidemment, destinée qu'à vous. Je voudrais que vous y voyiez, cher monsieur Churchill, le témoignage de mes sentiments personnels de fidélité quant au Passé et de confiance quant à l'Avenir.

Instruction

Paris, 27 juillet 1950

1. Poursuivant sa tâche d'encadrement de la nation, le Rassemblement du peuple français doit se mettre en mesure de grouper les agriculteurs pour atteindre un double but. Il s'agit d'une part de favoriser le développement propre de l'agriculture et de lui assurer le rôle essentiel qui lui revient dans l'ensemble de l'activité française. Il s'agit, d'autre part, d'amener l'agriculture à concourir d'une manière éminente à la rénovation du pays, c'est-à-dire à son salut.

2. Afin d'organiser la propagande parmi les agriculteurs et l'étude des problèmes agricoles, il est créé un *service de l'action agricole* assisté d'un *conseil agricole*.

3. Le service de l'action agricole, rattaché au Secrétariat général, est confié à M. Marc Jacquet.

Le conseil agricole travaille, en liaison avec le Conseil national et les Commissions d'études du Rassemblement.

Il est composé :

a. Des membres de la Commission agricole du Conseil national.

b. De parlementaires.

c. De personnalités spécialistes des questions agricoles.

La composition actuelle de ce Conseil est donnée en annexe.

4. Le service de l'action agricole dirige la propagande et assure l'organisation administrative des travaux du Conseil. Il rend compte de ses activités au secrétaire général. Il dispose d'un budget fixé par le Conseil de direction.

1. Voir *Mémoires de guerre*, t. I, p. 46 et 47.

5. Le Conseil agricole se réunit en principe une fois par mois. Dans l'intervalle de ses réunions, une ou plusieurs sous-commissions de travail collaborent avec le service de l'action agricole, notamment en vue de la rédaction des documents de propagande mentionnés au paragraphe suivant.

L'action de propagande agricole comporte :

a. La publication mensuelle d'une « lettre aux agriculteurs », et de la page ou des chroniques agricoles du « Rassemblement ».

b. La publication de tracts, brochures, affiches, etc.

c. L'organisation de réunions publiques, notamment de plusieurs grandes réunions régionales qui devront avoir lieu l'hiver prochain, et où des membres du Conseil agricole prendront la parole.

6. Le service agricole exerce son action dans les départements par le moyen des délégations départementales. À cet effet, les délégués départementaux, dans les départements à caractère rural, s'adjoindront des responsables agricoles, dont la nomination sera prononcée, sur leur proposition, par la Direction du Rassemblement. D'autre part, chaque Conseil départemental, dans ces mêmes départements, devra créer en son sein une commission agricole dont les délégués départementaux assureront la liaison avec les organismes centraux.

Annexe

Composition du conseil

1. Les membres de la Commission agricole du Conseil national.

2. Députés : MM. Bouvier O'Cottereau, Dusseaulx, Frédet, Godin, July, Kaufmann, Legendre, Liquard, Roulon, de Sesmaisons.

Sénateurs : MM. Couinaud, Doussot, Driant, Fournier, Hœffel, Houcke, Le Passer, Le Léannec, Loison, de Montalembert, Pinvidic, de Pontbriand, Renaud, Tellier.

3. MM. Georges Monnet, Préaud.

À Marie-Agnès Cailliau

13 août 1950

Ma bien chère Marie-Agnès,

C'est du plus profond de mon cœur que je t'adresse mes souhaits de fête, auxquels Yvonne joint tous les siens. Ils vont à toi dans le chagrin où tu as été, encore une fois, plongée et dont je sais que rien ne console. Que du moins la certitude que tu as de retrouver un jour Denys, à côté de Charles[1] et, pour le présent, que l'affection des tiens, celle de tes enfants

1. Denys et Charles Cailliau, fils décédés de Marie-Agnès et Alfred Cailliau.

et petits-enfants, celle de tes frères – la mienne – soient pour toi un adoucissement !

Nous avons eu le plaisir d'avoir Henri[1] l'autre jour ici. J'espère que sa nouvelle situation va s'affermir. J'espère aussi qu'il fondera bientôt son foyer.

Partage avec Alfred, ma bien chère Marie-Agnès, mes meilleures affections. Mille choses à tous autour de toi.

Ton frère qui t'aime

Le 25 juin 1950, les forces communistes de la Corée du Nord, contrôlées par les Soviétiques depuis le retrait des forces américaines en juin 1949, ont envahi la Corée du Sud. Pour repousser cette offensive, l'ONU décide d'envoyer en Corée une force internationale. Celle-ci est principalement composée de troupes américaines et commandée par le général MacArthur. Le 23 août 1950 un bataillon français sera engagé sur le front coréen.

Au lieutenant de vaisseau de Gaulle,
escadrille 50 S, aéronautique navale, à Lanvéoc-Poulmic (Finistère)

18 août 1950

Mon cher Philippe,

Je t'envoie le texte de la déclaration que j'ai faite hier[2]. La date a été choisie en raison des discussions actuellement en cours à la suite de l'intervention américaine que tu sais. Ce que j'ai dit a déjà très durement porté. Il n'est plus maintenant possible à la 3e force d'éviter un effort militaire, tout au moins notable. Ce sera toujours cela de gagné. Le reste, je le crois, viendra peu à peu si le temps nous en est laissé.

Nous regrettons, nous aussi, ta Maman et moi, que Alain et Élisabeth, – tout au moins cette dernière, – n'aient pas été à Morgat. Nous espérons beaucoup que ce sera pour bientôt, car, étant donné ce que vous êtes d'une part et les perspectives assez sombres de l'avenir, d'autre part, il est bon que vos deux ménages se voient le plus souvent possible.

Au revoir mon cher Philippe. Partage avec Henriette et le petit Charles nos profondes affections.

Ton Papa

1. Fils de Marie-Agnès et Alfred Cailliau.
2. Le général de Gaulle préconise la restauration des armées occidentales en général et de l'armée française en particulier. Voir *Discours et Messages*, t. II, p. 379 à 383.

Au général Beynet

24 août 1950

Mon général,

Merci de votre aimable lettre qui m'a intéressé et fait plaisir. La récente rafale venue de Corée a secoué les familles. Il est possible que nous déclenchions un petit début de redressement à la faveur de la crainte qui s'éveille.

Mais, pour moi, rien ne se fera de valable ou d'entraînant avant que nous ayons balayé l'actuel régime. 1951 nous en offrira, je le crois, l'occasion peut-être suprême. Sachons gagner cette partie.

Je vous prie de présenter mes hommages les plus respectueux à Mme Beynet et de croire, mon général, à mes sentiments fidèlement dévoués.

À M. Le Provost de Launay

24 août 1950

Mon cher président,

Votre lettre m'a touché. Elle me sert, parce qu'elle m'apporte un témoignage et un encouragement venus de quelqu'un pour qui j'ai la plus haute et déférente estime. Nous avons tellement pris l'habitude d'être un grand peuple et une grande puissance que le sentiment de notre actuel abaissement mène beaucoup de Français au scepticisme, sinon au désespoir. Voilà le mal qu'il faut guérir. Le reste nous reviendrait par surcroît.

Merci mille fois aussi de votre très généreux don. Notre Rassemblement en profite.

Je vous prie de croire, mon cher président, à mes sentiments les plus distingués et dévoués.

À Georges Tilge[1], à New York

28 septembre 1950

Mon cher Tilge,

Vous avez bien voulu m'informer de l'offre généreuse faite par un membre de votre association qui a réuni une importante documentation sur les rapports franco-américains pendant la guerre.

J'apprécie tout l'intérêt que présente ce long effort au point de vue de l'Histoire. Je vous demande de le dire au distingué donateur en le remerciant de son aimable attention à mon égard. Je serais heureux d'avoir connaissance de sa personnalité pour pouvoir le remercier moi-même.

1. Président de l'association des Français libres aux États-Unis.

Je pense que le mieux serait qu'il adresse, s'il le veut bien, sa documentation à mon secrétariat particulier (5, rue de Solferino, Paris VIIe).
Mon intention est de remettre toute la collection à la direction des Archives de France où elle pourra être consultée par tous ceux qu'elle intéresserait.

Croyez, mon cher Tilge, à mes sentiments cordialement dévoués.

Note au sujet du choix de nos candidats

28 septembre 1950

I. Nous allons avoir à choisir les candidats pour lesquels le Rassemblement et moi-même demanderons les suffrages des citoyens lors des élections prochaines[1]. Dans ce choix, la considération qui, pour nous, prime toutes les autres, c'est la cohésion de nos élus.

Si celle-ci n'était pas assurée, le régime que nous devons changer aurait, bientôt, plus ou moins noyé dans sa mollesse, sa dispersion, sa corruption, notre représentation parlementaire et la nation perdrait de ce fait encore une chance et une espérance. Nous ne devons donc présenter et ne présenterons que des candidats dont nous soyons assurés que, s'ils sont élus, ils demeureront entièrement solidaires de notre Rassemblement.

II. L'investiture ne sera donnée qu'à des candidats qui auront satisfait aux conditions suivantes :

1. Être compagnon du Rassemblement.

2. Signer une déclaration, dont le texte sera prochainement arrêté par le Conseil de direction, et par laquelle le candidat prendra l'engagement :

a. de faire partie, à l'Assemblée nationale, du groupe du Rassemblement et de ce groupe seulement,

b. de conformer son attitude et ses votes à la politique du Rassemblement telle qu'elle est et sera fixée par ses organismes qualifiés : Conseil de direction, Assises, Conseil national,

c. de donner aussitôt sa démission de député s'il croyait devoir se mettre en opposition avec le Rassemblement.

III. D'autre part, nos listes porteront comme titre : « Rassemblement du peuple français » et n'en porteront pas d'autre.

Cette règle ne pourrait souffrir d'exceptions qu'au cas où un deuxième tour, dans un scrutin majoritaire, nous conduirait à faire localement des arrangements avec d'autres formations.

---

1. Les élections législatives de 1951.

Au colonel Dupérier[1], à Paris

28 septembre 1950

Mon cher ami,

Le concours particulièrement actif que vous m'avez apporté, avec le petit nombre de ceux qui forment l'Union privée, est d'une utilité directe pour mon action au service du pays. Mais aussi, il m'a touché. Je tenais à vous l'écrire.

Les événements se précipitent. Pour nous, Français, tout est en suspens. Je crois que rien ne saurait compter en comparaison du devoir de redresser notre pays.

Pour ce que je puis faire moi-même dans ce but, je ne cache pas que j'ai besoin d'être aidé encore. Car les obstacles sont durs.

De vous, j'attends en toute confiance que votre action se poursuive et s'étende au cours des semaines à venir. Je sais, d'ailleurs, que vous allez rencontrer le capitaine Guy à ce sujet.

Veuillez croire, mon cher ami, à mes sentiments bien cordialement dévoués.

À André Astoux[2], à Compiègne (Oise)

28 septembre 1950

Mon cher Astoux,

Le concours particulièrement actif que vous m'avez apporté, avec le petit nombre de ceux qui forment l'Union privée, est d'une utilité directe pour mon action au service du pays. Mais aussi, il m'a touché. Je tenais à vous l'écrire.

Les événements se précipitent. Pour nous, Français, tout est en suspens. Je crois que rien ne saurait compter en comparaison du devoir de redresser notre pays.

Pour ce que je puis faire moi-même dans ce but, je ne cache pas que j'ai besoin d'être aidé encore. Car les obstacles sont durs.

De vous, j'attends en toute confiance que votre action se poursuive et s'étende au cours des semaines à venir. Je sais, d'ailleurs, que vous avez vu le capitaine Guy à ce sujet.

Veuillez croire, mon cher Astoux, à mes sentiments amicalement dévoués.

---

1. Une lettre analogue est adressée aux autres membres de l'UPANG.
2. Ancien officier de marine de la promotion 1938 de l'École navale. Milite au Rassemblement du peuple français et est membre de l'UPANG chargée de collecter des cotisations.

Note pour Jacques Soustelle

29 septembre 1950

1. La note ci-jointe[1] de D. Catroux me paraît correspondre à la réalité en ce qui concerne *La Voix du Nord*.

2. Le Docteur [X] a mal agi et pour des raisons personnelles. Il faut lui marquer que nous le savons et que nous le blâmons. Dans son affaire il y a, d'abord, sa haine pour Houcke. Il y a aussi, très probablement, un motif d'intérêt pécuniaire ([...[2]] des biens de *L'Écho du Nord* dont, comme administrateur, il profiterait largement).

3. Je ne suis pas d'avis d'adjurer Decock d'accepter dans sa *Tribune libre* des articles incolores de tel ou tel de nos « amis » (genre Raymond Aron ou Michel Debré) pour faire passer les grands « leaders » de Ramadier, Bidault et Reynaud. Cela ne servira qu'à l'équivoque genre Pleven.

4. En résumé, c'est [X] qu'il faut contraindre à faire son devoir. En outre, notre groupement du Nord peut et doit faire connaître publiquement sa réprobation quant à l'utilisation de *La Voix du Nord* par la 3e Force.

Au général de Montsabert[3]

3 octobre 1950

Mon cher général,

À la veille de notre Conseil national, qui va reprendre corps à corps la question de notre défense, la seule qui compte en ce siècle, j'ai relu votre beau livre *Il faut refaire l'Armée française*. Je dois vous dire combien je l'ai apprécié, dans son fond solide et dans sa forme simple et nette. Voilà une excellente base d'idées.

À bientôt, mon cher général. Veuillez être, en attendant, assuré de mes sentiments très amicalement dévoués.

Au lieutenant de vaisseau de Gaulle, escadrille 50 S, aéronautique navale, à Lanvéoc-Poulmic (Finistère)

7 octobre 1950

Mon cher Philippe,

Nous avons eu, Maman et moi, des nouvelles explicites de vous trois par Élisabeth et Alain qui ont été enchantés de leur séjour chez vous.

---

1. Cette note de Diomède Catroux n'a pas été retrouvée.
2. Mot illisible.
3. Membre du Conseil national du RPF.

Les affaires de la France sont toujours en faillite entre les mains de gens qui sont hors d'état d'agir. Je compte sur un mouvement du pays qui, aux élections, imposera un retournement, en dépit de tous les essais de truquage électoral[1].

Maman est bien soucieuse. Car les bonnes sœurs qui assuraient le service de la Fondation de Vertcœur[2] sont rappelées par leur maison mère dans le Cantal faute d'effectifs. Et tous les ordres de cette sorte sont sans vocations.

Sache et qu'Henriette sache aussi que Maman se sent souvent bien seule et privée de la présence de ses enfants au milieu d'une époque bien laide et qui la hante continuellement en raison du fait qu'elle est Mme Charles de Gaulle. D'autres choses également la préoccupent quant aux séjours.

Au revoir, mon cher Philippe. Partage avec Henriette et le petit Charles nos meilleures affections.

Ton Papa

[PS] Ci-joint un petit chèque à tout hasard.

À André Burlot[3]

11 octobre 1950

Monsieur le député,

J'ai bien reçu votre communication du 4 octobre[4].

Je vous en remercie, mais n'attache, comme vous le savez sans doute, aucune importance aux « petits échos » qui sont souvent de petits mensonges.

Croyez, monsieur le député, à mes sentiments très distingués et les meilleurs.

À Yves Cazaux

14 octobre 1950

Mon cher Cazaux,

La nouvelle de la mort de votre père[5], mon compagnon des grandes heures, l'inspecteur général des Colonies Cazaux, m'a profondément ému.

---

1. Une réforme électorale est à l'étude. Les partis de la « Troisième force » craignent que le mode de scrutin en vigueur ne favorise les communistes et le RPF.
2. Il s'agit de la Fondation Anne-de-Gaulle.
3. Député MRP du Loir-et-Cher.
4. Un journal a publié des extraits d'une conversation qui aurait eu lieu entre le général de Gaulle et André Burlot. Celui-ci affirme, dans sa lettre du 4 octobre au général de Gaulle, qu'il n'est pour rien dans cette affaire.
5. Jacques Cazaux, inspecteur général des Colonies, fut arrêté le 25 novembre 1940 à Hanoi pour « gaullisme » sur ordre du vice-amiral Decoux après l'éviction du général Catroux.

J'avais pour lui, dès l'instant où je le connus, une très grande et confiante estime. Jamais, aux services éminents qu'il a rendus, il n'a mêlé ni l'intérêt personnel, ni l'injustice envers les autres. C'est de tout mon cœur que je m'associe à votre chagrin et à celui des vôtres.

Qui sait si les tristesses qu'il a éprouvées en raison des cruels événements du Tonkin n'ont pas hâté la fin de cet excellent serviteur de l'État et du pays ?

Veuillez croire, mon cher Cazaux, à mes sentiments bien cordialement dévoués.

Instruction concernant les propositions des candidatures aux élections législatives

20 octobre 1950

Confidentiel

1. Les prochaines élections législatives seront d'une importance vitale pour le pays. Elles doivent aboutir à l'accession au pouvoir du Rassemblement du peuple français. Cela va exiger la cohésion entière de ceux qui seront nos élus, car le régime que nous voulons changer fera tout pour diviser et dissoudre notre action en mettant à profit la faiblesse ou l'inconséquence des hommes, afin de se maintenir. Nous avons donc à prendre les mesures nécessaires, avant tout pour ce qui concerne le choix de nos candidats.

2. L'investiture du Rassemblement du peuple français sera donnée par le général de Gaulle assisté du Conseil de direction. Aucun candidat ne pourra se réclamer du Rassemblement s'il n'a pas reçu formellement cette investiture, sous la forme d'une décision signée par le général de Gaulle.

3. La direction du Rassemblement arrêtera les investitures, compte tenu en premier lieu des propositions qui lui seront adressées en temps voulu par les groupements.

4. À une date qui sera fixée pour chaque groupement, d'accord avec le secrétaire général du Rassemblement, un premier avis concernant le département sera formulé par le Conseil départemental, réuni en séance secrète, en présence d'un membre du Conseil de direction, des conseillers nationaux, du délégué régional, du délégué départemental et des membres de sa délégation, et s'adjoignant pour la circonstance :

a. les parlementaires, membres des intergroupes,

b. les conseillers généraux, appartenant au Rassemblement,

c. les maires des chefs-lieux et sous-préfectures ; à défaut, l'adjoint du rang le plus élevé ; à défaut d'adjoint, un conseiller municipal désigné par le groupe du Rassemblement au conseil municipal,

d. 20 compagnons désignés sous la responsabilité du délégué départemental et choisis notamment parmi les maires et parmi les militants.

5. Le Conseil départemental élargi établit une liste de propositions et classe les candidats par ordre préférentiel. Il peut motiver ses propositions. Les votes ont lieu au scrutin secret. Le délégué régional assure le secrétariat de la séance. Il en établit et signe le procès-verbal, contresigné par le président du Conseil départemental et par le délégué départemental.

6. La présente instruction est confidentielle. Elle ne doit faire l'objet d'aucune diffusion ou publication.

Note complémentaire à l'instruction du 20 octobre 1950 concernant les propositions de candidatures aux élections législatives

Paris, 24 octobre 1950

Au paragraphe 4, alinéa « d », ajouter la phrase suivante :

Au cas où se poserait la question d'une candidature éventuelle du délégué départemental, ces vingt compagnons sont désignés sous la responsabilité du délégué régional.

À l'automne 1950, en raison de l'aide apportée par la Chine au Viet-minh, les troupes françaises doivent abandonner de nombreuses places du Tonkin. Le 18 septembre le poste de Dong-Khé tombe. Le 3 octobre, c'est Cao-Bang, un des points forts de la défense française, qui est aux mains du Viet-minh. Quelques jours plus tard Tatké puis Langson sont à leur tour évacués. À la fin d'octobre l'avance du Viet-minh se propage sur les ailes du dispositif français : le long du golfe du Tonkin et sur le fleuve Rouge. Hanoi se trouve menacé.

L'opinion française est vivement troublée par ces nouvelles. Le 19 octobre, s'est ouvert le débat sur l'Indochine à l'Assemblée. De nombreuses formations incriminent la politique suivie par les gouvernements successifs.

Le 6 décembre 1950, le général de Lattre sera nommé haut-commissaire en Indochine et commandant supérieur des troupes. Il parviendra en quelques semaines à stabiliser la situation.

Au lieutenant de vaisseau de Gaulle, escadrille 50 S, aéronautique navale, à Lanvéoc-Poulmic (Finistère)

24 octobre 1950

Mon cher Philippe,

La réunion du Vélodrome d'Hiver a été très bien[1]. Tout n'est pas fini dans ce peuple et, par conséquent, pour ce peuple. Les affaires d'Indochine ont fait l'effet, moins à cause de l'Indochine elle-même, qui intéresse au fond assez peu de gens, qu'en raison de l'incapacité et de la faiblesse qui sont apparues en plein jour.

Si tu en as le loisir, écris-moi un jour ce que tu penses sur les points suivants :

1. Quelle devrait être la composition de la force navale et aéronavale qu'il nous faut ? (Au Vél' d'Hiv. j'ai parlé de 350 000 tonnes, mais sans détailler, naturellement.)

2. Quelles seraient les bases navales et aéronavales où concentrer nos efforts de préparation.

3. Quelles opérations combinées (terre, mer, air) devraient être prévues et préparées initialement pour le cas d'un conflit ?

Nous trouvons tout naturel, Maman et moi, que vous ne veniez pas tous les trois à Septfontaines à l'occasion de la battue. Si tu y viens seul ou que vous veniez tous trois néanmoins préviens-nous.

Au revoir, mon cher Philippe. Maman et moi t'envoyons pour toi, pour Henriette, pour le petit Charles, nos profondes affections.

Ton Papa

À Léon Noël

25 octobre 1950

Mon cher ambassadeur,

Je tiens à vous redire l'intérêt que j'attache dans les circonstances actuelles à votre prochain voyage à Rome.

Vous connaissez très exactement ma pensée sur les différentes questions qui touchent aux rapports entre l'Église et l'État en France comme sur les relations entre la France et le Saint-Siège.

Vous pourrez donc préciser soit, éventuellement, auprès de Sa Sainteté, soit auprès de ses collaborateurs quelles sont mes vues à cet égard et

1. Le Conseil national du RPF s'est réuni du 20 au 22 octobre 1950. Le 21 octobre le général de Gaulle a prononcé un discours au Vélodrome d'Hiver à Paris. Voir *Discours et messages*, t. II, p. 383 à 390.

la politique que le Rassemblement du peuple français entend faire un jour prévaloir en ce qui concerne la France.

Ne manquez pas, dès votre retour, de me tenir informé de vos entretiens et croyez, mon cher ambassadeur, à mes sentiments très distingués et bien dévoués.

À Robert de Vernejoul[1]

2 novembre 1950

Mon cher professeur et ami,

Non, non ! J'ai besoin de vous. L'affaire des élections est capitale pour le pays. Notre devoir est de l'emporter. Vous pouvez – et le savez bien – nous valoir dans les Bouches-du-Rhône un très grand succès en prenant la tête de cette liste. Je vous demande de le faire.

Quant à la suite ne vous en préoccupez pas trop pour ce qui vous concerne. Nous ne prétendons certes pas qu'un homme comme vous donne son nom à notre victoire pour s'enfoncer ensuite dans la vie parlementaire.

Ce qui importe – d'une manière vitale – c'est que nos élus imposent tout de suite le changement du régime et de la conjoncture qui nous mènent au gouffre avec la [...[2]] des événements qui hélas, s'aggravent. Cela dépendra de leur nombre et de leur qualité non pas des jeux habituels au club du Palais-Bourbon.

Croyez-moi, nul ne vous en voudra si, après les élections, vous poursuivez votre mission de grand chirurgien et de maître pas plus – je le sais – qu'on ne vous en a voulu d'avoir laissé à d'autres les fonctions municipales après votre grand succès électoral personnel de 1947. On n'attend pas du professeur de Vernejoul des intrigues de couloirs, ni des histoires de commissions.

Notre ami Pasteur Vallery-Radot a consenti à se présenter pour nous donner un atout. Mais, lui non plus, n'entend pas, pour cela, faire le métier d'homme politique.

Mon cher ami, au point où en sont notre pays et le monde, et compte tenu de l'importance vraiment historique de la prochaine consultation nationale, ce qui *vaut doit* être mis en ligne. Vous savez bien que je vous dis cela comme un homme qui, lui-même, ne s'appartient pas.

Laissez-moi donc compter sur vous, quels que soient vos objections et scrupules profondément respectables et croyez, mon cher professeur et ami, à mes sentiments très fidèles et dévoués[3].

---

1. Professeur à la faculté de médecine de Marseille.
2. Mot illisible.
3. Pour la suite de cette affaire, voir la lettre au professeur de Vernejoul du 15 mars 1951.

À Marie-Agnès Cailliau

3 novembre 1950

Ma bien chère Marie-Agnès,

Ton affectueuse lettre et les souhaits qu'elle m'apporte m'ont profondément touché. Je pense à toi, bien souvent. Hier, nos chers disparus étaient tout près de mon esprit et de mon cœur, en particulier – tu le sais – Charles et Denys –, avec notre pauvre petite Anne, nos parents, notre frère Jacques. Les fils que tu as perdus sont passés plus tôt que nous sur les rivages de l'autre vie. Dieu a voulu que leur destin s'accomplît plus vite pour eux que pour d'autres. Mais le terme est toujours le même. Puissent-ils, là où ils sont, nous assister le long de la route et surtout quand nous serons aux derniers pas !

Il vaut beaucoup mieux que la jeune Annie[1] soit à Saigon. Nous espérons qu'elle supporte bien le climat et les inquiétudes. Nous pensons aussi à Marie-Thérèse. Et voici donc qu'est venu au monde un petit Jacques de Gaulle !

Au revoir, ma bien chère Marie-Agnès. Yvonne se joint à moi pour t'adresser, ainsi qu'à Alfred et aux vôtres, nos meilleures affections.

[PS] J'ai reçu l'ouvrage de Jean Maltrud et vais le lire. Je ne manquerai pas de lui écrire.

À Geneviève Anthonioz, à Paris

Colombey, 7 novembre 1950

Ma chère Geneviève,

Tes vœux de fête m'ont fait grand plaisir et je t'en remercie bien. Mais c'est avec peine que j'apprends l'état de santé de ton grand-père. Je l'avais trouvé cet été, à l'Écho[2], très vivant et actif pour son grand âge. Espérons encore, comme tu le dis.

Sois sûre qu'à la première occasion je serai ravi de faire la connaissance de la petite Isabelle. Ta tante Yvonne, toute déroutée en ce moment par le prochain départ des sœurs de Vertcœur, compte vous demander incessamment à toi et à Bernard de venir déjeuner au Lapérouse.

Au revoir, ma chère Geneviève. Toutes nos meilleures affections pour toi, Bernard et les enfants.

Ton oncle

1. Femme de Pierre Cailliau, fils de Marie-Agnès et Alfred Cailliau.
2. Nom de la propriété du grand-père maternel de Geneviève Anthonioz.

À Thébault[1]

Paris, 10 novembre 1950

Mon cher Thébault,

Vous avez pris il y a peu de temps la direction de notre groupement dans les Côtes-du-Nord, et j'ai lieu de penser que votre travail a déjà contribué notablement à améliorer la situation dans ce département.

Il importe que vous poursuiviez cet effort dans les Côtes-du-Nord. Je n'ignore pas les attaches que vous avez à Angoulême, ni les sollicitations amicales dont vous êtes l'objet de la part de nos compagnons de la Charente. Mais l'intérêt général veut que vous restiez en Bretagne, pour y animer notre Rassemblement dans un département où tant de facteurs hostiles l'ont gêné jusqu'ici. Sans doute devrez-vous, ensuite et pour les mêmes raisons, consentir à vous y présenter aux futures élections législatives.

Croyez, mon cher Thébault, à mes sentiments cordiaux et dévoués.

Au général Sicé [inédit]

16 novembre 1950

Mon cher général et ami,

Je vous remercie de votre aimable lettre.

Il est malheureusement bien vrai que l'esprit de capitulation sévit de nouveau en France dans tous les domaines et le fait ne peut évidemment échapper à nos amis étrangers.

Mais le passé, encore tout proche, et des faits comme ceux que vous rappelez sont là pour nous rassurer. Le mal provient du régime et c'est lui qu'il faut changer.

Je vous demande de croire, mon cher général et ami, à mes sentiments cordialement dévoués.

C. de Gaulle

Monsieur le Médecin-Général Sicé
Missionsstrasse
[...] (Suisse)

1. Délégué départemental du RPF dans les Côtes-du-Nord.

Au général Mordant

18 novembre 1950

Mon général,

Votre livre *Au service de la France en Indochine* m'a beaucoup intéressé et j'ajoute, passablement ému.

Le drame historique dont vous fûtes un des principaux acteurs[1] et que vous avez subi avec lucidité, courage et dignité, reparaît sous votre plume, « sans passion » comme vous l'écrivez mais non sans ardeur. Tout se tient. Ce qui se passe en ce moment là-bas – et qui risque de coûter cher à la France – est pour une large part la conséquence de ce cruel passé. Du moins votre conscience de soldat et de chef peut-elle se sentir en repos. Au siècle où nous sommes, c'est beaucoup et c'est assez rare !

Je vous prie de croire, mon général, à mes sentiments sincèrement et cordialement dévoués.

Au lieutenant de vaisseau de Gaulle, escadrille 50 S, aéronautique navale, à Lanvéoc-Poulmic (Finistère)

19 novembre 1950

Mon cher Philippe,

Je ne t'ai pas encore remercié des vœux que tu m'as adressés pour ma fête, en ton nom et de la part d'Henriette et du petit Charles. Voilà qui est fait ! Le jour où tu recevras ma lettre j'aurai soixante ans ! Pour ce qui est de moi, je me soucie peu de voir l'âge s'avancer. Mais je souhaite avoir assez de forces pour pouvoir servir notre pays dans les épreuves qui approchent.

Maman et moi nous réjouissons beaucoup d'avance de vous voir tous les trois à Noël. Nous espérons que Mme de Montalembert nous fera l'honneur de venir séjourner à Colombey et que René et Michel pourront l'accompagner.

J'espère que tu penses à ce que je t'ai demandé au sujet de la rénovation de la Marine.

Toutes mes meilleures affections, mon cher Philippe, à toi, à Henriette, au petit Charles.

Ton Papa

[PS] On donne à Paris en ce moment un film sur l'île de Sein[2], *Dieu a besoin des hommes*. Il paraît que c'est très bien.

---

1. En tant que commandant supérieur des troupes en Indochine, puis délégué général du GPRF en Indochine.

2. Île située au large des côtes du Finistère dont presque tous les hommes valides se sont engagés dans la France Libre dès juin 1940.

Message pour *Le Rassemblement*

28 novembre 1950

Le journal s'agrandit, s'élargit[1]. Il va donc servir mieux encore.

Eh bien ! qu'il accomplisse sa tâche ! qu'il aille partout, vaillamment, librement, informer les esprits, susciter les courages, rassembler les volontés !

Son combat, c'est le nôtre. Qu'il soit donc porté au succès par la vague agissante de nos concours et de nos sympathies !

Au lieutenant de vaisseau de Gaulle, escadrille 50 S, aéronautique navale, à Lanvéoc-Poulmic (Finistère)

29 novembre 1950

Mon cher Philippe,

L'étude que tu m'as adressée[2] est pleine d'intérêt. C'est net, pratique et fortement pensé. Au point de vue des moyens à réaliser, il y a là tous les éléments directeurs d'une politique de Défense nationale. Pour compléter, je voudrais avoir ton avis sur l'emploi au moins initial de ces forces en cas de guerre, compte tenu naturellement de ce que pourraient réellement faire nos alliés, bref un plan d'opérations pour le début, y compris la répartition des moyens et l'organisation du commandement ?

La perspective de la 2e flottille avec futurs Lancasters à Port-Lyautey me paraît tout à fait acceptable pour toi, surtout si elle te conduit au commandement ultérieur d'une belle flottille moderne de quadrimoteurs. Nous parlerons de cela, je l'espère, à Noël.

Au revoir, mon cher Philippe.

Maman et moi t'adressons, ainsi qu'à Henriette et au petit Charles, toutes nos profondes affections.

Ton Papa

[PS] Ci-joint un léger « viatique ».

En septembre 1950, le gouvernement américain a insisté, devant le conseil du Pacte atlantique, sur la nécessité de faire participer l'Allemagne fédérale à la défense du bloc occidental.

L'opinion publique française est très réticente. Prenant l'initiative, le gouvernement Pleven propose alors, le 26 octobre à l'Assemblée, un plan

1. Une instruction du 24 novembre 1950 a décidé la fusion du *Rassemblement* et du *Rassemblement ouvrier*.

2. Étude sur l'état de la Marine nationale.

militaire communautaire qui prévoit la création d'une armée européenne à laquelle participeraient des contingents allemands (mais sans que l'armée allemande fût reconstituée comme telle). Cette armée serait placée sous la tutelle d'un ministre commun de la Défense, contrôlée par une Assemblée européenne et dotée d'un budget communautaire. Le RPF et le PC se prononcent contre le projet.

Au général Billotte[1]

3 décembre 1950

Mon cher Billotte,

Dans les graves circonstances actuelles, j'attache une grande importance à votre voyage aux États-Unis.

Après les nombreux entretiens que nous avons eus ensemble et les observations que vous-même avez faites depuis six mois, vous allez avoir l'occasion d'expliquer à certains, – parmi les plus qualifiés, – de nos amis américains, ce que sont au juste notre but, notre action, nos moyens (je parle pour moi et pour ceux qui nous suivent), devant la crise mondiale de cette époque. De cette crise, le trouble actuel de la France fait, évidemment, partie.

Vous ne manquerez pas, notamment, de faire comprendre à vos interlocuteurs quelle politique et quelle stratégie nous voulons voir mettre en pratique quant à la défense de l'Europe, tant par la France et les peuples du vieux continent (en particulier l'Allemagne), que par les autres nations atlantiques, avant tout les États-Unis.

Je ne crois pas, d'ailleurs, que les contacts que vous allez prendre au cours de votre prochain voyage suffiront à éclairer sur notre compte ceux qui là-bas ont à porter de si lourdes responsabilités. Il faudra donc y retourner !

Soyez assuré, mon cher Billotte, de ma sincère et dévouée amitié.

Aux responsables départementaux du RPF

15 décembre 1950

Mon cher… (Nom du responsable désigné),

Je tiens pour nécessaire qu'un contact direct et personnel puisse s'établir entre moi-même et ceux des Français qui sont déjà nos Compagnons, ou dont tout indique qu'ils désirent l'être.

À cette fin, j'attends de vous, pour le 31 janvier au plus tard :

— la liste complète des adhérents de notre Rassemblement en 1950 ;

— la liste des personnes qui, à un moment ou à un autre, ont fait partie du Rassemblement sans avoir explicitement renouvelé leur adhésion en 1950.

1. Membre du Conseil de direction du RPF.

Une note d'application, accompagnée d'un questionnaire et des modèles de cartes appropriées, vous est adressée d'autre part.

Veuillez croire, mon cher..., à mes sentiments cordialement dévoués.

Note pour Gaston Palewski

18 décembre 1950

Lu l'intéressant mémoire de M. Mullstein.

Ce qu'il dit correspond sensiblement à mon propre sentiment de la situation, sous réserve :

1. Que nous armions comme si la guerre était, tout de même, prochaine.

2. Que le réarmement n'entraîne pas de telles épreuves économiques, sociales, politiques, chez les peuples d'Occident (États-Unis compris) qu'ils se trouvent en crise grave à l'intérieur.

3. Que l'Amérique, à force de se réarmer, ne devienne pas, à son tour, conquérante et ne déclenche elle-même la guerre, même si elle croit seulement se défendre.

À Paul Claudel, à Paris

18 décembre 1950

Mon cher maître,

Le « Cahier[1] » de M. Naggiar que vous avez bien voulu m'envoyer et me signaler m'a paru très nourri et profondément pensé. J'y ai pris un grand intérêt.

Dès les prodromes de l'action directe des États-Unis en Europe (1941), j'avais dans la mesure terriblement réduite de mes moyens, tâché de faire admettre par la politique américaine qu'il était d'intérêt mondial qu'elle s'expliquât avec l'Europe, – qui était alors essentiellement la France Libre. Le refoulement passionné de Roosevelt, les intrigues des Anglais, l'équivoque de Vichy, ont empêché qu'il en fût ainsi. Le résultat, ce fut Téhéran, Yalta, Potsdam.

Aujourd'hui, il y a toujours les intrigues de Londres. Il n'y a plus Roosevelt. Mais il y a une France officielle plus inconsistante que jamais. C'est ce dernier facteur que nous devons changer pour que tout change.

Je vous prie d'agréer, mon cher maître, l'expression de mes sentiments fidèles d'admiration et de dévouement.

---

1. *Les États-Unis et la paix mondiale* publié dans les cahiers de politique étrangère du *Journal des Nations américaines.*

Au R. P. Raymond Bruckberger, de l'ordre des Dominicains

19 décembre 1950

Mon révérend père,

Merci de votre souvenir. Merci du journal très vivant et intéressant que vous me faites tenir par tranches.

Mes meilleurs vœux vont à vous pour l'année qui vient et que Dieu a d'avance marquée pour être une de celles où il tire la lumière du chaos. En me recommandant et en recommandant les miens à vos prières, je vous prie de croire, mon révérend père, à mes sentiments respectueux et dévoués.

À Léon Noël

22 décembre 1950

Mon cher ambassadeur,

Plus vont les choses plus nous avons besoin de vous.

Je vais vous demander d'aller très prochainement arranger nos affaires « intérieures » en Tunisie et en Algérie. Je prie Soustelle de vous informer et compte vous voir à Paris jeudi prochain, si vous y êtes comme je l'espère beaucoup.

Veuillez croire, mon cher ambassadeur, à mes sentiments bien fidèlement et amicalement dévoués.

À Jacques Soustelle

22 décembre 1950

Mon cher ami,

Bénouville m'écrit un mot au sujet d'une démarche de Blocq-Masquart.

Si Blocq-Masquart a quelque chose de positif à dire – ce dont je doute fort – qu'il le dise à Bénouville.

Si Pleven a quelque chose à me dire – ce dont je doute encore bien plus – qu'il le fasse !

Mais je n'entrerai pas dans le quadrille des chevaliers masqués au manteau couleur de muraille…

Bien cordialement vôtre.

Note pour le général Kœnig[1]

28 décembre 1950

L'équivalence du statut d'origine des officiers provenant de l'École de Malvern et de Ribbesford[2] (1940-1944) n'a pas encore été fixée.

Étant donné :

la qualité intellectuelle et morale des jeunes gens qui y ont été formés,

l'exemple qu'ils ont donné à une époque où l'exemple comptait plus que tout,

le fait qu'ils n'ont pu, en raison même de leur engagement, passer le concours des grandes écoles militaires,

il convient de leur attribuer l'équivalence avec Saint-Cyr, comme cela a été fait pour les jeunes aspirants de Coëtquidan (les élèves de l'École navale des FFL à Portsmouth ont été, sans nulle discussion, admis comme anciens élèves de l'École navale).

1951

Au lieutenant de vaisseau de Gaulle, escadrille 50 S, aéronautique navale, à Lanvéoc-Poulmic (Finistère)

3 janvier 1951

Mon cher Philippe,

Merci de tes souhaits de nouvel an, de ceux d'Henriette, de ceux du petit Charles. Tu sais combien sont affectueux ceux que je forme pour vous trois. Nous avons, Maman et moi, le 30 décembre pensé avec émotion à l'anniversaire de votre mariage. Dieu l'a béni déjà. Je suis sûr qu'il le fera encore.

L'année sera sévère pour le pays. Mais je veux que tu saches, qu'en dépit de l'irritation que soulève en moi la bassesse du régime, j'ai confiance dans l'élasticité et la solidité profondes de la France.

Je t'embrasse de tout cœur, mon cher Philippe. Partage avec Henriette et votre petit garçon toutes mes meilleurs affections.

Ton Papa

1. Vice-président du Conseil supérieur de la guerre.
2. École des officiers de la France Libre en Grande-Bretagne.

À Michel Cailliau[1]

30 janvier 1951

Merci de tes vœux, mon cher Michel. Ceux que nous formons pour toi, ta tante Yvonne et moi-même, sont les meilleurs possible. Nous souhaitons, en particulier, te voir fonder un foyer !

Quant à la France, je pense qu'elle peut s'en tirer et j'espère que nous le prouverons.

Au revoir, mon cher Michel. Reçois toutes les affections de ton oncle.

À Louis Terrenoire

1er février 1951

Mon cher ami,

Il me paraît utile de vous confirmer ce que notre Conseil de direction et moi-même vous demandons de faire dans la région de Limoges aussitôt que vous le pourrez.

1. En Haute-Vienne, voir sur place et d'une manière aussi « large et profonde » que possible ce qu'il est du pasteur Chaudier comme délégué départemental, ce qu'il pourrait en être de lui comme candidat (et avec qui ?), qui pourrait éventuellement, et à défaut de Chaudier, être délégué départemental, qui pourrait être en tête de notre liste ?

S'il paraissait nécessaire d'écarter Chaudier que pourrait-on faire pour lui de manière que sa « mutation » n'entraîne pas de trop cruelles blessures ni pour lui, ni pour l'équipe de nos compagnons de Limoges ?

2. Dans la Creuse, voir ce qu'il en est réellement et pratiquement de l'affaire Couderc. Pouvons-nous garder Couderc comme délégué sans nous démolir dans l'opinion ? Si nous remplaçons Couderc, par qui et sous quelle formule le remplacer ?

Voir en outre si M. Juillet père peut maintenant faire un bon candidat ?

1. M. Michel Cailliau est le fils de deux anciens résistants incarcérés et déportés (Fresnes, Dachau et Itter) : Alfred Cailliau et Marie-Agnès, sœur de Charles de Gaulle. Prisonnier le 25 juin 1940, il continue le combat dans les camps : il est l'un des fondateurs en 1941 du Mouvement de résistance des prisonniers de guerre et des déportés (MRPGD). Ses deux tentatives d'évasion échouent. Rapatrié en mars 1942 par ses soins, il crée et dirige le MRPGD en France, et le réseau Charette. Après une mission à Londres et Alger en juillet-octobre 1943, il prépare la constitution du commissariat aux Prisonniers et Déportés au CFLN. De retour en France, il reprend la direction du MRPGD et le fusionne sur ordre avec le CNPG du Front national, puis avec le Rassemblement national des prisonniers de guerre, en mars 1944. Il rejoint Alger par les Pyrénées en avril 1944. Parachuté en Aveyron en août 1944, il est délégué militaire départemental et chef de la Mission interalliée. Il est en mission pour la Direction générale des études et recherches de novembre 1944 à mai 1945.

3. Dans la Corrèze, mettre en train notre « organisation » avant tout en instituant un véritable délégué : nommer sur place Rigollier (que le Centre paiera) si Rigollier vous paraît capable. Ne pas tenir, actuellement, Michelet en dehors de quoi que ce soit.

4. Dans le Lot, voir ce qu'il en est réellement. Susciter un vrai Conseil auprès de Bouyou-Moreno. Voir qui nous pourrions présenter comme candidat ?

En vous remerciant d'avance, je vous demande de croire, mon cher ami, à mes sentiments bien cordialement dévoués.

À Yves Perrussel[1], à Tunis

2 février 1951

Mon cher Perrussel,

L'ambassadeur Léon Noël m'a rendu compte de son séjour dans la Régence et de la situation de notre groupement de Tunisie. J'ai été heureux d'apprendre, en particulier, que les dissensions qui s'étaient élevées entre les personnes avaient pu s'apaiser et qu'une meilleure atmosphère régnait maintenant parmi nos compagnons.

Voici à présent les mesures que j'ai décidé de prendre en ce qui concerne l'organisation de notre groupement. Vous restez, bien entendu, délégué territorial du Rassemblement du peuple français pour la Tunisie. Vous êtes et vous demeurez mon représentant dans ce pays. D'autre part, à la suite des derniers événements et en raison surtout de vos multiples occupations, je crois indispensable qu'un délégué territorial adjoint vous assiste dans vos fonctions, particulièrement pour ce qui touche à l'organisation administrative et à l'implantation de notre mouvement dans l'ensemble du pays.

Je désigne à cet effet notre compagnon Benard qui, j'en suis certain, saura travailler auprès de vous dans un esprit de parfaite coopération.

Croyez, mon cher Perrussel, à mes sentiments cordialement dévoués.

Apostille[2]

Pour M. Pompidou

À voir avec M. Soustelle.

Prière de me faire préparer une lettre, que j'inviterai L. Pèlerin à signer sans délai, et telle que son attitude à l'égard du RPF et de ses

1. Délégué territorial du RPF pour la Tunisie.
2. En marge du rapport de la Commission consultative d'arbitrage du RPF, daté du 3 février 1951, ayant conclu à l'exclusion du docteur Lionel-Pèlerin, sénateur-maire de Nancy.

représentants soit fixée une fois pour toutes d'une manière satisfaisante et en toute occasion.

Je verrai moi-même M. Pèlerin pour en finir soit par son « alignement » réel et positif, soit par son exclusion.

Au lieutenant de vaisseau de Gaulle, escadrille 50 S, aéronautique navale, à Lanvéoc-Poulmic (Finistère)

5 février 1951

Mon cher Philippe,

Demain sera l'anniversaire de la mort de la petite Anne. Nous irons, ta Maman et moi, à une messe dite par le bon curé de Colombey. Puis, nous ferons notre visite au cimetière, de notre part et de celle de nos autres enfants éloignés.

Après une dure grippe qui nous a fort éprouvés, ta Maman et moi, l'activité a repris. Beaucoup de signes annoncent, dans le pays, le redressement des esprits. Les élections de cette année seront bonnes, j'en suis sûr. Après quoi, on pourra commencer à bâtir un Gouvernement.

Nous pensons beaucoup à toi, à Henriette, au petit Charles, qui vous préparez à partir. J'ai relu ces jours-ci le livre sur le Maroc que m'adressait en 1945 votre tante Mme Guillaume Chavent, sans que nul ne se doutât de ce qui arriverait de nos deux familles !

À bientôt mon cher Philippe. Toutes nos meilleures affections à vous trois.

Ton Papa

Au docteur Lionel-Pèlerin[1], à Paris

12 février 1951

Monsieur le sénateur-maire,

Après notre entretien du 8 février, et ayant reçu votre lettre du même jour, je dois vous confirmer que sur l'avis formel de notre Commission d'arbitrage vous êtes exposé à être, à tout moment, exclu de notre Rassemblement.

Si je sursois encore à l'exécution de cette mesure, c'est dans l'ultime espoir de vous voir cesser, à l'égard de notre Délégation de Nancy, toute polémique, quel qu'en soit le prétexte, a fortiori toute polémique publique, et vous montrer, au contraire, en toute occasion, compagnon solidaire du Rassemblement du peuple français.

1. Sénateur-maire de Nancy.

Or, de votre fait et pour une large part, la cohésion de notre Groupement de Meurthe-et-Moselle est constamment compromise, alors que les mandats que vous exercez devraient vous déterminer à une attitude exemplaire. Ma lettre vous prouvera, je pense, ma détermination, partagée par le Conseil de direction, d'en finir avec cette situation, quoi que puisse nous coûter la mesure que je vous ai dite si nous devons finalement l'appliquer.

Veuillez croire, monsieur le sénateur-maire, à ma considération très distinguée.

Note[1]

s.d. *[mars 1951]*

Suivront tous les noms des candidats rangés par circonscription et dans l'ordre des listes.

Les premières signatures à recueillir sont celles des députés sortants et des sénateurs que nous voulons présenter. Ceci doit être fait *sans délai* par les membres du Conseil de direction, chacun dans la région dont l'inspection lui est impartie. Il est également urgent de recueillir dans les mêmes conditions la signature de : [...[2]], Boisdé, Besson, et des conseillers municipaux de Paris que nous allons présenter.

Cette première opération doit être achevée au plus tard le lundi 19 mars. Elle sera complétée ensuite à mesure que les listes seront arrêtées (au plus tard le lundi 2 avril).

Il faut la préparer par une motion solennellement votée cette semaine par le Conseil national et par la Conférence des élus. (Préparer tout de suite la motion (Terrenoire) et organiser la présentation (id.).)

À Yves Perrussel, à Tunis

Paris, 1er mars 1951

Mon cher Perrussel,

Votre lettre du 8 février m'est bien parvenue et je vous en remercie. Mais il me paraît nécessaire de préciser les termes de ma propre lettre du 2 février.

Il est bien entendu que vous n'avez en rien démérité et que je vous garde ma confiance. C'est ce que j'ai voulu montrer en vous maintenant

1. Concernant une déclaration commune des candidats du RPF aux élections législatives, destinée à être affichée. Voir le texte de la déclaration dans *Discours et messages*, t. II, p. 433 et 434.
2. Nom illisible.

le titre de délégué territorial du Rassemblement du peuple français pour la Tunisie.

Mais j'estime indispensable de donner aux dissensions personnelles le temps et le moyen de se résoudre au fond des esprits. C'est pourquoi je vous demande de vous mettre provisoirement en retrait de l'action et de laisser à notre compagnon Benard le soin de diriger effectivement la délégation.

C'est ainsi que dans des conditions convenables pour tous et dignes de vous pourra se reconstituer fermement la cohésion du Rassemblement en Tunisie.

Croyez, mon cher Perrussel, à mes sentiments cordialement dévoués.

À A. Bussière[1], à Oran (Algérie)

7 mars 1951

Mon cher Bussière,

Votre lettre du 28 février m'est bien parvenue[2].

Quelles que soient les déconvenues que vous ayez pu éprouver parfois dans votre tâche, il ne saurait être question de l'abandonner. Je vous demande donc de rester à votre poste.

D'autre part, j'estime nécessaire que vous veniez prendre contact avec le centre national et je donne des instructions pour que votre voyage soit organisé dans un bref délai. Je vous verrai à cette occasion.

Croyez, mon cher Bussière, à mes sentiments cordiaux et dévoués.

Au professeur de Vernejoul

15 mars 1951

Mon cher professeur et ami,

À vous personnellement et à vous seul, j'annonce que notre Conseil de direction, réuni hier soir autour de moi, a décidé par avance de vous investir comme tête de notre liste dans la circonscription de Marseille avec, à votre suite, M. Bergasse, puis M. Carlini. En outre, le Conseil demande au Conseil départemental élargi, – qui sera réuni au moment opportun, – de lui faire des propositions fermes pour le complément de la liste.

Comme je vous l'ai dit déjà, je compte sur vous, mon cher ami, dans l'opération vraiment nationale et, peut-être, historique, que nous allons

1. Délégué départemental du RPF.

2. M. Bussière souhaite être relevé de sa mission en raison des dissensions politiques existant entre les responsables locaux du RPF. De plus il se plaint de n'avoir ni les moyens ni les directives nécessaires pour tenter d'y mettre fin.

mener. C'est à vous qu'il revient, – comme étant à tous égards le plus qualifié, – de mener nos candidats à la victoire dans cette circonscription essentielle. Quant à la suite, je suis d'avance d'accord avec ce que vous souhaiterez en ce qui concerne votre personne. Il est entendu que vous pourrez, soit demeurer membre de l'Assemblée nationale, – quitte à n'y paraître que de temps en temps, – soit à vous en retirer. L'essentiel est le succès massif de notre Rassemblement aux élections. Naturellement je préférerais que vous puissiez rester dans notre représentation parlementaire. Mais je mesure le conflit des devoirs que cela impliquera pour vous et m'en remets sur ce point à ce que vous estimerez le mieux en conscience.

Je sais que notre ami Carlini trouve et trouvera peu agréable en ce qui le concerne, étant donné sa valeur et son rang de maire de Marseille, d'être numéro 3. Je me doute bien aussi que tel ou tel de ses adjoints agitera le fer dans la plaie pour qu'il se retire et laisse la place. La raison, unique de cette disposition est le fait Bergasse qui est sortant et que nous ne pouvons, à cause de cela, mettre à un autre rang que le second. Je souhaite de toute mon âme que notre ami Carlini passe outre à l'affaire personnelle qui doit l'agacer et accepte ce que je lui ai demandé. J'espère que vous m'y aiderez.

Au revoir, à bientôt, je le souhaite, mon cher professeur et ami. L'échéance arrive. J'ai beaucoup de confiance.

Veuillez croire à mes sentiments fidèlement dévoués[1].

En octobre 1950, la France a rejeté les propositions de révision du protectorat déposées par le sultan du Maroc Mohamed Ben Youssef. Celui-ci, qui soutient l'Istiqlal, parti nationaliste marocain, est en opposition ouverte avec le général Juin, résident général de France au Maroc, qui de son côté s'est allié avec le Pacha de Marrakech Thami el Glaoui.
Le 12 février 1951, le résident général enjoint le sultan de condamner le nationalisme. Le sultan refuse.
Le 21 février, Mohamed Ben Youssef demande l'arbitrage du président Auriol.
Le 23 février, des tribus berbères menées par le Pacha el Glaoui marchent sur Rabat pour contraindre le sultan à désavouer l'Istiqlal ou bien à abdiquer.

1. Dans sa réponse du 24 mars 1951, le professeur de Vernejoul déclinera la proposition du général de Gaulle. Il considère qu'un mandat parlementaire serait incompatible avec sa mission hospitalière et universitaire. De plus il refuse d'encourir le reproche d'être un « candidat fantôme » en renonçant, après son élection, à siéger à l'Assemblée. Le général de Gaulle adresse une lettre analogue au docteur Suire dans les Deux-Sèvres. Celui-ci répondra le 23 mars dans des termes pratiquement identiques à ceux du professeur de Vernejoul.

Le 25 février, menacé de déposition par le résident général et devant le refus de Vincent Auriol d'arbitrer le conflit, le sultan se désolidarise des nationalistes.

Au général Catroux

19 mars 1951

Mon général,

Il est de fait que nous avons tous beaucoup regretté votre absence à la dernière session du Conseil national. Je me doutais bien du motif[1] et vous en donne acte en ajoutant que rien n'est changé de ce fait aux sentiments ni à la très haute estime que je vous porte.

L'affaire du Maroc a, – comme toutes les affaires de la France, – ceci de dramatique que dans la carence actuelle de l'État et la nullité de sa politique, il n'est pas possible de faire à Rabat quelque chose qui ne soit fâcheux.

Ou bien, – ce qu'a fait Juin, – on use de l'intimidation sinon de la force, à l'égard d'un souverain qui joue contre nous, et alors on se donne aux yeux de beaucoup l'apparence d'un proconsul réactionnaire et oppressif. Ou bien on s'abandonne, et alors, faute de trouver à Paris aucune directive et aucun recours, on a tôt fait de laisser entamer la position de la France (c'est l'histoire de M. Labonne[2]).

Pour moi, je tiens que le moins mauvais, – en cette matière comme dans tant d'autres, – c'est que ceux qui détiennent sur place l'autorité, tandis qu'elle n'existe plus à Paris, parviennent à garder les choses en l'état jusqu'à ce que la conjoncture ait changé ici et qu'il y ait enfin un gouvernement digne de ce nom.

Avec un régime capable d'action et de décision, la question du Maroc devrait être reprise entièrement. Peut-être cette année même verra-t-elle la transformation.

Je vous prie de croire, mon général, à mes sentiments fidèlement dévoués.

1. Le général Catroux est membre des commissions Affaires étrangères et Union française du RPF. Considérant que les positions prises par ces commissions sur les affaires nord-africaines sont trop conservatrices, et ne souhaitant pas se trouver en contradiction avec la majorité de ses compagnons au Conseil national, il a préféré s'abstenir d'assister à la session.

2. Résident de France au Maroc en 1946-1947. Considéré comme trop libéral, il est rappelé en avril 1947, le sultan ayant, dans un discours, fait l'éloge de la ligue arabe au lieu de rendre hommage à la France.

Instruction

22 mars 1951

1. Une carte postale, destinée à permettre au plus grand nombre possible de Français de répondre à des questions posées par le général de Gaulle et d'apporter leur contribution personnelle à son action, sera éditée et diffusée dans les conditions indiquées ci-après.

2. Au recto de cette carte figureront l'étude de Rude pour *La Marseillaise*, la Croix de Lorraine et les mots « Hier, aujourd'hui, demain : la France » ; au verso, les questions, et l'adresse du général de Gaulle à Colombey.

La carte sera numérotée et comportera un talon détachable, porteur du même numéro.

Le tirage initial sera de 1 million d'exemplaires. Il comportera des cartes isolées et des carnets de 10, 100 et 1 000 cartes.

Le prix de vente de la carte est fixé à 100 F.

3. M. André Malraux est chargé d'établir les maquettes et d'assurer l'exécution des cartes. M. Bozel est chargé de la fourniture du papier.

Les cartes devront être à la disposition des services de diffusion dix jours après la livraison du papier à l'imprimerie.

4. La diffusion de la carte sera assurée d'une part par le Rassemblement, d'autre part par l'UPANG.

M. Fouchet est chargé de la diffusion, du placement et du dépouillement des cartes par les services du Rassemblement. Il lui appartient de remettre au Secrétariat général de l'UPANG les cartes qui lui seront demandées par cet organisme.

Le colonel Jonas assurera la liaison entre le général de Gaulle et le Comité de l'UPANG pendant la durée de la campagne de diffusion.

5. Les fonds recueillis seront comptabilisés par le trésorier du Rassemblement d'une part et le trésorier de l'UPANG d'autre part, pour être versés à un compte spécial ouvert au nom du général de Gaulle. Le Comité, dont la composition est fixée d'autre part, est chargé de contrôler l'ensemble des opérations financières.

Un texte d'instructions détaillées relatives à la rentrée des fonds sera soumis au général de Gaulle par MM. Bozel et Fillon, chacun en ce qui le concerne.

6. La diffusion de la carte sera appuyée par un affichage national. Le texte de l'affiche rédigé par le général de Gaulle sera surmonté de *La Marseillaise* : la maquette sera exécutée sous la direction de M. Malraux qui contrôlera la fabrication des affiches. L'affichage sera contrôlé et réglé par les services de M. Fouchet. Cet affichage de type national devra être étendu jusqu'à tous les chefs-lieux de canton.

Texte pour la campagne de la Carte

s.d. *[mars 1951]*

Ce que veut de Gaulle
(pour l'affiche : Ce qu'il faut faire)

1. Pour que la France soit gouvernée :

Libérer la République de la féodalité des partis et exercer le pouvoir pour la Nation.

2. Pour que la France soit servie :

Imposer l'ordre dans ses affaires : Finances, Services publics, Administration.

3. Pour que la France soit prospère :

Accroître massivement la productivité en associant dans l'Industrie, le Travail et le Capital ;

Faire du Pays le grenier de l'Europe de l'Ouest en équipant l'Agriculture.

4. Pour que la France soit défendue :

Faire une armée qui soit son armée ;

Faire de l'Union française une union qui soit française ;

Guider l'Europe vers l'unité pour rendre sa chance à la paix avec les États atlantiques comme associés, mais non comme maîtres.

5. Pour que la France soit la France :

Liquider le séparatisme ;

Écarter les partisans ;

Rassembler le peuple français sous l'égide d'un État juste et fort.

Aux délégués régionaux et départementaux du RPF

s.d. *[fin mars 1951]*

Mon cher […]

La campagne nationale de la Carte va s'ouvrir. Son importance morale et matérielle est extrême et dépasse celle que revêtit la campagne du Timbre. Les résultats doivent être en proportion.

J'ai désigné Christian Fouchet pour en assurer la direction. C'est de lui que vous recevrez des instructions détaillées.

Je compte sur vous, mon cher […][1], pour mener l'affaire dans votre région[2] avec ardeur et vigueur.

Bien cordialement.

1. Blancs figurant dans le texte.
2. Ou département (selon les destinataires).

À Pierre de Gaulle[1]

22 mars 1951

Mon cher Pierre,

Tu as été chargé par le Conseil de direction de la préparation des listes électorales dans les départements du Nord, du Pas-de-Calais, de la Seine-Inférieure, du Calvados, de la Manche et de l'Eure.

À ce titre, il t'a été demandé de faire signer la déclaration des candidats du Rassemblement au fur et à mesure que notre Conseil de direction décide de les investir.

Il s'agit avant tout des parlementaires pour lesquels il est essentiel que leur signature soit recueillie rapidement. En ce qui les concerne, c'est au plus tard à la date du 31 mars que cette importante formalité devra avoir été accomplie. Faute de quoi, nous considérerons que les intéressés auront donné une réponse négative.

À Alain Bozel[2]

29 mars 1951

Mon cher ami,

Au cours de votre prochain voyage au Maroc, vous allez rencontrer des personnalités dont l'opinion et l'action importent fort à l'œuvre du redressement. J'attache un grand intérêt à ce que ces hommes de qualité soient directement informés de ce que nous faisons et voulons faire à ce sujet. Je compte sur vous pour le leur dire.

Il s'agit sans doute de nos objectifs en général, mais aussi, évidemment, de notre attitude en ce qui concerne les problèmes du Maroc, en particulier.

Vous ne manquerez pas de montrer à vos interlocuteurs qu'au point où en sont les affaires du monde et, avant tout celles de la France, l'appui des gens de valeur et de poids est essentiel à l'effort de relèvement national qui est le nôtre.

Veuillez croire, mon cher ami, à mes sentiments bien cordialement dévoués.

---

1. Une lettre analogue est adressée le même jour aux autres personnes responsables de la préparation des listes électorales, chacune chargée d'un certain nombre de départements.
2. Trésorier et membre du Conseil de direction du RPF.

À Henry Torrès[1], à Paris

20 avril 1951

Mon cher sénateur,

Je vous demande d'aller, avec votre talent, donner un coup de main à Michelet[2] dans la Corrèze. Ce serait une réunion « pesante » à Brive.

Merci d'avance de ce concours. Soyez assuré, mon cher sénateur, de mes sentiments amicalement dévoués.

À Louis Terrenoire

25 avril 1951

Mon cher Terrenoire,

Voici l'heure où le pays va pouvoir parler. Des prochaines élections dépend son avenir. En de telles circonstances, chacun doit combattre à la place où il est le plus utile pour faire triompher la grande cause que nous servons.

C'est pourquoi, ainsi que je vous l'ai dit lors de notre dernier entretien, je vous demande de prendre la tête de la liste du Rassemblement dans les Côtes-du-Nord[3].

Quoi qu'il puisse vous en coûter de ne plus représenter demain le département de l'Orne, les fidélités personnelles, si émouvantes qu'elles puissent être, doivent céder le pas devant l'intérêt général. Je sais que je puis compter sur vous.

Croyez, mon cher Terrenoire, à mes sentiments amicalement dévoués.

Aux Membres du RPF

26 avril 1951

Mon cher compagnon,

Dans le grand combat que nous menons ensemble pour la France, nous voici à la veille de l'occasion décisive. Tout va dépendre de la réponse que le pays donnera bientôt, par ses suffrages, à notre Rassemblement. Au moment du principal effort, c'est de mes compagnons, – c'est de vous, – que j'ai surtout besoin. Aidez-moi !

Avant très peu de jours, j'ouvrirai, parmi toutes les Françaises et tous les Français, une vaste campagne dans le but d'obtenir, pour les prochaines

1. Sénateur de la Seine.
2. Edmond Michelet est très violemment attaqué par le parti communiste qui tend à assimiler le programme du RPF au fascisme, au nazisme et au franquisme.
3. Contre la liste UDSR de René Pleven.

élections et pour la suite, l'appui actif, moral et matériel, du plus grand nombre possible d'entre eux.

Un moyen va leur en être offert. C'est la « Carte nationale », spécialement éditée et diffusée par notre propre organisation. Je demanderai aux Françaises et aux Français de l'acquérir et de me l'envoyer massivement, en y apportant leur adhésion avec leurs suggestions quant aux objectifs essentiels que j'entends atteindre au pouvoir. Ce lien direct, établi avec beaucoup de nos compatriotes, peut et doit avoir sa valeur, en particulier pour moi-même.

Je tiens, mon cher compagnon, à vous prévenir de cette entreprise, d'avance et personnellement. C'est vous dire que je compte fermement sur vous pour être un champion du succès là où vous vous trouvez et dans toute la mesure où vous pouvez agir. À tous égards, vous le sentez, il nous faut un résultat triomphal.

Veuillez croire, mon cher compagnon, à mes sentiments bien cordialement dévoués.

Au lieutenant de vaisseau de Gaulle,
escadrille 50 S, aéronautique navale,
à Lanvéoc-Poulmic (Finistère)

28 avril 1951

Mon cher Philippe,

Cette année, c'est peut-être avec une émotion particulière que je t'adresse pour ta fête mes vœux les plus affectueux. Tu vas partir, emmenant les tiens. Bien que le Maroc ne soit plus loin, ce départ n'est pas moins pour tes parents une séparation. D'autre part, Henriette emporte là-bas une émouvante espérance. Enfin 1951 est pour moi-même et, je le crois pour la France, l'année d'un grand combat, décisif, qui sait ? pour l'avenir.

Je sais qu'à Port-Lyautey, comme ailleurs, tu feras honneur à tout ce que, désormais, notre famille représente et qui sera un jour sans doute ta propre charge.

Au revoir, mon cher Philippe. Je t'embrasse de tout mon cœur. Embrasse de ma part Henriette et votre beau et cher petit Charles. Ne manque pas de présenter à Mme de Montalembert mes hommages les plus respectueux.

Ton Papa

À Claude Hettier de Boislambert

4 mai 1951

Mon cher ami,

La nature politique de la Manche m'est connue. Je sais les influences, d'ailleurs variées, souvent rivales des « indépendants ». Je sais aussi qu'il existe un profond sentiment « gaulliste » dans le département et que des notables n'aimeraient pas s'y présenter sur une liste que condamnerait de Gaulle.

Cela étant, nous pourrons peut-être aller jusqu'à prendre sur la « Liste du Rassemblement du peuple français », – à condition que ce soit son seul nom, – deux ou trois « indépendants » qui auront pris l'engagement d'entrer au groupe RPF (le prendraient-ils sans qu'il soit publié…). Dans ce cas, il faudrait qu'Henault fût considéré comme l'un d'eux, de manière que nous fassions élire au moins trois compagnons sûrs. Ordre de la liste : Vous, un indépendant, un compagnon, un indépendant, un compagnon, un indépendant.

Mais, par exception, ne vous pressez pas encore d'établir la liste pour la Manche. Allez au public ! Faites trois ou quatre grandes réunions (avec mon frère, Kœnig) et beaucoup de petites. En quelques jours, vous verrez changer l'atmosphère chez les notables et cela vous rendra les choses faciles.

S'il faut au dernier moment aller à la bataille, *seuls*, dans la Manche, nous le ferons comme naguère…

Bien amicalement. À jeudi.

Les élections législatives ont été fixées au 17 juin 1951. Le 7 mai, une nouvelle loi électorale, concernant tous les départements à l'exception de la Seine et de la Seine-et-Oise, est votée à l'Assemblée : l'élection des députés se fera au scrutin majoritaire départemental à un tour avec apparentements. Les partis qui auront déposé, le 20 mai dernier délai, des listes dans trente départements au moins, pourront s'apparenter avant le scrutin, au plus tard le 25 mai. Les partis apparentés qui auront obtenu dans un département la majorité absolue des suffrages se partageront la totalité des sièges à la proportionnelle. S'il n'y a pas de majorité absolue, les sièges seront répartis à la proportionnelle avec la règle de la plus forte moyenne pour le décompte des restes, les listes apparentées étant comptées pour une seule liste.
Le général de Gaulle étant très opposé à ce système, le RPF ne conclura que très peu d'apparentements (dans 11 circonscriptions sur 95 où les apparentements étaient possibles).

Au gouverneur de Mauduit

10 mai 1951

Mon cher Mauduit,

Vous avez bien voulu accepter de vous présenter aux élections législatives dans les Côtes-du-Nord, mais je sais que vous ne le faisiez que par devoir.

Tout compte fait, j'ai décidé de vous décharger de cette obligation et de demander à M. Terrenoire de prendre la tête de la liste du Rassemblement.

Je vous en informe en vous remerciant du dévouement dont vous avez fait preuve et sur lequel je compte toujours pour d'autres tâches.

Croyez, mon cher Mauduit, à mes sentiments cordialement dévoués.

À Raymond Rethoré

11 mai 1951

Mon cher Rethoré,

Ce que j'ai à vous dire aujourd'hui va, sans doute, vous faire de la peine. Le fait que M. de Mauduit, quelles que soient ses qualités, paraisse assez mal préparé à la bataille électorale, le fait aussi que notre Conseil de direction veut, dans les Côtes-du-Nord prendre part à la compétition dans la personne d'un de ses membres, m'ont amené à désigner M. Terrenoire comme tête de liste. Mais, alors, il devient impossible que vous y figuriez en second pour ne pas laisser à nos adversaires l'argument trop commode à invoquer contre les « étrangers ».

Encore une fois, je regrette profondément l'épreuve que cette décision va être pour vous, dont je connais la valeur et le dévouement. Soyez certain que je suis résolu à y faire appel dans des conditions meilleures que celles d'à présent qui, pour ce qui vous concerne, auront été malheureusement quelque peu improvisées. Nous devons voir posément ce qu'il y a à faire pour demain. Je vous demande d'y réfléchir et de m'en parler.

Veuillez croire, mon cher Rethoré, à mes sentiments bien cordialement dévoués.

À Émile Janvier[1], à Saint-Denis-sur-Sarthon

17 mai 1951

Mon cher Janvier,

Les difficultés que le départ de M. Terrenoire provoque pour la constitution de la liste de l'Orne ne m'échappent pas.

Mais il faut en finir et je vous demande d'accepter la troisième place[2], comme je vous l'avais dit.

J'ai conscience du sacrifice qui vous est imposé, mais c'est votre devoir et d'ailleurs, vous le verrez, c'est la voie du succès.

Croyez, mon cher Janvier, à mes sentiments cordialement dévoués.

À Pierre-Louis Berthaud, à Paris

18 mai 1951

Mon cher Berthaud,

Votre lettre m'est bien parvenue.

M. Henry-Simon étant effectivement revenu sur sa décision, c'est à lui qu'il appartient, puisqu'il a été désigné par les compagnons du Tarn, d'être le porte-drapeau du Rassemblement dans ce département[3].

Mais je tiens à vous dire combien j'apprécie votre attitude. Je savais, d'ailleurs, que je pouvais compter sur vous quoi qu'il arrive.

Soyez assuré que je me souviendrai du désintéressement dont vous faites preuve en la circonstance et croyez, mon cher Berthaud, à mes sentiments cordialement dévoués.

Discours prononcé à Nantes

20 mai 1951

Ce qui réunit, à Nantes, notre immense assemblée, c'est cela même qui, partout, remplit l'âme de notre peuple. Soucis pour la France menacée. Volonté de surmonter le péril. Espérance à la pensée que la nation va prendre la parole, renvoyer ses mauvais guides, sortir de l'affreux marasme où les partis la tiennent enlisée, prendre enfin la route du salut.

Je dis : les soucis, les périls. Oui ! Au-dehors le régime soviétique, au-dedans ses auxiliaires, préparent l'asservissement de la France. Le plus grand danger de son histoire plane sur elle au moment même où sa

1. Conseiller général de l'Orne.

2. Dans sa réponse du 19 mai 1951, Émile Janvier accepte la décision du général de Gaulle.

3. M. Henry-Simon avait auparavant refusé d'être candidat en raison de difficultés professionnelles. Celles-ci réglées, il s'est décidé à accepter.

puissance est réduite, rompue son unité et où les causes qui, hier, faillirent la perdre ont hélas ! réapparu : séparatisme, divisions intestines, impuissance des pouvoirs publics.

On voit trop bien ce que cela donne ! Au point de vue matériel, bien que notre pays travaille activement, dans ses usines, ses champs, ses bureaux, bien que les grèves et le chômage ne dépassent nullement chez nous ce qu'ils sont partout ailleurs, bien que nous ayons eu, par chance, plusieurs belles récoltes successives, bien que les Français paient en impôts directs et indirects le tiers de leur revenu, bien qu'en trois ans les États-Unis nous aient fourni en nature ou en espèces près de deux milliers de milliards, bien que nous n'ayons pratiquement pas commencé notre réarmement, c'est un fait que les finances publiques sont en complet déséquilibre. Le budget de 1951, qui n'est même pas encore voté à la fin du cinquième mois, est déjà en déficit de plus de 800 milliards. Les prix montent, suivis de loin par les salaires et les traitements. Chaque mois, le montant des billets s'accroît de plusieurs dizaines de milliards. Nous sommes en plein processus d'inflation.

Au point de vue social, s'il est clair que le communisme constitue, au cœur de la nation, un mécanisme destiné à la briser par l'intérieur pour la livrer à l'invasion, s'il est vrai que la cause principale de cet affreux déchirement est l'injustice de la condition ouvrière, c'est un fait que rien n'est accompli pour liquider le complot des séparatistes, pour leur enlever leurs places de sûreté syndicales, surtout pour guérir la plaie en faisant des travailleurs, dans les entreprises, des sociétaires, non des instruments.

Au point de vue de la sécurité, tandis que la menace soviétique ne cesse de s'alourdir, que le rideau de fer est rigoureusement abaissé sur les deux tiers de l'Europe et la moitié de l'Asie, que la guerre fait rage en Indochine et en Corée, qu'il apparaît à l'évidence que, faute de moyens positifs, toutes les conférences du monde ne nous assureront pas la paix, c'est un fait que notre défense nationale continue d'appartenir au domaine des velléités. Nous n'avons aujourd'hui ni plus, ni moins, de divisions actives, d'escadrilles aériennes, de navires de guerre, de réserves instruites, d'armes en fabrication, que nous n'en avions l'an dernier. Nos responsables, dans le complexe d'infériorité où les plongent ces déficiences, s'en remettent aux Américains, leur laissent, notamment au Maroc, bases et communications, placent nos forces aux ordres de leurs chefs, sans avoir la garantie que la France serait défendue avec les moyens nécessaires et dans les délais voulus et sans que nos généraux aient, dans la stratégie commune, une autre part que celle d'exécutants, même quand il s'agit du Rhin, de Paris, de l'Afrique du Nord. Ainsi risquerions-nous d'être, le cas échéant, envahis par les adversaires et dominés par les Alliés.

Il serait certes exagéré de n'imputer qu'à l'actuel système cette situation mauvaise. De toute manière, sous tout gouvernement, la France serait étreinte par les difficultés qui tiennent au drame de ce monde. Nous le savons autant que personne, nous qui l'avons guidée dans la pire épreuve de son histoire. Car, ce que la France a perdu en puissance et en cohésion, ce que pèse, tout auprès d'elle, le bloc énorme des Soviets, ce que l'effondrement de l'Europe, le bouleversement de l'Asie, l'ébranlement de l'Afrique, présentent de durs aléas, ce que la solidarité – d'ailleurs indispensable – avec les États-Unis comporte de risques d'empiétements, placent la France dans une situation dont rien, ni personne, ne sauraient empêcher qu'elle soit rude et grave.

Mais c'est justement parce que, par le temps qui court, et au milieu du monde tel qu'il est, les conditions dans lesquelles se trouve la nation française sont, à tous égards, périlleuses, qu'elle n'eut jamais autant besoin d'une armature qui réponde au danger. Nous prétendons qu'au lieu du régime d'immobilisme et de divisions qui, tristement, figure à sa tête, il lui faut un État qui la conduise et un peuple qui soit rassemblé.

Car, en juxtaposant dans les Pouvoirs publics, comme le fait l'actuel système, des tendances contradictoires et des prétentions rivales sans que s'exerce un arbitrage national, sans que les participants puissent s'abstraire de leurs clientèles, sans que le pays attache à ces collègues agités sa foi, ni son espérance, sans que les puissances étrangères en attendent autre chose que des concessions, on peut, dans une période paisible, végéter médiocrement en grignotant le capital matériel et moral accumulé par la France. Mais on ne peut mener une action, c'est-à-dire avoir une politique. Sitôt que souffle le vent, on n'est plus qu'un équipage se querellant et titubant sur une nef à la dérive. « Pourquoi donc, il y a cinq ans, avez-vous quitté le pouvoir ? » me disent parfois, pour la galerie, les gens du régime, qui savent fort bien à quoi s'en tenir. Je réponds : « Parce que, dans la voie que vous avez prise, et le système que vous pratiquez malgré moi et contre moi, il n'est pas de gouvernement possible. »

Mais le pays va parler. Ce n'est pas volontiers, certes, que les partis y consentent. Devant la dérisoire faillite de la Constitution qu'ils avaient faite entre eux et pour eux, malgré moi et contre moi, et en présence du spectacle de leur coupable impuissance, je n'ai cessé de leur crier qu'il fallait recourir au peuple. Mais ils n'avaient d'autre souci que de s'accrocher. Ils allaient donc, de crise en crise – quatorze ministères en quatre ans ! – sans même essayer de résoudre aucun des problèmes qui nous pressent, tandis que la France flottait à la dérive des événements. Voici pourtant que les partis, effrayés par les échéances menaçantes, voyant les caisses vides, entendant la rumeur du mécontentement populaire et de l'inquiétude nationale, pressés par les Alliés d'accomplir à la fin des fins, quant à la défense commune, un effort qui ne soit pas verbal, se résignent à subir la consultation nationale dans l'espoir d'échapper à la condamnation avant que n'éclate la tempête.

Eh bien ! ces élections c'est la chance de la France. Personne ne peut s'y tromper chez nous. Personne, en tous cas, ne s'y trompe au-dehors. C'est l'occasion historique de décider ce qui doit être fait et de choisir qui peut le faire. Quant à moi, je dis hautement à la nation ce que je tiens pour nécessaire au salut de notre pays : Libérer la République des entraves qui l'empêchent d'agir. Arracher les pouvoirs à la discrétion des partis. Entreprendre le redressement national : rétablir en donnant à chacun, en France, sa part et sa dignité ; et en réconciliant pour marcher vers l'avenir ceux qu'ont blessés et opposés les événements terribles du Passé ; prospérité à refaire en développant la productivité française par l'association du travail et du capital ; affaires de l'État, c'est-à-dire : finances, services publics, administrations, à mettre en ordre à tous les égards ; sécurité à assurer en donnant à la patrie une armée qui soit son armée, en faisant, de l'Union française, une union qui soit française, en guidant l'Europe vers l'unité, en conjuguant notre défense avec les États atlantiques comme alliés, mais non comme maîtres.

Il suffit, comme nous l'avons fait, d'évoquer le danger qui plane et la tâche à accomplir, pour que chacun mesure qu'il s'agit d'un long et rude effort. Je ne l'ai jamais caché. Je l'affirme bien haut aujourd'hui alors que la nation s'apprête à fixer son destin en choisissant le système qui va gouverner la France : communisme, régime des partis ou, entre ces deux extrêmes, Rassemblement du peuple français.

À chaque Française, à chaque Français, je demande son aide et son suffrage. J'en appelle à la fois à toutes les familles spirituelles qui, depuis tant de siècles, inspirent à la nation : soit l'esprit de la Chrétienté, soit le souci de la justice sociale, soit l'amour de la liberté, soit le respect de la tradition. Au lieu que ces sources diverses mais nullement exclusives, de sentiments et d'opinions restent livrées aux partis qui les divisent et les subdivisent, il faut que tous ceux qu'elles inspirent accomplissent ensemble l'œuvre du salut public. Le Rassemblement du peuple français a été créé pour cela. Ce sont les hommes qu'il appelle à lui. C'est formé, comme la nation elle-même, d'éléments d'origines diverses, mais solidaires et résolus qu'il va se présenter aux suffrages des Françaises et des Français.

La mission de la République, c'est le salut du pays. Pour l'accomplir, elle doit être au peuple et non aux combinaisons sordides et périmées des partisans. Nous sommes prêts à faire le nécessaire. Françaises, Français, aidez-moi !

Vive la République !
Vive la France !

À Jacques Baumel[1]

21 mai 1951

Mon cher ami,

Vous savez, mieux que personne, quelles sont ma charge et ma responsabilité. J'en tire le droit et j'en porte le devoir de donner à un homme tel que vous, qui est, comme moi, lié au « service », ce qu'il faut appeler un ordre.

Jacques Baumel, vous devez vous présenter dans le 2e secteur de Paris à la place que je vous indique.

Je vous embrasse.

À Michel Debré[2], à Paris

22 mai 1951

Mon cher ami,

Aidez Michelet. Je vous le demande. Allez lui donner un coup de main en Corrèze.

Vous voyez que je ne vous « ménage » dans aucun sens…

Mais j'ai pour vous une sincère amitié dont je vous adresse l'expression et le témoignage.

À Jacques Baumel

Paris, 24 mai 1951

Mon cher ami,

Comme vous me l'avez vous-même suggéré, devant les objections que soulève votre candidature dans le 2e secteur et étant donné l'impossibilité où nous sommes de vous présenter ailleurs dans des conditions convenables, faute d'y avoir pourvu plus tôt, je dois vous demander de ne pas vous présenter cette fois-ci.

Vous resterez avec moi pour assurer la marche de notre organisation que le départ de beaucoup de membres de notre Conseil va bouleverser.

Je vous embrasse, mon cher ami. La blessure qui vous est faite me blesse autant que vous.

1. Membre du Conseil de direction du RPF et délégué pour la région parisienne.
2. Sénateur d'Indre-et-Loire.

Télégramme au général de Lattre de Tassigny[1], à Saigon

Juin 1951

De tout mon cœur je vous adresse ainsi qu'à Mme de Lattre ma plus profonde sympathie dans votre immense et noble chagrin. Ma femme y joint ses sentiments les plus émus et attristés. Le lieutenant Bernard de Lattre de Tassigny a rempli de gloire son matin. Il sert maintenant la France auprès de Dieu. Je vous embrasse.

À la générale Catroux

1er juin 1951

Chère madame,

J'ai bien reçu votre lettre et j'ai apprécié la franchise avec laquelle vous m'y livrez vos réflexions.

Constituer une liste n'est, nulle part, une chose facile et dans les Alpes-Maritimes moins encore qu'ailleurs.

Mais ce qui importe plus que les hommes, c'est la cause pour laquelle ils ont pris l'engagement de se battre. Je ne doute pas que ce soit aussi votre sentiment et je compte sur vous pour donner au général Corniglion-Molinier et à ses colistiers tout l'appui qui est en votre pouvoir.

Veuillez agréer, chère madame, mes respectueux hommages.

Adresse aux grands électeurs de l'Union française

1er juin 1951

Écoutez-moi ! Vous tous qui, par vos suffrages, allez fixer le destin.

Le communisme, camouflé ou non, c'est la servitude.

Les partis et leur régime, c'est l'impuissance, le danger.

Votez pour le Rassemblement du peuple français.

Alors, je vous le promets, nous bâtirons l'Union française, la grande œuvre de notre temps.

1. Haut-commissaire et commandant supérieur des troupes en Indochine, il vient de perdre son fils, le lieutenant Bernard de Lattre de Tassigny, tué au Tonkin le 30 mai.

À Geoffroy de Courcel, à Paris

1er juin 1951

Mon cher ami,

Vous m'avez, avec une sincérité et une délicatesse que j'ai appréciées, exposé vos réflexions concernant la question personnelle que la prochaine consultation électorale devait poser pour moi.

Les arguments que vous mettez en avant sont en effet parmi les principaux qui pouvaient être invoqués en faveur de ma candidature[1]. Mais, si valables qu'ils soient, ils me paraissent cependant peser moins lourd que les inconvénients qu'une telle solution n'eût pas manqué d'entraîner avec elle.

C'est donc, après y avoir réfléchi et avec la certitude de pouvoir mieux servir le pays, que j'ai décidé de ne pas me présenter.

Je vous remercie de m'avoir, en cette occasion, une nouvelle fois témoigné votre fidèle amitié et je vous prie de croire, mon cher ami, à mes sentiments cordialement dévoués et à mon meilleur souvenir.

Note pour Pierre Juillet

6 juin 1951

Il me semble que M. Ventenat et ses colistiers se sont fourvoyés dans leur apparentement actuel avec la « 3e force » en Dordogne.

S'ils venaient à le reconnaître et jugeaient préférable dans l'intérêt national de rompre cet apparentement et de ne pas présenter de bulletins lors de l'élection, nous, – et notamment moi-même, – ne l'oublierions pas pour une occasion ultérieure.

Au général de Lattre de Tassigny

8 juin 1951

Mon cher général,

Votre immense chagrin m'a touché au fond du cœur. Je tiens à vous le redire, en ajoutant que si les circonstances m'ont empêché d'être en personne auprès de vous lors des nobles et cruelles cérémonies, j'y étais par la pensée et par l'affection, comme aussi par la prière.

---

1. Selon Geoffroy de Courcel la candidature du général de Gaulle serait la preuve qu'il ne dédaigne pas l'institution parlementaire. Elle créerait également un élément de confiance dans le succès du RPF. Le général de Gaulle serait à même de jouer, à la tête d'un groupe parlementaire nombreux, le rôle de chef de la majorité ou celui de chef de l'opposition suivant le cas. Il pourrait à ce titre se faire entendre à tout moment à la tribune sur les grandes questions d'intérêt national.

Maintenant, il vous reste le service, le devoir, et eux seulement. Je suis sûr, vous connaissant, qu'aucun chagrin, – même le plus grand de tous, – ne vous en détournera d'une ligne. Votre œuvre en Indochine est capitale à tous les égards. Vous l'avez menée de telle sorte qu'elle est l'honneur, la consolation du pays. Vous la continuerez.

Mes hommages infiniment attristés et respectueux et les profondes sympathies de ma femme vont à Mme de Lattre de Tassigny. Puisse-t-elle les accueillir !

Et vous, mon général, soyez sûr de ma dévouée amitié.

La nouvelle Assemblée nationale élue le 17 juin 1951 « à la proportionnelle avec apparentements » qui additionnent administrativement des suffrages politiquement différents – système condamné par le général de Gaulle comme une manipulation électorale affaiblissant la République – compte 118 « gaullistes » sur 625 sièges, 104 socialistes, 103 communistes, 98 modérés, 94 RGR et 85 républicains populaires ; l'effritement de la SFIO et surtout du MRP se poursuit. Même en tenant compte des 103 députés communistes qui suivent une politique à part depuis 1947, ce succès du Rassemblement du peuple français, devenu la plus importante formation de l'Assemblée, ne lui permet pas mieux qu'une « minorité de blocage », à condition de conserver la totale cohésion de ses élus. Le général de Gaulle va s'y efforcer pour maintenir la pression sur le régime en vue de réformer l'État, réforme qui demeure son but fondamental.

Il le confirme au cours de deux conférences de presse au Palais d'Orsay le 22 juin et le 21 décembre, de trois conseils nationaux ou assises nationales du RPF à Levallois-Perret le 1er juillet ; à Saint-Mandé du 2 au 4 novembre ; à Nancy du 23 au 25 novembre ; au cours de voyages dans le Finistère le 15 juillet ; dans le Nord les 1er et 2 septembre ; dans la Manche le 23 septembre et en Ille-et-Vilaine le 30 octobre.

Voyage privé au Maroc du 24 au 28 octobre.

Des élections cantonales ont lieu les 7 et 18 octobre. Le RPF y obtient 95 élus et gagne 70 sièges, confirmant ainsi ses succès déjà obtenus dans presque toutes les grandes villes dont Paris, Marseille, Bordeaux, Lille, Rennes et Strasbourg.

Dans l'ordre international, le président du RPF propose une Confédération européenne comprenant l'Allemagne et refuse une armée européenne fusionnée sans une direction politique préalablement établie : il veut empêcher les politiciens de se décharger de leurs responsabilités nationales propres en s'en remettant à quelque « commandement technique intégré », plus ou moins apatride aux yeux du soldat.

En Indochine, sous l'impulsion du général de Lattre de Tassigny, haut-commissaire, l'armée française reprend avec succès l'offensive au Tonkin et en Cochinchine et poursuit activement la formation d'une armée vietnamienne qui constitue pratiquement ses seules réserves. Malheureusement, la cessation progressive des hostilités en Corée va libérer d'importantes ressources de la Chine communiste au profit de notre adversaire viêt-minh déjà soutenu par la Russie soviétique.

Le général de Lattre se rend à Washington en septembre pour demander des soutiens matériels américains.

Le 23 juillet le maréchal Pétain, très entouré médicalement, meurt à l'île d'Yeu à l'âge de quatre-vingt-seize ans.

Le 8 août 1951 le gouvernement de René Pleven succède à celui de Henri Queuille démissionnaire depuis le 10 juillet.

La fin de l'aide financière dite « plan Marshall » et les faiblesses de la politique française n'ont pas amélioré une situation économique et financière difficile.

Message[1]

18 juin 1951

La vague ne détruit pas le granit.

Vous, les marins de la France libre, ce que vous avez fait pour la France en poursuivant la lutte sur la mer, envers et contre tout, dans le plus grand drame de notre histoire, rien, ni le temps, ni les passions, ne l'effaceront jamais.

Je vous salue, mes camarades !

Au lieutenant de vaisseau de Gaulle[2], à Port-Lyautey (Maroc)

19 juin 1951

Mon cher Philippe,

Je te remercie de ta lettre, reçue à la veille des élections et qui a touché ton Papa. Les résultats auraient pu être meilleurs. Ils ne sont cependant pas – loin de là – mauvais. En circulant dans le pays pendant ces trois dernières semaines, j'ai pu voir que le « gaullisme » était très vivant et sentimentalement très fort et très répandu. Il est plus malaisé d'en construire une force politique et électorale. Car toutes les routines, habitudes, positions personnelles jouent localement à l'encontre. D'autre part toutes les féodalités de presse, d'affaires, de syndicats, d'administration, et hélas ! de religion jouent forcément contre le mouvement qui veut redresser l'« État ».

Cependant, nous mettons dans la nouvelle Chambre 120 élus. Sans les truquages des apparentements, nous en aurions 35 de plus. Partant de là nous allons poursuivre et développer l'entreprise. Pour moi j'y suis très

1. À l'occasion de la création de l'Amicale des Forces navales françaises libres.
2. Officier en second de la flottille 2 F d'aéronautique navale.

résolu. Il n'y a pas d'autre issue nationale possible. En outre, pratiquement, il faut bâtir un encadrement politique de la France qui remplace celui des partis.

Je pense qu'à l'heure où t'arrivera ma lettre, vous serez, Henriette, toi et le petit Charles installés chez vous. Ce sera un grand changement succédant à tous les malaises de l'arrivée et de l'hôtel.

Qui étaient le capitaine de corvette et le lieutenant de vaisseau de Port-Lyautey[1] qui ont été victimes du récent accident ? Quel appareil avaient-ils[2] ? Comment croit-on que c'est arrivé ?

Maman et moi vous embrassons de toute notre affection. Au revoir, mon cher Philippe, mon vieux garçon.

Ton Papa

À Le Provost de Launay[3]

21 juin 1951

Mon cher président,

Votre aimable lettre m'a touché. Nous avons fait ce que nous avons pu et ce que nous devions.

Le résultat est positif, mais sans éclat. C'est le reflet d'une situation nationale dont le signe n'est pas, au total, l'ardeur, ni la grandeur. Cependant, nous avons maintenant au service du pays, un instrument politique valide et valable. Nous devons nous en servir en vue de l'intérêt public.

J'ai su que vous aviez largement et puissamment contribué à notre campagne à Paris. Laissez-moi vous en remercier.

Je vous prie d'agréer, mon cher président, l'expression de mes sentiments les plus distingués et dévoués.

À Maître Carlini[4]

26 juin 1951

Mon cher ami,

J'ai été heureux d'apprendre votre élection à l'Assemblée nationale et tiens à vous en féliciter.

1. Port-Lyautey prendra le nom de Kenitra à la fin du protectorat français en mars 1956.
2. Un avion bimoteur Wellington de recherche et de lutte anti-sous-marine, piloté par le capitaine de corvette Brossier, commandant la flottille 2 F, vient d'être perdu en vol de nuit au large des côtes marocaines avec huit hommes à bord.
3. Président du groupe du journal *Paris-Presse-L'Intransigeant*, membre du Conseil municipal de Paris.
4. M. Carlini présidera les différents conseils nationaux et assises du RPF durant le second semestre de 1951.

Vous avez, sous l'égide du Rassemblement du peuple français, remporté une belle victoire. Nous comptons sur vous pour la suite.

Croyez, mon cher ami, à mes sentiments cordialement dévoués.

À Henri Bernstein, à Paris

29 juin 1951

Mon cher maître,

S'il est devant le drame français, dont vous évoquez le récent épisode, des spectateurs particulièrement lucides, vous êtes certainement parmi les tout premiers.

Il fallait, en effet, que notre position fût nette, quitte à décevoir une nouvelle fois ceux qui, depuis onze ans, n'ont pas encore compris où mènent les solutions de facilité. Le résultat, comme vous le pensez justement, est encourageant et permet de regarder l'avenir avec confiance.

En vous remerciant du témoignage que vous venez de m'apporter de façon si délicate, je vous prie de croire, mon cher maître, à mes sentiments de sincère dévouement.

Au lieutenant de vaisseau de Gaulle, à Port-Lyautey (Maroc)

3 juillet 1951

Mon cher Philippe,

Je comprends très bien ton actuel état d'esprit. Tout s'est en effet ligué pour te donner des motifs d'irritation et même de trouble. Au point de vue de l'idéal, du métier, de la carrière, le triste état du matériel de ta formation et l'absurde accident survenu à ton chef direct et à son équipage. Au point de vue des procédés, le fait que tu es envoyé d'office en mission au moment le plus incommode. Au point de vue de ton installation, les difficultés dans lesquelles tu te trouves encore et qui tiennent Henriette et le petit Charles éloignés et privés de confort. Mais je te sais le cœur assez ferme et l'âme assez haute pour surmonter tout cela. Une décision qui consisterait à changer ta carrière ne pourrait, s'il le fallait vraiment un jour, être prise par toi qu'après une réflexion très mûrie qui comporte la certitude de voir s'ouvrir une autre vie et aussi la pensée de toutes les répercussions que *ton* départ de la Marine aurait dans tous les milieux.

Ceci dit, je vais cette semaine voir avec précision ce qu'il en est des perspectives concernant ta formation, notamment quant à l'arrivée des fameux Lancaster et quant à l'emploi des vieux Wellington en attendant que leurs successeurs arrivent.

Je te verrai de toute façon cet été car j'ai décidé – n'en parle pas – d'aller discrètement au Maroc avec Maman après la naissance de votre deuxième bébé.

J'écris demain à Henriette pour qu'elle sache bien combien nous l'aimons et pensons à elle et pour lui demander de ne pas se laisser mal impressionner par les débuts mouvementés de votre séjour au Maroc.

Au revoir, mon cher Philippe. À bientôt. Je t'embrasse de tout mon cœur. Sache que je ressens profondément tout ce que tu ressens toi-même et qui est l'un des effets de la crise traversée par notre pauvre cher pays. Rien ne me prouve plus clairement que le devoir est de lutter pour le relèvement de la France.

Ton Papa t'embrasse de tout son cœur.

À Émile Henriot, de l'Académie française

3 juillet 1951

Mon cher maître,

Il est saisissant de voir, grâce à votre magnifique talent, comment se prolongea en tragédie de détail le grand drame du monde, comment tâchèrent de le maîtriser, chacun à sa manière, les divers humains dont vous faites vos personnages. Il est émouvant que le désordre, par quoi des vies sont manquées, puisse aboutir cependant à la noblesse du sacrifice. Combien est-il vrai, enfin, que tout recommence toujours sans nous !

En vous remerciant de m'avoir adressé et aimablement dédicacé ce très beau livre[1], je vous prie de croire, mon cher maître, à mes sentiments les plus distingués et sincèrement dévoués.

À Jacques Soustelle[2]

6 juillet 1951

Mon cher ami,

Le devoir vous impose d'accepter et d'exercer la mission capitale et très délicate que constitue la présidence de notre groupe à l'Assemblée nationale[3].

De ce fait, vous vous voyez contraint de suspendre l'exercice de vos fonctions de secrétaire général de notre Rassemblement.

---

1. M. Émile Henriot venait de publier *Tout va recommencer sans nous*, roman qui débute avec la guerre de 1914 et se termine à la libération de Paris.
2. Député du Rhône.
3. En remplacement de Louis Terrenoire, nommé secrétaire général du Rassemblement du peuple français.

Sachez que tous mes compagnons sont, comme moi-même, au grand regret de reconnaître que vous ne pouvez effectivement pas assumer les deux charges à la fois. Mais, sachez aussi que le Rassemblement tout entier entend que vous gardiez avec tous ses organes le contact le plus étroit.

Quant à moi, je vous dirai simplement que notre travail en commun de ces quatre dernières années, prolongeant celui des sept précédentes, et toujours au service exclusif du pays, ne me laisse pour vous qu'une estime extrême et une profonde affection.

À Jacques Chaban-Delmas[1]

8 juillet 1951

Mon cher Chaban-Delmas,

J'ai le plaisir de vous informer que je vous ai nommé membre du Conseil de direction du Rassemblement du peuple français.

Je vous fais parvenir sous ce pli la décision qui a été prise après délibération du Conseil de direction de ce jour.

Croyez, mon cher Chaban-Delmas, à mes sentiments cordialement dévoués.

À R. Bourillet de Bechon

13 juillet 1951

Mon cher Bourillet de Bechon,

J'ai constaté avec satisfaction, à la lecture de votre lettre, le bel effort fourni par la section du RPF de Berlin[2] depuis le début de l'année. Je sais que ce résultat vous est dû pour une grande part.

Au moment où vous vous voyez obligé d'abandonner les fonctions que vous assumiez à la tête des compagnons de cette ville, je tiens à vous féliciter pour votre action et à vous remercier du dévouement dont vous avez fait preuve.

Croyez, mon cher Bourillet de Bechon, à mes sentiments très cordiaux.

1. Député-maire de Bordeaux.
2. La section du RPF de Berlin représentait la quasi-totalité des Français adultes, y compris les militaires du contingent, soit 810 adhérents qui venaient de faire un don de 83 000 francs prélevés sur les disponibilités de leur organisation.

Décision de création d'une commission exécutive du RPF

17 juillet 1951

Il est créé une « Commission exécutive du Rassemblement du peuple français ».

Cette commission règle, à l'intérieur du Rassemblement, les mesures d'exécution résultant des décisions d'ensemble prises en Conseil de direction.

Composition de la Commission exécutive :
Général de Gaulle, président
P. Billotte
A. Bozel
R. Capitant
Pierre de Gaulle
A. Malraux
J. Soustelle
L. Terrenoire

Le secrétariat de la Commission exécutive est assuré par Louis Terrenoire, secrétaire général du Rassemblement du peuple français.

Note pour Georges Pompidou

18 juillet 1951

Au sujet de l'affaire de *Ce Matin*[1],

Il y a, pour ce qui me concerne, dans le présent et dans l'avenir, divers points à régler avec précision et d'une manière explicite :

1. Conditions auxquelles je fournis à la Société ou mieux au groupe que nous formons les 40 millions qui m'ont été remis, et, éventuellement, d'autres sommes qui me le seraient.

2. Composition (membres) de cette société. La présence de chacun d'eux implique mon accord.

3. Droit, que je me réserve, de choisir le président-directeur général de *Ce Matin*, le directeur rédacteur en chef, le directeur politique, le directeur administratif. Droit, pour moi, de les changer.

Il s'agit, en somme, de m'assurer de garanties, en ce qui concerne la bonne marche et l'orientation du journal, sans me mêler à la responsabilité financière et sans m'attribuer personnellement aucune part de propriété.

Voir comment ceci pourrait être assuré.

---

1. Projet de journal quotidien du RPF qui n'a jamais pu être réalisé. Cette organisation n'a finalement disposé que d'un hebdomadaire d'abord appelé *L'Étincelle*, puis *Le Rassemblement*, d'un mensuel *Liberté de l'esprit*, et enfin d'éditoriaux dans des journaux du groupe de presse Amaury tels que *Carrefour*.

Note pour M. Léspès

18 juillet 1951

Il y aurait intérêt à voir le colonel Génain, président-directeur général de la Cie des Transports aériens intercontinentaux (TAI[1]) et meneur d'autres affaires.

Cette TAI pratique des systèmes d'intéressement très rapprochés de l'Association[2] et qui donnent, au point de vue de la productivité, d'excellents résultats (Génain *dixit*).

Le colonel Génain, que j'ai vu, est sérieux et paraît être convaincu.

Peut-être q.q. chose à publier à ce sujet ?

Au général d'armée (CR) Paul Beynet[3], à Menton-Saint-Bernard, Haute-Savoie

26 juillet 1951

Mon général,

Je vous remercie de l'aperçu que vous me donnez sur la campagne électorale dans la Haute-Savoie. Les conclusions que vous en dégagez m'ont intéressé.

Il est bien vrai que trop de Français n'ont plus le sentiment de la chose publique. Ce n'est pas le régime des partis qui le leur rendra. Il ne peut d'ailleurs rien faire d'aucune manière et s'il entreprenait un jour les réformes que nous préconisons dans l'intérêt du pays, il se trouverait, de par sa nature même, dans l'impossibilité de les réaliser.

J'ai beaucoup regretté de vous manquer lors de votre dernier passage à Paris. Si vous y revenez, veuillez me le faire savoir à l'avance.

Je vous demande de présenter à Mme Beynet, avec les compliments de ma femme, mes respectueux hommages et de croire, mon général, à mes sentiments fidèlement dévoués.

À Raymond Brugère

7 août 1951

Mon cher ambassadeur,

C'est avec beaucoup d'intérêt que j'ai pris connaissance des réflexions que vous a inspirées la dernière consultation nationale.

1. C'est la TAI qui assura le transport privé du Général au Maroc.
2. Association capital-travail.
3. Ancien délégué général et plénipotentiaire au Levant de 1944 à 1946.

Vous avez notamment attiré mon attention sur les erreurs qui ont pu être commises ici ou là, au cours de la campagne qu'a menée le Rassemblement.

Bien sûr, les hommes sont les hommes et toute organisation politique a ses imperfections, d'autant plus apparentes que les objectifs sont plus élevés. Mais en définitive, les résultats ne sont pas si mauvais.

Je tenais en tout cas à vous remercier de vos intéressantes suggestions et à vous dire combien je vous étais reconnaissant de me les avoir adressées.

Croyez, mon cher ambassadeur, à mes sentiments les plus distingués et cordialement dévoués.

Au lieutenant de vaisseau de Gaulle, à Port-Lyautey (Maroc)

11 août 1951

Mon cher Philippe,

Nous pensons constamment à vous, en particulier à Henriette et à l'heureux événement qui approche. Je te dirai franchement que, s'il naît un garçon, le nom de René, ni celui d'Alain, ne me paraîtraient convenir puisqu'il y a déjà René et Alain de Gaulle, presque contemporains de votre futur bébé, car, à une douzaine d'années près, on n'est pas bien loin l'un de l'autre dans la vie. Si votre deuxième fils s'appelait Yves, je crois que ce serait très bien pour ta Maman certes, mais aussi pour la Bretagne où il fut « imaginé ». Naturellement et quoi qu'il en soit, ce que vous choisirez sera très justifié. Le nom qu'on porte a son importance, mais l'essentiel est d'être en vie et gaillard pour le porter. Si c'est une fille, nous serons heureux qu'elle s'appelle Anne.

Il est possible que je vienne incognito pour le baptême. Mais il faudrait que je ne paraisse absolument pas en dehors de la cérémonie même, et encore ne serais-je présent à celle-ci que tout à fait à l'improviste. Tu comprends aussi bien que moi que ce sont là des conditions nécessaires, surtout au Maroc. Dans le cas où je viendrais je préviendrais moi-même personnellement le général Juin qui garderait le secret, tout en étant averti. Si tu as une idée pour l'endroit où je pourrais descendre avec Maman, écris-le-moi. Il faudrait une propriété privée, écartée, la distance importerait assez peu. Je ne sais si cela serait possible chez Mme Chavent ? Nous arriverions en avion particulier et irions directement à l'endroit voulu. De toute façon, j'enverrais quelqu'un d'avance de Paris pour préparer les détails.

Au revoir, mon cher Philippe.

Malgré certaines apparences, les affaires de notre Rassemblement ne vont pas mal du tout. Les autres achèvent eux-mêmes leur déconfiture. Maman et moi vous embrassons bien affectueusement tous les trois.

Ton Papa

Au lieutenant de vaisseau de Gaulle, à Port-Lyautey (Maroc)

28 août 1951

Mon cher Philippe,

Je pense que les questions matérielles qui ont compliqué, pour Henriette et pour toi, les débuts de votre séjour au Maroc sont maintenant à peu près arrangées et que vous préparez sans trop de soucis la venue au monde de votre deuxième bébé. Sache que Maman a fait, pour qu'il en soit ainsi, tout ce qu'on peut imaginer. Tiens-moi au courant de ce qui se passe quant à la base et la flottille.

L'atmosphère est lourde sur le monde. Quant à la France, cette sorte de renoncement à elle-même dans lequel elle est prostrée, en ce qui concerne les grandes affaires, ne se dissipe que lentement. Pour moi, en dépit des résultats médiocres des récentes élections, je persiste à compter sur le redressement et continue à en forger l'instrument. Mais ce sont des montagnes de glu à remuer.

À bientôt, j'espère, mon cher Philippe. Je t'embrasse de tout cœur. Partage mes profondes affections avec Henriette et le petit Charles.

Ton Papa

Au duc de Choiseul-Praslin[1], à Périgueux

1er septembre 1951

Cher Monsieur le duc,

Votre lettre à André Siegfried m'a fort intéressé. Si cet académicien et professeur cherche, sans la trouver dit-il, une droite intelligente, aurait-il par hasard découvert une gauche qui le soit ? pour ne point parler du centre. Il ferait mieux de reconnaître que, par le temps qui court, aucun parti n'est plus « à la page » et que les événements nous imposent de trouver aux pouvoirs publics d'autres bases que les clans politiciens, périmés et malfaisants. Mais je redoute que M. Siegfried, une fois pour toutes figé dans ses vues, ne renouvelle jamais à cet égard les conceptions qu'il s'est formées et qu'il a tant contribué à répandre dans le public bourgeois français. Ceci entre nous, bien sûr.

Voici pour moi, cher Monsieur le duc, une bonne occasion de vous adresser l'expression de mes sentiments de haute considération et de fidèle dévouement.

---

1. Voir la lettre à Pierre Juillet du 13 septembre 1949, concernant le fils du duc, tué dans les Forces françaises libres.

À Christian Fouchet

6 septembre 1951

Mon cher Fouchet,

Je viens de voir notre compagnon Loison, sénateur de Seine-et-Oise, d'autre part j'ai examiné personnellement la question des candidatures cantonales pour ce département.

Quel que puisse être le désir de Loison, j'estime que ce n'est pas dans le canton de Saint-Germain qu'il convient que le Rassemblement le présente. Au contraire, le canton – d'ailleurs très difficile – de Gonesse est pour ce militant si déterminé et si valable un champ de bataille où nous devons lui demander de s'engager.

C'est ce que je lui ai dit. Je compte et j'espère que c'est ce qu'il fera.

Amicalement vôtre.

Au lieutenant de vaisseau de Gaulle, à Port-Lyautey (Maroc)

14 septembre 1951

Mon cher Philippe,

Ma pensée va vers Henriette et toi, vers le cher et beau petit Yves, vers le noble et audacieux Charles. Tu ne saurais croire à quel point la naissance de votre second fils m'a causé de joie et de fierté !

Mais je dois te dire qu'une fois reçue ta première dépêche, nous avons, ta Maman et moi, attendu avec beaucoup d'impatience ta lettre et des nouvelles un peu explicites qui ont pas mal tardé : *Res est solliciti plena timoris amor*.

J'espère que les Lancaster[1] commencent à arriver. Tiens-moi au courant.

Ci-joint pour clinique, etc.

Au revoir, mon vieux garçon. Ta Maman et moi vous embrassons tous quatre très affectueusement.

Ton Papa

[PS] Nous envoyons notre bon souvenir à Mlle Wilms.

1. Avion quadrimoteur de recherche et de lutte anti-sous-marine, de fabrication britannique.

Appel du général de Gaulle à l'occasion des élections cantonales[1], publié dans le bulletin du RPF *Le Rassemblement*

21 septembre 1951

Français ! Où en est la France ? Nous travaillons, nous produisons, nous payons de très lourds impôts, nous respectons l'ordre public. Mais, au-dedans, l'inflation s'accélère, l'injustice sociale s'accentue, la désunion nationale s'aggrave. Au-dehors, la menace soviétique pèse sur nous plus que jamais. La guerre d'Indochine se traîne. L'unité de l'Europe reste un mythe. L'alliance atlantique, telle qu'elle est pratiquée, dissout notre indépendance, sans nous couvrir réellement.

Que fait le régime des partis, qui occupe la République ? Certes, les promesses s'y affichent. Les projets s'y entassent. Les capacités n'y manquent pas. Mais tout s'y enlise, s'y neutralise, s'y paralyse. Les pouvoirs publics, formés par les partis, étalent leur impuissance. Alors que la fonction de l'État est de conduire le pays, à l'intérieur, c'est l'événement qui mène, à l'extérieur, c'est l'étranger.

Le redressement national exige la réforme profonde du régime. Les séparatistes tâchent de l'empêcher. Les partis, tels qu'ils sont, ne veulent pas renoncer au système dont ils se nourrissent.

Le Rassemblement du peuple français est l'instrument de la rénovation et de l'unité nationales. Il est la force qui monte. Dans chacun des cantons où il présente un candidat, Françaises, Français, je vous le demande, votez pour le Rassemblement du peuple français !

Vive la République !

Vive la France !

Au lieutenant de vaisseau de Gaulle, à Port-Lyautey (Maroc)

11 octobre 1951

Mon cher Philippe,

Nous comptons arriver à Casablanca mercredi 24 octobre à 7 heures du soir (heure locale) par un avion d'Air-Maroc (avion de fret où nous serons seuls passagers). Nous avons demandé à Mme de Montalembert s'il lui plairait, et si elle pourrait, faire le voyage avec nous. Il se trouve que la Compagnie tient à se montrer ultra-ultra-gracieuse. Nous n'avons pas encore la réponse de Mme de Montalembert. Le commandant de Bonneval doit, lui, m'accompagner. Nous comptons repartir le samedi ou le dimanche.

1. Retardées de six mois par manipulation gouvernementale, elles auraient dû avoir lieu en mars-avril précédents.

Tous les arrangements et les renseignements, pour l'atterrissage, le débarquement, le retour, très discrets, sont confiés au colonel Michy, directeur d'Air-Maroc, aérodrome du Camp Cazes, Casablanca, avec qui je te demande de te mettre en rapport.

Nous descendrons – Maman, moi et le commandant de Bonneval – dans une propriété du bled à 40 km de Port-Lyautey, mise à notre disposition par M. et Mme Rollier, qui habitent normalement Rabat, 11, rue Delpit, et avec qui tu ferais bien de prendre contact. Ce sont les Maillot qui ont aimablement arrangé cela.

Je te demande de venir à l'aérodrome à notre arrivée, en amenant une voiture que j'ai demandé à Maurice Maillot de me louer, avec un chauffeur, pour la durée du séjour. Nous voudrions dîner chez vous, ce soir-là, à Port-Lyautey, et gagner ensuite la résidence Rollier (dont nous ne connaissons pas l'exact emplacement). Mme de Montalembert, si elle vient, descendrait peut-être chez vous ou tout près ? car, pour elle, il n'y a pas l'obligation de l'incognito où je me trouve.

Pendant le séjour, nous irons voir les Maillot à Rabat et les Bouillet à Port-Lyautey. C'est tout. À moins que nous puissions aussi, sans trop de complications, voir Mme Chavent, si ce n'est pas trop loin.

Sache, enfin, que j'ai écrit au général Guillaume[1] pour l'avertir, en lui disant que je tiens au secret absolu. Sans doute enverra-t-il tout de même quelqu'un de chez lui à l'arrivée.

À bientôt donc, mon cher Philippe. Maman et moi vous envoyons, à Henriette, à toi, à Charles et au petit Yves, nos plus profondes affections. Nous nous réjouissons beaucoup de vous voir bientôt.

Ton Papa

Note pour M. Pompidou

20 octobre 1951

Régler ces points ridicules avec [X…[2]] et lui faire comprendre – si possible ! – de quoi il retourne… Me prend-il pour un faisan ?

1. Résident général de France au Maroc.
2. Parlementaire qui demandait souvent au général de Gaulle des interventions mineures.

Instruction du 23 octobre 1951, portant modification de l'instruction sur l'organisation du Rassemblement du peuple français du 13 novembre 1947[1]

Conseil national

Le Conseil national comprend 233 membres désignés dans les conditions ci-après, chaque année :

— 40 députés, élus par le groupe du Rassemblement du peuple français de l'Assemblée nationale ;

— 20 sénateurs, élus par le groupe du Rassemblement du peuple français du Conseil de la République ;

— 3 conseillers de l'Union française, élus par le groupe du Rassemblement du peuple français de l'Assemblée de l'Union française ;

— 140 membres élus par les assises nationales, parmi lesquels :

— 70 choisis parmi les candidats présentés par les groupements départementaux (ou territoriaux), et

— 70 choisis parmi ceux présentés par les groupements professionnels et sociaux ;

— 30 membres, nommés par la direction.

D'autre part, tous les membres des groupes parlementaires du RPF peuvent prendre part aux travaux du Conseil national, sur invitation du Conseil.

Au vice-amiral Ortoli[2], à Saigon

31 octobre 1951

Cher amiral,

L'inauguration du monument de Cherbourg en l'honneur du *Surcouf*[3] a été très belle. Je pense que vous avez eu les détails. Inutile de vous dire combien tous – à commencer par moi-même – regrettaient que les opérations vous aient empêché de venir.

Il m'est difficile de vous faire connaître mon sentiment (quant à la grave matière de l'Indochine) par la voie d'une courte lettre. Je le ferai

1. Voir instruction du 13 novembre 1947 qui avait prévu 140 membres avant les élections au Conseil de la République, à l'Assemblée nationale et à l'Assemblée de l'Union française intervenues depuis cette date.

2. Commandant les forces maritimes d'Extrême-Orient.

3. L'amiral, ancien commandant du *Surcouf*, avait écrit pour exprimer ses regrets de n'avoir pu assister à la cérémonie en mémoire de ce sous-marin, le plus grand du monde à son époque, disparu en opérations avec les Forces navales françaises libres le 19 février 1942 dans la mer des Antilles. Il fait en outre une critique sévère de la situation aventurée des opérations en Indochine où commande le général de Lattre de Tassigny.

explicitement quand j'aurai l'occasion de vous voir. En tout cas, vous « servez » bien.

Veuillez croire, cher amiral, à mes sentiments amicalement et fidèlement dévoués.

Note du général de Gaulle au Secrétariat général du Rassemblement

5 novembre 1951

Aux élections partielles d'Ille-et-Vilaine et du Loiret, dont le deuxième tour s'est déroulé le 4 novembre, les candidats du Rassemblement du peuple français ont été distancés de 3 984 voix dans le premier de ces départements et de 2 937 dans le second. Ils ont obtenu au total : […] suffrages, tandis que ceux de la 3e force en totalisaient : […][1].

Par rapport aux résultats du 17 juin dernier, le Rassemblement enregistre un gain de 28 124 voix.

Monsieur le président du Conseil a cru devoir, dans un communiqué, se féliciter des résultats concernant les partis qui lui ont accordé l'investiture. Or ces partis ont perdu au total dans les deux départements 106 995 suffrages depuis les élections générales dernières.

Rappelons qu'aucun des sièges en cause n'était occupé par le Rassemblement. Dans l'Ille-et-Vilaine, un MRP a pris le siège d'un socialiste, ce qui est une affaire intérieure à la « majorité » de Monsieur le président du Conseil.

Apostille[2]

Mon cher Boulet,

Non ! Je n'accepte pas que vous quittiez notre Rassemblement, même s'il s'y est produit des erreurs.

Je vous connais trop bien depuis longtemps pour n'être pas certain que vous m'entendrez.

Pour nous tous, il n'est que de servir. C'est ce que vous avez toujours fait, c'est ce que vous continuez de faire !

Croyez, mon cher Boulet, à mes sentiments cordialement dévoués.

1. Laissés en blanc.
2. Sur une lettre du 6 novembre 1951 du capitaine (ER) R. Boulet, conseiller municipal délégué du RPF à Aix-en-Provence, au sujet d'un siège perdu au Conseil général.

Au lieutenant de vaisseau de Gaulle, à Port-Lyautey (Maroc)

8 novembre 1951

Mon cher Philippe,

Je te remercie bien affectueusement de ta dépêche et de ta lettre qui m'ont apporté tes vœux de fête avec ceux d'Henriette et de vos deux beaux et chers petits garçons. Nous avons été, Maman et moi, enchantés de vous voir tous les quatre dans le cadre qui est le vôtre pour quelque temps, quoi que notre bref séjour ait eu d'improvisé et de bousculé. Je serai plus content encore quand j'apprendrai que ta formation reçoit finalement le matériel nouveau qu'elle attend.

Ici tout se concentre sur la menace de faillite monétaire et budgétaire d'une part, et d'autre part sur l'ébranlement produit dans l'Alliance atlantique par plusieurs facteurs concurrents : mollesse de la 3e force française, outrecuidance des Allemands, épuisement bougon des Anglais, colère américaine, etc.

Je t'embrasse de tout cœur, mon cher Philippe. Toutes nos meilleures affections à Henriette. Bons baisers à Charles et Yves.

Ton Papa

[PS] Michel[1] est revenu avec nous jusqu'à Bordeaux. Il a été d'un bout à l'autre très gentil et très aimable.

À Pierre de Gaulle

9 novembre 1951

Mon cher Pierre,

L'attitude prise *proprio motu* par notre délégation et par le bureau de notre conseil départemental du Nord ont nui à la cohésion de notre Rassemblement et créé une équivoque lors des élections cantonales.

En particulier, le fait d'avoir pratiqué avec les « indépendants » des candidatures communes, sous la même étiquette, celle-ci n'étant pas la nôtre, et d'avoir prolongé cette situation au sein du Conseil général en inventant une dénomination de « concentration républicaine » est contraire à la position prise et aux instructions données par notre direction.

Les effets de cette fâcheuse « initiative » ne sont que trop évidents et toute notre action dans le Nord risque d'en souffrir gravement s'il n'y est mis bon ordre.

Y mettre bon ordre, tel est l'objet de la mission qui t'est donnée par moi-même et par le Conseil de direction.

1. Michel de Montalembert, deuxième frère de Mme Philippe de Gaulle.

Il s'agit de mettre un terme à l'équivoque de la « concentration républicaine ». Nos élus ne sauraient porter d'autre étiquette que la nôtre et constituer d'autre groupe au Conseil général, comme ailleurs, que le groupe du Rassemblement.

Il s'agit aussi de réformer notre délégation et le bureau de notre conseil départemental dont l'action dans cette affaire mérite d'être blâmée sans ambages. Il pourra être nécessaire d'aller jusqu'à leur remplacement.

Avec l'expression de l'entière confiance de notre direction tout entière je t'adresse, mon cher Pierre, mes meilleures affections.

Note pour MM. Diethelm, Kalb et Terrenoire

10 novembre 1951

Au sujet du bureau de notre groupe du Sénat, spécialement de sa présidence, on me dit que le fait de différer l'élection permettrait à nos sénateurs de juger en meilleure connaissance de cause le président qu'il convient de choisir.

Si c'est le cas et si cette attente doit profiter en dernier ressort au meilleur, j'approuve qu'on attende, contrairement à ce que j'avais dit hier.

De toute façon je prie Diethelm de suivre l'affaire au Sénat ainsi que Kalb, au nom du Conseil de direction, et de faire en sorte que rien ne se passe de définitif avant que j'aie pu leur en reparler.

À monsieur Eugène Dechelette, à Roanne

15 novembre 1951

Mon cher ami,

J'ai lu avec intérêt la note que vous avez adressée à Soustelle[1].

Il ne peut être question, en effet, d'ériger en principe ce qui ne peut être qu'un palliatif provisoire. Il reste bien entendu que, pour nous, au Rassemblement, la seule façon de résoudre le problème social dans son ensemble est d'instituer et de faire adopter l'Association.

Je n'oublie pas ce que vous m'avez dit de M. Roger Nathan. Je le verrais volontiers.

Je vous prie de transmettre à Mme Dechelette, avec le sympathique souvenir de ma femme, mes hommages très respectueux et de croire, mon cher ami, à mes sentiments bien cordiaux.

1. Cette note critique « l'échelle mobile des salaires » basée sur le prix de 217 articles trop bon marché ou trop chers, qui, par son quasi-automatisme, fausse l'équilibrage normal du marché et incite patrons et syndicalistes à la routine au lieu de favoriser leur effort de compréhension et de gestion.

À madame Augustine Bastide[1], à Londres

26 novembre 1951

Ma chère Augustine,

Votre lettre et vos vœux d'anniversaire m'ont beaucoup touché et je vous en remercie de tout cœur.

Nous sommes contents, ma femme et moi, de savoir que votre activité reste la même là où vous êtes aujourd'hui. Et moi, je constate, sans aucune surprise mais avec réconfort, que vous êtes aujourd'hui animée des mêmes sentiments d'honneur et de patriotisme qui nous ont toujours guidés, nous, les Français Libres.

Les temps sont gris, mais rien n'est perdu. Il n'est que de marcher tout droit.

Au revoir, ma chère Augustine. Ma femme se joint à moi et à nos enfants (nous avons maintenant deux petits-fils : Charles et Yves de Gaulle) pour vous envoyer nos meilleurs et fidèles souvenirs.

Au professeur Robert de Vernejoul[2]

29 novembre 1951

Mon cher ami,

M. Bergasse[3] vous a sans doute mis au courant de l'exposé qu'il m'a fait sur la situation dans les Bouches-du-Rhône.

Je connais les difficultés qui vous empêchent de consacrer à la délégation régionale tout le temps que vous désireriez donner au Rassemblement.

M. Astoux[4] va vous décharger de ce travail pratique : je vous demande instamment d'aider ses débuts et de conserver au service du Rassemblement dans les Bouches-du-Rhône l'indispensable capital moral et politique que vous représentez.

Je serais heureux de vous voir à votre prochain passage à Paris et je vous prie de croire, mon cher ami, à mes sentiments cordialement dévoués.

1. Ancienne cuisinière du général et de Mme de Gaulle à Londres, en 1943.
2. Chirurgien de la faculté de Marseille.
3. M. H. Bergasse, avocat, député RPF.
4. M. Astoux, ancien officier de marine, promotion 1938.

À M. Alain Bozel[1]

30 novembre 1951

Mon cher Bozel,

Au moment où vous quittez les fonctions de trésorier général du Rassemblement, je tiens à vous remercier du dévouement que vous y avez apporté et des grands services que vous avez rendus dans des conditions très difficiles.

Je vous demande maintenant d'organiser et de diriger l'ensemble des liaisons entre le Rassemblement et les diverses organisations économiques françaises, à l'exception des organisations agricoles.

Vous avez déjà été amené à remplir ce rôle dans une certaine mesure. Il importe aujourd'hui de le préciser et de le développer.

Il s'agit de recueillir les informations et documentations dont ces organisations économiques disposent et que le Rassemblement du peuple français pourrait avoir intérêt à utiliser.

Il s'agit en outre de faire connaître à ces mêmes organisations ceux des travaux et celles des décisions du Rassemblement qui peuvent les intéresser.

Il s'agit enfin d'assurer éventuellement la participation des représentants de ces organisations aux travaux préparatoires de nos commissions.

Veuillez croire, mon cher Bozel, à mes sentiments bien cordialement dévoués.

Message aux promotions d'officiers de la France Libre

Décembre 1951

Les Cadets[2] ! Parmi les Français Libres, ces jeunes furent les plus généreux, autrement dit : les meilleurs.

Par les efforts et les sacrifices de leur cinq glorieuses promotions : « Libération », « Bir-Hakeim », « Fezzan-Tunisie », « Corse et Savoie », « 18 juin », ces bons fils ont, de toutes leurs forces, servi la patrie en danger.

Mais aussi, dans son chagrin, aux pires jours de son histoire, ils ont consolé la France.

1. Jean Richemont, dit Alain Bozel lorsqu'il servait au sein des Forces françaises libres.

2. Appellation britannique des « saint-cyriens » de la France Libre de l'École d'officiers de l'armée de terre en Grande-Bretagne, d'abord à Malvern en 1941, puis à Ribbesford de 1942 au 15 juin 1944.

Au lieutenant de vaisseau de Gaulle, à Port-Lyautey (Maroc)

1er décembre 1951

Mon cher Philippe,

Le commandant Lahaye, ayant demandé à me voir, est venu me dire ceci :

« Il est question de fixer les commandements d'unité pour l'année prochaine. En ce qui concerne votre fils, on peut imaginer qu'il prenne le commandement d'une escadrille de servitude. Mais il vaut mieux, évidemment, qu'il commande une escadrille de guerre. Dans ce cas, *quid* ? d'une des deux solutions suivantes :

« Ou bien la 6 F à Lartigue (Oran) qui doit être armée en TBM-Avenger[1].

« Ou bien la 9 F à Bizerte, armée en Hell-Diver[1].

« L'une et l'autre de ces escadrilles sont affectées à la chasse anti-sous-marine rapprochée et sont susceptibles d'être à un moment donné embarquées sur porte-avions. (Il paraît qu'un nouveau porte-avions du type *Lafayette* serait prochainement armé.)

« L'escadrille 9 F a la charge particulière de "ravitailler" en pilotes le porte-avions d'Indochine.

« L'un et l'autre de ces deux commandements seront pourvus dans le 2e semestre de 1952. »

Comme je demandais au commandant Lahaye pourquoi, dans ces conditions, tu avais été affecté aux bombardiers lourds, il m'a répondu que tu étais, dans ton actuelle formation, à même de pratiquer beaucoup de choses relatives à la chasse anti-sous-marine et valables sur tous les appareils et qu'ainsi tu te préparais à ce dont il me parlait.

Comme je lui demandais enfin pourquoi tu n'étais pas second de ton actuelle escadrille si l'on pensait à te mettre à la tête d'une Unité, il m'a répondu qu'on avait – en raison des disponibilités – été obligé de bourrer l'escadrille à laquelle tu appartiens actuellement.

Le commandant Lahaye m'a prié de lui dire ce que je pensais du projet. Je lui ai répondu que je le ferais après t'en avoir écrit.

Que penses-tu de cela ?

Maman et moi sommes très heureux de vos bonnes nouvelles, notamment de la lettre d'Henriette, trouvée ici en rentrant hier. Nous vous embrassons tous quatre de toute notre profonde affection.

Ton Papa

1. Variantes de monomoteurs multiplaces embarqués sur porte-avions et de fabrication américaine.

À Alain Bozel

5 décembre 1951

Mon cher ami,

Pourquoi n'êtes-vous pas venu hier au Conseil ? Je voulais vous dire un mot après la séance, de l'affaire du « courrier ». Vous êtes très au courant et, d'ailleurs, Guy vous en reparlera.

Je vous *demande*, oui, *demande* d'aller à Limoges samedi pour la réunion du Conseil d'administration.

À bientôt, j'espère.

Bien amicalement.

Communiqué du Conseil de direction du Rassemblement du peuple français

5 décembre 1951

Du jour même de sa fondation, le Rassemblement du peuple français a affirmé la nécessité de réaliser l'unité de l'Europe par création d'institutions politiques démocratiques d'ordre confédéral. Une telle confédération, dont l'Allemagne devrait bien entendu faire partie, assumerait la responsabilité d'un large domaine économique, notamment de l'exploitation du charbon et de l'acier, ainsi que de la défense commune et du développement culturel de l'ensemble. Ces institutions seraient naturellement formées par délégation de souveraineté de la part des États contractants et soumises au contrôle normal des peuples exercé par leurs représentants réguliers.

Loin de conduire à une telle création, pourtant indispensable à la naissance d'une Europe véritable, le projet dit « pool charbon-acier » s'en éloigne, en concédant la direction totale d'un domaine économique limité, quoique d'une importance capitale, à une autorité incontrôlée, dénuée de toute base et de toute responsabilité démocratiques. D'autre part, certaines clauses du traité mettent gravement en danger des intérêts français très légitimes touchant non seulement à l'économie et aux finances du pays, mais encore au niveau de vie de nombreux travailleurs. Elles tendent, en outre, à placer la métropole dans des conditions désavantageuses quant à ses relations avec les autres territoires de l'Union française.

Ainsi le Rassemblement, tout en proclamant sa conviction que l'Europe doit aboutir à un ordre économique nouveau – particulièrement pour ce qui concerne l'exploitation en commun du charbon et de l'acier – estime que sous sa forme actuelle le traité ne comporte pas les conditions générales et techniques nécessaires. C'est dans un esprit constructif qu'une reconsidération des principes et une révision des modalités d'application prévues par le texte permettront de parvenir à une organisation satisfaisante pour l'avenir de l'Europe et les intérêts de la France.

À Le Provost de Launay

5 décembre 1951

Mon cher président,

Pauvres de nous ! Figurez-vous qu'après notre entretien de la semaine dernière je n'avais pas du tout l'impression de vous avoir désobligé ! En tout cas, j'en gardais le souvenir d'une utile et amicale conversation. Si, pour vous, ce fut l'inverse, sachez que je le regrette beaucoup, car vous ne *pouvez* pas douter des sentiments que je vous porte, ni de l'intérêt que je prends à vos avis et jugements.

Pour ce qui est du « pouvoir », je n'y ai pas « aspiré ». Toutefois, je l'ai pris et porté six ans, et dans quelles circonstances ! Croyez-vous que c'eût été possible dans la molle et fluctuante facilité des professionnels du portefeuille ?

Veuillez croire, mon cher président, à mes sentiments bien fidèlement et amicalement dévoués.

Message à l'occasion de la campagne de la Carte du Rassemblement du peuple français

12 décembre 1951

Le 6 janvier prochain sera le dernier jour de la campagne de la Carte.

Pour la cause du salut de la France, que de choses en dépendent moralement et matériellement !

Jusqu'au 6 janvier inclus, chacun peut acheter et m'envoyer la Carte nationale, c'est-à-dire me donner pour servir cette cause-là, son appui et son avis.

Le soir du 6 janvier, chacun de ceux qui l'auront fait pourra se dire en conscience :

« Pour aider mon pays, je n'ai pas manqué l'occasion ! »

Décision[1]

14 décembre 1951

En raison de l'impossibilité où se trouvent certains conseillers nationaux d'assister régulièrement aux sessions du Conseil national, le nombre maximum des membres du Conseil a été porté à 250.

Le nombre des membres désignés par la direction est au maximum de 47.

Instruction pour mon cabinet, au sujet de *Ce Matin*

14 décembre 1951

À la suite de l'entretien que j'ai eu avec MM. Amaury et Lieutaud, je tiens à préciser ma position dans l'affaire du journal *Ce Matin*.

En présence d'un désaccord qui est déjà porté sur le plan judiciaire, j'ai demandé aux intéressés de mettre fin à des procès qui ne pourraient aboutir qu'à la disparition du journal.

Pour cela il y a lieu de remettre les choses dans l'état où elles se trouvaient avant l'achat par M. Lieutaud des parts de la Sté *Le Pays*, notamment en ce qui concerne la répartition des capitaux entre les deux groupes *Ce Matin* et *Le Pays*.

Si les deux groupes étaient ainsi ramenés à égalité, je serais d'accord pour que M. Lieutaud assumât les responsabilités de direction, sous la réserve qu'il ait auparavant passé une convention avec les personnes agréées par moi en ce qui concerne la ligne politique du journal.

Je reverrai prochainement MM. Amaury et Lieutaud, dont j'attends qu'ils me confirment leur accord sur ces bases. En cas de désaccord, je définirai à nouveau ma position.

À monsieur R. Coudenhove-Kalergi[2], à Paris

14 décembre 1951

Mon cher président,

J'ai été sensible à l'invitation que vous m'avez adressée, au nom du Mouvement Paneuropéen, de participer le 27 janvier 1952 à la cérémonie commémorative du onze cent trente-huitième anniversaire de la mort de Charlemagne à Aix-la-Chapelle, et je tiens à vous en remercier, ainsi que les membres de votre mouvement.

---

1. Modifiant l'Instruction du 23 octobre 1951.
2. Président du mouvement paneuropéen.

L'effort que vous accomplissez, dont témoignent les manifestations de l'ordre de celle-ci, va bien dans le sens de cette Europe qu'il faut construire.

Mais les circonstances générales ne me paraissent pas de nature à rendre actuellement opportune ma participation à la réunion d'Aix-la-Chapelle.

C'est pourquoi je me vois obligé de décliner votre invitation et tiens à vous en dire mes regrets.

Veuillez croire, mon cher président, à mes sentiments les plus distingués et bien dévoués.

Au lieutenant de vaisseau de Gaulle, à Port-Lyautey (Maroc)

15 décembre 1951

Mon cher Philippe,

Personne ne comprend, mieux que ton Papa, les sentiments de mélancolie et même d'irritation que tu éprouves – comme tant d'autres – dans la triste époque et la très pauvre Marine où tu sers. Ne crois pas, d'ailleurs, que cette nostalgie soit le lot de ceux-là seulement qui font métier des armes. Presque toute la jeunesse en est là en France et dans beaucoup d'autres pays. Pour quelques-uns, qui sont « civils », la réussite peut paraître facile, en admettant qu'elle soit durable. Mais, pour combien d'autres l'existence est-elle matériellement médiocre et incertaine, ou étroitement terre à terre, ou liée à un milieu professionnel sans distinction ni intérêt ! (tous tes cousins, germains, ou issus de germains, en sont là).

Ce qui se passe pour ta génération militaire s'est passé pour la mienne entre les deux guerres (quoique, il est vrai, avec moins d'acuité). Je ne connais pas un seul de mes contemporains qui, ayant quitté l'armée, n'ait regretté de l'avoir fait. Moi-même, qu'aurais-je accompli, si, le grand moment venu, j'avais été industriel, commerçant, avocat ou… député ?

Ici, je touche peut-être au fond de la question pour ce qui te concerne. L'état du monde ne permet pas de croire que tout doive longtemps s'assoupir et ronronner. Il y a trop de choses qui remuent dans les cinq parties de la terre. Si cela se gâte avant que je sois mort ou hors d'état d'agir, la force des choses me rejettera, sans doute, les grandes responsabilités. Alors, pour t'employer comme j'y pense, il vaudra beaucoup mieux que tu sois resté « intact » dans une carrière où, du moins, on ne se salit pas. Si je suis mort ou hors de course lors de l'éruption du volcan, c'est toi, mon fils, qui devras devenir le de Gaulle du nouveau drame. Pour cela, il sera infiniment préférable que tu sortes d'un milieu propre, et crois-moi, respecté.

Nous parlerons de tout cela, à fond et à loisir, quand tu viendras ici à la fin du printemps. Je crois que le mieux est donc que je réponde au commandant Lahaye que, parmi les commandements qu'on évoque pour toi, celui qui, en principe, paraît le mieux convenir, c'est comme tu le penses, celui de la 9 F à Bizerte[1].

Nous penserons beaucoup, beaucoup à vous quatre le jour de Noël. Ci-joint pour ton contrat. Maman envoie quelque chose d'autre que vous auriez trouvé tous quatre en nature sur l'arbre de Noël. Toutes nos meilleures et profondes affections, mon cher vieux garçon Philippe.

Ton Papa

À Léon Delbecque[2], à Madeleine-Lès-Lille

20 décembre 1951

Mon cher Delbecque,

Le commandant de Bonneval m'a communiqué la lettre que vous lui avez adressée.

Ma réponse à la question que vous y posez est qu'il ne faut pas mélanger les choses. Je n'entends donc pas modifier le caractère de mon prochain voyage dans le Nord dont l'objet essentiel est de présider le Congrès départemental et de prendre contact avec les compagnons.

J'ai pris note cependant du souhait dont vous êtes l'interprète et compte bien me rendre, en une autre occasion, à Saint-Amand-les-Eaux, pour y célébrer la mémoire du général Delestraint.

Croyez, mon cher Delbecque, à mes sentiments cordialement dévoués.

Décision

20 décembre 1951

Il est constitué une Commission d'études en vue d'établir le texte de motions concernant l'institution d'une Confédération européenne et la défense de l'Europe confédérée.

Composition de la Commission :

Président : M. Capitant.

— M. Barrès

— Gal de Bénouville

— Gal Billotte[3]

— M. de Boislambert

---

1. L'intéressé fut finalement affecté à la flottille 6 F à Lartigue près d'Oran.

2. Sous-directeur d'une usine de textiles et délégué départemental du Rassemblement du peuple français dans le Nord.

3. Général Pierre Billotte, ancien de la France Libre, fils du Général Gaston Billotte tué en 1940.

— Gal Chaban-Delmas
— M. Debré
— M. Diethelm
— M. Fouchet
— Gal Kœnig
— M. Michelet
— Gal de Monsabert
— Amb. L. Noël
— M. Noël Henry
— M. Palewski
— Amb. Puaux
— M. Soustelle
— M. Triboulet
Secrétaire : M. Goussaud

M. Guichard suivra, pour le compte de mon cabinet, les travaux de la Commission.

Au général Catroux, à Cannes

24 décembre 1951

Mon général,

Il nous est arrivé déjà de n'être pas d'accord sur des questions aussi graves que la politique à faire au Maroc ou le « pool » charbon-acier.

Ce fut, je le crois bien, un honneur pour vous et pour moi, qu'en dépit de ces divergences notre action demeurât commune pour atteindre le but principal : placer à la tête de la France des pouvoirs dignes d'elle et adéquats à notre époque.

Je ne puis me résoudre à croire que vous en jugiez autrement aujourd'hui, alors que les événements nous imposent un objectif analogue à celui d'hier.

Dans tout mouvement – surtout dans le nôtre – il faut des opinions diverses, voire opposées, sur les sujets qui viennent à l'ordre du jour. Si, n'ayant pu faire triompher ses vues, un des « leaders » se tient en retrait pour un temps, cela est juste et noble. Mais pourquoi tout quitter ?

Soyez sûr, mon général, que mon attachement et mon dévouement à votre égard ne changeront, en tout cas, jamais.

Proposition[1] de résolution du groupe du Rassemblement du peuple français à l'Assemblée nationale en vue de l'organisation d'une Confédération européenne

29 décembre 1951

Constate :

que, pour l'Europe, l'évolution du monde moderne, aussi bien que les dangers qu'elle court, exigent que le plus grand nombre possible des nations dont elle est formée assurent en commun l'organisation de leur sécurité, leur développement économique et le progrès de leur culture.

Considère :

que ces conditions comportent l'institution, entre États européens, d'une Confédération à laquelle chacun, tout en gardant son caractère national, délègue une part de sa souveraineté ; les pouvoirs confédéraux ayant en charge :

a. Dans l'ordre de la sécurité :

L'organisation générale de la défense ; les plans d'ensemble et les principales mesures d'exécution concernant la préparation, la mise sur pied, l'emploi des forces et des ressources ; l'attribution des principaux commandements ; les mesures destinées à assurer la cohésion morale et technique des divers éléments nationaux ; la coopération politique et stratégique de la Confédération avec d'autres États ou organisations, en particulier les États-Unis à l'intérieur du système atlantique.

b. Dans l'ordre économique :

L'exploitation et le développement des grandes sources d'énergie, des matières premières et industries de base, des principales ressources agricoles, des transports, en vue d'aboutir, en particulier, à l'élévation du niveau de vie de l'ensemble des Européens.

c. Dans l'ordre culturel :

Le développement de valeurs intellectuelles, artistiques, techniques, leur coopération, leurs échanges, l'utilisation de leurs moyens et instruments, tels que : enseignement, recherches, publications, théâtre, cinéma, télévision, radio, etc.

Affirme :

que les pouvoirs confédéraux européens, pour disposer de l'autorité nécessaire et porter leur responsabilité, doivent procéder démocratiquement de la volonté exprimée par les citoyens de l'Europe, ce qui implique que ceux-ci soient, tout d'abord, consultés par référendum sur les points de savoir :

1. Cette proposition parut au procès-verbal de la séance du 29 décembre 1951 de l'Assemblée nationale où elle fut présentée par M.M. Palewski et Triboulet.

s'ils veulent – oui ou non – qu'une Confédération européenne soit instituée ;

s'ils veulent – oui ou non – qu'une assemblée européenne, élue directement et spécialement par eux, vote la Constitution confédérale et la soumette à leur ratification.

Déclare :

1. Qu'il appartient à la France de prendre, dans les moindres délais, les initiatives nécessaires pour aboutir à l'institution de la Confédération européenne sur les bases ainsi définies, toutes dispositions fragmentaires relatives aux mêmes sujets étant suspendues.

2. Que les pouvoirs publics français, pour mener à bien une tâche aussi complexe et étendue, doivent être mis à même de disposer le plus largement possible de la confiance et de l'appui de la nation et d'être assurés, à l'intérieur d'eux-mêmes, de la cohésion et de la continuité indispensables.

3. Qu'il est d'extrême urgence que les représentants de la nation entreprennent, dans le pays et au Parlement, le vaste regroupement national, et, dans l'Union française, l'effort d'organisation qui, seuls, peuvent donner aux pouvoirs publics français la base, la structure et l'efficacité nécessaires pour promouvoir et faire aboutir la grande entreprise de l'unité de l'Europe.

Invite le gouvernement à en tirer les conséquences.

À Paul Claudel[1], de l'Académie française

30 décembre 1951

Mon cher maître,

Votre lettre m'a surpris et peiné.

Parce que les séparatistes, pour camoufler leurs exécrables projets, invoquent l'intérêt du pays et l'indépendance nationale, faut-il que de Gaulle et ses compagnons renoncent à l'indépendance et à l'intérêt du pays ?

Parce que les séparatistes affectent de célébrer Jeanne d'Arc, allons-nous la renier ?

Parce qu'un jour les séparatistes prétendront s'annexer la mémoire de Paul Claudel, nos descendants devront-ils vous maudire ?

Les communistes ont fait l'actuelle Constitution avec les gens du régime. C'est grâce à leurs suffrages que le président du régime occupe ses fonctions. S'ils trouvent maintenant que le régime n'est pas assez mauvais, devons-nous le tenir pour bon ? Les vichystes, pendant la guerre, me reprochaient de les attaquer parce qu'ils étaient, d'autre part, malmenés par un Déat !

1. M. Claudel reprochait aux députés « gaullistes » d'avoir ajouté leurs voix à celles des communistes dans certains scrutins.

Quant au « Plan Schuman » et à l'« armée européenne », je les condamne au nom de l'Europe dont ils ne sont que de fragmentaires caricatures. Le régime les propose parce que, de par sa nature même, il ne peut réaliser l'Europe et qu'il s'inquiète de nous voir, ainsi que quelques autres, montrer, depuis des années, comment il faut la bâtir.

Si donc, au Parlement, nos compagnons n'ont pas voté le « pool » il n'est vraiment pas supportable que vous pensiez qu'ils étaient « sous le commandement du traître Jacques Duclos ».

Non ! je ne cesserai pas de combattre – comme je le fais depuis douze ans – tous les faux-semblants, qui donnent aux naïfs et aux faibles des prétextes pour leur paresse et détournent notre pays de faire la rude politique du salut public et européen.

Aucune alliance, en effet – fût-ce celle des États-Unis – ne saurait valoir pour la France et l'Europe que si elles sont réellement la France et L'Europe. Je vois, au contraire, de graves inconvénients à ce que les Américains trouvent chez nous tous les apeurés, mendiants et domestiques que leur présente le régime, au lieu de la force et de la solidité.

J'espère que ma lettre aura le bonheur de vous amener à réviser le jugement que vous venez de porter. Quant à vous séparer de moi, ce serait de la part de Paul Claudel, sur le terrain et dans le temps même où se joue le destin de la France, une variation que je ne puis imaginer. Étant donné mon admiration pour vous, ce serait aussi me porter, d'homme à homme, une bien injuste blessure.

En vous adressant mes meilleurs vœux de nouvelle année, je vous prie de croire, mon cher maître, à mes sentiments les plus distingués et fidèlement dévoués.

1952

L'année 1952 comporte beaucoup de difficultés économiques, financières et sociales. La guerre en Indochine prend mauvaise tournure. De graves incidents se produisent au Maroc et en Tunisie, comme en Iran, en Égypte et au Moyen-Orient.

À l'Assemblée nationale, le remplacement du tripartisme par une Chambre multiforme où le groupe le plus important est devenu le Rassemblement du peuple français avec 118 députés, ne permet pas la formation d'un gouvernement relativement stable sans se procurer le soutien d'une partie d'entre eux.

C'est ce que réussit M. Pinay le 6 mars grâce au vote de 27 députés du RPF qui rompent leur discipline de vote préconisant de ne donner d'investiture qu'à la condition d'un changement des institutions.

Dès lors le général de Gaulle ne réussira plus à maintenir la cohésion des parlementaires du RPF dont les dissidents forment le groupe d'« Action républicaine et sociale ».
Bien que la vague en faveur du RPF qui avait comporté, jusqu'à l'année précédente, presque 40 % des suffrages du pays, soit en reflux sensible, les militants demeurent convaincus dans leur ensemble et le Général ne désespère pas d'autres occasions de modifier le régime.
Par ailleurs, il s'oppose au traité instituant le 27 mai la « Communauté européenne de défense » et critique l'entrée en vigueur le 25 juillet du « Pool charbon-acier » qu'il estime trop apatrides.
C'est ce qu'il confirme aux conseils nationaux ou aux assises du RPF, présidés par M. Capitant, les 22-23 février à Vincennes et au Vélodrome d'hiver ; le 1er mai à Bagatelle au bois de Boulogne ; du 4 au 6 juillet à Saint-Maur ; du 10 au 12 octobre à Neuilly ; du 9 au 11 novembre à la porte de Versailles et au Vélodrome d'hiver ; dans une conférence de presse le 10 mars au Palais d'Orsay ; au cours de voyages le 22 janvier à Châteaudun en Eure-et-Loir ; le 27 janvier à Lille, dans le Nord ; du 15 au 18 mars dans le Loir-et-Cher, l'Indre-et-Loire, la Sarthe, la Mayenne, les Vosges ; du 27 mars au 1er avril à Lyon et dans le Rhône, à Nice et dans les Alpes-Maritimes, à Marseille, dans les Bouches-du-Rhône, à Toulon et dans le Var, à Nîmes et dans le Gard, à Montpellier ainsi qu'à Sète dans l'Hérault, à Perpignan et dans les Pyrénées-Orientales, à Carcassonne et dans l'Aude ; du 22 au 26 mai dans le Lot et le Lot-et-Garonne, à Montauban et dans le Tarn-et-Garonne ; à Castres et dans le Tarn, à Toulouse et en Haute-Garonne ; à Pau et dans les Pyrénées-Atlantiques, les Hautes-Pyrénées et les Landes.
Le 23 décembre, à la suite de la démission du gouvernement Pinay, le Général déclare que « toute combinaison qui tend à prolonger le système, comme ce fut fait depuis six années, doit être, dans l'intérêt public, condamnée et combattue ».
Le 27 décembre il est opéré de la cataracte à un œil ; le second sera traité au début de l'année suivante.

Note[1]

[s.d.] *1952*

1. Les militants, je dois leur dire les choses vraies.

2. Nous voulons redresser le pays, ce qui implique de changer le régime et de rénover la nation aux points de vue social, économique, moral, etc.

3. Nous savons qu'on ne peut réussir cela, c.-à-d. entraîner la nation, que par l'action et la propagande.

4. En ce moment, difficile. Mais bientôt.

1. Probablement rédigée avant une rencontre avec des militants du Rassemblement du peuple français.

À Philippe et Henriette de Gaulle, à Port-Lyautey (Maroc)

2 janvier 1952

Mon cher Philippe,

Ma chère Henriette,

Mes vœux vont à vous du fond de mon cœur, en ce début d'année. Vous pouvez vous dire que votre jeune ménage et vos deux si beaux petits garçons sont la lumière d'une vie assez remplie, pour moi, de soucis et de mélancolie. Mais si je crois que 1952 sera assez bousculé pour l'ensemble des Français, je reste d'un optimisme inébranlable sur le destin final de notre pays.

Je vais incessamment éclaircir la question[1] dont tu me parles, mon cher Philippe, et où – ce qui ne m'étonne pas – les points de vue et même les déclarations de ceux qui ont, cependant, compétence pour s'en mêler, sont évidemment contradictoires.

Je vous embrasse tous les quatre bien affectueusement.

Votre Père

Au capitaine de vaisseau Jubelin[2]

6 janvier 1952

Mon cher Jubelin,

Votre livre : *Marin de métier, pilote de Fortune*, je l'ai lu avec beaucoup d'intérêt et d'émotion. C'est net, vivant, bien écrit. Et puis, quelle belle et grande histoire !

Avez-vous écrit les dernières pages ? Non ! je ne le crois pas, ni vous non plus. Tout de même, la médiocrité se venge.

Je vous adresse, mon cher Jubelin, mes meilleurs vœux de nouvelle année, pour vous-même et pour les vôtres. Soyez sûr de mes sentiments bien amicalement dévoués.

1. Au sujet de l'attribution dans l'année d'un commandement d'une flottille d'aéronautique navale au lieutenant de vaisseau de Gaulle.
2. Commandant de la marine à Marseille et ancien des Forces navales françaises libres.

À Jules Jeanneney[1]

6 janvier 1952

Mon cher président,

Mes vœux de nouvelle année vont à vous. Ce sont les plus sincères que puissent inspirer la fidélité, la déférence et, j'ose le dire, l'amitié. Je charge M. Guichard de vous demander quand je pourrai vous voir et je vous prie, en attendant, de bien vouloir agréer l'expression de mes sentiments les plus dévoués.

Au général d'armée Juin[2]

10 janvier 1952

Mon cher ami,

Tes vœux m'ont beaucoup touché. Je t'envoie les miens, dont tu peux être sûr qu'ils sont profondément sincères et, j'ajoute, affectueux. Quelle que soit l'atmosphère pénible d'une époque de bassesse dans notre pauvre pays, nous n'avons qu'à servir là où nous le pouvons et comme nous le pouvons. Tu continues, pour ta part, à le faire avec un grand honneur et je t'en félicite.

Au moment où je t'écris, de Lattre est mourant. Comme Français et comme soldat, cela me fait une grande peine. Ses défauts, nous les avons bien connus ! Mais, au total, et jusqu'à la fin, il aura pesé lourd dans la balance favorable de la France. Sa disparition ne ferait que te charger plus encore de responsabilités militaires.

Veuille présenter à Mme Juin mes très respectueux hommages et croire, mon cher ami, à mes sentiments fidèlement dévoués.

À Madame de Lattre de Tassigny

10 janvier 1952

Chère Madame,

Ma pensée est avec vous auprès du général de Lattre[3]. C'est du plus profond de mon cœur que ce message vous est adressé. Je suis sûr qu'il exprime le souci de tout ce qui est français en France.

Du royaume de la lumière que votre cher et glorieux fils vous assiste dans votre inquiétude !

---

1. En réponse à une lettre de vœux de M. Jeanneney.
2. Inspecteur général des armées.
3. Le général de Lattre mourut le lendemain 11 janvier.

Ma femme se joint à moi dans le sentiment que j'ai l'honneur de vous exprimer.

Je vous prie d'agréer, chère Madame, mes hommages les plus respectueux.

Au contre-amiral Wietzel[1]

11 janvier 1952

Mon cher Wietzel,

Très sensible à la fidélité de votre souvenir, je vous remercie de vos aimables vœux et vous adresse les miens bien cordiaux, pour vous et pour votre famille.

Ce que vous m'écrivez de la situation actuelle de la Tunisie[2] m'a beaucoup intéressé. Vos conclusions m'ont paru très bonnes. Mais pour s'engager dans la voie de ces réformes et les mener à bien, il faudrait une fermeté et une continuité que le régime actuel ne possède pas.

Croyez, mon cher Wietzel, à mes sentiments cordialement dévoués.

Au colonel Bernard Dupérier[3]

12 janvier 1952

Mon cher ami,

Vos vœux m'ont vivement touché. Je vous adresse les miens, profondément sincères, en même temps que mes remerciements pour le charmant et émouvant souvenir que vous avez voulu m'envoyer.

Je compte vous voir bientôt car, une fois terminée l'actuelle crise, dite « ministérielle » et qui m'oblige à surveiller diverses choses, j'envisage certains changements et renforcements dans notre structure et j'aurai, sous ce rapport, à vous mettre à contribution.

Veuillez croire, mon cher ami, à mes sentiments bien fidèlement dévoués.

1. Major général de l'arsenal de Bizerte (Tunisie).
2. La situation très tendue en Tunisie aboutira à des grèves et émeutes sanglantes dans les semaines suivantes.
3. Compagnon de la Libération, ancien commandant des groupes de chasse Ile-de-France et Alsace des Forces aériennes françaises libres en Grande-Bretagne.

À Madame de Lattre de Tassigny

12 janvier 1952

Chère Madame,

La mort du général de Lattre est un grand malheur pour la France. Rien, plus que cela, ne peut ennoblir sa mémoire. Un nombre immense de Français le sent. Dans le grand chagrin qui vous frappe, après celui qui venait de vous déchirer, combien de tristesses vous entourent !

La mienne est profonde. Aux témoignages d'ordre historique que je rends à Jean de Lattre, se mêlent mille souvenirs de mes rapports personnels qui remontent, vous le savez, au début même de nos vies. Malgré les différences de nos caractères, malgré la brutalité des événements que nous eûmes à traverser, il n'y eut jamais entre nous d'opposition, de conflit, d'homme à homme. Au moment où il disparaît, je puis dire qu'il ne fut jamais plus haut dans mon estime et mon amitié.

Permettez-moi d'ajouter, chère Madame, qu'il en est ainsi, en même temps, de la profonde sympathie que ma femme et moi nous portons à vous-même, en dépit de notre éloignement.

Je vous prie de bien vouloir accepter, chère Madame, mes hommages les plus respectueux et attristés.

À H. Hildebrand[1]

15 janvier 1952

Mon cher Hildebrand,

Vos aimables vœux m'ont beaucoup touché. Je vous adresse les miens, les plus profondément sincères, pour vous-même et pour les vôtres. Quant aux souhaits que nous formons pour notre pays, je sais que ce sont les mêmes.

Comme vous l'évoquez dans votre lettre, nous aurons, je crois, une année difficile à tous égards. Il faut que la France arrive à se donner un régime capable de faire face à la marée des difficultés. C'est là notre première tâche, à nous autres. Merci, à vous, d'y contribuer.

Veuillez croire, mon cher Hildebrand, à mes sentiments amicalement dévoués.

1. Membre du Conseil national du Rassemblement du peuple français.

Testament olographe[1] « pour mes obsèques »

16 janvier 1952

Je veux que mes obsèques aient lieu à Colombey-les-Deux-Églises. Si je meurs ailleurs, il faudra transporter mon corps chez moi, sans la moindre cérémonie publique.

Ma tombe sera celle où repose déjà ma fille Anne et où, un jour, reposera ma femme. Inscription : Charles de Gaulle (1890-...). Rien d'autre.

La cérémonie sera réglée par mon fils, ma fille, mon gendre, ma belle-fille, aidés par mon cabinet, de telle sorte qu'elle soit extrêmement simple. Je ne veux pas d'obsèques nationales. Ni président, ni ministres, ni bureaux d'assemblées, ni corps constitués. Seules, les Armées françaises pourront participer officiellement, en tant que telles ; mais leur participation devra être de dimension très modeste, sans musiques, ni fanfares, ni sonneries.

Aucun discours ne devra être prononcé, ni à l'Église ni ailleurs. Pas d'oraison funèbre au Parlement. Aucun emplacement réservé pendant la cérémonie, sinon à ma famille, à mes Compagnons membres de l'ordre de la Libération, au Conseil municipal de Colombey. Les hommes et femmes de France et d'autres pays du monde pourront, s'ils le désirent, faire à ma mémoire l'honneur d'accompagner mon corps jusqu'à sa dernière demeure. Mais c'est dans le silence que je souhaite qu'il y soit conduit.

Je déclare refuser d'avance toute distinction, promotion, dignité, citation, décoration, qu'elle soit française ou étrangère. Si l'une quelconque m'était décernée, ce serait en violation de mes dernières volontés.

À Jean Auburtin[2]

19 janvier 1952

Mon cher ami,

Vos vœux m'ont fait grand plaisir. Je vous adresse, de tout cœur, les miens, auxquels ma femme joint ses souhaits, pour vous-même et pour Mme Jean Auburtin. Quant à nos vœux pour notre pays je sais qu'ils se confondent.

---

1. Ce document fut manuscrit en trois exemplaires numérotés : le premier parvint à M. Georges Pompidou, directeur de cabinet, le deuxième et le troisième à Élisabeth et à Philippe de Gaulle.

2. Journaliste et écrivain, M. Auburtin avait prôné la création du corps blindé proposé par Charles de Gaulle avant la guerre et devint membre de son cabinet au sous-secrétariat à la Défense nationale en juin 1940. Il fut conseiller municipal RPF de Paris.

L'année sera rude pour la France (Indochine, Afrique du Nord, budget, situation économique et sociale) et politiquement agitée. Nous sommes la seule route. Comment les plus myopes ne le verraient-ils pas ?

À bientôt, j'espère. Soyez sûr, mon cher ami, de mes sentiments affectueusement fidèles.

À Paul Reynaud[1]

25 janvier 1952

Monsieur le président,

Votre livre : *Au cœur de la mêlée* est à la hauteur des grands événements qu'il évoque. Vous savez que, dans l'ouragan qui s'est déchaîné sur la France, comme dans les péripéties qui l'avaient précédé, ma très haute estime à votre égard ne s'est jamais altérée. Mes propres Mémoires en porteront, un jour, le témoignage.

Mais, à mon sens, le malheur de la France fut alors que, devant la menace, puis dans l'extrémité du péril, son régime politique se trouva impuissant à remplir son élémentaire devoir, savoir : défendre le pays. C'est ce régime (chef de l'État inexistant, discontinuité du gouvernement, confusion du Parlement, jeux et rivalités politiques) qui vous a vous-même en grande partie paralysé, en attendant qu'il s'effondrât dans la capitulation et dans l'abdication. C'est en son absence que nous pûmes, malgré tout, remporter une cruelle victoire.

Comment, après de telles expériences, des patriotes éprouvés ne jugent-ils pas, aujourd'hui, que la première condition du redressement et du salut est la réforme profonde du régime, rétabli dans l'absurdité et plus impuissant que jamais ? Comment ne s'unissent-ils pas pour exiger et réaliser ce changement dont tout dépend ? C'est là, je vous assure, l'un des grands problèmes de ma vie.

Je vous prie de croire, monsieur le président, à mes sentiments les plus distingués et à mes dévoués souvenirs.

Au lieutenant de vaisseau de Gaulle, à Port-Lyautey (Maroc)

28 janvier 1952

Mon cher Philippe,

Je suis de très près, comme tu le penses, l'affaire de ton commandement. Si catégorique qu'ait été le commandant Lahaye quand il m'a dit que tu irais commander la 6 F à Oran, je suis revenu à la charge et prierai

1. Ancien président du Conseil des ministres en 1940, au moment de l'invasion allemande. Il se démit de cette fonction le 16 juin avant l'armistice. Député en janvier 1952.

bientôt l'amiral Auboyneau d'obtenir de l'amiral Nomy les précisions voulues.

Ici l'atmosphère est plus veule que jamais. Le régime se traîne dans une odieuse impuissance, n'ayant absolument qu'un seul but : éviter de Gaulle par tous les moyens de l'inertie, de Gaulle étant symbole et synonyme de l'effort.

Maman et moi t'envoyons, mon cher Philippe, ainsi qu'à Henriette, Charles et Yves, nos profondes affections.

Je t'embrasse.

Ton Papa

[PS] Je suis heureux que les premiers Lancaster soient enfin arrivés à ton unité et très curieux de savoir ce que tu en penses.

Au général d'armée Kœnig

29 janvier 1952

Mon cher ami,

Ci-joint une lettre du colonel de Kersauson, ancien de Khartoum, d'El-Alamein, etc., au sujet de l'insigne de son régiment (1er RSM[1]).

Je crois qu'il a raison et que le général de Lattre a tort.

Les insignes des Corps sont des faits, éminemment honorables. On ne doit pas les exposer à être changés à tout instant.

Il y aurait un mot à dire à son ministre.

Bien amicalement.

Télégramme à Sa Majesté la reine d'Angleterre, Buckingham Palace, Londres

6 février 1952

Dans l'immense chagrin qui frappe Votre Majesté et Sa famille, ainsi que la Grande-Bretagne et les dominions, je vous prie d'accepter, Madame, mes sentiments de condoléances les plus émus et respectueux. Le roi George VI fut pour tous et toujours un grand exemple. Je n'oublierai jamais les preuves d'amitié agissante qu'il a données à mon pays au cours des pires années de son histoire et la bienveillance qu'il m'a témoignée à moi-même. Ma femme demande à Votre Majesté d'agréer ses souvenirs très respectueux et fidèlement dévoués.

---

1. 1er régiment de spahis marocains de la 1re division française libre et ensuite de la 2e division blindée (Leclerc). De Lattre, décédé au début de l'année, avait approuvé le projet d'un autre insigne dépourvu de croix de Lorraine.

Note pour Louis Terrenoire

14 février 1952

Frey propose que l'on fasse une lettre périodique à 10 000 personnes, exposant notre point de vue sur les grandes questions à l'ordre du jour.

Il dit que si cette lettre est rédigée, il se charge de la question matérielle.

Je crois que c'est intéressant. Prière de m'en parler.

À sa sœur Marie-Agnès Cailliau

25 février 1952

Ma chère Marie-Agnès,

Je tiens à te dire que nous avons eu, Yvonne et moi, la meilleure impression de la fiancée de Michel quand ils sont venus l'autre jour dîner au Lapérouse avec Alain et Élisabeth. Cette jeune fille est jolie, intelligente et paraît très bien élevée et très attachée à sa famille et à sa Bretagne.

Quand le moment sera venu, nous tâcherons d'aller assister au mariage.

Nous avons été heureux de te revoir, ainsi qu'Alfred. Veuille bien, ma chère Marie-Agnès, partager avec lui et les tiens toutes nos meilleures affections.

Ton frère très affectionné

Apostille[1]

Moi. Aimable et évasif, car je ne crois pas qu'il soit bon de remettre Saint-Cyr à Saint-Cyr (pas de terrains). Ce serait bon, au contraire, pour un prytanée.

Déclaration[2] au cours d'une réunion à Quillan (Aude)

3 mars 1952

Nous voulons avoir les Américains comme alliés, mais nous ne voulons pas les avoir pour maîtres.

1. Sur une lettre du 27 février 1952 de J. Armau de Pouydraguin qui préconise la reconstruction de l'École militaire de Saint-Cyr à son emplacement d'origine près de Versailles. Le général de Gaulle a inscrit qu'on lui rédige dans le sens indiqué une réponse qu'il prendra à son compte.

2. Au sujet du projet d'armée européenne et de l'adhésion de la France au système intégré de défense atlantique.

Au lieutenant de vaisseau de Gaulle

4 mars 1952

Mon cher Philippe,

Comme tu le sais j'avais demandé à l'amiral Auboyneau de suivre la question de ton affectation. Après un assez long délai, il est venu me dire le 26 février que tu devais effectivement prendre le commandement de la 6 F à Lartigue, actuellement dotée de Bloch, mais qui recevrait bientôt des Avenger. L'amiral Auboyneau ajoutait qu'il était prévu pour toi d'y aller très prochainement comme second, d'abord parce qu'on rencontrait, à la Marine, de grandes difficultés pour l'encadrement des unités, ensuite parce que, de toute façon, avant que tu prennes le commandement en premier, tu aurais à faire une réadaptation pour les appareils embarqués et que tu la ferais à la 6 F. Je l'ai prié de faire rectifier cette affectation en second. Mais je vois qu'elle était déjà prononcée[1].

Tu comprends certainement qu'il m'est difficile de me mêler directement de ce qui te concerne dans ces matières, d'abord parce que je ne connais pas toutes les circonstances et obligations spéciales à la branche à laquelle tu appartiens, ensuite parce que je redoute de te faire à toi-même du tort en prétendant imposer les solutions. Dans l'occurrence, il me semble que tu aurais pu – peut-être le pourrais-tu encore ? – venir toi-même à Paris t'expliquer avec ceux qui préparent ou décident les affectations et dont je sais qu'ils sont très bien disposés à ton égard.

En tous les cas, je vais revoir le commandant Lahaye ces jours-ci et en obtenir sinon un changement, tout au moins des éclaircissements.

Les photos que tu nous as envoyées nous ont fait le plus grand plaisir possible. Vous y apparaissez, tous les quatre, beaux et fiers, comme il le faut. Charles et Yves sont superbes.

Au revoir, mon cher Philippe. Nous vous envoyons Maman et moi, à tous quatre, nos profondes affections.

Je t'embrasse.

À l'intendant général Ley

5 mars 1952

Mon cher ami,

C'est du plus profond de mon cœur que je prends part à la peine immense qui vous frappe, ainsi que Mme Ley et les vôtres. Ma femme

1. En fait, selon une procédure courante dans l'Aéronautique navale, l'intéressé devint immédiatement commandant provisoire, puis titulaire, en remplacement d'un prédécesseur déjà en fin d'affectation.

joint ses sentiments aux miens. Votre jeune et glorieux fils[1] vient d'offrir, en sa personne, le plus pur sacrifice. Il l'a offert à la France que lui, comme vous et comme moi, a voulu servir. Que son exemple soit compris à son tour par notre cher et pauvre pays ! Que Dieu nous vienne en aide comme le lui demande, en mourant pour la France, le courageux enfant que vous venez de perdre et qui est maintenant en paix aux rivages de la divine lumière !

J'espère, mon cher ami, que vous voudrez bien présenter à Mme Ley mes hommages les plus respectueux et attristés. Quant à vous, je vous embrasse de toute ma vieille et fidèle affection.

Au général François d'Astier de La Vigerie[2]

18 mars 1952

Mon général,

C'est avec le plus grand intérêt que j'ai lu votre ouvrage *Le Ciel n'était pas vide*, que vous m'avez aimablement adressé et dédicacé. Il vous revenait de montrer tout ce qu'avaient « fait » les forces aériennes sous vos ordres en 1940, et qui est le courage trop ignoré. Quant à la force, à l'organisation, à l'emploi de l'Armée de l'air, ce devaient être des affaires d'État et nous n'avions pas d'État.

Je vous remercie, mon général, et vous demande de croire à mes sentiments bien amicalement et fidèlement dévoués.

À Alain Bozel

24 mars 1952

Mon cher ami,

Votre effort, je le sais, vient d'aboutir sur un point important, après l'avoir emporté sur tant d'autres ! Moralement et matériellement, il y a là, pour la cause que nous servons, un renfort considérable. Je vous félicite de nous l'avoir procuré.

Quand vous reverrai-je ? Je ne puis croire que nous demeurions pour longtemps éloignés ! Cela nous est interdit par le cours des choses, comme par notre amitié.

Veuillez croire, mon cher Bozel, à mes sentiments fidèlement dévoués.

1. Tué en Indochine.
2. Le général d'aviation François d'Astier de La Vigerie, entré dans la Résistance dès 1940, avait été nommé commandant des Forces militaires françaises en Grande-Bretagne en juillet 1943.

Apostille[1]

N'importe quel compagnon, n'importe quel Français peut m'écrire.

Commission exécutive du Rassemblement du peuple français

25 mars 1952

Le secrétaire général	Terrenoire
Propagande	Malraux
Groupe Assemblée nationale	Soustelle
Groupe Sénat	Le Basser
Conseil national et commissions d'études	Capitant
Action politique et municipale	Pierre de Gaulle
Conflits	Mazeaud
Organisation et Région parisienne	Baumel
Afrique du Nord et service d'ordre	Fouchet
Journal	Ollivier
Presse	Guy
Finances	Frey
Administration	Loubet
Union française	Foccart

À Jean Auburtin

25 mars 1952

Mon cher ami,

Merci de vos lettres qui m'arrivent au moment voulu.

Excusez-nous, ma femme et moi, de ne pas pouvoir accepter la très aimable invitation que Mme Auburtin et vous-même nous adressez. Nous n'allons jamais « nulle part » à Paris, sous peine d'être entraînés…

Mais nous serions heureux que vous veniez tous deux déjeuner à l'hôtel Lapérouse[2], jeudi 3 avril.

À bientôt, je l'espère. Veuillez présenter mes hommages respectueux à Mme Auburtin. Pour vous, ma fidèle amitié.

---

1. Sur une lettre du 24 mars 1952 du Conseil départemental de la Loire portant toutes les signatures des conseillers, pour désapprouver un militant du RPF qui avait écrit directement au général de Gaulle.
2. Hôtel où descendaient le général et Mme de Gaulle lors de leurs séjours à Paris.

À Eugène Dechelette

27 mars 1952

Mon cher ami,

Je suis de votre avis sur ce point que Nocher ne se mette pas en avant au point qu'il paraisse être à lui seul notre Rassemblement dans la Loire. Il faut aussi qu'il s'abstienne des attaques personnelles qui, en définitive, ne rapportent jamais rien. Je le lui ai dit à lui-même.

Quant à la campagne Brouillet, j'aurais trouvé excellent que vous consentiez, vous, à vous présenter pour vous. Mais je sais que vous ne le vouliez pas. Brouillet fera, je crois, un candidat honorable. C'est de Paris, et par de nombreux orateurs qualifiés (Terrenoire, Palewski, Pierre de Gaulle, Léon Noël, Soustelle, Michelet, etc.) que sera menée la campagne. Je vous demande instamment d'y participer.

Veuillez croire, mon cher ami, à mes sentiments fidèlement dévoués.

J'ai écrit à Pasqualini pour qu'il reprenne la présidence du Conseil départemental.

Apostilles[1]

— Me faire répondre.

Communiquer ceci à M. Terrenoire[2] : assez de « Comités politiques ». Durbet[3] et Doussot ne sont pas la délégation de la Nièvre ! C'est le monde à l'envers. Que fait [X…].

— [X…] expose les problèmes. Il ne dit pas ce qu'il fait pour les résoudre. Un délégué régional n'est pas un observateur.

À Réné Gonand[4] [inédit]

Le 8 avril 1952

Mon cher Gonand,

Notre succès dans les Vosges est important et vient à point.

Je sais pour quelle large part, il vous est dû personnellement.

Je sais aussi quel effort ont déployé mes compagnons, notamment les parlementaires, pour nous l'assurer.

1. Sur des rapports du 14 et du 31 mars 1952 du Conseil départemental du Rassemblement du peuple français de la Nièvre.
2. M. Louis Terrenoire est secrétaire général du Rassemblement du peuple français chargé de l'action politique.
3. M. Durbet est député dissident du RPF.
4. Délégué départemental du RPF dans les Vosges.

Vous avez vous-même très bien manœuvré, comme Boucher[1].

Soyez-en remercié, au nom de notre cause, et croyez mon cher Gonand, à mes sentiments bien amicalement dévoués.

Charles de Gaulle

Au lieutenant de vaisseau de Gaulle,
à Port-Lyautey (Maroc)

12 avril 1952

Mon cher Philippe,

Voici Pâques ! Fête éternelle de la résurrection, en même temps que du printemps. Ma pensée d'homme vieillissant va vers toi, vers Henriette, vers vos deux fils, qui êtes le présent et l'avenir. Je pense, notamment à ta carrière, qui comme tout ce qui est exceptionnel, comporte beaucoup d'élans et d'espoirs, pêle-mêle avec de grandes impatiences et difficultés. Mais, quoi qu'il doive arriver, c'est de l'air et de la mer qu'on domine désormais la terre. Tu as choisi l'aéronavale. Je ne doute pas que les événements t'offrent un jour l'occasion de grandes actions. Il faut qu'alors tu t'y trouves préparé.

Pour moi, je mène toujours la bataille du redressement avec comme objectif n° 1 la transformation du régime. L'affaire Pinay n'est rien autre chose que l'ultime chance de la facilité, jouée par les intérêts sans aucune foi populaire. Les réalités sont trop dures pour que cela réussisse. Mais il y a, en ce moment, de l'euphorie dans certains milieux (sur un autre plan c'est assez l'entreprise Giraud). Je me tiens, pour l'instant, un peu en retrait, ne m'hypnotisant pas sur les péripéties parlementaires, même en ce qui concerne le Rassemblement, mais prêt à diriger l'offensive du « gaullisme », c'est-à-dire de l'effort national, dès que l'échec de l'expérience en cours aura déchaîné l'angoisse.

Le jardin de « la Boisserie » commence à être joli. Les feuilles poussent, les fleurs apparaissent. Vous ne sauriez croire, Henriette et toi, quelle joie nous nous faisons d'avance, Maman et moi, de vous y revoir bientôt. Mme de Montalembert doit être, elle aussi, bien heureuse de votre prochain retour.

Au revoir, mon cher Philippe. Maman et moi vous embrassons tous les quatre très affectueusement.

Ton Papa

1. Le général de Gaulle a écrit « Bouchère », prononciation phonétique locale de « Boucher ».

Apostille[1]

Lui répondre que je désapprouve leur dissidence et qu'en tout cas, je leur interdis d'inscrire le mot « gaulliste » dans leurs titres.

À Louise Weiss[2]

20 avril 1952

Chère Madame,

Veuillez m'excuser de n'avoir pu vous recevoir ces jours-ci. En fait, je voulais le faire quand les candidatures auraient été arrêtées. Mais mes compagnons de Seine-et-Oise tardent à adresser leurs propositions définitives. D'autre part, je les sens portés à recommander surtout et avec insistance des personnalités de leur département. Quoi qui doive être décidé et pour le cas où nous ne pourrions pas vous mettre à la place voulue, je vous demande de croire que ce serait seulement une partie remise. Nous sommes tous d'accord pour estimer que vous devez entrer au Parlement, même s'il faut attendre une autre occasion dans la région parisienne. Mais, s'il en était ainsi, nous vous demanderions d'entrer à l'Assemblée de l'Union française (ce serait prochain) pour pouvoir préparer la suite.

Voilà où nous en sommes pour le moment.

Je vous prie d'agréer, chère Madame, mes hommages très respectueux et bien dévoués.

À M. Mazo, à Avignon

24 avril 1952

Mon cher Mazo,

Il m'apparaît, d'après les renseignements que vous avez communiqués à M. Terrenoire et ceux que j'ai pu recueillir par ailleurs, que les différends qui divisent la municipalité d'Avignon ne sont pas d'une gravité telle qu'ils vous obligent à abandonner vos fonctions de délégué départemental du Rassemblement.

Je pense, d'ailleurs, qu'en règle générale, nous avons intérêt à ne rien faire qui puisse compromettre nos positions dans les municipalités.

1. Sur une lettre du 12 avril 1952 de Maurice Lombard de l'Association des Français libres des Alpes-Maritimes qui demande la conduite à tenir vis-à-vis de certains élus dissidents du RPF.
2. Femme de lettres, journaliste, militante des droits de la femme.

Je vous demande donc de rester à la tête de la délégation départementale, certain que votre autorité et votre expérience y sont nécessaires pour maintenir la cohésion de nos compagnons et diriger leur action.

Croyez, mon cher Mazo, à mes sentiments très cordiaux.

Déclaration du 24 avril 1952

Le Rassemblement du peuple français met l'opinion en garde contre les informations tendancieuses[1] qui le concernent et qui sont multipliées à l'ouverture de la campagne sénatoriale.

À M. Gaifie[2]

25 avril 1952

Mon cher Gaifie,

J'ai reçu votre lettre ainsi que le rapport qui l'accompagnait et qui contient beaucoup de choses justes.

Je sais notamment les efforts que vous avez déployés pour surmonter les nombreux obstacles qui ont rendu difficile l'administration de la ville de Lille, et je suis heureux de cette occasion de vous en remercier.

Quant aux propositions de candidatures pour les élections sénatoriales, elles ont été laissées aux soins du Conseil départemental ; c'est un principe que le Rassemblement s'est imposé.

Ayant été tête de liste aux élections législatives et avec quel succès au point de vue des suffrages ! vous ne pouvez pas, j'en suis sûr, voir dans la liste établie par le Conseil une prévention à votre encontre, ni pour le présent ni pour l'avenir.

En vous redisant, mon cher Gaifie, combien je compte sur vous pour mener, au poste si important que vous occupez, notre lutte commune, je vous prie de croire à mes sentiments bien cordialement dévoués.

Au colonel (ER) Soulet[3]

6 mai 1952

Mon cher ami,

Si nous avons été amenés, au Centre national, à envisager que tu te concentres sur l'Aude, comme auparavant, c'est pour une triste et unique raison.

---

1. Informations tendancieuses lui attribuant des investitures ou des soutiens qui n'étaient pas les siens.
2. Maire de Lille.
3. Camarade de Charles de Gaulle à l'École militaire de Saint-Cyr en 1910-1912.

Nous nous trouvons, en ce moment, réduits dans nos ressources et nous aurions scrupule à te laisser les charges matérielles d'une délégation régionale, dès lors que nous ne pourrions continuer d'y participer à partir d'ici.

Est-il besoin de te dire que tous – moi le premier – nous le regrettons profondément ? Car tu as fait déjà beaucoup dans la région (en dehors même de l'Aude) et nous fondions de grands espoirs sur la suite de ton action.

Bref, les temps sont difficiles. Je suis hanté par la disproportion qui existe entre les moyens et tout ce qu'il faudrait faire.

Crois, mon cher ami, à mes sentiments amicalement dévoués.

Note pour M. Capitant

7 mai 1952

Ci-joint projet concernant l'exploitation minière éventuelle du Sahara. Intéressant (remis par le général Georges-Picot).

Il y aurait lieu de faire suivre cette affaire par une de nos commissions d'études qui entendrait le général Georges-Picot (lequel le demande). Mais il faudrait qu'à cette commission fussent présents au moins : M. Soustelle, le général Kœnig, le général Billotte, ainsi que M. July (celui-ci a déposé une proposition de loi sur la question).

À Jules Antonini[1]

9 mai 1952

Mon cher ami,

Vous n'imaginez pas quelle est ma joie d'apprendre que vous allez décidément beaucoup mieux et que vous surmontez une pénible épreuve de santé. Quand il sera possible de vous voir, j'irai, et, en attendant, je vous adresse mes sentiments de bien sincère amitié.

À André Astoux à Sanary (Var)

9 mai 1952

Mon cher Astoux,

Vous me dites qu'il existe dans votre région tel groupement qui prétend se réclamer de moi, notamment en s'intitulant « gaulliste ».

Je vous confirme de la façon la plus formelle, qu'aucun groupement n'a le droit d'user de mon nom sous l'épithète publique « gaulliste ».

Croyez, mon cher Astoux, à mes sentiments cordialement dévoués.

---

1. Ancien de la France Libre et polytechnicien, M. Antonini assume successivement depuis 1938 plusieurs présidences ou secrétariats généraux dont celui de la SNCF.

À Jacques Soustelle[1]

20 mai 1952

Mon cher président,

Depuis le début de la législature et jusqu'à ces derniers mois, le groupe du Rassemblement du peuple français à l'Assemblée nationale avait fait preuve d'une complète et impressionnante cohésion. Par là même, son poids et son influence au Parlement et dans le pays n'avaient pas cessé de croître et le jour était en vue où, de ce fait, de grands et heureux changements dans la situation politique apparaissaient comme possibles.

Malheureusement, au cours des plus récents débats, la cohésion du groupe s'est rompue. Certains de ses éléments ont même montré en public une véritable opposition d'attitude avec la direction et l'ensemble du Rassemblement. Les conséquences de cette dispersion ont été et demeurent graves.

Sans vouloir évoquer la divergence dite « tactique » qui en a été l'occasion, sans épiloguer sur ce qu'ont pu avoir momentanément d'entraînant pour certains de nos élus – comme, d'ailleurs, pour une partie du pays – les promesses d'ordre fiscal et monétaire des actuels gouvernants, sans contester les effets électoraux qu'un tel état de choses a eus dans l'immédiat, il est clair que cette discordance compromet d'une manière profonde l'efficacité de notre Rassemblement et, par suite, la rénovation nationale qui est sa raison d'être et son but.

Je ne puis douter que nos compagnons députés tiennent, comme moi-même, pour essentiel que l'unité du groupe et sa solidarité avec le Rassemblement tout entier soient rétablies, sans tarder davantage, sur la base de la doctrine et de la structure de notre grand mouvement, pour ne plus dépendre, ensuite, des fluctuations successives de la conjoncture politique.

À cet égard, il semble que la meilleure voie soit la plus simple et la plus franche, savoir : que la direction du Rassemblement soit informée, avec la discrétion mais aussi la netteté voulues, des intentions et résolutions de chacun, afin d'en tirer les conséquences.

C'est pourquoi, j'ai prié le général Kœnig, assisté de MM. Chatenay, Chaban-Delmas et Briot, de recueillir auprès de leurs collègues et compagnons, les précisions indispensables et de me les faire connaître dès que possible. Il m'a paru que la démarche demandée au général Kœnig et à ceux qui vont l'y aider vous permettrait, mon cher président, de ne pas vous imposer à vous-même ces consultations personnelles qui pourraient gêner, si peu que ce fût, l'exercice de votre haute fonction.

1. Président du groupe du RPF à l'Assemblée nationale.

Il s'agit, d'abord, que chacun s'engage en ce qui le concerne, à faire en sorte qu'aucune fraction du groupe ne vienne, sous forme d'« investitures » données ou de « confiance » accordée sur des questions de principe, prolonger en fait le régime que nous voulons, au contraire et au plus tôt, transformer.

Il s'agit, également, que tous les membres du groupe soient résolus à réaliser entre eux l'unanimité dans les débats de l'Assemblée sur chacun des sujets vitaux pour lesquels le Rassemblement a déjà fixé sa doctrine : réforme de l'État, domaine social, aide à l'éducation, Union française, politique étrangère, défense nationale.

Il s'agit, au total, d'obtenir qu'en ces matières, tous les membres du groupe s'imposent d'agir, par leur attitude publique et par leurs votes, comme la majorité en décide et, dans les cas essentiels, en accord avec la direction du Rassemblement dans les intervalles des sessions du Conseil national et des assises. À cet égard, la composition du Conseil de direction, où le bureau de l'Assemblée nationale a été, jusqu'à présent, et demeurera largement représenté, ainsi que les réunions périodiques de la conférence de liaison parlementaire, permettent toutes délibérations utiles. En outre, je suis moi-même toujours prêt à m'entretenir avec ceux de nos compagnons de l'Assemblée nationale et du Conseil de la République qui en expriment le désir.

En vous demandant de porter cette lettre à la connaissance du groupe du Rassemblement du peuple français, je vous prie de croire, mon cher président, à ma dévouée amitié.

Décision

21 mai 1952

Dans les semaines qui viennent, le Rassemblement du peuple français organisera une série de réunions publiques dans l'ensemble de la France métropolitaine.

Ce sont les problèmes actuellement posés devant la France menacée et que l'on cherche à dissimuler derrière des préoccupations sinon subalternes, du moins secondes et conditionnelles, qui doivent fournir à cette campagne d'importance nationale son thème essentiel.

Chaque département devra, par ses propres moyens, organiser une réunion qu'il y aura lieu de préparer avec le plus grand soin et d'entourer de tout l'éclat désirable.

Le Centre national du Rassemblement mettra à la disposition des délégations départementales un ou deux orateurs qualifiés.

Il est demandé à chaque délégation de faire connaître, d'ici la fin du mois, au secrétariat général du Rassemblement où et à quelle date la réunion sera organisée qu'il incombe à son dévouement de préparer dès à présent.

La campagne nationale commencera le 3 juin pour s'achever avant le 14 juillet.

Au professeur Pasteur Vallery-Radot[1]

28 mai 1952

Mon cher maître,

Au retour de mon voyage dans le Sud-Ouest, je réponds à votre lettre qui n'a pas laissé de me toucher. Personne, peut-être, ne comprend mieux que moi les raisons et les sentiments qui vous détournent de la « politique » active. Vous l'avez traversée. Mais c'était à ma demande.

Vous pouvez être certain que je mesure tout le mérite que vous avez eu à vous y mêler si peu que ce fût. La très haute estime et le profond attachement que je vous porte n'en ont été qu'affermis.

Veuillez croire, mon cher maître, à mes sentiments les plus distingués et amicalement très dévoués.

Pour les orateurs[2] de la campagne de juin

4 juin 1952

Le moment est venu de traiter devant le pays, par-delà les illusions du moment, les vrais problèmes qui le pressent.

Pour cette campagne je compte sur vous. Nos services de propagande vont vous préciser ce qui est attendu de votre concours.

D'avance je vous remercie de cet effort et vous demande de croire, mon cher ami, à mes sentiments cordialement dévoués.

1. Dans une lettre du 19 mai, le professeur Pasteur Vallery-Radot affirme sa fidélité au général de Gaulle depuis 1940 mais se plaint que la vie politique active soit difficilement compatible avec ses activités médicales qu'il souhaite reprendre dans leur totalité.

2. Lettre adressée à MM. Diethelm, Corniglion-Molinier, Monsabert, Lebon, Michel Debré, Grousseaud, Léon Noël, Henry Torrès, Philippe Barrès, Gaillet, Lemaire, Jean-Paul Palewski, Chaban-Delmas, Jean-Louis Vigier, Debu-Bridel, Triboulet, Commentry, Dio, Catroux, Gilliot, Flandin, Dronne, Pierre de Gaulle, Fouchet, Gaston Palewski, Bertaud, Marc Jacquet, Schmittlein, Guy, Bayrou, Foccart, Michelet, Léspès, Dusseaulx et, avec l'expression de ses très respectueux hommages à Mmes Louise Weiss, Alexandre-Debray, Devaud et Bécourt-Foch. Texte identique pour de nombreuses autres personnalités du RPF.

Décision[1]

4 juin 1952

Un Conseil national élargi se tiendra les 4, 5 et 6 juillet 1952.

Il sera constitué de la façon suivante :

1. Les conseillers nationaux.
2. Les parlementaires des deux Assemblées qui ne sont pas membres du Conseil national.
3. Les conseillers de l'Union française.
4. Les délégués départementaux et territoriaux.
5. Les mandataires des groupements départementaux et territoriaux.

Ces mandataires seront élus par les Conseils départementaux réunis exceptionnellement à cet effet. Chaque groupement sera représenté proportionnellement à la population, conformément au tableau annexé.

6. Les mandataires des groupements de l'APS[2].

Les délégués départementaux et territoriaux sont chargés de l'exécution de cette décision.

Note pour M. Albert Ollivier

5 juin 1952

Paris-Presse,

1. dans son numéro daté du 4 juin, parle de l'élection du 2e secteur :

« Le vainqueur du 17 juin 1951, écrit-il, fut le RGR avec 80 000 voix, etc. »

pas un mot du Rassemblement et de ses 100 000 suffrages.

2. dans son numéro daté du 6 juin, parle des nouveaux groupes du Sénat. Il donne l'effectif de tous les groupes, par rapport à leur ancien effectif, excepté le seul groupe RPF, dont il ne dit pas un mot (parce qu'il garde ses 54 sièges).

Je vous demande de marquer ceci dans le prochain n° du *Rassemblement*.

1. Concernant le Rassemblement du peuple français dont la cohésion parlementaire est menacée.
2. Action politique et sociale.

À Émilien Amaury[1]

10 juin 1952

Mon cher Amaury,

Le journal *le Rassemblement* se voit contraint de licencier plusieurs de ses collaborateurs.

Ils ont tous d'excellentes qualités professionnelles et seules les difficultés financières nous obligent à nous séparer d'eux. Ils méritent donc d'être aidés et c'est pourquoi j'ai recours à vous, pensant que vous pourriez leur trouver un emploi dans les affaires de presse que vous dirigez.

Je vous remercie de ce que vous pourrez faire dans ce sens et vous prie de croire, mon cher Amaury, à mes sentiments cordialement dévoués.

Au colonel Allegret[2]

12 juin 1952

Mon cher Allegret,

J'ai souvent, et avec succès, fait appel à votre dévouement. Si je le fais de nouveau aujourd'hui, c'est parce que la réussite de notre effort peut se trouver compromise faute de moyens.

Nous avons toujours rencontré des difficultés : elles sont en ce moment très grandes. C'est pourquoi je vous demande un effort particulier : renouveler celui que vous avez déjà fait pour l'UPANG. D'avance je vous en remercie.

Vous m'aurez ainsi, une fois encore, directement aidé dans la tâche de rénovation nationale.

Croyez, mon cher Allegret, à mes sentiments cordialement dévoués.

Au lieutenant de vaisseau de Gaulle, commandant la flottille 6 F d'aviation embarquée, base d'aéronautique navale d'Hyères

13 juin 1952

Mon cher Philippe,

Je te suis, par la pensée, dans ton stage d'Hyères mesurant très bien ce qu'il y a, pour toi, de mérite à pratiquer l'aéronavale et notamment l'aviation embarquée, avec tout ce qu'elles présentent de difficile et de dangereux. Je ne puis que ressentir par contrecoup la mélancolie qui

1. Directeur du journal *Carrefour* : hebdomadaire sis d'abord à Paris 9e, 81 rue Taitbout, puis rue du Faubourg-Poissonnière.

2. Le colonel Allegret est un ancien de la France Libre.

t'atteint, ainsi que beaucoup de tes jeunes camarades, en voyant tant d'efforts fournis dans un cadre militaire et matériel qui laisse tant et tant à désirer. Cependant, j'espère en même temps que ta carrière et ton actuelle destination t'offrent, en compensation, de l'intérêt et de l'attrait. Sans doute pourrons-nous en parler bientôt, car nous espérons, Maman et moi, vous revoir tous les quatre prochainement après un éloignement prolongé. Songez – toi et Henriette que nous aimons – et d'abord pour ta Maman, qu'il n'y a pas d'autre joie que celle de vous voir et de voir vos chers petits garçons.

Pour ta voiture, le commandant de Bonneval s'en occupe et pense que tu pourras l'avoir à Sochaux le 7 ou le 8 juillet soit que tu ailles la prendre, soit qu'on te l'amène à Colombey, comme tu voudras. Mais n'oublie pas qu'il te faudra la payer comptant et que, pour éviter quelque accroc, il te faut réunir à temps les fonds nécessaires.

Au revoir, mon bien cher Philippe. Maman et moi t'embrassons de toute notre profonde affection.

Ton Papa

Message aux aviateurs de la France Libre

18 juin 1952

En répondant à l'appel du 18 juin, que demandiez-vous ? – Combattre.

Comme, pour combattre, alors, vous n'étiez pas beaucoup, vous avez beaucoup combattu. Pour vous, dans les ciels d'Europe, d'Afrique, de Russie, que d'angoisses vaincues, de périls courus, de compagnons perdus !

Mes camarades, aviateurs des groupes : « Alsace », « Ile-de-France », « Normandie-Niémen », « Lorraine », « Bretagne », ou détachés dans les rangs de la « Royal Air Force », vous répondiez, jour après jour, pour la patrie humiliée, jusqu'à l'heure de sa Victoire.

Désormais, que passe le temps, que s'étale la médiocrité, que déferlent d'autres soucis, rien n'effacera de la Gloire de la France ce que vous lui avez offert.

Au duc de Choiseul-Praslin,
Le Chesnay (Seine-et-Oise)

19 juin 1952

Cher Monsieur le duc,

Permettez-moi de vous remercier pour l'encouragement que m'apporte votre aimable lettre. Me venant de vous ce témoignage m'a vivement touché.

Il est, de fait, illusoire et dangereux de croire qu'en composant avec un régime mauvais on le changera. Malheureusement, et votre lettre m'en donne des illustrations combien caractéristiques, cette illusion n'est pas nouvelle dans l'histoire politique de notre pays.

Veuillez agréer, cher Monsieur le duc, l'expression de mes sentiments de haute considération et de fidèle dévouement.

Motion[1] relative à la cohésion parlementaire du Rassemblement du peuple français

Samedi 5 juillet 1952

I. *Cohésion du Rassemblement.*

La doctrine et la position du Rassemblement du peuple français sont fixées par les motions de ses assises nationales.

C'est au Conseil de direction qu'il appartient d'en assurer l'application.

Dans certains cas essentiels, la position du Rassemblement peut être fixée par le Conseil national, convoqué à cet effet.

II. *Liaison entre la direction et les groupes parlementaires.*

La bonne application des règles ci-dessus énoncées suppose une liaison organique entre la direction du Rassemblement et les groupes des trois Assemblées.

Cette liaison est assurée :

a. en permanence, par la présence des présidents de ces groupes, de membres des bureaux, et d'autres parlementaires, au sein du Conseil de direction ;

b. périodiquement, par la réunion de la Commission de liaison destinée à l'information réciproque de la direction et des parlementaires au sujet des travaux des Assemblées ainsi qu'à la coordination des travaux des groupes du Rassemblement dans les trois Assemblées.

À la Commission de liaison, siègent et délibèrent, avec les membres du Conseil de direction, d'une part les représentants délégués par les groupes, d'autre part tous ceux des parlementaires qui jugent utile d'y assister ;

c. éventuellement, soit à l'invitation du Conseil de direction, soit à la demande d'un des groupes parlementaires, par la réunion commune de ce Conseil et de ce groupe.

III. *Action parlementaire du Rassemblement.*

Les scrutins de confiance, d'investiture, de censure engagent au Parlement la politique d'ensemble du Rassemblement. La position du Rassemblement à leur sujet est fixée dans les conditions énoncées ci-dessus.

1. Cette motion, comportant de nombreuses corrections manuscrites du général de Gaulle, a été adoptée par le Conseil national élargi à Saint-Maur-des-Fossés, par 478 voix contre 56 sur 534 votants.

En outre, le groupe parlementaire ou le bureau de ce groupe peut toujours demander au Conseil de direction de faire définir par la même procédure la position du Rassemblement du peuple français.

Dans tous ces cas, la discipline de vote est de rigueur.

Pour les autres scrutins, il appartient à chaque groupe parlementaire de fixer sa position et de s'imposer, le cas échéant, la discipline de vote. Il doit en être ainsi pour les problèmes relatifs à la Constitution, aux réformes sociales, à la politique étrangère, à la défense nationale, à l'Union française, dans la mesure où ils mettent en cause la doctrine et les positions essentielles du Rassemblement.

Allocution[1] au Conseil national du RPF à Saint-Maur

Samedi 6 juillet 1952

Mes Compagnons, avant la clôture de la discussion générale je tiens à vous dire quelques mots.

Je le ferai sans aucune passion et prendrai les choses simplement si vous le voulez bien, car elles intéressent tout l'ensemble du groupement. Je ne peux douter de la sincérité de personne. On a parlé fort éloquemment de toutes parts de points de vues divers. Parmi ceux qui, je tranche le mot, faisaient la critique, j'ai pu relever deux ou trois idées essentielles qui étaient le fond de leur intervention.

D'abord, disaient-ils, le Rassemblement est immobile car il fait une opposition qui est un but pour lui-même aussi bien que vis-à-vis de l'opinion française. Le Rassemblement il est vrai s'est trouvé amené, comme c'était sa nature et sa raison d'être dès l'origine, à s'élever contre l'inconsistance, les faiblesses et, pour dire le mot, les incapacités du régime que nous subissons.

Je ne vous referai pas l'histoire, je vous rappelle simplement que la Constitution que nous subissons a été faite malgré nous et contre nous, et qu'elle n'a jamais, depuis le début de son fonctionnement, cessé de marcher contre l'intérêt du pays. Si nous avons créé le Rassemblement, je vous en prends tous à témoin, c'était avec l'idée principale, capitale, d'amener le changement complet de cette mauvaise Constitution.

On dit : « Vous ne changerez pas la Constitution en restant en dehors du système de la majorité. » On m'a même imputé le terme de « système » dans une lettre que j'ai écrite à des gens qui, précisément, me reprochaient que nous n'y entrions pas alors que c'est le terme même que j'avais relevé dans leurs lettres. On me dit qu'il faut entrer dans le système

1. Prise en sténo, cette allocution contient des approximations, des répétitions et des blancs. Après quelques corrections manuscrites, le général de Gaulle y avait inscrit en apostille « Ne pas reproduire ce texte, ni en tout ni en partie. Seule peut être publiée une analyse ».

pour avoir des chances de modifier la Constitution, et dans la majorité, bien entendu dans le gouvernement, pour pouvoir modifier la mauvaise politique actuellement suivie et sauver le pays.

Ceci est un débat extrêmement grave : il s'agit de savoir simplement si pour empêcher les démons d'être les démons, on doit entrer dans leurs rangs. Il s'agit simplement de savoir si pour empêcher que l'on fasse le mal on doit participer à l'opération qui consiste à le faire. Si c'est cela qu'on veut dire ou si c'est ce à quoi on veut nous amener, sans aucun doute nous répondrons non. Nous n'entrerons à aucun prix dans un système mauvais et qui va continuer, égal à lui-même, c'est-à-dire déplorable et ruineux pour l'intérêt du pays.

Autrement dit, pas de participation, pas de combinaison pour continuer… Mais en général qu'on ne vienne pas me dire que je m'oppose à l'union des Français, que je repousse le regroupement des hommes de qualité d'où qu'ils viennent, quoi qu'ils pensent et qu'ils aient pu dire de moi. Qu'on ne vienne pas me dire cela, ce serait un mensonge.

Il n'y a que nous, mes Compagnons, et moi en tête, qui en ayons sincèrement et réellement appelé à l'union et au regroupement des Français, mais non pas pour perpétuer le système dont la France meurt, précisément pour le changer profondément. Nous l'avons dit dès la première heure, nous l'avons répété d'année en année, nous l'avons dit aux élections devant tous les électeurs qui voulaient bien nous entendre, nous l'avons dit à nos assises de Nancy et ailleurs : nous voulons un regroupement national avec tous ceux sans exception et sans distinction qui voudront travailler avec nous à la rénovation de la France. Nous l'avons dit et voilà ce qu'aujourd'hui nous en disons.

On nous jette dans les jambes ce qui s'est passé au moment de l'expérience d'un homme que j'ai moi-même qualifié sans aucun embarras d'honnête, d'honorable – et je n'ai aucune raison de rien retirer de ce que j'ai dit – quoique la presse ennemie m'ait fait dire quelquefois le contraire, ce qui est un vulgaire mensonge. Est-ce que cet homme qui était chargé de former le gouvernement de la France, ce dont nous nous faisons, nous, une haute idée, nous a en quoi que ce soit demandé ce que nous voulions pour lui accorder éventuellement notre soutien ? Non. Rien ne nous a été demandé de cette sorte. Je ne dis pas que si cela nous avait été demandé, et que nous eussions posé nos conditions, elles auraient été acceptées par cet homme responsable ; je suis convaincu qu'il n'aurait pas pu, parce que le système dans lequel il est incorporé l'en aurait empêché. Mais ça n'aurait pas été notre faute. Et je rappelle que le jour même où M. Pinay est monté à la tribune de l'Assemblée nationale pour demander l'investiture, notre compagnon Diethelm, dûment mandaté par le Rassemblement qui à ce moment-là était le Conseil de direction – je vais en dire un mot tout à l'heure – lui a posé diverses questions parfaitement claires et objectives :

« Que voulez-vous faire au point de vue de la réforme des institutions déplorables dont tout le monde sait qu'elles sont déplorables ?

« Qu'est-ce que vous voulez faire pour le redressement de la France au-dehors, et pour la défense de notre pays, par lui-même et avec les autres ? »

C'est la France qui doit avancer. Nous avons de grandes responsabilités nationales, et moi à votre tête. À quoi devons-nous les appliquer, les employer ? À la rénovation française. Cela implique de notre part des démarches et même ce qu'on appelle des concessions ! Sans aucun doute, je l'ai dit cent fois, et le Conseil de direction l'a répété solennellement il y a trois jours. Il est parfaitement exact que nous ne sauverons pas la France tout seuls. Je n'en ai même jamais eu la prétention depuis douze ans. Quand nous avons fait la France Libre, la Résistance… nous savions très bien que nous ne sauverions pas la France sans aide, et tout notre travail, notre œuvre, notre volonté ont été tendus vers la même action que nous voulions exercer sur l'ensemble des Français pour lui faire admettre que nous avions raison et l'amener à nous suivre. C'est encore ce que nous avons à faire. Nous porterons ces responsabilités-là à travers des avances et des reculs, je le veux bien ; mais est-ce que nous nous figurons que nous les porterons en commençant par nous faufiler au milieu des autres sans conditions, sans avantage national aucun ? Allons, voyons ! Est-ce parce que nous aurions prêté tel ou tel d'entre nous à un système déplorable, à une politique qui ne change pas parce qu'elle ne peut pas se changer, à des habitudes affreuses ? Est-ce que c'est parce que nous aurons prêté quelques-uns d'entre nous pour tenir des portefeuilles que nous relèverions le pays ? Nous savons très bien que non. Mais il est très vrai que notre œuvre de regroupement doit être menée à son terme. Il est très vrai que, jusqu'à présent, on n'y a pas répondu. Mais il est très vrai qu'à mesure, comme nous l'avons prévu, que les événements s'alourdissent et que la situation s'aggrave, le regroupement avec nous, et j'ajoute grâce à nous, est en marche, je vous en réponds. Ce regroupement, nous l'avons manqué de quelques mois, au mois de mars.

Je suppose que nous avons tous eu la clairvoyance et le courage de refuser l'investiture qu'on nous demandait. Que se serait-il passé ?

Je sais bien que quelques timides se seraient écriés : « C'est l'écroulement de la France, l'effondrement des finances ; etc. » Oh ! Oh ! La France ne s'effondre pas comme ça ! Ce qui se serait passé, je vais vous le dire, moi ! Nous l'avons évoqué tout à l'heure. Huit jours après M. Pinay ou quelque autre – je ne fais pas de différence ni même de préférence – M. Pinay ou quelque autre serait venu nous trouver et nous aurions convenu ensemble de quelque chose de sérieux. Et alors on aurait bien vu si on suivait ou si on ne suivait pas. Si on avait suivi, ce que d'ailleurs je ne crois pas qu'on aurait fait pour cette fois-là, je vous le dis bien franchement, on aurait en tout cas fait déjà un grand pas. Si on nous avait suivis, alors le pays tout entier, le monde…

Et si on ne nous avait pas suivis, l'affaire aurait été jetée sur la table ; il aurait fallu passer encore quelques mois autrement mais tout le monde aurait alors compris que les cartes qui étaient distribuées allaient forcément modifier le jeu.

Nous ne les aurions pas utilisées d'une manière exclusive. Nous savons très bien qu'en ce moment nous ne sommes pas seuls en France et nous savons très bien que nous ne sauverons pas la France tout seuls.

Je le répète, on aurait vu dans quelles conditions nous aurions pu commencer. Nous n'avons pas dit autre chose à Nancy, je vous le rappelle, et au Conseil national de Levallois, et nous ne disons pas autre chose ce soir à Saint-Maur.

Mais pourquoi nous demander notre concours pour rien ? Pour une politique négative, ruineuse, déplorable ? Car enfin y a-t-il ici quelqu'un de sérieux qui croie qu'après M. Pinay, les finances, l'économie, l'unité nationale de la France seront plus avancées qu'elles ne l'étaient avant ? Y a-t-il quelqu'un qui puisse contester ici que c'est à la faveur de cette nouvelle équivoque – car je considère que l'expérience actuelle n'est pas autre chose – qu'on a signé les abandons extérieurs qui étaient jusque-là seulement en suspens ? Qu'est-ce que le concours de quelques-uns d'entre nous y a-t-il changé ? Absolument rien ! Qu'est-ce que ce concours, s'il continue, changera demain ? Absolument rien ! Ils le savent bien, ils sont les premiers à le savoir. Alors une dernière fois soyons sérieux ! Soyons à la hauteur de nos responsabilités nationales. Je conviens qu'elles sont dures. À qui le dites-vous ! Je sais bien qu'elles nous éprouvent profondément. J'excuse, je comprends, je m'explique la hâte de certains. Je leur demande de voir clair. Ce que je leur demande, vous tous mes Compagnons à mes côtés vous le sentez aussi, c'est de considérer avec celui qui est ici à leur parler avec les responsabilités qu'il a portées depuis beaucoup d'années déjà – et quelles années ! – et qu'il continue à porter, que la Résistance, la Libération ont été faites de cette manière ; c'est de considérer le fait qu'aujourd'hui les seules idées, les seules choses qui fassent leur chemin, c'est ce qui vient de notre source. N'en sommes-nous pas tous les témoins ? Si vous éteignez cette lumière, ou si vous contribuez à l'éteindre, ou en tout cas à la cacher, à qui faites-vous du mal ? Moi je ne suis qu'un homme qui passe, mais la France, elle, reste.

Je n'en dirai guère davantage. On a beaucoup sorti sa conscience tout à l'heure – c'est une expression parlementaire – et je n'y vois aucun inconvénient. Eh bien ! Je demande que l'on regarde encore une fois sa conscience. Mais cette fois en s'obligeant à regarder par-dessus le Palais-

Bourbon. La France, actuellement, a le Palais-Bourbon, elle l'utilise, et ce n'est pas moi qui l'ai jamais fermé puisque c'est moi qui l'ai rouvert. Mais que nos parlementaires fassent bien attention à ceci : même s'ils se trouvent dans le milieu que nous savons, même s'ils sont toujours aux prises avec des réalités désagréables et pénibles que l'on appelle électorales, même s'ils sentent, et c'est vrai, ils ont raison de le sentir, qu'ils ont des responsabilités du fait qu'ils sont les représentants du peuple, qu'ils n'oublient pas non seulement dans le monde et en France mais aussi parmi nous, qu'une force comme la nôtre a toutes sortes de formes et avant tout une forme (...), qu'ils n'oublient pas que la tactique n'est acceptable qu'à condition qu'elle ne bouleverse pas les esprits et les cœurs des meilleurs de ceux qui ont servi leur succès et qui le serviront demain s'ils le peuvent.

Mes Compagnons, je rends la parole à notre président pour la suite des débats. Je termine en disant que tout ce qui a été dit ici ne m'a certainement pas blessé. Je ne l'ai certainement pas toujours approuvé, comme je viens de vous l'indiquer. Mais de toutes les manières, les choses qui ont pu être dites pour me contrarier n'ont fait que s'attaquer à un océan que j'ai toujours regardé passer sans en être ébranlé dans ma décision.

Vive la République !

Vive la France !

Communiqué du secrétariat général du Rassemblement du peuple français

Samedi 12 juillet 1952

Le Conseil de direction du Rassemblement du peuple français, réuni sous la présidence du général de Gaulle, a décidé que tout parlementaire qui donne ou qui viendrait à donner sa démission des groupes du RPF à l'Assemblée nationale et au Conseil de la République, cesse, par là même, de faire partie du Rassemblement du peuple français.

Cette décision est conforme aux engagements signés par les députés élus sous l'étiquette du Rassemblement le 17 juin 1951.

Appel lancé à la clôture du Conseil national du Rassemblement du peuple français

17 juillet 1952

Je tiens à appeler tous les compagnons à ce qui est un devoir et un avantage. Je parle du concours que nous devons apporter à notre organe d'expression, le seul que nous ayons, qui soit propre et indépendant, et qui s'appelle notre hebdomadaire : *le Rassemblement*. Que tous ceux qui ne sont pas abonnés et qui sentent qu'ils devraient l'être souscrivent un abonnement.

C'est une chose que je demande dans l'intérêt de tous, c'est un devoir pour tous ceux qui peuvent le faire. J'ajoute qu'on me communiquera le résultat de l'appel que je vous adresse.

À Joseph Kessel

17 juillet 1952

Mon cher Kessel,

Dans *Au grand Socco* vous avez mis beaucoup de talent. Je vous en félicite, heureux de voir couler, forte et claire, la source d'idées, d'images, de couleurs, de sentiments, qui fait de vous le grand romancier et écrivain que vous êtes.

Sachez, mon cher Kessel, que j'ai gardé vivant le souvenir de nos rencontres des temps héroïques et veuillez croire à mes sentiments bien cordialement dévoués.

À Madame Bernard Anthonioz[1]

22 juillet 1952

Ma chère Geneviève,

Ta lettre affectueuse et réconfortante m'a fait grand plaisir. Personne – et moi non plus – ne peut se substituer à un peuple, surtout au nôtre. Il est de fait que les Français sont dans un marasme moral profond. Mais il est dans le devoir, dans la fonction de certains de représenter, de faire valoir, au milieu d'eux, le courage qui est le salut. Tu le sais bien, toi…

Ta tante Yvonne et moi, ainsi que les Philippe et les Boissieu qui sont ici[2], t'adressent, ainsi qu'à Bernard et à vos chers enfants, nos meilleures affections.

À M. Jacques Chabrat[3], en Gironde

30 juillet 1952

Mon cher Chabrat,

Je vous remercie de m'avoir fait connaître votre point de vue sur les récentes péripéties du groupe parlementaire et j'apprécie les intentions qui ont dicté votre lettre.

1. Mme B. Anthonioz, née Geneviève de Gaulle, fille de Xavier, frère aîné du Général. Membre des mouvements de résistance musée de l'Homme et Défense de la France. Arrêtée en juillet 1943 et déportée à Ravensbrück.
2. À La Boisserie, à Colombey-les-Deux-Églises.
3. Délégué départemental du RPF.

Vos suggestions[1] ont eu, bien entendu, toute mon attention. Mais je vous demande de voir, dans cette affaire, autre chose qu'une simple question de procédure. À la vérité, il s'agit pour certains parlementaires, à peine sont-ils élus, de n'accepter plus aucune règle, hormis celle que leur imposent les féodalités dont ils se trouvent alors dépendre (intérêts économiques, presse, etc.). Tel est le fond de ce problème ainsi qu'il ne faut pas le perdre de vue.

Croyez, mon cher Chabrat, à mes sentiments bien cordiaux.

Au R. P. Raymond Bruckberger, de l'ordre des Dominicains, à Stockton Hill, Minnesota (États-Unis)

5 août 1952

Mon révérend père,

J'ai lu plusieurs fois *L'Amérique des Pyramides*, par tranches, en réfléchissant. Il y a, dedans, tant d'idées et de sentiments, mais toujours tournés vers le haut ! Je vous en remercie et félicite.

Ici à la surface d'un peuple qui s'est, pour le moment, décroché de son propre destin, qui renonce, qui ne croit pas être en mesure de choisir sa route, la politique se liquéfie en infimes combinaisons. Le système représentatif n'est plus qu'un marché aux places. C'est ainsi que l'Europe – grande pensée et nécessaire construction – se limite, en fait, à caser des gens dans des organismes fictifs mais bien payés (pool, Conseil de l'Europe, demain Armée européenne, etc.).

Cependant, l'avenir est ouvert à la France. Nous sommes quelques-uns qui le savent et qui le disent.

Mon respect et mon amitié sont à vous et avec vous, mon révérend père. Que Dieu nous aide jusqu'à ce qu'il nous rappelle !

Communiqué du secrétariat général du Rassemblement du peuple français

9 août 1953

L'aggravation de la crise sociale démontre, une fois de plus, l'impuissance et, par là même, la malfaisance de l'actuel régime.

Le gouvernement du moment, comme ceux qui l'ont précédé, comprend des hommes dont la capacité et la bonne volonté personnelles ne peuvent être mises en cause, mais qui, procédant de ce qui est électoral et

1. Établissement d'une procédure de conciliation entre le Conseil de direction et le groupe parlementaire du RPF pour les départements autres que la Gironde où n'existe aucun désaccord.

parlementaire, se trouvent automatiquement divisés entre eux, prisonniers d'intérêts particuliers, dépourvus d'autorité nationale.

Les pouvoirs apparents que ce gouvernement détient ne lui permettent pas d'agir plus efficacement que ses devanciers dans les domaines essentiels. C'est à l'intérieur du gouvernement lui-même, dans les cabinets et les services, que les féodalités exercent directement, aujourd'hui, l'influence paralysante qu'elles faisaient peser hier par l'intermédiaire du Parlement.

C'est pourquoi les nouveaux décrets, loin d'apporter un commencement de solution, cherchent en vain à pallier les effets de la crise sans s'attaquer à ses causes et ne peuvent en définitive que la précipiter par leurs conséquences sociales désastreuses pour le développement de l'économie et l'unité de la Nation.

Conformément à la déclaration du général de Gaulle du 6 mai 1953, le Rassemblement du peuple français rappelle qu'il ne saurait ni de près ni de loin être associé aux mesures prises par le gouvernement. Fidèle à ses origines et aux objectifs qu'il s'est fixés, il rappelle aux Français que l'œuvre de rénovation nationale et sociale ne peut être réalisée que par un gouvernement de salut public dont la première tâche sera l'instauration d'un régime démocratique et social fort et juste appuyé sur le peuple.

À Madame de Lattre de Tassigny[1]

18 août 1952

Chère Madame,

C'est entendu, et de tout mon cœur ! D'ailleurs, ce que j'ai pu écrire de Jean de Lattre à n'importe quel moment vous appartient, ainsi qu'à lui.

Ma femme me charge de la rappeler à votre bon souvenir, et je vous prie de bien vouloir agréer, chère Madame, mes hommages les plus respectueux.

Note à M. Paul Troisgros[2]

27 août 1952

J'ai écrit à M. Soustelle au sujet de la communication de M. Teitgen[3], comme celui-ci le demandait.

Voici, en substance, ce que j'ai autorisé Soustelle à dire à Teitgen de ma part et pour qu'il en fasse ce qu'il voudra :

« Quand j'ai attribué à M. Teitgen les fonctions de ministre de l'Information, puis celles de ministre de la Justice, je savais très bien qui il était,

1. La maréchale demande accord pour reproduire une lettre du général de Gaulle écrite à la mort de Jean de Lattre de Tassigny.
2. Chef de cabinet de Jacques Soustelle.
3. Dans un procès intenté au parti communiste, M. P.-H. Teitgen avait demandé un témoignage au général de Gaulle.

d'où il venait, ce qu'il avait fait. C'est en toute connaissance de cause que je l'ai introduit, puis maintenu jusqu'à mon départ, dans mon gouvernement. »

J'ajoutais dans ma lettre à Soustelle qu'il pouvait dire aussi à Teitgen (mais pour que cela reste entre lui et moi) :

« L'insolence actuelle des vichystes et la lâcheté du Marais sont les inévitables conséquences de l'attitude des "politiques" de la Résistance, qui, après la libération accomplie, ont lâché de Gaulle, couru aux partis et aux combinaisons, et, par là, se sont disqualifiés dans l'impuissance.

« La seule chance de redressement national, social et moral, c'est que l'équipe de la Résistance se retrouve et se reconstitue. »

Au lieutenant de vaisseau de Gaulle,
commandant la flottille 6 F d'aviation embarquée,
Lartigue[1] (Algérie)

7 septembre 1952

Mon cher Philippe,

D'après ce que tu nous écris, ton nouveau poste semble te convenir. J'espère, comme toi, que la question « commandement » sera, bientôt, tout à fait réglée et que tu vas pouvoir donner ta mesure à la tête d'une très belle et bonne unité.

D'autre part, il est fort satisfaisant que tu aies pu déjà trouver un logement, assez petit, il est vrai, mais digne, moderne et confortable.

Je ne sais au juste où se trouve M. ..., ni s'il t'a donné signe de vie. Henriette paraît se tracasser à ce sujet. Je ne puis, quant à moi, rien faire d'autre que de tâcher de le voir à Paris cette semaine, s'il y est, et de lui demander, de ta part, ce qu'il compte faire.

Le pauvre M. Pinay se trouve maintenant devant le « mur du son », c'est-à-dire l'opposition de tous les intérêts. Je ne crois pas qu'il puisse le percer. Il y faudrait un autre régime que celui qu'il chevauche. Nous allons donc à des secousses. J'aurai, bientôt, l'occasion d'en tirer les conclusions. Maman et moi t'embrassons bien tendrement, mon cher Philippe. À bientôt j'espère.

Ton Père qui t'aime et t'estime.

1. Près d'Oran.

Note pour M. L. Terrenoire[1]

11 septembre 1952

Nous devons régler très rapidement la question du journal.

Me présenter mercredi prochain un projet concret d'organisation.

Conseil d'administration.

Directeur.

Seconds du directeur (un pour la rédaction, un pour l'administration).

Comité de rédaction.

Personnel (en détail).

Budget.

Ceci donnera lieu à une décision que je signerai.

Me présenter un projet de réorganisation de notre Centre. Personnel qu'il faut garder ? À quel titre ? Avec les noms. Personnel que nous ne pouvons garder. Indications sur l'aide que nous pouvons lui apporter.

Budget.

Réunir vendredi prochain le comité financier sous ma présidence pour régler l'affaire actuelle du budget et préparer la réunion élargie (voir ceci avec Guy, Frey et Loubet) que je présiderai.

Au général François d'Astier de La Vigerie

13 septembre 1952

Mon général,

C'est avec une sincère émotion que nous apprenons, ma femme et moi, la nouvelle du grand chagrin qui vient de vous frapper. Nous savons qui était Mme la générale d'Astier et tout ce que représente la perte que vous-même et les vôtres venez de faire en sa personne. Nous vous prions de le dire à vos enfants.

Pour moi, mon général, je voudrais que vous sachiez que mon amitié est auprès de vous dans ces jours de déchirement. Je vous en adresse l'expression avec celle de mon fidèle dévouement.

Au lieutenant de vaisseau de Gaulle

16 septembre 1952

Mon cher Philippe,

Henriette et vos enfants sont ici. Ils vont très bien et leur présence nous ravit, ta Maman et moi. Ton oncle Jacques et ta tante Cada, qui

1. M. Louis Terrenoire, ancien résistant, déporté à Dachau, député RPF, chargé de l'action politique du Conseil de direction de ce mouvement.

viennent de passer le week-end avec nous, les ont vus avec beaucoup de plaisir. Pour le voyage jusqu'à Oran, je ferai le nécessaire quant à la dépense.

D'après ce que tu me dis, ton escadrille possède l'essentiel. Mais il lui manque beaucoup du secondaire. Tout de même, c'est un beau commandement.

Quant aux grandes affaires, c'est la liquéfaction. Notre pays est le plus atteint. Mais beaucoup d'autres sont malades. On voit l'Europe se traîner et s'enliser sans perspective de redressement. Cela ira ainsi, sans doute, jusqu'à ce que les événements amènent quelque secousse. Car la lassitude générale est telle qu'on ne peut rien « faire » qu'à chaud. Le « Rassemblement », dans ces conditions, devient – comme jadis la France Libre – une minorité intransigeante et rigoureuse. Mais je dis bien une minorité, au milieu d'un marécage.

Au revoir, mon bien cher Philippe.

Ta Maman se joint à moi pour t'embrasser de tout notre cœur.

Ton Papa très affectionné

Note pour Georges Pompidou[1]

17 septembre 1952

J'en suis d'accord. Il faudrait lui organiser une grande tournée nationale genre Fribourg[2] d'autrefois, mais destinée aux agriculteurs.

À Jacques Bruneau[3]

27 septembre 1952

Mon cher Bruneau,

Ce m'est vraiment très pénible de vous voir quitter des fonctions permanentes autour de moi. D'abord, parce que je vous estime fort et vous aime bien. Ensuite pour cette raison que vous rendiez à notre grande entreprise de grands services. Vous savez où nous en sommes, matériellement parlant. Vous devez savoir, en même temps, que c'est le seul motif pour lequel il faut que vous preniez une situation autonome et définie.

Moins que jamais, je ne renonce à l'appui et, le cas échéant, au concours direct de mes vrais compagnons. C'est vous dire que je compte ferme sur vous où que vous vous trouviez.

1. Georges Pompidou propose que M. Rethoré, député des Charentes, très bon orateur, politique avisé et qui écrit bien dans les journaux, fasse une tournée nationale pour le RPF chez les agriculteurs.

2. Louis Fribourg, ancien de la France Libre, ancien militant du RPF.

3. Ancien Français libre, du réseau de résistance Brutus (1941) et du Corps franc du Lot (1944-1945), chargé de mission au RPF.

Ma femme a été très sensible à ce que vous m'avez demandé de lui dire. Elle vous prie d'exprimer tous ses meilleurs souvenirs à Mme Bruneau, à qui je vous prie de présenter mes très respectueux hommages. Pour vous, mon cher Bruneau, ma fidèle amitié.

Décision

À dater du 1er octobre 1952, le Centre national du Rassemblement du peuple français est réorganisé comme suit :

I. *Cabinet du Général :* pour mémoire.

II. *Secrétariat général :*

M. Louis Terrenoire, secrétaire général.

M. André Valabrègue, secrétaire national à l'organisation.

M. Pierre Picard, chargé de mission (action politique).

M. Paul Benoit, chargé de mission (organisation), sous réserve.

M. Michel Caldaguès, chef de cabinet de M. Terrenoire.

Mlle Jacqueline Orluc, secrétaire.

Mlle Janine Fourment, secrétaire.

M. Raymond Labelle, rédacteur en chef du CIP.

M. Albert Chaudier, chargé du fichier national et de la documentation.

III. *Chargés de mission détachés :*

M. André Astoux, délégué pour la région méditerranéenne.

M. Albert Marcenet, délégué pour la Bretagne (provisoirement).

M. Rives-Henrys, délégué pour le Languedoc.

Gal Jean Neuhauser, délégué pour l'Alsace.

IV. *Préparation des élections municipales :*

Mme de Saint-Denis, secrétaire.

V. *Liaison avec les groupes :*

M. René Fillon.

VI. *Propagande :*

M. André Malraux.

M. Albert Beuret, secrétaire général du service.

Mme Éliane Chaumien, chargée de l'organisation des réunions.

Mlle Madeleine Caglione, secrétaire d'A. Malraux.

VII. *Presse :*

M. Claude Guy, chef du service.

M. Philippe Ragueneau, secrétaire du service.

Mme Georgette Rocafulle, secrétaire.

VIII. *Conseil national :*

M. Jacques Richard, secrétaire du Conseil national.

M. Jean Schneider, secrétaire des Commissions d'études.
Mme Jeanne Mantrand, secrétaire.

IX. *Actions spécialisées :*
Action ouvrière : M. Yvon Morandat, délégué national ; M. Raymond Jacquet, chargé de l'organisation ; M. Manuel Bridier, chargé de la propagande ; Mme Suzanne Gaillard, secrétaire.
Action agricole : M. Roger Dusseaulx, délégué national.
Action « cadres » : M. Henri Léspès, délégué national.
Action « jeunes » : M. Pierre Lefranc.

X. *Services financiers et administratifs :*
M. Émile Robert, secrétaire administratif et financier.
M. Raymond Ducrocq, adjoint au secrétaire administratif et financier.
M. Henri Devedeux, comptable (à mi-temps).
Mme Jacqueline Maurice, secrétaire comptable.
Mme Marie-Louise Prat, secrétaire-dactylographe.
M. Louis Colinot, ronéotypiste.
Mme Hélène Couillard, standardiste.
Mme Simone Lavoix, standardiste.
M. Francis Aucourt, portier.
M. François Montuelle, gardien de nuit.

XI. *Comité financier :*
M. Roger Frey, secrétaire-trésorier.

Décision

9 octobre 1952

Il est créé un groupement d'Action féminine du Rassemblement du peuple français.

Ce groupement comporte une déléguée nationale placée sous l'autorité directe du secrétaire général, un Conseil central, ainsi que des organismes départementaux.

La déléguée nationale[1], assistée du Conseil, a pour mission de proposer au Conseil de direction les buts et les moyens de l'action féminine dans le cadre du Rassemblement, puis après approbation d'en assurer l'application.

Chaque responsable à l'Action féminine – à l'échelon départemental – reçoit ses directives de la déléguée nationale et relève localement du délégué départemental qui contrôle son action.

1. Mme Jeannine Alexandre-Debray sera nommée le 16 octobre 1952.

Au général de corps d'armée (CR) Paul Beynet[1]

9 octobre 1952

Mon général,

Merci des précisions que vous voulez bien me donner sur M. Chamoun[2] et qui me rafraîchissent la mémoire. Je n'avais pas oublié, en gros, son activité dans les moments où on pouvait discerner où se trouvaient nos amis et où se trouvaient les autres.

J'espère que vous allez bien, ainsi que les vôtres, et que les circonstances nous permettront, à ma femme et à moi, de vous voir prochainement, ainsi que Madame Beynet. Souvenez-vous que Colombey est tant soit peu sur l'axe Annecy-Paris et que nous serions très heureux de vous y voir.

Je vous prie de croire, mon général, à mes sentiments bien fidèlement dévoués.

Note pour Louis Terrenoire

9 octobre 1952

J'ai vu M. H. Tournet, envoyé par Foccart[3] dont il est l'ami. Par ses occupations et aussi par ses loisirs, M. H. Tournet – qui se propose – pourrait prendre en compte ici tout ou partie de la question des Français de l'étranger (propagande, information, etc.).

Je lui ai dit qu'il aille vous voir et qu'il voie également Soustelle.

Décision de création d'un insigne du mérite du Rassemblement du peuple français

16 octobre 1952

1. Il est créé un signe particulier, dit « étoile du mérite », et destiné à distinguer des compagnons choisis parmi ceux qui auront déployé les efforts les plus méritoires pour l'accomplissement de la mission sociale et nationale du Rassemblement du peuple français.

2. L'« étoile du mérite » est décernée par le général de Gaulle. Les propositions lui sont adressées – sous couvert du secrétaire général – par les groupements départementaux, territoriaux, professionnels et sociaux

1. Ancien résident général de France à Beyrouth de 1944 à 1946.
2. Alors que les Français avaient proclamé en novembre 1941 l'indépendance des États du Levant et s'apprêtaient à les quitter à la fin de la Seconde Guerre mondiale, M. Camille Chamoun, homme politique libanais, utilisant les arcanes de la politique britannique au Moyen-Orient, fomenta des troubles contre les Français sans doute pour donner à cette indépendance les inutiles apparences d'une « autolibération ».
3. Jacques Foccart est chargé de mission au RPF.

du Rassemblement. Elles sont examinées et présentées par le « Conseil du mérite » institué à cet effet. Elles sont remises par le général de Gaulle ou par un compagnon désigné par lui.

3. Les compagnons qui ont reçu l'« étoile du mérite » occupent une place d'honneur dans toutes les réunions et cérémonies organisées par le Rassemblement.

Ne rien notifier publiquement avant les assises[1].

À Émilien Amaury

16 octobre 1952

Mon cher Amaury,

Vous avez bien voulu, en conclusion de l'entretien que j'ai eu le plaisir d'avoir récemment avec vous et avec nos amis, consentir un nouvel et généreux effort en faveur de mon action nationale.

Dans la période difficile que nous traversons actuellement, cette aide est d'une grande utilité pour notre Rassemblement. Elle constitue en même temps à mes yeux un témoignage dont je tiens à vous remercier.

Croyez, mon cher Amaury, à mes sentiments les plus distingués et bien dévoués.

À M. Pierre de Chevigné[2]

19 octobre 1952

Mon cher Chevigné,

Votre cabinet vient de m'adresser une « Liste générale d'ancienneté des officiers généraux », où mon nom figure dans une catégorie intitulée « Officiers généraux relevant du secrétariat d'État à la Guerre », sous la rubrique : « Général, ancien président du gouvernement provisoire de la République française ».

Je ne puis admettre l'usage qui est ainsi fait de mon nom sur la liste d'une hiérarchie à laquelle je n'appartiens pas, dans une catégorie dont je ne fais nullement partie et sous une rubrique dont la formulation, n'ayant par la force des choses aucun rapport avec aucune série militaire, est injustifiée et choquante au milieu d'autres qui définissent des emplois et appellations de l'Armée.

Le 18 juin 1940, je suis sorti des cadres de l'Armée, pour des raisons et dans des conditions qui n'ont, évidemment, aucun précédent. Il est vain

1. Ces dernières comporteront la remise des premiers insignes au Palais des expositions à la porte de Versailles à Paris, du 9 au 11 novembre 1952, sur propositions d'une commission de 10 membres constituée à cet effet.

2. Secrétaire d'État à la Guerre.

et abusif d'affecter aujourd'hui de m'y faire fictivement rentrer, comme s'il était possible de normaliser, suivant l'échelle de la nomenclature, ce qui, précisément, ne peut et ne doit pas l'être.

Je compte sur vous pour que cette erreur soit rectifiée.

Veuillez croire, mon cher Chevigné, à mes meilleurs sentiments.

À Édouard Herriot[1]

19 octobre 1952

Monsieur le président,

Ayant appris, par les journaux, le sens de ce que vous avez dit à Bordeaux au sujet du projet d'« armée européenne », je crois devoir vous assurer que ma pensée et mon sentiment rencontrent les vôtres sur ce point capital.

Laissez-moi ajouter que je le constate sans [...[2]] si nous nous trouvons séparés à divers égards en matières politique et institutionnelle, je ne crois pas que nous l'ayons jamais été fondamentalement en ce qui concerne le rôle et l'indépendance de la France.

Le fond et la forme du traité qui fut signé sans être encore ratifié sont, à mon sens, inacceptables, comme vous l'avez vous-même déclaré. L'affaire semble, d'ailleurs, avoir été engagée et négociée bien légèrement. Aussi, les hommes qui, au cours d'une génération et à travers une dure Histoire, ont eu à soutenir et ont pu sauvegarder, au nom de la France, sa position, sa mission en Europe et en Afrique, ses alliances et ses amitiés ne sauraient-ils – votre exemple en témoigne – manquer de s'opposer à cette espèce de renoncement.

Je vous prie de croire, Monsieur le président, à ma haute considération et à mes meilleurs sentiments.

Au lieutenant de vaisseau de Gaulle

19 octobre 1952

Mon cher Philippe,

Voici qu'approche le terme du séjour d'Henriette et de vos deux petits garçons. Tu ne saurais mesurer à quel point ta Maman et moi-même avons été heureux de les avoir à Colombey. Henriette n'est pas seulement une jeune femme qui fait plaisir à voir, elle a, en outre, beaucoup de grandes qualités et nous l'aimons de tout cœur. Charles est une personnalité. Il est d'une intelligence et d'une activité remarquables et on peut

1. Président de l'Assemblée nationale.
2. Trois mots illisibles.

augurer au mieux de son avenir. Le petit Yves est un magnifique bébé, certainement très bien doué, lui aussi.

Je pense que tu auras été, depuis ton arrivée au commandement de la 6 F, extrêmement absorbé. Je pense aussi que ton effort et ton autorité ont déjà fortement contribué à lui imprimer la marque de son chef, la tienne.

Quelles que soient les apparences, je suis certain qu'il se fait, dans les profondeurs françaises, un lent mouvement vers le redressement du sentiment national qui commande tout le reste. Les gens commencent à faire attention à la situation de la France dans le monde. D'autre part, les autres États, y compris les États-Unis et la Russie soviétique, ne paraissent décidément pas avoir les capacités nécessaires à la domination. Il en résulte que nous avons notre chance de reparaître. Je crois même qu'il est, maintenant, trop tard pour que nous disparaissions, à moins d'un choc mondial dont nul ne sait ce qui en résulterait.

Le Rassemblement a digéré sans grandes difficultés internes l'épreuve de la dissidence d'un certain nombre de ces élus. Il reprend, en ce moment, d'une manière encourageante.

Ai-je pensé à t'accuser réception de ton chèque de 100 000 F ? Si non, voilà qui est fait.

Au revoir, mon cher Philippe.

Je t'embrasse de tout cœur et te suis continuellement par la pensée. Maman joint aux miennes toutes nos affections.

Ton Papa

Apostille[1]

Me donner :

1. La liste et l'état des divers comptes du Rassemblement ou de ses annexes.

2. La liste et l'objet des comptes que le Comité financier propose de conserver ou d'ouvrir ou de liquider.

Ensuite me faire faire une décision prescrivant d'opérer ces diverses opérations et donnant qualité à quelqu'un pour le faire au nom du Rassemblement.

Enfin, faire notifier (d'accord avec moi) aux banques intéressées par l'un des membres du « Comité exécutif » (p. ex. Soustelle) les changements effectués en conséquence et les attributions de pouvoirs.

1. Sur un procès-verbal du 23 octobre de la séance du 26 septembre 1952 du comité exécutif du Rassemblement du peuple français proposant le transfert des pouvoirs financiers de M. Bozel à MM. Frey et Robert.

Décision au sujet des élections municipales

30 octobre 1952

Une Commission composée de :

Pierre de Gaulle, président du groupe RPF à l'Hôtel de Ville,

Christian Fouchet, député de Paris,

Jacques Baumel, délégué général de la région parisienne,

Jules Antonini, président du Conseil départemental de la Seine,

est constituée, en vue d'étudier et de préparer, pour le compte du Rassemblement du peuple français, l'attitude à prendre à Paris et l'action à exercer en ce qui concerne :

a. le groupe du Rassemblement au Conseil municipal ;

b. la composition des listes aux futures élections municipales ;

c. la tactique à suivre et la propagande à mener à l'occasion de ces élections.

La Commission travaillera en liaison directe avec le secrétaire général du Rassemblement.

Au lieutenant de vaisseau de Gaulle

5 novembre 1952

Mon cher Philippe,

Je te remercie des vœux affectueux que tu m'as adressés pour ma fête et de ceux que tu m'exprimais au nom d'Henriette et de vos fils. Maman et moi avons pensé particulièrement au petit Charles à cette occasion. On a beaucoup parlé de lui, dont les mots et les actes sont réputés dans la maison et aux alentours.

L'élection d'Eisenhower m'a fait plaisir. Il a été élu contre les politiciens et à titre d'homme d'action. Son succès est le signe que l'Amérique marche vers l'activisme.

Merci des intéressantes informations que tu me donnes sur ta flottille. C'est, je le vois, une grosse unité[1] tant au point de vue du matériel que du personnel. J'espère qu'elle te donne satisfaction au cours des manœuvres qu'elle fait actuellement.

Je t'enverrai d'ici quarante-huit heures 50 000 F[2] pour t'aider à l'hôtel. Mais doucement !

---

1. Cette flottille comprenait alors 25 avions monomoteurs embarquables sur porte-avions.

2. Le lieutenant de vaisseau de Gaulle avait simplement signalé que sa famille devait être hébergée à ses frais à l'hôtel pour une durée plus longue que prévu, soit au prix d'environ 10 000 F par jour.

Maman et moi t'embrassons tendrement, mon cher Philippe. Nous embrassons également Henriette, Charles et Yves.

Ton Papa très affectionné.

À Madame Bernard Anthonioz[1]

Colombey, 6 novembre 1952

Ma chère Geneviève,

Tes vœux pour ma fête et ceux de Bernard m'ont fait plaisir, car je vous aime beaucoup. En outre, je vous estime. Moralement, ce sont toujours les temps de l'épreuve, c'est-à-dire ceux où il faut se tenir droit.

Partage, ma chère Geneviève, avec Bernard et vos chers enfants les meilleures affections de ta tante Yvonne et les miennes.

Ton oncle

Réponse du général de Gaulle à l'exposé de M. Diethelm, aux assises nationales du Rassemblement du peuple français à Paris, porte de Versailles

Lundi 10 novembre 1952

André Diethelm nous a donc, d'une façon magistrale, montré quels sont actuellement les enjeux – en particulier au point de vue de la situation économique et financière de la France dans laquelle tout le monde sait quelle est sa compétence, son extrême valeur.

Et puis, il nous a fait sentir, et là-dessus je tiens à dire qu'il nous a tous émus, il nous a fait sentir les difficultés, les mérites, de ceux de nos Compagnons qui, dans un milieu et à un moment particulièrement difficiles, exercent leur mandat à l'Assemblée nationale. Les incidents qui se sont produits – les départs, je peux le dire, qui se sont produits[2] – sont lamentables. Mais comment ne s'expliqueraient-ils pas dans cette atmosphère de décadence – je dis le terme en le pesant – dans cette atmosphère de décadence que tout ce qui est officiel ou officieux s'efforce de créer dans notre malheureux pays ? Il est inévitable – il est lamentable, mais il est inévitable – que des hommes publics se trouvant continuellement soumis au feu effroyable des artilleries lourdes que vous savez ; qui cherchent à déconsidérer l'honneur et la fidélité ; qui ne cherchent qu'à corrompre, à caresser les vanités et à attirer les arrivismes (comment ne serait-il pas inévitable ?) que quelques-uns cèdent aux tentations. Mais, ce qui est misérable, là-dedans, c'est l'entreprise qui les fait tomber, et c'est cette

1. Geneviève de Gaulle.
2. À la date du 10 novembre 1952, trente-deux parlementaires élus du RPF avaient abandonné ce mouvement pour soutenir le gouvernement Pinay.

entreprise, mes Compagnons, que nous avons à nettoyer, car c'est là, avant tout, notre première tâche.

André Diethelm a parlé très justement de réformes des institutions. Elles sont évidemment nécessaires ; mais elles ne seraient rien (et d'ailleurs elles ne se feront pas) si elles ne sont pas accompagnées d'un effort national pour la moralité publique. L'honneur de la démocratie, et la raison qui la justifie, et la masse qui seule peut la maintenir ; c'est cela, quand des hommes ont pris leurs concitoyens à témoin de certaines idées, de certaines doctrines, de certaines fidélités, quand sur cette base, loyalement, ils en ont obtenu les votes et qu'ils ont assumé cette grande chose, c'est cela, je le répète, qu'est un mandat public. Il est inqualifiable que tout l'appareil du système officiel et officieux s'emploie à les leur faire trahir.

Nous avons confiance dans l'action de nos Compagnons dans les trois Assemblées. Nous voyons quelle est leur valeur, nous savons au milieu de quelles difficultés ils ont à agir et nous ne les en estimons que davantage. Nous sommes solidaires avec eux comme ils le sont avec nous. Le nombre a sa valeur, mais par les temps qui courent, ce n'est pas l'essentiel, car les autres qui sont si nombreux, qu'est-ce qu'ils en font de leur nombre ? Rien ! Dans la crise où se trouve actuellement le pays et les institutions démocratiques, dans la crise où sont les pouvoirs publics et qui est évidente, dans cette sorte d'impuissance où ils se trouvent enlisés ; l'essentiel pour servir le pays, n'est pas d'être très nombreux pour obtenir des postes et des présidences, mais c'est d'être assez résolus pour obtenir, pas à pas, que soit fait ce qui doit l'être !

Nous nous sommes donc trouvés en plein accord d'esprit et de cœur avec notre Compagnon André Diethelm dont, pour finir, je rappellerai ce qu'il n'aurait sûrement pas dit (mais je le dis parce qu'il a cité le nom de Leclerc[1]), qu'il a été lui aussi, pour bien des choses, dans notre Libération à l'époque à laquelle il a été notre ministre de la Guerre, je suis là pour en témoigner.

À Madame Georges Boucher[2] [inédit]

Le 13 novembre 1952

Chère Madame,

C'est avec la plus profonde émotion que nous apprenons, ma femme et moi, la nouvelle de l'immense malheur qui vient de vous frapper et de frapper vos enfants. Nos pensées et nos prières sont avec vous dans cette affreuse

1. André Diethelm a condamné les politiciens qui se servent du nom de Leclerc pour éviter de prononcer celui du général de Gaulle.

2. Georges Boucher, industriel du textile et membre du RPF avait reçu le général de Gaulle à deux reprises, en 1950 et 1952, dans sa maison de Cheniménil dans les Vosges.

épreuve. Votre cher mari était, parmi les hommes droits et généreux, l'un des plus généreux et des plus droits. Que Dieu l'accueille aux rivages de la lumière !

Je vous demande d'accepter, chère Madame, mes hommages les plus respectueux et profondément attristés, auxquels ma femme joint ses sentiments de sympathie très émue.

Charles de Gaulle

Au professeur René Capitant

15 novembre 1952

Mon cher Capitant[1],

N'exagérez pas ! Aux Assises, vous avez gagné avec votre doctrine dans l'esprit de nos militants. Je m'en félicite d'autant plus que je n'ai jamais incorporé, ni suivi, d'autres principes que ceux qu'à présent vous doctrinez admirablement. Grâce à vous, qui vous êtes vous-même renouvelé, la direction qui est la nôtre est plus claire qu'auparavant et nous n'avons pas, en effet, à ménager les détours, puisque n'ayant pu, l'an dernier, renverser le régime par l'intérieur, il nous faut livrer d'autres assauts.

Mais c'est moi qui ai la charge de diriger notre Rassemblement et, notamment, de régler sa marche. L'ayant lancé vers les conquêtes électorales et organisé en conséquence, je n'entends pas le faire dérailler en renversant d'un seul coup la vapeur. Il y a la manière. Il y a des choses à faire. Parlons-en ! Mais, s'il vous plaît, modérez, à mon égard, vos expressions. Je vous verrai, je l'espère, mardi soir à 9 h 30 à l'hôtel Lapérouse.

Croyez, mon cher Capitant, à mes sentiments amicalement dévoués.

À Madame Leclerc de Hauteclocque

15 novembre 1952

Chère Madame,

Vous pouvez être assurée que, le 28 novembre, ma pensée et ma prière iront au « général Leclerc » qui fut, jusqu'à son dernier jour, un admirable serviteur de la France, en même temps que mon bon compagnon et mon fidèle ami.

Mais vous savez, chère Madame, pour quelles raisons d'ordre national je ne puis et ne dois prendre part à aucune cérémonie où figurent les actuels « pouvoirs publics ». Ce sera, évidemment, le cas, les 28 et

1. Deux lettres de M. Capitant reprochent au général « son inconstance, sa faiblesse et son immobilisme de ligne Maginot ».

29 novembre. Je devrai donc me contenter, ce jour-là, de me reporter à mes chers et glorieux souvenirs. Ne sera-ce pas, d'ailleurs, la meilleure part ?

Ma femme a été très sensible à votre aimable pensée. Nous parlons souvent de vous-même et des vôtres, notamment du jeune et vaillant disparu d'Indochine[1]. Je vous demande d'agréer, chère Madame, mes hommages les plus respectueux.

À Pierre de Boisdeffre

17 novembre 1952

Cher Monsieur,

J'ai admiré votre *Malraux*. Grâce à lui dont le génie suscite tant de pensée, grâce à vous qui pénétrez et exprimez avec tant de talent ce qui s'exprime et se pénètre si malaisément. Avec lui et avec vous, nous abordons à ces rivages de genèse, sans lumière mais non sans clarté, où le destin se meut au milieu de nos croyances et de nos troubles, de nos ardeurs et de nos désespoirs ; oui, le destin, ou peut-être Dieu ?

Veuillez croire, cher Monsieur, à mes sentiments très distingués et bien dévoués.

À Georges Cattaui

17 novembre 1952

Cher Monsieur,

Dans votre *Marcel Proust*, quel talent, et aussi quelle profondeur ! Je ne crois pas qu'il soit possible de faire sentir, mieux que vous l'avez fait, le drame de cet homme plongé dans l'océan de l'Homme avec tout ce qu'il en retire de trésors et de souffrances. Mais comment faire le compte de ce que, pour ce prix-là, Marcel Proust a donné ?

Avec mes bien vives félicitations et mes remerciements, je vous demande d'agréer, cher Monsieur, l'expression de mes sentiments amicalement dévoués.

1. Lieutenant Henri Leclerc de Hauteclocque.

À Henri de Boissel[1], à Paris

24 novembre 1952

Monsieur le président,

Je me félicite de constater que votre Association[2] garde la mémoire du général Leclerc, qui fut, jusqu'à son dernier jour, mon compagnon fidèle et put, de ce fait, rendre à la France les plus glorieux services.

Puisse son exemple être suivi.

Croyez, Monsieur le président, à ma considération distinguée.

Note pour le secrétariat d'État à la Guerre à propos de la liste d'ancienneté des officiers généraux

29 novembre 1952

Je ne *demande* rien, je ne *veux pas* figurer sur *cette liste.*

M… est devenu incapable de traiter une question autrement que par de petits côtés.

Au professeur René Capitant[3]

3 décembre 1952

Mon cher Capitant,

À quoi bon prendre avec moi ce ton ? Où voulez-vous en venir ? Pourquoi altérer vous-même vos possibilités d'action alors que le but à atteindre, quant au problème en question, vous est évidemment connu ?

Je suis, vous devez le savoir, désireux d'accorder ce qui doit l'être. En particulier, je tiens à ce que la commission constituée pour pousser l'affaire capitale que développait votre rapport aux Armées, se réunisse et aboutisse. Mais comment faire si vous-même disparaissez ou ne vous manifestez que par des lettres désobligeantes ? La cause mérite d'être autrement traitée et vous valez mieux que cela.

Je vous verrai, je l'espère, demain jeudi à 3 heures.

Veuillez agréer, mon cher Capitant, mes sentiments cordialement dévoués.

---

1. Président des anciens combattants de la 2e DB.
2. Une apostille a été rajoutée : « Je ne me ferai pas représenter. » Cette lettre manifeste quelque froideur vis-à-vis du bureau d'une association qui est alors l'objet d'une des fréquentes tentatives des politiciens de masquer le charisme historique du général de Gaulle derrière le mérite d'un de ses illustres subordonnés. En vain.
3. Professeur de droit à l'université d'Alger, ancien chef du mouvement de résistance Combat en Afrique du Nord.

Décision

4 décembre 1952

Les membres du Conseil de direction du Rassemblement du peuple français sont chargés de faire appliquer les décisions du Conseil de direction, en accord avec le secrétaire général, dans les départements de la France métropolitaine et de l'Algérie, ainsi que dans les départements et territoires d'outre-mer.

Ils reçoivent mission permanente d'animer et de contrôler l'activité du Rassemblement dans ces départements et territoires. À cet effet, leurs responsabilités sont réparties géographiquement selon le tableau ci-joint.

M. Baumel
Ain
Doubs
Jura

Gal de Bénouville
Corse
Ille-et-Vilaine
Manche

M. Capitant
Ardèche
Drôme
Isère

Gal Chaban-Delmas
Gironde
Landes
Lot-et-Garonne

M. Chatenay
Loire-Inférieure
Maine-et-Loire
Vendée

M. Debré
Indre
Indre-et-Loire
Loiret
Loir-et-Cher

M. Frey
Allier
Loire
Rhône
Saône-et-Loire

M. Furaud
Charente
Charente-Maritime

M. P. de Gaulle
Aisne
Ardennes
Nord
Oise
Pas-de-Calais
Seine-Inférieure
Somme

Me Kalb
Haut-Rhin
Territoire de Belford

Gal Kœnig
Bas-Rhin

M. Krieger
Moselle

Dr Le Basser
Mayenne
Sarthe

M. Lemaire
Meurthe-et-Moselle
Meuse
Haute-Saône
Vosges
Haute-Marne

M. Léspès
Vienne

Pr Mazeaud
Calvados
Eure
Eure-et-Loir
Orne

M. Michelet
Corrèze
Creuse
Dordogne
Lot
Haute-Vienne

M. Morandat
Hautes-Alpes
Basses-Alpes
Alpes-Maritimes

Amb. Noël
Cher
Côte-d'Or
Nièvre
Yonne

M. Ollivier
Aube
Marne

M. G. Palewski
Ariège
Haute-Garonne
Gers
Hautes-Pyrénées
Basses-Pyrénées
Tarn
Tarn-et-Garonne

M. Soustelle
Aude
Bouches-du-Rhône
Gard
Hérault
Pyrénées-Orientales
Var
Vaucluse

Dr Suire
Deux-Sèvres

M. Terrenoire
Côte-du-Nord
Finistère
Morbihan
Savoie
Haute-Savoie

M. Vallon
Aveyron
Cantal
Haute-Loire
Lozère
Puy-de-Dôme

M. Fouchet
Alger
Oran
Constantine
Maroc
Tunisie

MM. Foccart, *Malbrant*, *Oudard* : Départements et territoires d'outre-mer

Note pour M. Terrenoire

4 décembre 1952

Faute d'avoir encore des délégués régionaux, il faudrait organiser des réunions périodiques de délégués départementaux.

Par exemple : une fois par mois ceux d'une trentaine de départements.

Ainsi les aurions-nous vus tous une fois par trimestre.

Au lieutenant de vaisseau de Gaulle, Oran (Algérie)

7 décembre 1952

Mon cher Philippe,

J'espère que ta flottille t'aura donné satisfaction lors des récentes manœuvres en Méditerranée. En tout cas, ç'aura été pour le chef et pour la flottille une excellente occasion de se souder l'un à l'autre. J'espère aussi que l'ensemble des opérations auxquelles tu as pris part t'auront donné l'impression de la puissance et de la vigueur, compte tenu des défauts, inévitables dans toute œuvre humaine. Plus vont les choses, plus je crois que l'orientation des Alliés atlantiques va se préciser vers la stratégie atomique et périphérique, avec tout ce qui s'y rattache d'aérien et de maritime. Je suis de plus en plus convaincu que la France ne doit à aucun prix se laisser séparer de l'Union française et qu'il lui faut en première urgence une force navale et aéronavale. Je compte l'affirmer publiquement à la première occasion. Non sans peine j'aurai pu, je crois, empêcher la sottise suprême qu'aurait été l'armée dite « européenne ». Maintenant il faut construire quelque chose de tout différent.

Vous voilà donc installés dans votre appartement d'Oran et voilà le petit Charles en classe. J'en suis bien content. Rien, en effet, n'est plus important que de le mettre en avance pour ses études et, en tout cas, de ne lui laisser aucun retard. D'autre part, la « qualité » de l'enseignement qu'il reçoit et le « milieu » dans lequel il s'instruit ont une extrême importance. Il faut toujours choisir le meilleur cours puis le meilleur collège, quelles que soient les difficultés. Nous nous félicitons, Maman et moi, de l'avoir fait naguère pour toi et pour Élisabeth.

L'insigne de la 6 F[1] est sur mon bureau, attaché au portrait du petit Charles.

Au revoir, mon cher Philippe. Maman et moi t'envoyons à toi, à Henriette, à Charles et à Yves toutes nos profondes affections. Je t'embrasse de tout cœur.

Ton papa

1. Créée en 1942 par la France Libre, la flottille d'aéronautique navale 6 F avait pour insigne une croix de Lorraine sur écusson blanc. Toutefois cette origine n'était pas entrée en ligne de compte dans l'affectation du lieutenant de vaisseau de Gaulle.

À Jean Nocher[1]

12 décembre 1952

Mon cher ami,

C'est un bien beau livre que m'a envoyé, par vous, Jean d'Auvergne. Il m'a fait sentir l'âme et la vie de Saint-Étienne, cette capitale, qui, comme le peuple ouvrier, monte durement, du fond de l'Histoire, vers les premiers rangs de la France.

Je vous fais mes bien sincères compliments de votre collaboration à l'ouvrage et vous assure, mon cher ami, de mes sentiments bien fidèlement et cordialement dévoués.

Ci-joint ma réponse à Jean d'Auvergne à qui je vous prie de la remettre.

À Winston Churchill

20 décembre 1952

Cher Monsieur Churchill,

Je désire que vous sachiez que mes vœux très sincères vont à vous-même, aux vôtres, à la noble et vaillante Angleterre, en ce Noël d'une dure époque.

Bien que par le temps qui court, on chicane la grandeur pour en avoir récemment abusé, vous savez y rester vous-même. Aussi mon amicale admiration vous demeure-t-elle fidèle.

Je vous demande de présenter à Madame Churchill mes très respectueux hommages et souhaits, auxquels ma femme joint ses meilleurs vœux et souvenir. Pour vous, cher Monsieur Churchill, mes sentiments bien dévoués.

1953

L'année 1953 est agitée à l'extérieur de l'hexagone français comme à l'intérieur.

En URSS Staline meurt et est remplacé par Malenkov, tandis qu'une insurrection éclate à Berlin-Est.

En Iran, Mohammad Mossadegh, Premier ministre procommuniste, est arrêté et interné.

En Indochine le Viêt-minh reprend son offensive au Tonkin et vers le Laos.

1. Député RPF de la Loire.

Au Maroc une révolte des Berbères dirigés par le pacha de Marrakech conduit à la déposition du sultan Sidi Mohamed, et à son remplacement à l'instigation du gouvernement français par Sidi Moulay ben Arafa.

En France les difficultés politiques et financières et des grèves générales amènent de longues crises gouvernementales. À M. René Mayer succède M. Joseph Laniel après trente-cinq jours de tentatives infructueuses de sept présidents « pressentis » successifs.

Fin décembre M. René Coty est élu président de la République en remplacement de M. Vincent Auriol au bout de six jours et treize tours de scrutin du Parlement.

Le général de Gaulle continue à faire connaître publiquement son sentiment sur les problèmes intérieurs et extérieurs français, sur la nécessité de changer les institutions pour y faire face et sur son opposition au projet de Communauté européenne de défense, soit au cours de deux conférences de presse à l'hôtel Continental à Paris en février et en novembre, soit à la session ou assises nationales du Rassemblement du peuple français en février-mars et en novembre.

Il a le souci de se tenir au courant de la situation en Afrique, par un voyage du 4 au 30 mars au Sénégal, au Mali, en Guinée, en Côte-d'Ivoire, au Togo, au Dahomey, en Haute-Volta, au Niger, au Tchad, en République Centrafricaine, au Congo Brazzaville et au Congo Léopoldville, au Gabon, au Cameroun et en Tunisie, où il a un entretien avec le bey ; et de la situation en océan Indien du 4 au 22 octobre, à Madagascar où il passe une dizaine de jours au total après escale à Tunis, Fort-Lamy et Brazzaville ; à la Réunion ; aux Comores ; à Djibouti et à Addis-Abeba en Éthiopie.

Cependant le RPF connaît le reflux et les querelles de personnes qu'il amène quasi inévitablement. La cohésion parlementaire des élus du mouvement a déjà été rompue l'année précédente, et aux élections municipales d'avril-mai 1953 les partisans clairement déclarés du général n'obtiennent qu'un peu moins de 11 % des voix.

Aussi le 6 mai rend-il leur liberté à tous les élus du RPF et annonce-t-il que cette formation ne participera plus aux activités de l'Assemblée nationale ni aux élections ; le 6 juin il déclare ne prendre « aucune part directe ou indirecte aux péripéties diverses de l'actuel régime » et le 27 juin avertit que tout adhérent du RPF qui participerait à un gouvernement de l'actuel régime se trouverait « par là même en dehors du Rassemblement ».

Il conserve le contact avec les anciens de la Résistance française aux cérémonies d'Oradour-sur-Glane le 16 février, du 7 juin à Saint-Lô et du 18 juin au Mont-Valérien.

Note pour le calendrier 1953 [inédit]

La vie reprend tous les matins
L'Espérance renaît tous les soirs.
La France recommence tous les jours !

C. de Gaulle

À Jules Jeanneney[1]

9 janvier 1953

Cher Monsieur le président,

Du plus profond de mon estime et de mon attachement mes vœux vont à vous en ce début d'année. Si votre vue laisse à désirer, la mienne est actuellement très basse car je sors d'une sérieuse opération à l'un de mes yeux. Cette circonstance me vaudra, je l'espère, votre indulgence dans mon retard à vous écrire.

Cette lettre est littéralement la première que je rédige depuis deux semaines.

Ma femme joint tous ses meilleurs souhaits aux miens pour vous-même, cher Monsieur le président, et pour les vôtres.

En attendant que je puisse aller vous voir, je vous prie de croire, cher Monsieur le président, à mes sentiments bien fidèlement dévoués.

Au maréchal Juin

12 janvier 1953

Mon cher ami,

Merci de ton excellente lettre qui est digne de toi. Sois sûr que les vœux que je forme à mon tour pour toi-même, pour ton action et pour les tiens sont profondément sincères. Je me félicite d'avoir contribué à faire en sorte que Juin soit le premier de l'Armée, et en un temps où, pour celle-ci, tout est en cause.

Pour moi que les événements ont contraint, naguère, pour servir à une certaine place, de sortir de la hiérarchie, pour toi qui y es au rang le plus élevé, il reste maintenant le devoir de tout faire pour que la France garde *son* armée, sans laquelle elle ne serait plus, non jamais plus ! la France.

---

1. Jules Jeanneney, né en 1864, ancien ministre, ancien président (radical) du Sénat jusqu'à la guerre, avait soutenu le général de Gaulle durant le Gouvernement provisoire de la République à la Libération, et ne voulait pas du régime d'Assemblée nationale omnipotente instauré par la IVe République.

Je me trouve, pour quelques semaines, à l'écart à Colombey, en raison d'une opération qu'on vient de me faire à un œil. Si tu pouvais un jour passer par là et, par exemple, y déjeuner, nous causerions tranquillement. Ton aide de camp arrangerait cela avec le Cdt de Bonneval. Il va de soi que ma femme et moi serions enchantés que Mme Juin t'accompagnât.

Veuille bien, mon cher ami, présenter à Mme Juin mes très respectueux hommages et sois sûr de mes sentiments bien fidèlement dévoués.

À Joseph Rochette[1], banque de l'Afrique occidentale[2], Paris

13 janvier 1953

Cher Monsieur,

Lors de la création de l'Union privée, vous avez été des premiers à répondre à l'appel qui vous était adressé pour m'aider dans mon action nationale.

Votre concours, avec celui de l'Union, m'ont permis dans la période la plus difficile de faire entendre au-dedans et au-dehors ce qui devait être entendu.

Suivant le cours habituel que suivent les choses aux jours décisifs, voici que, dans mon action, les circonstances accumulent les obstacles en même temps qu'elles lui ouvrent de plus larges perspectives.

C'est pourquoi je tiens à vous dire que plus que jamais je compte sur votre appui.

Croyez, cher Monsieur, à mes sentiments les plus distingués et les meilleurs.

À l'intendant général Ley

13 janvier 1953

Mon cher ami,

Merci de votre affectueux message. Les choses suivent, pour moi, leur cours. De tout cœur, je vous adresse mes vœux, auxquels ma femme joint les siens, pour vous-même, pour Mme Ley et pour vos enfants.

L'année qui est partie fut pour vous celle d'un immense chagrin. C'est avec beaucoup d'émotion que je viens de lire la brochure que vous m'avez adressée sur le cher et glorieux Georges-Bernard. On dirait que des âmes de cette qualité font presque mieux d'aller tout de suite à Dieu, loin de notre époque et de notre terre.

Avec mes très respectueux hommages pour Mme Ley, recevez, mon cher ami, mes sentiments bien fidèlement dévoués.

1. Président de l'Association des Français libres au Congo belge.
2. Le même texte de lettre a été adressé à tous les sociétaires de l'Union privée pour l'action nationale du général de Gaulle, Union qui avait recours aux crédits bancaires.

Au lieutenant de vaisseau de Gaulle, à Oran (Algérie)

20 janvier 1953

Mon cher Philippe,

Ta dernière lettre nous a donné de vos nouvelles, d'après lesquelles vous avez reçu la visite de la grippe. Nous espérons qu'elle vous a lâchés et que le jeune Charles a pu, comme il le souhaitait, « rentrer en classe ». C'est très bien, à tous égards, notamment pour la tranquillité de sa Maman, qu'il aime y aller.

Ici, le froid, la neige, le verglas commencent à céder. Quant à moi je me remets normalement – ce qui veut dire pas très vite – de ma récente opération, qui, avec ses suites, constitue une épreuve désagréable.

Parmi les « blocages » de crédits auxquels se prépare le cabinet de M. Mayer, il y a une somme concernant les bases aéronavales. J'espère que cela n'aura pas de conséquences sérieuses sur le début d'essor de notre aéronavale ? Pour R. Mayer lui-même, j'ai consenti à ce que l'investiture lui fût donnée pour que le funambulesque traité d'armée dite « européenne » soit pratiquement abandonné sous prétexte d'amendements et de protocoles. Nous surveillons de près l'opération car je ne veux pas de cette monstruosité qui consisterait à perdre l'armée française dans une hégémonie militaire allemande.

Cependant, je dois dire que jamais l'opinion et la masse françaises n'ont été plus veules, plus indifférentes, plus égoïstes.

Au revoir, mon cher Philippe. Partage avec Henriette et vos petits garçons nos profondes affections. Voilà donc Yves qui, à son tour, va s'élancer sur la terre. Tous mes vœux l'accompagnent dans ses pérégrinations.

Je t'embrasse de tout cœur.

Ton Papa

À M. Boissier-Palun[1]

22 janvier 1953

Monsieur le président,

Vous m'avez fait savoir que le Grand Conseil de l'A-OF avait exprimé le souhait de me voir, en compagnie de Mme Éboué, poser la première pierre du monument qui va être érigé à Bamako à la mémoire du gouverneur Félix Éboué.

Très sensible à cette demande, j'en accepte bien volontiers le principe et tiens à vous dire, dès maintenant, combien je serai heureux de m'associer

1. Président du Grand Conseil de l'Afrique-Occidentale française-Dakar.

à l'hommage que l'A-OF rendra en cette occasion au grand serviteur du pays que fut Félix Éboué[1].

Je vous demande de croire, Monsieur le président, à mes sentiments les plus distingués et les meilleurs.

Au lieutenant de vaisseau de Gaulle, à Oran (Algérie)

26 janvier 1953

Mon cher Philippe,

À titre documentaire, je t'envoie ci-joint le texte du discours de réception de M. François-Poncet à l'Académie française où il a succédé au maréchal Pétain. Cela a donné à ceux des vichystes qui crurent, d'abord, l'être pour le bon motif, qui durent ensuite reconnaître l'erreur et la faute du Maréchal, mais qui, tout de même, après tout, pourtant… etc., l'occasion de s'exprimer une bonne fois par la voix de cet ambassadeur. Celui-ci est, d'ailleurs, convenable pour ce qui me concerne et concerne la Résistance. On peut, bien entendu, épiloguer sur les arguments de M. François-Poncet, notamment sur ce fameux « bouclier » qu'aurait été Pétain, mais qui n'a pas empêché que la France fût pillée, les Français tenus en servitude, la flotte perdue, etc. Tel quel son discours n'est cependant pas sans intérêt et reflète l'opinion profonde d'une grande partie des « notables », y compris la plupart des officiers anciens de l'armée et de la marine.

On me dit que la base de Lartigue va voir se former une flottille nouvelle équipée de « Neptune » ?

Maman et moi, vous envoyons à toi, à Henriette, à Charles, à Yves, toutes nos meilleures affections. Je t'embrasse, mon cher Philippe.

Ton Papa

Au cardinal Roncalli[2]

28 janvier 1953

Monsieur le Nonce,

L'aimable lettre de Votre Éminence m'a vivement touché. Vous savez dans quels sentiments je vous avais accueilli quand le Saint-Père daigna vous envoyer en France auprès de moi dans les débuts de votre mission. Au moment où celle-ci se termine, c'est de loin, mais très sincèrement, que je vous félicite de l'excellente façon dont vous l'avez remplie.

1. Le général de Gaulle n'hésite pas à se montrer en public pour rendre hommage aux grands serviteurs de la patrie.
2. Futur pape Jean XXIII.

Mon regret sera grand, Monsieur le Nonce, de ne pouvoir me trouver auprès de vous, le 5 février, jour où vous recevrez tous les présidents du Conseil français. Mais je suis sûr que Votre Éminence voudra bien m'en excuser. Ma santé n'est pas encore assez complètement rétablie pour me permettre de prendre part à une telle réunion. Je craindrais, en outre – je vous l'avoue – de m'y trouver dans une situation assez singulière, puisque je n'ai jamais, comme vous le savez, exercé la fonction de président du Conseil, rétablie après que j'eus cessé d'être à la tête de l'État et du Gouvernement.

Espérant, Monsieur le Nonce, qu'à votre retour à Rome vous voudrez bien déposer aux pieds du Saint-Père le filial hommage de mon respect et de mes vœux, je prie Votre Éminence d'agréer l'expression de mes sentiments respectueux et dévoués.

À Jean de Gaulle[1] [inédit]

30 janvier 1953

Mon cher Jean,

Merci de t'être préoccupé de ma santé. Les choses vont très bien maintenant.

Pour les élections municipales, je préfère que tu n'y sois pas candidat. Non que tu ne serais pas qualifié par toi-même pour cela. Mais je tiens à ménager notre nom dans cette sorte de compétition, du moment qu'il ne s'agit pas d'une opération nationale à un grand moment. Or tout annonce que les élections municipales prochaines auront lieu dans l'indifférence presque partout. Cela ne saurait d'ailleurs t'empêcher de t'intéresser au RPF.

Ta tante Yvonne se joint à moi, mon cher Jean, pour t'envoyer, ainsi qu'à Marysette[2], Brigitte et Jacques, nos meilleurs affections.

Ton oncle affectionné,

C. de Gaulle

Au docteur Staub[3], Léopoldville

4 février 1953

Cher docteur,

Très touché de la demande dont votre lettre me fait part, j'en remercie par votre intermédiaire tous ceux dont vous êtes l'interprète.

---

1. Fils de Jacques de Gaulle et neveu du Général. Brigitte et Jacques, cités dans la lettre, sont ses enfants.
2. Il s'agit vraisemblablement de Marie-Josèphe, l'épouse de Jean de Gaulle, née Choyer.
3. Le docteur Staub a joué un rôle important pour soutenir la France Libre à Brazzaville en 1940.

J'accepte bien volontiers d'aller revoir nos bons amis du Congo belge, dont l'accueil réconfortant aux jours sombres de 1940 est resté vivant dans mon souvenir. Mon cabinet se mettra en rapport avec vous pour fixer le programme de mon passage à Léopoldville.

Ma femme et moi nous réjouissons de vous revoir à cette occasion, ainsi que Mme Staub, à qui je vous demande de présenter mes respectueux hommages, y joignant pour vous, cher docteur, mes sentiments fidèlement dévoués.

Note pour Olivier Guichard

5 février 1953

Me faire et me remettre la semaine prochaine une notice précisant :

Pour chaque territoire à visiter, la situation :

a. administrative (les noms et qualités) ;

b. politique (les conseils, les parlementaires, les courants) ;

c. économique (les productions et les producteurs – les travaux en cours ou prévus – l'avenir) ;

d. les personnes (principaux notables français et africains, sans oublier les missions, les médecins, les professeurs).

D'autre part, dès que possible, me proposer l'emploi du temps détaillé dans chaque territoire (aller où ? avec qui ? pour faire quoi ? pour voir qui ? etc.).

À Jean Nocher, à Saint-Étienne

12 février 1953

Mon cher Nocher,

Vos lettres[1] des 4 et 7 février me sont bien parvenues.

Comme je vous l'ai dit l'autre jour, je ne puis comprendre qu'un homme de votre qualité et un compagnon de votre sorte s'exaspère et se déchire lui-même de cette façon.

Je vous remercie des vœux que vous formez pour moi et vous demande de croire, mon cher Nocher, à mes sentiments bien cordiaux.

À Léopold Sédar Senghor[2], à Paris

12 février 1953

Mon cher Senghor,

J'ai bien reçu votre lettre dont je vous remercie.

1. Ces lettres font état de querelles de personnes à Saint-Étienne et à Roanne.
2. Député du Sénégal à l'Assemblée nationale.

Vos remarques ont eu toute mon attention, mais je ne puis maintenant modifier le programme de mon voyage en Afrique. J'espère beaucoup cependant vous voir au Sénégal lors de mon passage et à Bamako pour la cérémonie en l'honneur de Félix Éboué.

Croyez, mon cher Senghor, à mes sentiments bien cordialement dévoués.

À Foster Dulles[1]

14 février 1953

Cher Monsieur Dulles,

Votre aimable lettre vient de me parvenir.

J'ai beaucoup regretté, moi aussi, de ne pas vous avoir vu, lors de votre bref passage à Paris. Peut-être aurais-je pu vous donner, du point de vue français, quelques indications utiles en ce qui concerne, d'une part la coopération de votre pays avec le mien, d'autre part l'organisation de l'Europe. Mais j'espère qu'une autre occasion se présentera et que cela pourra servir.

En attendant, mes vœux les plus sincères vous accompagnent dans votre grande mission.

Veuillez croire, cher Monsieur Dulles, à mes sentiments les meilleurs et les plus distingués.

À Yvon Morandat[2]

19 février 1953

Mon cher ami,

Je n'accepte pas votre démission de délégué national à l'Action ouvrière, et de membre de notre Conseil de direction.

Je ne l'accepte pas parce que nous avons trop de choses et de choses trop importantes à faire, vous, Morandat, en particulier.

Je ne l'accepte pas non plus parce que cette démission ne provient d'aucune raison de principe, mais seulement de motifs personnels qui, si sensibles qu'ils soient, ne peuvent l'emporter en considération du reste. D'ailleurs, je compte bien que vos motifs personnels pourront bientôt perdre leur objet.

À bientôt, mon cher ami.

1. Secrétaire d'État à Washington.

2. Yvon Morandat désapprouve le renfort apporté, selon lui, par le RPF dans les Alpes-Maritimes à des hommes « ni loyaux ni fidèles ».

À Gaston Palewski[1]

25 février 1953

Mon cher ami,

Merci de vos très utiles suggestions dont je tiens compte dans le texte « officiel ». Sauf pour ce qui est de l'irrédentisme allemand. Car, comment interdire à l'Allemagne tout irrédentisme ? Et, si on lui en permet un, même dans d'étroites limites, comment publier que nous l'acceptons ?

À bientôt. Bien amicalement vôtre.

Décision relative au règlement des affaires courantes

3 mars 1953

Pendant mon voyage en Afrique, il appartient au secrétaire général d'assurer le règlement des affaires courantes.

Si une décision importante venait à s'imposer et qu'on n'eût pas le temps de m'en référer, je confie le soin de faire le nécessaire à :

Général Kœnig
Soustelle
Pierre de Gaulle
Terrenoire
Pompidou, réunis sous la présidence du général Kœnig.

Le Conseil de direction doit demeurer tel que j'en ai arrêté moi-même la composition. Il ne doit pas être réuni en mon absence à moins d'événement très grave.

Télégramme à M. Molotov[2]

5 mars 1953

Au moment où vient de disparaître le généralissime Staline, je vous adresse à vous-même et au gouvernement de l'URSS mes très profondes condoléances. Le nom de Staline restera toujours attaché au souvenir de la grande lutte menée en commun jusqu'à la Victoire par les peuples de l'URSS, le peuple français et les peuples alliés.

1. Député RPF de la Seine.
2. Vice-président du Conseil des commissaires du peuple (Moscou).

Télégramme à Sa Majesté le roi Baudouin Ier (Bruxelles)

21 mars 1953

Ayant, aujourd'hui, l'honneur d'être reçu à Léopoldville, je prie Votre Majesté d'agréer les vœux ardents que je forme pour Sa Personne, pour la Belgique et pour le Congo belge.

Télégramme à Sa Majesté la reine (Londres)

Douala, 25 mars 1953

Profondément ému par la nouvelle du grand deuil qui frappe Votre Majesté, Sa Famille et Ses peuples, je vous prie, Madame, d'agréer mes sentiments de très respectueuses condoléances auxquels ma femme demande à joindre les siens. La très noble reine Mary ne sera oubliée par aucun Français qui se souvient de l'Histoire.

À M. de Hauteclocque[1]

2 avril 1953

Mon cher ambassadeur,

Je tiens à vous dire, dès mon retour, l'encourageante impression que je rapporte du court séjour que je viens de faire en Tunisie et que vous avez parfaitement bien organisé.

Ma visite à S.A. le bey, l'accueil de la population, les contacts que j'ai pu prendre, m'ont renforcé dans la confiance que je porte à l'œuvre de la France en Tunisie et à l'association des deux pays.

Croyez, mon cher ambassadeur, à mes sentiments les plus distingués et les meilleurs.

À Monsieur Chauvet[2]

2 avril 1953

Mon cher haut-commissaire,

Le voyage que je viens d'effectuer en A-ÉF a été pour moi plein de satisfactions. Je tenais à vous le dire dès mon retour. Veuillez en faire part aux gouverneurs des différents territoires de la Fédération.

À chacun de mes arrêts, la population, aussi bien européenne qu'africaine, m'a fait un accueil qui m'a ému et dont je conserverai le souvenir.

1. Ambassadeur, résident général de France en Tunisie.
2. Haut-commissaire de la République en A-ÉF, Brazzaville.

Je n'oublierai pas davantage la part que vous avez prise à l'organisation du voyage qui a été en tout point réussi.

Croyez, mon cher haut-commissaire, à mes sentiments les plus distingués et les meilleurs.

À Cornut-Gentille[1]

2 avril 1953

Mon cher Cornut-Gentille,

De retour à Paris, je tiens à vous dire la satisfaction que j'ai éprouvée à voir le bel essor qu'ont pris, sous votre direction, les territoires de la Fédération.

L'accueil que, partout, m'ont fait les populations, m'a profondément touché. Quant à l'organisation du voyage, dont vous avez personnellement pris soin, elle fut en tout point réussie.

Voulez-vous faire part aux gouverneurs de l'A-OF du bon souvenir que je conserve de ma visite dans leurs territoires, et croire, mon cher Cornut-Gentille, à mes sentiments cordialement dévoués.

À Georges Duhamel, de l'Académie française

8 avril 1953

Mon cher maître,

Les Espoirs et les Épreuves jettent des lumières sur votre vie, mais aussi sur beaucoup de gens, qu'a distingués votre curiosité, quelquefois votre affection, et qu'aujourd'hui éclaire votre talent. Je vous en remercie vivement, pour ma part, car j'ai pris un grand plaisir à lire votre livre et renforcé, si possible, l'admiration que je vous porte depuis que j'ai rencontré – au lendemain de la première guerre – votre pensée et votre style.

Quant au Japon nouveau que vous nous décrivez et où l'esprit de la France a tout à faire, je pense que parmi les pauvres peuples de ce siècle il a l'une des meilleures parts, parce qu'il ne renonce pas à lui-même et que rien ne l'empêche de sourire.

Veuillez croire, mon cher maître, à mes sentiments pour toujours fidèles et dévoués.

1. Haut-commissaire de la République en A-OF, Dakar.

À Edmond Michelet, conseil de direction du RPF

10 avril 1953

Mon cher Michelet,

Je n'approuve pas votre proposition concernant le 7e secteur (3e, 4e, 1er). Il n'y a pas de raison valable, au point de vue général, pour parachuter dans ce secteur un « sortant » venant d'un autre. Ce sortant – dont la personne n'est, à mes yeux, nullement en cause – peut et, à mon avis, doit se représenter dans le secteur où il fut élu et au rang où il l'avait été.

Veuillez bien, mon cher Michelet, faire à cet égard le nécessaire et croyez à mes sentiments amicalement dévoués.

À Alain Bozel

22 avril 1953

Mon cher ami,

Du fond du cœur je prends part au grand chagrin qui vient de vous frapper. On ne se console jamais de la mort de ses parents. Mais, quand on les a perdus, il y a quelque douceur à sentir qu'on leur a fait honneur. L'homme de haute valeur que fut Monsieur votre père aura connu que son fils Alain était digne de lui.

Avec mes sentiments, ma femme joint sa profonde sympathie pour vous-même, pour Mme Bozel, pour vos enfants. Soyez assuré, mon cher Bozel, de ma fidèle amitié.

À Pierre Clostermann[1]

23 avril 1953

Mon cher ami,

Je vous sais souffrant. Ma pensée est avec vous, affectueuse et confiante.

On a bien besoin de vous. Repos, calme, sérénité. Vous allez gagner, une fois de plus.

Bien amicalement.

1. Député RPF de la Marne.

À Charles Davin[1] [inédit]

23 avril 1953

Mon cher Davin,

Combien m'ont paru émouvants les récits si simples, si grands, dont est faite La Bataille des ombres.

Il fallait que soit gardé le souvenir des magnifiques exemples de courage et de sacrifice donnés par les cent vingt aveugles de la résistance. Votre livre y aidera de la meilleure manière possible.

Veuillez croire, mon cher Davin, à mes sentiments cordialement dévoués.

C. de Gaulle

Au lieutenant de vaisseau de Gaulle

27 avril 1953

Mon cher Philippe,

De tout mon cœur, je te souhaite une bonne fête. Maman et moi, ne manquerons pas ce jour-là, plus encore que les autres jours, de porter vers toi notre affection, notre fierté et notre espérance, confondant dans ces sentiments ta chère Henriette et vos beaux et bons enfants présents et à venir.

Les élections municipales ont été ce qu'elles ne pouvaient manquer d'être. Les conservateurs (modérés et radicaux) ayant quitté le Rassemblement ont emporté les voix qui les suivent, d'autant plus que l'opinion se sent maintenant rassurée quant aux menaces communistes et, par conséquent, retourne aux habituels vomissements. La gauche m'avait abandonné au lendemain de la Libération parce qu'elle est contre l'État. La droite m'a abandonné ensuite parce qu'elle est contre le peuple. Cependant, ni la droite ni la gauche ne sont parvenues à gouverner vraiment depuis mon départ. Elles n'y parviendraient pas davantage aujourd'hui. Tôt ou tard, la culbute est au bout de ces palinodies nationales.

Nous espérons que tout va bien pour vous quatre et que la chaleur d'Oran n'incommode pas Henriette.

Au revoir, mon cher Philippe. Je t'embrasse bien tendrement. Toutes mes affections à Henriette, ainsi qu'à Charles et Yves.

Ton Papa

[PS] C'est très brillamment qu'Alain a été reçu à l'École de guerre.

1. Fondateur, en 1946, de l'association des aveugles de la Résistance.

À lady Churchill, 10 Downing Street, à Londres

18 mai 1953

Chère Madame,

Je suis profondément touché par le témoignage que vous voulez bien m'adresser pour le « Rassemblement ». Quand on veut traverser une rivière et qu'on s'aperçoit que le fond est vaseux, il vaut mieux aller passer ailleurs. C'est ce que notre mouvement a décidé de faire.

Ma femme me charge de vous dire, chère Madame, combien elle garde vivant le souvenir de votre si efficace sympathie pendant les années d'épreuves. Pour moi, je vous demande d'agréer mes hommages les plus respectueux. Quant à mon admiration et à mon amitié pour Sir Winston Churchill, elles ne se sont jamais mieux portées.

À Yves Perrussel, à Tunis

27 mai 1953

Mon cher ami,

Deux mois après mon voyage en Tunisie, je veux vous dire combien j'ai apprécié la grande part personnelle que vous avez prise à tout et combien nous avons été touchés, ma femme et moi, de l'excellent et inoubliable accueil que vous-même et Mme Perrussel nous avez fait chez vous.

Je vous parlerai à loisir des impressions que j'ai emportées et de ce qu'à mon avis il faudrait faire (je suis, d'ailleurs, convaincu que l'actuel régime, quel qu'en soit le « gouvernement », continuera de ne faire rien). Nous aurons, je l'espère, cette conversation quand vous viendrez en France. Notre maison de Colombey est la vôtre et nous serions très heureux de vous y voir tous deux.

Veuillez, mon cher ami, présenter à Mme Perrussel mes très respectueux hommages, auxquels ma femme joint tous ses meilleurs souvenirs. Pour vous-même, mes sentiments fidèlement dévoués.

Au R. P. Raymond Bruckberger, de l'ordre des Dominicains

27 mai 1953

Mon révérend père,

Votre lettre me touche au fond du cœur. Et puis, elle m'encourage parce qu'elle est lucide. La mollesse française est, en effet, d'une extrême épaisseur. Mais, même en France, elle n'a pas l'Avenir, qui est aux forts.

C'est bien pour tâcher de l'être que j'ai décroché du régime, de ses sources et de ses temples (élections, assemblées) notre Rassemblement qui s'y enlisait et s'y dégoûtait sans que la cause y gagnât rien. Je vous envoie le texte de la déclaration.

Mon père, votre livre *Marie-Madeleine* est très beau et très haut. Je vous remercie.

Acceptez, mon révérend père, l'expression de mes sentiments respectueux et fidèlement dévoués. S'il vous plaît, priez pour moi.

Commentaires[1] aux délégués du Rassemblement du peuple français

13 juin 1953

On a supposé que le Rassemblement était dissous, ou en tout cas disparaissait dans son activité et que le général de Gaulle lui-même ne s'occupait plus des affaires publiques.

Eh bien, la vérité n'est pas là et nous allons parler de la réalité de manière que tout le monde sache – et vous d'abord les délégués, c'est-à-dire les représentants du Rassemblement – tout ce que nous avons à faire, ce que nous voulons faire, et autrement dit de notre mission. Comment se présente-t-elle actuellement ? Là je suis obligé de vous parler des hommes de la façon la plus directe.

Après la Libération – je vous l'ai dit quelquefois mais je vous le répète et d'une manière presque solennelle – après la Libération je me suis trouvé avec ceux qui m'étaient les plus proches, c'est-à-dire en réalité ceux qui m'avaient accompagné soit de leur personne et de leur esprit et de leur action pendant la guerre, mais qui m'avaient accompagné pour les mêmes motifs qui m'avaient moi-même déclenché, je me suis trouvé dans la situation que voici : chef de Gouvernement, chef de l'État parce que je m'y étais mis moi-même je suis obligé de le rappeler. Naturellement il y avait eu à la fin les formalités de l'Assemblée nationale qui avait commencé à donner le coup de chapeau, vous savez : « A bien mérité de la Patrie…, président du Gouvernement à l'unanimité. » Cela était la façade pour le départ.

La réalité était complètement différente. J'ai représenté – en fait nous pouvons le dire – une révolution par rapport au régime antérieur, non seulement une révolution, mais une révolution accompagnée d'une guerre comme il arrive presque toujours, et je n'ose pas ajouter, d'une victoire amère bien entendu. Cela était en fait incompatible avec ce que j'ai depuis toujours appelé le régime, c'est-à-dire en réalité une certaine conception de l'État. Il y eut une représentation de l'État, des pouvoirs,

1. Compte rendu sténographié comportant des redites et des approximations.

au moins des organismes des pouvoirs, un Parlement qui s'est qualifié de pouvoir législatif. Le fait est qu'il y eut antinomie entre de Gaulle et ceux qui étaient vraiment avec lui d'une part, et la restauration de l'ancien régime, même en l'arrangeant un peu à la nouvelle manière, d'autre part. J'ai déjà dit que cette antinomie, cette opposition, cette inconciliable situation était pour le pays un grand malheur ; je ne dis pas ça à cause de ma personne. Mais enfin c'était ainsi. Il y avait la possibilité avec de Gaulle, et grâce à de Gaulle, de faire un régime nouveau. Si Goin[1] ne voulait pas le faire avec de Gaulle, on ne faisait pas un régime nouveau mais l'ancien en en aggravant les vices. Tout le monde l'a préféré. Je le dis parce que c'est vrai. Je ne dis pas que le sentiment des hommes était de cet avis, mais tout ce qui comptait d'organisé, en matière politique notamment, en matière économique, en matière spirituelle était au fond de cet avis. On a rétabli de Gaulle à condition qu'il fît partie du régime c'est-à-dire qu'il fasse comme le reste, comme les autres éléments figurants et impuissants, à condition surtout qu'il n'existât pas d'autorité, même sur son nom, même avec lui.

Cela était impossible. Je ne pouvais l'admettre, non pas seulement par tempérament mais au nom de ce que nous avions fait ensemble. D'autres possibilités s'offraient à moi, par exemple le coup d'État. Ça n'aurait abouti à rien, c'était la dictature. La dictature est une chose que les Romains ont inventée et qui, à certains moments de l'Histoire, s'est imposée. Mais justement l'Histoire qui subsistait à la Libération ne venait à l'esprit de personne. Il ne s'agissait plus de salut public, il s'agissait de reprendre la production à papa, les choses comme on les faisait avant, le ravitaillement le plus large possible. Pas trop d'aventures, disait-on, ni de difficultés, aucune ambition nationale.

On ne pouvait fonder une dictature qui eût été inutile. Dans le but que peut avoir quelquefois la dictature, c'est-à-dire le salut public, cela ne s'imposait pas, si bien qu'en établir une eût été artificiel. Peut-être les gens l'auraient-ils subie quelque temps, c'est possible ; encore n'était-ce pas sûr. Cela n'aurait pas été supporté au point de vue international, ni par les Anglais, ni par les Américains, à plus forte raison par les Soviétiques. Ils s'y seraient opposés par tous les moyens. Une dictature ne paraissait pas du tout une nécessité impérieuse et n'avait aucun intérêt. Cela aurait amené de grands ennuis nationaux et internationaux étant donné l'inconsistance de tout le reste, car il n'y avait de consistant à l'époque que les communistes et puis de Gaulle.

Donc, pas de dictature, pas de coup d'État. Il n'y avait que la solution que j'ai prise, c'est-à-dire de m'effacer et de laisser, à ceux qui prétendaient les exercer, les pouvoirs publics. Je les ai laissés faire au départ,

1. Félix Goin, ancien président du Conseil après que le Général eut quitté le gouvernement le 20 janvier 1946.

j'étais convaincu qu'ils n'aboutiraient pas, qu'ils ne réussiraient pas. Je ne voulais pas leur ôter toutes chances au départ et pendant plus d'un an je n'ai rien dit, je les ai laissés faire comme ils ont voulu ; je ne suis intervenu que sur un point particulier et qui s'appelait « les institutions », car il était essentiel que la France eût des institutions, c'est-à-dire un système dans lequel les pouvoirs publics soient des pouvoirs. J'espérais obtenir cela du pays. J'espérais avoir sur le pays un crédit suffisant pour que, quand je disais solennellement : ne votez pas, mais voici ce qu'il faudrait faire, je serais suivi par la majorité. Je ne l'ai pas été ; à peine un tiers, même pas, des électeurs français ont montré qu'ils étaient de mon avis, encore, certains étaient entraînés par les radicaux, les modérés, qui ne voulaient pas de la Constitution que dictait le tripartisme. Un tiers à peu près du pays a voté dans le sens que je demandais et un autre tiers du pays s'en est lavé les mains. Le résultat a été que la Constitution a été établie telle qu'elle est.

Le régime s'étant donc établi il a prétendu mener les affaires publiques. Je ne l'en ai pas empêché pendant plus d'un an. Je n'ai pas levé d'opposition. Je l'ai laissé faire. J'ai laissé sans rien dire élire le président de la République, enfin le président du régime, me disant, je ne vous le cache pas, devant ma propre conscience : il n'est pas impossible que, moi écarté, ils se débrouillent ; moi, j'ai gagné ma vie. Si les autres se précipitent pour faire le nécessaire, qu'ils le fassent ! Je ne les en empêche pas.

Il s'est avéré très vite que les responsables du régime ne feraient rien et que, par conséquent, sous leur couverture – d'ailleurs trouée de toutes parts – le pays au point de vue économique, social, moral, au point de vue extérieur, au point de vue de l'Union française, était à la dérive. Il y a eu un moment de sursaut : c'est le moment où les communistes voulant profiter de cette carence, de cet abandon, de cette bataille, ont posé leur candidature. Ils l'avaient posée pendant la guerre, en réalité au moment de la Libération par la voie de tous les comités de libération qu'ils avaient trouvé le moyen de noyauter, vous en avez été témoins. Ensuite ils s'étaient heurtés à moi, n'avaient pas pu passer et s'étaient retirés provisoirement. Je les avais utilisés : on m'accuse d'avoir mis Thorez dans mon gouvernement, je ne m'en repens pas du tout. J'ai fait en sorte que le pays reprît son souffle, reprît sa vie. Je rappelle que pendant que j'étais au pouvoir il n'y a pas eu une seule crise en France. J'ai donc utilisé ces messieurs. Après tout pourquoi pas ? Je n'ai jamais eu de difficultés à l'intérieur de mon gouvernement avec les communistes, ils rasaient les murs, ils faisaient ce qu'on leur demandait.

Le fait est que les communistes ont posé leur candidature après mon départ. Ils ont d'abord eu beaucoup d'élus dans les élections de 1946 et grâce au tripartisme qu'ils avaient eux-mêmes inventé et que, moi, je n'ai jamais pratiqué.

J'ai gouverné avec tout le monde. Dans mon gouvernement j'avais Louis Jacquinot aussi bien que René Mayer. J'ai gouverné avec tout le monde, tout ce que je pouvais avoir au gouvernement y compris les communistes. Grâce au tripartisme les communistes ont posé leur candidature. M. Thorez s'est présenté pour être investi par l'Assemblée nationale ; le parti socialiste avait dit qu'il voterait pour lui. Il s'est trouvé 25 socialistes qui n'ont pas voté pour M. Thorez qui n'a pas été investi, sinon il l'eût été. Ils avaient posé leur candidature au pouvoir et ils étaient en train d'y arriver, grâce au noyautage organisé par le tripartisme.

La Constitution avait évidemment leur concours car ils y ont pris part. Elle était faite de telle sorte que cet accès au pouvoir des communistes était tout à fait possible. Il n'y avait rien qui les en empêchât. Il suffisait qu'ils arrivent à avoir une majorité pour faire élire les leurs. D'autre part, à l'époque, la question russe n'était pas posée. Les Russes n'avaient pas l'air de vouloir marcher sur Paris, ni même sur Prague. On était dans l'euphorie de la victoire, tant et si bien que la possibilité de l'arrivée des communistes au pouvoir était normale.

C'est à ce moment-là que j'ai fait le Rassemblement, en partie en profitant de la circonstance de cette candidature des communistes qui alarmait l'opinion et qui, au point de vue national et au point de vue international, menaçait de tout chambarder et justifiait de tout remettre en avant. Ce n'est pas le régime qui les a empêchés de passer, c'est vous et c'est moi avec le Rassemblement. C'est parce que nous avons fait le Rassemblement au début de 1947 que les communistes ont été stoppés. Les gouvernants ont été obligés de les faire partir de leur propre gouvernement. On ne pouvait pas à la fois combattre le Rassemblement et l'avoir avec soi, c'est la raison pour laquelle les communistes ont quitté le gouvernement de Ramadier.

Ils recommencent à faire des progrès au point de vue électoral, mais jusque-là ils n'en faisaient pas. Nous leur avions enlevé des voix, pas des masses, mais enfin nous leur en avions enlevé à peu près 10 %. Cela les a fait reculer et les autres ont été obligés de les reléguer.

Voilà pourquoi j'ai fait le Rassemblement à ce moment. De toute façon il aurait fallu le faire, car il fallait créer dans le pays quelque chose qui ne fût pas les partis. Soit les anciens, soit les nouveaux, ces partis, quels qu'ils soient, sont en réalité les éléments essentiels du régime. Le régime ne peut se passer d'aucun d'eux. Ils ont tous épousé le régime. Je ne vous dis pas qu'il n'y en ait pas, parmi eux, qui voudraient que le Sénat et le président du Conseil aient plus de pouvoir. Mais dans l'idée fondamentale du régime, aussi bien politique que sociale et économique, ils soutiennent tous l'état de choses existant. Aucun d'eux ne veut révolutionner quoi que ce soit. Ils font semblant de vouloir telle ou telle réforme, mais aucun ne veut un changement de ce régime impuissant. Il fallait qu'il y eût en France une force qui voulût le changement du régime établi par la Constitution de 1946. C'était essentiel, pourquoi ? Parce que, de toutes les manières, un pays, surtout un grand pays, ne peut vivre sans des institutions qui lui permettent d'avoir des pouvoirs publics. C'est le cas de la France et plus que jamais dans la génération où nous sommes. La force du pouvoir, l'autorité du pouvoir sont indispensables, car le pays lui-même, dans sa fatigue, ne sécrète pas les courants qui entretiennent la vie, l'activité, la volonté nationale, et qui sont assez puissants pour obliger le pouvoir à faire ce qu'il doit faire. Mais ces courants n'existent pas. Nos hommes d'histoire diront probablement qu'il ne peut en être autrement. Il était inévitable que la France eût à traverser une période d'aplatissement. Il fallait suppléer à sa propre défaillance nationale par un édit qui aurait assumé la responsabilité nationale tandis que la nation, elle, laisse couler. Et qui aurait fait la transition entre le moment où le pays vivait et le moment où le pays vivra. C'était et c'est toujours absolument nécessaire.

Donc, il fallait faire le Rassemblement, de toute façon, pour qu'il y ait en France une puissance, une force, qui veuille changer le régime qui avait été si mal fait et sous lequel nous nous trouvons. C'est la première, la capitale raison d'être de notre Rassemblement. C'est ce qui nous distingue complètement des partis qui, eux, veulent tous – sous une forme ou sous une autre – maintenir le régime. Nous ne pouvons être cela et nous n'avons aucune raison d'être si nous sommes simplement comme un parti, c'est-à-dire un agglomérat qui fait carrière politique et qui, pour ce faire, soutient tel intérêt ou tel autre, ou même tel intérêt national par rapport à tel autre fragmentaire. C'est là le rôle des partis. La critique grave que je fais c'est que ce n'est pas à eux à assumer les pouvoirs. Ils n'ont pas à faire valoir les intérêts qu'ils représentent. Le crime de l'actuel système c'est qu'il passe les pouvoirs publics en toute propriété aux représentants des intérêts particuliers, ce qui fait que la chose publique est utilisée pour ces intérêts particuliers. Il ne faut donc pas que les partis disposent des pouvoirs publics. C'est pourquoi le Rassemblement est fait : pour amener le pays à instituer des pouvoirs publics qui soient des pouvoirs publics et qui échappent aux partis, qui échappent à leur discrétion. C'est pour cela que nous avions rassemblé pour saisir une occasion d'entraîner les gens et qui pouvait nous placer tout de suite. Car la lutte contre les communistes a été tout de suite spectaculaire et c'est pourquoi, au départ, un si grand nombre nous a suivis par peur des communistes. À Paris c'était éclatant. C'est pourquoi il y a eu des élections mirobolantes. C'était pour arrêter les communistes.

Quant à la question du changement du régime très peu avaient compris ça, très peu nous suivirent pour ça. Une autre catégorie était avec le Rassemblement simplement pour que de Gaulle prît le pouvoir en disant qu'il arrangerait tout. Il est de fait que si notre succès avait été suffisant – et je vais y revenir – de Gaulle lui-même n'aurait-il pas été obligé de prendre une politique publique et d'exercer une action publique qui changeait les choses ? De fait, de Gaulle arrivant au pouvoir c'était la preuve que la nation voulait le changement.

Nous avons donc, en cette période, fait le Rassemblement en vue d'arranger le système politique actuel sur des bases valables. Je vous ai dit la raison pour laquelle je ne voulais pas faire de coup d'État à cette époque-là. J'ai choisi, à l'époque, d'essayer de réaliser l'entreprise par ce qu'on appelle la voie légale : c'est-à-dire les élections.

Donc nous avons fait les élections de 1951 dans cette situation, aggravée pour nous – si j'ose dire – par le fait même qu'il n'y avait plus de péril immédiat pour le pays. Les raisons qui avaient porté beaucoup de gens pour nous en 1947 n'étaient plus là en 1951 et on n'avait plus très peur des communistes parce qu'on les avait fait reculer. D'autre part, les Russes étaient arrêtés en 1951. Ils commençaient à être contrés un peu partout. Ils n'allaient pas même à Belgrade. Les Américains arrivés leur faisaient échec avec le plan Marshall et prétendaient défendre l'Europe. On n'allait pas chercher beaucoup plus avant. On ne s'inquiétait pas de savoir si c'était vrai ou pas. Pour toutes ces raisons on n'avait plus peur. C'est dans cette ambiance rassurée que se sont faites les élections de 1951.

Pourtant ça n'allait pas. Le budget était en déficit. Les affaires n'étaient pas brillantes. C'était la guerre d'Indochine qui durait. Ça n'altéra pas beaucoup le sort de chacun et on s'en accommodait. Comme dit *le Figaro :* on ne voulait pas d'aventures.

On n'a pas voté pour nous en masse en 1951. On a naturellement fait élire 120 députés qui disaient qu'ils étaient des nôtres, mais enfin il n'y a pas eu de très gros courants en 1951 et par conséquent nous n'avons pas réalisé notre opération électorale et, dès lors, nous n'avons pas remporté de succès électoral. La question est restée entière. Alors, qu'est-ce qui est arrivé ? Il est arrivé que les parlementaires que nous avions fait élire se sont trouvés dans le système. Ils sont dans l'hémicycle, dans les Assemblées, dans les Commissions. Ils ont entre eux leur Assemblée et leurs électeurs. Les électeurs les voient comme les électeurs voient les parlementaires presque toujours, pour la plupart d'entre eux, c'est-à-dire comme des gens qui sont des intermédiaires désignés entre eux-mêmes et leur administration. D'autre part, le parlementaire, par ce fait même que ses électeurs le voient comme ça, est forcément obligé, amené, déterminé à se faire valoir, à participer plus ou moins au système. On ne peut pas obliger une Assemblée à considérer les problèmes qu'elle ne veut pas. Pour toutes ces raisons nos élus étaient dans un magma, dans un bain. Forcément ils étaient plus ou moins dissociés les uns des autres, séparés par le caractère de leur circonscription, souvent par leur propre caractère, leur propre tempérament, leur origine politique. Pour toutes sortes de raisons humaines, j'en conviens, auxquelles s'ajoutent les raisons proprement parlementaires qui font que, dans ce magma, dans ce bain, dans cette situation-là, il était en réalité impossible qu'ils maintiennent leur cohésion. Le dernier effort avait été fait au moment de l'investiture de M. Pinay.

C'est pourquoi avec le Rassemblement qui fait, lui, corps avec moi-même, j'ai renoncé à prendre aucune responsabilité dans ce qui se passe au Parlement. Nous ne le pouvons pas. Nous aurions eu assez d'élus pour avoir la chance que par ces élus nous puissions changer le système, c'était une autre paire de manches. Mais nous n'avons pas eu assez d'élus. Nous n'y pouvons rien. Nos élus sont des hommes, des parlementaires. Il est inutile de garder la responsabilité de ce qu'ils font.

Il y a dans l'Assemblée nationale actuelle une espèce de pulvérisation manifeste. Il n'y a pas de groupe (sauf les communistes qui ne ressemblent à personne), enfin les autres, à part les socialistes qui, jusqu'à présent, pas toujours d'ailleurs, ont gardé une certaine cohésion et qui du reste ne la maintiendront pas. À part ça les autres n'ont plus aucune cohésion. Les républicains populaires fondent dans tous les sens. Les radicaux c'est évident. Bref, il n'y a plus moyen dans ce milieu, dans cette conjoncture parlementaire, il n'y a plus moyen de maintenir une cohésion réelle, d'acceptation et de discipline.

Moi-même, je ne peux pas la maintenir et c'est la raison pour laquelle j'ai renoncé. Mais la mission reste, le devoir reste, la nécessité nationale et internationale reste.

Nous devons changer le régime. Et là je m'explique à nouveau. Changer le régime, qu'est-ce que ça veut dire ? Au point de vue politique ça veut dire changer la structure du régime. Ça veut dire aussi autre chose : je n'ai pas le sens de la cacher, c'est la raison même qui a fait qu'on m'a suivi dans le Rassemblement et même dans la Résistance. Tant que de Gaulle est en état de gouverner, d'exercer les affaires publiques, changer le régime à cause de ce qui s'est passé, à cause du passé, à cause des événements, à cause des faits historiques qui existent, ça veut dire que de Gaulle prend le pouvoir. C'est cela que ça veut dire ou rien du tout. On peut énumérer toutes les combinaisons possibles qu'elles appellent. Personne ne croit que le fait à lui seul d'y mettre de Gaulle ne change pas le régime. Il est possible qu'on ne l'y mette jamais. Alors le régime ne changera pas. Le mouvement qui l'y aura porté sera le même qui veut que le régime change. Si de Gaulle n'était pas entré à Paris, ce n'était pas la victoire de la Résistance. C'est ainsi, je n'y peux rien, nous sommes obligés de prendre les choses comme elles sont.

Donc, le changement de régime, nous devons le poursuivre plus que jamais. Mais alors, pour quelle voie ? Je dis le changement du régime, mais il n'y a pas que ça. Il y a aussi des devoirs nationaux qui se présentent tout de même, bien que nous ne soyons pas au pouvoir et qui exigent que nous réclamions, comme nous le pouvons, des mesures qui concernent ce qui appartient à la chose publique et à la nation, jusqu'à ce que nous soyons en mesure de les utiliser au pouvoir. Ce sont des mesures conservatoires, non pas dans le sens « conservateur », mais conservatoires, dans le sens que nous voulons conserver les sources vives et les moyens qui appartiennent à la France, pour être utilisés quand nous aurons le pouvoir. Quels moyens ?

Et tout d'abord l'unité nationale. Je ne veux pas dire par unité nationale ce que les parlementaires appellent union nationale. L'unité nationale, c'est le fait que les Français, même quand ils sont opposés pour beaucoup de questions, aient entre eux un accord profond sur la chose qui s'appelle « la France ». Et actuellement cette unité nationale est en réalité rompue par l'existence des communistes, c'est-à-dire au fond, par le fait qu'une partie considérable de la nation française, soit pour des raisons sociales et généralement pour des raisons sociales, mais aussi intellectuelles, pour des raisons morales et même pour des raisons internationales, se détourne de la France, et n'attribue pas à la France la première place dans sa foi. Ceux-là portent cette foi, cet enthousiasme et cette confiance ailleurs. Cela est évidemment inadmissible et notre devoir, au fur et à mesure, est de faire ce qu'on peut pour empêcher que ces Français s'évadent de la France et au contraire tâcher de les y ramener. C'est la raison pour laquelle dans la conjoncture brûlante où nous vivons, nous devons tout faire pour essayer de faire prendre des dispositions qui empêchent cette séparation.

À Edmond Michelet

24 juin 1953

Mon cher ami,

Je n'oublierai pas que vous avez pris la charge de la délégation à la région parisienne pour la période la plus difficile et la plus ingrate possible. Je constate que vous avez dirigé notre effort dans cette région aussi bien que je pouvais l'espérer. Je note que vous vous êtes grandi dans cette mission et, au surplus, fait estimer et apprécier extrêmement par tous nos compagnons. En conclusion, je vous remercie et vous demande de croire, mon cher Michelet, à mes sentiments d'amitié fidèle et dévouée.

À Léon Teyssot[1]

25 juin 1953

Mon cher Teyssot,

Votre lettre m'a intéressé et fait plaisir.

Ce que vous écrivez de la situation de notre pays n'est, hélas, que trop vrai. Le régime étouffe toutes les énergies nationales. Nous n'en sortirons pas sans un véritable sursaut.

Je vous remercie de la fidélité de votre pensée dans laquelle je trouve un réel réconfort et je vous demande de croire, mon cher Teyssot, à mes sentiments bien cordialement dévoués.

Communiqué de la direction du Rassemblement du peuple français

29 juin 1953

Dans le régime tel qu'il est, le Rassemblement ne saurait évidemment assurer aucune responsabilité directe ou indirecte.

En conséquence, tout adhérent qui entre dans la composition des cabinets du régime se trouve, par là même, en dehors du Rassemblement.

Au colonel Roger Brunschwig[2]

8 juillet 1953

Mon cher Brunschwig,

Alors que se manifeste à tous égards l'agonie du régime, le devoir demeure de préparer la suite.

J'ai chargé Claude Guy, que vous connaissez bien, de vous rencontrer dès que possible pour vous entretenir de ce qui pourrait être entrepris, dès maintenant, avec votre concours, afin de contribuer à la poursuite de notre action.

Je connais vos sentiments et suis donc convaincu par avance que vous accepterez de nous aider.

Croyez, mon cher Brunschwig, à mes sentiments bien amicalement dévoués.

---

1. Diplomate, ancien capitaine des Forces françaises libres, M. Teyssot avait été aide de camp du Général de 1943 à juin 1944, à Londres et à Alger.
2. Français libre, président du comité France Forever, à New York.

Au colonel Jules de Koenigswarter[1]

9 juillet 1953

Mon cher Koenigswarter,

Loin du mauvais régime que nous subissons, il importe – vous le sentez certainement là où vous êtes – de maintenir l'avant-garde sans laquelle il n'y aurait pas de recours au jour de la vérité.

Pour ce que j'ai pu entreprendre jusqu'à présent, ce sont de magnifiques réponses que vous avez faites aux appels que Guy vous transmettait de ma part. Si je le charge, cependant, de vous voir encore une fois, c'est après mûre réflexion.

En tout cas, quoi que vous puissiez et vouliez faire, soyez bien sûr que je n'oublie et n'oublierai pas vos gestes antérieurs où j'ai vu le témoignage de votre fidèle attachement ainsi que de votre espoir.

Veuillez croire, mon cher Koenigswarter, à mes sentiments amicalement dévoués.

Au professeur Guillaumat[2]

15 juillet 1953

Cher docteur,

Il faut que vous sachiez combien je vous suis reconnaissant, non seulement de la manière magistrale dont vous m'avez opéré[3] et soigné, mais aussi de la délicatesse des procédés et des sentiments que vous avez montrés à mon égard.

Vous ne m'en voudrez pas de désirer qu'il en reste auprès de vous un très simple souvenir et témoignage[4].

Veuillez être assuré, cher docteur, de mes sentiments très distingués et amicalement dévoués.

À Pierre Ferri[5]

11 août 1953

Mon cher ministre,

J'ai été sensible aux sentiments que vous m'exprimez dans votre lettre du 25 juillet.

1. Conseiller d'ambassade à Mexico, Compagnon de la Libération.
2. Ophtalmologue.
3. Opération d'une cataracte double.
4. Cadeau dont la nature n'a pas été notée : probablement un petit coffret en argent, dédicacé et signé en gravure.
5. M. Pierre Ferri, ministre des PTT, avait adhéré au RPF.

Comme vous le savez, je ne crois pas que l'actuel régime puisse réaliser ce qui est nécessaire et que son gouvernement – dont vous faites partie – ait des chances réelles d'efficacité.

Je prends note de la demande d'entretien que vous voulez bien m'adresser. Mais les événements survenus dans les Postes vous laissent, sans doute, peu de loisirs. Moi-même ne suis à Paris qu'épisodiquement. Je ne voudrais donc pas vous fixer actuellement un rendez-vous qui serait incertain.

Veuillez croire, mon cher ministre, à mes sentiments très distingués.

À Raymond Aron[1]

19 août 1953

Mon cher Raymond Aron,

Je suis navré d'avoir manqué hier votre visite. Dès que j'ai su que vous étiez venu, j'ai essayé de vous rejoindre. Mais vous étiez déjà parti. Sachez, une fois pour toutes, que je serai toujours heureux de vous voir, notamment à Colombey. Il suffit que j'en sois prévenu, soit par un mot de vous, soit par l'intermédiaire de mon cabinet (rue de Solferino), lequel a toujours – même actuellement – le moyen de communiquer.

À bientôt, je l'espère, mon cher Raymond Aron. Veuillez croire à mes sentiments bien amicalement dévoués.

À Joseph Laniel[2]

9 septembre 1953

Mon cher président,

J'ai l'intention de me rendre, au début du mois d'octobre, dans nos territoires de l'océan Indien et crois devoir vous en faire part.

MM. Pompidou et Guichard pourront, si vous le désirez, faire connaître à votre cabinet les détails de mon voyage.

Veuillez croire, mon cher président, à ma considération très distinguée.

1. Écrivain, journaliste, membre du RPF.
2. Président du Conseil des ministres.

Note pour M. Pompidou

11 septembre 1953

1. À toutes fins utiles, à destination de Foccart. Mais le Centre est-il responsable ?

2. Est-il licite que sous prétexte que je suis président du RPF, lequel est sis rue de Solferino, un huissier de Chaumont (toujours le même) vienne apporter de tels papiers à mon domicile de Colombey[1] ?

3. N'y a-t-il pas, pour moi, moyen de lui faire retourner ces papiers en lui disant que le RPF, à qui il a affaire, n'est pas domicilié à Colombey ?

Au général Dejussieu-Pontcarral, à Nice

16 septembre 1953

Mon cher Dejussieu,

Il n'est personne qui se féliciterait plus que moi de vous voir promu grand-officier. Mais je ne puis vous « proposer ». Ayant été l'autorité suprême, celle à la fois du gouvernement et du commandement, il m'est évidemment impossible de « demander » maintenant quoi que ce soit et pour quiconque.

Le général Kœnig, lui, qui fut le commandant des forces de l'intérieur, auxquelles vous apparteniez, est en mesure de s'occuper de votre promotion. Je lui écris pour l'inviter à le faire.

Veuillez croire, mon cher Dejussieu, à mes sentiments bien cordialement dévoués.

À Michel Cailliau

28 septembre 1953

Mon cher Michel,

Je suis très heureux de ta promotion dans la Légion d'honneur. Tu l'as méritée. J'en puis répondre. Il me sera, cependant, impossible de te remettre moi-même ta rosette, car je ne puis ni ne veux rien faire « au nom du président de la République »... Le général Kœnig, sous les ordres de qui tu as servi avant et lors de la Libération dans les forces de l'intérieur, te remettra, je le pense, l'insigne si tu le lui demandes. Quant à moi, je t'en félicite de tout mon cœur.

1. L'« Entreprise électrique » de Marseille réclamait au groupement du RPF de cette ville dirigé par Me Carlini, maire, la somme de 625 616 F pour des installations effectuées au parc Chanot et au stade vélodrome deux mois auparavant.

Ta tante va m'accompagner dans la tournée que j'entreprends à Madagascar, la Réunion, les Comores, Djibouti, l'Abyssinie. Il m'a semblé bon, en raison du passé, d'aller voir ces territoires français qui furent durement ralliés à mon entreprise nationale et de faire visite au Négus, figure pittoresque et marquante de notre siècle. Peut-être mon passage aura-t-il, d'autre part, quelques suites psychologiques heureuses ?

Ta tante et moi adressons à toi-même, mon cher Michel, à Yvonne, à Isabelle, toutes nos meilleures affections. Nos vœux sont avec vos espérances.

Ton oncle très affectionné.

À André Diethelm[1]

3 octobre 1953

Mon cher ami,

Au moment de partir pour une assez longue tournée dans l'océan Indien, je tiens à vous exprimer toute ma sympathie dans l'épreuve de santé que vous traversez et dont il faut que vous vous débarrassiez rapidement.

À mon retour, je compte bien vous voir et vous adresse, en attendant, mes sentiments d'amical dévouement.

Note[2] au secrétariat général du Rassemblement du peuple français

3 octobre 1953

Si la soi-disant : « Commission d'enquête » convoque directement ou indirectement quelqu'un du Rassemblement (par exemple le trésorier d'hier ou celui d'aujourd'hui), voici l'attitude à adopter :

Dans le cas d'une convocation directe et personnelle, l'intéressé doit répondre par téléphone : « Adressez-vous au Rassemblement. »

Si le « Rassemblement » est alors ou a été tout de suite saisi par la Commission d'une convocation d'un de ses responsables, le secrétaire général doit répondre par téléphone : « Le président du Rassemblement est en voyage. À son retour il examinera votre demande qui pose une question de principe. »

1. Cette lettre est l'une des nombreuses qui montrent l'attention que portait souvent le général de Gaulle à ceux qui avaient des ennuis de santé.

2. L'explication de cette note, rédigée la veille du départ en voyage dans l'océan Indien du général de Gaulle, se trouve dans le communiqué publié le 26 octobre, quatre jours après son retour à Paris.

Au lieutenant de vaisseau de Gaulle, à Oran (Algérie)

4 octobre 1953

Mon cher Philippe,

Avant de partir – avec ta Maman – pour la tournée prévue dans l'océan Indien, je t'envoie pour toi, pour Henriette, pour vos petits garçons, toutes mes profondes affections. Ce voyage est, pour moi, une sorte de devoir. Ayant, naguère, rallié durement les territoires en question, je leur dois une visite d'amitié.

Nous avons été vraiment très heureux de vous avoir tous auprès de nous cet été. Charles, Yves et Jean sont tous trois de très beaux enfants pleins d'espérance. Henriette et toi avez tout lieu d'en être fiers. Pour ce qui est du début, si important, des études de Charles, je crois que la solution que vous avez prise, le cours Saint-Michel, est une bonne solution.

Puisse ta flottille te donner toute satisfaction dans ta deuxième année de commandement ! Quant aux affaires d'ensemble, il ne faut pas encore, je le crois, en attendre grand-chose de bon pour le moment. Mais énormément de choses évoluent par-dessous la surface et les apparences.

Je t'embrasse de tout mon cœur, mon cher Philippe, mon « vieux garçon », que j'aime tant – et que j'estime, tu peux le croire.

Mille affections à Henriette et aux enfants.

Ton Papa

Télégramme au général Legentilhomme, Conseil de l'Union française, Versailles

Antsirabé, le 18 octobre 1953

Au terme émouvant et intéressant voyage Madagascar je tiens à vous adresser mon amical souvenir. Stop. Je ne saurais oublier avec quel mérite vous avez porté ici les responsabilités de haut-commissaire dans les jours les plus graves et difficiles de la guerre et je me souviens, mon général, des grands services que vous avez rendus.

Communiqué de la direction du Rassemblement du peuple français

26 octobre 1953

Mis personnellement en cause dans un livre intitulé : *le Trafic des piastres*, M. A. Diethelm, député, ancien ministre, a déposé une plainte en justice contre son accusateur[1] et invoqué le témoignage éventuel du trésorier du Rassemblement.

1. Accusation condamnée pour faux et diffamation le 21 avril 1958 par la 17e chambre correctionnelle de Paris.

La direction a décidé que ce témoignage serait fourni. Il en serait de même de celui de tout autre de ses administrateurs dont la déposition pourrait éclairer la justice.

Par contre, la direction du Rassemblement ne saurait accepter que ces mêmes témoignages soient, au préalable, apportés à une commission parlementaire[1] dite « d'enquête ». Le fait, pour des représentants du pouvoir législatif, de se saisir d'une cause qui relève du pouvoir judiciaire est, en effet, marqué d'illégitimité. Il l'est d'autant plus, en l'espèce, que la nature et la composition de la commission la portent, par la force des choses, aux manœuvres politiques, même si telle n'est pas l'intention de certains de ses membres.

Cela est surtout évident quand la commission a affaire au Rassemblement, en qui la plupart des commissaires s'obstinent à voir un adversaire ou, tout au moins, un concurrent de leurs partis respectifs. Cela est évident aussi quand il s'agit d'un domaine où sans doute des délits ont pu être commis qu'il appartient à la justice d'établir et de punir, mais où certaines des fractions politiques représentées à la commission s'efforcent de dénaturer les faits aux yeux du public, afin de déconsidérer l'effort de guerre de la France en Indochine.

En réservant ses témoignages à la seule justice et en ne se prêtant pas à une confusion arbitraire des pouvoirs, le Rassemblement est assuré de servir le droit des citoyens, le bon ordre de l'État et l'intérêt national.

Au général de corps d'armée Pierre Jacquot, à Paris

27 octobre 1953

Mon cher Jacquot,

Votre livre[2] m'a puissamment intéressé. Il est plein d'idées fortes et de considérations réfléchies. Il est, en outre, bien écrit. Je vous en fais tous mes compliments.

Votre remarque relative au déplacement de l'ouest vers l'est de la supériorité terrestre, et de l'est sur l'ouest de la supériorité navale et aérienne sera peut-être un jour confirmée par l'avènement militaire de la Chine et, d'autre part, par l'essor aéronaval dans le Pacifique (Alaska, San Francisco, Japon). Il y a aussi un fait stratégique nouveau : l'immense Afrique.

Veuillez croire, mon cher Jacquot, à mes sentiments bien cordialement dévoués.

1. Commission présidée par M. Frank Arnal, député socialiste qui demandait la convocation des « trésoriers du Rassemblement ».
2. *Essai de stratégie occidentale.*

Note pour le secrétaire général du Rassemblement du peuple français

29 octobre 1953

Il y a lieu de transférer rue de Solferino le siège du groupement de la région parisienne[1].

Au lieutenant de vaisseau de Gaulle, à Oran (Algérie)

9 novembre 1953

Mon cher Philippe,

Je te suis par la pensée dans tes diverses manœuvres. Il est certain, d'après ce que je vois, que ton commandement aura été aussi rempli que possible. Ma fierté paternelle en conclut que l'on t'attribue un rôle en dehors de l'ordinaire parce qu'on te sait capable de le remplir. Mais ma sollicitude souhaite que l'épreuve se ralentisse. Nous comptons, ta Maman et moi, te voir pendant ton séjour à Hyères.

C'est avec beaucoup de plaisir que j'ai appris l'excellent démarrage du petit Charles dans sa classe. Le voici à la tête, bien qu'il soit le plus jeune. Comme il a de l'amour-propre, il est très heureux que ses débuts soient brillants.

Le voyage dans l'océan Indien s'est très bien passé. Grand concours d'enthousiasme partout et de la part de tous, Français et autochtones. Au point de vue général, les réalités françaises sont éclatantes, quoique assez décousues, faute d'un gouvernement à Paris. Au point de vue militaire, les positions sont magnifiques : Madagascar, les Comores, la Réunion, Djibouti. Les gens sont de bonne qualité. Il manque de l'équipement, de l'armement et un plan. L'amiral Barjot, qui m'a accompagné à la Réunion, à Diégo et en Somalie, a confirmé dans mon esprit l'idée que j'avais de lui. C'est, sans nul doute, un chef capable, plein de ressources, qui travaille et qui est apte à de grands commandements.

Au revoir et à bientôt, mon cher Philippe. Dis toutes mes meilleures affections à Henriette, ainsi qu'à vos enfants. Je t'embrasse de tout cœur. Merci de tes bons souhaits.

Ton Papa très affectionné

1. Groupement qui sera refondu en une « Commission administrative » constituée de MM. Capitant, Pierre de Gaulle, Ponchardier, Robert, Jacquet, Carrière, Picard, Duvillard, Ragueneau, Bridier, Foccart, Ollivier, et Louis Terrenoire comme président.

À Louis Terrenoire

24 novembre 1953

Mon cher ami,

Merci de vos vœux qui m'ont beaucoup touché. Parmi les sentiments divers qui s'agitent autour de moi, votre attachement et votre solidité morale me sont – sachez-le – parmi les plus précieux.

Lentement mais sûrement, notre peuple est en train de reprendre conscience de lui-même. C'est la condition de notre succès à son service. Mais cette condition approche.

Veuillez croire, mon cher ami, à mon bien cordial dévouement.

Note au sujet des adhésions au Rassemblement du peuple français

25 novembre 1953

Les compagnons se rattachent à moi-même et moi à eux de la façon suivante :

1. L'adhésion comporte, de la part de l'adhérent, l'engagement de participer personnellement à l'action dirigée par le général de Gaulle pour le redressement de la France. Ceci est spécifié sur les nouvelles cartes.

2. Ces cartes sont émises par le Centre national et adressées par le Général à ceux qui la *lui* demandent et qui sont agréés.

3. Les délégués ont à informer les compagnons de ce changement de procédure et à transmettre les demandes ainsi que les réponses.

4. Les cotisations sont adressées au Centre en même temps que les demandes d'adhésion.

À Madame Georges Henri Bernstein

6 décembre 1953

Madame,

Je ne suis pas allé conduire Henri Bernstein là où, désormais, il repose. Vous savez quelles raisons m'interdisent de participer publiquement à un cortège, même, hélas ! à celui-là. Je l'ai suivi de toute ma pensée et de toute mon amitié.

Votre père, Madame, je l'admirais, bien sûr ! dans son extraordinaire talent d'écrivain et de dramaturge. Mais aussi, je l'aimais, parce que, dans le grand drame français que nous traversons, son cœur et son esprit étaient venus à moi, tout de suite, à fond, magnifiquement, et ne m'avaient pas, un seul jour, quitté. Jamais je n'oublierai ses visites, qui étaient des témoignages. Toujours, je le reverrai, tel qu'il se tenait devant moi, quand il me fallait paraître au peuple, m'apportant, par sa présence, son regard, ses gestes, un soutien inestimable.

Votre chagrin, Madame, ne saurait être consolé. Laissez-moi simplement vous dire que j'en prends et garderai ma part, de tout mon cœur.

Je vous prie d'accepter, Madame, mes hommages les plus respectueux.

Au R. P. Raymond Bruckberger, au prieuré de Winona, Minnesota (États-Unis)

10 décembre 1953

Mon révérend père,

Votre lettre m'a touché et réconforté. Il faut que l'Europe s'unisse ou, comme on dit, qu'elle se fasse. Mais elle ne se fera pas si on efface la France. Or, la « Communauté », telle qu'on la propose, c'est, pour la France, l'effacement.

Je puis assurer que, chez nous, dès qu'on sait en quoi le « traité » consiste, il n'a de partisans que des politiciens serviles, des technocrates avides et cette sorte de gens qui s'inscrivent toujours pour le premier voyage dans la lune, en espérant d'ailleurs, que le départ sera différé.

Veuillez croire, mon révérend père, à mes sentiments respectueux et fidèles.

À Jacques Dauer, Groupement des jeunes de la région parisienne

11 décembre 1953

Mon cher Dauer,

Je connais et apprécie l'ardeur avec laquelle nos jeunes compagnons de Paris mènent notre combat. *Paris-Jeunes*[1], qu'ils ont créé et qu'ils animent, m'en apporte le témoignage.

Bientôt je vous verrai pour vous en parler plus longuement.

En ce qui concerne le message que vous me demandez, vous comprendrez que je ne puisse faire pour votre groupement ce qu'il me serait bien impossible de faire pour tous. Je ne le regrette pas moins.

Croyez, mon cher Dauer, à mes sentiments bien cordiaux.

1. Périodique qui tire alors à 4 000 exemplaires.

Au lieutenant de vaisseau de Gaulle, à Lartigue, près d'Oran

15 décembre 1953

Mon cher Philippe,

Après beaucoup de déplacements et de manœuvres, j'espère que toi-même et ta flottille aurez maintenant quelque stabilité, sinon quelques loisirs. J'ai été heureux de te voir l'autre jour, bien assuré de toi-même. Je n'ai pas été fâché, non plus, de voir tes *Avenger* qui m'ont fait une solide impression.

Pour moi, je suis plongé actuellement dans le premier (c'est-à-dire le dernier) chapitre de mon livre. Je voudrais avoir tout fini dans le courant de février et donner alors la chose aux éditeurs. Inutile de te dire que je ne me mêle en rien de l'élection du président du régime. Cela ne peut aboutir qu'à instaurer, une fois de plus, la médiocrité.

Ne manquez pas, toi-même et Henriette, de relater pour ta Maman et pour moi les faits et gestes de vos trois petits garçons. Je pense beaucoup à Charles dans sa classe. Partagez tous les cinq nos profondes affections. Je t'embrasse de tout cœur, mon cher Philippe.

Ton Papa qui t'aime beaucoup

Au général (CR) Gilliot[1]

22 décembre 1953

Mon cher ami,

Nous avons appris avec joie, ma femme et moi, l'heureuse nouvelle du mariage de ta fille. C'est de tout cœur que nous t'adressons, ainsi qu'à ton nouveau jeune ménage, nos très vives et sincères félicitations.

Je pense à toi, dans le cloaque où je t'ai poussé par devoir et où, je le vois, tu ne te saliras pas.

Tous mes vœux de nouvelle année, mon cher Gilliot, et toutes mes amitiés.

Au général de corps d'armée Pierre Jacquot[2]

23 décembre 1953

Mon cher Jacquot,

Il y a une grande et rare richesse d'idées dans votre ouvrage : *la Stratégie périphérique devant la bombe atomique*.

Quand on peut avoir une stratégie périphérique, il faut s'en ménager les moyens. Nous pouvions les avoir en 195… Nous pouvons les avoir

1. Député RPF de la Meuse, ancien camarade de Charles de Gaulle à l'École militaire de Saint-Cyr.
2. Inspecteur général des forces terrestres en Extrême-Orient.

aujourd'hui. Vous montrez, d'ailleurs, très bien que c'est dans nos possibilités. Je n'admets pas l'espèce de renoncement stratégique national qui nous fait disparaître en l'Amérique. C'est un suicide.

À l'intérieur d'une coalition (atlantique, par exemple), ne peuvent compter que ceux qui ont une stratégie périphérique toute prête à les servir, eux, si, soudain, il n'en reste pas d'autre.

Croyez, mon cher Jacquot, à mes sentiments bien cordialement dévoués.

Au docteur André Lichtwitz

27 décembre 1953

Mon cher docteur et ami,

Soyez sûr que j'ai été très sensible à votre fidèle pensée et au témoignage que vous m'avez envoyé. Je serais heureux de vous voir et je dis au commandant de Bonneval d'arranger cela avec vous et avec Mme Lichtwitz. Je suppose que vous êtes en ce moment dans la montagne mais que vous en redescendrez.

L'ambiance du monde est lourde. La boue déferle sur une France très lasse.

Au revoir et à bientôt, mon cher ami.

Tous mes meilleurs vœux pour 1954 vont à vous.

Ma femme y joint les siens à l'intention de votre ménage et ses meilleurs souvenirs pour Mme Lichtwitz à qui je vous demande de présenter mes respectueux hommages.

Bien fidèlement vôtre.

1954

Alors que l'année 1954 débute par la passation de la présidence de la République de M. Vincent Auriol à M. René Coty et par le changement de président de l'Assemblée nationale où M. André Le Troquer (SFIO) remplace M. Édouard Herriot (radical-socialiste), les « gaullistes » du Parlement devenus tout à fait autonomes depuis l'année précédente vis-à-vis du Rassemblement du peuple français se constituent en groupe des « Républicains sociaux ».

Le Général confirme formellement à plusieurs reprises qu'il n'a aucune part à la politique gouvernementale ou aux instances officielles, mais il continue à faire connaître son avis sur les grandes questions du moment, en particulier au cours d'une conférence de presse à l'hôtel Continental le 7 avril, où il traite de l'Indochine, des conséquences pour la France de la rivalité nucléaire russo-américaine, de l'antagonisme des deux blocs et de sa conception de l'Europe « de Gibraltar à l'Oural et du Spitzberg à la Sicile », de son opposition au projet de Communauté européenne de défense (CED) et aux sanctions prises contre le maréchal Juin qui a partagé publiquement cette opinion. Ces déclarations sont réitérées le 22 juin et le 26 août.

Le 9 août il se rend à l'Arc-de-Triomphe au milieu d'une grande foule à la suite de l'événement cruellement ressenti par l'opinion publique de la chute récente du camp retranché français de Diên Biên Phu alors que MM. Laniel et Pleven s'y étaient fait huer le 4 avril.

Le cessez-le-feu est intervenu en Indochine le 20 juillet. Les Français ont évacué Hanoi qui devient la capitale d'Hô Chi Minh, le chef du Viêt-minh procommuniste, tandis qu'à Saigon un gouvernement proaméricain est constitué par Ngô Dinh Diêm.

Quoique la France, toujours puissance de protectorat, soit en gros maîtresse de la situation au Maroc et en Tunisie, les émeutes et les actes de terrorisme y sont endémiques. M. Mendès France se déclare à Carthage partisan de l'autonomie interne de la Tunisie. Au Maroc le remplacement du sultan Sidi Mohamed envoyé en exil l'année précédente à Madagascar, par Sidi Ben Arafa qui n'arrive pas à asseoir son autorité malgré le soutien du pacha de Marrakech, ne rend pas la situation plus facile.

À la fin d'août le projet de Communauté européenne de défense est rejeté à la fois à la conférence de Bruxelles et à l'Assemblée nationale française.

Le 13 octobre, M. Mendès France qui a été investi massivement par l'Assemblée nationale le 18 juin, en remplacement de M. Laniel démissionnaire, vient rendre visite au général de Gaulle à l'hôtel Lapérouse pour un entretien, officiellement sur la situation internationale.

Du 16 au 23 octobre, M. Mitterrand fait un voyage en Algérie, mais le 1er novembre une cinquantaine d'assassinats dans les Aurès où les victimes arabes sont cinq fois plus nombreuses que les européennes font apparaître un début d'insurrection.

La tension s'aggrave en Afrique du Nord et au Moyen-Orient le 14 novembre par l'élimination en Égypte du général Néguib par le colonel Nasser.

En octobre, le général de Gaulle publie le premier volume de ses *Mémoires de guerre, L'Appel, 1940-1942.*

Le 4 décembre, au Palais des Sports, porte de Versailles à Paris, il déclare à la journée nationale du Rassemblement que le RPF n'a aucune responsabilité dans un quelconque gouvernement du régime et n'a plus aucune participation depuis l'année dernière, au Parlement et dans les élections, mais qu'il n'en reste pas moins que « comme chacun des compagnons du Rassemblement, vous vous êtes engagés à participer personnellement à l'action que je dirige pour le maintien de l'indépendance nationale, une véritable transformation sociale et le changement du régime, conditions indispensables au redressement de la France ».

Message aux compagnons du Rassemblement du peuple français

1er janvier 1954

Pour 1954,
un vœu : le réveil de la France,
un devoir : y aider,
un espoir : y réussir !

Je demande à chacun de mes compagnons de renouveler son adhésion.

Dans les conditions nouvelles, cette adhésion est, de sa part, un engagement. Elle constitue, pour moi, un témoignage et un concours.

À Jacques[1] et Cada[2] Vendroux

4 janvier 1954

Mon cher Jacques, ma chère Cada,

Combien vos vœux affectueux m'ont touché ! Vous êtes mon frère et ma sœur. Vous êtes aussi mes amis. C'est du plus profond de notre cœur qu'Yvonne et moi avons formé, en ce début d'année, tous les souhaits possibles pour vous deux, pour vos chers enfants et petits-enfants.

Nous comptons vous voir à Paris ces jours-ci et nous en réjouissons fort.

À bientôt donc et soyez sûrs, mon cher Jacques, ma chère Cada, de nos meilleures affections.

Au maréchal Alphonse Juin

4 janvier 1954

Mon cher ami,

Tes vœux affectueux m'ont touché. Ta mélancolie m'a ému. Je t'adresse, moi aussi, les meilleurs souhaits possible pour toi-même, pour les tiens, pour ton commandement et tout ce qui s'y rapporte. Et je puis te dire que je ne suis pas moins affecté que toi par l'état de dégradation progressive du pays et des pouvoirs publics.

Tu fus témoin que je n'eus jamais d'autre but que d'empêcher cela. Si, à cet égard, les choses ont mal tourné, l'occasion d'agir peut, à nouveau, se présenter dans le monde menaçant où nous sommes.

1. Frère d'Yvonne de Gaulle.
2. Surnom pour « Marie ».

J'espère te voir bientôt, mon cher ami. Veuille bien, je te prie, présenter à Mme Juin mes très respectueux hommages et les meilleurs souvenirs de ma femme. Pour toi, ma fidèle et profonde amitié.

Au lieutenant de vaisseau de Gaulle

5 janvier 1954

Mon cher Philippe,

Hier seulement, j'ai reçu à Colombey ta lettre du 20 décembre et les vœux affectueux qu'elle apportait à ton vieux Papa et à ta Maman. La grève des postes, ajoutée à celle du personnel de sécurité de l'air, est, sans doute, cause de ce retard. C'est du plus profond de mon cœur que je t'adresse, à mon tour, mes souhaits de nouvelle année, pour toi, pour ta chère Henriette, pour vos trois magnifiques petits garçons. Nous ne vous avons pas oubliés, Henriette et toi, dans vos anniversaires de naissance et de mariage.

Nous revenons du mariage d'Olivier (avec Marie-Thérèse Pons) à Saint-Pierre-Manneville. Il faisait froid sur la route et à l'église, mais bon et sympathique à la maison. Le général et Mme Pons sont bien. Ils habitent Alger. La jeune mariée est gentille. Il y avait une bonne partie de la famille de notre côté.

Le régime a fini par élire pour son président celui qui le représente le mieux : un inconnu sans relief et rassurant pour les bourgeois qui veulent dormir.

Au revoir, mon cher Philippe, mon vieux garçon. Je t'embrasse de tout cœur. Toutes mes affections à Henriette, et aussi à Charles, Yves et Jean. Bon souvenir à Roberte.

Ton Papa très affectionné

[PS] Ta Maman écrit de son côté.

À André Astoux[1]

11 janvier 1954

Merci de vos vœux, mon cher Astoux. Je vous adresse les miens, les plus sincères auxquels ma femme joint ses propres souhaits, pour vous-même, pour Mme Astoux et pour les vôtres. La France n'est pas brillante. Mais rien ne dure, excepté elle. La bassesse n'aura donc qu'un temps. Quant à notre œuvre, elle ne fait que commencer.

Veuillez bien présenter à Mme Astoux mes très respectueux hommages, auxquels ma femme tient à joindre son meilleur souvenir. Pour vous, mon cher Astoux, mes sentiments bien amicalement dévoués.

1. Ancien officier de marine de la promotion 1938 de l'École navale. Militant du RPF.

À Bernard Dupérier [inédit]

11 janvier 1954

Merci de vos vœux, mon cher Dupérier. Merci aussi de l'« excellent » et joli hommage que vous avez adressé à ma femme.

Mes souhaits vont à vous, très sincères, ainsi que mon amitié.

Ch. De Gaulle

À Pierre de Gaulle [inédit]

13 janvier 1954

Mon cher Pierre,

Voici quelques notes, jetées sur le papier, qui te préciseront ce que je pense de quelques sujets graves, et qui, d'ailleurs, ne t'apprendront, à cet égard, par grand-chose.

Au total, nous sommes, je suis, avec les États-Unis dans le cadre d'une alliance. Nous ne pourrions l'être dans le cadre d'un protectorat, même si nos politiciens paraissent s'en accommoder, que l'Amérique ne s'y trompe pas. Le régime n'est pas la France.

Je te souhaite un bon et utile voyage. À bientôt, partage avec Madeleine et vos enfants toutes nos meilleures affections. Je pense que votre jeune ménage ne pourra pas faire beaucoup de ski.

Ton frère affectionné,

Charles

À Jules Jeanneney

14 janvier 1954

Monsieur le président,

Votre lettre m'a atteint après un long retard. Vous ne sauriez croire combien m'ont touché et honoré les souhaits qu'elle m'a apportés. C'est du meilleur de moi-même que je forme des vœux pour vous et j'espère, d'ailleurs, vous les apporter et exprimer bientôt, si vous le voulez bien.

En attendant, je vous prie, Monsieur le président, d'agréer l'expression de mes sentiments très fidèlement dévoués.

À Bernard de Gaulle[1], à Hong Kong

Colombey, 14 janvier 1954

Mon cher Bernard,

Merci de tes vœux qui nous ont fait grand plaisir à ta tante et à moi-même. Nous t'adressons les nôtres, les plus affectueux, pour toi, pour Sylvie, pour vos beaux et chers enfants. À l'heure qu'il est, je suppose que vous êtes réunis et optimistes.

Ta lettre m'a fort intéressé. Ta position géographique et… économique te place à la frange de deux mondes. Ceux-ci peuvent faire une trêve, mais non la paix. Il y faudra l'écrasement de l'un des deux camps. En fait, l'opposition communisme-capitalisme est une apparence. Au fond de tout, il y a l'Asie contre l'univers des Blancs. C'est une querelle sans mesure. Pour toi, fais tes affaires, mais ne te compromets pas.

Au revoir, mon cher Bernard. Je pense souvent à toi, à tes mérites, à ton courage. Partage avec Sylvie et vos enfants toutes nos meilleures affections.

Olivier[2] s'est marié la semaine dernière à Saint-Pierre. C'était bien. La famille était nombreuse. Ta Maman était présente, ainsi que Jean[3], Marysette et Brigitte.

À Jules Moch[4]

17 janvier 1954

Mon cher président,

La Folie des hommes m'a intéressé au plus haut point. Le sujet, aujourd'hui, domine tous les autres. Vous l'avez traité, non seulement avec une grande clarté, mais aussi en faisant sentir qu'il n'y a plus de politique qui tienne, ni au-dehors ni au-dedans, sinon en fonction de cet immense problème.

Pour ma part, je crois comme vous qu'on peut et qu'on doit sauver la race des hommes, malgré leur folie ou, plus exactement peut-être, malgré la loi de leur espèce. Il y a là une sorte d'obligation qui passe très au-dessus de toutes les doctrines et de tous les impérialismes.

Veuillez croire, mon cher président, à mes sentiments cordiaux et très distingués.

---

1. Neveu du général de Gaulle.
2. Fils de son frère Pierre.
3. Fils de son frère Jacques, décédé. Jean de Gaulle, frère de Bernard, avait été soldat au régiment de marche du Tchad de la division Leclerc en 1944-1945.
4. Ancien membre du cabinet de Léon Blum (1936), ancien des Forces navales françaises libres, ancien de l'Assemblée consultative d'Alger, député socialiste, M. Jules Moch fut plusieurs fois ministre ou secrétaire d'État sous les IIIe et IVe Républiques et s'est généralement opposé au général de Gaulle durant ce dernier régime.

À Madame Auguste Gaultier[1], à Alger

21 janvier 1954

Chère Madame,

Vos aimables vœux et ceux de M. Gaultier nous ont vivement touchés, ma femme et moi. Je vous adresse tous les nôtres, les plus sincères pour vous et pour vos enfants.

Notre pays est très bas. Il viendra un jour où il sera las de la boue des marécages. Ce sera notre jour.

Veuillez agréer, chère Madame, mes hommages les plus respectueux, auxquels ma femme joint ses meilleurs souvenirs. S'il vous plaît, mes fidèles amitiés à M. Gaultier.

À Madame Félix Éboué, à Asnières

21 janvier 1954

Chère Madame,

Par votre lettre du 18 janvier vous me faites part de votre hésitation à accepter l'offre qui vous a été faite par nos amis du Conseil de l'Union française.

Je comprends les motifs qui vous retiennent, mais en toute franchise, puisque vous sollicitez mon avis, je pense que vous devez reprendre votre place de vice-présidente du groupe[2].

Veuillez agréer, chère Madame, mes hommages très respectueux, auxquels ma femme me demande de joindre son sympathique souvenir.

Au président Bèque, 17e chambre correctionnelle de Paris

21 janvier 1954

Monsieur le président,

Le roi Pierre II de Yougoslavie[3] n'a jamais cessé de se comporter en allié fidèle et résolu de la France, depuis le jour où, en 1941, il a levé l'étendard de l'indépendance contre les envahisseurs allemands et italiens, jusqu'à l'instant où, en 1945, l'ennemi a capitulé.

---

1. Dont le fils Raphaël avait rejoint les Forces navales françaises libres en 1940, et dont le domaine en Algérie avait hébergé clandestinement M. René Capitant et beaucoup de volontaires pour la France Combattante.
2. Eugénie Éboué-Tell ne souhaite pas conserver sa vice-présidence du groupe RPF du Conseil de l'Union française, poste qu'elle juge trop honorifique.
3. Le roi Pierre II avait fait appel au témoignage du général de Gaulle contre des diffamateurs sur son action pendant la guerre.

Pendant ces années, j'ai, moi-même, considéré ce jeune roi comme un compagnon dans la lutte menée en commun, en dépit de toutes les épreuves de sa patrie déchirée.

Je crois devoir apporter ce témoignage à la justice française, dès lors que le roi Pierre II de Yougoslavie l'a invoquée.

Veuillez croire, Monsieur le président, à ma considération la plus distinguée.

À Henri Hildebrand[1]

26 janvier 1954

Mon cher Hildebrand,

Recevez, avec mes remerciements pour votre aimable lettre, les souhaits bien sincères que je forme pour vous et les vôtres au début de cette nouvelle année.

Puisse-t-elle être celle du réveil national ! L'instinct de vie dont vous parlez se manifestera bien un jour et c'est ce qui nous permet d'espérer.

Croyez, mon cher Hildebrand, à mes sentiments amicalement dévoués.

À Pierre Lebon[2]

26 janvier 1954

Mon cher ami,

Merci de m'avoir offert ce très bel ouvrage sur le retable de Cracovie dont les personnages me paraissent, en effet, extraordinaires d'expression et de vie.

Quant à vos lettres, je n'en avais pas encore pris connaissance. Elles m'ont beaucoup intéressé. Il est particulièrement frappant d'y voir annoncer l'actuelle paralysie alors qu'à l'époque où vous les écriviez, bien peu croyaient que l'avenir était au sommeil.

Je saisis l'occasion pour vous remercier du nouveau et généreux don que vous venez de faire à l'UPANG et je vous demande de croire, mon cher ami, à mes sentiments bien cordialement dévoués.

---

1. Président-directeur général de la Compagnie des vernis Valentine, conseiller du Commerce extérieur de la France depuis 1937, membre du RPF.

2. M. Pierre Lebon, ancien de la Résistance française, député RPF, administrateur de sociétés, avait écrit en 1943 à l'ambassadeur René Massigli plusieurs lettres à l'intention du général de Gaulle.

Au major général Guy Salisbury-Jones, à Buckingham Palace, Londres

Fin janvier-début février 1954

Mon cher général,

Vous avez bien fait de m'écrire et vous faites bien de vous intéresser à la vie et à l'action du maréchal de Lattre. Le texte que vous m'adressez, à propos d'un épisode de nos rapports, est conforme à la vérité.

De Lattre était mon aîné et mon ancien de Saint-Cyr. Je l'ai toujours connu. Il n'était pas commode. Je crains de ne l'être pas non plus. Mais je n'ai jamais cessé de le tenir comme « un grand monsieur ». Pendant la guerre, il a été sous mes ordres à partir de la fin de 1943. Car il m'avait rallié à cette date, en France d'abord, en Angleterre ensuite, enfin à Alger. Je l'ai nommé général d'armée. Pour le débarquement en France, je n'avais qu'une seule armée, je la lui ai donnée, puis laissée jusqu'à la victoire. C'est lui que j'ai envoyé signer l'armistice à Berlin. Je lui ai remis moi-même toutes les plus hautes décorations : grand-croix de la Légion d'honneur, croix de la Libération, médaille militaire, avec des citations telles qu'on n'en connaît guère d'équivalentes. Après la victoire, je l'ai nommé chef d'état-major de l'armée, le plus haut poste possible.

Quand il alla en Indochine, je le vis et l'approuvai. Quand il en revint, je le vis et le félicitai. Puis il est mort.

Je ne puis répondre de ce que cet homme passionné, et parfois effréné, a pu dire de moi en diverses occasions.

Je ne puis affirmer que je l'ai toujours traité avec bonne grâce. Mais je garantis ma haute estime et même mon affection à son égard. Le reste n'est que ragots pour gens de bas étage[1]...

Au lieutenant de vaisseau de Gaulle, à Oran (Algérie)

3 février 1954

Mon cher Philippe,

D'après ce que tu m'as écrit, je sais à quel point ta flottille et toi-même êtes mis à contribution. S'il devait arriver que tu fusses désigné pour embarquer sur un porte-avions, avec l'Indochine comme destination, fais-le-moi savoir dès que tu t'en douteras.

Il me semble que la majoration d'ancienneté, attribuée aux anciens des Forces françaises libres[2], doit te rapprocher – déjà ! – de ton 4e galon.

---

1. Le texte de la lettre se termine ici par des points de suspension.

2. Cette majoration d'ancienneté n'a pas été appliquée dans la seule Marine nationale qui, au contraire, a considéré que le temps passé par beaucoup de ses officiers en congé d'armistice de « Vichy » équivalait au temps passé au combat par les anciens des Forces navales françaises libres et qu'il n'y avait pas lieu de changer l'ordre d'ancienneté dans les grades.

J'achève mon premier volume de *Mémoires*. Ç'aura été un énorme travail. Il se termine par Bir Hakeim, c'est-à-dire en juin 42. Je n'ai pas encore arrêté le titre. Il en faut un, car c'est une phase très caractéristique par rapport aux deux suivantes : Alger et Paris. Pour ce premier volume je pense à *L'Appel*. Le titre *Les Tronçons du glaive* est celui d'un roman de Paul Margueritte qui se rapporte à 1870. J'ai pu, naguère, utiliser l'expression. Mais je ne puis prendre le titre. Quant à *Au fond de l'abîme*, il est, en effet, assez désespéré : c'était l'état d'esprit de la masse française, alors. Mais il est vrai que ce n'était pas le nôtre.

Maman se préoccupe de n'avoir pas de lettre d'Henriette depuis bientôt deux mois. Elle se demande toujours en pareil cas si quelque chose d'ennuyeux n'est pas arrivé à Henriette ou à un enfant et qu'on ne veuille pas le lui dire. Pensez, tous les deux, qu'elle vous a dans l'esprit et dans le cœur, ainsi que vos trois petits garçons, d'une manière continuelle.

Au revoir, mon cher Philippe.

Sache que, suivant ce mot de l'Écriture, « j'ai mis en toi toutes mes complaisances ». Je t'embrasse de tout mon cœur. Maman en fait autant. Nos plus profondes affections pour toi, pour Henriette, pour Charles, Yves et Jean.

Ton Papa

À Monsieur Lancrenon[1]

10 février 1954

Cher Monsieur,

Je croyais avoir dit assez clairement que je ne m'occupais plus des élus quels qu'ils soient et dans quelque sens que ce soit.

S'il se trouve des gens qui désapprouvent tels ou tels d'entre eux, je ne me mêle pas de leurs manifestations, ni pour leur donner raison ni pour les blâmer.

Recevez, cher Monsieur, l'expression de mes sentiments distingués.

À Madame Alain de Boissieu

12 février 1954

Ma chère petite fille Élisabeth,

1. Il y a lieu d'ajouter quelque chose à la phrase du 1er chapitre concernant les autres journalistes et critiques que j'aie pu amener, etc.

Après : « Émile Buré et Ch. Giron dans *L'Ordre*, André Lecomte dans *L'Aube*, etc. »

---

1. Vice-président du Conseil municipal de Paris.

Ajouter : « Le colonel Émile Mayer, Lucien Nachin, Jean Auburtin, dans diverses revues, etc. »

2. Dans le 2e chapitre, à propos de mon arrivée à l'aérodrome près de Bordeaux, le texte exact concernant Humbert et Auburtin est : « Le colonel Humbert et Auburtin, de mon cabinet, m'y attendaient. Ils m'apprenaient que… », etc.

3. Je m'en remets à votre jugement et à celui d'Alain pour maintenir ou supprimer, à la première page du 8e chapitre, l'additif marginal que j'y ai porté au sujet des premiers « Vive de Gaulle ! » Mon sentiment est qu'il vaut mieux le supprimer.

4. Ci-joint un télégramme de Churchill au sujet de l'envoi de Catroux en Orient. Ce document est à ajouter dans les annexes du 6e chapitre : « L'Orient », à sa place chronologique, c'est-à-dire, je crois, en tête.

Au revoir, ma chère petite fille. Maman et moi vous embrassons tendrement. Mille affections à Alain. Merci beaucoup.

Votre Papa

[PS] D'après M. Thibault, nous ne possédons pas le texte anglais du télégramme du Foreign Office du 22 octobre 40, ni celui des télégrammes Havard et Gardener de 1941. Il faudra donc mentionner : « communiqué en traduction par la *mission de liaison britannique*. » Ce terme : « mission de liaison britannique » est à utiliser pour ce genre de télégrammes traduits, de préférence à autorités britanniques que j'avais d'abord mentionné.

À Élisabeth de Miribel [inédit]

17 février 1954

Chère Mademoiselle,

L'épreuve morale[1] *que vous traversez est de celle que nul ne peut se permettre de juger. Je ne suis que plus sensible à la peine que vous avez prise de m'en faire part.*

Je vous prie de bien vouloir agréer, chère Mademoiselle, mes très respectueux hommages,

C. de Gaulle

À Pierre Ferri[2]

17 février 1954

Mon cher Ferri,

Vos efforts et vos capacités dans l'administration des Postes, télégraphes et téléphones ne font pour moi aucun doute. Mais vous ne pouvez

1. Élisabeth de Miribel, de santé fragile, est contrainte de renoncer à sa vocation religieuse et donc de quitter le Carmel.
2. Ministre des PTT.

ignorer qu'il existe, à mes yeux, un problème primordial : le redressement de l'État et du pays. Or, ce redressement exige un changement complet du régime.

Je crois qu'il eût suffi que les élus du Rassemblement restassent fidèles au chef de file, cohérents entre eux et systématiquement opposés au régime pour que la réforme s'imposât dans la pulvérisation politique et parlementaire qui est en cours. Il s'est produit le contraire. Je crains que, de ce fait, une grande chance nationale soit perdue.

Veuillez croire, mon cher Ferri, à mes sentiments les meilleurs.

Au général (CR) Joseph Méric de Bellefon[1], à Rançon (Haute-Vienne)

17 février 1954

Mon cher Bellefon,

Sache que, du plus profond de mon cœur, je prends part à l'immense chagrin qui vient de te frapper.

Ce sont les sacrifices les plus purs, tel celui de ton jeune et glorieux fils, qui, un jour, rendront à la France son âme.

Que Dieu veuille avoir en sa garde celui qu'il vient d'appeler à lui.

Ma femme souhaite que ses sentiments de sympathie très émue soient exprimés à Mme de Bellefon, à qui je te demande de présenter mes hommages les plus respectueux. Pour toi, mon cher Bellefon, mon amitié fidèle et profondément attristée.

À Louis Terrenoire

27 février 1954

Mon cher ami,

La radio continue d'accoler le terme RPF au nom des parlementaires des groupes de l'URAS[2]. Elle le fait, notamment, dans ses « comptes rendus des travaux parlementaires », surtout dans ceux d'un nommé André Delay.

Je vous demande, de nouveau, d'écrire à Porché pour l'inviter à faire en sorte que cela cesse.

Croyez-moi, mon cher Terrenoire, votre amicalement dévoué.

---

1. Camarade de promotion du général de Gaulle, le général de Bellefon vient de perdre un fils en Indochine.

2. Union républicaine d'action sociale, constituée par les parlementaires du RPF auxquels ce rassemblement a rendu leur liberté d'action.

Au général Louis Dio[1], première région militaire, Paris

11 mars 1954

Mon cher Dio,

Votre lettre au président de l'Association des anciens de la 2e DB exprime mes propres sentiments.

Tout comme vous, je pense que l'attitude des dirigeants de cette association à l'égard du général de Gaulle s'explique par des raisons qui ne sont pas très jolies.

Tout comme vous, j'estime que les services rendus et la gloire remportée par le général Leclerc et sa division n'ont rien à voir avec l'exploitation financière ou politique que certains s'appliquent à en faire.

Tout comme vous, je suis convaincu que notre fidèle, fort et noble Leclerc n'approuverait pas cela s'il était vivant. Quant à moi qui fus son chef et celui des hommes de la 2e DB je ne l'approuve pas du tout.

Je sais bien que le temps qui court tâche d'abaisser les plus belles choses. Raison de plus pour que les gens de cœur s'opposent à cet entraînement.

Veuillez croire, mon cher Dio, à ma bien sincère amitié.

Au général d'armée (CR) Antoine Béthouart[2], à Marrakech

17 mars 1954

Mon cher Béthouart,

Je ne manquerai pas de lire *La Peur du risque* que tu veux bien m'envoyer. Évidemment tu ne peux penser que je me rallierai à cette CED qui est, à mes yeux, une colossale fumisterie et un essai d'abdication nationale.

Je suis – le premier – convaincu de la nécessité d'unir l'Europe. Pour qu'il y ait union, il faut que l'institution ait une âme, un corps et des membres. On ne peut bâtir l'Europe qu'à partir des nations.

Ceux qui tentent – en vain, je l'espère bien – de fabriquer la CED empêchent de faire l'Europe, tout comme la caricature s'oppose au portrait.

Crois, mon cher Béthouart, à mes sentiments cordialement dévoués.

---

1. Le général Dio, qui avait joué un rôle important dans le ralliement à la France Libre de l'Afrique-Équatoriale française et avait été le premier président désigné par le général Leclerc de l'Association des anciens de la 2e DB, a écrit sa désapprobation « au nom des petits » de l'orientation politicienne ainsi que de l'exploitation commerciale et publicitaire adoptée par l'actuel bureau de cette association.

2. Camarade de Saint-Cyr de Charles de Gaulle, le général Béthouart, ancien du Corps expéditionnaire en Norvège en 1940 et ancien haut-commissaire en Autriche, était partisan d'une certaine forme d'« armée européenne ».

Au lieutenant de vaisseau de Gaulle, à Oran (Algérie)

19 mars 1954

Mon cher Philippe,

Je me suis enquis, comme tu le souhaitais, des possibilités de ton affectation prochaine. L'amiral Wuillaume, directeur du personnel, a dit qu'il serait tout à fait possible, *a priori*, de te donner le poste d'officier d'appontage à bord du *Lafayette*, poste qui, suivant lui, correspondrait bien à ton grade, à ton ancienneté et à ta formation. Mais je n'ai pas pu vérifier s'il s'agit là du poste de chef des services aviation[1] du porte-avions ou seulement d'un poste subordonné à celui-là (appontages). En tout cas, l'amiral d'Argenlieu, que j'avais chargé de m'informer, m'a rapporté que l'amiral Wuillaume, qui paraît très bien disposé pour toi, a fait observer que de toute façon, il ne fallait pas tarder à faire la demande et qu'en outre, si tu passais à Paris quelque jour, lui-même serait content de te voir à son bureau. Je crois qu'il a raison et qu'à l'occasion tu devrais bien passer rue Royale. Tu es maintenant un officier d'une qualité suffisamment reconnue pour que, sans rien quémander, tu prennes le contact personnel de ceux qui ont la charge de l'administration des carrières.

Nous avons reçu avec grand plaisir les photos qu'Henriette a prises des enfants. Tous trois sont de magnifiques garçons dont leurs parents ont tout lieu d'être fiers.

La mort de Mme René Chavent nous a fort attristés. Elle était une femme distinguée à tous égards, extrêmement dévouée aux siens et très affectueusement attachée à Henriette et à ses frères.

Au revoir, mon cher Philippe.

Je vais suivre l'affaire de ton affectation.

Maman et moi vous embrassons tous de tout cœur.

À Henri Gorce-Franklin[2]

25 mars 1954

Mon cher Gorce-Franklin,

C'est avec attention que j'ai lu votre lettre du 10 mars et la note qui y était jointe.

Vous avez raison de souligner de nouveau l'importance, pour le Rassemblement, de l'Action ouvrière. Elle est même essentielle, puisque nous nous sommes fixés pour objectif de rendre à la classe ouvrière la place qui lui revient dans la vie nationale.

---

1. C'est ce dernier poste qui fut finalement attribué à l'intéressé sans aucune démarche de personne ni aucun suivi du général de Gaulle.
2. Ancien délégué général à l'action ouvrière du RPF.

Pour le reste, vous savez que le Rassemblement s'est dégagé des contingences électorales et parlementaires et il y a de bonnes raisons de penser que, de toute manière, il aurait fallu en arriver là.

Sachez que je suis heureux que vous soyez toujours des nôtres et croyez, mon cher Gorce-Franklin, à mes sentiments bien cordiaux.

Apostille[1]

5 avril 1954

— Pour Bonneval[2].

Si Rémy veut me voir avant de partir, c'est possible. Mais alors, qu'il n'en parle pas et n'en écrive pas. L'arranger.

À Madame G. Robert-Monod

5 avril 1954

Chère Madame,

Dans votre lettre du 21 mars qui m'a intéressé, vous soulignez très justement la véritable cause de la démission actuelle de la France sur le plan de la défense européenne !

Notre pays, en effet, est à la remorque parce qu'il n'est plus gouverné, et il ne pourra l'être tant que subsistera le régime des partis.

Veuillez agréer, chère Madame, mes très respectueux hommages.

À Jacques Chaban-Delmas

8 avril 1954

Mon cher président,

Je prends acte des engagements dont votre lettre me fait part[3].

Je suis heureux de constater que nos compagnons parlementaires n'oublient pas les efforts de toutes sortes faits pour eux par le Rassemblement, et je les en remercie.

Croyez, mon cher président, à mes sentiments bien cordialement dévoués.

---

1. Sur une lettre de Gilbert Renault (Rémy dans la Résistance), demandant une audience au Général avant de quitter la France pour le Portugal, où des intérêts français d'ordre privé le conduisent à séjourner.

2. Le chef de bataillon Gaston de Bonneval, ancien déporté, est aide de camp du Général.

3. Les parlementaires de l'Union d'action républicaine et sociale, présidée par Jacques Chaban-Delmas, déclarent prendre à leur charge les cotisations et pénalités d'arriérés de Sécurité sociale dues par le RPF avant le 1er janvier 1954.

Au lieutenant de vaisseau de Gaulle à Lartigue, près d'Oran (Algérie)

8 avril 1954

Mon cher Philippe,

On m'a fait dire, de la Marine, que si tu demandes le poste de chef des services aviation du *Lafayette*, il y a toutes chances pour que ce poste te soit attribué comme devant être pris à la fin de ton temps de commandement.

Il y aurait donc lieu, pour toi, d'adresser sans autre délai ta demande régulière par la voie hiérarchique et de m'avertir dès que tu l'auras adressée.

Une fois ta demande parvenue rue Royale, je pourrais y intervenir[1] sur un sujet précis : « Mon fils a demandé régulièrement ceci. Je souhaite que satisfaction lui soit donnée. Quelle décision prenez-vous ? » À moins d'impossibilités techniques (ancienneté, qualification, âge, etc.) lesquelles, je crois, n'existent pas, il n'y a pas à douter qu'on fera suivant mon désir.

Bonnes Pâques pour toi, pour Henriette, pour les enfants. Ta Maman se joint à moi pour vous embrasser tous de tout cœur.

Ton père très affectionné

Au maréchal Juin[2]

16 avril 1954

Mon cher Juin,

Tu as très bien fait de ne pas laisser étouffer ta voix dans un débat dont dépendent, au premier chef, la défense de la France et l'existence de l'Armée et où le pays devait connaître ton avis. Tu as très bien fait de condamner un traité – non ratifié – qui nous ferait perdre tout au moins notre armée et notre Empire. Tu as très bien fait d'indiquer qu'il est parfaitement possible, en prenant certaines précautions, de faire lever par l'Allemagne de l'Ouest une douzaine de divisions et les escadrilles correspondantes pour participer à la défense de l'Europe, sans que la France renonce pour cela à son indépendance nationale et à sa figure militaire.

Tu fais très bien de garder ton poste et ta responsabilité stratégiques, malgré l'ingérence intolérable du « Conseil de l'Atlantique » et, plus encore, en raison de cette ingérence. Dans cette grave affaire, comme dans d'autres que nous avons vécues ensemble antérieurement, je t'ai

1. En réalité le Général ne tenait pas à intervenir et n'a rien demandé, pas plus que l'intéressé.
2. Commandant les forces alliées en Centre-Europe.

reconnu comme mien, car là où tu es, tu ne sers que la France en dépit des bassesses de ce temps.

Sois assuré, mon cher Juin, de ma haute estime et de ma sincère amitié.

Au colonel (R.) Bernard Dupérier[1]

19 avril 1954

Mon cher Dupérier,

Votre roman : *L'Étoile, les Ailes et la Couronne* est émouvant et vivant. Les caractères y sont bien observés et bien dépeints. Le tout, en outre, est bien écrit. Enfin, quelle paraphrase de ce que vous avez vécu ! Je vous en fais tous mes compliments.

Ce qui m'a intéressé par-dessus tout dans votre livre – et je ne serais pas surpris qu'il en soit de même pour vos autres lecteurs – c'est la description très animée que vous faites, à maintes reprises, de la terrible gymnastique des combats aériens. Qui pourrait la faire mieux que vous ?

Croyez, mon cher Dupérier, à mes sentiments bien amicalement dévoués.

Au colonel (ER) Soulet[2]

19 avril 1954

Mon cher ami,

Ton *Roncevaux*, je l'ai lu avec grand intérêt et vive émotion. Ce que tu y racontes et les jugements que tu portes saisissent l'esprit et submergent l'âme. Nous avons vécu en 1940 le pire drame de toute notre histoire et nous en souffrons d'autant plus, malgré ce qui fut fait ensuite, que si ce drame était, pour l'armée française, techniquement mérité, il ne l'était pas moralement. Notre armée valait certainement beaucoup mieux que ce qui lui est, alors, arrivé.

Un jour, reparaîtra notre puissance militaire, à la condition qu'on n'ait pas, en abusant de l'actuelle dépression nationale, renoncé à garder à la France son armée. Empêcher cela, c'est le service qu'il nous faut rendre. C'est ce que tu fais pour ton compte et je t'en félicite bien sincèrement.

Crois-moi, mon cher Soulet, ton ami dévoué.

1. Ancien commandant des groupes de chasse Île-de-France et Alsace des Forces aériennes françaises libres.
2. Membre du RPF à Carcassonne.

À Jules Roy

19 avril 1954

Mon cher Jules Roy,

Votre roman *Le Navigateur* est aussi humain et dramatique que possible. Comme vous êtes bien l'écrivain de votre temps, d'un siècle écrasé par la mécanique, c'est-à-dire, au bout du compte, par la guerre, mais où pleurent les âmes !

J'ai su quel témoignage vient d'être récemment rendu à votre grand talent et m'en suis réjoui pour tous ceux qui vous admirent, surtout pour les jeunes, parce qu'ils en sont satisfaits.

Veuillez croire, mon cher Jules Roy, à mes sentiments de vive sympathie.

À Madame Lelong, à Montgeron (Seine-et-Oise)

20 avril 1954

Chère Madame,

Soyez assurée que je vais voir de quoi il retourne quant à la plaquette consacrée à la Ire DFL[1] par l'Association des Français Libres. Peut-être y a-t-il quelque malentendu quant au commandement que mon brave et cher ami le général Lelong a exercé à l'intérieur de cette division ? En tout cas, je vous réponds que ni moi ni, j'en suis sûr, ses anciens chefs, camarades et subordonnés, n'avons oublié ce que fut et comment serait votre cher et glorieux mari.

Si vous passiez à Paris un jour où je m'y trouverais moi-même, je serais très honoré de vous voir, chère Madame. Le commandant de Bonneval pourrait arranger cela, si vous le voulez bien.

Ma femme me demande de vous transmettre ses meilleurs souvenirs et je vous prie, chère Madame, d'agréer mes hommages les plus respectueux et dévoués.

À Michel Debré[2]

21 avril 1954

Mon cher ami,

Vous avez raison, la bataille n'est pas gagnée et nous devons continuer la lutte. Je dois dire, cependant, que je crois au succès ou, plus exactement, à l'enlisement progressif du problème. Le régime est, en effet, incapable

1. La 1re division française libre fut commandée successivement par les généraux Legentilhomme, Kœnig, Lelong et Brosset qui y fut tué.
2. Conseiller de la République, Palais du Luxembourg.

de trancher dans aucun sens une grave question nationale. Sous le couvert de quelques apparences et velléités d'aboutir (afin de conserver quelques subsides publics ou privés des Américains), on va sans doute continuer de traîner les choses en longueur. C'est à quoi tendent, en réalité, les « ambitieux » du régime, je veux dire ceux qui visent la place que vous savez et qui savent qu'ils ne pourraient l'atteindre et y demeurer que dans l'équivoque de l'immobilisme. D'ailleurs, les impondérables en Europe ne sont plus dans le sens des Américains (c'est clair en France, cela va l'être en Italie, ce le sera bientôt en Angleterre).

J'ai lu et beaucoup apprécié votre article du *Monde*.

À bientôt, j'espère. Croyez, mon cher Debré, à ma sincère amitié.

À Paul Claudel, de l'Académie française

21 avril 1954

Mon cher maître,

Combien je vous remercie de vos *Mémoires improvisés*, dont j'avais eu, d'ailleurs, l'extrême plaisir d'entendre maints passages, de votre voix, à la radio ! Rien de prodigieux autant que votre carrière littéraire qui ne paraît jamais parvenue au plus haut de son propre succès.

Je vous remercie de l'occasion que vous me donnez de vous assurer, mon cher maître, de ma profonde admiration et de mes sentiments très dévoués.

À Monsieur Blanchard[1]

22 avril 1954

Monsieur le maire,

Le désir que vous voulez bien m'exprimer de me voir présider, le 22 août prochain, la cérémonie anniversaire de la libération de Chartres, m'a vivement touché. Mais, ayant appris que l'ensemble des fêtes commémorant, cette année, la libération de la France était placé, d'office, sous un autre patronage, il m'est évidemment impossible d'y participer pour qu'il n'y ait pas double emploi.

En vous remerciant des sentiments dont votre lettre m'a apporté le témoignage au nom de la chère et noble ville de Chartres, je vous demande de croire, Monsieur le maire, à ma considération la plus distinguée.

1. Maire de Chartres.

À Joseph Laniel

22 avril 1954

Mon cher président,

Le 9 mai prochain, à 4 heures de l'après-midi, je compte me rendre à l'Arc-de-Triomphe au milieu de ceux qui voudront m'y entourer afin de commémorer en silence devant le Soldat inconnu toutes les douleurs subies et toutes les gloires remportées pour l'indépendance de la France. Je tiens à vous en informer à toutes fins qui seraient utiles.

Croyez, mon cher président, à mes sentiments distingués.

À Robert Laffont

22 avril 1954

Cher Monsieur,

Il me faut vous dire combien j'ai été touché de l'intérêt que vous avez porté au premier volume de mes *Mémoires de guerre* et à quel point je suis assuré que votre excellente maison aurait apporté à sa publication les soins les plus actifs et les plus précieux. Si, en définitive, et après maintes réflexions, je ne crois pas devoir vous demander de vous en charger, c'est en raison de la nature spécialement « historique » de l'ouvrage.

Je ne vous en suis pas moins tout à fait obligé des projets si satisfaisants que vous m'avez exposés et, plus encore, des sentiments qui vous les ont inspirés. J'écris, d'autre part, à mon ami, qui est le vôtre, le général de Bénouville, pour le remercier, lui aussi, et lui dire que l'avenir m'offrira, peut-être, une occasion plus adéquate d'en appeler à votre concours.

Veuillez croire, cher Monsieur, à mes sentiments bien sympathiques et très distingués.

Au colonel (ER) Ayme, à Metz

28 avril 1954

Mon cher Ayme,

Rien ne peut m'être plus agréable que de constater, comme votre lettre m'en a donné l'occasion, la fidélité des Anciens du 19e et de la IVe DCR[1] à nos souvenirs communs. Je n'en regrette que davantage de ne pouvoir être des leurs les 6 et 7 juin, à Goetzenbruck.

1. 19e bataillon de chasseurs et 4e division cuirassée que Charles de Gaulle avait respectivement commandés en 1928-1929 et 1940.

Je m'unirai cependant à vous tous par la pensée et vous demande de le dire à nos camarades en leur transmettant mon amical salut.

Par ailleurs, j'écris à Tournier pour lui adresser mes condoléances à l'occasion de la mort de son fils.

Croyez, mon cher Ayme, à mes sentiments cordialement dévoués.

À Pierre Lebon[1]

28 avril 1954

Mon cher ami,

Ce que vous écrit votre ami concernant la situation intérieure aux États-Unis est intéressant à tous égards[2].

Mais, comment la France dans l'état d'impuissance et d'incohérence que nous constatons chaque jour, pourrait-elle tirer parti de cette évolution ?

Croyez, mon cher ami, à mes sentiments cordialement dévoués.

À Louis Terrenoire

28 avril 1954

Mon cher ami,

Le manuscrit du premier volume de mes *Mémoires de guerre*, ce volume ayant pour titre *L'Appel*, vous est adressé par la valise du Quai d'Orsay. Je vous serais obligé d'en faire prendre connaissance, de ma part, aux principaux éditeurs américains, dont M. Pompidou, d'accord avec Plon, vous adresse les noms.

Il s'agit que ces éditeurs m'adressent ensuite leurs propositions précises.

Étant donné les innombrables possibilités d'indiscrétions je n'ai pas besoin de vous recommander de ne « lâcher » sous aucun prétexte le manuscrit, ni aucune de ses parties. C'est en votre présence attentive qu'il peut être consulté.

En vous remerciant d'avance, je vous adresse, mon cher ami, l'expression de mes sentiments bien cordialement dévoués.

1. Député des Deux-Sèvres.

2. M. Lebon signale un changement de ton radical de l'opinion et de la presse des États-Unis vis-à-vis de la France : de la critique acerbe on est passé à la bienveillance, notamment à propos de l'Indochine.

Au lieutenant de vaisseau de Gaulle, à Oran

30 avril 1954

Mon cher Philippe,

L'amiral d'Argenlieu m'a apporté hier les indications que voici et qu'il avait reçues de la Direction du personnel au sujet de ta future affectation.

À bord d'un porte-avions, tel que le *Lafayette*, il y a, au-dessous du commandant du navire et de son second, un « chef des services de l'aviation embarquée » du grade de capitaine de frégate ou de capitaine de corvette ancien. Le chef des services a un adjoint, chargé spécialement de tout ce qui se rapporte aux appontages et qui a, en particulier, sous ses ordres, les officiers et le personnel employés aux appontages. Cet adjoint est un capitaine de corvette ou un lieutenant de vaisseau ancien, ayant lui-même pratiqué d'une manière approfondie le service dans l'aviation embarquée, notamment, l'appontage. C'est ce poste-là qui t'est destiné et qui t'est, d'ores et déjà, virtuellement attribué. Je n'ai pu savoir encore à quelle date cela paraîtra officiellement.

Quant à la date exacte à laquelle tu auras à prendre ton nouveau service (à Toulon), elle n'est pas encore fixée. Il est déjà décidé que tu devrais être remplacé dans ton actuel commandement le 1er octobre. Mais, ensuite, on escompte soit en ce qui te concerne, soit en ce qui concerne ton prédécesseur, des permissions qui peuvent influer sur le jour où tu prendras ton service.

De toute façon, on considère que c'est le moment pour toi de t'occuper de ton futur logement à Toulon.

Nous espérons, ta Maman et moi, que la rougeole de Charles et, peut-être ? celle de ses frères suivent leur cours sans complication.

À Paris, où j'étais hier, l'atmosphère est assez tendue, notamment dans les milieux militaires. Beaucoup de choses semblent remuer dans les esprits qui, l'année dernière, ne bougeaient pas. J'ai décidé d'aller dimanche en huit à l'Arc-de-Triomphe. L'ambiance de la cérémonie sera intéressante.

Je t'envoie le texte de ma dernière conférence de presse[1].

Au revoir, mon bien cher Philippe. Maman et moi t'envoyons, ainsi qu'à Henriette et aux enfants, nos profondes affections.

Ton Papa

1. Conférence de presse du 7 avril 1954. Voir *Discours et messages.*

À Étienne Répessé, éditions Berger-Levrault, à Paris

4 mai 1954

Mon cher ami,

Si je vous ai fait de la peine, soyez sûr que je serais plus chagriné que vous. Il est de fait qu'après beaucoup de réflexions, j'ai cru devoir charger Plon du premier volume de mes *Mémoires*.

Oui, en raison du caractère « historique » de l'ouvrage (je veux dire qu'il se rapporte à l'Histoire), et aussi en vertu d'une espèce de conformisme qui m'oblige à tenir compte des précédents (Poincaré, Clemenceau, Joffre, Foch, Churchill, etc.).

Je serais vraiment navré que vous-même et la chère maison Berger-Levrault puissiez vous sentir tant soit peu désobligés par mon comportement dans cette affaire et j'espère que vous ne m'en voudrez pas.

Croyez-moi, mon cher ami, votre bien cordialement et fidèlement dévoué.

Déclaration et instructions manuscrites pour l'anniversaire de la victoire de 39-45

5 mai 1954

Le 9 mai, à 16 heures, je me rendrai à l'Arc-de-Triomphe devant la tombe du Soldat inconnu. Cette cérémonie est placée sous le signe du souvenir et de l'espérance nationale.

Sans cris et sans cortèges, dans le recueillement du silence, ceux qui voudront s'y trouver commémoreront avec moi toutes les douleurs qui furent et qui sont endurées, toutes les gloires qui furent et sont remportées pour l'indépendance et la grandeur de la patrie. Ils marqueront avec moi leur volonté de faire en sorte que cette grandeur et cette indépendance restent assurées à la France.

Pour la cérémonie du 9 mai, le général de Gaulle arrivera à 16 heures à l'Arc-de-Triomphe de l'Étoile par l'avenue George-V et l'avenue des Champs-Élysées.

Après les honneurs militaires, le Général se recueillera devant la tombe du Soldat inconnu. Une minute de silence sera observée.

Le Général fera ensuite le tour de la place de l'Étoile pour saluer ceux et celles qui auront tenu à s'y trouver. Puis il se retirera par l'avenue de la Grande-Armée.

L'accès du terre-plein de l'Arc-de-Triomphe sera réservé aux autorités, aux élus de Paris, aux membres des comités d'associations d'anciens combattants et aux compagnons de l'ordre de la Libération.

D'autre part, les anciens combattants des deux guerres et de l'Indochine auront accès, sur présentation de leur carte, à des emplacements réservés aux deux angles de la place de l'Étoile et de l'avenue des Champs-Élysées.

À René Brouillet[1]

5 mai 1954

Mon cher Brouillet,

Merci de m'avoir aimablement adressé le texte du message pascal du souverain pontife.

Ce message est très beau. Il émeut profondément non seulement le chrétien, mais l'homme.

Croyez, mon cher Brouillet, à mes sentiments cordialement dévoués.

À Patrick de Ruffray[2]

15 mai 1954

Mon cher Ruffray,

Ne vous impatientez pas ! Je suis, maintenant, plongé dans votre livre et vous en écrirai incessamment.

Bien amicalement.

À M. Tumakai[3]

18 mai 1954

Mon cher Tumakai,

En ces jours qui viennent raviver en chacun de nous le souvenir des luttes, des épreuves et des gloires communes, le message des Français Libres de Tahiti m'a tout particulièrement touché.

Veuillez le dire à nos compagnons et leur transmettre, avec mes remerciements, mon amical salut.

Croyez, mon cher Tumakai, à mes sentiments cordialement dévoués.

1. Premier conseiller d'ambassade près le Saint-Siège, ancien membre des cabinets de Jules Jeanneney, président du Sénat, de Charles de Gaulle, président du Gouvernement provisoire, et de Georges Bidault, président du Conseil.

2. M. de Ruffray, ancien saint-cyrien et collaborateur du journal *La Croix*, venait d'écrire *Le Silence de Douaumont* dont il demandait une préface au Général.

3. Président de l'association des Français libres de Tahiti.

Au général d'armée aérienne, Martial Valin

20 mai 1954

Mon cher Valin,

La note que je vous ai remise était non une attestation mais une constatation. Il est de fait que vous avez exercé, au cours de la guerre récente, certaines fonctions. Il est de fait que l'ensemble de ces fonctions vous qualifierait pour être l'objet de dispositions de la loi de 1920[1]. Je n'ai pas eu à considérer le cas d'autres officiers généraux de l'armée de l'Air. Mais ce cas, quel qu'il puisse être, ne se confond pas avec le vôtre.

Veuillez croire, mon cher Valin, à mes sentiments de sincère amitié.

À Madame Charles Mangin

25 mai 1954

Chère Madame,

Puisse la statue restaurée du général Mangin[2] ranimer dans le cœur de ceux qui la verront la foi, la volonté, la hauteur d'âme dont il fut l'héroïque champion au service de la France !

Vous savez, chère Madame, que pour des raisons de principe je ne participe, depuis le 21 janvier 1946, à aucune cérémonie dite « officielle ». Je ne serai donc pas présent à l'inauguration de la statue du général Mangin. Mais le respect que je garde à sa glorieuse mémoire est, en ces temps d'abaissement, plus grand qu'il n'a jamais été.

En vous transmettant le meilleur souvenir de ma femme qui a été très sensible au vôtre, je vous prie d'agréer, chère Madame, mes hommages les plus respectueux.

Au lieutenant de vaisseau de Gaulle, à Oran (Algérie)

30 mai 1954

Mon cher Philippe,

Comme j'avais chargé l'amiral Ortoli de s'informer à ton sujet rue Royale, voici ce qu'il vient de me rapporter.

---

1. Le général de Gaulle prend acte que le général d'armée aérienne Martial Valin pourrait se trouver dans le cas de la loi de 1920 permettant le maintien en activité sans limite d'âge des officiers généraux ayant exercé un grand commandement en temps de guerre.
2. Les contre-attaques déterminées du général Mangin reprirent Douaumont et les forts de Verdun en 1916, soutinrent l'offensive de Nivelle en 1917 et bloquèrent les Allemands à Château-Thierry en 1918. Sa statue près des Invalides à Paris avait été détruite par l'occupant en 1940.

Il est certain, autant qu'une chose peut être certaine en ce monde, que tu seras affecté au *Lafayette* comme adjoint au chef des services d'aviation[1].

L'affectation paraîtra au mois d'août. Elle fait, en effet, partie d'un ensemble qui « sortira » à ce moment-là.

En attendant, il y a tout lieu que tu t'occupes de chercher un logement à Toulon. (À cet égard, sache que Maman et moi pourrions récolter des renseignements pour ton compte si cela devait t'arranger.)

Tu es *exceptionnellement bien noté*. C'est ainsi que l'amiral Periès a porté récemment à ton dossier la mention suivante : « Hors de pair » (mention tout à fait rare, naturellement). D'autre part, on observe dans tes notes, à mesure des années, une affirmation de plus en plus nette de ta valeur, ce qui, pour les spécialistes de l'administration du personnel, est la preuve que cette valeur elle-même ne cesse pas de s'affirmer de plus en plus.

Dans l'appréciation relative au « choix » éventuel, tu es porté : « grand choix ».

En ce qui concerne le tableau d'avancement, tu n'es pas encore, paraît-il, dans les conditions d'ancienneté minima qui sont exigées. Si, comme l'amiral Ortoli y compte bien, tu bénéficies prochainement d'une majoration d'ancienneté comme FNFL[2] tu seras, à l'immense rigueur et à l'extrême limite, envisageable. En tout cas, tout devrait se présenter très bien l'année prochaine.

Pour moi, sache-le, je suis aussi content et fier que possible de cette réussite de plus en plus accentuée et reconnue de mon cher fils, de mon vieux garçon, en qui j'ai mis toutes mes espérances. D'autant plus content et fier que je mesure les conditions difficiles dans lesquelles tu tailles ta carrière à l'intérieur de cette pauvre chère vieille marine française, mise en morceaux par les événements et qu'il s'agit de refaire.

Au revoir, mon cher Philippe. Je t'embrasse de tout mon cœur. Maman et moi envoyons nos profondes affections à toi, à Henriette, à vos petits garçons.

1. Il s'agit en fait des fonctions de chef des services aviation qui était l'adjoint et le factotum du chef des services opérations du porte-avions *Lafayette*.

2. Cette disposition légale ne fut jamais appliquée dans la marine sauf en annuités de solde et de retraite.

Au commandant Patrick de Ruffray[1]

31 mai 1954

Mon cher Patrick,

Le Silence de Douaumont m'a touché. L'essai va, en effet, très avant dans cette philosophie du métier où sont les sources de l'esprit militaire. Il aborde, non sans dignité, le drame que la guerre vient de faire subir aux Français et qui fut, d'abord, celui des soldats.

À votre tour, vous montrez que l'armée est moralement faite de peine et de fierté. Il faut qu'il en soit ainsi. Qu'en contrariant la nature l'institution militaire fasse souffrir les âmes, comme au besoin elle sacrifie les corps, cela est dans l'ordre des choses. À cette épreuve doit faire compensation l'intime orgueil des armes. Or, votre livre fait bien entendre la sourde plainte et le verbe assuré du soldat.

Mais l'armée est un instrument. À l'État de l'inspirer, de la pourvoir, de l'employer ! La doctrine, l'efficacité, la destination militaires dépendent de la politique. Là est la servitude capitale, qui atteint le plus haut degré du tragique quand l'armée, mal orientée, mal dotée, mal engagée, par un régime sans capacité, se trouve frappée de la foudre.

Si le désastre balaie les gouvernants, tandis que le pays est sans institutions valables, il arrive qu'il n'y ait plus rien entre le guerrier et la nation. Ah ! qu'alors Dieu garde le soldat de prendre à sa charge le renoncement national ! Au contraire, qu'Il veuille l'aider à sortir de sa nature première, à servir de guide au peuple et de recours à l'État, pour la lutte, le salut, la grandeur !

Le destin a voulu qu'hier nous vivions ceci en même temps que cela. D'où le drame moral qui étreignit et étreint encore la France et son armée. Pour guérir notre blessure, sans doute faut-il l'expliquer, pourvu que ce soit avec noblesse et sincérité. Vous le faites pour votre compte. Je crois que vous avez raison.

Croyez, mon cher Patrick, à mes sentiments cordialement dévoués.

À Pierre de Boisdeffre

7 juin 1954

Mon cher Boisdeffre,

Merci pour *Des vivants et des morts*. Je vous suis, pour ma part, profondément obligé de me découvrir des trésors et de m'ouvrir des avenues où je trouve la meilleure distraction qui soit. Et puis, vous avez un grand

1. Le commandant (R) de Ruffray utilisa la lettre du Général comme préface à son ouvrage qu'il dédia à la mémoire du père jésuite Yves de Montcheuil, arrêté auprès des blessés du Vercors et fusillé à Grenoble le 10 août 1944.

talent. Ce que vous dites, notamment, de Barrès m'a paru juste et bon. De même pour Bernanos. Quant à Malraux, Anouilh, Camus, Sartre, Cocteau, Jouhandeau, Éluard, qui encore ? ils sont les preuves que nos sources ne sont pas taries.

Veuillez croire, mon cher Boisdeffre, à mes sentiments de bien sincère sympathie.

À Jean Sainteny[1]

7 juin 1954

Mon cher Sainteny,

C'est avec un extrême intérêt que j'ai lu votre livre *Histoire d'une paix manquée*. C'est plein de vie, rempli de faits, animé d'une passion – celle de naguère – et de regrets – ceux d'aujourd'hui – qui touchent le cœur et éveillent l'esprit.

Je serais heureux de vous voir et de vous parler, notamment, de cette période lourde et grave où la France, bien diminuée moralement et matériellement, reprit contact, malgré tout le monde, avec une Asie profondément soulevée et qui, sous divers étendards, rejette désormais l'Occident. Veuillez donc prendre rendez-vous par le commandant de Bonneval.

Croyez, mon cher Sainteny, à mes sentiments bien cordialement dévoués.

Au président Richard de Coudenhove-Kalergi, à Berne (Suisse)

12 juin 1954

Mon cher président,

En vous remerciant de votre communication, je veux vous dire combien je suis sensible au soin que vous prenez de me tenir au courant de vos activités.

Il y a, en effet, beaucoup à faire pour construire l'Europe et établir la paix, et il ne paraît pas que ce que les gouvernants ont tenté jusqu'à maintenant l'ait été avec un sens suffisant des réalités nationales.

Croyez, mon cher président, à mes sentiments les plus distingués et bien sincèrement dévoués.

1. Un des anciens chefs du réseau de résistance Alliance. Après avoir été chargé de la mission militaire française en Chine en 1945, il fut commissaire de la République au Tonkin du Nord, devint ensuite négociateur avec Hô Chi Minh et assume en juin 1954 les fonctions de délégué de la France au Vietnam Nord.

À André Astoux

30 juin 1954

Mon cher Astoux,

Dans l'ordre d'idées dont je vous ai parlé, je vous communique ci-joint une lettre au sujet d'un logement possible (?) à Toulon. Ce serait une maison et il faudrait l'acheter[1].

À tout hasard, auriez-vous l'amabilité de voir cette maison et de me dire ce que vous en pensez. La lettre est adressée par le propriétaire à ma fille, Mme de Boissieu. Je préfère, en effet, que mon nom ne paraisse pas au sujet des pourparlers.

Si vous avez une autre idée, soit pour Philippe, soit pour une combinaison moi-même-Philippe, ne manquez pas de me l'indiquer.

Bien amicalement.

À Gaston Palewski [inédit]

27 juillet 1954

Mon cher ami,

Vous êtes au fond du chagrin. Il n'en est pas plus grand que celui qui vous frappe et l'on ne peut s'en consoler. Je vous dirai simplement que ma pensée et mon affection sont avec vous dans cette épreuve.

Nous avions vu, naguère, ma femme et moi, Madame votre mère. Nous savions quelle femme de valeur, de cœur, de vertu elle était, quels liens l'unissaient aux siens et eux à elle. Pour moi, je n'oublierai jamais que, dans le drame national que nous vécûmes ensemble, elle vous avait approuvé.

Au revoir, mon cher ami. Nous vous demandons, ma femme et moi, de dire aux vôtres quels sont nos sentiments, de le dire, en particulier, à votre frère Jean-Paul, plongé, comme vous, dans l'affliction. Croyez-moi votre bien dévoué.

C. de Gaulle

Au général (CR) Pierre Guillain de Bénouville[2]

20 août 1954

Mon cher Bénouville,

Votre lettre du 17 août m'est bien parvenue et je vous en remercie.

1. Proposition de vente d'une maison au Général soit pour qu'il puisse séjourner hors de Colombey-les-Deux-Églises, soit à usage de la famille de son fils officier de marine souvent affecté à Toulon, soit pour les deux à la fois. Cette proposition est restée sans suite.

2. Fondateur en 1941 du mouvement Radio-Patrie et en 1942 des Mouvements unis de Résistance qui se transformeront en 1943 en Mouvement de la Libération nationale.

Vous savez que les membres du CNR[1] peuvent toujours me voir quand je viens à Paris, mais pour ce qui est de les voir en corps à l'occasion d'une cérémonie, je préfère que ce ne soit pas cette année, en raison du caractère ultra-officiel que prennent les cérémonies commémoratives du 10e anniversaire et tout ce qui s'y rapporte.

Croyez, mon cher Bénouville, à mes sentiments cordialement dévoués.

Au vice-amiral (CR) René Godfroy[2]

31 août 1954

Amiral,

Je tiens à vous dire quelle satisfaction j'ai éprouvée en lisant votre lettre. Sans doute suis-je heureux de savoir que vous êtes de mon avis en ce qui concerne la défunte CED. Mais surtout je suis frappé par la hauteur d'âme dont vous faites preuve quant aux événements de naguère et aux blessures qu'ils vont on causées. Cette élévation d'esprit est assez rare pour qu'on la salue quand elle se manifeste. C'est ce que je fais, amiral, en ajoutant ceci :

Dans le drame de 40, étant donné que vous n'avez pas cru devoir, alors, vous soustraire à la hiérarchie « formelle » (ce que j'ai, vous le savez, déploré), il est de fait, cependant, que la flotte d'Alexandrie a été gardée par vous dans des conditions telles qu'elle a pu, en définitive, combattre glorieusement pour la France. Dans mes *Mémoires de guerre*, que je suis en train d'écrire, je ne manquerai pas de le souligner.

Veuillez croire, amiral, à ma haute et très distinguée considération.

À François Perroux[3]

31 août 1954

Mon cher maître,

L'Europe sans rivages, que vous m'avez adressé, est un magnifique ouvrage. Je l'ai lu longuement et attentivement et le relirai à coup sûr. Les perspectives que vous ouvrez, la philosophie du sujet que vous possédez tout entière, les connaissances dont vous faites preuve, font un ensemble d'une grande profondeur. Je vous en félicite bien vivement.

L'échec de la CED[4] – qui n'était rien qu'une théorie – me semble une simple, et assez vulgaire, péripétie d'une entreprise qui débute et, par

1. Les membres du Conseil national de la Résistance conservent fidélité à leur ancien chef, au-delà des péripéties politiques du moment.
2. Ancien commandant de l'escadre française d'Alexandrie en 1940.
3. Professeur au Collège de France.
4. Communauté européenne de défense, projet à direction multinationale intégrée.

conséquent, d'une querelle qui ne fait que commencer. Mais une certaine unité de l'Europe est inscrite dans l'avenir. Quelle unité ? Faite de quelle manière ? En passant par quelles étapes ? Voilà l'affaire de la « politique ». Rien ne peut l'éclairer mieux que vos idées et votre talent.

Veuillez croire, mon cher maître, à mes sentiments les plus distingués et les plus dévoués.

À Jacques Reboul, à Tanger (Maroc)

1er septembre 1954

Monsieur,

Je vous remercie de votre note du 20 août qui m'a intéressé.

Il est réconfortant de constater que, sur cette grave question européenne, le bon sens et l'intérêt national ont tout de même fini par l'emporter. Mais ceci acquis, tout reste encore à faire et le temps perdu ne se retrouvera pas.

Croyez, Monsieur, à mes sentiments les plus distingués et les meilleurs. Et sachez que j'ai beaucoup de considération – depuis longtemps – pour vos idées et pour votre talent.

Au R. P. Raymond Bruckberger, à Racine, Wisconsin (États-Unis)

1er septembre 1954

Mon révérend père,

Laissez-moi vous remercier pour votre aimable lettre et les sentiments que vous avez bien voulu y exprimer. J'en ai été très touché.

Merci aussi du soin que vous prenez de me donner des échos de l'opinion américaine. La voici maintenant fixée sans équivoque sur la position de la France à l'égard de la défunte CED.

Veuillez agréer, mon révérend père, l'expression de mes sentiments respectueux.

À André Malraux

4 septembre 1954

Mon cher ami,

L'idée est belle[1].

Éboué a mérité cela. La pierre, malgré tout, a une chance de durer. En tout cas, la pensée de Malraux ne passera pas.

Bien amicalement.

1. Projet de monument au gouverneur général Félix Éboué, à Cayenne en Guyanne où il était né.

À Michel Cailliau

11 octobre 1954

Mon cher Michel,

Je tiens à te dire combien je suis heureux de la naissance du petit Charles Cailliau. Je joins, pour ta chère Yvonne, toutes mes félicitations à celles que ta tante lui a adressées. Il est émouvant que ton fils porte le nom de ton glorieux frère[1]. Ton Papa en sera fier. Ta Maman en sera certainement bien touchée.

À bientôt, j'espère, mon cher Michel. Veuille partager avec Yvonne et vos enfants les meilleures affections de ta tante et les miennes.

Ton oncle

Au lieutenant de vaisseau de Gaulle porte-avions *Lafayette* basé à Toulon

12 octobre 1954

Mon cher Philippe,

Je pense que tu as commencé ton service à bord du *Lafayette* et j'espère que gens et choses t'y donnent satisfaction. Nous comptons, ta Maman et moi, aller faire un tour très bref de votre côté à la Toussaint. Peut-être Élisabeth et Alain viendront-ils aussi. Nous descendrons à La Celle où vous pourrez, espérons-le, venir tous déjeuner ou dîner à votre convenance le (ou les) jour (s) que vous voudrez. Maman et moi irons voir votre installation. J'aurai, quant à moi, diverses choses à te dire.

Je suis, souvent, par la pensée, le petit Charles dans ses études. Voici pour les déplacements que celles-ci imposent au cours de ce trimestre.

La CED a été empêchée. Mais le régime et sa politique n'en ont pas pris plus de vigueur. Mendès France, comme ses prédécesseurs, cultive le compromis pour se maintenir en place. Il me semble, cependant, qu'un souffle de redressement, quoique extrêmement timide et léger, commence à rider parfois l'eau dormante qu'est notre pays.

Je suis plongé dans mon deuxième volume de Mémoires. Le premier paraît le 25 octobre. Nous verrons ce que cela donnera. Je parle, bien entendu, de ce qu'il donnera quant à l'effet produit dans l'opinion.

Au revoir et à bientôt, mon cher Philippe. Maman et moi t'envoyons, ainsi qu'à Henriette et aux enfants, toutes nos profondes affections.

Je t'embrasse de tout cœur.

Ton Papa

---

1. Le sous-lieutenant Charles Cailliau, tué le 21 mai 1940 dans la Somme.

À Paul Reynaud[1]

14 octobre 1954

Monsieur le président,

L'appréciation que vous voulez bien porter sur les quelques pages de mes *Mémoires de guerre*, que *Match* a publiées, me touche profondément. Dès que je serai en possession des exemplaires dits « d'auteur », le premier sera certainement pour vous. J'espère que quand vous aurez lu l'ensemble du premier volume de ce qui n'est que souvenirs, nous pourrons trouver l'occasion de parler du passé, mais aussi de l'avenir.

Je vous prie de croire, Monsieur le président, à mes sentiments toujours dévoués.

Entretien[2] entre le général de Gaulle et Georges Duhamel

Fin octobre 1954

Georges Duhamel – La lecture de vos Mémoires, *mon général, a achevé de me convaincre de la vérité d'une observation que j'ai souvent faite : c'est qu'un grand homme est toujours un grand écrivain, quel que soit le domaine où s'exerce son activité, la science, l'action politique ou la guerre.*

Déjà dans vos livres d'avant-guerre, mon général, vous m'apparaissiez comme un écrivain de premier plan. N'y trouvait-on pas des formules dignes de Tacite ? D'ailleurs, il me suffit d'un mot tombé de vos lèvres, un jour que j'avais eu déjà l'honneur de vous rencontrer, pour m'en convaincre. Je vous félicitais d'un de vos discours.

Vous m'avez dit simplement : « Il m'a coûté beaucoup de peine. » À cette réponse, j'ai reconnu que vous étiez un authentique écrivain. La facilité littéraire est presque toujours si mauvais signe !

Charles de Gaulle – L'appréciation d'un écrivain tel que Georges Duhamel me touche profondément. La rédaction de ce premier volume de mes *Mémoires* m'a donné, en effet, beaucoup de mal.

G. D. – L'impatience avec laquelle je les attendais ne fut pas déçue. Au contraire, j'y ai trouvé avec joie un élément qui n'apparaissait pas encore dans vos précédents ouvrages et qui me semble capital : l'affectivité. Certes, vous cachez votre émotion le plus souvent avec une virile pudeur. Certes, vos exposés, vos démonstrations sont d'une rigueur quasi cartésienne. Rien du lyrisme des Mémoires *d'un Chateaubriand dans les vôtres. Poète ? Non, vous ne l'êtes pas. Votre style*

1. Ancien président du Conseil.
2. Note du Général : « Propos recueillis par Gabriel d'Aubarède ».

est le plus nu... Et cependant, de temps en temps, une image éclatante : « Vers l'Orient compliqué je volais avec des idées simples. » Comment ne pas penser au : « Dans l'Orient désert, quel devint mon ennui ! » de Racine ?... Que de grands noms la lecture de votre livre suggère ! Même Pascal. Par exemple, quand vous évoquez votre allégresse en apprenant la victoire de Bir Hakeim : « Sanglots d'orgueil, pleurs de joie ! » Comment tout Français qui aime sa patrie ne sentirait-il pas quelquefois les larmes lui venir aux yeux en vous lisant ? J'en ai versé... Or, ceci est pour moi un signe important. L'affectivité, vous dis-je. Le terme est venu d'ailleurs sous votre plume dès la première page. C'est ce qu'il y a en vous d'affectif, dites-vous, en même temps que le côté positif de votre esprit, qui vous a convaincu que l'avenir de la France est dans la grandeur.

C. de G. – Vous qui allez souvent hors de nos frontières, vous qui savez si bien sentir le « fond de l'air » dans les autres pays, dites-moi, n'est-ce pas ainsi que les étrangers voient la France ?

G. D. – Oui, c'est ainsi. Où que l'on se trouve, il est impossible de parler de la France sans prononcer souvent le mot « grandeur ». Je l'ai souvent constaté.

C. de G. – Eh bien, moi aussi. Et je me félicite de m'accorder sur ce point avec un observateur aussi perspicace.

G. D. – Bien entendu, vous restez avant tout un écrivain militaire. Chaque fois déjà que j'avais eu l'honneur de converser avec vous, ce fait m'avait frappé : combien le militaire se devine dans tous vos propos. Avant tout, vous parlez toujours en soldat. Le sacerdos in aeternum *s'applique à vous aussi.*

C. de G. – Et à vous, donc ! Vous écrivez toujours un peu en médecin.

G. D. – Vous me faites plaisir. La connaissance d'un métier donne toujours de l'intérêt aux propos, aux écrits d'un homme... Pétain aussi était intéressant quand il parlait de pures questions militaires.

C. de G. – Oh ! Oui !

G. D. – Je me rappelle cette comparaison, un jour que je déjeunais à côté de lui... C'était au déjeuner Paul Hervieu à l'Académie... Quelqu'un lui demanda en quoi différaient à ses yeux la ligne Maginot et la ligne Siegfried. « C'est que la ligne Maginot est une ligne fortifiée, tandis que la ligne Siegfried est un champ de bataille organisé. »

C. de G. – Moi, je préconisais un territoire entier organisé.

G. D. – Et combien vos vues étaient justes ! Quel amer souvenir m'a laissé cette ligne Maginot que le général Huntziger me fit visiter un jour, cette formidable ville souterraine qui n'était défendue que par quelques pauvres 75… !

Vos conceptions sur la nécessité primordiale de l'offensive, sur la distinction entre stratégie et tactique, vous rendez ces choses lumineuses avec le minimum d'explications et de termes techniques. Mais surtout, et cela bien avant d'écrire vos Mémoires, *bien avant nos malheurs, vous avez su voir les choses de la guerre d'un œil neuf. Qualité si rare, même chez les grands chefs !*

C. de G. – Pas chez les Allemands…

G. D. – Or, bien que les faits aient montré tristement la justesse de vos prévisions, vous ne vous félicitez jamais d'avoir eu raison. « Comme j'aurais voulu avoir tort ! » dites-vous au contraire. Ce n'est pas l'orgueil d'avoir raison qui a dicté vos actes, ni inspiré vos écrits. Cela est noble et rare. Cependant, permettez-moi ici, mon général, une question. Vous démontrez que la défensive met toujours une armée en infériorité. Mais dans la situation qui était celle de la France en 1939, pouvait-elle prendre l'offensive ?

C. de G. – Non. Dans la situation morale de notre pays à cette époque, et compte tenu du régime, elle ne le pouvait pas. En octobre 1935, j'eus une discussion avec Léon Blum sur ce point. Comme je lui exposais la thèse dont nous parlons, il leva les bras au ciel et me dit : « Comment voulez-vous que moi, socialiste, j'épouse une conception consistant à prendre l'offensive ? » Évidemment, il ne le pouvait pas. Il était paralysé par son parti.

G. D. – Ne parlons que de l'aspect moral du problème. Vous nous avez magnifiquement montré le vital besoin de grandeur de notre peuple. Comment donc expliquer sa défaillance en 1940 ?

C. de G. – Le Français a besoin d'une ambition pour agir. Entre 1870 et 1914, il en avait une : il voulait sa revanche sur l'Allemagne. De 1918 à 1939, il n'avait plus d'ambition et n'était donc plus combatif. Une ambition nouvelle naquit en lui en 1944 : repousser l'occupant. Il l'a réalisée. Et maintenant, de nouveau, voilà que la France n'a plus d'ambition…

G. D. – Souhaitons qu'elle en retrouve une. Souhaitons que vous lui communiquiez votre entêtement. C'est là un des aspects de votre personnalité qui m'enthousiasment le plus.

C. de G. – Je suis intransigeant.

G. D. – Et vous l'êtes sans jamais perdre une autre de vos grandes vertus : la sérénité. Comme on vous l'envie parfois !

C. de G. – J'ai bien dû m'y exercer. J'en ai eu besoin.

G. D. – Sur le plan littéraire aussi, quelle vertu ! Elle contribue à la justesse de vos jugements, à la fidélité des portraits de nos grands contemporains que vous nous proposez tout au long de vos Mémoires. *Jamais de colère, même dans la sévérité. Votre Churchill, qu'il est vrai, vivant, amusant ! Comme vous faites bien sentir les côtés gentils du personnage !... Sans omettre ses variations, d'ailleurs. C'était vous l'entêté, mon général, et non lui !*

C. de G. – Il le fallait aussi.

G. D. – Vous dirai-je que je vous ai trouvé presque indulgent pour Staline ?

C. de G. *(souriant)* – Oh ! Je n'ai pas encore vraiment parlé de Staline ! Je dirai toute ma pensée sur lui dans le prochain volume.

G. D. – En revanche, vous avez porté sur l'esprit collaborateur des communistes un jugement d'une juste sévérité.

C. de G. – C'est un fait que leur participation à notre combat n'eut lieu qu'à partir de 1941. Les communistes jouèrent leur jeu. Il s'est trouvé que ce jeu coïncida pendant quelque temps avec le nôtre, voilà tout. Reconnaissons qu'ils ont, durant ce laps de temps, cassé les reins de la Wehrmacht.

G. D. – Revenons, si vous le voulez bien, à la littérature. À la littérature et à l'histoire, qui en fait partie comme tout ce qui touche à l'humain, n'est-ce pas ?

C. de G. – Certes !

G. D. – Plus exactement, le grand ouvrage dont vous nous donnez aujourd'hui le premier tome relève de cette belle forme littéraire qu'est le témoignage historique. Il est à cheval, si je puis dire, sur le témoignage personnel et l'histoire.

C. de G. – Est-il possible à un homme de faire de l'histoire pure sur les événements de son temps ? Je ne le crois pas.

G. D. – Mon général, la littérature de témoignage n'est pas des plus riches. Le genre était encore plus pauvre autrefois. Les guerres de l'Ancien Régime eurent peu de témoins pour les conter. 1870 inspira La Débâcle. *Mais c'est là un témoignage romancé, écrit après l'événement. La guerre de 1914-1918 en a suscité quelques-uns de valables...*

C. de G. – Entre autres, *Civilisation* et *Vie des martyrs*. Avec quelle émotion je les lus alors !

G. D. – Livres de médecin. Je n'ai pas voulu que d'humbles paroles que j'entendis alors aux ambulances des Armées fussent perdues... Mais il s'agit aujourd'hui du témoignage de Charles de Gaulle. Il s'appuie, mon général, sur une masse considérable de pièces justificatives, puisqu'elles occupent près des deux tiers du livre. Exactement de la page 267 à la page 680.

C. de G. – Encore n'ai-je publié qu'une faible partie des pièces contenues dans nos archives. Songez que celles-ci en comportent près de 100 000, que mon secrétaire Thibault eut le soin de trier. Travail difficile. Il en retira les quelque 3 000 documents utiles à mon récit. Personne ne doit se fier à sa mémoire. Les conversations les plus graves s'évaporent ou se déforment, vous le savez. Tous les entretiens que je rapporte avec Churchill, avec Eden, avec tant d'autres, j'en dictais aussitôt après un compte rendu à mon secrétaire qui le classait dans nos dossiers.

Le travail de reconstitution fut considérable. Il fallut rechercher, vérifier des dates, il fallut retrouver des témoins. Mais mon souci majeur, tout au long de mon travail, fut de m'appuyer sur cette masse de pièces justificatives. Je m'y suis positivement « accroché ».

Il le fallait pour raconter fidèlement cette grande partie que fut la Résistance en ses premiers temps, menée par peu de monde et sur un terrain lointain, grande cependant, pour mes compagnons et pour moi-même, parce qu'elle fut aussi une partie nationale.

Au général d'armée Edgar de Larminat[1]

5 novembre 1954

Mon cher Larminat,

Les propos les plus divers et les plus fantaisistes m'ont été prêtés par la presse à l'occasion de mon entretien avec M. Mendès France. C'est ainsi que vous avez pu lire dans *le Monde* les lignes que cite votre lettre du 21 octobre.

La seule chose exacte est que l'orientation du Rassemblement sera précisée à l'occasion de la réunion du 4 décembre prochain.

Sachez, en tout cas, que je suis très touché des témoignages que je reçois de l'Association des Français Libres et, notamment, de ceux dont votre lettre m'apporte l'expression.

Je vous demande de croire, mon cher Larminat, à mes sentiments cordialement dévoués.

1. Le général de Larminat, inspecteur des forces d'outre-mer, est également le président de l'Association des anciens de la France Libre.

À François Mauriac, de l'Académie française

17 novembre 1954

Mon cher maître,

Laissez-moi vous dire que j'ai été, au plus haut point, sensible aux témoignages qu'ont apportés au premier volume de mes *Mémoires de guerre* la lecture de votre lettre et celle de votre magistral article de *L'Express*.

Me voici donc encouragé à écrire le deuxième volume, ce que je suis en train de faire.

Veuillez croire, mon cher maître, à mes sentiments d'inaltérable admiration.

Apostille sur une lettre de Marcel Bleustein-Blanchet[1]

24 novembre 1954

S'agit-il de la citation suivante :

« Le plus précieux de tous les biens est l'amour de son état » ?

Elle est de d'Aguesseau et non de Vauvenargues.

À Pierre de Gaulle

1er décembre 1954

Mon cher Pierre,

Je me range à ton bon avis pour ce qu'il y a à faire quant à la sépulture des nôtres[2], notamment à celle de nos tantes d'Hardivillers. Aie, je t'en prie, l'obligeance de faire faire le nécessaire et dis-moi comment je dois régler.

La réunion de samedi prochain peut, comme toute chose, avoir des avantages et des inconvénients. Mais, vraiment, la façon dont beaucoup envisagent cette affaire témoigne d'une extrême nervosité, sinon dans l'opinion elle-même, tout au moins dans ce qu'on est convenu d'appeler ses organes.

À bientôt, mon cher Pierre. Nous t'envoyons, Yvonne et moi, pour toi-même, pour Madeleine, pour vos enfants, toutes nos meilleures affections.

Charles

1. M. Bleustein-Blanchet voudrait retrouver la référence d'une citation qu'il croyait de Vauvenargues, citation dite par le Général au cours d'un entretien.
2. Au cimetière du Montparnasse, à Paris.

Au professeur Lucien Vasseur, à Boulogne-sur-Mer

15 décembre 1954

Mon cher professeur,

C'est avec plaisir que j'ai lu votre *Alésia* que je vous remercie de m'avoir adressée et dédicacée.

J'ai aimé l'accent de ferveur patriotique qui s'en dégage, et j'ai été très sensible à l'intention qui a dicté cet aimable envoi.

Croyez, mon cher professeur, à mes sentiments très cordiaux.

À Jean-Marie Domenach

23 décembre 1954

Mon cher Jean-Marie Domenach,

Votre *Barrès par lui-même*, je l'ai lu avec soin, et, par là même, avec beaucoup d'intérêt. D'abord, parce que c'est « lui », qui n'a pas fini de m'enchanter. Ensuite, parce que c'est « vous », dont le talent me plaît même quand il m'arrive de ne l'approuver point. Vous faites très bien voir et sentir cette espèce de déchirement de l'âme, si l'on veut de désespoir, qui m'ont toujours entraîné dans Barrès, qu'il a habillés d'une splendide désinvolture, mais dont je ne crois pas que l'effet doive s'éteindre parce que la décadence ne se confondra pas toujours avec la médiocrité.

En vous remerciant, je vous demande de croire, mon cher Jean-Marie Domenach, à mes sentiments bien cordialement dévoués.

À Louis Terrenoire[1], à Chaville (Seine-et-Oise)

28 décembre 1954

Mon cher ami,

C'est du fond du cœur qu'à mon tour je vous adresse les vœux que je forme pour vous au moment où l'année nouvelle va commencer. J'y joins ceux de ma femme et les miens à l'intention de Mme Terrenoire et de vos enfants.

Vous avez beaucoup fait depuis trois ans, et dans des conditions extraordinairement méritoires. Si notre Rassemblement a survécu à la vague des vilenies, des dégoûts et de la veulerie qui a déferlé sur lui, c'est à vous, à votre foi, à votre dévouement, à votre talent que cela est dû.

1. M. Louis Terrenoire vient de passer ses fonctions de secrétaire général du RPF à M. Jacques Foccart.

Maintenant le tournant est pris, l'œuvre est fondée. Je crois qu'elle va durer et servir, en un temps et dans un pays où le « parti » ne me paraît plus vivable au point de vue de l'efficacité nationale.

La réunion du 4 décembre a été, grâce à vous, un succès, c'est-à-dire une preuve.

À bientôt, mon cher ami. Soyez assuré de mes sentiments fidèlement dévoués.

Carte à Gilbert Renault, Lisbonne

28 décembre 1954

Merci de vos vœux, mon cher Rémy. Je vous adresse les miens bien sincères auxquels ma femme joint ses souhaits pour vous-même, pour Mme Gilbert Renault et pour les vôtres. Les souvenirs, eux, ne s'effacent pas[1].

À l'abbé Pierre (Henri Grouès)

28 décembre 1954

Cher monsieur l'abbé,

Tous mes vœux de nouvel an pour vous, pour vos compagnons, pour votre œuvre. Je vous envoie ci-joint quelque chose, comptant formellement sur vous pour que ceci échappe à toute publicité.

Bien amicalement et respectueusement, cher monsieur l'abbé.

À André Gillois[2]

29 décembre 1954

Mon cher André Gillois,

Je tiens à ce que vous le sachiez : j'ai été très touché par la lettre que vous m'avez écrite quand a paru le premier tome de mes *Mémoires*. Pour moi, votre jugement est de ceux qui comptent parce que je vous estime fort et que j'estime votre talent.

Quant au présent, vous exprimez le regret qu'il se fasse sans ou contre ce que je puis être et représenter. Mais vous savez qu'il n'en peut être autrement, que les hommes sont les hommes, que l'élévation a sa chance seulement dans l'extrémité, que le monde tend naturellement à la formule de l'ancien Grand-Guignol : après un acte de drame, un de comédie.

Avec mes meilleurs vœux de nouvel an, je vous adresse, mon cher André Gillois, mon bien amical souvenir.

---

1. Le général de Gaulle et le colonel Rémy s'étaient séparés en désaccord public sur la thèse avancée par ce dernier du « Général, l'Épée » et du « Maréchal, le Bouclier » durant l'occupation allemande.

2. Pseudonyme à la France Libre de Maurice Diamant-Berger, homme de lettres et représentant français à la Radio britannique.

1955

L'année 1955 est marquée à l'étranger et en Afrique du Nord par des changements importants de gouvernements et de souverainetés.

En URSS, le maréchal Boulganine remplace M. Malenkov en février. En Grande-Bretagne, M. Churchill démissionne en avril et les Britanniques évacuent le canal de Suez en juin. La République fédérale d'Allemagne devient un État à part entière et entre à l'OTAN en mai. En Argentine le général Perón est renversé.

En Tunisie, le retour de M. Bourguiba le 1er juin suit un protocole d'accord avec les Français qui donne l'indépendance à ce protectorat en mars 1956.

Au Maroc, le rétablissement sur le trône chérifien de Muhammad V en novembre entame le même processus qui sera lui aussi achevé en mars de l'année suivante.

En Algérie la rébellion s'est étendue partout, caractérisée par des massacres du FLN, notamment en août à Guelma et dans vingt-cinq centres. Les victimes musulmanes des rebelles sont en général trois ou quatre fois plus nombreuses que les autres.

Pour ce dernier pays, le gouvernement français met en projet des statuts qui ne seront pas appliqués et des élections qui seront ajournées. Il doit prolonger ou rappeler des classes de conscrits pour maintenir l'ordre.

En outre, en métropole, des manifestations d'artisans et de commerçants, des incidents au départ des réservistes rappelés, et des grèves générales se produisent dans de nombreux centres miniers et industriels, particulièrement à Saint-Nazaire et à Nantes.

Tandis qu'en janvier M. Pierre Schneiter (MRP) est élu à la présidence de l'Assemblée nationale en remplacement de M. Le Troquer (SFIO), l'instabilité politique persiste.

Malgré un remaniement ministériel, le gouvernement Mendès France est renversé le 6 février à l'issue d'un débat sur l'Afrique du Nord et remplacé par M. Edgar Faure le 25 février après les échecs de MM. Pinay, Pfimlin et Pineau. Le 29 novembre, le gouvernement Edgar Faure, qui avait auparavant fait adopter le scrutin d'arrondissement, est renversé à la majorité constitutionnelle, ce qui provoque la dissolution de l'Assemblée nationale le 30.

M. Jacques Soustelle est nommé gouverneur de l'Algérie le 25 janvier, et M. Gilbert Grandval résident général au Maroc le 20 juin ; il donnera sa démission le 22 août à la suite d'une série d'assassinats d'Européens dans la région d'Oued-Zem notamment.

Le général de Gaulle perd son frère aîné Xavier le 9 février et subit une deuxième opération de la cataracte en avril.

Le 28 avril il s'entretient avec M. Edgar Faure et lui confirme son opinion sur les déficiences graves du régime. Avec les autres problèmes qui se présentent aux Français, il reprend celui d'un changement indispensable des institutions au cours d'une conférence de presse à l'hôtel Continental le 30 juin.

Cependant l'impossibilité où il se trouve d'exercer une direction sur les groupes parlementaires ou communaux élus à l'origine au nom du Rassemblement du peuple français et le reflux marqué des adhésions et des cotisations à ce mouvement conduisent le Général à adopter des mesures de repli.

Le 13 septembre, il met fin à tous les Conseils et à toutes les fonctions de délégués du RPF, suspend le renouvellement des cotisations pour 1956, maintient un bulletin à titre de lien entre compagnons et limite l'organisation à un simple secrétariat dans le petit immeuble à deux étages du 5 de la rue de Solferino. C'est en fait la fin du RPF et de l'action politique du général de Gaulle.

Du 18 au 30 novembre les républicains sociaux (anciennement RPF) tiennent leur premier congrès à Asnières où ils se déclarent notamment partisans du scrutin majoritaire à deux tours.

À André Astoux

4 janvier 1955

Merci de vos vœux qui m'ont vivement touché. Je vous adresse les miens, les plus sincères, auxquels ma femme joint ses propres souhaits, pour vous, pour Mme Astoux, pour vos enfants.

Je crois que vous avez eu raison d'accepter de donner votre collaboration à Simca. Vous pourrez ainsi étudier posément l'affaire de l'agence des armements (ou une autre). Mais je n'ai pas le sentiment qu'à cet égard les choses doivent s'organiser à bref délai. En tout cas, tenez-moi, je vous prie, au courant.

À bientôt, j'espère, mon cher Astoux. Je n'oublie rien de tout ce que vous avez fait, je puis le dire autour de moi. Qui sait si, tout à coup, l'horizon ne va pas s'ouvrir ?

Croyez à ma fidèle amitié.

Au docteur André Lichtwitz

7 janvier 1955

Mon cher ami,

Vos aimables vœux, ainsi que l'agréable envoi que vous y avez joint, nous ont vivement touchés ma femme et moi. Je vous adresse tous mes souhaits profondément sincères, pour vous-même et pour Mme Lichtwitz.

Quant à vos vœux pour notre pays, ils sont, je le sens, confondus.

Je pense à vous, mon cher ami, dont je n'ai jamais eu que concours et satisfactions. S'il vous plaît, venez déjeuner ou dîner avec Mme Lichtwitz de préférence.

Je demande au commandant de Bonneval d'arranger cela avec vous.

À bientôt, j'espère. Soyez assuré de ma fidèle amitié.

À Jules Jeanneney[1]

12 janvier 1955

Cher Monsieur le président,

Comment vous dire à quel point m'ont touché les vœux que vous m'avez fait l'honneur de m'adresser ? Je vous adresse les miens, qui sont profondément sincères, et auxquels ma femme joint ses propres souhaits, pour vous-même, pour vos enfants et vos petits-enfants. Ceux que nous formons, vous et moi, pour la France sont, je le sais, étroitement confondus.

J'aurais, si vous le voulez bien, l'honneur et le plaisir d'aller vous voir prochainement et je demande au commandant de Bonneval de s'informer du jour et de l'heure qui seraient à votre convenance.

Je vous prie de croire, cher Monsieur le président, à mes sentiments très fidèlement dévoués.

À Léon Noël

12 janvier 1955

Monsieur l'ambassadeur,

Les vœux que vous m'avez adressés m'ont vivement touché. Je vous adresse les miens, les plus sincères, auxquels ma femme joint ses propres souhaits, pour vous-même, pour Mme Léon Noël, pour les vôtres.

Notre pays aura, je le crains, une année dure dans le domaine extérieur. Ce qu'il joue – sans ardeur – c'est sa situation mondiale. Il n'a pas, pour la maintenir, d'autre moyen que d'agir au-dehors par lui-même et pour lui-même, ce qui n'empêche nullement, bien au contraire, la coopération.

Je vous remercie de m'avoir transmis le très beau poème de Mlle Marie Rouget. Je joins à ma lettre un mot pour elle que je vous serais reconnaissant de lui faire tenir.

Veuillez croire, Monsieur l'ambassadeur, à mes sentiments bien fidèlement et amicalement dévoués.

1. Le président Jeanneney est âgé de quatre-vingt-onze ans.

À Mademoiselle Marie Noël[1]

12 janvier 1955

Mademoiselle,

Monsieur l'ambassadeur Léon Noël vient de me faire parvenir, de la part du cher Raymond Escholier dont le talent est si grand, un très beau poème intitulé « Messages » que vous avez écrit pendant l'une des années affreuses. Je ne saurais vous dire à quel point j'en ai été ému, mais aussi combien j'ai admiré vos vers déchirants et magnifiques. Bien simplement et profondément, je vous remercie de les avoir faits.

Je vous prie d'agréer, Mademoiselle, mes hommages très respectueux.

À l'administrateur Mangin[2], à Porto-Novo (Dahomey)

24 janvier 1955

Mon cher Mangin,

Votre lettre dont je vous remercie m'a fait plaisir et m'a intéressé.

Ce que vous dites de l'Afrique noire s'applique malheureusement aussi à tout le reste, parce que rien de grand ne peut-être réalisé, ni même entrepris, dans aucun domaine, par le régime actuel.

Recevez mes souhaits les plus sincères pour l'année qui vient de commencer, et croyez, mon cher Mangin, à mes sentiments cordialement dévoués.

Ceci pour Jacques Foccart [inédit]

27 janvier 1955

Nous n'avons pas à faire campagne pour les républicains-sociaux.

Mais nous n'avons pas à les combattre !

Dans cette affaire, il y a une combinaison entre Marquant-Gairard et Muracciole.

Il faut mettre, tout de suite, un terme à cette mauvaise plaisanterie, quitte à remplacer Muracciole comme délégué.

C. G.

[PS] Prière à Foccart d'accuser réception à [...[3]]

1. Pseudonyme de Marie Rouget, poétesse.
2. M. Mangin écrit au Général son désespoir des erreurs commises et du temps perdu au Dahomey, faute d'un grand dessein de la métropole.
3. Mot illisible.

Apostille[1]

29 janvier 1955

1. Me faire répondre.

2. Adresser ceci en communication au général Kœnig[2] avec ma lettre lui demandant de faire le nécessaire.

3. Il est certain, toutes questions de sentiments mises à part, que la thèse du général Loth ne tient pas. Les insignes des corps sont des faits, éminemment honorables. On ne doit pas les exposer à être changés à tout instant.

À Michel Cailliau

23 février 1955

Mon cher Michel,

Ton affectueuse lettre m'a beaucoup touché et je t'en remercie. Dans une famille aussi unie, à tous égards, que la nôtre, la mort de l'aîné d'une génération est une cruelle épreuve, d'autant plus que ton oncle Xavier[3] était essentiellement bon et attaché aux siens. Que Dieu, maintenant, l'accueille dans sa divine lumière !

Nous pensons à toi, mon cher Michel, qui luttes là-bas pour une cause qui n'est pas seulement la tienne, mais qui est aussi quelque peu ou beaucoup celle de notre pays. Toutes les meilleures affections de ta tante et les miennes vont à toi, à ta chère Yvonne, à vos enfants.

Ton oncle

Au général (CR) Regard, à Grenoble

23 février 1955

De tout cœur, merci, mon cher ami, des sentiments que vous m'exprimez en la triste occasion de la mort de mon frère Xavier. Sa perte ne m'enlève pas seulement son affection. Elle me prive aussi de l'appui moral que mon aîné n'avait jamais cessé de me donner. Je ne suis pas surpris que tous deux vous vous soyez appréciés lors de vos rencontres, car je garde de vous le meilleur et le plus amical souvenir.

---

1. Sur une lettre du colonel Robert de Kersauson de Pennendreff, Compagnon de la Libération, qui demande l'intervention du Général contre une deuxième tentative de supprimer la croix de Lorraine dans l'insigne du 1er régiment de spahis marocains, insigne créé à Khartoum en octobre 1940.

2. Le général Kœnig est ministre de la Défense nationale.

3. Xavier de Gaulle, frère aîné du Général. Né le 10 novembre 1887, à Lille. Ingénieur des Mines. Ancien consul général de France à Genève. Décédé le 9 février 1955 à Bordeaux.

Aussi, les vœux que je forme pour votre santé, qui va s'améliorant, sont-ils profondément sincères. L'épreuve que vous avez traversée exige, en effet, qu'ensuite on sache, pendant quelque temps, demeurer en repos. Vous connaissant, je comprends combien cela doit vous peser.

Veuillez, mon cher ami, présenter à Mme Regard mes très respectueux hommages, auxquels ma femme joint ses meilleurs souvenirs. Pour vous, mes sentiments bien cordialement dévoués.

À Madame Paul Claudel

26 février 1955

Chère Madame,

C'est de tout mon esprit et de tout mon cœur que je prends part, ainsi que les miens, au grand chagrin qui vous frappe et qui frappe tous les vôtres. En retirant de ce monde le génie de Paul Claudel, Dieu y a laissé son œuvre et je crois que c'est pour toujours. Quant à moi, je n'oublierai pas le réconfort que sa grande âme m'a plusieurs fois et avec quel éclat ! témoigné dans ce que j'ai eu à faire pour une cause qu'il comprenait et qu'il approuvait.

Ma femme me demande, chère Madame, de vous transmettre ses sentiments de sympathie profonde et très attristée. Je vous prie d'accepter mes hommages très respectueux.

Au lieutenant de vaisseau de Gaulle,
porte-avions *Lafayette*, poste navale, Toulon

28 février 1955

Mon bien cher Philippe,

Sache que ta Maman et moi avons été très heureux de vous revoir tous. Nous pensons à toi qui, en ce moment, dois naviguer et qui, bientôt sans doute, partiras au loin. Nous pensons à Henriette qui va rester seule avec les enfants, dure épreuve pour sa jeunesse. N'hésite pas et qu'elle n'hésite pas à nous dire ce qui pourrait l'aider ou lui être agréable. Nous pensons, enfin, à vos trois garçons dont vous pouvez être fiers.

Explique-moi, à temps, ce que tu me demandes de faire et de faire faire pour la question voiture.

Dans le courant de la semaine prochaine je serai opéré de la cataracte pour mon autre œil. N'en parle pas. Quant à moi, je garderai le secret autant que ce sera possible. La chose faite, je pense y voir mieux qu'à présent. Sans cette sorte d'opération, je serais, à l'heure actuelle, un aveugle.

Au revoir mon bien cher garçon Philippe. Partage avec Henriette, Charles, Yves et le petit Jean toutes mes profondes affections.

Je t'embrasse.

Ton Papa

Note pour le secrétaire général du RPF

Début mars 1955

1° M. Léon Noël, ambassadeur de France, membre du Conseil national, est chargé des Commissions d'études du Rassemblement du peuple français.

2° À ce titre, M. Léon Noël pourvoit aux réunions des Commissions d'études. Il leur transmet les demandes de propositions ou d'informations qui leur sont faites soit par le Comité exécutif ou l'un de ses membres, soit par le Conseil national. Il invite, le cas échéant, les Commissions d'études à formuler telles propositions ou à recueillir telles informations qui lui paraîtraient devoir servir d'éléments de décision au Comité exécutif ou d'éléments de délibération au Conseil national.

3° Les questions d'ordre administratif qui concernent la mission de M. Léon Noël sont réglées par lui-même directement avec M. J. Soustelle, secrétaire général du Rassemblement.

4° M. Léon Noël adressera avant le 20 mars prochain au Comité exécutif (secrétaire général) ses propositions en ce qui concerne l'organisation et la composition des Commissions d'études.

Au professeur René Cassin[1]

2 mars 1955

Mon cher président,

Je trouve tout naturel que l'Académie des sciences morales et politiques ait communication de *L'Appel* sous les formes usitées.

Je trouve excellent que ce soit vous qui présentiez l'ouvrage à ce corps éminent. Vous pouvez le faire, si vous le désirez, « en hommage de l'auteur ».

Il va de soi qu'il s'agit là de quelque chose qui est dû entièrement à votre initiative et que, quelle que soit ma très haute considération pour l'Académie des sciences morales et politiques, je ne lui demande absolument rien.

Veuillez croire, mon cher président, à mes sentiments bien fidèlement dévoués.

1. Juriste, ancien secrétaire du Conseil de défense de l'Empire à la France Libre en 1940 et vice-président du Conseil d'État.

À Noël Martin

6 mars 1955

Je ne saurais vous dire, Monsieur, à quel point j'ai été intéressé et ému par votre livre[1]. Toutes les données du drame où le monde est déjà engagé et qui va se développer sans doute d'une manière implacable y sont exposées magistralement dans une terrible lumière. Vous savez, qu'à mon sens, il faudrait, pour ramener les hommes à la raison, toute l'influence, toute l'activité, toute la puissance humaine qui furent celles de la France. Vous savez aussi qu'après avoir un instant cru que je pourrais l'y ramener j'ai été submergé par la vague de la décadence nationale. Pourtant, c'est là qu'est le destin du monde.

Veuillez croire, Monsieur, à mes sentiments très distingués et très sympathiques à votre action et à votre talent.

Au professeur Charles Oulmont

6 mars 1955

Cher monsieur,

Noces en Espagne est un beau livre, plein de talent, de sentiment, de nostalgie. Je l'ai lu avec grand plaisir et vous en fais mon vif compliment.

Très touché de ce que vous me dites de l'entretien avec ma cousine Mme Stanislas Lami où vous avez parlé de moi.

Veuillez croire, cher monsieur, à mes sentiments très distingués et bien dévoués.

À Jacques Vendroux

8 mars 1955

Mon cher Jacques,

Vous avez tout à fait raison. Le point essentiel, c'est la mauvaise foi de Londres et de Washington. Le pire, c'est la dissimulation employée par le Quai d'Orsay – quel que soit le ministre de passage – pour cacher l'abandon auquel il a, d'avance et suivant son usage, consenti.

Ceci entre nous, … bien entendu.

Merci à Cada et à vous du très agréable déjeuner de jeudi.

Meilleures affections d'Yvonne et de moi.

Charles

1. Ouvrage non cité.

À Véronique[1] de Gaulle, à Paris

9 mars 1955

Ma chère Véronique,

Ton Papa et ta Maman t'ont dit pour quelle raison je ne pourrai assister à ton mariage. J'en éprouve une peine profonde, car je t'aime beaucoup et ç'aurait été, pour moi, une grande joie de te servir de témoin. Dis-le, de ma part, à ton fiancé.

Je suis un pauvre homme qui perd la vue, qui l'aurait même déjà perdue entièrement sans intervention chirurgicale. Il se trouve que je dois en subir une nouvelle et que la date en était fixée depuis longtemps, bien que j'aie dû garder le secret.

Je serai, ma bien chère Véronique, de tout mon cœur, auprès de toi et de Claude le 17 par la pensée et par l'affection et je trouverai facilement une bonne prière à dire pour vous.

Ci-joint quelque chose pour aider, modestement, les débuts de ton ménage.

Je t'embrasse de tout mon cœur, ma chère petite Véronique. Ta tante Yvonne se joint à moi pour t'adresser nos meilleures affections.

Ton oncle
Charles

À Alain Bozel[2], à Paris

13 avril 1955

Mon cher ami,

L'infamie du régime et de ses politiciens est décidément insondable.

J'ai communiqué votre lettre à M. Palewski avec l'expression de mon sentiment.

Je ne puis croire que cette machination aille jusqu'à vous faire atteindre.

Bien cordialement.

1. Fille de Pierre de Gaulle, le plus jeune frère du Général.

2. Ayant refusé de témoigner devant la Commission d'enquête parlementaire des piastres où il n'a rien à voir, M. Bozel, ancien trésorier du RPF, est cité par le parquet au nom du garde des Sceaux devant la Chambre des mises en accusation.

Note[1] pour Gaston Palewski

14 avril 1955

Vilaine affaire politique, où le régime mêle la justice pour obtenir, par un biais de procédure, que le Rassemblement paraisse avoir été sali, faute que la « Commission d'enquête » ait pu atteindre ce résultat.

Au colonel Soulet, à Carcassonne

14 avril 1955

Mon cher ami,

Ce que tu m'écris concernant les propos lancés lors de la réunion du mouvement Poujade, à laquelle tu assistais, ne me surprend pas. Ces invectives ne servent qu'à déconsidérer ceux qui les emploient.

Quant au mouvement lui-même, il n'est qu'une des manifestations de l'état de révolte endémique que suscitent, un peu partout, les inconséquences et l'incapacité du système politique.

Présente, je te prie, mes hommages respectueux à Mme Soulet à qui ma femme envoie son sympathique souvenir, et crois, mon cher ami, à mes sentiments bien cordiaux.

Message pour Edmond Michelet à l'occasion du dixième anniversaire de la libération des camps de déportation

20 avril 1955

Que ceux de mes compagnons de guerre qui furent à Dachau sachent ceci :

Rien ne me navre autant que le cas de force majeure[2] qui m'empêche d'être au milieu d'eux, ce 24 avril, et de leur dire ma fidélité.

De tout mon cœur, j'espère qu'ils voudront bien trouver une future occasion qui me permette de leur serrer la main.

1. À propos du refus de prestation de serment de M. Bozel devant la Commission d'enquête des piastres.
2. Une note annexe du Général, alors en convalescence d'une deuxième opération de la cataracte, mentionne : « Je ne crois pas être encore présentable. »

À Michel Carlini

20 avril 1955

Mon cher Carlini,

C'est avec attention que j'ai pris connaissance de votre lettre du 30 mars.

J'ai apprécié l'intention qui l'a dictée, mais ne puis que répéter que je n'interviens ni dans le domaine des partis, ni dans celui des élections.

Je saisis l'occasion pour vous assurer, mon cher Carlini, de mes sentiments cordialement dévoués.

Au lieutenant-colonel François Faure[1]

21 avril 1955

Mon cher Faure,

Laissez-moi vous remercier pour votre lettre et les souvenirs intéressants que vous y rapportez. Je n'avais d'ailleurs pas oublié ce que vous avez fait, noblement, au service du pays.

Pour ce qui est de l'Académie française, dont vous me parlez également, vous pouvez vivre en toute tranquillité…

Croyez, mon cher Faure, à mes sentiments cordialement dévoués.

À Eugénie F. Éboué-Tell à Asnières

27 avril 1955

Chère Madame,

Laissez-moi vous remercier de la sympathie que vous m'avez témoignée pendant ma convalescence, maintenant heureusement terminée.

Quant à l'émission consacrée au gouverneur Félix Éboué et dont vous me parlez, j'y suis – est-il besoin de le dire ? – tout à fait favorable. Mais vous ne vous étonnerez pas que je n'y participe pas, puisque je ne parle jamais à la radio[2].

Veuillez agréer, chère Madame, mes très respectueux hommages, auxquels ma femme me demande de joindre son sympathique souvenir.

---

1. M. Faure, Compagnon de la Libération, ancien déporté, connaissait le colonel Rémy, Christian Pineau, Marcel Prenant et la famille de Gabriel Péri. Il atteste que le Bureau central de renseignements et d'action de Londres a fait tout son possible pour aider les résistants communistes. Il interroge le Général sur la candidature à l'Académie française qu'on lui prête dans les journaux.

2. Le général de Gaulle avait mis fin à la censure de la presse le 12 juin 1945 au retour de la paix en Europe ; mais depuis son départ du gouvernement en janvier 1946, il n'a plus parlé à la radio dont il a d'ailleurs été formellement exclu par le gouvernement Ramadier (socialiste) en janvier 1947.

À Joseph Paul-Boncour[1]

2 mai 1955

Cher Monsieur le président,

Laissez-moi vous dire, simplement, combien j'ai été touché du témoignage de votre sympathie. Après cette opération, j'espère vous voir – quand j'en aurai l'honneur – mieux que je ne vous vis jamais.

Veuillez croire, cher Monsieur le président, à mon profond attachement.

À Michel Debré

17 mai 1955

Mon cher ami,

L'impression que vous avez des affaires de notre pays me paraît très justifiée. L'abaissement ne peut satisfaire que les médiocres, lesquels, d'ailleurs, y ajoutent pour mieux y faire carrière. Je ne comprends que trop bien que vous ne vous en accommodiez pas volontiers. Mais rien ne dure, même pas la bassesse.

Croyez, mon cher Debré, à mes sentiments amicalement dévoués.

Décision[2] concernant le RPF en Région parisienne

24 mai 1955

L'ensemble des affaires concernant la Région parisienne sera dirigé par une Commission administrative composée de :

— M. Antonini, président ;
— M. Pierre Lefranc, délégué de la Seine ;
— Mlle Menut, déléguée de la Seine-et-Oise ;
— Le délégué de la Seine-et-Marne ;
— M. Raymond Jacquet.

Le secrétariat de cette Commission sera assuré par M. R. Jacquet.

1. Ancien député (1908), ancien sénateur (1933), ancien ministre de la Guerre (1932), il avait refusé les pleins pouvoirs au maréchal Pétain en 1940. Il fut conseiller de la République en 1946.

2. Caractéristique d'une réduction de l'appareil politique à un dispositif minimal.

À Geoffroy de Courcel, secrétaire général de la Défense nationale

25 mai 1955

Mon cher ami,

Il doit y avoir au secrétariat de la Défense nationale les archives de l'ancien état-major de la Défense nationale qui m'assistait à Alger, puis à Paris (Billotte, Béthouart, Juin, successivement).

Je voudrais avoir la copie des pièces principales dont j'ai besoin pour mes Mémoires. Ce sont, maintenant, les seules qui me manquent, car les Archives nationales, le Service historique de l'armée, les ministères, le SDEC[1], etc., m'ont fourni ce qui m'intéressait.

Pourriez-vous voir cela ? Comme vous le savez, c'est René Thibault et le commandant de Bonneval qui sont chargés de cette documentation.

Croyez, mon cher Courcel, à ma sincère amitié.

À Antoine Pinay, ministre des Affaires étrangères

4 juin 1955

Mon cher président,

Vous voulez bien me faire connaître l'intention qu'a le gouvernement de proposer M. Jean Richemont[2] pour le poste de directeur administratif de l'Organisation européenne pour la recherche nucléaire. Vous me demandez mon avis sur ce projet.

M. Jean Richemont a été l'un de mes collaborateurs directs, tant à Londres, qu'à Alger et à Paris. À ce titre, il eut à accomplir, sur le plan de la présidence du gouvernement et dans des circonstances souvent difficiles, soit de hautes tâches d'organisation et de coordination administrative, soit des missions importantes de liaison auprès de plusieurs services alliés. Je dois dire qu'il a rendu, dans ce double domaine, des services vraiment excellents, grâce à son intelligence, à son savoir, à son désintéressement, ainsi qu'à la bonne grâce de ses relations.

Il me semble que M. Jean Richemont serait, en effet, très particulièrement qualifié pour remplir les fonctions pour lesquelles vous pensez à le proposer et dont je mesure tout ce qu'elles doivent comporter de capacité administrative et de qualité « humaine ».

Veuillez croire, mon cher président, à mes sentiments les plus distingués et bien dévoués.

---

1. Service de documentation extérieure et de contre-espionnage.
2. Ancien de la France Libre, ancien trésorier membre du Comité directeur du RPF, Jean Richemont, dit Alain Bozel, se voit ainsi disculpé des accusations sans fondement dirigées contre lui à propos de « l'affaire des piastres ».

Note pour Olivier Guichard[1]

23 juin 1955

Il paraît que, le 18 juin, la Radio-Télévision a fait une émission commémorative. (Il paraît même que M. Palewski y figurait en bonne place.) Mais il paraît aussi qu'on a « donné » mon appel, soi-disant avec ma propre voix.

Veuillez vous informer sur ce dernier point, auquel j'attache une grande importance.

Mon appel du 18 juin ne fut pas enregistré à l'époque. Depuis, je ne l'ai jamais répété. Si on prétend le faire entendre par ma voix aujourd'hui, ce ne peut être qu'un faux.

Au cas où le fait aurait eu lieu, j'interviendrais sans aucun doute.

Si on donne pour l'appel du 18 une allocution postérieure[2], je ne l'admets pas davantage.

À Raymond Brugère[3]

23 juin 1955

Mon cher ambassadeur,

Je vous retourne ci-joint la lettre que vous m'avez aimablement communiquée et que j'ai lue avec intérêt[4].

Mais peut-on vraiment croire que le salut vienne du parti radical, même réorganisé !

Je vous remercie également de votre note du 16 juin. Les propos qu'elle rapporte s'accordent bien avec ce que nous savons de leur auteur.

Veuillez présenter mes hommages respectueux à Mme Brugère et croire, mon cher ambassadeur, à mes sentiments les plus distingués et cordialement dévoués.

1. Chef de cabinet du général de Gaulle au RPF.
2. La Radio britannique avait enregistré pour la première fois une allocution du Général le 22 juin 1940.
3. Ancien secrétaire général des Affaires étrangères à la Libération.
4. Il s'agit d'une lettre de Pierre Mendès France à M. Brugère, lettre qui préconise « la réorganisation complète du parti radical » jugé trop faible en politique étrangère, notamment à propos de l'ONU et de la Sarre.

À Marc Rucart[1]

23 juin 1955

Mon cher ministre,

Votre aimable lettre m'est bien parvenue et j'ai lu avec intérêt les articles qui l'accompagnaient.

Vous avez raison de mettre l'accent sur la notion de l'État. Le vice principal du système actuel est de ne pas lui reconnaître la place qui lui revient, au-dessus des partis et des groupements d'intérêts.

Croyez, mon cher ministre, à mes sentiments cordialement dévoués.

Apostille[2]

Je veux bien voir les auteurs de *L'Histoire de Vichy*. Pour Fouchet[3], au mois d'août.

À Auguste Gaultier[4]

29 juin 1955

Cher Monsieur,

Vos réflexions sur les événements d'Afrique du Nord, celles aussi de votre fils, dont vous avez bien voulu me faire part, m'ont intéressé.

Les hommes ne sont certes plus ce qu'ils étaient lorsque se formait notre Afrique française. Les méthodes aussi ont changé. Si les maux dont nous souffrons existaient bien en germe, l'emprise des partis n'avait pas encore endormi le sentiment national ni dissout l'autorité du gouvernement.

Sachez que j'ai été très touché de votre aimable pensée à l'occasion du 18 juin. J'en remercie avec vous Mme Gaultier, à qui je vous demande de transmettre les sympathiques souvenirs de ma femme et mes très respectueux hommages. Nous nous réjouissons de vous revoir bientôt puisque vous êtes de retour en Haute-Marne.

Croyez, cher Monsieur, à mes sentiments les meilleurs et les plus dévoués.

---

1. Député radical-socialiste en 1928, plusieurs fois ministre de 1936 à 1940, membre du Conseil national de la Résistance puis de l'Assemblée consultative d'Alger, M. Rucart est partisan du retour aux institutions de la IIIe République.

2. Sur une lettre du 27 juin 1955 de Robert Aron, agrégé de l'Université, demandant au Général son avis sur les ouvrages historiques qu'il se propose de continuer d'écrire en collaboration avec Georgette Elgey.

3. Christian Fouchet, ancien de la France Libre dès 1940. Membre du Conseil de direction du RPF et député de Paris.

4. M. Gaultier exprime une opinion pessimiste de la situation dans l'Algérois où il exploite un domaine agricole.

Note pour Olivier Guichard

30 juin 1955

Ci-joint la lettre que m'écrit Mlle Merlange[1].

Je souhaiterais beaucoup qu'elle obtienne satisfaction. Car elle fut très méritante et très sûre et elle a, sans nul doute, des capacités. En outre, elle parle parfaitement bien l'anglais.

Je préfère ne pas écrire au ministre des Affaires étrangères ni à M. Massigli. Mais je vous demande de faire savoir à l'un et à l'autre (ou à l'un ou à l'autre) ce qu'il en est et ce que je crois bon que l'on fasse.

À René Cassin

4 juillet 1955

Mon cher président et ami,

Votre communication à l'Académie des sciences morales et politiques du premier volume de mes *Mémoires de guerre* m'a paru extrêmement remarquable, sans préjudice du fait qu'elle est pour moi et pour nos compagnons profondément émouvante.

Je ne vois pas comment on pourrait exprimer, mieux que vous ne l'avez fait, tout ce qui a été notre philosophie et, en même temps, notre passion dans la grande entreprise que nous avons menée en commun[2]. Comme vous le dites si bien, ce sont les faits et les résultats qui nous jugent et nous jugeront. Cela nous suffit et nous ne redoutons pas l'Histoire.

Soyez assuré, mon cher président et ami, de mes sentiments très fidèlement dévoués.

À Louis Terrenoire[3]

5 juillet 1955

Mon cher ami,

Il me revient que vous auriez été attristé par ce que j'ai dit à ma conférence de presse au sujet des élections de 1956. Si c'est le cas, j'en suis moi-même contrarié. D'abord, parce que ce qui vous peine me touche *ipso facto*. Ensuite parce que je regretterais qu'il y eût dans ce que j'ai dit un motif d'équivoque à rebours.

Quand je dis que les élections de 56 ne m'intéressent pas, tandis qu'elles intéressent les professionnels de la politique, je veux parler, bien entendu, du résultat global. Je suis, en effet, convaincu que, dans l'état

1. Mlle Germaine Merlange, ancienne secrétaire de M. Pleven à Londres en 1940.
2. La France Libre et la restauration de l'État.
3. Ancien secrétaire général du RPF et journaliste, M. Terrenoire continue d'écrire en politique.

d'asthénie de l'opinion, aucun grand courant ne se dégagera de cette consultation populaire et que, par conséquent, aucun changement appréciable du régime ne pourra en résulter. Les exégèses que je prévois, de la part desdits « professionnels » quant au « recul du gaullisme », aux progrès de la « gauche » ou de la « droite », à la « stabilité de l'opinion », etc., ne comportent donc, pour moi, aucun intérêt.

Mais cela n'empêche nullement que, comme je l'ai dit naguère et le répéterai, j'aie des amis au Parlement, des compagnons qui font ce qu'ils peuvent pour servir dans un cadre aussi défavorable que possible et que je ne me désintéresse nullement du succès de ceux-ci. C'est le cas, d'abord, pour vous-même. Sitôt que vous aurez été réélu, je m'en féliciterai de tout cœur, soyez-en sûr.

Veuillez croire, mon cher Terrenoire, à mon amitié fidèle et dévouée.

À François Mauriac

13 juillet 1955

Mon cher maître,

J'ai été sensible à l'attention que vous avez eue de m'écrire et de m'envoyer votre article de *L'Express*.

C'est du meilleur « vous » que j'aie jamais lu. Cet article, votre lettre, tout ce que vous pensez et écrivez, m'émeuvent, évidemment, beaucoup. Je n'en suis pas moins, laissez-moi vous le dire, convaincu que, pour servir la France, mieux vaut cultiver l'espérance qu'entretenir l'illusion. C'est en rejetant celle-ci que nous serons fidèles à celle-là.

Veuillez croire, je vous prie, mon cher maître, à mes sentiments d'admiration dévouée.

Message à l'île de Sein

14 juillet 1955

Ma pensée fidèle et fervente sera, le 20 juillet, avec la chère et glorieuse île de Sein, compagnon de la Libération.

À Émile Henriot, de l'Académie française

17 juillet 1955

Mon cher maître,

Quelle satisfaction, quel plaisir j'ai éprouvés à lire « profondément » votre très beau livre *Maîtres d'hier et contemporains !* Tout se dégage, se campe, s'ordonne dans votre pensée et, par conséquent, dans votre style. Si bien, qu'en somme, les maîtres, si divers, que vous prenez pour sujets, donnent, grâce à vous, l'impression de se rejoindre et de se compléter comme s'ils étaient de la même race. Au fait, c'était bien le cas !

Ce que vous écrivez de Barrès et de Loti, voilà, laissez-moi vous le dire, ce qui m'a séduit par-dessus tout dans votre ouvrage. Je crois bien que vous n'en serez pas surpris.

En vous remerciant vivement, je vous demande de croire, mon cher maître, à mes sentiments d'admiration sincère et dévouée.

À Jacques Dauer[1]

27 juillet 1955

Mon cher Dauer,

Votre lettre m'est bien parvenue et je vous en remercie.

En ce qui concerne le journal des Jeunes, voici ce que je pense. Le 18 Juin appartient à toute la France et moi-même ne le monopolise pas. Ce n'est donc pas en raison d'une faute de votre part qu'en fin de compte je n'ai pas donné l'autorisation que vous aviez sollicitée.

Croyez, mon cher Dauer, à mes sentiments cordialement dévoués.

À Michel Debré

31 août 1955

Mon cher ami,

Oui, la descente continue. Vous me suggérez de dire ou d'écrire quelque chose. N'ai-je pas, depuis quinze ans, beaucoup dit, beaucoup écrit, beaucoup agi ? Et voilà !

Au moment même où vous m'adressiez votre lettre, avaient lieu de soi-disant cérémonies pour l'anniversaire de la libération de Paris. Aucun, absolument aucun de ceux qui eurent à parler ce jour-là n'a même prononcé mon nom, tant on a peur de l'effort, tant on préfère la décadence.

Veuillez croire, mon cher ami, à mes sentiments bien cordialement dévoués.

Au lieutenant de vaisseau de Gaulle

5 septembre 1955

Mon cher Philippe,

D'après ce que tu m'écris, il n'est pas certain que la Marine ait hâte de te voir entrer à l'École de guerre navale. Si tel est le cas, je le regrette. Mais je pense qu'il ne faut pas lui forcer la main (je parle pour moi[2]).

1. M. Dauer voudrait changer le titre de *Paris-Jeunes*, journal du RPF, en celui de *18 Juin*.

2. Le lieutenant de vaisseau de Gaulle n'a demandé aucune espèce d'intervention. Il avait seulement fait connaître son avis de la conjoncture en ce qui le concernait.

Comme elle t'a inscrit au tableau[1], elle pourrait – dans la personne de tes chefs – trouver mauvais qu'on fasse maintenant pression sur elle, de l'extérieur, pour autre chose. La direction du personnel sait que tu désires te présenter. Elle sait aussi que ton poste actuel ne te facilite pas la préparation. Mon avis est que, pour le moment, il ne faut pas la contraindre. Sans doute attend-elle pour te donner une nouvelle affectation, que tu sois promu capitaine de corvette.

Bien entendu, il s'agit pour toi, moins que jamais, de renoncer à l'École de guerre. Au contraire, c'est le moment de travailler, en vue de l'examen futur, autant que tu pourras et quelle que doive être la date.

Pour les études du petit Charles, l'année qui commence sera décisive. C'est celle où il démarrera ou ne démarrera pas. Comme tu ne peux pas t'occuper de lui à ce point de vue d'une manière régulière, je puis te dire, par expérience, que la qualité du collège où il sera va être d'autant plus importante. Je sais bien que les « commodités » pèsent lourd dans les familles. Mais, étant donné l'enjeu, je crois que cela doit être sacrifié à la qualité des études. En tout cas, je suis tout disposé à y aider. Dis-moi quelle est, au point de vue des dépenses, la différence entre le meilleur collège possible (ce doit être celui des Maristes) et une autre solution plus « commode » (transports compris). Cette différence je te l'offre, ainsi qu'à ton cher petit garçon.

Au revoir, mon cher Philippe.

Maman se joint à moi pour t'adresser, ainsi qu'à Henriette et aux enfants, toutes nos meilleures et profondes affections.

Ton Papa

À Georges Gorse[2]

14 septembre 1955

Mon cher Gorse,

Je vous remercie de m'avoir envoyé vos trois articles[3]. Ils m'ont intéressé très vivement, notamment celui qui évoque le « rocher ». Je crois bien qu'alors nous écrivions « les dernières pages… »

Croyez, mon cher Gorse, à mes sentiments de fidèle amitié.

---

1. Tableau d'avancement du 21 décembre 1954 pour le grade de capitaine de corvette, promotion qui n'interviendra que le 1er avril 1956.
2. Ancien de la France Libre, diplomate, conseiller de l'Union française.
3. Articles dans la revue *Preuves*.

À Madame L. Amery, Londres

28 septembre 1955

Chère Madame,

La nouvelle de la mort de M. L. Amery[1] m'a causé une grande peine.

Il était un grand serviteur de son pays. Mais il servait aussi, noblement, tout ce qu'il y a d'humain dans notre pauvre monde. Je n'oublierai jamais, quant à moi, les rapports que j'eus l'honneur d'entretenir avec lui pendant les terribles années et la haute et réconfortante sympathie qu'il montra alors à mon pays et à moi-même.

C'est vous dire, chère Madame, quelle part je prends, nous prenons, ma femme et moi, à votre immense chagrin et à celui des vôtres. Ma femme me demande de vous adresser aussi son souvenir très fidèle, auquel je joins, si vous le voulez bien, mes hommages respectueux et attristés.

À Richard de Coudenhove-Kalergi

13 octobre 1955

Mon cher président,

Votre mémorandum du 20 septembre m'a intéressé. Je vous remercie de me l'avoir aimablement adressé.

D'autant plus que je pense toujours, avec vous-même, que l'Europe ne saurait se construire sans une entente directe entre la France et l'Allemagne. Mais cette entente ne peut passer par Washington, ce dont, malheureusement, à Bonn et à Paris, on n'a pas tenu compte.

Veuillez croire, mon cher président, à mes sentiments les plus distingués et bien sincèrement dévoués.

À C.L. Sulzberger[2]

20 octobre 1955

Cher Monsieur,

Je ne puis accepter l'article que vous me soumettez, à la suite de notre conversation improvisée et à bâtons rompus.

D'abord, c'est une « interview ». Or je n'en donne pas.

Ensuite, sur un sujet aussi grave que la France, cette interview ne reproduit ma pensée que d'une manière très incomplète et beaucoup trop « noire ».

Je vous demande donc de ne pas publier cet article.

Veuillez croire, cher Monsieur, à mes sentiments très distingués.

---

1. Ministre britannique dans le gouvernement de Churchill, qui avait manifesté soutien et amitié à la France Libre.
2. Journaliste au *New York Times*.

À Louis François[1]

8 novembre 1955

Mon cher François,

Il est vrai que de graves dangers menacent, une fois de plus, notre intégrité nationale.

Si les Français ne s'en rendent pas compte, c'est que le régime les entretient dans un sentiment de fausse sécurité et qu'il dispose pour cela de tous les moyens de diffusion. C'est aussi que les Français, eux-mêmes, n'ont aucune envie de voir les choses comme elles sont. L'expérience de ces dernières années l'a prouvé.

En vous remerciant de votre lettre et de la confiance que vous me témoignez, je vous prie de croire, mon cher François, à mes sentiments cordialement dévoués.

Au général d'armée aérienne (CR) René Bouscat[2], à Lourmarin (Vaucluse)

8 novembre 1955

Mon cher général,

J'ai été heureux de recevoir de vos nouvelles et touché des sentiments que vous voulez bien m'exprimer. Comme vous devez le penser, votre idée de voir les Anciens Combattants s'ériger en une sorte de recours du service national ne me laisse pas insensible. Tout commandait, en effet, que ce fût leur rôle et cela depuis 1918. Mais je redoute que les événements et l'abus qui a été fait, par toutes sortes de politiques, de leurs mérites et de leurs sacrifices ne rendent désormais bien difficile, sinon impossible, leur union sur autre chose que de rituelles cérémonies (et encore !).

Par contre, je crois, comme vous, que la seule corde qu'on doive tâcher de faire vibrer aujourd'hui, c'est celle du service de la France. Tant mieux si les Anciens Combattants, en tant que tels, veulent, enfin, répondre. Mais je ne crois pas du tout que rien puisse se faire sur le plan institutionnel et électoral.

Croyez, mon cher général, à mes sentiments bien amicalement et fidèlement dévoués.

---

1. Inspecteur général de l'Éducation nationale.
2. Le général Bouscat, ancien participant de la Croisière noire de Citroën, avait commandé les forces aériennes de l'Est en 1940 et rallié le général de Gaulle en 1943. Il fut ensuite chef d'état-major de l'armée de l'Air en 1944-1945 et inspecteur général.

Au R. P. Raymond Bruckberger

8 novembre 1955

Mon révérend père,

Il n'y a, pour notre pays, qu'une seule espérance et une seule question : refaire sa propre substance, matérielle bien sûr (natalité, richesse), mais surtout morale (fraternité et capacité de souffrir). Pour ceux qui vous aiment et vous respectent, pour moi, il est pénible, évidemment, de vous voir loin d'ici et de vous sentir dans l'épreuve. Mais l'exemple que vous donnez de l'acceptation et, je le crois, les trésors que vous accumulez dans votre éloignement, sont plus précieux que tout. Laissez-moi vous dire, par exemple, que vos encouragements venus de là où vous les formez, auront compté et comptent pour beaucoup dans ce que je peux moi-même vouloir et, peut-être, valoir.

Tout mon grand respect, toute ma fidèle affection vont à vous, mon révérend père. Je vous demande votre prière.

À Joseph Rovan

9 novembre 1955

Mon cher Joseph Rovan,

Je tiens à vous dire que j'ai lu *Allemagne* avec grand plaisir et vif intérêt. Quoi qu'il arrive, quoi que l'on fasse et quoi que l'on puisse souffrir, rien ne fera que l'Allemagne cesse d'être une énigme pour elle-même et pour les autres. Votre ouvrage le fait sentir profondément.

Mais comme il y a, aujourd'hui, d'autres énigmes dans le monde et plus alarmantes que celle-ci, il faut tâcher d'aller avec elle notre chemin comme un alexandrin avec un autre.

Croyez, mon cher Joseph Rovan, à mes sentiments bien cordialement dévoués.

À Clément Attlee[1]

15 novembre 1955

Cher monsieur Attlee,

Comme vous pouvez le penser, c'est avec le plus vif intérêt que j'ai lu votre récent article dans *The national and english Review*. À toutes sortes d'égards, d'ordre général et d'ordre personnel, votre jugement compte beaucoup pour moi. En tout cas, ce que vous venez d'écrire me confirme dans la très haute estime et dans la sincère amitié que j'éprouve

1. Ancien Premier ministre de Grande-Bretagne.

pour votre grand pays et pour vous-même, après vous avoir connus, lui et vous, dans les plus dures circonstances.

Je tiens à vous remercier, en particulier, de votre appréciation globale : « Good patriot and bad politician. » Car, à un certain degré de détresse nationale, j'ai toujours cru que la politique était une chose trop grave pour qu'on la laisse aux « bons » politiciens[1].

Veuillez croire, cher monsieur Attlee, à mes sentiments très cordialement et fidèlement dévoués.

À Léon Teyssot

20 novembre 1955

Mon cher ami,

Peut-être savez-vous que j'écris, en ce moment, le deuxième tome de mes *Mémoires de guerre*. Il s'agit des événements compris entre Bir Hakeim (juin 1942) et mon arrivée incluse à Paris (fin août 1944), c'est-à-dire, en fait, de toute l'affaire d'Alger et aussi du gouvernement d'Alger.

Si vous avez gardé quelques documents en souvenir qui vous paraîtraient intéressants pour moi au sujet de cette époque, veuillez me les communiquer, s'il vous plaît.

Nous espérons, ma femme et moi, que vous allez bien, ainsi que Mme Teyssot et vos enfants. Nous souhaitons vous revoir à votre prochain passage en France et adressons à votre ménage les meilleurs souvenirs du nôtre.

Pour vous, mon cher Teyssot, mes bien cordiales amitiés.

1956

L'année 1956 débute par des élections législatives sans majorité clairement définie et où les républicains sociaux (ex-RPF) n'obtiennent que 4,5 % des suffrages.

La formation d'un gouvernement de la IVe République qui en était venue à dépasser couramment les délais d'un mois auparavant, atteint maintenant ceux de deux mois avant l'investiture le 31 janvier de M. Guy Mollet (SFIO) en remplacement de M. Edgar Faure (radical) mis en minorité depuis le 30 novembre précédent. En même temps, les ministres résidents en Algérie, Jacques Soustelle, général Catroux, Robert Lacoste, et les mesures militaires, législatives, agraires, se succèdent sans obtenir

1. M. Attlee avait écrit dans son article que la guerre était une chose trop sérieuse pour être laissée aux généraux (variante de la boutade de Georges Clemenceau).

mieux que l'irritation des partisans du *statu quo* ou l'apparition de motions en faveur de la nationalité algérienne.

Au mois de mars la Tunisie et le Maroc acquièrent leur totale indépendance.

Le général de Gaulle, qui n'a plus aucun moyen d'action depuis la fin du Rassemblement du peuple français et est tenu à distance par les instances officielles, se consacre à la rédaction de ses *Mémoires de guerre* dont le deuxième tome, *L'Unité (1942-1944)*, paraît à la Librairie Plon le 8 juin.

Il effectue en fin janvier un court séjour familial à La Celle, près de Brignoles, dans le Var, préside au mont Valérien la cérémonie commémorative de l'Appel du 18 juin 40 comme presque tous les ans, va à l'inauguration le 24 juin du monument à la mémoire des maquis de Cerdon, dans l'Ain, rend visite à l'École spéciale militaire de Saint-Cyr-Coëtquidan le 2 août, effectue enfin un voyage aux Antilles françaises et dans les territoires français du Pacifique : le 8 août, par Orly, Dakar et Natal ; le 9 août à Cayenne, en Guyane ; les 10 et 11 à Pointe-à-Pitre et à Basse-Terre, en Guadeloupe ; le 12 à l'île de Marie-Galante ; le 13 à la Martinique ; le 14 il embarque sur le paquebot *Calédonien* ; le 16 escale à Curaçao ; le 18 à Cristobal et Balboa ; du 19 au 28 en mer ; les 29, 30 et 31 août à Papeete (Tahiti) et aux îles Sous-le-Vent ; le 1er septembre, il rembarque sur le *Calédonien*, en mer jusqu'au 8 septembre ; le 8 à Port-Vila (Nouvelles-Hébrides) ; du 9 au 14 à Nouméa, à Poindimié, Thio (mine de nickel), Bourail et aux îles Loyauté ; le 15 à Port-Darwin (Australie) et aux îles Cocos ; le 16 aux îles Cocos et à Colombo (Ceylan) ; le 17 à Djibouti ; le 18 à Fort-Lamy, escale à Ajaccio et retour à Paris.

Le 26 juillet la nationalisation du canal de Suez par le colonel Nasser amène la campagne anglo-franco-israélienne sur le canal, du 29 octobre au 7 novembre, qui est un succès militaire mais est interrompue sur sommation des Américains et des Russes, et à cause de divergences sur les buts de cette opération.

Il convient de citer enfin les émeutes qui éclatent à Poznań en Pologne le 28 juin, et une insurrection en Hongrie, du 23 au 30 octobre, qui est réprimée par les troupes soviétiques.

Le Général ne connaît de ces événements que par informations personnelles très occasionnelles et par la presse.

À François de Gaulle, mission catholique, à Koudougou, Haute-Volta[1]

2 janvier 1956

Mon bien cher François,

Tu ne saurais croire quel plaisir nous ont fait, à ta tante Yvonne et à moi, ta lettre et tes vœux. Je t'envoie tous les nôtres, profondément affectueux

1. François de Gaulle, ancien combattant de la 3e division d'infanterie algérienne (au 68e régiment d'artillerie nord-africain en Italie en 1943, en Provence et en Alsace de 1944 à 1945), fils aîné de Jacques de Gaulle frère du Général, était père blanc depuis 1950.

et sincères. Ce que tu dis des missions et spécialement de ta paroisse m'a beaucoup intéressé. Ce combat sans fin, mais non sans difficiles succès, que tu mènes dans une contrée dure et dramatique à tous les égards, est un témoignage de foi, d'espérance, de charité, dont je fais, veuille le croire, mon profit moral.

Notre pays se traîne dans un état de dépression attristant et inquiétant. Cela est, hélas ! conforme à la nature des choses après tout ce qui nous est arrivé depuis cent cinquante ans. Je ne suis nullement optimiste pour le présent. Mais les sources ne sont pas taries et je garde « les ailes de l'espérance ».

Au revoir, mon cher François, mon Révérend Père. Je t'embrasse de tout mon cœur. Nous avons vu ici ta Maman cet automne. Elle allait bien. Nous l'aimons beaucoup.

Ton oncle Charles

À Michel Cailliau

9 janvier 1956

Merci, mon cher Michel, de tes vœux affectueux. Je t'envoie tous les nôtres pour toi, pour ta chère Yvonne, pour vos enfants. Ce mot te viendra du Var où nous sommes venus, ta tante et moi, passer quelques jours pour voir les Philippe.

Inutile de te dire que je n'attendais absolument rien des élections au point de vue de l'intérêt du pays. Je n'y ai pris aucune part ni directe ni indirecte. L'avenir est sombre.

Au revoir, j'espère à bientôt, mon cher Michel. Partage avec Yvonne et vos enfants toutes nos meilleures affections. Voici donc Henri[1] marié ! Nous nous en sommes réjouis.

Ton oncle

À Michel Debré

9 janvier 1956

Merci, mon cher ami, de vos aimables vœux. Ceux que je forme pour vous, et auxquels ma femme joint tous les siens pour Mme Michel Debré et pour vos enfants, sont profondément sincères.

Le résultat des élections était inévitable. Dès lors que les républicains avaient perdu leur raison d'être (l'opposition déterminée au régime, à la manière des républicains de l'Empire), ils ne représentaient plus rien pour les électeurs. Ceux-ci ont à leur disposition tout ce qu'il leur faut, en fait

1. Henri Cailliau, ancien parachutiste de la France Libre, autre fils de Marie-Agnès.

de partis, pour représenter leurs intérêts particuliers, d'ailleurs contradictoires. Du même coup, la législature ne donnera absolument rien, sinon, bien entendu, un manège de ministères.

À bientôt, j'espère, mon cher ami. Soyez assuré de mes sentiments bien cordialement dévoués.

À André Astoux

12 janvier 1956

Mon cher ami,

Merci de vos vœux dont j'ai été vivement touché. Je vous adresse les miens, les plus sincères, auxquels ma femme joint ses propres souhaits, pour vous, pour Mme Astoux, pour vos enfants. J'ai appris de divers côtés, sans nulle surprise mais avec satisfaction, que vous réussissez très bien dans l'activité difficile et complexe qui est, actuellement, la vôtre[1].

Comme c'était d'avance certain, les élections récentes n'ont en rien servi l'intérêt de la France. Tout ce qui est du régime est en effet, pour toujours, stérile et même malfaisant. Pour le moment, je ne vois absolument pas par quel bout prendre les choses. Je n'ai pris aux élections aucune espèce de part, ni directe ni indirecte. Quant aux républicains sociaux ils avaient, d'eux-mêmes, perdu leur raison d'être. Aussi ont-ils presque disparu.

Croyez, mon cher ami, à mes sentiments fidèlement dévoués. Veuillez, s'il vous plaît, présenter à Mme Astoux mes très respectueux hommages.

À Pierre de Gaulle

17 janvier 1956

Mon bien cher Pierre,

J'ai trouvé ta si affectueuse lettre de souhaits en revenant de La Celle où nous avions, Yvonne et moi, emmené pour quelques jours Jacques Vendroux et sa femme afin de leur changer les idées. Je te remercie, du fond du cœur, de tes vœux et de l'expression que tu leur as donnée. Sois bien sûr que le sentiment que j'ai, depuis le début du drame français, de me trouver en pleine et entière communauté de pensée et d'action avec toi m'est infiniment précieux. C'est une raison de plus pour moi et pour les miens de t'aimer beaucoup ainsi que Madeleine et vos chers enfants. Puisse donc 1956 vous rendre aussi heureux qu'on peut l'être en ce monde !

1. M. Astoux travaille à la direction du personnel chez Simca.

Au revoir, mon bien cher Pierre. Partage, je te prie, avec Madeleine et les enfants les profondes affections d'Yvonne et les miennes.

Ton frère Charles

À Pierre Lebon

18 janvier 1956

Mon cher ami,

Oui, les jeux étaient faits, comme vous me l'écriviez, et nous constatons, une fois de plus, que, dans ce régime, ils ne pouvaient pas l'être au bénéfice de la France.

Aux souhaits qu'ensemble, je le sais, nous formons pour elle, s'ajoutent ceux, cordiaux et sincères, que je vous adresse à l'intention de tous les vôtres.

Sachez que je vous verrai avec plaisir, comme vous me le demandez, à l'un de mes prochains passages à Paris et croyez, mon cher ami, à mes sentiments fidèlement dévoués.

À Bernard de Gaulle[1]

Colombey, 21 janvier 1956

Merci de tes vœux, mon cher Bernard. Je t'envoie tous ceux, très affectueux, que nous formons, ta tante Yvonne et moi, pour toi-même, pour Sylvie, pour vos chers et beaux enfants.

Je sais que tu es en très bonne voie, au point de vue de ta carrière d'homme actif et entreprenant. Je m'en félicite et t'en félicite. On ne refera pas la France par la politique, même par la meilleure dans le cas où celle-ci serait possible. Notre pays est trop bas maintenant. Il ne se relèvera qu'à partir de ses éléments, c'est-à-dire de ses enfants, de leur nombre, de leur travail, de leur valeur.

Au revoir, mon cher Bernard. Partage avec Sylvie et vos enfants toutes nos profondes affections.

Philippe est reparti avant-hier pour l'Indochine.

Ton oncle Charles

---

1. Fils de Jacques de Gaulle, frère paralysé du Général, M. Bernard de Gaulle fut aspirant chef d'un peloton de reconnaissance et de déminage au 9e régiment de chasseurs d'Afrique à la 1re division blindée depuis novembre 1944 (campagne des Vosges et d'Alsace, puis d'Allemagne) jusqu'en mai 1945.

À Jean Caley, à Périgueux

24 janvier 1956

Mon cher Caley,

Vous m'avez fait part de votre inquiétude devant la situation présente de la France.

Nous savions que les élections ne mettraient pas fin à son marasme politique. C'est pourquoi le Rassemblement ne s'en est pas mêlé. Mais il est seulement en veilleuse et sa mission ne sera pas abandonnée.

Je vous remercie de vos vœux auxquels répondent les miens, bien sincères, pour vous et les vôtres et je vous prie de croire, mon cher Caley, à mes sentiments bien cordiaux.

Au lieutenant de vaisseau de Gaulle

2 février 1956

Mon cher Philippe,

Tu ne saurais croire combien j'ai été heureux et fier de te voir figurer au tableau de concours pour la rosette. Henriette nous en avait avertis. J'ai fait venir le tableau et je constate que tu y es le seul lieutenant de vaisseau auprès de tant de frégatons et corvettards. C'est la preuve par 9 de tes services de guerre et de tes vols aéronavals. À tous égards tu es lancé maintenant au point de vue de ta carrière et de ta réputation. Je n'ai pas besoin de te recommander de travailler pour le prochain examen. Mais je te vois tout à fait en tête de ta génération.

Nous te suivons par la pensée dans ton actuelle croisière.

Maman et moi t'embrassons très affectueusement.

Ton Papa

À Madame Jacques Vendroux

9 février 1956

Ma chère Cada,

Je voudrais que vous sachiez que nous avons pris, Yvonne et moi, grande part à votre peine. Le souvenir de votre frère Olivier m'était resté très présent. Je n'ai pas oublié, notamment, cette dernière fois où je l'ai vu. C'était en 1943, en Afrique, au moment où il partait pour l'armée. Ma lettre vous est écrite le jour anniversaire de la mort de mon frère Xavier. Que de deuils nous accompagnent le long du chemin !

Veuillez bien, ma chère Cada, partager avec Jacques nos affections les meilleures et très attristées.

Votre frère Charles

Au général François Ingold[1]

13 février 1956

Mon cher ami,

Les Dialogues des soldats morts sont très beaux. Vous avez beaucoup de sentiment et de philosophie. Vous avez, en même temps, du talent. Je vous en fais mes vifs compliments et m'en félicite moi-même.

Il faut avoir du chagrin au sujet de la France. Elle en vaut la peine, et puis c'est un service à lui rendre.

Croyez, mon cher Ingold, à mes sentiments bien amicalement dévoués. Veuillez, je vous prie, présenter à Mme Ingold mes très respectueux hommages.

À Joseph Kessel

13 février 1956

Mon cher Joseph Kessel,

Vous êtes venu me trouver dans ma solitude et m'avez entraîné avec vous dans *La Vallée des rubis*. J'en ai été enchanté. Votre extraordinaire talent est un guide et un compagnon à qui, après le voyage, je demeure reconnaissant.

J'espère qu'indépendamment de la littérature tout va, pour vous, comme vous voulez. La France n'est pas, actuellement, brillante. Il faut en avoir du chagrin, c'est le meilleur service à lui rendre.

Avec mon meilleur souvenir, je vous adresse, mon cher Joseph Kessel, l'expression de mes sentiments bien cordialement dévoués.

Au général Louis Noël Renouard[2]

16 février 1956

Mon cher Renouard,

Vous m'avez fait part de votre inquiétude devant la dégradation rapide de nos positions en Afrique du Nord.

Il est vrai que nous sommes bien bas. Nous ne nous arrêterons sur la pente et ne la remonterons qu'à condition de reformer d'abord nos institutions politiques. C'est ce que je n'ai pas cessé de dire depuis des années, tandis que le régime endormait le pays dans un sentiment de fausse sécurité.

---

1. Compagnon de la Libération, ancien de la France Libre au Tchad en 1940.
2. Ancien de la France Libre, ancien commandant de Camberley, principal camp d'entraînement des Français de l'armée de terre, près d'Aldershot en Grande-Bretagne.

Je vous remercie de la fidélité de votre pensée et je vous prie de croire, mon cher Renouard, à mes sentiments cordialement dévoués.

À Jean Vercors[1]

16 février 1956

Mon cher Vercors,

Votre lettre, au sujet de *l'Appel*, m'a touché. Elle vient de vous, c'est-à-dire de quelqu'un qu'on ne peut oublier jamais. Et puis, elle a le son de la sincérité, même si, à la lire, il me faut croire que mes propres souvenirs de guerre ont soulevé en vous surtout de la tristesse quant à la façon dont je parle des communistes.

Vous évoquez plusieurs d'entre eux qui, je le sais, furent des vaillants dans notre résistance. Mais où voyez-vous que j'aie contesté leur courage ? Qu'est-ce qui vous fait avancer que j'aie méconnu la contribution de leur parti à notre combat dès lors que l'Union soviétique fut attaquée par Hitler, après avoir traité avec lui ? Comment contester que, sous réserve de ce que firent des individualités, leur parti, jusqu'en été 1941, ne s'engagea pas dans la lutte ? Quant à la manière dont je les traitai, dès lors qu'ils furent, dans une certaine mesure et à leur manière propre, des nôtres, avez-vous oublié que je les ai pris à mes côtés dans le gouvernement et qu'ils n'y sont pas restés longtemps après mon départ ? Cependant, je n'évoquerai même pas les flots d'outrages dont ils m'ont, depuis, couvert. J'ai tâché de servir seulement la France. Eux l'ont servie aussi, mais ils n'ont pas servi qu'elle, et même ils n'ont pas servi elle d'abord. Que ce soit un grand malheur national, j'en suis bien d'accord avec vous. Combien la France serait en meilleur point si toute la force d'ardeur et d'action qu'ils constituent ne s'employait, ne se dévouait, qu'à la chose nationale, quel que soit leur idéal social ?

Veuillez croire, mon cher Vercors, à mes sentiments bien cordialement dévoués.

1. Jean Bruller, dit « Vercors », né en 1902 et auteur du *Silence de la mer* écrit dans la clandestinité sous l'Occupation en 1942.

Au lieutenant de vaisseau de Gaulle

21 février 1956

Mon bien cher Philippe,

Quand cette lettre te parviendra, je pense qu'il sera fortement question de ton retour. Puisses-tu, au cap Saint-Jacques[1], trouver le temps et les conditions nécessaires à l'ultime travail de préparation à ton examen !

Peu à peu, des signes apparaissent d'un léger changement dans l'état d'esprit de la masse française quant aux affaires de la France.

Chez quelques-uns, il y a, maintenant, une franche excitation. Chez la plupart, on constate moins d'indifférence et d'abandon qu'il y a quelques mois : j'en reçois moi-même des témoignages croissants. Cela ne m'empêche pas, pour le moment, de travailler dur aux « Mémoires » dont je suis en train d'écrire le huitième et dernier chapitre du deuxième tome *(l'Unité).*

Nous comptons aller à Toulon, Maman et moi et, peut-être, Élisabeth pour la première communion privée du petit Charles. Tu dois être contrarié de ne pouvoir t'y trouver. Mais nous croyons, comme toi et comme Henriette, qu'il vaut mieux la lui faire faire à présent avec ses contemporains.

Il fait ici, depuis tantôt un mois, un froid très dur et très tenace. Je n'en ai jamais vu en France d'aussi prolongé dans une pareille âpreté : il y a de gros dégâts, surtout dans le Midi (oliviers, orangers, fleurs, légumes). Philomène et Louise nourrissent les oiseaux de La Boisserie qui en ont le plus grand besoin.

À bientôt, mon cher Philippe.

Maman et moi nous t'embrassons tendrement.

Ton Papa très affectionné

[PS] Henriette nous donne régulièrement des nouvelles.

À René Cassin

29 février 1956

Mon cher président,

Dans notre France ballottée par tant de remous, il est encore quelques bastions solides ; le Conseil d'État en est un.

C'est ce qui m'est apparu à travers ces *Études et documents* que vous m'avez aimablement adressés.

En vous remerciant de cet envoi, je vous prie de croire, mon cher président, à mes sentiments très fidèlement dévoués.

1. En Indochine.

À Louis Watrigant

2 mars 1956

Mon cher Louis,

Je ne puis qu'approuver votre intention et celle de votre Fédération de venir à Paris apporter votre part d'informations et de suggestions quant à ce qui se passe au Maroc et aux conséquences.

Je ne serai malheureusement pas là au cours de la semaine prochaine (nous partons mardi pour Toulon afin d'assister à la première communion privée de notre petit-fils Charles). Mais nous viendrons, Yvonne et moi, dans la capitale le mardi 13 mars et y resterons vingt-quatre heures. S'il vous est possible de venir déjeuner le mardi 13 ou le mercredi 14 à l'hôtel La Pérouse, rue de La Pérouse, près de l'Étoile, vous nous ferez le plus grand plaisir. Répondez-moi à Colombey.

À bientôt, j'espère, mon cher Louis. Croyez à mes meilleures affections.

Au lieutenant de vaisseau de Gaulle

16 mars 1956

Mon cher Philippe,

Comme tu le sais, nous sommes allés à Toulon, ta Maman et moi accompagnés par Élisabeth, pour la première communion privée du petit Charles. Nous avons trouvé Henriette et vos trois enfants en très bonne santé et avons été ravis de les revoir. La rencontre de Mme de Montalembert et de Michel nous a fait également grand plaisir.

Je pense à toi qui dois être encore dans les perplexités au sujet de ton retour et dans la tension d'esprit du travail préparatoire. Plus les choses sont incommodes, plus il faut être maître de soi.

À Paris, l'atmosphère est sombre. On a l'impression d'une espèce de gestation. Mais je crains que cela n'éclose qu'à l'occasion d'une catastrophe (révolte générale en Afrique).

Au revoir, mon cher Philippe.

Maman et moi t'embrassons tendrement.

Ton Papa très affectionné

À Madame M.-J. Lafon, imprimerie Lafon, à Bordeaux

21 mars 1956

Chère Madame,

Votre lettre m'est bien parvenue et j'ai apprécié la volonté que vous y exprimez de rester fidèle aux consignes que j'ai données aux Compagnons lorsque j'ai mis le Rassemblement en sommeil.

Je les ai données parce qu'il n'y a rien à attendre des partis en général, d'aucun parti en particulier, ni du système actuel, non plus que des élections. Quand les Français l'auront compris, le salut ne sera pas loin.

En vous remerciant de la confiance que vous me témoignez, je vous prie d'agréer, chère Madame, mes respectueux hommages.

À Léon Noël

31 mars 1956

Cher Monsieur l'ambassadeur,

J'ai pris, vous le pensez bien, un extrême intérêt à votre ouvrage *Notre dernière chance*. Les données politiques de notre actuelle situation y sont exposées avec une lucidité et une clarté qui saisissent l'esprit. La mélancolie qui s'en dégage et que vous ne dissimulez pas ne peut manquer de toucher le cœur. Cependant, vous ne jetez nullement le manche après la cognée, et, de ces pages, l'espérance se dégage en même temps que la sérénité.

Comme vous, je crois que rien n'est perdu dès qu'on le veut. Vous aidez à le vouloir ceux qui vous lisent. Je vous en remercie pour eux et pour moi.

Je vous prie de croire, cher Monsieur l'ambassadeur, à mes sentiments fidèlement dévoués.

À Jean Pasquier Vauvilliers, à Paris

4 avril 1956

Mon cher Pasquier Vauvilliers,

La lettre que Pierre Bigot et vous-même[1] m'avez adressée a retenu toute mon attention.

Il y a du vrai dans ce que vous écrivez. Je sais aussi que ceux qui ont milité avec foi et dévouement dans les groupes d'entreprise sont restés le

---

1. M. Pasquier Vauvilliers et M. Bigot, anciens militants du Groupe d'entreprise du RPF à la Régie autonome des transports parisiens, expriment « leur consternation du retrait de la vie politique » du Général.

noyau fidèle du Rassemblement et je suis très sensible à la confiance que vous m'exprimez en leur nom.

Je vous remercie de la sympathie que vous m'avez témoignée à l'occasion de mon deuil et je vous prie de croire, mon cher Pasquier Vauvilliers, à mes sentiments très cordiaux.

À Lucien Vasseur[1]

4 avril 1956

Mon cher professeur,

Votre lettre et le manuscrit qu'elle m'annonçait me sont bien parvenus.

Très sensible à l'aimable pensée que vous avez eue de me donner ainsi la primeur de votre étude sur l'histoire sociologique de la France, je vous en remercie bien sincèrement.

Croyez, mon cher professeur, à mes sentiments les plus distingués et les meilleurs.

À Léon Noël

27 avril 1956

Cher Monsieur l'ambassadeur,

Votre avis, quant à la suite qu'il conviendrait de donner à une éventuelle et nouvelle invitation de René Aubin et de son comité interdépartemental, est exactement conforme à mon propre sentiment. De toute façon, d'ailleurs, je tiens pour indiqué de ne pas figurer, ou de figurer le moins possible, actuellement, dans des cérémonies publiques. Je ne fais d'exception que pour l'inauguration du cimetière des maquisards de Cerdon, le 24 juin. Mais le cas est tout à fait exceptionnel.

En vous remerciant de la démarche que vous me transmettez et de l'excellent conseil que vous me donnez, je vous prie de croire, Monsieur l'ambassadeur, à mes sentiments bien cordiaux.

1. Professeur au lycée de Bastia.

À André Demarson[1]

29 avril 1956

Mon cher président,

Je vous remercie de votre lettre. Je compte pouvoir me trouver le 13 mai avec vous et avec nos camarades anciens combattants pour la réunion traditionnelle.

Croyez, mon cher président, à mes sentiments bien cordialement dévoués.

Au maréchal Juin

5 mai 1956

Mon cher Juin,

Ta confiance me touche et m'émeut.

Pour l'instant, je crois que, pour moi, le silence est la plus impressionnante attitude que je puisse prendre et, pour l'effet qu'il produit, le meilleur service qu'il me soit possible de rendre au point de vue de l'opinion publique.

En tout cas, si je parle un jour, ce sera pour agir. Alors, j'en suis sûr, nous serons ensemble encore une fois.

Crois, mon cher Juin, à ma profonde amitié.

À Noël Martin

16 mai 1956

Cher Monsieur,

J'ai pris le plus grand intérêt à votre ouvrage : *L'Atome maître du monde*. Simplement, scientifiquement, sans emphase, ce livre montre comment une vie nouvelle s'offre au monde, à moins que ce soit la mort.

Veuillez croire, cher Monsieur, à mes sentiments très distingués et bien dévoués.

Au général Toulorge, à Nice

17 mai 1956

Mon général,

La nouvelle de votre promotion au grade suprême de la Légion d'honneur me donne l'occasion de vous dire – en même temps que mes félicitations – tout le respect que je garde pour vous à travers les années. Ce

1. Président des anciens combattants de Colombey-les-Deux-Églises.

respect, vous le savez, remonte au temps de mon enfance où mon père vous citait comme un exemple. Ce qui eut lieu, ensuite, n'a fait que me confirmer dans ces sentiments.

Je vous prie de croire, mon général, à mon fidèle dévouement.

À Georges Guingouin[1]

17 mai 1956

Mon cher Guingouin,

Votre lettre a d'autant mieux retenu mon attention que je n'ai oublié ni vos services ni vos mérites de combattant.

J'ai été intéressé par ce que vous pensez des événements d'Algérie. Vous savez, d'ailleurs, que je ne m'en mêle pas, non plus que d'aucune des affaires dans lesquelles le régime est engagé.

Croyez, mon cher Guingouin, à mes sentiments cordialement dévoués.

À Guy Mollet[2]

9 juin 1956

Mon cher président,

J'ai l'intention de me rendre, au cours du mois d'août, dans nos départements des Antilles et dans nos territoires du Pacifique. Je crois devoir vous en faire part.

Monsieur Guichard pourra, si vous le désirez, faire connaître à votre cabinet le détail de mon voyage.

Veuillez croire, mon cher président, à mes meilleurs sentiments et à ma haute considération.

Au général d'armée aérienne (CR) René Bouscat, à Lourmarin (Vaucluse)

22 juin 1956

Mon cher général,

On m'avait effectivement rapporté que la revue intitulée « de défense nationale » avait passé sous silence le premier volume de mes *Mémoires de guerre*. Étant donné l'inspiration habituelle de ce périodique, j'avais trouvé cette omission naturelle et je n'y avais pas attaché d'importance.

---

1. M. Guingouin, ancien chef des maquisards de la Haute-Vienne en 1944, dont il n'avait pas toujours pu contrôler certains excès, maire de Limoges à la Libération, député communiste, Compagnon de la Libération.
2. Président du Conseil des ministres.

Mais, les choses étant ce qu'elles sont, je tiens essentiellement, désormais, à ce que la revue s'abstienne de faire un compte rendu de mes *Mémoires*, d'énoncer à leur sujet quelque jugement que ce soit. Toute mention qui en serait faite après deux années de silence soulignerait, par le fait même du retard, le sentiment qui anime la revue à l'égard de ce que fut la défense nationale depuis la capitulation de juin 1940 jusqu'à la victoire de 1945. Ma volonté formelle est donc qu'elle n'en parle pas. Puisque vous vous trouvez membre de son comité d'études, je vous serais obligé de le lui faire savoir.

Il va de soi, mon cher général, que je lirais, au contraire, avec beaucoup d'intérêt votre propre appréciation au sujet du récit d'événements où vous avez vous-même joué un rôle éminent et glorieux, dès lors que vous la publieriez ailleurs.

Vous recevrez incessamment l'exemplaire de *L'Unité* qui vous est destiné où j'ai parlé de vous et de l'Aviation sous vos ordres comme je le pense et comme il faut.

Veuillez croire, mon cher général, à mes sentiments bien cordialement et fidèlement dévoués.

À Gilbert Grandval[1]

25 juin 1956

Mon cher ambassadeur,

C'est avec le plus vif intérêt que j'ai lu votre livre : *Ma mission au Maroc*. Le sujet est évidemment essentiel en même temps, hélas ! que dramatique.

Mais, en outre, le récit saisit l'esprit par le tableau déployé de l'inconsistance des pouvoirs publics, la démonstration apportée de ce que ceux-ci, par leur structure, leur esprit, leurs lacunes, ont d'inadéquat à un problème aussi grand que celui que vous vouliez résoudre. J'ajoute que le tout est raconté d'une manière très vivante, élégante et, cependant, sereine qui met de votre côté le lecteur de bonne foi. Au total le livre est utile parce qu'il éclaire objectivement le drame actuel de l'État.

Soyez assuré, mon cher Grandval, de mes sentiments amicalement dévoués.

1. Ancien colonel des Forces françaises de l'intérieur pendant la guerre, Compagnon de la Libération, ancien commissaire de la République en Sarre de 1948 à 1952, ancien résident général au Maroc durant deux mois en 1955.

À Édouard Herriot

27 juin 1956

Monsieur le président,

La lettre que vous m'avez adressée à propos de mes *Mémoires de guerre* m'est bien parvenue.

Vos correspondants[1] sont des gens pressés qui eussent dû attendre de connaître mon livre autrement que par des extraits. Vous en jugerez vous-même en lisant l'exemplaire que je me fais un plaisir de vous envoyer.

Je vous prie de croire, Monsieur le président, à ma haute considération et à mes meilleurs sentiments.

À S. Dauriac, association des déportés et internés de la Haute-Garonne[2], à Toulouse

3 juillet 1956

Mon cher président,

Je ne vous étonnerai probablement pas en vous disant que ni l'Association dont vous faites partie ni les pouvoirs publics ne m'ont jamais demandé mon avis concernant la question dont m'entretient votre lettre du 20 juin.

Mais il va de soi que les « déportés » dont je parle et que je qualifie dans mes *Mémoires de guerre* sont les déportés de la Résistance.

Je vous prie de croire, mon cher président, à mes sentiments cordialement dévoués.

Apostille[3]

J'aime beaucoup les FFL.
Mais je ne suis pas un FFL.
Je suis cela et tout le reste.
Pourquoi pas les anciens combattants ?

1. Les « correspondants » de M. Herriot s'inquiétaient de la place faite à ce dernier dans le 2e tome des *Mémoires de guerre* du Général : *L'Unité*.

2. M. Dauriac demande l'intervention du Général contre l'électoralisme qui pousse certains politiques à étendre le titre de « déporté » aux anciens requis du Service du travail obligatoire.

3. Sur un projet de programme, du début de juillet 1956, portant voyage en Guyane, Martinique et Guadeloupe du 8 au 14 août, à bord du paquebot *Calédonien* du 14 au 28 août (via Curaçao le 16, Cristobal le 18, Balboa le 18) ; en Polynésie française du 29 août au 2 septembre ; à bord du *Calédonien* du 2 au 8 septembre ; à Port-Vila (Nouvelles-Hébrides) le 8 ; à Nouméa (Nouvelle-Calédonie) du 9 au 14 ; à Djibouti par avion le 17 (avec escales techniques de l'avion DC 4 à Port-Darwin le 15, aux îles Cocos, puis à Colombo le 16) et retour à Paris le soir du 18 septembre. Ce projet réservait aux anciens des Forces françaises libres l'exclusive de certaines réunions autour du Général.

À M. Villeger[1], à Fort-de-France

17 juillet 1956

Mon cher préfet,

Je vous remercie de votre lettre qui me donne l'indication du souci d'ordre national que ressent, par le temps qui court, le chef du département de la Martinique.

Mon voyage est un hommage que je rends aux Antilles françaises pour leur attitude et leur dévouement patriotiques, notamment au cours de la dernière guerre. C'est aussi une façon de leur marquer l'espérance profonde de la France. Il va de soi que ma visite est entièrement dégagée de toutes contingences dites politiques.

À bientôt, mon cher préfet. Veuillez croire à mes sentiments bien cordialement dévoués.

À André Gillois

17 juillet 1956

Mon cher André Gillois,

Votre lettre m'a touché. Mais aussi, elle m'a ému, car j'y ai discerné de la tristesse quant au sentiment que la France inspire à beaucoup de Français et qui explique, à lui seul, les malheurs d'hier, les abandons d'aujourd'hui ; bref l'impuissance contemporaine. Il y a là une neurasthénie déplorable mais trop explicable.

Nous sommes « faits » pour être un grand peuple, même quand nous nous renions nous-mêmes. La déception de nombre de Français à l'égard d'une France faible et médiocre les porte à s'en détourner. (Communistes, Chateaubriant-Brasillach, partisans de l'« Europe des Six ».)

C'est l'État qui a fait la France, on peut dire malgré – bien qu'avec – les Français, en leur donnant des ambitions et une fierté commune. L'absence d'État défait la France.

Veuillez croire, mon cher André-Gillois, à mes sentiments bien cordialement dévoués.

À Raymond Escholier[2]

7 août 1956

Mon cher maître,

Le Secret de Montségur est l'un des livres que j'emporte dans mon voyage. J'aurai donc avec moi quelque chose de votre talent et de votre

1. Préfet de la Martinique.
2. Écrivain né en 1882.

amitié. En passant à Tahiti, je saurai que votre esprit est tourné vers les îles.

Veuillez croire, mon cher maître, à mes sentiments bien amicalement dévoués.

Conférence[1] à la mairie de Pointe-à-Pitre (Guadeloupe) le dimanche 12 août 1956

Je n'ai pas besoin de vous dire l'émotion que j'ai ressentie en assistant au cyclone qui a traversé votre île et en constatant les graves dégâts survenus tant aux bâtiments qu'aux plantations. Vous ne pouvez douter que parmi tous les métropolitains qui se trouvent en ce moment en Guadeloupe, le général de Gaulle en ait été moralement le plus touché. Bien que je n'aie pas actuellement à assumer ce qu'on appelle le Pouvoir, et que la responsabilité directe de ce qui doit être fait ne m'incombe évidemment pas, je ne m'en sens pas moins tenu de dire, moi qui fus témoin de ce qui s'est produit, que la métropole, en considération du passé, du présent et de l'avenir, doit faire ce qui convient pour remédier en Guadeloupe aux conséquences de la tempête.

Monsieur le maire, mon ami et compagnon de la guerre, monsieur le maire Valentino vient de me rappeler, en phrases émouvantes, les péripéties de la lutte pour la France qui a été menée ici sous toutes ses formes et dont il faut reconnaître qu'il fut le premier animateur. Eh bien ! c'est précisément ces souvenirs, ces faits historiques importants, qui suscitent des sentiments et des actions pour reconstituer l'avenir. Car il a été prouvé d'une manière éclatante que toute action au nom de la France a toujours su faire lever partout, et surtout en Guadeloupe, l'élan patriotique. Au moment où il le fallait, la Guadeloupe s'est montrée ce qu'elle devait être, c'est-à-dire un morceau de la France. Et malgré les difficultés très graves, et même spéciales, dans laquelle la France se trouvait, les Français de Guadeloupe ont su se montrer à la hauteur de leur mère patrie.

Je ne dissimule pas, comme je l'ai dit avant-hier – et je ne m'étendrai pas là-dessus aujourd'hui, du fait du peu de temps dont je dispose – toutes les difficultés et tous les obstacles que rencontre notre pays sur sa route, difficultés auxquelles s'ajoutent ici celles des victimes de ce cataclysme. Malgré cela, je suis sûr qu'à cet abattement, voire cet abaissement, succédera autre chose. Il y en a un certain nombre de preuves dans notre pays, notre département où j'ai eu l'occasion de parler à des foules nombreuses. Il y en a plusieurs raisons. Mais une seule est capitale et magnifique, c'est le sens public national. Ce sentiment français s'est

1. Le texte de cette conférence improvisée provient de comptes rendus sténographiés comprenant certaines redites et approximations.

manifesté tout au long de mon parcours parmi vous et croyez-moi, mes concitoyens de la Guadeloupe, j'en garderai le souvenir jusqu'à mon dernier jour. Ce qui s'est produit à l'occasion de ma présence au milieu de vous a une importance nationale que j'ai le devoir de souligner. J'ai ressenti en premier combien vous êtes des Français comme on peut l'être en Guadeloupe, combien ce département de la Guadeloupe est non seulement un prolongement mais un morceau de la Patrie, combien les Français de Guadeloupe ont montré qu'ils la respectaient, l'aimaient et avaient, malgré tout, confiance en elle, comme moi ! C'est ce que je voulais dire en dernier à la mairie de Pointe-à-Pitre. C'est le résumé des impressions que j'emporterai de mon passage parmi vous. Unissons nos pensées vers la Patrie, ce n'est pas difficile, élevons notre âme vers la Patrie, et je vais parler au nom de tous, en disant simplement : Vive Pointe-à-Pitre ! Vive la Guadeloupe ! Vive la République ! Vive la France !

Discours[1] à l'arrivée à Fort-de-France, en Martinique

13 août 1956

Combien, combien je suis ému, touché par l'accueil magnifique de la Martinique et de Fort-de-France ! La foule immense qui est ici rassemblée est la meilleure preuve possible de cette communauté française que nous avons ressuscitée dans les heures difficiles de la guerre, et qui est aujourd'hui, s'il le fallait, toute prête à reparaître, aussi ardente, vigoureuse et, encore une fois, s'il le fallait, victorieuse.

Ce n'est pas, mes concitoyens, mes concitoyens de la Martinique, qu'on doive, en quoi que ce soit, se dissimuler les faiblesses, les bassesses, les médiocrités qui ont, comme c'était probablement humain et naturel, succédé aux grands élans suprêmes de la Libération.

Ici, on n'a pas toujours, évidemment, comme partout ailleurs dans nos territoires, vécu sur les sommets, et l'exemple qui fut donné dans les heures tragiques par les Sévère, les Rimbaud, les Calvert[2] et tant d'autres, cet exemple-là, pour être marqué dans l'Histoire, on ne peut pas le recommencer tous les jours.

Il est vrai, notre patrie se trouve momentanément affaiblie, il est vrai qu'elle ne trouve pas toujours, à beaucoup près, dans les autres nations, l'écho et, j'ose dire, dans certains cas, le respect qu'on lui doit et qu'elle devrait obtenir. Mais si difficiles que puissent être les moments présents, et qu'ils puissent le rester encore plus ou moins longtemps, il n'est pas douteux, Français de la Martinique, il n'est pas douteux que ces moments-là

1. Texte retenu bien qu'on n'ait pas pu en retrouver le manuscrit.
2. Français libres et résistants morts pour la France.

ne dureront pas toujours. Il y a parmi nous des sources vives, des sources vives de renaissance qui continuent à couler, et qui, sans aucun doute, un jour, nous permettront de retrouver ce à quoi pour le moment nous aspirons, à savoir la puissance, la grandeur et par conséquent la fraternité.

Ce peuple français qui est chaque jour plus nombreux, ce peuple français dont malgré les effroyables destructions qu'il a subies, l'essor économique continue de se manifester, ce peuple français qui voit s'ouvrir devant lui, grâce à ses ressources matérielles, à ses minerais et à ses qualités d'invention, la grande voie de la puissance atomique, ce peuple français-là qui, depuis dix-sept ans, est le seul, je dis bien, le seul au monde dont les soldats fidèlement combattent chaque jour, pour la grande cause de la civilisation, ce peuple français-là n'est pas destiné à disparaître, même s'il traverse de mauvais moments. Ce peuple-là renaîtra à partir de ce que j'ai dit et, avant tout, à partir de ce moment magnifique que vous venez de montrer une fois de plus et qui est là tout prêt à nous redresser tous au-dessus de nous-mêmes.

Vive Fort-de-France !
Vive la Martinique !
Vive la République !
Vive la France !

Allocution[1] au cercle martiniquais, à Fort-de-France

13 août 1956

Un mot pour dire de tout mon cœur à M. le président du Cercle martiniquais combien je suis touché par les paroles qu'il vient de prononcer, qui m'ont ému beaucoup. À vous autres, messieurs les membres de votre cercle, je ne remémorerai pas les circonstances historiques, nationales, que j'ai pu évoquer, hélas ! très rapidement dans mon voyage un peu précipité à la Martinique française et dont j'espère que les circonstances me permettront de le renouveler. Mais, à vous, il y a une chose que je tiens à dire pour vous-mêmes et qui m'a beaucoup frappé et que j'emporte de ce voyage comme un des éléments, comme une des conclusions les plus nettes que j'en ai retirées. Je suis très frappé et vous me donnez l'occasion de m'en convaincre encore davantage. Je suis très frappé par la qualité des Français que j'ai rencontrés à la Martinique. Vous savez combien il m'a été donné de voyager, de voir dans toutes sortes de circonstances, notamment les plus dramatiques, les diverses catégories de la communauté française. Eh bien ! je vous dis très franchement, très simplement, quelle impression vous m'avez produite. Vous voyez bien, vous le savez

1. Texte retenu bien qu'on n'ait pas pu en retrouver le manuscrit.

aussi bien que moi, vous en êtes convaincus comme moi, vous voyez bien ce que la France peut faire des Français, ici comme ailleurs, car c'est à elle qu'il faut tout reporter. Bien sûr, elle a ses erreurs, ses faiblesses, ses défaillances et ses crises mais tout de même, au total, voyons tous ensemble comme elle nous marque, comme elle nous réunit, comme elle nous fait au fond pareils, comme elle nous fait ses enfants. Je tenais à souligner cela au Cercle martiniquais puisque je sais que vous réunissez un nombre important de valeurs, de valeurs de ce pays, et je ne vois pas d'audience où j'aurais pu le dire mieux et en plus complète justice. Mais laissez-moi insister sur cette conclusion que je me permets de vous laisser et que pour ma part j'emporte de la Martinique. La France nous pétrit, nous instruit, nous forme et par là même elle nous réunit. C'est une œuvre qu'elle seule est capable de faire dans le monde. D'ailleurs c'est comme cela qu'elle s'est faite elle-même. C'est en réunissant des hommes, en les réunissant en une seule âme, en une seule communauté. La Martinique est une réussite française, à cet égard c'est éclatant. Que cela nous serve, mesdames et messieurs, de réconfort pour envisager l'avenir, l'avenir difficile, l'avenir dur, l'avenir amer devant lequel sans doute nous nous trouvons. C'est de là, c'est de cette force, c'est de cette communauté que tout pourra repartir et d'abord grâce à cela tout pourra tenir. Vive la Martinique française, vive la République, vive la France !

Allocution[1] au Conseil général de la Martinique, à Fort-de-France

14 août 1956

C'est un honneur que je ressens profondément en même temps qu'une joie de me trouver ce matin au Conseil général de la Martinique, c'est un honneur et une joie pour moi d'avoir entendu les belles paroles que M. le président vient de prononcer. Une fois de plus je m'aperçois, en me trouvant ici et en écoutant ce qui a été dit au nom de tous, au nom du Conseil général, je m'aperçois combien malgré les vicissitudes, je pourrais dire les distances, et le temps passé, combien nous sommes près, tout près, nous autres Français, tout près, les uns des autres, quand il s'agit de ce qui est fondamental, quand il s'agit de la France, quand il s'agit de sa liberté, de sa grandeur, de sa mission, quand il s'agit aussi de la République, nous trouvons tous immédiatement le langage et les sentiments communs.

Nul ne l'a prouvé mieux, messieurs, que le rapide passage qu'il m'a été donné de faire dans la Martinique française aussi bien à Fort-de-France que dans un certain nombre de vos belles communes. Là, à mes

1. Texte retenu bien qu'on n'ait pas pu en retrouver le manuscrit.

yeux et aux yeux de tous, ont éclaté les liens, les ardeurs qui ont forgé la communauté française ici comme partout, peut-être ici par excellence. Tout à l'heure M. le président a rappelé l'épreuve ; c'est-à-dire la circonstance historique dans laquelle il fallait que cela fût, non seulement dit, non seulement crié, mais prouvé. Eh bien ! cela fut prouvé ici même, d'une manière éclatante : la participation morale et aussi la participation militaire que la Martinique a su prendre dans les circonstances les plus difficiles que l'on puisse imaginer, je le sais bien. La participation que la Martinique a su prendre à la lutte pour la libération du territoire et pour le rétablissement de la République française, cette participation-là demeure pour l'Histoire comme un témoignage, comme une affirmation que rien ne pourra effacer, je suis bien tranquille et la France aussi, sur le caractère, sur la fidélité, sur le civisme, sur le patriotisme des Français de la Martinique.

Dans le présent il est bien vrai, pourquoi le dissimulerais-je au Conseil général plus qu'ailleurs, il est bien vrai que tout, au point de vue de l'ensemble de nos affaires et certainement aussi au point de vue des affaires particulières de votre département, que tout n'est pas le mieux du monde dans le meilleur des mondes, il s'en faut de beaucoup. Toutes sortes de raisons expliquent ces momentanées difficultés, toutes sortes de raisons anciennes et toutes sortes de raisons récentes. Et cependant quand nous considérons toutes les preuves que la communauté française donne de sa vitalité profonde, de son caractère parfaitement distinct et marqué, nous ne pouvons pas nous empêcher, n'est-il pas vrai, d'avoir confiance dans l'avenir de notre pays.

Oui, nous avons perdu beaucoup, d'une manière absolue et d'une manière relative. Oui, le monde est dur pour nous, outre qu'il est en plein essor, en pleine gestation dont nul ne saura ce qui finalement va résulter pour les uns et pour les autres. Mais ne sentons-nous pas quelle solidarité étonnante continue à nous unir ? N'avons-nous pas vu, dans la plus grande épreuve de notre histoire, cette solidarité éclater juste au moment où il l'a fallu et pourquoi donc est-ce que nous perdrions l'espérance de la voir se manifester et emporter tout lorsqu'il le faudra ? La séance à laquelle j'ai l'honneur d'assister au Conseil général de la Martinique comme toutes les occasions où il m'a été donné dans votre département de prendre le contact de mes concitoyens, me permettent de quitter dans quelques heures la Martinique française plus assuré que jamais, je vous demande de le croire bien simplement, de la pérennité, de la solidité, de l'avenir de la France. Vous y contribuez tous les jours, messieurs les conseillers généraux, en travaillant ici aux affaires publiques, vous y contribuez en résolvant avec M. le préfet tous les problèmes qui se posent à votre département : c'est là une tâche souvent ingrate, je le sais, et difficile, méritoire par conséquent, mais vous y contribuez aussi par le fait qu'étant les élus du peuple vous marquez, et notamment ce matin, quel est votre patriotisme, et je ne veux pas employer d'autres mots pour caractériser vos sentiments. Si donc M. le président a conclu tout à l'heure en élevant la pensée de tous vers la France et vers la République, je n'ai rien de mieux à faire pour terminer que de faire comme il a fait et de vous dire de tout mon cœur et comme vous le pensez vous-même : La France vivra, la France grandira, ses prolongements d'outre-mer et d'abord celui-ci sont et seront essentiels dans son avenir comme ils le furent au moment du drame. Vive la Martinique française, vive la République, vive la France !

**Au capitaine de corvette de Gaulle,
aéronautique navale d'Hyères (Var)**

15 août 1956

Mon cher Philippe,

Je t'écris étant depuis hier soir avec Maman à bord du *Calédonien*.

La visite à la Guyane, à la Guadeloupe et à la Martinique a été très impressionnante et très émouvante. Le caractère « français » de ces terres, le sentiment national des habitants, sont évidents. Ils ont éclaté en manifestations enthousiastes. Nous allons, maintenant, naviguer – paisiblement sans doute – jusqu'à Tahiti, alors qu'à la Guadeloupe, pendant notre séjour, un dur cyclone avait ravagé l'île, brisant les bananiers, cassant les arbres et décoiffant les maisons.

Quand cette lettre te parviendra, tu te trouveras à Hyères. Nous pensons à toi, à Henriette, à vos si gentils et intelligents garçons, qui allez bientôt, tous ensemble, commencer à Paris comme une vie nouvelle.

Il y avait à Fort-de-France trois dragueurs de mines, l'un en stationnement normal, deux de passage et venant des États-Unis. Commandant de la marine : capitaine de frégate de Laplace.

Au revoir, mon cher Philippe. Toutes mes profondes affections à toi, à Henriette et aux enfants.

Ton Papa

[PS] Je ne vois pas de raison d'évoquer « l'affaire du canal[1] », qui se déroule dans la procédure, c'est-à-dire dans la glu, comme on pouvait le prévoir.

1. L'Égypte avait « nationalisé » le canal de Suez le 26 juillet et prétendait depuis en contrôler le trafic d'une manière discriminatoire.

Allocution[1] prononcée à l'arrivée à Tahiti, le 30 août 1956

Il y a bien des années maintenant que je souhaitais de toute mon âme me trouver ici à Tahiti. C'est vous dire combien grande est mon émotion, combien grandes aussi sont ma fierté et ma satisfaction d'être aujourd'hui parmi vous et combien j'ai été touché des preuves de profonde sympathie que vous m'avez témoignées déjà depuis l'instant où j'ai pris pied sur votre rivage.

Tahiti, quand la France roulait à l'abîme, Tahiti n'a pas cessé de croire en elle. Vous étiez dans cet Océan aux antipodes de moi-même qui me trouvais comme un naufragé du désastre sur le rivage de l'Angleterre et en même temps, vous tous et moi, nous avons pensé et nous avons voulu, la même chose. Nous avons pensé, et nous avons voulu, que la France ne devait pas être serve, humiliée, honteuse, mais qu'il fallait lutter pour sa libération, pour sa victoire et pour sa grandeur.

Quand, dans les premiers jours de septembre 1940, j'ai appris que vous aviez décidé par 5 564 voix contre 18 de vous joindre à la France Libre, quand j'ai reçu le télégramme par lequel MM. Ahnne, Lagarde, Martin m'annonçaient votre ralliement, ce fut pour moi, je vous le dis, un immense réconfort et, en outre, ce fut la preuve qu'il existe entre vous et moi-même, entre Tahiti et la France, un lien profond que rien, jamais, ne pourra rompre.

Et puis la guerre s'est déroulée. Bien entendu, ici, au milieu de ce grand tumulte mondial il y a eu aussi des émotions, des secousses, des péripéties, je le sais, mais le doute n'a jamais paru dans vos âmes pour ce qui était l'essentiel. Vous êtes restés fermes et constants dans la route que vous aviez choisie et le magnifique Bataillon du Pacifique est allé en porter témoignage. Il fut à El-Alamein où tomba le colonel Broche, il fut à Bir Hakeim, il fut en Tunisie, il fut en Italie, il fut sur le Rhin, il fut sur le Danube et je ne peux pas ne pas me rappeler sans une grande émotion les adieux que je fis au Bataillon du Pacifique lorsque dans Paris, fier et libre, après la Victoire, les hommes de ce Bataillon s'apprêtaient à rentrer sur leurs terres emportant avec eux le juste orgueil et le souvenir d'une grande épopée et léguant ce souvenir et cet orgueil à leurs enfants.

Depuis, les années ont passé et par toutes sortes de moyens le monde change. Il n'est pas difficile maintenant de voir quels sont les traits nouveaux que notre terre est en train de prendre. Ces traits nouveaux les voici, comme je les vois.

D'abord, il y a la tendance de toutes les entités ethniques populaires et nationales à garder leur caractère propre et à disposer d'elles-mêmes. Il

1. Le discours de bienvenue au Général avait été prononcé auparavant par Jean-François Toby, gouverneur général des Établissements français d'Océanie.

y a en même temps la nécessité primordiale de se rattacher délibérément à un grand ensemble économique, culturel, politique, sans quoi chaque territoire tomberait vite dans la misère, serait la proie de l'ignorance et servirait de champ de bataille à tous les impérialismes du monde.

Un autre trait du monde nouveau, c'est l'établissement tout autour de notre terre de ce grand réseau de communications aériennes, navales, aéro-navales, qui enserrent le monde et sans lequel, de plus en plus, on ne peut plus imaginer de relations humaines, d'échanges ni d'activités.

Le troisième trait de notre monde nouveau c'est le commencement du règne de l'énergie atomique qui apporte à tous les hommes à la fois d'immenses possibilités de progrès et une terrible menace.

Voilà bien, je crois, comment on peut exprimer les trois conditions nouvelles dans lesquelles va maintenant marcher pour une période plus ou moins longue notre terre.

Eh bien ! dans le monde tel qu'il devient, Tahiti jusqu'à présent lointaine, isolée au milieu des mers, Tahiti tout à coup voit s'ouvrir un rôle important, un rôle nouveau sur le globe terrestre. Il n'est que de regarder la mappemonde et d'y tracer les communications aériennes de demain pour voir que Tahiti est nécessairement pour beaucoup de ces communications une étape indispensable et capitale, et, d'autre part, il n'est que d'imaginer les périls que la menace atomique fait peser sur la terre pour voir que Tahiti, là où elle est, entourée d'immensités invulnérables de l'Océan, Tahiti peut être demain un refuge et un centre d'action pour la civilisation tout entière. Voilà comment la transformation du monde à laquelle nous assistons donne à votre île, et aux îles qui l'entourent, une importance tout à coup très grande.

Eh bien ! ce destin nouveau qui lui est ouvert Tahiti y marchera avec la France ! Je sais bien que beaucoup aujourd'hui, et les Français les premiers, s'irritent quelquefois et même souvent de l'affaiblissement apparent et momentané de la France.

Quand on pense à ce qui est arrivé récemment et même depuis très longtemps en fait d'épreuves et de sacrifices, on ne peut pas être surpris par la dépression momentanée de ce grand pays. Mais, moi, de la manière la plus désintéressée, je dis aux Tahitiens, je dis aux Polynésiens et je dirai aux Calédoniens, que la France, quelles que soient les apparences du moment, la France demeure un pays à la vie très profonde et très forte. La France a pu subir et aujourd'hui encore parfois recevoir des outrages de ceux-là mêmes pour qui elle a fait le plus, mais la France n'en reste pas moins vivante et croyez-moi, tous les signes montrent que dans le lointain de l'avenir la France est appelée de nouveau à un très grand rôle mondial. Cela vous le savez, j'en suis sûr, et surtout vous le sentez, comme je le sens moi-même. C'est dire avec quelle confiance je suis venu vous voir. C'est dire avec quelle certitude je crois que votre pays doit continuer de faire la route avec la France vers le destin commun du progrès, du bonheur et de la grandeur.

Vive Tahiti, vive la République, vive la France !

Allocution[1] prononcée à Uturoa, île de la Raiatea

1er septembre 1956

Mon premier mot est naturellement pour dire combien je suis touché, ému par la réception vraiment profondément sympathique que je trouve à Uturoa.

Monsieur le maire a très bien dit tout à l'heure quels sont les sentiments de tous et de toutes, et je vois bien qu'ils sont les sentiments de tous et toutes, et moi je vous dis ceci, c'est qu'en venant de loin en apparence, et venant depuis longtemps, car il y a longtemps que je souhaitais me trouver parmi vous, je vois aussitôt à quel point nous sommes tout près les uns des autres, à quel point nous sommes rapprochés.

Tout à l'heure, monsieur le maire a parlé de ce qui avait été fait dans cette époque qu'on peut maintenant qualifier d'héroïque et qui a consisté à lutter d'abord depuis le fond de l'abîme et ensuite un peu plus haut et toujours un peu plus haut pour la liberté du monde entier, par conséquent pour la liberté des hommes du Pacifique et la liberté de la France.

Il a parlé de ce qui a été fait ensuite pour constituer ce que nous appelons l'Union française, c'est-à-dire un ensemble d'hommes de toutes sortes de pays, de toutes sortes de climats, de toutes sortes d'origines et unis entre eux pour un même idéal et pour une même action humaine.

Si bien que, vous le voyez, j'ai toutes les raisons encore une fois pour me trouver au milieu de vous comme l'un des vôtres et pour considérer que vous êtes des miens. De cela je vous remercie et c'est cela d'abord que je tenais à vous dire, ce que je suis venu vous dire aussi pour toute l'île de Raiatea, comme je l'ai dit à Tahiti, et comme je le dirai bientôt à la Nouvelle-Calédonie, après l'avoir dit aux Antilles et en bien d'autres pays.

Je suis venu vous dire, vous apporter le salut de la France, car pendant les grandes années, les dures années, vous avez été avec moi, vous l'avez été matériellement et moralement, vous m'avez aidé pour le combat dont je parlais tout à l'heure et c'est pourquoi c'est de grand cœur que je vous dis mon salut et que je vous dis celui de la France que vous avez aidé à libérer.

Mais depuis le monde change, les années passent et toutes les terres de ce globe se trouvent menées actuellement vers un destin qu'elles ne

1. En réponse à Marcel Tixier.

connaissent pas, dont Dieu seul dispose mais dont tout le monde sent qu'il est grave et qu'il peut être sérieux.

À ce sujet-là, aussi, j'ai quelque chose à vous dire au sujet de la France. Beaucoup pourraient croire, à l'heure qu'il est, à cause d'un affaiblissement momentané de ce grand pays, beaucoup pourraient croire que l'avenir se rétrécit pour lui, eh bien ! je vous déclare de toute ma conviction la plus profonde et de la manière la plus désintéressée, personnellement je vous déclare qu'à mon sens ce n'est pas vrai.

Il est vrai que la France s'est trouvée, se trouve dans des difficultés particulières et elle se trouve dans ces difficultés au moment où à cause de toutes ses épreuves elle a été fortement affaiblie, cela est vrai, mais il est vrai aussi que la France vit. Elle aurait pu disparaître, elle n'a pas disparu, elle vit, l'avenir est à ce qui vit, donc l'avenir est à la France. D'ailleurs, elle le montre par toutes sortes de signes que peut-être on n'aperçoit pas toujours très bien, mais qui sont cependant bien clairs pour les hommes de bonne foi : sa population qui augmente, son économie qui s'étend, sa puissance qui se reprend et même ses soldats qui combattent tous les jours depuis dix-sept ans, les seuls soldats du monde entier qui en fassent autant, tout cela ce sont des épreuves d'un grand pays qui peut traverser des difficultés du moment mais qui est appelé à se redresser à coup sûr.

Oui, l'avenir est à la France, il est à l'Océanie française et c'est le même avenir. La preuve, vous me la donnez, et moi je vous la donne. Voyez, nous sommes ensemble, tout à fait tout près les uns des autres ce matin. Oui, l'avenir est à nous, à nous tous pour le bien des hommes et c'est de tout mon cœur et de toute ma conviction que je dis ici : Vive l'Océanie française ! Vive la France !

Allocution[1] prononcée à Papeete (Tahiti)

2 septembre 1956

Il est émouvant que ma présence coïncide sur cette terre avec l'anniversaire, le seizième anniversaire, du jour même où à Tahiti, à la suite de quelques hommes résolus, la population tout entière prouva, dans un moment grave, son attachement, son dévouement à la France.

Il est émouvant que je me trouve avec vous à cette date, auprès du monument de Bougainville qui symbolise tous les efforts qui ont été faits depuis si longtemps pour nous unir plus étroitement encore. Les noms de Bougainville, de d'Entrecasteaux, de La Pérouse, de Dumont d'Urville, de Dupetit-Thouars, c'est autour de ceux-là que tous les souvenirs et tous

1. Sur le quai Bir-Hakeim, en réponse à Robert Hervé, président de l'Association des Français libres.

les symboles d'une unité réalisée entre Tahiti et la France revivent, se regroupent et que nous les retrouvons dans nos cœurs.

Il est émouvant enfin que cette cérémonie ait lieu le jour même où après avoir parcouru une partie des Établissements français de l'Océanie, et en particulier Tahiti, et avoir été reçu d'une manière si touchante et si parlante, partout où je suis passé, ce soit au pied de ce monument et à cette date que je vous quitte.

J'emporte de mon rapide voyage, non seulement beaucoup de souvenirs et une vive émotion qui ne s'effacera pas jusqu'à la fin de mes jours, mais encore une preuve, une certitude plus accentuée que jamais dans le fait qu'avec la France, autour d'elle, en sa compagnie, vous marquez sa présence ici comme beaucoup d'autres endroits dans le monde mais peut-être avec encore plus d'ardeur, avec encore plus d'amour.

C'est pourquoi je redis avant de quitter cette terre ma certitude complète de notre avenir, de notre avenir français, de notre avenir commun.

J'en ai trouvé ici mille et mille témoignages, vous m'en donnez un nouveau et aussi un dernier, au moment où je vous quitte. Nous portons tous ensemble nos pensées sur la France, la France qui nous fit ce que nous sommes et pour laquelle nous voulons vivre, alors que d'autres sont morts si glorieusement.

Vive Tahiti ! Vive les Établissements français de l'Océanie ! Vive l'Union française ! Vive la France !

Allocution prononcée devant le Conseil général de Nouvelle-Calédonie et dépendances en session extraordinaire

11 septembre 1956

Messieurs,

Les très éloquentes, très touchantes paroles que vient de m'adresser monsieur le président du Conseil général, m'ont ému profondément.

À mon tour, je vous dis combien je ressens l'honneur de me trouver aujourd'hui au sein du Conseil général de la Nouvelle-Calédonie, et si j'avais besoin d'un signe qui me renforçât dans ce sentiment, ce serait l'aspect que vous m'offrez de votre assemblée si saisissante de dignité et, j'ose le dire, d'une communauté évidente de sentiment et même de volonté.

Monsieur le président a évoqué le passé. Ce passé est, bien entendu, toujours près de mon esprit et de mon cœur. Je conçois que la vie c'est ce qui fut, mais c'est aussi ce qui est et ce qui sera. Au point de vue du présent et de l'avenir votre Conseil général a évidemment à s'acquitter de la tâche habituelle d'un Conseil général, ce qui lui impose, sans doute, de nombreuses et de variées responsabilités. Je m'en rends très bien compte, et je le dis franchement, que dans le Conseil général de la Nouvelle-Calédonie il ne peut pas ne pas y avoir des soucis de ceux que l'on qualifie du terme de « politique ». Cela est normal. Cela est normal pour un territoire qui a le caractère du vôtre, c'est-à-dire dans un isolement, dans un éloignement relatif évident et, d'autre part, formé comme il l'est par des éléments tous français mais d'origine différente. Il est donc, je le répète, à mes yeux, tout à fait normal et acceptable que le Conseil général de la Nouvelle-Calédonie ait dans son esprit, sinon dans son action, des soucis de caractère plus étendu que ceux d'un Conseil général habituel.

De ces soucis j'ai parlé déjà – j'en étais déjà quelque peu averti, je vous prie de le croire – j'en ai parlé de la façon la plus intéressante et la plus franche avec un certain nombre d'entre vous, avec votre président bien entendu, votre ancien président, avec monsieur le député de la Nouvelle-Calédonie qui m'a remis sur ces sujets une note du plus haut intérêt, avec monsieur le conseiller de l'Union française, avec un certain nombre d'entre vous, messieurs.

Je ne me risquerai pas et m'interdis à moi-même – surtout dans une séance comme celle-ci – d'entrer le moins du monde en considération et à plus forte raison en discussion des idées, des projets qui peuvent être nourris et évoqués très légitimement de part et d'autre. Je me bornerai cependant – et je crois devoir le faire – à appeler votre attention et l'attention de tous ceux qui nous écoutent, sur quelques points qui me paraissent essentiels dans cette affaire.

D'abord, je demande que l'on considère le caractère éminemment français, profondément français de votre territoire…

(Vifs applaudissements)

profondément français chez tous les habitants, c'est un premier point qui certainement n'est jamais absent de vos cœurs et encore moins de vos esprits. Une autre considération que je vous demande d'avoir en vue constamment quand il est question du présent et de l'avenir, c'est le fait qu'aucun territoire du monde ne peut, aujourd'hui, vivre en dehors de quelques grands ensembles politiques, économiques, culturels et j'ajoute militaires. C'est une évidence. Cela est vrai pour tous. Combien cela est vrai surtout pour la Nouvelle-Calédonie, constituée comme elle l'est, placée là où elle l'est, disposant de ressources extrêmement enviables et en un point stratégique capital dans ce Pacifique qui commence à être et qui sera demain la région probablement la plus importante du monde. Cela ne peut pas, non plus, échapper à votre pensée.

La Nouvelle-Calédonie doit faire partie d'un grand ensemble, de quel ensemble ferait-elle partie sinon du grand ensemble français ?

(Vifs applaudissements)

De cela je crois que vous êtes convaincus autant que moi-même, d'autant plus – et là je parle en toute franchise à des hommes qui sont les élus, qui ont leurs responsabilités – cela d'autant plus, dis-je, que la Nouvelle-Calédonie se trouve au milieu du Pacifique tel qu'il est, et que, par conséquent, elle est, vous le savez bien, inévitablement l'objet sinon de projets, tout au moins d'arrière-pensées d'un certain nombre d'autres.

Voilà, à mon avis, les considérations qui, chez des hommes politiques au sens le plus élevé du terme, c'est-à-dire qui envisagent la conduite des hommes non pas seulement suivant les tendances du moment ou quelque passion – à plus forte raison – mais avec la raison, avec la froide raison qui doit commander la politique, laquelle est l'art des réalités. Voilà, dis-je, des considérations qui ne peuvent être absentes de votre pensée et dont je sais qu'elles ne le seront pas. J'ai considéré comme un devoir de les énoncer ici, sachant que je trouverais aussitôt votre accord et me réjouissant de le trouver.

Mais il est un dernier point sur lequel il m'appartient d'attirer votre attention : c'est la situation relative de la Nouvelle-Calédonie et de la France au point de vue de ce qui est la solidarité française.

À l'heure qu'il est, il est tout à fait vrai – et monsieur le président l'a d'ailleurs évoqué très justement – il est tout à fait vrai que la France traverse une période difficile. Les raisons en sont infiniment explicables. Je n'y reviens pas. Le fait est là. Mais il n'en est pas moins vrai que la France vit, que la France offre toutes sortes de signes de possibilités d'un redressement. Si vous voulez considérer ces possibilités – et je sais qu'elles sont chères à tous – vous vous rendrez compte de la réaction que ne peut pas manquer d'avoir sur la France, sur la métropole française, ce qui se passe outre-mer et, je le dis, ce qui se passe en particulier chez vous. Le sentiment que la métropole a de la solidarité profonde de la Nouvelle-Calédonie avec elle est un élément important, je vous assure, du redressement français et, inversement, l'idée que la métropole pourrait – mais c'est invraisemblable – avoir d'une sorte de détachement du territoire par rapport à elle serait un élément d'abaissement, de découragement de la métropole qui serait nuisible à tous et dont, certainement, vous êtes les premiers à ne pas vouloir.

Ces considérations-là, je vous les livre telles que je les ressens moi-même. Je vous les livre comme un homme dont vous savez qu'il est profondément désintéressé, sauf dans la matière qui nous est commune à tous, je veux dire, dans la matière humaine et dans la matière nationale.

(Vifs applaudissements)

Je vous les ai indiquées de toute ma sincérité en ajoutant pour conclure que je suis plus persuadé que personne – et j'ose dire en connaissance de cause pour avoir traversé moi-même avec la France beaucoup d'épreuves – plus persuadé que personne de l'avenir de notre pays. Il y a là, à mon sens, non pas de ma part un acte de foi instinctif, non, il y a là, je vous assure, une pensée parfaitement raisonnée qui tient compte non pas seulement de ce que nous avons vécu et dont nous avons su sortir, mais qui tient compte aussi de ce que je vois des réalisations et des virtualités de la France partout, quels que soient les difficultés, les obstacles, les erreurs, quelles que soient les défaillances. Il y a aussi la conscience de ce que nous valons par rapport aux autres car, après tout, le monde c'est nous et les autres. Il n'y a nulle part, je vous en prends à témoin, aucun signe d'une infériorité organique de la France par rapport à qui que ce soit. Il peut y avoir sans doute, dans la période actuelle, certaines différences de moyens. Les moyens ce sont des choses qui passent, nous le savons bien, d'autres le savent comme nous, – mais ce qui ne passe pas, c'est la capacité humaine. Or, à ce point de vue, qui contient en germe tous les autres, notre capacité humaine ne le cède à celle d'aucun autre pays.

(Vifs applaudissements)

C'est donc, messieurs, en toute confiance dans notre avenir et notre avenir commun, que je suis venu en Nouvelle-Calédonie. Je ne vous dissimulerai pas à quel point j'ai été saisi, impressionné et j'ajoute touché, par ce que j'y ai vu, non seulement au point de vue des réalisations qui existent et qui font de votre pays, de votre territoire, un territoire en plein essor, mais aussi dans ce que j'y ai vu des hommes et cela, vous le savez, m'est plus sensible que tout.

C'est pourquoi la présente séance du Conseil général à laquelle j'ai l'honneur d'assister ne fait que me confirmer dans le sentiment que j'emporterai de vous, en moi-même, vers la France. Je vous en remercie en mon nom. Je vous en remercie en son nom.

Vive la Nouvelle-Calédonie !
Vive la République !
Vive la France !

Message aux îles Loyauté du 15 septembre 1956 [inédit]

En raison du mauvais temps persistant je ne puis me rendre aux îles Loyauté. J'en éprouve un profond regret. À la chère population des îles, aux chefs, aux élus, aux administrateurs, j'adresse le salut de la France. J'y joins mon témoignage pour le magnifique concours que les îles Loyauté, comme la Nouvelle-Calédonie tout entière, m'ont apporté au service de la France pendant la guerre mondiale.

J'y joins aussi l'assurance de ma confiance en l'avenir malgré les difficultés du présent. En avant vers le progrès dans l'union des efforts et la fraternité des âmes !

Vivent les îles Loyauté !
Vive la Nouvelle-Calédonie !
Vive la France !

Général de Gaulle

À Pierre de Gaulle [inédit]

Le 17 septembre 1956

Mon bien cher Pierre,

J'ai trouvé ta si affectueuse lettre de souhaits en revenant de La Celle où nous avions, Yvonne et moi, emmené pour quelques jours Jacques Vendroux et sa femme afin de leur changer les idées. Je te remercie, du fond du cœur, de tes vœux et de l'expression que tu leur as donnée. Sois bien sûr que le sentiment que j'ai, depuis le début du drame français, de me trouver en pleine et entière communauté de pensée et d'action avec toi m'est infiniment précieux. C'est une raison de plus pour moi et pour les miens de t'aimer beaucoup ainsi que Madeleine et vos chers enfants. Puisse donc 1956 vous rendre aussi heureux qu'on peut l'être en ce monde !

Au revoir, mon bien cher Pierre. Partage, je te prie, avec Madeleine et les enfants les profondes affections d'Yvonne et les miennes.

Ton frère : Charles

Au capitaine de corvette de Gaulle, aéronautique navale d'Hyères (Var)

22 septembre 1956

Mon cher Philippe,

La nouvelle lamentable de la mort du petit Thierry[1] attriste profondément les jours où ta Maman et moi reprenons notre vie de Colombey.

Si l'on avait mené quelque opération sur le canal, il n'eût pas été mauvais que tu y prisses part, notamment sous la forme d'un élément d'état-major destiné à éclairer le Gal B.[2] quant à la coopération avec l'aéronavale française et britannique. Mais il était bien clair d'avance qu'on ne déclencherait rien.

Je te raconterai le voyage en Guyane, Antilles, Pacifique, Djibouti. Ce fut vraiment magnifique et très émouvant.

À bientôt, mon cher Philippe. Je t'embrasse de tout mon cœur.

Ton Papa très affectionné

[PS] Ci-joint pour aider à votre déménagement.

---

1. Enfant d'Olivier de Gaulle, fils de Pierre, frère du Général.
2. Général d'armée Beaufre, commandant le corps expéditionnaire français à Suez.

À Jules Jeanneney, à Rioz (Haute-Saône)

22 septembre 1956

Cher Monsieur le président,

Je suis profondément touché par votre aimable lettre[1] au sujet de *l'Unité*, et très heureux d'avoir votre approbation.

Je vous prie de croire à mon fidèle dévouement.

Au comte de Paris[2]

2 octobre 1956

Monseigneur,

Les fiançailles du prince Henri ainsi que celles de la princesse Hélène, dont Vous m'avez fait l'honneur de m'annoncer la nouvelle, vont inspirer la joie et l'espérance de la France.

Ma femme et les miens se joignent à moi pour exprimer à Vous-même, Monseigneur, et à Mme la comtesse de Paris, nos vives et respectueuses félicitations.

Je Vous prie, Monseigneur, de bien vouloir agréer l'hommage de mon profond dévouement.

Note à Xavier de Beaulaincourt[3]

[s.d] *octobre 1956*

Je voudrais avoir le texte d'une ode[4] de Paul Claudel, composée à la Libération et qui fut lue en ma présence au Théâtre-Français dans l'hiver 44-45 au cours d'une séance consacrée aux poètes de la Résistance. Thème : mais alors ? tout redevient donc possible ?

---

1. Lettre manuscrite, bien que le président Jeanneney fut devenu presque aveugle.
2. Un télégramme du comte de Paris annonce au Général les fiançailles du prince Henri avec la duchesse Marie-Thérèse de Wurtemberg et de la princesse Hélène avec le comte Evrard de Limbourg-Stirrum.
3. Chargé du secrétariat particulier.
4. L'ode dédiée par Paul Claudel au général de Gaulle en septembre 1944 se trouve en annexe du troisième tome des *Mémoires de guerre* que ce dernier était en train de rédiger.

À André Clément[1], à Nantes

10 octobre 1956

Mon cher président,

Par la pensée et la prière, je m'associerai, le 21 octobre, à l'hommage que les anciens du « Réseau d'Estienne d'Orves[2] » vont rendre à la mémoire de leur chef et de leurs compagnons de combat morts pour la France.

Veuillez le dire à vos camarades et leur transmettre en même temps mon salut très amical.

Croyez, mon cher président, à mes sentiments cordialement dévoués.

À Jean-Annet d'Astier de La Vigerie

11 octobre 1956

Mon cher d'Astier,

Le grand chagrin qui vous frappe est aussi mon chagrin. J'avais pour le général d'Astier de La Vigerie[3] une profonde amitié scellée dans ces jours d'épreuve où l'on peut voir le fond des âmes et mesurer au juste les valeurs.

Il n'a jamais servi que la France et il l'a fait toujours avec une noblesse, une sincérité – qui n'excluaient pas l'habileté – dont, jusqu'à ma dernière heure, je garderai, comme d'ailleurs beaucoup d'autres, le clair et réconfortant souvenir.

C'est vous dire avec quelle émotion je porte mes pensées vers vous et vers les vôtres. Veuillez être, mon cher d'Astier, assuré de mes sentiments très cordialement et tristement dévoués.

---

1. Président de l'amicale du réseau d'Estienne-d'Orves.

2. Le lieutenant de vaisseau d'Estienne d'Orves qui avait rallié la France Libre, en Grande-Bretagne, avait constitué le tout premier réseau de résistance en France occupée en décembre 1940. Trahi, arrêté par les Allemands au début de l'année suivante, il fut fusillé au Mont-Valérien près de Paris le 29 août 1941.

3. Le général d'armée aérienne (CR) François d'Astier de La Vigerie avait été commandant des Forces aériennes du front Nord en 1940, devint commandant des Forces françaises libres en Grande-Bretagne de 1942 à 1944 puis ambassadeur au Brésil en 1945. Il était frère d'Emmanuel d'Astier de La Vigerie qui avait fondé le mouvement de résistance Libération-Sud, devint membre du Conseil national de la Résistance, et s'opposait politiquement au général de Gaulle depuis 1945.

Au capitaine de corvette de Gaulle, aéronautique navale d'Hyères (Var)[1]

13 octobre 1956

Mon cher Philippe,

Ce qui a lieu, pour l'affaire de Suez, ne permettra bientôt plus à qui que ce soit de faire croire que l'action est compatible avec le régime. Celui-ci va donc renoncer bientôt aux apparences de préparatifs. Il faut penser que les travaux de l'École de guerre navale reprendront avant peu[2].

Cependant, tout l'ensemble : Algérie – Suez – etc., suscite dans d'assez larges milieux une émotion et des réactions que je n'avais pas constatées depuis dix ans. Cela est vrai, notamment dans l'armée (surtout en Afrique du Nord). On va voir. Je verrai.

À bientôt, mon cher Philippe.

Toutes mes profondes affections et celles de Maman, à toi, à Henriette et aux enfants.

Ton Papa

À Gérard Boud'Hors, aux Andelys (Eure)

15 octobre 1956

Cher Monsieur,

Laissez-moi vous redire, ainsi qu'aux vôtres, quel souvenir je garde du général Boud'Hors[3]. Il avait été mon chef dans les plus durs moments de la Grande Guerre et, à maintes reprises, je m'y étais trouvé tout à fait à ses côtés. Cet homme de cœur et d'honneur m'avait inspiré, alors, un respect, une estime, une affection dont rien n'aurait pu effacer l'empreinte. Mais il se trouva, par surcroît, qu'au long des années qui suivirent, votre père ne cessa jamais de me marquer une bienveillance amicale qui me touchait profondément. Il se trouva enfin que le général Boud'Hors fut littéralement des miens dans la mission nationale que le destin m'imposa. Tout cela, je ne l'oublierai pas tant que Dieu m'accordera la vie.

Il est à présent aux rivages de la divine lumière, où votre si regrettée Mère l'a précédé de si peu de jours. À lui et à elle, vont mes pensées respectueuses et mes prières. Ma femme, pour qui tous deux s'étaient, de tout temps, montrés si attentionnés, se joint à moi de tout cœur.

1. En fait l'intéressé se trouvait aux environs d'Alger, d'Oran, d'Arzew, etc.

2. La promotion d'École de guerre navale reçue en mai 1956 et dont faisait partie le capitaine de corvette de Gaulle avait vu son entrée à l'école retardée et ses officiers envoyés en renfort d'états-majors opérationnels en Afrique du Nord ou en France.

3. Ancien colonel du 33e régiment d'infanterie en 1915-1916, régiment de Charles de Gaulle.

J'ai chargé le colonel de Bonneval de vous dire, cher Monsieur, quelle aura été ma peine de ne pouvoir assister aux derniers devoirs rendus au général Boud'Hors. Comme vous le savez, j'ai dû me fixer comme règle de ne jamais paraître à aucune cérémonie. En cette triste occasion, la règle m'est une pénible épreuve.

Veuillez, cher Monsieur, recevoir et partager avec les vôtres mes sentiments et souvenirs bien dévoués et très attristés.

Texte manuscrit d'un télégramme à l'archevêché de Toulouse (Haute-Garonne)

6 novembre 1956

Très ému par la mort du cardinal Saliège[1], je salue avec respect sa grande mémoire. La France gardera le souvenir de ce prélat qui l'a si bien servie aux jours des plus grands périls. J'unis mes prières à celles du diocèse de Toulouse.

À Pierre de Boisdeffre[2]

14 novembre 1956

Mon cher Boisdeffre,

J'ai été content de vous voir.

Pour ce qui est de l'ouvrage dont j'ai lu les épreuves, je tiens à vous dire que j'ai beaucoup apprécié l'ensemble dû à Georges Cattaui. Quant à la diffusion, ce que vous ferez sera bien fait.

Croyez, mon cher Boisdeffre, à mes sentiments bien cordialement dévoués.

À Jean Guitton[3]

27 novembre 1956

Monsieur le professeur,

Avec le plus vif intérêt j'ai lu votre ouvrage : *Invitation à la pensée et à la vie* que vous m'avez adressé. J'admire comment, de la triste captivité, vous avez su faire jaillir une philosophie d'une aussi haute qualité.

---

1. Né en 1870, le cardinal Saliège montra une attitude résolue contre les Allemands durant la guerre et avait accueilli le général de Gaulle à Toulouse en septembre 1944.
2. M. de Boisdeffre était venu présenter un volume consacré à Charles de Gaulle dans la nouvelle collection « Témoins du XXe siècle » qu'il dirige aux Éditions universitaires, ouvrage dont il demande l'autorisation de diffusion par Plon.
3. Professeur de philosophie à la Sorbonne.

Pendant la grande épreuve nationale, vous étiez, d'esprit, éloigné de moi. Peut-être l'êtes-vous moins aujourd'hui, dès lors que sont venus à vous certains cris et certaine lumière.

Soyez assuré, en tout cas, que je tiens votre pensée et votre talent pour du bien précieux de la France et veuillez croire, Monsieur le professeur, à mes sentiments très distingués et bien dévoués.

Au professeur Charles Oulmont

23 décembre 1956

Mon cher maître,

Si loin que je me trouve de tout, j'avais appris que vous aviez reçu la rosette et m'en étais vivement réjoui par esprit de justice, par amitié et pour l'honneur du navire.

Je ne vous en avais pas félicité parce que c'est, pour moi, un principe de ne rien dire à ceux, si chers qu'ils me soient, à qui viennent des distinctions que je ne leur aurai pas moi-même conférées.

Tous mes vœux, les meilleurs, vont à vous, mon cher maître. J'y joins l'assurance de mes sentiments bien cordialement dévoués.

À l'amiral Thierry d'Argenlieu

29 décembre 1956

Mon cher ami,

Et moi aussi, je vous adresse mes vœux, les plus sincères, les meilleurs. Je souhaite pour vous, en particulier, que le séjour et la paix d'Avon vous facilitent l'œuvre, le mémorial, que vous avez entrepris. Ce que nous laisserons à ceux qui nous suivent comptera pour beaucoup ou pour peu suivant ce que Dieu voudra. Mais nous devons le laisser en ordre, sincère et bien éclairé.

Je recommande à votre prière mon beau-frère Alfred Cailliau mort il y a trois jours chez lui, à Sainte-Adresse. Il avait élevé le mieux possible ses sept enfants. Il avait toujours été « des nôtres » très profondément et fut déporté à Buchenwald.

Au revoir, mon cher ami. Je vous demande de croire à mes sentiments bien fidèlement dévoués.

Au R. P. Raymond Bruckberger

29 décembre 1956

Mon révérend père,

Très touché de vos vœux, je vous adresse les miens, les meilleurs, les plus sincères. Comme il arrive dans les mauvaises heures, les pensées de ceux qui croient et qui espèrent vont les unes vers les autres. C'est vous dire que je pense à vous en cette fin d'année qui fut cruelle à la France et au seuil de la nouvelle qui le sera, elle aussi.

Mais Dieu veut qu'en dehors de la France on ne voie rien qui puisse séduire. Alors, nous gardons notre chance, n'est-ce pas ?

Je vous prie de croire, mon révérend père, à mes sentiments d'amitié respectueuse et dévouée.

1957

La faiblesse des pouvoirs publics persiste durant l'année 1957 et les empêche pratiquement d'appliquer les statuts ou projets ou d'exploiter les mesures votées par une Assemblée nationale aussi omnipotente qu'impuissante devant de multiples et graves événements nationaux et internationaux. Ainsi les traités du Marché commun et de l'Euratom devront-ils attendre le retour au pouvoir du général de Gaulle pour recevoir un réel commencement d'application.

Au gouvernement Guy Mollet, renversé en mai, succède en juin celui de M. Bourgès-Maunoury (radical) après les tentatives de MM. Pflimlin, Pinay et Guy Mollet.

En Algérie les Français conservent dans l'ensemble l'avantage militaire sur une rébellion qui se manifeste essentiellement par des bombes, des assassinats individuels ou des massacres collectifs le plus souvent effectués par raids à partir des frontières marocaines et surtout tunisiennes, les zones montagneuses des Aurès et de l'Atlas saharien, ou les confins désertiques de ces dernières.

La « bataille d'Alger » est néanmoins perdue pour la subversion sous l'action énergique des forces de l'ordre confiées au général Massu.

Les attentats exaspèrent au point que des « comités de salut public » commencent à se former ici et là, et qu'un tir de bazooka est perpétré par des « ultras » contre l'état-major à Alger du général Salan, jugé trop mou.

À l'étranger la presque totalité des puissances est plus ou moins ouvertement favorable à l'indépendance de l'Algérie, États-Unis compris.

Le 20 juin, le chef du gouvernement tunisien, M. Bourguiba, déclare à propos de l'Afrique du Nord que le « général de Gaulle pourrait être la chance ultime pour obtenir de l'opinion française qu'elle comprenne et qu'elle accepte cette grande reconversion, sans aucun sentiment de frustration ou d'humiliation, et pour réussir cette construction nouvelle ». Mais le Général, qui n'a pu obtenir de bonnes institutions ni des politiques qui ont formé la IVe République ni par tous les efforts déployés ensuite avec le Rassemblement du peuple français qui a été obligé d'abandonner en septembre 1956, est plus que jamais sceptique sur les possibilités de gouverner efficacement, et en particulier sur les siennes, tant que les Français n'auront pas compris qu'il faut d'abord adopter une Constitution convenable.

Il pense que son rôle politique est terminé dans un avenir prévisible et qu'il est redevenu un personnage privé qui se consacre désormais à la rédaction de ses Mémoires. C'est ce qu'il répond aux regrets que lui en expriment beaucoup de ses plus fidèles partisans qui le pressent d'intervenir et s'attristent ou s'irritent de ne plus militer.

Toutefois l'Afrique qu'il veut mieux connaître continue à le préoccuper au premier chef et, faute de pouvoir se rendre en Afrique du Nord, il effectue un voyage au Sahara du 10 au 18 mars qui l'amène d'Orly à Colomb-Béchar, à Hammaguir, aux mines de Kenadsa, à Tindouf, Atar, Fort-Gouraud, Tamanrasset, Assekrem, Edjele, Ouargla, Hassi-Messaoud et Ghardaïa.

Enfin du 18 au 26 octobre, il se rend à titre privé à Calais, au Mont-Saint-Michel, à Quimper, à la pointe du Raz, à Vannes et à Guérande.

À Madame Jacques Vendroux

1er janvier 1957

Ma chère Cada,

Les vœux que je forme pour vous, pour Jacques, pour les vôtres, au moment où commence l'année nouvelle, sont, je vous demande de le croire, profondément sincères et affectueux. Il en est, certes, de même de ceux d'Yvonne.

J'ai été bien touché de recevoir votre mot dimanche, sur le chemin qui nous menait à la triste cérémonie de Sainte-Adresse[1], d'où nous sommes rentrés hier soir pour regagner Colombey tout à l'heure.

Élisabeth se fait une grande joie – elle n'en a pas beaucoup, la pauvre – d'aller à Calais ces jours-ci et de profiter de vous.

---

1. Au cimetière de Sainte-Adresse aux environs du Havre se trouvent les sépultures de Henri et Jeanne de Gaulle, parents du Général, de M. Alfred Cailliau, époux de Marie-Agnès de Gaulle, sœur du Général, mort d'infirmités contractées durant sa déportation à Buchenwald, du lieutenant Charles Cailliau, fils de Marie-Agnès, tué le 21 mai 1940 sur la Somme ; de Denys Cailliau, fils de Marie-Agnès, décédé à dix-huit ans d'une épidémie à la fin de la guerre.

À bientôt, j'espère, ma chère Cada. S'il vous plaît, partagez avec Jacques toutes nos meilleures affections.

Votre frère Charles

Au président Jules Jeanneney[1]

3 janvier 1957

Cher Monsieur le président,

Il n'est pas de souhaits qui m'honorent et me touchent autant que les vôtres. Mes vœux vont à vous et sont, je vous assure, les meilleurs et les plus fidèles. J'y confonds ceux que je forme pour les vôtres. Et je sais bien que vous et moi désirons pour la France la même chose, du même cœur.

J'espère avoir le plaisir de vous voir prochainement et vous prie de croire, cher Monsieur le président, à mes sentiments profondément dévoués.

À Léon Noël

3 janvier 1957

Cher Monsieur l'ambassadeur,

De tout cœur, je vous remercie de vos vœux qui m'ont touché. Je vous demande de croire que ceux que je forme pour vous, pour Mme Léon Noël, pour les vôtres, sont profondément sincères. Ma femme y joint ses meilleurs souhaits.

Votre citation[2] de Joseph de Maistre au sujet de l'effet produit par toute grande révolution sur ceux-là mêmes qui lui résistent est tout à fait frappante. À lire les journaux d'Occident, à entendre les propos, à écouter la radio, où l'on nous fait constamment l'exégèse des divers chemins qui mènent au socialisme, on s'aperçoit, en effet, des conséquences énormes produites dans les esprits par les révolutions communistes.

Veuillez être assuré, cher Monsieur l'ambassadeur, de mes sentiments d'amitié fidèle et dévouée.

---

1. Cette lettre du Général répond à la dernière lettre du président Jeanneney qui, né en 1864, décédera dans l'année.

2. M. Léon Noël avait fait un parallèle entre les grandes révolutions et « les fausses opinions » dont parlait Joseph de Maistre (1753-1821) dans le premier de ses entretiens des *Soirées de Saint-Pétersbourg* : « Les fausses opinions ressemblent à de la fausse monnaie qui est frappée d'abord par de grands coupables et dépensée ensuite par d'honnêtes gens qui perpétuent le crime sans savoir ce qu'ils font. »

Au général d'armée (CR) Jean Goislard de Monsabert[1]

3 janvier 1957

Mon cher général,

De tout cœur, merci de vos vœux dont j'ai été très touché. Je vous adresse les miens, les meilleurs, pour vous et pour Mme de Monsabert. Ma femme y joint ses propres souhaits et souvenirs.

J'ai confiance en l'avenir de la France. Mais, avant que le redressement commence, tout donne à croire qu'il faudra vider le calice. En 1957, nous boirons encore beaucoup de lie.

Veuillez, mon cher Monsabert, présenter à Mme de Monsabert, mes très respectueux hommages. Pour vous, l'assurance de ma bien fidèle amitié.

À Pierre Jean Jouve

4 janvier 1957

Mon cher maître,

Vous m'avez envoyé cet ouvrage parfait, votre version française des *Sonnets* de Shakespeare. On y trouve votre poésie liée à la sienne, votre talent mêlé au sien.

Que puis-je vous adresser en échange, sinon les vœux, les meilleurs, que je forme pour vous et pour votre œuvre au début de cette année ?

Avec, mon cher maître, l'assurance de mon admiration fidèle et dévouée.

À Pierre Lefranc[2]

5 janvier 1957

Mon cher Lefranc,

Merci de vos vœux, qui m'ont touché. Je vous adresse les miens, les plus cordialement sincères. Pour la France, nous lui souhaitons, vous et

1. Compagnon de la Libération, ancien commandant de la 3e division d'infanterie algérienne en Italie et en Provence, du 2e corps d'armée en Alsace et en Allemagne, député des Basses-Pyrénées de 1951 à 1955.

2. M. Pierre Lefranc, l'un des organisateurs de la première manifestation à l'Arc de Triomphe le 11 novembre 1940 au cours de laquelle il fut blessé et arrêté par les Allemands, avait rejoint le mouvement de résistance Combat. Passé en Grande-Bretagne via l'Espagne en mai 1943, il fit partie de la « Promotion du 18 Juin » des officiers de la France Libre, fut parachuté dans les maquis de l'Indre au débarquement allié de 1944. Il milita au RPF dès sa fondation en avril 1947 et y avait été nommé secrétaire national des Jeunes et Étudiants en septembre 1951.

moi, la même chose. Mais je crains que cette année lui soit dure. Pourtant, il semble que quelque chose commence à bouger.

Soyez assuré, mon cher Lefranc, de mes sentiments bien amicalement dévoués.

À André Astoux

9 janvier 1957

Mon cher ami,

Vos vœux m'ont touché. Je vous en remercie et vous adresse les miens, les meilleurs, auxquels ma femme joint ses propres souhaits, pour vous, pour Mme Astoux, pour vos enfants.

L'année sera, hélas ! dure à la France. Mais il me semble que, peu à peu, les Français commencent à la rejoindre. Le redressement sera possible dès que ce sera fait.

À bientôt, j'espère. Veuillez présenter à Mme Astoux mes très respectueux hommages. Pour vous, mon cher ami, l'assurance de mes sentiments bien fidèlement dévoués.

À Jacques Reboul, à Tanger (Maroc)

10 janvier 1957

Cher Monsieur,

Vos réflexions sur la conjoncture présente m'ont intéressé, elles rencontrent en bien des points ce que je pense moi-même.

Quant aux « combinaisons politiques » auxquelles vous faites allusion, elles se situent, vous n'en doutez pas, dans un univers qui n'est absolument pas le mien.

Recevez mes vœux les meilleurs pour 1957 et croyez, cher Monsieur, à mes sentiments de bien cordial dévouement.

À André Siegfried, de l'Académie française

17 janvier 1957

Mon cher maître,

De la IIIe à la IVe République est un livre de grande valeur. À votre manière, essentiellement désireuse d'être lucide, vous y avez éclairé la masse des faits, recherché les constantes et les enchaînements, dressé une philosophie de l'Histoire politique. Bien que mon jugement s'écarte parfois du vôtre, je ne laisse pas d'admirer ce que l'ouvrage a de magistral. Laissez-moi ajouter que j'ai été sensible à la noble dédicace que vous m'avez adressée.

Quant aux événements, la façon dont ils sont rapportés et interprétés dans un livre qui trace une thèse est naturellement sujette aux controverses. D'une manière générale, je me garderai d'y entrer. Comment pourrais-je, cependant, éviter de contester au moins un fait qui est d'importance. Il s'agit de ce que vous avancez (page 149) à propos des communistes qui auraient, ainsi que les « gaullistes », (je pense que vous voulez dire le général de Gaulle car, à l'époque les « gaullistes » étaient partout et nulle part) recommandé le rejet de la Constitution de 1946 lors du suprême référendum.

Étant donné que les députés communistes ont voté unanimement cette constitution ; que le parti communiste a formellement invité les électeurs à la ratifier, comme le firent avec lui et, je puis le dire, contre moi le parti socialiste, le MRP[1] et, du côté modéré, *le Figaro* ; qu'aujourd'hui encore les communistes s'opposent constamment et absolument à tout changement que qui que ce soit propose d'apporter à cette constitution ; que ce sont là des faits notoires et très faciles à vérifier, je ne puis me résoudre, mon cher maître, à vous voir les présenter de la façon que vous faites.

Cela ne saurait, d'ailleurs, m'empêcher d'apprécier hautement l'ensemble de votre ouvrage auquel j'ai pris, je le répète, un très vif intérêt.

Veuillez croire, mon cher maître, à mes sentiments les plus distingués et sincèrement dévoués.

Au vice-amiral d'escadre Paul Ortoli[2]

23 janvier 1957

Cher amiral,

Ma pensée sera le 29 janvier près de vous et de nos Compagnons réunis pour célébrer l'anniversaire de la fondation du Conseil de l'ordre de la Libération.

Vous voudrez bien être mon interprète auprès d'eux, en les assurant de mon souvenir amical et en leur transmettant mon bien cordial salut.

Il me paraît très heureux que cette réunion d'anniversaire soit la première que vous présidiez depuis que vous assumez les fonctions actives de chancelier de l'ordre.

Je vous redis à cette occasion toute ma confiance et je vous prie de croire, cher amiral, à mes sentiments amicalement dévoués.

1. Mouvement républicain populaire.
2. Ancien des Forces navales françaises libres, chancelier de l'ordre de la Libération.

À Lucien Vasseur

23 janvier 1957

Mon cher professeur,

Laissez-moi vous remercier de votre aimable lettre à l'occasion de l'année nouvelle et de l'envoi qu'elle annonçait.

J'ai lu vos conférences avec intérêt et j'ai apprécié le patriotisme fervent dont elles sont l'expression.

Je leur souhaite le meilleur succès, formant en même temps pour vous-même les vœux les plus sincères.

Croyez, mon cher professeur, à mes sentiments très distingués et cordialement dévoués.

À Jules Houcke

24 janvier 1957

Mon cher ami,

Je ne comprends que trop bien votre inquiétude et celle de vos collègues du conseil de gérance de *la Voix du Nord*, quant à la situation de notre pays, et je ne puis qu'être sensible au geste que vous et eux accomplissez vers moi, en la conjoncture. Excusez-moi cependant de répondre négativement à votre demande d'une interview que j'accorderais au très distingué et estimé M. Decout.

En effet, j'ai résolu, dans les conditions où je me trouve, de ne pas faire de déclarations à la presse. N'ayant aucun moyen d'action, les mots que je lancerais ne seraient que des mots, c'est-à-dire rien en face des problèmes qui étreignent un État fait pour tout autre chose que les résoudre.

Veuillez croire, mon cher sénateur, à mes sentiments d'amitié fidèle et dévouée.

À Bernard de Gaulle, à Paris

2 février 1957

Mon cher Bernard,

C'est du fond du cœur que nous nous associons, ta tante Yvonne et moi, à la joie que vous apporte à Sylvie et à toi-même la naissance de la petite Cécile. Nous espérons que tout va très bien pour le bébé et pour sa Maman et nos vœux vont à vous tous.

Je suis content de voir, mon cher Bernard, que ta carrière se développe comme tu le mérites et comme il le faut. Pour le moment, faute que la « conjoncture » offre vraiment d'autres moyens de servir notre pays, c'est en accomplissant une tâche productive et en élevant une famille qu'un jeune Français est le plus utile.

Je t'embrasse, mon cher Bernard. Partage avec Sylvie et vos enfants mes meilleures affections. À ta Maman qui est auprès de vous, veuille en offrir une part.

Ton oncle Charles

À Roger Barberot[1] [inédit]

12 février 1957

Mon cher Barberot,

Merci de vos vœux. Ceux que je forme pour vous sont, je vous l'assure, très sincères. Votre lettre m'a touché. Comment serais-je indifférent au drame de votre foi et de votre espérance françaises ? Ce drame est aussi le mien[2].

À Christian Fouchet[3]

12 février 1957

Mon cher Fouchet,

Ni à Colomb-Béchar ni à Tindouf, je ne manquerai de porter ma pensée, mon souvenir et mon regret sur votre frère le colonel Fouchet[4] mort au service de la France et au sujet de qui vous m'avez si noblement écrit.

Dans l'espèce de course qui est engagée entre les chances de la France et le régime qui les lui fait perdre, je vais passer au Sahara qui pourrait, si les Français le voulaient, nous ouvrir un grand avenir. Ceux qui, comme Paul Fouchet, firent le Sahara seront, pendant ce voyage, sans cesse présents à mon esprit.

Croyez, mon cher Fouchet, à mes sentiments amicalement dévoués.

Apostille[5]

Ne pas répondre.

Qu'ils s'arrangent avec « le président de la République... »

1. Ancien des Forces françaises libres, Roger Barberot rejoint le RPF en 1947. Il est démobilisé en 1957 à la suite de ses prises de position critiques à l'égard du gouvernement dans la conduite de sa politique en Algérie où il sert depuis 1956 sous les ordres du général de Bollardière.

2. La fin de la lettre manque.

3. Ancien de la France Libre et notamment des campagnes du Tchad et du Fezzan en 1941. Membre du RPF et député de Paris.

4. Le colonel Paul Fouchet, mort dans l'accident de l'avion du général Leclerc le 28 novembre 1947, fut de nombreuses fois cité entre 1924-1932 au temps de « l'escadron blanc » qui opéra dans la Saoura depuis Tindouf dont il devint le commandant des troupes sahariennes avant la guerre.

5. Sur une motion du 13 février 1957 de la Section des FFL, 2e DB et FFC de Cannes protestant contre la nomination du général Speidel, ex-chef d'état-major du commandant des troupes allemandes occupant Paris, au poste de « commandant des Forces alliées terrestres Centre Europe ». Réflexion quelque peu injuste pour cette Section.

À André Gillois

21 février 1957

Mon cher André Gillois,

Votre aimable insistance me touche beaucoup.

Je suis sûr que votre nouvelle pièce[1] m'aurait transporté ! Mais je ne puis me départir de la règle que je me suis fixée. Cela ne m'empêche, certes pas, de porter mes vœux vers votre succès et celui de votre œuvre.

Veuillez, mon cher André Gillois, être assuré de mes sentiments amicalement dévoués.

À Edmond Michelet[2]

22 février 1957

Mon cher ami,

Ne vous affligez pas et ne m'en veuillez pas. Je serai très heureux de vous revoir. Mais je préfère que ce soit dans quelques jours. Voici pourquoi.

Je me mêle, moins que jamais, des affaires. Des gens, partout, sont aux aguets quand je vais, par hasard, à Paris, pour savoir qui j'ai vu et en tirer hypothèse de leur façon. Or, justement, vous étiez à la délégation de New York…

J'avoue que ces choses m'exaspèrent. Pour les éviter, j'ai le chagrin de différer un peu notre entretien. Mon cher ami, je vous demande de l'accepter et de croire à mon fidèle dévouement.

À Madame François Ingold

25 février 1957

Chère Madame,

Ma femme m'a remis la lettre que vous lui avez écrite. Tel que je connais le général Ingold, je ne puis douter qu'il « marquerait » au Conseil de l'Union française aussi bien qu'ailleurs, et ce n'est pas peu dire. Si j'ai l'occasion de le voir et qu'il m'en parle, je lui répéterai cela. Mais vous savez, chère Madame, que je ne me mêle absolument plus de ce qui se passe dans le régime et ses organismes politiques.

Je vous prie d'agréer, chère Madame, mes hommages les plus respectueux.

---

1. *Polydora*, pièce en trois actes jouée pour la première fois par la Comédie-Française, le 28 février 1957 à la salle Luxembourg.

2. Ancien résistant déporté à Dachau, ancien ministre, ancien député, ancien membre du Conseil de direction du RPF.

À madame Charles de Gaulle, à la Boisserie, Colombey-les-Deux-Églises (Haute-Marne)

11 mars 1957

Ma chère petite femme chérie,

Ce mot t'est écrit de Colomb-Béchar. Impression assez lourde et tendue par rapport à la rébellion algérienne et par rapport au Maroc tout voisin. Mais impression qui, localement, n'est pas mauvaise. Beaucoup de troupes (relativement). Les troupes ont bon aspect.

J'ai du chagrin d'être loin de toi pour la première fois depuis pas mal d'années. Mais l'ambiance d'ici, et celle qu'on me fait prévoir à Tindouf et à Atar, me confirment dans la certitude qu'il n'y avait pas d'autre possibilité. J'ai vu Lacoste[1] et Salan. Branet[2] m'accompagnera…[3]

Allocution au centre pétrolier d'Hassi-Messaoud[4], grand erg oriental (Sahara)

Dimanche 17 mars 1957

J'ai eu ici une impression excellente, d'abord à cause de ce que vous êtes les uns et les autres : vous êtes un ensemble cohérent, résolu, actif, convaincu, et je vous vois d'ailleurs en pleine euphorie, ce que tout justifie. Cette euphorie, eh bien ! je vous remercie de me la faire partager. C'est une très grande chose qui vient de naître, que vous avez mise au monde, et, tout simplement, une grande chance pour notre pays.

Nous avons rencontré bien des vicissitudes à travers notre histoire, des hauts et des bas, comme on dit. Il nous arrive quelquefois d'avoir de la chance, et je crois que celle-ci arrive au moment où il fallait absolument qu'elle arrivât.

Tout ce qui est puissance nous est nécessaire, sans quoi notre France ne serait pas la France, n'aurait pas l'influence, le rayonnement qui lui reviennent, et qu'il faut qu'elle exerce dans l'intérêt de tous les hommes. Cela ne serait rien, n'existerait pas sans la puissance et les éléments de la puissance. On est en train de les retrouver au Sahara. C'est d'une importance immense pour le Sahara lui-même, pour l'Afrique, l'Afrique du Nord, l'Afrique française, et pour la France.

---

1. Robert Lacoste, ministre résident à Alger, ancien du mouvement de résistance Libération-Sud où il a été délégué général pour la France Libre.
2. Lieutenant-colonel Branet, ancien de la France Libre, ancien de la division Leclerc en 1944-1945.
3. Le deuxième feuillet de cette lettre n'a pas été retrouvé.
4. Terminal sud de l'oléoduc qui remonte à Bône sur la Méditerranée par Touggourt, Biskra, M'Sila et la vallée de la Soummam.

Dans notre destin, cela peut tout changer, et je crois que cela commence déjà à tout changer. Le fait qu'on ait découvert ces richesses, ces sources de puissance nouvelles ici, va, j'en suis sûr, changer non pas seulement les conditions matérielles dans lesquelles notre pays lutte sur cette terre, mais aussi les conditions morales dans lesquelles les Français se trouvent ; et c'est pourquoi je salue, je salue de tout mon esprit et de tout mon cœur votre grande entreprise.

J'en attribue le mérite à vos sociétés, Société nationale des pétroles algériens, Compagnie française des pétroles. Je dois le dire aussi, à votre pays qui vous a enfantés, qui vous a formés et auquel, j'en suis sûr, vous n'avez jamais cessé de penser dans vos travaux et dans vos recherches.

Je lève mon verre à vous tous, messieurs, à vos sociétés, à votre présent et à votre avenir. Je lève mon verre à la France.

À Georges Pompidou[1]

20 mars 1957

Mon cher ami,

J'apprends que vous avez été promu officier de la Légion d'honneur. Sachez que je m'en réjouis bien vivement, regrettant seulement que je ne sois pas à même de vous conférer cette distinction moi-même.

D'accord pour que Plon verse les sept millions[2] en mensualités. Pour le dernier versement, il vaut mieux ne nous engager à rien pour le moment.

Voyage au Sahara, vraiment intéressant, notamment Fort-Gouraud et le fer. Je vous en parlerai.

Croyez, mon cher ami, à mes sentiments bien cordialement dévoués.

À Paul Robert[3]

31 mars 1957

Mon cher Paul Robert,

Votre *Dictionnaire*[4] me remplit d'admiration. Dans les deux premiers volumes, je vois couler autant de sources que vous avez traité de mots. En particulier, j'apprécie, en chaque occasion, les citations que vous avez choisies. Cette œuvre va rendre les plus grands services à tous ceux qui usent de la langue française avec le souci de la respecter et le désir

1. Maître des requêtes honoraire au Conseil d'État, directeur général de la banque Rothschild, administrateur de sociétés, ancien chargé de mission au cabinet du général de Gaulle au RPF.
2. Cette somme correspondrait à environ 70 000 francs de 1985.
3. Philologue et lexicographe.
4. Dictionnaire alphabétique et analogique de la langue française (7 volumes).

qu'elle les inspire. Laissez-moi vous en faire mon bien vif et sincère compliment.

J'ai été très sensible à votre dédicace et au souvenir qu'elle évoque. Veuillez croire, mon cher Paul Robert, à ma considération la plus distinguée et à mes sentiments les meilleurs.

À Madame G. Robert-Monod, à Arcachon (Gironde)

3 avril 1957

Chère Madame,

Vous me demandez de parler. Croyez-vous réellement qu'une nouvelle déclaration aurait plus d'effet que toutes celles que j'ai faites au cours des années passées ?

C'est maintenant aux Français, à ceux qui ressentent le même désarroi que vous, de manifester leur volonté de changement.

Je n'en suis pas moins sensible à votre témoignage, dont je vous remercie en vous priant d'agréer, chère Madame, mes hommages très respectueux.

À Rémy Roure[1]

3 avril 1957

Mon cher Roure,

J'avais lu, en manuscrit, avec beaucoup d'intérêt, le livre de M. E. Picquet-Wicks et je souhaite le plus grand succès à une œuvre qui glorifie la mémoire de Moulin, Brossolette, Labit et Scamaroni[2].

Ceci dit, vous comprendrez certainement que je me garde d'aller au *Figaro*.

Croyez, mon cher Roure, à mes biens cordiaux souvenirs.

Merci de votre aimable mention de mon récent voyage au Sahara.

À Pierre Lefranc

24 avril 1957

Mon cher ami,

J'ai été touché par votre lettre. Quand nous avons lancé notre Rassemblement, le pays était encore trop démoli moralement pour appuyer autre chose qu'une opération négative : écarter le parti communiste,

1. Journaliste.
2. Il s'agit vraisemblablement de *Quatre dans l'ombre* (Gallimard, 1957).

puisque celui-ci ne voulait décidément pas s'intégrer à la nation. Cette opération fut faite, effectivement.

Pour ce qui sera, un jour, positif, dès que le pays en deviendra capable (il le devient), le Rassemblement du peuple s'imposera comme l'unique solution.

Bien amicalement.

Au professeur Jean-Marcel Jeanneney[1], à Paris

29 avril 1957

Mon cher doyen,

La mort du président Jeanneney m'a causé un profond chagrin. Il était un homme pour qui j'avais la plus haute estime possible. Je l'ai connu au début du drame de 1940, et, tout de suite, je m'étais senti impressionné et réconforté par la force, la sérénité de son patriotisme. À mesure des événements, cette opinion alla se renforçant, tandis que le caractère, la « vertu » de votre père prenaient leur noble relief. Quand il devint mon collaborateur au gouvernement de la Victoire – lui qui fit celui de Clemenceau – je pus voir que nul ne serait plus droit, plus ferme, plus désintéressé que lui. Et vous savez combien me furent précieux les entretiens que j'eus avec lui, par intervalles, et les témoignages qu'il m'adressa, jusqu'en ces tout derniers mois.

C'est vous dire, mon cher doyen, que ma fidélité est acquise à la grande mémoire du président Jeanneney, qui servit si bien son pays. C'est vous dire quelle part je prends à votre deuil. Ma femme, qui a, elle aussi, connu votre père et votre mère, tient à joindre ses sentiments à ceux dont je vous adresse l'expression.

Veuillez croire, mon cher doyen, à ma sincère amitié.

Au colonel Léon Cuffaut, à Dakar (Sénégal)

2 mai 1957

Mon cher Cuffaut,

Ce que vous m'écrivez de la situation dans laquelle se trouve M. Arevian[2], et de la perte des souvenirs précieux qu'il avait réunis, m'a peiné.

Malheureusement, je ne puis intervenir comme je l'aurais fait en d'autres temps, car je n'exerce actuellement aucune action.

1. Agrégé de droit, ancien doyen de la faculté de droit de Grenoble.

2. M. Arevian, bienfaiteur des Forces françaises libres en Égypte, y avait édifié un sanctuaire à la mémoire des disparus du groupe aérien Normandie partis en URSS en 1943. Il vient d'être expulsé à la suite de l'affaire d'Égypte.

Je vous retourne la lettre de M. Arevian, à qui je vous demande de dire toute ma sympathie et je vous prie de croire, mon cher Cuffaut, à mes sentiments cordialement dévoués.

À l'empereur d'Éthiopie, Hailé Sélassié

15 mai 1957

Sire,

C'est avec une vive émotion que j'ai appris le deuil cruel qui vient d'atteindre Votre Majesté.

J'ai eu l'honneur de rencontrer Son Altesse Impériale le duc de Harar[1] lors de ma visite en Éthiopie, et ce souvenir me permet de mesurer toute l'étendue de la peine que Votre Majesté, Sa Famille et le peuple éthiopien doivent ressentir en ce moment.

Je prie Votre Majesté d'agréer l'expression de mes condoléances les plus vives et les plus émues. Je me permets d'y joindre, pour Sa Majesté l'Impératrice, mes hommages très respectueux et attristés, auxquels ma femme joint ses sentiments de profonde sympathie.

Au R.P. Ducattillon[2]

18 mai 1957

Mon révérend père,

J'apprends avec chagrin la mort du père Carrière[3]. Vous savez quel respect et quelle estime j'avais pour lui, qui m'avait « accompagné » tout au long de ma mission nationale. C'est vous dire quelle part je prends au deuil des siens et, d'abord, à celui de votre Ordre et au vôtre, mon révérend père. Je joins mon humble prière à celles qui s'élèvent vers Dieu à son intention.

1. Disparu dans un accident d'hélicoptère.
2. Prieur provincial de France de l'ordre des Dominicains.
3. Né en 1883, ancien soldat puis sous-lieutenant au 162e RI de Cambrai en 1914-1918, ancien supérieur de la Maison dominicaine du Caire, vice-président des Anciens combattants français d'Égypte, ancien de la France Libre, ancien vice-président (avec 60 voix sur 61) de l'Assemblée consultative d'Alger en 1943, ancien du RPF à Bois-Grenier et dans la ville martyre d'Asq.

À Maître Carlini

5 juin 1957

Mon cher Carlini,

On m'envoie une coupure du *Méridional*[1], relatant certains propos qui me seraient prêtés au sujet des « cendres du Maréchal » et que je n'ai jamais ni pensés ni prononcés.

Comme ce journal associe votre nom à cette histoire, je serais content que vous me disiez ce qu'il en est réellement.

À bientôt, je l'espère, et croyez, mon cher Carlini, à mes sentiments amicalement dévoués.

Au lieutenant-colonel Alain de Boissieu, en Algérie

10 juin 1957

Mon cher Alain,

J'ai été heureux de voir, d'après votre dernière lettre, que vous êtes encouragé et affermi par ce que vous faites sur place et par ce qui se passe autour de vous. Pour l'avenir de la France en Algérie, le danger n'est certainement pas d'ordre militaire. À beaucoup d'égards, c'est une consolation. On en a besoin, car l'inconsistance politique est, ici, plus manifeste et plus nuisible que jamais. L'obligation de trouver l'argent pour payer l'effort en Algérie et la perspective d'une espèce de mise en demeure des « Nations unies », pour nous contraindre à subir leur arbitrage, ne font que désagréger plus profondément encore ce qu'on appelle les « pouvoirs publics ». Pourtant, le fond de l'opinion française continue à s'améliorer, quoique avec une extrême lenteur.

Voilà, pour vous, la période des missions où, je le suppose, vous serez amené à vous déplacer plus encore qu'à d'autres moments. Il paraît donc indiqué que votre chère jeune femme revienne prochainement en France, comme vous et elle l'aviez projeté. D'autant plus que les attentats calculés semblent se multiplier et qu'il faut que vous gardiez tous deux votre liberté d'esprit. Dites, je vous prie, à Élisabeth, que j'aurai terminé ce mois-ci mon troisième chapitre. Elle pourra, quand elle viendra et en attendant votre permission en France, le taper tranquillement avec la fin du deuxième.

---

1. À l'occasion d'une réunion des Anciens de Verdun, le journal *Le Méridional – La France* du 16 mai 1957 avait prêté au Général l'intention d'admettre le transfert des cendres du maréchal Pétain à Verdun, idée qu'il a jugée abusive, puisque seuls ceux qui y ont été tués peuvent avoir leur sépulture dans un champ de bataille.

Les Philippe viennent de partir pour regagner Paris après trois jours de séjour à Colombey.

Au revoir, mon cher Alain. Votre Mère se joint à moi pour vous adresser à tous les deux nos profondes affections.

Votre Père

Au professeur Charles Oulmont

14 juin 1957

Mon cher maître,

Votre récente attention à mon égard m'a touché. Je vous en remercie et saisis cette occasion de vous dire que ma pensée vous est fidèle. À la radio, je vous entends et vous suis avec toujours plaisir et admiration.

Veuillez croire, mon cher maître, à mes sentiments bien cordialement dévoués.

À René Hostache, à Aix-en-Provence (Bouches-du-Rhône)

15 juin 1957

Mon cher Hostache,

Je voudrais que vous sachiez que j'ai trouvé le plus grand intérêt à votre thèse sur le Conseil national de la Résistance. Je crois bien que tout y est. J'ajoute que c'est traité de la manière la plus objective. J'observe aussi que c'est écrit de bonne manière. Ce sujet, extrêmement difficile, vous l'avez traité comme il faut.

En ce qui concerne le titre qui vous a été imposé : *Un gouvernement clandestin*, je sais, pour vous avoir entendu me le dire, que vous savez comme moi qu'il n'est pas très adéquat. Car jamais un « conseil » n'a été un gouvernement. Surtout pas celui-là. Mais ce détail n'enlève rien à la valeur de l'ouvrage.

Avec mes bien sincères compliments, je vous adresse, mon cher Hostache, l'expression de mes sentiments bien cordialement dévoués.

À Madame Bernard Anthonioz

Colombey, 27 juin 1957

Merci beaucoup, ma chère Geneviève de m'avoir envoyé l'article – très intéressant – de Germaine Tillion. L'affaire d'Algérie se traîne, malgré beaucoup d'efforts et de dépenses. Plus elle dure, plus elle devient cruelle et sombre. Je ne sais pas, cependant, comment l'actuel régime pourrait la résoudre. Il lui faudrait se mettre en contradiction avec sa propre nature.

À bientôt, ma chère nièce. Partage avec Bernard et vos enfants les meilleures affections de ta tante Yvonne et celles de ton vieil oncle Charles.

Au comte de Paris

30 juin 1957

Monseigneur,

Veuillez me permettre de Vous dire avec quelle émotion ma pensée et mes vœux se porteront vers Dreux, le 5 juillet.

Je sais, pour avoir eu l'honneur de la tenir de Vous-même et de Mme la comtesse de Paris, quelle joie Vous cause le mariage du prince Henri et de la princesse Marie-Thérèse[1]. C'est là, pour chaque Français, une raison de s'en réjouir.

Mais aussi, Monseigneur, parce que la vie de Votre famille s'identifie avec notre Histoire, parce que ce qui vient de Vous dans le présent est exemplaire pour le pays, parce que Votre avenir, celui du prince Henri, celui des Vôtres, sont intégrés aux espérances de la France, je salue l'union que Dieu va bénir comme un grand événement national.

Ma femme s'associe de tout cœur à mes sentiments. Elle et moi demandons que Mme la comtesse de Paris veuille bien accepter nos plus profonds respects.

Je Vous prie d'agréer, Monseigneur, l'hommage de mon entier dévouement.

À Jacques Rueff

3 juillet 1957

Mon cher maître,

J'ai lu vos très intéressants exposés sur la Communauté européenne du charbon et de l'acier et sur le projet de Marché commun. Je vous remercie de me les avoir aimablement adressés.

Quant à moi, je ne crois pas au « Marché commun » dans sa forme présente, et ceci pour diverses raisons dont l'une est l'inconsistance des pouvoirs publics en France.

Je vous prie de croire, mon cher maître, à mes sentiments les plus distingués et les meilleurs.

1. Marie-Thérèse de Wurtemberg.

À Jacques Reboul, à Paris

3 juillet 1957

Cher Monsieur,

Merci de m'avoir fait part, avec une franchise que j'apprécie, de vos réflexions à propos de la situation présente.

Il est certain que rien de grand, ni de durable, ne pourra se faire tant que tiendra le système politique actuel. Mais les « calculateurs » auxquels vous faites allusion, finiront bien par lasser le pays.

Je vous prie de croire, cher Monsieur, à mes sentiments les plus distingués et les meilleurs.

À René Lucien[1], à Neuilly-sur-Seine

3 juillet 1957

Mon cher Lucien,

Vous me demandez de mettre en garde le pays contre les projets de traités sur le Marché commun et sur l'Euratom.

Mais ce que je dirais ne changerait rien et, d'ailleurs, dans la situation économique où nous sommes, le vote que l'on va demander au Parlement ne peut avoir de conséquences réellement pratiques.

Ces soi-disant « traités », fussent-ils ratifiés, sont inapplicables, sauf pour ce qui concerne la création de postes bien payés.

Croyez, mon cher Lucien, à mes sentiments cordialement dévoués.

Ceci, naturellement, est destiné à vous seul.

À Jacques Chaban-Delmas

4 juillet 1957

Mon cher Chaban-Delmas,

Il est vrai que j'ai passé deux jours à Paris.

Si je n'ai pas donné suite à votre demande, c'est que précisément je ne veux pas de la « conjoncture ». Mais je vous verrai volontiers un peu plus tard.

Croyez, mon cher Chaban-Delmas, à mes sentiments cordialement dévoués.

---

1. Président de la société Messier-Hispano, fabricant de trains d'atterrissage d'avions.

À Jean Amrouche [inédit]

9 juillet 1957

Mon cher Jean Amrouche,

Je mesure à quel point le drame de l'Algérie est aussi – et très profondément – votre drame à vous. C'est vous dire que mon amitié ressent ce qui vous atteint. Quant à l'affaire elle-même, et d'ailleurs à toutes les affaires, je m'interdis de me manifester. Ce serait inutile, puisque je n'ai actuellement aucun moyen d'action. Or en ce qui me concerne, ce qui est inutile est nuisible. Bien sûr, je n'en pense pas moins.

Veuillez croire, mon cher Jean Amrouche, à mes sentiments bien cordialement dévoués,

C. de Gaulle

À Léon Noël

9 juillet 1957

Mon cher ambassadeur,

Votre étude sur *La Grande Passion du duc de Saint-Simon* m'a profondément intéressé. Étant donné qui il était et à quelle époque, il a écrit ses *Mémoires* comme il fallait qu'il les écrive. Vous le montrez admirablement.

Ce qu'on apprend de vous c'est aussi que Saint-Simon n'a, en somme, vécu que pour son œuvre. Eût-elle été grande, autrement ?

Je vous suis très reconnaissant de m'avoir apporté le très bel ouvrage de Mme Dury à qui j'écris pour lui dire ce que j'en pense.

Veuillez croire, mon cher ambassadeur, à mes sentiments très distingués et dévoués.

Au duc Philippe de Wurtemberg, à Paris

12 juillet 1957

Monseigneur,

Ce que Vous avez bien voulu m'écrire m'a vivement touché. Je pense, comme Vous-même, que le mariage du prince Henri et de la duchesse Marie-Thérèse est un précieux élément du rapprochement de nos deux peuples, si nécessaire à l'Europe et au monde et dont, pour ma part, au plus fort des combats, j'ai toujours ménagé les chances futures. Déjà, la grâce de la jeune princesse a été au cœur des Français.

Je Vous prie d'agréer, Monseigneur, les assurances de ma très haute considération.

Au chef d'escadrons Jean Ballarin[1]

14 juillet 1957

Mon cher Ballarin,

Si j'avais su que c'était vous qui m'apportiez la lettre du général Kœnig, je vous aurais reçu sans nul doute. Mais, sur le moment, j'ai cru que c'était un porteur quelconque. Sachez que je regrette de ne pas vous avoir vu.

Pour une autre fois, faites annoncer votre venue par le 5, rue Solferino. C'est la règle, et, de cette façon, il ne peut y avoir d'erreur.

Veuillez croire, mon cher Ballarin, à mes sentiments bien cordialement dévoués.

À Louis Vallon[2], à Paris

17 juillet 1957

Mon cher ami,

Nous nous sommes entretenus de votre livre *L'Histoire s'avance masquée* avant qu'il paraisse et après qu'il eut paru. Mais je tiens à vous redire par écrit tout l'intérêt que j'y ai pris. C'est plein d'idées et de sentiment. Il y a, à partir de là, toutes sortes de prolongements. Vous écrivez net et pittoresque. Et puis que de faits évoqués là-dedans que nous avons vécus ! Je vous fais donc mon bien vif compliment.

Soyez assuré, mon cher Vallon, de ma fidèle amitié.

À Paul-Henri Siriex[3]

25 juillet 1957

Mon cher Siriex,

Votre livre : *Une nouvelle Afrique* m'a très vivement intéressé. Sur cet immense sujet – qui sera celui d'au moins un siècle – vous portez les lumières de quelqu'un qui y a beaucoup réfléchi et qui a pratiqué les hommes et les choses dont il s'agit. En outre, c'est bien écrit. Je vous en fais mon bien sincère compliment.

Comme vous, je crois aux devoirs de l'Occident et, spécialement, de la France en Afrique. Je crois aussi que les Africains ont des devoirs vis-à-vis de nous. Nous devons pratiquer les nôtres. Il faut qu'ils pratiquent

1. Ancien des Français libres, ancien chef de la garde du général de Gaulle à Alger en 1943-1944, Compagnon de la Libération.

2. Ancien du Bureau central de renseignements et d'action des Forces françaises libres, ancien député RPF de la Seine, directeur à l'administration centrale des Finances.

3. Gouverneur général de la France d'Outre-Mer.

les leurs ; le but à atteindre étant la coopération, et la fraternité comme idéal.

Croyez, mon cher Siriex, à mes sentiments bien cordialement dévoués.

À André Philip [inédit]

25 juillet 1957

Mon cher André Philip,

Merci de m'avoir adressé votre livre, Le Socialisme trahi. *Je l'ai trouvé plein d'idées et de sentiments, écrit avec une éloquence convaincue. Quand au fond des choses, je vous dirai que je ne suis surpris ni par l'échec du Socialisme, ni par le fait qu'il soit trahi. Pour réussir, au point où nous en sommes, il fallait être non partisans, mais rassemblés. Les partis, y compris le vôtre, sont à mon sens les débris d'une époque révolue.*

Veuillez croire, mon cher André Philip, à mon fidèle souvenir quant au passé, et, pour le présent, à mes sentiments les meilleurs.

C. de Gaulle

Au général Georges Catroux

25 juillet 1957

Mon général,

Laissez-moi vous dire combien j'ai été touché par la si belle et, pour moi, si émouvante préface que vous avez écrite pour le livre de Félix Garat. À mesure que passe le temps, il me semble que la déférente amitié et l'exceptionnelle considération que je vous porte ne cessent de grandir encore.

Je vous demande de croire, mon général, à mon fidèle dévouement.

À Roger Barberot [inédit]

19 août 1957

Mon cher Barberot,

Votre ouvrage Malaventure en Algérie *est vivant et ardent comme vous-même. Je l'ai lu comme on entend un son de cloche.*

Quand au fond des choses, je ne crois pas qu'il comporte actuellement ce qu'on appelle « une solution »[1].

1. La fin de la lettre manque.

À Madame Jean Bécourt-Foch, à Paris

21 août 1957

Chère Madame,

Je ne saurais vous dire combien j'ai été touché par la noble lettre que vous m'avez adressée d'Oran. Votre glorieux mari[1] aura donc été conduit à sa dernière demeure, en terre française – et qui doit le rester – par vous-même, par ses fils, et par plusieurs de ses, de nos meilleurs camarades. C'est cela qui devait être et qui a été.

Toutes mes bien sincères félicitations vont au jeune Rémi qui entre à Saint-Cyr et, d'avance, tous mes vœux à son cadet qui sera aviateur. Par eux, votre vie, chère Madame, est déjà une belle réussite, malgré tant d'épreuves traversées.

Ma femme me demande de vous transmettre ses meilleurs souvenirs et je vous prie d'agréer, chère Madame, mes hommages très respectueux et dévoués.

Au R. P. Raymond Bruckberger, à River Forest, Illinois (États-Unis)

26 septembre 1957

Mon révérend père,

En d'autres temps et sachant qu'il m'était recommandé par vous, j'aurais bien volontiers reçu M. Robert Smith dont vous m'annoncez l'arrivée prochaine à Paris.

Actuellement, ce n'est pas possible. En effet, depuis deux ans je ne donne jamais d'interview.

Je regrette de n'avoir pu retenir votre suggestion et je vous prie d'agréer, mon révérend père, l'expression de mes sentiments respectueux et de mon cordial souvenir.

À Jacques Reboul, à Paris

2 octobre 1957

Cher Monsieur,

L'accent émouvant de votre lettre m'a touché.

Mais, si votre façon de considérer la situation présente de notre pays me paraît conforme, hélas ! à la réalité, je ne vous suis plus dans vos conclusions.

---

1. Le corps du commandant Bécourt-Foch, petit-fils du maréchal Foch, ancien des Forces aériennes françaises libres dès 1940, Compagnon de la Libération, mort en service aérien le 15 août 1944, venait d'être transféré au cimetière militaire d'Oran (Algérie).

Que pourrait faire en effet, dans l'état actuel des choses, une déclaration ou un appel ? C'est aux Français de manifester d'abord leur volonté de changement. *Vox clamans in deserto ?*

Croyez, cher Monsieur, à mes sentiments les plus distingués et les meilleurs.

Au lieutenant-colonel Alain de Boissieu[1], à Châteaudun-du-Rummel (Algérie)

7 octobre 1957

Mon cher Alain,

La semaine dernière, j'ai vu le général Vézinet et lui ai demandé de me dire très simplement où vous en étiez au point de vue du tableau. Bien qu'il ne sût pas d'avance de quoi j'allais lui parler, il m'a répondu tout de suite et sans hésitation, qu'à son point de vue de directeur du personnel, il considérait que vous étiez en bonne situation. « D'abord, m'a-t-il dit, Boissieu est très bien noté. Ensuite, il se trouve être par son âge et son ancienneté dans les conditions prévues cette année pour le choix très jeune. Enfin, je ne vois pas, *a priori*, quels autres officiers se trouveraient, à cet égard, dans de meilleures conditions au point de vue de la "mécanique" d'établissement du tableau. »

J'ai dit à Vézinet qu'il ne dise rien de la question que je lui ai posée, mais qu'il me tienne au courant. Mon impression est que votre affaire se présente d'elle-même favorablement.

Nous avons lu ces jours-ci le reportage du *Figaro* sur « Levasseur[2] » et ce qui est dit d'aimable et élogieux à votre sujet.

Quant aux affaires générales, je ne vous en dirai rien. Les faits, comme on dit, parlent d'eux-mêmes. Étant donné le tour que prennent les choses, la seule attitude que j'aie à prendre en ce moment c'est le silence qui, évidemment, est le contraire de l'indifférence !

Élisabeth est ici, comme vous savez. Elle va très bien et travaille beaucoup, soit au tapage des *Mémoires*, soit au tricot pour vos musulmans. Les Philippe suivent leur cours[3] (c'est le cas de le dire).

Au revoir, mon cher Alain. Votre Mère se joint à moi pour vous envoyer nos meilleures affections.

Votre Père

1. Commandant le 4e régiment de chasseurs.
2. Village de Levasseur dans le Constantinois où les colons avaient accepté de partager leurs terres avec les musulmans repliés des zones d'action de la rébellion.
3. Cours d'École de guerre navale.

À Jacques Vendroux

9 octobre 1957

Mon cher Jacques,

Voici, pour vous et pour Cada, une demande « à tiroirs », dont je vous prie de m'excuser si elle est intempestive. Nous projetons, Yvonne et moi, de nous rendre à l'aimable invitation que vous nous avez faite. Si cela vous agréait, nous pourrions arriver le vendredi 18 octobre vers sept heures du soir, partant de Paris et passant par Lille. Nous souhaiterions pouvoir amener Élisabeth si c'était possible. Le samedi 19 et le dimanche 20, nous serions auprès de vous et nous verrions, j'espère, vos enfants.

Mais voici où le projet se corse. Je me suis mis en tête d'aller à Quimper faire visite à Mme Gantier[1] et notre joie serait grande si, tous les deux, vous vouliez bien nous accompagner tous les trois. Nous partirions, par exemple, le lundi 21. Nous serions cinq plus le chauffeur, et irions coucher près du Mont-Saint-Michel afin de le visiter le lendemain (je ne l'ai jamais fait) si les marées le permettent. Le lendemain mardi, objectif Quimper, en allant voir, avant d'y arriver, Brest, la pointe du Raz, les Tas de Pois. Le mercredi 23, visite à Mme Gantier et, peut-être, pointe poussée vers la Baie de la Forêt. De là, nous irions coucher à Nantes et nous serions à Paris, hôtel Lapérouse, le 24 octobre (jeudi) au soir.

Si le plan ne vous convenait pas, vous me le diriez, s'il vous plaît, le plus simplement du monde. Mais, s'il vous convenait, en principe, j'aurais à abuser encore plus de votre obligeance. Car je vous demanderais de préparer, pour nous tous, l'itinéraire, de retenir les gîtes et les places des déjeuners, mais sans spécifier que je vous accompagnerai. Comme nous ne coucherons qu'une seule fois en chaque endroit (Mont-Saint-Michel, Quimper, Nantes), cela m'est égal de descendre dans un hôtel à l'intérieur de la ville, et, même, de déjeuner en route dans un restaurant pas trop exposé.

Dites-nous si notre invitation, succédant à la vôtre, reçoit votre agrément. Dites-nous aussi, à l'avance, où nous descendrons en Bretagne, pour qu'Élisabeth puisse prévenir Alain d'y envoyer ses lettres.

À bientôt, mon cher Jacques. Nous l'espérons vraiment beaucoup. En attendant de vous revoir, veuillez partager avec Cada toutes les meilleures affections d'Yvonne et les miennes.

Votre frère Charles

---

1. Mme Gantier, dame âgée habitant les environs de Quimper, se proposait de faire une donation importante au général de Gaulle que ce dernier voulait lui suggérer de remettre à la Fondation Anne-de-Gaulle pour jeunes filles handicapées.

À Jacques Vendroux, à Calais

15 octobre 1957

Mon cher Jacques,

Nous sommes extrêmement contents que vous vouliez bien nous avoir à Calais et nous accompagner en Bretagne.

Pour Calais, nous nous en remettons entièrement à vous. Je souhaite, en effet, aller voir Boulogne. Quant au jour et à l'heure, veuillez bien les fixer, étant entendu que je serais heureux que Bernard[1] puisse venir. Tout à fait d'accord et très volontiers pour l'excursion de dimanche et pour la visite à Fouquehove.

Le lundi 21, je crois que, si possible, il faudrait voir le Mont-Saint-Michel le soir même, de manière à n'avoir pas à y retourner le mardi. (Mieux vaut pas de Pontorson.)

Cela peut comporter un départ de Calais assez matinal, par exemple 7 h 45 ou 8 heures. Pour nous, aucun inconvénient.

Le mardi 22, nous pourrions également partir assez tôt, par exemple à 8 heures. Je crois, comme vous, que ce serait trop de vouloir passer à Brest, au Raz et aux Tas de Pois. Limitons, si vous voulez, à Brest et au Raz et renonçons aux Tas de Pois.

Le mercredi 23, ayez l'amabilité d'arranger les choses avec Mme Gantier comme vous le jugerez bon. Cependant, n'ayant encore jamais vu cette si généreuse dame, je tiens, pour cette fois, à ne pas déjeuner ni dîner chez elle.

Si nous pouvions quitter Quimper pas trop tard et arriver à Nantes pas trop tard, non plus, il me semble que ce serait bien.

Le jeudi 24, nous pourrons passer à La Baule, etc., avant de prendre la route de Paris. À moins que vous n'ayez des raisons de passer chez Pierre Gailly, nous préférons ne pas déjeuner chez lui cette fois-ci.

Le soir, nous descendrons au Lapérouse où votre chambre sera retenue, et nous repartirons pour Colombey le vendredi.

Merci mille fois d'avance, mon cher Jacques. À bientôt. Yvonne et moi nous vous adressons nos bien affectueuses pensées.

1. Bernard Legrand, mari de Claude, fille de Jacques et Marie-Élisabeth Vendroux.

À Maurice Valigny[1], à Saint-Germain-en-Laye, Seine-et-Oise

17 octobre 1957

Mon cher Valigny,

Il est vrai qu'il y a actuellement bien des motifs d'être inquiet, comme vous l'êtes, de l'avenir de notre pays.

Mais pourquoi vous en prendre à moi d'un malheur auquel je ne puis rien après avoir tout fait pour l'empêcher ?

C'est aux Français, et notamment à ceux dont vous vous faites l'interprète, qu'il appartient de manifester leur volonté de changement.

Veuillez croire, mon cher Valigny, à mes sentiments les plus distingués et les meilleurs.

Au professeur Pasteur Vallery-Radot[2], à Paris

8 novembre 1957

Mon cher maître,

Hier, j'ai vu André Malraux et lui ai communiqué votre lettre. Nous en avons longuement parlé. Il a, comme moi-même, compris et profondément apprécié les sentiments et la suggestion que vous exprimez au sujet de l'Académie française et, plus particulièrement, de la prochaine élection. Mais, quoi qu'il puisse penser de ce qu'il adviendra de celle-ci, il m'a dit qu'il ne ferait pas actuellement acte de candidature.

J'ai cru comprendre, qu'indépendamment des raisons de principe qu'il peut avoir pour adopter cette attitude réservée, un motif du moment le détermine à s'y tenir. Malraux est en train d'écrire un ouvrage qui l'absorbe trop complètement pour qu'il veuille s'en distraire.

Il me reste à vous assurer, mon cher maître, que votre lettre si émouvante, au point de vue national le plus élevé, m'a vivement touché et que je serais désireux de vous en parler si j'ai la fortune de vous voir lors d'un de mes passages à Paris.

Veuillez croire, mon cher maître, à ma fidèle et dévouée amitié.

---

1. Ancien de la France Libre dont il se dit « piétaille » qui n'a rien demandé et adhéré à rien « pas même au RPF », M. Valigny conjure le Général « de secouer ceux dont vous avez fait des ministres et qui s'obstinent maintenant à le demeurer ».

2. Ayant écrit au Général pour exprimer son indignation de la candidature à l'Académie française de Paul Morand, « qui, pendant l'Occupation, eut une conduite indigne », le professeur Pasteur Vallery-Radot propose de faire présenter Malraux contre lui afin d'opposer « deux tendances : celle de l'honneur et celle de l'abandon », et de ne pas risquer une élection « soufflet à la Résistance » sur une candidature unique.

Au lieutenant-colonel Alain de Boissieu, Châteaudun-du-Rummel, en Algérie

11 novembre 1957

Mon cher Alain,

De tout cœur, je vous remercie des vœux que vous m'avez adressés pour la Saint-Charles. Soyez sûr que ma pensée affectueuse et confiante est auprès de vous constamment.

Élisabeth vous donnera bientôt des détails sur les derniers faits et gestes à l'intérieur de la famille. Elle aura, avant de partir, tapé et contribué à mettre au point les quatre premiers de mes huit chapitres. Les suivants attendront son retour pour être dactylographiés. Mais je travaille activement à les écrire.

Situation française : pataugeage politique et financier, comme d'habitude, tandis que les particuliers sont à la fois prospères et mécontents. Au point de vue extérieur, l'effacement se poursuit, alors que tout devrait nous porter à nous manifester entre les deux rivaux. Au point de vue de l'Algérie, attente sans solution en vue, avec toutefois la perspective d'une réduction des crédits militaires.

Au revoir, mon cher Alain. Votre Mère se joint à moi pour vous adresser toutes nos meilleures affections.

À Edgar Faure[1]

14 novembre 1957

Mon cher président,

J'ai lu avec un vif intérêt et un grand plaisir votre livre *Le Serpent et la Tortue*, que vous m'avez aimablement adressé et dédicacé. C'est plein d'idées, de perspectives, de choses vues et décrites comme elles sont. Cela témoigne, de votre part, d'une liberté et d'une hardiesse d'esprit qui vous font honneur. Enfin, c'est écrit avec talent. Je vous en fais donc mon bien sincère compliment.

Quant à la politique que la France pourrait, théoriquement, faire avec la Chine, et dont vous tracez les grandes lignes, elle me paraît à beaucoup d'égards tout à fait valable. Mais, comme vous le savez, je ne crois pas qu'aucune vraie politique, d'aucune sorte, dans aucun domaine, soit possible avec les moyens du régime.

Veuillez croire, mon cher président, à mes sentiments les plus distingués et sincèrement dévoués.

1. Député radical-socialiste du Jura, M. Edgar Faure, qui avait rejoint le général de Gaulle à Alger, avait été président du Conseil des ministres en 1952 et en 1955.

À Jacques Chaban-Delmas[1]

14 novembre 1957

Mon cher Chaban-Delmas,

Croyez bien que votre attention ne m'a pas trouvé indifférent pour de fortes raisons qui se rapportent « au passé ». Quant au présent, je connais vos capacités, je ne mets pas en doute vos intentions et je suis sûr de vos efforts, tout en redoutant que les résultats ne puissent être en proportion.

Vous connaissez, à ce sujet, les causes de mes appréhensions. Je crois devoir, cependant, vous en rappeler une.

Vous prenez, écrivez-vous, « la responsabilité de la Défense nationale ». Il me semble, malheureusement, que cette responsabilité française a été, pour une large part, abandonnée à des gouvernements et à un commandement qui ne sont pas ceux des Français[2].

Veuillez croire, mon cher Chaban-Delmas, à mes biens cordiaux sentiments.

À Joseph Kessel

24 novembre 1957

Mon cher Joseph Kessel,

Rien n'est plus vivant, dramatique, que votre livre *Hong Kong et Macao*. Cela tient un peu aux lieux et aux gens que vous peignez. Cela tient surtout à votre très grand talent qui est aujourd'hui plus éclatant que jamais.

Je vous remercie de m'avoir entraîné ailleurs qu'ici et fait vivre un autre jour qu'aujourd'hui.

Veuillez croire, mon cher Joseph Kessel, à mes sentiments bien cordialement et fidèlement dévoués.

À Madame Jacques Vendroux

26 novembre 1957

De tout cœur, merci, ma chère Cada, de votre mot affectueux.

Ma tante Maillot-Droulers[3] m'était, en effet, très chère. Elle emporte avec elle le sentiment que je pouvais avoir qu'un passé disparu avait

1. Ministre de la Défense nationale depuis le 4 novembre dans le gouvernement de M. Félix Gaillard.
2. Allusion au commandement intégré de l'Organisation du traité de l'Atlantique Nord.
3. Sœur de Jeanne de Gaulle, née Maillot, mère du Général.

encore quelque chose de vivant. Elle fut une femme de bien qui, au cours du drame français, n'a jamais cessé d'être de toute son âme avec moi.

Au revoir et, je l'espère, à bientôt, ma chère Cada. Yvonne et moi vous adressons pour vous et pour Jacques nos profondes affections.

Votre frère Charles

À MM. Georges Arnaud et Jacques Vergès

8 décembre 1957

Messieurs,

Je tiens à vous dire que j'ai lu avec intérêt et non sans émotion votre petit livre *Pour Djemila Bouhired*. Je sais – dirai-je « par expérience » ? – que tout drame français est un monde de drames humains.

Inutile de les cacher ou de les défigurer. À ce point de vue, tout au moins, votre éloquente sincérité ne peut laisser personne indifférent.

Veuillez croire, messieurs, à mes sentiments les meilleurs et très distingués.

Ch. de Gaulle

Avec pour vous, Vergès, mon fidèle souvenir.

À Maurice Lemaire[1] [inédit]

Le 8 décembre 1957

Mon cher Ministre,

J'ai lu avec grand intérêt votre ouvrage Notre destin à l'heure du pétrole. *J'ai été frappé de tout ce qui s'y trouve d'idées, de faits, mais aussi de dynamisme. « Les traits que vous tracez sur l'ardoise de l'avenir » sont de nature à nous encourager et c'est, à mon sens, ce qui est aujourd'hui le plus nécessaire. Merci de montrer que les possibilités existent. Mais il reste à nous faire un État qui ne nous les laisse pas ôter.*

Veuillez croire, mon cher ministre, à mes sentiments bien cordiaux.

Charles de Gaulle

1. Député des Vosges et ministre de la Reconstruction et du Logement entre 1953 et 1955.

À André Philip [inédit]

23 décembre 1957

Mon cher André Philip,

Je viendrai à Paris dans le courant de janvier et pourrai vous voir. Sachez, cependant, que je ne me mêle en rien de la conjoncture et suis détaché de tout. Aussi vois-je mal en quoi mon avis pourrait vous être utile.

Tous mes vœux et bien cordialement,

C. de Gaulle

À l'amiral Thierry d'Argenlieu

31 décembre 1957

Cher amiral,

Par votre lettre du 17 décembre, vous m'avez rendu compte du règlement adopté le 12 novembre, sur votre proposition, par le Conseil de l'ordre de la Libération et relatif à la procédure qui devrait être suivie pour désigner un nouveau chancelier en cas de vacance de ce poste. Je vous confirme que le règlement me paraît très judicieux dans son esprit et dans sa lettre et qu'il répond à la façon dont j'estime que l'ordre et son Conseil devraient, éventuellement, procéder.

D'autre part, vous me faites connaître votre intention de quitter incessamment les fonctions de chancelier. Je tiens de vous-même les raisons – les plus hautes et les plus respectables qu'il y ait au monde – qui vous conduisent à cette détermination[1]. Laissez-moi vous répéter que je m'incline devant de telles raisons et vous approuve entièrement d'y donner suite.

Mais il m'appartient de vous dire, cher amiral, que ce que vous avez fait pour l'ordre lui-même, comme aussi pour la grande cause de la Libération, dont il est le plus noble symbole, ne sera jamais oublié. Depuis tantôt dix-sept années et, tout d'abord, à travers les événements historiques, vous avez, entre autres fonctions, assuré celles de chancelier avec un dévouement et une efficacité dignes de l'institution et qui restent, pour les Compagnons, une fierté et un exemple.

Veuillez croire, cher amiral, à mes sentiments amicalement dévoués.

1. L'amiral Thierry d'Argenlieu voudrait réintégrer l'ordre monastique des Carmes auquel il appartient.

1958

Durant la première partie de l'année 1958 le général de Gaulle poursuit « la traversée du désert » commencée en 1952 avec le déclin du Rassemblement du peuple français et devenue totale depuis la fin de ce dernier en septembre 1956.

Il poursuit la rédaction du troisième tome de ses *Mémoires de guerre (1944-1946)*.

Il se tient complètement en dehors de toute action politique, bien qu'il conserve, plus par égard pour eux et parce qu'il en est touché, quelques liens épistolaires et personnels avec des anciens de la France Libre, de la Résistance et du RPF.

Il reçoit parfois d'eux quelques informations directes sur les événements en cours mais se garde d'accepter aucune responsabilité ni de fournir aucune caution, aussi bien à ceux de ses partisans qui tentent de se prévaloir de lui, qu'aux politiques ou aux militaires qui essaient à plusieurs reprises d'utiliser son nom en renfort de leur propre action.

Aux uns et aux autres sa réponse est en substance toujours la même : on ne peut rien, ni lui ni personne, sans d'abord changer les institutions.

Or, malgré la valeur de certains ministres, du travail de reconstruction de la nation et en dépit, ou plutôt à cause de tous les procédés politiques ou même électoraux que le régime a épuisés pour essayer de survivre, la IVe République, mal partie depuis son origine parce que instaurée sans le général de Gaulle ou même contre lui, est maintenant à bout de souffle. L'aggravation progressive de la situation en Algérie va en amener les derniers soubresauts.

Le 15 avril est renversé le gouvernement Félix Gaillard en fonctions depuis novembre seulement. Après les tentatives ou les récusations successives de MM. Bidault, Pleven, Billières, Maurice Faure, Berthoin, c'est M. Pfimlin (MRP) qui est investi le 14 mai dans des conditions dramatiques.

Le 8 février, l'aviation française usant du « droit de suite » contre la rébellion algérienne a bombardé le village tunisien de Sakiet-Sidi-Youssef qui lui sert de base.

En Algérie, l'armée et les populations sont exaspérées.

Le 9 avril se produisent devant le Palais-Bourbon de violentes manifestations de la police parisienne.

Le 13 mai, à la suite de l'exécution le 9 de trois prisonniers français par le FLN, des émeutes éclatent à Alger. La foule y occupe le gouvernement général. Les généraux Massu et Salan sont pratiquement conduits à suivre pour faire encadrer le mouvement par l'armée au demeurant favorable à l'opinion locale. Un appel à l'obéissance du président de la République René Coty reste sans effet. Un « Comité de salut public » autonome s'établit en Algérie.

Le 14 mai, M. Félix Gaillard, président du Conseil démissionnaire, entérine une situation qui est en train d'échapper complètement au gouvernement français en confiant « les pouvoirs civils et militaires » au général Salan.

Devant les objurgations des uns et des autres le 15 mai, et le 19 au cours d'une conférence de presse, le général de Gaulle se résigne à déclarer qu'il est « prêt à assumer les pouvoirs de la République » en précisant qu'il ne pourrait de toute façon « assumer de pouvoirs que ceux que la République lui aurait elle-même délégués ». « Croit-on qu'à soixante-sept ans je vais commencer une carrière de dictateur ? »

Après quelques entrevues officieuses, l'une avec un représentant de l'armée d'Algérie aux abois, prête à un débarquement de troupes aéroportées en métropole et à laquelle le Général précise formellement « qu'il ne saurait approuver toute action qui mettrait en cause l'ordre public », les autres avec les tenants du régime qui se heurtent à son exigence de changer les institutions, le 29 mai, M. René Coty, président de la République, adresse un message aux Assemblées pour leur annoncer qu'il a décidé de « faire appel au plus illustre des Français ».

Le général de Gaulle se rend alors à l'Élysée et annonce dans un communiqué dans quelles conditions il pourrait assumer la charge du gouvernement : pleins pouvoirs et mandat pour préparer une nouvelle Constitution. Après diverses tergiversations, les représentants des partis politiques, sauf les communistes qui se tiennent cois, se résignent à venir donner leur acceptation les 30 et 31 mai. Le Général s'apprête alors à se présenter le lendemain devant l'Assemblée nationale qui lui accordera l'investiture par 329 voix (dont 42 socialistes) contre 224 (dont 49 socialistes, MM. Mendès France et Mitterrand) et qui acceptera son gouvernement le 2 juin 1958.

Au général d'armée Raoul Salan[1], à Alger

Début janvier 1958

Merci de vos souhaits, mon cher Salan. Je vous adresse les miens, les plus profondément sincères, pour vous, pour les vôtres. Avec mes meilleurs vœux pour les forces que vous commandez. Puisse le pays, à sa tête et dans sa profondeur, tirer de vos efforts tout le parti qui s'offre à lui ! Croyez à mes sentiments bien cordialement dévoués.

1. Commandant supérieur interarmées de la 10e région militaire. Lettre en réponse aux vœux du général Salan formulés « avec l'expression de son respectueux dévouement et de sa fidélité ».

À Pierre Lefranc

1er janvier 1958

Mon cher Lefranc,

Je suis très sensible à vos vœux. Ceux que je forme pour vous sont profondément sincères. Pas plus que vous je ne désespère de notre pays. Je doute seulement que, dans la conjoncture, quelque message que ce soit puisse retourner le cours des choses. Si l'ambiance venait à changer, alors, oui, il faudrait agir. Cette ambiance nouvelle, que ceux qui le peuvent la préparent dès à présent !

Croyez, mon cher Lefranc, à mes sentiments cordialement dévoués.

À Pierre de Gaulle[1], à Bruxelles

3 janvier 1958

Mon cher Pierre,

Tes souhaits m'ont touché. Je t'exprime tous les miens, et ceux d'Yvonne, aussi affectueux que possible, pour toi, pour Madeleine, pour vos enfants. Pour la France, souhaitons simplement qu'elle se rappelle un jour qui elle est.

L'année qui commence sera dans ta vie d'une grande importance puisqu'elle verra s'accomplir l'œuvre que tu as entreprise à Bruxelles. La réussite – dont je suis sûr – comptera dans le « standing » français au milieu du monde.

Je t'embrasse de tout mon cœur, mon cher Pierre. Partage avec Madeleine et vos enfants toutes nos profondes affections.

Ton frère Charles

À Michel Cailliau

5 janvier 1958

Mon cher Michel,

De tout cœur, merci de tes vœux. Je t'adresse les miens et ceux de ta tante, pour toi, pour Yvonne, pour vos enfants. Ces souhaits sont, crois-le bien, les plus affectueux et sincères que possible. Je t'aime bien, mon cher Michel, et je t'estime. Tu n'es pas seulement mon cher neveu, mais aussi quelqu'un qui, de bout en bout et avec le plus grand mérite, fut et reste mon très bon compagnon.

1. Chargé de l'exposition française.

Nous avons porté sur ton cher Papa nos pensées et nos prières et nous croyons qu'il était fort bon que ta Maman fût avec vous lors du triste anniversaire.

Tu me parais assez optimiste en ce qui concerne l'opinion du peuple français. Puisse la France se rappeler qui elle est ! Elle le fera, j'en suis sûr, du jour où elle aura conscience d'en retrouver les moyens.

Au revoir, mon cher Michel. Partage avec Yvonne et vos enfants les meilleures affections de ta tante et les miennes. Nous serons très heureux de vous voir séjourner à Colombey.

Ton oncle

À André Astoux

5 janvier 1958

Mon cher ami,

À vos vœux, qui m'ont touché, je réponds par les miens, très profondément sincères, auxquels ma femme joint ses propres souhaits, pour vous, pour Mme Astoux, pour les vôtres.

Puisse la France, cette année, redevenir la France ! Ce serait vite fait si les Français croyaient en avoir les moyens.

Croyez, mon cher Astoux, à mon amitié fidèle.

À Maurice Clavel[1]

7 janvier 1958

Merci de vos vœux, mon cher Maurice Clavel.

Je vous adresse les miens, qui sont les meilleurs possible.

Vous n'êtes pas à plaindre et je ne vous plains pas, puisque vous êtes convaincu, confiant et agissant.

Croyez, mon cher Maurice Clavel, à mes sentiments bien cordialement dévoués.

À Louis Watrigant

8 janvier 1958

Mon cher Louis,

J'ai pris connaissance avec grand intérêt, et en leur temps, de votre lettre[2] et des documents qui y étaient joints.

1. M. Clavel, qui avait souvent critiqué le Général, venait de lui écrire : « Autant que ma fidélité, mon immense respect, c'est mon espoir en vous qui me dicte ces vœux… Pardonnez-moi mes fautes… malgré cette circonstance aggravante que depuis près de vingt ans, je vous dois mes règles d'honneur. »

2. Lettre relative à la situation aléatoire des agriculteurs français au Maroc.

Vous savez que je ne me mêle absolument de rien actuellement. Cependant, si l'occasion venait à s'en présenter, je dirais un mot de la question dont vous m'entretenez. Sa gravité et son importance, en effet, ne m'échappent nullement.

En vous renouvelant mes meilleurs vœux pour vous et pour Élisabeth[1], je vous exprime, mon cher Louis, mes sincères affections.

À Joséphine Baker, aux Milandes (Dordogne)

9 janvier 1958

Chère Madame,

Bien sincèrement je me réjouis de vous savoir chevalier de la Légion d'honneur.

Comme je ne remets de décoration au nom de personne, je ne puis souscrire à la demande que vous m'adressez à ce sujet, mais je tiens à vous dire combien j'y suis sensible.

Je vous adresse mes vœux les meilleurs pour 1958 et vous prie de les agréer, chère Madame, avec mes hommages très respectueux.

À André Malraux

12 janvier 1958

Mon cher ami,

Je vous suis, pour ce qui me concerne, profondément reconnaissant d'avoir écrit *La Métamorphose des dieux*. Car j'y ai senti, mieux encore peut-être que dans vos autres ouvrages, ce souffle à quoi rien vraiment ne se compare et qui est le vôtre, André Malraux.

Grâce à vous, que de choses j'ai vues – ou cru voir – qu'autrement je devrais mourir sans avoir discernées ! Or, ce sont, justement, de toutes les choses, celles qui en valent le plus la peine.

Avec mes remerciements et ceux que ma femme me demande de vous transmettre, je vous adresse mon cher ami, pour vous-même et pour les vôtres, mes souhaits les plus sincères et les plus dévoués.

À Roger Lebon[2], à Paris

20 janvier 1958

Mon cher ami,

J'ai eu le plaisir de vous voir, il y a quelques jours, et j'ai pu ainsi vous *dire* mes remerciements pour les vœux que vous m'aviez adressés et

1. Élisabeth Watrigant, née Maillot, cousine du Général.
2. Directeur général de l'Union des banques.

vous assurer de la sincérité de ceux que je forme pour vous et pour les vôtres. Mais je tiens à ne pas laisser passer cette période des souhaits sans vous l'*écrire*. Voilà qui est fait. J'ajoute que, comme vous et avec vous, je porte ma pensée vers la France. Puisse-t-elle se rappeler qui elle est !

Veuillez croire, mon cher ami, à mes sentiments bien cordialement dévoués.

À Louis Colinot[1], à Paris

22 janvier 1958

Mon cher Colinot,

La nouvelle du deuil qui vient de vous frapper nous a profondément émus ma femme et moi.

Du fond du cœur, nous nous associons à votre chagrin et à celui de tous les vôtres. Que celle qui vous a quittés, trouve dans la paix de Dieu, auprès de vos frères tombés pendant les deux guerres, la récompense des mérites qu'elle s'était acquis au cours d'une vie de labeur et de dévouement.

Croyez, mon cher Colinot, à mes sentiments attristés et cordialement dévoués.

À Robert Aube[2]

23 janvier 1958

Merci de vos vœux, mon cher Aubé. Je vous adresse les miens, très sincères, pour vous-même et pour les vôtres. Les impressions que vous me donnez de la situation en Afrique m'ont intéressé et quelque peu ému. Comme vous le savez, je suis dépourvu de tout moyen d'action. Quant à « parler » ? À quoi bon quand on ne peut « agir », ce qui est mon cas actuellement ! Je prends acte, cependant, de ce que vous m'écrivez.

Veuillez croire, mon cher sénateur, à mes sentiments bien cordialement dévoués.

À Jean Bruller, dit Vercors

28 janvier 1958

Mon cher Vercors,

Votre *PPC*[3], voilà qui fait faire réflexion. En somme, vous voudriez rester vous-même, avec votre raison, vos sentiments, votre jugement. Et,

1. Concierge du 5, rue de Solferino, immeuble où le Général avait son secrétariat et son bureau lorsqu'il se rendait à Paris.
2. Sénateur de l'Oubangui-Chari, devenu République centrafricaine en fin 1958.
3. « Pour prendre congé. »

pour que ce soit possible, il vous faut quitter toutes les estrades, toutes les enquêtes, tous les cortèges. Pour l'époque, quelle condamnation ! Mais, de votre part, quel aveu et, en même temps, quelle preuve de courage !

Si vous devez vous en tenir, effectivement, à la solitude, c'est-à-dire, à votre propre compagnie, je compte bien que de ce tête-à-tête jaillira bientôt quelque œuvre nouvelle et renouvelée.

Veuillez croire, mon cher Vercors, à mes sentiments bien cordialement dévoués.

Communiqué au sujet de la Tunisie[1]

10 février 1958

« Le général de Gaulle a donné audience le 9 février à M. Masmoudi, ambassadeur de Tunisie, qui avait exprimé le désir de le saluer avant de se rendre à Tunis.

« Le Général a écouté ce que l'ambassadeur a cru devoir lui dire au sujet, tant des récents incidents à la frontière franco-tunisienne que des vues de son gouvernement quant au règlement des problèmes de l'Afrique du Nord, pour autant que ceux-ci concernent la République tunisienne.

« Le Général a répondu à M. Masmoudi qu'il souhaitait que, du côté tunisien, on ne laisse pas les présentes difficultés compromettre l'avenir en ce qui concerne l'association de la France et de la Tunisie. Cette association est, en effet, de l'avis du général de Gaulle, plus désirable que jamais pour l'Occident et pour le monde. »

À R. Cerf-Ferrière[2]

19 février 1958

Mon cher Cerf-Ferrière,

La demande que vous m'adressez au nom des anciens membres de l'Assemblée consultative me touche beaucoup.

Si je ne puis la retenir, parce que je me tiens actuellement à l'écart de toute réunion, je veux cependant vous assurer que ma pensée sera près de vous tout le 25 février[3].

Croyez, mon cher Cerf-Ferrière, à mes sentiments cordialement dévoués.

---

1. Entièrement écrit de la main du Général.
2. Secrétaire général de l'Union des anciens de l'Assemblée consultative.
3. Réunion à l'occasion du 15e anniversaire de cette Assemblée. Le président Paul-Boncour, doyen, devait y faire voter une motion pour le Général.

À Pierre Jean Jouve

27 février 1958

Mon cher maître,

Je me suis délecté à lire votre essai : *Tombeau de Baudelaire – Delacroix – Le quartier de Meryon*[1] *– Un tableau de Courbet.* Avec vous et grâce à vous, j'ai pu discerner ce qu'était le fond de quatre âmes d'exception. Quant à Meryon, vous m'avez tout appris de lui.

Laissez-moi vous remercier et veuillez croire, mon cher maître, à mes sentiments d'admiration dévouée.

À Alexandre Parodi[2]

28 février 1958

Mon cher ambassadeur,

Merci de ce que vous avez fait sur le point que je vous avais signalé[3]. J'ai noté ce que vous me dites de la situation autour de vous, bien que, comme vous le savez, je me tienne en dehors d'une « actualité » qui préfère, d'ailleurs, mon absence. Cependant, à mon avis, le centre de tous nos drames – y compris celui que vous vivez – est à Paris.

Veuillez croire, mon cher Parodi, à mes sentiments amicalement dévoués.

À Pierre Marcilhacy[4]

15 mars 1958

Mon cher sénateur,

J'ai lu votre lettre avec un grand intérêt. Les reproches que vous formulez, au sujet de mon action lors de la Libération, me touchent peu parce qu'ils vont à l'encontre des faits et de l'équité. En revanche, c'est avec émotion que je recueille l'expression des sentiments que vous inspire l'état de notre pays. Quant à ce que vous voulez bien m'écrire en ce

1. Charles Meryon (1821-1868), graveur méconnu, mort fou.
2. Ambassadeur à Rabat (Maroc).
3. Le Général avait chargé M. Parodi de demander au roi du Maroc de renoncer au titre de « ordre de la Libération » pour une décoration qu'il avait en projet. M. Parodi avait fait part de l'accord du roi ainsi que des grandes difficultés et des efforts de ce pays à rester neutre, comme le souhaite le Général, dans le conflit franco-tunisien.
4. Sénateur de la Charente. Dans cette lettre, Marcilhacy reproche au Général de « ne pas avoir su ou pu arrêter les horreurs fratricides de la Libération et refait l'unité nationale ». Malgré « ce péché de la Libération d'où sortent encore des forces mauvaises », il l'adjure de « sortir de son ermitage pour tenter cette fois l'unité nationale pour sauver l'Algérie et associer la métropole avec l'Afrique ».

qui concerne ce que je pourrais faire, j'y suis, croyez-le, très sensible. Cependant, il est bien tard !

Soyez assuré, mon cher sénateur, de ma considération bien cordiale et très distinguée.

Au prince Obolensky

15 mars 1958

Prince,

J'ai reçu et lu avec émotion le mémento *Vicky*[1] qui est un très noble et touchant témoignage en l'honneur de la princesse Obolensky.

En ces temps d'aujourd'hui, moins périlleux mais aussi sombres que ceux d'hier, l'exemple de cette admirable femme pèse plus lourd que jamais.

Veuillez croire, Prince, à mes sentiments les plus sincèrement dévoués.

À Marc Gerber[2], à Rochefort (Charente-Maritime)

19 mars 1958

Mon cher Gerber,

Vous m'avez fait part des réflexions que vous suggère la dégradation rapide de l'Union française.

Cette dégradation n'était pas inéluctable et il serait encore possible d'y remédier, si en France même était restaurée l'autorité de l'État. Mais, dans la conjoncture présente, cela ne dépend pas de moi.

Sachez que je suis sensible à la fidélité de votre pensée et croyez, mon cher Gerber, à mes sentiments cordialement dévoués.

À M. Aymé-Guerrin, à Nice

19 mars 1958

Mon cher Aymé-Guerrin,

Il est vrai que ce qui arrive en Afrique était prévisible.

Je pense aussi, avec vous, que ce n'était pas inéluctable et qu'il y aurait encore moyen d'y remédier. Encore faudrait-il que les Français manifestent leur volonté de changement.

1. Vicky Obolensky mourut décapitée dans une forteresse à Berlin. Son mari fut archiprêtre de l'église orthodoxe russe de la rue Daru à Paris.
2. Colonel en retraite, ancien conseiller municipal de Paris, conseiller de la République.

Je vous remercie de votre fidèle confiance, à laquelle je suis sensible, et je vous prie de croire, mon cher Aymé-Guerrin, à mes sentiments cordialement dévoués.

Au colonel (ER) Soulet[1], à Carcassonne (Aude)

19 mars 1958

Mon cher ami,

Comme tu dois le penser, tes réflexions sur la situation présente rencontrent les miennes en plus d'un point.

Mais comment se substituer à un peuple ? C'est aux Français d'abord de manifester leur dégoût du régime et leur volonté de le changer.

Sois assuré que je suis sensible à la fidélité de ta pensée et crois, mon cher ami, à mes sentiments bien cordiaux.

Au professeur Charles Oulmont

24 mars 1958

Mon cher maître,

Votre livre *L'Enfant d'Israël* m'a paru émouvant, voire déchirant, autant que le drame deux fois millénaire qui en est la source. Pour ma part, j'aime que vous le traitiez, à travers cet épisode, sans lui inventer quelque issue saine et conventionnelle.

Et, cependant, j'ai le sentiment que notre siècle, à coups de malheurs, suscite peu à peu la compréhension de ce qui, si longtemps ! paraissait incompréhensible, la conciliation entre des inconciliables.

Une fois de plus, j'ai pu apprécier votre grand talent en même temps que votre claire et fière sincérité. C'est vous dire, mon cher maître, combien mes sentiments sont, à votre égard, cordialement et fidèlement dévoués.

1. Le colonel Soulet, ancien camarade de Saint-Cyr du Général, se plaint « de l'apathie générale », de l'acceptation par des incapables de dollars et de « bons offices américains » qui ont échoué le 12 mars dernier pour la Tunisie. Il critique les « lois-cadres » qui ne sont que l'abandon des pleins pouvoirs à des « sous-fifres » qui n'en peuvent rien faire puisqu'ils n'y trouvent qu'un cadre vide fourni par un État fuyant sa responsabilité. Ainsi l'Algérie et l'Afrique sont-elles en perdition, pense-t-il.

Au colonel Nicolas Roumiantzoff,[1] groupement blindé n° 7, forces françaises en Allemagne

27 mars 1958

Mon cher Roumiantzoff,

On me dit que ce qui vous était offert, c'était le poste occupé antérieurement par le colonel de Pontbriand (régiment et secteur), lequel est plus ancien que vous.

Néanmoins, il est probable que, pour le moment, votre groupement blindé, là où il est, conviendrait mieux.

Croyez, mon cher Roumiantzoff, à mes sentiments bien cordialement dévoués.

Au lieutenant-colonel Alain de Boissieu, à Châteaudun-du-Rummel

27 mars 1958

Mon cher Alain,

Élisabeth vous porte cette lettre. Pendant son séjour à Colombey, elle a travaillé d'arrache-pied à taper mon cinquième chapitre (presque interminable !) et à reprendre toutes les annexes des chapitres précédents, lesquelles en avaient grand besoin. Je lui suis fort reconnaissant du service qu'elle m'a ainsi rendu.

Quant à la suite de mon travail, je suis à peu près certain de le terminer fin août. Dans ce cas, le troisième tome paraîtrait au mois de novembre et, si les bonnes gens doivent, ensuite, en être chargés pour longtemps, moi, j'en serai délivré !

Vous devez être en train de préparer l'expression de vos désirs au sujet de votre future affectation. À cet égard, je ne me mêlerai pas de vous donner un avis catégorique. Car « l'équation personnelle » (la vôtre) doit compter pour beaucoup. Et puis, il y aura, en fin de compte, la décision qui sera prise en haut. Je vous dirai seulement, qu'à mon sens, dès lors que vous avez commandé deux ans un régiment sur le terrain avec des opérations, vous avez, vis-à-vis de vous-même et vis-à-vis des autres, toutes raisons pour examiner l'affaire du point de vue de l'intérêt de votre carrière et sans vous laisser gêner par des scrupules d'une autre sorte. Je crains bien, dans tous les cas, que le drame de l'Afrique du Nord doive

1. Le colonel Roumiantzoff, Compagnon de la Libération, candidat à l'Algérie, s'est plaint dans une lettre de ne pas se voir offrir un poste près de Constantine, correspondant à son ancienneté, ce qui est exact. Sur la foi d'un renseignement erroné, le Général répond « à côté » comme il le fait souvent chaque fois qu'il ne veut ni ne peut rien demander pour une affectation militaire.

durer encore longtemps et que, si vous deviez aller ailleurs pour le moment, ce ne serait certainement pas pour toujours.

Au revoir, mon cher Alain. Votre Mère se joint à moi pour vous adresser nos meilleures affections.

Votre Père

À Pierre de Gaulle, à Bruxelles

10 avril 1958

Mon cher Pierre,

Je tiens à te dire que ma pensée se porte souvent vers toi à quelques jours de l'ouverture à Bruxelles. Pour ce qui concerne ton affaire et pour ce qui te concerne toi-même, je sais que c'est déjà une grande réussite, en dépit de toutes les difficultés.

Autant je tiens le régime actuel pour peu de chose, autant j'attache d'importance à ce qui est le signe et la preuve de la valeur française. Or, ce que tu mets en œuvre est, par excellence, le signe de cette preuve.

À toi, mon cher Pierre, à Madeleine, à vos enfants, toutes les meilleures affections d'Yvonne et de moi-même.

Ton frère très dévoué, Charles

Au contre-amiral Charles La Haye[1]

10 avril 1958

Mon cher La Haye,

Vous m'avez fait part de votre inquiétude concernant l'avenir de notre Marine.

Sachez que j'ai lu votre lettre avec intérêt et que je partage votre façon de voir. Mais je n'ai, actuellement, vous le savez, aucun moyen d'action.

Je vous remercie de votre fidèle confiance qui me touche beaucoup et je vous prie de croire, mon cher La Haye, à mes sentiments cordialement dévoués.

Sachez qu'à l'occasion je serais heureux de vous voir lors d'un passage à Paris.

1. Ancien des Forces navales françaises libres, commandant le secteur de défense de Brest.

À Maurice Druon

20 avril 1958

Cher Monsieur,

J'ai lu les quatre ouvrages d'histoire[1] que vous m'avez adressés et aimablement dédicacés. Laissez-moi vous dire que je les ai fort admirés. Ce que l'on fait au service de la France est naturellement dramatique et nos rois, qui sont vos héros, ont accompli des tragédies. Vous le montrez d'une manière saisissante. Mais vous faites voir aussi que l'État et le pays furent, au total, les bénéficiaires de tout, y compris des cruautés commises en leur nom. Je vous fais de ces quatre ouvrages mon bien sincère compliment.

Veuillez croire, cher Monsieur, à mes sentiments les plus distingués et cordialement dévoués.

À Léon Noël

15 mai 1958

Cher Monsieur l'ambassadeur,

J'ai été extrêmement intéressé par votre ouvrage au sujet des sentiments et des écrits inspirés à Sainte-Beuve par Talleyrand. Évidemment, vous les avez, l'un et l'autre, admirablement compris, ce qui vous permet d'éclairer les jugements que le critique porte sur le ministre et le diplomate. Et puis, vos notes sont aussi précises et pénétrantes que possible. Quant à l'introduction, je crois bien que tout y est, et y est magistralement.

Je pense à vous, ces jours-ci, en voyant la crise de l'État venir à son paroxysme. Du mal sortira-t-il, pour une fois, par hasard, un bien ?

Veuillez être assuré, cher Monsieur l'ambassadeur, de mes sentiments amicalement dévoués.

À Joseph Kessel

15 mai 1958

Mon cher Joseph Kessel,

Le Lion est magnifique. C'est, peut-être, le plus beau de vos livres. Cela marche, court, s'émeut, éclate et retentit. Votre talent est très grand

1. Les quatre premiers volumes des *Rois maudits*, roman historique dont l'auteur, ayant excellemment rendu le contexte et l'ambiance du temps, avait véritablement fait œuvre d'histoire au-delà d'une exactitude relative des faits devenus d'importance secondaire.

et vous en distribuez les fruits, largement, tout de go, sans artifices apparents de la pensée ou du style. Merci.

Croyez bien, mon cher Joseph Kessel, que je vous tiens pour un des miens, aujourd'hui autant que jamais.

Bien amicalement vôtre.

Au général Georges Catroux

15 mai 1958

Mon général,

Votre livre *Deux missions en Moyen-Orient* est du plus haut intérêt. Vous y peignez les gens et les choses comme quelqu'un qui les a aimés et pénétrés, qui les aime et qui les pénètre, dans cette région incomparable où tout recommence toujours. L'hommage que vous rendez à Gouraud est très noble et émouvant.

Je pense à vous, mon général, dans les jours où tout s'ébranle à force d'être ébranlé. Les Algériens auraient mieux fait de vous comprendre et de vous suivre plus tôt. Quant aux Français, ils ont l'air de sortir d'un rêve.

Je vous prie de croire, mon général, à mes sentiments fidèlement dévoués.

À Georges Bidault

20 mai 1958

Mon cher président,

Votre lettre m'a touché ; je l'ai reçue dans un moment décisif et appréciée parce qu'elle vient de vous dont j'aperçois la noble inquiétude.

La suprême chance de la France en Algérie se présente en ce moment même. Je ne doute pas des intentions des hommes à qui échoient actuellement les responsabilités et les possibilités. Mais je les considère, dans le système, comme des prisonniers volontaires, à la façon de ces oiseaux captifs qui refusent de s'envoler quand on leur ouvre la cage.

Soyez assuré, mon cher président, de mes souvenirs fidèles d'autrefois et de ma cordiale sympathie d'aujourd'hui.

Au maréchal Juin

20 mai 1958

Mon cher Juin,

Merci de tout cœur de ton avis. Tu as pu voir à quel point j'en ai tenu compte.

Je crois qu'en ce moment c'est la chance suprême qui s'offre à la France en Algérie. Mais je crois aussi que les hommes en place ne sauront pas la saisir parce qu'ils se préféreront à l'intérêt national. On verra la suite.

Crois-moi bien, mon cher Juin, ton ami dévoué.

À Yvon Morandat[1], à Paris

22 mai 1958

Mon cher Morandat[2],

Vous avez raison de ne pas tomber dans les fausses querelles. La question c'est l'Unité nationale, la République et, en Algérie, pour le moment, tout ce qui peut faire fleurir la fraternité.

Amicalement.

À André Philip[3]

22 mai 1958

Mon cher André Philip,

Ma déclaration n'a répondu aux « appels » de personne, pas même aux vôtres.

Il y a des factions en métropole et en Algérie[4]. Vous-même êtes d'une de ces factions. Je n'en appelle pas aux factions, je ne réponds pas à leurs appels, j'en appelle à l'unité du peuple français.

Bien cordialement.

À Jacques Vendroux, à Calais

23 mai 1958

Mon cher Jacques,

Merci de votre pensée. Merci, aussi, de vos informations. Dans cette ambiance générale, qui est en profondeur sympathique, mais très molle,

---

1. Lettre en réponse à une motion à l'unanimité moins 7 voix du Congrès national des combattants volontaires de la Résistance, réuni à Lyon, adjurant le président Coty « de faire appel au général de Gaulle dans les formes constitutionnelles en vue de restaurer la communauté franco-africaine, l'indépendance nationale et les libertés républicaines menacées par des éléments extrémistes hier encore ennemis de la Résistance et de son chef ».

2. Ancien syndicaliste chrétien, ancien du mouvement Libération nationale dans la Résistance française et la France Libre.

3. Ancien du mouvement de résistance Libération-Sud, commissaire national au Travail à Londres en 1942, ancien ministre et député socialiste.

4. Tandis que M. André Philip adjure le Général de répondre aux appels des républicains et du gouvernement légal, de son côté le général Salan en appelle « à la mise en place d'un gouvernement de salut public présidé par le général de Gaulle » au nom des comités qui, en Algérie, « procèdent de la souveraineté populaire ».

la portée peut être assez prolongée. Il me semble, cependant, que les choses sont maintenant en route vers le mieux.

À bientôt, j'espère, mon cher Jacques. Partagez, s'il vous plaît, avec Cada les profondes affections de nous deux.

Communication[1] à Pierre Pflimlin

26 mai 1958

Le général de Gaulle a convoqué le préfet de la Haute-Marne[2] le 26 mai au matin.

Il l'a invité à faire, de sa part, à M. Pierre Pflimlin la communication suivante :

« Les événements, qui se précipitent et qui menacent gravement l'unité de la nation française, me semblent exiger qu'un contact direct soit établi, d'urgence, entre le gouvernement et moi-même.

« Ce contact aurait pour objet d'examiner comment pourraient être évités des incidents de nature à aggraver la situation, en attendant que soient établis, dans la légalité, des pouvoirs publics capables d'assurer l'unité et l'indépendance du pays. »

À Guy Mollet[3]

26 mai 1958

Mon cher président,

Votre lettre me donne à penser que nous sommes bien près d'être d'accord sur le fond des choses.

Je n'en regrette que davantage que vous n'ayez pas cru devoir donner suite à votre intention de me voir. Il me semble qu'au nom de l'unité du pays et, bientôt, de son indépendance, tout commande qu'un contact direct – si discret qu'on le veuille – devrait être établi d'urgence entre le gouvernement et moi-même, afin d'éviter que la situation n'aille encore en s'aggravant.

Soyez assuré, en tout cas, mon cher président, de mes sentiments bien cordialement dévoués.

---

1. Manuscrite par le Général de la première à la dernière ligne.
2. Marcel Diebolt.
3. Dans une lettre du 25 mai qu'il a annotée : « Toute cette lettre dictée à la hâte est nettement insuffisante, incomplète, je le sais. Mon émotion est mon excuse », M. Guy Mollet déclare qu'il ne peut être que « contre les fascistes d'Alger et les bolcheviks du FLN ». Il adjure le Général de ne pas se taire et de penser « à l'avenir des libertés que vous nous avez tant aidé à reconquérir ».

Communiqué à la presse[1]

27 mai 1958 à 12 h 30

Le général de Gaulle a fait la communication suivante :

« J'ai entamé hier le processus régulier nécessaire à l'établissement d'un gouvernement républicain capable d'assurer l'unité et l'indépendance du pays.

« Je compte que ce processus va se poursuivre et que le pays fera voir, par son calme et sa dignité, qu'il souhaite le voir aboutir.

« Dans ces conditions toute action, de quelque côté qu'elle vienne, qui met en cause l'ordre public, risque d'avoir de graves conséquences. Tout en faisant la part des circonstances, je ne saurais l'approuver.

« J'attends des forces terrestres, navales et aériennes, présentes en Algérie, qu'elles demeurent exemplaires, sous les ordres de leurs chefs : le général Salan, l'amiral Auboyneau, le général Jouhaud. À ces chefs, j'exprime ma confiance et mon intention de prendre incessamment contact avec eux. »

Au général L. Bailly, à Orcenais (Cher)

27 mai 1958

Mon cher ami,

Merci de vos lettres qui sont venues m'apporter le réconfort de votre pensée et de votre amitié. J'en ai été vraiment touché.

Les événements sont en marche. Puissent-ils conduire la France à son renouveau !

Croyez, mon cher ami, à mes sentiments de bien cordial et fidèle dévouement.

Télégramme[2] du général de Gaulle au général Salan, à Alger

27 mai 1958

Veuillez m'envoyer dès que possible un mandataire militaire – STOP – Il s'agit pour moi d'être informé de votre situation et de celle des forces sous vos ordres – STOP – Il s'agit pour vous de recevoir communication de ma manière de voir et de mes intentions dans la situation actuelle du

1. Une lettre avec le texte de ce communiqué avait été remise par M. Olivier Guichard à M. Pflimlin, président du Conseil des ministres.

2. Remis à 16 heures en main propre au général Lorillot, chef d'état-major des forces armées à Paris. Le 28 mai, le général Dulac viendra se présenter au général de Gaulle en émissaire du général Salan, quelques heures avant la visite que lui feront les présidents Le Troquer et Monnerville.

pays – STOP – Communiquez à l'amiral Auboyneau et au général Jouhaud le texte de ce message qui vaut pour eux comme pour vous – STOP – Mon cabinet se tient en contact avec le général Lorillot – STOP – Soyez assuré de ma cordiale confiance.

À Vincent Auriol[1]

28 mai 1958

Cher président,

Les événements d'Algérie ont été – vous le savez bien – provoqués par l'impuissance chronique des pouvoirs publics, à laquelle j'ai, naguère, tout fait pour remédier. Le déclenchement et le développement se sont accomplis en invoquant mon nom, sans que je m'y sois aucunement mêlé.

Les choses étant ce qu'elles sont, j'ai proposé de former, par la voie légale, un gouvernement, dont je pense qu'il pourrait refaire l'unité, rétablir la discipline dans l'État, notamment du côté militaire, et promouvoir l'adoption par le pays d'une Constitution renouvelée.

Or, je me heurte, du côté de la représentation nationale, à une opposition déterminée. D'autre part, je sais qu'en Algérie et dans l'armée, quoi que j'aie pu dire hier, quoi que je puisse dire aujourd'hui, le mouvement des esprits est tel que cet échec de ma proposition risque de briser les barrières et même de submerger le commandement.

Comme je ne saurais consentir à recevoir le pouvoir d'une autre source que le peuple ou, tout au moins, ses représentants – (ainsi en ai-je fait en 1944 et 1945) – je crains que nous n'allions à l'anarchie et à la guerre civile.

Dans ce cas, ceux qui, par un sectarisme qui m'est incompréhensible, m'auront empêché de tirer encore une fois la République d'affaire quand il en était encore temps, porteront une lourde responsabilité. Quant à moi, je n'aurais plus, jusqu'à ma mort, qu'à rester dans mon chagrin.

Veuillez croire, cher président, que les sentiments que je vous porte sont restés à travers les années, et les épreuves, bien cordialement dévoués.

---

1. Cette lettre (rendue publique le 29) répond à une lettre du 27 mai (également rendue publique le 29) de Vincent Auriol. L'ancien président de la République, rappelant qu'il s'était naguère opposé « aux activités révisionnistes » du Général, l'adjurait maintenant de ne pas « faire capituler la République devant la violence d'une faction », de « ramener au devoir ceux des officiers qui ont désobéi à leur chef suprême et d'appeler tous les citoyens au respect de la loi commune ». M. Auriol ajoutait que, « la confiance ainsi rétablie entre le peuple républicain » et le Général, ce dernier pourrait alors obtenir un accord rapide « pour réaliser, avec les pleins pouvoirs, un programme limité dans un temps limité ».

Communiqué[1] à la presse

29 mai 1958

Le général de Gaulle communique :

« J'ai eu l'honneur de m'entretenir avec M. René Coty.

« À la demande du président de la République, je lui ai indiqué dans quelles conditions je pourrais assumer la charge du gouvernement en ce moment décisif pour le destin du pays.

« Le gouvernement, une fois investi par l'Assemblée nationale, recevrait, pour une durée déterminée, les pleins pouvoirs nécessaires pour agir dans la très grave situation actuelle.

« D'autre part, mandat serait donné au gouvernement, suivant une procédure prévue par l'actuelle Constitution, de préparer et de soumettre au pays, par voie de référendum, les changements qui doivent y être apportés, notamment en ce qui concerne la séparation et l'équilibre des pouvoirs ainsi que les rapports de la République française avec les peuples qui lui sont associés.

« Je ne saurais entreprendre la tâche de conduire l'État et la nation que si ces conditions indispensables m'étaient consenties avec la franche et large confiance qu'exige le salut de la France, de l'État et de la République.

« Pour m'acquitter d'une telle mission nationale, je pourrais compter, j'en suis sûr, sur le concours ardent et résolu du peuple français tout entier.

« Les événements qui nous pressent peuvent, d'un jour à l'autre, devenir tragiques. Il est d'une urgence extrême de refaire l'unité nationale, de rétablir l'ordre dans l'État et de mettre les pouvoirs publics à la hauteur de leurs devoirs. »

Au capitaine de corvette de Gaulle, état-major général de la Marine, à Paris[2]

29 mai 1958

Mon cher Philippe,

Henriette et vos si chers enfants nous quittent. Les événements ont agité leur séjour. Mais combien nous avons été, ta Maman et moi, heureux de les voir !

D'après mes informations, l'action serait imminente du sud vers le nord.

---

1. Manuscrit par le Général de la première à la dernière ligne.
2. Envoyée de Colombey-les-Deux-Églises.

J'ai reçu, hier, Le Troquer et Monnerville, que m'envoyait le président Coty, pour voir avec moi à quelles conditions je pourrais former le gouvernement dans l'actuel régime. J'ai précisé mes conditions (délégation de pleins pouvoirs pour un an, recours au référendum pour modifier la Constitution). Mais il est infiniment probable que rien ne se fera plus dans le régime qui ne peut même plus vouloir quoi que ce soit.

Au revoir, mon cher vieux garçon. Je t'embrasse de tout mon cœur. Ta Maman en fait autant.

Ton Papa

1942

1er janvier : Signature à Washington, par vingt-cinq États, de la déclaration des Nations unies. La France Libre y adhère le 2 janvier.
Jean Moulin, représentant le général de Gaulle auprès des mouvements de résistance de zone sud, est parachuté en France.

21 janvier : Offensive de Rommel en Libye.

10 février : Stabilisation du front à Bir Hakeim.

28 février : Leclerc déclenche son offensive sur le Fezzan.

12 mars : Débarquement de troupes américaines en Nouvelle-Calédonie.

27 mars : Premier grand convoi de juifs de France déportés vers Auschwitz.

9 avril : Capitulation américaine aux Philippines.

18 avril : Pierre Laval revient au pouvoir. Il remplace l'amiral Darlan comme chef du gouvernement de Vichy. Darlan occupe le poste de ministre de la Défense.

20 avril : Le général Giraud arrive à Vichy, après s'être évadé de captivité en Allemagne.

5 mai : Débarquement britannique à Madagascar.

27 mai : Attaque italienne sur Bir Hakeim.

2-10 juin : Rommel encercle et attaque les FFL à Bir Hakeim.

23 juin : Déclaration du général de Gaulle publiée en France dans les journaux clandestins indiquant les programmes d'action communs sur lesquels les groupes de Résistance se sont mis d'accord.

1er juillet : Prise de Sébastopol par les Allemands.

9 juillet : Reconnaissance du Comité national français par les États-Unis comme « symbole de la résistance française à l'Axe ».

14 juillet : La France Libre devient la France Combattante.

5 août : Le général de Gaulle quitte Londres pour Le Caire où il arrive le 7 août.

12 août-13 septembre : Le général de Gaulle est en Syrie et au Liban.

18 août : Raid britannique sur Dieppe avec participation des troupes de la France Combattante. Pétain et Laval félicitent les Allemands qui ont repoussé l'attaque.

3 septembre : Accord militaire et économique entre la France Combattante et les États-Unis.

4 septembre : Début de la bataille de Stalingrad.
Loi de Vichy astreignant au Service du travail obligatoire les Français de vingt et un à trente-cinq ans.

13-22 septembre : Voyage d'inspection du général de Gaulle en Afrique française libre.

23 septembre : Entrée des Britanniques à Tananarive.

25 septembre : Le général de Gaulle est de retour à Londres.

30 septembre : Arrivée à Londres d'Henri Frenay et d'Emmanuel d'Astier de La Vigerie.

23 octobre : Offensive de Montgomery en Égypte avec participation de troupes de la France Combattante.

24 octobre : Début de la bataille d'El-Alamein.

4 novembre : Retraite de Rommel à El-Alamein.

8 novembre : Débarquement allié au Maroc et en Algérie. L'amiral Darlan, qui se trouve à Alger, donne l'ordre de s'y opposer.

9 novembre : Le général Giraud arrive à Alger.

10 novembre : L'amiral Darlan conclut une suspension d'armes avec les Américains.

11 novembre : Invasion de la zone sud de la France par les troupes allemandes.

13 novembre : Négociations Darlan-Clark à Alger qui aboutissent à l'intronisation de l'amiral Darlan comme haut-commissaire pour l'Afrique du Nord. Un accord sera signé le 22 novembre avalisant l'occupation américaine en Afrique du Nord. La France Combattante récuse Darlan. Les Britanniques interrompent les émissions françaises à la BBC.

19 novembre : Début de la contre-offensive soviétique autour de Stalingrad.

26 et 27 novembre : Sabordage de la flotte française à Toulon.

28 novembre : Ralliement de la Réunion à la France Combattante.

7 décembre : L'amiral Darlan assume les fonctions de chef de l'État à Alger.
Création du « Conseil Impérial ».

14 décembre : Accord franco-britannique rétablissant la souveraineté française à Madagascar.

24 décembre : Assassinat de l'amiral Darlan à Alger.

25 décembre : Le général de Gaulle propose au général Giraud une rencontre en territoire national.

26 décembre : Le général Giraud devient commandant en chef civil et militaire de l'Afrique du Nord en remplacement de l'amiral Darlan.

28 décembre : Ralliement de la Somalie française à la France Combattante.

1943

12 janvier : Fernand Grenier arrive à Londres avec l'adhésion du PCF à la France Combattante.
Les troupes du général Leclerc sont victorieuses au Fezzan.

14-27 janvier : Conférence interalliée d'Anfa (Maroc).

22-26 janvier : Le général de Gaulle est à Anfa. Il y rencontre le général Giraud ainsi que Winston Churchill et le président Roosevelt.

23 janvier : Les Britanniques reprennent Tripoli.

26 janvier : Le général de Gaulle est de retour à Londres après avoir rejeté les propositions du général Giraud sur la constitution d'un triumvirat.

Février : Jean Moulin revient à Londres pour y rencontrer le général de Gaulle.

2 février : Les Allemands capitulent à Stalingrad.

11 février : Repoussé en Tunisie, Rommel tente, sans succès, une offensive vers l'Algérie.

18 mars : Ralliement de la Guyane française à la France Combattante.

30 mars : Jean Moulin est à nouveau envoyé en mission en France par le général de Gaulle pour y constituer le Conseil national de la Résistance.

1er avril : Une mission de la France Combattante dirigée par le général Catroux arrive à Alger.

19 avril : Soulèvement du ghetto de Varsovie.

8 mai : Tunis est libérée par les troupes alliées.

15 mai : Le Conseil national de la Résistance est constitué en France et reconnaît le général de Gaulle comme son seul chef.

30 mai : Le général de Gaulle quitte Londres pour s'installer à Alger.

3 juin : Constitution à Alger du Comité français de la Libération nationale (CFLN). Présidents : le général de Gaulle et le général Giraud.

21 juin : Arrestation de Jean Moulin à Caluire. Georges Bidault le remplacera à la présidence du Conseil national de la Résistance.

26-27 juin : Le général de Gaulle se rend à Tunis. Retour à Alger le 28.

10 juillet : Débarquement allié en Sicile.

14 juillet : Ralliement des Antilles françaises au CFLN.

25 juillet : Chute et arrestation de Mussolini.

31 juillet : Le CFLN décide que seul le général de Gaulle présidera les séances du Comité. Le général Giraud est commandant en chef des Forces françaises désormais unifiées (Forces françaises d'AFN et d'A-OF, et Forces françaises combattantes).

6-10 août : Le général de Gaulle se rend au Maroc. Rabat 6, 7 août ; Casablanca 8 août ; Meknès 8 août ; Fez 9 août.

23 août : Les troupes soviétiques reprennent Kharkov.

26 août : Reconnaissance du CFLN par la Grande-Bretagne, les États-Unis et l'Union soviétique.

3 septembre : Capitulation de l'Italie.

9 septembre : Débarquement allié à Salerne.

11-12 septembre : Le général de Gaulle se rend à Oran.

13 septembre : Débarquement français en Corse.

17 septembre : Constitution à Alger de l'Assemblée consultative provisoire.

Début octobre : Le général de Gaulle passe trois jours en Corse, dont la libération complète s'est effectuée le 4 octobre.

3 novembre : Première séance de l'Assemblée consultative provisoire d'Alger.

6 novembre : Les Soviétiques reprennent Kiev.

9 novembre : Remaniement du CFLN. Le général Giraud, commandant en chef, n'en fait plus partie. Séparation des pouvoirs civil et militaire.

12 novembre : Crise franco-libanaise.

28 novembre-1er décembre : Conférence de Téhéran entre Roosevelt, Churchill et Staline.

12-13 décembre : Le général de Gaulle se rend à Constantine et à Bône. Le 12, il prononce à Constantine un discours sur le statut des musulmans en Algérie.

1944

12-13 janvier : Le général de Gaulle se rend à Marrakech.

24 janvier-2 février : Séjour en Afrique noire. Brazzaville 25-27 janvier ; Abidjan 27 janvier ; Retour à Brazzaville 28-31 janvier ; Bangui, Fort-Lamy 31 janvier ; Zinder, Gao 1er février.

30 janvier : Le général de Gaulle ouvre la conférence de Brazzaville.

1er février : Création des Forces françaises de l'intérieur (FFI).

4-6 mars : Le général de Gaulle se rend en Italie.

7 mars : Ordonnance accordant la citoyenneté française à 60 000 musulmans d'Algérie.

11 mars : Condamnation à mort de Pierre Pucheu à Alger. Il sera exécuté le 21.

12 mars : Les troupes soviétiques atteignent la Pologne.

25 mars : Les troupes allemandes et la Milice écrasent les résistants du plateau des Glières.

8 avril : Le général Giraud est relevé de son commandement. Il refuse les fonctions d'inspecteur général de l'armée.

12-13 avril : Inspection militaire du général de Gaulle en Oranie et dans le Maroc oriental.

21 avril : Attaque du Vercors par la Milice.
Ordonnance du CFLN fixant l'organisation des pouvoirs publics et du régime politique à la libération de la France ; l'article 17 accorde le droit de vote aux femmes.

6-8 mai : Le général de Gaulle se rend en Tunisie.

11 mai : Offensive générale alliée en Italie.

17 mai : Prise de Cassino. Le général de Gaulle inspecte le front d'Italie.

3 juin : Le CFLN prend le nom de Gouvernement provisoire de la République française (GPRF) ; le général de Gaulle en est le président.
Devant l'imminence du débarquement allié en France, le général de Gaulle se rend à Londres.

4 juin : Prise de Rome. Les troupes françaises y entrent le 5.

6 juin : Débarquement allié sur les côtes normandes. Action générale de la Résistance contre les troupes allemandes.

8-20 juin : Les gouvernements européens exilés à Londres reconnaissent le GPRF, à l'exception du gouvernement hollandais.

8 juin : Libération de Bayeux.

9 juin : Ordonnance intégrant les FFI dans l'armée française.

14 juin : Le général de Gaulle débarque en France non loin de Courseulles puis gagne Bayeux où il installe le premier commissaire de la République. Il regagne Londres le 15 et Alger le 17.

17-20 juin : Prise de l'île d'Elbe par les troupes françaises du général de Lattre de Tassigny.

19-21 juin : Victoire navale américaine des îles Mariannes.

27-30 juin : Le général de Gaulle se rend à Naples, inspecte le front d'Italie puis rencontre à Rome le pape Pie XII.

1er-22 juillet : Conférence monétaire de Bretton-Woods.

5-10 juillet : Le général de Gaulle se rend aux États-Unis. Il s'entretient à plusieurs reprises avec le président Roosevelt.

7 juillet : Assassinat de Georges Mandel par la Milice.

11-12 juillet : Le Général est au Canada.

12 juillet : Dernier conseil des ministres de Vichy.

21 juillet : Les troupes allemandes attaquent le maquis du Vercors. Les Américains débarquent dans l'île de Guam (îles Mariannes).

1er août : La division Leclerc débarque en Normandie.

3-4 août : Le général de Gaulle inspecte à Naples les forces françaises, dont la prochaine destination est le midi de la France.

9 août : Ordonnance du GPRF rétablissant la légalité républicaine sur le territoire français libéré.

15 août : Débarquement des troupes alliées sur la côte varoise. Participation de la première armée française commandée par le général de Lattre de Tassigny.

18 août : Le général de Gaulle quitte Alger pour Casablanca, Gibraltar et la France où il arrivera le 20 août. Début de l'insurrection de Paris contre l'occupant.

19 août : Le maréchal Pétain quitte Vichy.

22 août : La 2e division blindée commandée par le général Leclerc reçoit l'ordre de libérer Paris.

25 août : Libération de Paris.

26 août : Le général de Gaulle descend les Champs-Élysées.

31 août : Transfert du gouvernement provisoire d'Alger à Paris.

5 septembre : Libération de Bruxelles par les alliés.

7 septembre : Départ du maréchal Pétain et de Pierre Laval pour l'Allemagne.

9 septembre : Formation du ministère « d'unanimité nationale ».

10 septembre : Abolition de la législation de Vichy.

14-18 septembre : Le général de Gaulle se rend dans le Rhône, les Bouches-du-Rhône, le Var, la Haute-Garonne, la Gironde et le Loiret.

23-26 septembre : Il se rend dans le Doubs, le Jura et la Meurthe-et-Moselle.

30 septembre : Ordonnance organisant un nouveau régime d'assurance sociale, appelé pour la première fois « Sécurité sociale ».

30 septembre-1er octobre : Le général de Gaulle se rend dans le Nord et le Pas-de-Calais.

7 au 9 octobre : Il se rend en Seine-Maritime, dans l'Eure et le Calvados.

12 octobre : Ordonnance fixant la composition de l'Assemblée consultative provisoire élargie.

21-23 octobre : Le général de Gaulle se rend dans l'Est.

23 octobre : Reconnaissance *de jure* du GPRF par les États-Unis, la Grande-Bretagne et l'Union soviétique.

28 octobre : Dissolution des « milices patriotiques » issues de la Résistance.

4-6 novembre : Le général de Gaulle se rend dans le Rhône, la Haute-Savoie, la Savoie et l'Isère.

7 novembre : Première réunion de l'Assemblée consultative provisoire.

11 novembre : Winston Churchill est reçu à Paris par le général de Gaulle. Il se rendra ensuite avec lui sur le front de Lorraine.

18 novembre : Institution de la Haute Cour chargée de juger les responsables du régime de Vichy.

23 novembre : Entrée des troupes de Leclerc dans Strasbourg.

24 novembre : Le général de Gaulle part pour l'Union soviétique. Le 25, il est au Caire, le 26, à Téhéran, du 27 novembre au 13 décembre, en Union soviétique ; il a plusieurs entretiens avec le maréchal Staline. Le 14 décembre, il est au Caire, le 15 à Tunis, le 16 à Paris.

10 décembre : Signature à Moscou du traité d'alliance et d'assistance mutuelle franco-soviétique.

18 décembre : Contre-offensive allemande dans les Ardennes.

23 décembre : Nationalisation des usines Renault.

24-25 décembre : Le général de Gaulle inspecte le front de l'Est en Alsace.

1945

1er janvier : Le général de Gaulle donne l'ordre au général de Lattre de Tassigny de défendre Strasbourg.

3 janvier : Il s'entretient avec Winston Churchill et le général Eisenhower sur la défense de l'Alsace.

13-16 janvier : Il se rend dans le Finistère, le Morbihan, le Maine-et-Loire et la Loire-Atlantique.

17 janvier : Prise de Varsovie par les forces soviétiques.

23 janvier : Recul généralisé des Allemands dans les Ardennes.

27-28 janvier : Le général de Gaulle se rend dans de nombreuses communes de la région parisienne.

2 février : Libération de Colmar par le général de Lattre de Tassigny.

4-11 février : Conférence de Yalta entre Roosevelt, Staline et Churchill.

11 février : Le général de Gaulle se rend à Strasbourg, Mulhouse et Colmar.

12 février : Accords de Yalta.

22 février : Ordonnance instituant les comités d'entreprise.

25 février : Les forces américaines débarquent à Manille.

4 mars : Les Alliés atteignent le Rhin en Allemagne.

4 et 5 mars : Le général de Gaulle se rend en Haute-Vienne et en Dordogne.

9 mars : Coup de force japonais en Indochine.

10 mars : Le général de Gaulle donne ordre au général Mordant, commandant en chef en Indochine, de résister à l'attaque japonaise.

11 mars : Le Vietnam et le Cambodge proclament leur indépendance.
22 mars : Signature au Caire du pacte de la Ligue arabe.
24 mars : Déclaration du GPRF sur le statut futur de l'Indochine.
31 mars : La Ire armée française franchit le Rhin.
1er avril : Les forces américaines débarquent à Okinawa.
6-9 avril : Le général de Gaulle se rend sur les fronts d'Allemagne et des Alpes, ainsi qu'à Nice.
12 avril : Mort du président Roosevelt. Harry Truman lui succède.
21-22 avril : Le général de Gaulle se rend à Royan, Cognac et Saintes.
25 avril : Jonction des forces américaines et soviétiques sur l'Elbe.
25 avril-26 juin : Conférence de San Francisco.
26 avril : Le maréchal Pétain se livre aux autorités françaises.
26 avril-2 mai : Bataille de Berlin.
28 avril : Exécution de Mussolini.
29 avril et 13 mai : Élections municipales en France.
30 avril : Suicide d'Hitler à Berlin.
2 mai : Capitulation des forces allemandes d'Italie.
4 mai : La division Leclerc atteint Berchtesgaden.
7 mai : Signature de la capitulation allemande à Reims en présence notamment du général français Sevez.
8 mai : Ratification de la capitulation allemande à Berlin à laquelle participe le général de Lattre de Tassigny.
Incidents graves en Kabylie. Massacre d'Européens et de Musulmans par les émeutiers.
19-20 mai : Voyage en Allemagne du général de Gaulle, président du Gouvernement provisoire de la République française.
5 juin : Attribution à la France d'une zone d'occupation en Allemagne.
10 juin : Voyage du général de Gaulle dans la Manche et l'Orne.
15 juin : Débat à l'Assemblée consultative provisoire sur la politique française au Levant.
22 juin : Création de l'École nationale d'administration (ENA).
26 juin : Fin de la conférence de San Francisco. Charte des Nations unies. Fondation de l'ONU.
30 juin-1er juillet : Voyage du général de Gaulle en Auvergne.
14 juillet : Le bey de Tunis est en visite à Paris.
17 juillet-2 août : Conférence de Potsdam (Staline, Truman, Churchill, puis Attlee) dont les principales décisions concernent notamment le sort de l'Allemagne.
21-23 juillet : Voyage du général de Gaulle en Bretagne.
23 juillet-15 août : Procès du maréchal Pétain.
27-29 juillet : Débat à l'Assemblée consultative provisoire sur le projet constitutionnel.

6 août : Les Américains lancent la première bombe atomique sur Hiroshima (Japon). Le 9, une seconde sera envoyée sur Nagasaki (Japon).

8 août : Déclaration de guerre de l'URSS au Japon.

10 août : Le Viêt-minh appelle à l'insurrection générale.

11-13 août : Voyage du général de Gaulle dans l'Oise, la Somme, le Nord et le Pas-de-Calais.

17 août : Ordonnance fixant le mode de scrutin, pour les élections à l'Assemblée nationale constituante, à la représentation proportionnelle.

L'amiral Thierry d'Argenlieu est nommé haut-commissaire en Indochine.

Le général Leclerc est nommé commandant des troupes françaises en Indochine.

21-29 août : Voyage du général de Gaulle aux États-Unis et au Canada.

2 septembre : Capitulation du Japon.

Hô Chi Minh proclame l'indépendance de la République du Vietnam.

11-20 septembre : Conférence interalliée à Londres (ministres des Affaires étrangères de Chine, des États-Unis, de France, de Grande-Bretagne et d'URSS) sur l'élaboration des traités de paix.

23 et 30 septembre : Élections cantonales.

3-5 octobre : Voyage du général de Gaulle dans la zone d'occupation française en Allemagne.

4-5 octobre : Fin du procès et exécution de Pierre Laval.

5 octobre : Le corps expéditionnaire français, commandé par le général Leclerc, débarque à Saigon.

21 octobre : Référendum constitutionnel et élection à l'Assemblée nationale constituante (ANC).

2 novembre : Loi portant organisation provisoire des pouvoirs publics.

4-6 novembre : Voyage du général de Gaulle en Haute-Savoie, en Savoie et en Isère.

13 novembre : Le général de Gaulle est élu président du gouvernement provisoire à l'unanimité de l'ANC.

16 novembre : Le général de Gaulle remet son mandat à la disposition de l'ANC.

19 novembre : Nouvelle élection du général de Gaulle.

20 novembre : Ouverture du procès de Nuremberg.

21 novembre : Le général de Gaulle forme son gouvernement. Il le présente le 23 devant l'ANC.

2 décembre : La Banque de France et les grandes banques de crédit sont nationalisées.

12 décembre : Grèves dans la fonction publique.

13 décembre : Accord franco-britannique sur le Levant.

26 décembre : Dévaluation du franc. Débat à l'ANC sur l'adhésion aux accords monétaires de Bretton Woods.

31 décembre-1er janvier 1946 : Débats très difficiles à l'ANC pour le vote du budget militaire.

1946

10 janvier : Première assemblée générale de l'ONU.
20 janvier : Le général de Gaulle quitte le pouvoir.
21 janvier-23 juin : Gouvernement Félix Gouin.
28 février : Accord franco-chinois sur le retrait des troupes chinoises du Tonkin.
6 mars : La France reconnaît le gouvernement de la République du Vietnam dirigé par Hô Chi Minh (accord Sainteny-Hô Chi Minh).
8 avril : Le gaz et l'électricité sont nationalisés.
19 avril : Vote du premier projet constitutionnel par l'ANC.
25 avril : Les grandes compagnies d'assurances sont nationalisées.
5 mai : Rejet par référendum du projet constitutionnel.
1er juin : Constitution d'un gouvernement provisoire en Cochinchine.
2 juin : Élections à la deuxième ANC.
16 juin : Discours du général de Gaulle à Bayeux sur la réforme de l'État.
23 juin-28 novembre : Gouvernement Georges Bidault.
30 septembre : Adoption du deuxième projet constitutionnel par l'ANC.
13 octobre : Adoption de la Constitution de la IVe République par référendum.
10 novembre : Élections législatives.
23 novembre : La flotte française bombarde Haiphong (Tonkin).
24 novembre et 8 décembre : Élections du Conseil de la République.
16 décembre-16 janvier 1947 : Gouvernement Léon Blum.
19 décembre : Les troupes du Vietnam, conduites par le général Giap, attaquent les Français à Hanoi. Rattachement économique de la Sarre à la France.

1947

1947 : Au cours de l'année de nombreuses grèves éclatent dans l'industrie, les mines, la presse, le secteur public et les transports.
16 janvier : Élection de Vincent Auriol à la présidence de la République.
28 janvier-19 novembre : Gouvernement Paul Ramadier.
10 février : Traités de paix signés à Paris avec la Finlande, la Bulgarie, la Hongrie, la Roumanie et l'Italie.

4 mars : Traité d'alliance franco-britannique.
5 mars : Émile Bollaert est nommé haut-commissaire de France en Indochine.
10 mars-25 avril : Conférence de Moscou sur le statut de l'Allemagne.
30 mars : Insurrection à Madagascar.
7 avril : Discours du général de Gaulle à Strasbourg annonçant la création du Rassemblement du peuple français (RPF).
21 avril : Accord entre la France, la Grande-Bretagne et les États-Unis sur la Ruhr.
4 mai : Révocation des ministres communistes du gouvernement Ramadier.
13 mai : Le général Juin est nommé résident général de France au Maroc.
27 août : Vote du statut de l'Algérie : un gouverneur général, un conseil de gouvernement, une assemblée à deux collèges.
22 septembre : À l'initiative de l'URSS, fondation du Kominform, organisation commune aux partis communistes.
19 et 26 octobre : Élections municipales. Succès du RPF.
27 octobre : Le général de Gaulle demande la dissolution de l'Assemblée nationale et la révision de la Constitution.
30 octobre : Remaniement du gouvernement Ramadier.
28 novembre : Mort du général Leclerc dans un accident d'avion au Sahara.
28 décembre-19 juillet 1948 : Gouvernement Robert Schuman.

1948

1948 : Nombreuses grèves dans les mines et la métallurgie.
3 janvier : La France reconnaît l'autonomie de la Sarre.
4 janvier : Discours du général de Gaulle à Saint-Étienne sur l'Association capital-travail.
20-27 février : Coup d'État communiste à Prague.
23 février : Ouverture à Londres d'une conférence européenne (France, Grande-Bretagne, Benelux) pour étudier le problème allemand.
17 mars : La France, la Grande-Bretagne et le Benelux signent à Bruxelles un pacte de défense mutuelle contre toute agression.
3 avril : Le congrès américain adopte le Plan Marshall d'aide économique des États-Unis à l'Europe de l'Ouest.
16 avril : Premières assises nationales du RPF à Marseille.
Naissance de l'Organisation européenne de coopération économique (OECE).
14 mai : Proclamation de l'État d'Israël.
1er juin : Accord de Londres sur le statut de l'Allemagne.
22 juin : Début du blocus de Berlin par les Soviétiques.
28 juin : Accord franco-américain sur le Plan Marshall.

19-25 juillet : Première réunion du Conseil national du RPF.
24 juillet-28 août : Gouvernement André Marie.
11 septembre-6 octobre 1949 : Gouvernement Henri Queuille.
2 novembre : Élection de Harry Truman à la présidence des États-Unis.
7 novembre : Élections au Conseil de la République.
10 décembre : Déclaration universelle des Droits de l'homme dans le cadre de l'ONU.

1949

22 janvier : Les troupes communistes entrent à Pékin.
29 janvier : Création du Conseil de l'Europe.
11-12 février : Assises nationales du RPF à Lille.
20 et 27 mars : Élections cantonales.
4 avril : Signature du Pacte atlantique.
Mai : Les puissances d'occupation de l'Allemagne approuvent la « loi fondamentale » constitutionnelle adoptée à Bonn par les Länder.
8 mai : La République fédérale d'Allemagne (RFA) est constituée.
12 mai : Fin du blocus de Berlin.
13 juin : Bao Dai entre à Saigon et forme un gouvernement.
23 juin : Le Comité exécutif du RPF prend le nom de « Conseil de Direction ».
Août : Élection du premier Bundestag de la RFA.
Septembre : Début de « l'affaire des généraux » : Le rapport du général Revers, défavorable à la politique française en Indochine, est tombé aux mains du Viêt-minh.
15 septembre : Adenauer est élu Chancelier de la RFA.
21 septembre : La République populaire de Chine est proclamée.
7 octobre : La République démocratique d'Allemagne (RDA) est proclamée.
29 octobre-24 juin 1950 : Gouvernement Georges Bidault.
Décembre : Les troupes chinoises sont à la frontière du Tonkin.

1950

19 et 31 janvier : Le gouvernement de Hô Chi Minh est reconnu par la République populaire de Chine et l'URSS.
Février : Les États-Unis et la Grande-Bretagne reconnaissent le gouvernement de Bao Dai.
4 février : Démission des ministres socialistes du gouvernement Bidault.
27 mai : Bataille de Dong Khé (Tonkin).

23-25 juin : Assises nationales du RPF à Paris.
25 juin : Début de la guerre de Corée.
1er juillet : Intervention américaine en Corée.
13 juillet : La RFA entre au Conseil de l'Europe.
13 juillet-28 février 1951 : Gouvernement René Pleven.
23 août : Envoi d'un bataillon français en Corée.
18 septembre : Les Français évacuent Dong Khé.
3-8 octobre : Retraite française à Cao Bang (Tonkin).
8 octobre : Le sultan Mohamed Ben Youssef du Maroc est en visite en France.
18 octobre : Les Français évacuent Langson (Tonkin).
26 octobre : Projet de création d'une armée européenne présenté par René Pleven.
27 octobre : Création du Quartier général des forces alliées en Europe (SHAPE), sous le commandement du général Eisenhower à partir du 19 décembre.
6 décembre : Le général de Lattre est nommé haut-commissaire en Indochine.

1951

Janvier-février : Tension franco-marocaine.
1-4 janvier : Offensive sino-coréenne vers la Corée du Sud.
12 janvier : Nouvelle offensive Viêt-minh au Nord-Tonkin.
22 février : Contre-offensive américaine en Corée.
10 mars-11 août : Gouvernement Henri Queuille.
5-28 avril : Débat à l'Assemblée nationale sur la réforme électorale.
18 avril : Création de la Communauté européenne du charbon et de l'acier (CECA).
7 mai : La loi électorale dite des « apparentements » est adoptée.
17 juin : Élections législatives.
Les gouvernements de la IVe République qui n'ont duré que quelques jours n'ont pas été mentionnés.
17 juin : Élections législatives à la proportionnelle avec le système dit « des apparentements ». La nouvelle Assemblée comporte 118 « gaullistes », 104 socialistes, 103 communistes, 98 modérés, 94 radicaux, 85 républicains populaires. Contre-offensive franco-vietnamienne en Indochine sur l'impulsion du général de Lattre.
20 juin : Nationalisation des pétroles iraniens par Mossadegh.
10 juillet : Démission du gouvernement Queuille.
16 juillet : Mort du maréchal Pétain à l'île d'Yeu.

20 juillet : Assassinat du roi Abdallah de Jordanie.

13-24 septembre : Voyage du général de Lattre aux États-Unis pour demander une aide pour l'Indochine.

20 septembre : Adoption de l'échelle mobile des salaires sur proposition socialiste.

21 septembre : Lois Marie et Barangé sur les allocations scolaires et les bourses à l'enseignement privé.

Début octobre : Fortes hausses des prix officiels.

7-14 octobre : Élections cantonales.

8 octobre : L'Égypte dénonce le traité anglo-égyptien de 1936.

25 octobre : Victoire des conservateurs aux élections britanniques. Retour de Winston Churchill.

9 novembre : Grève des instituteurs et des professeurs.

11 novembre : Victoire de Perón en Argentine.

13 novembre : Reprise d'Hoa-Binh au Tonkin par les Franco-Vietnamiens.

15 novembre : Grève des mineurs.

27 novembre : Cessez-le-feu en Tunisie.

29 novembre : Grève générale en Tunisie.

28 décembre : Conférence des Six sur l'armée européenne.

1952

7 janvier : Chute du gouvernement Pleven à propos de sa politique financière.

11 janvier : Mort du général de Lattre remplacé en Indochine par le général Salan.

17 janvier : Gouvernement Edgar Faure.

17-18 janvier : Émeutes à Bizerte. Arrestation de Bourguiba.

26 janvier : Émeutes au Caire.

6 février : Mort de George VI. Élisabeth II lui succède.

7 février : Grève des mineurs des Cévennes.

19 février : L'Assemblée nationale approuve le projet d'armée européenne.

24 février : Deuxième évacuation d'Hoa-Binh au Tonkin.

25 février : Adoption de l'Armée européenne au Conseil atlantique à Lisbonne.

29 février : Chute du gouvernement Edgar Faure à cause de son projet d'augmentation des impôts de 15 %.

6 mars : Investiture du gouvernement Pinay avec l'aide de vingt-sept députés dissidents du RPF.

14 mars : Mémorandum du sultan du Maroc au gouvernement français.

26 mars : Arrestation de membres du gouvernement tunisien.

1er avril : M. Letourneau est nommé haut-commissaire en Indochine. Le général Salan confirmé comme commandant en chef.

2 avril : Le général Ridgway remplace le général Eisenhower comme commandant en chef du SHAPE.

11 avril : Promulgation du pool charbon-acier.

14 mai : Incident à Orléansville. Expulsion d'Algérie de Messali Hadj, chef autonomiste.

25 mai : Arrestation d'André Stil, rédacteur en chef de *L'Humanité*.

26 mai : Emprunt 4,5 % indexé sur le napoléon, dit « emprunt Pinay ».

27 mai : Signature à Paris du traité de la Communauté européenne de défense (CED).

28 mai : Arrestation pour trois jours de Jacques Duclos à la suite d'une campagne communiste contre le général Ridgway.

8 juillet : Les parlementaires dissidents du RPF se constituent en groupe séparé dit « Action républicaine et sociale ».

17 juillet : Clôture de l'emprunt Pinay qui totalise 428 milliards dont 195 milliards d'argent frais.

26 juillet : Abdication du roi Farouk d'Égypte à la suite d'un coup d'État de l'armée dirigé par le général Néguib.

17 septembre : Fin de non-recevoir du gouvernement français au mémorandum marocain du 14 mars qui demandait la révision du traité de 1912.

19 septembre : Le bey de Tunis repousse le plan de réformes proposé par les Français.

1er octobre : Première bombe atomique britannique.

6 octobre : M. Pinay rejette une note américaine d'intervention dans les affaires françaises.

10 octobre : Arrestation d'Alain Le Léap, secrétaire général de la CGT.

12 octobre : Offensive viêt-minh en pays Thaï et sur la Rivière noire.

16 octobre : Les États-Unis votent pour l'inscription des questions marocaines et tunisiennes à l'Assemblée générale des Nations unies.

1er novembre : Bombe H américaine.

4 novembre : Le général Eisenhower élu président des États-Unis.

15 novembre : Actes de terrorisme en Tunisie.

16 novembre : Mort de Charles Maurras.

5 décembre : Assassinat de Fehrat Hached, syndicaliste tunisien. Grève générale. Arrestation du leader du Néo-Destour et de la CGT tunisienne.

7-8 décembre : Émeutes et arrestations au Maroc.

23 décembre : Abandonné par le MRP, M. Pinay démissionne.

1953

4 janvier : M. André Marty est exclu du PCF.

7 janvier : M. René Mayer obtient l'investiture de l'Assemblée nationale.

5 mars : Message du roi du Cambodge au président de la République française réclamant l'émancipation.
Mort de Staline. Malenkov, premier secrétaire du parti communiste soviétique, devient président du Conseil.

24 mars : Mandat d'arrêt contre Benoît Frachon et plusieurs dirigeants de la CGT accusés de complot communiste.

25 mars : MM. Mayer, Bidault, Letourneau et Bourgès-Maunoury se rendent aux États-Unis pour plaider la cause de l'Indochine.

10 avril : Retour en France de Maurice Thorez, secrétaire général du Parti communiste français, après un long séjour médical en URSS.

13 avril : Offensive du Viêt-minh au Laos. Évacuation de Sam Neua.

14 avril : M. Khrouchtchev succède à M. Malenkov en URSS.

24-27 avril : Séjour au Vietnam de l'amiral américain Radford.

26 avril : Net recul du RPF et avance des modérés aux élections municipales.

6 mai : Le général de Gaulle rend leur liberté aux élus du RPF qui fondent l'Union républicaine d'action sociale.

8 mai : Le général Navarre est nommé commandant en chef en Indochine.

21 mai : Démission du gouvernement René Mayer battu sur ses projets financiers.

21 mai-26 juin : Longue crise ministérielle qui consacre le refus ou l'échec de MM. Mollet, Diethelm, Pinay, Reynaud, Mendès France, Bidault, Marie, et qui finit par l'investiture de M. Joseph Laniel.

2 juillet : Commission parlementaire sur « le trafic des piastres ».

9 juillet : Arrestation de Beria, chef de la police soviétique, qui sera exécuté en décembre.

14 juillet : Incidents sanglants au défilé du 14 Juillet entre des Nord-Africains et la police : sept morts.

16-19 juillet : Insurrection à Berlin-Est.

21 juillet : Le Conseil des ministres adopte le « plan Navarre ».

2 août : Le Glaoui, pacha de Marrakech, assure son autorité en pays berbère et suscite les pachas d'autres régions du Maroc contre le sultan.

4 au 25 août : Grève générale des services publics à l'initiative des postiers de Force ouvrière.

11 août : Évacuation de Na-Sam au Laos.

20 août : Déposition du sultan Sidi Mohamed remplacé par Sidi Moulay ben Arafa. En Iran, arrestation de Mossadegh par les partisans du shah.

25 août : Fin de la grève générale. Libération d'Alain Le Léap, secrétaire général de la CGT, arrêté depuis le 10 octobre précédent.

2 septembre : En désaccord sur la politique marocaine, M. Mitterrand quitte le gouvernement.

6 septembre : Victoire démocrate-chrétienne aux élections allemandes.

15 septembre : Le Vatican met fin à l'expérience des prêtres-ouvriers.

11 octobre : Barricades dans quatorze départements du Centre.

20 novembre : Début d'installation de parachutistes français à Diên Biên Phu au Laos.

23 décembre : Au treizième tour d'un scrutin qui a duré six jours, M. René Coty est élu président de la République.

1954

12 janvier : André Le Troquer est élu président de l'Assemblée nationale en remplacement d'Édouard Herriot.

25 janvier : Ouverture de la Conférence des Quatre à Berlin.

4 février : Plan de relance économique présenté pour dix-huit mois par M. Edgar Faure, ministre des Finances.

5 février : Début de l'encerclement de Diên Biên Phu par le Viêt-minh.

9 février : M. Pleven, ministre de la Défense, se rend à Saigon avec le général Ély, chef d'état-major.

13 février : Le général Boyer de La Tour est nommé commandant supérieur des troupes en Tunisie.

8 mars : Attaque massive du Viêt-minh contre Diên Biên Phu.

31 mars : Le maréchal Juin prend publiquement position contre le projet de Communauté européenne de défense. Le gouvernement prend « des sanctions » contre lui.

10 avril : Loi instituant la TVA.

20 avril : Le général Ély, chef d'état-major de la Défense, se rend à Washington pour demander une aide de l'aéronautique navale américaine qui ne sera pas accordée.

26 avril : Ouverture de la Conférence de Genève sur l'Indochine.

28 avril : Grève générale. Mort de Léon Jouhaux.

1er mai : À Genève, la France accorde l'indépendance totale au Vietnam.

7 mai : Chute du camp retranché de Diên Biên Phu.

20 mai : M. Francis Lacoste devient résident général au Maroc. Recrudescence du terrorisme au Maroc et en Tunisie.

3 juin : Le général Ély est nommé commandant en chef en Indochine.

12 juin : Chute du gouvernement Laniel sur l'Indochine.

16 juin : Ngô Dinh Diêm, proaméricain, succède au prince Buu Loc comme chef du gouvernement du Vietnam.

18 juin : Par 419 voix dont les communistes, contre 47 et 143 abstentions, M. Mendès France est investi président du Conseil.
Au Guatemala, élimination du président « progressiste » Jacobo Arbenz Guzmán par la guerre civile.

20 juillet : Accords de Genève. Cessez-le-feu en Indochine.

31 juillet : M. Mendès France se prononce à Carthage sur l'autonomie interne de la Tunisie.

10 août : M. Mendès France obtient des pouvoirs spéciaux en matière fiscale.

13 août : Démission de trois ministres « ex-gaullistes » hostiles à la CED.

22 août : Conférence de Bruxelles qui est un échec pour la CED.

24 août : Au Brésil, démission et suicide du président Vargas.

30 août : L'Assemblée nationale rejette la CED.

6-8 septembre : Conférence de Manille sur le Sud-Est asiatique.

28 septembre-3 octobre : Conférence de Londres.

9 octobre : Évacuation de Hanoi par les Français.

15-17 octobre : Congrès radical de Marseille qui est un succès pour M. Mendès France.

16-22 octobre : Voyage de M. Mitterrand en Algérie.

23 octobre : Accords de Paris sur l'Allemagne et la Sarre.

1er novembre : Des assassinats dans l'Aurès marquent le début de l'insurrection en Algérie.

11 novembre : Le congrès socialiste refuse sa participation au gouvernement Mendès France.

14 novembre : En Égypte le colonel Nasser élimine le général Néguib.

17-23 novembre : Voyage aux États-Unis de M. Mendès France qui participe à l'assemblée générale de l'ONU.

16 décembre : M. Sainteny premier représentant de la France auprès du gouvernement Hô Chi Minh à Hanoi.

1955

5 janvier : Projet de réformes en Algérie proposé par M. Mitterrand.

11 janvier : M. Pierre Schneiter (MRP) est élu président de l'Assemblée nationale.

20 janvier : Remaniement ministériel.

25 janvier : M. Jacques Soustelle est nommé gouverneur général de l'Algérie.

6 février : Le gouvernement Mendès France est renversé à l'issue d'un débat sur l'Afrique du Nord.

8 février : En URSS le maréchal Boulganine remplace M. Malenkov.

20 février : Meeting de M. Poujade au Vélodrome d'Hiver. Il préconise la grève de l'impôt par les commerçants et artisans.

25 février : Investiture d'Edgar Faure après les échecs de MM. Pinay, Pflimlin et Pineau.

Mars : Invalidation de 11 députés poujadistes remplacés anticonstitutionnellement par 5 socialistes, 3 radicaux, 1 MRP et 2 modérés.

2 avril : Vote de l'état d'urgence en Algérie.

5 avril : En Grande-Bretagne, M. Churchill donne sa démission.

18-24 avril : Conférence de Bandoeng.

5 mai : Au Congrès du parti radical, M. Mendès France l'emporte sur M. Édouard Herriot qui en abandonne la présidence.

5-7-9 mai : Rétablissement de la souveraineté allemande, qui entre à l'OTAN.
L'URSS dénonce ses traités avec la France et la Grande-Bretagne.

21 mai : Protocole d'accord franco-tunisien.

22-24 mai : Incidents à Douala.

1er juin : Retour de Bourguiba à Tunis.

11 juin : Assassinat au Maroc du libéral Lemaigre-Dubreuil.

18 juin : Évacuation du canal de Suez par les Britanniques.

20 juin : Gilbert Grandval résident général au Maroc.

1er au 20 août : Incidents à Saint-Nazaire et à Nantes où les arsenaux sont en grève depuis le 20 juin.

20 août : Assassinats d'Européens au Maroc, en particulier à Oued-Zem.

21 août : Massacres par le FLN en Algérie à Guelma et dans vingt-cinq centres.

22 août : Démission de Gilbert Grandval.

24 août : Rappel des réservistes des classes 52 et 53. Maintien sous les drapeaux de la classe 54. Saisie de *L'Humanité*.

24-29 août : Grèves de nombreux centres industriels.

11 septembre : Incidents au départ des réservistes rappelés et notamment à la gare de Lyon.

12 septembre : Grève générale à Nantes.

19 septembre : En Argentine, chute du général Perón.

21 octobre : Référendum en Sarre qui vote son retour à l'Allemagne par 423 000 voix contre 201 000.

28 octobre : Émeutes à Chypre.

3-6 novembre : Au Congrès radical, M. Mendès France l'emporte sur M. Edgar Faure.

9 novembre : L'Assemblée approuve la politique marocaine du gouvernement. Rétablissement de Muhammad V sur le trône chérifien.

17 novembre : L'Assemblée se prononce pour le scrutin d'arrondissement.

29 novembre : Le gouvernement Edgar Faure ayant posé la question de confiance est renversé à la majorité constitutionnelle.

30 novembre : Dissolution de l'Assemblée nationale par le Conseil des ministres.

1er décembre : Le parti radical exclut M. Edgar Faure, puis MM. René Mayer, Jean-Paul David, Bernard Lafay.

2 décembre : Fusion des deux centrales syndicales américaines AFL et CIO.

8 décembre : Lancement du Front républicain : MM. Mollet, Mendès France, Mitterrand, Chaban-Delmas.

12 décembre : Ajournement des élections en Algérie.

27 décembre : Accords de salaires aux Charbonnages de France et chez Peugeot.

1956

2 janvier : Élections législatives sans majorité définie. Les républicains sociaux (ex-RPF) obtiennent environ 4,5 % des suffrages.

4 janvier : Motion de soixante et un musulmans de l'Assemblée algérienne en faveur de la nationalité algérienne.

14 janvier : Création à Alger d'un Comité d'action et de défense de l'Algérie française.

31 janvier : M. Guy Mollet investi par l'Assemblée nationale en remplacement de M. Edgar Faure mis en minorité constitutionnelle le 29 novembre précédent. Les communistes votent cette investiture.

2 février : Le général Catroux nommé ministre résident en Algérie, en remplacement de M. Soustelle qui quitte Alger sous les acclamations.

6 février : M. Guy Mollet à Alger sous les huées. Le général Catroux démissionne.

9 février : M. Robert Lacoste nommé ministre résident à Alger.

14-26 février : Au XXe Congrès du Parti communiste de l'Union soviétique, M. Krouchtchev annonce la « déstalinisation ».

28 février : M. Guy Mollet en appelle à la radio au cessez-le-feu en Algérie.

2 mars : Indépendance du Maroc.

12 mars : Pouvoirs spéciaux pour l'Algérie votés à M. Guy Mollet, communistes compris.

14 mars : Visite au Caire de M. Christian Pineau, ministre des Affaires étrangères.

20 mars : Indépendance de la Tunisie.

11 avril : Dissolution de l'Assemblée algérienne.

18-27 avril : Voyage de MM. Boulganine et Krouchtchev en Grande-Bretagne.

15-19 mai : Voyage de MM. Mollet et Pineau en URSS.

18 mai : Massacres de Palestro en Grande Kabylie par le FLN.

22 mai : Démission du gouvernement de M. Mendès France.

28 mai : Cession des établissements français de l'Inde.

2-24 juin : Voyage du maréchal Tito en URSS.

17 juin : Saluant les combattants de Verdun et d'Algérie, M. René Coty, président de la République, se prononce pour une réforme constitutionnelle.

19 juin : Vote d'une loi-cadre Defferre en vue de l'émancipation de l'Afrique noire et de Madagascar.

28 juin : Émeutes à Poznań en Pologne.

2 juillet : Au Congrès de la SFIO, à Lille, la motion finale préconise la lutte contre les rebelles et les colonialistes.

7 juillet : Revendications marocaines sur la Mauritanie et les confins algéro-marocains.

17 juillet : L'Assemblée nationale approuve l'Euratom.

19 juillet : À Brioni, Nasser, Nehru et Tito affirment leurs principes neutralistes.

26 juillet : Le colonel Nasser nationalise le canal de Suez.

Début août : Nombreuses consultations entre la France, la Grande-Bretagne, les États-Unis et l'URSS à propos de Suez.

1er septembre : M. Pierre Commin, envoyé de M. Guy Mollet, rencontre secrètement trois dirigeants FLN à Rome.

10 septembre : Lancement de l'emprunt Ramadier à 5 %.

14 septembre : Plainte de la France et de la Grande-Bretagne contre l'Égypte au Conseil de sécurité de l'ONU.

26-27 septembre : Visite de MM. Eden et Lloyd à Paris pour des entretiens secrets sur la crise de Suez.

28 septembre : Première production d'électricité nucléaire à Marcoule.

6-14 octobre : En Hongrie, funérailles nationales de Rajk, victime du stalinisme et réhabilitation de Imre Nagy.

16 octobre : Rencontre Eden-Mollet à Paris.
Saisie du yacht pirate *Athos* qui transportait des armes égyptiennes pour les rebelles algériens.

21 octobre : Après une visite de M. Krouchtchev à Varsovie, M. Gomulka, réhabilité, est élu premier secrétaire du parti ouvrier polonais.

22 octobre : Interception à Alger de l'avion transportant cinq dirigeants FLN dont Ben Bella et Aït Ahmed qui sont arrêtés.

23 octobre : En Hongrie, début de l'insurrection contre le régime et les troupes soviétiques.

25 octobre : Démission de M. Alain Savary, secrétaire d'État aux Affaires marocaines et tunisiennes.

27 octobre : Message du président Eisenhower à M. Ben Gourion pour le maintien de la paix au Moyen-Orient.

28 octobre : En Pologne, libération du cardinal Wyszynski.

29 octobre : L'armée israélienne du général Moshe Dayan envahit le Sinaï.

30 octobre : Par 368 voix contre 182 dont les communistes, l'Assemblée nationale approuve l'expédition franco-britannique à Suez. Ultimatum à l'Égypte et à Israël.

31 octobre : Début des opérations franco-britanniques à Alexandrie.

1er novembre : L'Assemblée générale de l'ONU vote la résolution américaine pour un cessez-le-feu.

3 novembre : Les Israéliens prennent Gaza.

4 novembre : Écrasement de la révolution hongroise par les troupes soviétiques. Formation du gouvernement Janos Kadar.

5 novembre : Parachutages et débarquements franco-britanniques à Port-Saïd et le long du canal de Suez. Les Israéliens arrivent au Canal.

6 novembre : Sommations de cessez-le-feu des Américains et des Russes aux Français, aux Anglais, et aux Israéliens.

7 novembre : Arrêt des opérations en Égypte.
Importante manifestation anticommuniste à Paris.
Vote par l'ONU d'une force internationale en Égypte.

8 novembre : L'Assemblée nationale refuse d'abroger la loi Barangé de 1950 d'allocations à l'enseignement libre.

29 novembre : Rationnement de l'essence.

12 décembre : L'ONU condamne l'intervention soviétique en Hongrie.

17 décembre : Le Conseil national de la SFIO renouvelle sa confiance à M. Guy Mollet.

1957

7 janvier : Le général Massu mis à la tête des forces de l'ordre à Alger.

9 janvier : Le Premier ministre britannique Anthony Eden démissionne et est remplacé par M. Macmillan.

16 janvier : Attentat au bazooka contre l'état-major à Alger du général Salan jugé trop mou par les ultras.

18 janvier : Voyage en URSS de M. Chou En-lai. Déclaration de solidarité sino-soviétique.

20 janvier : Élections en Pologne. Succès de M. Gomulka.

28 février : Israël accepte d'évacuer Gaza sur la Méditerranée et Charm-el-Cheik sur la mer Rouge où s'installent les contingents de l'ONU.

20-23 mars : Entretiens Eisenhower-Macmillan aux Bermudes.

31 mars : Élections territoriales en A-OF, en A-ÉF et à Madagascar.

5 avril : Création de la Commission de sauvegarde des droits et libertés individuels en Algérie.

4 mai : Le Congrès radical extraordinaire se termine par une motion équivoque sur l'Algérie.

15 mai : Première bombe H britannique.

16 mai : Gouvernement autonome au Cameroun.

21 mai : Chute du gouvernement Guy Mollet sur ses projets financiers.

28-31 mai : Massacres par le FLN de Melouza et de Wagram en Algérie.

12 juin : Après une tentative de M. Pflimlin, M. Bourgès-Maunoury est investi par l'Assemblée nationale.

14 juin : Reprise de la navigation française dans le canal de Suez.

29 juin : Élimination du « groupe antiparti » Malenkov-Molotov-Kaganovitch à la session du Parti communiste de l'Union soviétique.

2 juillet : Le sénateur Kennedy se prononce pour l'indépendance algérienne.

10 juillet : Ratification par l'Assemblée nationale des projets d'Euratom et de Marché commun qui, pour des raisons d'instabilité politique et financière, ne pourront pas fonctionner avant le 1er janvier 1959 sous le gouvernement du général de Gaulle.

25 juillet : Déchéance du beylicat tunisien avec l'élection de M. Bourguiba à la présidence de la République.

11 août : Dévaluation déguisée du franc de 20 %.

26 août : Violente lutte principalement dans la Casbah d'Alger entre les poseurs de bombes du FLN et les forces de l'ordre du général Massu.

15 septembre : Achèvement de la ligne Morice, barrage électrifié le long de la frontière algéro-tunisienne.

En République fédérale d'Allemagne, les élections donnent la majorité absolue aux démocrates chrétiens d'Adenauer.

24 septembre : Fin de « la bataille d'Alger » au bénéfice des forces de l'ordre. Arrestation de Yacef Saadi, chef du FLN.

30 septembre : Chute du gouvernement Bourgès-Maunoury sur un projet de loi-cadre pour l'Algérie.

4 octobre : Lancement par l'URSS du premier satellite artificiel, dit « Spoutnik ».

25 octobre : Accords Macmillan-Eisenhower sur la collaboration nucléaire anglo-américaine.

2 novembre : En URSS, disgrâce du maréchal Joukov.

5 novembre : Après les vaines tentatives de MM. Pinay et Guy Mollet, M. Félix Gaillard est investi président du Conseil par tous les groupes de l'Assemblée nationale, sauf les communistes.

28 novembre : Vote de pouvoirs spéciaux en matière économique et financière.

29 novembre : Rejet d'une offre de « bons offices » tuniso-marocaine.

19 décembre : La conférence de l'OTAN prévoit l'installation de rampes de lancement de fusées nucléaires dans les pays membres par négociations bilatérales avec les États-Unis.

1958

11 janvier : Arrivée à Philippeville en Algérie du premier pétrole brut saharien.

19 janvier : Saisie du cargo yougoslave *Slovenija* transportant des armes pour le FLN.

30 janvier : Prêt américain de 650 millions de dollars à la France.

31 janvier : Vote de la loi-cadre sur l'Algérie.

8 février : L'aviation française, usant du « droit de suite », bombarde le village tunisien de Sakhiet Sidi-Youssef. Le gouvernement tunisien réclame l'évacuation des bases militaires françaises en Tunisie, notamment de Bizerte.

17 février : La France et la Tunisie acceptent les « bons offices » anglo-américains.

25 février : L'Assemblée nationale rejette le scrutin d'arrondissement qu'elle avait accepté le 17 novembre 1955.

2 mars : MM. Morice, Bidault, Duchet réclament un gouvernement de salut public. M. Soustelle demande le recours au général de Gaulle.

13 mars : Violentes manifestations de la police parisienne devant le Palais-Bourbon.

9 avril : Échec des « bons offices » anglo-américains.

15 avril : Chute du gouvernement Félix Gaillard sur un vote des modérés.

22 avril : M. Bidault renonce à former le gouvernement (opposition du MRP).

26 avril : Manifestations à Alger pour l'Algérie française.

8 mai : M. Pleven renonce à former le gouvernement (opposition des radicaux à la présence de M. Morice à la Défense). MM. Billières, Maurice Faure, Berthoin se récusent. Le général de Gaulle déclare aux envoyés de la présidence de la République ne pas pouvoir intervenir efficacement dans l'état actuel du régime.

9 mai : Vive émotion à Alger à l'annonce de l'exécution de trois prisonniers français par le FLN. Le général Salan, commandant supérieur en Algérie, télégraphie au général Ély, chef d'état-major général et au président de la République René Coty que, dans la situation présente d'abandon métropolitain, « on ne saurait préjuger de la réaction de désespoir de l'armée ».

11 mai : M. de Sérigny dans *Dimanche matin*, à Alger, fait appel au général de Gaulle.

12 mai : Le général Ély, chef d'état-major général, envoie un émissaire au général de Gaulle pour l'informer de la situation dans les armées.

13 mai : À 15 heures M. Pflimlin lit sa déclaration d'investiture à l'Assemblée nationale.

À 17 heures : émeutes à Alger. La foule occupe le gouvernement général.

À 21 heures : constitution, à Alger, d'un « Comité de salut public » qui déclare assumer tous les pouvoirs, et dont fait partie le général Massu qui envoie au président de la République un télégramme : « Moi, général Massu… »

M. Félix Gaillard, président du Conseil démissionnaire « expédiant les affaires courantes », confie les pouvoirs civils et militaires au général Salan et prescrit de ne pas tirer sur les manifestants.

14 mai : À 3 heures du matin, M. Pflimlin est investi par 274 voix contre 129, les communistes s'abstenant.

M. René Coty adresse à l'armée d'Algérie un appel à la discipline qui reste sans effet.

15 mai : Les socialistes entrent au gouvernement Pflimlin (MM. Guy Mollet, Jules Moch, Albert Gazier).

12 heures. Le général Salan poussé par le général Massu et quelques autres ajoute le nom du général de Gaulle à ses vivats à la foule sur le Forum d'Alger.

18 heures. Le général de Gaulle fait une déclaration par laquelle il se dit « prêt à assumer les pouvoirs de la République ».

16 mai : L'Assemblée nationale vote l'État d'urgence. Le général Ély démissionne.

19 mai : Étant interdit à la radio depuis 1947, le général de Gaulle fait à Paris, au Palais d'Orsay, une conférence de presse où, précisant sa déclaration du 15 mai, il indique qu'il ne pourrait assumer de pouvoirs que ceux que la République lui aurait elle-même délégués : « Croit-on qu'à soixante-sept ans je vais commencer une carrière de dictateur ? »

22 mai : M. Antoine Pinay lui rend visite à Colombey-les-Deux-Églises.

23 mai : Création de « Comités de salut public » dans le Sud-Ouest et la région lyonnaise.

Préparation sous commandement du général Miquel de l'opération « Résurrection » de débarquements de troupes aéroportées de l'Afrique du Nord sur la métropole.

24 mai : La Corse constitue un « Comité de salut public » et échappe au contrôle gouvernemental.

25 mai : M. Guy Mollet écrit au général de Gaulle : « Je vous dis mon angoisse. »

26 mai : M. Pflimlin vient officieusement voir le général de Gaulle au domicile de M. Bruneau, conservateur du domaine de Saint-Cloud.

27 mai : Communiqué du général de Gaulle dans lequel il déclare avoir « entamé le processus régulier nécessaire à l'établissement d'un gouvernement républicain capable d'assurer l'unité et l'indépendance du pays », et indique qu'il « ne saurait approuver toute action qui mettrait en cause l'ordre public ». Par 112 voix contre 3, le Comité directeur et le groupe parlementaire socialistes se prononcent contre la candidature du général de Gaulle.

28 mai : Lettre de M. Vincent Auriol au général de Gaulle : « C'est votre ministre d'État de 1945 qui vient vers vous. » Le général de Gaulle répond le jour même.
Grand défilé « antifasciste » de la Nation à la République. Au domicile de M. Bruneau, à Saint-Cloud, et à titre officieux, le général de Gaulle reçoit, d'une part le général Dulac, chef d'état-major du général Salan, que lui envoie le général Gilliot, chef d'état-major de l'armée de terre, et d'autre part, dans la nuit, MM. André Le Troquer, président de l'Assemblée nationale, et Gaston Monnerville, président du Conseil de la République.

29 mai : Retour du général de Gaulle à 5 heures du matin à Colombey-les-Deux-Églises.
Message de M. Coty, président de la République, aux Assemblées pour leur annoncer qu'il a décidé de « faire appel au plus illustre des Français ». De retour à Paris, le général de Gaulle se rend à l'Élysée à 19 h 30 et annonce à 21 h 30 dans un communiqué dans quelles conditions il pourrait assumer la charge du gouvernement (pleins pouvoirs pour un an et mandat pour préparer une nouvelle Constitution). À la même heure le président Coty fait savoir qu'il a pressenti le général de Gaulle pour former un gouvernement et que celui-ci a accepté. Dans la nuit, le général retourne à Colombey-les-Deux-Églises.

30 mai : MM. Mollet et Deixonne, socialistes, ainsi que le maréchal Juin viennent le voir à Colombey-les-Deux-Églises.
Grève de « défense républicaine » des enseignants.

31 mai : Le Général reçoit à Paris, à l'hôtel Lapérouse, les présidents des groupes parlementaires. À la suite de cet entretien il décide de se présenter le lendemain devant l'Assemblée nationale.

LISTE DES ABRÉVIATIONS

ACP : Assemblée consultative provisoire.
A-ÉF : Afrique-Équatoriale française.
AFHQ : Allied Forces Headquarter (quartier général des forces alliées).
AFI : Agence française indépendante.
AFL : Afrique française libre.
AFN : Afrique française du Nord.
AFP : Agence France-Presse.
AMGOT : Allied Military Government for Occupied Territories (« Gouvernement militaire allié des territoires occupés »).
AN : Assemblée nationale.
ANC : Assemblée nationale constituante.
A-OF : Afrique-Occidentale française.
APS : Action professionnelle et sociale.
BBC : British Broadcasting Corporation.
BCRA : Bureau central de renseignements et d'action.
BIT : Bureau international du travail.
BMNA : Bataillon de marche nord-africain.
CA : Corps d'armée.
CAIC : Comité d'action pour l'Indochine.
CCS : Combined Chiefs of Staff.
CDU: Parti démocrate-chrétien (RFA).
CECA : Communauté européenne du charbon et de l'acier.
CFLN : Comité français de la Libération nationale.
CGE : Comité général d'études.
CLI : Comité de liaison pour l'Indochine.
CNR : Conseil national de la Résistance.
DB : Division blindée.
DFL : Division française libre.
DGER : Direction générale des études et recherches.

DGSS : Direction générale des services spéciaux.
DI : Division d'infanterie.
DIA : Division d'infanterie algérienne.
DIC : Division d'infanterie coloniale.
DMI : Division de marche d'infanterie.
EM : État-major.
EMG : État-major général.
EMGDN : État-major général de la Défense nationale.
EOCA : Élément organique de corps d'armée.
FAFL : Forces aériennes françaises libres.
FEFEO : Forces expéditionnaires françaises d'Extrême-Orient.
FFI : Forces françaises de l'intérieur.
FFL : Forces françaises libres.
FNFL : Forces navales françaises libres.
GPRF : Gouvernement provisoire de la République française.
JAC : Jeunesse agricole catholique.
JEC : Jeunesse étudiante catholique.
JOC : Jeunesse ouvrière catholique.
MNL : Mouvement de Libération nationale.
MRP : Mouvement républicain populaire.
MUR : Mouvements unis de Résistance.
OBE : Officer of the British Empire (« officier de l'Empire britannique »).
OCM : Organisation civile et militaire.
OECE : Organisation européenne de coopération économique.
ONU : Organisation des Nations unies.
PCF : Parti communiste français.
PRI : Parti républicain indépendant.
PRL : Parti républicain de la liberté.
RAA : Régiment d'artillerie d'Afrique.
RDA : République démocratique d'Allemagne.
RFA : République fédérale d'Allemagne.
RGR : Rassemblement des gauches républicaines.
RI : Régiment d'infanterie.
RJF : Rassemblement de la jeunesse française.
RPF : Rassemblement du peuple français.
RTA : Région territoriale algérienne.
RTS : Régiment de tirailleurs sénégalais.
SDN : Société des nations.
SEA : Sud-Est asiatique.
SEAC : South East Asia Command (« commandement allié du Sud-Est asiatique »).
SFIO : Section française de l'Internationale ouvrière.

SHAEF : Supreme Headquarters Allied Expeditionary Forces (« quartier général des forces expéditionnaires alliées »).
SHAPE : Supreme Headquarters of Allied Powers in Europe (« quartier général des forces alliées en Europe »)
UDSR : Union démocratique et sociale de la Résistance.
UPANG : Union privée pour l'aide à l'action nationale du général de Gaulle.
US : United States (États-Unis).

INDEX DES NOMS DE PERSONNES

A

ABADÏE : 363 n, 398, 411
ABBAS, Ferhat : 479
ABD EL-KRIM : 759
ABDALLAH, roi de Jordanie : 1298
ABDUL AZIZ AL-SAOUD : 676
ABDUL HAMID BEN TAHAR : 87, 141
ABDULLAH : 64, 586
ADAM : 21
ADENAUER, Konrad : 730, 1307
AGUESSEAU, Henri François d' : 1172
AHNNE : 1220
AÏT AHMED, Hocine : 1305
ALBERT Ier de Belgique : 672 n
ALESSANDRI : 713, 718 n
ALEXANDER, général Harold-George : 159, 170, 184, 215, 220, 254, 307, 458, 495, 525
ALEXANDRE-DEBRAY, Jeannine : 1070 n, 1087 n
ALLÉGRET, Émile : 24, 634, 1072
ALPHAND, Hervé : 513, 520
ALSACE, Jacques d' : 408
ALTMAYER, général Robert : 807
AMAURY, Émilien : 1028 n, 1044, 1072, 1089
AMERY, L. : 1194
AMERY, Mme L. : 330, 1194
AMROUCHE, Jean : 1252
AMYOT d'Inville, Hubert : 606
ANDERS : 458
ANDRÉ d' : 411
ANGENOT, Paul : 153
ANNET : 126, 186
ANOUILH, Jean : 1162
ANTHONIOZ, Bernard : 818, 993, 1080, 1093, 1249-1250
ANTHONIOZ, Geneviève : 818, 892, 993, 1080, 1093, 1249
ANTHONIOZ, Isabelle : 993
ANTHONIOZ, Michel : 818
ANTHONIOZ, Pierre : 943
ANTOINE Aristide, dit Fontaine : 465
ANTONINI, Jules : 1067, 1092, 1186
APPERT, Raymond : 229
ARAFA, Sidi Moulay ben : 1102, 1136, 1300
ARCHDALE, O.A. : 14
AREVIAN : 1246-1247
ARGENLIEU, voir THIERRY D'ARGENLIEU
ARIDA : 974
ARMAU DE POUYDRAGUIN, commandant d' : 973-974, 1059 n
ARMITAGE, Mme Gilbert : 29
ARNAL, Frank : 1130 n
ARNAUD, Georges : 1262
ARON, Raymond : 987, 1126, 1189 n
ASTIER DE LA VIGERIE, Emmanuel d' : 200, 214, 358, 405, 447, 452, 475, 513, 516-517, 533, 535, 609, 1230 n
ASTIER DE LA VIGERIE, François d' : 62, 201, 218-219, 231-233, 236-238, 245, 253, 260, 265, 351-352, 358, 363, 368, 370, 373, 376, 391, 404, 406, 429-430, 452, 468-469, 545, 584, 599, 1061, 1084, 1230
ASTIER DE LA VIGERIE, Jean-Annet d' : 1230
ASTIER DE LA VIGERIE, Mme Emmanuel d' : 1084
ASTIER DE VILLATTE : 99 n, 142, 214, 286, 292
ASTOUX, André : 986, 1039, 1067, 1086, 1138, 1163, 1176, 1200, 1238, 1267

ASTOUX, Mme André : 1138, 1176, 1200, 1238, 1267
ATTLEE, Clément : 690, 1196-1197
AUBARÈDE, Gabriel d' : 1167 n
AUBÉ, Robert : 1269
AUBERT, Jacques : 972 n
AUBIN, René : 1208
AUBOYNEAU, amiral Philippe : 36-41, 43-47, 52, 54, 57, 66-67, 107, 116, 122-123, 147, 149, 156, 162, 170, 249-250, 260, 351 n, 368, 370, 391 n, 1058, 1060, 1280-1281
AUBURTIN, Jean : 1056, 1062, 1145
AUBURTIN, Mme Jean : 1062
AUCHINLECK, Claude : 14-15, 48, 76-77, 103, 113, 115, 129, 137
AUCOURT, Francis : 1087
AUMERAN, général : 980
AURIOL, Mme Vincent : 637
AURIOL, Vincent : 447, 457, 591, 637, 689-690, 775-776, 783-784, 1006-1007, 1102, 1135, 1281, 1310
AUVERGNE, Jean d' : 1101
AUVITY : 667
AVININ : 819
AYME, général : 627, 1154-1155
AYME-GUERRIN : 1272-1273

B

BABELON : 520
BADOGLIO : 397, 466
BAILLY, général Paul : 1280
BAKER, Joséphine : 803, 916, 1268
BALAFREDJ, Ahmed ben Abdesselem ben Ahmed : 483
BALAY, dit Aulois : 87
BALLARIN, Jean : 1253
BAO DAI, empereur d'Annam : 628, 703, 905 n, 911
BARANGÉ : 1298, 1306
BARBEROT, Roger : 1241
BARDIES-MONTFA, capitaine de : 801
BARDIES-MONTFA, Mme de : 801
BARDOUX, professeur Jacques : 793, 821
BARJOT, amiral : 1131
BARMOLINI : 636
BARNES, Joseph : 164
BARRACHIN, Edmond : 931 n
BARRAUD, Henry : 222
BARRÉ : 86
BARRÈRE, Camille : 857
BARRÈS, Maurice : 109, 1162, 1173, 1192
BARRÈS, Philippe : 23, 1046, 1070 n
BASTID, Paul : 280
BASTIDE, Augustine : 367, 1039
BATAILLE, capitaine : 851
BATAILLE, Jeanne : 851
BATTET : 343, 345, 967
BAUDELAIRE : 1271
BAUDOUIN Ier, roi des Belges : 1111
BAUMEL, Jacques : 800, 819, 1019, 1062, 1092, 1098
BAYARDELLE, André : 247, 254, 270, 327
BAZÉ, William : 1070 n
BEAUDOIN : 519
BEAUFRE, général André : 650, 1228 n
BEAULAINCOURT, Xavier de : 268, 432, 1229
BÉCOURT-FOCH, Jean : 1255
BÉCOURT-FOCH, Mme Jean : 1070 n, 1255
BÉCOURT-FOCH, Rémi : 1255
BEDELL, général Smith : 605, 733
BEDIN : 116
BÈGUE : 1141
BELLEFON, Joseph Méric de : 1146
BELLEFON, Mme de : 1146
BEN BELLA, Ahmed : 1305
BEN GOURION, David : 1305
BENARD : 1002, 1005
BENEŠ, Edvard : 145, 392, 511-512, 674
BENOIST, Louis de : 112, 205, 296, 327, 478-479
BENOIT, Paul : 1086
BÉNOUVILLE, Pierre Guillain de : 854, 931 n, 999, 1046, 1098, 1154, 1163-1164
BERGASSE : 1005-1006, 1039
BERGERET, Raoul : 212, 236, 266
BERIA, Lavrentii : 1300
BERNAL : 899
BERNANOS, Georges : 121, 793, 1162
BERNÈDE : 432
BERNHEIM : 151
BERNSTEIN, Henri : 239, 946, 1025, 1132
BERNSTEIN, Mme : 1132-1133
BERTAUT, Maurice : 299-300, 309, 320, 343, 345, 973, 1070 n
BERTHAUD, Pierre-Louis : 980, 1015
BERTHELOT, Marcel, dit Lavoisier : 272, 734, 763

BERTHOIN, Jean : 1264, 1308
BESSON : 1004
BÉTANT, général : 593
BÉTHOUART, Antoine : 238, 252, 291, 299, 371, 405, 407, 485, 499-500, 506, 531, 534, 545, 598, 778, 1147, 1187
BEURET, Albert : 1086
BEUVE-MÉRY, Hubert : 798
BEVIN : 506-507
BEYENS : 345
BEYNET, général Paul : 300, 358, 385, 405, 407, 442, 449, 458, 493, 583, 587, 625, 656, 678 n, 753-755, 984, 1029, 1088
BEYNET, Mme Paul : 1029, 1088
BIANCHIS : 658
BIDAULT, Georges : 561-562, 570, 575, 581 n, 584, 586-587, 590, 610, 625-626, 637, 644 n, 659, 664, 666-669, 672, 692, 694, 697, 708, 711, 717, 724, 726, 733, 750, 776-777, 780, 796, 813, 953, 987, 1158 n, 1264, 1277, 1300, 1308
BIÉCHY, monseigneur Paul : 9 n, 13 n, 97, 818
BIGOT, Pierre : 1207
BILLIÈRES : 1264, 1308
BILLOTTE, Gaston : 1046 n
BILLOTTE, Pierre : 74, 97, 102, 143-145, 147, 149, 151, 161, 312, 383-384, 401, 405, 428, 437, 456, 531, 536-537, 555, 731 n, 884, 975, 997, 1028, 1046, 1067, 1187
BILLOUX, François : 424, 503-504, 562, 736
BIROT, Roger : 116
BLAISON, Georges : 42
BLAIZOT, Roger : 574-575, 628, 641-642, 673, 705
BLANCHARD : 1153
BLEUSTEIN-BLANCHET, Marcel : 1172
BLOCHET, Eugène : 86
BLOCQ-MASCART, Maxime : 609, 999
BLUM, Léon : 201, 347, 475 n, 560, 810, 813, 1140 n, 1169
BOEGNER, Étienne : 87 n, 636
BOGOMOLOV, Alexandre : 139, 293
BOISANGER (de) : 415
BOISDÉ : 1004
BOISDEFFRE, Pierre de : 1096, 1161-1162, 1232
BOISLAMBERT, voir HETTIER DE BOISLAMBERT
BOISSEL, Henri de : 1097
BOISSIÈRE : 460
BOISSIER-PALUN : 1105-1106
BOISSIEU, Alain de, gendre de Charles de Gaulle : 743, 786, 788, 825, 827, 837, 847, 856, 859-860, 893, 923, 925, 933, 941, 983, 987, 1059, 1080, 1114, 1145, 1166, 1248-1249, 1256-1257, 1260, 1274-1275
BOISSIEU, Élisabeth de, fille de Charles et Yvonne de Gaulle : 728, 743, 786, 788, 825-827, 836-837, 847, 855-856, 859-860, 893, 903, 923, 925, 933, 941, 983, 987, 1056 n, 1059, 1080, 1100, 1144, 1163, 1166, 1205-1206, 1235-1236 n, 1248, 1256-1257, 1260, 1274
BOISSIEU, M. et Mme Henri de : 837
BOISSON, Pierre : 101, 222-223, 225-226, 230, 233, 236, 256, 277, 284, 306, 318, 341
BOLLAERT, Émile : 911
BOLTÉ, Charles : 124, 134
BONNEAU, Gabriel : 236, 635
BONNET, Henri : 359, 398, 409, 508, 884
BONNEVAL, Gaston de : 799, 811, 835, 837, 1033-1034, 1046, 1073, 1104, 1135, 1149, 1152, 1162, 1177, 1187, 1232
BONNIER DE LA CHAPELLE, Fernand : 244 n, 423 n, 661
BONTE, Florimond : 423 n-424, 678 n
BONVIN, Louis : 24, 846
BONVIN, Mme Louis : 846
BORELLI, Louis : 87, 141
BORIS, Georges : 402 n, 475, 513
BOUCHER, Georges : 1064
BOUCHER, Madame Georges : 1094
BOUCHINET, Claude, dit Serreulles : 164 n, 475, 535
BOUD'HORS, général Gérard : 557, 923, 975, 1231-1232
BOUGAINVILLE : 1223
BOUHIRED, Djemila : 1262
BOUILLET : 1034
BOULET, capitaine : 1036
BOULGANINE, maréchal Nicolas : 1175, 1302, 1304
BOUNIN, Jacques : 709
BOURDILLON, Bernard : 104
BOURGAS : 231

BOURGÈS-MAUNOURY, Maurice : 874, 1234, 1300, 1307
BOURGOIN, colonel : 87, 141, 543 n
BOURGUIBA, Habib : 1175, 1234, 1303, 1307
BOURILLET DE BECHON, R. : 1027
BOUSCAT, René : 282, 330 n, 341-342, 391, 485, 1195, 1210
BOUVIER O'COTTEREAU, Jean-Marie : 982
BOUYOU-MORENO : 1002
BOYER DE LA TOUR, général Pierre : 1301
BOYER, Charles : 285
BOZEL, Alain de Richemont, dit : 460, 622, 692, 887, 979, 1008, 1010
BOZEL, Jean Richemont, dit : 1028, 1040, 1042, 1061, 1091 n, 1113, 1183-1184 n, 1187
BOZEL, Mme : 1113
BRACK : 887
BRADLEY, Omar : 550
BRANET, Jacques : 1243
BRAY, G. : 972 n
BRÉMOND, Pierre : 273
BREUILLAC, général : 910
BRIDIER, Manuel : 1087, 1131 n
BRIOT, Louis : 1068
BRISSON, Pierre : 608
BROCHE, colonel : 1220
BROOKE, Alan : 26, 85, 105, 215, 221, 254, 289, 430, 592
BROSSET, Diego : 462, 585, 594-595, 789, 1152 n
BROSSET, Mme : 594
BROSSIER, capitaine de corvette : 1024 n
BROSSIN DE SAINT-DIDIER, général : 449
BROSSOLETTE, Pierre : 194-195, 214, 629, 1245
BROUILLET, René : 758 n, 1063, 1158
BRUCKBERGER, R. P. Raymond : 806, 999, 1081, 1115-1116, 1133, 1165, 1196, 1234, 1255
BRUGÈRE, Mme Raymond : 1188
BRUGÈRE, Raymond : 591, 887, 1029, 1188
BRULLER, Jean, voir VERCORS
BRUNEAU, Jacques : 972, 1085, 1310
BRUNEAU, Mme Jacques : 1086
BRUNOT, Richard : 348
BRUNSCHWIG, Roger : 1124
BUGEAUD, général Thomas Robert : 785
BULANDR, colonel : 392
BULLITT, William : 113, 228, 637
BURÉ, Émile : 1144
BUREAU, Roger : 92
BURIN DES ROZIERS, Étienne : 575, 691-692, 716, 758 n
BURLOT, André : 988
BUSSIÈRE, A. : 1005
BUU LOC, prince : 1301

C

CABANIER, amiral Georges : 42, 71, 233, 343, 345
CADOGAN, Alexander : 314
CAFFERY : 626
CAFRITZA, Mme : 697
CAGLIONE, Madeleine : 1086
CAILLIAU, Alfred, beau-frère de Charles de Gaulle : 901 n-902, 941, 983, 993, 1001 n, 1059, 1233, 1235 n
CAILLIAU, Annie, femme de Pierre Cailliau : 993
CAILLIAU, Charles, fils de Michel Cailliau : 941, 947, 982, 993, 1166, 1235 n
CAILLIAU, Charles, neveu de Charles de Gaulle : 1166 n
CAILLIAU, Denys, neveu de Charles de Gaulle : 982, 993, 1235 n
CAILLIAU, Henri, neveu de Charles de Gaulle : 809, 947, 983, 1199
CAILLIAU, Isabelle, fille de Michel Cailliau : 1128
CAILLIAU, Marie-Agnès, sœur de Charles de Gaulle : 809, 837, 901-902, 941, 982-983, 993, 1001 n, 1059
CAILLIAU, Michel, neveu de Charles de Gaulle : 411 n, 727, 809, 812-813, 902, 1001, 1127-1128, 1166, 1179, 1199, 1266-1267
CAILLIAU, Pierre, neveu de Charles de Gaulle : 422, 809, 947, 993 n
CAILLIAU, Yvonne, femme de Michel Cailliau : 1128, 1166, 1179, 1199, 1266-1267
CALDAGUÈS, Michel : 1086
CALEY, Jean : 1202
CALVERT : 1215
CAMPBELL, Ronald : 890
CAMPISTRON : 214, 233

CAMUS, Albert : 1162
CAPAGORRY, Jean : 228, 253
CAPDEVILLE, Jean : 764, 773
CAPITANT, René : 268, 347, 353, 562, 800, 931 n, 939 n, 1028, 1046, 1051, 1062, 1067, 1095, 1097-1098, 1131 n, 1141 n
CARAN d'Ache (Emmanuel Poiré, dit) : 6
CARLINI, Michel : 874, 1005-1006, 1024-1025, 1127 n, 1185, 1248
CARPENTIER, général : 535
CARRÉ, Paul : 887
CARRIÈRE, père : 1131 n, 1247
CARTON DE WIART : 626
CASEY, Richard G. : 83, 94, 126, 136-137, 140, 147, 157, 163, 170, 173, 184, 424, 427
CASSIN, René : 6, 8-9, 173, 358, 361-364, 375-376, 384, 435, 504, 524, 976, 1181, 1190, 1205
CATROUX, colonel, puis général Georges : 4, 6-7, 9, 12, 15, 19, 22, 35-36, 39-40, 42, 45, 48, 52, 54, 56-57, 60, 63, 68, 72-73, 76, 78, 80, 83-84, 87, 92, 94, 99-101, 103, 108, 110, 112, 114, 124, 126, 128, 131, 137, 140-141, 143, 146, 150, 153, 157, 159-161, 171-172, 180, 182-184, 198-199, 209, 213, 215, 221, 241, 244, 248, 254, 260-261, 264-266, 275, 279, 281-282, 284, 286, 290, 292-294, 297, 302, 308, 312, 314, 322-323, 326, 334, 336-337, 341, 344-347, 350-351, 356, 360 n, 390, 398, 404, 411-412, 414-415, 419-420, 423 n-425, 427, 431, 442, 457 n-458, 471, 479, 484, 535 n, 554, 557-559, 563, 565, 582, 649, 655, 672, 702, 751, 939, 988 n, 1007, 1047, 1070 n, 1145, 1197, 1254, 1277, 1304
CATROUX, Diomède : 987
CATROUX, Mme Georges : 390, 939, 1020
CATTANI, Georges : 1096, 1232
CAVAILLÈS, Jean : 683
CAVELIER DE LA SALLE, René Robert : 699
CAZAUX, Jacques : 988 n
CAZAUX, Yves : 988-989
CECIL, Hugh Richard : 208
CERF-FERRIÈRE, R. : 1270
CÉSAR, Jules, empereur romain (Caius Julius Caesar) : 919
CHABAN-DELMAS, Jacques : 892 n, 899 n, 936 n-937, 967, 1027, 1047, 1068, 1070 n, 1098, 1149, 1251, 1261, 1304
CHABRAT, Jacques : 1080-1081
CHADET, Léon : 848 n
CHAINTRON, Jean : 709
CHAMBARD : 9
CHAMBERLAIN, Neville : 18
CHAMOUN, Camille : 1088
CHAMPETIER DE RIBES, Auguste : 279, 561
CHANCEL, Ludovic : 229, 241, 247, 269-270
CHANDON, Claude : 86
CHARBONNIÈRE, Guy Girard de : 283, 286, 290, 292
CHARLEMAGNE : 1044
CHARLES DE BELGIQUE : 574, 659 n, 815
CHARLOTTE DE NASSAU, grande-duchesse de Luxembourg : 511
CHATAIGNEAU, Yves : 427 n, 458
CHATEAUBRIAND, vicomte François-René de : 1167
CHATEL, Yves : 212, 236, 256
CHATENAY : 887, 973, 1068, 1098
CHAUDIER, Albert : 1001, 1086
CHAUMIEN, Éliane : 1086
CHAUTEMPS, Camille : 526
CHAUVEL, Jean : 637, 776
CHAUVET, haut-commissaire : 1111-1112
CHAVANAC : 899 n-900, 931
CHAVENT, Mme Guillaume : 857, 1003
CHAVENT, Mme René : 1030, 1034, 1148
CHAYLA du : 144
CHEVALLIER, Louis : 568, 980
CHEVALLIER, Michel : 619
CHEVIGNÉ, Pierre de : 10, 28, 108, 132-133, 237, 298-300, 309, 320, 343, 345, 371, 517, 1089-1090
CHEVRIER, Roger : 143
CHIANG KAI-SHEK : 76 n, 162, 641, 697, 713 n
CHOISEUL-PRASLIN, duc de : 933, 1031, 1073-1074
CHOU EN-LAI : 1306
CHOUKRI, Kouatli : 586, 625
CHRISTIANNE : 912
CHURCHILL, lady Randolph : 216
CHURCHILL, Mme Winston : 216, 1101, 1115
CHURCHILL, Pamela Digby : 5

CHURCHILL, Winston : 5-6, 15-16, 25, 30, 33-34, 68, 89, 92, 112, 117, 128-129, 136, 138-140, 147, 163-164, 174, 176, 178, 182-183, 186-188, 197, 208, 212-213 n, 216-217, 228, 231, 235, 244-245, 255-257, 262, 288, 302, 306, 311-312, 314-319, 322, 341, 348, 353, 367, 422 n, 442, 503, 506-509, 545-547, 550, 583, 590, 592-593, 604, 625-626, 662, 690, 797, 810, 890-891, 981, 1101, 1115, 1145, 1157, 1170-1171, 1175, 1194 n, 1298, 1303

CLARK, Mark : 221, 458, 495, 504, 525

CLAUDEL, Mme Paul : 1180

CLAUDEL, Paul : 568, 593, 801, 806, 822, 834, 860, 964, 998, 1049-1050, 1153, 1180, 1229

CLAVEL, Maurice : 1267

CLAY, Lucius : 885

CLEMENCEAU, Georges : 107, 349, 737, 794, 799, 934, 1157, 1197 n, 1246

CLEMENCEAU, Michel : 795

CLÉMENT, André : 1230

CLÉMENT-GRANDCOURT, lieutenant-colonel Abel : 893

CLÉMENT-GRANDCOURT, Mme Abel : 893

CLOSTERMANN, Pierre : 808, 1113

COCHET, Gabriel : 201, 408-409, 428, 477, 487 n, 499, 527, 542, 551

COCTEAU, Jean : 1162

COHEN, Gustave : 618-619, 635, 883-884, 913-914

COIGNER : 785

COLIN, André : 609

COLINOT, Louis : 1087, 1269

COLLAT, Henry : 298

COLOMB, docteur : 836

COMERT, Pierre : 313, 321-322, 376 n

COMMENTRY, amiral André : 1070 n

COMMIN, Pierre : 1305

CONTY : 9

CONVERS, John : 440

COOPER, Alfred Duff : 421, 503, 547

CORNIGLION-MOLINIER, Édouard : 1020, 1070 n

CORNUT-GENTILLE, Bernard : 1112

COT, Pierre : 80

COTY, René : 1102, 1135, 1264-1265, 1278 n, 1282-1283, 1301, 1305, 1308-1310

COUDENHOVE-KALERGI, comte Richard de : 900, 1044, 1162, 1194

COUDERC : 1001

COUDRAIS : 915

COUILLARD, Hélène : 1087

COUINAUD : 982

COULANDON, dit Gaspard : 657

COULET, François : 322, 516-517, 533

COURBET : 1271

COURCEL, Geoffroy Chodron de : 322 n, 411, 430, 1021, 1187

COURNARIE, Pierre : 12, 73, 213, 225, 277, 327, 448

COUTURIÉ : 944

COUVE DE MURVILLE, Maurice : 368, 398, 726, 777

CREWE, lady : 682

CREWE, lord : 682

CROIZAT, Ambroise : 736, 744, 750

CUFFAUT, Léon : 1246-1247

CUNNINGHAM, Andrew : 5, 114

CUNNINGHAM, John : 98

CURIE, Ève : 427

CURIE, Marie : 427 n

CURIE, Pierre : 427 n

CUTTOLI, Paul : 310, 732

D

DAHLQUIST, brigadier général : 195

DALADIER, Édouard : 18, 349

DAMPIERRE, Richard de : 274

DARLAN, amiral François : 35, 128, 209-210, 212-213, 217 n-219, 221-223, 225-226, 228, 230, 232 n, 236-238, 244-246, 256-257, 266, 306, 318, 325, 345 n, 353, 423 n, 515 n, 598-599

DARNAND, Joseph : 454-455

DAUER, Jacques : 1133, 1192

DAURIAC, S. : 1212

DAUTRY, Raoul : 611, 741

DAVID, Jean-Paul : 1304

DAYAN, Moshé : 1306

DÉAT, Marcel : 318, 1049

DEBEAUMARCHÉ : 853

DEBRÉ, Michel : 790, 798, 806, 811, 987, 1019, 1047, 1070 n, 1098, 1152-1153, 1186, 1192, 1199-1200
DEBRÉ, Mme Michel : 811
DEBÛ-BRIDEL, Jacques : 1070 n
DECHELETTE, Eugène : 1038, 1063
DECHELETTE, Mme Eugène : 1038
DECOCK : 987
DECOUT : 1240
DECOUX, vice-amiral Jean : 415, 627, 988 n
DEFFERRE, Gaston : 1305
DEGLIAME, Marcel, dit Fouché : 533
DEIXONNE, Maurice : 1310
DEJEAN, Maurice : 8, 138, 142, 145, 147, 154-155, 163, 170, 173-174, 182 n, 199-201, 511-513, 520, 626
DEJUSSIEU-PONTCARRAL, général Pierre : 1127
DELACROIX, Eugène : 1271
DELANGE, Raymond : 257, 856
DELAY, André : 1146
DELBECQUE, Léon : 1046
DELCOURT, A. : 905, 918
DELESTRAINT, général Charles : 202, 389, 867-869, 904, 1046
DELESTRAINT, Mme Charles : 904, 918
DELLEPIANE, monseigneur Giovanni Battista : 97
DELOUVRIER, Paul : 728 n
DEMARSON, André : 1209
DENAIS, Joseph : 740
DENIS, Pierre, dit Rauzan : 5, 520, 902
DENTZ, général Fernand : 34 n, 797
DESJARDINS : 29, 474
DESMOULIEZ, Georges : 758 n
DESNAULT, André : 28
DEVAUD, Mme : 1070 n
DEVEDEUX, Henri : 1087
DEVERS, général Jacob : 605, 607, 624 n, 650
DEWAVRIN, André, dit Passy : 79, 269, 408-410, 416 n, 429 n, 432 n, 531, 804
DEWEY, Thomas : 527 n, 884
DIAMANT-BERGER, Maurice, voir GILLOIS
DIEBOLT Marcel : 1279 n
DIETHELM, André : 79, 199-200, 296, 311-312, 358, 390, 398, 403-404, 477 n, 481, 483, 485, 510, 516-517, 561-562, 590, 608, 622, 639-640, 658, 673-674, 679, 683, 694, 697, 706, 709-710, 716, 718, 739, 849, 870, 887, 931 n, 939 n, 1038, 1047, 1070 n, 1076, 1093-1094, 1128-1129, 1300
DIGO : 519
DILL, John : 28
DIO, général Louis : 1070 n, 1147
DITTE, Christiane : 838
DITTE, Françoise : 838
DITTE, Gustave : 838
DJONOVITCH, Yovan : 378
DODY : 621, 630
DOMENACH, Jean-Marie : 1173
DONNEDIEU DE VABRES, Jacques : 758 n
DONOVAN, William : 111, 113, 115, 204
DORIOT, Jacques : 138, 318
DOUSSOT : 982, 1063
DOYEN, Paul : 643, 660, 665-666, 668-669, 675, 694, 750
DREXEL-BIDDLE : 302-304
DRIANT : 982
DRONNE : 1070 n
DRUON, Maurice : 1276
DUBOIS, Georges : 70, 109, 133, 189
DUBOIS-RICHARD : 819 n
DUCATTILLON, R.P. : 1247
DUCHESNE, Jacques : 106, 152
DUCHET : 1308
DUCLOS, Jacques : 470, 741, 770, 1050, 1299
DUCROCQ, Raymond : 1087
DUFOUR : 410, 416, 429, 432, 445, 531
DUHAMEL, Georges : 608-609, 619, 668-669, 1112, 1167
DULAC, général : 1280 n, 1310
DULLES, John Foster : 884, 1109
DUMAS : 907
DUMESNIL : 391
DUMONT D'URVILLE : 697, 1223
DUNAT : 600
DUNN, James : 480
DUPÉRIER, Bernard : 74, 807-808, 986, 1054, 1151
DUPETIT-THOUARS : 1223
DUPONT, général comte Pierre, dit Dupont de l'Etang : 241, 247, 269-270
DUQUESNOY : 554
DURBET, Marius : 888, 1063
DUROSOY : 329-330
DURY, Mme M.-J. : 1252
DUSSEAULX, Roger : 982, 1070 n, 1087
DUTHOIT : 667

DUVEAU, Roger : 973
DUVILLARD : 1131 n

E

EAKER, général Ira Clarence : 552
ÉBOUÉ, Félix : 53 n, 68, 70, 73, 78, 91-92, 94, 123, 125, 156, 169, 209, 213, 225, 231, 246, 255, 262, 266, 277, 309, 327, 500, 915, 935, 1105-1106, 1109, 1165 n, 1185
ÉBOUÉ, Mme Félix : 500, 915, 1105, 1141, 1185
ECKART, général : 549
EDDÉ, Émile : 63, 419
EDEN, Anthony : 15-17, 35, 41, 47, 49-50, 60, 69, 73, 81, 87, 89, 93-95, 103, 114 n, 125-127, 131, 135, 139 n, 149-150, 154, 170, 174, 182, 185-188, 197, 211, 216-217, 237, 245, 248, 287, 314-315, 319, 322, 326, 329, 341, 422 n, 506-509, 514, 537, 583, 590 n, 625, 637 n, 667, 797, 1171, 1305-1306
EGGENSPILLER, commandant : 925, 929
EINSTEIN, Albert : 96
EISENHOWER, Dwight David : 255, 276-277, 307-308, 315-316, 318-319, 321, 323-326, 328, 366, 452, 463, 475-476, 498, 501, 505, 507-508, 510, 513-515, 538, 550, 552, 559, 580, 586, 596, 604-605, 607, 622, 624 n, 638, 650-651, 654, 662-663, 732 n-733, 926, 1092, 1299, 1305-1307
ELGEY, Georgette : 1189 n
ÉLISABETH II, reine de Grande-Bretagne : 1058, 1111, 1298
ÉLISABETH, reine des Belges : 672
ÉLUARD, Paul : 1162
ÉLY, général Paul : 1301, 1308-1309
ENTRECASTEAUX, Antoine Bruni, chevalier d' : 1223
ESCARRA, Jean : 76, 99, 962
ESCHOLIER, Raymond : 1178, 1213-1214
ESPENEL, Paule : 584
ESTIENNE d'ORVES, Honoré d' : 1230 n
ÉVENOU, Richard : 228
EVENS, général : 920
EYRIEY : 2

F

FAJON, Étienne : 423-424
FARGE, Yves : 702
FARJON, Roger : 421, 464
FAROUK, roi d'Égypte : 596 n, 1299
FAUQUET-LEMAITRE : 15
FAURE, Edgar : 1175, 1197, 1260, 1298, 1301, 1303-1304
FAURE, François : 1185
FAURE, Maurice : 1264, 1308
FAY : 729
FAYET, Pierre : 489
FÉLIX DE LUXEMBOURG : 511
FELTIN, Mgr : 667
FÉNARD : 279, 291, 515-516, 743
FERCOT : 927
FERRI, Pierre : 1125, 1145-1146
FERRIÈRE, René : 532
FERRIÈRES : 683
FERRY, Jules : 799
FILLON, René : 1008, 1086
FITZGERALD : 136, 146
FLANDIN, Pierre-Étienne : 308, 1070 n
FLEURET : 892, 899-900, 968
FLEURY, officier d'approvisionnement : 37
FLORENT : 858
FOCCART, Jacques : 973 n, 1062, 1070 n, 1088, 1099, 1127, 1131 n, 1173 n, 1178
FOCH, Ferdinand, maréchal de France : 105, 699, 824, 864, 1157, 1255 n
FONTENIL : 952
FORTUNE : 919-920
FOUCHÉ, voir DEGLIAME
FOUCHET, Christian : 875 n, 887, 892, 912-913, 962, 972, 1008-1009, 1032, 1047, 1062, 1070 n, 1092, 1099, 1189, 1241
FOUCHET, Paul : 1241
FOUQUES-DUPARC : 980
FOURMENT, Janine : 1086
FOURNIER : 982
FOWKES : 247
FRACHON, Benoît : 1300
FRANCHET D'ESPEREY, Louis Félix Marie François, maréchal : 113, 824
FRANCHET D'ESPEREY, Mme Louis, maréchale : 824
FRANÇOIS, Louis : 849, 1195
FRANÇOIS-PONCET : 1106

FRÉDET : 982
FRENAY, Henri : 200, 214, 384, 402-403, 562-563, 652, 726-727, 737, 741
FRÈRE, Aubert : 204, 389
FREY, Roger : 1059, 1062, 1084, 1087, 1091 n, 1098
FRIBOURG, Louis : 1085
FROMENT, Édouard : 273, 542
FRYS, Joseph : 858
FURAUD : 1098

G

GADOT, Gabriel : 964
GAIFIE : 1066
GAILLARD, Félix : 1261 n, 1264-1265, 1307-1309
GAILLARD, Suzanne : 1087
GAILLET : 1070 n
GAILLY, Pierre : 1258
GAILLY, Raymond : 837
GALBERT, de : 660
GAMELIN, général Maurice : 349, 634 n
GANTIER, Mme : 1257-1258
GARAT, Félix : 1254
GARBAY, général Pierre : 789
GARREAU, Roger : 246, 255, 262, 281, 427, 455-456 n, 590-591
GARRIGOUX, Mlle : 834
GASPARD, voir COULANDON
GAULLE, Alain de : 1030
GAULLE, Anne de, fille de Charles et Yvonne de Gaulle : 109, 284, 367 n, 554, 786, 788, 836-837, 851, 856, 903, 923, 953, 993, 1056
GAULLE, Bernard de, neveu de Charles de Gaulle : 422, 433, 788, 1140, 1201, 1240-1241
GAULLE, Brigitte de : 1107, 1140
GAULLE, Cécile de, petite-nièce de Charles de Gaulle : 1240
GAULLE, Charles de, petit-fils du général de Gaulle : 933, 953, 966, 976, 983, 988, 991, 995-996, 1000, 1003, 1012, 1024-1025, 1031-1032, 1034, 1037, 1039, 1058, 1060, 1090, 1092-1093, 1100, 1105-1106, 1114, 1129, 1131, 1134, 1138, 1144, 1156, 1166, 1180, 1193, 1205-1206
GAULLE, Élisabeth de, fille de Charles et Yvonne de Gaulle : 109, 284, 365, 554
GAULLE, François de, neveu de Charles de Gaulle : 422, 693, 787-788, 814, 923, 1198-1199
GAULLE, Geneviève de, nièce de Charles de Gaulle : 559, 585, 657
GAULLE, Henri de, père de Charles de Gaulle : 1235 n
GAULLE, Henriette de, belle-fille de Charles de Gaulle : 837, 851-852, 856-857, 860, 923, 931, 933, 953, 966, 976, 983, 988, 991, 995-996, 1000, 1003, 1012, 1024-1026, 1030-1032, 1034, 1037, 1041, 1052, 1058, 1064, 1073, 1080, 1083-1084, 1090, 1092-1093, 1100, 1105-1106, 1114, 1129, 1131, 1134, 1138, 1144, 1148, 1150, 1156, 1160, 1166, 1180, 1194, 1202, 1205-1206, 1219, 1231, 1256, 1282
GAULLE, Jacques de, frère de Charles de Gaulle : 113, 693, 787 n-788, 993, 1140 n, 1198 n, 1201 n
GAULLE, Jacques de, petit-neveu de Charles de Gaulle : 993, 1107
GAULLE, Jean de, neveu de Charles de Gaulle : 788, 1107, 1140
GAULLE, Jean de, petit-fils de Charles de Gaulle : 1129, 1138, 1144, 1180
GAULLE, Jeanne de, belle-sœur de Charles de Gaulle : 693, 788
GAULLE, Jeanne de, née Maillot, mère de Charles de Gaulle : 1235 n, 1261 n
GAULLE, Madeleine de, belle-sœur de Charles de Gaulle : 476, 556, 837, 885, 914, 930-931, 1139, 1172, 1200-1201, 1228, 1266, 1275
GAULLE, Marie-Josèphe, née Choyer : 1140
GAULLE, Nicolas de : 911 n
GAULLE, Olivier de : 1138, 1140, 1228 n
GAULLE, Philippe de, fils de Charles et Yvonne de Gaulle : 97, 109, 207, 284, 308, 386, 413, 422, 433, 520-521, 554, 556, 599, 693, 743, 786, 788, 791, 796-797, 806, 825-826, 837, 848, 851, 856-857, 860, 891, 923, 931, 933, 952-953, 966, 976, 983, 987-988, 991, 995-996, 1000, 1003, 1012, 1023-1026, 1030-1034, 1037, 1041, 1045-1046, 1052, 1056 n-

1058, 1060, 1064, 1072-1073, 1080, 1083-1085, 1090-1093, 1100, 1105-1106, 1114, 1129, 1131, 1134, 1138, 1143-1144, 1148, 1150, 1156, 1159-1160, 1163, 1166, 1180, 1192-1193, 1199, 1201-1202, 1205-1206, 1219, 1228, 1231, 1249, 1256, 1282

GAULLE, Pierre de, frère de Charles de Gaulle : 29, 556, 584, 837, 883-885, 896 n, 914, 917 n, 930-931, 1010, 1028, 1037-1038, 1062-1063, 1070 n, 1092, 1098, 1110, 1131 n, 1139-1140 n, 1172, 1183 n, 1200-1201, 1228, 1266, 1275

GAULLE, Pierre de, neveu de Charles de Gaulle : 693, 788

GAULLE, René de : 1030

GAULLE, Roger de, neveu de Charles de Gaulle : 422, 585, 693

GAULLE, Sylvie, femme de Bernard de Gaulle : 1140, 1201, 1240-1241

GAULLE, Thierry de, fils d'Olivier de Gaulle : 1228

GAULLE, Véronique de, fille de Pierre de Gaulle : 1183

GAULLE, Xavier de, frère aîné de Charles de Gaulle : 584-585 n, 657, 837, 859 n, 1080 n, 1175, 1179, 1202

GAULLE, Yves de, petit-fils de Charles de Gaulle : 1032, 1034, 1037, 1039, 1058, 1060, 1090-1091, 1093, 1100, 1105-1106, 1114, 1129, 1138, 1144, 1180

GAULLE, Yvonne de, née Vendroux, épouse de Charles de Gaulle : 109, 284, 364-365, 367, 370, 378, 491, 554, 556, 657, 693, 728, 731 n, 786-787, 809, 814, 818, 838, 885, 892, 901-902, 923, 934 n, 941, 947, 982, 993, 1001, 1039, 1062 n, 1080, 1093, 1107, 1137, 1172, 1182-1183, 1198, 1200-1202, 1206, 1228, 1235, 1243, 1250, 1257-1258, 1262, 1266, 1275

GAULTIER, Auguste : 1141, 1189

GAULTIER, Mme Auguste : 1141, 1189

GAULTIER, Raphaël : 1141 n

GAY, Francisque : 758 n, 775

GAYRAL, Jean : 46-47, 54, 57, 116

GAZIER, Albert : 489, 757 n, 769-770, 1309

GÉNAIN, colonel : 1029

GÉNIN, Madame : 852

GÉNIN, René : 852

GEORGE VI, roi d'Angleterre : 663, 1058, 1298

GEORGES, Alphonse : 356, 360 n-361, 364 n, 441

GEORGES, Joseph : 266

GEORGES-PICOT, général : 1067

GÉRARD, Armand : 910

GÉRARD, capitaine : 921, 925

GÉRAUD, André, dit Pertinax : 87 n, 349, 526

GERBER, Marc : 1272

GHORMLEY : 71, 117, 121

GIACOBBI, Paul : 561-562, 611, 631 n, 694, 706, 714, 717, 896 n, 980

GIDE, André : 481

GIFFARD, George : 22, 94, 102, 155, 206, 220, 253

GILBERT-JULES : 115, 157

GILLIOT, général A. : 1070 n, 1134, 1310

GILLOIS, Maurice ANDRÉ-, pseudonyme de Maurice Diamant-Berger : 1174, 1213, 1242

GILLOT, Auguste : 624

GILLY, Pierre : 42

GINSBURGER, Roger, voir VILLON, Pierre

GIRARD de CHARBONNIÈRES, Guy : 787

GIRARDOT, général : 808

GIRAUD, général Henri : 145, 204, 209-210, 212, 216-219, 223, 232 n, 236, 238, 244-247, 256-258, 262-263, 265-267, 273-274, 276, 279 n, 282-283, 286, 292-295, 297-300, 303-309, 313-315, 317-318, 320, 323, 325, 329-332, 334, 336-337, 341-346, 348, 350-351, 353, 355-357, 360-362, 366-369, 372-373, 375-376, 379, 385, 391-392 n, 397-398, 400, 407, 418, 437, 447, 453, 459, 467, 481, 515 n, 521, 549, 558, 566, 587, 599, 874, 913, 923, 941, 1064

GIRON, Ch. : 1144

GLAOUI, El-Hadj Thami el-Mezouari el : 439, 1006, 1300

GODFROY, René : 108, 228, 237, 1164

GODIN : 982

GOIN, Félix : 1117

GOMULKA : 1305-1306

GONAND, René : 1063-1064

GORCE-FRANKLIN, Henri : 1148-1149

GORSE, Georges : 1193

GOUIN, Félix : 201, 364, 373, 375, 466, 499, 532, 568 n, 591-592, 735-736, 774, 784, 796, 813
GOUIN, Mme : 568
GOULOUBIEV : 727
GOURAUD, général Henri : 1277
GOURDON, Jacques : 585
GOURDON, Pierre : 585
GOUSSAUD : 1047
GRANDIN DE l'ÉPREVIER, Hervé : 340-341
GRANDVAL, Gilbert : 1175, 1211, 1303
GREBER, Jacques : 703
GRENIER, Fernand : 271-272, 416, 423, 477 n, 485, 563
GROS, André : 520
GROUÈS, Henri, dit l'abbé Pierre : 716, 1174
GROUSSEAUD : 1070 n
GROUSSET, Philippe : 300, 320
GUBBINS : 408-409
GUEDALLA, Nellie : 335
GUEDALLA, Philips : 45, 335
GUÉRIN, Albert : 121, 438
GUÉRIN, Hubert : 194, 931 n
GUICHARD, Olivier : 892, 899 n-900, 1047, 1053, 1108, 1126, 1188, 1190, 1210, 1280 n
GUILLAUMAT, docteur Louis : 1125
GUILLAUME, général : 513, 659, 1034
GUINGOUIN, Georges : 1210
GUIRINGAUD : 9
GUITTON, Jean : 1232-1233
GUTT, Camille : 4
GUY, Claude : 731 n, 799, 802, 811, 837, 922, 933, 962, 967, 986, 1042, 1062, 1070 n, 1084, 1086, 1124-1125
GUZMÁN, Jacobo Arbenz : 1302
GWYNN : 139, 196

H

HACHED, Fehrat : 1299
HACHEM BEY ATASSI : 63, 83
HAGEN, Mme : 75
HAÏLÉ SÉLASSIÉ Ier, empereur d'Éthiopie : 610 n, 1247
HALIFAX, Edward Frederick Lindley Wood, vicomte : 175, 228
HALSEY : 204
HANKEY : 625
HARAR, duc de : 1247
HARRIS : 234
HARVEY, Oliver : 432
HAUTECLOCQUE, Jean de : 1111
HAUTECLOCQUE, Philippe de, voir LECLERC
HAUTECŒUR, Mme Louis, née Marguerite Milliez : 834 n
HAYDON, C.J. : 406
HELLEU, Jean : 110, 142, 157, 262, 327, 419, 424, 426, 478
HELLEU, Mme Jean : 110, 142
HENAULT : 1013
HENRI IV : 911 n
HENRIOT, Émile : 1026, 1191-1192
HENRY, Noël : 1047
HENRY-SIMON : 1015
HÉRON DE VILLEFOSSE, Louis : 43 n
HERRIOT, Édouard-Marie : 171, 189, 347-348, 560, 666, 740, 779-780, 1135, 1212, 1301, 1303
HERRIOT, Mme Édouard : 666
HERVÉ, Robert : 1223 n
HERVIEU, Paul : 1168
HESS, Rudolf : 287 n
HETTIER DE BOISLAMBERT, Claude : 9, 13, 265, 359, 389, 411, 413-414, 460, 469, 731, 915 n, 1013, 1046
HEWITT, amiral : 549
HILDEBRAND, Henri : 1055, 1142
HINCKY, Jules : 476-477, 870
HITLER, Adolf : 18-20, 35, 78, 128, 219, 235, 338, 455, 574 n, 634 n, 1204
HÔ CHI MINH : 703, 791, 812, 911, 1136, 1162 n, 1302
HOARE, Samuel : 274, 371
HOCQUARD, Gabriel : 621 n
HŒFFEL, Robert : 982
HOLMES, général : 160
HOPKINS : 528
HOPPENOT, Henri : 405, 443, 516, 526-527
HORNE, amiral : 78 n
HOSTACHE, René : 1249
HOUCKE, Jules : 848, 858-859, 982, 987, 1240
HUBERT, Max : 10
HULIN, René : 87, 141
HULL, Cordell : 95, 110, 113, 129, 139, 255, 275, 315, 322, 422 n, 480
HUMBERT, colonel : 1145

HUNTZIGER, Charles : 1168
HUREZ, docteur : 836
HYMANS, Max : 138

I

IBERT, Jacques : 610
IBN SÉOUD : 64, 586
IDRAC, Mlle : 856
INGOLD, général François : 86, 257, 260, 402, 1203, 1242
INGOLD, Mme François : 1203, 1242
ISMAY, général Lionel Hastings : 9 n, 14 n-15, 27
ISTEL, André : 87 n

J

JACOB, Andrée : 390 n
JACQUET, Marc : 46-47, 54, 979, 981, 1070 n
JACQUET, Raymond : 1087, 1131 n, 1186
JACQUINOT, Louis : 201, 375, 420, 484-485, 562, 655, 683, 694, 706, 758 n-759, 1119
JACQUOT, Pierre : 1130, 1134-1135
JAMME : 9
JANVIER, Émile : 1015
JAQUET, Gérard : 831
JASPAR, Marguerite : 902
JAUDON : 595
JEANNE D'ARC, sainte : 1049
JEANNENEY, Jean-Marcel : 1246
JEANNENEY, Jules : 107, 171, 560-562, 595-597, 601, 651-652, 736, 777-778, 794, 805, 809, 835, 1053, 1103, 1139, 1158 n, 1177, 1229, 1236, 1246
JEANNENEY, Mme Jules : 778, 795, 805
JOFFRE, maréchal : 1157
JONAS, colonel : 1008
JOUHANDEAU, Marcel : 1162
JOUHAUD, général Edmond : 1280-1281
JOUHAUX, Léon : 201, 347, 710, 1301
JOUKOV, maréchal : 650, 1307
JOURDIER, Paul : 154
JOUVE, Géraud : 144
JOUVE, Pierre Jean : 608, 787, 1237, 1271
JOXE, Louis : 456, 555, 621 n, 741
JUBELIN, André : 88, 1052
JUILLET, Pierre : 910, 933, 1001, 1021
JUIN, Alphonse, maréchal de France : 345, 369, 372, 432, 453, 481, 485, 493, 495, 497, 504, 521, 534, 544 n, 554, 580, 585, 587 n, 590, 592, 600, 603, 605, 607, 621 n, 624, 630, 635-636, 668, 672, 675, 694, 717, 749, 777, 1006-1007, 1030, 1053, 1103, 1136-1137, 1150-1151, 1187, 1209, 1277-1278, 1301, 1310
JUIN, Mme Alphonse : 1053, 1104, 1138
JULY : 982, 1067

K

KADAR, Janos : 1306
KAGAN, Salomon : 29
KAGANOVITCH, Lazare : 1307
KAIROUZ, monseigneur : 974
KALB, Paul-Jacques : 1038, 1098
KARAM, Joseph : 486
KAUFMANN, Michel : 982
KELLER : 728, 731
KELLY, Édouard : 699
KENNEDY, Robert : 1307
KERILLIS, Henri de : 17, 109, 240, 277, 526, 797
KERILLIS, Hervé de : 277
KERSAUSON, colonel de : 154, 1058, 1179 n
KESSEL, Joseph : 964, 1080, 1203, 1261, 1276-1277
KHOURY, Béchara : 419, 425-426
KHROUCHTCHEV, Nikita S. : 1300, 1304-1305
KING, amiral : 120-122, 352
KIR, chanoine : 825
KIRK, Alan : 245
KITTREDGE, T.-B. : 245, 296
KŒLTZ, Louis-Marie : 580, 670, 751
KŒNIG, général Pierre-Marie : 86, 98, 100, 218, 260, 469-470, 472 n, 477, 484, 494-495, 505-507, 509-510, 513, 515, 522, 527, 531, 533-534, 536, 543, 547, 590, 672, 686, 719-720, 729, 731, 745, 751, 778, 783 n, 789, 915 n, 1000, 1013, 1047, 1058, 1067-1068, 1098, 1110, 1127, 1152 n, 1179, 1253
KOENIGSWARTER, Jules de : 284, 1125
KOLB-BERNARD, René : 108, 149
KOUATLI, Choukri : 42
KRIEGER, Alfred : 1098
KRUG VON NIDDA : 652

L

LA BARDONNIE, de : 968
LABARTHE, André : 52, 310, 334, 356, 361, 526
LABELLE, Raymond : 1086
LABIT, Henri : 1245
LABONNE, Eirik : 1007
LACOSTE, Francis : 1301
LACOSTE, Robert : 561-562, 627 n, 739, 1197, 1243, 1304
LAFAY, Bernard : 1304
LA FAYETTE, Marie-Joseph Gilbert du Motier, marquis de : 132, 699
LAFON, Mme M. J. : 1207
LAFONT, Robert : 1154
LAGARDE, abbé : 1220
LA GRANDIÈRE : 731
LAGRANGE, Léo : 602
LAGRANGE, Mme : 602-603
LA GUARDIA, Fiorello : 280, 530, 698, 884
LA HAYE, Charles : 1041, 1046, 1057, 1060, 1275
LAISUNE : 157
LAMI, Mme Stanislas : 1182
LAMINE, bey de Tunis : 492, 685
LA MORLAY, général : 543 n
LAMPSON, sir Miles : 129, 137, 140, 797
LANCRENON : 1144
LANGLADE, François de : 574, 618 n, 656, 714, 718
LANGLOIS, Mme Xavier : 815-816
LANGLOIS, Xavier : 157, 815 n-816
LANIEL, Joseph : 1102, 1126, 1136, 1154, 1300-1301
LA PÉROUSE, Jean-François de Galaup, comte de : 1223
LAPIE, Pierre-Olivier : 22, 114, 211, 214
LAPLACE, capitaine : 1219
LARMINAT, général Edgar de : 22, 78, 86, 91-92, 99-101, 160, 218, 241, 248, 258, 260-261, 267-268, 273, 275, 277, 282, 286, 288, 294, 302, 311, 327, 330-331, 339, 343, 346, 350-351, 362, 369-370, 372, 557, 623, 661, 692, 753, 775, 816, 846, 858, 910, 915 n, 1171
LA ROCQUE, François de : 131
LAROUBINE : 383
LATTRE DE TASSIGNY, Bernard de : 1020
LATTRE DE TASSIGNY, général Jean-Marie de : 412, 416, 481, 485, 521, 535 n, 550, 557, 560, 585, 592, 600, 604-605, 607, 624, 633, 637, 643, 650, 654, 662, 675-676, 686, 752, 871, 927, 946, 990, 1020-1023, 1035 n, 1053, 1055, 1058, 1082, 1143, 1297-1298
LATTRE DE TASSIGNY, Mme Jean-Marie de : 1020, 1022, 1053, 1055, 1082
LAUGIER, Henri : 118, 310, 312
LAURENT, Aimé : 88
LAURENT, Augustin : 562, 611, 627
LAURENT, Charles : 415
LAVAL, Pierre : 76, 97 n, 143, 217 n, 219, 318, 560 n, 665 n
LAVALADE, Georges Chadebec de : 118, 223, 232-233, 282
LAVASTRE : 9
LA VILLE-RABEL, de : 667
LAVOIX, Simone : 1087
LEAHY, William : 245
LE BAIL, Pierre : 580
LE BASSER : 1062, 1098
LEBEL : 299-300, 320
LEBON, Pierre : 629, 1070 n, 1142, 1155, 1201
LEBON, Roger : 1268
LE BOULENGÉ, Me Paul : 901
LEBRUN, Albert : 742
LECLERC DE HAUTECLOCQUE, Henri : 1096 n
LECLERC DE HAUTECLOCQUE, Mme la maréchale : 1095
LECLERC, Mme Philippe de HAUTECLOCQUE : 832
LECLERC, Philippe de Hauteclocque, dit : 23, 49, 56-57, 73, 78, 85-86, 89, 91-92, 94, 97-99, 102, 112, 114, 123, 125, 131, 136, 143, 155, 169, 178-179, 209-211, 214-215, 220, 222-223, 231-233 n, 238, 246, 254-255, 257-262, 267-269, 277, 280, 282, 285, 296, 302, 309, 319, 327, 331, 339, 343-344, 346, 393 n, 402, 536-537, 552-553, 595, 623, 627, 633, 672, 679, 694-695, 705, 712-714, 717, 729, 784, 792, 813-814, 824-825, 832-834, 871, 903-904, 933, 1058 n, 1094-1095, 1097, 1147, 1241 n, 1243 n
LECOMTE, André : 1144
LECOQ, lieutenant-colonel : 632

LEDAN : 87, 141
LEDOUX, Albert : 223, 430
LEFEBVRE-PONTALIS : 822
LEFRANC, Pierre : 875, 1087, 1186, 1237-1238, 1245, 1266
LE GARREC, commandant : 543 n
LEGENDRE, Jean : 982
LEGENTILHOMME, général Paul : 7, 23, 39-40, 44, 47, 66, 68, 86, 101, 135, 149, 155, 170-171, 187, 195, 223, 227, 229, 239 n, 248-249, 252-254, 259-260, 292, 311, 327, 331, 339, 351 n, 363, 370, 379-380, 383-384, 397, 400 n-401, 405, 411, 453, 459, 517, 1129, 1152 n
LEGER, Alexis : 80-81, 88, 228, 349, 526
LEGRAND, Bernard : 786 n-787, 1258
LE LÉANNEC, Louis : 982
LE LÉAP, Alain : 1299-1300
LELONG, général : 261, 270, 1152
LELONG, Mme : 1152
LEMAIGRE-DUBREUIL, Jacques : 1303
LEMAIRE, Maurice : 1070 n, 1098, 1262
LEMONNIER, André Georges : 655
LEMONNIER, Maurice : 399, 485
LÉOPOLD III, roi de Belgique : 574, 659
LE PASSER, sénateur : 982
LEPERCQ, Aymé : 561, 563
LEPLAT, sous-lieutenant : 274
LE PROVOST DE LAUNAY, Gaston : 984, 1024, 1043
LÉSPÈS, Henri : 1029, 1070 n, 1087, 1098
LESTER, Sean : 331
LETOURNEAU, Jean : 1299-1300
LE TROQUER, André : 428, 441, 453, 473, 477, 535, 1135, 1175, 1280 n, 1283, 1301, 1310
LE VAN HOACH : 853
LÉVIS MIREPOIX, Antoine, duc de : 132, 758
LEY, Georges : 639, 674, 1060, 1104
LEY, Mme Georges : 1060-1061, 1104
LEYER, Roger : 485, 624, 751
LEYNAUD, Auguste-Fernand : 399, 473, 476
LICHTWITZ, médecin commandant André : 899, 942, 1135, 1176
LICHTWITZ, Mme André : 899, 942, 1135, 1176-1177
LIEUTAUD : 1044
LIMBOURG-STIRRUM, comte Évrard de : 1229 n
LIMOGES, docteur : 927
LINARÈS, lieutenant-colonel de : 362
LIONEL-PÉLERIN, Jean : 1002-1004
LIQUARD, Émile : 982
LITVINOV, Maxime : 90
LLOYD, Selwyn : 1305
LOISILLON, colonel : 869
LOISON, Pierre : 982, 1032
LOMBARD : 452
LOMBARD, Jeanne : 837
LOMBARD, Maurice : 1065 n
LORILLOT, général : 1280 n-1281
LOTH, général : 1179
LOTI, Julien Viaud, dit Pierre : 1192
LOUBET : 922 n, 1062, 1084
LOUGAUD, amiral : 399
LOUVEAU, Edmond : 13
LUCIEN, René : 1251
LUIZET, Charles : 533
LUSH, brigadier : 95
LUXEMBOURG, Félix de Bourbon-Parme, prince de : 833
LYAUTEY, maréchal Louis Hubert : 34, 264, 813, 824 n
LYTTELTON, Oliver Lyttelton Chandos : 93, 108, 126, 167, 185, 582

M

MAC CLOY, John : 108, 133, 528
MAC FARLANE, sir Noel Mason- : 378
MACARTHUR, Douglas : 628, 983
MACHUT, F. : 912
MACKENSIE KING, William Lyon : 703 n, 980
MACMILLAN Harold : 318, 324, 359, 363, 393 n, 425, 428 n, 1306-1307
MAGLIONE, cardinal : 525
MAGNAN, général : 462
MAGNY, Madeleine : 731
MAIGRET, Roger : 64
MAILLAUD, dit Pierre Bourdan : 152
MAILLOT, Henri : 584
MAILLOT, Maurice : 1034
MAILLOT, Mme Maurice : 731
MAILLOT-DROULERS, Mme : 1261
MAISKY, Ivan : 181
MAISTRE, Joseph de : 1236
MAKENS, M. : 127 n
MALAGUTI, colonel : 536

MALAISE, Pierre : 447 n, 453-454
MALBRANT, René : 1099
MALENKOV, Georgui : 1101, 1175, 1300, 1302, 1307
MALEY, général : 640
MALRAUX, André : 751, 906, 917, 922, 931, 944, 962 n, 966, 1008, 1028, 1062, 1086, 1096, 1162, 1165, 1259, 1268
MALTRUD, Jean : 993
MANDEL, Georges : 103, 107, 201, 287, 934-936
MANGIN, général Charles : 354 n, 1159, 1178
MANGIN, Louis : 354
MANGIN, Mme la générale Charles : 1159
MANHÈS, Frédéric : 271-272
MANIER, Stéphane : 287-288
MANTRAND, Jeanne : 1087
MANUEL, commandant : 271
MARÇAIS, William : 415
MARCENET, Albert : 1086
MARCHAL, Léon : 231, 293-294, 297, 320, 329
MARCHAND, général : 53, 260, 281-282, 344, 1271-1272
MARCHAND, René : 394
MARGUERITTE, Paul : 1144
MARIE, André : 866 n, 1298, 1300
MARIE-ANAÏS, Mère : 310
MARIN, Jean, pseudonyme d'Yves Morvan : 106, 914, 930
MARIN, Louis : 201, 347, 484, 560
MARITAIN, Jacques : 3, 37, 62, 80-81, 639, 836
MARLBOROUGH, John Churchill : 5
MARMIER, Lionel de : 215, 226, 258, 332, 607 n, 797, 930
MARMOTTIN, Louis-Augustin : 667
MARNIER : 273
MARQUANT-GAIRARD, Pierre : 1178
MARQUETTE, Jacques : 699
MARSHALL, George : 853, 884-885, 1023, 1121
MARTIN, Henri : 481, 534
MARTIN, lieutenant : 1220
MARTIN, Noël : 1182, 1209
MARTY, André : 424, 1300
MARY, reine d'Angleterre : 1111
MASARYK, Jan : 234
MASMOUDI, Mohamed : 1270
MASSIGLI, René : 290, 311-312, 314, 318-319, 341, 356, 374, 393, 398, 400, 412, 415, 420, 425, 428, 430-431, 437, 443, 457-458, 460, 476, 478, 484, 506, 508-510, 513, 515-516, 518, 528, 535, 537, 610, 626, 708, 749, 758 n, 776, 1142, 1190
MASSU, général Jacques : 713, 1234, 1264, 1306-1307, 1309
MAST, général Charles : 273, 377, 492, 656-657, 665, 945
MAST, Mme Charles : 945
MATHENET, Maurice : 391, 394, 403 n, 413, 430, 469-470
MAUDUIT, Henry de : 1014
MAURIAC, Claude : 789, 962 n
MAURIAC, François : 971, 1172, 1191
MAURICE, Jacqueline : 1087
MAURRAS, Charles : 1299
MAY, commandant : 296
MAYER, Daniel : 273, 710
MAYER, lieutenant-colonel (R.) Émile : 1145
MAYER, René : 398, 533, 562, 611, 627 n, 694, 737-738, 778, 783 n, 856, 1102, 1105, 1119, 1300, 1304
MAZEAUD, Pierre : 1062, 1099
MAZO, Maurice : 1065-1066
MENANT, Guy : 466
MENDÈS FRANCE, Pierre : 88, 201, 418, 513, 529, 561-562, 576, 579, 942, 1136, 1166, 1171, 1175, 1188 n, 1265, 1300, 1302-1305
MENGIN, Robert : 361
MÉNINGOZ : 35, 80
MENTHON, François de : 398, 411, 415, 423, 561-562, 734, 769
MENUT, Mlle : 1186
MENZIES, S.-G. : 35 n, 79
MERCIER, Adrien : 423-424, 444
MERLANGE, Germaine : 1190
MERLIN, général : 485
MESSALI HADJ : 1299
METROT, général : 411
MEUNIER, docteur : 961
MEURDOUS : 70
MEYRON, Charles : 1271
MICHEL Ier, roi de Roumanie : 847 n

MICHELET, Edmond : 736, 752, 776, 778, 838, 931, 939, 977, 1002, 1011, 1019, 1047, 1063, 1070 n, 1099, 1113, 1123, 1184, 1242
MICHELIN : 624
MICHIGNAU, Mme : 836-837, 891
MICHY, colonel : 1034
MIHAILOVIC, Dragoljub : 113
MIQUEL, général : 1309
MIRIBEL, Élisabeth de : 236, 812, 895-896, 929, 1145
MISSOULÉ, capitaine : 70
MITTELHAUSER, Eugène : 34
MITTELMANN, Pierre : 115
MITTERRAND, François : 1136, 1265, 1301-1302, 1304
MOCH, Jules : 495, 1140, 1309
MOHAMMED V BEN YOUSSEF, sultan du Maroc : 679, 1006, 1102, 1136, 1175, 1300, 1303
MOLLARD, général : 550
MOLLET, Guy : 1197, 1210, 1234, 1279, 1300, 1304-1307, 1309-1310
MOLOTOV, Viatcheslav Mikhaïlovitch SKRIABINE, dit : 95 n, 127, 422 n, 712, 727, 1110, 1307
MONJAUVIS, Lucien : 709
MONNERVILLE, Gaston : 1280 n, 1283, 1310
MONNET, Georges : 982
MONNET, Jean : 310, 356, 362, 398, 419, 422, 446, 480, 564, 728, 733, 890
MONOD, Guy : 9, 449
MONSABERT, Jean Goislard de : 980, 987, 1047, 1070 n, 1237
MONSABERT, Mme Jean de : 1237
MONTALEMBERT, Michel de : 982, 1037, 1206
MONTALEMBERT, Mme de : 857, 995, 1012, 1033-1034, 1064, 1206
MONTCHAMP, Auguste : 70, 108, 189, 204, 213, 292
MONTCHEUIL, Yves de : 1161 n
MONTESINOS, Gonzalez : 32
MONTESQUIEU, Charles de Secondat, baron de la Brède et de : 403
MONTGOMERY, Bernard : 160, 207, 255, 276, 281, 662, 671-672, 746, 783, 927
MONTUELLE, François : 1087
MORAND, Paul : 1259 n
MORANDAT, Yvon : 218-219, 1087, 1099, 1109, 1278
MORDANT, dit Narcisse : 574, 612 n, 614 n, 628-629, 995
MOREAU, Jean Victor : 930
MOREL-DEVILLE, Henri : 627
MORET, Raymond, dit Moullec : 30, 39, 46, 50-51, 54-55, 57, 116, 142, 334 n
MORGENTHAU, Henry : 528-529
MORNY, duc de : 533
MORON : 124
MORON, Mme : 124
MORTON, Desmond : 15
MORTON, major : 182
MORVAN, Yves, dit Jean Marin : 106
MOSSADEGH, Mohammad : 1101, 1297, 1300
MOULEC, alias commandant Moret : 43-44
MOULIN, Jean : 201, 270, 272 n, 348 n, 389, 475 n, 726, 795, 816-817, 833, 906, 1245
MOULIN, Laure : 795, 816, 833
MOUNTBATTEN, Louis : 85, 406, 575, 696, 705, 713, 717
MOUTET, Marius : 813
MOZAT, général : 822
MULLSTEIN : 998
MUN, Albert de : 109
MURACCIOLE, Jules : 1178
MURAT, général Joachim, maréchal de France, roi de Naples : 980
MURPHY, Robert : 255, 305-306, 308, 316, 363, 575
MUSCATELLI, Léon : 980
MUSELIER, amiral Émile : 12, 15, 25, 36-40, 43-48, 52-57, 60-62, 64-65, 67, 74, 93-94, 102-103, 107, 116, 161, 246, 334, 355, 361-362, 373, 385, 524
MUSSOLINI, Benito : 235, 397

N

NACCACHE, Alfred : 172, 182-183
NACHIN, colonel Lucien : 810-811, 838, 1145
NACHIN, Mme Lucien : 811, 838
NAGGIAR, Paul-Émile : 647, 998
NAGY, Imre : 1305
NAHAS PACHA, Moustafa el : 205
NAPOLÉON Ier : 824

NAPOLÉON, Louis : 924
NARCISSE, voir MORDANT
NASSER, Gamal Abdel : 1136, 1198, 1302, 1305
NATHAN, Roger : 1038
NAVARRE, général : 1300
NÉGUIB, général : 1136, 1299, 1302
NEHRING, général Walther : 255
NEHRU, Jewaharlal : 1305
NEUHAUSER, Jean : 1086
NEUMEYER : 751
NGÔ DINH DIÊM : 1136, 1301
NGUYEN VAN THIN : 812
NICOLSON, Harold : 106, 181-182
NITCH, colonel : 27
NOCHER, Jean : 1063, 1101, 1108
NOËL, Alfred : 49
NOËL, Léon : 801, 857, 905, 911, 922, 940, 947, 991, 999, 1002, 1047, 1063, 1070 n, 1099, 1177-1178, 1181, 1207-1208, 1236, 1252, 1276
NOËL, Marie, voir ROUGET, Marie
NOËL, Mme Léon : 1177, 1236
NOËL-BAKER, Mrs. : 558
NOËL-BAKER, Philip : 558
NOETTINGER, colonel Henri : 966
NOGUÈRES, Louis : 601
NOGUÈS, général Charles : 34, 212, 236, 256, 306, 318, 341
NOIZET, Charles : 837
NOMY, amiral : 1058
NORDLING, Raoul : 564
NOURY PACHA SAÏD : 64, 586

O

OBOLENSKY, prince : 1272
OBOLENSKY, princesse Vicky : 1272
ODIC, Robert : 26, 362, 373
OLLÉON : 35, 80
OLLIVIER, Albert : 906, 1062, 1071, 1099, 1131 n
OLLIVIER, colonel : 510
OLSON, Culbert : 112
ORLÉANS, d', comtesse de Paris : 1229, 1250
ORLÉANS, Henri d', comte de Paris : 1229, 1250
ORLÉANS, prince Henri d' : 1250, 1252
ORLÉANS, princesse Hélène d' : 1229
ORLUC, Jacqueline : 1086
ORSELLI, Georges : 86
ORTOLI, Paul : 39, 42-43, 55, 57, 635, 1035-1036, 1159-1160, 1239
OSTROROG : 708
OUDARD, Georges : 1099
OULMONT, Charles : 820, 1182, 1233, 1249, 1273

P

PAGÈS, J.A. : 42
PAHLAVI, Muhammad Reza, chah d'Iran : 596 n
PAILLET : 270
PALEWSKI, Gaston : 73, 265, 384, 467, 570, 630, 661, 703, 742, 749, 758, 777, 830, 931 n, 939 n, 998, 1047-1048 n, 1063, 1070 n, 1099, 1110, 1183-1184, 1188
PALEWSKI, Jean-Paul : 1070 n
PANAFIEU de : 329
PANELLA, colonel : 466
PARANT, André : 222
PARIS, Camille : 80 n, 534
PARIS, Jacques-Émile : 520
PARODI, Alexandre dit Quartus : 475 n, 488 n, 537, 548, 553, 561-562, 734, 738, 1271
PARR, R. : 94
PASCAL, Blaise : 1168
PASQUALINI : 1063
PASQUIER-VAUVILLIERS, Jean : 1207-1208
PASSEN, Pierre Van : 203
PASSY, voir DEWAVRIN, André
PASTEUR VALLERY-RADOT, Louis : 887, 992, 1070, 1259
PATCH, Alexandre : 71-72, 108-109, 117, 133, 542-543, 549-550, 927
PATTON, George : 550, 686, 925-927
PAUL, Marcel : 736
PAUL-BONCOUR, Joseph : 674, 733, 1186, 1270 n
PEAKE, Charles : 56, 89, 94, 123
PECHKOFF, Zinovi : 43, 82, 94-95, 126-127, 142, 170, 178, 206, 211, 214, 226, 230, 233, 283, 641, 742
PELABON, André : 231, 334-335, 345, 402
PEREL (?) : 151
PÉRI, Gabriel : 1185 n

PERIÈS, amiral : 1160
PERILLIER, Louis : 479
PERÓN, Juan Domingo : 913, 1175, 1298, 1303
PERREAU : 151
PERRIN, Jean : 96
PERROUX, professeur François : 1164
PERRUSSEL, Mme Yves : 1115
PERRUSSEL, Yves : 836, 1002, 1004-1005, 1115
PERSHING, John Joseph : 699
PÉTAIN, Philippe, maréchal de France : 18, 30 n, 118, 143, 171 n, 188, 209, 212, 217, 256, 345 n, 526 n, 601, 604 n, 634 n, 661, 702 n, 813, 965, 1023, 1106, 1168, 1186 n, 1248 n, 1297
PETERSON : 154
PETIT, Ernest : 6, 145, 202, 426
PETIVILLE, colonel de : 859
PEYRE, Roger : 945 n
PEYROUTON, Bernard-Marcel : 304, 306, 318, 341
PFLIMLIN, Pierre : 1175, 1234, 1264, 1279-1280 n, 1303, 1307, 1309-1310
PHILIP, André : 127, 129, 131-132, 138, 171, 194, 196, 199, 204, 210, 221, 228, 311-312, 324-325, 356, 398, 402 n, 411, 563, 681, 741, 767-769, 771-772, 1263, 1278
PICARD, Pierre : 1086, 1131 n
PIE XII (Eugenio Pacelli) : 524, 794
PIERLOT : 512
PIERRAT : 411
PIERRE II DE YOUGOSLAVIE : 518, 1141-1142
PIERRE, l'abbé, voir GROUÈS, Henri
PIERRENÉ, Philippe, pseudonyme de Martin-Prével : 55, 236 n
PILLEAU : 775
PINAY, Antoine : 1050-1051, 1064, 1076-1078, 1083, 1093 n, 1122, 1175, 1187, 1234, 1299-1300, 1303, 1307, 1309
PINEAU, Christian : 738, 1175, 1185 n, 1303-1304
PINSON, George : 34
PINVIDIC : 982
PIQUET-WICKS, Eric : 1245
PIRONNEAU, André : 897
PIRONNEAU, Mme André : 897
PLAISANT, Marcel : 687
PLATON, Charles : 97
PLATT, général : 95, 126, 249, 252-253, 565
PLEVEN, Mme René : 811
PLEVEN, René : 15-16, 101, 136, 138, 142, 144-147, 151, 155-156, 161, 163, 170, 173-174, 182, 185, 187, 197, 199-200, 264, 356, 358, 398, 446, 484, 506, 508, 513, 515, 528, 553, 555, 562, 596-597, 602, 652, 654 n, 706, 716, 724-725, 728, 777, 803, 811, 915, 972, 987, 999, 1011 n, 1023, 1136, 1190 n, 1264, 1298, 1301, 1308
POGNON, Ernest : 70
POIMBŒUF, Marcel : 201, 489
POINCARÉ, Raymond : 799, 1157
POISSON, Adolphe : 667
POMMAYRAC, Mme de : 942
POMPÉI, Jean : 979
POMPIDOU, Georges : 588 n, 758 n, 830, 922, 972-973, 978, 1002, 1028, 1034, 1056 n, 1085, 1110, 1126-1127, 1155, 1244
PONCHARDIER, Dominique : 1131 n
PONS, général : 1138
PONS, Marie-Thérèse, puis Mme Olivier de Gaulle : 1138
PONS, Mme : 1138
PONTBRIAND, colonel de : 982, 1274
PONTON, commandant : 21, 206, 211, 528
PORCHÉ : 1146
POTEL, Marguerite : 367 n, 837
POUJADE, Pierre : 1184, 1303
PRAT, Marie-Louise : 1087
PRÉAUD : 982
PRENANT, Marcel : 1185 n
PRIOUX : 361
PROUST, Marcel : 1096
PSICHARI, Ernest : 785
PUAUX, Gabriel : 381, 1047
PUCHEU, Pierre : 467-468, 726
PUIG, général : 485

Q

QUARTUS, voir PARODI, Alexandre
QUEDRUE, Maurice : 56
QUÉRAL, lieutenant : 673
QUERVILLE, Jean-Marie : 413
QUEUILLE, Henri : 373, 375, 446, 506, 508-509, 513-515, 517, 528, 553-555, 564, 866 n, 976, 1023, 1297

QUILICI, François : 96, 374
QUISLING, Vidkun : 212 n

R

RACHET, Lucien dit Socrate : 488
RACHID ALI KILANI : 167
RACINE : 608, 1168
RACKIEWICZ, Wladyslaw : 371
RACZYNSKI, Édouard : 371
RADFORD, amiral : 1300
RAGUENEAU, Philippe : 1086, 1131 n
RAINEVAL, lieutenant-colonel : 86
RAJK, László : 1305
RAMADIER, Paul : 675, 738 n, 819, 987, 1185 n, 1305
RAPENNE, Jean : 312-313, 320-321
RAPHAËL-LEYGUES, Jacques : 967
RATHOUIS, Pierre : 116
RAUZAN, voir DENIS, Pierre
RAYMOND, de : 641-642
RAYNAL, Félix : 241
REBER : 320
REBOUL, Jacques : 1165, 1238, 1251, 1255-1256
REBOURSET, préfet : 621 n
REGARD, général : 395, 1179
REGARD, Mme : 1180
RÉMY, Gilbert Renault, dit : 201, 260, 271 n, 818, 851, 878, 900, 931 n, 944, 965, 968, 975, 1149, 1174, 1185 n
RÉMY, Jean : 154, 260, 277
RENAUD, Joseph : 982
RENAULT, Mme Gilbert : 965, 1174
RENOUARD, général Louis Noël : 1203-1204
REPESSÉ, Étienne : 789, 1157
RÉROLLE, Jean, beau-frère de Charles de Gaulle : 554
RETHORÉ, Raymond : 1014, 1085 n
REVERS, Georges : 945 n
REYNAUD, Paul : 81, 287, 349, 526 n, 561 n, 820, 890-891, 978, 987, 1057, 1167, 1300
RIBIÈRE, Henri : 609
RICHARD, Jacques : 151, 1086
RICHEMOND, Jean, dit Alain Bozel : 1040 n
RIDGWAY, général : 1299
RIGAULT, Jean : 361
RIGOLLIER : 1002
RILEY : 114
RILEY, Mrs : 114
RIMBAUD : 1215
RIMBAULT, Lucien : 681
RIPKA, Hubert : 511-512
RIVES-HENRYS, André : 1086
ROBERT, amiral : 78 n, 228, 237, 295, 343-344, 433
ROBERT, Émile : 1087, 1091 n, 1131 n
ROBERT, Paul : 1244-1245
ROBERT-MONOD, Mme G. : 1149, 1245
ROCAFULLE, Georgette : 1086
ROCHETTE, Joseph : 1104
RODZIANKO, colonel : 84-85
ROLLIER, M. et Mme : 1034
ROMMEL, Erwin : 102, 196, 255, 303, 319
ROMRÉE DE VICHENET, de : 512, 520
RONCALLI, Angello Giuseppe, cardinal, puis Jean XXIII : 604 n, 667, 794, 945, 1106-1107
ROOSEVELT, Franklin Delano : 78, 83, 111, 129, 162, 164, 221, 227-228, 230, 235, 245, 255-256, 262, 276, 302, 306, 314, 317, 348, 372 n, 400 n, 422 n, 507, 509, 514-516, 526-528, 530, 548-549, 566, 591-592, 603, 625-626, 644, 649, 884, 998
ROOSEVELT, Théodore : 628 n
ROQUÈRE, Paul : 606
ROQUES, Philippe, alias Rondeau : 103, 107 n
ROSA : 162
ROSE, Lucien : 772-773
ROSS, Joseph : 673
ROSTAND, capitaine de corvette : 334
ROUGET, Marie, dite Marie Noël : 1177-1178
ROULON : 982
ROUMIANTZOFF, Nicolas : 1274
ROURE, Rémy : 798, 1245
ROUX : 822
ROVAN, Joseph : 1196
ROY, Jules : 1152
RUAIS, Pierre : 611, 758 n
RUCART, Marc : 1189
RUDE, François : 1008
RUEFF, Jacques : 1250
RUFFRAY, Patrick de : 847, 1158, 1161
RUNDSTEDT, Gerd von : 927

S

SAADI, Yacef : 1307
SABATTIER, général : 628 n, 640-642, 662
SAILLANT, Louis : 711
SAINT-DENIS, Mme de : 1086
SAINTE-BEUVE : 1276
SAINTENY, Jean : 703, 791, 1162, 1302
SAINT-JUST, F. de : 533
SAINT-LAURENT, Louis Stephen : 980
SAINT-SIMON, duc de : 1252
SALAN, général Raoul : 718, 1234, 1243, 1264-1265, 1278 n, 1280, 1298-1299, 1306, 1308-1310
SALIÈGE, Jules : 84, 1232
SALISBURY JONES, Guy : 1143
SANDHAL : 822
SARGENT, Orme : 429
SARTRE, Jean-Paul : 1162
SAURIN, Pierre : 333
SAUTOT, Henri : 58-59, 63, 69-71, 75, 348 n
SAVARY, Alain : 12, 25, 43, 48, 53, 56, 59, 68, 78, 82, 213, 1305
SAXCÉ, Arnaud de : 586, 668
SCAMARONI, Charlotte : 835
SCAMARONI, Fred : 835, 1245
SCHMIDT, Suzanne : 559
SCHMITTLEIN, Raymond : 1070 n
SCHNEIDER, Jean : 407, 1087
SCHNEITER, Pierre : 1175, 1302
SCHUMAN, Robert : 832 n, 856 n, 861, 866 n, 1050
SCHUMANN, Maurice : 466, 514, 568, 741, 743, 770, 790-791, 803-804
SCHWOB, Jacques : 108
SÉMIDÉÏ, dit Servais : 48, 115-116
SENGHOR, Léopold Sédar : 1108-1109
SERANT : 667
SÉRIGNY, Alain de : 1309
SERRES, Maurice : 56-57
SERREULLES, voir BOUCHINET
SESMAISONS, Olivier de : 982
SÉVÈRE : 1215
SEVEZ, général : 662
SHAKESPEARE, William : 1237
SHONE : 625
SHRAMEK, Jan : 146 n, 511 n
SIBOUR : 15, 99
SICÉ, Adolphe : 5, 9, 11, 13, 19, 21, 23-24, 31, 49, 54, 56, 86, 91, 260, 818, 915 n, 994
SIEGFRIED, André : 1031, 1238
SIKORSKI, Mme : 370
SIKORSKI, Wladyslaw : 371
SIMON, Paul : 251-252
SINCLAIR, Archibald : 88, 98
SIRIEX, Paul-Henri : 1253-1254
SMITH, Graftey : 95
SMITH, Robert : 1255
SMITH, Walter Bedell : 662
SMUTS, Jan Christiaan : 95, 127 n, 136, 176, 340, 506
SOCRATE, voir RACHET, Lucien
SOHL Riad : 419, 425-427, 486, 587
SOLAL : 554, 837
SOONG TSEU-WEN : 713
SOUBIROU-POUEY, Paul : 327
SOUFFLET, Jacques : 758
SOULET, colonel : 1066, 1151, 1184, 1273
SOULET, Mme : 1184
SOUSLAPAROV : 662
SOUSTELLE, Jacques : 8, 29, 151, 171, 336, 358, 361-362, 423, 428, 533, 589-590, 819, 821 n-823, 826, 830, 836, 875, 905, 930, 962, 979, 987, 999, 1002, 1026, 1028, 1038, 1047, 1062-1063, 1067-1068, 1082-1083, 1088, 1091, 1099, 1110, 1175, 1181, 1197, 1302, 1304, 1308
SOYER, René : 923
SPAAK, Paul-Henri : 512
SPEARS, Edward Louis : 64, 73, 94, 124-126, 128, 137, 139, 147-148, 157 n, 161 n-162, 196, 284, 438 n, 535, 586, 680 n, 890
SPEARS, Mme Edward : 680
SPEIDEL, général : 1241 n
SPELLMAN, Mgr Francis Joseph : 302-308
SPITALIER, Jean : 946-947 n
STALINE, Joseph, Vissarionovitch Djougachvili dit : 162, 235, 422 n, 596-597, 625, 649, 663, 690, 727, 810, 1101, 1110, 1170, 1300
STARK, Harold R. : 71, 97, 118, 120, 133, 139, 194, 216, 220-221, 227-228, 245, 276, 278, 290-291, 296, 299-301, 321 n, 325-326, 341, 373, 714
STAUB, André : 13-14, 97, 1107
STAUB, Mme : 1108
STETTINIUS, Edward Reilly : 666

STIL, André : 1299
STRANG : 154
SUIRE, colonel : 1099
SULZBERGER, Cyrus Léo : 1194
SWINTON : 102, 127 n, 206, 211, 277

T

TABOUIS, Geneviève : 18, 526
TACITE (Publius Cornelius Tacitus) : 1167
TAGEDDINE EL-HASSANI : 83
TAKEGSCHWILLI : 595
TALLEYRAND-PÉRIGORD, Charles-Maurice de, prince de Bénévent : 364, 1276
TANGUY, Alphonse : 272 n
TANGUY-PRIGENT, François : 561-562, 576, 579, 741, 744
TAPPOUNI, cardinal : 64
TARDIF, Louis : 901, 947
TARDIF, Mme Louis, née Marie-Thérèse Cailliau : 901, 947, 993
TEDDER, Arthur : 151, 175
TEITGEN, Pierre-Henri : 562-563, 656, 748, 1082-1083
TELLIER : 982
TERRÉ, Hélène : 789
TERRENOIRE, Louis : 969, 1001, 1004, 1011, 1014-1015, 1026 n, 1028, 1038, 1059, 1062-1063, 1065, 1084, 1086, 1088, 1099, 1110, 1131 n-1132, 1146, 1155, 1173-1174, 1190-1191
TERRENOIRE, Mme Louis : 1173
TÊTU, Marcel : 274, 344
TEYSSOT, Claude : 630
TEYSSOT, Léon : 302 n, 322, 1124, 1197
TEYSSOT, Mme Léon : 1197
THÉBAULT : 994
THÉMOIN : 457
THIBAULT, René Trotobas, alias : 797, 1145, 1171, 1187
THIERRY D'ARGENLIEU, Georges : 10, 19, 27-28, 36, 41-42, 52, 54, 58, 60, 68-72, 75, 78, 86-87, 92, 108, 116-117 n, 120, 122, 131, 133, 204, 206, 210, 237, 264-265, 337, 358, 363, 384-385, 394, 431, 524, 694-695, 703-706, 712, 717-718, 729, 781, 784, 791-792, 808, 812-813, 826, 915 n, 945, 1148, 1156, 1233, 1263
THOMAS, Mme : 335-336
THOMAS, René : 335
THOREZ, Maurice : 455-456, 590-591, 735-736, 758 n, 1118-1119, 1300
TILGE, Georges : 984-985
TILLION, Germaine : 1249
TILLON, Charles : 561-563 n, 595, 661, 683, 694, 706, 736, 757-758, 776
TISSERANT, Eugène : 536, 974
TISSIER, Pierre : 104, 269, 363, 456
TITO, maréchal Josip Broz, dit : 1305
TIXIER, Adrien : 27-28, 62, 80-81, 84, 87-89, 97, 111, 118, 132-133, 139, 175, 189 n, 196, 222, 227, 230, 236, 240, 255, 262, 275, 279-280, 290, 295, 299, 322, 368, 398, 403-404, 406, 561-562, 570, 659, 697, 709, 714, 716, 759
TIXIER-VIGNANCOUR, Jean-Louis : 591
TOBY, Jean-François : 1220 n
TOCHON, Loys : 266, 758
TORCOM : 438-439
TORRÈS, Henri : 118, 144, 1011, 1070 n
TOUCHARD, Jean : 758 n
TOULORGE, général : 1209-1210
TOUNY, colonel Alfred : 272 n
TOURNET : 1088
TOURNIER : 1155
TRIBOULET : 1047-1048 n, 1070 n
TROCHU, général Louis-Jules : 383
TROISGROS, Paul : 1082
TRUELLE, Jacques : 476
TRUMAN, Harry : 667, 690, 693, 697-698, 701, 733, 884, 963
TSOUDEROS, Emmanouil : 204
TUMAKAI : 1158
TURENNE, Henri de La Tour d'Auvergne, vicomte de : 721, 824
TYRRELL : 41

V

VACHER-CORBIÈRE, Jean : 214
VACHET : 198, 215, 258 n, 930
VALABRÈGUE, André : 1086
VALENCÉ, A. de : 336
VALENTINO : 1214
VALENTIN-SMITH, Victor : 222
VALERI, Valerio : 604
VALIGNY, Maurice : 1259

VALIN, Martial : 66, 144-145, 147, 151, 175, 195, 249-250, 260, 358, 363, 368, 370, 391 n, 394, 1159
VALLIN, Charles : 131, 188-189, 194-195, 233, 308, 438
VALLON, Louis : 444, 464, 758 n, 939 n-940, 962, 1099, 1253
VALLON, Pierre : 609
VALLUY, général : 695
VAN LANGENHOVE : 513
VANDENBERG : 884
VANECK : 339 n
VANIER, Georges : 642
VANSITTART, Robert : 195
VARGAS : 1302
VASSEUR, Lucien : 1173, 1208, 1240
VAUTRIN : 261, 296
VAUVENARGUE, Luc de Clapiers, marquis de : 785, 1172
VEBER : 298
VENDROUX, Claude, fille de Jacques et Marie-Élisabeth Vendroux, puis Mme Bernard Legrand : 728, 786, 1258 n
VENDROUX, Jacques et Marguerite, beaux-parents du général de Gaulle : 787
VENDROUX, Jacques, beau-frère de Charles de Gaulle : 728, 802, 837, 901-902, 963 n, 1084, 1137, 1182, 1200, 1202, 1235, 1257-1258, 1262, 1278-1279
VENDROUX, Jean, beau-frère de Charles de Gaulle : 934 n
VENDROUX, Marie-Élisabeth, épouse de Jacques Vendroux, dite Cada : 728, 837, 901-902, 1084, 1137, 1182, 1202, 1235-1236, 1257, 1261-1262, 1279
VENDROUX, Suzanne, belle-sœur de Charles de Gaulle, puis Mme Jean Rérolle : 554 n
VENTENAT : 1021
VERCORS, Jean Bruller, dit : 1204, 1269-1270
VERGÈS, Jacques : 1262
VERGÈS, Michel : 70
VERMEIL, Edmond : 410, 479
VERNEJOUL, Robert de : 992, 1005-1006 n, 1039
VEZINET, colonel : 874, 1256
VIALLET, abbé : 944
VIELLE : 667
VIÉNOT, Mme Pierre : 677-678
VIÉNOT, Pierre : 348, 403, 408-411, 413-415, 417, 421, 429, 432, 438, 445, 469, 476, 494-495, 506, 508, 529, 531, 534
VIGIER, général du : 585
VIGIER, Jean-Louis : 1070 n
VIGNY, Alfred de : 785
VILLATTE, voir ASTIER DE VILLATTE
VILLEFOSSE, Louis HÉRON de : 12, 48, 53, 55, 116
VILLEGER : 1213
VILLÈLE, Ignace de : 227
VILLON, Pierre : 556-557, 774 n
VIRGILE (Publius Vergilius Maro) : 820 n
VUILLEMIN : 377

W

WALDECK-ROUSSEAU, Pierre : 799
WARRISSE : 411
WASHINGTON, George : 699
WATRIGANT, Louis : 902, 1206, 1267-1268
WATRIGANT, Mme Louis, née Élisabeth Maillot : 1268
WAVELL maréchal comte Archibald Percival : 797, 814-815
WEDEMEYER : 628, 641
WEISS, Louise : 823, 874-875, 1065, 1070 n
WELLES, Sumner : 113, 199-200, 221, 275-276, 295
WELLINGTON, Arthur Wellesley, duc de : 45, 1139
WEYGAND, général Maxime : 34-35, 204, 304, 349, 535 n, 634, 797
WHITTON : 72-73
WIETZEL, contre-amiral : 1054
WIETZEL, Roger : 116
WILLKIE, Wendel : 149, 162-169, 183, 196, 306
WILMS, Mlle : 1032
WILSON, Edwin : 443
WILSON, Henry Maitland : 73, 126, 184, 453, 459, 461-463, 498-499, 501, 527, 531, 535 n-536, 538, 543, 551
WINANT, John : 87, 89, 139, 322-326
WUILLAUME, amiral : 1148
WURTEMBERG, Marie-Thérèse de : 1229 n, 1250, 1252
WURTEMBERG, Philippe de : 1252
WYSZYNSKI, cardinal Stephan : 1306